U0856262

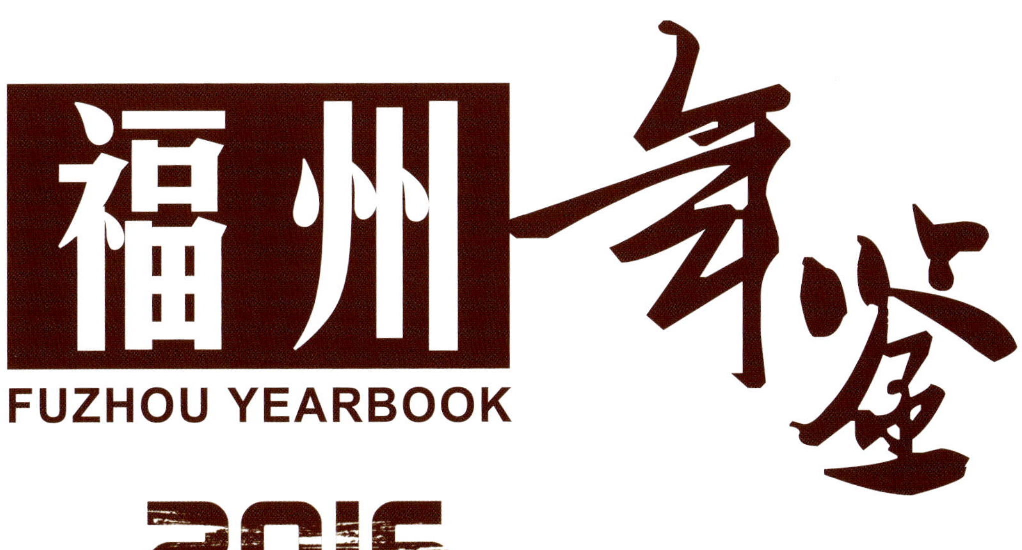

福州年鉴

FUZHOU YEARBOOK

2016

（总第29卷）

《福州年鉴》编纂委员会　编

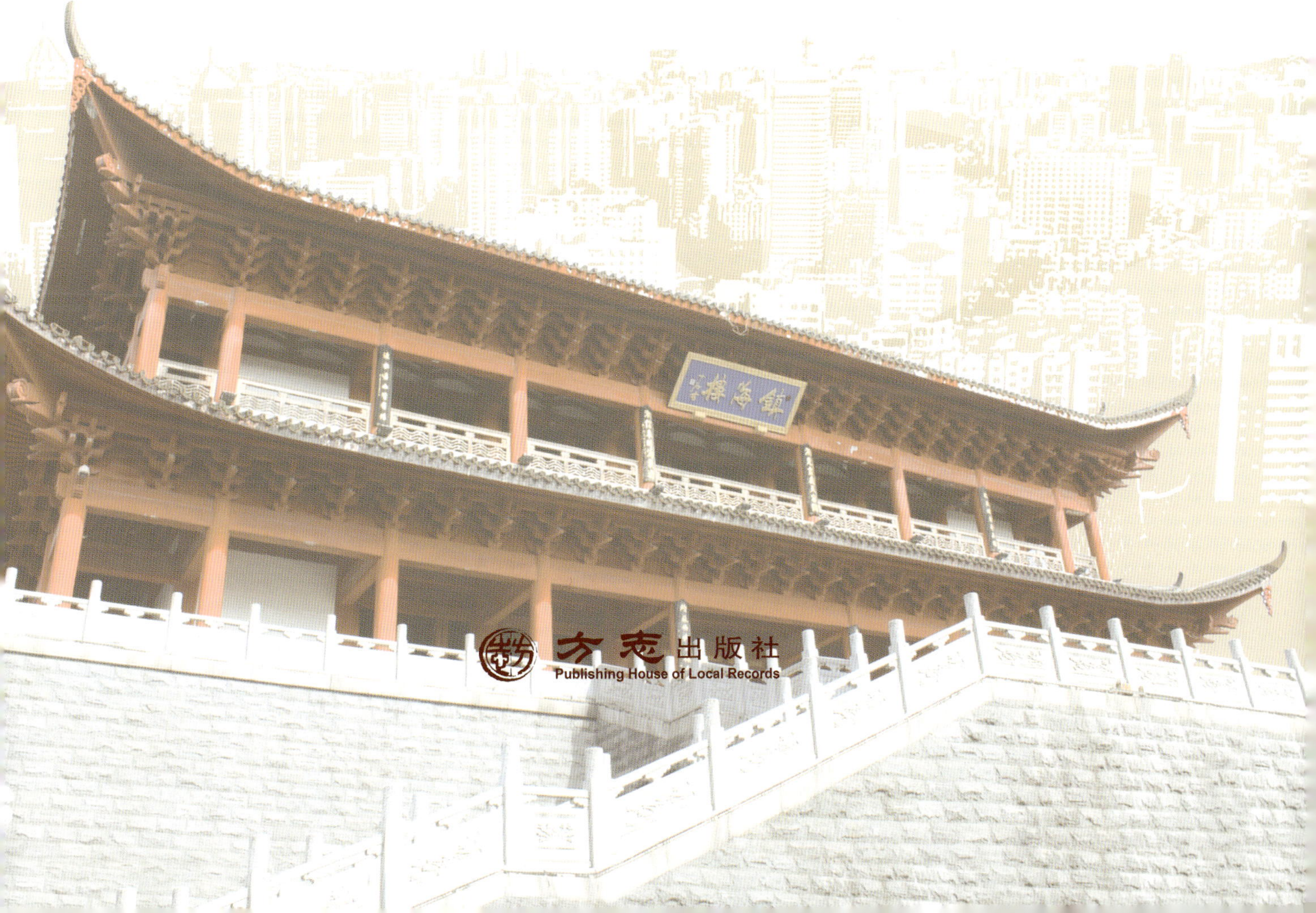

方志出版社
Publishing House of Local Records

图书在版编目（CIP）数据

福州年鉴. 2016/《福州年鉴》编纂委员会编. —
北京：方志出版社，2016. 9
ISBN 978－7－5144－2095－1

Ⅰ. ①福… Ⅱ. ①福… Ⅲ. ①福州市—2016—年鉴
Ⅳ. ①Z525. 71

中国版本图书馆 CIP 数据核字（2016）第 238813 号

福州年鉴（2016）

编　　者：《福州年鉴》编纂委员会
责任编辑：章　瑾

出 版 人：冀祥德
出 版 者：方志出版社
地址　北京市朝阳区潘家园东里 9 号（国家方志馆 4 层）
邮编　100021
网址　http://www.fzph.org
发　　行：方志出版社发行中心
电话　（010）67110500
经　　销：各地新华书店
印　　刷：福州德安彩色印刷有限公司

开　　本：889×1194　1/16
印　　张：32.75
字　　数：1151 千字
版　　次：2016 年 9 月第 1 版　2016 年 9 月第 1 次印刷
印　　数：0001～2000 册

ISBN 978－7－5144－2095－1　定价：280.00 元

《福州年鉴》编纂委员会

总顾问： 倪岳峰 （中共福建省委常委、省纪委书记、中共福州市委书记）
尤猛军 （中共福州市委副书记、市政府代市长）
周振华 （市人大常委会主任）
周　宏 （市政协主席）
陈为民 （中共福州市人大常委会党组书记）
何静彦 （中共福州市政协党组书记）

主　任： 李　春 （市政府副市长）
副主任： 高锦利 （市地方志编纂委员会主任）
叶　红 （市地方志编纂委员会副主任）

委　员： 林　贤 （市政府秘书长）
刘晓强 （市委副秘书长、市委办公厅副主任）
丘志强 （市人大常委会副秘书长、市人大常委会办公厅主任）
朱汉民 （市政府副秘书长、市政府办公厅主任）
陈向上 （市政协副秘书长、市政协办公厅主任）
黄建雄 （市政府副秘书长）
张晓容 （市纪委常委、秘书长）
陈　惠 （市委组织部副部长）
杨　凡 （市委宣传部常务副部长）
阮文光 （市委统战部常务副部长）
齐家麒 （市委政法委常务副书记）
张大斌 （市发改委主任）
黄济霖 （市经信委主任）
陈　路 （市城乡建委主任）
唐　希 （市委教育工委书记、市教育局局长）
任义文 （市科技局局长）
林中麒 （市财政局局长）
王命瑞 （市人力资源和社会保障局局长）
王贞锋 （市委农办副主任、市农业局副局长）
范建敏 （市商务局局长）
林鲤晟 （市投资促进局局长）
陈宗胜 （市市场监督管理局局长）
彭锦华 （市统计局局长）
曾国俊 （市国资委主任）
程文光 （鼓楼区政府副调研员）
黄胜进 （台江区政府副区长）
王栋梁 （仓山区政府副区长）
张　琴 （晋安区政府副区长）
侯爱平 （马尾区政府调研员）
林峭立 （福清市政府党组成员）
郑子毅 （长乐市政府副市长）
樊学双 （闽侯县政府副县长）
谢志成 （连江县政府副县长）
陈婉霞 （闽清县人大常委会副主任）
林　颖 （罗源县政府党组成员）
张青雅 （永泰县政府副县长）

《福州年鉴》编辑部

主　　编：高锦利

副 主 编：叶　红

编　　审：（按姓氏笔画顺序）

陈　敏　陈文忠

责任编辑：（按姓氏笔画顺序）

苏　颖　李　磊　吴　燕　邱敏佳　卓明顺

郭秋延　黄　铭

目录翻译：陈　敏

内文排版：周　燕

封面设计：许　邮

彩页排版：许　邮

《福州年鉴（2016）》撰稿人名单

（按姓氏笔画为序）

丁　琼　丁可锋　万　粒　王　宇　王　勉　王　翀　王　霖　王文清　王东曜　王庆金
王明新　王学兴　王珠琴　王莹强　王晓莉　王绮萍　王舒婷　王鹏丽　文军成　方善明
占　星　卢余清　卢忠伟　叶　巧　叶　苏　叶伟奇　叶敏英　叶彭清　史中华　宁启超
吕南勋　任芝芬　华智敏　庄　琪　庄亚辉　刘　琳　刘　煜　刘可香　刘洪麟　刘静怡
齐　娟　江　航　江允英　江艳青　苏燕铃　杜武义　李　伟　李　洁　李　勇　李少华
李中平　李孝棋　李明贤　李宣庆　李爱娟　李海峰　杨兰英　杨晓翔　杨家铸　肖登峰
吴卫航　吴旭华　吴志琴　吴金捷　吴晓萍　吴家松　吴锦地　吴镇聪　邱　爽　邱钰香
何　琛　何任贤　余　芳　余代鎏　余荣发　余香香　汪文波　沈必胜　沈晓晴　宋增清
张　灵　张　林　张　祎　张　春　张　磊　张力勤　张先玲　张兴亮　张宝灯　张清炎
张雅清　陈　今　陈　玉　陈　贞　陈　勇　陈　敏　陈　鸿　陈　婉　陈　琼　陈　辉
陈　锋　陈　嘉　陈　璐　陈　巍　陈乃锦　陈小丽　陈云娟　陈成铜　陈自如　陈丽燕
陈宏威　陈武进　陈茂华　陈国光　陈国栋　陈明亮　陈金章　陈俏彬　陈济奋　陈钲钲
陈淼英　陈锦泰　陈福虽　陈群群　林　云　林　艺　林　东　林　英　林　怡　林　莹
林　健　林　捷　林　萍　林　硕　林　燕　林文亮　林忆夏　林立扬　林立新　林吓清
林伟民　林志鸿　林秀忠　林希文　林妙花　林邵劼　林明忠　林城冰　林晓文　林婷婷
林煜杰　欧扬波　卓　鹏　念　忠　周　卉　周炜赟　周耿忭　周震宇　郑　丹　郑　尧
郑　强　郑　静　郑玉捷　郑龙腾　郑永平　郑学进　郑荣火　郑美玲　郑海云　郑彩蝉
郑颖青　郑福春　胡小梅　胡华锋　胡艳霞　柳　锴　侯功杰　姜　炜　洪惠淑　倪添灵
翁贤勇　高晓燕　郭　龙　郭文涛　郭宝明　郭莉萍　郭燕敏　唐　宜　谈张德　桑　莹
黄　闽　黄兰英　黄庆华　黄启韩　黄凯钧　黄金寿　黄绍梁　黄剑峰　黄鹏程　曹友权
康高艳　盖　凌　梁建文　韩　建　程　栩　曾　进　曾彩华　曾雯蓉　温昌经　游向东
谢　鑫　谢美梅　谢冠君　蓝巧玲　詹志勤　蔡文婕　廖小晖　黎　明　黎发明　颜芳华
潘　珍　潘鸿杰　薛昭曦　戴　新　魏文忠　魏善庆

编 辑 说 明

一、《福州年鉴》是福州市人民政府主办、《福州年鉴》编辑部承编的年度资料性文献。1988年创刊,每年出版一卷。旨在全面、系统、准确地反映福州市自然、政治、经济、文化、社会、生态等方面的基本情况,为读者了解和研究福州市提供资料查询。

二、《福州年鉴》主体内容由栏目、分目、条目组成,以条目为表现内容的基本形式。全书条目标题统一用黑体加【】表示,下一层次标题用楷体区别。

三、《福州年鉴(2016)》为总第29卷,主要记载2015年度福州市的基本情况、发展变化及年度大事要闻。全书主体内容有三个部分:(1)卷首设特载、专文、大事记、市情概貌;(2)主体部分为各类事业;(3)卷末设县(市)区,人物,法规、规章政策选录以及统计资料。设有40个栏目、235个分目、1434个条目,配有77幅彩页图片、105张正文照片、105幅图表,共115.1万字。

四、本卷年鉴在保持基本框架相对稳定的前提下,对部分内容进行更新、调整、充实。其中:归并“特载”“专文”栏目,将相关文章资料统一并入“特载”栏目。新增“专题”栏目,收录福州新区、中国(福建)自由贸易试验区福州片区、海上丝绸之路核心区、第一届全国青年运动会等4个年度重大事件的相关资料。结合全市政府机构改革,拆分“卫生 体育”栏目,将卫生内容并入“社会民生”栏目,将体育内容并入“文化 体育”栏目;在“人民政府”栏目下增设“机关效能建设”分目;调整、充实“机构及负责人名单”。整合“邮政通信与政府信息化建设”“交通”栏目,其中,邮政内容并入“交通”栏目,整合为“交通运输与邮政业”栏目;通信、政府信息化建设内容及“工业”栏目中的电子信息产业内容整合为“信息业”栏目。

五、本卷稿件主要由市直部门、各县(市)区、驻榕部队、省直单位专人撰写并经其主管领导审核。书中涉及的主要数据由于各供稿单位资料来源、统计口径及统计时点不尽相同,可能略有差异,读者在引用相关数据时应以福州市统计局正式公布的统计数据为准。如无说明,数据均不含平潭。增长速度、指数均采用“水平法”。

六、本卷年鉴配备双重检索系统,书前刊有总目和中、英文目录,书后备有主题分析索引,范围详及条目和图表。

七、本卷年鉴随书附赠光盘,并在福州地情网(www.fzdqw.com)发布。

八、本卷年鉴的组稿、编纂出版得到全市各级各部门领导的重视与支持,在此《福州年鉴》编辑部向所有关心、支持和直接参与本卷编纂工作的领导、同志深表谢意与敬意。

《福州年鉴》编纂委员会

福州市地势图
图例
设区市行政中心
综合实验区
县级行政中心
镇、乡
山峰
设区市行政区域界
县级行政区域界
河流
水库
高度表(米)
深度表(米)
1750
1550
1450
1350
1150
1000
750
500
350
200
0
100
比例尺 1:830 000
地图审图号：闽S(2016)90号
福建省制图院 编制
福州市
鼓楼区
晋安区
台江区
仓山区
马尾区
长乐市
福清市
闽侯县
连江县
罗源县
闽清县
永泰县
平潭县
平潭综合实验区
莆田市
涵江区
荔城区
城厢区
秀屿区
仙游县
宁德市
南平市
三明市
泉州市
莆田市
东海
台湾海峡
闽江口
兴化湾
福清湾
海坛海峡
罗源湾
定海湾
黄岐湾
三都澳
马祖列岛
白犬列岛
东洛列岛
东引岛
西引岛
浮鹰岛
西洋岛
东洛岛
西洛岛
青山岛
北竿塘岛(长屿山)
马祖岛(南竿塘岛)
高登岛
大丘岛
小丘岛
目屿岛
粗芦岛
琅岐岛
西犬岛
东犬岛
大练岛
屿头岛
东庠岛
海坛岛
草屿
塘屿
东甲岛
牛山岛
姜山岛
白姜岛
小麦屿
牛屿
仁屿
南海
敖东镇
北厝镇
澳前镇
流水镇
中楼
苏澳镇
芦洋
白青
大练
屿头
君山
东庠
三山镇
四屿群岛
高山镇
沙埔镇
东瀚镇
江阴镇
新厝镇
港头镇
江镜镇
龙田镇
上迳镇
渔溪镇
东张镇
东张水库(石竹湖)
大帽山
一都镇
镜洋镇
海口镇
城头镇
松下镇
南岭镇
风洞山
江田镇
罗联
玉田镇
古槐镇
文武砂镇
青口镇
祥谦镇
南通镇
南屿镇
城门镇
上街镇
鹤上镇
湖南镇
金峰镇
潭头镇
亭江镇
琅岐镇
琯头镇
江南
敖江镇
东岱镇
晓澳镇
浦口镇
东湖镇
潘渡
官坂镇
筱埕镇
坑园镇
黄岐镇
安凯
苔菉镇
下宫
透堡镇
长龙镇
马鼻镇
丹阳镇
碧里
鉴江镇
白马山
松山镇
起步镇
白塔
西兰
洪洋
飞仙岩
中房镇
飞竹镇
霍口畲族乡
小沧畲族乡
缺鼻峰
日溪
旗山
山仔水库
宦溪镇
寿山
白沙镇
竹岐
鸿尾
廷坪
下祝
牛母山
大湖
洋里
莲花峰
东桥镇
桔林
小箬
雄江镇
九龙山
金沙镇
白中镇
池园镇
云龙
三溪
玳帽峰
上莲
塔庄镇
白云
红星
丹云
省璜镇
盘谷
霞拔
大洋镇
东洋
长庆镇
清凉镇
城峰镇
葛岭镇
塘前
古崖山尾
富泉
岭路
同安镇
赤锡
盖洋
嵩口镇
洑口
瑞云山
梧桐镇
东湖尖
石谷解
东圳水库

宁 德 市
南 平 市
三 明 市
泉 州 市
莆 田 市
古田县
闽清县
（梅城镇）
永泰县
（樟城镇）
闽侯县（甘蔗街道）
福州市
鼓楼区
晋安区
仓山区
台江区
福清
（玉屏街道）
涵江区
莆田市
荔城区
城厢区
秀屿区
图 例
设区市行政中心
综合实验区
县级行政中心
街道办事处
镇、乡
社区居委会、村委会
设区市行政区域界
县级行政区域界
铁路及火车站
在建铁路
高速公路及互通
在建高速公路
国道及编号
省道及编号
县道
一般公路
主要街道
一般街道
河流
水库
比例尺1:580 000
地图审图号：闽S（2016）90号
福建省制图院 编制

福州市地图
宁德市
三都澳
东海
马祖列岛
闽江口
台湾海峡
罗源县
连江县
长乐市
平潭县
平潭综合实验区
福州长乐国际机场
罗源湾
黄岐湾
定海湾
福清湾
海坛海峡
海坛湾
琅岐岛
马祖岛（南竿塘岛）
北竿塘岛（长屿山）
白犬列岛
东洛列岛
南日群岛
东引岛
西引岛
西洋岛
浮鹰岛
青山岛
三都岛
高登岛
东庠岛

图 例
省政府驻地
设区市行政中心
区行政中心
街道办事处
镇、乡
社区居委会、村委会
机关企事业单位
学校 医院
山峰
体育场
河流
高速公路
铁路
环线
一级街道
在建一级街道
二级街道
三级街道
主要旅游资源
其他旅游资源
火车站
汽车站
地图审图号：闽S（2016）90号
福建省制图院 编制
闽江
乌龙江
福州绕城
永丰互通
西岭枢纽互通
福州西互通
福州南互通
G70福银
G15W3宁东
昌福铁路
合福铁路
荆溪镇
上街镇
建新镇
南屿镇
洪山镇
仓山区
市政府
五凤街道
华大街道
鼓西街道
东街街道
南街街道
安泰街道
宁化街道
义洲街道
金山街道
福州大学城
福州软件园
福州国家森林公园
福州动物园
金牛山公园
左海公园
西湖公园
金港公园
劳动者公园
福州海峡奥体中心
金山工业集中区（金山片）
金山工业集中区（浦上片）
金山工业集中区（福湾片）
福州高新区海西园
闽江公园
汽车西站
洪塘大桥
洪山桥
浦上大桥
湾边大桥
旗山大桥
南港大桥
淮安大桥
尤溪洲大桥
解放大桥
福州大学
福建师范大学
福建医科大学
福建中医药大学
福建农林大学
福建工程学院
闽江学院
福州职业技术学院
福州广播电视大学
华南女子职业学院
闽江师范高等专科学校
福州第一技工学校
福建工业学校
福建经济学校
福州科技学院
福建行政学院
福州软件职业技术学院
旗山
金山寺
妙峰山
大腹山
李峰
西山
昙石
闽侯民俗园
马保
建平
厚庭
新洲
晓岐
元峰
流洲
后山
中溪
南井
南前
江口
六十份
新岐
马腾
文山
罗洲
上岐
六凤
义井
益凤
健康
溪下
关口
荆溪
桐口
苏洋
侯官
红峰
沙堤
庄南
榕桥
青洲
美岐
岐安
岐头
浦口
新峰
厚美
兰庭
梅峰

福州市城区图

福州市城区图
福州站
晋安区
台江区
马尾区
福州南站
鼓山
鼓岭
福州机场
温福铁路
福马铁路
福厦铁路
闽江
乌龙江
登云山庄高尔夫球俱乐部
柳杉王公园
福州经济技术开发区管委会
马尾科技园管委会
往宁德
往长乐机场
往莆田
往长乐、福清

数字2015

土地面积：12251平方公里
年末户籍总人口：678.37万人
年末常住总人口：750万人
市区人口：199.96万人
全社会从业人员：511.77万人
城镇化率：67.7%
高等院校：32所
中等职业技术学校：53所
文化馆：12个
博物馆、纪念馆：34个
公共图书馆：13个
卫生机构数：2020个
地区生产总值：5618.08亿元
第一产业总产值：434.69亿元
第二产业总产值：2449.55亿元
第三产业总产值：2733.83亿元
一般公共预算总收入：848.04亿元
一般公共预算收入：560.46亿元
一般公共预算支出：725.93亿元
全社会固定资产投资：4893.91亿元

回眸“十二五”

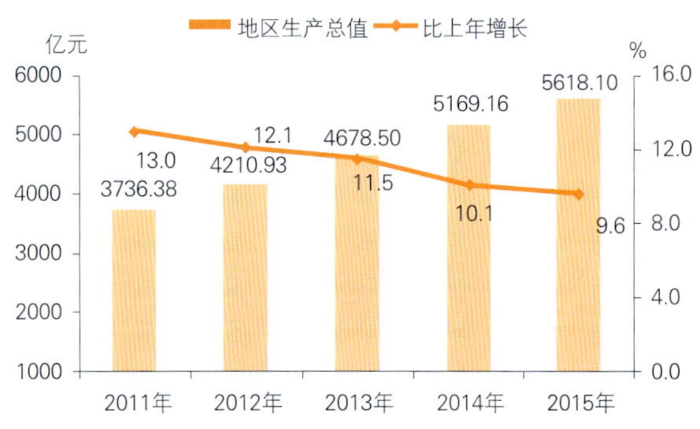

2011—2015年福州市地区生产总值及其增长速度

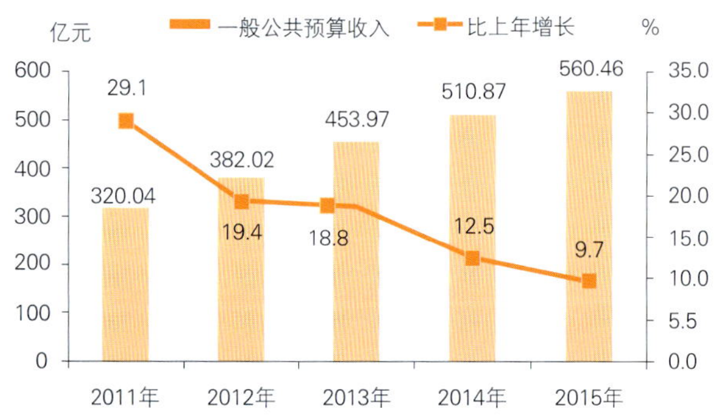

2011—2015年福州市地方一般公共预算收入及其增长速度

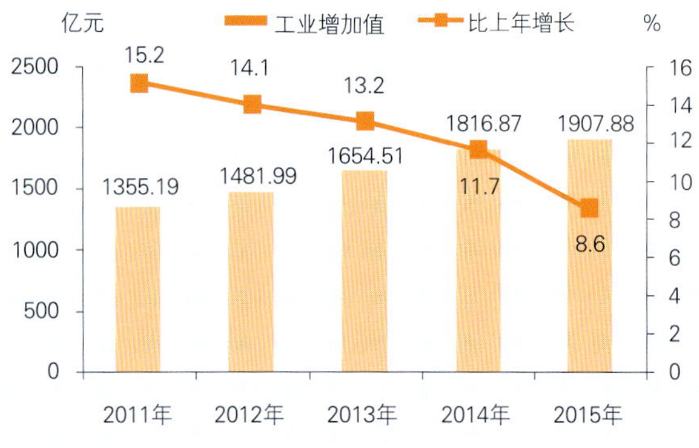

2011—2015年福州市全部工业增加值及其增长速度

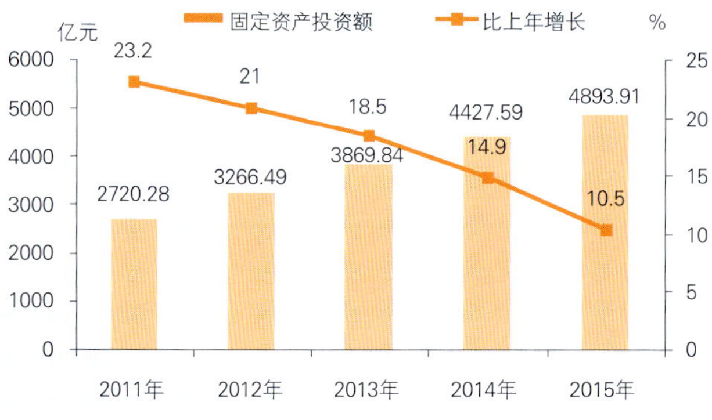

2011—2015年福州市全社会固定资产投资额及其增长速度

房地产开发投资额：1381.12亿元
出口总额：211.20亿美元
进口总额：122.23亿美元
实际利用外资：16.79亿美元
金融机构年末存款余额（人民币）：10875.62亿元
金融机构年末贷款余额（人民币）：10638.44亿元
城市道路长度：1256公里
城市道路面积：2834万平方米
建成区绿化覆盖面积：11288公顷
建成区绿化覆盖率：43.4%
全社会用电量：360.09亿千瓦时
供水总量：64280.39万吨
液化气供气总量：128146吨
天然气供气总量：43526.05万立方米
在岗职工年平均工资：62478元
城镇居民人均可支配收入：34982元
城镇居民人均消费性支出：24825元
农村居民人均可支配（纯）收入：15203元
农村居民人均生活消费支出：13152元
社会消费品零售总额：3488.74亿元
居民消费价格指数（以上年为100）：101.7
接待境外旅游人数：96.62万人次

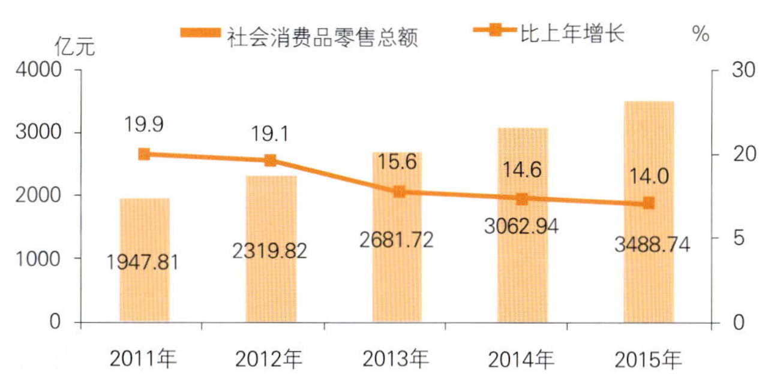

2011—2015年福州市社会消费品零售总额及其增长速度

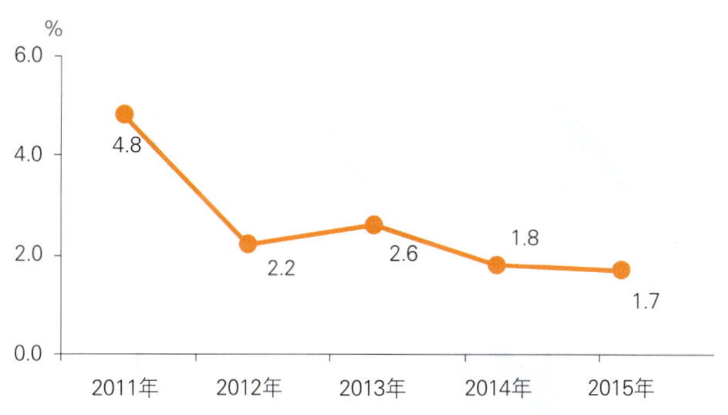

2011—2015年福州市居民消费价格同比涨跌幅度

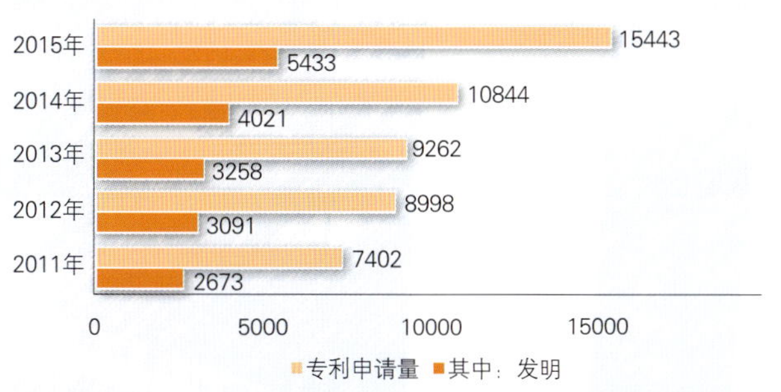

2011—2015年福州市专利申请量情况

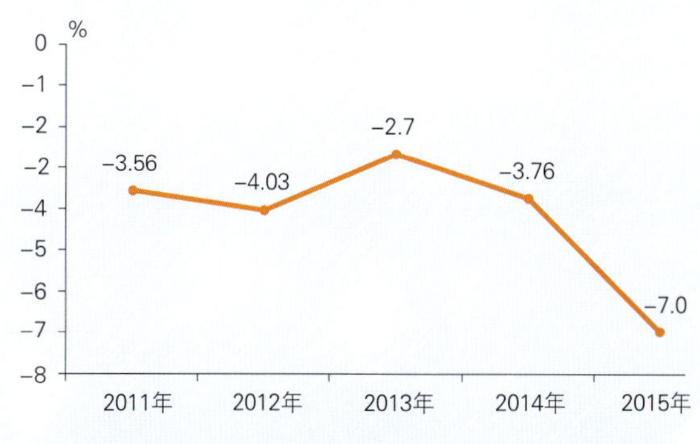

2011—2015年福州市单位GDP能源消耗增长率

▲ 4月21日，中国（福建）自由贸易试验区挂牌仪式在福州举行。省委书记尤权在福州片区综合服务大厅，为第一批进驻福州片区的20家企业和机构颁发证照（福州日报 供）

▲ 12月17日，省委副书记、代省长于伟国和省直有关部门负责人赴福州市召开座谈会，就省政府工作和《政府工作报告》（征求意见稿），征求福州市各界的意见（福州日报 供）

▲ 9月26日，第十一届泛珠三角区域省会城市市长联席会议在福州召开（福州日报　供）

▲ 5月18日，福州市与俄罗斯鄂木斯克市签订建立友好城市关系协议。福州市市长杨益民与鄂木斯克市常务副市长斯·普·弗罗洛夫出席仪式，并分别代表福州市与鄂木斯克市签署协议（市外事侨务办　供）

2015年，福州新区获国务院批准同意设立，中国（福建）自由贸易试验区福州片区挂牌成立。福州市实现福州新区、海丝核心区、中国（福建）自贸试验区福州片区、生态文明试验区、自主创新示范区等等国家战略优势。图为福州经济技术开发区快安片区（福州日报 供）

9月1日，三坊七巷获评2015年度亚太地区文化遗产保护奖之荣誉奖，为福建省唯一获奖项目；11月16日，三坊七巷国家AAAAA级旅游景区揭牌仪式举行，为全市首个AAAAA国家级旅游景区。图为三坊七巷全景（福州日报 供）

▲ 6月28日，合福高铁正式通车，标志京福高铁全线贯通（福州日报 供）

◀ 4月18日，首列“福建造”福州地铁1号线列车上线调试（俞松 摄）

▶ 福州机场启动第二轮扩能工程（黄立新 摄）

▲ 10月1日，金山大桥复线桥工程主桥正式通车（池远 摄）

▶ 12月18日，京台高速公路建瓯至闽侯段正式通车，标志福建段实现全线通车（叶义斌 摄）

▶ 12月26日，福州绕城高速东南段洋门至梅里段、沈海复线宁（德）连（江）高速梅里至飞鸾段等5条高速公路同时通车。图为沈海复线宁连高速跨罗源湾大桥（廖云岚 摄）

福州新区是全国第十四个国家级新区，具有“四区叠加”（国家级新区、自贸区、海上丝绸之路核心区、国家生态文明示范区）、“一区毗邻”（与平潭综合实验区毗邻）的独特优势。新区位于福州市滨海地区，规划面积1892平方千米，规划范围涉及福州沿海、沿江6个县（市）区的部分区域。核心区规划面积800平方千米，涵盖7个国家级和3个省级经济开发区，涉及马尾区、仓山区、长乐市、福清市4个区（市）的26个乡镇（街道）的部分区域。

8月30日，国务院批复同意设立福州新区，新区被赋予“三区一门户一基地”的战略定位。9月13日，经国务院同意，国家发改委印发《福州新区总体方案》。

福州新区规划范围（福州日报　供）

林若菡/图表设计

▲ 9月28日，福州新区建设发展座谈会在北京召开（俞松　摄）

▲ 福州新区核心区涵盖7个国家级和3个省级经济开发区，图为福州经济技术开发区（福州日报　供）

中国（福建）自由贸易试验区福州片区实施范围31.26平方公里，涵盖福州经济技术开发区和福州保税港区。其中，福州经济技术开发区22平方公里，包括马江、快安、长安、琅岐、南台岛5个区块，福州保税港区9.26平方公里，包括新厝和江阴2个区块。4月21日，中国（福建）自由贸易试验区福州片区挂牌成立。管理委员会由福州保税港区管理委员会升级而成，作为福建省政府的派出机构，规格为副厅级，由福州市政府管理。

◀ 3月29日，中国（福建）自贸区协同创新中心揭牌（叶义斌　摄）

▼ 3月29日，首届中国（福建）自贸区建设与发展高端论坛在福州举行，论坛主要分为自贸区战略与全球视野、上海自贸区建设经验与区域特色、两岸经贸合作、福建自贸区建设等专题（叶义斌　摄）

1 | 2
3

1．4月21日，中国（福建）自由贸易试验区挂牌仪式在福州举行（福州日报　供）

2．中国（福建）自由贸易试验区福州片区示意图（福州日报　供）

3．5月19日，中国（福建）自由贸易试验区福州片区投资合作与发展创新论坛在福州举办。广东、天津、福建及上海（扩区）4个自由贸易试验区的相关负责人、智库专家以及两岸企业代表参会，共同探讨自由贸易试验区建设（郑帅　摄）

1. 12月7日，中共福州市委、福州市政府在香港举行福州新区、中国（福建）自贸区福州片区香港推介会暨榕港重点合作项目签约仪式（福州日报　供）

2. 12月9日，中共福州市委、福州市政府在澳门举行福州新区、中国（福建）自贸区福州片区推介会（福州日报　供）

3. 11月11日，福州市与日本长崎市水产交流协议书签约仪式在福州举行（市海洋与渔业局　供）

4. 3月16日，中国—东盟海产品交易所挂牌运营，并于年内实现在线下单支付（黄立新　摄）

5. 7月3日，上海股权托管交易中心福州经济技术开发区企业挂牌孵化基地在马尾揭牌，为中国（福建）自贸试验区内首家区域性企业挂牌孵化基地（池远　摄）

6. 7月9日，福建“侨梦苑”侨商产业聚集区在福州经济技术开发区揭牌（市外事侨务办　供）

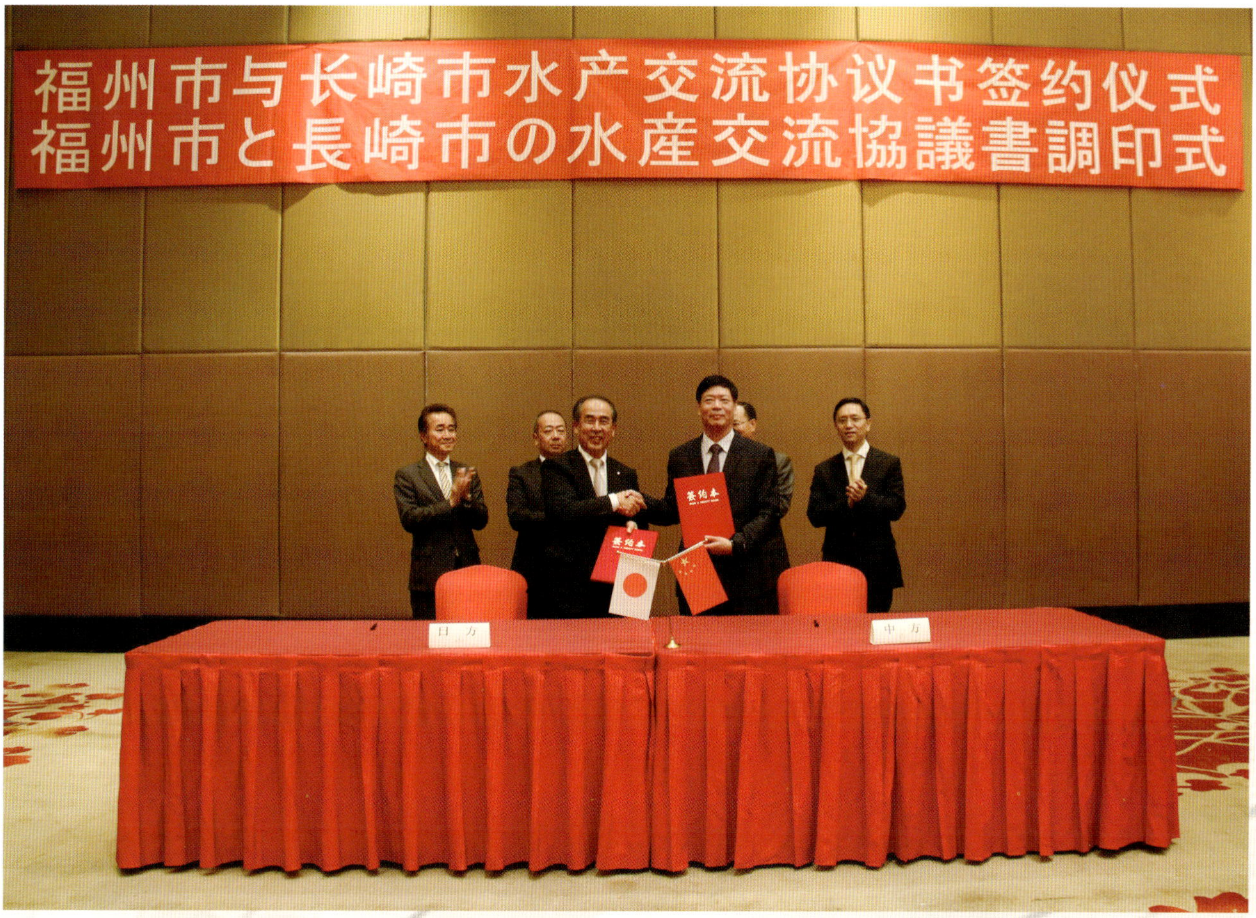
福州市与长崎市水产交流协议书签约仪式
福州市と長崎市の水産交流協議書調印式
日 方
中 方

一国务院侨务办公室一福建省人民政府侨务办公室一福州市人民政府一
侨商产业聚集区
侨梦苑
中国·马尾
OVERSEAS CHINESE ENTREPRENEURS INDUSTRIAL ZONE

上海股权托管交易中心福州经济技术开发区
企业孵化基地授牌仪式暨场外融资
上海股权托管交易中心
SEE
福州经济技术开发区企业挂牌孵化基地

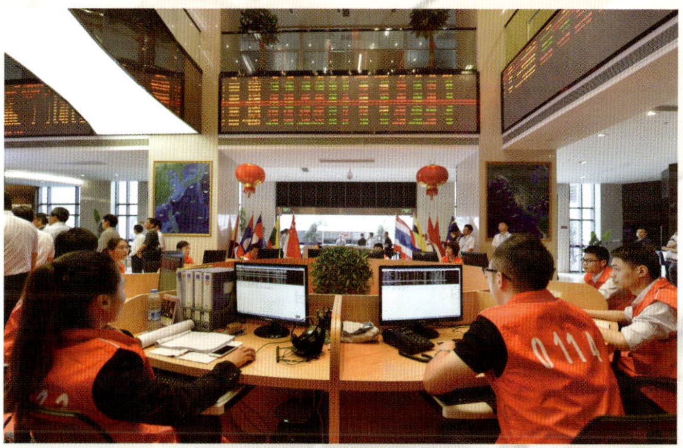

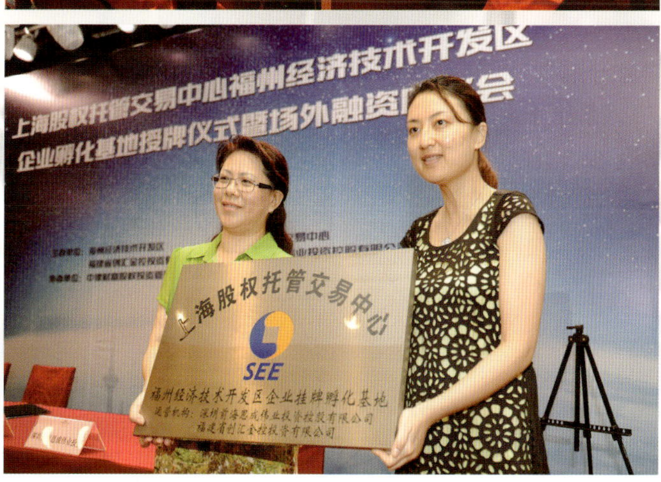

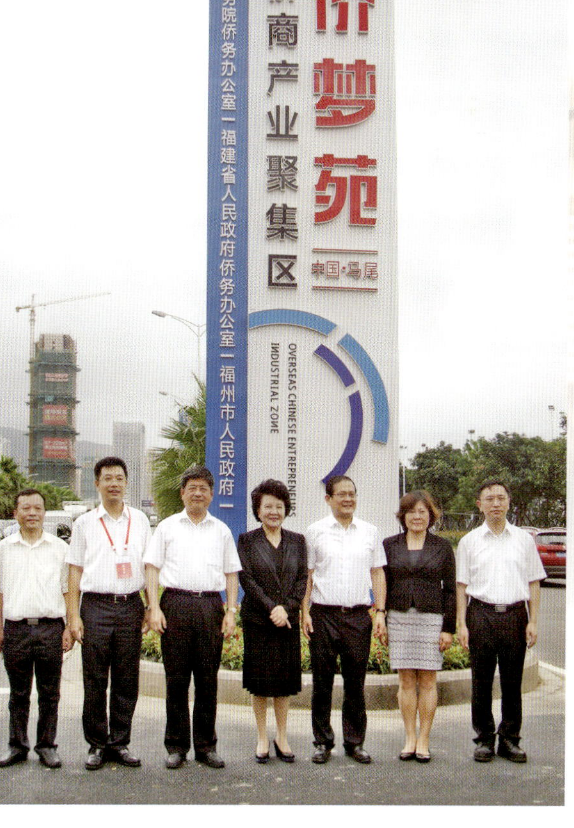

▲ 5月19日，江阴建滔化工码头正式投产。该码头位于兴化湾北岸，为福州地区最大化工码头和福州港最大的液体化工码头（池远　摄）

◀ 连江白云岭、风吹岭风电场项目年内全面动工建设，规划建设44台风机（池远　摄）

◀ 福建朝日环保科技开发有限公司生产的“FD型汽车尾气三元催化净化器”，拥有催化剂核心技术（俞松　摄）

福建联迪商用设备有限公司自主研发的全新声波支付产品——多功能外置支付盒子T100面世（俞松　摄）

景丰科技有限公司年内引进全国首套自动化锦纶生产系统（福州日报　供）

10月，福建翔孚国际物流业园正式全面对外招商，项目一期工程于年初投入使用（池远　摄）

1		4
2	3	5
		6	7

1. 5月18日，以“推进‘一带一路’建设，提升亚洲务实合作水平”为主题的亚洲合作对话——共建“一带一路”合作论坛暨亚洲工商大会在福州开幕（福州日报 供）

2. 首届21世纪海上丝绸之路博览会暨第十七届海峡两岸经贸交易会期间，举办“丝路帆远”文物精品图片展（福州日报 供）

3. 首届21世纪海上丝绸之路博览会暨第十七届海峡两岸经贸交易会期间，举办海上丝绸之路沿线国家和地区的特色商品展区（福州日报 供）

4. 6月18—21日，第十三届中国·海峡项目成果交易会在福州海峡国际会展中心举行，图为互联网经济专题展区（福州日报 供）

5. 11月6日，第十三届中国国际农产品交易会在福州举办（市农业局 供）
6. 首届21世纪海上丝绸之路博览会暨第十七届海峡两岸经贸交易会期间的台湾展馆（福州日报 供）
7. 5月8—11日，第三十三届中国国际体育用品博览会在福州海峡国际会展中心举行，1124家企业参展，展览面积超13万平方米（郑帅 摄）

▲ 11月15日，首届"海上丝绸之路"（福州）国际旅游节在福州海峡国际会展中心启动，福州、广州、南京、宁波、扬州、北海、泉州、漳州、蓬莱等海丝沿线九市旅游部门代表共同签署《福州宣言》，宣言指出，九市旅游部门将打造一批21世纪海上丝绸之路精品旅游线路，推进跨省、跨区域、跨国界城市之间的旅游交流与合作（市旅游局　供）

◀ 9月25日，以"科技、文化、创新"为主题的清华·福州论坛在福州开幕（池远　摄）

8月28日，福建省暨福州市纪念林则徐诞辰230周年大会在福建会堂召开（福州日报　供）▶

1
2
3

1．5月24日，2015年中华龙舟大赛福州站决赛在浦下河龙舟赛场举行。中华龙舟大赛为国内最高级别的龙舟赛事，福州站为2015年大赛的第四站（叶义斌 摄）

2．11月28日，北京亚运会吉祥物“盼盼”原型熊猫“巴斯”35周岁生日庆祝活动（福州日报 供）

3．12月20日，首届福州国际马拉松赛举行。赛事设男、女全程马拉松，男、女半程马拉松，男、女迷你马拉松3个项目，9个国家和地区的1.5万名选手参赛（郑帅 摄）

10月18日，第一届全国青年运动会在福州海峡奥体中心主体育场开幕；27日闭幕。福州市作为主赛区，承担青运会60%竞赛项目（13个大项、204个小项正式比赛）、开闭幕式和火炬传递等大型活动的组织实施。

福州代表团有318名运动员参加田径、篮球、柔道、举重等16个大项、203个小项比赛，获21金17银23铜共61枚奖牌，创金牌数、奖牌数、总分3项第三的历史最好成绩。

1. 在开幕式上，志愿者与现场观众齐唱青运会会歌《青春风》（福州日报　供）
2. 开幕式文体表演节目“丝路追梦”（福州日报　供）
3. 10月18日，第一届全国青年运动会在福州海峡奥体中心开幕（俞松　摄）

4	5
6	
7	

4. 7月10日，第一届全国青年运动会圣火采集仪式在马尾罗星塔公园举行，为期3个月的全国火炬网络传递正式启动。福建运动员何雯娜点燃火炬（福州日报 供）

5. 10月11日，第一届全国青年运动会实体火炬传递举行，传递起跑仪式在福州一中旗山校区举行（福州日报 供）

6. 10月27日，第一届全国青年运动会在福州海峡奥体中心闭幕（福州日报 供）

7. 12月10日，第一届全国青年运动会福州市执委会向第十三届全国冬季运动会组委会捐赠物资仪式在海峡奥体中心主新闻中心举行（叶义斌 摄）

9月22—26日，“丝路通天下　光影耀福州”第二届丝绸之路国际电影节主会场在福州举办。围绕海丝、海洋、海峡主题，举办开闭幕式、传媒荣誉推荐、电影展映、北京放映·丝路再起航、印度主宾国、电影魅力·行业对话、电影论坛和市场交易等9项主体活动及电影音乐会、电影科技体验展、“影享福州”公益电影放映等配套活动。33个丝路沿线及周边国家和地区近2000名嘉宾参加。电影节期间，展映36个国家外语影片71部和华语影片34部，112场次，观影人数达2万人次；举办丝路电影合作论坛、丝路影像城市论坛、动画电影论坛，以及电影行业对话、项目创投会、项目推荐会、项目签约等多项活动。

▼ 9月22日，第二届海上丝绸之路国际电影节开幕式举行（福州日报　供）

◀▼ 开幕式文艺表演
（福州日报　供）

▼ 电影节期间，举办项目签约仪式
（市文广新局　供）

▲ 1月6日，台湾合作金库商业银行福州分行正式运营（俞松 摄）

▲ 12月23日，连江黄岐至马祖白沙客运航线正式通航，客轮“安麟2号”驶离黄岐客运码头，驶向马祖（俞松 摄）

1
2
3

1．8月8—10日，第三届海峡青年节集中活动在福州举办。图为9日举行的海峡青年（福州）峰会（福州日报　供）

2．10月4日，第八届海峡两岸合唱节在台湾花莲落幕，福州大学阳光学院合唱团获成人组金奖（福州日报　供）

3．7月25日，参加榕台大学生新闻营的两岸大学生走进海峡青年交流营项目工地实地采访（福州日报　供）

▲ 12月20日，福州市鼓楼区与延安市宝塔区、鼓二小与杨家岭福州希望小学结对协议签约和捐赠仪式在延安举行，福州市向杨家岭福州希望小学捐赠300万元改扩建资金（俞松 摄）

▼ 5月5日，福州市“垃圾不落地·文明添福气”暨鼓楼区创建活动示范区启动仪式在温泉公园举行，市委常委、宣传部长何静彦为活动吉祥物“桶先生”揭牌（市委文明办 供）

▲ 6月3日，鼓楼区禁毒委开展纪念"6·26"国际禁毒日活动，在省少儿图书馆举办禁毒宣传咨询（俞松 摄）

▲ 6月10日，第一届全国青年运动会福州赛区社会志愿者骨干培训班开班式暨《福州文明礼仪手册》首发仪式举行（叶义斌 摄）

▶ 7月1日，2015年福州市直机关单位"我为党旗添光彩"七一无偿献血在东部办公区举行（市环保局 供）

◀ 12月15日，2015年福州市"道德模范进校园"巡讲报告会启动。福州市"道德模范进校园"巡讲报告会在鳌峰书院道德讲堂举行（廖云岚 摄）

1 2
3
4

1. 3月13日，福州教育学院附属第一小学师生志愿者、台籍学生及家长在鼓岭开展“福之州、青之运、美榕城”榕台手拉手植树活动（俞松 摄）

2. 3月14日，举办“爱绿护绿我先行、生态创建齐行动”进社区活动（市环保局 供）

3. 12月19—20日，中国生态文明论坛福州年会在福州海峡国际会展中心举行，期间举行“市长热点对话”等活动，并通过《生态文明·福州倡议》（福州日报社 供）

4. 金鸡山公园二期栈道（杨婀娜 摄）

总　目

特 载

大事记

专 题

市情概貌

中共福州市委

人民代表大会

人民政府

人民政协

民主党派与工商联

社会团体

外事　侨务　港澳台事务

法 治

军 事

综合经济管理

财政　税务

农村经济

工　业

城市建设与管理

环境保护

建筑　房地产业

交通运输与邮政

信息业

口　岸

园区建设

民营经济

商贸流通与服务业

对外及港澳台经济贸易

金融业

科学技术

社会科学

教　育

文化　体育

旅 游

历史文化街区

社会民生

县(市)区

人　物

福州市 2015 年地方法规、规章政策(选录)

统计资料

索　引

Contents

Special Issue

Memorabilia

Topics

City profile

CPC Fuzhou Municipal Committee

People's Congress

People's Government

People's Political Consultation

The democratic parties and the association of industry and commerce

Social organizations

Foreign affairs, Hong Kong, Macao and Taiwan Affairs

Rule of law

Military

Comprehensive economic management

Finance and tax

Rural economy

Industry

City Construction and management

Environmental protection

Construction and real estate

Transportation and postal services

Information

Port

Park construction

Private economy

Commodity circulation and services industry

International and Hong Kong, Macao and Taiwan's business and economy

Financial industry

Science and technology

Social science

Education

Culture and sports

Tourism

Historical and cultural blocks

Social life

County (city) and district

Person

Excerption of local laws and regulations, regulatory policies of Fuzhou in 2015

Statistical data

Index

特载

希望福建在新一轮改革开放中异军突起

——李克强总理在福建考察纪行（节选）

谷雨时节、万物生长。

在福建上下贯彻落实党中央、国务院支持福建加快发展重大决策的关键时刻，在我省自贸试验区和21世纪海上丝绸之路核心区建设的起步阶段，在全省干部群众积极应对经济下行压力、努力实现稳增长的重要关头，中共中央政治局常委、国务院总理李克强踏上八闽大地，实地考察指导工作，看望广大干部群众。

沿着蓝色海岸线，三天的时间里，从厦门到泉州，再到福州，李克强和国务委员兼国务院秘书长杨晶在省委书记尤权等陪同下，一路听、一路看，考察自贸区建设、了解经济运行态势、察看民生事业发展和闽台合作交流情况。

考察中，李克强指出，这几年来，在以尤权同志为班长的省委的领导下，各级党委政府按照党中央、国务院的决策部署，在经济、政治、文化、社会、生态文明建设和党的建设等方面都取得了新的明显成绩。

李克强说，福建福字当头，在历史上创造了很多奇迹、成就，当前机遇和挑战并存。希望大家发扬过去的成绩，在以习近平同志为总书记的党中央领导下，按照中央"四个全面"的战略布局，紧紧抓住经济建设中心不放，使福建经济社会发展迈上新的台阶，不辜负党中央、国务院对福建的厚望，也不辜负福建人民对福建广大干部的期待。

……

"我们又见面了！"23日，李克强总理来到福州红星苑小区，与拆迁户黄金权时隔7年再度见面。

2008年，李克强来闽考察时，曾在福州木材厂旧屋区看望过黄金权，要求当地抓紧建设保障性安居工程。7年过去了，黄金权一家已经和1500多户居民搬进了环境优美的安置小区，住进90多平方米的新房。

走进新房，墙上挂的正是当年李克强与黄金权在危房时的合影。"危房家里没有自来水、没有厕所，一刮风下雨就害怕，连走路都觉得摇摇晃晃。"黄金权印象深刻。坐着沙发上，李克强与黄金权一家亲切交谈。现在收入如何、孩子上学远不远、医疗保障怎么样……李克强问得十分仔细。"各方面都好，一回家就有好心情。"黄金权十分满意。看到黄金权日子过得舒心，李克强很欣慰，祝他生活更安心、开心、舒心。

刚刚入选第一批中国历史文化街区的福州三坊七巷，熙熙攘攘，游人如织。24日一早，李克强专程来到这里，参观严复故居，考察街区建设。李克强说，文化是城市的根和魂，城市规划建设既要有开放意识，注入现代元素，还要保护好历史记忆，使城市在宜业宜居中充分体现优秀文化的传承。

"总理来了！"看到电视里熟悉的身影走来，在三坊七巷游览的群众纷纷围拢上来。"总理好！总理辛苦了！"大家争先恐后与总理握手，掏出手机拍下美好瞬间。

（摘自2015年4月26日《福建日报》，记者兰锋）

牢固树立五大发展理念 加快建设现代化新福州

——中共福建省委常委、福州市委书记杨岳2016年1月5日在全市经济工作会议上的讲话

这次会议的主要任务是，全面贯彻落实党的十八届五中全会和中央、全省经济工作会议精神，总结去年经济工作，部署今年工作任务，动员全市上下抢抓机遇、加压奋进，开拓创新、锐意进取，扎实做好全面建成小康社会决胜阶段开局之年的经济工作，努力建设更具实力、更富活力、更有魅力的现代

化新福州。下面,我代表市委讲三点意见。

一、深刻领会精神,切实把思想行动统一到中央和全省经济工作会议决策部署上来

去年12月18日至21日,中央经济工作会议在北京召开。习近平总书记发表重要讲话,全面分析了国内国际形势,深刻阐述了如何更好适应、把握和引领经济发展新常态,明确提出了今年经济工作的总体要求、主要目标、重点任务和必须把握的重大原则;李克强总理的重要讲话,全面总结去年工作,具体部署今年工作。这两个重要讲话,高屋建瓴、思想深邃、内涵丰富,对于我们做好今年经济工作,推动省会经济持续健康发展具有重要指导意义。我们要深刻理解和准确把握中央关于经济形势的科学研判,坚持一分为二地看问题,既要坚定发展信心、矢志开拓奋进,又要保持清醒头脑、增强忧患意识,牢牢把握经济工作主动权。要深刻理解和准确把握中央关于引领经济发展新常态的新要求,弄明白“怎么看”,搞清楚“怎么干”,进一步更新发展观念,做好打持久战的准备,努力把经济增长潜力转化为现实生产力。要深刻理解和准确把握中央关于经济工作的新部署,拿出务实管用的创新思路和举措,落实好“去产能、去库存、去杠杆、降成本、补短板”五大任务,努力推动福州经济发展取得新突破。要深刻理解和准确把握中国特色社会主义政治经济学的重大原则,切实把“三个坚持一个防止”贯穿到当前和今后一个时期的经济工作中,不断提高领导经济工作的能力和水平。

去年12月28日召开的全省经济工作会议,认真贯彻中央经济工作会议精神,对做好今年我省经济工作作出部署,尤权书记在会上作了重要讲话,强调要认真学习领会,切实把思想和行动统一到中央的决策部署上来;科学研判形势,明确我省今年经济发展的目标要求;突出精准发力,扎实做好今年经济工作重点任务;充分调动各方面积极性,确保“十三五”开好局起好步。于伟国代省长从加快产业转型升级、扩大有效投资、推进改革开放、保障和改善民生等四个方面作了具体部署。中央和全省经济工作会议提出了一系列新思想、新观点、新任务、新要求,我们要认真学习、深刻领会,切实把思想和行动统一到中央和省委、省政府的决策部署上来,更好地适应和引领经济发展新常态,推动经济发展行稳致远、提质增效。

刚刚过去的一年,在中央和省委、省政府的坚强领导下,我们牢牢把握重大战略机遇,科学应对经济下行压力,全力稳增长、调结构、促改革、惠民生、强党建,各项工作取得了新进展新成效,“十二五”发展实现胜利收官。一是经济运行平稳健康。出台了扩大有效投资、推动工业创新转型稳定增长、加快互联网经济发展等政策,打出一系列稳增长增效益的“组合拳”,主要经济指标保持向好势头,预计全市地区生产总值增长9.6%,固定资产投资增长10%,地方公共财政收入增长7.3%。二是结构调整稳步推进。坚持龙头带动、创新驱动、园区推动,深入实施“中国制造2025”和“互联网+”,加快产业转型升级步伐,着力培育新业态、新市场、新模式,全市千亿产业集群增至5个,京东方8.5代面板等一批重大产业项目落地,产业集群化、高端化发展进一步凸显。三是新区建设取得突破。全面推进福州新区专题调研、规划编制、项目建设、产业发展、体制机制创新等工作,福州新区获批成为国家级新区,省政府出台支持福州新区加快发展的《若干意见》,赴港澳推介成果丰硕,新区开放开发进入了新的历史阶段。四是改革开放活力迸发。全力推进海丝战略枢纽城市和自贸区福州片区建设,成功举办首届全国青运会,相继举办海丝博览会、丝路国际电影节、海丝国际旅游节、中国国际体育用品博览会、中国国际农产品交易会等大型展会活动,扎实推进简政放权、提升两大服务中心、深化投融资体制改革、加强榕台交流合作等,发展环境持续改善,改革开放红利不断释放。五是民生福祉持续增进。切实把更多资源和力量投入到改善民生、建设城市、保护生态之中,着力推进新型城镇化、新农村幸福家园工程,致力兴办民生实事,提高公共服务水平,人民群众获得感不断增强,省会城市保持和谐稳定。在宏观环境趋紧、下行压力加大的情况下,这样的成绩来之不易,令人欣慰,催人奋进。同时,我们也要清醒看到,经济运行中依然存在一些突出矛盾和问题,主要是:经济下行压力仍然较大,投资增长动力不足,部分行业、企业生产经营困难,新旧动能转换还不够快;产业转型任重道远,一些传统产业产能过剩亟待化解,新增长点需要加快培育;城乡区域发展不协调,民生事业仍有不少短板,公共服务供给不足、质量不高,等等。我们必须高度重视,采取有力举措,努力加以解决。

展望2016年,经济发展面临的宏观形势仍然复杂,机遇挑战客观并存。我们要自觉把省会发展放到宏观大背景、发展长周期中去谋划和推进,做到因势而谋、应势而动、顺势而为。要科学研判形势,保持战略定力。世界经济仍将延续疲弱复苏态势,主要经济体走势分化,国际货币基金组织预测2016年世界经济增长3.6%,较半年前预测下调了0.2个百分点,但应该看到世界经济融合渗透正在加深,和平发展、合作共赢仍是时代主流。我国经济正从粗放向集约、从简单分工向复杂分工的高级形态演进,“三期叠加”和经济发展新常态的特征比较明显,但经济发展长期向好的趋势没有改变。我们一定要加深对新常态的理解,以“四个必须”来看待新常态,以“十个更加注重”来引领新常态,切实做到趋利避害、防微虑远、主动作为,确保经济在合理区间运行。要用好战略机遇,放大叠加效应。在各地经济下行压力普遍尚未缓解的情况下,“四区叠加”的战略机遇和独特优势,将是我们实现“弯道超车”的绝佳契机。我们一定要倍加珍惜机遇,切实用好机遇,努力让众多机遇在叠加耦合中发挥最大效应,推动福州发展沿着正确方向跨越赶超。要释放改革红利,增添发展动力。经济发展新旧动能接续转换的关键时期,全面深化改革、激发潜在动力显得尤为紧迫、至关重要。我们一定要更加注重发挥自贸区福州片区制度创新策源地作用,更加注重依托福州新区改革开放“试验田”功能,强力推进全面深化改革,着力解决供给侧、结构性、体制性矛盾,把经济增长的潜在速度全面释放出来,引领全市经济发展迈上新台阶。总之,我们一定要坚定信心、发挥优势,千方百计抓经济,铆足干劲促发展,努力在新起点上创造新业绩,实现新跨越。

二、突出重点任务,扎实推动全市经济持续健康发展

根据中央和省委部署,今年我市经济工作总体要求是:全面贯彻党的十八大、十八届三中、四中、五中全会和中央、全省经济工作会议精神，以邓小平理论、“三个代表”重要思想、科学发展观为指导，深入学习贯彻习近平总书记系列重要讲话和来闽考察重要讲话精神，按照“五位一体”总体布局和“四个全面”战略布局，牢固树立和贯彻落实创新、协调、绿色、开放、共享的发展理念，积极适应经济发展新常态，坚持稳中求进工作总基调，以提高经济发展质量和效益为中心，以加快福州新区建设为引领，以改革开放创新为动力，以加快产业转型升级为重点，在适度扩大总需求的同时，着力加强供给侧结构性改革，统筹稳增长、调结构、强动力、惠民生、防风险，努力保持经济平稳较快发展和社会和谐稳定，确保“十三五”发展开好局起好步。按照这一总体要求，今年经济发展的预期目标是：地区生产总值增长9.5%，力争更快更好些；固定资产投资增长12%；地方公共财政收入增长7.5%；居民消费价格涨幅控制在3%左右。

确定这样的目标，特别是把今年经济增长预期目标定为9.5%，高于全省1个百分点，是综合权衡考量，审慎研究分析后作出的，既考虑了与“十三五”规划相衔接，又统筹了长远发展和现实可能，把握了稳增长和调结构的平衡。从中央赋予的重大使命来看，“十三五”期间，只有保持9%左右的增速，才能有望在2017年完成率先全面建成小康社会任务，提前实现赶超目标。今年确定为9.5%，主要是为明年留有更多的回旋余地。从省会“四区叠加”的战略机遇来看，项目、资金、人才等各类资源要素正在跟进聚合，一批重大项目、重大工程提速布局，福州日益成为海内外有识之士瞩目的创业沃土、兴业福地。紧紧抓住并切实用好这些机遇，我们就完全有可能实现比全省快一点的中高速增长。从转型升级的现实需要来看，新常态下的新旧动能接续转换，必然伴随着部分落后产能和僵尸企业的淘汰出清，从而导致经济增速的阶段性放缓，这都是经济发展中的正常现象。适当降低经济增速的预期，也是为加快转型升级保留一定的回旋空间。从“十二五”奠定的坚实基础来看，我市经济总量已经跃上5000亿元大关、人均地区生产总值突破10000美元，滨江滨海现代化国际大都市建设框架已经拉开。特别是经过多年发展，省会基础设施日臻完善，一批重大产业项目陆续投产，干部干事创业激情迸发，港口、侨台、生态、开放等诸多优势更加明显，加快发展的强大势能加速累积。所有这些，都意味着福州发展正驶向快车道。做好今年经济工作，要继续坚持“稳中求进”的总基调，并赋予“稳”和“进”新的内涵。“稳”，就是要稳住经济运行，确保地区生产总值、财政收入、城乡居民收入等主要经济指标保持在合理区间，不出现大的“回落”；金融和房地产市场保持平稳运行，不出现区域性、系统性风险，省会城市保持和谐稳定。“进”，就是要追求更快更好，确保经济实力进一步增强，产业结构持续优化，城市品质快速提升，改革开放全面深化，制约省会发展的短板问题有效破解，经济发展的质量和效益不断提高。具体工作中，要把握好五个方面：一要坚持“双侧”发力，打好供给侧改革和需求侧管理组合拳，促进“三驾马车”与扩大有效供给均衡拉动，推动低水平供需平衡向高水平供需平衡跃升。二要坚持“双量”并重，致力巩固做优存量基本盘，着力培育新增长点扩大增量，进一步做大做强经济总量。三要坚持“双创”引领，深入实施创新驱动发展战略，加快推进大众创业、万众创新，依靠创新加快新动能成长和传统动能改造提升。四要坚持“双区”突破，加快福州新区和自贸区福州片区建设步伐，增创发展新优势，拓展发展新空间，打造带动全市发展的新引擎。五要坚持“双优”共进，始终突出民生优先、生态优先，在加快发展的同时，着力提升人民群众获得感，增加绿色福利，共建共享有福之州。

一要以新区建设为引领，全力打造省会发展的强大引擎。福州新区正式获批已经四个多月，中央和省里陆续出台一揽子支持政策，新区管理机构设立、行政编制审批等工作也在加速推进，可以说新区建设万事俱备，接下来考验的就是我们的创业激情、干事水平。为此，市委决定把今年确定为“新区建设年”，全面掀起新区开发建设的新热潮，确保新区GDP增长速度高于全市2个百分点。要着力重点突破。以重点区域、重点板块的率先崛起，引领带动新区整体建设，是加快新区建设的重要方法。要瞄准三江口、闽江口、滨海新城、福清湾、江阴湾等五大城市功能组团，加快推进滨海大通道等重大交通设施建设，加快完善供水排水、能源保障、生态环卫等基础设施体系，加快策划一批教育、医疗、消费等城市配套设施项目，努力做到开发一片、建成一片、见效一片，尽快树立新区城市形象。要以临空经济区、闽台（福州）蓝色经济产业园、融侨经济技术开发区、江阴工业集中区等产业园区为依托，加快推进京东方8.5代面板、聚酰胺一体化等重点项目建设，加速打造一批重点产业集群、产业集中区、产业功能区，全力提升新区产业竞争力。要着力机制创新。创新是新区发展的最大优势和潜力所在。要按照“综合性、大部制、扁平化”思路，加快建立与新区建设发展相适应的行政管理体制和运行机制，努力实现经济管理扁平化、社会管理精细化、政府服务高效化。要加快组建新区开发投资集团，创新设立若干投资平台，协同推进各片区开发建设；充分发挥新区财政资金的杠杆作用，推进交通、能源、市政等基础设施投资运营市场化，努力形成多渠道投入、多层次开发、多方面收益的开发建设新模式。特别是要放大“四区叠加、一区毗邻”的独特优势，率先复制推广创新举措，加强榕台产业深度对接，推进与平潭一体联动发展。要着力要素保障。加快新区发展，政策、人才、环境等要素支撑尤为重要。要用足用好国家赋予的先行先试政策，吃干榨尽省里给予的13个方面、36条具体支持政策，加快出台我市配套承接措施，发掘政策潜力，放大政策效应，创造政策机遇。要建立健全人才柔性引进机制，创新人才培养、评价和激励机制，优化科技要素分配激励机制，努力打造“人才特区”。要加快信用体系建设，探索建立与国际接轨的高水平投资贸易规则，全力营造法治化、国际化、便利化的营商环境。

二要以有效投资为关键，保持经济平稳较快增长。扩大有效投资，是推进供给侧结构性改革的基本要求，也是今年稳增长的关键所在。我们要紧扣“有效”二字，结合福州发展的阶段性特征和战略任务，准确把握增加供给、扩大需求的切入点和着力点，努力以投资的有效性推动经济持续稳定增长。要优化投资结构。牢牢抓住中央和省里扩大投资的契机，充分利用投资品价格较低的有利时机,进一步培育和挖掘增量投资,提高投资的精准性、有效性和持续性。重点是要围绕基础设施、产业、新型城镇化三大领域投资,对接国家重大工程包、专项建设基金等,加大重大交通基础设施、新型智慧城市、海绵城市、城市安全体系、城乡环境综合整治等投入,增加先进制造业、战略性新兴产业、现代服务业、都市现代农业等领域投资,扩大小城镇建设、新农村幸福家园工程、扶贫开发等领域投资,努力形成更多的实物投资量。特别是要加大债券融资、PPP 模式推进力度,切实解决好扩大有效投资亟需的资金问题。要狠抓房地产去库存。中央把去库存作为今年经济工作五大重点任务之一,是基于房地产高库存拖累了经济增速来考量的。从福州来看,去库存不单是保持投资稳定增长的重要举措,也是防范区域性金融风险的现实需要。截至去年 11 月,市本级商品房库存总面积 769.38 万平方米,住宅、商业、办公去库存周期分别为 11 个月、42 个月、41 个月,根据住建部 6—18 个月为正常库存消化期的说法,市本级商品住宅为正常库存,商业和办公用房则积压相对严重;长乐、闽侯、连江、罗源等商品房库存均在 100 万平方米以上,去库存的压力比较大。为此,要抓住目前政策窗口期,坚持在供需两端同时发力,通过合理规划住宅用地、降低购房入市门槛和成本等具体措施,支持消费,盘活市场,推动房地产投资稳步增长。同时,进一步打通保障房与商品房转换通道,探索扩大统购商品房用于回迁安置,更好解决拆迁户的实际困难。要推动投资与消费良性互动。坚持以新消费促进新投资、引领新供给,这是供给侧改革的内在要求。当前,消费结构升级明显加快,消费新热点、新模式层出不穷。我们要顺应消费升级趋势,拓展投资新领域,推动供给侧创新,以消费升级带动投资优化升级。特别是要在服务消费、信息消费、绿色消费、时尚消费、品质消费、农村消费等重点领域精准发力,引领相关产业、基础设施和公共服务投资迅速成长,形成需求升级与供给升级相互促进的格局。

三要以供给侧改革为动力,强力推进产业转型升级。中央推进供给侧结构性改革,直指转型升级的核心环节和难点问题,目的是通过引导过剩产能供给侧减量和结构调整,提高全要素生产率,进而加速产业转型升级。我们要按照这一新思路新要求,坚定实施工业优先、服务业倍增两大战略,推动存量做强与增量做大相结合、产品升级和消费升级相协同、创新驱动和产业转型相融合,加快打造具有福州特色的现代产业升级版。要推动传统产业改造升级。我市多数传统产业处于产业链低端、部分行业产能普遍过剩、减停企业为数不少。要更加正视传统产业增长乏力问题,实行差别化措施,突出做好"兼并重组、技术改造、市场出清"三篇文章,着力推动传统产业改造升级,真正发挥其在稳增长促转型中的基本盘作用。兼并重组,就是对一些过剩产能企业,要学习借鉴三钢与三金钢铁成功重组的经验做法,鼓励引进战略合作者,推进强强联合、强弱联合,促进建立现代企业制度。技术改造,就是支持有发展前景的企业瞄准国际同行业标准,学习借鉴德国"工匠"精神、精致化生产的理念,加快产品精细化、专业化生产,不断提升产品的市场占有率。市场出清,就是对一些资不抵债、扭亏无望又属于落后产能的僵尸企业,引导其通过债务重组、破产清算等,实现市场出清,绝不能靠地方保护、财政补贴的办法来维持。与此同时,对我市主导产业中的龙头企业,要鼓励和引导其加大力度做好补链、延链、壮链,有针对性引进关联性强、互补性好的配套项目,推动形成培育一个龙头、带起一个链条、形成一个集群的发展态势。要推动新兴产业做大做强。新兴产业尚处发展初期,未形成规模效应,仍然是当前我市产业发展亟需突破的一大问题。要实施新兴产业培强行动计划,依托国家新型工业化产业示范基地(物联网)、数字福建(长乐)产业园、福州高新区、临空经济区、闽台(福州)蓝色经济产业园等平台,以通用航空产业园、核电装备产业园、铝精深加工基地等重大项目为抓手,加快突破技术链、价值链和产业链,推动新兴产业规模化发展,提升其对经济增长的贡献率。要以建设国家电子商务示范城市、海峡两岸电子商务经济合作实验区、信息消费示范城市、中国软件名城等为载体,大力推进"互联网+",促进新产业、新业态、新模式蓬勃发展。要推动现代服务业高质高效。这几年,我们顺应经济服务化的发展趋势,出台了加快发展现代服务业等措施,服务业发展呈现出比较喜人的势头。要坚持把加快发展服务业特别是现代服务业作为产业结构调整的重点,坚定实施服务业倍增战略,进一步做大做强金融、商务、商贸、现代物流等支柱产业,加快发展总部经济、临空经济、会展经济、体育经济等新型服务业态,全力建设海西现代服务业中心。特别是要适应制造业转型升级的需要,引导制造业主辅分离,推动研发设计、服务外包、科技服务等生产性服务业向专业化和价值链高端延伸。要充分发挥我市"蓝天白云"、宜居宜业的优势,重点发展旅游、家政、健康、养老等生活性服务业,更好地满足人们生活性服务消费的新需求。需要强调的是,农业是全面建成小康社会这个木桶的一块"短板",要紧紧围绕发展都市现代农业,大力发展设施农业、休闲观光农业和林下经济,加速推动农业产业化、标准化、集约化发展。

四要以改革开放创新为支撑,加速推进经济增长新旧动能转换。新常态下,在继续发挥传统"三驾马车"协调拉动作用的同时,关键要做足改革、开放、创新三篇文章,构建新的经济增长动力机制。要聚焦供给抓改革。围绕做优实体经济发展环境,坚持问题导向和企业需求导向,多措并举、多管齐下,充分激发微观主体活力,增强经济发展动力。要坚持"放、管、服"并重,全面落实权力清单、责任清单、负面清单,进一步深化行政审批制度改革,着力解决简政放权不同步、不协调、不到位问题,切实提升事中事后监管和服务水平。要全面清理不合理收费,进一步规范中介服务,整治"红顶中介"设租寻租问题,最大限度降低企业非税负担。要加大对实体经济发展支持力度,有效降低融资、物流、税费等各项成本,让企业"轻装"上阵。要围绕提升资源配置效率,扎实推进市属国有企业开放性整合重组,不断增强国有经济活力,更好地促进结构性改革。要注重双向扩开放。积极融入国家"一带一路"战略,着力打造 21 世纪海上丝绸之路战略枢纽城市,依托海丝博览会、丝路国际电影节、海丝国际旅游节、中国—东盟海产品交易所等平台载体,持续深化同"一带一路"沿线国家和地区的交流合作，促进海外优势产业"引进来"和福州企业"走出去"。要扎实推进自贸区福州片区建设，在制度建设和运作方式上加快与国际接轨，为推动外贸向"优进优出"转变提供更好的支撑保障。要加强路网、高铁、空港等双向开放大通道建设，进一步密切与国际友城、港澳台地区的交流合作，持续深化与长三角、珠三角地区及闽东北五市一区战略合作，加快构建全方位、宽领域、多层次的开放格局，努力实现双向开放相互促进、相得益彰。要搭建平台促创新。创新是引领发展的第一动力。从全社会研发经费占 GDP 比重来看，福州不足 1.8%，低于 2.09% 的全国平均水平，是率先全面建成小康社会的一大短板，这也反映出福州的创新发展还有极大提升空间。要深入实施创新驱动发展战略，突出强化企业创新主体作用、完善创新支持政策、集聚创新人才资源等，努力建设国家级自主创新示范区。要积极搭建创新创业平台，加快建设中科院海西研究院、福州技术转移中心等创新示范基地，进一步密切产学研用对接合作，推动科技创新成果有效转化为现实生产力。要着力优化创新创业环境，大力发展市场化、专业化、集成化、网络化的"众创空间"，努力为小微创新企业和个人创业提供低成本、便利化、开放式的综合服务平台，推动福州创新创业蔚然成风。

五要以改善民生为根本，积极推动共建共享。习近平总书记曾形象地指出，做好经济社会发展工作，民生是"指南针"。我们要像抓经济建设一样抓民生保障，像落实发展指标一样落实民生任务，努力守住底线、突出重点、补齐短板，推动改革发展成果全民共享。要保障基本民生。盯住受灾人员、低保人口、孤老孤儿、生活无着人员等最需要帮扶的特定人群，织实织密民生安全"保障网"，把有限的财政资金优先用于保基本、兜底线的民生建设，让困难群众享有与经济发展水平相适应的基本生活保障。要坚持扶持对象精准、资金使用精准、措施到户精准，在建档立卡、摸清底数的基础上，制定科学合理、切实可行的扶贫规划和措施，全力打好脱贫攻坚战，补上全面建成小康社会的关键短板。需要强调的是，良好的生态环境是最普惠的民生，也是福州的亮丽名片。在当下全国许多地方饱受雾霾侵袭的背景下，"清新福州"越来越受到社会各界赞许。我们一定要继续打好"生态牌"，持续推进生态文明建设，巩固和保持生态优势，更多地释放绿色福利。要瞄准群众需求。随着经济社会快速发展和思想观念日益更新，人民群众需求出现一系列新变化、新特点，一些原有需求尚未很好满足，新的需求又不断产生。我们既要坚守"底线"，着力解决好社保、就业、基础教育、医疗卫生、住房保障等基本公共服务问题，更要把准"脉搏"，努力提供更多高品质的"增量福利"，满足人民群众日益多元、更高层次的公共服务需求。要创新公共服务提供方式，充分发挥政府主导作用，广泛吸引社会资本参与，全面提升公共服务共建能力和共享水平。要强化社会治理。人民群众的安全感，是维护社会秩序稳定的重要基础，也是衡量社会治理水平的一项重要指标。要深化"平安福州"建设，扎实推进网格化社会治理创新和精细化管理，健全公共安全体系，完善矛盾纠纷多元化解机制，严厉打击各类违法犯罪。要吸取深圳滑坡事故的教训，严格落实安全生产责任制，加强安全生产隐患排查，切实维护人民群众生命财产安全。要加强社会风险监测预警，高度关注民间借贷、股市、楼市隐性风险苗头，妥善处理各类风险案件，防止风险蔓延和影响社会安全稳定。

三、强化担当尽责，努力实现"十三五"良好开局

做好新的一年经济工作，我们既面临难得机遇和有利条件，也存在不少困难和风险挑战，责任重大，任务艰巨。各级领导干部要进一步增强大局意识、发展意识、责任意识，坚持想干事、会谋事、敢担事、能成事，在精神上提劲提气，在工作中尽职尽责，在落实上加压加力，确保各项目标任务顺利完成。

一要重学习，增素质。新常态下，经济发展呈现许多新的特征、新的趋势，迫切需要领导干部加强学习，提高驾驭经济工作的能力。各级领导干部要养成持续学习知识、持续思考问题、持续研究工作的好习惯，不断完善知识结构、增长实践才干，努力成为统筹推进经济工作的行家里手。要树立全域视野，勇于解放思想，创新工作理念，加强对新常态下重大经济问题的研究，提高领导经济工作的专业化水平。要坚持问题导向，加强调查研究，注重对经济运行和市场情况的捕捉分析，不断增强工作的前瞻性、预见性和主动性。

二要重执行，敢担当。"为政贵在行"，做好工作的关键在于执行，否则，再好的工作思路也只是一种设想，再好的发展目标也只是一堆数字，再好的政策措施也只是一纸空文。各级各部门要以强烈的担当精神和高效的作为意识，盯紧目标全力以赴，咬定青山绝不放松，做到放手大干不保守，埋头苦干不张扬，真抓实干不浮躁。要大力弘扬"马上就办、真抓实干"优良传统，继续开展"三比一看"、"四个万家"、"企业服务月"等活动，深入一线、沉到基层，用身影指挥，用行动说话，在解决问题中见功夫，在推动发展中显身手。要善于结合福州实际创造性地开展工作，在遵循规律中找办法，在群众实践中寻对策，打开工作局面，务求更大成效。要树立敢想、敢闯、敢干、敢担的干事创业导向，强化正面激励，完善容错机制，旗帜鲜明地为有血性、有韧性、有品性的干部撑腰鼓劲；坚决整肃为官不为，严格实行下课问责，真正让不作为、乱作为的干部让位子。

三要重引导，鼓干劲。古人云："上下同欲者胜。"越是经济发展压力大、任务重，越要统一思想、步调一致、共克时艰。各级各部门要加强协作、通力配合，共同奏响和谐合拍的发展交响曲。要充分调动各方面的积极性、主动性和创造性，凝聚全市上下干事创业的思想共识，激发跨越赶超的创业热情。要注重提高舆论引导能力，敏锐把握大众心理，着力稳定人们的消费预期、收入增长预期和发展前景预期，大力宣传福州发展取得的成就和重点工作进展情况，讲述好"榕城故事"，传播好"福州声音"，不断提高城市的美誉度和影响力。特别是要加强网络舆情监管，对错误言论要主动发声、澄清是非，引导人民群众多看主流、多看光明、多看本质，确保社会思想舆论沿着健康理性的轨道运行，营造有利于加快发展的良好环境。

需要强调的是，今年既是"十三五"开局之年，又是地方党委换届之年，市、县、乡三级领导班子集中换届工作将陆续启动，这是我市政治生活中的一件大事。各级党委要切实履行全面从严管党治党责任,加强对换届工作的领导,保持严肃换届纪律的高压态势,确保换届有序推进、风清气正。要以换届为契机,全面考核和检验干部作为和工作成效,真正把勇担当、敢攻坚、有作为的优秀干部“选”出来,把畏难退缩、甘于平庸、业绩平平的干部“调”下去,真正使换届过程成为正导向、强班子、增活力、聚民心的过程,通过换届换出团结、换出干劲、换出作风,为全市经济社会发展提供坚强的组织保障。

同志们,因时之势,故易为力,新的征程催人奋进,自当砥砺前行;跨越赶超任重道远,更须快马加鞭。让我们更加紧密团结在以习近平同志为总书记的党中央周围,在省委的坚强领导下,坚定信心,真抓实干,克难奋进,全力推动全市经济平稳较快发展,为率先全面建成小康社会、加快建设现代化新福州作出更大贡献!

政府工作报告

——福州市人民政府市长杨益民2016年2月16日在福州市第十四届人民代表大会第五次会议上的报告

各位代表:

现在,我代表福州市人民政府,向大会报告政府工作,请予审议,并请市政协委员和其他列席人员提出意见。

一、2015年工作暨“十二五”发展回顾

2015年,在省委、省政府和市委的正确领导下,我市各级政府全面贯彻党的十八大和十八届三中、四中、五中全会精神,深入贯彻习近平总书记系列重要讲话精神和对福建、福州工作的重要指示,认真落实中央支持福建加快发展的重大政策措施和市委十届十次、十一次全会精神,全力以赴稳增长、调结构、促改革、惠民生,各项工作取得了新进展新成效。据统计,全市生产总值5618.1亿元,增长9.6%;一般公共预算总收入848.04亿元,增长8.7%,地方一般公共预算收入560.46亿元,增长9.7%;固定资产投资4853.61亿元,增长10.6%;外贸出口1312.3亿元,增长0.6%;实际利用外商直接投资16.79亿美元,增长8.5%;社会消费品零售总额3488.74亿元,增长14%;居民消费价格总水平上涨1.7%;城镇居民人均可支配收入34982元,增长7.8%;农村居民人均可支配收入15203元,增长8.5%;城镇登记失业率2.44%;人口自然增长率7.4‰;省下达的节能减排任务全面完成。以上指标多数居于全省前列,但有6项指标没有达到我市预期目标。一年来的主要工作和成效是:

(一)积极应对困难,经济保持平稳健康发展。深入开展“三比一看”“四个万家”等活动,全市各级党员干部下基层约45.8万人次,协调解决问题约5.9万个。及时出台一系列稳增长政策措施,巩固经济基本面。扩大有效投资,595项市级重点项目完成投资2367.17亿元,为年度计划的115.2%;981项行动计划重大项目完成投资2555.05亿元,为年度计划的114.7%。金融机构各项贷款余额增长13.8%,企业直接融资1161.83亿元,有力支持了实体经济发展。

(二)转变发展方式,产业转型升级步伐加快。坚持抓龙头、铸链条、建集群,60项重点工业项目竣工投产,26项重点工业项目动工建设,京东方8.5代面板等一批重大产业项目落地,规模以上工业增加值1927.9亿元,增长8.8%。全市技改投资790亿元,增长4.6%。福州高新区、临空经济区、闽台(福州)蓝色经济产业园、台商投资区、江阴工业集中区等园区建设提速,福州经济技术开发区获评国家级物联网园区。加快发展现代物流等14个服务业重点产业,跨境电商公共服务平台投入运营,成功举办中国国际农产品交易会、中国国际体育用品博览会等大型展会,鼓楼区跻身全国楼宇经济十大潜力城区。福州航空新开通16条航线,长乐国际机场年旅客吞吐量突破1000万人次,福州市港口年货物吞吐量1.13亿吨。鼓岭生态旅游区、永泰云顶旅游区获评国家生态旅游示范区。大力推进大众创业、万众创新,新增省级以上创新型企业25家和市级以上企业技术中心20家、院士(专家)工作站16家、众创空间14家,高新技术产业增加值突破1000亿元。加快建设中国福州海西引智试验区,新引进高层次人才34人、人才团队2个。

(三)创新体制机制,重点领域改革向纵深推进。稳妥开展经营性国有资产集中统一监管。积极推进政府和社会资本合作,引入民间资金157亿元。完成第三轮简政放权,市级审批服务事项取消49项、下放51项,33项审批服务事项在全国首创“市区同权、多点办理”。建立行政权力清单、责任清单制度,梳理公布市本级7944项行政权力和10013项责任事项。市行政服务中心通过国家级服务业标准化试点单位验收,建成启用全省首个市民服务中心。全面推广“一照一码”登记制度改革,全市新登记企业数增长35.8%。深化户籍制度改革,建立积分落户制度。闽侯国家级农村集体资产股份权能改革试点启动实施,农村土地承包经营权确权登记颁证试点有序推进。

(四)拓展发展空间,大开放战略深入实施。福州新区获批成为全国第14个国家级新区,对接新区产业项目200多项、总投资超2500亿元,新区固定资产投资超2000亿元。大力推进自贸区福州片区建设,推出6批54项体制创新举措,其中14项属于全国首创,区内新增企业4535户,注册资本830.13亿元。加快建设21世纪海上丝绸之路核心区,成功举办海丝博览会、亚洲合作对话工商大会、丝路国际电影节、海丝国际旅游节等重大活动,中国—东盟海产品交易所等项目建设有效推进。注重“引进来”“走出去”并举,新批千万美元以上外(台)资项目74项、境外投资项目73项。深化榕台交流合作,开通黄岐至马祖客运航线,在全国率先启用电子台胞证、成立首家台胞权益保障中心,海峡青年交流营地启动建设。加强榕港榕澳各领域交流合作,在港澳举办推介会成果丰硕。外事、侨务等工作取得新成效,与丹麦霍尔拜克市建立友好交流城市关系。福莆宁岚同城化步伐加快,平潭及闽江口水资源配置、长平高速公路、福平铁路等项目扎实推进。对口支援和山海协作工作有效开展。

(五)夯实农业基础,“三农”工作力度不断加大。大力发展都市现代农业,全市农林牧渔业总产值764.87亿元,增长4%。新成立322家农民专业合作社,建成5个省级农业标准化示范区,新建设施大棚3200亩。加快发展远洋渔业,在几内亚比绍等国家新建远洋渔业基地。进一步完善农村基础设施配套,54个水利项目完成投资24.96亿元,建成农村公路244公里,新增更新农村客车135辆,解决农村10.3万人饮水安全问题。江阴、青口省级"小城市"培育试点进展顺利,试点小城镇和美丽乡村建设扎实推进。积极开展新农村"幸福家园工程"建设,完成23个市级示范村185个项目建设。实施"造福工程"搬迁5350人,帮扶2.1万人脱贫。

(六)改善宜居品质,城市功能品位持续提升。《福州市城市总体规划(2011—2020)》获得国务院批复,中心城区"多规合一"编制工作基本完成。不断拓展对外通道,合福高铁福州段、沈海复线宁连高速福州段、京台线建闽高速福州段等项目建成通车。加快完善城市路网,新改扩建城市道路71公里,完成城区路网13个节点改造。轨道交通1号线南段试通车,2号线建设加快推进。新增更新公交车1019辆,新辟优化公交线路210条,新增预约出租车113辆,新增公共停车泊位1767个。认真实施"四绿"工程,完成造林绿化13.22万亩,建成开放飞凤山奥体公园、金鸡山栈道等10个城市休闲空间,新建40公里绿道,新增391万平方米城市公共绿地。基本完成飞凤河、台屿河等7条内河整治,实现左海与西湖相通。综合整治123个老旧住宅小区,启动实施旧屋区改造1062万平方米。提高城市防灾减灾能力,江北城区山洪防治及生态补水工程等项目启动建设。道路交通安全、"两违"、非法采砂等专项整治扎实开展,成立"智慧福州"管理服务中心,福州市数字城管系统一期通过国家验收。成功举办中国生态文明论坛福州年会,顺利通过国家生态市建设技术评估和省级森林城市检查验收,全市空气质量位居全国74个重点城市第6位。

(七)完善公共服务,各项社会事业协调发展。新增中小学学位5550个、公办幼儿园学位2160个,在五城区试点政府购买普惠性民办、集体办学前教育服务。全面开展公立医院综合改革,市属、区属公立医院实行药品、耗材零差率销售,新建92个村卫生所、30家基层医疗卫生机构"中医馆"。全面启动国家公共文化服务体系示范区创建,第二期26个城市街区24小时自助图书馆建成投入使用,市老年人活动中心、温泉博物馆等项目建成开放,"文化惠民·六进"活动被文化部评为基层文化志愿服务示范项目。加强历史文化遗产有效保护与合理开发,三坊七巷获评亚太地区"文化遗产保护奖"和国家5A级景区。圆满举办第一届全国青运会,赢得了海内外高度评价,福州代表团获得金牌数、奖牌数、总分数在55个城市代表团中均排名第3位。成功举办环福州·永泰国际公路自行车赛、福州国际马拉松赛、中国羽毛球公开赛、全球华人篮球邀请赛等大型赛事。深化双拥共建,积极为部队办实事解难事,军政军民团结进一步巩固。

(八)注重民生保障,人民群众幸福感有效增强。全市各级财政用于民生支出565.7亿元,占一般公共预算支出的78.2%,年初确定的市级25项78件为民办实事项目件件有落实。城镇新增就业14.9万人,转移农业富余劳动力4.9万人。覆盖城乡的社会保险体系全面建立,企业退休人员养老金、城乡居民基础养老金、城乡低保、农村"五保"标准和新农合人均筹资水平进一步提高。基本建成保障性安居工程2.5万套,解决8667户群众逾期安置问题。村(居)委会换届选举工作全面完成。安全生产形势保持总体稳定。人民群众安全感达92.86%。

(九)践行"三严三实",政府工作作风切实改进。深入开展"三严三实"专题教育和作风建设年等活动,认真贯彻中央八项规定精神,全市政府系统"三公"经费支出下降15.1%。深入开展效能建设、绩效管理工作,坚决整肃"为官不为""庸懒散拖"等问题。行政监察、审计监督等力度持续加大,反腐倡廉工作得到加强。认真执行市人大及其常委会决定决议,自觉接受人大及其常委会的法律监督、工作监督和政协的民主监督,积极支持政协开展协商民主活动。提请市人大常委会审议地方性法规草案3件,制定政府规章和规范性文件29件。办复509件省、市人大代表建议和442件省、市政协提案,满意率分别为97.3%和99.8%。

2015年各项工作的完成,标志着"十二五"规划主要目标的胜利实现。过去的五年,是我市经济总量持续增长、综合实力持续提升、人民群众获得感持续增强的五年。尤其是中央作出支持福建加快发展的重大决策部署,批准设立福州新区、自贸区福州片区,支持福建建设21世纪海上丝绸之路核心区和生态文明先行示范区,福州发展迎来了千载难逢的历史性机遇,经济社会发展迈上了一个新的台阶。

一是综合实力显著增强。全市生产总值突破5000亿元,人均GDP超过1万美元,一般公共预算总收入、地方一般公共预算收入、固定资产投资等实现比2010年翻一番。福州被评为全国文明城市,并蝉联全国科技进步先进市、全国双拥模范城、国家卫生城市等称号。

二是产业结构持续优化。三次产业结构由2010年的9∶44.9∶46.1调整为2015年的7.7∶44.2∶48.1。产业不断发展壮大,形成5个千亿产业集群和10家百亿企业(集团)。现代物流、金融、信息服务、商贸、旅游、文化创意、服务外包等服务业加快发展。高新技术产业增加值占GDP比重从13.8%提高到19%。

三是城乡面貌明显改观。"东进南下、沿江向海"发展战略加快实施,常住人口城镇化率从62%提高到67.7%。高速公路总里程从396公里增加到587公里,实现县县通高速。城市道路总长从1050公里增加到1256公里,城市轨道交通加快建设,新增污水日处理能力47万吨,启动海绵城市建设,城市保障服务和防灾减灾能力切实增强。建成海峡奥体中心等一批地标性建筑,朱紫坊、上下杭、冶山、烟台山等历史文化街区(风貌区)保护修复工作成效显著。环境综合整治力度不断加大,旧屋区改造、内河整治、"两违"治理、市政提升等工作扎实推进。新农村建设步伐加快,试点小城镇和新农村"幸福家园工程"、美丽乡村建设取得较好成效。节能减排任务全面完成,空气质量、森林覆盖率持续位居全国前列。

四是改革开放不断深化。国资监管和国企改革稳步推进,构建形成以四家投资集团与两个专业公司为构架的国资监管格局。民营经济持续健康发展,“回归工程”成效显著。政府机构改革和投融资、财税、科技、教育、文化、卫生、户籍等领域改革扎实推进。农村综合改革向纵深拓展,土地股份合作经营、林权流转等试点工作有效开展。对外开放水平进一步提高,实际利用外商直接投资累计达73.76亿美元,来榕投资或设立机构的世界500强企业增加到93家。榕台交流合作先行先试取得新进展,在榕台资银行实现零的突破,福州被列为赴台个人游试点城市。福莆宁岚同城化步伐加快,榕港榕澳合作、海内外友城合作、闽浙赣皖经济协作、闽东北区域协作、山海协作、对口支援以及外事、侨务、异地商会等工作富有成效。

五是社会事业有效提升。各级各类教育协调发展,率先在省内实现全市县域义务教育基本均衡,在线德育、体艺美育、幸福教育等工作走在全省前列。覆盖城乡的医疗卫生服务体系、疾病预防控制体系和突发公共卫生事件应急体系进一步完善,基本医疗和公共卫生服务覆盖所有行政村,在全省率先组建多种形式医疗联合体。公共文化服务不断拓展,“城市15分钟、农村30分钟公共文化服务圈”初步形成。成功举办第一届全国青运会、央视中秋晚会等重大文体活动。三坊七巷、“海上丝绸之路:福州史迹”入选中国世界文化遗产预备名单,“福州茉莉花与茶文化系统”入选全球重要农业文化遗产。人口计生、民族宗教、民政、新闻出版、广播影视、哲学社会科学、科普、防震、气象、地方志、档案、老龄、妇女儿童、残疾人等事业全面发展。

六是人民生活切实改善。全市各级财政累计用于民生支出1935.25亿元,累计为城乡人民兴办实事项目115项431件。城镇居民人均可支配收入、农村居民人均可支配收入分别比2010年增长67.5%、82.3%。累计实现城镇新增就业73.95万人、转移农业富余劳动力26.7万人。城乡居民基本养老保险制度实现全覆盖,城乡低保、农村“五保”和城乡居民医保财政补助标准持续提高。累计建成保障性安居工程11.6万套,实施旧屋区改造2590万平方米,解决1.6万户低收入家庭住房困难。社会救助、社会福利、社会优抚、社会慈善加快发展,各类扶贫济困活动深入开展。“平安福州”建设扎实推进,信访、行政复议、人民调解、普法、法律援助、法律服务、社区矫正、青少年事务社工以及国防动员、双拥共建、民兵预备役建设、海防、人防、反走私等工作进一步加强。

各位代表,成绩来之不易,这是在省委、省政府和市委的正确领导下,全市人民团结奋斗,社会各界大力支持的结果。在此,我代表市人民政府,向全市人民致以崇高的敬意!向人大代表、政协委员、各民主党派、工商联、各人民团体、无党派人士、离退休老同志和社会各界人士,向中直、省直机关企事业单位和驻榕部队、武警官兵、公安政法干警,向关心支持福州发展的港澳台同胞、海外侨胞和国际友人,表示衷心地感谢!

在看到成绩的同时,我们也必须正视当前福州发展中存在的困难和问题,主要是:经济下行压力仍然较大,部分行业、企业生产经营困难,稳增长任务较为艰巨;产业结构不够优、竞争力不够强,自主创新能力不足,转型升级任重道远;城乡规划建设管理水平有待进一步提升,交通拥堵、违法建设等问题还比较突出,防灾减灾、防洪排涝、停车场所、地下管网等设施还比较薄弱;城乡之间、县(市)区之间发展还不平衡;节能减排压力较大,环境资源约束与经济社会发展之间矛盾比较突出;住房、教育、医疗、物价、食品安全、社会保障等与群众的要求还有较大差距;社会管理还需加强,安全生产事故、群体性事件仍时有发生;一些公务人员仍然存在“为官不为”“庸懒散拖”等问题。我们要切实采取有效措施,认真加以解决。

二、“十三五”发展暨2016年工作安排

各位代表,根据《中共福州市委关于制定福州市国民经济和社会发展第十三个五年规划的建议》编制的《福州市国民经济和社会发展第十三个五年规划纲要(草案)》,提出了今后五年经济社会发展的指导思想、目标任务和政策措施,地区生产总值提前实现比2010年翻一番,到2020年一般公共预算总收入超过1250亿元、地方一般公共预算收入超过780亿元。

“十三五”时期我市国民经济和社会发展的指导思想是:高举中国特色社会主义伟大旗帜,全面贯彻党的十八大和十八届三中、四中、五中全会精神,深入贯彻习近平总书记系列重要讲话精神和对福建、福州工作的重要指示,坚持“四个全面”战略布局,坚持发展第一要务,树立创新、协调、绿色、开放、共享的发展理念,以跨越赶超为主题,以福州新区为引领,以转型升级为主线,以改革开放为动力,以提升人民群众获得感为目的,统筹推进经济建设、政治建设、文化建设、社会建设、生态文明建设和党的建设,率先全面建成小康社会,努力建设更具实力、更富活力、更有魅力的现代化新福州。

我市“十三五”发展的主要任务:一是推进产业转型升级。优先发展现代服务业,大力发展先进制造业,培育发展战略性新兴产业,规模以上工业增加值达到3000亿元以上,力争服务业增加值突破5000亿元,培育形成4个产值超2000亿元、2个产值超1000亿元的产业集群以及20家百亿企业(集团),加快打造东南沿海先进制造业重要基地、现代金融中心、文化创意之都、海峡会展之都、总部经济高地、海洋经济强市以及全国重要旅游目的地。二是突出创新驱动引领。大力推进自主创新,建立健全以企业为主体协同创新的技术创新体系,实现省级以上企业工程技术研究中心突破100家,市级以上企业技术中心达250家,建设中国福州海西引智试验区,创建国家级自主创新示范区。三是提高改革开放水平。全面推进服务型政府建设和资源要素市场化改革,进一步激发市场主体活力。积极融入国家“一带一路”战略,全力推进福州新区开放开发,加快建设自贸区福州片区和21世纪海上丝绸之路核心区。深化两岸经贸合作,推动两岸人文融合,打造对台往来综合枢纽。四是推进福州大都市区建设。全面实施新一轮城市总体规划,加快中心城市“东进南下、沿江向海”发展步伐,进一步凸显滨江滨海现代化国际大都市格局。努力完善对内对外综合交通体系、城市公共服务体系、现代管理体系、历史文化体系、生态环境体系和安全保障体系,不断提升城市内涵品质。充分发挥省会中心城市的龙头带动作用,推动福莆宁岚连片繁荣、共同发展。五是统筹城乡一体发展。加快推进新型城镇化建设，实现常住人口城镇化率达75%左右，全面形成以福州新区为引领、中心城区为龙头、中小城市和小城镇协调发展、新型城镇化和新农村建设协调推进的格局。加大科学扶贫、精准扶贫力度，深化县(市)区对口协作，力争2017年底实现扶贫对象全部脱贫。六是构建文明和谐生态。深入实施生态文明战略，持续提升国家生态市建设水平，建成国家森林城市。大力发展绿色经济，推广以园区为依托的循环经济模式，加大生态修复和环境保护力度，健全生态文明制度体系，积极建设生态文明先行示范区。七是切实保障改善民生。努力提高居民收入水平，加快推进基本公共服务均等化，构建完善公共就业创业服务体系、现代教育体系、公共卫生体系、社会保障体系、现代公共文化服务体系和公共安全体系。

各位代表，2016年是全面建成小康社会决胜阶段的开局之年，也是推进结构性改革的攻坚之年。我们要进一步坚定信心，牢固树立和贯彻落实五大发展理念，积极适应经济发展新常态，坚持稳中求进工作总基调，统筹稳增长、调结构、强动力、惠民生、防风险，加强供给侧结构性改革，着力去产能、去库存、去杠杆、降成本、补短板，确保"十三五"发展开好局起好步。今年经济社会发展的主要预期目标是：地区生产总值增长9.5%，力争更快更好些；地方一般公共预算收入增长7.5%；固定资产投资增长12%；外贸出口增长3%；实际利用外商直接投资增长7%；社会消费品零售总额增长13%；居民消费价格总水平涨幅控制在3%左右；城镇居民人均可支配收入增长8.5%左右，农村居民人均可支配收入增长9%；城镇登记失业率控制在3.5%以内；确保完成省下达的节能减排降碳任务。

为实现上述预期目标，重点抓好以下七个方面工作：

(一)全面加快福州新区开放开发

突出规划引领和机制创新。围绕"三区一门户一基地"的战略定位，认真开展"新区建设年"各项工作，抓紧推进《福州新区发展规划》、《福州新区总体规划(2015—2030)》的编制和相关报批工作。进一步健全完善新区规划体系，启动新区范围内基础设施规划、公共服务设施布局规划以及相关专项规划、重点区域控制性详规、新区城市设计研究等工作。加快完善新区行政管理体制和运行机制，努力实现经济管理扁平化、社会管理精细化、政府服务高效化。组建新区开发投资集团，设立若干投资平台，协调推进各片区开发建设。推进福州新区与平潭一体化联动发展，加快形成政策共用、利益分享的互利共赢合作机制。

加快基础设施建设。推进滨海大通道、东部快速通道二期、道庆洲大桥、马尾大桥、环南台岛滨江休闲路、江涵大桥等一批重大交通设施及新区供电供水排水、生态环卫等基础设施体系建设，策划一批教育、医疗、消费等城市配套设施项目。扎实推动三江口、闽江口、滨海新城、福清湾、江阴湾等五大城市功能组团建设，启动海峡中央商务区建设，积极打造临空经济区、闽台(福州)蓝色经济产业园、江阴工业集中区等一批重大园区。初步安排新区重点项目391项，年度计划投资约1600亿元，争取新区完成固定资产投资3000亿元。

强化产业支撑。推进新区产业布局调整，抓好中铝铝精深加工、三峡集团海上风电装备产业园、中核建核电产业园、中车株机集团新能源等一批项目落地动建，加快推进京东方8.5代面板、聚酰胺一体化、恒申合纤、中景石化科技园、福清核电3号~6号机组等一批项目建设，抓紧引进一批符合新区产业发展方向的高新技术产业、战略性新兴产业项目，推动新区建设与产业升级"双轮驱动"、协同发展，着力打造东南沿海重要的现代产业基地，确保新区GDP增长速度高于全市2个百分点。

(二)持续深化改革扩大开放

加快重点领域改革。深化国有企业改革，全面推进市属投资集团建设，加快国有企业负责人薪酬制度改革。进一步创新投融资方式，鼓励发展投资基金。大力发展民营经济，支持民营资本以多种方式进入基础产业、社会事业以及特许经营领域。清理规范中介服务和前置审批，全面实施清单管理，推行企业电子执照和全程电子化登记。继续加大政府购买服务力度，推进道路保洁、垃圾收运和市政设施管养、内河整治管养等领域的市场化运作。全面开展不动产统一登记。加快推进农村集体建设用地和宅基地使用权确权登记颁证。深化财政体制改革，健全政府预算体系。继续完善市行政服务中心、市民服务中心，整合建立统一的公共资源交易服务中心。

推进自贸试验区建设。推出一批可复制推广的创新举措，加快创新成果的复制推广，推动试验区内外联动发展。建立"一站式"办结审批机制，加强事中事后监管。引导进出口企业在福州片区注册，加快江阴整车进口口岸、跨境电商产业园、两岸金融创新合作示范区、海丝商城、利嘉保税商品展示交易中心、海峡智贸城等平台建设，做大福州片区规模。积极推进两岸金融合作和人民币跨境使用、外汇管理等领域改革。大力推动海关特殊监管区整合优化。

打造海丝战略枢纽城市。加快长乐机场二期、福厦客专、绕城高速东南段、莆炎高速福州段、长福高速公路、牛头湾作业区12号、13号泊位等一批项目建设，争取开通更多的海港、空港国际航线，建设"一带一路"通陆达海的重要枢纽。支持中国—东盟海产品交易所建设海外分中心，加快境外养殖基地建设，力争境外养殖投产面积达到1.5万亩。不断扩大海丝博览会、丝路国际电影节、海丝国际旅游节等活动影响力，拓宽与"海丝"沿线国家、地区合作的范围和领域，推动"海上丝绸之路：福州史迹"申报世界文化遗产，建成开放福州海上丝绸之路展示馆。密切与侨团、商会的联系，做好华裔新生代工作。加大精准招商力度，强化与央企、世界500强企业和国际知名公司合作。积极开拓出口市场，大力发展服务贸易和技术贸易。支持企业加大先进技术引进和关键装备进口力度。鼓励企业"走出去"发展，培养本土跨国公司。加快推进电子口岸建设，争取罗源湾港区扩大开放通过国家级验收。

拓展对台等交流合作。加快台商投资区、农业合作试验区、台湾农民创业园等平台建设。支持榕台合资设立产业投资基金、创业投资基金，争取建立国家对台金融合作示范区。深化榕台科技、教育、文化、卫生、体育以及宗教民俗、祖地文化等领域的全方位交流，继续办好"5·18"海交会、海峡青年节、渔业周·渔博会、海峡两岸合唱节等一批对台特色交流活动,推进台湾青年创业基地建设,完成海峡青年交流营地一期建设。大力发展海峡旅游,加快构建环马祖澳旅游区。进一步深化与港澳在金融、物流、旅游、文化创意等领域的务实合作。加强泛珠三角、闽浙赣皖、闽东北的区域协作、山海协作,继续抓好对口援疆援藏援宁工作。

推动福莆宁岚互动联动发展。主动争取平潭综合实验区政策辐射,促进平潭与周边地区有机联动发展。支持平潭建设国际旅游岛,加快建设平潭及闽江口水资源配置、长平高速公路、福平铁路等项目。继续在科技、教育、卫生、社保、人才培训等方面为平潭提供良好服务。加快福莆宁岚在交通建设、产业发展、公共服务等领域的同城化步伐,促进福莆宁岚协同发展。

(三)着力打造产业升级版

推动主导产业高端化集聚化发展。大力实施"中国制造2025",抓好一批具有产业带动力的重大项目建设,完善产业链关键环节和上下游配套,做大做强产业集群。推进新一轮企业技改,完成技改投资830亿元以上,抓好130项重点技改项目。积极引导企业应用数控技术和智能装备进行智能化技术改造,推动纺织服装、电子通信器件、汽车零部件、食品、金属制品等行业开展"机器换工"。实施商标、品牌和质量强市战略,支持企业收购国际知名品牌,加快培育一批驰名商标、名牌产品。

促进新产业、新业态、新模式蓬勃发展。推进通用航空产业园、普天集团新能源汽车动力电池、大唐新能源闽侯青林风力发电、神华煤港电一体化、华能罗源港电储基地、永泰抽水蓄能电站等项目建设,推动新一代信息技术、生物与新医药、新材料、新能源、节能环保、高端装备制造等新兴产业规模化发展。大力推广新能源汽车,加快充电桩(站)建设。积极推进"互联网+",依托国家新型工业化产业示范基地(物联网)、福州高新区、数字福建(长乐)产业园、中国福州(仓山)互联网+产业园等平台,加快发展大数据、物联网、云计算等产业,推动互联网与制造业、农业等深度融合、协同发展。努力创建"中国软件名城",促进中海创、新大陆、网龙、星网锐捷、瑞芯微等企业做大做强。

推进现代服务业质量提升、比重提高。抓好鼓楼区国家服务业综合改革试点,发展壮大海峡金融商务区、闽江北岸中央商务区、国际创新中心贵安基地等总部经济集聚区。加快国家电子商务示范城市建设,发挥海峡两岸电子商务经济合作实验区、海峡电子商务产业基地带动效应,积极引进跨境电商龙头企业。持续推进大东街口商圈改造提升,加快华润万象城等城市综合体建设。优化完善物流规划布局和城市配送体系,大力发展第三方物流、冷链物流、智慧物流、电子商务物流,推动闽台电子商务与现代物流园等项目建设。积极创建服务外包示范城市。加快建设海西现代金融中心,支持发展民营银行、小额贷款公司、股权投资机构和融资租赁公司。规范民间融资行为,有效防范和化解金融风险。稳定住房消费,打通保障房与商品房转换通道,发展住房租赁市场,着力化解房地产库存。完善智慧旅游体系,突出发展清新生态、闽都文化、温泉休闲、海峡、海丝和乡村等旅游品牌。办好中国国际体育用品博览会、中国糖酒商品交易会等大型展会。

提升都市现代农业发展水平。实施"粮安工程",确保粮食播种面积稳定在160万亩以上。做大特色优势农业和品牌农业,加快金鱼产业园等一批特色农业项目建设。发挥"一区两园"农民创业示范基地作用,加强农田水利基础设施建设,新增设施大棚1000亩,扶持闽清等省定农产品主产地建设。提升农业设施化和智能化水平,积极发展循环农业、休闲观光农业和林下经济。大力发展远洋捕捞和海产品精深加工,推进海峡现代渔业经济区、马尾东盟海洋产业园等项目建设。鼓励发展绿色高效生态养殖,力争完成罗源湾养殖退养。引导和规范土地经营权有序流转,加快培育一批专业大户、农民专业合作社、家庭农场等新型农业经营主体,积极培养新型职业农民。加大良种繁育和农业科技应用推广力度。完善农业社会化服务体系,促进农业标准化生产。

实施创新驱动战略。支持以企业为主承担重大科技专项等创新项目,开展关键技术研发攻关和协同创新,努力创建国家级自主创新示范区。加快建设中科院海西研究院、福州技术市场等创新示范基地,进一步密切产学研用对接合作。全力推动大众创业、万众创新,加快大学生创业园建设,筹建电商创业孵化基地,新建科技孵化器5家、众创空间10家,争创国家小微企业创业创新基地城市。发挥中国福州海西引智试验区作用,加强与国内外知名高校、科研院所、榕籍院士的合作,积极培养和引进创新创业各类人才。

强化企业帮扶。加大中小微企业、民营企业扶持力度,积极帮助企业降低制度性交易成本、税费负担、社会保险费、财务成本、电力价格和物流成本。积极化解产能过剩,鼓励企业通过技改、兼并重组、上市等方式做大做强,尽可能多兼并重组、少破产清算。支持企业开拓市场,提高名特优新产品市场占有率。加强政银企合作,充分发挥各级企业应急保障资金和农业产业化龙头企业"互助资金池"的作用,帮助企业解决资金周转困难和融资难问题。

(四)统筹推进城乡一体化发展

提升城市规划建设水平。完成全市"多规合一"工作,全面开展城市设计,增强城市规划的科学性和权威性。推进基础设施建设,新建改造污水管网、供水管网、雨水管网各150公里以上,新建地下综合管廊22.9公里。积极构建快速交通网络,加快福州外郊快速环线、城区北向第二通道、福马路提升改造工程等项目建设,建成湖东东路下穿、南台大道等市政项目。进一步打通断头路,优化社区交通微循环。加快轨道交通建设,实现1号线全线贯通,全面建设2号线、6号线,力争启动4号线、5号线建设。加强地下空间开发利用,推进万宝商圈地下人防工程等项目建设。鼓励发展立体停车、地下停车,新增公共停车泊位6000个,建成一批立体停车库。深入开展"公交都市"创建活动,新增更新公交车350辆,新辟优化公交线路20条,继续推广公共便民自行车。切实提高城市防灾减灾能力,积极申报第二批国家海绵城市建设试点,推进江北城区山洪防治及生态补水工程、闽江下游南港防洪、霍口水库和东湖、南湖等项目建设,做好城市防洪排涝、防抗台风海浪以及山区地质灾害防范等工作。加快推进区域重点输变电项目建设,优化电力设施布局。

加强城市精细化管理。不断完善城市管理体制,全面拓展"智慧城市"管理服务平台应用,加强"数字城管"建设,争创新型智慧城市标杆市。完成流花溪、梅峰河等7条内河整治,启动胪雷河、螺洲河等6条内河整治,开展黑臭水体专项治理。实施旧屋区改造380万平方米,综合整治老旧住宅小区60个、背街小巷36条。新改扩建金山公园、南公园、烟台山公园等10个公园,新建完善城市绿道和慢行系统30公里,造林绿化8.2万亩。加强交通环境治理,科学组织重要节点交通,健全市域交通导识标志。全面落实"门前三包"责任制,有序推进垃圾分类工作。持续治理"两违"、非法采砂、渣土车违规等突出问题。

推进新型城镇化和美丽乡村建设。加强中心城区以及县(市)城关周边小城镇的统筹规划和功能配套,编制完成新型城镇化规划。深化户籍制度改革,全面实施居住证制度,实施差别化落户政策,引导和鼓励人口优先向城镇转移。加快江阴、青口省级"小城市"培育试点步伐,吸引社会资本参与小城镇建设,形成一批功能完善的特色小城镇。深入实施新农村"幸福家园工程",积极打造美丽乡村,争取建成130个美丽乡村、12个美丽乡村精品示范村,加强历史文化名镇名村、传统村落保护工作。关爱农村"三留守"群体,进一步提高农村基本公共服务保障能力。

(五)巩固提高生态文明建设水平

加强生态系统建设。完成国家生态市考核验收。建立生态保护红线制度,实施生态环境分区分级管控。完善生态补偿和资源有偿使用制度,推进水权、排污权有偿使用和交易试点,开展森林生态效益补偿和重点生态区位商品林赎买工作。健全环境监测网络,严肃生态环保责任追究,严厉打击环境违法行为。提高全民环保意识,大力倡导和推广节约资源能源、低碳出行和绿色消费。加强闽江河口湿地等重要湿地以及自然保护区、沿海防护林等重点生态功能区的保护,积极创建国家级海洋生态文明示范区。

推进节能减排。全面实施能耗强度、碳排放强度和能源消费总量控制,落实重点行业脱硫脱硝工作,继续实行县(市)区污染物减排刚性约束。严格落实环境准入制度,健全落后产能退出机制,坚持绿色发展、循环发展、低碳发展,加快循环经济示范城市建设。实施30项节能技术改造项目、60项重点减排项目,加快建陶等行业清洁能源改造。推进建筑产业化和绿色建筑、建筑节能,大力推广装配式建筑。继续加快环保基础设施建设,启动建设餐厨垃圾处理厂、闽侯生活垃圾处理厂、危险废物处置新场,推进红庙岭垃圾焚烧发电厂三期、连坂污水处理厂二期及厂外管网、闽侯窗厦渣土资源综合利用等项目建设,全面完成城镇污水处理厂污泥的规范化处理处置。

深化环境综合治理。加强大气污染防治,全面推进施工扬尘、垃圾焚烧、餐饮油烟污染等十项大气污染整治专项行动,保持空气质量位居全国74个重点城市前列,努力实现"保十争五"的目标。严格落实"河长"责任制,抓好畜禽养殖、石板材等重点行业污染治理和饮用水源地保护。强化对重金属、危险废物、危险化学品、持久性有机污染物、核设施和放射源安全监管,建立完善突发环境事件预防和预警体系。加大水土流失、工矿废弃地恢复治理力度。

(六)协调发展各项社会事业

推进优质教育均衡化。实施第二期学前教育三年行动计划,新增中小学学位6000个、公办幼儿园学位2220个。推动普通高中多样化发展。加大教育资源配置向农村特别是边远、贫困、民族乡村倾斜力度,全面推进农村义务教育薄弱学校"委托管理"。大力开展素质教育,加快建设青少年校外活动中心。加强产教融合、校企合作,建成市职业教育公共实训基地二期。提高高等教育质量,完善大学城管理体制。强化教师队伍师德教育和专业培养,实施教育高端人才5年培养规划和乡村教师支持计划。支持民办教育发展,鼓励中外合作办学,加快中加国际学校等项目建设。抓好社区教育、特殊教育、老年教育、继续教育、终身教育。

打造"健康福州"。深化公立医院综合改革,鼓励和规范社会力量举办医疗机构。持续优化医疗资源布局,加快建设市一医院、市妇幼保健院等重点项目。提高基层医疗服务能力,加强全科医生和乡村医生队伍建设。完善分级诊疗制度,鼓励医师多点执业。强化医德医风建设,构建和谐医患关系。加强卫生应急队伍装备建设,提升疾病预防控制和突发公共卫生事件应急处置能力。支持中医药事业和中西医结合发展。持续开展爱国卫生运动。全面实施两孩政策,促进人口均衡发展。推动体育事业和体育产业发展,继续办好环福州·永泰国际公路自行车赛、福州国际马拉松赛、中国羽毛球公开赛、国际沙滩排球巡回赛、中华龙舟大赛等一批大型赛事,广泛开展全民健身活动,打造"10分钟体育健身圈"。

提升城市文化软实力。推进国家公共文化服务体系示范区建设,加快海峡文化艺术中心、海峡青少年活动中心等项目建设,建成开放海峡图书馆、海峡妇女儿童活动中心,启动基层公共文化设施达标、提升工程,打造"15分钟公共文化服务圈"。大力挖掘和弘扬闽都文化,加强文化遗产保护,持续推进朱紫坊、上下杭、冶山、烟台山等历史文化街区(风貌区)保护修复与合理利用,强化非物质文化遗产保护传承。大力支持文艺创作,促进哲学社会科学、新闻出版、广播影视、文学艺术等事业繁荣发展。认真编纂福州市志和年鉴。鼓励发展文化产业,加快中国船政文化城、海峡非物质文化遗产生态园、海西动漫创意之都等文化产业园区建设。

巩固文明城市建设成果。大力开展以中国梦和社会主义核心价值体系建设为引领的精神文明建设,加强社会公德、职业道德、家庭美德和个人品德教育。推进群众性精神文明创建活动,深化文明城市、文明村镇、文明单位(行业)、文明家庭、文明校园创建。强化未成年人思想道德建设,鼓励发展志愿服务,培育良好的社会风尚。推进诚信制度化建设,着力构建"诚信福州"。

(七)不断提升人民群众获得感

打好脱贫攻坚战。重点抓好闽清、永泰等扶贫开发重点县和老少边贫岛地区发展,全年实现脱贫2.07万人,完成"造福工程”搬迁4000人。坚持精准识别,规范建档立卡,摸实摸清底数,确保扶贫对象到户到人。坚持精准施策,分类制定帮扶措施,实行发展产业脱贫、转移就业脱贫、“造福工程”搬迁脱贫、发展教育脱贫、生态补偿脱贫、低保兜底脱贫、医疗保险和医疗救助脱贫。坚持精准管理,建立贫困户脱贫退出认定机制,做到贫困人员应进则进、应退则退。

做好就业和社会保障工作。完善就业创业扶持体系,促进结构性失业人员、高校毕业生、农村转移劳动力、就业困难人员和退役军人就业,争取城镇新增就业13.3万人。推行企业工资集体协商,逐步提高最低工资标准,构建和谐劳动关系。进一步提高城乡居民基础养老金、城乡低保、农村“五保”和城乡居民医保财政补助标准,执行全市统一的城乡医保一体化政策,完善对被征地、收海农民的多元保障机制。加快保障性安居工程建设,新开工建设1.8万套,基本建成1万套。积极应对人口老龄化,健全城乡养老服务体系,加强养老服务机构建设与管理,鼓励社会力量参与养老服务,加快养老服务业和健康服务业发展,推进医养结合。保障妇女儿童和青少年合法权益,积极发展社会福利、社会救助、社会慈善和残疾人事业。继续加强“菜篮子”工程建设,新建蔬菜基地3000亩,着力保障市场供应量足、质优、价稳。持续治理“餐桌污染”,建设“食品放心工程”,确保人民群众“舌尖上的安全”。

加强和创新社会治理。深入推进“平安福州”建设,进一步完善社会治安防控体系,强化社会治安网格化管理,依法防范和惩治各类违法犯罪。强化安全生产监管和隐患排查治理,坚决防范和遏制重特大事故发生。依法处理信访事项,完善人民调解、行政调解、仲裁调解、司法调解等多元化联动体系,推进矛盾纠纷排查化解。探索建立社区民主协商机制。做好社区矫正工作。健全重大决策社会稳定风险评估机制和突发事件应急处置机制。深入实施“七五”普法。推动社会组织多元健康发展,支持工会、共青团、妇联、残联等人民团体发挥更大作用。加强民族工作,依法管理宗教事务,促进民族团结进步和宗教关系和谐。扎实做好防震减灾、科普、气象、档案、保密等工作。巩固提升双拥模范城创建成果,支持驻榕部队和武警部队建设,加强国防教育、国防动员、国防后备力量建设和海防、人防、反走私等工作,推进军民融合深度发展。

三、切实加强新形势下政府自身建设

各位代表,新形势新任务对政府自身建设提出了新的更高要求,市人民政府将严守政治纪律和政治规矩,加强和改进政府作风,着力打造法治政府、廉洁政府和服务型政府。

坚持依法行政。完善行政机关领导干部及工作人员学法、守法、用法制度,进一步提高依法行政水平。坚持用制度管权管事管人,严格依照法定权限和程序行使权力、履行职责,完善重大事项听证、政府法律顾问等制度,把权力关进制度的笼子里。自觉接受人大及其常委会的法律监督、工作监督和政协的民主监督,支持协商民主广泛多层制度化发展,切实提高办理人大代表建议、政协提案的满意率、落实率。强化权力公开运行,积极推行政务公开、政府信息公开,主动接受舆论和群众的监督。

强化担当尽责。深化行政管理体制改革,进一步转变政府职能,持续推进简政放权,切实提高政府服务效能。弘扬敢想、敢闯、敢干、敢担的干事创业精神,把心思和劲头放在苦干实干、争创一流上,勇于直面矛盾、攻坚克难,切实做到想干事、会谋事、敢担事、能成事。大力弘扬“马上就办、真抓实干”的优良传统,坚决纠正“为官不为”“庸懒散拖”等问题,全面提高政府执行力和公信力。

秉持执政为民。巩固拓展“三严三实”专题教育活动成果,深入开展“三比一看”“四个万家”“企业服务月”等活动,努力为企业和群众排忧解难。坚持权为民所用,持续整改“不严不实”问题,坚决纠正损害群众利益的不正之风,切实提高群众的满意度。认真执行《中国共产党廉洁自律准则》、《中国共产党纪律处分条例》,严格落实中央八项规定精神,加强行政监察和审计监督,积极推进审计监督全覆盖,营造风清气正的良好氛围。

各位代表,建设现代化新福州是全市人民的共同期盼,也是时代赋予我们的崇高使命。让我们紧密团结在以习近平同志为总书记的党中央周围,在省委、省政府和市委的领导下,进一步解放思想、开拓进取,为全力推进福州新区开放开发,在更高起点上加快建设闽江口金三角经济圈,加快建设更具实力、更富活力、更有魅力的现代化新福州而努力奋斗!

2015年市委市政府为民办实事项目完成情况

一、全面建成海峡奥林匹克体育中心等首届青运会比赛场馆

(一)全面建成海峡奥林匹克体育中心。

投入41亿元,建成海峡奥林匹克体育中心,含体育场、体育馆、游泳馆、网球馆及周边道路、广场、河道、绿化等配套工程。

(二)新建晋安、马尾、闽侯、长乐、连江等大型体育场馆,改造长乐、福清等体育场馆。

1. 全面完成新建6个大型体育场馆,即晋安区新城综合体育馆、马尾区综合体育馆、闽侯县青口镇综合体育馆、长乐市首占营前综合体育馆、长乐市水上运动中心水上基地、连江县体育公园体育馆。

2. 落实改造5个体育场馆,即长乐市人民体育场、福清市体育馆、福清市龙江体育场、福清市人民体育场、侨兴轻工学校体育场。

二、建成福州海峡图书馆

投入4亿元,基本建成福州海峡图书馆,进行馆内二次装修工程施工,待二次装修完成后即对外开放。

三、建成海峡妇女儿童活动中心

投入2亿元,基本建成海峡妇女儿童活动中心,进行内部二次装修工程施工。

四、加强“菜篮子”工程建设,治理餐桌污染

（一）加强农业生产源头污染治理，开展食品安全综合整顿、风险监测与防控、宣传教育培训、法规制度建设、质量安全可追溯体系建设等工作，建立健全保障食品安全长效机制，强化监督执法，规范食品生产经营秩序。

市食品安全监管部门组织联合执法，查处案件948起，涉案金额80.1万元。全市主要食品安全检测指标均达标，其中，生猪“瘦肉精”尿样检测合格率100%；主要水果农药残留快速检测合格率99.99%；蔬菜农药残留快速检测合格率99.62%，原粮卫生指标抽检合格率100%；水产药物残留养殖环节抽检合格率99.99%；市、县城区市政管网末梢水质抽检合格率98.43%；县级以上集中式饮用水源地水质达标率100%；加工食品（含酱油、鱼露、食醋、豆制品、食用油等）卫生市场抽检合格率99.57%。

（二）新建或提升改造菜市场（含农贸市场、生鲜超市）20个。其中，鼓楼区、台江区、仓山区、马尾区、连江县和闽清县各2个，长乐市和晋安区各1个，福清市和永泰县各3个。

（三）超额落实新建蔬菜基地414公顷。其中，福清市173.33公顷、长乐市86.67公顷、闽侯县70公顷、罗源县20公顷、闽清县37.33公顷、连江县和永泰县各13.33公顷。

（四）落实生猪活体储备任务，市直控生猪基地年出栏生猪75万头。其中，晋安区4.1万头、马尾区3.3万头、福清市14.3万头、长乐市1.6万头、闽侯县31.1万头、连江县8.7万头、罗源县6.3万头、闽清县4.1万头、永泰县1.5万头。

五、改善农村生产生活条件

（一）建成农村公路、完成撤渡建桥、新增更新农村客车，全市符合运营条件的建制村100%开通农村客车。

1. 农村公路建设：全市建成农村公路244公里（占任务162.7%），完成投资29260万元。

2. 撤渡建桥：建成永泰县埔埕大桥。

3. 农村客车：落实新增更新农村客车135辆（占任务168.8%），完成投资2428万元。

（二）续建和新开工建设陆岛交通码头4座，建设码头管理房1座，更新海岛客运渡船2艘，改造内河渡口2道，改造危桥。

1. 续建和新开工建设陆岛交通码头：续建的长乐长屿陆岛交通码头、连江过屿北茭和罗源碧里牛澳等3座陆岛交通码头完成投资1920万元；计划新开工建设的罗源鉴江井水陆岛交通码头动建。

2. 建设码头管理房：建成福清牛头尾码头管理房。

3. 海岛客运渡船和内河渡口改造：更新长乐市松下镇松下村客渡船和福清市沙埔镇野马屿客渡船；改造永泰白渤渡口、春光渡口。

4. 危桥改造：落实危桥改造20座（马尾区2座、闽侯县3座、罗源县5座、闽清县2座、永泰县6座、连江县和长乐市各1座）。

（三）实施造福工程搬迁5350人（占任务133.8%）。

（四）解决农村10.3万人饮水安全问题，投入5100.7万元。其中，福清市4.34万人、罗源县1.29万人、连江县4.67万人。

（五）落实永泰星联水库、福清院寺底水库、福清韭菜垅水库等3座一般小（二）型水库除险加固工程，投入330万元。

（六）超额落实水土流失治理任务约3093.33公顷（占任务154.7%）。其中，永泰县约1833.33公顷、闽清县400公顷、连江县约266.67公顷、福清市约173.33公顷、闽侯县和罗源县各约133.33公顷、长乐市约113.33公顷、晋安区20公顷、仓山区约6.67公顷、马尾区约13.33公顷。

（七）新批复立项中心渔港1个，完成连江县苔菉中心渔港立项批复；继续推进规划内二级渔港项目7个，其中新立项渔港2个（长乐市梅花二级渔港和福清市东翰海亮沃口二级渔港），完成主体工程1个（连江县苔菉北茭二级渔港），推进建设4个（连江县筱埕屿仔尾二级渔港项目完成扭王块650个、四角空心块480个、基槽抛石3万方、西护岸107.6米、护岸抛石2.5万方；连江县茭南二级渔港项目完成立项前各项前期报批工作；连江县坑园下屿二级渔港项目完成预算审核，进入招投标阶段；长乐市松下长屿二级渔港项目完成北防波堤及西防波堤的沉箱安放，以及南防波堤基座抛石、理石及沉箱预制）。

（八）超额落实建成设施大棚约213.33公顷（占任务107%）。

（九）落实渔民免费综合技能培训74期6439人（占任务214.6%）。其中，连江县13期1018人、闽侯县3期398人、长乐市8期765人、福清市10期1010人、罗源县7期730人、永泰县3期266人、闽清县7期421人、马尾区3期500人、晋安区2期111人，市本级18期1220人。

六、实施新农村幸福家园工程，推进美丽乡村建设

（一）实施新农村幸福家园工程，按照“十个一”标准建设新农村幸福家园示范村。投入8239万元，完成23个市级示范村185个项目建设，其中，晋安区、连江县、闽侯县、福清市和闽清县各2个村，长乐市、罗源县和永泰县各4个村、马尾区1个村。

（二）超额完成投资5.66亿元（占计划投资117.2%），落实132个美丽乡村建设任务。所有村庄均完成环境卫生整治、房前屋后“脏乱差”治理等“五清”工作，累计整治旧房裸房2855栋(72.5万平方米)，建设污水集中处理设施18个，铺设污水管网2.9公里，村道硬化7.26公里，新增绿化面积17.45万平方米。

七、加快完善中心城区路网

（一）建成海峡奥体中心周边配套市政道路，落实建成福湾路、奥体中心片区道路（建新南路、横一路、纵一路、横二路、纵二路）、凤山路、盘屿路、飞凤山公园配套道路（景观轴两侧二支路、三支路）。

（二）基本建成金山大桥拓宽改造工程，投入3.6亿元。

（三）建成北江滨中央商务区下穿工程，投入4.9亿元。

（四）建成二环金鸡山隧道拓宽工程，投入4.1亿元。

（五）建成化工路提升改造工程，投入7.6亿元。

（六）建成远洋路提升改造工程，投入6.4亿元。

（七）建成二环白湖亭立交工程，投入10.15亿元。

八、实施公交服务便民和游客公共交通服务工程

(一)新增更新公交车,新增优化公交线路,改造公交站台,新建公交首末站。

1. 新增更新公交车:超额落实1019辆(占任务291%),完成投资74038万元。其中,更新普通公交车165辆(市本级134辆、县级31辆),新增新能源公交车618辆(市本级519辆、县级99辆),更新新能源公交车236辆(市本级196辆、县级40辆)。

2. 新增优化公交线路:已新辟和优化公交线路210条。其中,新辟公交线路28条(市本级15条、县级13条),优化公交线路182条(市本级172条、县级10条)。

3. 改造公交站台:落实102个(占任务102%),完成投资785万元。

4. 新建公交首末站:投入460万元,建成鳌峰洲公交首末站;投入6000万元,建成火车北站北广场公交站。

(二)建设罗源县旅游集散服务中心。该项目按照二级旅游集散服务中心标准建设,建筑规模4114平方米(含管理用房),停车场2096平方米,预算投资1000万元,年内完成主体施工(共四层)。

九、新建一批公共停车泊位和立体停车库

(一)超额落实新增1767个道路停车泊位(占任务176.7%)。其中,鼓楼区131个、台江区228个、晋安区353个、仓山区1055个。

(二)在四城区建设立体停车库。晋安区建成紫阳商贸中心立体停车库(5层、250个车位);仓山区基本建成金山文体中心立体停车库(6层、112个车位);鼓楼区建成方圆大厦立体停车场(2层、59个车位);台江区建成百联大厦地下室立体停车库(2层、233个车位),基本建成市市民服务中心升降横移机械式立体停车场(8层、160个车位)。

十、实施保障性安居工程

落实新开工保障性住房、棚户区改造住房2万套(占任务145%),基本建成保障性住房、棚户区改造住房2.5万套(占任务217%)。

十一、综合整治老旧住宅小区

超额落实老旧住宅小区综合整治123个(占任务123%)。其中,鼓楼区50个、台江区22个、仓山区11个、晋安区36个、马尾区4个。

十二、继续加强内河综合整治

(一)建成奥体周边河道补水工程,投入4779万元,包含飞凤河节制闸、台屿河节制闸、阳岐河连接段节制闸,铺设补水管道约4000米。

(二)加快推进南台岛内河综合整治。完成奥体周边飞凤河、台屿河、阳岐河与台屿河连接段等3条内河整治施工;连坂河全长1500米,年内完成河道整治900米;流花溪综合整治动工,其中浦上大道至湾边水闸段施工单位进场施工;白湖亭河综合整治启动并完成白湖亭河南台互通项目段河道(约300米)整治施工。

(三)基本建成新西河(福屿段)综合整治。投入500万元。

(四)启动茶亭河南段综合整治。计划投资2000万元,年内完成投资700万元,进行整治施工。

(五)基本完成杨廷溪综合整治工程,投入800万元。

十三、创建国家森林城市

通过省级森林城市验收,完成国家森林城市建设总体规划。全市森林覆盖率保持在55.3%以上,城市建城区绿化覆盖率保持在42.7%以上、绿地率保持在39.2%以上,人均公园绿地面积保持在12.8平方米以上,乡土树种使用率达80%以上,水岸绿化率达80%,城市郊区森林自然度不低于0.5,市民出行平均500米有休闲绿地。

1. 完成省级森林城市各项指标检查工作,并通过省绿化委员会省级森林城市验收,我市被福建省绿化委员会、福建省林业厅授予福建省森林城市荣誉称号;创国家级森林城市建设总体规划已通过专家评审。

2. 实施“四绿”工程建设,落实绿化造林约8813.33公顷。

十四、建设飞凤山奥体公园和一批绿化廊道

(一)建设飞凤山奥体公园及景观通廊。投入1.3亿元,含休闲广场、景观水池、飞凤湖、音乐喷泉和环湖步行道等项目。

(二)建成温泉公园连接金鸡山公园廊桥工程,投入3100万元。

(三)启动闽江—森林公园、闽江—西湖绿道完善工程。

1. 闽江—森林公园绿道完善工程总投资69.77亿元,完成年度投资14.2亿元,建成指示标识系统。

2. 闽江—西湖绿道完善工程总投资11.31亿元,完成年度投资2000万元,完成白马河标识牌设置和白马河第13标段宁化支路至白马古桥段截流井、污水管道、绿化、园路浇筑施工。

十五、治理空气污染

(一)实施火电行业除尘项目,完成3家燃煤电厂6台发电机组除尘升级改造。其中,华能发电公司和国电福州发电公司各1台机组、华电可门发电公司4台机组(1号机组、2号机组、3号机组和4号机组)。

(二)实施加油站油气回收治理项目,完成40家加油站油气回收治理工作。其中,鼓楼区1家,福清市13家,闽侯县11家,罗源县3家,长乐市、闽清县和永泰县各4家。

(三)实施空气自动监测能力建设项目,新建环境空气自动监测站点7个,即:原厝子站、金山子站、龙腰子站、马尾九龙子站、晋安下院子站、永泰青云山站和闽清县黄楮林站。

十六、建成重大的污水处理、垃圾处理等基础设施项目

(一)建设闽江、龙江等流域1公里范围内乡镇污水处理厂,启动3个乡镇污水处理厂建设。建成投用1个(福清市海口镇污水处理设施),基本建成2个(马尾区琅岐污水处理厂和闽清县梅溪新城污水处理厂),另有3个动建(永泰县葛岭镇东部新城污水处理厂、闽侯县鸿尾乡污水处理厂、闽侯县竹岐乡污水处理厂)。

(二)建成洋里污水处理厂四期工程并投入生产,完成年度投资3.4亿元。

(三)建成红庙岭垃圾填埋场二期扩容续建工程,投入

4733 万元。

（四）建成红庙岭垃圾焚烧发电厂二期工程，投入 2.44 亿元。

（五）完成年度投资 6.6 亿元，建成飞凤山水厂。成新义序水厂土建招标，设备到货，完成配套出厂管网 1 公里，完成投资 5305 万元。东南区原水管改造工程实际完成年度投资 6523 万元，完成管网改造 2013 米。新建或改造供水管道 44.75 公里，其中，新建管道 18.36 公里，改造管网 26.39 公里。

十七、解决"上学难""上学贵"等问题

（一）从 2015 年起至 2018 年，通过保基本、补短板，全市义务教育学校条件配备（包括基础教育信息化）达到省定标准，学校教学资源配置差异状况全面改善，义务教育均衡发展水平进一步提高。

年内超额落实改造运动场地 2.9 万平方米（占任务 111.5%），购置课桌椅 2.24 万套（占任务 106.2%），图书 33 万册（占任务 106.5%），计算机、教学仪器等设备 3543 套（占任务 100.3%）。

（二）新建、改扩建公办幼儿园 10 所，新增学位 2160 个。其中，新建 8 所（闽侯县东南幼儿园、教师进修校附属幼儿园，闽清县白樟镇中心幼儿园、金沙镇中心幼儿园、省璜镇中心幼儿园、下祝乡中心幼儿园，长乐市漳港中心幼儿园、古槐中心幼儿园），改扩建 2 所（连江县东岱中心幼儿园、福清市实验幼儿园）。

（三）新建、改扩建中小学 10 所，新增学位 5550 个。其中，新建 3 所（五四北三木家天下中学、仓山区福州霞镜小学、福清市百合小学），改扩建 7 所（鼓楼区杨桥中学，仓山区红山中学，闽侯县青口宏屿小学、青口中心小学，永泰长庆中学、嵩口下坂小学、梧桐溪北小学）。

（四）对市属中职学校全日制学生全部免学费，投入 3462.91 万元，落实 17859 名学生免学费政策。

（五）推进闽江师范高等专科学校建设，投入 3600 万元，建成两幢学生宿舍楼、400 米标准跑道、运动场。

十八、实施文化惠民工程

（一）扶持 3 个非遗地方剧种剧团公益性演出，面向当地群众提供免费或低票价的文艺演出，超额落实 169 场公益性演出（占任务 112.7%）。其中，福州闽剧艺术传承发展中心 64 场，福州市曲艺团 55 场，福州市闽都文化艺术中心 50 场。

（二）建成第二期 26 个城市街区 24 小时自助图书馆，其中，鼓楼区和仓山区各 6 个，台江区和晋安区各 5 个，马尾区 4 个。

十九、提升基层公共卫生服务能力

（一）全面落实基本公共卫生服务政府补助提标任务，从 2014 年的每人每年 35 元提高到每人每年 40 元。

（二）为全市 3 类 4 支省级卫生应急队伍分两个年度配备卫生应急队伍必要装备，并保证设备、仪器和材料等日常维护、更新，确保省级队伍的快速反应和卫生应急处置能力，即：省级紧急医学救援福州队（市二医院承建）、省级心理干预救援一队（福州神经精神病院承建）、省级突发急性传染病防控二队（福州市传染病院承建）、省级突发急性传染病防控三队（福州肺科医院承建）。

（三）提升基层医疗卫生机构诊疗设备，完成基层医疗机构统一配备，开展人员培训和技术指导。

投入 15743.21 万元，为基层医疗卫生机构配备 565 台仪器设备。其中，数字化 X 光机（DR）进口 20 台、国产 108 台，彩超进口 19 台、国产 75 台，生化分析仪进口 57 台、国产 14 台，血液分析仪进口 66 台、国产 23 台，心电图机 82 台，尿液分析仪 101 台。开展人员使用培训和技术指导等工作。

（四）创建中医、肝病医疗联合体。

1. 由福州市中医院牵头创立中医医疗联合体，成员单位 25 家。福州市中医院派出百余名医护人员到成员单位巡回义诊；举办专题学术讲座 20 余场，接诊患者 2000 人次；举办 10 余场医学继续教育培训班，免费对医联体成员单位开放，培训基层卫生单位医务人员近千名。

2. 由福建医科大学孟超肝胆医院牵头创立肝病医疗联合体，成员单位 8 家。福建医科大学孟超肝胆医院派 20 名医师至成员单位轮批坐诊 74 次，接诊患者近 2000 余人次；开展培训讲座 19 次，培训约 200 人；举办 3 场专题培训班，培训基层医生 300 余人。

二十、推进全民健身与青运同行

（一）开展 20 项全民健身运动项目，全年举办全民健身运动项目 100 多个、近千场次，参与人数近百万人。

（二）建设城市社区多功能运动场、社区健身房、笼式足球场、拆装式游泳池。

1. 超额建成 16 个城市社区多功能运动场，即：连江县东岱关头村、丹阳镇坂顶社区、蓼沿乡蓼沿社区；闽清县金沙社区；福清市玉屏街道小桥社区、龙江街道霞楼社区、龙田镇福卢社区；罗源县中房镇；闽侯县荆溪镇港头村、白沙马坑村、大湖乡江洋村、白沙镇孔元村；仓山区城门镇城门村、螺洲镇洲尾村；永泰县东门社区、长乐市航城街道下朱社区。

2. 超额建成 7 个社区健身房，即：长乐市金峰镇居委会、连江县管头镇上坪社区、福清市龙山街道玉塘社区、鼓楼区洪山镇福屿社区明望新村、台江区鳌峰街道武夷绿洲社区、闽侯县甘蔗街道长江村、仓山区东升街道东盛 18 号楼旁边东升街道综合文化站内。

3. 基本建成 2 个笼式足球场，即：福清阳下街道洪宽社区、连江晓沃百胜社区。

4. 基本建成 3 个拆装式游泳池，即：福清市阳下街道洪宽社区、闽侯县白沙镇云头岭社区、长乐市航城街道联村社区。

（三）超额落实建成健身路径 375 条。其中，晋安区 30 条，鼓楼区 10 条，仓山区 34 条，台江区 25 条，马尾区 38 条，福清市 25 条，长乐市 87 条，罗源县 25 条，闽清县 15 条，永泰县 21 条，闽侯县 25 条，连江县 40 条。

（四）建成市老年体育活动中心，完成年度投资 5382 万元，总建筑面积 21612.8 平方米。

二十一、提高社会养老保险、农村低保、新型农村合作医疗和城镇居民基本医疗保险等社会保障水平

（一）提高城乡居民社会养老保险基础养老金，2015 年 1

月1日起,从现在每人每月85元提高到每人每月100元。

(二)全面落实农村低保提标任务。即:全市城市低保标准和五城区农村低保标准统一提高到每人每月570元(即年标准6480元),福清市、长乐市、闽侯县农村低保标准提高到每人每月350元(即年标准4200元),连江县农村低保标准提高到每人每月280元(即年标准3360元),罗源县、闽清县、永泰县农村低保标准提高到每人每月250元(即年标准3000元)。

(三)将新型农村合作医疗和城镇居民基本医疗保险政府补助标准从每人每年340元提高到每人每年400元。

二十二、实施助残工程

(一)对一级重度残疾人发放每人每月50元护理补贴,全年发放11103人。

(二)超额落实扶持350户残疾人家庭开展创业就业,投入175万元,每户补助5000元。其中,仓山区和晋安区各15户,马尾区5户,福清市80户,闽侯县55户,长乐市和罗源县各30户,连江县、永泰县和闽清县各40户。

(三)超额落实548名残疾儿童康复救助工作。其中,鼓楼区60人、台江区34人、仓山区83人、晋安区49人、马尾区6人、高新区4人、福清市133人、长乐市36人、闽侯县38人、连江县51人、罗源县23人、永泰县20人、闽清县11人。

(四)超额落实1350名贫困重度残疾人发放居家养护护理补贴工作,投入270万元,每人2000元。其中,鼓楼区65人、台江区60人、仓山区85人、晋安区70人、马尾区25人、高新区15人、福清市295人、长乐市110人、闽侯县和闽清县各135人、连江县120人、罗源县95人、永泰县140人。

(五)免费适配1500件盲人辅助器具组合(盲用电饭煲、电水壶语音秤、收音机盲表)。其中,台江区和仓山区各80人,晋安区100人,马尾区50人,福清市170人,鼓楼区、长乐市和罗源县各140人,闽侯县和永泰县各160人,连江县100人,闽清县150人,高新区和市盲协各15人。

二十三、健全视频监控系统等"平安福州"服务平台

(一)建成城区300路电子警察。其中,鼓楼区76路、台江区38路、仓山区90路、晋安区44路、闽侯上街52路。

(二)实施社会视频资源整合(一期)、城市公共视频共享与惠民服务工程建设。

落实青运会比赛场馆视频资源整合接入,落实1200多路视频监控探头整合接入公安视频信息综合平台;完成电信全球眼社会视频资源试点整合接入到公安视频信息综合平台;实施视频资源整合总体项目可研报告编制报审。

二十四、整治道路交通安全事故隐患

开展178处事故多发及危险路段隐患整治工作。其中,市公路局100处,马尾区1处,连江县50处,长乐市8处,闽侯县3处,闽清县10处,福清市、晋安区和罗源县2处。

二十五、支持驻榕部队改善生产生活

(一)支持驻榕部队建设10个科技、文化拥军项目,投入100万元。

(二)建设15个"四个一好"项目(即一个好食堂、一个好猪圈、一个好菜地、一个好饮水),投入70万元。

(三)建设10个"两中心、一基地"项目(即示范培训中心、生活服务中心、农副生产基地),投入100万元。

(张兴亮)

2015年福州市重大项目及重点项目建设情况

一、综述

2015年,福州市安排行动计划重大项目981项,总投资20494.82亿元,年度计划投资2228.1亿元;其中市级重点项目595项,总投资14048.16亿元,年度计划投资2055.24亿元。全年行动计划重大项目完成投资2555.05亿元,占年度计划投资的114.7%,超年度计划投资14.7个百分点;其中市级重点项目共完成投资2367.17亿元,占年度计划投资的115.2%,超年度计划投资15.2个百分点。

二、按阶段划分

1. 行动计划重大项目

447项在建行动计划重大项目完成投资1988.99亿元,占年度计划投资的114.3%,超年度计划投资14.3个百分点。全年有213个项目建成或部分建成。

195项计划新开工行动计划重大项目完成投资566.06亿元,占年度计划投资的116.2%,超年度计划投资16.2个百分点;全年有148个项目动工建设。

339项十三五开工行动计划重大项目继续推进前期工作,福州琅岐岛特色海洋经济园围海造地工程用海规划与海域使用论证报告修编完成,由省海洋渔业厅上报国家海洋局;长乐前塘至福清庄前高速公路项目"工可"获批复,并完成初步设计文件(修编稿)和BOT招商方案;闽侯万润新能源汽车产业园注册成立福建万润新能源汽车工业有限公司,一期项目工业用地3.03公顷已摘牌,进入设计、施工阶段。

2. 重点项目

341项在建重点项目完成投资1846.52亿元,占年度计划投资的114.3%,超年度计划投资14.3个百分点。全年有144个项目建成或部分建成。

144项计划新开工重点项目完成投资520.66亿元,占年度计划投资的118.6%,超年度计划投资18.6个百分点;全年有118个项目动工建设。

110项预备前期重点项目推进前期工作,福州闽江下游南岸防洪六期工程可研报告通过省水利厅审查批复,并完成项目选址和土地初审,麦浦河C1标、C2标动工建设;福州城区北向第二通道(晋安园中至连江贵安段)项目建议书获批复,土地预审工作完成,进行勘察设计工作;福兴经济开发区钢材市场及周边40.93公顷地块搬迁工作全部结束,转入收储阶段,C1地块桩基钻探完成。

三、按责任单位划分

1. 行动计划重大项目

32家项目责任单位中,挂红旗的27家(鼓楼区、台江区、晋安区、仓山区、马尾区、福清市、长乐市、闽侯县、连江县、闽清县、永泰县、市建委、市交通委、市城管委、市教育局、市水利局、市体育局、市园林局、市铁(轨)办、市台商投资区管委会、市高新区管委会、市文投集团、市马尾新城公司、福州供电公司、中国电信福州分公司、中国移动福州分公司、市金融办),挂黄旗的3家(罗源县、市城投集团,市地铁公司),挂蓝旗的2家(市卫计委、市国投集团)。12月完成投资302.94亿元,占月投资计划185.68亿元的163.15%,比计划多完成117.26亿元。流动旗与11月比较,市台商投资区管委会由黄旗变为红旗,罗源县由蓝旗变为黄旗。

2. 重点项目

31家项目责任单位中,挂红旗的27家(鼓楼区、台江区、晋安区、仓山区、马尾区、福清市、长乐市、闽侯县、连江县、闽清县、永泰县、市建委、市交通委、市卫计委、市城管委、市教育局、市水利局、市体育局、市园林局、市铁(轨)办、市台商投资区管委会、市高新区管委会、市文投集团、市马尾新城公司、福州供电公司、中国电信福州分公司、中国移动福州分公司),挂黄旗的3家(罗源县、市城投集团、市地铁公司),挂蓝旗的1家(市国投集团)。12月完成投资285.53亿元,达到月投资计划171.27亿元的166.71%,比计划多完成114.26亿元。流动旗与11月比较,市台商投资区管委会由黄旗变为红旗,罗源县由蓝旗变为黄旗,市地铁公司由红旗变为黄旗。

四、按行业划分

在全部行动计划重大项目及重点项目中,从完成投资量看,商贸服务、工业科技和城建环保位居前三位;从完成投资比例看,旅游、农林水利和工业科技位居前三位。

表1 2015年福州市行动计划重大项目分行业投资情况

行业名称	年度计划投资(亿元)	1—12月完成投资量(万元)	1—12月完成投资比例	完成投资比重
旧屋区改造及保障房	303.6	3614666	119.1%	14.1%
农林水利	36.87	457644	124.1%	1.8%
城建环保	391.1	4206141	107.5%	16.5%
文化创意	12	131710	109.8%	0.5%
商贸服务	590.04	6930843	117.5%	27.1%
工业科技	378.45	4637407	122.5%	18.1%
能源	152.81	1527124	99.9%	6.0%
交通	234.84	2619179	111.5%	10.3%
旅游	29.8	412340	138.4%	1.6%
社会事业	98.58	1013469	102.8%	4.0%
总计	2228.09	25550523	114.7%	100%

表2 2015年福州市重点项目分行业投资情况

行业名称	年度计划投资(亿元)	1—12月完成投资量(万元)	1—12月完成投资比例	完成投资比重
旧屋区改造及保障房	278.19	3313170	119.1%	14.0%
农林水利	31.77	401799	126.5%	1.7%
城建环保	369.44	3981337	107.8%	16.8%
文化创意	11.5	126710	110.2%	0.5%
商贸服务	547.16	6429998	117.5%	27.2%
工业科技	326.24	4091751	125.4%	17.3%
能源	151.02	1506029	99.7%	6.4%
交通	229.02	2563059	111.9%	10.8%
旅游	29.8	412340	138.4%	1.7%
社会事业	81.1	845550	104.3%	3.6%
总计	2055.24	23671743	115.2%	100%

(陈淼英)

2015年福州市“三维”项目对接工作情况

一、“三维”对接成效大

2015年,全市新对接“三维”项目503项,总投资3968亿元,同比增长9.7%。其中,央企29项,总投资598亿元;外企241项,总投资220亿美元,利用外资81亿美元;民企233项,总投资1997亿元。

产业项目取得重大突破,京东方8.5代面板项目投资达300亿元;大项目投资额占比大,内资投资大于5亿元、外资投资大于3000万美元的项目共计209项,投资额3682亿元,在所有项目总投资额中占比达90%;民企项目数量和投资额占比达50%。

二、抓龙头铸链条建集群

推动重大产业项目招商,重点突出发展石化产业、船舶产业、汽车产业、数控机床产业、不锈钢产业、铝深加工产业等6个制造业集群;以世界500强、中国500强、民企500强、台湾百大企业等为目标,以福州新区、自贸区及福州高新区、临空经济区、台商投资区、蓝色产业园等重点园区为载体,以完善延伸产业链为重点,引导重大“三维”项目按产业分工集聚落户园区;推动和积极服务京东方8.5代面板项目、中国铝业铝精深加工产业项目、中车集团新能源产业项目、中国核工业建设集团高温气冷堆电站及装备产业园项目等对接落地、动工建设。

三、走出去引进来获双赢

利用"5·18"海交会、"9·8"投洽会等重大经贸活动契机招商;赴港澳台地区,以及日韩、东南亚、欧美等国家和地区举办专场招商推介会或进行产业定向招商;推进与华南美国商会、广东福建商会等建立合作招商关系;试行招商代理和聘请招商顾问,委托境内外招商中介机构和窗口企业、顾问招商;与国家商务部投资促进局签订合作协议,配合青口开发区管委会三方共同促进福州市汽车产业发展;建立健全"三维"项目库动态申报跟踪管理系统,在全市开展系统性的招商引资工作;加强侨资回归项目的引进;承接数控机床、电子等台湾高新技术产业转移;利用海外投资基金注资、入股,引导企业并购、增资、境外上市。

四、学经验拓新局创新方式

注重学习上海浦东新区等发达地区经济发展的先进经验,借助平台推介福州;加快探索福州市与以色列有关方面合作建立"以色列产业园";探索与马来西亚常青集团合作,设立"中国—马来西亚福州产业园",加强在新能源、农业、林业、矿业等方面的合作;结合新区开发建设,引入竞争机制,鼓励有实力、有资质的企业共同参与基础设施和社会公共事业的开发建设;推广 PPP 试点,允许社会资本通过特许经营等方式参与投资和运营,扩大投融资渠道。

五、强作风优服务加强保障

对市委、市政府交办的重大"三维"项目,开展对接洽谈、跟踪服务、协调推进工作,推进落实全市新对接的 503 项"三维"项目;对具备开工条件的重大"三维"项目,协调服务、加强督查推动,加快项目落地动建;运用与市行政服务中心建立的重大招商项目行政服务联动机制,为在福州市投资的企业提供审批咨询等服务;举办招商项目专场推介活动,牵头市直有关部门和项目就重大招商项目落户过程中遇到的困难和问题开展联席会商和项目对接;开展重大招商项目一对多、多对一专项推介服务、多种形式的联合招商和联合宣传推介工作;向上对接中央有关部委和央企,争取高位渠道引入高端项目。

(福州市投资促进局)

(编辑　黄铭)

1月

1日　居住上海市的福州城镇医保参保人员，享受医疗服务后可通过异地就医服务平台办理医疗费用报销手续。

6日　台湾合作金库商业银行福州分行正式运营。

12—15日　市政协十二届四次会议在福州海峡国际会展中心举行，周宏当选为十二届市政协主席。会议审议通过《市政协十二届四次会议决议》。

13—16日　市十四届人大四次会议在福州海峡国际会展中心举行，会议表决通过《关于福州市人民政府工作报告的决议》等决议。

20日　市城乡建委公布福州市首批历史文化名城保护名录，含79处市级文物保护单位（国家级、省级文物保护单位亦列入市级保护名录）、省住建厅公布的19处列入福建省第一批城市优秀近现代建筑及福州市公布的3批共71项非物质文化遗产目录。

26日　阿里巴巴“一达通”正式落户福州。

2月

2日　国家环保部网站发布2014年重点区域和74个城市空气质量状况，福州市排名第七。

3日　福州·平潭·福州海关自贸试验区建设座谈会在福州召开，共商推动福建自贸区福州和平潭片区建设相关事宜。

8日　全省首个民办青少年生态文明教育基地在螺洲镇店前村挂牌。

16日　全省首家市民服务中心——福州市市民服务中心正式启用。

24日　市委办公厅、市政府办公厅印发《关于大力弘扬“马上就办真抓实干”精神进一步改进机关作风的意见》的通知。

27日　福州市捐赠公益事业表彰大会暨回归项目签约仪式在福州工人文化宫举行。

28日　在全国精神文明建设工作表彰暨学雷锋志愿服务大会上，福州市蝉联“全国文明城市”称号，福清市入选新一轮全国县级文明城市提名城市，马尾区亭江镇亭头村、福清市阳下街道溪头村、长乐市梅花镇梅新村、闽清县梅城镇被授予第四届全国文明村镇称号。

3月

1日　2015年海峡两岸民俗文化节在闽江公园南园九龙壁广场开幕，展示上百项国家级、省级、市级非物质文化遗产项目。

9日　全国茶叶标准化技术委员会花茶工作组在福州挂牌成立。工作组将负责花茶领域的国家标准修制订工作，成员由来自国家茶叶质量监督检验中心，福建、浙江、安徽、北京、湖南等地的高等院校、科研机构、检测机构和花茶企业的专家组成。

13日　福州市区优化交通管理职能配置工作正式启动，更名后的市交警支队和四城区交警大队开始挂牌，市特警支队更名为市巡特警支队。“交巡分离”警务改革于7日开始试运行。

14日　第八届闽台陈靖姑民俗文化旅游节台湾会场在台南生活美学馆广场开幕，为该活动首次在台湾设立会场。陈靖姑金身起驾赴台仪式于11日在仓山区陈靖姑故居举行。

16日　青运气象台在福州市气象局正式启动运行。气象台成立首席专家组作为技术总支持，下设预报服务组、高影响天气预警组、现场服务组、应急服务组以及综合保障组，赛事期间提供实时气象服务。

19—20日　福州市党政代表团赴兰州市考察，学习兰州全力融入“一带一路”战略、加快推进新区开放开发的经验，共谋两市合作发展。

21—22日　福州市党政代表团赴长沙市考察，学习长沙建设“两型社会”、推进湘江新区开放开发等经验，探讨加强两市交流合作的新举措。

27日　全市首批10家企业成立劳动争议调解委员会。企业劳动争议调解委员会由企业的工会、人力资源部门等人员组成，必要时可向市劳动仲裁委员会申请协助。

28日　2015年海峡金融高峰论坛在福州举行。论坛以“自贸区背景下的两岸金融合作”“互联网金融发展与创新”为主题，探讨两岸金融合作。

29日　首届中国（福建）自贸区高端论坛在福州举行。论坛主要分为自贸区战略与全球视野、上海自贸区建设经验与区域特色、两岸经贸合作、福建自贸区建设等专题，中国(福建)自贸区协同创新中心同期揭牌。

4月

2日　全省最大的专业图书样本室——福建新华发行集团(图书馆)馆藏图书样本室开馆。样本室位于闽侯荆溪，面积近1000平方米，由闽浙两省新华发行集团共同建设，可提供36万余种正版图书。

同日　闽江学院汇川科技物联网创新联合研究院揭牌成立。该研究院由闽江学院和福建汇川物联网技术科技股份有限公司联合设立，为全市首家高校与企业联合成立的物联网研究院。

10日　京台高速黄竹山隧道正式贯通。该隧道为京台高速的控制性工程，横跨福州闽清和宁德古田，全长8668.4米，为全省第二长公路隧道。

18日　首列“福建造”福州地铁1号线列车在中国北车(泉州)轨道装备有限责任公司上线调试。该型号列车每列有4动2拖6辆编组，设座席256个，定员1460人，超员载客2062人，采用分布式车载电子计算机控制技术，设计时速80公里，可根据需要变为4～8辆编组。

19日　福州市榕商经济研究院成立。该研究院成员主要来自福州市国企和民企，将为福州打造海丝战略枢纽城市和福州新区、自贸区建设提供智力支持。

20日　总投资300亿元的京东方福州第8.5代新型半导体显示器件生产线项目投资框架协议签约，京东方正式进驻福州。

同日　台湾彰化银行福州分行在福州揭牌开业，为在福州开业的第二家台资银行。

21日　中国(福建)自由贸易试验区挂牌仪式在福州举行，标志福建自贸试验区正式启动建设。中国(福建)自由贸易试验区政策说明会同日举行，福州、厦门、平潭分别对各自的实施方案作说明。福州片区的实施范围31.26平方公里，其中，福州经济技术开发区22平方公里，福州保税港区9.26平方公里。

同日　市委研究出台《关于整肃“为官不为”实行“下课问责”的暂行办法》，对存在30种情形的“为官不为”干部实行“下课问责”。

21—26日　2015世界沙滩排球巡回赛“融侨杯”福州公开赛在南江滨沙滩排球场举行。

22—24日　中共中央政治局常委、国务院总理李克强和国务委员兼国务院秘书长杨晶在省委书记尤权等陪同下，到厦门、泉州、福州考察。

26日　晋安区茶园街道社区卫生服务中心在全市率先正式启用“健康服务微信平台”，可提供手机微信查询儿童预防接种记录、社区卫生服务中心药品价格及项目等服务。

5月

1日　福州、莆田、宁德、平潭四地基本医疗保险基本实现同城化互联互通；四地参保人员持社保卡到其他三地任意一家全省联网的定点医疗机构和定点零售药店，可直接刷卡结算，跨地就医、购药。

6日　国家人力资源和社会保障部公布第三批国家级充分就业社区名单，台江区滨江社区成为全市唯一入选的社区。

8—11日　第三十三届中国国际体育用品博览会在福州海峡国际会展中心举行，1124家企业参展，展区面积超13万平方米，设运动休闲服饰区、网羽运动区、运动场馆设施区、户外运动及休闲用品区、健身运动区、球类运动区等六大主题展区。

12日　福州市台胞协调服务中心加挂“福州市台胞权益保障中心”牌子，为国台办批复的大陆首家台胞权益保障中心。

11—15日　省委常委、市委书记杨岳，市长杨益民，市人大常委会主任周振华，市政协主席周宏，市委副书记陈元邦率领市委市政府检查组，分5路赴12个县(市)区和福州高新区，实地察看100余个产业发展、城乡建设、社会事业、民生保障等项目。16日，市委、市政府召开工作检查总结会。

17—21日　首届21世纪海上丝绸之路博览会暨第十七届海峡两岸经贸交易会在福州海峡国际会展中心举行。46个国家和地区的1850家企业参展，展区总面积12万平方米，设4450个展位，其中，21世纪海上丝绸之路博览会展区面积6.2万平方米，标准展位2190个，设“丝路帆远”文物精品图片展区、ACD成员国映像展区、海丝沿线国家特色商品展区等6个展示区。

18日　福州规划馆开馆。规划馆总建筑面积5.35万平方米，展示空间面积约1.5万平方米。

同日　以“推进‘一带一路’建设，提升亚洲务实合作水平”为主题的亚洲合作对话——共建“一带一路”合作论坛暨亚洲工商大会(简称ACD大会)在福州开幕。

同日　第十届中国(福建)消费品全球采购交易会在福州海峡国际会展中心开幕。参会商品包括食品饮料、日用百货、文化用品、包装材料、纸张及纸制品、工艺品、电子产品、酒类、乳品、食用油、纺织品等11大类700余种。

同日　福州市与俄罗斯鄂木斯克市签订建立友好城市关系协议。市长杨益民与鄂木斯克市常务副市长斯·普·弗罗洛夫出席仪式，并分别代表福州市与鄂木斯克市签署协议。

同日　第一届全国青年运动会(福州赛区)市场开发赞助企业签约仪式在福州海峡国际会展中心举行，9家企业作为赞助企业代表，与青运会福州市执委会市场开发部负责人现场签约，总签约金额8800万元。

19日　江阴建滔化工码头正式投产。该码头位于兴化湾北岸，为福州地区最大化工码头和福州港最大的液体化工码头。码头总体规划建设10万吨级泊位1座、内港池3000吨级泊位3座，配套建设91.3万立方米石化仓储设施，项目分3期实施。

同日　中国(福建)自由贸易试验区福州片区投资合作与发展创新论坛在福州举行。广东、天津、福建及上海(扩区)4个自由贸易试验区的相关负责人、智库专家以及两岸企业代表参会，共同探讨自由贸易试验区建设。

同日　2015中国(福州)互联网金融高峰论坛暨第二届《金福州》金融宣传联席会议在福州海峡国际会展中心举

办，会议探讨"一带一路"、"自贸区 2.0 版"大战略背景下互联网金融的新业态、新机会、新挑战。

同日　环保部发布《2014 年中国环境状况公报》，显示全国开展空气质量新标准监测的 161 个城市中，仅有福州等 16 个城市空气质量年均值达标，145 个城市空气质量超标。全年空气质量相对较好的 10 个城市中，福州市排名第七位。

23—24 日　2015 年中华龙舟大赛福州站在浦下河龙舟赛场举行。中华龙舟大赛为国内最高级别的龙舟赛事，福州站为 2015 年大赛的第四站。

24 日　位于江滨东大道的名城汇花鸟市场正式对外开业。市场占地 3 万平方米，有经营水族、花卉、宠物、工艺品、收藏等商户 300 余家。

26 日　项南与福建改革开放暨《项南画传》出版座谈会在福州召开。该书为人民出版社出版的《改革开放元勋画传丛书》之一。

27 日　中国（福建）自由贸易试验区福州片区建设推进大会召开。

同日　全省首个安全体验区——福州市建筑安全体验区建成投入使用。该体验区位于 104 国道连江至晋安段改线工程项目，由中建海峡建设发展有限公司建设，占地面积约 1000 平方米，包含洞口坠落体验、安全带使用体验、安全帽撞击体验、防护栏杆推倒体验等 14 种安全事故体验设施。

同日　海峡奥体中心场馆正式实现常态化亮灯。海峡奥体中心"一场三馆"光艺术作品于 24 日 20 时首次试亮灯。

29 日　市委以专题党课形式启动全市"三严三实"专题教育。省委常委、市委书记杨岳结合学习习近平总书记系列重要讲话和来闽考察重要讲话精神，联系福州干部队伍实际，通过视频会议，给全市领导干部上党课。市长杨益民主持。

30 日　中国船政·海峡青年——2015 福州首届马拉松赛在马尾东江滨大道开赛，来自海峡两岸 6000 余名选手参加。项目包括男女个人半程马拉松赛（21.0975 公里）、男女个人穿越马拉松健身跑（10 公里）、男女个人迷你感受马拉松赛（5 公里）。

6 月

2 日　由工业和信息化部规划司指导，中国信息通信研究院和中国石油和化学工业联合会等 10 个行业协会并特邀联合国工业发展组织联合编写的《2015 年中国工业发展报告》发布。该报告首次综合评估和专题分析 2014 年全国工业百强县（市）发展情况，福清市、长乐市入选工业百强县（市），分别列第四十五位、第九十四位。

3 日　福建唯一一家本土通用航空公司——福建天裕通用航空有限责任公司通过中国民航局合格审定，获得"一般商业（非运输）航空运营人运行合格证"，正式投入运营。

6 日　2015 年全国水生生物增殖放流活动主会场活动在福州举行，为该活动首次将主会场放在福州举办。福州主会场在川石岛、定海湾、罗源湾等 8 个公共海域，集中开展增殖放流活动。

同日　两岸非遗传承人青年论坛暨第三届海峡汉服文化节在三坊七巷光禄吟台开幕。活动期间举办榕台手工艺术展暨汉服文化艺术展等系列活动。

7 日　由新华网、纽约金融学院共同主办的"2015 中国（福建）首届互联网金融大会暨新华网思客会"在福州召开。金融学家吉姆·罗杰斯等专家出席论坛。

10 日　第一届全国青年运动会福州赛区社会志愿者骨干培训班开班式暨《福州文明礼仪手册》首发仪式在福州举行。12 支青运会志愿服务队骨干成员、窗口行业单位代表近 300 名志愿者参加活动。

12 日　达明路景观改造工程正式启动。达明路南起杨桥路，北至鼓西路，全长 350 米，为连接三坊七巷与西湖景区的纽带，项目改造设计将保护传统建筑元素。

14 日　福州大学"21 世纪海上丝绸之路核心区建设研究院"在福州正式揭牌，为全省首个围绕"21 世纪海上丝绸之路核心区建设"的新型高校智库。研究院下设 8 个研究中心，分别为物流研究中心、产业发展研究中心、国际贸易与金融研究中心、国际法研究中心、丝绸之路历史文化研究中心、基础设施建设与管理研究中心、海洋环境研究中心、"一带一路"应急管理研究中心。

15 日　2015 两岸自贸区建设与发展论坛——物流及跨境电商专题研讨会在福州召开。来自两岸的 200 余名物流和电商业界专家、学者及企业界代表参加研讨会，探讨物流业发展现状及趋势、闽台物流合作的机遇与挑战、跨境电商与保税店模式的科学发展路径等议题。

17—26 日　省委常委、市委书记杨岳率团赴荷兰、西班牙、瑞典等三国访问，考察自贸试验区建设。

18—21 日　第十三届中国·海峡项目成果交易会在福州海峡国际会展中心举行。展会分专业展区、综合展区、21 世纪海上丝绸之路展区、虚拟研究院展区、金融服务展区等五大板块，2300 余家企业参展。第五届民企产业项目洽谈会、第十一届粮食产销协作福建洽谈会同期举行。

25 日　福州市外商投资企业推介会在福州举行。市长杨益民作经济形势报告，并与企业家座谈。

26 日　亚洲最大丙烯丙烷精馏塔在福清江阴化工园区中景石化科技园启动吊装。该塔总高度 118.45 米，直径 11 米，容积 9000 立方米。

28 日　合福高铁正式通车，标志京福高铁全线贯通。合福高铁（合肥—福州）为京福高铁的组成部分，全长约 800 多公里，设计时速 350 公里，运行时速 300 公里。

7 月

1 日　第三届全国基层党建创新案例征集评选活动结果正式公布，福州市报送的《福建福州："查述问评"建立乡镇（街道）党（工）委书记党建责任考评机制》获最佳案例奖，为全省唯一入选最佳案例奖的单位。《福建福州台江区：打造"党员诚信店"品牌，破解非公党建难题》和《福耀集团党委：开展"党员典范力量"建设的探索》入选优秀案例。

2 日　全市深化医药卫生体制改革工作会议在市委礼堂召开。

3 日　上海股权托管交易中心福州经济技术开发区企业挂牌孵化基地在马

尾揭牌,为福建自贸试验区内首家区域性企业挂牌孵化基地。

8日　由市委组织部主办,清华大学马克思主义学院、市榕商经济研究院共同承办的“左海大讲堂”在福州人民会堂正式开讲,首场报告会题为《“一带一路”与企业发展机遇:中国外交转型背景下的考察》。

9日　由市妇联组建的全市首个市级家庭建设示范基地以及三坊七巷名人家风家训馆在三坊七巷社区学习促进会挂牌。《三坊七巷名人家风家训》宣传册同时首发。

10日　第一届全国青年运动会圣火采集仪式在福州马尾罗星塔公园举行,为期3个月的全国火炬网络传递同时启动。

同日　工信部发布“全国软件企业综合竞争力200强”名单,福州市有11家软件骨干企业上榜。入选的福州企业数位居全国第五,仅次于北京、广州、深圳、杭州。

21日　纪念抗日战争胜利70周年闽台海防文献展在长乐显应宫开展。展览分为万里海疆、闽台海防一体、海防建设、海防力量、军事训练、重要战事等部分,选择169份文献组成66个展板。

23日　由马尾区政府和福州市社科联主办的“福州马尾与海丝之路”理论研讨会在马尾召开,60多名省市社科界专家学者及相关部门人员参加活动,《“海丝马尾”研讨文集》一书同时首发。

25日　福州市异地商会(杭州)工作交流会暨“回归工程”宣传推介会在浙江省杭州市召开,并举行首届全国青运会认捐仪式。

同日　2015年中国主要城市(直辖市、副省级城市和计划单列市、省会城市、自治区首府)电子政务发展指数(EDGI)发布,排名前十的城市依次为:北京、上海、广州、青岛、深圳、厦门、杭州、福州、武汉以及南昌。

29日　全市闽江水域第一支红十字水上救援队——福州市红十字(龙台)水上训练救援志愿服务队正式成立。

8月

1日　第三届“城市复兴”论坛之思想创新峰会在福州举行。故宫博物院院长、中国文物学会会长单霁翔,市领导杨益民、林飞,以及国内外多名非物质文化遗产保护、社会学、城市规划等领域的专家学者参加论坛。

3日　国务院下发《关于福州市城市总体规划的批复》,原则同意《福州市城市总体规划(2011—2020年)》。规划指出,福州市的定位为福建省省会、海峡西岸经济区中心城市之一、国家历史文化名城、滨江滨海生态园林城市。根据规划,福州城市规划区包括福州市区、长乐市、连江县和闽侯县南部11个乡镇(白沙镇、甘蔗街道、荆溪镇、鸿尾乡、竹岐乡、上街镇、南屿镇、南通镇、祥谦镇、尚干镇、青口镇),以及永泰县葛岭镇、塘前乡,罗源县松山镇、碧里乡。规划区面积4792平方公里。中心城区为重点进行建设用地布局的范围,包括福州市五区(晋安区除寿山乡、日溪乡、宦溪镇),以及闽侯的荆溪镇、南屿镇、南通镇、尚干镇、祥谦镇、青口镇、上街镇和连江县的琯头镇,面积为1447平方公里。

8—10日　第三届海峡青年节集中活动举行,期间举办两岸青年联欢会、海峡青年(福州)峰会、两岸青年交流成果展、两岸青年西岸行等4项活动。

19日　省委常委、市委书记杨岳带领福州市党政代表团赴新疆昌吉州奇台县考察对口援疆工作,看望慰问福州市援疆干部,并召开福州市对口支援奇台县工作座谈会。

21日　福州仲裁委员会国际商事仲裁院(简称福州国际商事仲裁院)在中国(福建)自由贸易试验区福州片区揭牌成立。

28日　福建省暨福州市纪念林则徐诞辰230周年大会在福建会堂举行。

28日　由福州市林则徐纪念馆、林则徐基金会联合举办的“林则徐纪念机构联谊座谈会”在福州举行,15家海内外林则徐纪念机构代表应邀参会。

29日　林则徐文献馆竣工揭牌暨林则徐故居二期修缮工程奠基仪式举行。林则徐文献馆以收藏林则徐文献资料为主,主要分为林则徐资料藏书、鸦片战争研究、中国近代史研究、地方志藏书等四方面,现有藏书2000余册。

30日　国务院正式批复同意设立福州新区,为2015年国务院批准设立的第3个国家级新区,也是中国第14个、福建省首个国家级新区。福州新区位于福州市滨海地区,初期规划范围包括马尾区、仓山区、长乐市、福清市部分区域,规划面积800平方公里。

9月

1日　“联合国教科文组织(UNESCO)2015年度亚太地区文化遗产保护奖”在泰国曼谷揭晓,三坊七巷获评2015年度亚太地区文化遗产保护奖之荣誉奖,为福建省唯一获奖项目。

5日　福州市与丹麦王国霍尔拜克市双方同意建立友好交流城市关系。市长杨益民、霍尔拜克市行政市长汉斯·艾瑞克·索爱分别代表双方城市,在福州签署《建立友好合作关系协议书》。

8日　福州市正式开通企业诉求服务通道。利用“12345”政府公共服务系统新开通的企业诉求服务通道,全天候24小时不间断受理各类企业对福州市各级政府及相关部门的咨询、求助、投诉、举报、建议等5类诉求。

11日　在北京举行的联合国海陆丝绸之路城市联盟成立大会上,福州市成为联合国海陆丝绸之路城市联盟创始成员。该联盟由联合国开发计划署、联合国南南合作办公室、联合国工业发展组织、联合国教科文组织和商务部中国国际经济技术交流中心共同发起,联盟会员由城市、城市代表、个人或机构组成,分为创始成员和非创始成员。

15日　省旅游局在福建会堂举办“清新福建大讲堂”讲座,并启动福建智慧旅游云集群项目建设,首批47家单位成为试点,其中福州市的三坊七巷、永泰青云山风景名胜区、福州国家森林公园等3家景区入选试点。

17日　中国远洋渔业协会将“中国远洋渔业产品交易中心”牌匾授予中国—东盟海产品交易所。该交易所是大宗海产品现货进行“线上交易、线下交收、跨境结算”的第三方电子交易服务平台,是“中国—东盟海上合作基金”首批支持的17个项目之一,也是福建省建设“21世纪海上丝绸之路核心区”的重点项目之一。

18日　《福州新区总体方案》由国

家发展和改革委员会正式印发。总体方案明确福州新区的7项重点任务。

同日　福州（闽侯）金鱼产业园动工仪式在闽侯县南通镇古城村举行。产业园规划面积约106.67公顷，集养殖、展示、观光、旅游、营销于一体。

21日　2015年国际举联大奖赛暨里约奥运会资格赛在福州马尾正式开赛。来自俄罗斯、美国、土耳其、哈萨克斯坦、中国等12个国家的运动员参赛。中国举重福建马江基地暨国际举重联合会培训中心揭牌仪式同日在福建马江举重基地举行。

22日　"丝路通天下　光影耀福州"第二届丝绸之路国际电影节在福州三坊七巷开幕，电影节活动持续至26日。期间举办传媒荣誉单元评选、印度主宾国等5个单元电影展映、北京放映·丝路再起航、丝路电影合作论坛等活动，福州城区及厦门、泉州15家影院集中百余部国内外名片佳作。

22—24日　以"友城·友人·友谊"为主题的中国福州·美国塔科马市友好城市交流成果展在美国华盛顿州塔科马市举行。展览以史料、图片为主，共设100个展板、120多幅照片，其中30多幅珍贵照片属首次对外公开展出。

25日　清华·福州论坛在福州开幕。论坛以"科技、文化、创新"为主题，举办"学术——2015年两岸清华大学学术论坛""科技——中国制造2025·专家论坛""文化——'立足八闽，共创未来'文化论坛"和"创新——第七届启迪创新论坛"等4项活动。

26日　第十一届泛珠三角区域省会城市市长联席会议在福州举行。珠三角区域省会城市市长联席会议由广州、福州、南昌、长沙、南宁、海口、成都、贵阳、昆明等9个省会（首府）城市及中国市长协会联合主办。

28日　福州新区建设发展座谈会在北京召开。省委常委、市委书记杨岳主持会议并讲话。住建部副部长倪虹、副省长洪捷序、市长杨益民等出席座谈会。

30日　西湖左海连通段新建的"翠浪桥"对外开放，标志左海与西湖正式实现通航。

10月

1日　中国福州国际雕塑艺术展作品落成揭幕式暨福州雕塑园揭牌仪式在福州花海公园举行。中国福州国际雕塑艺术展由市政府与省住建厅共同举办，征集到来自102个国家和地区966名雕塑艺术家的2528件参展作品，评出97件获奖作品，前50件雕塑作品被放大制作成足尺雕塑永久落成于福州市。

2—4日　由中国音乐家协会、福州市人民政府与花莲县政府主办，台湾海峡两岸音乐交流协会承办的第八届海峡两岸（花莲—福州）合唱节在台湾花莲举行。

8日　第一届全国青年运动会运动员村正式开村。青运村含运动员公寓、村委会办公用房、文化广场、运动员餐厅和特色商业街。

11日　首届全国青年运动会实体火炬传递起跑仪式在福州一中旗山校区举行。

12日　火车南站新公交枢纽中心正式投用，位于负一层的的士泊客区、社会停车场同步启用。

18日　第一届全国青年运动会在福州海峡奥体中心开幕。中共中央政治局委员、国务院副总理刘延东出席开幕式并宣布运动会开幕。省委书记、省人大常委会主任尤权致欢迎辞。国家体育总局局长、第一届全国青运会组委会主任刘鹏致开幕辞。开幕式由第一届全国青运会组委会副主任，省委常委、市委书记杨岳主持。该届青运会设26个大项305个小项，来自全国各地55个代表团的7959名运动员参赛，赛事持续至27日。

20日　全市首家县级林权流转服务中心——闽侯县林权流转服务中心揭牌成立。

24日　省住建厅在福州主持召开"福州市数字化城市管理系统一期项目"正式验收会议，同意该项目通过国家验收。

29日　由仓山区国投公司出资5000万元设立的仓山自贸区产业引导基金正式成立，为省内首支区级政府自贸区产业引导基金。

11月

3日　福建省第一批省级传统村落名录公布，339个村落榜上有名，福州市有42个村落入选。

7—10日　由农业部和福建省政府共同主办的第十三届中国国际农产品交易会在福州海峡国际会展中心举办。有45个展团参展，展览面积超12万平方米。以"互联网＋"现代农业为主题的农业信息化高峰论坛同日在海峡国际会展中心举行。

8—9日　由中国兽医协会主办的第六届中国兽医大会在福州海峡国际会展中心举办。大会主题为"执业兽医的作用"，会上并颁发"中国杰出兽医"荣誉称号及农场动物福利促进奖。

10—15日　泰禾·2015年中国羽毛球公开赛——大都会人寿世界羽联超级系列赛顶级赛在福州海峡奥体中心体育馆举行。中国队获得女单、女双和混双3项比赛冠军。

15日　以"海丝路上有福船"为主题的首届"海上丝绸之路"（福州）国际旅游节在福州海峡国际会展中心启动，福州、广州、南京、宁波、扬州、北海、泉州、漳州、蓬莱等"海丝"沿线九市旅游部门代表共同签署《福州宣言》。"美丽中国·清新福建"主题推介会同期举行。

同日　福州市社会福利中心举行动工仪式，项目为全市投资及建设规模最大的社会福利设施。项目总投资3.66亿元，总建筑面积57133.9平方米。

16日　福州三坊七巷国家AAAAA级旅游景区揭牌仪式在三坊七巷南后街举行，为全市首个国家AAAAA级旅游景区。三坊七巷由三坊七巷历史文化街区、林则徐纪念馆以及乌山历史风貌区3个景区（点）构成，其中三坊七巷历史文化街区是福州市历史名城的重要标志之一，拥有38公顷的完整保护范围，为国内现存规模最大、保护最完整的历史文化街区，被称为"中国城市里坊制度活化石"和"中国明清建筑博物馆"。2009年6月10日，三坊七巷历史文化街区被文化部、国家文物局授予"中国十大历史文化名街"称号。

14—16日　2015环福州·永泰国

际公路自行车赛举行。赛事团体总成绩前三名分别被伊朗捷安特洲际队、伊朗大不里士石化洲际队、土耳其托尔库洲际队获得。大中华团体第一被中国恒翔洲际队夺得。

18日　市委十届十一次全会举行,审议通过《中共福州市委关于制定福州市国民经济和社会发展第十三个五年规划的建议》和市委十届十一次全会决议。

25日　福州市电力执法办公室正式揭牌成立,为福州市专门行使电力行政执法职能的机构。

25—26日　以南方丝绸之路为主题的"唐代东南社会与海上丝绸之路"国际研讨会暨中国唐史学会第十二届年会在福州召开。

26—29日　"篮球梦·中华情"福耀·第31届全球华人篮球邀请赛在福州海峡国际会展中心举行。来自中国、美国、加拿大、荷兰、澳大利亚、马来西亚、菲律宾、泰国、印尼、新加坡等国家和中国台湾、香港、澳门等地区,280支球队、3500名篮球爱好者参加比赛,其中福州有13支球队参加。

27日　首届福建自贸区进口商品暨跨境电商博览会在福州海峡国际会展中心举行,为省内首个以自贸区为主题的展会。展会规模达1万平方米,特设福州仓山跨境电商展区和中国(福建)自由贸易试验区福州片区(仓山南台岛)展区。

28日　北京亚运会吉祥物"盼盼"原型熊猫"巴斯"35周岁生日庆祝活动在海峡(福州)大熊猫研究交流中心举行。

12月

5日　由市老龄办等单位牵头,福州市成立敬老志愿服务总队,全市13个社区(村)、8个爱心企业和单位共成立21支敬老志愿服务队,成立仪式在福州市国防教育学校举行。

7日　市委、市政府在香港举行福州新区、福建自贸区福州片区香港推介会暨榕港重点合作项目签约仪式。

9日　市委、市政府在澳门举行福州新区、福建自贸区福州片区推介会。

10日　第一届全国青年运动会福州市执委会向第十三届全国冬季运动会组委会捐赠物资仪式在海峡奥体中心主新闻中心举行。捐赠物资27类647件。

18日　京台高速公路建瓯至闽侯段正式通车,标志福建段实现全线通车。

19—20日　中国生态文明论坛福州年会在福州海峡国际会展中心举行。年会主题为"全面建设生态文明——新常态、新理念、新起点"。其间,举办8个分论坛、"市长热点对话"等活动,并通过《生态文明·福州倡议》。

20日　首届福州国际马拉松赛举行。赛事设男、女全程马拉松,男、女半程马拉松,男、女迷你马拉松3个项目,9个国家和地区的1.5万名选手参赛。

同日　福州市鼓楼区与延安市宝塔区、鼓二小与杨家岭福州希望小学结对协议签约和捐赠仪式在延安举行。福州市向杨家岭福州希望小学捐赠300万元改扩建资金。

20—21日　省委常委、市委书记杨岳带领福州市代表团赴延安开展对口协作和学习考察活动,察看援建项目情况。

23日　连江黄岐至马祖白沙客运航线正式通航,为闽台第四条"小三通"客运航线和福州至马祖第二条"小三通"客运航线。

同日　国家天文台"福州星"命名仪式在马尾船政学堂格致园举行。国家天文台领导向福州市颁发"'福州星'运行轨道图""小行星命名公报"和"小行星命名证书"。

同日　福州市获批为国家信息消费示范城市。

26日　福州绕城高速东南段洋门至梅里段、沈海复线宁(德)连(江)高速梅里至飞鸾段等5条高速公路同时通车,全省高速公路通车总里程突破5000公里,成为全国第四个实现"县县通高速"的省份。

29日　福州市国防动员委员会海上动员办公室在市海洋与渔业局正式成立并全面开展工作,为全国成立的首个海上动员办公室。

30日起　地铁1号线南段开始空载试运行,时间不少于3个月,可连通三叉街站至火车南站站,有三叉街、白湖亭、葫芦阵、黄山、排下、城门、三角埕、胪雷、火车南站9个站点。

31日　闽清县举行阿里巴巴农村淘宝项目暨首届年货节启动仪式,首批46个村淘服务站开业,该县成为全市首个村淘县。

(编辑　黄　铭)

福州新区

【概况】　福州新区是中国第 14 个国家级新区，具有“四区叠加”（国家级新区、自贸区、海上丝绸之路核心区、国家生态文明示范区）、“一区毗邻”（与平潭综合实验区毗邻）的独特优势。新区位于福州市滨海地区，规划面积 1892 平方千米，规划范围涉及福州沿海、沿江 6 个县（市）区的部分区域。核心区规划面积 800 平方千米，涵盖 7 个国家级和 3 个省级经济开发区，涉及马尾区、仓山区、长乐市、福清市 4 个区、（县）市的 26 个乡镇（街道）的部分区域，其中包含：马尾区罗星、马尾、亭江、琅岐 4 个镇（街道），仓山区城门、盖山 2 个镇，长乐市鹤上、古槐、江田、文岭、湖南、金峰、漳港、松下、文武砂 9 个乡镇（街道），福清市高山、海口、城头、龙田、江镜、港头、三山、沙埔、东瀚、江阴、新厝 11 个乡镇。

【新区批复启动】　2014 年 9 月 16 日，市委十届八次全会审议通过《福州新区建设行动计划（2014—2020 年）》的决议。10 月，“支持申请设立福州新区”等内容正式写入国务院有关文件，标志福州新区被列入国家发展的战略层面，为加快获批提供政策支撑。12 月，福建省政府向国务院上报申请设立福州新区。

2015 年 3 月底，国家发改委正式发文，向国家 27 个相关部委分别征求关于设立福州新区的意见。7 月下旬，国家发改委完成福州新区总体方案审核和征求意见工作，向国务院上报设立福建福州新区的请示。

8 月 30 日，国务院批复同意设立福州新区，福州新区成为全国第 14 个国家级新区，被赋予“三区一门户一基地”的战略定位。9 月 9 日，中国政府网刊发《国务院关于同意设立福州新区的批复》，正式对外公布。9 月 13 日，经国务院同意，国家发改委印发《福州新区总体方案》。

【规划编制】　9 月 28 日，在北京召开福州新区发展规划研讨会，邀请吴良镛院士等国内知名专家学者和国家部委领导为新区规划发展把脉献策。根据国务院批复精神和福州新区开发建设需要，由新区办和市规划局牵头开展《福州新区发展规划》和《福州新区总体规划》编制工作。

启动福州新区环境影响评价、水资源论证、旅游发展策略专题研究、产业发展规划、综合交通规划、滨海新城区域控规和城市设计等 20 多项福州新区专项规划、城市设计和课题研究等的编制工作。

率先开展“多规合一”试点工作，研究“多规合一”信息联动平台建设，制订“多规合一”协调机制方案和协作审批流程改革方案等工作。新区初步规划“一核两翼、两轴多组团”的空间结构：一核，即新区核心区，包括三江口、闽江口和长乐滨海新城，将重点发展商务金融、经贸交流、创新研发、文化会展等高端服务功能；南翼发展区，以福清为重点的综合发展区，将重点发展海洋经济、临港重化、电子信息等产业，打造新区临港产业崛起的主战场；北翼发展区，以环罗源湾为主的产业发展区，将着力打造以能源、冶金、机械制造业为主的产业发展区；福平综合发展轴，是福州中心城区经过滨海新城与平潭联系的东西轴线，将重点承担综合服务、区域商贸、总部经济、高端科技研发等职能；沿海蓝色经济轴，将由北至南串联起沿海地区，是联系新区内众多港口及产业区的重要纽带。

规划 9 个功能布局各有侧重的城市功能组团，其中，核心区 800 平方千米范围内规划三江口组团、闽江口组团、滨海新城组团、福清湾组团、江阴湾组团 5 个城市功能组团。

【开发建设】　**重大项目建设**　推动实施 336 项新区重点项目建设，建立市、县两级“福州新区重点项目服务窗口”，推行“5 + X”项目审批会商等工作机制，优化新区项目审批管理。全年完成重点项目投资 1446 亿元，占年度计划 115%，新区固定资产投资完成 2000 亿元以上。同时推进三江口片区、琅岐岛、蓝色经济产业园等先行区域和重点园开发。

基础设施建设　运用多种投融资方式和手段，推进长乐前塘至福清庄前高速公路 BOT 招标、江涵大桥 PPP 投资建设等工作，加快绕城公路东南段、滨海大通道等项目建设,完成新区重点交通项目投资179亿元。探索福州新区大型市政基础设施廊道共建、共用、共享的统筹机制,推动马尾大桥、道庆洲过江通道等重大市政项目建设和前期工作。加快新区轨道交通设施的建设和布局,地铁4~6号线建设规划和海峡西岸城镇群城际轨道交通建设规划获得国家发改委批复。

产业转型升级步伐　推动产业优化再造行动计划,促进先进制造业、战略性新兴产业、高新技术产业和高端服务业向新区集聚。对接新区产业项目200多项、总投资超2500亿元。总投资300亿元的京东方第8.5代新型半导体显示器件生产线项目落户新区,翔福物流园基本建成。

融资对接机制　完善政府牵头的银企对接长效机制,组织举办两次新区重大项目融资对接,促成46个项目业主与银行达成463亿元的初步融资意向。新区办与国开行、农发行等10家金融机构达成初步合作协议。

【体制创新】　制定出台《福州新区开放开发体制改革实施方案》,明确福州新区创新管理运行机制、创新重大项目推动机制等5个方面的18项改革工作,分解落实到相关市直部门。9月,开展完善规划体系、产业优化再造等10个福州新区系列专题课题研究,范围涵盖新区经济社会发展的各个领域,并印发实施。根据"精简、统一、效能、服务"的原则,形成并不断完善"大部制、少机构、扁平化"的组织管理架构和"实体运作、直管开发、两级联动"的开发运行机制。

草拟支持福州新区发展的先行先试政策。11月5日省政府正式出台《关于支持福州新区加快发展的若干意见》,赋予福州新区13个方面36条先行先试政策。

加强与平潭综合实验区对接沟通,研究探讨两地沟通协商、政策共享、设施共建、发展共赢等合作机制,研究起草《福州新区—平潭综合实验区合作框架协议》初稿。同时,研究国家赋予平潭综合实验区的先行先试政策,推动相关成熟政策在福州新区率先落地、复制和实施。

【宣传推介】　利用多种现代媒介和宣传形式,全方位宣传和解读福州新区规划发展情况,引导社会各界关注和参与新区开发建设。在获批后,召开福州新区设立新闻发布会,向社会发布福州新区设立的信息。牵头会同《人民日报》、中央电视台、《香港文汇报》等国内外知名媒体和各大门户网站开展集中宣传,刊发2160篇相关报道。

制作完成新区宣传画册、视频、PPT等,启动新区官方网站,通过世界福建同乡恳亲大会、青运会新闻发布会、中国·福建海外人才创业周等重大平台和对外招商推介活动,宣传推介新区。3月,福州市党政代表团分别赴兰州市和长沙市考察,学习新区开发建设的成功经验。新区办多次组织市直相关部门赴四川天府、贵州贵安、陕西西咸、南京江北等国家级新区进行考察学习,全年接待10多批省外、境外来宾考察。12月,赴香港和澳门开展新区专场推介会,对接项目75项,总投资额达1014亿元;在北京对接央企、国企项目64项,总投资达3315亿元。召开闽商投资项目签约大会,签订闽商投资项目70项,总投资达1122.67亿元。引进中铝铝精深加工、三峡集团海上风电开发、中国核工业建设集团高温气冷堆电站及配套产业园等一大批重大项目。

(万　粒)

中国(福建)自由贸易试验区福州片区

【概况】　福州片区实施范围31.26平方千米,涵盖福州经济技术开发区和福州保税港区。其中,福州经济技术开发区22平方千米,包括马江、快安、长安、琅岐、南台岛5个区块,福州保税港区9.26平方千米,包括新厝和江阴2个区块。4月21日,中国(福建)自由贸易试验区福州片区挂牌成立。管理委员会由福州保税港区管理委员会升级而成,作为福建省人民政府的派出机构,规格为副厅级,由福州市人民政府管理。

【制度创新】　福州片区计划在3年内完成113项试验任务,其中挂牌第1年推进86项试验任务,年内实施74项,推出5批体制创新举措49项,全国首创的举措有14项。

投资便利化　在全国率先实施"一照一码"登记制度,企业设立时间由原来的15个工作日缩短到1个工作日;在全国首创"一掌通3A移动税务平台",实现移动办税和实时动态管理;推行电子营业执照,赋予企业"电子身份";对外商投资实施"负面清单+准入前国民待遇"管理制度。至年底,新增企业4014户,注册资本738.6亿元,3110个纳税人使用3A移动税务平台办理税收业务,发放电子营业执照2187份。

贸易便利化　推出28项监管创新制度,全国首创的有8项,其中"简化CEPA以及ECFA项下货物进口原产地证书提交需求"创新举措每票通关货物节省成本8%;"整车进口一体化快速通关"举措促进通关时间从4~5天缩短至1天。国检推出7项检验检疫创新制度,全国首创的举措有3项,其中对外贸易经营者备案和原产地企业备案"两证合一",每年可为备案企业节约费用100万元;创新东盟海产品交易所监管模式,使海产品的进口通关每个集装箱节约1.5天。国税推出12项服务区内企业的便利化措施,在全国率先实行出口退税无纸化和先退后审,为外贸企业办理4.3亿元的出口退税。

【金融业务】　入驻金融及类金融企业294家,跨境人民币结算量172.85亿元,同比增长141.5%。片区内银行与国脉科技、华映光电等20多家企业达成21个跨境借款(金额约43亿元)、25个资金池、1个点心债和1个宝岛债项目,引入股权投资基金、产业基金,规模合计达420亿元。交通银行省行获批在福州设立离岸金融服务中心,建设银行海峡两岸跨境金融中心落户福州,平安银行依托自贸区分行设立离岸、保理、跨境结算3个业务分中心。推动各类金融平台建设,中金在线金融中心为中小企业融资金额超8亿元,新东支付公司率先在国内推出电话支付业务。平安银行牵头设立江阴港整车进口贸易产业基金,基金规模100亿元；中国银行与福州速传保税供应链公司合作，授信7亿元用于整车进口。

【招商引资】　赴荷兰、西班牙、瑞典，中国香港、中国台湾、中国澳门及北京、深圳、上海、杭州等地开展自贸试验区招商推介工作。至6月底，福州片区在谈项目295个，意向投资金额503.75亿元人民币，预核企业名称1762户，注册企业1024户，其中内资企业952户，外资企业72户（台资32户），注册资本合计231.38亿元人民币。

【重点平台建设】　以打造平台为依托，培育新型贸易业态，推进46个功能性平台建设。至年底，建成平台20个，在建平台16个，拟建平台10个。

整车进口口岸　创新实施“整车进口一体化快速通关模式”等口岸通关便利化改革，实施汽车整车平行进口试点，江阴口岸注册汽车经销企业84家，其中平行进口汽车试点企业10家。进口汽车3887辆，同比增长79%，在全国19个整车进口口岸中位列第6位，在新批15个整车进口口岸中位列第2位。出口汽车159辆，全年内贸整车到港2.74万辆。

跨境电商　11月3日，跨境电商公共服务平台正式揭牌。快安跨境电商产业园，一期办公面积4万平方米，50家企业入驻。引进阿里一达通企业，启动与阿里集团旗下聚划算战略合作。万国国际商城电商平台招商入驻300家企业，美国零售巨头COSTCO在区内营业。

直销和展示平台　11月6日，海峡智贸城进口商品直销中心正式开业。利嘉保税商品展示交易中心一期入驻商户92家，11月18日部分试营业，打造汇集世界各主要国家和地区商品于一体的综合性保税展示交易平台。

现代服务业发展平台　在福州保税港区规划建设集保税仓储、保税展示、分拨配送为一体的利嘉国际物流园，占地42.4公顷，建筑面积达60万平方米。建设汇集整车进口全产业链的银河国际汽车园，占地54.2公顷，建筑面积78万平方米。建设国内唯一一家以纯游戏为主题的互联网游戏产业园，设立创投基金，与高校合作共建，打造“创客之城”，注册企业118家，3家公司登入股转系统计划在新三板上市，园区产值超10亿元。推进船政格致园项目建设，打造两岸文化创意产业园，14家台湾文创企业意向入驻。

【先进制造业基地建设】　助推东北理光、科立视、上润精密、野马航空、中景石化等行业龙头企业做大做强，延伸产业链条，促进集聚发展。借助金融创新推动企业技改，5大国有银行和海峡银行与中铝瑞闽、飞毛腿等20多家企业达成技改合作协议。坚持互联网与传统制造业融合发展，以福州经济技术开发区获批全国第4个国家级物联网园区为契机，加快培育新大陆、普天国脉等一批物联网企业，在互联网+研发、互联网+制造等领域形成较为完善的产业链。

【海丝经贸】　依托“中国—东盟海产品交易所”打造与东盟各国渔业合作与海产品贸易平台，海交所发展境内外会员150家，10月21日推出电子议价交易模式，成交货物2亿批次、交易额约1600亿元，商务部将海交所列入第3次“中国—东盟自由贸易区升级版”谈判经济合作内容。

利用“海丝商城”打通海丝沿线国家与地区商品贸易通道，商城入驻企业100多家，引进上千种进口食品，检验放行时间缩短至1—2天。

通过“海丝博览会”搭建经贸合作桥梁。首届海丝博览会参展国家和地区达49个，签约项目59项，总投资814亿元，并举办ACD大会、自贸区论坛等一系列活动。

依托“侨梦苑”建设现代产业项目聚集区，“中国东盟海产品研究院”“中国东盟海产品产业基地”“侨商跨境电子商务产业园”等项目入驻。

【对台经贸合作】　推出5项创新举措，109家企业申请办理简化ECFA和CEPA原产地证书提交手续，涉及货值3486万美元，税款2230万元。推动对台服务贸易领域开放，落户台资旅行社5家、律师事务所1家、教育机构1家、人才中介机构1家，医疗项目25项。福建自贸试验区内首个闽台口腔医疗合作项目——台湾水激光无痛诊疗技术正式落户福州海峡美容医院。台湾生医协会在福州片区注册落地。与台湾亚东医院合建琅岐三江口医院。台湾银行、合作金库银行、彰化银行、华南银行、富邦金融总部等一批台湾金融机构相继落地。推动两岸人员往来便利化，在全国率先实行临时来榕外省籍居民可在福州办理通行证赴马祖旅游、在福州外省居民免于提交暂住证即可办理通行证赴台湾本岛旅游等政策。

【法治建设】　在全国首创“自贸区福州片区台胞权益保障法官工作室”，由市中院选派优秀法官为自贸区台胞台企提供法律咨询服务，维护台胞台企权益。设立福州仲裁委员会国际商事仲裁院，聘请台、港、澳籍法律和经贸专家担任仲裁员，完善“在线仲裁”服务机制，提供零距离商事纠纷解决服务平台。12月底，成立自贸试验区法庭和检察室，为自贸试验区建设提供司法保障。

【人才工作】　出台《福州市贯彻落实〈加强中国（福建）自由贸易试验区人才工作的十四条措施〉实施方案》《关于鼓励和支持台湾青年来榕创业就业的实施办法》《关于中国（福建）自贸区福州片区引进高层次人才住房公积金特殊支持政策的暂行规定》等激励扶持政策。在自贸试验区综合服务大厅企业公共服务平台设立人才服务窗口，引进中国海峡人才市场设立分部，为自贸试验区内的企业提供人才招聘、海外人才引进、人才培训教育等服务。面向全国公开招聘4名聘任制公务员，招聘职位包括国际商务高级主管、金融商务高级主管和对台商务高级主管。

（黎发明　陈　婉）

海上丝绸之路核心区

【综合交通体系】　海上通道　2015年，福州港完成货物吞吐量9307万吨，同比增长6.1%，集装箱吞吐量215.3万标箱,同比增长10.6%。新开4条远洋航线、4条内贸航线和1条穿梭支线,远洋航线首次直达欧洲。福州港(不含宁德)建成泊位码头103个,新(在)建码头23个。江阴港区10号泊位(5万吨级液体化工泊位),松下港区山前作业区18号、19号泊位等建成投产;江阴港区11号、12号泊位,罗源湾港区可门作业区6号、7号、14号、19号及西1西2泊位工程,将军帽作业区15万吨散货码头,松下港区牛头湾作业区12号、13号泊位等项目在建;罗源湾港区淡头作业区9—11号泊位,松下作业区16号、17号泊位,江阴港区8号、9号泊位工程等开展项目前期工作。

空中通道　全年福州空港完成运输架次90659架次,同比增长11.52%;旅客吞吐量1088.7万人次,同比增长16.4%。福州机场有运营航空公司30家,国内外航线106条,其中国际航线20条,地区航线6条,境内航线80条。通航城市73个,其中国际城市15个。

陆路通道　铁路建设方面,全年铁路项目完成投资28.9亿元。其中,合福铁路福州段累计完成投资14.52亿元,6月28日运营通车;新建福州东(樟林)货车车辆段累计完成投资1.74亿元,10月底初步建成;福州至平潭铁路累计完成投资12.7亿元,开展征迁工作。公路建设方面,建成沈海复线宁连福州段、京台线建闽公路福州段、东南绕城先期动建段(连江洋门至浦口),推进东南绕城后续动建段(连江浦口至闽侯青口段)、长平高速、长福高速、莆炎高速建设。全年建设普通公路项目30个195千米,完工项目7个39.7千米。

【海丝沿线国家及地区经贸往来】　至年底,东盟在福州投资项目达356项,合同外资10亿美元,涵盖印尼、新加坡、马来西亚、越南等东南亚国家。福州企业对"海丝"沿线国家对外投资协议总额8.78亿美元,其中中方投资额5.73亿美元,主要投向印尼、新加坡、马来西亚、越南、柬埔寨、缅甸、印度、老挝、文莱、菲律宾、泰国等东南亚国家,其中印尼成为福州企业较为集中投资国,协议投资总额8.35亿美元,中方投资额5.35亿美元。

全市渔业企业在东盟国家发展水产养殖业,在印尼瑟兰岛、金马安、巴淡岛、三宝垄和缅甸维桑海域建立5个养殖基地,投产养殖面积逾666.67公顷(1万亩)。推进发展远洋捕捞项目,全年外派远洋渔船462艘,比2014年新增28艘;列入2014年、2015年国家海洋渔船更新改造项目渔船47艘,获中央预算内投资资金约1.83亿元。

围绕"海丝"主题,举办"5·18"海交会,展出海丝沿线国家产品和海峡两岸产品,展览面积12万平方米,总展位数4450个,参展国家和地区达49个,有国内外1850个企业参展,实现海丝沿线主要国家和地区全覆盖。展会期间,安排ACD大会、"一带一路"文化经贸之旅启动仪式等7场主要活动,签约重点"三维"项目59项,总投资814.01亿元。借力渔博会,突出"海丝"和"海峡"特色,渔博会现场签约项目27个,签约金额163.452亿元,现场贸易配对额2.6亿元;专门设置国际展区,面积4000平方米,重点邀请"一带一路"沿线国家和地区组团参展,增设友好城市、中非联盟等特色展区;海交所与马来西亚皆富集团、越南万达实业有限公司、台湾上亚物业有限公司等境内外海洋与渔业龙头企业签署15亿元的线上采购合作协议。举办首届"海上丝绸之路"(福州)国际旅游节,邀请泰国、缅甸、菲律宾、马来西亚、印尼等海丝沿线国家的驻华旅游机构代表30人,来自意大利、俄罗斯、加拿大、德国、瑞士、英国以及中国港澳台地区的230名境外重点旅行商及其他各界代表等近700人参加,举行"海丝路上有福舟"福州专场旅游推介会,发布《福州宣言》。

【人文交流枢纽】　人文交流品牌活动　民营企业和文艺表演团组赴日本长崎市、俄罗斯鄂木斯克市举办两场"福州日"活动,开展友城交流、经贸推介、企业对接、文艺演出等一系列活动。在英国、德国、加拿大等榕籍华人聚集地,开展"榕情四海·佳节同庆"系列活动,举办经贸推介会、图片影像展示会、中医讲座和义诊、中秋晚会等8场活动。参与举办"中国·福建周"活动,组织民营企业和文艺表演团组赴日本那霸市、韩国江原道开展经贸对接和城市推广活动,赴泰国、柬埔寨等地表演。

华文教育　重点面向海丝沿线国家,持续扩大海外华裔青少年夏(冬)令营规模,举办2期华文教育夏(冬)令营,70名美国、加拿大、澳大利亚、日本、俄罗斯、巴西等地的海外榕籍二、三代青少年参加活动,形成"中华文化·寻根鼓岭"华文教育品牌。参与举办"海丝情·桑梓梦"集结活动,马来西亚、印尼、菲律宾、泰国、柬埔寨、越南、缅甸、老挝等海丝沿线国家和地区的836名海外华裔及港澳台地区青少年参加。

文化国际区域合作　举办第二届丝绸之路国际电影节。闽剧《杨门女将》

9月,第二届丝绸之路国际电影节在福州举办　　(市文广新局　供)

参加第十二届契诃夫国际戏剧节展演。组织市属文博场馆选送13件馆藏海丝文物精品，参与由省博物院牵头组织的《丝路帆远——海上丝绸之路文物精品展》，完成在美国纽约、法国巴黎、泰国曼谷等地及联合国总部、教科文组织等部门展览。

【海丝申遗】　加强海丝申遗合作，在《"海上丝绸之路"九城市联合申报世界文化遗产泉州宣言》的基础上，推进海丝文化遗产点保护工作，挖掘海丝潜力遗产点。规划设立福州海上丝绸之路展示馆，编制完成陈列大纲（初稿），公布实施《海上丝绸之路：福州史迹文化遗产保护管路规划》，争取中国海丝博物馆落地福州三江口片区。将海丝文化遗产点——马尾区东岐码头推荐列入第七批市级文物保护单位，推动长乐市将海丝文化遗产点——登文道码头公布为县（市）级文物保护单位。向省文物局上报海丝文化遗产潜力点——闽清义窑窑址，邀请中国文化遗产研究院专家到榕视察海丝文化遗产点。年内福州海丝申遗、闽王祠安消防工程和登文道码头环境整治项目等3个项目共获省世界文化遗产保护专项资金补助170万元。

（陈　婉）

【第二届海上丝绸之路电影节】　9月22—26日，第二届丝绸之路国际电影节在福州举办。围绕海丝、海洋、海峡主题，举办开闭幕式、传媒荣誉推荐、电影展映、北京放映·丝路再起航、印度主宾国、电影魅力·行业对话、电影论坛和市场交易等9项主体活动及电影音乐会、电影科技体验展、"影享福州"公益电影放映等配套活动。先后邀请俄罗斯、印度、法国、韩国、伊朗、老挝等33个丝路沿线及周边国家和地区近2000名嘉宾参加；组织百部中外优秀影片展映。电影节期间，展映36个国家外语影片71部和华语影片34部，112场次，观影人数达2万人次。以"展示·推介·交易·交流"为主题，举办丝路电影合作论坛、丝路影像城市论坛、动画电影论坛"三大高峰论坛"，以及电影行业对话、项目创投会、项目推荐会、项目签约等多项活动。

（柳　锴）

第一届全国青年运动会

【概况】　10月18日，第一届全国青年运动会在福州海峡奥体中心主体育场开幕；27日，在福州海峡奥体中心体育馆落幕。福州市作为主赛区，经过4年筹办和10天办赛，完成组委会安排的青运会60%竞赛项目、开闭幕式和火炬传递等大型活动的组织实施，赛事与活动的服务保障等任务，实现"全力举办精彩青运、持续加快城市建设、全面提高市民素质、充分展示福州形象"的总体目标。

【管理体系】　确立"全市联动、分级负责、统筹管理"的管理模式，成立青运会市执委会，由省委常委、市委书记杨岳担任主任，市长杨益民担任第一副主任，内设18个部室及青运村14个中心，并牵头组建组委会大型活动部、接待工作部、配套服务保障部、票务部和文化教育部。形成决策体系，在市委常委会统筹下实现重大决策，确定主任办公会议决策重大事项，秘书长办公会议负责管理日常工作，省市会商会议、部室联席会议和联络员会议等协调体系解决、沟通问题。赛时期间，成立青运会应急指挥领导小组，由市长杨益民任组长；成立开闭幕式总指挥部，由市委副书记陈元邦任总指挥，各分管市领导任指挥长，下设36个工作组，具体负责各项保障工作。实现层级管理，依托属地政府组建分赛区筹备机构，实行场馆属地管理，依托各县（区）、市属高校组织各单项竞委会。加强顶层设计，编制举办年工作进度表、52项重点专项工作实施方案、重点工作进度表等，针对赛时制定"五图两表"、每日流程表等，对全过程实行流程管理。筹办以来，市执委会制定人员管理、资金管理、市场开发、招标管理等50项工作制度，举办13项测试赛、100多场演练。

【青运场馆】　新建、改造提升15个比赛场馆，利用地产开发项目建设1个青运村，体育场馆人均占有面积增加0.11平方米，达1.84平方米，超过全国平均水平。其中新建10个场馆：海峡奥体中心"一场三馆"、晋安区体育馆、马尾综合体育馆、连江县体育公园综合馆、长乐市首占营前新区体育中心、长乐市东湖水上运动中心、闽侯县青口镇文体中心。利用原有场馆改造提升5个：福州闽江公园南园沙滩排球场、福清市体育馆、福清市龙江体育公园体育场、福建省侨兴轻工学校体育场、长乐市体育中心体育场。新建场馆中海峡奥林匹克体育中心为青运会主比赛场馆，被建设部授予建设工程领域最高奖"鲁班奖"，获市建设工程"榕城杯"，福建省优秀设

10月8日，第一届全国青年运动会运动员村正式开村，省委常委、市委书记杨岳宣布开村，副省长李红向青运村名誉村长杨益民、村长陈晔交付开村钥匙

（第一届全国青年运动会福州市执行委员会　供）

计、钢结构“金禹奖”、福建省“闽江杯”等奖项。

青运会场馆在选址上考虑体育事业与区域经济社会的协调发展,如海峡奥体中心及周边市政配套设施的建设使南台片区面貌改善;晋安区体育馆作为旧屋区的改造项目配套工程,使旧屋区在改造后成为功能齐全、设施先进的新型社区;长乐市体育中心为首占营前新区建设注入新机;以民营资本投资建设的长乐东湖水上运动中心则解决滨海新区没有专业的、设施先进、功能完善水上项目场所的硬件问题。

【赛事工作】 福州作为主赛区,承担60%以上项目,共13大项、204小项正式比赛,田径、游泳、跳水、体操、网球在海峡奥体中心举行,沙排在南江滨公园举行,篮球在晋安、马尾举行,男排U17在福清举行,皮划艇、摔跤在长乐举行,女足(U16、U18)在福清、长乐举行,拳击在闽侯举行,武术套路在连江举行。

在竞赛组织方面,福州赛区根据项目布局组建14个单项竞委会,内设1室9处,通过编制竞赛指南、秩序册、“五图两表”等规范,开展赛前培训以及测试赛整改,确保赛事组织顺畅。赛事期间,全国55个代表团6252名运动员和裁判员参赛,开幕式前开赛的项目有女足(U16、U18)、跳水、体操、网球、男排U17、篮球,开幕式后进行的比赛项目有田径、游泳、拳击、摔跤、武术套路、皮划艇、沙排。从第一项女足U16于9月16日开赛,至10月27日皮划艇比赛结束,整个赛事历时1个多月,60多万名观众到现场观看各项比赛。

在参赛备战方面,通过寄训、联合培养、组织参赛等方式选拔适龄优秀运动员,福州代表团有318名运动员参加田径、篮球、柔道、举重等16个大项、203个小项比赛,获21金17银23铜共61枚奖牌,创金牌数、奖牌数、总分3项第三的历史最好成绩。

【大型活动】 开闭幕式仪式和文体展示以及火炬传递活动,突出青年特色、体育特色、海峡特色、海丝特色、展现八闽风采和群众参与特色。开闭幕式文体展示以“弘扬奥运精神、分享青春友谊,感受八闽情怀、聚力青春圆梦”为主题,10多所大中小学约1.2万名志愿者参演展示超20项运动竞赛和群众体育运动项目。10月12日、16日两场开幕式彩排和25日闭幕式彩排,吸引逾6万名观众观看;10月18日、27日,近7万观众现场观看开闭幕式。

火炬传递以“青春主打,海峡特色,快乐分享,人人参与”为主旨,采取“虚实结合,两头实、中间虚”的方式进行。7月10日火种采集仪式在马尾罗星塔举行,网络火炬历时3个月,沿“丝绸之路经济带”和“21世纪海上丝绸之路”两线,在全国和省内共60多座城市传递,约4300万人次参与。10月11日,实体火炬传递活动在福州汇聚举行,100名火炬手从福州一中旗山校区出发,途经闽江、鼓山大桥、三环路、二环路、杨桥路,最后在三坊七巷光禄吟台举行收火仪式,传递全程历时近4小时。

【接待服务】 青运会55个代表团团部、2000多名裁判员、1500多名媒体记者使用接待饭店25家,其中团部驻地接待饭店2家。福州市组织来宾对口接待单位80个,接待站服务保障团队49个,进驻25家接待酒店,并派驻交通联络员。在机场、火车(南、北)站、汽车北站以及福州(南、西、北、秀宅、马尾)5个高速公路收费站设立“公共服务接待站”,公共服务接待站由市人大、市政协、市交通委作为责任单位组建,提供各类来宾抵离的迎送协调服务,站内开设青运会专用通道、安检通道、休息区域、票务窗口、停车区域等。媒体接待饭店与海峡奥体中心、各比赛场馆之间开通专线车、循环班车和定点预约专线班车。

运动员村从10月6日第一批运动员入村至10月28日香港代表队最后2名运动员离村,运行23天,有20个项目451支代表队的6023名运动员、教练员、技术官员入住,最高峰为5955人/天,接待30个代表团、约30个参观访问团近千人到村参观访问,逾60家媒体300多名记者到青运村采访报道。运行期间,创下零投诉零事故记录。

【赛事保障】 构筑社会面防控圈、环榕防控圈、核心场馆封控圈等三道安保屏障,在市区设置18个公安检查站、118个布控堵截卡点,实行情报预警预判、重点人员监管、武装联勤巡逻、危爆物品严控、交通安全管理、消防安全管理等6项机制,组织实施6次重点“卫青”集中行动,及多次社会治安综合整治行动,青运会期间,投入公安干警、武警官兵等安保力量约12.4万人次,全市违法犯罪类警情同比下降45%,所有涉及青运会人员“零发案、零事故、零伤害”。

抽调近1200名医务人员组成5支保障队伍,设置156个医疗点(室),实行24小时全天服务和比赛场馆“随队工作制”,期间未发生公共卫生事件、药品安全和药源性兴奋剂管理事件。对食材供应基地、食材加工及仓储总仓,实行属地监管、驻巡结合举措,同步开展全市社会面餐饮服务监管。

设置20条青运会专用道、8个停车场和17个诱导视频监控,实行高危、社会车辆分时管制,征集1200余辆保障车辆,制定交通运输对象一览表,规划设计121条运输线路,在开闭幕式、测试赛、赛时期间运送人员约70.54万人次;在开闭幕式期间限时段通行,组织开通7条免费直达专线公交。

制定免票、赠票、亲民票相结合的票务政策。抽调1000余人组建30多支供水、供电、供气、通信、气象等服务保障队伍,成立青运会举办期间海峡奥体中心和青运村应急抢修队伍,建立市、县(市)区、赛事场馆三级通信保障体系。

【资源开发】 突出市场运作主渠道,建立政府支持、社会参与、办赛创收相结合的多渠道筹资机制。制订个性化市场推介方案并走访企业,通过青运会官网、电视、报纸等发布市场开发信息,募集款项2.35亿元,签约的赞助企业32家,其中合作伙伴9家、赞助商4家、独家供应商8家、供应商11家,引导各分赛区采取资源招租、广告招商、荣誉回报等形式主动开发,编制每份赞助合同回报工作进度表,实施赞助回报工作。签约特许经营企业19家,开发漆器、毛绒玩具、金属、贵金属、日用品、小工艺品、茶叶、陶瓷、汽车特许服务等约300种特许商品。在机场、车站、公园、商贸区等人流密集地方设立销售点,利用“5·18”海交会、

“6·18”项交会、“海青节”等平台展示销售产品。申请登记特殊标志255件、著作权登记17项，组织检查队伍开展青运会知识产权保护专项整治活动6期。整合机场、车站及主干道的公交大巴车身和LED、场站广告屏、地铁围挡及市属场馆等广告资源，设计福州市主赛区23个场馆内外广告。

【办赛事与办城市结合】　创新运用“海绵城市”理念把海峡奥体中心建成绿色生态城区，推进市政基础设施建设，先后有螺洲大桥、福湾路等90个市政路桥项目竣工通车，改造241条街巷立面景观，涂装美化150座桥梁，整治75条内河，新增园林绿地280万平方米，建成城市绿道180公里，新建改扩建飞凤山、金鸡山等10个公园，建成174个便民自行车站点，投放自行车4300辆，新能源公交在全市公交车中占比近42%，新能源出租车在全市出租车中占比71.3%。出台城市管理办法、实施在线监测、加强法规制度建设等措施，加强“五点一线”（驻地、赛场、景点、主要商业街、交通站点及5个点之间的主要道路）综合整治，加大夜市摊点、渣土车治理力度。

推进文明城市建设，以主题活动为载体，开展各类公益活动1000多场，参与人数近700万人次。全国首创“小青果”志愿者品牌，有6000多名赛会志愿者、1.2万名城市志愿者、近10万名社会志愿者为青运会依托全市100个“青运会志愿服务驿站”、“悦动福州”微博微信等线上线下平台，开展各类志愿服务活动和志愿者宣传活动1000多场，为青运会提供约60万小时服务。

【宣传报道】　开通青运会福州赛区官方网站和政务微博，制作《有福之州迎青运》《青运会向我们走来》《城市形象宣传片》3部宣传片，通过播放青运会宣传片，开辟专栏，多渠道、多形式宣传青运会。所有中央媒体、各省（市、自治区）媒体、境外媒体、省内各设区市委宣传部均指定1名新闻联络官，负责本地区媒体的记者管理。成立青运会参会城市主流媒体、网络媒体和自媒体三大媒体联盟，构筑青运会宣传工作网络。青运会筹备期间，各级各类媒体刊登相关报道5万多篇；青运会期间，境内外媒体刊发登载各类青运会稿件2.2万多份，各类新媒体发布青运会信息10万余条次，其中中央媒体刊发《青春盛会　魅力榕城——福州开启“青运时代”》等多篇报道。围绕“文化教育与体育共融”“办赛事、办城市”等主题，举办6场新闻发布会，组织系列访谈22期，典型宣传活动13期，《青运，我们准备好了》18期。制作吉祥物“榕榕”动漫宣传片，开展榕榕公益活动和“福州那么美，跟着榕榕去看看”系列活动60多场，组织会歌传唱进社区、进校园、进激情广场活动。在市中心各主要道路、街区的公交车喷绘、灯箱广告、工程建设工地围挡、道旗、园林小品等载体上，发布公益广告1.68万面、宣传标语5.3亿条次。在1000面人民日报电子阅报栏上推出青运专题，20多面大型户外LED屏、南昌铁路局片内10条线路200多个车次的动车电视上投放青运会宣传片，开展700多场青运宣传。

在第一届全国青年运动会上福州队吕阳夺得男子110米栏冠军　（市体育局　供）

【青运元素】　主题口号为“福之州，青之运”，会徽以中华“福”文化为设计主题，造型上通过“福”字的变体，呈现出一张乘风的帆。吉祥物取名为“榕榕”，以绿色作为主色调，以榕树幼苗作为外观形态，体现福州的地域特征和榕树精神。志愿者标识为“青春梦想”，该标志形似翱翔的神话之鸟——栖息于海峡两岸的中华凤头燕鸥。会歌为李式耀作曲、孟广征作词的歌曲《青春风》，在9月17日青运会开幕倒计时30天前夕正式发布。制订《第一届全国青年运动会视觉识别系统管理手册》《第一届全国青年运动会视觉识别系统管理手册管理办法》《第一届全国青年运动会视觉传达应用设计参考图例》等方案为传播元素管理系统，由VI应用顾问小组提供VI应用咨询服务和业务指导，推进青运会整体品牌形象建设。

【办赛特色】　突出青年主体，围绕青年主体、青春主题，在火炬传递、在开闭幕式等活动中，体现当代青年在实现中国梦的伟大实践中放飞青春梦想、演绎青运风采，分别在赛前、赛中、赛后开展“百万青少年阳光体育展示交流”“年轻的朋友来相会”等一系列主题青年体育文化教育活动。

坚持全民参与、全员办会，联合19家医院、8家运输企业、52家酒店参与青运保障，发动99家企业签约、赞助或捐赠青运，通过开展近千场次“一起动起来，全民健身与青运会同行”活动、开通官方微信和“悦动福州”官方微博等方式，吸引群众参与健身、关注青运，筹办期间有近百万人次参与青运，20万名观众现场观看开闭幕式盛会，观赛观众60余万人次。

创新办赛,首创文体交流模式。以运动员村为主阵地,宣传福州文化、展示福建风采,打造国内体育赛会竞赛与文化教育融合模式。赛前开展“百万青少年阳光体育展示交流”“舞动的青春”校园健身操大赛等五项文化教育活动;赛中开展“年轻的朋友来相会”“博戏——中国古代体育文物展”“志愿+青运志愿文化体验活动”“触摸福地、走进福州”“文创小屋”“海丝文化屋”“书香书吧”“中国有福、青春有梦”系列互动晚会等11项文化教育活动,在青运村组织9场大型文艺晚会,全市近百所大中专院校、中小学约5万名学生直接参与活动;赛后在中小学校推广青运会、青奥会比赛项目、体育启蒙等趣味游戏,推动青少年阳光体育活动和校园足球发展等。

创新商赛结合模式。建设运动员村,奥体周边地块挂牌出让,企业开发的商品房用作赛时运动员、教练员等临时性驻地;将法律服务列入捐赠项目,以“1+X”(由福州市法律援助中心骨干组成法律保障处,全面负责青运会福州赛区法律事务的资源配置、业务管理、执行监督,统筹、指派赞助律所承办福州赛区法律事务,协调、管理志愿者律师承担青运法制宣传等工作)方式组建法律保障团队,发动律师680人次,免费提供1万小时法律服务。

节俭办赛,按照精简、统一、效能的原则组建机构,根据工作需要分期分批抽调人员;按照“尽可能减少建设新场馆、能用不改、能改不建”原则,推进县(市)区体育场馆新建、改造提升工程;坚持“能借不租、能租不买”原则,折价购入、或租借使用办公、家具设备和部分体育器材,节省近2500万元;在跨省和地市间实行的火炬网络传递,在各种文体展示和开闭幕式活动中,不请明星“大腕”、不放烟花、不求奢华,演员大多为在榕高校学生;采用阶段式、跟进式审计方法,压缩场馆安保封闭期,简化礼仪接待,取消欢迎宴会和答谢宴会,实现交通、餐饮等服务与运动员村开村时间衔接。

(卢余清)

(编辑 吴 燕 邱敏佳 黄 铭 卓明顺)

自然资源

【地理】 福州市是福建省省会，位于福建省中部东端，介于北纬25°15′～26°39′、东经118°08′～120°31′之间。东临台湾海峡，西靠三明市、南平市，南邻莆田市，北接宁德市。东西最大横距128公里，南北最大纵距145公里，总面积12251平方公里。南部为福州盆地的大部分；北部为山地，从西南向东倾斜；西部为中低山地；东部丘陵平原相间。山地、丘陵占全区土地总面积的72.68%，其中山地占32.41%，丘陵占40.27%。鹫峰、戴云两山脉斜切南北，闽江横贯市区东流入海。

【资源】 土地资源 土地面积118.58万公顷（不含平潭），其中，耕地15.08万公顷，园地5.46万公顷，林地68.86万公顷，草地1.15万公顷，城镇村及工矿用地9.64万公顷，交通运输用地2.47万公顷，水域及水利设施用地11.71万公顷，其他土地4.19万公顷。

矿产资源 境内已发现各类矿产56种（包括亚矿种）。优势矿产以砂、石、土、地热为主，金属矿产储量偏少，高品位矿少。已开发能源矿产仅1种（地热）。已探明列入福建省矿产资源储量表的固体矿产17种，其中金属矿有6种，非金属矿11种。已探明资源储量的矿区和已开发利用的矿山以非金属矿为主。开发利用的矿产有11个矿种，主要矿种为饰面用花岗岩、建筑用花岗岩和建筑用凝灰岩、叶蜡石（寿山石）、地热、砂、高岭土。饰面用花岗岩主要产于罗源、连江、福清等县（市）；建筑用花岗岩、凝灰岩主要产于福清、连江、闽侯、永泰等县（市）；叶蜡石储量居全国首位，主要产于晋安区，闽清、罗源、福清等县（市）也有开采。产自晋安区北峰山区的雕刻用叶蜡石（寿山石）最为珍稀，其品种达100多种，至今已有1000多年的开发历史。寿山村的“田黄石”和峨嵋村的“芙蓉石”是寿山石的上品，名扬国内外，寿山石于1999年8月被推选为“国石”候选石之首。福州市地热资源丰富且有特色。27个地热田（点）分布于福州城区和永泰、闽侯、闽清、连江、福清等县（市）。境内地热资源埋藏浅、水温高、水质好，自古有“闽中温泉甲天下”之美誉，福州市于2010年12月获“中国温泉之都”称号，永泰县、连江县获“中国温泉之乡”称号。闽江流域福州境内砂矿资源丰富，已查明资源储量达4亿吨。高岭土矿主要产于闽清县，为建筑陶瓷、电陶瓷的主要原料。

（市国土资源局）

水力资源 2014年，地表水资源量为98.28亿立方米，地下水资源量28.62亿立方米，地下水与地表水不重复计算量0.31亿立方米，水资源总量98.59亿立方米，人均水资源拥有量1406立方米。全市年供水总量为30.47亿立方米；年用水总量30.47亿立方米，同比减少1.8%，其中农业用水量11.11亿立方米，占总用水量36.5%，同比减少1.9%；工业用水量12.27亿立方米，占总用水量40.3%，同比减少5.8%；城镇公共用水量2.13亿立方米，占总用水量7%，同比增长12.7%；居民生活用水量3.67亿立方米，占总用水量12%，同比增长4.6%；河道外生态环境用水量1.29亿立方米，占总用水量4.2%，与上年持平。对福州市主要江河重要河段876.4公里河长进行评价，其中水质符合和优于《地表水环境质量标准》（GB 3838－2002）Ⅲ类水的河长为734.4公里，占评价河长的83.80%；超标（Ⅳ、Ⅴ、劣Ⅴ类）河长为142公里，占16.2%，主要超标项目为氨氮、总磷、溶解氧和高锰酸盐指数。（市水利局）

森林资源 林地面积62.64万公顷，林业用地面积75.38万公顷（生态公益林31.51万公顷，商品林43.87万公顷）。林木总蓄积3549万立方米，森林蓄积量3375万立方米。森林覆盖率55.6%，在全国省会城市位居第二。有国家级森林公园5个、省级10个，省级以上森林公园经营面积1.6万公顷。湿地面积约20.68万公顷，其中近岸与海岸湿地15.82万公顷、河流湿地1.5万公顷、湖泊湿地236.75公顷、沼泽湿地25.04公顷、人工湿地3.32万公顷。基干林带面积1.4万公顷，基干林带662.6千米。油茶林1.71万公顷、竹林5.62万公顷、经济林6.88万公顷、花卉面积0.47万公顷。（市林业局）

海洋资源 海域面积10573平方公

里(含平潭,下同),海域辽阔,海岸线绵长,大陆岸线长度920公里,约占全省1/3,其中乡级以上海岛海岸线长度390公里。岛礁864个,约占全省1/3;海岛总数为864个,占全省的39%,其中无居民海岛830个,占全省39.2%;有居民海岛34个(包含目前由台湾省管辖海岛7个),占全省34%。潮间带滩涂面积641.96平方公里;0~10米等深线浅海面积1314.1平方公里,10~20米等深线浅海面积1404.64平方公里;有100多种经济价值较高的海洋鱼类,1580种海洋生物种类,每年创造约占全省1/3的海洋经济总量,多项海洋产业产值、海产品产量居全省首位;罗源湾、福清湾、兴化湾是全省的三大深水良港。

(市海洋与渔业局)

气　　候

【概况】 2015年,福州市气候属偏差年景。年平均气温20.5℃,比常年平均高0.6℃,属偏高;平均年雨量1801.8毫米,较常年平均多20%,属偏多;平均年日照时数1407.7小时,较常年平均少

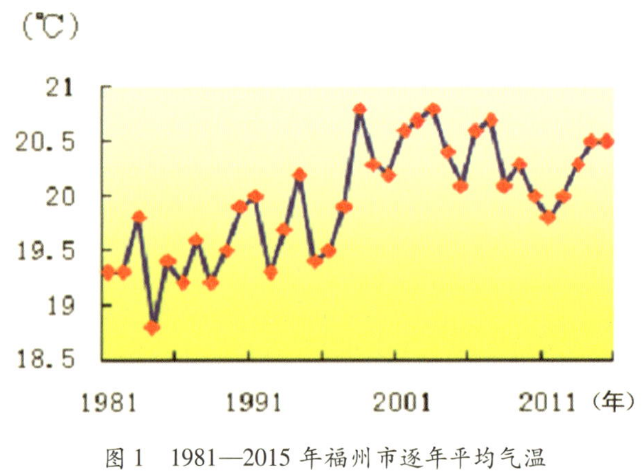
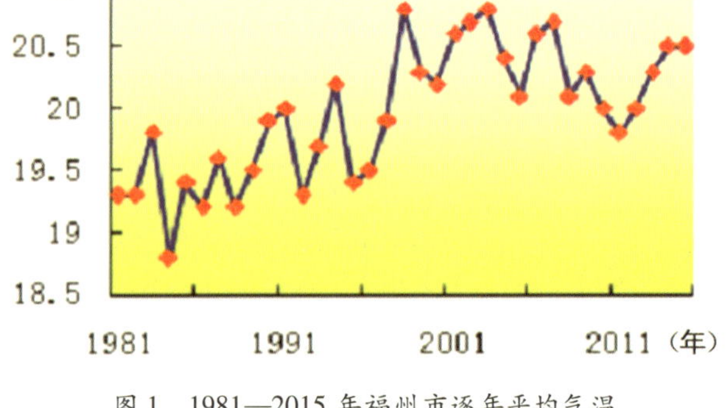

图1　1981—2015年福州市逐年平均气温

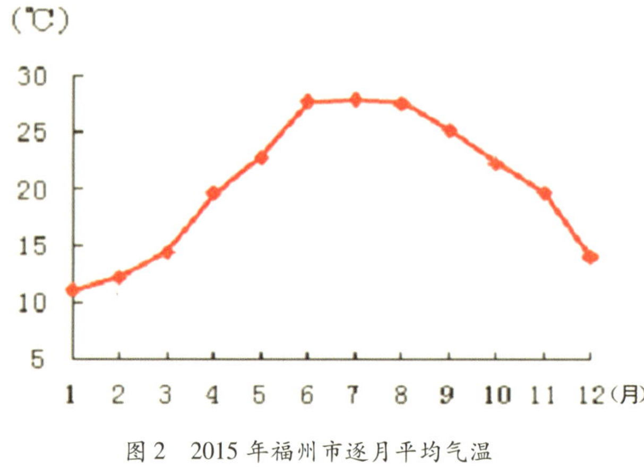

图2　2015年福州市逐月平均气温

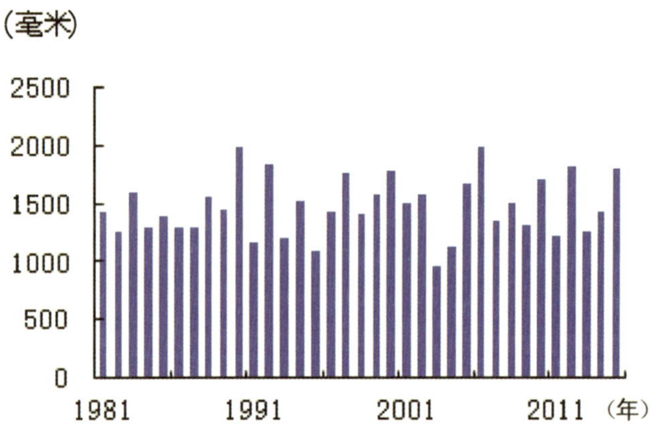

图3　1981—2015年福州市逐年雨量

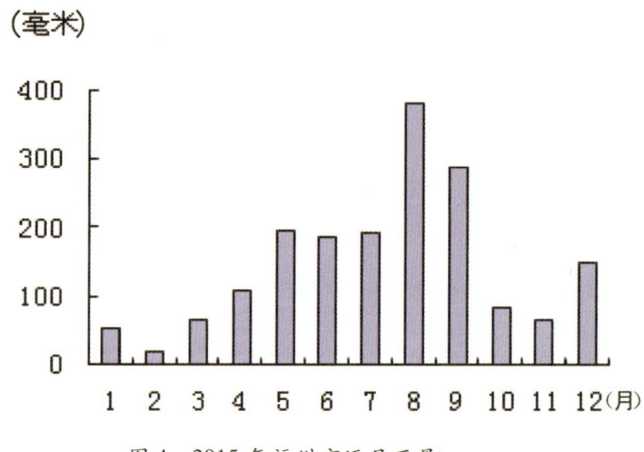

图4　2015年福州市逐月雨量

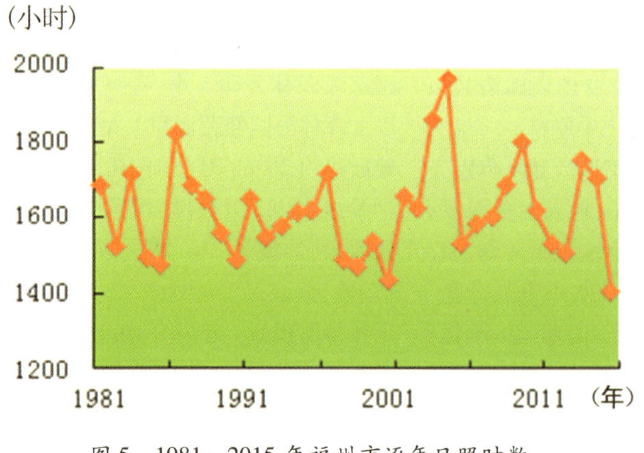

图5　1981—2015年福州市逐年日照时数

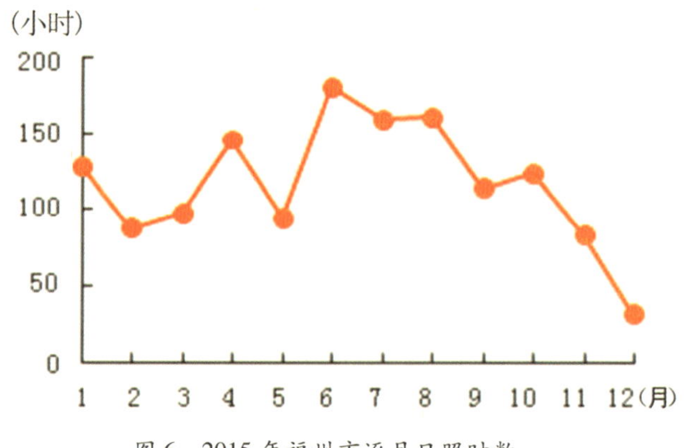

图6　2015年福州市逐月日照时数

表 3　**2015 年福州市各县（市）平均气温、雨量、日照评价**

	闽清	闽侯	永泰	罗源	连江	长乐	福清	福州市区	全市平均
平均气温（℃）	20.8	20.6	20.6	19.9	19.7	20.6	20.8	20.7	20.5
距平（℃）	0.6	0.6	0.7	0.4	0.3	0.7	0.7	0.5	0.6
评价	偏高	偏高	偏高	正常	正常	偏高	偏高	正常	偏高
雨量（毫米）	1638.5	1604.8	1656.9	2287.4	1722.1	1833.4	1911.3	1759.9	1801.8
距平百分率	13.1	12.2	8.9	36.8	10.3	26.5	24.4	26.4	20.0
评价	偏多	偏多	正常	异常偏多	偏多	显著偏多	显著偏多	显著偏多	偏多
日照时数	1378.7	1408.4	1440.6	1468.9	1466.1	1422.4	1358.5	1318.2	1407.7
距平百分率	-15.8	-12.6	-13.8	-8.2	-6.5	-14.6	-21.3	-15.7	-13.6
评价	显著偏少	偏少	显著偏少	偏少	正常	显著偏少	异常偏少	显著偏少	异常偏少

13.6%，属异常偏少。

【气温】　全市年平均气温 20.5℃，比常年平均高 0.6℃，属偏高；和 2014 年并列，是 1981 年以来第 7 偏高年份。各县（市）年平均气温为 19.7～20.8℃，比常年平均高 0.3～0.7℃，罗源、连江、福州市区属正常，其余县（市）偏高。2 月 10 日，受强冷空气影响，各县（市）均出现年度当地的低温极值，以永泰 -0.2℃ 为最低。6 月 29 日，闽侯最高气温达 39.1℃，位居年度全市高温榜首。

【雨量】　全市平均年雨量 1801.8 毫米，比常年平均多 20%，属偏多，是 1981 年以来第 5 偏多年份。从月雨量来看，上半年偏少，其中 2 月、3 月显著偏少；下半年明显偏多，其中 8—12 月属显著偏多～异常偏多。各县（市）年雨量在 1604.8～2287.4 毫米之间；除永泰正常外，其余县（市）属偏多～异常偏多。8 月 8 日，受“苏迪罗”台风影响，各县（市）出现年度最大日雨量；8 日 8 时—9 日 8 时，福州市区和沿海各县（市）均出现特大暴雨，福州市区、罗源、连江的 24 小时雨量打破历史纪录，其中罗源达 376.2 毫米，是全年全市日雨量之最。12 月 9 日，出现全市性暴雨天气过程，6 个县（市）的日雨量打破当月记录。

【日照时数】　全市平均年日照时数 1407.7 小时，较常年平均少 13.6%，属异常偏少，是 1971 年以来最少的年份。从月日照时数变化看，1—3 月正常；4 月和 6 月显著偏多；下半年以偏少为主，其中 7 月和 12 月异常偏少。各县（市）年日照时数为 1318.2～1468.9 小时；除连江正常外，其余县（市）属偏少～异常偏少。

（郑颖青）

灾害性天气

【概况】　2015 年，对福州市影响较大的灾害性天气主要有台风 6 次，暴雨 6 次，低温天气 4 次，强对流天气 2 次，干旱 2 次及高温天气，其中第 13 号台风“苏迪罗”影响最严重。

【台风】　全年有 6 个台风影响福州市，分别为第 9 号“灿鸿”（超强台风级）、第 10 号“莲花”（台风级）、第 13 号“苏迪罗”（超强台风级）、第 15 号“天鹅”（超强台风级），第 21 号“杜鹃”（超强台风级）和第 24 号“巨爵”（超强台风级）。其中“苏迪罗”和“杜鹃”台风影响期间，福州市风雨明显，灾情严重。

第 13 号台风“苏迪罗”于 7 月 30 日 20 时在西北太平洋生成，最强时风力达 17 级以上（65 米/秒，超强台风级）；于 8 月 8 日 22 时 10 分在莆田市秀屿区登陆，登陆时最大风力 13 级（38 米/秒，台风级）。受台风“苏迪罗”影响，8 月 8 日 3 时—23 时福州市沿海地区出现 12～16 级大风，大风影响时间长、范围广、风力大。福州市区、闽侯和沿海各县（市）城区出现 11～13 级大风，最大的为长乐城区风速 38.1 米/秒（13 级），福州市区最大阵风风速 34.1 米/秒（12 级）。该次台风过程，福州市总雨量大、强降水面广、雨强大。过程累积雨量（7 日 20 时—10 日 20 时）全市共有 241 个自动气象站超过 100 毫米，125 个站超过 250 毫米，16 个站超过 400 毫米，以罗源中房 557.3 毫米为最大；全市 255 个站平均过程雨量 238 毫米；福州市区和沿海各县（市）城区过程雨量均超过 300 毫米，以罗源城关 500.2 毫米最大。强降水主要出现在 8 日 8 时—9 日 8 时，福州市区和沿海各县（市）均出现特大暴雨，闽侯、永泰出现大暴雨，福州市区、罗源、连江的 24 小时雨量打破历史纪录。该次台风过程，全市 12 个县（市）区（含高新区）、156 个乡镇受灾，受灾人口达 956728 人，死亡 4 人，转移人口 85947 人，全市直接经济损失达 38.7852 亿元。特大暴雨使福州城区内河尤其是晋安河及其支流解放溪、新店溪等洪水暴涨，又遭遇闽江风暴潮高潮位顶托，内河部分河段漫溢，造成内涝灾害。

第 21 号台风“杜鹃”于 9 月 23 日 2 时在西北太平洋生成，最强时风力 17 级（58 米/秒，超强台风级）；于 29 日 8 时 50 分在莆田市秀屿区登陆，登陆时最大风力 12 级（33 米/秒，台风级）。受“杜鹃”影响，28 日 20 时—29 日 6 时，福州市沿海出现 11～13 级阵风，以长乐松下风速 41.1 米/秒（13 级）为最大，长乐城区阵风风速 40.3 米/秒（13 级）。全市出现暴雨到大暴雨，最强时段集中在 28 日下半夜至 29 日上午。28 日 8 时—30

日20时,全市自动站累积雨量超过100毫米的有199个站,超过200毫米的有60个站,最大为闽侯青龙山474.6毫米;除闽清和闽侯外,各县(市)城区累积雨量都超过100毫米,其中长乐和福清超过200毫米,以福清市区的261.9毫米为最大。受台风"杜鹃"影响,全市12个县(市)区(含高新区)、154个乡镇受灾,受灾人口389842人,转移人口52714人,全市直接经济损失6.365亿元。

【暴雨】 全年暴雨(不含台风暴雨)主要有6次。(1)受弱冷空气和暖湿气流共同影响,5月16日午后到夜里出现强对流天气,闽侯和福州市区局部出现冰雹,强降水中心在福州市区附近,12—21时,有64个站超过50毫米,11个站超过100毫米,最大的为仓山建新133.9毫米,福州市区多处积涝,多辆汽车受淹。(2)受低层切变影响,5月19日全市普降大雨到暴雨,2—20时,有62个站累积雨量超过50毫米,最大为福清东际112.1毫米。(3)受高空槽和低层切变线影响,6月3日20时—4日8时,闽侯、福州市区、福清、长乐等地出现暴雨;全市有60个站雨量超过50毫米,最大的为闽侯江洋农场93.7毫米,各县(市)城区最大为闽侯63.2毫米。(4)6月10日午后,部分地区出现强对流降雨,强降雨集中在福州市区北部,并伴有6~8级短时大风。全市自动站12—20时累积雨量超过50毫米的有19个站,最大的为晋安区叶洋101.9毫米,各县(市)城区最大的为闽侯80.8毫米。(5)受热带辐合带影响,7月20—21日,全市出现暴雨或大暴雨。19日20时—21日20时,全市自动站累积雨量超过100毫米的有82个站,最大的为连江可门212.5毫米,各县(市)城区最大的为永泰167.5毫米。(6)12月9日,出现全市性暴雨天气过程,其中福州市区、闽侯、永泰、连江、长乐和福清的日雨量均刷新12月同期纪录。9日8时—10日8时,全市自动站累积雨量超过50毫米的有205个站,最大的为福清沙浦105.3毫米。

【主要冷空气和低温天气过程】 (1)1月2—3日,受冷空气影响,内陆和沿海北部县(市)最低气温均低于4℃,其中2日早晨上述县(市)最低气温均低于3℃,以罗源1.5℃为最低。(2)1月7—9日,受冷空气影响,内陆和沿海北部县(市)日最低气温48小时下降6~8℃,9日早晨永泰最低气温2.8℃,为该次过程全市低温极值。(3)2月8—10日,全市气温持续下降,10日早晨各县(市)的最低气温均达到年度最低值;除福清外,各县(市)城区最低气温均在4℃以下,以永泰-0.2℃最低。内陆和沿海北部的大部分乡镇最低气温达1℃以下,以闽清下祝-4.6℃为最低。(4)3月上旬到中旬初,全市有阶段性的低温阴雨天气,其中4—8日大部分县(市)日平均气温连续4~5天低于12℃。

【强对流天气】 (1)受地面冷空气影响,4月6日午后到夜里,中北部县(市)出现强对流天气,17时48分,闽清县白中镇的瑞美陶瓷公司遭受雷击,生产车间倒塌,造成1人死亡,5人受伤。(2)4月20日凌晨和下午,部分乡(镇)出现强雷电和短时强降水等强对流天气,局部伴有6~8级雷雨大风。

【气象干旱】 (1)2014年12月5日—2015年1月12日,部分县(市)出现小旱。13日全市普降大雨到暴雨,全市旱情解除。(2)1月15日—3月3日,大部分县(市)出现中到大旱,3月4日前后全市普降中雨,干旱得到缓解。

【高温】 3月30日—4月6日,全市维持晴热天气,多个县(市)最高气温打破当地历史同期纪录。3月31日,福州市区最高气温32.6℃,打破3月的历史记录32.2℃;4月初,闽侯(2日35.9℃)、永泰(5日37.8℃)打破4月的历史记录;长乐(1日32.8℃)、福州市区(2日34.7℃)、闽清(5日36.4℃)、福清(5日31.8℃)分别打破4月上旬历史记录。

年内各县(市)均出现3天以上日最高气温≥35℃的高温天气;其中内陆3县≥35℃的高温日数达31~40天,罗源、福州市区≥35℃的高温日数有20~24天。其中闽清、永泰、闽侯和福州市区出现1~6天≥38℃的高温天气。

(郑颖青)

行政区划

【概况】 福州市简称榕,辖鼓楼、台江、仓山、晋安、马尾5个区,闽侯、连江、罗源、闽清、永泰、平潭6个县及福清、长乐2个县级市。总面积12251平方公里。市人民政府驻鼓楼区乌山路96号。2015年,全市辖43个街道、99个镇、45个乡(含连江县马祖乡)、2个民族乡;446个社区居委会、2356个村民委员会。

表4 **2015年福州市县(市)区行政区划一览**

县(市)区名称	面积(平方公里)	街道、乡(镇)名称	社区居委会(个)	村委会(个)
鼓楼区	35	东街、南街、安泰、水部、温泉、鼓东、鼓西、华大、五凤街道,洪山镇	69	—
台江区	18	茶亭、洋中、后洲、新港、瀛洲、苍霞、义洲、上海、宁化、鳌峰街道	52	—
仓山区	142	仓前、下渡、临江、三叉街、对湖、上渡、金山、东升街道,建新、盖山、仓山、城门、螺洲镇	64	102
晋安区	567	茶园、王庄、象园街道,新店、岳峰、鼓山、宦溪镇,寿山、日溪乡	68	113

续表 4

县(市)区名称	面积(平方公里)	街道、乡(镇)名称	社区居委会(个)	村委会(个)
马尾区	281	罗星街道,马尾、亭江、琅岐镇	13	62
福清市	1518	玉屏、龙山、龙江、音西、宏路、石竹、阳下街道,东张、海口、龙田、高山、渔溪、城头、江镜、三山、江阴、港头、沙埔、东瀚、上迳、新厝、镜洋、一都、南岭镇	46	438
长乐市	658	吴航、航城、营前、漳港街道,梅花、金峰、潭头、玉田、江田、古槐、鹤上、首占、文武砂、湖南、文岭、松下镇,罗联、猴屿乡	29	226
闽侯县	2136	甘蔗街道,白沙、尚干、祥谦、青口、南通、南屿、上街、荆溪镇,竹岐、洋里、鸿尾、大湖、小箬、廷坪乡	28	292
连江县	1168	凤城、晓澳、浦口、琯头、敖江、东岱、东湖、丹阳、马鼻、透堡、官坂、黄岐、筱埕、苔菉、长龙、坑园镇,潘渡、蓼沿、下宫、安凯、江南、马祖乡,小沧畲族乡	34	243
罗源县	1187	凤山、鉴江、松山、起步、中房、飞竹镇,白塔、西兰、洪洋、碧里乡,霍口畲族乡	8	189
闽清县	1466	梅城、坂东、池园、梅溪、白樟、白中、塔庄、东桥、雄江、金沙、省璜镇,云龙、上莲、三溪、下祝、桔林乡	16	271
永泰县	2241	樟城、嵩口、梧桐、葛岭、城峰、清凉、长庆、同安、大洋镇,塘前、富泉、岭路、赤锡、洑口、盖洋、东洋、霞拔、盘谷、红星、白云、丹云乡	12	255
平潭县	371	潭城、苏澳、澳前、北厝、流水、平原、敖东镇,岚城、中楼、白青、南海、屿头、大练、东庠、芦洋乡	12	192

(市民政局)

人　口

【概况】　2015 年,全市总户数 196.19 万户(人口数据不含平潭,下同),总人口数 635.25 万人,较上年增加 3.1 万人,平均每户 3.24 人,其中,市区总户数 66.62 万户,总人口数 199.95 万人,较上年增加 2.53 万人;七县(市)总户数 129.57 万户,总人口数 435.3 万人,较上年增加 5781 人。60 周岁以上老年人口 110.83 万人,占总人口 17.44%,较上年增加 5.79 万人。男女比例:男性 325.9 万人,占 51.26%;女性 309.35 万人,占 48.74%;男比女多 16.55 万人,比幅较上年略有缩小。市区男性 99.24 万人,女性 100.72 万人,女比男多 1.48 万人;七县(市)男性 226.67 万人,女性 208.63 万人,男比女多 18.04 万人。

【人口自然变动】　全市出生人口 9.49 万人,较上年少 1.26 万人,人口出生率 14.98‰,比上年的 17.12‰低 2.14‰。死亡人数 2.91 万人,较上年多 192 人,人口死亡率 4.6‰,比上年的 4.55‰高 0.05‰。人口自然增长 6.58 万人,人口自然增长率 10.38‰。市区人口出生 2.41 万人,人口出生率 12.14‰,死亡人数 7273 人,人口死亡率 3.66‰,人口自然增长 1.69 万人,人口自然增长率 8.48‰。七县(市)人口出生 7.08 万人,人口出生率 16.27‰,死亡人数 2.18 万人,人口死亡率 5.02‰,人口自然增长 4.89 万人,人口自然增长率 11.25‰。市区人口自然增长率较七县(市)低 2.77‰。

【人口机械变动】　全市迁入人口 12.32 万人,迁出人口 10.83 万人,迁入多于迁出 1.49 万人,人口迁移增长率 2.36‰。其中,市区迁入 7.42 万人,迁出 6.08 万人,迁入多于迁出 1.34 万人,人口迁移增长率 6.75‰;七县(市)迁入 4.9 万人,迁出 4.75 万人,迁入多于迁出 1535 人,人口迁移增长率 0.35‰。

(陈茂华)

国民经济和社会发展情况

【概况】　2015 年,福州市实现地区生产总值 5618.1 亿元,同比增长 9.6%,“十二五”期间年均增长 11.2%,其中,第一产业增加值 434.74 亿元,同比增长 4%;第二产业增加值 2482.44 亿元,同比增长 8.9%;第三产业增加值 2700.92 亿元,同比增长 11.3%。三次产业比为 7.7:44.2:48.1。全市人均地区生产总值 75259 元,同比增长 8.4%。

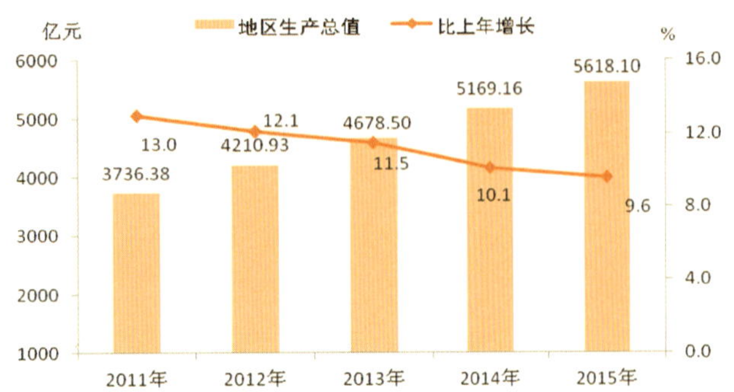

图7　2011—2015年地区生产总值及其增长速度

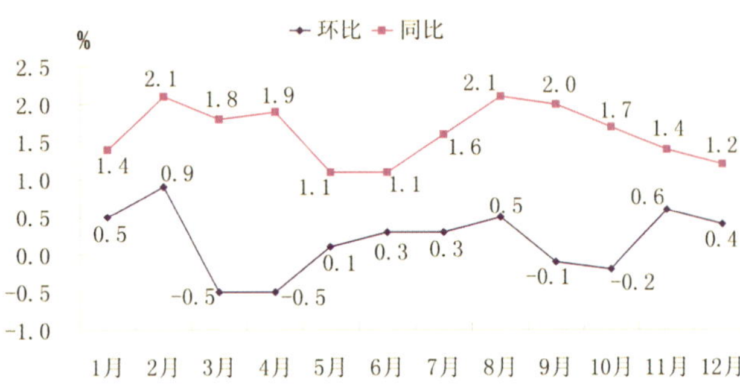

图8　2015年居民消费价格月度涨跌幅

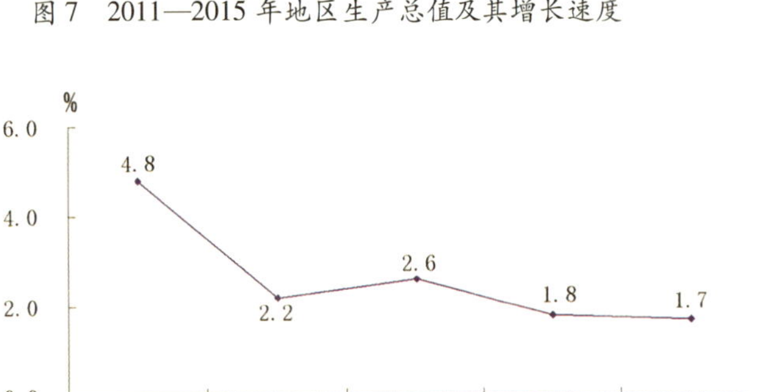

图9　2011—2015年居民消费价格同比涨跌幅

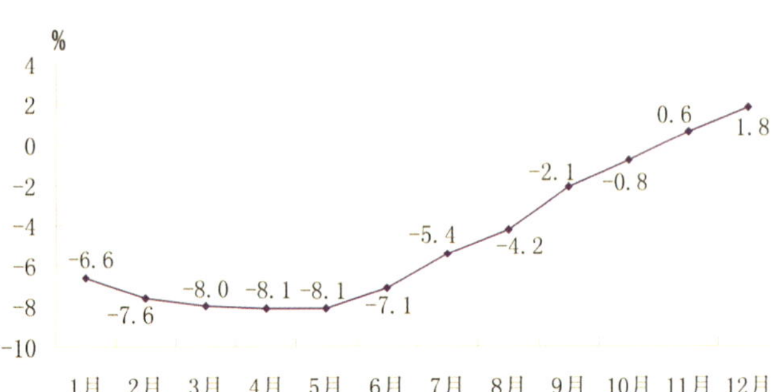

图10　2015年新建商品住宅销售价格月度涨跌幅

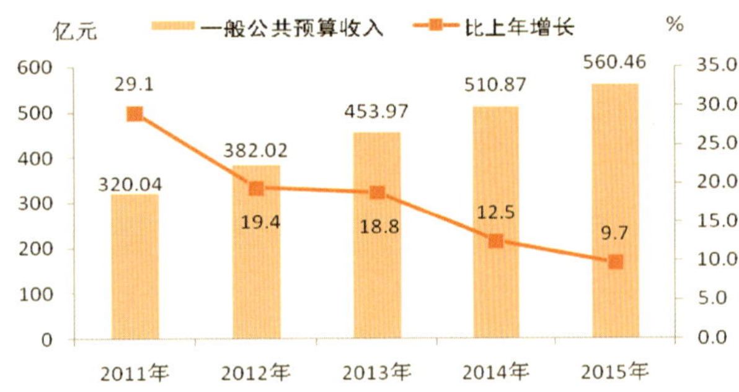

图11　2011—2015年地方一般公共预算收入及其增长速度

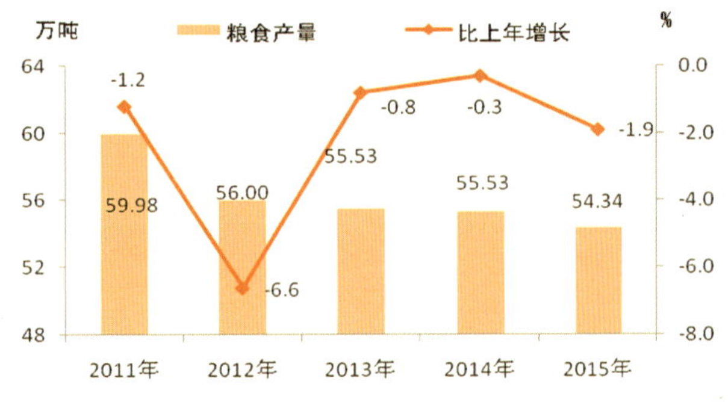

图12　2011—2015年粮食产量及其增长速度

年末全市常住人口750万人(人口数据含平潭,下同),比上年末增加7万人,同比增长0.94%。城镇化率67.7%,较上年提高0.8个百分点。出生率13.3‰,死亡率5.9‰,自然增长率7.4‰。年末全市户籍总户数208.33万户,户籍人口678.37万人,其中市区户籍人口199.96万人。

城镇登记失业率2.44%,城镇新增就业14.91万人,农业富余劳动力转移就业4.93万人,就业困难人员再就业4132人,失业人员再就业8826人。2015年末,经工商注册登记的个体工商户24.39万户,同比增长16.5%,个体从业人员53.58万人,同比增长18.5%;私营企业14.80万个,同比增长28.8%,私营

表5　**2015年福州市居民消费价格同比涨跌幅**

指　标	比上年增长(%)
居民消费价格	1.7
食品	1.2
烟酒	4.2
衣着	3.5
家庭设备用品及维修服务	0.7
医疗保健和个人用品	6.1
交通和通信	-2.2
娱乐教育文化用品及服务	1.0
居住	2.3

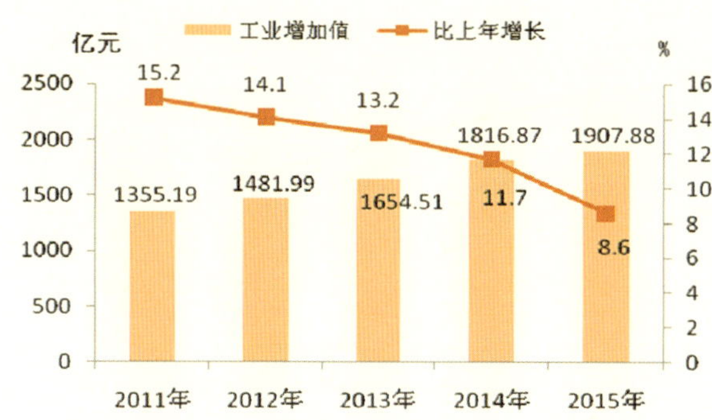

图 13　2011—2015 年全部工业增加值及其增长速度

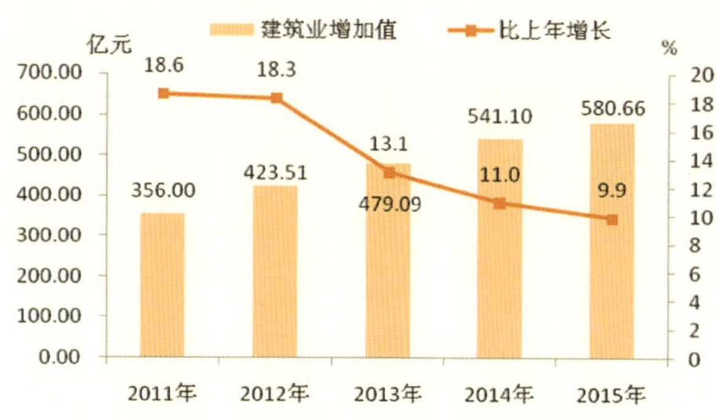

图 14　2011—2015 年建筑业增加值及其增长速度

企业从业人员 97.88 万人，同比增长 16.9%，城镇个体私营从业人员 122.83 万人，同比增长 16.6%，城镇私营企业从业人员 82.86 万人，同比增长 15.9%。

居民消费价格比上年上涨 1.7%，其中，食品类价格上涨 1.2%。工业生产者出厂价格下降 3.3%。

一般公共预算总收入 848.04 亿元，同比增长 8.7%。地方一般公共预算收入 560.46 亿元，同比增长 9.7%，“十二五”期间年均增长 17.7%，其中税收收入 441.01 亿元，同比增长 3.2%。一般公共预算总支出 1237.24 亿元，同比增长 10.4%，其中地方一般公共预算支出 723.68 亿元，同比增长 25.9%。

【农业】　农林牧渔业总产值 764.87 亿元，同比增长 4%，“十二五”期间年均增长 4.4%，其中，农业产值 214.66 亿元，同比增长 5.8%；林业产值 22.39 亿元，同比增长 6.9%；牧业产值 75.9 亿元，同比下降 4.1%；渔业产值 428.32 亿元，同比增长 4.5%；农林牧渔服务业产值 23.59 亿元，同比增长 4.4%。全市农、林、牧、渔、服务业产值结构为28.1:2.9:9.9:56:3.1。

粮食播种面积 9.56 万公顷，同比下降 1.4%；粮食总产量 54.34 万吨，同比下降 1.9%。全市食用菌产量 17.4 万吨，同比增长 13.3%；茶叶产量 2.75 万吨，同比增长 10.7%；肉、蛋、奶总产量 36.35 万吨，同比下降 4.8%；蔬菜产量 360 万吨，同比增长 5.2%；水果产量 53.38 万吨，同比增长 7.5%；水产品产量 228.22 万吨，同比增长 4.3%。

2015 年末，有农业产业化龙头企业 239 家，其中，挂牌院士（专家）工作站企业 53 家，“国家农产品加工技术研发中心”认定企业 7 家。获国家、省星火科技项目立项的农业项目 7 个，现代农业技术创新基地 57 个。建成各种休闲农场 175 家，同比增长 7.4%；各种农家乐 298 家，同比增长 9.2%。休闲农场、农家乐接待游客量 890 万人，同比增长 14.1%；带动就业 9600 人，同比增长 7.9%。国家级农业标准化示范区 13 个；省级农业标准化示范区 18 个，比上年增加 1 个；市级农业标准化示范区 24 个。国家地理标志保护农产品 8 项，比上年增加 2 项。

表 6　**2015 年福州市规模以上工业企业主要产品产量**

产品名称	绝对数	比上年增长(%)
发电量(亿千瓦时)	459.01	2.5
#火电(亿千瓦时)	265.97	-21.6
水电(亿千瓦时)	80.51	8.9
核电(亿千瓦时)	87.66	458.7
风力(亿千瓦时)	20.36	24.4
食用植物油(吨)	719013.00	6.6
纱(万吨)	255.88	5.9
化学纤维(吨)	3375524.00	37.9
人造板(立方米)	327260.00	0.4
皮革鞋靴(万双)	12511.15	8.1
塑料制品(吨)	1045564.00	5.8
水泥(吨)	6309370.00	-16.8
花岗石板材(万平方米)	17298.83	12.2
钢(吨)	5814325.00	-26.7
钢　材(吨)	8386547.00	1.4
铝　材(吨)	701509.00	9.4
汽　车(辆)	98586.00	6.0
显示器(万台)	2884.49	-6.3
打印机(万台)	131.63	8.6

【工业、建筑业】　全部工业增加值 1907.88 亿元，同比增长 8.6%，“十二五”期间年均增长 12.5%，规模以上工业增加值同比增长 8.8%。在规模以上工业中，分经济类型看，国有企业同比增长 26.9%，集体企业同比增长 6.6%，股份合作企业同比增长 1.1%，股份制企业同比增长 10.4%，外商及港澳台商投资企业同比增长5.3%，其他企业同比增

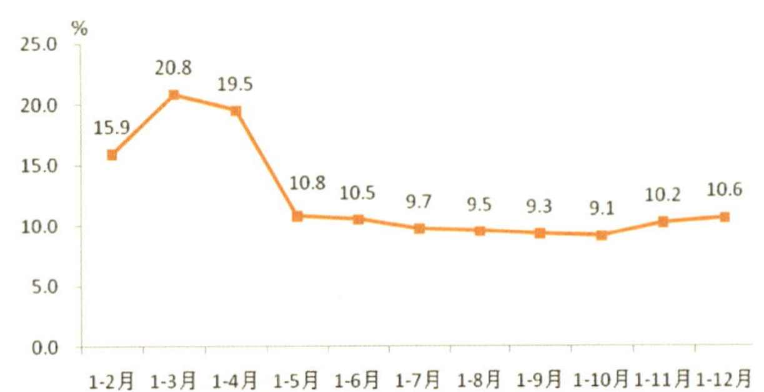

图 15　2015 年固定资产投资(不含农户)增长速度

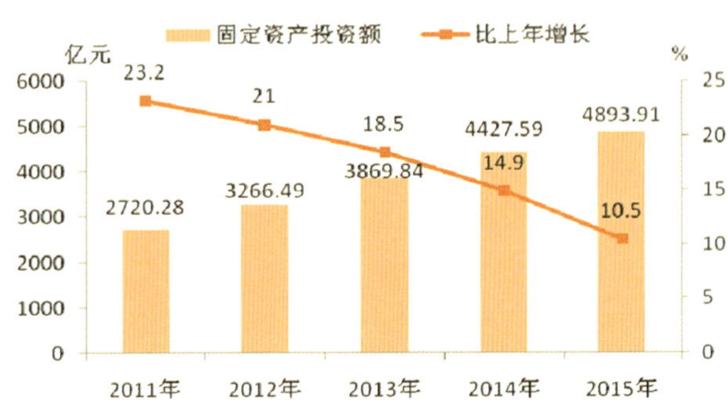

图 16　2011—2015 年全社会固定资产投资额及其增长速度

长 15.6%。

规模以上工业十大行业增加值 1365.79 亿元,同比增长 9.2%。其中,化学纤维制造业同比增长 46.1%,皮革、毛皮、羽毛及其制品和制鞋业同比增长 14.4%,计算机、通信和其他电子设备制造业同比增长 12.3%,农副食品加工业同比增长 9.1%,纺织业同比增长 8.3%,非金属矿物制品业同比增长 6.7%,电气机械和器材制造业同比增长 5.5%,电力、热力生产和供应业同比增长 2.1%,黑色金属冶炼和压延加工业同比下降 11.2%,汽车制造业同比下降 0.3%。

规模以上工业经济效益综合指数 285.95%,比上年提高 6.41 个百分点;实现利润总额 372.99 亿元,同比增长 1.8%;亏损企业 223 家,亏损面为 9.9%。

建筑业增加值 580.66 亿元,同比增长 9.9%。全市具有资质等级的总承包和专业承包建筑业企业 901 家,其中产值超亿元以上建筑企业 338 家,占全部资质企业数的 37.5%,比上年增加 45 家。

【固定资产投资】　全社会固定资产投资 4893.91 亿元,同比增长 10.5%,其中固定资产投资(不含农户)4853.61 亿元,同比增长 10.6%,“十二五”期间年均增长 16.8%。

固定资产投资(不含农户)中,第一产业投资 62.08 亿元,同比增长 9.1%;第二产业投资 1344.13 亿元,同比增长 10.2%;第三产业投资 3447.4 亿元,同比增长 10.8%。基础设施投资 1466.4 亿元,同比增长 9.3%,占固定资产投资(不含农户)的比重为30.2%。民间投

表 7　**2015 年福州市分行业固定资产投资(不含农户)情况**

行　业	投资额(亿元)	比上年增长(%)
总计	4853.61	10.6
农、林、牧、渔业	62.08	9.1
采矿业	8.14	230.1
制造业	893.59	15.3
电力、燃气及水的生产和供应业	334.66	-14.5
建筑业	107.75	109.9
批发和零售业	201.92	50.7
交通运输、仓储和邮政业	509.51	9.1
住宿和餐饮业	51.55	1.9
信息传输、软件和信息技术服务业	148.95	97.0
金融业	27.96	59.9
房地产业	226.98	65.6
租赁和商务服务业	52.70	-16.9
科学研究和技术服务业	12.07	1.2
水利、环境和公共设施管理业	551.61	27.0
居民服务、修理和其他服务业	16.49	121.5
教育	69.12	33.4
卫生和社会工作	43.77	40.8
文化、体育和娱乐业	77.44	-33.2
公共管理、社会保障和社会组织	76.19	28.2

表 8　**2015 年福州市房地产开发和销售主要指标完成情况**

指　标	单位	绝对数	比上年增长(%)
投资完成额	亿元	1381.12	-5.1
其中:住宅	亿元	856.65	-7.5
商品房屋施工面积	万平方米	7800.01	2.6
其中:住宅	万平方米	4992.32	-2.3
商品房屋销售面积	万平方米	914.7	-5.3
其中:住宅	万平方米	748.99	-8.3

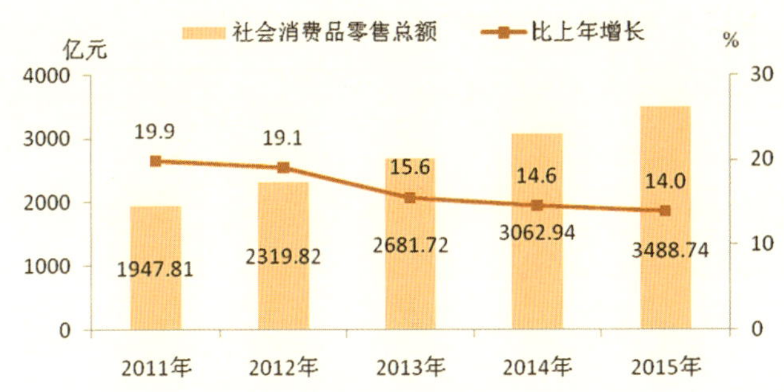

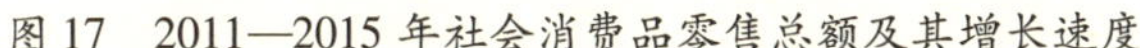
图 17　2011—2015 年社会消费品零售总额及其增长速度

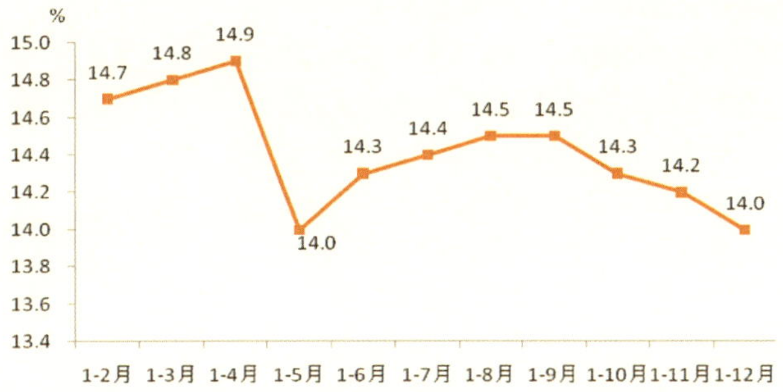

图 18　2015 年社会消费品零售额增长速度

资2638.86亿元，同比增长8.2%，占固定资产投资（不含农户）的比重为54.4%。高新产业投资235.34亿元，同比增长21.8%，占固定资产投资（不含农户）的比重为4.8%。

全市房地产开发投资1381.12亿元，同比下降5.1%。其中，住宅投资856.65亿元，同比下降7.5%。

全年保障性安居工程在建面积870.34万平方米，同比增长4.4%；竣工面积155.39万平方米。新增建设保障性安居工程20077套。

【国内贸易】　全年社会消费品零售总额3488.74亿元，同比增长14%，占全省比重21.9%。按经营地统计，城镇消费品零售额3262亿元，同比增长13.7%；乡村消费品零售额227亿元，同比增长17.9%。按消费类型统计，商品零售额3134亿元，同比增长14.4%；餐饮收入额355亿元，同比增长10.1%。

在限额以上企业商品零售额中，食品、饮料、烟酒类零售额同比增长25.5%，服装鞋帽、针纺织品类同比增长25.6%，日用品类同比增长23.8%，家用电器和音像制品类同比增长17.3%，中西药品类同比增长22%，建筑及装潢材料类同比增长9.8%，汽车类同比增长6.2%，石油及制品类同比增长5.7%。

全年通过公共网络实现商品零售额89.95亿元，同比增长105.3%，主要以服装鞋帽、日用品、电子产品、食品等为主。

农村消费市场中，全年升级改造城乡农贸市场（含农改超）39个，全市有大中型专业批发市场48个，总面积245.54万平方米；有连锁经营企业31家，连锁网点762个。

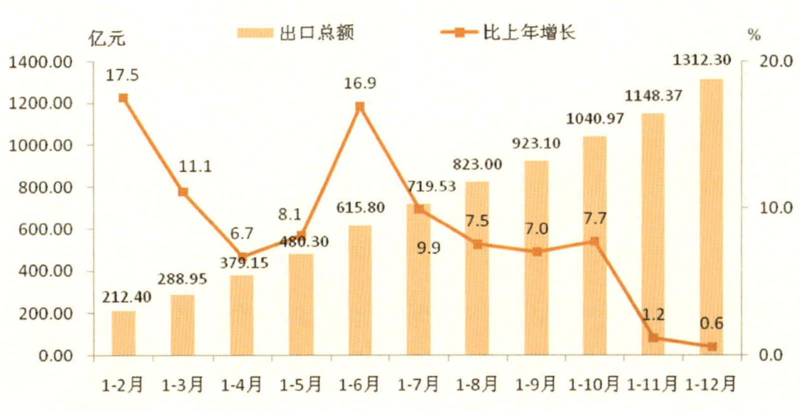

图 19　2015 年出口总额及其增长速度

表 9　**2015 年福州市分行业外商直接投资情况**

行　业	投资额（亿元）	比上年增长（%）
总计	339	167852
农、林、牧、渔业	9	297
采矿业	—	—
制造业	31	53839
电力、燃气及水的生产和供应业	—	780
建筑业	3	1572
批发和零售业	200	62177
交通运输、仓储和邮政业	4	1714
住宿和餐饮业	7	195
信息传输、软件和信息技术服务业	12	5486
金融业	7	19606
房地产业	5	13528
租赁和商务服务业	47	6168
科学研究和技术服务业	7	—
水利、环境和公共设施管理业	2	2400
居民服务、修理和其他服务业	—	90
教育	1	—
卫生和社会工作	1	—
文化、体育和娱乐业	3	—
公共管理、社会保障和社会组织	—	—
国际组织	—	—

【对外经济】 全年进出口总额2065.5亿元,同比下降2.8%。其中,出口总额1312.3亿元,同比增长0.6%,进口总额753.2亿元,同比下降8.2%。

全年新批合同外资项目339项,比上年增加213项,新批合同外资金额31.75亿美元,同比增长116.9%;实际利用外资(按验资口径)16.79亿美元,同比增长8.5%。

全年新批境外投资项目73项,新批境外协议投资总额29.87亿美元,同比增长53.9%,其中,中方协议投资额15.22亿美元,同比增长17.9%。2015年末对外劳务合作完成营业额30218万美元,同比增长10.1%,对外劳务合作在外人员28082人,同比增长9.7%。

【交通】 2015年年末,全市公路里程11716公里,其中高速公路总里程595公里,高速铁路总里程344.94公里,比上年新增70公里。福州港生产性泊位117个,比上年增加3个,其中万吨级以上泊位49个。福州空港国内航线(含港澳台)85条,比上年增加11条;国际航线15条;新辟国际国内28条航线,主要有:福州—上海—名古屋、福州—悉尼、长沙—福州—吉隆坡、福州—冲绳、福州—天津—哈尔滨等。

【邮电】 全年邮政行业业务总量42.38亿元,同比增长24.1%;业务收入31.53亿元,同比增长13.3%,其中,邮政业务总量6.54亿元,同比增长7%;邮政业务收入7.92亿元,同比下降1.6%。快递业务量17044.14万件,同比增长19.0%,快递业务收入19.97亿元,同比增长15.4%。

全年电信业务总量204.02亿元,同比增长22.1%;电信业务收入111.33亿元,同比增长3%。2015年末固定电话用户183.59万户,同比下降5.7%;移动电话用户908.33万户,同比下降3.8%,其中,4G电话用户286.18万户,3G电话用户330.13万户。互联网宽带接入用户(不含手机上网)206.7万户,同比下降0.6%。

【旅游】 全年接待境内外游客4669.31万人次,同比增长13.5%,其中,境外游客96.62万人次,同比增长6.5%;旅游总收入537.29亿元,同比增长14.8%。全市A级景区有38个,其中,AAAAA级景区1个,实现零的突破;AAAA级景区13个。全年经福州口岸赴台旅游41106人次,同比增长1.72%。

表10 2015年福州市各种运输方式运输情况

指 标	绝对数	比上年增长(%)
公路		
货物发送量(万吨)	775279	-0.82
旅客发送量(万人次)	12729	0.23
水路		
货物发送量(万吨)	4978	3.25
旅客发送量(万人次)	196	30.75
民航		
货邮吞吐量(万吨)	11.65	-4.03
旅客吞吐量(万人次)	1088.73	16.40

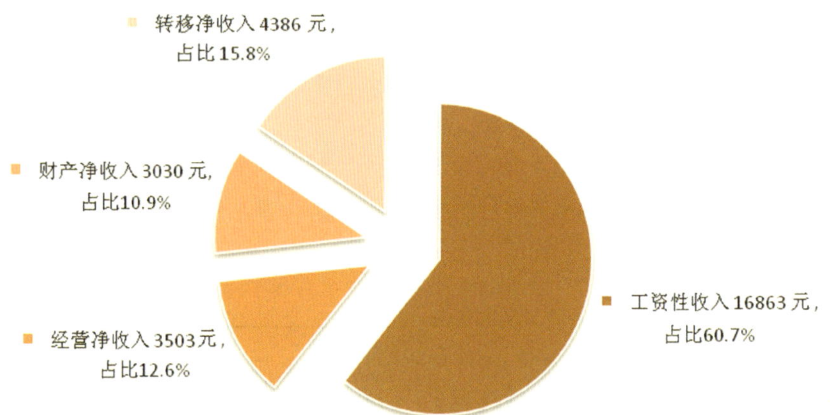

图20 2015年福州市全体居民人均可支配收入及其构成

【金融】 2015年年末,全市金融机构本外币存款余额11270.96亿元,同比增长11.4%,其中,储蓄存款3634.55亿元,同比增长8.3%;贷款余额11114.84亿元,同比增长13.8%。

全市有金融机构(不含保险和证券机构)51个,多家外资银行落户自贸区。全市境内上市公司29家,市值7466.91亿元,同比增长23.9%;股票、基金交易额88228.19亿元,同比增长226.4%;期货公司3家,期货交易额153306.82亿元,同比增长85.5%。

全市各类保险营业网店415个,比上年新增15个;年末外资保险机构在全市设立分公司13个、代表处2个。全年保费收入206.94亿元,同比增长15.5%,其中财产险保费收入67.86亿元,同比增长7%;人身险保费收入139.08亿元,同比增长20.2%。保险赔付支出74.53亿元,同比增长18.9%,其中财产险赔付支出39.76亿元,同比增长15.4%;人身险赔付支出34.78亿元,同比增长23.3%。

【人民生活】 全年全体居民人均可支配收入27782元,同比增长8%,扣除价格因素,实际增长6.2%。按常住地分,城镇居民人均可支配收入34982元,同比增长7.8%,扣除价格因素,实际增长6.1%;农村居民人均可支配收入15203元,同比增长8.5%,扣除价格因素,实际增长6.4%。“十二五”期间,城镇居民人均可支配收入年均增长10.9%,扣除价格因素，年均实际增长8%；农村居民人均可支配收入年均增长12.8%，扣除价格因素，年均实际增长9.9%。

全体居民人均生活消费支出20575元，同比增长6.8%，扣除价格因素，实际增长5%。按常住地分，城镇居民人均生活消费支出24825元，同比增长6.4%，扣除价格因素，实际增长4.7%；农村居民人均生活消费支出13152元，同比增长8.1%，扣除价格因素，实际增长6%。

【社会保障】 2015年末，全市社会养老保险参保人数424.01万人，同比增长3%，其中，城镇企业职工基本养老保险参保人数157.74万人，同比增长6%；城乡居民养老保险参保人数210.73万人，同比增长0.6%；城乡居民社会养老保险参保率98.66%。城镇基本医疗保险参保人数286.35万人，比上年末增加8.54万人，其中，城镇职工基本医疗保险参保人数152.44万人，城镇居民基本医疗保险参保人数133.91万人。失业保险参保人数115.27万人，领取失业保险金人数5670人；生育保险参保人数102.53万人；工伤保险参保人数144.99万人。

全市享受城市低保14035人，发放城市低保金10359.6万元；享受农村低保77476人，发放农村低保金32853.7万元；农村五保7479人，发放农村五保金6753.9万元。

【教育】 全年新建和改扩建中小学36所，竣工15所；新建和改扩建公办幼儿园22所，竣工11所。有高等学校32所，研究生教育专任教师12432人，在校研究生20974人；高等学校专任老师19982人，在校生320965人；中等职业技术学校53所，高中92所，初中263所，小学893所，幼儿园1196所。有民办小学19所，民办普通中学40所，民办职业中学10所，民办高等学校12所，民办高校在校生83638人。

【科技】 全市有高新技术企业444家，比上年增加76家；各级企业技术中心226家，年内新认定20家；行业技术创新中心45家，比上年增加3家；国家创新型试点企业4家，国家创新型企业3家，省级创新型（试点）企业186家。全

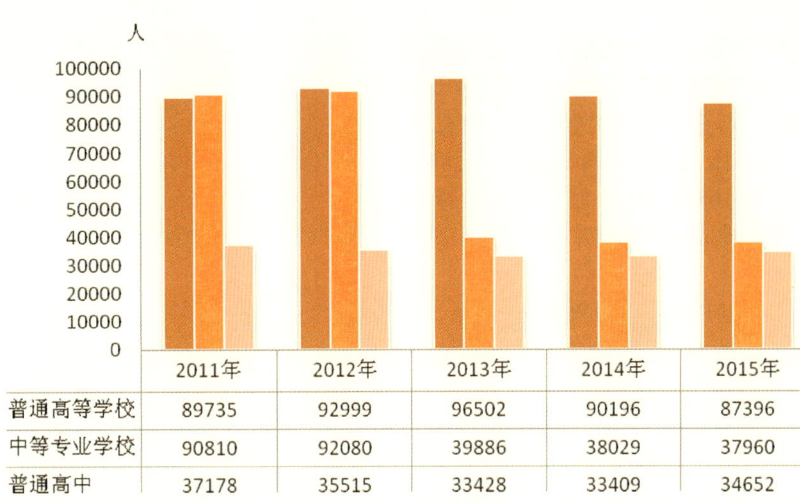

	2011年	2012年	2013年	2014年	2015年
普通高等学校	89735	92999	96502	90196	87396
中等专业学校	90810	92080	39886	38029	37960
普通高中	37178	35515	33428	33409	34652

图21 2011—2015年福州市各类学校招生人数

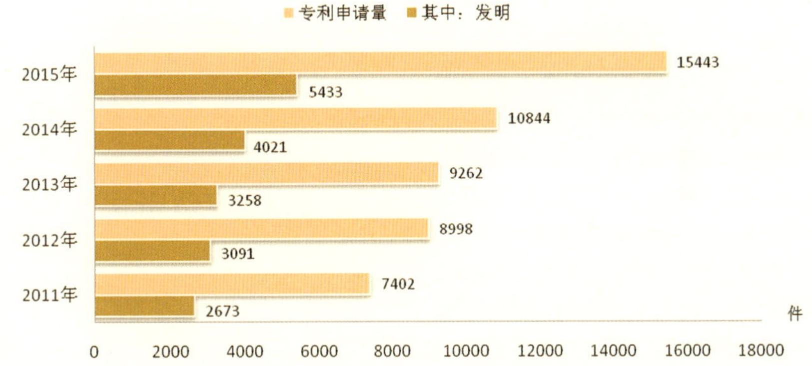

图22 2011—2015年福州市专利申请情况

年登记各类技术合同1483项，成交金额18.53亿元。初步评定67项科技成果获2015年度福州市科学技术进步奖，比上年增加5项，其中一等奖5项，二等奖19项，三等奖43项。

全年新认定福建名牌产品120项，其中农业品牌7项；新认定中国驰名商标4项，其中农业品牌2项，新认定福建著名商标84项，其中农业品牌20项。年末现代农业科技创新基地57家。

【文化】 全市有文化馆12个、群艺馆1个、艺术表演团体9个，艺术表演团体演出2297场次；电影院45个，剧场、剧院1个；博物馆、纪念馆34个，收藏文物17万件；公共图书馆13个，总藏书835.79万册；乡镇综合文化站130个，农家书屋2195个。年广播综合人口覆盖率98.64%，电视综合人口覆盖率99.17%，行政村有线电视联网率85.74%。

【体育】 全市有体育场馆481个，比上年增加10个，农村健身路径375条，比上年增加175条。全年开展全民健身活动项目50多个、近千场次，参与人数100多万人。年内，福州市举办第一届全国青运会，福州代表团获得21枚金牌、17枚银牌、23枚铜牌，在55个城市代表团中排名第三位。

【卫生】 全市有卫生机构4133家，其中，医院109家，比上年增加2家；卫生机构床位3.31万张，同比增长4.7%，其中，医院床位2.69万张，同比增长5.6%；卫生技术人员4.99万人，同比增长3.3%，其中，医生1.83万人，同比增长5.2%。有社区卫生服务中心49个，卫生技术人员1562人；社区卫生服务站115个，卫生技术人员912人；乡镇卫生院124个，卫生技术人员4808人。新型农村合作医疗参加人数335.16万人，参合率99.99%。

【资源环境】 全年规模以上工业综合能源消费量1248.53万吨标准煤,同比下降11.8%。全社会用电量360.09亿千瓦时,同比下降0.34%,其中,工业用电量205.65亿千瓦时,同比下降1.82%。单位GDP能源消耗同比下降7%。

全市建成区绿化覆盖面积11288.2公顷,同比增长3.6%,绿化覆盖率43.4%;公园95座,比上年增加11座,公园绿地面积3273.48公顷,同比增长7.2%,人均公园绿地面积13.52平方米;年末建成区绿地面积10422公顷,同比增长3.9%,建成区绿地率40.1%,新增绿地面积391公顷。全市"四绿"工程植树造林约4093.33公顷,人工造林面积4720.4公顷,森林覆盖率55.6%;有自然保护区9个,其中国家级2个,自然保护区面积501.46平方公里。

全年有8个县(市)区通过国家级生态县创建技术评估,8个县(市)区获得省级生态县(市)区命名,累计创建118个国家级、130个省级生态乡镇(街道)和1919个市级以上生态村。城区环境空气达标率95.3%,市区环境噪声56.6分贝,交通噪声68.4分贝。水质总体保持良好,闽江流域(福州段)水质达标率100%,敖江流域(福州段)水质达标率100%,龙江流域水质达标率95.8%。化学需氧量、二氧化硫、氨氮、氮氧化物排放量均比上年减少。城市生活垃圾无害化处理率100%。

【安全生产】 全年发生各类生产安全事故276起,同比下降22.7%,其中,生产经营类道路交通事故同比下降25.2%。各类生产安全事故死亡97人,同比下降27.6%;受伤256人,同比下降22.7%;直接经济损失412.2万元。发生生产经营性火灾事故687起,比上年减少182起,死亡1人,受伤2人,直接经济损失1235.9万元。

说明:1."国民经济和社会发展情况"分目(下同)中所列数据均为初步统计数,部分合计数或相对数由于单位取舍不同而产生计算误差,均不做机械调整;

2. 地区生产总值、增加值、工业增加值、建筑业增加值和农林牧渔业总产值按现价计算,增长速度按可比价格计算;

3. 未包括马祖列岛;

4. 卫生机构含村卫生室。

(沈晓晴)

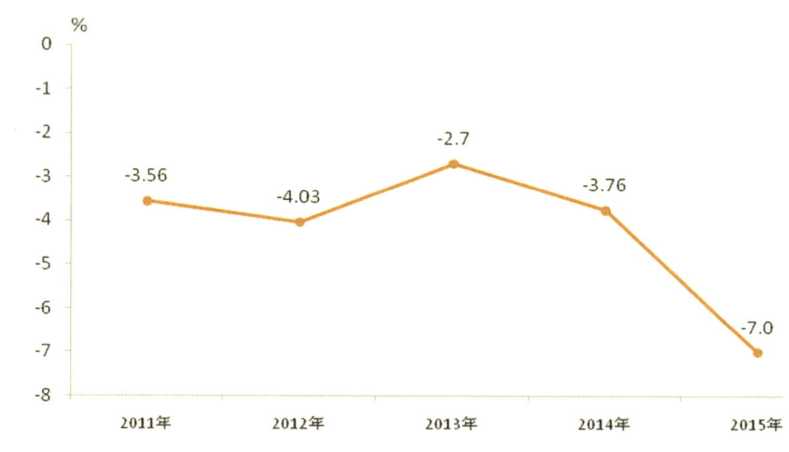

图23 2011—2015年福州市单位GDP能源消耗增长率

机构及负责人

中共福州市委员会

书　记:杨　岳

副书记:杨益民

陈为民

常　委:何静彦

修兴高

洪　波

黄忠勇

林晓英

徐凡新

薛　侃

秘书长:薛　侃

副秘书长:刘卓群

吴建铭(援藏)

游　昕

叶　谊

高明保

福州市人民代表大会常务委员会

主　任:周振华

副主任:陈　奇

鄢　萍

柯有铭

徐诗文

陈建平

林厚新

秘书长:郑云春

副秘书长:丘志强

米　伟

庄　严

叶　勇

福州市人民政府

市　长:杨益民

副市长:黄忠勇(常务)

徐凡新

严可仕

陈　晔

林　飞

高　明

杭　东

胡振杰(挂职)

秘书长:林　贤

副秘书长:朱汉民

江　海(兼)

刘晓强(兼)

罗蜀榕

王振松

郭建国

梁　栋

黄建新

林兰玫

中共人民政治协商会议福州市委员会

主　席:周　宏

副主席:雷成财

范美先

郑建闽

林治良

张献勇
林　雄
王长鹰
郑新清
林绍彬
秘 书 长:吴建成
副秘书长:陈向上
林　敦
朱宗瑜

福州市中级人民法院

副院长:胡志伟(代院长)
黄贤光
欧阳春
林志雄
赵彦邦

福州市人民检察院

检 察 长:叶燕培
副检察长:王　矗
顾　颀
董良馨
盖宣闽
张　捷
鼓山地区检察院
检 察 长:叶爱国
副检察长:陈　勋
林　跃
张治清

中共福州市委工作部门及办事机构

市委办公厅
(市委政策研究室,机要局)
主　任:刘卓群
副主任:张其顺
张炜鸣
政策研究室
主　任:戴清泉
副主任:张清泉
机要局
局　长:朱秀兰
市国家保密局
局　长:王贤伟
市委、市政府接待办公室
主　任:刘晓强
副主任:丁如丹
郑晓春
市纪律检查委员会、市监察局
书　记:修兴高
副书记:陈　旭
连世潮
张秀榕
常　委:林子波
鄢　荣
肖敦颖
林裕煌
秘书长:林裕煌
市监察局
局　长:张秀榕
副局长:肖永健
市委组织部
(市委非公有制企业工作委员会)
部　长:林晓英
副部长:柳　欣
郭荣贵
陈　燕(兼)
林　舫
程小马
市委非公有制企业工委
书　记:郭荣贵
市委宣传部
部　长:何静彦
副部长:杨　凡(常务)
鲍　闽
张学勇
潞　江
叶友琛
市委精神文明建设办公室(市精神文明建设指导委员会办公室)
主　任:张学勇
副主任:曾　玉
林家枢
市委统一战线工作部
部　长:黄忠勇
副部长:阮文光(常务)
张性魁
莫雪平
程　辉
市委政法委员会(含市社会管理综合治理委员会办公室)
书　记:陈为民
副书记:徐凡新(兼)
齐家麒(常务)
陈钦华
李　勇
郭家彬
叶仁佑
秘书长:吴　钢
综治办
主　任:郭家彬
副主任:佘永俤(援疆)
陈　长
张忠健
610办
主　任:陈钦华
副主任:陈建祥
刘志杰
市委台湾工作办公室
(市政府台湾事务办公室)
主　任:蓝　锋
副主任:汪孝敏
许春保
市委机构编制委员会办公室
(市政府机构编制办公室)
主　任:陈涌华
副主任:林仁健
许开夏
市委市直机关工作委员会
书　记:陈为民
副书记:王　聪(常务)
陈一飞
林　敏
市委老干部局
局　长:陈　燕
副局长:倪为民
高锦利
市委信访局(市政府信访局)
局　长:陈宗胜
副局长:郭汉平
金昌铭
郑昌进

福州市人大常委会工作机构及专门委员会

市人大法制委员会
主　委:林智明
副主委:张　诚
市人大常委会办公厅
主　任:丘志强
副主任:许海霖
欧阳伟键
市人大常委会研究室
主　任:(空缺)
副主任:饶春贵
杨永生
市人大常委会人事代表工作室
主　任:张新怿

市人大常委会法制工作委员会
主　任:张　诚
副主任:郭　云
林　峻
市人大常委会内务司法工作委员会
主　任:李　锋
副主任:许铭忠
黄修钗
市人大常委会财政经济工作委员会
主　任:王培德
副主任:张　航
市人大常委会城建环境工作委员会
主　任:陈　巍
副主任:林　强
周开诚
市人大常委会华侨(台胞)工作委员会
主　任:张修强
副主任:王询斌
市人大常委会农村经济工作委员会
主　任:赵时可
副主任:杨健浩
市人大常委会教科文卫工作委员会
主　任:刘晓明
副主任:林福明
市人大常委会信访局
局　长:谢晓芳

福州市人民政府工作部门

市政府办公厅(加挂市海防委员会办公室、市双拥工作领导小组办公室、市爱国卫生运动委员会办公室、市政府法制办公室牌子)
主　任:朱汉民
副主任:林　雯
高　宇
王闽华
纪文杰
刘广辉
海防办
主　任:朱汉民(兼)
副主任:李光宝
陈　明
双拥办
主　任:(空缺)
副主任:王建荣
陆炳成
爱卫办
主　任:朱汉民(兼)
副主任:林　怡
法制办:
主　任:魏善庆(兼)
市发展和改革委员会(加挂市物价局牌子)
主　任:陈继鹏
副主任:李占卫
黄敬池
林开华
林鲤晟
连建华
林　津
总经济师:郑晓春
物价局
局　长:李占卫(兼)
经动办
主　任:陈继鹏(兼)
副主任:梁　毅(常务)
重点办
主　任:林鲤晟(兼)
副主任:王石融
蔡峻林
市经济和信息化委员会
主　任:张大斌
副主任:牛建春
林端雄
翁云疆
谢竞红
总工程师:陈志毅
市城乡建设委员会
主　任:张定锋
副主任:陈　路
郑　鸿
总工程师:林宝钧
市交通运输委员会(加挂城市交通战备办公室牌子)
主　任:陈希治
副主任:陈漠诚
林昌达
陈志武
王文胜(兼)
王　林(交通部选派,挂职)
总工程师:陈思明
交战办
主　任:陈希治(兼)
副主任:李元群
市卫生和计划生育委员会
主　任:郑道新
副主任:于　萍
缪　伟
叶　明
杨晓煜
叶晓霞
市教育局(市委教育工作委员会)
书记、局长:郑　勇
专职副书记:陈　红
副局长:严　星
黄　林
陈　亮
市科学技术局
局　长:任义文
副局长:王建忠
薛　博
市民族与宗教事务局
局　长:林阿善
副局长:杨国富
市公安局
局　长:徐凡新
副局长:林　祥
张　鸿
黄作璋
陈红卫
黄敦蒲
肖申华(挂职)
打私办
副主任:罗　锋
市民政局(加挂市革命老根据地建设办公室牌子)
局　长:张维船
副局长:赵艺萍
林　峰
黄大明
老区办
主　任:刘建平
市司法局
局　长:唐新文
副局长:林　松
方振荣
丁　萍
市财政局
局　长:林恒增
副局长:蒋爱玉
林贞华
陈龙建
陈信英
金晖辉
总会计师:黄振奋
市金融工作办公室
主　任:江　海

副主任:俞　敏
　　　秦　凡
市人力资源和社会保障局
(加挂市公务员局牌子)
局　长:王命瑞
副局长:孙鲁闽
　　　冯　音
　　　熊玉平
　　　高远忠
市国土资源局
局　长:林　锋
副局长:彭永麒
　　　张仁灿
　　　李　仲
　　　聂晓梅
总规划师:张　武
市环境保护局
局　长:孙　利
副局长:姜　晗
　　　赵炳荣
　　　汪家升
总工程师:许爱琼
市城乡规划局
局　长:陈　勇
副局长:黄宇清
　　　吴建青
　　　彭　冲
　　　张　帆(挂职)
总工程师:(空缺)
总规划师:(空缺)
市住房保障和房产管理局
局　长:郑章干
副局长:张海舟
　　　高学良
市城市管理委员会
(加挂市城市综合执法局牌子)
主任、局长:林　颖
副主任、副局长:江玉坤
　　　　　　金德荣
　　　　　　葛宏鹏
市安全生产监督管理局
局　长:陈仁德
副局长:林万震
　　　林　晞
　　　刘承勇
总工程师:叶　军
市农业局
(市委农村工作领导小组办公室)
局长、主任:黄诗杨
副局长、副主任:王贞锋
　　　　　　石允淦
　　　　　　黄　菁
　　　　　　黄礼滨
　　　　　　李　鹏(驻村干部领队)
市林业局
局　长:蔡劲松
副局长:张顺恒
　　　冯　平
　　　廖胜彪
市水利局
局　长:黄文希
副局长:陈济斌
总工程师:林　凯
市海洋与渔业局
局　长:林心銮
副局长:陈珍光
　　　陈　钰
　　　陈佳丁
总工程师:陈国生
市粮食局
局　长:卢　林
副局长:陈　颖
市商务局
(加挂市支前办公室牌子)
局　长:范建敏
副局长:李克亭
　　　林　周
　　　黄武闽
　　　沈鹭滨
支前办
主　任:范建敏(兼)
副主任:樊新江
市投资促进局
局　长:黄济霖
副局长:曾秋玲
　　　严周文
　　　黄雪勋(挂职)
市市场监督管理局(加挂市食品药品监督管理局、工商局、质量技术监督局、食品安全办公室牌子)
局　长:蔡福勇
副局长:陈　敏
　　　陈建荣
　　　朱金淡
　　　颜耀鹏
　　　李振强
　　　高　峰
　　　叶　明(兼)
　　　蔡晓峰
食品安全总监:周　璇
市文化广电新闻出版局
(加挂市文物局牌子)
局　长:陈　惠
副局长:卢　玲
　　　陈炳荣
　　　陈思源
文物局
局　长:吴聿建
市体育局
局　长:陈光华
副局长:高慧萍
　　　刘　丹
　　　黄　毅
　　　李　艳(挂职)
市审计局
局　长:林良云
副局长:郑生明
　　　刘小红
　　　林光明
市统计局
局　长:彭锦华
副局长:朱　政
　　　陈　杰
总统计师:曹寿全
市旅游局
局　长:潘　威
副局长:李春茂
　　　林小玲
　　　沈岳阳
市机关事务管理局
局　长:刘晓强
副局长:刘延梅
　　　林春贵
　　　陈起平
总会计师:赵善才
市政府外事侨务办公室
主　任:林汉隽
副主任:张　萍
　　　马亚明
　　　张素燕
市人民防空办公室
主　任:陈燕敦
副主任:林金潘
　　　杭　琥
市政府国有资产监督管理委员会
主　任:曾国俊

副主任:蔡立福
周志坚
王　刚
吴长江(挂职)

福州市人民政府派出机构及其他机构

市机关效能建设领导小组办公室(市机关效能投诉中心)
主　任:林　贤(兼)
副主任:梁　栋(常务)
伍南腾
盖文玲
刘常辉

市政府驻北京联络处(加挂市政府[北京]招商中心牌子)
主　任:陈晓晖
副主任:严周文(兼)
陈建荣(挂职)

市政府驻上海办事处
主　任:(空缺)

市政府驻深圳办事处
主　任:林发希

福州市行政服务中心管理委员会(加挂市市民服务中心管理委员会牌子)
主　任:黄建新
副主任:鲍一高
周建国

福州市历史文化名城管理委员会(市三坊七巷管理委员会)
主　任:杨　勇
副主任:凌　敏

市市场监督管理行政执法支队
支队长:王锦文
政　委:(空缺)

市老龄工作委员会办公室
主　任:张维船(兼)
副主任:陈敬水

市金山工业集中区(市金山工业集中区开发建设有限公司)
主　任:(空缺)
副主任:(空缺)

中国(福建)自贸区福州片区管委会(福州保税港区管委会)
主　任:黄忠勇
副主任:阮孝应(常务)
成世坤(挂职)
赵学峰(兼)
何杰民(兼)
许南吉(兼)
李　平
游　力
梁　勇
肖文静(挂职)

福州高新技术产业开发区管委会
主　任:高　明(兼)
副主任:李永祥(常务)
唐　寅
吴　力
林松旺
任　巍

福州台商投资区管委会
主　任:黄　超
副主任:林桂强

闽台(福州)蓝色经济产业园管委会(筹)
主　任:高　宇
副主任:张　彪
何玉金
吴忠东

福州临空经济区管委会(筹)
主　任:林建国
副主任:陈立武
黄华贤

福州地区大学新校区管委会
主　任:陈　晔(兼)
副主任:陈长泽(常务)
程道龙
林　蔚

中国人民政治协商会议福州市委员会工作机构

市政协办公厅
主　任:陈向上
副主任:路　琳
林忠武
王栋梁

市政协调查研究室
主　任:曹　波
副主任:陈小刚

市政协提案委员会
主　任:余　松
副主任:官　兵

市政协经济建设委员会
主　任:王国华
副主任:刘若兰
林秀燕

市政协教科文卫体委员会
主　任:汪芷江
副主任:陈　芳

市政协港澳台侨和外事委员会
主　任:郑建平
副主任:陈小凡
陈　琳

市政协社会和法制委员会
主　任:张　硕
副主任:俞昌林

市政协民族和宗教委员会
主　任:石　亮
副主任:邱孝魁

市政协文史资料和学习宣传委员会
主　任:郑新俊
副主任:严宪玲

市政协人口资源环境委员会
主　任:张丰年
副主任:潘德兴

民主党派与工商联

民革福州市委会
主　　委:林　锋

民盟福州市委会
主　　委:林治良
专职副主委:刘福莲

民建福州市委会
主　　委:王宗华
专职副主委:倪　真

民进福州市委会
主　委:陈　奇
副主委:李松铨

农工党福州市委会
主　　委:郑新清
专职副主委:陈向红

致公党福州市委会
主　　委:鄢　萍
专职副主委:陈京香

九三学社福州市委会
主　委:林绍彬

台盟福州市委会
主　委:郑建闽
副主委:甘海疆

福州市工商业联合会
主　席:雷成财
副主席:张性魁
张翠芳
张　强
林　升

福州市人民团体、群众团体机构

市总工会

主　席:何静彦(兼)
副主席:郑湘国
崔兆英(兼)
金　纶
高远忠(兼)
张　薇
崔　华
林欣欣(兼)

经审委
主　任:尤　山

共青团福州市委员会
书　记:赵春荣
副书记:林　巍
谢志成

市妇女联合会
主　席:孙晓岚
副主席:崔兆英
陈小玲
张　薇(兼)
娄月琴

市社会科学界联合会
主　席:林　山
副主席:刘义萍
张春斌

市文学艺术界联合会
主　席:鄢　萍(兼)
副主席:张苏飞
武夏红
田　磊

市残疾人联合会
理 事 长:郑永登
副理事长:邱松青
叶　青
徐世元

市科学技术协会
主　席:付贤智(兼)
副主席:尤典真
杨信增
陈　华

市归国华侨联合会
主　席:蓝桂兰
副主席:余岸明
林良明

市台湾同胞联谊会
会　长:甘海疆
副会长:林鸿榕

中国国际贸易促进委员会福州市委员会(中国国际商会福州商会)
会　长:王熙云
副会长:吴毓青
陈晓玲

市计划生育协会
专职副会长:黄　升(常务)
王　锋

市中华职业教育社
主　任:陈今明(兼)
副主任:陈美华

市红十字会
会　长:严可仕(兼)
副会长:胡晓强(常务)
胡树林
胡经民

市法学会
会　长:陈为民(兼)
专职副会长:(空缺)
秘书长:(空缺)

市人民对外友好协会
副会长:(空缺)

福州市参公事业单位

中共福州市委党校、市行政学院、市社会主义学院

市委党校(市行政学院)
校(院)长:林晓英(兼)
副校(院)长:陈高英(常务)
游伯笙
林秀玲
唐为民

市社会主义学院
院　长:陈高英
副院长:游伯笙
林秀玲
唐为民
阮文光(兼)

中共福州市委党史研究室
主　任:(空缺)
副主任:张和琛

福州市档案局(馆)
局(馆)长:林香平
副局(馆)长:蔡光荣
宋美榕

中共福州市委干部理论教育讲师团
团　长:王春生

福州市"数字福州"建设领导小组办公室
主　任:曾伟东

福州市人民政府发展研究中心
主　任:郑　立
副主任:姚瑞强

福州市地方志编纂委员会
主　任:(空缺)
副主任:王小珍
刘必霖(援藏)
叶　红

福州市供销合作社联合社
主　任:陈春恩
副主任:林洪锦
陈建文

福州市知识产权局
局　长:何朝晖

福州市地震局
局　长:戴　黎
副局长:卓良辉
江　晨

福州市园林局
局　长:杨　晓
副局长:陈锵艳
陈志光
谢祥财(挂职)
总工程师:林　诚

福州市城镇集体工业联合社
主　任:陈　彪
副主任:陈子平
林爱华

福州市环境卫生管理处
处　长:林长盛

福州市卫生局卫生监督所
所　长:林　强

福州市文化市场综合行政执法支队
支队长:吴　跃
政　委:赵民儿

福州市道路运输管理处
处　长:王镜秋

福州市水路运输管理处(福州市地方海事局)
处　长:颜永忠

福州市国土资源综合行政执法支队
支队长:尚文彬

福州市海洋与渔业执法支队
支队长:陈如祥
政　委:朱　斌

福州市五一广场管理处
主　任:林　忠

福州住房公积金管理中心
主　任:兰仰金
副主任:刘心欣

蔡　颖
郑宗沐
福州市房屋登记中心
主　任:林京洪
副主任:邓世清
林礼岑
杨荣南
福州市鼓岭旅游度假区(市鼓山风景名胜区)管委会
主　任:(空缺)
副主任:林贻亮
马建明
颜学清
总工程师:江敬勋
福州市交通综合行政执法支队
支队长:(空缺)
政　委:林启明
市水电站库区移民开发局
局　长:(空缺)

福州市事业单位

福州市"智慧福州"管理服务中心
主　任:林　贤(兼)
副主任:梁　栋(常务,兼)
刘丹青(兼)
曾伟东(兼)
福州广播电视台
台　长:唐　希
副台长:刘　屏
陈建斌
总编辑:刘　屏
总工程师:林钦华
总会计师:黄一峰
福州日报社
社　长:鲍　闽
副社长:楼卫东
林雨夏
总编辑:楼卫东
福州市社会科学院
院　长:郑新清(兼)
副院长:(空缺)
福州地区大学新校区基建管理中心
主　任:陈传熙
副主任:林　震
福州地区大学新校区后勤服务管理中心
主　任:陈永辉
福州仲裁委员会
主　任:薛海玲
秘书处副秘书长:黄尚斌
福州市疾病预防控制中心
主　任:张晓阳
福州市住宅发展中心
主　任:夏　宁
副主任:陈可传
张　帆
福州市国有房产管理中心
主　任:夏　宁
副主任:陈永辉
肖贤荣
陈惠平
福州市土地发展中心
主　任:谢　侹
副主任:陈韩德
刘　锋
潘建平
福州市民用建筑统建办公室
主　任:张志强
副主任:林国良
陈　怡
福州市政工程管理处
主　任:郑世忠
福州市规划勘测设计研究总院
院　长:高学珑
副院长:桂兴刚
福州市公路局
局　长:林著惠
福州市建筑设计院
院　长:林兴年
福州市农业科学研究所
所　长:林　燕
福州市蔬菜科学研究所
所　长:陈文辉
福州市海洋与渔业技术中心
主　任:杨小强
福州市城市管理综合行政执法支队
支队长:唐　庄
政　委:程明星

福州市属院校、医院

闽江学院
党委书记:王新民
党委副书记:陈　曦
刘元芳
纪委书记:詹　林
副 院 长:庄毓敏(聘任,主持行政工作)
赵麟斌
金德凌
狄俊安
福州职业技术学院
党 委 书 记:陈承茂
党委副书记、院长:林承超
党委副书记:沈锦华
副　院　长:刘松林
张兰英
欧阳少鸣
纪 委 书 记:庄晓钟
闽江师范高等专科学校
校　　长:林治良(兼)
党委书记:陈荣生
党委副书记、纪委书记:陈　新
副 校 长:张昌勋
程季平
黄耀荣
福州教育研究院
院　长:林明华
福州市业余科技大学
副校长:黄兆津
福清卫生学校
校　长:刘翔炜
福州市体育运动学校
校　长:郭志农
福州第一技师学院
(保留省机械工业技术学校牌子)
校　长:张美青
副校长:母安明
刘伟诚
余　丰
福州第二技师学院
校　长:张礼旺
福州工业学校
校　长:陈　欣
福州市第一医院
院　长:张　帆
福州市第二医院
院　长:朱　琪
福州结核病防治院(肺科医院)
院　长:王　琳
福州神经精神病防治院
院　长:张　忠
福州市皮肤病防治院
院　长:王　林
福州市传染病医院
院　长:刘景丰
福州市妇幼保健院
院　长:阮能健
福州市中医院

院　长:张峻芳

福州市第八医院(福州铁路中心医院)

院　长:江　波

中共各县(市)区委员会　县(市)区人大　人民政府　政协

中共鼓楼区委

书　记:杭　东
副书记:陈　斌
陈忠霖
常　委:胡道坦
林　峰
张晓容
李瑞琨
朱向东
徐金泰
翁华锋

鼓楼区人大常委会

主　任:李　力
副主任:严孝义
刘建兴
马宇建(候选人)
姚晓敏(候选人)

鼓楼区人民政府

区　长:陈　斌
副区长:胡道坦
陈　辉
陈明东
杨　辉
陈晓彬
林　诚
孙　琰(挂职)
黄坚瑜

鼓楼区政协

主　席:林碧芬
副主席:柯岩辉
谢裕波
陈宏鸥
钟　薇

中共台江区委

书　记:陈曾勇
副书记:李　凡
何长嘉
常　委:邓万铣
李　辉
黄建雄
吴　勤
吴声龙
严立武
李　强
王晶晶

台江区人大常委会

主　任:林培清
副主任:郑功敏
宋晓非
卓小明
刘华杰

台江区人民政府

区　长:李　凡(候选人)
副区长:黄建雄
郑则传
吴晓云
陈　锦
黄胜进
刘征颖(挂职)
张统廉
林　实

台江区政协

主　席:林品光
副主席:王建东
陈　飞
陈丽霞
陈子湘

中共仓山区委

书　记:杨新坚
副书记:何杰民
蔡　文
常　委:翁国平
林　宇
潘仰武
张　宙
陈　峰
刘毅宙
陈登峰
陈　甦

仓山区人大常委会

主　任:潘邦瑞(候选人)
副主任:陈玉莲
张玉俤
刘玉卿
刘金奖(候选人)

仓山区人民政府

区　长:何杰民
副区长:陈　峰
林　莉
姚　伟
吴文华
张敬明
魏辅彧
陈谟雄(挂职)
黄　翔
陈　涛(挂职)

仓山区政协

主　席:阮　锋
副主席:魏道航
邓　斌
陈亚威
吴　滨

中共晋安区委

书　记:林　峰
副书记:朱训志
郑立敏
常　委:魏晓辉
陈华辉
郭　勇
郑德志
林存武
金昌钦
刘汉卿(挂职)
林　坦
张则铭

晋安区人大常委会

主　任:林圣婉
副主任:王乃平
林菊容
王伟国
林　群(候选人)

晋安区人民政府

区　长:朱训志
副区长:金昌钦
刘汉卿(挂职)
林　坦
林文福(援宁)
林　澄
张里岩
叶晓兰
高颖虹(挂职)
丁振新
陈劲松

晋安区政协

主　席:赵　坚(候选人)
副主席:黄　玲
张秉洁
郑喜明
张秋英

中共福州经济技术开发区党委、马尾区委

书　　记:许毅青
副 书 记:赵学峰
李利民
马尾区常委:王苏闽
陈秋伸
赵　洵
张　林
倪晓嵘
杨木泽
肖　军
开发区党委委员:李利民
王苏闽
陈秋伸
赵　洵
倪晓嵘
杨木泽

马尾区人大常委会
主　任:沈　甦
副主任:吴　强
王　峪
江典顺

福州经济技术开发区管委会
主　任:赵学峰
副主任:高洪霖
倪晓嵘
陆裔波(挂职)
陈　禺

马尾区人民政府
区　长:赵学峰(候选人)
副区长:高洪霖
刘晓东
张发春
张麒蛰
林群慧
陈　昱

马尾区政协
主　席:吴友习
副主席:林海鹰
邓文飞
林桂英(候选人)

中共福清市委
书　记:陈春光
副书记:许南吉
林　健
常　委:王建生
刘　迟
陈金友
陈存枫
陈　丹
胡世才
陈恒东

福清市人大常委会
主　任:王德玉
副主任:陈建文
林茂清
朱育平
严　萍

福清市人民政府
市　长:许南吉
副市长:王建生
俞大军
张永森
黄霄辉
何玉金
林　泓(挂职)
李学鸿(挂职)
潘俏黎
邓开勇(挂职)
高双成

福清市政协
主　席:林　中(候选人)
副主席:陈　生
陈永青(候选人)
吴华云
何德信(候选人)

中共长乐市委
书　记:王绍知
副书记:王　松
林建国
常　委:邓　岚
池至清
王国晓
陈增国
陈　峥(挂职)
王命发
鄢挺辉
杨光祖(挂职)
赵　峰

长乐市人大常委会
主　任:吴文琪(候选人)
副主任:黄玉钗
郑宽挺
魏义锋
林春营

长乐市人民政府
市　长:王　松
副市长:王国晓
杨光祖(挂职)
刘惠珍
吴翔天
郑子毅
陈航星
曾志云
卓国鸿
王胜勇(挂职)

长乐市政协
主　席:延建霖
副主席:宋丽晶
林少惠
林勇魁(候选人)
李瑞芳(候选人)

中共闽侯县委
书　记:张　忠
副书记:严金官
许舜举
常　委:江智文
林建善
李　充
陈政宝
杜　微
吴盛洲
王舒毅(挂职)

闽侯县人大常委会
主　任:王彦强(候选人)
副主任:林善匡
郑铭魁
曾小榕
陈剑锋

闽侯县人民政府
县　长:严金官
副县长:林建善
张　旗
郑学锦
叶　玲
陈道清(挂职)
林坤泉
黄声福(挂职)
陈祥波
樊学双
沈　骅

闽侯县政协
主　席:陈乐森(候选人)
副主席:周　敏
吴文英(兼职)
余深传
陈昭锋

中共连江县委

书　记:关瑞祺
副书记:周应忠
张金潮
常　委:李雄平
杨洪华
吕　斌
郭春曦
彭国华
苏　建
黄齐秋
孙祥光

连江县人大常委会

主　任:邱德光
副主任:李承辉
林　竹
魏宗仁
陈　钦

连江县人民政府

县　长:周应忠
副县长:孙祥光
吴德泉
林贤清
程　靖
冯慧钦
黄文华
陈坚斯

连江县政协

主　席:林承祥(候选人)
副主席:林　文
董俊光
凌婷柳
刘麟翔(候选人)

中共闽清县委

书　记:肖　华
副书记:许用贵
郭海阳
常　委:黄　钢
郑子记
陈诸凯
张光增
林志斌
郭有旭
卓继辉

闽清县人大常委会

主　任:刘久兴(候选人)
副主任:王　强
陈孝贤
陈婉霞
黄　坚

闽清县人民政府

县　长:许用贵(候选人)
副县长:郑子记
李荣寿
郑仕平
江家良
林从娇
黄　斌
林雪标(挂职)
杨大兴

闽清县政协

主　席:毛行青
副主席:华秀敏
张　文
陈　峰
叶林生

中共罗源县委

书　记:吴兰铮
副书记:邓达木
童桂荣
常　委:陈敏鸿
董志干
兰可明
黄元祥
李小荣
郑　勇
沈海勇
周龙敏

罗源县人大常委会

主　任:雷光秀
副主任:周在勤
易建勤
董志先(候选人)

罗源县人民政府

县　长:邓达木
副县长:李小荣
何瑞强
林高星
谢　婧
杨大粉(挂职)
郭　挺(科技、挂职)
赖时铿
郑育新
蒋金狮

罗源县政协

主　席:何宗乐
副主席:于红旗
吴　敏
张振灯(候选人)
陈明娟(候选人)

中共永泰县委

书　记:林　强
副书记:李新贤
雷连鸣
常　委:陈家恬
陈日官
林从宇
洪长春(挂职)
罗晓晖
刘用全
吕运祥
祝海辉

永泰县人大常委会

主　任:吴秋惠
副主任:侯文辉
江晓鸣
陈　榕
张庆宗(候选人)

永泰县人民政府

县　长:李新贤
副县长:林从宇
王寿钦
曾海方
王礼灯
邹勇志
许以章
黄　展(挂职)
魏秀惠(科技、挂职)
张青雅(科技、挂职)
侯一晞

永泰县政协

主　席:王德冠
副主席:江惠文
官升玲
张培奋
史　瑜(候选人)

福州市园区管理机构

福州市软件园管委会

主　任:陈　晖
副主任:刘丹青
刘珍昌

福州高新技术产业开发区洪山园管委会

主　任:林如长(援藏)

福州市台西科技园区
(福州海西现代金融中心区)管委会

主　任:何　宝

福州市金山投资区管委会

主　任:(缺)

福州福兴经济开发区管委会

主　任:毛向标

福州市火车站地区综合管理办公室

主　任:沈建文

琅岐经济区管委会

主　任:刘　宇

副主任:余广暖

刑鼎斌

张如福

福清融侨经济技术开发区管委会

主　任:翁芳明

副主任:林云明

余颖凌

陈秀香(挂职)

蔡和斌

李文清

福州市江阴工业集中区管委会

主　任:游通铃

副主任:颜美春

詹金瑞

林峭立

施家雄

福州市元洪投资区管委会

主　任:王建生

副主任:叶小斌

陈　嘉

林友华

项箴雄

黄　侠

福清江镜华侨农场

场　长:高　勇

福清东阁华侨农场

场　长:庄瑞顺

福州市滨海工业集中区管委会

主　任:晁　旭

副主任:林建华

陈家登

黄雨涛(援宁)

王洪安

陈宝贵

福建闽江河口湿地国家级自然保护区管理处

主　任:杨渭平

福州市青口投资区管委会

主　任:江智文

副主任:陈　榕

林碧莹

赵　勇

福建连江经济开发区管委会

主　任:郑　浩

福建雄江黄褚林国家级自然保护区管理处

主　任:(空缺)

罗源湾开发区管委会

主　任:范永刚

永泰青云山风景名胜区管委会

主　任:余　斌

(林立新)

(编辑　黄　铭)

中共福州市委

重要会议及活动

【概况】 2015年，中共福州市委先后召开十届十次、十一次全会，审议《中共福州市委、市政府关于进一步加快产业转型升级的实施意见》《福州市实施〈中国制造2025〉行动计划》《中共福州市委关于制定福州市国民经济和社会发展第十三个五年规划的建议》等文件；开展1次市委市政府工作检查；召开45次常委会议。

【市党政代表团学习考察活动】 2月5—8日，省委常委、市委书记杨岳等市领导赴南京、杭州、宁波、舟山等地考察新区开发建设，学习兄弟城市在新区开发、新城建设等方面的举措做法。3月19—22日，省委常委、市委书记杨岳，市长杨益民率领福州市党政代表团赴甘肃兰州、湖南长沙学习考察，并与两市举行合作发展座谈会。

【市纪委十届六次全会】 2月12日召开。会议审议通过市纪委工作报告。省委常委、市委书记杨岳强调，要认真学习、深刻领会习近平总书记重要讲话精神和中央纪委、省纪委全会精神，认清形势要求，增强思想自觉；严明纪律规矩，自觉遵守践行；保持高压态势，坚持惩治腐败；狠抓作风建设，纯洁党风政风；落实主体责任，强化履职担当，不断开创反腐倡廉新局面。

【2015年党政领导综治（平安建设）责任书颁发仪式】 3月18日举行。省委常委、市委书记杨岳，市长杨益民向各县（市）区委书记、县（市）区长和高新区负责人颁发“2015年福州市县（市）区党政领导综治（平安建设）责任书”。杨岳强调，要增强政治意识，压实维稳责任；要坚持法治思维，解决突出问题；要加强组织领导，强化工作保障。

【全市领导干部“学习贯彻十八届四中全会精神全面推进依法治市”专题培训班】 4月8—10日举办。省委常委、市委书记杨岳出席开班式并作主题报告，强调全市各级领导干部要全面贯彻落实中央推进依法治国重大战略部署，增强依法治市的责任感和使命感，提升依法治市的能力和水平，推动依法治市迈出新步伐。

【市委市政府工作检查活动】 5月10—15日进行检查。检查活动分5组开展，赴12个县（市）区和高新区，实地察看产业发展、城乡建设、社会事业、民生保障等领域100多个项目。16日召开总结会。省委常委、市委书记杨岳，市长杨益民在会上讲话。

【首届21世纪海上丝绸之路博览会暨第十七届海峡两岸经贸交易会】 5月18日开幕。突出海丝主题，分别举办亚

3月19日，福州市党政代表团在兰州新区考察兰石集团高端装备制造产业园
（福州日报社　供）

洲合作对话——共建“一带一路”合作论坛暨亚洲工商大会、中国（福建）自由贸易试验区论坛、重点“三维”项目签约仪式、共建“一带一路”创新发展现代服务业合作对话等7场主要活动。省委常委、市委书记杨岳，市长杨益民等参加亚洲工商大会开幕式及重点“三维”项目签约仪式。

【中国（福建）自由贸易试验区福州片区建设推进大会】 5月27日召开。省委常委、市委书记杨岳出席会议并讲话，强调要打造改革开放高地、制度创新领地、项目建设福地，开拓自贸区建设的新路径和新模式，为全国、全省改革开放提供更多可复制、可推广的经验。

【福州市代表团赴荷兰、西班牙、瑞典考察活动】 6月17—26日进行。省委常委、市委书记杨岳率团赴荷兰、西班牙、瑞典访问，考察自贸试验区建设，推动友好合作。

【市委常委（扩大）会】 7月3日召开。会议传达贯彻省委上半年经济形势分析会精神，总结分析上半年全市经济运行情况，研究部署下半年经济工作。会议强调，做好下一阶段经济工作，一要扩大投资，二要优化结构，三要改善环境，四要推动落实，确保全市经济持续健康发展。

【学习贯彻习近平总书记在会见全国优秀县委书记时的重要讲话精神座谈会】 7月3日举行。省委常委、市委书记杨岳出席会议，强调习近平总书记提出的“做政治的明白人、发展的开路人、群众的贴心人、班子的带头人”的重要要求，为县委书记为官做人、谋事创业指明了方向。做政治的明白人，就要绝对忠诚；做发展的开路人，就要勇于担当；做群众的贴心人，就要心系百姓；做班子的带头人，就要律己修身。

【市委十届十次全会】 7月16日召开。会议讨论市委常委会向市委全会作的书面工作报告，审议《中共福州市委、市政府关于进一步加快产业转型升级的实施意见》《福州市实施〈中国制造2025〉行动计划》，通过市委十届十次全体会议决议。省委常委、市委书记杨岳强调，要认清发展态势，增强加快产业转型升级的紧迫感和责任感；要聚焦目标任务，加快建设具有省会特征、福州特色的现代产业体系；要加强组织领导，形成推动产业转型升级的强大合力。

【第十届两岸青年联欢节暨第三届海峡青年节】 8月8—10日举行。活动以“中国梦·中华情”为主旋律，以“青年携手·青春圆梦”为主题，集中活动期间，举办两岸青年联欢会、海峡青年（福州）峰会、两岸青年交流成果展、两岸青年西岸行等系列活动。

【福州市党政代表团赴新疆奇台县考察对口援疆工作】 8月19—20日进行。省委常委、市委书记杨岳率团赴新疆昌吉州奇台县考察对口援疆工作，看望慰问福州市援疆干部，并召开福州市对口支援奇台县工作座谈会。

【福州市县（市）区人武部党委第一书记党管武装工作述职报告会】 8月26日召开。省委常委、市委书记、警备区党委第一书记杨岳出席会议，强调要增强党管武装的责任担当，提升党管武装的整体水平，加强党管武装的工作保障，推动党管武装工作深入发展。有关县（市）区人武部党委第一书记在会上分别进行述职。

【举办第一届全国青年运动会】 10月18—27日举行。福州作为主赛区，承担60%以上的比赛项目，实施体育场馆建设、城市品质提升等“七大工程”，保障近8000名运动员参加竞技、20万名观众参加开闭幕式、60万人次现场观看比赛。

【市委常委（扩大）会议】 11月2日召开。会议传达学习党的十八届五中全会和省委常委（扩大）会议精神，研究部署福州市初步贯彻意见。会议强调，要把握精神实质，联系实际谋划，坚持统筹兼顾，努力实现“十二五”圆满收官、“十三五”良好开局。

【全市民族工作会议暨福州市第二次民族团结进步表彰大会】 11月6日召开。会议强调，福州有民族团结进步传统，全市各级各部门要传承弘扬习近平总书记在福州工作期间重视民族工作的光荣传统，扎实推进新形势下民族工作，努力开创省会民族团结进步事业新局面。

【市委十届十一次全会】 11月18日召开。会议讨论市委常委会工作报告，审议通过《中共福州市委关于制定福州市国民经济和社会发展第十三个五年规划的建议》和市委十届十一次全会决议。省委常委、市委书记杨岳就推动“十三五”期间省会科学发展跨越发展强调，要认真学习、深刻领会，把思想和行动统一到中央、省委决策部署上；要站位全局、立足长远，增强加快“十三五”福州发展的责任感、使命感；要明确目标、聚焦重点，全力建设更具实力、更富活力、更有魅力的现代化新福州；要加强领导、强化责任，为实现“十三五”目标任务提供坚强保障。

【福州市代表团赴港澳访问】 12月6—10日进行。省委常委、市委书记杨岳率领福州市代表团赴香港、澳门访问。代表团一行拜访香港、澳门特区政府和中央驻港、澳机构，走访看望榕籍乡亲。访问期间，分别在香港、澳门举办福州新区、福建自贸区福州片区推介会和项目签约仪式，对接合作项目75项，总投资1014亿元。

【福州市代表团赴陕西延安开展对口协作和学习考察】 12月20—21日进行。省委常委、市委书记杨岳率团赴延安察看援建项目情况，传承弘扬延安精神，学习先进发展经验，推动两市友好合作。

（林吓清）

重要接待

2月23日，省委常委、市委书记杨岳，市委常委、统战部部长、教育工委书记黄忠勇，市政协副主席、工商联主席雷成财在芳沁园拜会全国政协副主席、工商联主席王钦敏。

4月23—24日，中共中央政治局常委、国务院总理李克强视察福建自贸区福州片区、台江区红星苑小区、三坊七巷历史文化街区，省委常委、市委书记杨岳，市长杨益民陪同视察。

5月18日，省委常委、市委书记杨岳，市政协主席周宏在芳沁园拜会全国政协副主席、工商联主席王钦敏。

6月16日，全国人大常委会副委员长沈跃跃考察福建东南电化有限公司、春伦集团、三坊七巷，开展土壤污染防治法立法调研，市长杨益民，市人大常委会主任周振华，市委副书记陈元邦，市人大常委会副主任陈建平陪同有关调研。

7月27日，省委常委、市委书记杨岳，市人大常委会主任周振华在悦华酒店拜会全国人大常委会副委员长张平。

10月15日，省委常委、市委书记杨岳，市长杨益民在淮安会议中心拜会中共中央政治局原委员、全国人大常委会原副委员长王兆国。

11月10日，省委常委、市委书记杨岳，市长杨益民，市委常委、秘书长薛侃，市人大常委会副主任鄢萍，副市长高明在淮安会议中心拜会全国政协原副主席罗豪才。

12月19日，市政协副主席王长鹰在淮安会议中心拜会全国政协原副主席陈宗兴。

（郑永平）

纪检监察

【概况】 2015年，福州市纪委以“三严三实”专题教育为契机，开展重温入党誓词、唤醒党章意识活动，举办“忠诚、干净、担当”主题演讲。推进纪检体制改革，发挥派驻机构作用；制定出台县（市）区纪委书记副书记等3个提名考察办法，落实市县两级效能工作机构调整，进一步清理市纪委监察局参加的议事协调机构。

【落实“两个责任”】 按照省委“五抓五看”要求，市委带头履行党风廉政建设主体责任。市委常委会议17次专题研究党风廉政建设和反腐败工作。市委班子成员带头履行“一岗双责”，带队检查党风廉政建设责任制落实情况。各县（市）区党委书记向市纪委全会书面述廉述责，并接受市纪委委员评议。县（市）区党风廉政建设责任制考核纳入年度绩效管理。市纪委建立提醒预警、挂牌督办、约谈问责机制，开展“两个责任”清单试点工作，落实“一案双查”，强化压力传导。加大问责力度，全市有163名党员领导干部因落实“两个责任”不力受到责任追究。

【纪律审查】 全市纪检监察机关办理检控类初信初访件2789件，立案1010件，同比增长22.9%，其中县处级干部案件22件、乡科级干部案件176件，同比分别增长15.8%、64.5%；给予党政纪处分919人，移送司法机关处理122人。开展廉政谈话函询378人，给予轻处分613人、组织（适当）处理34人、重处分416人次，廉政谈话函询、轻处分、组织（适当）处理占71.8%。对35件重大典型案件开展“一案一整改”。成立市追逃追赃办，建立党员和国家工作人员外逃信息报告制度，追回4名外逃人员。在全省率先研发推行信访件分流及跟踪管理系统，推进信访举报“零暂存”工作。

【作风建设】 查处违反中央八项规定精神问题217起，处理394人；给予党政纪处分186人，同比增长162%。全年组织8轮全市性专项督查，在新闻媒体点名道姓通报曝光70批157起典型问题。开展扶贫专项资金检查，惩处扶贫领域违纪违法问题，通报典型案件6起。加大对不作为、慢作为、乱作为的问责力度，给予党纪政纪处分47人次。

【廉政教育】 组织专题宣讲、开设媒体专栏、举办知识测试，学习宣传贯彻《廉洁自律准则》《纪律处分条例》。加强对领导干部的教育监督，开展领导干部任前撰写党规对照检查材料、廉政法规知识测试和集体廉政谈话。加强警示教育，编印《案件通报》《案例选编》，组织观看警示教育片，旁听典型案件庭审。举办林则徐廉政事迹巡回展，在中央纪委网站推出林则徐家风家训宣传片，开通“清风福州”微信公众号，学习宣传王荷波革命事迹。

（陈群群）

组织工作

【概况】 2015年，福州市开展“三严三实”专题教育，增强领导干部的政治意识。选优配强各级领导班子，改进领导班子结构。把改进作风作为考核各级领导班子和干部队伍的重要内容，考核结果作为干部调整使用和评优评先的重要参考。推行干部选拔任用工作全过程纪实制度，完善民主推荐、组织考察、酝酿、研究决定和任前公示等环节。探索创新干部选拔任用机制，选拔（选聘）5名自贸区中层干部和10名国企副职领导干部。改进干部考核评价方式，综合考察平时考核、年度考核、巡视审计等考核结果。

【“三严三实”专题教育】 5月，福州市全面开展“三严三实”专题教育。增强领导干部的政治意识，党员领导干部带头讲党课，深入学习贯彻习近平总书记系列重要讲话精神以及对福建、福州工作的一系列重要指示精神，传承和弘扬习近平总书记在福建、福州工作期间的优良传统作风。有效遏制不严不实的问题，市委常委会带头查摆出11个不严不实问题，提出34条整改措施；全市县处级领导班子对4703个突出问题全部建立整改清单，逐项制定任务书、明确时间表。促进作风建设常态化长效化，突出整治“为官不为”，梳理细化6大类30种“为官不为”情形，全市处理“为官不为”274人次（单位），其中党纪政纪处分60人、效能问责200人次（单位）、组织处理14人次。全市推进25项78件实事项目；市四套班子领导和各县（市）区领导走访企业1492家，协调办结企业困难问题1349项；全市党员领导干部下基层45.79万人次，解决实际问题5.9万个。

【党的建设制度改革】 按照《福州市深化党的建设制度改革实施方案》,完成14项党的建设制度改革任务。

干部人事制度改革 在干部管理监督方面,制定下发《关于整肃"为官不为"实行下课问责的暂行办法》,整治不作为、乱作为;制定《组织工作重要事项请示报告制度》。在干部选拔任用方面,制定《关于市管领导干部任前公示的暂行规定》《关于加强和改进优秀年轻干部培养选拔工作的贯彻实施意见》《关于加强后备干部队伍建设的意见》《关于加强国有企业领导班子建设的实施意见》等制度文件。在干部考核评价方面,制定《市管领导班子和领导干部平时考核工作暂行办法》,将平时考核与年度考核、任前考核、定期考核、届中届末考核有机结合。在干部教育培训方面,制定出台《福州干部在线学习平台建设实施意见(试行)》《关于加强干部队伍专业化培训的意见》。

党的基层组织建设改革 制定出台《福州市县、乡党委书记抓基层党建工作责任制考核办法(试行)》,组织12个县(市)区、173个乡镇(街道)党委书记进行述职评议考核,"查述问评"党建责任考评机制获评"第三届全国基层党建创新案例征集评选活动最佳案例"。制定《关于提高离任村主干补助标准加大对离任村主干关怀帮扶力度的通知》《加快发展壮大村集体经济若干意见》。

人才体制机制改革 围绕自贸区、新区建设等中心工作,出台《福州市促进院士(专家)工作站建设的若干规定》,制定《中国福州海西引智试验区中长期发展规划纲要》,吸引高层次人才到榕创新创业。

【干部教育培训】 突出党的理论教育和党性教育,打造党性教育锻炼基地,创建干部在线学习平台,举办"左海大讲堂",构建具有福州特色的干部教育培训体系。策划11期党性教育专题培训,组织520余名党员领导干部赴古田、长汀等革命老区接受党性教育。依托清华大学、复旦大学等高校资源,以自贸区建设、推动产业转型升级等为主题,培训领导干部、国有企业、非公企业负责人525人次。围绕"现代服务业发展"等专题,组织120人次赴台培训。全年统筹调训干部6283人次,其中参加中央和省组织部门调训247人次,参加左海大讲堂2000人次。8月,福州干部在线学习平台正式开通,年内上传各类教学视频653件,参加学习的科级及以上干部达15307人。

【干部监督管理】 开展"7+3"专项整治,完成党政干部违规在企业兼职(任职)以及"裸官"岗位调整等清理整顿。落实领导干部报告个人有关事项规定,规范领导干部报告个人有关事项抽查核实工作,全面启动正科级干部报告个人有关事项工作。健全完善"12380"综合举报受理平台,受理群众举报件391件。加强领导干部经济责任审计,委托市审计局对19名领导干部实施经济责任审计。规范和加强因私出入境管理工作,完成登记备案14476人。落实诫勉谈话和函询制度,责成57名干部做出书面说明,对14名干部进行提醒谈话,对37名干部进行函询。

【人才队伍建设】 实施闽都人才聚集工程,加快中国福州海西引智试验区建设。年内入选国家和省级各类人才计划数量位列全省各设区市前列,其中入选第十一批国家"千人计划"创新人才2人,入选第四批省"百人计划"专家14人(团队)。闽都人才聚集区入选第一批省人才聚集区建设单位,马尾区物联网产业人才聚集基地和鼓楼区信息软件与服务业产业人才聚集基地入选省产业人才聚集基地建设单位。加强榕台人才交流合作,举办两岸人才项目合作对接洽谈活动,组团赴台发布81个自贸片区台湾专才岗位需求,协调对接80名台湾专业人才和120名香港投资代表参观考察自贸区福州片区。加强留学人员创业园和国际人才项目孵化器建设,49家留学人员企业入驻闽侯园、11家企业入驻国际人才项目孵化器,注册资金总额超过2亿元。推进自贸片区人才工作,面向全国招聘5名聘任制公务员,从省直机关接收21名干部(人才)到自贸片区挂职,从市直单位选调6名干部到自贸片区工作。推进人才引智工作,全市新增2家院士工作站,召开福州市与签约合作高校座谈会,吸引清华大学等高校160多名博士(硕士)研究生到榕社会实践,引进1名清华大学引进生到永泰县工作,从市直单位、在榕高校选派19名专业技术干部(人才)赴闽清等4个对口协作县挂职锻炼。组织实施2013年大学生村官期满考核工作,其中27名转录为选调生,25名考录公务员,50名安排到乡镇全额拨款事业单位,2名考聘事业单位工作人员。

【基层党组织建设】 健全"168"农村党建工作机制,推行便民代办和民情工作一体化服务,实现民情收集全覆盖、民事代办全过程、服务群众全保障;在全市115个村开展农户综合信用等级评定试点工作。提升"135"社区党建工作模式,推进社区党建4大类17项42个具体工作标准的实施;制定下发《关于深化在职党员进社区报到为群众服务工作的实施意见》,将在职党员进社区服务情况纳入干部考察范围;开展"微心愿"活动,全市有24585名在职党员以"一对一""多对一"等方式认领困难群众"微心愿"16813个。推进"365"非公企业党建工作模式,实施"百日攻坚回头看",新组建非公企业党组织266个、社会组织党组织36个;推进园区党建工作,推进10个市级重点园区党群活动服务中心建设;探索区域化党建管理创新和活动方式创新,"党员诚信店"和福耀集团"党员典范力量"案例获"第三届全国基层党建创新案例征集评选活动"优秀案例。

落实各级党委(党组)抓党建的主体责任,制定出台《福州市县乡党委书记抓基层党建工作责任制考核办法(试行)》,建立"项目清单、正面清单、问题清单"。完成村级组织换届选举工作,推行村"两委"干部候选人竞选承诺、选举事宜全告知、信用农户推优、村民代表会议议定选举事项等做法。结合村级组织换届选举,整顿251个软弱涣散基层党组织。编印下发《福州市发展壮大村集体经济案例汇编》。

【党员队伍建设】 举办各类党员培训班2254期次,轮训基层党员238392人次。推广"中心+基地"党员创业就业培训模式,举办各类培训班153期次,累计参训人员13959人次,指导创业、推荐就业达6671人,实现创业、就业达4610人。制定印发《关于实施农村党员致富人才培养"千人计划"的通知》,举办创业致富人才培训班13期次,培训578人次。依托全省党员教育管理综合服务平台("党员e家"),探索"互联网+"党建工作模式,累计入驻党员293805人,占全市党员总数的95.4%。推动福州党教微信公众号正式上线,推出公众信息107期、323条,订阅数达8000多人。

(华智敏)

宣传思想文化工作

【概况】 2015年,福州市以学习宣传贯彻习近平总书记系列重要讲话精神为主线,开展基层工作加强年和作风建设年活动,组织开展宣传思想文化工作大调研活动。举办全市宣传部长及宣传骨干业务专题培训班和全市新闻发言人培训班;分期举办基层文化工作者培训班,培训基层文艺骨干和文化协管员5期800人。福州市获国家公共文化服务体系示范区创建资格。三坊七巷被联合国教科文组织授予2015年度亚太地区"文化遗产保护奖之荣誉奖"。"文化惠民·六进"活动被文化部评为基层文化志愿服务示范项目。福州爱乐合唱团获第四届中国南方国际合唱艺术周金奖。网龙公司连续2年获评"全国文化企业30强"。

【理论工作】 组织市委中心组集体学习15次,在中心组成员中持续开展"月读一书"活动。组织读原著学原文悟原理活动,发挥闽都大讲坛、道德讲堂等各类讲坛作用,构建分众化、立体化宣讲格局。组建党的十八届五中全会宣讲团,在各级机关、学校、企业、社区、村居等地开展695场专题宣讲,受众达10多万人次。开展第一批(2014—2015年)市社会科学研究规划课题管理工作,立项重大课题1项,重点课题6项,一般课题5项;市中国特色社会主义理论体系研究中心项目2014年度结项22项,2015年度立项20项。市中特理论体系研究基地扩充至7个。

【培育和践行社会主义核心价值观】 承办光明日报社主办的全国性的"核心价值观百场讲坛"第21场活动,组织3场社会主义核心价值观"诗词歌赋迎新春"线下吟诵活动,出版发行《弘扬正能量——社会主义核心价值观福州读本》。组织开展"我们的节日"系列活动,利用各种重大节庆日和重大活动开展核心价值观公益广告的传播。推进"省级爱国主义教育基地网上展馆"建设,2个单位成为省级爱国主义教育基地。开展纪念抗战胜利70周年系列活动,举办纪念林则徐诞辰230周年十大系列活动。吕榕麟被中宣部授予"时代楷模"称号,田云超、吕榕麟获第五届全国道德模范(提名奖);3人获评全省道德模范;11人入选全国、全省好人榜;2人获评全省"最美人物";在全市开展向全国五一劳动奖章获奖者——福州市城乡建设发展总公司原党委委员、副总经理陈桂林学习等活动。

【新闻宣传】 组织媒体开展福州新区建设、自贸区试验区建设、"21世纪海上丝绸之路"战略枢纽城市建设、"作风建设年"、"三严三实"专题教育等70多场重大宣传活动。中央、省属新闻媒体对福州市各类正面报道达1.7万篇(条),其中人民日报刊登66篇、新华社播发800多篇(条),中央电视台各频道播出新闻200多条。成立福州日报、广播电视台驻乌山记者站。青运会期间,组织全国55个参会城市媒体成立传统媒体、网络媒体、自媒体三大联盟,国内外近300家新闻机构聚焦青运,青运会圣火网络传递吸引全国5000多万名网友参与。福州日报社、福州广播电视台推出"掌上福州""福视悦动"手机客户端,福州广播电视台高清频道开播。参与投拍大型历史人文纪录片《过台湾》。与南非《非洲时报》、美国《国际日报》合作开辟"今日福州"专版,每周推出14个"今日福州"海外版,周发行量50多万份。组织海峡青年节、福建自贸试验区福州片区、福州新区获批成立等重大主题性新闻发布会32场。

【文化事业】 组织青运会开幕式、火炬传递等重大文体活动。福州市林则徐纪念馆与三坊七巷、乌山历史风貌区共同被评为国家AAAAA级旅游景区。电视剧《原乡》在中央电视台1套黄金时段播出。闽剧《王茂生进酒》为全省唯一入围第十四届中国戏剧节剧目。儿童剧《判官审石头》入选第八届全国儿童剧优秀剧目。本土题材原创音乐剧《啊!鼓岭》首演。福建神画时代公司动画形象"逗逗虎"入选福建省2014年度优秀文艺创作成果。福州温泉博物馆建成并对外开放。第二期(26台)城市街区24小时自助图书馆建成并投入使用。启动董凤山发射台等5个高山台站实施广播电视节目无线数字化覆盖工程。开展文化科技卫生"三下乡"活动,福州东南眼科医院被评为全国"三下乡"先进集体。

【闽都文化】 制定《烟台山历史文化风貌区保护规划》《冶山历史文化风貌区保护规划》等,开展朱紫坊、上下杭历史文化街区、烟台山历史文化风貌区、冶山历史风貌区、苍霞历史建筑群的文物保护工作。实施国家级、省级文物保护单位修复工程和抢救性修缮。开展全国第一次可移动文物普查工作,登录上报文物藏品总数达13876件(套)。启动海上丝绸之路展示馆筹建工作。公布第六批市级文保单位和第四批市级非遗产项目。组织开展地铁屏山站东入口、三坊七巷金斗桥工地等考古发掘、勘探调查工作。举办第七届中国(福州)船政文化研讨会。

【文化体制改革】 研究制定《福州市深化文化体制改革实施方案》和《福州市深化文化体制改革专项小组重点改革任务实施规划(2015—2018)》。启动福州漆文化品牌建设改革试点,筹建福州漆艺术研究院。完成市级文化、新闻出版、广播电影电视的机构和职能整合,推动简政放权。福州日报社建设全媒体中心,出台适应媒体融合发展的相应分配考核、内容发布管理等机制。福州广播电视台完成新闻综合频道高清化改造,改版《福州新闻》,新设《聊斋·爱读书》《青运来了》等栏目。探索创新重大文化活动和公共文化服务方式运行机制,第二届丝绸之路国际电影节吸引社会资金参与。市文投集团成立混合所有制文化试点企业——福州真好现场娱乐发展有限公司。探索公共文化服务市场化运作途径,“相约九月台”周末音乐会采取政府购买服务和服务外包的方式,取得较好社会效益。

【文化产业】 制定出台动漫游戏产业发展扶持办法、推进福州国家级文化和科技融合示范基地建设实施意见、文化创意和设计服务与相关产业融合发展的实施意见、对外文化贸易的实施意见等相关政策文件。7家企业获“2014年度省文化企业十强”称号,12家企业入选2014—2015年度福建省文化出口重点培育企业。加强对文化和科技融合项目的扶持,4个文化科技融合项目列为2015年度省科技区域发展项目;推动文化和旅游融合,引进台湾设计团队参与永泰县嵩口镇古村镇保护开发项目,提供“古镇保护、乡村复兴”的新型城镇化建设“嵩口样本”。

【文化交流】 第二届丝绸之路国际电影节吸引33个国家和地区近2000名嘉宾参加。闽剧《杨门女将》为中国传统戏剧首次受邀参加俄罗斯第十二届契诃夫国际戏剧节展演。组织开展海峡两岸民俗文化节、“两岸侨界交流周——闽都文化走进台湾”和“两马同春闹元宵”赴马祖慰问演出、船政文化论坛等榕台文化交流活动。入岛举办第八届海峡两岸合唱节、第六届大学生新闻营、第八届陈靖姑文化旅游节等活动。赴澳门举办“林则徐家训——好家风百年传”展,闽都文化研究会赴马来西亚进行文化交流,福清市“周礼佾舞”参加在泰国、柬埔寨举办的“中国福建周”文化交流活动的开场演出。

【网络宣传与管理】 组织“迎青运·为福建喝彩”“海丝心语—民访民议海上丝绸之路”和“‘一带一路’网络文化采风行”等主题采访团到榕集中采访。推进“一县一网”建设,全市县(市)区新闻网站数量增至11家,2家成为省级三类新闻网站。发挥《人民网·福州视窗》宣传窗口作用,加强与中新网福建频道合作。运用新浪等全国主流新闻网站“两微一端”新媒体平台,形成网站、微博、微信、客户端全网式宣传矩阵。组织中新网将福州新闻落地台湾“中央社”、泰国亚洲日报等中文媒体,组织中国网在其Facebook、Twitter社交平台推送福州新闻。成立市委网络安全和信息化领导小组。

(郑美玲)

统战工作

【概况】 2015年,福州市签约“回归工程”合同项目44项,总投资500.04亿元。统战信息建言献策工作被中央统战部评为三等奖,获评全省先进单位(设区市中排名第三);调研文章获得2015年度全国统战理论政策研究创新成果二等奖。

【多党合作与政治协商】 创新协商民主机制,市委与市各民主党派、工商联季谈会、双月座谈会采取先实地考察再座谈的方式;民主党派市委会直接向中共福州市委提出建议的“每月直报”工作机制,由联合报送转变为各党派分月专报,全年市各民主党派围绕文明城市创建、举办青运会、海绵城市建设、福州新区建设等提出建议134条,其中18条被市委主要领导批示。支持市各民主党派、工商联围绕全面深化改革、福州新区建设等中心工作开展83项课题调研,其中17项列入市委2015年重点课题。2015年市“两会”上,市各民主党派、工商联和无党派人士提出议案、提案298份,其中重点提案7份。密切与各民主党派省委会的联系,以“美丽福州、省市共建”为主题,每季度邀请省各民主党派到榕考察市政和重点项目建设。

【非公有制经济工作】 促成出台并落实市委市政府企业家季谈会制度,搭建诉求反映、商务服务、寻机发展、商事纠纷调处、人才对接等“十大服务平台”,帮助破解融资、人才、市场开拓、技术创新等非公企业发展瓶颈问题。抓住福州“四区叠加”的战略机遇,组织600多名非公企业家参加20多场各类招商和经贸交流活动,引导企业家融入自贸区建设和海丝战略。在非公有制经济人士中开展“四信”教育工作,启动民营企业家素质提升工程,组织2000多名企业家参加“福建省非公有制经济人士自贸区建设学习培训班”等各种培训活动;举办非公经济人士法制讲座、培训和学习会、交流会等活动。推进县级工商联建设,鼓楼区、福清市工商联获评全国“五好”县级工商联。推进基层商会组织发展工作,新成立青海西宁福州商会以及苍南、浦城、山东等7家在榕异地商会,以及中小企业联合会和建筑机械商会等2家行业商会。至2015年底,市工商联组建或吸纳为团体会员的市级异地

2月28日,召开2012—2013年度福州市捐赠公益事业表彰大会暨回归项目签约仪式 (市委统战部 供)

商会84家,市级行业商会30家;县级异地商会61家,县区级行业商会34家。

【"回归工程"】 推动出台《关于进一步推进回归工程的若干意见》;将"回归工程"签约率与履约率纳入县(市)区绩效考核指标体系。举行2015年"回归工程"项目签约仪式,签约项目总投资额358.86亿元;全年签约"回归工程"合同项目44项,总投资500.04亿元,其中动工、竣工和投产项目占68.1%。

【"春风·春雨·光彩"行动】 提升海西"春风·春雨·光彩"行动、"榕商联村"、"温暖工程"等活动内涵,引导非公经济人士通过市光彩事业促进会捐赠1000多万元,帮扶400多名贫困群众、"五老人员"和困难学生,实施农村饮水设施改造、教育基础设施建设、农用基础设施修缮等50多个项目,30多个欠发达乡镇群众受益。发动榕商向首届青运会捐款1000余万元。召开福州市捐赠公益事业表彰大会,278名(家)个人和单位获得2012—2013年度"福州市热心公益事业大榕树奖"等荣誉。

【民族宗教工作】 召开民族工作会议暨第二次民族团结进步表彰大会。支持开展民族团结进步宣传月系列活动,督查落实少数民族村"幸福家园"建设中各项优惠政策,举办少数民族村骨干培训班,通过市光彩事业促进会投入100万帮扶罗源县福湖村等新农村建设项目。发挥牵头协调机制作用,召开全市宗教工作会议、宗教工作联席会议和专题(现场)会共25场。完善三级宗教工作网络,引导宗教团体加强自身建设,指导市道教协会、市基督教两会完成换届工作。

【联谊工作】 结合第十七届"5·18"海交会、第十届两岸青年联欢节暨第三届海峡青年节等大型活动,邀请港澳台和海外重点社团及客商与乡亲回乡交流联谊。全年接待海外、港澳团组10多个300多人次。支持成立澳门福州十邑社团总会。支持世界福州十邑同乡总会在福州召开第十三届会员代表大会,选举出新一届理事和领导班子。加强与港澳台地区和东南亚等国家同乡社团的联络联谊,组团参加香港连江同乡会、澳门福清同乡会、香港福州十邑同乡会等同乡社团庆典活动,引导榕籍港澳乡亲和社团支持香港、澳门特区政府依法施政;组团赴新加坡参加世界福州十邑同乡总会成立25周年银喜纪念暨新加坡福州会馆成立105周年庆典活动。打造对台交流特色品牌活动,举办"中国福州海峡两岸篆刻展",市金门联与省金门联、台湾金门县政府首次联合在福州举办两岸金门乡亲庆中秋暨首届两岸青少年入户交流联谊活动,市职教社联合海峡美发美容医疗产业联合会、台北市女子美容商业同业公会等联合举办"海峡两岸美丽健康时尚产业青年创业就业活动"。办理港澳台乡亲及海外乡亲来信来访工作,受理涉及华侨寻根谒祖、侨房纠纷、协助海外"三胞"在榕投资兴业等来信来访10多件次。开展在榕贫难侨、台胞、金胞和黄埔老人扶贫济困专项资金登记发放工作,完成符合"中国人民抗日战争胜利70周年纪念章"颁发条件的福州黄埔老人统计工作和纪念章、慰问金颁发工作。

【党外代表人士队伍建设】 支持各民主党派、无党派人士开展坚持和发展中国特色社会主义学习实践活动;开展纪念抗战胜利70周年征文活动,征集300篇左右文稿并结集出版。加强民主党派领导班子后备干部队伍建设,选拔后备干部77人。加强无党派人士队伍建设,确认100名无党派人士,召开全市无党派人士工作会议。加强党外人士培训和实践锻炼,举办党外干部培训班、民主党派中青年骨干培训班各1期,选调民主党派、无党派代表人士参加省委统战部、省社会主义学院主办的理论研讨班学习,选派市直统战系统党外科级干部到福州新区三江口组团工作实践锻炼。推进党外干部实职安排工作,7名党外干部提任市直单位正、副处级职务,5人提任县(市)区人大、政府和政协领导班子副职,1人提任县区正处级职务,1人提任市管企业副职。

(李　洁)

精神文明建设

【概况】 2015年,福州市以"文明城市办青运、办好青运创文明"契机,推动开展群众性精神文明创建活动。福州市"运用先进网络平台　传播优秀传统文化"的经验做法在全国网络精神文明建设工作座谈会上作典型发言;连续十年举办福州读书月活动,推进全民阅读工作经验做法受到国家新闻出版广电总局领导和省委领导肯定。年内2人获评第五届全国道德模范(提名奖),3人获评福建省道德模范,13人获评福州市道德模范,16人入选全国、全省好人榜。

【文明城市建设】 制定实施《福州市迎接青运会文明城市建设方案》,将环境秩序整治进行责任分解,明确牵头和责任单位,推动市容环境、交通秩序、市场秩序、中小餐馆等5大类24个项目的专项整治工作。专门制定《关于青运会期间文明城市建设专项督查工作安排》,以"月测评"和挂牌督查为手段,对青运会城市环境秩序开展督查,围绕青运会"五点一线"和市直部门落实文明城市综合整治工作情况进行专项督查,每周随机督查2~3个专项,并将督查结果通报全市,对落实不力的主管部门执行督导奖惩办法,发出《文明迎青运专项督查通报》22期,对160个(次)单位进行红(黄)牌警告,2个单位被提请效能告诫。将公交车、出租车、火车站、汽车站、公园、景区景点、文化场馆、医院、酒店、旅行社、邮政、银行、通信部门、商场超市等十几个行业窗口列入迎青运重点窗口服务单位,并专门组织督查组,对248家窗口单位迎青运文明服务工作进行检查和复查。开展行业"迎青运、讲文明、树新风"竞赛活动,与33个行业签订"文明行业创建竞赛活动责任书"。

【公民思想道德建设】 开展"讲文明树新风"公益广告宣传,推动公益广告创作、发布,利用报纸、电视台、电台等传统媒体以及手机短信、政务微博、墙体广告、户外LED显示屏等媒介刊发"讲文明树新风"公益广告。建立完善公益广告督查机制,开展专项督查12次,清理替换破损和违规的公益广告1.89万面。组织道德模范、身边好人推荐评比和学习宣传活动,田云超、吕榕麟2人获评第五届全国道德模范(提名奖),3人获评福建省道德模范,13人获评福州市道德模范,16人入选全国、全省好人榜,1人获评第三届福建省美德少年。台江区鲲鹏青少年事务服务中心获全省学雷锋活动示范点,福州东南眼科医院1人获全省学雷锋标兵称号。落实道德模范和身边好人帮扶和礼遇举措,督促教育部门落实参加2015年中考的道德模范及身边好人的子女优先录取等待遇,在春节、元宵等节日节点组织帮扶慰问。编印近10万册的《福州文明礼仪手册》《一幅山水画满城文明风——福州文明城市图册》,免费发放给志愿者、窗口服务人员、社区居民等。通过邮政专刊,向100万户居民进行"做文明礼貌福州人"宣传。通过市民学校、道德讲堂等平台,在机关、学校、企事业单位、社区开展2260多场的文明礼仪知识讲座、礼仪规范培训等。开展中小学生"喜迎青运会　文明手拉手"主题活动、"文明市民・机关带头"、"垃圾不落地・文明添福气"、"爱旅游・行文明—福州旅游在行动"、青运好司机征集等宣传教育活动2800多场。开展"我们的节日"主题活动,选取33个社区(村、学校)作为全市"我们的节日"主题活动示范点。弘扬乡贤文化,举办纪念林则徐诞辰230周年系列活动,出版《闽都先贤林则徐》,组织林则徐故居修缮、林则徐文物精品展、网络知识竞赛等活动。开展好家风好家训作品征集,举办三坊七巷名人家风家训展,并将展示的家风家训、家庭故事、族谱、传记、书信等编辑成书。福州文明网在中国文明网联盟网站工作考评中位列第14名,"福州微文明"微信公众号粉丝数量排名居全国文明微信公众号第3名,在全省政务微信影响力排名前5。举办第十届福州读书月活动,组织百场文化经典公益讲座,成立福州市阅读联盟,开展福州市民阅读情况大调查,创办电视读书专栏"聊斋・爱读书",开展家风家训展示、女性阅读、亲子阅读等50多项读书活动。

推进诚信福州建设。推动建立完善福州市公共信用信息平台和市场主体信用信息平台,制定出台《福州市诚信"红黑榜"信息联合发布工作机制》,督促推动相关部门定期发布企业诚信"红黑榜",开展诚信示范街等主题宣传活动。继续推广运用户外LED显示屏公布"老赖"名单信息、党员诚信示范街等经验做法。

【农村精神文明建设】 开展城乡环境综合整治,加强农村生活垃圾专项治理,推进"美丽乡村"建设。加强乡风建设,推进村规民约建设,组织"厅堂悬挂家训,培育文明家风"征集传播活动,推进"美德在农家""先进文化进祠堂"等活动。推动农村社会风气整治,制定《农村社会风气突出问题专项治理工作方案》,针对毁林建墓、"豪华墓"、"活人墓"问题,加强督查、推动整改。组织文明单位与农家书屋结对共建活动,制定印发《关于开展农家书屋一对一共建活动的通知》,安排179家市级以上文明单位与11个县(市)区的美丽乡村、幸福家园示范村开展"一对一"结对共建活动,通过为农家书屋捐赠图书、配备电脑电视设备,加强农家书屋管理员培训等方式推动农家书屋建设。

【社会志愿服务】 组建社会志愿服务队伍,通过文明办官方微信公众号福州微文明、青运会志愿者招募网站、线下现场活动等方式面向社会各界招募近1.8万多名志愿者,组建社会志愿服务队420支。组织市、县各级各部门200多场志愿服务专题培训会,培训志愿者达1.1万余人次。开展窗口行业文明引导志愿服务、社区惠民主题志愿服务、公共文明引导志愿服务、交通文明劝导志愿服务、城市环境治理志愿服务、生态环境保护志愿服务、党员认领微心愿志愿服务、团员"义务星期六"志愿服务、网络文明传播志愿服务、民间志愿服务组织系列志愿服务等十大系列志愿服务活动720多场。在全省首创智能数字化志愿者综合管理平台,全面启用志愿云注册登记系统,实现志愿者服务记录全国联网,实名认证志愿者总数为446758人。探索实施为志愿者投保做法,安排近12万元的经费,为近1.8万名社会志愿者投保团体意外伤害险。

5月5日,举行"垃圾不落地・文明添福气"宣传活动　(市委文明办　供)

【未成年人思想道德建设】 组织"我的中国梦"主题教育实践活动,开展"清明祭英烈"、"六一"期间"学习和争做美德少年活动"、"七一"期间"童心向党"歌咏比赛和"十一"期间"向国旗敬礼"等活动。组织"手拉手,文明路上一起走""文明礼仪我知晓""我为文明来践行"等活动。推进乡村学校少年宫规范化建设,培育自建乡村学校少年宫示范学校。推进未成年人心理健康辅导站建设,加强市级辅导站建设,实现各县(区)心理健康辅导站全覆盖,形成以各级心健辅导站为中心,以学校、社区"心理咨询室"为分支,覆盖全市的未成年人心理健康辅导网络。推进福州数字青少年宫优化拓展为全省德育数字化平台建设，开展“文明小博客”“我们的节日”等网上活动。

（郑玉捷）

机关党的工作

【概况】 2015年，福州市直机关党的工作以开展“三严三实”专题教育和“作风建设年”活动为重点，在全市机关开展“我为福州新区建设建一言献一策”活动；市直各单位举办各类思想理论专题座谈辅导1600余场，领导干部带头上党课593场次。汇编出版《中国梦·福州福》；编辑出版《书中世界——福州市直机关读书荐书征文选》。继续开展市直机关在职干部职工医疗互助活动。年内市委市直机关工委被评为第四届全国文明单位。

【思想理论建设】 市直机关工委联合市委宣传部举办十八届五中全会精神市直机关专场报告会；指导市直机关党组织中心组学习600余次、举办各类专题座谈辅导1600余场，机关党员干部28795人（次）参加学习；指导市直机关党组织开展“共筑中国梦”主题读书、党建知识竞赛、书画展、业务技能竞赛等活动257场，2.8万余名机关干部参加活动。围绕十八届五中全会、“三严三实”、青运会知识、福州新区等主题，编印《福州机关党员学习文选》12期16万册。结合纪念抗战胜利70周年，开展中国特色社会主义和“中国梦”学习宣传教育，组织机关党员干部参观纪念抗战胜利70周年展览。组织95个市直单位8653名机关干部参与“我推荐、我评议身边好人”工作。举办以“强素质、当先锋”为主题的“读书月”活动，向机关各级党组织赠送《中国梦·福州福》7800本。重新修订《市直机关学习型党组织建设实施办法》，树立学习型党组织示范点4个、联系点12个。征集机关干部读书征文364篇，编辑出版《书中世界——福州市直机关读书荐书征文选》。

【机关作风建设】 在全市机关开展“作风建设年”“我为福州新区建设建一言献一策”活动，征集建言献策文章1270篇，在《福州日报》专栏刊登30篇，与福州新区办联合表彰优秀建言70篇，汇编出版《中国梦·福州福》。联合市委组织部、市效能办、市整肃办等部门，开展两轮（次）机关作风专项调研督查工作，明访暗查12个县（市）区机关、80余个市直单位以及一线行政（市民）中心、公共服务办事窗口。与市委组织部联合开展“争做‘四有’好干部，勇当跨越急先锋”活动，举办市直机关纪念建党94周年暨先进事迹报告会，推广宣传农业科学研究、公共交通服务、财税征管、公安、体育和市行政服务中心等部门先进典型事迹。在《福州日报》开设“机关党建走前头”专栏、专版，宣传35个市直单位弘扬践行“马上就办、真抓实干”精神经验做法。

【基层组织建设】 制定下发《关于机关党组织在“三严三实”专题教育中发挥积极作用的通知》，组织引导市直各单位党员领导干部带头上党课593（场）次。成立3个调研督查组，开展市直各单位、各县（市）区贯彻落实市委《中国共产党党和国家机关基层组织工作条例实施细则》情况调研督查。加强基层党组织换届工作督促、指导。开展创“五好”党支部活动，落实“一岗双责”。指导第一届青运会临时党委和新区办临时党总支开展党建活动，指导鼓岭管委会、市金融办、市地震局等单位成立机关党组织。印发《关于开展市直机关党组织书记、专职副书记工作述职考核的通知》，与市委组织部联合出台《关于加强市直机关党务干部选配和交流培养使用工作的意见》。加强机关党组织专职副书记任前选配考察、任职谈话、任中教育培训、年度书面述职，全年考察审批专职副书记31人。举办党务干部示范培训班、党务干部异地培训班等党务培训班3期，培训党务干部近300人；举办发展对象培训班2期培训近500人。全年慰问困难党员、职工近200人，发放慰问金18万余元。

【党风廉政建设】 制定出台市委市直机关工委《关于落实党风廉政建设主体责任和监督责任的实施意见》；向市直机关党组织书记、副书记和纪检干部、机关党员干部发放《中国共产党廉洁自律准则》和《中国共产党纪律处分条例》等学习材料2万余份。成立市直机关贯彻落实中央八项规定及实施细则督促检查工作领导小组，配合市纪委对13个市直部门以及下属单位开展明察暗访。全年查处市直机关党员干部违纪案件8起，办理信访件3件。购买80部警示教育片，54个基层党组织进行借阅，2400余名党员观看警示教育片。

【党员志愿服务活动】 在市直机关部署开展“迎接青运会，文明我先行”系列活动，开展文明出行、文明餐桌、文明观赛、花化美化建设“美丽机关”等主题活动；在市直机关招募青运会社会志愿者近5000人；制定下发《关于加强机关文明建设，协力办好青运会的通知》《关于做好第一届全国青年运动会期间“文明交通　绿色出行”的通知》，机关干部青运会期间使用公务车与私家车各减少50%以上；组织机关干部3500余人（次）、社会各界15万余人（次）参加青运会开闭幕式、青运会测试赛、青运会志愿服务等；全年表彰市直机关第八届文明单位59家，启动新一届市直机关文明单位创建工作。推动党员志愿服务活动，组织开展“邻里守望、情暖榕城”、“关爱山川河流”、“12·5”国际志愿者日和义务植树等志愿服务活动，300余人参加全市植树活动。启动“带头无偿献血、践行三严三实”主题活动，累计献血30余万毫升。联合市委文明办、市园林局等单位举办“花满榕城迎青运”系列活动走进省直、市直机关活动，3000余人参加活动。

【机关群团工作】 推进市直机关工青妇组织换届、市直机关数字团建等工作，更新完善劳模和困难职工数据库。组织开展“共青团义务星期六”“做魅力女性　建幸福廉洁家庭”等主题活动。推进市直机关工间操制度。举办市直机关第二十一届“双拥杯”游泳比赛、市直机关青年交谊会、“与青运同行”市直机关健康系列讲座、市直机关羽毛球赛等活动。开展市直机关在职干部职工第三期医疗互助活动,全年受理医疗互助申请230件,发放补助金147.39万元。

(林　萍)

信访工作

【概况】　2015年,福州市加大信访体制机制改革创新力度,健全并完善信访工作机制,构建网上信访和"阳光信访",推动信访积案化解。年内制定出台《福州市深化信访工作制度改革方案》。全年信访工作部门登记办理群众信访事项19604件,接待群众(含来信、来邮)43378人次。

【信访业务办理】　市信访局成立督查组,针对信访事项受理、转送交办、办理、送达、录入、督查督办等六方面,对全市各县(市)区信访基础业务工作进行全面督导检查。5月下旬,组织各县(市)区和市直有关部门信访干部参加基础业务培训,并分别由各县(市)区组织对乡(镇)街道信访干部基础业务培训。全市信访工作部门登记办理群众信访事项19604件,接待群众43378人次(含来信、来邮),其中,来信7592件、邮件3069件、来访8943件。经处理进入复查程序760件,进入复核程序236件。全部按规定程序给予办理,按期办结率达100%。邀请律师到市信访局参与接待群众来访92批次。

【畅通信访诉求渠道】　推动网上信访系统建设,组织各县(市)区管理员、办信接访经办人员进行网上信访系统操作培训。督促指导各单位用信息系统接收办理各级信访部门转送交办的信访件,及时将受理的信访事项录入系统。全市各县(市)区和市直部门共有915个连接网上信访系统,实现全面覆盖。市信访局牵头开展东部办公区人民群众接待室的筹建工作,制订接待室各项制度规定,年内实现对外开放。

【信访维稳工作】　组织信访问题化解督导检查,推进公开听证评议和专案评审工作。年内,国家和省交办的113件信访积案,办结化解93件,占总数82.3%。推进进京非正常上访处理,在全国"两会"、"9·3"纪念抗战胜利70周年以及第一届青运会等活动期间,加强驻京劝返处置和值班巡查工作。落实各级领导干部接访下访活动,市领导接待群众来访62件,市直部门领导接待日接待群众来访672件全部按要求转送交办及跟踪督办。

(王文清)

老干部工作

【概况】　2015年,福州市县两级老干部局服务管理老干部2265人,其中离休干部1477人(抗日战争时期参加革命工作的189人,解放战争时期参加工作的1288人),厅级退休干部72人,"5·12"退休干部(1949年10月1日之后到1950年5月12日之间参加工作,享受供给制待遇的退休干部)716人。

【待遇保障】　*政治待遇*　召开老干部座谈会313场次、专题报告会65场次,参加人数12956人次;举办各类老干部读书班50期,参加人数1463人;与市委市直机关工委联合举办市直单位离退休干部党支部书记培训班1期。市老干部活动中心、晋安区委老干部局被推选为全省离退休干部活动学习场所服务离退休干部党支部建设试点单位。

生活待遇　落实提高抗战时期参加革命工作的部分离休干部医疗待遇,提高离休干部高龄护理费,调整"5·12"退休干部护理费标准以及企事业单位离休干部、"5·12"退休干部死亡一次性抚恤金的发放标准,调整离休干部无工作遗偶定期定额生活补助标准等5个政策性文件。组织市直单位近600名离退休干部参观海峡现代农业示范园,全年组织全市7065人次老干部开展参观考察活动;完成市直单位离休干部住房等生活情况的摸底调查工作;举办老干部迎春游园活动,向1700余名市直离退休干部发放春节慰问金(品);建立离休干部及离休干部无工作遗偶困难帮扶和特困家庭离休干部安度晚年救助机制,走访慰问特困离休干部111人、市直副厅级(含享受副厅级生活待遇)以上离退休干部145人;慰问并补助医药(医保)费市直离休干部无工作遗偶183人。以抗日战争胜利70周年为契机,走访慰问全市216名抗日战争时期参加革命工作的老干部。完成两年1次易地安置省外37名离休干部及遗偶的慰问工作。全市各级各部门走访慰问老干部3183人(次),总计发放慰问补助金177万元。鼓楼区乌山社区、竹林境社区和福清市金墩社区评为"社区服务老干部工作省级示范点"。

【发挥老干部作用】　年内市委将重点项目纳入老干部志愿督导工作内容,增设重点交通建设和重点工业建设项目督导组;全市各级各部门召开通报会、座谈会300多场次,征求老干部对"十三五"规划、《政府工作报告》和福州建设的意见建议;组织市级老领导参观考察重点项目建设,全年提出意见建议70多条。

组织参加全省纪念抗战胜利70周年老干部文艺汇演;组织全市离退休干部开展学习参观、主题征文、摄影大赛、书画笔会、座谈访谈、文艺联欢会、支部学习、宣讲革命传统等八大系列的"我看建设新福州"主题活动,收集征文20篇,摄影作品177件,"我为建设新福州建一言献一策"意见建议近100条;组织市直单位100多名离退休干部参加全国第一届青年运动会开幕式。与市人社局等6个部门联合举办"全民健身、与青运会同行"老年节登于山活动;与市老年大学联合举办以"胜似春光、圆梦中华"为主题的老干部暨老年大学文化艺术节,参加演出及展览的书画、摄影、诗词、厨艺作品展、文艺演出等770余个,1万余人(次)参加。市老干部活动中心开通官方微信公众订阅号"福州市老干部活动中心",市老年大学组织老年文化艺术团赴台开展两岸老年文化交流。

【学习活动场所建设】　全市有各级老年学校2419所,在校学员18.48万余人(次),其中市老年大学在校学员8227人(次)。年内,市财政预留2000万元作为市老年大学教学场地改造修缮资金,划拨100万元用于市老干部活动中心附楼设备采购;鼓楼区投入100万元修缮老干部活动场所,福清市、闽清县、永泰县新建活动学习场所投入使用,罗源县老年大学在筹建中,闽侯县新增老年大学校舍在修缮中,市市场监督管理局调整300平方米作为老干部活动场所。

(林婷婷)

党校工作

【概况】 2015年,中共福州市委党校以习近平总书记系列重要讲话精神和“四个全面”战略布局、党章党规党纪为学习重点,举办各类培训班117期,培训学员9000余人次。举办福建省党校教育研究会福州分会2015年年会、福州市党校系统师资培训班、福州“市情论坛”、全市党校系统精品课评选等活动。投入560万元,建设智慧校园项目,开发集信息和办公为一体的智慧校园综合管理平台。年内“福州干部在线学习网”正式投入运行。

【教学工作】 全年举办各类培训班117期,培训学员9000余人次。与江西吉安、新疆奇台、西藏朗县、安徽合肥、广东佛山、四川成都等10余个省外党校合作办学。依托党校设立的“福州干部在线学习网”正式投入运行,将全市科级以上干部纳入培训。学员对授课教师教学质量评估总平均分达97.16分。

将习近平总书记系列重要讲话精神和“四个全面”战略布局、党章党规党纪等作为教学重点。推进教学专题更新,在每期主体班教学中新增设《党政领导干部选拔任用工作条例》《中国共产党章程》学习辅导、自贸区建设等专题讲座,全年调整、充实新教学专题31个,课程更新率达34.83%。新开发《从呼格案看宪法赋予公民的权利案例教学》等2个案例教学专题,开发《弘扬“马上就办”作风 提升干部执行力—以福州市便民服务中心为例》等2个现场教学点,以及《政风行风评议》模拟教学专题。新增《国学的当代价值》等4个科学人文素养类的选听讲座课程。突出异地办班的党性教育,优先安排古田会议会址、井冈山革命根据地、山东沂蒙革命老区等党性教育基地。

培育“名师名课”,组织开展全市党校系统第二届教学精品课暨首届党性教育精品课评选活动,探索建立精品课标准,加大“名教师”培养力度和“精品课”打造力度。

【科研工作】 全年申报国家级课题3项;申报省社科规划项目5项,立项2项;申报全国行政学院科研合作基金课题4项,立项2项;申报省中特理论体系研究中心项目9项,立项1项;申报省党校、行政学院系统中特理论体系研究基地课题19项,立项10项;申报市中特理论体系研究中心项目11项,立项4项,连续10年为市中特理论体系研究中心项目立项数最多的单位。

探索“教科咨一体化”的运行机制,举办以“适应新常态,为推进福州新区建设建言献策”为主题的全市党校系统2015年度福州“市情论坛”,将《党校教研》更名为《决策咨询参考》。

【队伍建设】 制定实施《新招聘教师培养管理规定》,对新招聘教师实行导师制,并通过跟班听课、担任主体班副班主任、到实际工作单位跟班锻炼等方式,学习授课技巧。加大教师实践能力锻炼,安排4名教师到基层乡镇街道跟班调研半年,选派3名干部参加福州新区三江口、青运会、驻村蹲点工作。增设“在线教育处”,推荐考核提任5名科级干部,新招聘3名教研人员,遴选1名参公人员。

(王鹏丽)

政策研究

【概况】 2015年,市委政策研究室牵头完成《2015年市委工作要点》《关于加快发展现代服务业的意见》《关于进一步促进旅游业繁荣发展的实施意见》《关于鼓励支持台湾青年来榕创业就业的实施办法》《关于加快体育产业发展 建设特色体育强市的实施意见》等市委文件。编发《福州调研》《福州政研专报》《决策参考》等98期,《闽都通讯》《福州城市科学》等22期;撰写调研报告40篇,其中20篇(次)得到市领导批示,11篇被省委政研室相关刊物采纳;编印《2015年福州调研文集》。

【规划建议】 开展“十三五”时期福州发展思路调研,牵头组织6场由市委领导主持召开的征求意见会和专家学者座谈会,起草完成《中共福州市委关于制定福州市第十三个五年规划的建议》,在市委十届十一次全会审议通过。与福州日报社联合举办学习贯彻市委全会精神座谈会,在《福州日报》专版摘登部分县(市)区和市直部门负责人学习体会;组织撰写市委“十三五”规划《建议》解读文章。

【课题调研】 牵头组织开展福州新区系列专题调研活动,推动形成10个新区开发建设的行动计划或工作方案。牵头起草省委常委、市委书记杨岳负责的《福州市新农村“幸福家园工程”建设模式探索》重点课题调研。围绕市委领导关注的重点焦点和经济社会发展热点难点,完成《推进我市社会信用体系建设的若干思考》等重点调研报告5篇。

撰写《“互联网+”发展蕴含巨大投资机会》《“中国制造2025”引领制造大国转向制造强国》等5篇决策参考,形成《借鉴国内外临空经济区发展经验加快推进福州临空经济区建设》《上海市委“一号课题”的做法和借鉴》等6篇专报,均得到市委领导的批示。《妇女参与公共管理的有效路径研究》等2篇文章在省社科界有关论文评选中获奖;加强与县(市)区委政研室联系,联合完成《长乐产业转型升级的实践探索》等调研报告。

开展全市重点课题调研的组织协调工作,完成《加快发展福州特色都市现代农业的研究》《健全改进作风常态化制度的调研思考》等13篇市领导牵头负责的年度重点课题及《加快海丝旅游发展的对策研究》等15篇市直部门重点课题。配合市委统战部完成市各民主党派、工商联年度重点调研的选题推荐和成果编辑刊发。

【改革协调工作】 协调和推动成立“福州市全面深化改革领导小组办公室”(简称市改革办),负责起草《福州市全面深化改革领导小组专项工作小组重点改革任务实施规划(2014—2020年)》等5份文件,并督促9个专项工作小组制定配套实施方案。在全省率先制定出台《全面深化改革项目督促检查工作机制》,成立9个深化改革项目督查小组,建立督查例会、情况通报、督查问效等工作机制。编发《福州改革情况交流》26期,向省改革办报送信息20条,被《福建改革情况》原文转载6条;先后承办4次领导小组会议和5次深化改革联络员会议、深化改革座谈会等。提炼总结的福州市行政审批制度改革经验入选全省第一批改革典型案例,市民服务中心传承“马上就办”的改革做法入选全国改革案例。

【研究平台建设】 推动福州市城市科学研究会、福州市政策咨询研究会自身建设,加强与国内各领域知名专家学者的交流接触,扩充专家智库。组织特约研究员参与福州新区开放开发、全面深化改革、“十三五”规划建议等重要课题、重大决策的调研和论证工作。

(周耿忭)

保密工作

【概况】 2015年,福州市国家保密局印发《关于认真贯彻我市“机关作风建设年”活动 强化机关保密作风建设的通知》,开展以学习“习近平总书记在福州任职期间对保密工作的重要批示、文章等”为主要内容的机关保密工作作风建设活动。年内完成《福州市国家保密局规章制度汇编》,召开4场保密工作会议。

【保密管理】 1月6—30日,组织2个考核组对福州市12个县(市)区和74家纳入绩效管理范围的市级机关单位进行2014年度保密绩效考评。开展2015年度保密工作绩效管理考评检查,至12月30日,收到12个县(市)区国家保密局和113家市直单位报送的保密工作总结和“2015年度保密工作绩效考评细则百分表”。加强涉密网络保密管理,4月21日,召开涉密网络测评审批座谈会,向涉密网络建设单位介绍涉密网络保密管理和测评审批程序,部署涉密网络测评审批工作。推进涉密信息系统测评工作,全市19个在用涉密信息系统有18个通过分级保护方案评审,市委组织部大组工网通过省测评分中心测评。

6月3日,福州市国家保密局在市委礼堂召开2015年全市保密工作会议

(福州市国家保密局 供)

【监督检查】 5月5—12日,协同福州市教育、公安、监察等部门对全市11个试卷保密室、36个考点进行专项保密检查。6月,与市机关局联合下发《关于禁止在办公区域使用无线网络信号收发装置的通知》,开展对全市机关单位办公区域Wi-Fi使用情况的清理检查工作,全市抽查32家单位,整改、取缔40台无线联网设备。6月30日,对国家医学考试试卷保密室进行现场指导和检查,并提出整改意见。6—7月,对福州市15家国有企业开展专项保密检查,15家国有企业全部完成自查工作并上报保密情况。7月14—21日,福州市国家保密局组成专项检查组,对市交建投资公司、市城建投资公司等4家单位进行抽查。配合福建省国家保密局检查组对福州市地铁公司和建设银行城东支行进行抽查。7—12月,开展福州市“六五”保密法制宣传教育规划和“十二五”时期福州市保密事业发展规划贯彻实施情况检查验收工作;9月21—30日,组织2个检查组前往市科技局、市侨联、市文联等21家单位进行抽查,按时将福州市“六五”保密法制宣传教育规划检查验收情况、《“十二五”时期福州市保密事业发展规划检查验收情况》报告省国家保密局。10月,对福州市园区、国企及新调整成立的42家单位开展专项保密检查,42家单位全部上报自查情况报告。10月20日—11月27日,组织专项保密检查组对市文广新局、鼓岭管委会、市国资委、福州软件园、滨海工业集中区、青口投资区、罗源湾开发区等17家单位开展抽查,检查计算机73台(其中涉密计算机15台,内网计算机27台,互联网计算机32台),未发现计算机失泄密的情况;检查中发现38个漏洞和问题并提出整改意见65条。协同福州市委办公厅对全市密件未清退单位进行督查指导,加强对福州市政务内网的保密管理,完成全市保密数据普查工作。年内查处失泄密和违规案件3起。

【技术防护】 加强内网安全防控,核查违规外联事件65起。加强保密技术设备安装配备工作,投入11.48万元配备消磁机1台、计算机检查工具6套;安装配备“互联网检查监控系统”,计划投入91.8万元,年内完成专家评审工作,进入公开招投标阶段。完成福州市6家单位的17个涉密项目上报工作,确认16个,完成16家企事业单位的涉密载体印制资质初审工作。推进福州市党政专用通信网络规划和建设工作,鼓岭机房完成选址并启动建设。

【宣传教育】 1月21日,与中国电信福州分公司联合举办全市保密通信专项培训会,12个县(市)区保密委领导、保密局局长,12个县(市)区电信分公司领导和市直各单位保密工作分管领导共170多人参加。7月,推选3名保密干部加入福建省保密教育师资库,筹建福州市保密教育师资库。9月,开展保密法宣传月活动,市广播电视台在广播和电视媒体上开展保密宣传教育,晋安、闽侯、福清、长乐、连江等县(市)区国家保密局通过移动信息平台向党政机关干部、社会各界发送保密知识短信。年内,市国家保密局在市文广新局、市公安局、市总工会等40家单位开展保密知识专题讲座,4900多人次参加学习。

(陈云娟)

党史研究

【概况】 2015年,中共福州市委党史研究室推动革命遗址保护和开发利用工作,筹划"一馆两址"(福州革命历史纪念馆,立本弄市委旧址、陶铸故居旧址)建设,开展纪念中国人民抗日战争暨世界反法西斯战争胜利70周年活动,召开全市党史研究室主任会议,编辑出版《福州党史》刊物。8月4日、12日,市委先后召开党史工作专题协调会和市委常委会研究党史工作,听取党史工作汇报,协调、研究党史专著编纂、党史宣传、遗址保护、红色传承等问题。8月27日,召开全市党史研究室主任会议。

【党史专著】 征集和编纂《中国共产党福州史(1949—1978)》,启动编纂党史三卷工作;构建"大党史"工作格局,推进开创和发展中国特色社会主义时间段福州党史资料的征集和研究;编辑出版《中共福州党史人物(1998年1月—2013年12月)》辞典;编纂出版《十九路军在福建》,从党史角度反映十九路军征战历程和发动福建事变的历史;完成《福州市抗战时期人口伤亡和财产损失》的第二稿修订;加强对各县(市)区指导,开展党史二卷的编纂和三卷启动前的资料征集,出版《龙山红旗飘——福建城工部革命史略》《星火何厝里》《地下航线连环画》等历史著作。

【党史宣传】 开展纪念中国人民抗日战争暨世界反法西斯战争胜利70周年系列活动。联合新闻媒体宣传抗战事迹,8月11日,与福州日报社联合推出"牢记——纪念抗日战争胜利70周年特别策划"专题;8月28日,与省委党史研究室、省新四军研究会在新四军驻福州办事处旧址联合举办"福建新四军抗战史暨福州抗战史展览";9月1日,与福州晚报社、三山陵园、福州市民政局、统战部等单位在三山陵园合作建设"福州抗日志士纪念墙";年内在《福州党史》杂志开辟纪念专栏,刊登日军入侵福州的暴行及福州人民顽强抗敌的英雄事迹。指导各县(市)区开展系列纪念抗战宣传活动。

推动"海西红色在线——中共福州历史网"规范配套工作。筹备纪念福州地方党组织成立90周年专题展,通过福州日报社、福州晚报社、福州电视台等多家媒体公开征集党史图片、资料和实物,组织考察小组赴闽东、闽北、闽西等革命老区参观学习。配合省委党史研究室、省革命历史纪念馆、市纪委等单位开展王荷波烈士事迹研究宣传,参与省委党史研究室召开的"加强研究宣传王荷波烈士事迹座谈会",协助征集相关史料,撰写纪念文章,进行事迹和文物的整理。12月,参与举办《品重柱石——王荷波烈士生平事迹展》。

【党史资政】 编辑出版《福州党史》季刊4期和增刊1期,发表文章208篇、87.5万字;编辑《福州党史信息》3期31篇;向市委报送资政论文《烟台山历史风貌文化定位的研究》;10月22日,根据市委常委会关于"重点做好习近平总书记在福州工作期间相关资料的征集和整理"要求,召开"协同开展习近平同志在榕工作期间资料征集研究工作座谈会";12月,启动《中共福州市委执政实录》资政课题的调研。指导县(市)、区开展资政课题研究,福清市编辑《福清党史》10期,闽清县编辑《资政参考》5期。

【遗址保护】 加强革命遗址普查和保护修缮。7月以来,组织鼓楼区安民巷立本弄2、3号市委旧址和仓山区仓前街道佛寺巷13号陶铸故居的挖掘和保护修复,协调省革命历史纪念馆、三坊七巷管委会、三坊七巷保护开发有限公司等单位开展旧址复原、展陈、挂牌等方案的设计审定和修复单位选定。12月,启动立本弄2、3号旧址的修复工作。参与马尾区潮江楼革命遗址的保护,召开座谈会,探讨制定保护措施,经协调,将遗

8月10日,在鼓楼区、仓山区调研"一馆两址"建设(市委党史研究室 供)

址保护纳入马尾船政官街的整体规划保护管理范畴。

指导各县(市)区开展革命遗址的保护利用,福清市开展遗址调研,征集革命史材料;闽侯县对17处遗址统一建档,并投入经费修缮祥谦烈士陵园、大湖抗日阵亡将士墓等重要遗址。

【红色文化开发】 筹划建设福州革命历史纪念馆,开展前期选址规划,实地考察烟台山历史风貌区等市区可选地块。8月12日,协同配合市规划局等部门进行纪念馆的选址和规划设计,并成立"一馆两址"建设工作小组,开展资料征集研究、脚本撰写、外地考察、方案设计等相关工作。5—10月,连江县在县革命烈士陵园建成革命历史展陈室,在贵安温泉旅游区建成中国工农红军北上抗日先遣队途经地景观石刻。组织赴闽清、永泰革命老区调研,支持配合老区的发展服务;推进海西红色广场的规划建设,向市委提出相关建设的意向书。

(吕南勋)

档案工作

【概况】 2015年,福州市各档案馆接收档案272389卷(册)、88688件,其中市档案馆接收7391卷(册)、21000件。全市档案馆馆藏总量6346522卷(册),385377件;其中市档案馆馆藏总量470557卷(册),47251件。市档案局4月正式入驻福州市民服务中心,增设档案利用处,提供"同城跨馆"档案利用服务。市委办、市政府办下发《关于切实加强和改进新形势下档案工作的实施意见》和《福州市电子文件与电子档案管理暂行办法》。举办福建省档案人员持证上岗培训班(福州班),参加培训人员151人。举办福州市政务电子文件档案接收管理系统应用培训班,全市市直机关单位的档案管理人员、网络管理员100多人参加培训。推荐马尾区闽安村、福清市海口镇东升村、长乐市航城镇琴江村等7个乡村参加省财政厅、省档案局"乡村记忆档案"示范项目建设。

【档案监督管理】 市档案局配合市人大常委会对福州市实施《中华人民共和国档案法》及《福建省档案条例》情况开展执法检查;对第一届全国青运会、"5·18"海交会、海峡青年节等重大活动开展档案登记、指导和接收;对接福州新区、自贸区档案工作,指导其建立文件材料归档范围和档案保管期限表。联合市城建档案馆开展重点建设项目档案执法检查;对全市130多个市直单位开展2015年档案检查工作。对档案服务机构开展专项督查活动。市城建档案馆对地铁1号线及福州海峡奥体中心等重点工程进行档案归档前业务指导。马尾区档案局对全区73家机关单位开展档案年度检查工作。连江县将档案工作纳入全县绩效考评指标体系,县档案局对全县22个乡镇、51个机关事业单位进行档案执法和安全管理检查。

市档案局完成行政权力清单、责任清单编制,保留行政权力15项、责任清单44项;起草《福州市档案局政府机构改革档案处置的意见》,并以市委办、市政府办名义转发;指导市农办、外经局、药监局、工商局等涉及机构改革单位档案的收集、整理、归档和移交工作;制发档案工作手册《机关档案工作实务与规范》供市直单位档案工作人员工作参考,并作为档案检查及接收进馆参考凭证资料;印发《关于加强档案服务外包管理的通知》,对各单位开展档案服务外包工作进行指导和监督管理;联合市农业局、国土局、财政局等部门开展农村土地承包经营权确权登记颁证专项督查工作;参加秀宅收费站搬迁工程项目、福清省级粮食储备库新建工程档案专项验收工作。鼓楼区档案局开展行政权力梳理工作,设行政权力项目7项。马尾区档案局推进农村档案工作示范点建设。长乐市档案局印发《关于文件材料归档及档案移交工作通知》,明确文件材料(包括电子文件)归档范围及档案接收要求;印发《关于村级(社区)档案归档整理和民间资料收集工作的通知》,推进"乡村记忆档案"项目建设。永泰县档案局下发《关于做好县政府机构改革中档案管理工作的通知》,指导政府机构改革涉及单位档案归档工作。闽清县档案局印发2015年度县重点工程建设项目清单,指导县重点工程建设项目档案工作。

【档案资源建设】 档案接收征集 开展到期档案接收进馆工作,市档案馆接收档案7391卷(册)、21000件,接收国有改制企业寄存档案9366卷,接收60家市本级政府信息公开单位报送的政府信息2907份;裱褙修复馆藏档案1335卷、15118页;整理市中院档案17500多卷;抽调业务骨干进驻第一届全国青年运动会福州执委会加强档案指导和收集工作,收集整理青运会文书档案1293件、声像档案4283件及实物档案864件。鼓楼区档案馆接收区摄影家协会捐赠的照片档案1100多幅(组)。福清市档案馆接收青云书院赠予的传统文化经典书籍150余本。连江县投入20万元开展国有改制企业档案鉴定、整理和移交进馆工作。市城建档案馆拍摄海峡奥体中心、台江上下杭改造等城市建设录像档案416分钟、照片档案3909张,整理入库档案1667盒、3092卷。市房地产档案馆完成房屋登记档案接收、整理、编目和入库共10.71万件,完成档案装订10.13万件。市国土资源档案馆接收单位地籍档案4761宗、个人地籍档案41286宗。

档案信息化建设 市档案馆完成馆藏市委市政府档案、涉外婚姻档案、民国档案全文扫描280万多页,录入检查电子目录16万多条,试点开展部分市直单位档案集中到市档案馆进行数字化加工。台江区从2015年起分5年增拨区档案馆数字化专项经费90万元。马尾区档案馆馆藏文书档案全部实现全文数字化管理。长乐市档案馆投入90多万元建成档案安全认证智能管理系统和档案智能环境监控系统。永泰县档案馆40%的馆藏档案完成全文数字化,档案目录实现全部数字化。市国土资源档案馆完成近3年供地档案全文数字化工作。市档案馆作为全省数字档案馆建设试点单位,建成福州市政务电子文件档案接收管理中心,试点开展市直单位电子文件归档管理和电子档案移交工作,并与合肥市档案馆推进电子档案异地备份基地建设。长乐市档案馆依托长乐市档案政务信息网在线接收乡镇(街道)

和市直单位形成的电子文件。市城建档案馆开展"福州市数字城建档案管理系统"项目招投标及"城市建设档案信息管理系统"应用工作。

档案编研工作　市档案馆在《福州晚报》及其海外版推出27期《不朽·福州抗战记忆》大型系列报道纪念抗战胜利70周年;与市委宣传部等部门联合编辑出版《福州故事百讲——抗战篇》等4册丛书。市档案馆抗战史料室建成并对外开放。台江区档案馆编辑出版《中孚药行》,全书共3.3万余字,225幅照片,记述福州三大国药行之一的中孚药行从创立、发展到公私合营的发展历程;牵头创作现代闽剧《广厦梦》。马尾区档案馆再版《福建闽安古镇》;编制《宣传是最好的纪念——纪念中国人民抗日战争暨世界反法西斯战争70周年》图册;协助区电视台拍摄《开发区30周年成就展纪录片》;协助区委宣传部举办《奋进30年》图片展。

【档案服务工作】　全市各档案馆接待档案利用群众363836人次,调阅档案56937卷、321901件,其中市档案馆接待档案利用群众7537人次,调卷11367卷(件)。市档案馆整合数字档案资源入驻市民服务中心,提供已开放档案和政府公开信息的咨询、利用等"一站式"服务;与省档案馆、各县(市)区档案馆共建档案跨馆利用工作机制,整合民生档案资源,在全省率先推出"同城跨馆"档案利用服务,实现全市13家综合档案馆查档"多点办理、全城通办";与杭州市、成都市档案馆建立婚姻档案跨馆联查工作机制,方便两地市民就近查阅本人婚姻档案。台江区档案馆开通官方微信服务账号,打造"互联网+"便民服务窗口。仓山区档案馆以档案馆网站建设为载体,对网站进行升级改版,设置业务动态、通知公告、办事指南等便民栏目。年内为市委党史研究室编撰《中国共产党福州历史(二卷)》和刊物等提供党史档案资料。福清市档案馆为编写爱国侨领林绍良传志以及福清抗日战争历史提供档案资料。连江县档案馆为编写《连江县老区革命史》提供解放初期潘渡乡各村户籍情况档案资料。市房地产档案馆入驻市民服务中心,推出房屋登记信息自助查询系统,为群众提供个人房屋登记信息、房屋抵押和冻结状况信息自助查询并打印查询结果,全年受理查询17万人次。

4月21日,市档案馆举办接收抗战史料捐赠仪式(市档案局　供)

【档案宣传工作】　市档案局联合五城区档案局及市房地产档案馆、市城建档案馆、市国土资源档案馆在西湖晨曦广场举办以《档案——与你相伴》为主题的系列图片展,开展档案咨询服务,在三坊七巷和金山街道金环社区为群众提供档案服务;拍摄专题宣传片《走进档案》在福建电视台公共频道播出。组织全市档案人员参加全国档案法律法规知识竞赛,结合"12·4"国家宪法日暨全国法制宣传日开展法制宣传工作;举办2场档案史料捐赠活动。鼓楼区档案馆与有关部门联合举办"旅游杯"摄影大赛获奖作品展、"民族团结、幸福鼓楼"摄影图片展及"最美夕阳红"摄影图片展。福清市档案局组织开展"档案法制宣传月"活动,与福清电视台联合推出"同城跨馆"档案利用服务宣传节目。长乐市、永泰县档案馆分别发送档案宣传短信2万多条。

【档案库馆建设】　福清市档案馆新馆建筑面积14590平方米,进行二次装修及设施设备招投标。马尾区档案馆新馆建筑面积8700平方米,进行内部装修。罗源县档案馆新馆建筑面积3997平方米,进行内部装修及附属设施建设。市档案馆二期项目建设开展调研。

(李爱娟　陈　辉)

民族宗教工作

【概况】　2015年,福州市引导民族乡村发挥政策、地域和资源优势,精准扶贫,推动民族乡村赶超发展,创新和加强城市民族团结进步事业。推进和谐寺观教堂创建活动,开展宗教活动场所主要教职认定备案工作、宗教活动场所财务管理和宗教活动场所数据库基本信息登记等宗教专项工作。年内鼓楼区西湖社区被评为全省民族团结进步创建活动示范单位,全市3个集体和5名个人获福建省第八次民族团结进步模范集体和模范个人称号,26个集体和32名个人获福州市第二次民族团结进步模范集体和模范个人称号。

【少数民族乡村社会经济事业】　协调落实2015年度市级少数民族地区发展补助专项款572.96万元;争取中央和省级扶持资金590万元;推进各相关县(区)加大民族经费财政专项补助力度;基本完成连江丹阳后冠村、连江安凯镇安村、罗源飞竹塔里洋村3个因新设立或异地造福搬迁而未建村部的民族村村部建设;协调落实民族村安全卫生饮用水建设项目补助款100万元,逐步解决偏远民族自然村饮水难题;协调中央、省级民族发展资金114万元,扶持14个民族村推进生活管道、自然村道路和护坡建设,82个民族村基本完成通村公路建设;协调加大民族村"造福工程"搬迁力度,全年造福搬迁少数民族群众556人,少数民族群众“造福工程”搬迁补助款每人增至8000元。部署推进少数民族乡村“幸福家园工程”建设工作;连江县塘坂村、东雁村,永泰县芭蕉村、协星村,罗源县钟下村,晋安区日溪村6个畲族村列入2015年省“美丽乡村”建设工程村庄建设计划,其中永泰县芭蕉村列入争创省级示范村名单;扶持17个民族村发展毛竹垦复、蔬菜、油茶、果树、花卉种植以及综合农业开发等“一村一品”特色经济发展项目;加大少数民族乡村科技培训和科技普及力度,举办1期45名民族村主干参加的“全市少数民族村主干培训班”;7月,第五批市直干部驻村帮扶工作启动,9名市直干部分别到9个民族村驻村蹲点帮扶,加强民族村村级组织建设,完善基础设施建设,实施精准扶贫;协调落实省级民族经费17万元,推进民族中小学改善办学条件;协调落实少数民族小学生助学金300.9万元,惠及民族村少数民族小学生3009人,每人每年1000元;省希望工程“畲乡春雨”行动结对帮扶福州民族中学25名畲族贫困学生,其中,初中生每月受助150元,高中生每月受助200元。

加强对少数民族传统文化的保护和传承,指导县(区)以举办畲族传统节日“三月三”文化节、民俗文化旅游节等活动为平台,展示少数民族传统文化,保护和促进少数民族文化。继续推动福州民族中学普及少数民族传统体育项目,8月,福州市选送的两个少数民族传统体育表演项目均获第十届全国少数民族传统体育运动会银奖。争取中央和省级民族特色村寨保护与发展专项资金160万元,加强畲族民居保护改造和文化广场建设。罗源县霍口镇福湖村、飞竹镇塔里洋村2个民族村入选第一批省级传统村落名录。长乐航城街道琴江满族村入选第三批全国特色景观旅游名镇名村示范名单。罗源县霍口畲族乡福湖村入选国家旅游局首批乡村旅游“千千万万”品牌名单。

【民族团结进步创建工作】 以出租车车载广告和公交车车载电视播放民族团结进步公益宣传广告;编印《中国民族》福州特刊5000册,展示福州市民族工作情况和少数民族社会经济发展成果;与福州电视台合作拍摄、播放“少数民族在福州的幸福生活”专题片,在福州广播电台开辟专栏,组织开展少数民族文艺展演、摄影图片展、非遗传承展示、贫困学生助学等形式多样的“六进”活动,推动民族团结进步宣传。完善城市少数民族服务管理机制,在鼓楼西湖社区、台江滨江社区、仓山金环社区、晋安茶会社区和马尾船政社区创建民族工作进社区试点,加挂“少数民族服务站”牌子,增加经商、就医、就业引导等服务内容,实现建档建册、提供政策咨询等服务。

【宗教事务管理】 指导罗源县基督教两会、长乐市道教协会完成换届工作,协调推进市道教协会、市基督教两会换届工作;举办培训班6批次,组织宗教活动场所负责人、财务人员、教职人员参加党的宗教政策法规等培训,培训人数达1200人。全市16名宗教界人士分别被华东神学院和福建神学院录取。全市60处宗教活动场所(佛教19处、道教4处、基督教10处、天主教27处)完成主要教职任职备案工作。

引导宗教界参与社会公益慈善事业。9月,开展宗教慈善周助学活动,为128名少数民族贫困学生募集善款60万余元。鼓楼区组织宗教界人士到罗源县霍口畲族乡开展公益助学活动,为20名贫困中小学生发放每人2000元助学金和学习用品。台江区在福州海潮寺开展“慈爱人间”——捐资助困慰问活动,向辖区和连江小沧畲族乡25户困难群众发放中秋礼物和慰问金。福州开元志业文教慈善基金会发起2015年扶助贫困大中小学生“菩提树助学计划”,以基金会为平台,在基金会微信公众号分批次公布申请资助贫困生基本情况,通过在线捐资、一对一认捐助学等形式,定向资助贫困学生。全年宗教界公益慈善活动捐款总额达1500多万元。

【宗教文化宣传与交流】 制作完成宗教文化宣传片《福慧人生》;指导举办“陈文龙信仰与海上丝绸之路”座谈会;指导出版宗教文化和民间信仰文化书籍《台江宗教》《福州天主教文化溯源》《福州田公信俗文化史料与研究》;指导开元寺开展南北传佛教的深度交流,并与泰国摩诃朱拉隆功大学共建大乘佛教研究中心;指导福清黄檗宗源研究与交流访问团赴日交流活动;指导民间信仰场所组团入台参加第八届陈靖姑文化节等榕台宗教文化和民间信仰文化交流活动;指导举办第二届闽台城隍文化节暨第七届国际城隍文化学术研讨会、第七届世界城隍庙联谊大会;指导万佛寺举办“旗山之光”闽台佛乐会;指导宗教界举办抗战胜利70周年系列活动、鼓山之光佛教文化交流、基督教传入150周年等宗教文化活动。

(郭莉萍)

(编辑 黄 铭)

人民代表大会

综　　述

2015年，福州市人大常委会审议法规草案7件，通过并颁布施行4件；开展执法检查5项、专题询问两项，评议市政府工作部门（单位）10个，听取审议“一府两院”专项工作报告36项；做出决定、决议8项；审查规章和规范性文件29件；依法任免地方国家机关工作人员110人次；审议办理代表议案5件、建议501件（含闭会期间37件）。

重要会议

【市十四届人民代表大会第四次会议】

1月13—16日在福州海峡国际会展中心举行，出席会议代表452人，出席市政协十二届四次会议的全体政协委员，市政府组成人员，市直机关、企事业单位、团体负责人，部分中央、省属驻榕单位、驻榕部队负责人列席会议。20名公民旁听大会。

会议听取市长杨益民作的《福州市人民政府工作报告》、市发展和改革委员会主任陈继鹏代表市政府作的《关于福州市2014年国民经济和社会发展计划执行情况及2015年计划草案的报告》（书面）、市财政局局长林恒增代表市政府作的《关于福州市2014年预算执行情况及2015年预算草案的报告》（书面）、市人大常委会主任周振华作的《福州市人民代表大会常务委员会工作报告》、市中院院长许先丛作的《福州市中级人民法院工作报告》、市检察院检察长叶燕培作的《福州市人民检察院工作报告》。经审议，会议决定批准上述6项工作报告。会议选举吴菁、吴强、陈吕南、陈向红、郑云坚、姜卫平为市十四届人大常委会委员。

【市十四届人大常委会会议】　第二十六次会议　1月9日召开。会议听取福州市第十四届人民代表大会第四次会议筹备工作情况和会议安排意见的报告，审议并表决通过福州市第十四届人民代表大会第四次会议日程（草案）、《福州市人民代表大会常务委员会工作报告（稿）》、福州市第十四届人民代表大会第四次会议主席团及有关人员名单（草案）、《福州市第十四届人民代表大会第四次会议选举办法（草案）》、福州市第十四届人民代表大会第三次会议主席团交付市人大常委会审议的代表提出的5件议案办理情况的综合报告、福州市第十四届人民代表大会第三次会议代表建议、批评和意见办理情况的综合报告；审议福州市第十四届人民代表大会常务委员会代表资格审查委员会关于个别代表的代表资格的审查报告，表决通过福州市人民代表大会常务委员会公告。会议还进行人事任免。

第二十七次会议　2月27日召开。会议听取市政府关于全市环境状况和环境保护目标完成情况、加快农业发展方

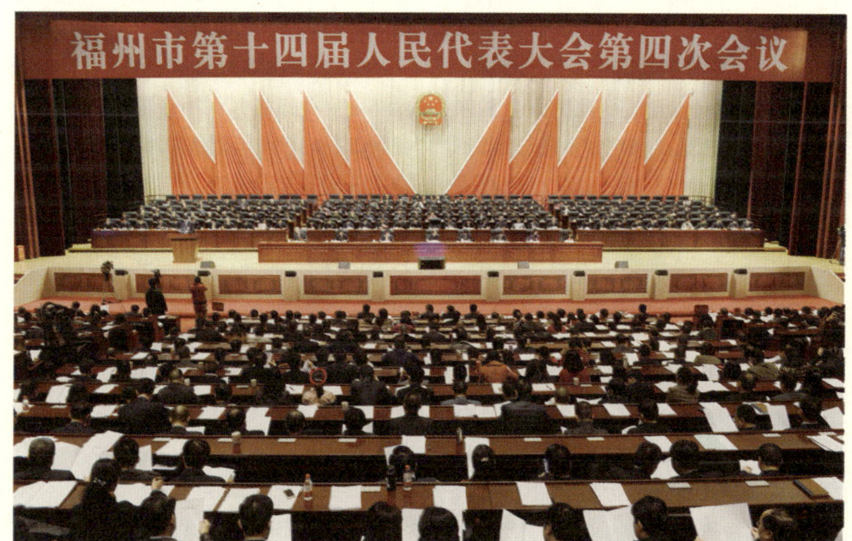

1月13日，福州市第十四届人民代表大会第四次会议在海峡国际会展中心开幕

（福州日报社　供）

式转变情况、促进科技产学研结合情况等3项报告;听取和审议市十四届人大四次会议主席团交付市人大常委会审议的代表提出的5件议案办理意见的报告,并做出相关决定;听取福州市人大常委会评议公安(边防)派出所工作领导小组关于评议公安(边防)派出所工作情况的报告,审议并表决通过《福州市人民代表大会常务委员会关于授予福州市公安局东街派出所等46个公安(边防)派出所2013—2014年度"人民满意派出所"荣誉称号的决定》;审议并表决通过《福州市人大常委会2015年立法计划》;审议市人大常委会代表资格审查委员会关于个别代表的代表资格的审查报告,表决通过福州市人民代表大会常务委员会公告。会议还进行人事任免。

第二十八次会议　4月29—30日召开。会议学习贯彻十二届全国人大三次会议精神;听取市政府关于社会保障工作情况、大气污染防治工作情况、首届全国青年运动会筹备工作情况、政府性债务情况、道路交通管理工作情况、榕台农业交流与合作工作情况等6项报告,审议市政府关于加快工业园区发展情况的报告;审议《福州市市容和环境卫生管理条例(草案修改稿)》,审议并表决通过《关于在中国(福建)自由贸易试验区福州片区暂时调整实施本市有关地方性法规规定的决定》《福州市园林绿化管理条例》和《福州市公共场所控制吸烟条例》。会议还进行人事任免。

第二十九次会议　6月29—30日召开。会议对社会保障工作、大气污染防治工作进行专题询问,听取市政府关于电子商务发展情况、少数民族乡村基础设施建设情况、新农村"幸福家园工程"建设情况、推进中小学素质教育工作情况等4项报告,审议市人大常委会执法检查组关于《福州市消防管理若干规定》和《福州市城市内河管理办法》执法检查情况的报告。会议还进行人事任免。

第三十次会议　8月26—28日召开。会议学习贯彻省委九届十四次全会、市委十届十次全会精神,听取市政府关于福州新区开放开发、融入"一带一路"战略、自由贸易试验区建设工作情况、关于首届全国青年运动会筹备工作情况、关于道路交通管理工作情况、关于地铁建设工作情况、关于市属和县级公立医院改革发展情况等5项报告;听取和审议市政府关于绿线管理工作情况、关于2014年市本级决算(草案)及2015年1—7月市本级预算执行情况、关于2014年市本级预算执行和其他财政收支情况的审计工作情况、关于2015年1—7月国民经济和社会发展计划执行情况等4项报告,审查批准市政府2014年市本级决算;听取和审议市中院关于规范司法行为工作情况、市检察院关于规范司法行为工作情况等两项报告;听取和审议市人大常委会执法检查组关于《福州市茉莉花茶保护规定》、关于《中华人民共和国档案法》及《福建省档案条例》执法检查情况等两项报告;审议《福州市城市养犬管理条例(草案)》,审议并表决通过《福州市城乡规划条例》;审议市人大常委会代表资格审查委员会关于个别代表的代表资格的审查报告,表决通过福州市人民代表大会常务委员会公告。会议还进行人事任免。

第三十一次会议　10月26—29日召开。会议对社会保障工作、大气污染防治工作进行专题询问;听取市人民政府关于为民办实事工作情况、关于地方性法规中有关配套制度建立情况、关于重点项目建设工作情况、关于福州市城乡环境综合整治工作情况、关于创建国家森林城市工作情况等5项报告;听取和审议市政府关于华侨捐赠兴办公益事业情况、关于饮用水安全保障工作情况、关于福州市"十三五"规划编制情况、关于朱紫坊、上下杭历史文化街区和烟台山历史文化风貌区保护修复情况等4项报告,审查批准市政府2015年新增地方政府债券资金分配方案;听取和审议市人大常委会执法检查组关于《中华人民共和国律师法》执法检查情况的报告,听取和审议市人大常委会关于市十四届人大四次会议代表议案办理情况,以及市政府、市中院、市检察院关于市十四届人大四次会议代表建议、批评和意见办理情况的报告;听取并审议市人大常委会主任会议关于提请审议《福州市人民代表大会及其常务委员会立法条例(修正案草案)》的议案;审议市人大常委会代表资格审查委员会关于个别代表的代表资格的审查报告,表决通过福州市人民代表大会常务委员会公告。会议还进行人事任免。

第三十二次会议　12月28—30日召开。会议传达学习党的十八届五中全会、省委九届十五次全会、市委十届十一次全会精神;听取并审议市政府关于提请审议《福州市湿地保护管理办法(草案)》议案;评议市经信委、市科技局、市民政局、市人社局、市环保局、市水利局、市体育局、市旅游局、市园林局、公积金中心工作情况并进行满意度测评;审议并表决通过市人大常委会关于接受个别省十二届人大代表辞去代表职务的请求的决议;审议福州市第十四届人民代表大会常务委员会代表资格审查委员会关于个别代表的代表资格的审查报告,表决通过福州市人民代表大会常务委员会公告。会议还进行人事任免。

监督工作

【工作评议】　首次开展工作评议。市人大常委会将评议工作列入2015年监督工作的重要内容,分为评议准备、评议调查、集中评议、整改落实4个阶段进行。12月28—30日召开福州市第十四届人大常委会第三十二次会议,对市经信委、市科技局、市民政局、市人社局、市环保局、市水利局、市体育局、市旅游局、市园林局、公积金中心等10个政府工作部门(单位)进行集中评议,并进行满意度测评。

【开展社会保障工作专题询问】　4月29日,市十四届人大常委会第二十八次会议听取市政府关于社会保障工作情况的报告。6月30日,市十四届人大常委会第二十九次会议围绕养老、医疗、工伤、失业、生育、救助、优抚等重点工作,就全市社会保障工作情况进行专题询问。10月28日,市十四届人大常委会第三十一次会议再次就该项工作情况开展专题询问,了解上半年专题询问有关事项落实及完成情况。强调市政府及有关部门要加大宣传力度,进一步实施社会保障相关法律法规,推进社会保险扩面工作；落实中央政策，减轻企业负担，维护企业合法权益，支持实体经济发展；统筹推进城乡居民养老保险建设，妥善解决与其他社保政策的转移接续；健全基本医疗保障体系，整合新农合和城镇居民医疗保险资源；加强以行政监管为核心、审计监管和社会监管为补充的三位一体的社会保险基金监管；加大对养老服务事业的财政投入，采取 PPP 等形式吸引社会投资，加大养老基础设施建设力度；完善社会救助体系，加大对困难群众、弱势群体的救助力度；做好优抚安置工作，加强退役士兵安置工作。

【开展大气污染防治工作专题询问】 4 月 29 日，市十四届人大常委会第二十八次会议听取市政府关于大气污染防治工作情况的报告。6 月 30 日，市十四届人大常委会第二十九次会议围绕控制工业企业污染、机动车尾气排放、餐饮油烟排放、建筑垃圾污染等问题，就全市大气污染防治工作情况进行专题询问。10 月 28 日，市十四届人大常委会第三十一次会议再次就该项工作情况开展专题询问，全面了解上半年专题询问有关事项落实及完成情况。强调市政府及有关部门要按照推进美丽福州建设的要求，深入实施大气污染防治行动计划，确保实现年初政府工作报告提出的空气质量“保十争五”的目标。要加快推进污染物源解析工作，分析主要污染物形成原因。要完善监控机制，建立健全环保部门主导、各部门配合的日常巡查执法机制；拓宽大气污染防治监督平台，鼓励社会公众反映、投诉大气污染问题。要推进重点防治，深入实施节能减排，加快淘汰落后产能；强化工地扬尘污染整治；完成推进黄标车淘汰工作；加快推广清洁能源，加强工业企业大气污染治理；打击露天烧烤，持续开展餐饮油烟整治。要加强督查考核，深入开展大气污染防治绩效考核工作，确保整治目标得到有效落实。

【开展《福州市城市内河管理办法》实施情况检查】 5 月 11—15 日实施检查。强调市区两级政府及相关部门要完善内河管理机制，明确市、区及各部门的职责分工。加快制定和完善城区内河综合整治中长期规划以及内河景观、文化、旅游等方面的配套规划，分期分批全河段推进整治。开展全市既有地下雨污管网的全面普查工作，尽快建立排水设施信息化管理平台。完善地下雨污水管网系统，实现雨污分流。加快推进奥体中心周边内河综合整治工作，保障首届全国青运会举办。推进江北城区山洪防治工程与生态补水工程建设。加大力度解决污水接驳方面存在的瓶颈问题，对污染严重且短期内无法完成整治的内河采取应急处理措施。继续进行整治河道移交管理工作，合理确定各区政府承担内河管养经费的比例，配足护河员并适当提高待遇，探索内河保洁社会化运作模式。建立和完善内河环境卫生管理考核机制和水质监测工作机制，加大内河管理人才队伍建设力度，提高执法能力，有效查处违法行为。

12 月 28—30 日，市人大常委会首次开展工作评议，对 10 个政府工作部门（单位）进行集中评议和满意度测评 （市人大常委会办公厅 供）

【开展《福州市消防管理若干规定》实施情况检查】 6 月 15—18 日实施检查。强调市政府及有关部门要高度重视消防工作，认真贯彻相关法律法规，严格落实消防工作责任制，确保全市消防安全形势稳定。公安消防部门要加强消防监督管理，及时查处消防安全违法行为，加强对城镇消防安全管理工作的业务指导。要加快修编消防专项规划和“十三五”消防规划，加快推进城镇消防站、消防车通道、消火栓等公共消防基础设施建设。要继续摸排整改重大火灾隐患单位、区域性火灾隐患；要重视高层建筑消防安全工作，持续推进住宅小区消防安全隐患整治，加强养老服务机构、福利机构的消防安全管理，重视青运会场馆消防配套设施建设。要加强消防安全知识宣传，组织逃生自救演练。要加大财政投入，定期更新、改善消防救援装备和车辆，提高消防专职队员的工资、社会保险和福利待遇水平，不断增强公安消防队伍火灾扑救和应急救援能力。

【开展《中华人民共和国档案法》及《福建省档案条例》实施情况检查】 7 月 21—24 日实施检查。强调各级政府要完善档案行政管理机制，理顺档案部门行政管理职能。要健全档案事业经费投入机制，保障信息化和档案新馆等建设经费。要加快各级各有关部门档案馆（室）新建、改扩建工作进度，拓展档案公共服务和资源开发利用等功能。要合理确定人员编制，加强业务培训，落实专（兼）职档案工作人员。

【开展《福州市茉莉花茶保护规定》实施情况检查】 7 月 28—31 日实施检查。强调市政府及有关部门要加强茉莉花茶保护工作的组织领导，将茉莉花茶的保护和产业发展工作纳入国民经济和社会发展规划，并安排专项资金用于茉莉花种植基地建设、茉莉花茶标准的制定和推广实施、品牌文化宣传。要尽快出台福州茉莉花茶保护专项规划，增加全市茉莉花种植面积，划定茉莉花分级保护基地，依法发布公告。统一设立保护标志。要推进茉莉花茶生产企业的拆迁安置工作,限期建立茉莉花茶产业园。要加强茉莉花茶制作技艺传承人的培养,加快绿色、有机茉莉花茶认证和监管,发展和完善以茉莉花茶为主的茶叶交易市场,推进茉莉花茶科技创新研发和成果转化,培育壮大茉莉花茶龙头企业,完善茉莉花茶产业链。

【开展《中华人民共和国律师法》实施情况检查】 10月19—23日实施检查。强调市政府、市法院、市检察院及有关部门要采取有效措施解决律师执业过程中的调查取证难、会见阅卷难、立案难等问题。要加强协调配合,建立由市政法机关、市律师协会和相关行政部门参加的保障律师执业权益的协调会商机制,清理各部门与律师法相冲突的内部规章。要持续深化律师体制改革,理顺司法行政管理和律师协会管理的职责,加强对律师事务所及律师的管理。要继续加强律师业务能力、职业道德和执业纪律的培训教育,健全监督约束机制,坚决查处违法违纪行为。

【听取和审议市人民政府关于加快工业园区发展情况的报告】 强调市政府及有关部门要全面统筹全市工业园区规划布局,与相关规划有效衔接。实施工业园区分类管理模式,理顺园区干部管理体制,优化园区机构设置;理顺工业园区与所在地政府的事权、财权等关系,赋予园区更多自主权。营造良好的投资创业环境,加大财政资金投入,适度超前建设交通、排污、应急救援等园区公共基础设施,加强引导社会力量参与园区及周边地区的商务、生活配套服务建设;深化行政审批制度改革,完善科研、管理、金融等社会化服务。执行工业项目准入机制;加大对不符合产业导向的企业搬迁改造力度。继续加强征地拆迁工作,确保项目落地。发挥各园区的区位优势和资源禀赋,实行差异化招商;加强项目跟踪服务,提高招商引资实效。

【听取和审议市人民政府关于绿线管理工作情况的报告】 强调市政府及有关部门要围绕"多规合一"、城市生态红线划定等加快编制绿地系统规划和各类项目的控制性详细规划,明确各类绿地的控制原则,各类不同用地的界线、绿化率控制指标和绿化用地界线的具体坐标。市政府要组织各相关部门确定各类绿线的划定时间表,按时完成绿线划定及公布等工作;尽快制订绿线管理办法,完善城市绿线管理工作机制。相关部门要建立和完善城市园林绿地数据动态管理和信息共享机制,加强巡查并有效查处违法行为。

【听取和审议市政府关于2015年1—7月市本级预算执行情况的报告】 要求市政府及财税等部门要认真贯彻落实新预算法,利用各项财税优惠政策,整合产业扶持资金,支持实体经济发展和产业转型升级,培育经济新增长点。加大对基础设施建设的财政投入,推广运用PPP模式吸引社会资本共同参与。推进营改增等改革,围绕产业发展状况、税源结构特点,进行收入的形势研判和摸底测算。加强税收保障工作,促进财政收入的可持续增长。加强对财政支出的管理,强化财政监管和审计监督,加强预算绩效管理。盘活结转结余、预算稳定调节基金等各类存量资金,统筹用于发展急需的重点领域和民生支出。加强政府性债务的预算管理,合理控制债务规模;加强债务资金与存量资金之间的调度衔接,积极防范财政风险。要编实编细2016年预算。推进预算管理制度改革,加快编制中期财政规划,试编政府综合财务报告,探索跨年度预算平衡机制;深化预算公开工作。

【听取和审议市政府关于2014年度市本级预算执行和其他财政收支情况的审计工作报告】 要求市政府要健全审计整改机制,落实整改责任;对屡审屡犯的问题和普遍性问题,要从体制机制上分析原因、完善制度。各有关部门、单位对审计查出的问题要认真整改,完善财务管理和内部监督机制,提高预算管理水平。审计部门加强对重大政策落实情况特别是重大项目落地、重点资金保障情况的监督;加大对民生支出、重点专项资金、政府债务的审计监督力度,从宏观层面上提出解决问题和化解风险的建议。要深化全口径预算审计、效益审计,推进审计监督的全覆盖和财政资金的提质增效;建立健全整改联动督查机制,加强审计问题整改情况的跟踪监督工作。要创新审计管理机制,加强审计信息化建设,加快推进联网审计。

【听取和审议市人民政府关于2015年1—7月国民经济和社会发展计划执行情况的报告】 要求市政府及有关部门要推进产业转型升级,强化产业链整合提升;加快实施创新驱动,引导资金、人才、技术等创新资源向企业集聚;主动对接"互联网+"、智能制造,发展壮大高新技术产业和新兴产业。提高服务业发展水平,推动云计算、物联网等新兴产业,发展电子商务、金融、服务外包等高成长性业态。利用自贸试验区、"一带一路"建设等政策、平台新优势,提高利用外资水平,培育出口新增长点。拓宽融资渠道,促进重大产业项目尽快完工投产;加强项目谋划和储备。扶持实体经济发展,加强对龙头企业的帮扶工作。提高医疗、教育、文化等公共服务均等化水平,加强城乡环境综合整治,加大节能降耗工作力度。扎实推进"十三五"规划编制工作。

【听取和审议市中院关于规范司法行为工作情况的报告】 强调全市法院要健全规范司法行为的制度机制,完善主审法官、合议庭办案责任制,完善审判委员会工作机制,推进以审判为中心的诉讼制度改革。要完善人民陪审员制度,加强人权司法保障。要深化司法公开,加大裁判文书上网力度,提高裁判文书质量,完善审判流程公开机制,公开案件进展情况特别是庭审过程。要实施失信被执行人名单制度,惩处拒不执行人民法院判决裁定的违法犯罪行为。要加强队伍建设,自觉接受人大及各方面监督,贯彻落实人大决议及常委会审议意见,确保公正廉洁司法。

【听取和审议市检察院关于规范司法行为工作情况的报告】 强调全市检察机关要推进案件管理长效机制规范化,使案件管理由事后监督转变为案件管理事前、事中与事后监督相结合。在加强职务犯罪侦查制度规范、重要侦查手段沟通协调机制建设、细化完善诉讼活动法律监督工作程序等重要执法环节方面，构建检察权运行规范体系。要运用互联网等媒体，加快检察信息公开进程、完善案件办理查询机制。要进一步抓好队伍建设，加强接受监督的意识，接受国家权力机关及社会各界监督。

【听取和审议市政府关于华侨捐赠兴办公益事业情况的报告】 强调市政府及有关部门要规范华侨捐赠兴办公益事业管理，明确产权归属，规范受赠行为，执行受赠申报审批、登记造册、按捐赠意愿使用等有关规定；规范侨捐资金的管理和使用，实现专账管理、专款专用；加强对侨捐项目的科学引导、规划论证，保证工程质量；建立健全侨捐统计体系和通报制度，加快推进全市侨捐项目信息库建设。要完善项目长效监督机制，明确各相关部门的监督职责及监督范围，创建公开监督平台，确保侨捐资产的管理使用情况受到捐赠人及全社会的有效监督；适时对重要侨捐资产的管理使用情况进行专项检查。要健全引导及激励机制，开展表彰工作；适时出台有效的奖励措施，落实侨捐兴办公益事业减免税收等优惠政策。要加强新生代侨力资源涵养工作，增强新生代华侨的认同感与归属感。

【听取和审议市政府关于饮用水安全保障工作情况的报告】 强调市政府及有关部门要加强水源地源头管理力度，巩固饮用水水源地周边、流域沿岸等重点区域的畜禽养殖搬迁、农业面源污染、工业和生活污染治理成果，继续完善流域水环境生态保护补偿机制，确保饮用水水源的长期安全。加快供水管网、二次供水设施改造，保证自来水终端水质，持续降低供水过程中的漏损率。加快内河整治工程建设进度，完善城镇供水、污水处理设施及配套管网的建设和改造，扩大管网覆盖面和污水收集面，查处直排偷排污水行为。提升农村饮水安全工程长效管理水平，解决个别地方农村群众饮用水水质未达标问题，保障农村饮用水安全。健全饮用水安全保障长效管理机制，加强环保、农业、水利、建设等职能部门的协调配合，严厉查处破坏饮用水安全的违法行为。

【听取和审议市政府关于朱紫坊、上下杭历史文化街区和烟台山历史文化风貌区保护修复情况的报告】 强调各级政府及有关单位要坚持政府主导，健全保护工作体制机制，发挥历史文化名城保护管理综合协调机构作用，加强部门协作。加强历史文化名城保护法律法规宣传，提高广大群众的关注度和参与度。加大财政投入，将历史文化名城保护专项资金列入本级财政预算，并依据财力分批分步骤地进行历史文化街区和历史文化风貌区的保护开发工作。科学规划定位，在保持其原有空间格局和人文内涵的基础上，合理区分朱紫坊、上下杭历史文化街区和烟台山历史文化风貌区的功能定位，促进差异化保护开发。加强工程监管，加强对工程中标公司的监管，确保历史建筑保护修复延续福州特色工艺。完善配套设施，加强基础设施建设，建立健全公共服务和消防安全等综合防灾体系，改善周边人居环境。

【听取和审议市政府关于福州市"十三五"规划编制情况的报告】 强调市政府及有关部门要加快总体规划纲要修改论证和各重点专项规划编制的进度。评估"十二五"规划执行成果，剖析存在问题和经验教训，把握"十三五"时期面临的新情况、新趋势，科学设置指标体系，合理制订目标任务。加强规划纲要与上下级规划、各重点专项规划、福州新区规划等的统筹衔接，保证目标任务、战略重点、功能定位、空间布局等各个层面相互呼应。把握发展定位和主攻方向，全面加快建设福州新区、自贸试验区、海丝核心区、生态文明先行示范区，打造跨越发展新增长极；提升发展现代服务业、先进制造业，发展壮大战略性新兴产业，夯实重大项目盘子，打造福州经济升级版。关注民生福祉，加快智慧城市建设，努力破解公共服务均等化、交通拥堵、环境保护等人民群众关心的热点、难点问题。扩大社会参与面，吸收人大代表、高校和科研机构专家学者等社会各界意见建议，提高规划编制质量。

【评议公安（边防）派出所工作】 2014年10月至2015年2月，市人大常委会和各县（市）区人大常委会组织市、县、乡三级人大代表和人民群众对全市198个公安（边防）派出所2013—2014年度的工作进行评议。2015年2月10日，市委常委会议听取市人大常委会党组关于评议工作和"人民满意派出所"候选单位情况的报告。2月27日，市十四届人大常委会第二十七次会议做出决定，对在2013—2014年度中工作成绩突出的福州市公安局东街派出所等46个公安（边防）派出所，授予2013—2014年度"人民满意派出所"荣誉称号。

【其他监督工作】 市人大常委会会议听取市政府关于福州市环境状况和环境保护目标完成情况、加快农业发展方式转变情况、促进科技产学研结合情况、政府性债务情况、榕台农业交流与合作工作情况、电子商务发展情况、少数民族乡村基础设施建设情况、新农村"幸福家园工程"建设情况、推进中小学素质教育工作情况、福州新区开放开发、融入"一带一路"战略、自由贸易试验区建设工作情况、地铁建设工作情况、市属和县级公立医院改革发展情况、为民办实事工作情况、地方性法规中有关配套制度建立情况、重点项目建设工作情况、创建国家森林城市工作情况的报告，两次听取市政府关于首届全国青运会筹备工作情况的报告，向政府及有关部门提出意见建议。开展农村产权制度改革、新农村建设、设施农业、林下经济、循环养殖、造林绿化、农产品配送、春耕备耕、冬春修水利和防汛备汛等视察调研，对推进相关工作提出意见建议。

代表工作

【代表议案办理】 关于制定《福州市古村镇古民居保护条例》的议案 市人大常委会城环委和教科文卫委共同组织开展调研，并召集市直有关部门和单位进行研究论证。调研认为，全市古村镇古民居数量多、分布广、保护难度大，现有法律法规不能满足古村镇古民居保护的实际需要。从地方立法情况看，仅有安徽、重庆、苏州、合肥等少数几个地方制定相关地方性法规,《福建省历史文化名城名镇名村保护条例》仍制定中。考虑全市古村镇古民居保护工作尚未形成统一有效的管理模式,该项目正式制定地方性法规的条件尚不成熟,建议待《福建省历史文化名城名镇名村保护条例》颁布实施后,再适时将《福州市古村镇古民居保护条例》列入立法计划。

关于修订《福州市闽江河口湿地自然保护区管理办法》的议案 市人大常委会农经委就现行的《福州市闽江河口湿地自然保护区管理办法》及福州市湿地保护情况展开专题调研,并及时会同林业部门共同研究办理工作。调研认为,闽江河口湿地自然保护区管理办法保护的湿地范围有限,无法满足全市湿地保护的需要,部分条款亟待修改完善,建议更改为《福州市湿地保护条例》。《福州市湿地保护条例(草案)》于12月10日经市政府常务会议通过,并于市十四届人大常委会第三十二次会议上进行第一次审议。

关于制定《福州市电梯安全管理条例》的议案 市人大常委会财经委就相关立法工作展开专题调研,通过召开座谈会、实地走访等方式,了解全市电梯安全管理现状、存在问题和改进措施。调研认为有必要进行立法规范。省政府正在调研制定《福建省特种设备安全监察条例》,省人大常委会已将《福建省电梯使用安全条例》列入2016年立法计划,正在立法调研论证中,福州市也争取在省级立法中体现共同的电梯安全管理需求。建议继续对电梯安全管理立法工作进行调研,待条件成熟后再安排审议。

关于制定《福州市城市建筑景观管理办法》的议案 市人大常委会城环委及时同提议案的领衔代表进行沟通联系,并会同市直有关部门进行调研论证。调研认为,相关法律法规及规章中只有部分条款内容涉及建筑物外立面装饰装修,国家以及省的层面尚未出台专项法律法规,北京、成都、厦门、长沙等城市陆续由政府出台关于建筑外立面装饰装修的管理规章。市城乡规划局已牵头会同有关部门,草拟《福州市城市建筑景观管理规定(草案)》,正报送市政府研究审议。建议审议通过后,由市政府先制订相关政府性规章,待条件成熟后再安排制定相应的地方性法规。

关于对律师法执行情况开展执法检查的议案 市人大常委会内司委将开展律师法执法检查列入2015年监督工作计划,市人大常委会领导带队赴市律师协会进行调研,并召集市法院、市检察院、市公安局、市司法局等相关部门进行座谈,了解贯彻实施律师法情况。9—10月,市人大常委会开展律师法执法检查。执法检查组赴部分律师事务所、鼓楼区法院、市第一看守所进行实地查看,开展座谈,同时委托各县(市)区人大常委会在本区域内开展执法检查,按时完成执法检查各项任务,形成执法检查报告,提请市人大常委会第三十一次会议审议,并形成审议意见。

【代表建议办理】 市十四届人大四次会议期间,代表提出建议、批评和意见(以下简称建议)共464件。大会闭幕后,市人大常委会将上述建议交"一府两院"和有关机关、组织办理。代表对建议办理答复情况表示满意或基本满意的452件,占总件数的97.4%;表示不满意的12件,占总件数的2.6%。闭会期间收到代表建议37件。

3月,对代表建议进行分解,并召开建议交办会;8月,开展"代表建议督办月"活动,采取常委会领导牵头督办、委员会对口督办、代表参与督办等方式,对13件代表建议进行"回头看"检查,对19件重点督办件和39件代表建议办理"不满意件"进行督办。通过督办,13件"回头看"的代表建议均得到解决或推进,27件代表建议办理"不满意件"的代表反馈意见转为满意或基本满意。

【代表履职服务保障】 扩大代表对常委会工作的参与,根据代表意愿和专业特长,邀请代表列席常委会会议,全年有45名基层市人大代表列席常委会会议,有市人大代表3100多人次参与立法论证、执法检查、专题询问、工作评议、视察调研等活动。

举办代表专题培训班,加强代表履职培训,128名人大代表参加培训。及时向代表通报市人大常委会和"一府两院"工作情况。开展走访基层市人大代表活动。健全三级代表联动机制,加强代表履职管理平台建设,完善代表履职档案,提升"代表之家"建设管理水平。

人事任免

【概况】 2015年,市人大常委会任免国家工作人员110人次,其中,办理市人大常委会组成人员和市人大常委会工作机构负责人任职、辞职20人次,任免政府组成人员14人次、审判人员43人次、检察人员33人次。

表11 **2015年福州市人大常委会及"一府两院"副职以上领导任免名单**

时　间	被任免人员	通过任免会议	任免职务
4月30日	高　明	市十四届人大常委会第二十八次会议	任命为市人民政府副市长
6月29日	黄忠勇	市十四届人大常委会第二十九次会议	任命为市人民政府副市长
8月28日	吴贤德	市十四届人大常委会第三十次会议	免去市人民政府副市长
10月29日	杭　东	市十四届人大常委会第三十一次会议	任命为市人民政府副市长
10月29日	胡振杰	市十四届人大常委会第三十一次会议	任命为市人民政府副市长
10月29日	姜　波	市十四届人大常委会第三十一次会议	免去市人民政府副市长

续表 11

时　间	被任免人员	通过任免会议	任免职务
10 月 29 日	许先丛	市十四届人大常委会第三十一次会议	免去市中级人民法院审判委员会委员、审判员；接受辞去市中级人民法院院长职务，报市十四届人大五次会议备案
10 月 29 日	胡志伟	市十四届人大常委会第三十一次会议	任命为市中级人民法院副院长、审判委员会委员、审判员，决定代理市中级人法院院长

表 12　**2015 年福州市人大常委会组成人员和工作机构负责人任免名单**

时　间	被任免人员	通过任免会议	决定任免职务
1 月 9 日	吕　英	市十四届人大常委会第二十六次会议	接受辞去市十四届人大常委会委员职务，接受辞去市十四届人大常委会代表资格审查委员会副主任委员职务，报市十四届人大四次会议备案
1 月 9 日	吴三八	市十四届人大常委会第二十六次会议	接受辞去市十四届人大常委会委员职务，报市十四届人大四次会议备案
1 月 9 日	高起平	市十四届人大常委会第二十六次会议	接受辞去市十四届人大常委会委员职务，接受辞去市十四届人大常委会代表资格审查委员会委员职务，报市十四届人大四次会议备案
4 月 30 日	吕　英	市十四届人大常委会第二十八次会议	免去市人大常委会人事代表工作室主任
4 月 30 日	吴三八	市十四届人大常委会第二十八次会议	免去市人大常委会教科文卫工作委员会主任
4 月 30 日	张新怿	市十四届人大常委会第二十八次会议	任命为市人大常委会人事代表工作室主任
4 月 30 日	刘晓明	市十四届人大常委会第二十八次会议	任命为福州市人大常委会教科文卫工作委员会主任
6 月 29 日	姜卫平	市十四届人大常委会第二十九次会议	免去市人大常委会农村经济工作委员会主任；接受辞去市十四届人大常委会委员职务，报市十四届人大五次会议备案
6 月 29 日	赵时可	市十四届人大常委会第二十九次会议	任命为市人大常委会农村经济工作委员会主任
12 月 30 日	赵宝昌	市十四届人大常委会第三十二次会议	免去市人大常委会办公厅主任
12 月 30 日	梁文仪	市十四届人大常委会第三十二次会议	免去市人大常委会内务司法工作委员会主任；接受辞去市十四届人大常委会委员、市十四届人民代表大会法制委员会委员和市十四届人大常委会代表资格审查委员会委员职务，报市十四届人大五次会议备案
12 月 30 日	丘志强	市十四届人大常委会第三十二次会议	免去市人大常委会研究室主任；任命为市人大常委会办公厅主任
12 月 30 日	李　锋	市十四届人大常委会第三十二次会议	任命为市人大常委会内务司法工作委员会主任

表 13　　2015 年福州市政府工作部门主要负责人任免名单

时　间	被任免人员	通过任免会议	决定任免职务
6 月 29 日	赵时可	市十四届人大常委会第二十九次会议	免去市粮食局局长
12 月 30 日	许用贵	市十四届人大常委会第三十二次会议	免去市交通运输委员会主任
12 月 30 日	林　中	市十四届人大常委会第三十二次会议	免去市人力资源和社会保障局局长
12 月 30 日	李　凡	市十四届人大常委会第三十二次会议	免去市住房保障和房产管理局局长
12 月 30 日	陈希治	市十四届人大常委会第三十二次会议	任命为市交通运输委员会主任
12 月 30 日	王命瑞	市十四届人大常委会第三十二次会议	任命为市人力资源和社会保障局局长
12 月 30 日	郑章干	市十四届人大常委会第三十二次会议	任命为市住房保障和房产管理局局长
12 月 30 日	卢　林	市十四届人大常委会第三十二次会议	任命为市粮食局局长

（何任贤）

（编辑　黄　铭）

重要会议及活动

【市政府常务会议】 2015年，市政府召开23次常务会议，由市长杨益民主持。

1月21日，第1次常务会议研究2015年市重点项目计划初步安排及完善重大项目协调推进落实机制，发展普惠性民办幼儿园和公办幼儿园招生改革，加快发展现代服务业，以及宜居环境建设、内河综合整治、“两违”综合治理、旧屋区改造等问题；审议《福州市创建国家级生态市工作方案》。

2月3日，第2次常务会议审议《关于进一步做好社会救助工作的意见》和《福州促进院士（专家）工作站建设的若干规定》，研究市民服务中心筹建工作等事项。

2月26日，第3次常务会议研究全市经济运行情况等事项，审议电子商务与物流快递协同发展试点工作实施方案、《关于全面实施福州市高素质教育人才促进工程的意见》。

3月23日，第4次常务会议审议《福州市省级森林城市建设总体规划》《关于推进福州国家级文化和科技融合示范基地建设的实施意见》《福州市农业产业化龙头企业“互助资金池”试行办法》等事项。

4月1日，第5次常务会议研究深化医药卫生体制改革、稳定住房消费支持刚性住房需求等工作，审议并原则通过《关于贯彻省政府促进工业创新转型稳定增长十条措施的实施意见》。

4月3日，第6次常务会议研究“多规融合”工作等有关问题。

4月21日，第7次常务会议审议并通过《中国（福建）自由贸易试验区福州片区管理委员会规范性文件法律审查规则》《中国（福建）自由贸易试验区福州片区相对集中行政复议权实施办法》，研究开展全市涉农资金专项整治行动等有关问题。

5月5日，第8次常务会议研究2015年主要污染物总量减排计划、开展“比落地、比促销、比服务、看实效”活动有关工作、加强矿业权出让管理、鼓励台湾青年到榕创业就业等事项。

5月19日，第9次常务会议研究控制温室气体排放实施方案、盘活财政存量资金等事项。

6月8日，第10次常务会议研究贯彻落实省政府加快互联网经济发展十条措施的实施方案、2015年度福州市绩效管理有关工作，研究第二届福州市政府质量奖评选、《福州市残疾人体育奖励办法（试行）》等事项。

6月15日，第11次常务会议研究贯彻落实省政府关于进一步扶持小微企业加快发展有关措施的实施意见，审议《福州市湿地保护规划（2014—2025）》，研究推进鼓楼区国家服务业综合改革试点工作、支持闽江学院全面提升办学水平等事项。

6月30日，第12次常务会议研究关于做好2015年普通高校毕业生就业创业工作，审议关于进一步促进福州旅游业改革发展的实施意见，研究第三届“海峡青年节”筹备工作、第十三届中国国际农产品交易会筹备工作等事项。

7月11日，第13次常务会议研究进一步加快产业转型升级的贯彻意见、关于进一步扩大有效投资的实施方案、福州市实施《中国制造2025》行动计划、关于进一步推进简政放权深化行政审批制度改革有关工作的实施方案等事项。

7月29日，第14次常务会议审议《关于坚持计划生育基本国策促进人口长期均衡发展的实施意见》，研究《鼓励和支持台湾青年来榕创业就业的实施办法》和设立福州市台湾青年创业基地等事项。

8月6日，第15次常务会议审议通过《福州市市级企业应急保障资金管理暂行办法》《关于建立健全旧住宅小区综合整治后长效管理机制的指导意见》，研究关于贯彻落实省政府培育高成长企业有关措施的实施意见、加快推进科学扶贫精准扶贫的实施意见等事项。

8月20日，第16次常务会议审议并原则通过《福州市双拥创模活动激励办法（试行）》《福州市“互联网+工业”行动方案（2015—2020年）》《关于贯彻落实省政府大力推进大众创业万众创新十条措施的实施意见》，研究2015海峡（福州）渔业周·中国（福州）国际渔业博览会筹备工作等事项。

9月6日,第17次常务会议审议《关于引导农村土地经营权有序流转发展农业适度规模经营的实施意见》《关于加快油茶产业发展的意见》《现代农业技术创新基地管理办法》;研究提高福州市城乡低保、农村五保供养标准有关问题,关于见义勇为人员表彰奖励等事项。

9月30日,第18次常务会议审议《关于贯彻省政府加快新能源汽车推广应用八条措施的实施意见》《关于贯彻省政府加快发展智能制造九条措施的实施意见》《关于进一步加快远洋渔业发展的十条措施》《关于加快体育产业发展建设特色体育强市的实施意见》等事项。

10月10日,第19次常务会议研究开展第三轮简政放权工作、进一步改善和提高福州市各级劳模有关待遇的意见、福州市森林生态效益补偿工作有关意见等事项。

10月30日,第20次常务会议研究第十三届中国国际农产品交易会筹备有关工作,审议《关于贯彻省政府进一步做好新形势下就业创业工作十五条措施的实施意见》《关于进一步完善城乡困难居民临时救助工作的意见》等事项。

11月19日,第21次常务会议审议《中国福州海西引智试验区发展规划纲要(2015—2020)》《关于加快福建自贸试验区福州片区融资租赁业发展实施意见》等事项。

12月7日,第22次常务会议研究落实2015年度市长环保目标责任书及省政府通报突出环境问题整改有关工作,审议并通过《关于进一步加强城市供水安全保障工作的实施意见》《福州市湿地保护管理办法》《关于进一步做好为农民工服务工作的实施意见》等事项。

12月25日,第23次常务会议传达学习中央、省关于做好2016年元旦春节期间有关工作的通知,研究《关于推进文化创意和设计服务与相关产业融合发展的实施意见》、关于福州市加快发展对外文化贸易的实施意见、2014年度福州市产品质量奖评选等事项。

【中国(福建)自由贸易试验区挂牌仪式举行】 4月21日在福州举行,标志福建自贸试验区正式启动建设。省委书记尤权为福建自贸试验区揭牌,为第一批进驻自贸试验区福州片区的企业和机构代表颁发证照,并察看自贸试验区福州片区"一口受理"办事大厅。省委常委、市委书记杨岳,市长杨益民为福建自贸试验区福州片区揭牌。厦门市、平潭综合实验区主要负责人分别在福建自贸试验区厦门片区、平潭片区为片区揭牌。

【全国无党派人士考察团调研】 4月26日,以全国政协常委、经济委员会副主任、全国工商联副主席林毅夫为团长的全国无党派人士考察团到榕调研福州市21世纪海上丝绸之路建设情况。市长杨益民主持召开座谈会,介绍福州市经济社会情况。考察团一行还参观考察市规划馆、福建自贸试验区福州片区综合服务大厅、中国—东盟海产品交易所、新大陆科技集团、福耀玻璃有限公司,并与企业代表座谈交流。市委常委、常务副市长吴贤德介绍福州市融入21世纪海上丝绸之路建设有关情况。市领导黄忠勇、雷成财参加座谈会并陪同调研。

【全市深化医药卫生体制改革工作会议召开】 7月2日召开。省委常委、市委书记杨岳出席会议并讲话,市长杨益民主持会议。会议强调要优化医疗资源布局,推进公立医院改革,建立分级诊疗体系,推进药品流通领域改革,深化医疗保障制度改革,推进基层医疗卫生机构综合改革。

【2015海峡(福州)渔业周·中国(福州)国际渔业博览会开幕】 9月17日在福州海峡国际会展中心开幕。省委常委、市委书记杨岳,市长杨益民等出席海洋渔业合作重点项目签约仪式、中国远洋产品交易中心授牌仪式并巡馆参观展会。该届渔博会设置7个展区,展示面积5.2万平方米,其中国际展区面积4000平方米,有30余个国家和地区参展。签约重点项目27个,签约金额达163.452亿元。首届中国鱼丸文化节、第二届中国金鱼文化节与中国远洋渔业30周年纪念活动同期举办。

【第二届丝绸之路国际电影节开幕】 9月22日,"丝路通天下 光影耀福州"第二届丝绸之路国际电影节在三坊七巷开幕。省委常委、市委书记杨岳,市长杨益民等出席开幕式。来自俄罗斯、英国、意大利、印度、埃及、韩国、伊朗等近30个丝路沿线及周边国家的文化(电影)主管部长、电影机构负责人、驻华大使,省、市领导,各界嘉宾参加活动。电影节活动持续至26日,其间,举办传媒荣誉单元评选、印度主宾国等5个单元电影展映、北京放映·丝路再起航、丝路电影合作论坛等活动。

【第十一届泛珠三角区域省会城市市长联席会议举行】 9月26日在福州举行,泛珠九省(区)的省会城市和香港、澳门代表团参加。会议围绕"融入'一带一路'发展战略,推动泛珠三角区域合作"展开互动交流,听取关于泛珠省会城市合作11周年工作情况的通报,决定由南昌市承办第十二届泛珠市长联席会议。中共福建省委常委、福州市委书记杨岳,广州市市长陈建华,长沙市市长胡衡华,南宁市市长周红波,成都市副市长谢瑞武,南昌市委常委、常务副市长刘建洋,贵阳市委常委、副市长刘春成,海口市副市长孙世文,昆明市副市长龚晓坤,澳门贸易投资促进局主席张祖荣,香港特区政府商务及经济发展局副秘书长张赵凯渝出席开幕式,福州市市长杨益民主持开幕式。

【京东方生产线项目开工建设】 10月11日,福州京东方第8.5代新型半导体显示器件生产线项目在福清融侨经济技术开发区开工建设,主要生产高分辨率、窄宽边电视及桌面显示器等液晶显示产品,为福州新区获批后动建的首个重大产业项目和全市电子信息产业中单体投资最大的项目,总投资300亿元。省市领导杨岳、张志南、杨益民等,京东方科技集团董事长王东升等,以及省直有关部门负责人出席开工仪式。

【第一届全国青年运动会开幕】 10月18日在福州海峡奥体中心体育场开幕,省委常委、市委书记杨岳,市长杨益民等参加开幕式。首届青运会设26个大项、305个小项,包括香港、澳门在内的55个代表团报名参加,参赛运动员7959人,赛事持续至27日。

【第十三届中国国际农产品交易会开幕】 11月7日在福州开幕。有45个展团参展,展览面积超12万平方米。省委常委、市委书记杨岳,市长杨益民等出席开幕式,并会见率团到榕参会的斯洛文尼亚共和国副总理兼农业、林业和食品部部长戴扬·日丹一行。

【连江黄岐—马祖白沙客运航线首航仪式举行】 12月23日在福州港黄岐客运码头举行,海峡两岸关系协会常务副会长郑立中、副省长郑晓松、省政府副秘书长詹志洁、市长杨益民等出席首航仪式,副市长杭东主持仪式。该航线为闽台第四条"小三通"客运航线,福州至马祖第二条"小三通"客运航线。

(吴晓萍)

政务督查

【概况】 2015年,福州市政府系统办理省、市领导批示(办)件11353件。组织承办或转办省、市人大代表建议、政协提案951件。开展175次专项督查活动,35个责任单位予以红牌通报。编发《政务督办》89期。

【综合性工作督查】 对30次市委市政府重大项目建设例会、23次市政府常务会议及5次市长办公会议329个议题353个事项跟踪督办。督办25项78件实事项目。健全县(市)区和市直机关单位的政务督查绩效考核工作。跟进"企业服务月"活动,成立4个督查小组(情况收集汇总、任务分解、实地督查、回访核实),出动人员1453人次,对市、县领导走访服务的1492家企业、收集到的1349项困难和问题,组织市直相关部门开展两轮实地联合督查,促使解决企业提出的困难和问题。对首届青运会各项筹备工作及青运会周边环境整治工作开展督查。

组织开展175次专项督查活动,对城乡环境综合整治、地铁专线建设、空气环境质量综合整治、市长环保目标责任书项目、简政放权放管结合职能转变、鼓岭旅游度假区"两违"整治及安全生产和维护安定稳定工作等36项交办专项任务开展督查活动。对未能按期落实或项目进展严重滞后的35个责任单位予以红牌通报,对工作推进不力的责任单位和责任人由职能部门启动效能问责机制。

(张兴亮)

【领导批办件督查】 办理省、市领导批示(办)件11353件,其中,办理市政府主要领导批示(办)件3304件,反馈率100%,办结率99.8%。落实台账制度,对市政府领导批示(办)件逐件逐项登记,规范办理时限。对未按时反馈的承办单位,及时跟踪督办,对省、市领导的重点批示件实行重点跟踪督查。落实通报制度,对未按时反馈、未按领导要求落实到位的承办单位,予以全市通报并在年终绩效考核中予以扣分。

(杨兰英)

【人大代表建议督查】 政府系统承办人大代表建议446件,其中主办440件,协办6件,均办复。主办的440件代表建议中,所提问题已解决或基本解决的有212件,占总件数48.2%;所提问题正在解决或列入计划逐步解决的有184件,占总件数41.8%;所提问题因政策、财力或客观条件限制暂时无法解决的有31件,占总件数7%;所提建议有关部门留作参考的有13件,占总件数3%。代表对建议办理情况表示满意或基本满意的427件,满意率达97%;不满意的13件,占3%。

(林明忠)

【政协委员提案督查】 政府系统承办政协委员提案376件(共745件次),均办理答复,办复率100%,满意率99.82%。其中,所提建议已采纳、问题已解决或基本解决的203件,占53.99%;所提建议拟采纳、问题正在解决的164件,占43.62%;所提问题因条件限制或其他原因暂时无法解决的9件,占2.39%。

(陈 敏)

机关效能建设

【概况】 2015年,福州市开展效能督查项目210个,查处"为官不为"253人次(单位)。效能问责359人次(单位),其中,效能告诫63人次,通报批评113人次(单位),诫勉教育183人次。涉及执行力低下问题218人次(单位),涉及机关作风问题141人次。

【效能督查】 每季度采取查看相关资料、抽取卷宗、现场查看等方式,对12个县(市)区、32个市直有关单位、60个责任单位落实省、市行动计划及重点工作落实情况开展4轮集中督查。对福州新区建设、自贸区建设、青运会筹备工作、深化体制改革、新农村幸福家园建设、绕城高速东南段、104国道连江至晋安段、海王药业、仓山区三环沿线"两违"拆除任务、黄标车整治、防抗台风等重点工作进行督查。市效能办派出督查人员337人次,督查项目210个,发出整改通知书53份、效能督办单56份。加大对以"马上就办真抓实干"为主题的"作风建设年"活动督查力度,组织对各级行政服务中心、市民服务中心窗口、基层站所服务质量、办理时效进行督查,查处办事拖拉、服务不优等问题。

【绩效管理】 2014年度省对设区市绩效考评结果中,福州市获第四名。针对考评中查出的问题,对相关单位2015年度绩效双倍扣分,对当事人和责任领导进行效能问责,问责12人次,问责2个单位。调整2015年度市对县、市直部门的绩效考评方案,12个县(市)区、福州高新区以及69个市级机关单位纳入绩效管理。将市直单位分为市直党群机构、市直综合与管理类政府工作部门、市直监管与服务类政府工作部门三大类进行考核。将行动计划、"三比一看"活动、整肃"为官不为"纳入绩效管理。继续对县(市)区、福州高新区工作进行检查评价,评价内容包括项目现场评价和工作综合评价。健全绩效考评奖惩机制,市纪委、市委组织部主要领导约谈2014年度绩效总评成绩倒数三名的县、市级机关单位主要领导,以及在省对市考评中查出问题的单位主要领导、责任领导、责任人。

【效能投诉办理】 全市机关效能投诉中心受理投诉1279件,办理省机关效能投诉中心转办件29件,时限内办结率均为100%。制定《关于进一步加强“12345”诉求件办理工作效能督查问责的办法》,对承办单位办理不认真、逾期办理等问题,启动问责机制,效能问责35人次(单位)。

【整肃“为官不为”】 市效能办承担市整肃“为官不为”领导小组办公室日常工作,配合市纪委、市委组织部等起草《关于整肃“为官不为”实行“下课问责”的暂行办法》,并由市委办公厅研究出台,对“为官不为”问题,分别采取效能问责、“下课”处理、党政纪处分等方式进行问责。省委常委、市委书记杨岳带头抽查部分单位,修兴高、黄忠勇、林晓英等市领导对部分职能部门、基层窗口单位整肃“为官不为”情况进行随机抽查。通过设立“福州邮政533信箱”、整肃“为官不为”投诉电话和电子信箱、6个整肃“为官不为”举报信箱等渠道,收集社会各界对“为官不为”的举报、投诉。召开座谈会6场,邀请市党代表、市人大代表、政协委员、企业负责人、村居工作者、效能监督员等方面的人员参加座谈,收集111条意见建议,分解至12个县(市)区政府、29家市直单位落实,并跟踪督促。全年查处“为官不为”253人次(单位),其中效能问责192人次(单位),党政纪处理47人次,组织处理14人次。

(陈自如)

政府信息公开

【概况】 2015年,福州市各级政府及其工作部门主动公开政府信息23895条,审查受理政府信息公开申请1618件,答复办结1617件。年内闽清县成立政府信息公开工作机构,除闽侯县外,其余11个县(市)区均成立专门工作机构,确定专门人员负责;全市有政府信息公开单位619家,政府信息公开工作专职人员7人,兼职人员781人。全市举办业务培训班21场,1145人次参加业务培训。政府信息公开工作经费纳入各级政府财政预算,全年支出19.89万元。3月,中国社科院公布《中国政府透明度指数报告(2014)》,福州市在49家较大的市政府中居第十位。

【主动公开工作】 *拓展主动公开内容* 梳理细化主动公开范围和公开目录,督促相关部门加强行政权力清单、财政资金、公共资源配置、重大建设项目、公共服务、国有企业、环境保护、食品药品安全、社会组织和中介机构等9个方面的信息公开,重点督促相关单位完善建设项目环评审批、环保验收信息、食品生产企业委托加工备案等方面的信息公开。根据新一轮机构改革情况,督促相关部门及时调整信息公开目录分类。

政府数据公开 市政府办公厅制定并印发《福州市政务信息资源目录编制实施方案》,成立专门工作组牵头负责组织开展目录编制培训、调查、编目以及协调等工作,全市有65家市直单位完成目录编制登记工作。出台《福州市政务信息资源交换共享管理暂行办法》,统一建设、管理政府信息资源交换共享平台,制定统一的接口标准规范,汇聚发布政府信息资源,至年底,通过政府信息资源交换共享平台进行交换共享的请求量22.33万次、服务量39.63万次。

政务舆情管理 全年收集舆情信息247661条,编写网络舆情日报229期、专报127期、处置报告3期。出台《关于进一步加强和改进福州市政府新闻发布工作的意见》《关于进一步健全和完善新闻发布制度的实施意见》等文件。召开市级新闻发布会近30场、“中国福州”网站在线访谈36期,回应公众关切。

【行政权力清单公开】 公开政府工作部门行政审批项目取消、下放以及非行政许可审批事项等信息。开展第三轮简政放权工作,对全市审批服务事项进行全面梳理。

公开政府部门权力清单信息。在全省各设区市率先推行行政权力清单、责任清单制度,完成对42家市政府直属部门7944项行政职权的梳理工作,行政权力清单在“中国福州”门户网站“阳光政务”栏目下的“公共事业”二级栏目中全部向社会公开;梳理公布市本级行政责任10013项。

公开行政审批事项信息。出台简政放权深化行政审批制度改革工作情况通报及落实回访制度,落实简政放权工作。

【财政资金信息公开】 公开财政预算、决算及“三公”经费。通过“中国福州”门户网站公开《关于福州市2014年预算执行情况及2015年预算草案的报告》《2014年度福州市财政部门决算说明》《福州市人民政府关于2014年市本级决算(草案)及2015年1—7月预算执行情况的报告》《市本级“三公”经费公共财政拨款支出决算表》。组织市直部门及各县(市)区开展部门预、决算及“三公”经费公开工作,除涉密和暂不宜公开单位外,市本级100个部门对外公开本部门2015年度预算,95个部门对外公开2014年度决算;88个部门对外公开2014年“三公”经费决算,89个部门对外公开2015年“三公”经费预算;所有县(市)区对外公开政府预决算、“三公”经费预决算汇总数。

公开政府采购信息。公开采购过程及采购结果,细化公开中标成交结果,全年依托福州市政府采购网公开市级政府采购公告2206条,公开各县(市)区政府采购公告7508条。

【公共资源配置信息公开】 公开城镇保障性安居工程信息。公开保障性安居工程的建设计划和建设项目清单、福州市城区公共租赁住房管理实施细则政策要点解读、公共租赁住房的申请公示名单和保障对象的登记结果等城镇保障性安居工程信息13份。公开2015年保障性安居工程新增和基本建成项目固化清单、2014—2015年福州市四城区第三批公共租赁住房保障对象登记结果信息。公开征地信息,发布征地告知书68份,征收土地公告、征地补偿安置方案公告各45份,政府征地转发批文41份。公开房屋征收和补偿信息,旧改及逾期回迁安置的相关信息全部公布,内容包括旧改及逾期安置工作简报、2015年旧改工作方案等。

【重大建设项目信息公开】 在“中国福州”门户网站和市发改委网站上发布本年度重点建设项目相关信息98条，主要涉及重点项目数量、总投资金额、计划投资金额、完成投资金额、完成投资计划百分比等信息。

【公共服务信息公开】 公开社会保险信息，全年主动公开涉及社会保障方面政策措施30条，在“中国福州”门户网站等主流媒体发布社会保险信息110条；市人社局参加在线访谈1次，举办媒体见面会15场。公开社会救助信息，推进最低生活保障信息公开，及时在“中国福州”门户网站和福州民政网公开最低生活保障标准、全市避灾安置场所、最低生活保障申请审批流程等信息。公开教育领域信息，下发《福州市教育局关于推进全市教育领域信息公开工作的通知》，重点加强社会关注度较高的招生考试、教育收费和财务信息的公开工作。公开医疗卫生领域信息，公开医疗服务收费信息，向社会公开医改工作信息，督促各医疗机构公示收费信息。

【国有企业信息公开】 市国资委制定推进国有企业信息公开工作方案，在“中国福州”门户网站设置“国资监管”信息公开专栏，公开市国资委所出资企业2015年度主要财务指标、整体运行情况、业绩考核结果等信息。

【环境保护信息公开】 公开区域环境质量状况信息 公开福州市重点河流断面水质状况、福州市空气质量状况、福州市饮用水源地水质状况；2015年各月福州市闽江、敖江、龙江等重点河流断面水质状况，福州市区空气质量6项污染物达标情况及环保部74个城市空气质量排名情况等空气质量状况，福州市区6个水源地及七县(市)14个饮用水源地水质状况信息均在市环保局网站公布。

公开污染源监管信息 将污染源环境监管信息公开作为环境信息公开工作重点，市环保局网站设置“污染源监管信息”栏目，定期公开重点污染源基本信息、污染源监测、总量控制、污染防治、排污费征收、监察执法、行政处罚、环境应急8个方面的信息。推进国家重点监控企业污染源监督性监测信息和污染减排信息公开。推进核与辐射安全信息公开，办理危险废物转移129件，排污许可证107件，公开205家重点排污单位环境信息。推进建设项目环境影响评价信息公开，公开建设项目环境影响报告书、环境影响评价批复文件等信息，全年主动公开914条建设项目环境影响评价信息。

公开举报投诉处理情况信息 及时处理群众投诉较多、意见较大的重点环境问题，处理信息在网站公开。市环保局全年处理“12369”咨询投诉案件625件，“12345”咨询投诉案件717件，微信举报案件238件。

公开突发环境事件应急预案 完成编制并印发实施《福州市突发环境事件应急预案》《福州市饮用水源地突发环境事件应急预案》《福州市大气重污染应急预案》和《福州市环境保护局突发环境事件应急预案》，建立健全环境应急值守制度，及时在网站公布突发性环境事件进展情况和处理结果。

【食品药品安全信息公开】 公开食品药品重大监管政策、食品药品安全监督信息，加强食品药品重大监管政策解读，举办大型食品安全宣传月启动仪式暨新食品安全法新闻发布会活动，在福州市食品药品监督管理局网站“政策解读”专栏发布转载相关“三品一械”解读信息7条、公开食品流通类信息4条、监管动态报道2篇。公开食品药品安全典型案件信息，在福州市食品药品监督管理局网站公示食品药品安全典型案件2件，通过省市报刊、网站曝光“黑窝点”“小作坊”等制售伪劣产品的违法行为以及违规餐饮网络外卖服务单位信息。公开网上非法售药整治等专项信息和保健食品消费警示信息，在网站上公示9家一类医疗器械生产备案信息和1家一类医疗器械生产备案变更信息(不含高新区2家一类生产备案信息)。

【社会组织、中介机构信息公开】 依托福州民政网等平台，按季度、分批次公开社会组织成立、变更、注销、评估、年检结果、查处结果等信息，至年底，全市成立登记各类社会组织57家，变更65家，注销3家，年检483家。公开商标代理机构信息。通过网站、微博、微信公开行政审批前置服务项目信息，梳理行政审批事项，形成入驻事项、即办事项、证明事项、涉民事项、填报样表“五项清单”；对窗口办理的各个事项，均遵循网上审批制度，在规定的办理时限内办结；办事群众可根据持有的“受理承诺单”的事项编号和密码查询事项办理进度。公开慈善组织信息，要求各地慈善组织及时公开接受捐赠情况、捐赠款物使用情况，以及慈善项目运作、受赠款物的使用情况。

【公开渠道建设】 规范各级政府网站信息公开专栏建设，全市各级政府及其工作部门通过门户网站主动公开政府信息23888条，各级政府网站政府信息公开专栏或网页访问量2356.69万人次。构建多样化的公开渠道，年内开通“中国福州”门户网站微信平台；全年通过“福州发布”政务微博主动公开政府信息927条，微博粉丝数量超过72万人。建立健全政府新闻发布体系，全年通过政府公报公开政府信息91条，新闻发布会公开政府信息284条，报刊广播电视公开政府信息728条。至2015年底，市档案局(馆)政府信息公共查阅场所累计接收、保存市本级政府信息公开单位报送的政府公开信息共41133条(份)。其中，2003年至2014年产生的政府公开信息37338条(份)，2015年产生的政府公开信息3795条(份)。全年各级政府信息公共查阅场所共接待现场查阅政府信息的社会公众31037人次。

【主动公开政府信息】 全年各级政府及其工作部门主动公开政府信息23895条。其中，市、县(市)区、乡镇(街道)各级政府主动公开政府信息8440条，各级政府工作部门主动公开政府信息15455条。至年底，各级政府及其工作部门历年累计主动公开政府信息226632条，其中，市、县(市)区、乡镇(街道)各级政府累计主动公开政府信息76788条，各级政府工作部门累计主动公开政府信息149844条。

各级政府及其工作部门主动公开政

府信息的主要类别有:机构职能类信息3180条,政策、规范性文件类信息1449条,规划计划类信息841条,行政许可类信息2490条,重大建设项目信息562条,为民办实事类信息492条,民政扶贫救灾、社会保障就业类信息948条,国土资源、城乡建设、环保能源类信息929条,科教文体卫生类信息1288条,安全生产、应急管理类信息3395条。

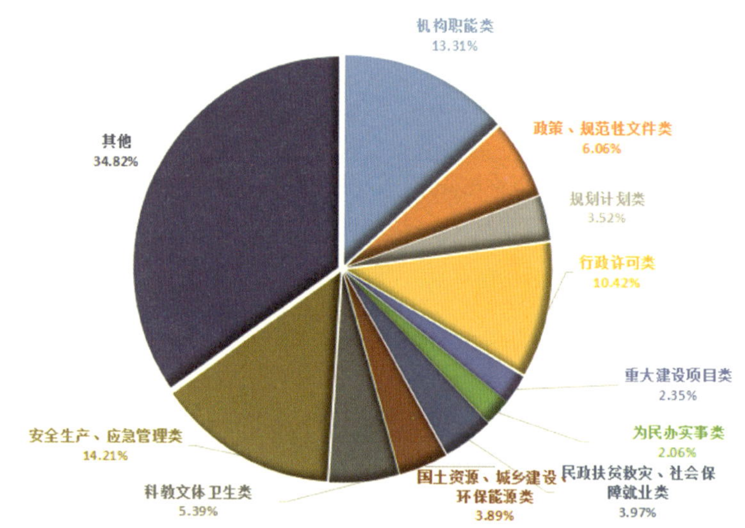

图24 2015年福州市主动公开政府信息类别

【政策解读】 8月,出台《关于加强政策解读工作的通知》,明确解读范围;落实解读责任,将政策解读稿作为政策文件的附件,与政策文件同步起草、报审、公布。“中国福州”门户网站设置“政策解读”专栏,全年发布政策解读文件127篇,“福州发布”政务微博发布政策解读文件8篇。

【依申请公开政府信息】 全年各级政府及其工作部门收到政府信息公开申请1618件,其中市本级政府收到130件,下级政府收到190件,各级政府工作部门收到1298件。其中,当面申请298件,占18.42%;传真申请5件,占0.31%;网络申请747件,占46.17%;以信函形式申请568件,占35.11%。申请数量居前的事项有:土地征用与补偿、拆迁许可和补偿安置、城市规划和建设、建设项目立项审批、食品安全、工商管理等。受理申请数量较大的部门有:市国土局、市住房保障和房产管理局、市规划局、市市场监管局、市发改委、市公安局等。至年底,全市各级政府及其工作部门累计收到政府信息公开申请6979件,其中市本级政府收到489件,下级政府收到666件,各级政府工作部门收到5824件。

经审查受理政府信息公开申请1618件,答复办结1617件(其中有3件为2014年底申请、结转2015年初办结的申请),还有4件申请结转下一年度答复,其中,“已主动公开”93件,“同意公开”780件,“同意部分公开”103件,“不予公开”81件,“非政府信息、政府信息不存在或者不属于本部门所掌握的信息”489件。

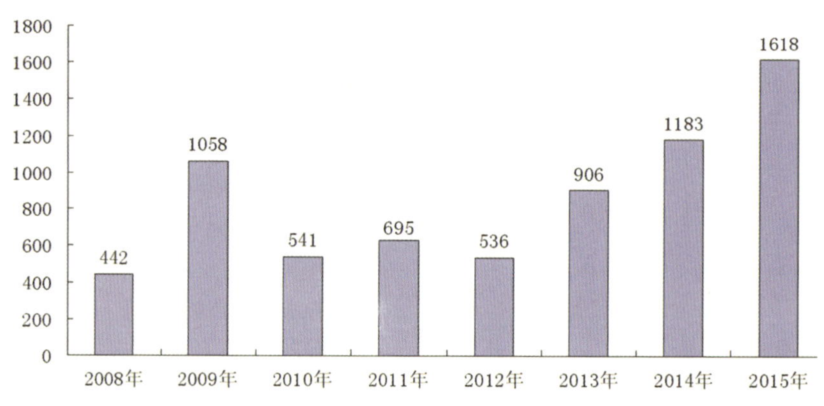

图25 2008—2015年福州市受理政府信息公开申请数量 单位:件

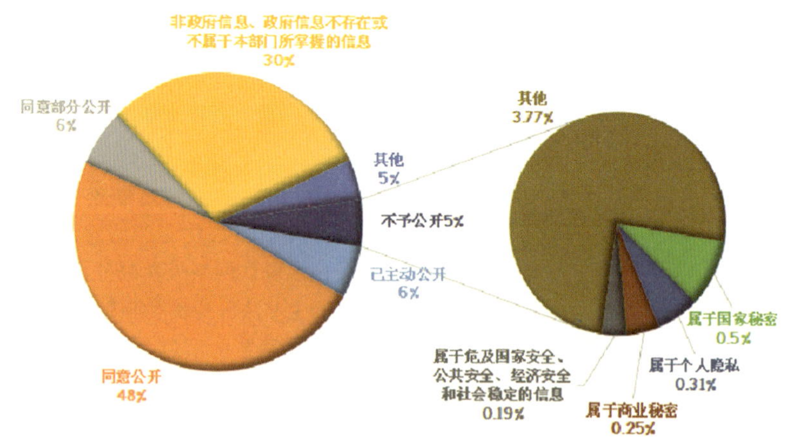

图26 2015年福州市政府信息公开申请件办理情况

【政府信息公开行政复议、行政诉讼】 全年受理政府信息公开行政复议61件,因政府信息公开被提起行政诉讼36件,无举报件。至年底,全市因政府信息公开累计被申请行政复议144件,提起行政诉讼101件,受理举报2件。

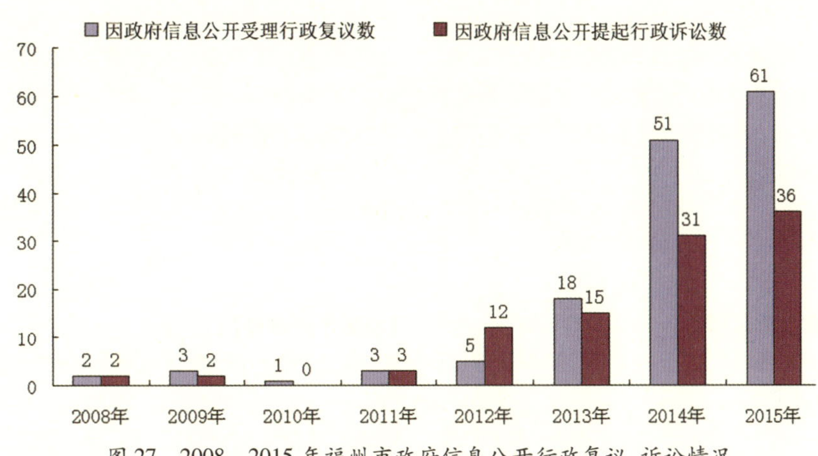

图 27　2008—2015 年福州市政府信息公开行政复议、诉讼情况

表 14　2014 年度市直行政机关政府信息公开工作总体测评结果(满分 100 分)

市直机关	总得分	市直机关	总得分
市旅游局	97.0	市海洋与渔业局	82.5
市工商行政管理局	97.0	市供销合作社联合社	82.5
市文化新闻出版局	96.0	市土地发展中心	82.0
市发展和改革委员会	95.0	市园林局	82.0
市教育局	95.0	市人民防空办公室	81.0
市城乡建设委员会	95.0	市无线电管理局	81.0
市城乡规划局	95.0	市房地产交易登记中心	81.0
市林业局	95.0	市住房公积金管理中心	80.5
市食品药品监督管理局	94.5	市民族与宗教事务局	79.5
市市容管理局	94.0	市卫生局	79.5
市交通运输委员会	94.0	市知识产权局	78.0
市水利局	92.5	市人民政府国有资产监督管理委员会	76.0
市司法局	92.0	市安全生产监督管理局	76.0
市经济委员会	91.0	市粮食局	74.0
市审计局	90.0	市公务员局	73.5
市统计局	89.5	市体育局	70.5
市城镇集体工业联合社	89.0	市物价局	70.0
市公安局	88.0	市机关事务管理局	65.5
市人力资源和社会保障局	88.0	市监察局	65.0
市农业局	88.0	市高新区管委会	65.0
市人民政府外事侨务办公室	88.0	市科学技术局	64.5
市档案局	88.0	市民政局	63.5
市质量技术监督局	87.0	市财政局	63.0
市地震局	87.0	市投资促进局	63.0
市地方税务局	86.0	市对外贸易经济合作局	61.0
市住房保障和房产管理局	85.5	市住宅发展中心	61.0
市人口与计划生育委员会	84.5	市商贸服务业局	60.5
市国土资源局	84.0	市国有房产管理中心	56.5
市广播电影电视局	84.0	市保税区管委会	48.0
市环境保护局	83.5		

【政府透明度报告】　1 月，市社科院、市数字办联合课题组公布《2014 年度福州市行政机关透明度报告》，为课题组连续第四年对福州市行政机关政府信息公开工作（透明度）情况进行调研和测评的成果。

2014 年度课题调研对象为福州市所辖 12 个县（市）区政府和 59 个市直行政机关。根据工作性质及社会关注侧重点的不同，对县（市）区政府和市直行政机关开展调研测评的指标及权重设置略有差异。其中，对县（市）区政府调研评测指标包括 6 个部分，总分 100 分，分别是政府信息公开指南编制情况（满分 10 分）、政府信息公开目录设置情况（满分 30 分）、编制公布政府信息公开年度报告情况（满分 5 分）、依申请公开政府信息情况（满分 35 分）、食品安全信息公开情况（满分 10 分）、行政审批信息公开情况（满分 10 分）；对市直行政机关调研测评指标包括 6 个部分，总分 100 分，分别是政府信息公开指南编制情况（满分 10 分）、政府信息公开目录设置情况（满分 30 分）、编制公布政府信息公开年度报告情况（满分 5 分）、主动公开政府信息报送公共查阅场所情况（满分 15 分）、依申请公开政府信息情况（满分 20 分）、相关领域信息公开情况（满分 20 分）。

表 15　2014 年度县（市）区政府信息公开工作总体测评结果（满分 100 分）

市（县）区	总得分
仓山区	81.0
鼓楼区	78.5
台江区	77.0
闽清县	75.0
罗源县	75.0
福清市	69.5
连江县	66.5
晋安区	64.0
闽侯县	62.5
马尾区	61.5
长乐市	60.0
永泰县	54.0

（叶伟奇）

行政(市民)服务中心建设

【概况】 2015年,福州市行政服务中心入驻46个审批服务部门和单位,提供368个审批和服务事项,全年受理各类申请74.86万件,当日办结64.44万件,当日办结率86.36%。

福州市公共资源交易服务中心全年完成政府采购806项,预算金额8.61亿元,成交金额7.52亿元,节约率12.66%;建设工程575项,总标的169.30亿元,中标金额155.80亿元,降低率7.98%;土地矿产交易公开出让26个地块,成交金额299.03亿元;产权交易成交48个项目,底价12.40亿元,成交价13.71亿元,增值率10.53%。

福州市市民服务中心于2月16日正式启用,建筑面积约4万平方米,入驻43家部门(单位),提供439项审批服务事项,为全省首个独立设置的专门受理与市民个人相关申请事项的综合办事中心,成为全国入驻单位、入驻事项最多的市民服务中心。年内受理各类申请151.15万件,事项当场办结率达80.1%。

"福州市涉及行政审批技术服务大厅"和"福州市涉及行政审批技术服务网上超市"于12月1日启用,实体大厅面积近3000平方米,首批入驻涉及编制咨询、评估评价、安全评价报告、工程规划审查、设计检测、财政评审、图纸审查设计、工程测量勘测、工程招标代理及政府采购服务等行政审批技术服务十大类近百家企业。"网上超市"入驻企业超过1000家,各类技术服务组织在"网上超市"公布服务内容、服务规范、收费项目、收费标准等事项。

【简政放权】 开展第三轮简政放权工作,取消49项缺乏法律法规依据、市场机制能够有效调节、不适应市场经济发展要求和上级已经取消的事项。通过直接下放、委托下放、窗口前移等方式,将与县域经济发展关系密切、办件量大的51个事项下放县(市)区政府实施。创新推出"市区同权、多点办理"新机制,对33项需跨市、县两级办理的事项,推行"市区同权、多点办理"。将可以简化的行政审批条件和环节予以整合或取消,将多部门实施的相关联审批事项予以合并办理,将同部门实施的多个审批事项和审批环节合并为一个环节办理,共合并12个、取消16个事项的办理环节,取消108个事项的140份申请材料。

【审批改革创新】 创新开发"一口受理"系统,按照"分类并联、统一受理、容缺预审、信息共享、同步审批、限时办结、过程监管"的工作方法,实行"多部门项目同步审批、多层级项目一级审批、多环节事项合并审批",划分经济管理、社会管理和建审管理三大类别整合审批流程,梳理完成33组"一口受理"事项,建立形成"一口受理"常态机制。

创新推进"审批代办",通过"5+X"会商、三并三联审批机制,促进重大项目落地投产。设立福州新区重大项目服务窗口,形成市、县联动代办服务机制,承接省、市595项重点项目,将85个安置房项目、16个教育类项目、8个卫生类项目等民生公益类项目列为重点跟踪代办服务对象。与市土地发展中心、市投资促进局建立项目用地选址联合会商制度及重大招商引资项目行政服务联动机制,促进项目投资建设。

创新推进"清单管理",对入驻市行政(市民)服务中心的事项进行全面核查梳理,在全国创新推行行政(便民)服务清单管理:市市民服务中心形成439项事项清单、296项即办清单、157项收费清单、138项证明清单、174项样表清单等"五张清单",市行政服务中心梳理公布所有入驻事项的审批时限清单及84项上报事项清单、50项事项收费清单、553项事项样表清单、198项即办事项清单、1495项惠企政策清单等"六张清单"。健全完善即办制度和限时办理承诺制度,对即办事项进行梳理,实行即办目录管理;制订行政服务中心延时服务制度。

【标准化管理】 执行标准化管理,涵盖行政服务通用基础标准、提供标准、管理标准、工作标准的四大服务标准体系共712项服务标准,形成政务服务标准化工作的"4431"福州模式。出台《福州市行政(市民)服务标准化建设总则》,建设市、县、乡、村四级服务平台,实现全市12个县(市)区行政服务中心、164个乡镇(街道)便民服务中心和2213个村(居)便民服务代办点在统一标准架构下规范建设。年内通过国家级服务业标准化试点单位验收。

【服务作风建设】 建立市、县两级行政(市民)服务中心作风建设上下联动机制。从办理时限"以工作日为单位计算"实现向"以小时为单位计算"转变;群众办事申请从"1对N个窗口"向"1对1个窗口"转变,使更多的审批事项实现"当日办结、当场办结"。在全国率先推出市行政服务中心办事满意度实时监测机制,通过中心LED显示屏向公众现场直播满意度评价情况,办事满意度保持在99.99%以上;在市民服务中心引入市"政风行风热线"现场直播间。

市民服务中心双休日正常开放;多数入驻单位在市民服务中心设立窗口的同时,原单位办事大厅仍予以保留;中心开发应用"网上市民之家",提供在线查询、预约办理、智能化服务等;设立便民代办服务窗口,为老弱病残孕等特殊群体提供"政策咨询、委托代办、服务领办、预约上门"等无偿代办服务;设立自助申报区、免费照相、自助书吧、金融体验区、儿童游乐区、母婴室等配套功能区。先后开展两轮入驻事项优化梳理,制定标准化办事指南,简化服务流程,压缩服务时限,当场办结事项由入驻前的109项增加至296项,取消、规范证明材料120多份,规范办理依据1240条。

(林希文)

机关事务管理

【概况】 2015年,福州市机关事务管理局完成20家单位经费保障,共计2.04亿元;完成5家单位办公用房调整,4家单位房屋维修申请;处理完成422辆违规车辆。完成首届青运会、海峡青年节等重大活动服务保障。全年完成政府采购817项,总节支率12.35%。

【财务管理】 完成市委办公厅、市政府办公厅等 20 家单位的工资、公积金、医保支出和项目经费保障共 2.04 亿元。编实编细部门预算，推进公务卡结算，加强公务用车配置、会议差旅、公务接待及一般性支出等各项行政经费监管，完成全市党政机关礼品礼金登记、收缴及处置工作。

【办公用房管理】 调整市卫计委、市人社局、市发改委、市建委、市市场监督管理局 5 家市直行政事业单位办公用房。核准市政协、市委统战部、市劳动就业中心、市直机关幼儿园 4 家单位房屋维修改造申请。全市各级领导干部超标违规占用或多头占用的办公用房 14152.33 平方米基本完成清理整改。牵头组织的乌山机关大院景观改造及腾空用房整合处置工作，完成乌山机关大院内食堂综合楼外墙及原科技楼的修缮、原党工委楼及中巴车库的拆除、原方志委楼部分拆除等工程。

【公务车辆管理】 市直单位在公车治理期间认定的 422 辆违规车辆全部处理完毕；全市需更换闽 AF 号牌的 664 辆公车，除个别特殊用途（如侦察、保密需要）的车辆外，全部整改落实到位。至 10 月底，淘汰公务类黄标车 234 辆、批准购置特种用车 38 辆、报废旧车 129 辆，有 3576 辆公务用车参加统一保险，6548 辆（次）公务用车参加定点维修，257 家机关事业单位接受车辆维保监督。公务车辆执行定点停放、集中管理和节假日等非工作时间定点集中封存停放制度，节假日和关键时间节点对市直单位公车使用管理情况开展专项督查。配合推进公务用车制度改革，对各单位涉改人员编制数、实有数、车辆信息、车辆费用、司勤人员费用等数据进行核对，对参改单位上报的 240 多辆特种专业技术用车进行现场查验、核实、登记备案。

【会议会务管理】 完成省市领导“拉练”、省委省政府主要领导到榕调研、市委全会等市级重大会议和春节团拜会、海丝博览会、第三届“海青节”、“9·8”投洽会、丝绸之路电影节、泛珠市长论坛、两岸清华论坛、首届青运会、第十三届农交会等市级重要活动服务保障工作。在首届青运会筹备及举办期间，完成代表团团部接待、嘉宾观摩团接待、开闭幕式现场服务以及驻地接待站点、公共服务站点建设等工作。

【办公集中区管理】 以乌山机关大院、东部办公区及金山大厦安全保卫工作为重点，加强办公集中区管理。东部办公区和金山大厦基本形成楼内有值班、干道有监控、周界有报警、夜间有巡逻的立体安全防范体系。更新乌山机关大院安防系统，淘汰部分老旧设备，对现有设备进行升级改造，在薄弱地段安装报警系统。在东部办公区外围设立群众接待室及警务室，推进办公楼智能门禁系统建设，办公区周边 6 个岗亭的改造工程基本完成。

【公共机构节能】 制定电子废弃物回收处置的相关制度，确定电子废弃物回收价格，明确统一回收处置单位。全市有福州职业技术学院等 3 家单位获评第二批国家级节约型示范单位，市博物馆等 4 家单位获评福建省节约型示范单位。以节能宣传周活动为契机，举办市直单位专场活动，开展节能政策与技术咨询，展示新能源汽车、高效照明产品。组织各县（市）区对 2014 年能源资源消耗统计数据进行会审，完成全市能耗数据统计、汇总、分析和上报等工作，并会同市节能办对各县（市）区节能目标任务完成情况进行考核。

【后勤服务与保障】 物业管理与服务工作完成日常水电、办公场所维修 1000 余次；公务车队出车 810 余趟、安全行车 99 万公里；福州人民会堂完成各类会议、活动保障 400 多场次；市直机关东部办公区管理中心建立健全与入驻单位的沟通联系机制，完成公交线路调整、物业服务、相关卡证办理等服务工作。

（程　栩）

机构编制

【概况】 2015 年，福州市完成 13 个市直整合部门“三定”方案、454 个市属事业单位分类工作。开展第三轮简政放权，编制权力清单、责任清单和公共服务事项清单。年内在全省率先全面开展事业单位年报公示工作。行政审批制度改革经验在全国相关会议上交流。

【政府职能转变和机构改革】 开展职能梳理，研究提出各部门之间划入、划出和加强的职责共 96 条，确定各整合部门、职能调整部门主要职责。对确需多个部门管理的事项，明确牵头单位，分清主要责任和主、协办关系，对 28 项涉及 29 个单位的交叉职责提出分工意见，写入相关部门“三定”规定。调整市政管理、规划执法、地下管网、新材料、金融服务、库区移民管理等单位隶属关系，理顺部门管理职能。年内完成市直 13 家整合部门的“三定”方案。开展议事协调机构和临时机构清理工作，原 472 个市级议事协调机构和临时机构仅保留 184 个，精简 61%。指导各县（市）区开展机构改革，实现各县（市）区之间机构设置总体平衡，普遍精简机构 4～5 个。

【行政审批制度改革】 简政放权　开展省级审批事项取消、下放、调整的承接落实工作。开展第三轮简政放权，市级行政权力和公共服务事项取消 49 项，下放 51 项，实行多点办理 33 项，取消、合并 118 项行政审批环节和申请材料。配合开展“办事难、办证难”专项整治，梳理保留各类证照（卡）和证明办理事项 233 项，精简 13%。

清单管理制　编制权力清单，42 个市政府直属部门（单位）7944 项行政职权向社会公布。编制责任清单，48 家市直部门（单位）责任事项 10013 项（其中多部门监管事项 196 项）向社会公布。结合责任清单梳理编制，重新调整编制公共服务事项清单。落实涉企行政事业性收费清单常态化公示制度，规范涉企收费行为，配合市直有关部门编制并公布《福州市涉及企业行政事业性收费清单》《福州市行政事业性收费优惠政策清单》《2015 年行政事业性收费单位名单》《福州市市、县级定价管理的涉企经营服务性收费目录清单》和《福州市市级定价管理的中介服务收费目录清单》。公布政府向社会组织转移职能目录,梳理34家市政府直属部门(单位)向社会组织转移职能事项152项。会同有关部门开展清理前置审批和中介服务项目工作。印发《福州市规范涉及行政审批技术服务活动工作实施方案》《福州市涉及行政审批技术服务活动管理办法(试行)》,编制《中介服务事项与组织目录清单》。

事中事后监管　运用互联网和大数据技术,依托在线审批监管平台,实现行政审批工作在线申报、在线审批、在线监测。健全完善督查、回访、通报制度和效能考评机制。

【事业单位分类改革】　根据省下达的市县两级承担行政职能事业单位备案情况及市属公益类和生产经营类事业单位分类沟通平衡意见,完成454个市属事业单位的分类工作。将县级承担行政职能的58个事业单位备案意见函复各县(市)区,并对县(市)区公益类和生产经营类4721个事业单位分类意见进行审核,提出沟通平衡意见。

【重点领域关键环节改革】　创新自贸区福州片区、福州新区管理体制机制　自贸区管委会按照大部制原则,设置6个内设机构,设立4个办事处,实行双重管理,形成市、片区和办事处3个层面的组织架构。开展福州新区管理体制调研,学习借鉴上海、天津等地区新区管理体制经验,研究提出福州新区管理体制建议方案。结合"两区"管理体制创新,优化工业园区管理,明确功能定位,规范管委会设置。

市场监管体制创新　整合工商、质监、食药监机构和职能,设立市、县两级市场监督管理局,并组建市、县两级市场监管综合行政执法队伍和产品质量等技术支撑机构。

城市管理机制　整合组建城管委,履行城市管理牵头抓总职责;以三坊七巷管委会为基础,整合组建名城委;突出城市建设智慧化,整合组建市"智慧福州"管理服务中心。

小城镇机构改革　指导相关县(市),制定福清市龙田,长乐市金峰,闽侯县青口、荆溪镇4个小城镇机构改革方案。

不动产登记整合　设立不动产登记局,整合土地、房屋、林地、海域等不动产登记机构和职责,将"市房屋登记中心"更名为"市不动产登记和交易中心"。

交巡警管理体制改革　将市、县公安机关交巡警支队、大队的巡逻职能划归特警部门,将市公安局交通巡逻警察支队更名为市公安局交通警察支队,市公安局巡特警支队增设警务航空大队,完善警种设置。

政务审批市民服务机构设置　经批准,将市行政服务中心管委会由市政府直属事业单位调整为市政府派出机构。

大学新校区管理体制　组建福州地区大学新校区管委会、新校区基建管理中心、后勤服务管理中心。

【机构编制监督管理】　机构实名制管理　完善机构编制信息实名制管理系统和机构编制实名制信息数据;完成机构编制核编证年检,结合年检,同步审核公开的实名制信息。

完善用编审批程序　制定《行政事业单位编制使用审核办法》,简化用编审批程序;直接授权业务处行使用编审批权限,缩短审批时限。

网上名称管理　完成网上名称规范及加挂网站标识工作,建立全市网上名称管理工作台账,市、县两级4760家单位开通政务公益域名5417个,加挂网站标识申请2047个,注册率近80%。

控编减编工作　印发《福州市控编减编工作实施方案》,建立机构编制、纪检监察,以及组织、财政、人社、审计等部门会商和信息共享联动机制。加强监督检查,开展控编减编工作督查,建立超职数配备领导干部台账,配合完成全市超职数配备干部消化工作。结合机构改革,全市政府工作部门精减编制191名,精减率5.1%;减少处级领导职数41个,减少部门内设机构正职领导职数22个。对长期没有开展业务、职责交叉、职能萎缩、任务不饱和的事业单位进行撤并,撤销市国土资源局琅岐分局土地管理站,收回事业编制。将事业单位中维护、养护、清洁、保安等一般事务性岗位,推行购买服务,国有林场公益林管护推行政府购买,林业局所属11个国有林场事业编制重新核定,精减事业编制224个。结合事业单位分类改革,事业单位只核定骨干行政和专业人员,不再核定工勤人员,已经核定的结合实际,调整人员结构。全面完成事业编制消化超编任务,2015年全市核减事业编制2610个。

【事业单位登记管理】　在全省率先全面开展事业单位年报公示工作,搭建年报公示平台。全市年度报告公示数2298家,其中市直388家,符合公示条件的事业单位年度报告公示率达100%。推进开办资金确认制,将符合条件的事业单位全部改为提交开办资金确认证明。探索推进事业单位统一登记制度。推进登记电子化、网络化,结合年度报告公示改革,全市实现网上登记全覆盖,登记机关受理法人登记做到全程在线。

事业单位诚信体系建设　推动事业单位法人证书电子证照工作,推进法人证书电子化,实现电子证照加盖电子章率100%,平台发布率达100%,拓宽对事业单位法人监督的渠道。

法人治理结构试点　探索推进公立医院法人治理结构试点,配合医药卫生体制改革,指导各县(市)区组建公立医院管委会,跟踪闽侯、连江县医院法人治理结构试点工作,推动落实公立医院独立法人地位。

【机构编制资源调配】　理顺相关管理体制和职责,调整市、县(区)效能办管理体制,将市效能办由挂靠在市纪委调整为挂靠市政府办;市委办公厅增设综合协调处,承担市全面深化改革领导小组办公室的日常工作;市政府办公厅增设法律事务处,加强行政复议应诉工作力量;将烟花爆竹安全管理有关职责由市公安局划转市安监局,并在市安监局设立危化品与烟花爆竹监督管理处;将市委组织部内设的干部综合处、市直干部处、县区干部处和党群机关干部管理处等4个处室进行更名和调整,设立干部一、二、三、四、五处。调整加强工业园区服务管理有关机构,市审计局增设园区经济审计处;设立福清市环保局江阴分局、安监局江阴分局;调整福清融侨经济技术开发区管委会内设机构和领导职数;确定连江县可门经济开发区管理委员会机构规格为正科级;将福州(闽侯)

农业科技园区管理委员会更名为闽侯经济技术开发区管理委员会。适应行政审批制度改革形势，整合市直单位各处室审批职能单独或归并设置行政审批处。

（李宣庆）

人事人才工作

【概况】　2015 年，福州市面向社会考试录用公务员（含参公管理人员）659 人，从基层一线遴选公务员 58 人，公开聘用事业单位工作人员 1123 人，安置军转干部 234 人，新增国家“千人计划”2 人，福建省“百人计划”12 人、1 个团队，福建省“百千万工程领军人才”1 人，福建省青年拔尖人才 1 人，福建省“外专百人计划”1 人，福建省“高端外国专家团队引进计划”4 个团队，福建省“服务重点扶贫县、革命老区苏区发展及闽台合作引智专项计划”3 个项目，企业博士后科研工作站 6 家，福州市第四批引进高层次优秀人才 34 人、2 个团队，高新区全省首家入选“国家级专家服务基地”。

【海西引智试验区建设】　制定《福州市引进海外人才联络处管理办法（试行）》，委托中国人民大学制定《中国福州海西引智试验区中长期发展规划纲要》。

6 月，举办海外博士海西行活动，邀请美国、德国、英国、法国、日本等国家的 33 名物联网产业、智慧云服务、文创媒体、互联网金融等尖端领域海外博士到榕，与福州市企事业单位开展项目对接洽谈。10 月，举办 2015 年中国·福建海外人才创业周在榕系列活动，包括 2015 年海外留学博士与海上丝绸之路核心区建设项目对接洽谈会、福州市海外留学人员创业座谈会等，吸引 88 名来自美国、英国、法国等十几个国家海外留学人员与福州市 200 多家企事业单位、20 家风险投资公司对接洽谈。

开展第二批“试验区外专百人计划”“高端外专产业项目合作计划”“海外高端人才团队计划”“海外人才特聘岗位计划”“国际化创新人才培养计划”等 5 项引智计划，1 人入选试验区外专百人计划、4 个团队入选“海外高端人才团队计划”、3 个项目入选高端外专产业项目合作计划，选送 40 名专业技术人员赴法国、新加坡培训，选派 5 名高层次专业技术人才赴国（境）外访学，征集 65 家企事业单位的 91 个人才项目需求和 7 家文教单位的 41 个聘请外教需求。

建设福州留学人员创业园与福州国际人才项目孵化器，新增 11 家企业入驻福州留学人员创业园高新区分园，福州留学人员创业园福清分园在福清融侨开发区正式挂牌成立。建设并运营国家软件与集成电路人才国际培训（福州）基地，与福建师范大学、闽江师范高等专科学校和福建工程学院签署共建培训基地协议，举办第三、四届技术研讨会，邀请国家“千人计划”专家潘正祥、美国西弗吉尼亚大学计算机科学博士林劼和香港理工大学博士王少昊开展专业技术培训。建设中国国际人才市场海西分市场，举办“福州自贸片区企事业单位高层次人才招聘会暨第二届海峡两岸人才交流会”，145 家用人单位进场引才，提供 3208 个岗位。

设立专门受理窗口，配备专人负责外专管理服务工作，办理外国专家证 218 人次，办理外国专家来华工作许可证 97 人次。为留学人员企业提供“创业一站式”服务，协助受理入驻申请，提供政策咨询，指导企业经营逐步进入正轨，现场解答问题。建成微信公众平台“福州海外人才”，完善中国福州海西引智试验区中英文网站。

【闽都人才高地建设】　梳理集成高层次人才政策，汇编《福州市高层次人才政策汇总》，制定《福州市人才住房保障实施方案》。开展福州市第四批引进高层次优秀人才（团队）评审，34 人、2 个团队入选，评审全市首个高层次优秀团队。为福州航空有限责任公司引进管理人员、飞行员、航务人员、机务维修人员，一次性发放安家补贴 20 万～30 万元，年内发放 1170 万元。将中小学、幼儿园及特教教师、地铁建设所需人才列入全市紧缺急需人才引进范围，纳入《福建省 2015 年度紧缺急需人才引进指导目录》。发放 2015 年度高层次优秀人才租房补贴 88.5 万元，100 人申购人才公寓、27 人购房，发放购房补贴 897 万元。

落实与清华大学、复旦大学、厦门大学等高校合作协议，首次组织 160 名清华大学、北京大学、台湾大学等两岸著名高校博士（硕士）研究生参加“海峡两岸百名博士（硕士）福州社会实践活动”。在马尾举办自贸区建设与人才创业论坛暨“千人计划”专家、海外专才走进福建自贸区活动，70 多名“千人计划”专家、海外专才与企业开展对接交流。每月定期征集全市自贸区人才需求、引才进展和闽台人才交流合作情况，设立自贸区人才服务窗口、人才环境监测点，落实 51 项省市自贸区人才任务。组团赴北京、武汉、合肥招聘高层次紧缺急需人才，组织企事业单位赴兰州、宁夏、安徽、厦门召开校园招聘会。推荐 2 人参评百千万人才工程国家级人选、2 人参评百千万工程领军人才、12 人参评青年拔尖人才，

10 月，举办 2015 年福州市海外留学人员创业座谈会　　（市人社局　供）

10个单位和2个园区申报企业博士后科研工作站,2家博士后站点申报福建省优秀博士后科研工作站。闽都人才聚集区、软件园、马尾区申报福建省产业人才聚集基地。高新区入选首批“福建省专家服务基地”,全省首家入选“国家级专家服务基地”。

【公务员管理】 招考录用 2015年度福建省录用公务员考试笔试福州考区设49个考点,有37318人参考,全市新考录公务员659人(含参公人员),市直政府机关录用有两年以上基层工作经验人员比例达100%。从2015年起福州市党群系统、政府系统的考录面试合并实施,全面实行面试考官“7+0”模式和考生、考官“五抽签”、面试现场“双隔离”、面试过程“双监督”、面试考场“全屏蔽”。

公开遴选 完善市直机关单位从基层一线选拔、培养公务员的公开遴选机制,把通过竞争性选拔作为市直机关补充工作人员的重要渠道。2015年度福州市市级机关公开遴选公务员设置74个遴选职位,计划遴选87名公务员,实际遴选58人。

聘任制公务员试点 在自贸区福州片区管委会开展聘任制公务员管理试点工作,设置2个国际商务高级主管、2个金融商务高级主管、1个对台商务高级主管等5个职位,招聘5名聘任制公务员,按合同管理。

职位管理 办理市直单位科级职数审核及任职资格审查正科级职务299人、副科级职务409人。审核市规划局、市政府办、市司法局、市安监局、市建委5家单位竞争上岗方案,办理公务员(参公)登记手续674人,登记乡镇科技副职34人,办理127人调动手续。

考核培训 完善公务员岗位考核信息平台,逐步对接考勤数据,在马尾区及市科协、市民政局、市统计局开展公务员平时考核试点。完成政府系统56家市直机关公务员(含参公人员)上、下半年和年度考核工作,年度报送考核结果10343人,优秀1782人、称职8157人、基本称职4人、不称职5人、不定等次322人、未考核73人。组织公务员初任培训3期,培训2014年度新录用公务员459人。组织自由贸易试验区推进工作领导小组成员20人参加全省自贸区建设专题培训班,组织县(市)区及市直单位44人参加省“提升生态文明建设能力”“基层公务员社会治理创新”等5个班次专题培训。

评先表彰 给全市202名2012—2014年连续3年年度考核优秀的市直机关公务员(含参公、机关工勤人员)记三等功。表彰2014年度市重点项目先进集体、先进个人,24个单位分获建设综合一、二、三等奖或鼓励奖,9人获授建设功臣,18人记三等功,73人获嘉奖,44家单位获先进集体,9个项目为优胜项目。授予福清边防检查站“爱民固边模范边防检查站”称号。推荐市质监局、市财政、市文联、市民宗局、市经信委、市林业局、市发改委和物流系统、政法系统等部门、个人参评全国系统、省级重点项目建设先进集体、个人评比。

治理“吃空饷” 在2014年全市“吃空饷”问题整治工作的基础上,开展“回头看”工作,在全市范围开展新一轮“吃空饷”问题治理工作,查出各类“吃空饷”人员60人,其中机关编制8人,参公单位编制1人,事业单位51人,资金1580390元,已追缴金额113483元,清退或终止人事关系31人,调整工资关系22人。

【专业技术人员管理】 职称评审 中小学校在核定的空缺岗位数额内组织竞争推荐评审,市直教育系统有521人(高级283人、中级238人)被推荐参加评审。组织县(市)区2972名教师参加交叉评审。市属高校自主评聘职称、自主发证、竞聘上岗,闽江学院评聘51人,福州职业技术学院评聘23人,闽江师范高等专科学校评聘11人。委托省人社厅评审421人,全市组织资格预审3058人,预审不符合条件120人,参与评审2938人,通过2278人,淘汰660人,评审淘汰率22%。

职称考试 组织4854人参加全国职称外语考试、1826人参加计算机应用能力考试、3846人参加经济专业资格考试,协助组织5767人参加卫生专业考试、13262人参加会计专业考试、11263人参加二级建造师考试。审核通过一级建造师考试资格4557人、执业药师考试资格553人。

继续教育 开设“儒家文化与和谐社会”“法治中国”等公修课,办班52期培训4943人。组织专业技术人员网络培训76期,培训2286人。继续教育办班310期,培训52550人,验证50070名专业技术人员继续教育学时。664名机关事业单位工勤人员参加等级升级考核,17名高层次专业技术人员在国内访学进修,9名高层次技术人员参加全国培训。

【事业单位人事管理】 核准30多家市直和县区单位的招聘方案。全市统一公开招聘1123名事业单位人员,市文广新局自主面试招聘钢琴、舞蹈教师8人,市体育局自主面试招聘体校教练6人。市属卫生系统在《福建省2015年度紧缺急需人才引进指导目录》范围内,自主招聘154名高层次紧缺急需卫生人才,县(市)区卫生系统公布410个岗位并招聘卫技人员702人。

完成市属事业单位88人次调动核岗、2118人次聘任岗位。全市各单位完成第二轮岗位设置聘任备案工作,备案市直238家单位、39683人第二轮岗位聘任方案,各县(市)区6177家单位第二轮岗位聘任方案。

【工资收入分配制度改革】 调整机关事业单位工作人员基本工资标准,增加机关事业单位离退休人员离退休费。实施县以下机关公务员职务与职级并行制度,5204人符合条件。发放200~500元乡镇工作人员工作补贴,核定除中小学外218家其他事业单位2014年绩效工资总量。

【军转干部安置】 实行军转干部“阳光安置”,完成2015年省下达的234名军转干部接收安置任务,其中计划安置145人,自主择业89人。调整企业退休军转干部困难补助费发放办法,发放困补经费954万元。为1500名企业退休军转干部发放医疗补助1470万元,军转干部体检费标准提高到550元/人,为500名企业困难退休军转干部发放慰问费15万元。重新核对1086名自主择业军转干部退役金,逐年增资调整。委托海峡人才市场和市职业训练中心开展自主择业军转干部培训，举办第30期计划安置军转干部适应性培训班，培训49人。

【退休干部管理服务】 市直单位退休干部公用经费标准由每人每年600元提高到1000元；完善福州“银色人才网”，充实银色人才信息库，开展退休专业技术人员“三下乡”活动，举办退休干部健康专题讲座、登山等活动，参加退休干部超过1万人次；整修市退管中心活动场所，扩大活动场地，增设学习室、书画室、健身休息室等，全年到市退休干部管理中心活动的离退休干部6万人次。

（黄启韩）

发展研究工作

【概况】 2015年，福州市政府发展研究中心完成市委、市政府各类调研成果50项（篇），撰写调研报告等重要文稿30多篇，其中《提高政府工作执行力的调研和思考》《当前我市经济发展态势及对策建议》等获得省、市领导批示；编发《研究报告》12期（其中《专报件》6期，《参阅件》6期），《福州经济》6期；编印《2015年福州发展研究》文集。

【重点课题调研】 完成《融入“一带一路”国家战略，加快福州产业走出去》《今年上半年全市经济形势分析报告》《今年1—7月全市经济形势分析》《当前我市经济发展态势及对策建议》等6项专报件重点课题。完成《培育发展福州智能制造产业的研究》《对大力发展我市大数据产业的思考》《加快我市人力资源服务业发展对策研究》《抢抓机遇，全力建设现代渔业强市》等6项参阅件重点课题。

【政策咨询服务】 参与福州市一系列重要文件的起草工作，提出咨询意见。先后对《福州市“十三五”规划》《关于进一步促进旅游业改革发展的实施意见》及《关于加快发展体育产业促进体育消费的若干意见》等政策性材料提出建设性修改意见。

（占　星）

地方志工作

【概况】 2015年，《福州市志（1995—2005）》通过市政府的验收，《福州年鉴（2015）》完成编辑出版。召开2场县（市）区地方志机构主任联席会议，审议《福州市地方志资料年报制度》（初稿）。

【二轮市志编修】 4月，完成对志书所有篇章的审查工作，并完成对全书的保密、法律、统计资料、档案材料的审查。8月7日，召开总编室成员会议，研究议定志稿送审相关问题。志书内容增加“3820”工程形成过程、解决外来务工人员子女就学困难、林则徐系列古迹的修复、建立市级文物管理机构、加强党的建设、整治歪风邪气等内容。11月，《福州市志》通过市政府审查，并报送省方志委审查验收。

【旧志整理出版】 7月，连江县方志委整理出版民国版《连江县志》，该书为连江县历史上重要的方志之一，编纂者为丘景雍。

【《福州年鉴》编纂】 《福州年鉴（2015）》由方志出版社出版，全书115万字。2015卷结合年度特点，及时更新收录内容。“专文”栏目补充习近平总书记来闽调研内容，“社会团体”栏目新增“福州市关工委”“福州市慈善总会”内

表16　**2015年全市地方志工作机构出版年鉴情况统计**

书　名	卷号	主办单位	承办单位	出版单位	出版时间	字数（万字）
福州年鉴	2015	福州市人民政府	福州市方志委	方志出版社	2015.9	115.0
鼓楼年鉴	2015	鼓楼区人民政府	鼓楼区方志委	海峡书局	2015.11	52.0
台江年鉴	2014	台江区人民政府	台江区方志办	方志出版社	2015.6	48.8
台江年鉴	2015	台江区人民政府	台江区方志办	海峡书局	2015.11	50.0
仓山年鉴	2015	仓山区人民政府	仓山区方志委	海峡书局	2015.12	51.0
晋安年鉴	2015	晋安区人民政府	晋安区方志办	海峡书局	2015.12	50.0
马尾年鉴	2015	马尾区人民政府	马尾区方志办	方志出版社	2015.10	60.6
福清年鉴	2015	福清市人民政府	福清市方志委	福建人民出版社	2015.12	37.0
长乐年鉴	2015	长乐市人民政府	长乐市方志委	福建省地图出版社	2015.9	84.4
闽侯年鉴	2015	闽侯县人民政府	闽侯县方志委	海峡文艺出版社	2015.12	60.0
连江年鉴	2015	连江县人民政府	连江县方志办	福建省地图出版社	2015.12	84.0
闽清年鉴	2015	闽清县人民政府	闽清县方志办	哈尔滨工程大学出版社	2015.12	87.8
罗源年鉴	2015	罗源县人民政府	罗源县方志委	福建省地图出版社	2015.11	61.0
永泰年鉴	2015	永泰县人民政府	永泰县方志委	福建省地图出版社	2015.6	50.0

容,“交通”栏目新增“福州航空”内容,“园区”栏目新增“福州台商投资区”“闽台(福州)蓝色产业园”内容,“科学技术”栏目增加“气象事业”内容,“教育”和“社会科学”栏目新增福州地区省属高校的内容,“卫生　体育”栏目新增执委会关于青运会的内容,“三坊七巷等历史文化街区”栏目新增烟台山的内容,“人物”栏目新增“福州公共文明建设八项‘十佳’”“福州市荣誉市民”内容。

12月28日,召开《福州年鉴(2016)》组稿会议,回顾总结2015卷工作,部署2016卷组稿工作。各县(市)区人民政府,市直各委办局(公司),中央、福建省驻榕单位,各园区管理机构,省属、市属高校分管领导及撰稿人共170余人参会。会议表彰优秀撰稿人20人。

【县(市)区年鉴全面出版】　在2014年各县(市)区全面启动综合年鉴编纂工作基础上,2015年全市出版县(市)区级综合年鉴13本,其中台江区2本,其他县(市)区各1本,实现全市市县两级综合年鉴全面公开出版。

【地情书籍】　福清市编纂出版《福清历代著述人物纪略》《福清科名录》《福清风物纪略》。闽侯县编写《2015年闽侯县大事记》。

【信息咨询与服务】　3月5日,市方志委副主任王小珍应邀出席闽江学院附中开展的“学雷锋志愿服务——传统文化传播月”启动暨第十届雷锋班命名仪式,并为雷锋班师生开展传统文化讲座。

配合福州日报社查找福州人在台抗日的相关资料,并检索部分烈士名录。向市商务局提供《福州年鉴》,以供编纂《福州市商务指南》。开展党史人物资料的收集。配合平潭池氏后人查询池源翰去思碑相关资料。为南屿镇周氏后人查询其宗族相关材料。

【地情网站建设】　下半年起,福州地情网全面改版,改版后的网站设政务信息、地情文化、闽都文化、城市之窗、地情全文数据库、互动交流、政务微博微信等7个大类,在各大类栏目下设有志鉴动态、福州概貌、古今大事记、风景名胜、船政文化、志鉴期刊数据库、民意征集等40多个一级栏目。福州地情网有30个一级栏目、85个二级栏目,被纳入全市政府网站群绩效评估日、季度监测考核,监测结果每日在政府门户网站公布。年内参加第一次全国政府网站普查工作,完成自查并通过抽查。

11月29日,中共中央候补委员、中国社会科学院副院长、中国地方志指导小组常务副组长李培林,福建省方志委主任冯志农、副主任俞杰考察组一行7人到福州市调研地方志工作,考察三坊七巷文化、寿山石文化,商谈设立国家方志馆闽台分馆的初步意向,副市长陈晔陪同考察　(吴燕　摄)

【方志微博建设】　在新浪、腾讯开通官方微博账号“方志福州”,年内试运行并正式上线。“方志福州”开辟“志鉴动态”“话说福州”“福州历史”“文化村镇”“福州一周要闻”等版块发布福州地情信息。至2015年底,发布160条信息。

【方志馆建设】　《中共福州市委关于制定福州市国民经济和社会发展第十三个五年规划的建议》第46项“打响闽都文化品牌”中,列入“设立福州市方志馆”的内容。

【考察交流】　4月21—23日,派员参加在杭州市萧山区举办的第十六次全国地州区县年鉴研讨会暨第五届年鉴编纂出版质量评比颁奖大会。6月8—10日,市方志委主任张硕赴厦门市参加福建历史文献收集整理暨中国地方志海外传播学术研讨会。6月23日,市方志委接待武汉市方志办副主任王勇军一行2人。6月23—27日,组织人员参加在广西北海举办的第十五期全国年鉴编纂高级研讨班。10月10—17日,市方志委副主任王小珍随同省方志委副主任林浩一行赴西藏林芝市考察支援西藏地方志工作情况。11月9—11日,派员参加第五届中国地方志学术年会。

(张　灵)

驻北京联络处

【概况】　2015年,福州市政府驻北京联络处配合市委市政府、市直部门和各县(市)区完成相关公务接待、服务保障、项目招商和信访维稳工作。年内向福州市报送普通信息235条,编辑信息专报30份;开展“醉美北京街景随手拍”系列活动,并编印成册。

【公务接待工作】　协助福州市有关部门相继完成拜访国办、中编办、国家发改委,以及京东方、中船集团、三峡集团等中央、国家机关部委和央属企业活动,并协助在京举办“央企座谈会”“中央新闻媒体座谈会”“福州新区建设发展座谈会”等大型活动。

【信访维稳】 市委组织部先后在各县(市)区及市直相关部门选派2批共16名信访干部、公安民警到京挂职;完成每日的上访动态信息登记报告工作。落实接离人员交接责任制,确保接离、送返全过程的安全交接;密切与中央国家机关、省驻京办、北京市公安局以及福州相关单位之间的沟通协调。化解在京群体性上访事件,妥善处置各类非正常上访人员。

【项目招商】 配合市直相关部门,在京联系、沟通国家各部委,推动完成福州新区的筹备、报批工作。协助市委、市政府及有关部门完成在京的项目招商对接,陪同市领导拜访欧盟商会等10余家企业和社团组织。配合市投促局,加大对闽商的招商力度,为闽商回归提供服务。与福建省企业总商会签订三方战略合作协议,议定组织企业家到榕考察、举办相关活动。

【醉美街景随手拍活动】 5月下旬,市驻京联络处在机关和下属企业全体干部员工中开展“醉美北京街景随手拍”系列活动,征集摄影作品,通过影像记录首都城市建设方面的先进理念,为打造升级版“美丽福州”提供借鉴和参考。年内举办“北京之夏”“北京之秋”活动,征集作品900张,并将相关优秀作品编印成册,呈送市委市政府领导和市直相关单位。

【会馆经营建设】 组织下属北京福州宾馆将北京福州会馆大楼闭路电视系统进行升级,增加频道数量;对网络系统进行改造,增设无线网络系统,实现会馆大楼Wi－Fi无线网络全覆盖。8月28日,开通“北京福州会馆”微信公众号,发布推送多篇介绍北京福州会馆及福州民风民俗的文章。北京福州宾馆全年实现营业收入820.4万元。

(陈国栋)

驻上海办事处

【概况】 2015年,福州市人民政府驻上海办事处加强与上海相关部门的联系,为福州市各级到沪学习交流考察团组和出访中转团组开展前期沟通联络、知名客商邀请、酒店安排和接送等工作。寻找招商引资、经济合作商机,为省外客商和跨国企业到福州市投资办企业开展协调工作。

【招商引资】 搜集大型跨国企业的动态投资信息,与跨国集团驻中国总部进行联络,上门拜访并介绍福州市产业概况、发展机会及投资软硬环境,瑞典宜家集团开始在福州市进行实质性选址等前期工作。推介上海国有企业到福州发展,年内上海城建投资发展有限公司到福州市考察。

【服务榕籍在沪企业】 上海有福州籍企业3600多家,从业人员9万多人。办事处通过上海市福州商会,主动与企业进行互动沟通,协助配合企业与上海市综合经济部门加强沟通,并引导一批企业会员参与福州公益事业。

(吴金捷)

驻深圳(广州)办事处

【概况】 2015年,福州市政府驻深圳(广州)办事处加强项目招商和接待保障工作,在广交会、高交会和文博会等重要展会期间,主动和福州参展代表团、广州和深圳会展组织方进行沟通,完成前期准备和保障服务工作。加强商会工作力度,推动“回归工程”项目,年内深圳市黄金玉石珠宝商会成立。

【招商工作】 走访大中型企业32家,组织5批企业家考察团到福州考察投资环境,实现6个招商项目对接。组织5批(次)投资考察团赴榕实地考察,组织由32名广深企业家组成的“广东企业家代表团”到福州参加海峡两岸经贸交易会。开拓中介招商、网络招商等新型招商模式,向广州市福建福州商会、广州福清商会、广东连江商会等商会组织和其他重要福州籍企业家推介和宣传广州最新的产业政策和发展重点,并走访有意向赴福州投资的大中型企业,走访广东省高科技产业商会等商会组织,推介福州投资环境,拓展两地经济合作形式。

【联络工作】 与广深政府职能部门保持沟通,参与社会管理,维护重大活动期间的社会稳定,协助处理突发事件,为在粤榕籍乡亲提供帮助。12月20日,深圳市光明新区发生滑坡重大事故,办事处在得知有3名福清籍失联人员后,与深圳事故处理工作组和福清市政府取得联

12月26日,市政府与中国铝业公司合作协议签约仪式在北京举行

(市政府驻北京联络处 供)

系,并成立由办事处和深圳市福州商会、深圳市福清商会共同组成的“事故处理联络小组”,前往光明新区了解情况,看望和慰问从福清赶来的失联人员家属。

【信息工作】 拓宽信息搜集渠道,全年编报邮寄版《广深信息快报》31 期,电子版《广深信息快报》101 期,发给市领导、市直有关部门领导、各县(市)区领导。突出信息的借鉴性,走访深圳、广州等地政府相关部门,了解深圳、广州等地在经济、科技、人才政策等方面的做法、经验。

【商会工作】 利用商会平台推动“回归工程”项目,走访商会会员,宣传市政府出台的各项优惠政策,组织在粤榕籍乡亲回榕参加“5·18”海交会、“6·18”项交会、“9·8”投洽会活动。推动商会参与福州公益事业,全年商会会员企业捐款约500万元。协助深圳市福州商会开展换届工作。协助完成深圳市黄金玉石珠宝商会筹建工作,该商会于9月成立。筹备开展港澳地区商会组织协调工作。

(谢 鑫)

(编辑 黄 铭)

9月8日,全球闽籍珠宝工商总会暨深圳市黄金玉石珠宝商会在深圳成立 [市政府驻深圳(广州)办事处 供]

人民政协

综　　述

2015 年,政协福州市委员会召开 1 次全体委员会议、5 次常务委员会议、2 次常委会议议政协商、6 次专委会专题协商、5 场对口协商、2 场界别协商及 10 场提案办理协商。全年完成"加快福州自贸区的建设发展""以新兴服务业为抓手,大力提升第三产业比重""凝聚各界力量,汇聚新区发展合力"等 12 个课题调研,开展 38 场委员视察,70 多次界别活动,委员在调研、视察、协商评议过程中提出意见建议 200 多条。立案交办提案 381 件,全部办复;委员对办理结果满意率为 99.8%。征编出版文史文化丛书《三坊七巷史话》和福州"三亲"文史资料选集第三十三辑。

重要会议

【政协福州市第十二届委员会第四次会议】　1 月 12—15 日召开。会议审议并同意方清海和雷成财分别代表福州市政协十二届常委会所作的常务委员会工作报告和提案工作情况的报告。会议期间,委员列席市十四届人大四次会议,听取并赞同市长杨益民所作的政府工作报告,赞同市中院、市检察院工作报告以及计划和预算报告。会议同意方清海辞去十二届市政协主席职务,选举周宏为十二届市政协主席,补选王国华等 10 人为十二届市政协常务委员会委员。审议通过市政协十二届四次会议决议。

【市政协十二届常委会】　第十六次会议　1 月 11 日召开。会议听取市委统战部副部长程辉关于《福州市政协第十二届委员会委员调整名单》(草案)、《福州市政协第十二届委员会常务委员候选人名单》(草案)的说明。会议审议通过《中国人民政协协商会议第十二届福州市委员会委员调整名单》;同意将《福州市第十二届委员会常务委员候选人名单》提交各组酝酿,并提交福州市政协十二届四次会议第二次大会选举。

第十七次会议　1 月 13 日召开。会议审议《关于同意方清海同志辞去中国人民政治协商会议第十二届福州市委员会主席职务的决定》(草案);协商《中国人民政治协商会议第十二届福州市委员会主席候选人名单》(草案);协商《中国人民政治协商会议第十二届福州市委员会第四次会议选举办法》(草案);协商《中国人民政治协商会议第十二届福州市委员会第四次会议大会选举总监票人、监票人名单》(草案)。

第十八次会议　1 月 14 日召开。会议听取大会秘书长汇报《中国人民政治协商会议第十二届福州市委员会第四次会议决议》(草案)讨论情况;审议《中国人民政治协商会议第十二届福州市委员会第四次会议决议》(草案)。

第十九次会议　6 月 19 日召开。会议围绕"加快福建自贸试验区福州片

1 月 12 日,政协福州市第十二届委员会第四次会议在海峡国际会展中心开幕
(福州日报社　供)

区建设发展”开展专题协商。听取市政协副主席雷成财“关于加快福建自贸试验区福州片区建设发展的几点建议”调研课题的专题发言。自贸区福州片区管委会、福清市政府分别汇报推进福建自贸试验区福州片区建设工作情况。4名委员从不同角度围绕“加快福建自贸试验区福州片区建设发展”建言献策;市政协常委、市政协调研室主任曹波通报市政协各专门委员会收集的委员意见建议。福州海关、福州港口管理局、人行福州中心支行等部门对委员的意见建议作了回应发言。副市长高明代表市委、市政府出席会议。会议审议通过《中国人民政治协商会议福州市第十二届委员会部分专门委员会主任、副主任任免名单》。同意张硕任社会和法制委员会主任,林秀燕任经济建设委员会副主任,陈琳任港澳台侨和外事委员会副主任,潘德兴任人口资源环境委员会副主任。会议同意免去高孔霖的社会和法制委员会主任职务,邱幸青、吴震诚的经济建设委员会副主任职务,王荔仙的人口资源环境委员会副主任职务。会议审议通过《关于撤销林伦健中国人民政治协商会议福州市第十二届委员会委员资格的决定》,鉴于林伦健严重违纪,撤销其中国人民政治协商会议福州市第十二届委员会委员资格。常委会议前,常委视察福建自贸试验区福州片区综合服务大厅(马尾)、江阴太元行汽车展示厅、江阴港区、江阴汽车整车进口口岸堆场及检测线等项目。

第二十次会议　11月9日召开。会议听取市委常委、常务副市长黄忠勇作的福州新区基本情况介绍、市政协副主席范美先作的“以福州新区发展为机遇,大力提升第三产业比重”常委会协商课题的专题发言。会议审议通过《中国人民政治协商会议福州市第十二届委员会部分专门委员会主任、副主任任免名单》,同意严宪玲任政协福州市委员会文史资料和学习宣传委员会副主任;会议审议通过《关于撤销杨光等人福州市第十二届政协委员资格的决定》,撤销杨光、刘昌棋、陈向群中国人民政治协商会议福州市第十二届委员会委员资格。

政治协商

【全委会议协商】　市政协十二届四次全体会议期间,全体委员和列席人员分组讨论政府工作报告,围绕自贸区、经济产业、城市建设、交通管理、文体、教育、医卫等13个方面工作提出137条建设,反映10个问题。市政协将所提的意见建议,收集汇总后分5次报送市委、市政府,经市委、市政府主要领导批示后,市政府办公厅进行分解督办,相关市直部门和县(市)区政府及时反馈办理情况。

【常委会议协商】　开展两场常委会议协商。其中,开展“加快福建自贸试验区福州片区建设发展”课题调研,组织120多名委员开展专题讨论,提出60多项意见建议。同时举办自贸区政策解读报告会、金融创新服务福州自贸片区研讨会和第三届“政协委员看金融”视察活动。6月19日,市政协召开第十二届常委会第十九次会议,会议围绕“加快福建自贸试验区福州片区建设发展”开展专题协商,市政府分管领导和涉及自贸片区建设的市直部门和有关县(市)区政府领导到会听取常委的意见建议。开展“以福州新区发展为机遇、大力提升第三产业比重”课题调研,11月9日,市政协召开第十二届常委会第二十次会议,会议围绕建设国家级新区,选择“以福州新区发展为机遇、大力提升第三产业比重”课题,开展常委会议议政协商,常委的协商建议上报市委、市政府决策参考。

【专题协商】　开展6场专题协商,分别是:与市商务局开展“促进家政服务业发展”专题协商,与市市场监管局开展“加强食品安全监管”专题协商,与市农业局、市外侨办、市台办开展“发挥侨台资源优势,推进观光休闲农业发展”专题协商,与市社区办、市财政局、市民政局开展“增强和完善社区建设功能”专题协商,与市民宗局、市台办开展“加强榕台宗教文化交流”专题协商,与市环保局、市城管委、市建委开展“我市大气污染现状调研及对策”专题协商。

【对口协商】　全年开展5场对口协商,分别是:与市地税局、市国税局开展“落实税收政策,促进和谐征管”对口协商,与市市场监管局开展“深化工商登记制度,提高市场监管效率”对口协商,与市民政局开展“进一步推进政府购买服务的建议”对口协商,与市城管委开展“城区垃圾转运站的布局与建议”对口协商,与福州电业局、市民宗局开展“推进相关部门落实宗教场所生活用电执行居民电价政策”对口协商。

【立法协商】　参与“六五”普法检查验收,组织界别委员开展《福州市园林绿化管理条例》《福州市公共场所控制吸烟条例》和《福州市城乡规划条例》等地方法规开展立法前协商,推进相关法规修改完善。

民主监督

【民主监督员工作】　民主监督员以小组为单位,针对受监督单位及其工作人员遵守和执行国家宪法、法律和法规、勤政廉政的情况,贯彻执行党委、政府重要方针政策和重大决议、决定的情况,人民群众反映强烈问题的解决情况,以及政协提案、委员的批评建议的落实情况等开展形式多样的民主监督活动,其中文广新局监督员小组对各县(市)区文体局及局属窗口服务单位的作风纪律情况、队伍建设、服务窗口工作及开展民主评议政风行风情况等工作进行明察暗访;福州广电集团、福州日报社监督员小组参加福州日报社对民主监督员的业务培训,了解该单位工作性质、工作职责、主要工作情况,以及历史沿革、机构设置、权限、执法依据、业务操作规程等。

【委员视察工作】　围绕服务市委中心工作和群众关注的热点难点问题,选择自贸片区建设、青运会筹备、金融服务小微企业、税收便民、大气污染防治等领域作为委员视察的重点内容,通过常委视察、专委会视察和界别小组视察等形式，开展建言献策活动，其中围绕福州新区建设，全会前组织300多名委员，分组视察重点项目建设情况。全年组织委员开展视察活动38场，委员在视察过程中所提出的200多条意见建议，报送市委、市政府供决策参考。

【参与推动重点工作】　按照市委统一部署，市政协领导联系服务重点项目137个。市政协党组进行专题研究部署，定期交流通报项目进程。在“四个万家”活动中，组织开展“企业服务月”等专项活动，协调解决企业遇到的困难123个。发挥各界别委员和异地商会的作用，配合开展招商引资工作，邀请部分海内外榕籍乡亲组团参加“5·18”“6·18”交易会。参与首届全国青运会、海丝电影节和旅游节、第十三届农交会等重大活动，完成协调服务等工作。

委员与提案工作

【委员工作】　健全委员履职制度，出台《加强委员服务与管理的意见》，规范委员的履职行为，量化委员的履职考评标准。完善委员联系机制，出台《市政协联谊服务委员工作计划》，走访联系300多名委员，了解委员工作情况，听取对政协工作的建议。扩大委员参政议政知情权，先后4次邀请市政府领导通报福州经济社会发展和自贸片区、福州新区建设情况；健全政协专委会与市直部门的对口联系、定期通报机制。举办委员读书班，400多名委员参加集中学习。开通“福州政协”微信公众号，已有1100多人关注，累计发布工作信息和其他资讯近千条。

【提案工作】　全年提出提案476件，立案交办381件（委员提案259件，政协参加单位和专门委员会提交集体提案122件）；不予立案的95件，作为委员来信或社情民意转送有关部门研究参考。在立案交办的提案中，经济建设类83件，占21.8%；城建环保类115件，占30.2%；教科文卫体类85件，占22.3%；社法劳动人事统战类98件，占25.7%。立案交办的提案均按期办复，其中已经解决或者基本解决的204件，占53.5%；正在解决或者需要跨年度逐步解决的168件，占44.1%；暂时难以解决的9件，占2.4%。委员对办理结果的满意率为99.8%。选择50件具有代表性的提案予以摘编，报送市委领导阅批，50件提案所提的159条意见建议均被相关部门采纳。选择“激发企业创新活力、助力产业优化升级”等10件重点提案，实行政府领导领衔承办、政协领导领衔督办，所提的43条意见建议被有关部门采纳。选择治理交通拥堵等10件提案进行协商，促进相关提案办理落实。

文史信息工作

【文史资料工作】　征编出版文史文化丛书《三坊七巷史话》，启动《福州海上丝绸之路史话》史料收集工作。征编出版福州“三亲”文史资料选集第三十三辑。编辑印发委员《学习资料》6期。在福州电视台策划编播“政协之声”专题片24期；在《福州日报》刊登“政协之声”专题报道12篇，围绕福州新区、自贸区福州片区建设，组织2个专题系列报道专版。建立政协文史资料馆，举办2015年度市政协系统书画摄影展等。

【信息工作】　编发《福州政协信息》普刊29期，《福州市政协社情民意专报件》80期。全年收集政协委员报送的各类专报信息500余条，被全国政协办公厅采用13条，被省政协办公厅采用149条，得到省领导批示19人次；向市委、市政府编发信息专报80条，主要涉及新区、自贸区、产业转型升级、城市管理、青运会筹备、园林绿化、公交便民等方面，得到市领导批示50余人次，部门办理反馈40余条。

交流联谊工作

【党派团体工作】　搭建大会发言平台，14个参加单位在市政协全会上围绕新区建设进行专题发言。发挥各民主党派、工商联成员的专业优势，邀请200多人次党派团体委员，参加各课题的调研协商活动。各民主党派和工商联提交集体提案113件，占总提案数的30%；报送社情民意信息占编发数的80%。

【界别工作】　全年组织开展界别活动70多场次，其中，市民盟、市农工党和市园林局、市规划局、市建委联合开展以“新型城镇化建设进程中的古树名木保护”为议题的界别协商活动；科技界别、农业界别和市环保局、市海渔局、市科技局联合开展以“加强近岸海域环境保护”为议题的界别协商活动。

【台港澳侨工作】　开展榕台交流联谊，与省台盟等联合举办以“福州船政与中国海防建设——纪念沈葆桢巡台140周年”为主题的第六届海峡两岸船政文化研讨会。与市外侨办、市台办等部门联合举办华裔青少年“中国寻根之旅”夏令营·福州营和“青年携手·青春圆梦”第十二届榕台青年夏令营活动。邀请港澳青年回乡考察，组织回榕的海外社团侨领和华侨新生代参观市政建设。召开“福州新区推介会”，听取港澳委员、海联会理事、异地商会的意见建议。加强与异地商会联谊，赴广州市、珠海市、深圳市走访看望榕籍港澳委员和异地商会，看望异地商会会员200多人次。邀请部分异地商会会长列席市政协常委会议。

【民族宗教工作】　加强与宗教界人士的沟通联系，就“宗教与海丝”“榕台宗教”等文化交流课题开展调研座谈。组织民族宗教界委员视察青运会少数民族运动员生活设施建设情况。组织卫生界别委员和市基督教两会赴畲族村开展义诊活动，协同市直有关部门推进少数民族村的保护和发展。带领各界委员和异地商会深入挂点帮扶村，开展扶贫帮困工作。

（李　伟）

（编辑　黄　铭）

民革福州市委会

【概况】 2015年,民革福州市委会下辖5个工委,3个总支,48个支部,党员982人。其中,大学及以上学历470人,占47.8%;中高级职称602人,占61.39%。16人次担任市级以上人大代表、政协委员。全年提交提案、建议33件。11月,被民革中央授予“民革全国宣传思想理论工作先进集体”称号。

【参政议政】 在各级“两会”上,提交全国政协委员个人提案3件,省政协委员个人提案1件,市政协集体提案12件,市人大代表建议6件,市政协委员个人提案11件。提交市政协大会发言3件,其中《打造海上丝绸之路战略枢纽城市,助推福州新区开放开发》作为大会口头发言,《借鉴台湾经验,加快福州乡村旅游发展》《推动福州市农业电子商务发展的建议》作为大会发言书面材料,《加快福莆宁平同城化建设,构建福建“双核”驱动发展》被选为省政协个人提案,《关于大力治理“餐桌污染”的建议》被市政协评为重点督办提案。

围绕“一带一路”、福州新区、自贸区、生态文明先行区建设等中心工作,开展调查研究,完成调研文章16篇。《建设生态文明先行区进程中推进节约集约利用土地的思考》等2篇调研入选市政协十二届五次全会大会发言选题,《拓展福建港口陆向腹地,打造海上丝绸之路核心区》被选为省政协季度专题协商会发言,《关于福州历史文化街区的保护与运营协调发展的调研》由市委宣传部向省委宣传部《宣传理论研究》推荐刊登。开展“每月直报”工作。

整理、报送社情民意信息200条,被各级部门采用89条,其中《我省党外人士对落实中央八项规定精神、反“四风”的反映》等10条被中央统战部、全国政协采用,36条被省委办、省统、省政协采用。《ECFA时代进一步提升两岸农产品检验检疫的建议》被国务委员王勇批示,《闽北重竹地板海外受欢迎出口企业呼吁税则调整尽快落实》被省领导批示两次,《“十三五”期间我市实施创新驱动,增强产业发展后劲的三点建议》等6条信息被市领导批示。

【思想理论建设】 学习蔡立忠先进事迹,组织各工委、总支、支部党员赴省人艺观看话剧《古田会议》。组织开展“坚持和发展中国特色社会主义”学习实践活动专题知识竞赛,参加辛亥革命遗址保护修复调研。参加“纪念抗日战争胜利70周年”征文活动,报送纪念征文20篇,其中《纪念抗战烽火中的福建人民》等8篇文章入选《福州市统一战线纪念中国人民抗日战争胜利70周年征文作品集》。落实民革中央把抗战老兵纳入“博爱·牵手”帮扶对象和“口述历史”采访对象要求,采访撰写老兵对胜利日阅兵的期盼和感想被中央统战部

6月6日,两岸非遗传承人青年论坛暨第三届海峡汉服文化节在三坊七巷光禄吟台开幕
(福州日报 供)

《零讯》采用。引导宣传理论工作，组织撰写《经济发展新常态对统一战线的影响问题研究》等理论文章，其中《在“三严三实”中，把群众路线蕴含于常态化工作中的建议》等2篇文章入选《福州市第十次政协理论研讨会论文选编》。

【组织建设】　制订完善基层组织换届实施方案，完成除闽侯、福清外各支部换届改选。开展仓山区、台江区工委增补副主委工作，成立第二支部。发展4名新党员，并有14名新党员经市委会审批待备案。

选送9名干部参加省社会主义学院、市委党校培训，举办暑期骨干、新党员培训班。提任市委会机关处室正职2人，副职1人，派出宣传处干部赴三江口组团挂职，推荐医卫界党员黄峰、陈翔赴南平市政和县挂职，推荐民革党员1人任市直部门内设处室正职，3人任副科级职务。

【榕台交流】　邀请民革中央作为第三届“海青节”主办单位，主办“茶帮拜妈祖”、第三届海峡汉服文化节、两岸“非遗”传承人青年论坛等第三届“海青节”活动项目。组织祖国统一委委员赴马尾、螺洲调研，参观中国—东盟海产品交易所等地，考察城镇化进程中民间文化保护情况；参加闽台手工技艺展览；开展“两岸国学教育差异”调研，赴中山路查访“福州台湾会馆旧址”，提交社情民意信息《关于重建福州台湾会馆的建议》。

【社会服务】　开展“海西春风春雨光彩”行动，各级组织和党员累计捐资助学51.4万元，其中叶斌向福建省周宁县慈善总会捐资50万元。组织民革书法家、医师、律师到观井社区、琴湖社区开展写春联、义诊、法律咨询活动，并向牵手对象送慰问金和年货。组织慰问抗战老兵、困难党员。以中山法律援助工作站为平台，开展法律援助8例；完成福建省中山法律援助总站挂牌工作。继续开展机关干部“慈善一日捐”活动，与晋安区寿山乡前洋村结对共建农家书屋。

（王晓莉）

民盟福州市委会

【概况】　2015年，民盟福州市委会下辖福清、长乐2个县级市委会，5个区工委，2个总支，73个基层支部。有盟员1824人，其中新盟员49人，具有中高级职称的占71.7%，教育、文化、科技界占73.6%。盟市委先后获评2014—2015年度民盟福建省组织建设、参政议政工作、社会服务工作先进集体，2014年度民盟省委社情民意信息工作二等奖，全市统战系统信息工作先进单位。

【参政议政】　市“两会”期间，提交集体提案14件，人大代表建议28件，政协委员个人提案21件，《关于完善无名道路管理工作的建议》《关于进一步优化立体停车场改善交通环境的建议》被列为市政协2015年度重点提案。全年完成中共福州市委和民盟省委课题7个，报送市政协理论论文2篇，民盟省委理论研究论文1篇。调研成果《加强福州市农村环境综合整治的建议》《推进配套幼儿园回收移交，增加公办及普惠性幼教资源》作为市委直报件被采用。

向民盟省委、市政协、市委统战部等单位报送信息336条，简讯6条。信息被采用116条，其中《关于加大我市民办养老机构扶持力度的建议》《关于我市进一步推进村（居）便民代办服务点建设的建议》获省委常委、市委书记杨岳批示，《对冤假错案追责的建议》获省高院院长马新岚批示。

【思想理论建设】　召开6次主委、常委会议，1次全委会议，学习中共十八届四中五中全会、习近平总书记系列讲话、民盟省委、中共福州市委重要会议精神。选送骨干盟员28人次参加民盟中央、民盟省委和中共福州市委举办的培训班。举办暑期骨干读书班、新盟员学习班，培训盟员120人。组织参加市政协、市委统战部等单位举办的学习培训近200人次。

【组织建设】　全年发展新盟员49人，平均年龄37.7岁。制定《民盟福州市委会各区工委领导班子及机构调整工作暂行办法》，对区工委领导班子的任期、规模、结构、任职条件、工作程序等作相应规定。4月，完成鼓楼区工委领导班子届中调整。开展创达标、创特色支部活动，市属基层支部开展活动200余次，各专委会围绕“三个一”开展专题活动3场。

【社会服务】　帮扶省未成年犯管教所，开展迎春联合帮教活动，赠送价值3000元的保暖内衣；联合民盟省委开展“艺术帮扶”，举办“拥抱明天”的慰问演

民盟福州市委会赴鼓楼区开智学校开展献爱心关心智障儿童活动

（民盟福州市委　供）

出;推动省图书馆在该所设立未成年人犯图书室和民警电子阅览室;组织盟员每月在该所举办1场国学知识讲座。到挂钩帮扶的新夏社区走访慰问贫困家庭,送慰问金5000元。向鼓岭宜夏村捐建农村书屋,赠送少儿、文学、农技类图书350余册,电脑1台,价值7000元。在鼓楼区开智学校开展献爱心、关爱智障儿童活动,提供价值4000多元文体用品。组织医务界盟员到尤溪县西滨镇双洋村村举办"送温暖、送健康"美丽乡村义诊活动,接诊患者近300人,发放健康教育宣传资料200余份。

(王　翀)

民建福州市委会

【概况】　2015年,民建福州市委会下辖1个县级市委会,5个区级工委,1个企业家委员会,7个专委会,30个基层支部。有会员1031人,其中新会员49人,平均年龄54.6岁,大专及以上学历占85.5%,经济界人士占81.7%,担任各级人大代表17人,政协委员65人,市级及以上各类特邀、特约监督员19人。

年内被民建福建省委评为2013—2014年度新闻宣传工作先进单位,4人获评民建省委2013—2014年度新闻宣传工作先进个人。获2014年度福州市统战系统和政协系统信息工作第一名,并获评2014年度政协系统信息工作先进单位,1名会员被市政协评为先进工作者。被民建中央评为全国参政议政工作先进单位,2名会员被评为全国信息工作先进个人。被省委会评为2015年全省民建社情民意信息工作先进单位一等奖,组织信息管理系统工作一等奖,社会服务工作先进单位二等奖。

【参政议政】　在年初召开的市政协年会上,市委会围绕新区建设、交通、民生等方面向大会提交14篇集体提案,其中集体提案《关于福州新区城镇化过程中进一步加强体育设施建设的建议》被列为2015年市政协重点提案。围绕福州新区建设、福建自贸区福州片区发展、现代服务业发展、港口物流业发展、小微企业发展等热点进行调研,形成《关于进一化推进福州新区企业孵化器建设的建议》《借鉴台湾特殊经济区域发展经验促进福州新区建设》《以海洋旅游促进福州新区跨越发展的对策建议》等11篇调研文章。其中,《关于进一步创新发展我市互联网金融的建议》被《福州经济》2015年第4期、《关于加强福州新区体育设施建设的建议》被《福州城市科学》2015年第2期刊载。全年编发上报各类社情民意信息401篇,其中被省、市政协、市委办采用188篇,18篇文章获省市领导批示。其中,《关于进一步发挥政府在发展我省市现代服务业中主导作用的建议》得到省主要领导批示,《做大中国—东盟海产品交易所交易规模亟需相关金融配套政策支持》等文章得到市委书记杨岳批示。在市政协召开的2015年全市政协系统信息工作会上,《建议合理规范和保护寿山石资源》《破解我省现代农业发展面临的困境》等信息被市政协评为2014年全市政协系统优秀社情民意三等奖,《关于借鉴台湾经验推进福州新区建设的建议》在2015年省委统战部主办的"海西建言献策论坛"上被评为优秀论文一等奖。

【政治学习】　定期组织、部署各级组织学习中共十八届四中、五中全会、全国两会精神、习近平总书记系列重要讲话精神。组织学习中央统战工作会议文件和新颁布的《中国共产党统一战线工作条例(试行)》。学习领会《关于大力弘扬"马上就办真抓实干"精神进一步改进机关作风的意见》文件精神和《秘书工作》纪实专稿《实干才能梦想成真——习近平同志在福州工作期间倡导践行"马上就办"纪实》重要文章。由机关专职副主委带队到福清市委会及鼓楼、台江、晋安、仓山、马尾区工委进行中特教育宣讲,举办民建福建省委纪念建会70周年巡回讲座(福州站)以及暑期读书班等活动。

【组织建设】　全年发展会员47人,发展率4.72%,其中具有各类技术职称及从业资格27人/次,经济界人士35人,硕士研究生以上学历6人。年内永泰香米拉温泉酒店市委会"会员之家"和仓山工委"会员之家"相继挂牌成立,全市"会员之家"累计达5个。完成台江工委财经第一、第二支部、综合支部换届和财经专委会主任调整工作,新设立理论专委会和艺术中心,马尾区工委增补4名工委委员,新设立马尾第五支部并完成第一届支委选举;开展部分工委、基层组织调整(换届)筹备工作。完善民建中央组织管理系统和市委统战部后备人才库,对会员信息进行动态管理。选送后备干部和骨干成员参加民建中央基层组织主委培训班、民建福建省委骨干会员培训班、全市民主党派中青年骨干培训班等各级各类培训达300多人次。举办首期新会员入会仪式,对新会员进行会章宣导,邀请老领导和统战部信息员分别做会史讲座和参政议政讲座。

组织建会70周年征文活动及书画、摄影作品、图片展,与省委会联合召开建会70周年纪念大会等纪念活动。纪念大会表彰一批先进集体和个人,其中鼓楼区工委被评为全国先进集体,3名会员被评为全国优秀会员,福清市委会、台江工委、仓山工委、马尾工委被评为民建福建省委会先进集体,12名会员被评为民建福建省委会优秀会员。

【社会服务】　春节期间,市委会开展春节慰问老领导活动,走访单位挂钩的台江十三桥社区,走访慰问挂职王庄街道的机关干部,看望慰问街道的困难户。4月,市民建鼓楼综合支部与军门社区签订为期3年的设立法律援助窗口协议。民建鼓楼综合支部于国家规定的法制日在社区定期开展现场法律咨询活动。6月,民建福州市委妇委会与企业家委员会联合前往市第二福利院开展公益慰问活动,捐赠价值5000余元的大米、食用油、洗衣粉、玩具、牛奶等物资。11月,鼓楼综合支部和鼓楼庆城社区签订协议,在社区开设"民建公益社区讲堂"。12月,市委会组织前往宦溪镇弥高村开展结对共建农家书屋活动,捐赠各类图书300多本、台式电脑1台。年内市委会被民建省委会评为社会服务工作先进单位二等奖,7名会员被省民建评为社会服务工作先进个人。

(林　燕)

民进福州市委员会

【概况】 2015年,民进福州市委会下辖5个工委,4个总支,39个支部。有会员775人,新发展会员27人,平均年龄38.5岁。其中,中高级职称656人,占总会员84.6%;教育、文化界619人,占总会员79.8%。担任各级人大代表16人,担任各级政协委员55人,各级特约监督员6人。

市委会获评“全国民进先进地方组织”和“民进全国社会服务工作先进集体”称号。连江总支获评“全国民进先进基层组织”称号,1名会员获评“全国民进先进个人”称号。

【参政议政】 向福州市政协十二届第四次会议提交14件集体提案。其中,《关于加快发展我市休闲农业的建议》作为2015年度重点提案得到市政协领导督办,《关于进一步加强安置房建设和管理工作的建议》等6件提案获评2012—2014年度福州市政协优秀提案。针对提案《关于大力扶持我市民办养老院发展的几点建议》提出的“养老建设用地缺乏保障”问题,市民政局完成《福州市养老机构布局专项规划》上报市政府研究确定。针对提案《大力促进我市职业教育校企合作的建议》提出的职业教育校企合作没有配套法规问题,市教育局研究政策并草拟《福州市职业教育校企合作促进条例》。

组织课题组赴长乐、马尾等地调研,完成调研报告10篇。其中,《推进我市高新区发展的对策研究》和《关于福建自贸区福州片区建设发展的调研》等2篇被列为中共福州市委重调研课题。参与民进省委会开展的专题调研活动,赴广东江门、广西北海等地,开展《推进福建21世纪海上丝绸之路核心区建设》课题调研;赴天津滨海新区、深圳前海等地就自贸区建设发展情况开展调研;赴江西婺源、湖南长沙等地就朱子文化保护现状开展调研。市委会组织有关人员前往长乐潭头镇和马尾亭江镇调研朱子文化,对书院、朱子祠、石刻等朱子文化实物保存现状开展调研,走访专家学者,了解福州市朱子文化保存的整体情况,提出促进朱子文化发展的建议并形成3篇调研子课题成果。其中,《试论朱子文化在福州的传承和弘扬》转化为信息直报件《福州朱子文化遗存保护情况及保护建议》直报市领导,得到省委常委、市委书记杨岳的批示,市委常委、宣传部长何静彦,副市长陈晔主持召开市直部门及省市专家研讨办理。此外,向民进福建省委会报送调研报告4篇,其中2篇入选《2015年省民进调研成果论文集》。《关于建立多元化的城镇化建设资金保障机制的探讨》获2014年度福州市优秀调研课题三等奖;《整合大数据资源,加快推进我省智慧城市建设》获2015年度福建省统一战线海西建言献策论坛优秀调研成果三等奖。

向民进福建省委会、市政协、福州市委统战部报送信息163条次。其中,中央统战部采用2条,省政协及省委办公厅采用9条,省民进采用34条,市委办公厅采用14条,市政协采用7条,3条信息得到市领导批示。

【思想理论建设】 组织领导班子成员、支部主委和骨干会员学习中央统战工作会议精神,习近平总书记来闽考察重要讲话精神及全国、省市“两会”精神。召开新闻宣传通讯员会议,特聘一批会员作为宣传员,加大对基层支部宣传委员的培训力度。7月,在鼓岭培训中心举办“我身边的先进”巡回宣讲报告会。推荐3名会员作为民进福建省委宣讲报告团成员,参加全省“我身边的先进”巡回宣讲活动。民进市委会机关干部分批参加民进省委在南平、泉州、漳州、三明、莆田、龙岩等地举办的巡回宣讲报告会。编辑出版《福州民进》6期,《福州民进工作简报》13期。向有关媒体报送宣传稿件43篇次,其中全国级媒体采用28篇次,省级媒体采用11篇次,市级媒体采用3篇次。

【组织建设】 完成9个支部的换届工作,调整鼓楼综合支部,新组建支部班子,对晋安工委、仓山工委班子成员进行个别调整。12月,成立民进福清总支以及所属的福清一中支部、福清融城中学支部、福清综合支部3个支部。全年选送22名领导班子和骨干会员参加各级各类培训,学习中国特色社会主义理论、多党合作理论和会务工作知识。组织骨干会员参加暑期读书班学习中央统战工作会议精神和《中国共产党统一战线工作条例(试行)》精神,对50多名参政议政骨干开展社情民意信息培训。

【社会服务】 协同浦下社区开展共建共创文明社区活动,帮助协调解决社区及其居民的实际困难。春节前夕,民进市委会到浦下社区慰问11家贫困户及社区工作人员,发放慰问金及慰问品价值7500元。协同开明画院开展“春联进社区”公益活动。到浦下社区开展电器维修及义诊、法律咨询活动,服务群众100多人次。开展多场支教助教活动,协同鼓楼工委到闽清塔庄镇七都联合小学开展捐资助学活动,资助14名贫困生7000元,向该小学捐赠书籍700余册,价值1万多元;向足球特色校晋安第三中心小学捐赠足球52个。落实市直机关与农家书屋一对一结对子活动要求,支持晋安日溪乡日溪村农家书屋建设,向该村送去图书2000多册,价值3万元。

(黄庆华)

农工党福州市委员会

【概况】 2015年,农工党福州市委会下辖1个地方组织(福清市委会),5个区工委会,69个基层组织,其中总支6个、市直属支部或支部委员会17个。全市农工党员1576人,其中新党员34人,党员平均年龄54.3岁,中高级职称占82.1%,医卫界占57.6%,环境、人口资源界占4.4%。有16人在各级政府部门担任实职,16人担任市级及市级以上特约监督员。担任各级人大代表23人,政协委员81人。

年内被农工党中央评为“优秀地市级组织”“2015年度《前进论坛》征订发行工作先进单位”,被农工党福建省委评为“2013—2014年度全省社会宣传先进集体”称号、“学精神、学党章、学党史”知识竞赛答题活动优秀组织奖、

"2013—2015 年度提案工作先进集体"、"2015 年社情民意信息标兵单位"。11 人获农工党中央、农工党省委、市政协信息方面表彰,4 人被评为农工党省委"2013—2015 年度提案先进个人"。党员中有 70 多人获"五一"劳动奖章、省科技进步三等奖、优秀援疆干部人才称号等各类省市荣誉称号。

【参政议政】 向市政协提交 15 件集体提案和 3 篇书面大会发言,在大会作《加快建设我市健康服务产业,促进福州市经济转方式发展》发言。其中《关于推进我市医养结合型养老护理模式的建议》获评市政协 2015 年度重点提案,《关于加快推进我市"云计算"产业的建议》的有关建议被《福州市"互联网 + 工业"行动方案(2015—2020)》采纳。在市政协提案表彰会议上,7 件提案被评为市政协 2012—2014 年度优秀提案。

完成调研文章 16 篇,其中中共福州市委重点课题 2 项,农工党省委重点课题 2 项。围绕农工党中央 2015 年"水生态建设"课题开展调研,向农工党全国副省级城市第 9 次工作联席会议提交《闽江流域(福州段)水环境综合整治的调研报告》。年内获农工党省委 2015 年优秀调研论文一等奖 1 篇,二等奖 2 篇,三等奖 1 篇。市委重点课题《关于进一步推动健康服务产业,促进福州市经济转方式发展的调研》在"2014 年度福州市优秀调研课题成果表彰会"获二等奖。

报送社情民意信息 174 条,其中全国政协等中央一级部门采用 14 条,省委办等省级部门采用 27 条,市委办等市一级部门采用 53 条。被省市领导人批示 7 人次。其中《天津滨海爆炸事故对我省江阴口岸整车进口的影响》获省委书记尤权批示。

【思想理论建设】 坚持和发展中国特色社会主义学习实践活动,发动党员撰写学习心得和理论研究文章,2 篇学习心得被农工党省委党刊《农工闽讯》刊登,2 篇理论文章入选福州市第十次政协理论研讨会论文选编。参与农工党中央举办的"学精神、学党章、学党史"知识竞赛和知识竞赛答题活动,获农工党省委知识竞赛一等奖,其中 1 人被选进省委会代表队参加农工党中央决赛,知识答题参与率逾 99%;发动党员为支持农工党第一次全国干部会议会址维修和布展工作缴纳特别党费 33950 元;以农工党中央机关旧址、福建事变纪念馆、党史长廊等为学习教育基地,组织多批次党员赴基地开展参观学习活动,接待淮安、遵义、杭州等市委会到榕交流学习;组织骨干党员参观邓演达纪念馆、黄花岗烈士陵园、遵义会议旧址、省革命历史纪念馆等。参与市委统战部组织的征文活动,16 篇入选《福州市统一战线纪念抗战胜利 70 周年征文作品集》;参与农工党省委、市政协书画摄影展;突出宣传康强等优秀党员的事迹。

农工党福州市委会组织医务人员深入农村开展第 27 届"国际科学与和平周"义诊宣传活动 (农工党福州市委会 供)

【组织建设】 健全谈心会、述职和民主评议制度,召开主委、常委、全委会议 6 场。完成 9 个支部的换届工作。发挥法律界党员作用,新建立了法律支部委员会。发展新党员 34 人,其中人口资源和生态环境领域等界别的党员 22 人,占发展数的 64.7%。选派 17 名党员参加农工党中央、省社院、中共省委、市委党校等举办的各类培训班,举办暑期骨干培训班、读书班等,培训党员 210 人次。向市委组织部、市委统战部等单位推荐后备干部 77 人次。全年有 5 名农工党党员被提拔或转任,其中 1 人提任福清市政府副市长。

【社会服务】 春节期间,走访慰问退休老干部、生病及生活困难农工党党员 75 人次,到宁化、菖蒲等社区和闽清县白樟镇白云村等农村慰问困难群众,发放慰问品、慰问金 6.4 万元。赴农工党中央定点帮扶县——毕节市大方县学习交流,商谈帮扶工作,落实大方县的帮扶需求。市一医院总支帮扶贫困女生走上工作岗位。开展第八届"中国环境与健康宣传周"活动和第二十七届"国际科学与和平周"活动,组织 22 场次义诊宣传活动,捐资捐药 5 万多元,发放宣传资料 7500 多份,服务群众 2680 多人次。在长乐市漳港镇开展宣传义诊活动,邀请省市有关专家针对乡镇新农村建设中的规划、执法、环保等问题进行指导、咨询。依托东南眼科医院开展"同心光明"行动,为群众开展防盲筛查和免费白内障手术。市委会主委、省中医药促进会副会长郑新清率团赴中国台湾出席"2015 年第八十五届国医节暨第七届台北国际中医药学术论坛",3 名中医专家在会上做专题学术演讲。农工党省、市社法委举行联席座谈会,农工党省、市、鼓楼区三级组织联合开展"法律进社区同心行动",为群众提供婚姻、遗产、劳动纠纷方面法律咨询。

(邱 爽)

致公党福州市委员会

【概况】 2015年,致公党福州市委有县(市)委会1个、工委会5个、支部34个,党员847人。其中,新发展党员29人,女性党员371人,平均年龄55岁,中高级职称占69.7%。担任各级人大代表18人次,各级政协委员76人次,担任政府机关和司法部门副科级以上职务21人。

获评"致公党中央扶贫开发工作先进集体""致公党福建省委调研和提案先进集体""福州市政协系统信息工作先进单位"等称号,24人次获市级以上单位表彰。

【参政议政】 在市政协十二届四次大会上提交集体提案15件、个人提案13件,并在大会作《发挥侨海资源优势,助推福州新区融入"一带一路"建设》发言,3篇集体提案和3篇个人提案获评福州市政协2012—2014年度优秀提案。《关于大力发展福州金鱼产业的建议》被市政协列为2015年点题协商提案。被致公党省委采纳为省政协十一届三次会议集体提案3篇,其中《关于发挥侨海优势推进我省海上丝绸之路核心区建设的建议》被采纳为书面发言,《关于加强省会城市规划建设管理的建议》入选重要提案摘报,并获得省委书记尤权及市委书记杨岳批示。

完成调研文章30余篇。其中,《关于进一步提高福州市文化软实力的建议》等2篇文章获评"致公党中央论文竞赛优秀论文奖";《新时期闽台农业合作的模式研究》等2篇被致公党省委列为重点调研;《新业态冲击下的福州市中心城区转型升级问题研究》《挖掘面向东盟"海上丝绸之路"建设中福州文化软实力资源的调研》被市委列为重点课题;致公党市委重点调研课题《将TOD模式融入福州市城市轨道交通发展的研究》获评"2014年福州市重点课题优秀调研成果三等奖"。4篇次调研课题被《福建省社会主义学院学报》《福州调研》《福州经济》等刊载。

上报社情民意信息178篇。其中,《建议尽快在平潭综合试验区设立仲裁机构》等5篇被统战部、全国政协办公厅采用;《借鉴台湾自贸区建设经验推福建自贸区发展》等7篇被致公党中央采用;《惩处违反八项规定行为应注重完善制度》等28篇被省委办、省政协专报件采用;《关于整合三坊七巷和云顶旅游资源的建议》等58篇被市民情专报、市政协专报采用;《借鉴台湾经验建我省科技中介服务平台》等2篇获省领导批示;《关于推动远洋渔业进一步做大做强的建议》等7篇获市领导批示。

2015年9月10日,致公党福州市委就《关于大力发展福州金鱼产业的建议》提案办理情况与市政协提案委、市海洋渔业局进行专题协商

(致公党福州市委 供)

【思想理论建设】 结合"优良传统教育活动",开展"汲取·传承、弘扬·风采"、中国致公党成立90周年纪念、"创建先进基层组织、争当优秀致公党员"等专题活动。征集各类征文50篇,编印完成《党员风采录》,向美国福建公所捐赠党员书画作品4幅。获评致公党省委"学习实践主题征文活动优秀组织奖",3个基层组织获评致公党省委"创先争优"先进集体,8名党员获评先进个人。依托省委党校,市委党校,省、市社会主义学院,市委统战部,市政协组织的各类学习会、研讨会、座谈会,致公党中央和省委的"一周课堂"及市委青年骨干党员、新党员培训班,培训党员100多人次。

【组织建设】 召开主委会4次,常委会4次,主委办公会6次,全委(扩大)会1次,老同志季通报会4次。在七届七次全委(扩大)会上进行领导班子及常委的党派工作述职和民主测评。增补晋安工委和台江工委委员各1人,调整仓山工委班子。

【对外及对台交流】 接待塔吉克斯坦议会下院访问团、印尼中小企业商会访问团及到榕参加海上丝绸之路博览会的印度驻华参赞等访问团50余人次。接待国民党原副主席林澄枝访问团,为海峡两岸篆刻展暨两岸青年篆刻论坛揭幕。派员参加致公党省委赴中国台湾参访团,拜会"台湾国际洪门总会"等机构,参与"第七届海峡论坛:两岸社区服务恳谈会"活动。与致公党省委联合承办2015年海外华裔及台湾青少年"中国寻根之旅"夏令营(福州营)活动。

【社会服务】 组织引导基层组织、骨干党员参加义诊、扶贫助困及"送教下乡"百余人次。继续落实"致公小学"帮扶,为"致公图书室"新购总值1万元的图书500册,为"致公电脑室"新购总值1万元的电脑及复印打印一体机2台。企业家致公党员继续认捐优秀贫困学生。依托鼓楼区乐天泉社区致公学校、台江苍霞社区致公学校及福清金墩社区致公学校(2015年挂牌),设立民意收集箱,开设预防心血管疾病等课程6节,组织开展义诊、上门关爱孤残老人、免费家电维修等“志愿行动在社区”活动。

(陈　锋)

九三学社福州市委员会

【概况】　2015年,九三学社福州市委员会下辖2个县级市委会,5个工委,1个基层委员会,39个支社。有社员674人,新发展社员20人。其中,高级职称社员330人,占总社员49%;中级职称社员262人,占总社员39%。76人次担任各级人大代表,政协委员。

社市委获九三学社中央“2014—2015年度参政议政工作先进集体”“2011—2015年度全国社会服务工作先进集体”、九三学社福建省委“2014—2015年度参政议政先进集体”二等奖、“信息工作先进集体”二等奖、“2015年社会服务工作优秀组织奖”、“2015年度全市统战系统信息工作先进集体”等称号。

【参政议政】　向“两会”提交大会发言、提案、议案197件。其中,全国政协16件,省政协9件,市政协65件,市人大建议16件,区县级人大、政协91件。1件提案被社中央选为党派界别提案提交全国政协全会;1件提案获省政协2013—2014年度优秀提案奖;4件被社省委选为党派提案提交省政协全会;《大力推进我市建筑垃圾资源循环利用的建议》提案被市政协列为2015年度重点提案;2件议案被市人大列为大会议案。完成中共福州市委、社省委、市政协、市委统战部各类调研论文6篇,其中《关于发展福州市生态旅游的建议》《发展跨境电子商务　打造网上丝绸之路》在《福州调研》刊登。

报送社情民意信息173件,被全国政协、中央统战部、社中央、省委办、省政协、省委统战部、市委办、市政协采用86件。《福州自贸区“营商环境”亟待改善》等15件次信息件获省、市领导批示;《建议在福州马尾建立中国近代海军历史博物馆》获省政协2013—2014年优秀社情民意信息奖,《营造独立必不可少环境确保审判权检察权独立行使》等4件信息获市政协优秀社情民意信息三等奖。

【思想理论建设】　开展中国特色社会主义学教活动,举办专题读书班、知识竞赛,开展以纪念九三学社创建70周年和世界反法西斯胜利70周年为主题的纪念大会、座谈会、征文、图片展、摄影展和出版专刊等活动。开展“弘扬科学精神从我做起”和“法治精神与规划意识研讨会”征文活动。

【组织建设】　完成闽江学院支社换届、鼓楼区工委届中增补。新增社员20人。3名社员提任县处级正职(2人担任实职),1名社员提任县处级副职;1名社员担任社中央青工委委员、执行委员。15名社员参加市委党校和省、市社会主义学院及社省委举办的干部培训班学习。

【社会服务】　支持威宁九三中学扩大校园建设规模、改善办学条件,组织认购校徽8400元;春节慰问华美社区,送上年货和慰问金;与市地震局联合在华美社区开展科普宣传、健康咨询义诊活动;为晋安日溪乡汶洋村农家书屋捐赠1部电脑及各类图书300多册;与社闽侯基层委员会联合在闽侯县小箬乡举办第二十个“国际爱眼日”健康医疗咨询、义诊活动,开展白内障、青光眼疾病检查和眼病预防知识宣传,免费发放老花镜、眼药水和眼科知识宣传资料,联合县残联慰问6户残疾贫困家庭,送去轮椅和慰问金。组织10余名医疗专家社员赴连江县江南乡开展健康咨询义诊活动,在连江县蓼沿乡和台江区茶亭街道开展“扶贫助学、温暖童心”活动,走访慰问10户贫困孩子家庭;在连江县江南乡中心小学开展“爱心捐赠”活动,为学校捐赠体育用品、图书;继续与市第二福利院签订“育残成长、快乐课堂”爱心公益项目协议书,捐赠公益项目活动经费;组织机关干部参加“慈善一日捐”活动。发动基层组织开展社会服务工作,福清市委会赴福清一中开展金秋爱心助学活动,资助6名贫困学生;社仓山区工委组织福州市第二医院的医疗专家社员到福州高级中学为教职员工举办健康知识讲座暨义诊活动;社马尾区工委开展送春联、助学等活动。

(张宝灯)

台盟福州市委会

【概况】　2015年,台盟福州市委会有鼓楼、台江、仓山、晋安4个基层组织,盟员115人,盟员平均年龄50.2岁。其中,新发展盟员6人,具有中高级职称43人,各级人大代表4人,政协委员31人。年内,提交议案建议40件,接待台湾客人6批38人次,捐助公益事业2万余元。

【参政议政】　台盟市委机关及盟员在全国及省、市“两会”上提交提案、议案、建议40件,向市委统战部、市政协等部门报送信息170条,56篇次被中央、省、市有关部门采用。完成《新常态下加快福清台湾农民创业园发展研究报告》《了解岛内民意,促进两岸和谐与共同发展》《建立现代职业教育体系,推动产业结构转型升级》《关于推动农民专业合作社向联社方向发展的思考》《提升新生代农民工职业技能,调整产业经济结构》《做好三坊七巷涉台文物旅游开发研究的建议》《关于加强仓山区社区心理健康服务的建议》7项提案,《新常态下加快福清台湾农民创业园发展研究报告》被选送为2016年市政协大会发言。《两岸青少年交流的现状及对策建议》调研课题获省委统战部“海西建言献策论坛”一等奖。1人连续8年获台盟中央参政议政先进个人称号,1人被推荐为全国首届青运会火炬手。

【思想理论建设】　推荐优秀中青年盟员参加各级党校、社会主义学院及盟中央、盟省委组织的各类学习培训,其中,1名机关干部参加台盟中央台情研讨班,1名盟员参加台盟中央中青年盟员培训班。

台盟上海市委会携台胞权益保障相关课题赴榕进行调研,并同台盟福州市委开展组织发展、参政议政、社情民意、青年工作等多方面的交流活动;台盟南平市委赴福清等地调研台湾农民创业园,并与台盟福州市委领导进行座谈交流。

【组织建设】 组织盟市委参议政顾问及课题组成员,分赴厦门、福清等地开展调研,与台盟上海市委、南平市委开展调研交流活动。开展"五四青年节"爱国主义教育、"学雷锋志愿者"服务、团队拓展等活动;"海青节"期间,台盟中央秘书长张宁及台盟市委会领导走访盟员所在企业。年内新发展6名台胞入盟。

【社会服务】 参与"春风行动"中结对子的福屿社区和连江县小沧乡社区。"三八国际妇女节"期间,和所联系台胞、盟市委学雷锋志愿者服务队成员赴市第二福利院、市精神病疗养院开展慰问帮扶活动。

【服务榕台交流】 "开闽三王金身赴台巡境会香"活动 相偕两岸参与民众多达6000余人。台盟市委会携两岸民间信仰及民俗文化调研课题随行赴台开展调研,走访台湾中部等地,拜会联络岛内好友,同时邀请岛内茶文化传承、研发的有关专家嘉宾到榕参加第三届海峡青年节相关交流活动。

学术文化交流活动 年初和年末两次分别接待台湾成功大学建筑系古民居及古墓考察团。成功大学建筑系博士研究生分别到闽开展古民居村落保护及研究台湾马祖南竿乡坟墓与大陆原乡的形式及材料差异性的学术研究。第六届海峡两岸船政文化研讨会于6月中旬在福州召开,并组织共同祭拜马江海战英烈,参观原址重建的马尾船政衙门及学堂。

"跨越海峡·相约榕城"活动 第十二届榕台青年夏令营于8月在福州开营。来自台湾台南市黎明高级中学、嘉义县竹崎高中和福州第十一中学的近70名师生,参加为期8天的夏令营。夏令营开展联欢会、"结对子"等特色活动,参观中国船政文化博物馆、福州规划馆,走访福清西山学校,并进行武术交流。

"榕台一家亲,庆中秋迎青运"金鸡山健步行活动 活动由市台办、市台盟、市台联、市台企协等部门共同主办,邀请在榕台商及其家属、在榕生活盟员、岛内在榕工作生活台胞及福州当地台胞近600人参加活动。 (谈张德)

福州市工商业联合会

【概况】 2015年,福州市有非公有制经济人士近40万人,其中工商联会员2.79万人(不含省外市级异地商会会员),较上年净增2097人,同比增长8.1%;发展异地商会84家,行业商会30家,乡镇商会12家,街道商会18家,园区商会1家。全市实有内资各类市场主体40.5万户,资金总额14277.99亿元。其中,全市内资企业实有15.9万户,注册资本(金)14063.07亿元;个体工商户实有24.39万户,资金数额141.04亿元。飞毛腿(福建)电子有限公司等4家会员企业被授予第二届福州市政府质量奖。

台盟福建省委会主办、台盟福州市委会协办——海峡论坛之第六届海峡两岸船政文化研讨会开幕式现场 (台盟福州市委会 供)

【参政议政】 对福州市民营经济发展状况、民营百强工业企业发展情况、异地商会与福建金融机构合作模式、商会党建工作标准化、非公有制经济代表人士队伍建设、发展现代物流业等进行专题调研,形成6篇调研报告提交市委、市政协。委托省社科院历史研究所编撰《福州市商会发展史研究》。开展"走基层、找问题、促发展"调研,征求各异地商会、行业协会和会员企业的诉求、建议23条,汇总形成社情民意专报7件。

【回归工程】 引进签约回归项目37项,累计投资额420.34亿元,其中33项项目在福州新区闽商投资项目签约大会上签约,总投资额358.86亿元,实体产业项目占项目总数近40%。跟踪落实回归项目。2014年和2015年的签约项目均落地动建投产或进入前期准备阶段,项目履约率100%。会同市委统战部开展上年度各县(市)区回归工程绩效考核工作,并从回归工程专项经费中划拨50万元作为对各县(市)区的考核奖励。开展2016年回归工程签约项目征集工作。

【商会建设】 3家商会被评为AAAAA级社会组织,6家商会被评为AAAA级社会组织,11家商会被评为AAA级社会组织。台江区在学习借鉴鼓楼区街镇商会典型经验基础上,在全市率先实现街道商会建设全覆盖。年内召开街镇商会建设工作交流会,推广"鼓楼经验""台江经验"。

【会员服务】 省工商联对福州市支

2015 两岸青年企业家产业发展与合作论坛（市工商联　供）

持小微企业发展政策措施落实情况开展第三方评估工作，发放调查问卷，走访“互联网＋汽车”行业小微企业，收集意见建议5条，并推动晋安区率先在行政服务中心设立企业优惠政策咨询受理窗口，实现“一表申请，一口受理”。组织非公有制经济代表人士通过诉求反映平台及异地商会企业家新春座谈会、异地商会工作交流会等渠道，参与自贸区建设、改善福州投资环境、推动企业转型升级等建言献策，15条建议汇总形成专报件上报市政府，由督查室分解立项推动有关部门落实；6件提案提交市政协十二届四次全会，获有关部门的回复办理。建立在榕异地商会与工商、税务等部门沟通联系机制，组织担任各级人大代表、政协委员的非公有制经济人士参加市委“马上就办”座谈会、市效能办整肃“为官不为”座谈会、市政协港澳委员座谈会等。

【社会服务】　动员榕商参与“奉献青运，光彩添福”活动，7月在杭州举行的认捐仪式上，榕商以商会或个人名义为首届青运会捐资逾1000万元。落实2013年签约的14项“榕商联村”项目，组织部分捐助商会（企业）赴罗源等地了解帮扶项目进展情况，推动帮扶资金落实到位，年内累计落实帮扶资金730万元，占帮扶总金额的82%；确保资金到位的帮扶项目全部开工，竣工率达98%，其中90%竣工项目完成验收并交付使用。福州市各异地商会、会员企业通过“百企联百村”或是利用重大节日、周年庆典等开展公益助学助困活动，对口帮扶在当地就读的贫困榕籍学生或在榕求学的宁化等地老区贫困生，累计发放助学金200多万元。鼓励企业因地制宜开展产业帮扶，推荐永泰杰健畜禽专业合作社畜禽养殖等4个产业帮扶项目列入省光促会产业扶贫项目库，获得专项补助，并指导其编制方案组织实施。

【对外及对台交流】　主办以“两区对接联动，榕台创新合作”为主题的两岸青年企业家产业发展与合作论坛，倡议成立“榕台自由贸易区协会”，通过“两区对接、港区互动、产业联动”的合作模式，拓展榕台经贸合作空间。与省商务厅、省市侨联对接，建立“一带一路”沿线国家华人工商社团数据库；与市外侨办合作，帮助10名会员办理APEC商务旅行卡；组织5家会员企业随省商务厅赴澳大利亚、新西兰考察，组织18家会员企业随市政府专访团赴日本、俄罗斯参加首届“福州日”交流活动，学习先进经营服务理念。

【教育培训】　组织工商联会执委以上企业家、各异地商会和行业协会副会长以上企业家参加非公有制经济人士践行同心思想培训班、非公有制经济人士能力提升班及厦大EMBA鼓浪屿名家论坛、市委组织部“左海大讲坛”等各类专题培训、讲座13场，900多人次参训。与仓山区工商联、市民企协会联办自贸区专题知识讲座等，推动自贸区政策知识进基层、进企业。

（余　芳）

（编辑　邱敏佳　吴燕　卓明顺　郭秋廷）

社会团体

福州市总工会

【概况】 2015年，全市新增企业基层工会3164家，新增企业工会涵盖单位5354家，新增农民工会员21.1万人，企业工会建会率98%，已建会企业职工入会率98%。基层工会1.42万家，涵盖3.68万家企事业单位，工会会员116.2万人。全市有12人获评全国劳动模范和先进工作者，32人获评省“五一劳动奖章”，7个先进集体获评省“五一劳动奖状”，297名先进个人获评福州市第三十四届劳动模范称号，9名重点项目建设功臣获评福州市“五一劳动奖章”称号。授予30家集体省级“工人先锋号”称号，新评选命名352个福州市“工人先锋号”“五一先锋岗”先进集体。开展经济技术创新，征集222项职工发明创新成果申报第十届“海峡两岸职工创新成果展”，占全省申报总数的30%以上。表彰职工技术创新先进集体50个、职工技术创新先进个人97名、职工技术创新标兵10名。

【福州市工会第十五次代表大会】 7月28—30日，福州市工会第十五次代表大会在福州工人文化宫召开。449名来自全市各条战线的代表参加大会。省委常委、市委书记杨岳，市委副书记、市长杨益民，市人大常委会主任周振华，市政协主席周宏，省总工会副主席江孝善，市领导陈元邦、陈为民、黄忠勇、林晓英、薛侃、张献勇出席大会。会上，杨岳书记作重要讲话，杨益民作经济形势报告，陈元邦会见市总工会新一届领导班子，市委常委、宣传部长、市总工会主席何静彦代表市总工会十四届委员会在会上作工作报告。省总工会副主席江孝善代表省总工会对大会的召开表示祝贺，市妇联代表人民团体致贺词。大会选举产生新一届市总工会领导班子。

【职工技能竞赛】 组织全市环卫、园林、物业、公交和出租车等五大行业职工开展以“当好主力军　奉献青运会”为主题的劳动竞赛，约7万名职工参赛。在青运会体育场馆、运动员村建设改造和城市基础设施等重点工程中开展劳动竞赛，推动青运会场馆建设。在环卫（内河）、物业职工中开展以“干干净净迎青运”为主题的劳动竞赛，涉及城区41个街（镇）205条主要道路、17条主要河道和51个城区主要物业小区。在园林职工中开展以“我为福州添美景”为主题的养护劳动竞赛，涉及市区62条主要道路和高架桥（人行天桥），开通网络投票，邀请广大市民参与评选。结合“文明有礼，优质服务”为主题的“工人先锋号”创建活动，在公交、出租车行业开展驾驶员劳动竞赛，涉及2400辆出租车和40条公交线路。

【职工权益维护】 推行劳动合同和集体合同制度，推动企业普遍建立工资集体协商机制。全市签订集体合同2224份，覆盖建会企业3.17万家，覆盖职工101.6万人，其中企业单独签订集体合同1938份，签订区域（行业）性集体合同286份。签订工资专项集体合同2209份，覆盖建会企业3.16万家，覆盖

2月15日，福州市总工会举行优秀新福州人免费返乡包机活动

（李润钊　摄）

职工101.2万人。开展"安康杯"竞赛活动,配合人社等有关部门开展欠薪专项整治行动、夏季防暑降温专项检查、《女职工劳动保护特别规定》执行情况检查。发挥"12351"职工维权热线作用,参与劳动关系矛盾纠纷调解,及时处理侵犯职工权益的案件。

【职工帮扶服务】 以"幸福福州·共建共享"为主题,打造春送岗位、夏送清凉、金秋助学、冬送温暖等工作品牌。"两节"期间,开展对建档困难职工,环卫、公交、殡葬等特殊行业一线职工的走访慰问活动。开展新福州人集体婚礼、包机专列送新福州人平安返乡、慰问留榕过年建设者等关爱新福州人活动。开展"关爱职工·夏送清凉"防暑降温慰问活动,慰问1500多家企事业单位的高温作业一线职工近16万人次。开展"圆千名贫困学子求学梦"金秋助学行动,发放助学金959.48万元,为5878名建档困难职工在学子女提供1000~5000元的补助。推进"妈妈小屋"建设,为孕期和哺乳期女职工提供服务。

【职工教育培训】 以与主流媒体合作开辟专栏、开通微博、举办"五月风"讲坛等方式,宣传劳动模范、一线职工的真人真事和凡人善举。以农民工相对集中的工业园区、科技园区、大型企业为重点,开展职工教育培训示范点培育工作,全市获评全国职工教育培训示范点称号企业2家。推进职工书屋建设,鼓励企业走"多功能书屋"的新路子,创新网络书屋、流动书屋、手机书屋等形式,4家企业获评全国"职工书屋"示范点称号,1家企业获评福建省"职工书屋"示范点称号。在工人文化宫举办"福之州 青之运"五一福州市职工合唱比赛、"为祖国喝彩 为青运加油"福州市职工庆祝建国66周年综艺晚会等职工文体活动。

【基层组织建设】 以"职工之家"为载体,推动基层工会规范化建设,新培育43个职工之家建设示范单位。推动成立一类镇街(园区)总工会45个,全市镇街(园区)工会建设达标率98%。配备工会专干226名,建立健全工会专干选聘、使用、履职、薪酬、福利、考核、退出等机制。开展"工会干部走访劳模"活动,对全市5528名各级劳模进行信息采集并走访慰问。

(陈丽燕)

共青团福州市委员会

【概况】 2015年,福州市有团组织2.5万个、团员43.25万人,青少年工作阵地43个,社区建团率达100%。联系两新团组织956个,社会青年组织160个,组织活动594场。新建非公企业团建230家。建立3953个乡镇直属团组织,覆盖团员1.91万人,35岁以下青年10.04万人,县域农村合作组织团工委5个,农村合作组织团组织136个。福州市青年联合会换届选举工作完成,"海峡青少年活动中心"建设纳入福州市"十三五"规划报告。

【举办第十届两岸青年联欢节暨第三届海峡青年节】 8月,参与举办第十届两岸青年联欢节暨第三届海峡青年节。以"中国梦·中华情"为主旋律,以"青年携手·青春圆梦"为主题,以"突出活动常态化、建设海峡青年交流营地、设立台湾青年创业基地及出台优惠政策"三大创新举措为亮点。团市委承办的海峡青年(福州)峰会、"青春创想秀"暨第三届两岸大学生公益社团活动策划大赛、"中建海峡杯"第二届海峡两岸大学生实体建构大赛等6项工作,并协助举办海峡青年联欢会、海峡两岸百名博士(硕士)福州社会实践活动,邀请625名两岸青年参加。活动期间,首次发布《鼓励和支持台湾青年来榕创业就业实施办法》,授予11个园区及企业"台湾青年创业基地"称号。

【青年文明号创建】 创建市级青年文明号80家,获评省级青年文明号集体33个,省级青年安全生产示范岗8家,省级青年突击队10支,省级青年岗位能手9人。

【青少年思想道德教育】 开展"福州市美德少年"、"少年先锋章"、"先锋队课"、市"五四青年奖章"、市"五四红旗团(总)支部"、市"优秀共青团干部"、市"优秀共青团员"、寻找乡村好青年等评选活动13项,表彰各类先进集体162个,先进个人570名。联合福州电视台、福州日报社在"五四"期间推出10期全市先进青年事迹展播和刊登。完善好青年典型人才库,为青年典型参与培训、就业、创业、"领头雁培养"计划等提供服务。

【青年就业创业】 发展新型创业服务平台,建立优空间、YOU+等21个不同类型的"众创空间",组建由1032名企业家和专家构成的青年创业志愿导师团。开展"青年创业大讲坛""创业门诊"等创业活动125场次,服务青年创业者2万多名,带动就业岗位近2000个。开展"送金融知识下乡"活动100多场,参加人数3000多人,创建"送金融知识下乡"宣传服务站28个。参与筹备成立福建省农村青年致富带头人协会,推荐农业种养大户、农民专业合作社带头人、农业产业化龙头企业负责人、返乡创业大学生等农村青年人才20名。结合"乡村好青年"评选工作,评选110名"乡村创富好青年",纳入农村青年创业致富带头人"领头雁"培养计划。加强校企对接,推动青年参与就业创业见习上岗1217人。

【青少年维权工作】 出台《福州市青少年事务社工服务中心制度汇编》。推动市级"12355"青少年服务台完善维权公益等近20项服务规范化建设,吸收100多名青年律师及心理咨询师作为专家志愿服务团队。建立全市8所中小学驻校社工试点和20个街道社区社工站,开展青少年安全自护、禁毒、普法宣传等小组工作81期。推动鼓楼区依托街道建立"海容"青少年事务服务中心,完善青少年事务社会工作体系和服务网络。引入"兴业基金"等社会公益项目,以社会化运作,接受专业性评估,提升项目化运作能力。推动指导福清市检察院等4家单位创建省级青少年维权岗。

开展"青春护航"社区青少年成长发展项目、合适成年人项目、中高考减压项目、"阳光计划"青少年毒品预防教育试点项目、农民工子女心理支持项目等服务项目。全年开展服务活动187场，覆盖青少年2.6万人次，介入未成年人刑事案件61起，开展个案跟踪帮扶87次。实施重点青少年群体服务管理和预防工作，全年服务社会闲散青少年覆盖率达84%，帮助初中以下闲散青少年102人次回归正常教育体系，转化不良行为青少年23人，帮扶和救助农村留守儿童461人，为55人次家庭困难的服刑人员的未成年子女提供物质与心理帮扶。

【打造“互联网+共青团”新格局】 结合青运会志愿者和“海峡青年节”等工作品牌，构建“悦动福州”、“海峡青年”微博微信、“福州共青团”网站等多类型新媒体平台。选拔青年学生、专兼职团干部，建立团属新媒体运行管理团队，围绕青年学习生活、文化娱乐、社会责任、成长经历等专题，发布信息723条，其中原创讯息210余条，阅读总量近10万人次。“悦动福州”微信公众号综合影响力一度跃居全国第九、全省第一。

截至11月底，数字共青团录入基层团组织1.22万个，覆盖团员18.08万人。发布基层开展“三会一课”、志愿服务、“团干部如何健康成长”大讨论等活动信息6851条。推进网络文明志愿者队伍建设，招募注册志愿者4.3万人，基本形成“核心+骨干+一般志愿者”的网络宣传引导工作体系。推进网络舆情事件应急处置，成功应对处置“抹黑英雄邱少云”“任志强质疑共产主义”等事件，做到第一时间发声，驳斥错误舆论观点，响应构建“清朗网络”空间的号召。

【团组织建设工作】 开展“百团结对，共迎青运”活动，组织56个市属国有机关企事业单位团组织、市级以上青年文明号集体、青年社会组织与56个县(市)区、市教育局、高新区所属的基层团组织进行结对共创、项目合作，涌现出“海丝小屋”体验项目、飞毛腿团建“1235”模式、农民工子女社区服务“蒲公英计划”等一批优秀项目。完成青年企业家协会换届选举工作，全年发展协会会员130人，引导青年企业家参与圆梦助学、扶贫助困等社会公益活动30多场。结合纪念“五四”运动96周年和迎接第一届全国青年运动会，开展“迎青运·争作为”主题团日竞赛活动。完成60个青少年综合服务平台建设，深入5个县区指导开展省级示范性青少年综合服务平台建设工作。

(齐　娟)

5月4日，第一届全国青年运动会福州赛区志愿者工作筹备成果展在海峡奥体中心综合体育馆举行　(俞松　摄)

福州市妇女联合会

【概况】 2015年，市妇联有基层组织2851个，其中县(市)区妇联、市直机关妇工委13个，市直机关妇委会65个，乡镇妇联129个，街道妇联43个，社区妇联437个，村妇代会2134个，村妇联30个。全国、省级三八红旗手(标兵)、红旗集体66名(个)，全国级和省、市级巾帼文明岗129个，全国巾帼建功先进集体1个，全国巾帼建功标兵5个。

【妇女就业创业】 举办女农民工、女大学生专场招聘会38场次，帮助1.4万人实现就业。

联合市建委下发《关于开展“巾帼美丽家园”创建活动的意见》，实施低碳家庭、美丽家园、巾帼发展和海峡交流四大工程，召开“巾帼美丽家园”创建工作推进会，创建省、市级“巾帼美丽家园”9个。发放妇女小额担保贷款789万元，创建“全国巾帼现代农业科技示范基地”1个，省、市级巾帼示范基地29个，举办新农村建设女性大讲堂、“专家快车农村行”专项培训30期。

【维护妇女儿童权益】 推动《中华人民共和国反家庭暴力法》，抓好《中华人民共和国妇女权益保障法》的贯彻落实。参与家庭服务业、未成年人权益保护等热点难点问题调研，为维护妇女儿童合法权益建言献策。开展“送法到家”活动2848场，吸引20万妇女参与。创新依法维权服务工作模式，完善妇联主席接访制度，聘任法律、婚姻、心理专家为兼职人民调解员，加强“12338”维权热线建设，接入福建省网上信访系统，启动市妇联官网咨询平台，完善“窗口接访、热线接访、网络接访”三位一体的接访模式，全年接访解决1251件次。

【家庭文明建设】 发挥林则徐、严复、冰心等名人家风家训的集聚效应，在三坊七巷成立家庭建设示范基地。开展寻找“最美家庭”活动，寻找出市级以上“最美家庭”78户。拓展“寻美”活动范围，在市直机关党员干部家庭中开展“树清廉家风　建最美家庭”主题活动，与海警、边防部队、气象局等联合表彰“最美家庭”“好妻子·好母亲”和“最美警嫂”。开展“好家风好家训”作品征集活动，征集到家规家训200多条，家风故事、名人家风家训创意作品 200 多个。举办“魅力女性与闽都文化”大讲堂。开展家庭教育公益大讲堂 117 场，培训家长 1.5 万人次。在全市“四点钟”学校免费发放家风家训临摹字帖。与市教育局联合举办家教理论研讨暨骨干培训班。

开展“文明迎青运百场社区行”“垃圾不落地·城市更美丽”等迎青运系列志愿服务活动，举办“舞动青运”巾帼健身志愿者骨干培训班。与嘉义市妇女会签署闽台基层妇女组织合作协议，举办海峡两岸各界妇女共植“巾帼林”活动。

【推动新“两纲”实施】　开展“两纲”中期监测评估工作，94 项妇女儿童可量化指标提前达标 38 项，提前达标率 40.43%。“两节”期间，发动各县（市）区妇联走访慰问无男劳动力的特困妇女家庭 100 个，发放慰问金 5 万元。联合福建电视台“第一帮帮团”刊发 10 名特困“两癌”母亲“辛酸而坚强的故事”，开展对 35～64 岁农村妇女宫颈癌和乳腺癌的检查和新一轮城乡低保妇女免费妇科病检查工作，安排资金 128.3 万元关爱无男劳动力贫困妇女、“两癌”重症妇女 335 名。筹集“母亲健康 1+1”善款 88 万元，位居全省第一。加强对 5 个全国级、省级“两纲”项目示范点实施情况的督促检查。加快市政府为民办实事项目——海峡妇女儿童活动中心建设，已完成投资额约 1.8 亿元（含拆迁征地费用），该项目主体工程竣工并通过验收，正进行二次装修，计划 2016 年建成使用。

【关爱特殊困境儿童】　“六一”期间，联合青运会福州执委会等部门举办“百名留守儿童看青运”活动。援建“留守儿童之家”13 个、“妇女儿童”之家 5 个、“春蕾爱心书屋”2 个。动员社会热心人士（团体）加入“春蕾计划”助学行动，募集春蕾款 134.77 万元，资助贫困女大学生及义务教育阶段贫困女童 1393 名。

【实施巾帼圆梦行动】　联合市台办、市发改委下发《巾帼圆梦行动——福州市妇联对台工作计划（2014—2018 年）》，树立海峡妇女联谊、家庭联谊和儿童联谊“三大品牌”。承办首届海峡两岸家庭教育高峰论坛，参会人员为全国各地的妇女工作者和家教专家。

【妇联基层组织建设】　推进女性进村“两委”工作，全市村级组织换届后，村委会班子均有女性成员，村妇代会主任全部安排进村“两委”班子。村“两委”班子中女性正职和成员比例分别为 9.29% 和 25.8%，比上届高出 0.54 个百分点和 2.7 个百分点。村“两委”班子中女性成员中专以上学历占 45.9%，比上届高出 7.7 个百分点。平均年龄为 42.07 岁，比上届低 1.78 岁。

推荐 4 个村（社区）妇女之家为全省“百村（社区）妇女之家建设扶持项目”实施单位。选树省级先进妇女之家示范点 12 个，市级优秀妇女之家示范点 15 个。在机关、事业单位，以及女性集中的行业协会、工业园区、社会组织等领域横向建立“妇女之家”31 个。推动仓山区妇联配备兼职副主席。联合市委组织部在复旦大学举办女干部培训班，并在市委党校举办基层妇干培训班，参训干部近 300 人。

（黎　明）

8 月 14 日，省委常委、市委书记杨岳在市海峡会展中心巡视海峡两岸家庭教育亲子展示活动　（市妇联　供）

福州市文学艺术界联合会

【概况】　2015 年，福州市文联由作家协会、音乐家协会、美术家协会、书法家协会、曲艺家协会、摄影家协会、戏剧家协会、民间文艺家协会、舞蹈家协会、漆艺研究会、硬笔书法家协会、剪纸协会和福州语歌曲协会等 17 个文艺家协会组成。有会员 5103 人，其中省级会员 1578 人，国家级会员 425 人。

【文艺活动】　面向全国征集现代诗歌并举办“青春·梦想——为首届全国青运会而歌”现代诗歌朗诵会，特等奖作品《我为青春点个赞》在青运会点火仪式上，由全省高校学生代表集体朗诵。举办古典诗词征集活动、“诗钟雅集——为首届全国青运会而歌”研讨会及首届青运会青春梦想书法艺术展、摄影作品展和“青春日志”活动。创作首届全国青运会主题歌《青春风》，编辑出版《第一届全国青年运动会“相约福之州”海峡两岸摄影作品集》《“青春梦想”福州书法艺术作品集》《“青春·梦想——为首届全国青运会而歌”古典诗词分册》《“诗意福州——为首届全国青运会而歌”现代诗歌分册》等作品集。

开展海峡东岸青年诗人西岸行采风创作活动，邀请 10 余位台湾青年诗人来榕采风创作，先后创作 30 余首福州题材的诗歌作品，结集出版《诗意福州——第三届海峡青年节海峡东岸青年诗人西岸行诗歌集》，邀请谢冕、郑愁予、叶延滨等著名诗人和诗歌评论家参加福州海峡两岸青年诗人作品研讨会。举办青春绘梦@福州——海峡两岸青年美术摄影

7月16日,“青春·梦想——为首届全国青运会而歌”诗歌朗诵音乐会在九日台音乐厅举行 （郑龙腾 摄）

作品展,编印《青春绘梦@福州——海峡两岸青年美术摄影作品集》。举办纪念中国抗战胜利70年暨世界反法西斯战争胜利70周年福州市美术作品展及《我的国籍我的血》等文学作品研讨会等活动。开展“记得住乡愁”、“闽都文化”等文艺创作宣传,组织文艺家深入基层采风、创作和交流,在永泰、福清等多个县(区)市开展文艺惠民演出。

【精品创作】 设立福州市文艺事业发展专项基金,由市财政出资200万元、新华都集团出资300万元的启动资金到位。出台《福州市文联事业发展专项基金管理暂行办法》《福州文艺事业发展专项基金实施细则(暂行)》《福州市文艺事业发展专项基金专家评审暂行办法》。邀请谢冕、张胜友、郑愁予、叶延滨、姚鸣京、唐辉、唐健风、常贵田、常祥霖等名家到榕交流讲座,以名家交流带动福州文艺精品创作。歌曲《青春风》成为青运会主题歌、现代诗《我为青春点个赞》在青运会点火仪式上朗诵。筹备设立福州市重点文艺题材项目库,突出创作选题、项目策划和调研论证,储备一批富有闽都文化特色的优秀原创文艺作品。

【文艺惠民】 制定《福州市文联贯彻〈关于广泛开展文明共建、文化共享“结对子、种文化”活动的实施方案〉的落实办法》《福州市文联关于深入开展“深入生活、扎根人民”主题实践活动实施意见》,建立福州文艺志愿者服务团,发出福州市文艺志愿者倡议书。按照“一县一品”要求,推动各县市区建立特色文艺示范基地,实现全市特色文艺示范基地全覆盖。与省文联联合举办习近平总书记在文艺工作座谈会上的讲话发表一周年暨福建文艺志愿者艺术团惠民演出,在福建电视台和福州电视台播出。举办“到人民中去”福州市文艺志愿者惠民演出,到永泰、福清、罗源开展文艺下基层中国画小品巡回展,“双管齐下”硬笔书法福清展等活动20余场。组织摄影家拍摄青运会和社区服务志愿者。组织书法家深入福建省女子监狱,为特殊群体送文艺。推进拍摄全家福、墨香飘万家、诗歌快闪、曲艺进社区等惠民活动。与鼓楼区后县社区、福建工程移民职业技术学校、马尾区企业文联等10多个单位建立一对一帮扶意向,成立钱塘小学屏北分校和福州林则徐小学摄影创作基地,与市教育局联合开展“书法、篆刻艺术进校园”晋安行暨示范校师资培训活动,为基层、社区、学校、企业等开展文艺培训辅导。

【文化传播】 组织编撰《魅力福州》系列丛书,介绍福州在海丝之路上所具有的重要的地位以及未来的发展。加强对闽剧、评话、伬艺等文化遗产的传承保护与创作推广,实施《福建省地方戏曲扶持基金专项管理办法》。筹备编撰《福州市“十大开先”人物画传》、筹划《福州市民间文艺三集成》修订。扩大《闽都文化》发行量和影响面,推出海丝福州、民国福州女性、福州风物、福州传统体育项目、抗战胜利70周年纪念、林则徐诞辰140周年纪念专题、福州民间宗教信仰等以及连江罗源专号。

【组织建设】 建立福州市文艺人才库,已征集687位文艺家资料,为创作扶持、教育培训、展演展示、评论评奖、服务引导等提供人才支撑。制定市属文艺家协会换届工作方案,指导各文艺家协会召开理事会或常务理事会。完善文艺家协会会员发展和管理制度,吸纳新的文艺群体、年轻会员和自由职业者加入文联团体。

（郑龙腾）

福州市社会科学界联合会

【概况】 2015年,福州市社科联新成立3个研究会,开展9场学术文化活动,组织第一批福州市社会科学研究规划课题立项,举办2015年社会科学普及宣传周活动,出版福州社科普及读本第三辑《弘扬正能量——社会主义核心价值观福州读本》。

在省社科联评选的社会科学普及先进单位、优秀作品和先进个人中,闽都大讲坛、长乐社科讲坛获“十佳社科普及讲坛”称号,市博物馆获“十佳社科普及基地”称号,《长乐勤廉百贤》被评为“优秀社科普及作品”,鼓楼区军门社区党委书记、主任林丹获“社科普及名家”称号,市社科联严平、长乐市社科联陈爱玉、马尾区社科联林宇获“社科普及先进工作者”称号。在全国第十七次社会科学普及工作经验交流会评优工作中,长乐市社科联陈爱玉获“全国社科普及先进工作者”称号。

【学术活动】 1月16日,举办福州市社科界促进自贸区建设座谈会,探讨在自贸区建设的大背景下如何做好理论研究、社科宣传与普及工作,全力服务福建自贸区福州片区建设。

4月,开展福州智库摸底调查,委托福州大学社科处课题组开展福州市智库现状调研,年底提交调研初稿。

8月11日,召开福州市社科理论界"读原著学原文悟原理"座谈会,专家学者、学会代表围绕《习近平谈治国理政》进行研讨发言。

10月12日,第一批福州市社会科学研究规划课题立项,重大课题1项,重点课题6项,一般课题5项,资助研究经费19万元。

组织开展评选福州市第九届社科优秀成果和申报省社科联第十一届社会科学优秀成果奖。

【社科宣传普及】 1月20日,召开贯彻落实《福建省社会科学普及条例》座谈会。

10月1日,福州社科普及读本第三辑《弘扬正能量——社会主义核心价值观福州读本》出版。

10月16—23日,开展以"贯彻社科普及条例 深化法治福州建设"为主题的福州市2015年社会科学普及宣传周活动,600多人参加在鼓楼区温泉公园举行的开幕式。现场举办"社会科学在你身边"咨询普及活动,有法治建设、福州新区、福州城市总体规划、青运会等图片展示。活动周期间,全市有11个县(市)区举办启动仪式,160多家学会、研究会、相关部门参与科普咨询活动。安排讲座、报告会近30场,制作展板、挂图600多面,开放人文社科类展馆40多家,发放社科书籍、各类宣传资料10万多份,向市属高校图书馆和各县(市)区中小学校、乡镇街道、社区阅览室等赠送优秀图书1800多册。

【学会工作】 新成立市寿山石雕刻艺术研究会、市古琴研究会、市摄影研究会,所属社团60个,单位会员1546个,个人会员1.45万人。5月4日,与市民政局合作组织市属社科类社团集中年检。12月25日,召开学会工作经验交流会议,开展社团管理知识培训。

11月23日,市闽都文化研究会举办唐代东南社会与海上丝绸之路研讨会,100名专家学者参加,征集论文70篇。12月17日,在马来西亚吉隆坡举办以"海外福州人与海上丝绸之路"为主题的第四届闽都文化论坛,105名专家学者参加,征集论文31篇,举办闽都文化大讲堂6期。

福州市政策咨询研究会编发《福州政研专报》25期,《福州调研》63期、《决策参考》46期、《闽都通讯》12期,撰写调研报告10篇,其中《江北新区正式获批国家级新区的启示》《借鉴国内外临空经济区发展经验 加快福州临空经济区建设》等6篇获市领导批示。

福州市审计学会组织各县(市)区及各审计学组申报课题44个,其中6个确立为重点科研课题,《大数据环境下审计监督全覆盖探索》《政策落实情况跟踪审计探究》《领导干部自然资源资产经济责任审计研究》3个课题被市政府发展研究中心拟定为福州市发展研究方向。参与构建审计信息共享科研成果库,并参与编纂《福州市审计志》。

福州市税务学会开展群众性课题调研,建立群众性调研稿酬奖励制度,《目前经济环境下零售业增值税税负率的影响分析》《"营改增"后快递业的现状和发展》《福州自贸区税收管理研究》等11篇论文被省税务学会评为2015年度优秀调研文章。

福州市诚信促进会开展诚信党员示范店工作,表彰25家诚信党员示范店。与福州市卫生局联合开展诚信医疗示范活动,走访福州市内各个医疗单位,推动医疗卫生系统诚信建设。与福州市农办合作,开展诚信美丽乡村评选活动。开展诚信教育、诚信融资、诚信食品等相关活动。

福州市王审知研究会筹拍《闽王王审知》历史文献纪录片,计划于2016年进行剧本会审论证。

霞光画院于3月与美国福建侨商会在纽约举办"历史长河中的中美友谊"书画展,集中反映中美建交35周年以来两国友好交往的历史画面。8月参加纪念林则徐诞辰230周年闽台书画展,参展作品均被选送参加在北京人民政协礼堂举办的全国"纪念林则徐诞辰230周年"书画展展出。

【基层社科联建设】 5月28—29日,在长乐市举行"基层社科普及宣传工作"专题调研活动。长乐市社科联介绍社科普及经验,各县(市)区社科联考察长乐市社科普及点,交流2014年社科普及工作开展情况,并就2015年社科普及工作思路展开讨论。

10月13—16日,组织长乐、福清、闽侯、马尾社科联赴宜宾市参加全国大中城市社科联第26次工作会议。马尾区社科联被评为"全国大中城市先进社科组织",马尾区社科联主席林宇被评为"全国大中城市社科工作先进个人"。

(吴家松)

10月16日,社会科学普及宣传周开幕式在鼓楼区温泉公园举行

(吴家松 摄)

福州市科学技术协会

【概况】 2015年,福州市科协所属市级学会76个,企业科协263个,其中新成立40个。全市本级预算内科普经费1317.71万元,市级人均科普经费1.77万元,同比增长9.94%。县(市)区科普经费1347.8万元,同比增长34.3%。

【校地合作】 举办“福州市与合作高校座谈会”,邀请清华大学、中国人民大学、复旦大学、北京师范大学、武汉大学、厦门大学、福州大学等13所高校、科研院所参会,交流福州市与合作高校、科研院所的对接、合作情况,探讨地方与高校、科研院所有特色、见效益的合作模式,推进高端引智工作。落实福州市与福州大学战略合作框架协议,促成福州大学与罗源县签订战略合作框架协议,双方围绕食品、钢铁、海洋等重点产业开展合作。协调市直有关单位,与福州大学联合召开“2015年福州市与福州大学对接工作推进会”,围绕自贸区建设、人才引进、人才培养以及推进产学研合作深度融合等方面达成合作计划。

【院士(专家)工作站建设】 促成市政府出台新修订的《福州市促进院士(专家)工作站建设的若干规定》。全年有3家院士工作站、13家专家工作站获市政府认定。截至2015年底,全市有28个院士工作站通过市政府认定。24家企业、4家事业单位与院士团队开展157个研发攻关项目,累计项目总投资21.65亿元,预计新增产值116.6亿元,上缴税收5.9亿元,新增利润13.9亿元。

【企业科技对接工作】 组织“海洋院士连江行”活动,邀请雷霁霖院士、麦康森院士、朱蓓薇院士及其团队赴连江考察调研,引导企业与院士(专家)开展项目合作、建立院士(专家)工作站。组织国家“千人计划”专家送服务到企业活动,邀请兰州兽医研究所草食动物病毒病创新团队首席专家张志东研究员、中科院微生物研究所傅钰研究员分赴大北农生物技术公司、神蜂科技公司和仙芝楼生物科技公司考察调研,进行交流指导。组织清华大学专家调研企业,走访调研新大陆科技集团、飞毛腿电子、上润精密仪器等企业,现场诊断对接,促成244个院士专家项目与企业对接成功,组织158位专家服务142家企业。

【科普基地建设】 会同市园林局对福州花海公园规划建设为科普公园进行调研评估。福州科技馆成为福州市唯一获得“中央引导地方科技发展专项资金”的单位,被纳入全国首批免费开放科技馆行列,获得503万元专项经费,用于更新完善展区,扩建改造“开心农场”。设在馆内的“福州市反邪教宣育基地”完成重新布展工作。

【科普宣传】 编印《榕城科普读本》系列丛书《福州园林植物(地被篇)》《福州园林植物(藤本篇)》。管理和维护福州数字科普地图网站、市政府门户网站科普专题网页,办《科普大篷车》《科普新说》电视栏目。推进“四有一无”“一县十乡百村”等反邪教宣传教育培训工作。组织科普大篷车走进永泰梧桐镇溪北小学、闽侯县鸿尾乡奎石小学等城镇乡村、边远学校,完成科普展教活动43场,受众近5.5万人。

【科普活动】 以“大众创业 万众创新,拥抱智慧生活”为主题,举办2015年福建省暨福州市全国科普日主场活动。主场活动设置“众创空间、智慧世界、炫彩科普、感触科学、科学大观园”五大板块,开展创客成果、大学生创业、青少年创新创意成果展示,行业学会创新成果展示,现代智慧信息技术展示,“挑战惊奇”科学秀表演,机器人表演,青少年科学调查体验活动,科学DIY,电脑机器人挑战赛,牛顿小小科学家,科普快闪,漫游花海科学大观园,科普大篷车巡展等重点活动。会同市科技局、市委宣传部、市委组织部,以“创新创业·科技惠民”为主题,联合举办2015年“科技·人才活动周”。

福州科技馆继续与在榕高校和科技型企业及其他社会机构开展合作,共同举办特色科普活动。市动物园的羊驼作为“羊年”特殊嘉宾与观众见面、互动。联合福建省气象学会开展气象主题科普活动。与福建工程学院大学生自主创业库拉科技有限公司共同举办“走进库拉科技 打印3D记忆”科普宣传活动。同台湾中华澄心沟通教育协会和大学生优秀自主创业项目“土豆泥”联合举办“科学思跑,助力成长”夏令营。与福州大学、福建师范大学、福建农林大学等8所高校共同举办“创新·创意·创客”为主题的“第五届在榕高校大学生才艺节”。全年到馆观众超过20万人次。

【基层科普行动计划】 开展市级“基

9月23日,福建省福州市全国科普日主场活动在福州花海公园举行。图为“感触科学”区域 (杨舒凯 摄)

层科普行动计划”评选工作,10个科普示范社区、3个农村专业技术协会、14个农村科普示范基地、9名农村科普带头人获市本级奖补资金90万元。组织、申报国家级、省级“基层科普行动计划”项目。其中,福州市仓山花卉联合会等4个农村专业技术协会,福建优康种猪科技开发公司科普示范基地、晋安区新店镇金城社区等2个科普示范社区,罗源县碧里乡西洋村郑云开等2名农村科普带头人,分获全国“基层科普行动计划”先进单位和个人,获奖补资金150万元。闽清县橄榄行业协会等3个农村专业技术协会、福清市永诚畜牧有限公司科普示范基地等4个农村科普示范基地、鼓楼区南街街道杨桥河南社区等3个科普示范社区获2015年福建省“基层科普行动计划”优秀项目称号,仓山区闽榕茶叶有限公司王德星等3人获农村科普带头人称号。

【科技下乡】 参加2015年全市科技、文化、卫生“三下乡”启动仪式暨集中示范活动,捐赠《生活中的科学》、《全民科学素质系列丛书》、《大众趣味有氧走步操》(科普光盘)、科普春联等科普资料3000多册(份),捐款5万元。开展科普宣传、咨询、服务等活动近30场(次)。实施科普兴村“三个一”工程,市、县(市)区两级农函大举办农村实用技术培训班374期,培训新型农民2.5人次。组织市级学会和县(市)区科协实施24个“学会联村送科技”项目。

【青少年科技活动】 组队参加“第30届福建省青少年科技创新大赛”,48个项目获奖,6个项目晋级全国大赛。举办福州市第31届青少年科技创新大赛暨第八届“两马”青少年科技创新作品巡回展,参赛项目(作品)654个,评出优秀项目159项,优秀实践活动26项,优秀科幻画作品125幅,优秀科教作品29件,优秀科技教师10名,优秀组织单位6个。联合市教育局,举办福州市第十一届青少年电脑机器人竞赛,全市90所中小学校,231支参赛队,500多名选手参赛,评出一等奖26队,二等奖60队和三等奖109队。福州市代表队派出82支队伍参加第13届福建省青少年机器人竞赛,有74支参赛队获奖,其中19支代表队获一等奖,4支代表队获项目冠军。推荐6支代表队晋级全国竞赛,获一、二等奖各3个。鼓楼区第二中心小学代表队和井大小学代表队分获2015年WRO世界青少年机器人奥林匹克竞赛中国总决赛冠、亚军。联合市教育局、省科技馆,举办以“生态文明,清新福建”为主题的“2015年福州市青少年科学素养竞赛”活动,评出网下现场竞赛活动一等奖29个,二等奖45个,三等奖63个,组织奖10个。联合市教育局,举办第二十一届全国青少年信息学奥林匹克联赛(NOIP2015)福建·福州赛区竞赛,评出281名竞胜者(高中组125名,初中组156名),有212名选手成绩突出,入围省级复赛。组织开展全市教育工作者科技教育论文评选活动,评选出一等奖论文11篇,二等奖论文20篇,三等奖论文26篇,推荐11篇优秀论文参与第24届全省教育工作者科技教育论文评选活动,8篇获奖。

【学术活动】 以“创新驱动 美丽福州”为主题,举办“福州市科协2015年学术年会”,征集论文1500篇次,精选102篇入选《第十三届福州市科协学术年会论文集》。年会邀请省农科院副院长翁伯琦、市政协副主席雷成财担任主会场报告嘉宾,围绕福州市现代农业、自贸区福州片区发展问题展开交流。全市设立20个分会场,涉及医、理、农、工各个领域。

【重点调研课题】 动员专家学者开展23项重点课题调研,编制19期《专家建言》,其中《稳步推进罗源湾养殖拆迁的对策建议》等3篇调研得到市委书记杨岳批示,《发挥滨海优势 打造旅游品牌——关于我市发展滨海旅游的几点建议》被《福州调研》转载,被评为福州市优秀调研课题三等奖。《关于加强自贸区福州片区发展的几点建议》入选福建省科协科技思想库研究项目。

【人才工作】 推荐11个集体、个人参评福州青年五四奖章、福建省运盛青年科技奖,其中获评“福州青年五四奖章个人标兵”、第四届“福州青年五四奖章个人”,福建省第二十二届“运盛青年科技奖”各1人。福建伊时代信息科技股份有限公司技术中心被评为“福州青年五四奖章集体”。开展第二届福州青年科技奖评选,动员74名优秀科技工作者申报福州青年科技奖。组织福建省高校6名优秀在读博士生参加中国科协第13届博士生学术年会。

【榕台交流与合作】 联合台湾自然科学博物馆、台湾马祖经贸文化交流协会等台湾民间科技社团,分别举办2015年榕台中学生自然探索夏令营、第八届“两马”青少年科技创新作品巡回展、“福州市青少年科技教育研讨会”。组织榕台现代社区科普教育合作交流团、福州市学术交流代表团、中国科协青年科学家福州活动基地交流团等5个团组赴台开展交流活动。联合相关单位依托第三届“海峡青年节”平台举办“海峡两岸大学生创意文化交流”活动,邀请台湾中化创意发展协会、台南应用科技大学等单位的12名台湾嘉宾以及部分在榕高校师生代表参加。

(陈 贞)

福州市关心下一代工作委员会

【概况】 2015年,福州市有关工委组织3748个,成员2.21万人,其中“五老”(老干部、老教师、老劳模、老专家、老战士)人员1.6万人。全市有173个乡镇(街道)、2621个村(社区)、720所学校、134个机关事业单位以及100家企业组建关工委组织。

【思想道德教育】 开展“老少共学同唱核心价值观”活动,精选出11首社会主义核心价值观歌曲,在3个城区、2个市直部门的青少年和“五老”人员中试唱,下发试唱光盘和歌曲集到各基层和学校。全市有6500多名“五老”人员和16.24万名青少年参加歌曲传唱活动。

编写《福州故事百讲》系列丛书,分为《抗战篇》《红色记忆篇》《改革开放篇》《闽都文化篇》4个部分。在全市广大青少年中开展“福州故事百讲”活动。《抗战篇》在纪念“世界反法西斯和抗日战争胜利70周年”之际，下发到基层关工委、全市各学校以及市直各机关单位。发动全市“五老”人员结合暑期夏令营、主题教育活动和重要时间节点，利用学校课堂或“四点钟学校”等平台开展“讲故事”活动。全年组织“讲故事”活动759场次，参加青少年人数有10.56万人次。

从各级关工委制作的课件中选出马尾区关工委制作的《中国共产党是全民族抗战的中流砥柱》、市教育系统关工委制作的《日军侵略福州的罪行与福州人民的抗日斗争》课件作为宣讲典型，刻录成光盘发放到全市中小学和基层关工委。市教育系统关工委编写《日本侵略福州的暴行和福州人民的抗日斗争》，发放到各县(市)区关工委及学校。闽侯县关工委组织“五老”人员编写《闽侯故事》，并制作专题片《伟大的胜利》，发放到全县各乡镇、村和中小学。晋安区关工委与茶园街道、区教育局关工委联合在晋三小举行抗战胜利70周年纪念活动，请“五老”人员作抗战史迹报告、开展抗战知识竞赛。长乐市关工委报告团联合教育系统老园丁报告团前往18个乡镇(街道)44所中小学开展“认知和践行社会主义核心价值观”“纪念抗战胜利70周年”为主题的巡回演讲报告活动。连江县关工委与尚德教育基金会联合开展纪念抗战胜利70周年“关工杯”诗词征集评选活动，将获奖作品编集成《牢记历史　圆中国梦》，发放到各基层关工委并到学校开展巡回演讲。

【法制宣传教育】　宣传《中华人民共和国未成年人保护法》《中华人民共和国预防未成年人犯罪法》等涉及未成年人的法律法规。协助连江县关工委建立“青少年普法教育基地”，在往年采用基地式教育的基础上，发展为“大篷车”式流动基地，在全县中小学和基层巡回，通过案例展示、法律讲座和模拟法庭等多种形式，向广大青少年讲授远离违法犯罪、自我保护的法律常识。市关工委副主任陈明基到凤乐小学开展法制宣讲，把社会主义核心价值观的理论与案例分析相结合来教育引领学生。参与开展“零犯罪”村(社区)、学校创建活动。配合市人大、司法局等在仓山区第五中心小学开展“零犯罪学校”创建活动。配合市法院少年庭和团市委，选拔、组建资料库，为无法出庭的未成年被告人提供法律保障。

把失足、失管、失学、失业、失亲“五失”青少年和留守儿童、外来工子女作为关爱、服务的重点对象。市关工委领导多次深入市综治挂钩联系点——福清市东瀚镇开展“五失”青少年情况调研和帮扶。春节前夕，市关工委领导看望慰问8名贫困少年儿童。新学期开学后，市关工委14名老领导各捐出1000元，连同爱心企业家捐资22.5万元，联合福清市关工委、东瀚镇政府三级融资45万元，帮扶东瀚镇30名生活困难的“五失”学生。市关工委“青少年心理健康教育服务团”到东瀚中学开展“解读青春期密码”讲座以及现场心理咨询活动。7月，联合福州晚报、晋安区妇联、省妇儿活动中心共同举办第二季为期9天的主题为“手拉手、与福同行”的外来工子女夏令营，传授有关艺术类、拳击、武术等技艺，以及防拐防骗等安全知识。

开展社区矫正青少年的教育、感化、帮助、挽救工作。与公安、检察、法院等政法机关相互配合，建立失足未成年人帮教机制，把对未成年人的帮教工作贯穿到各司法程序的全过程。鼓楼区69个社区在原有“四点钟学校”的基础上成立“少儿成长服务站”。以“五老”为主，整合包括辖区专业人员在内的各类志愿者。“四点钟学校”从简单的托管到第二课堂的延伸，从单一的学业辅导到才艺、品德等全面的素质教育。

对“五老”网吧义务监督员进行培训，探讨如何在新形势下加强网吧监督管理工作，及时发现和掌握青少年出现的倾向性、苗头性问题，有针对性采取措施，把可能引发的矛盾纠纷化解在萌芽状态。

【关爱青少年身心健康】　市关工委与罗源县关工委、永泰县关工委联合在罗源一中和永泰一中举办青少年心理健康教育活动。邀请心理学专家为学生、老师和家长进行专题讲座，开设团体辅导示范课，现场互动交流和心理咨询。联合市教育局、市妇联，加强和完善福州市家长网校建设。全年开设9场网上公益心理健康讲座。10月，举办“阅读促进心理健康”讲座，4700多名幼儿园和中小学家长上线听课。仓山区关工委青少年心理咨询中心与百度互联网合作，在手机上设中心网站，共建网络数字沟通平台，与电信合作开通免费热线。

【青少年科普教育基础建设】　增设台六小、永泰卢峰茶业、福清绿丰农业开发有限公司3个“示范基地”。晋安区关工委举办农村实用技术培训班，邀请

6月13日，市罗源县关工委组织白塔中心小学师生在白塔乡百丈村中国工农红军北上抗日先遣队攻克罗源城指挥部旧址开展“红军攻克罗源城80周年”主题教育活动　　(市关工委　供)

省、市专家为宦溪镇50名青年培训茶叶生产和蔬菜病虫害防治的相关技术。永泰县关工委“夕阳红”科技服务团和县老科协联合，请老专家授课，举办油茶、红芽芋、大棚菜、茶叶园林新技术等农技培训班9期，受训青年农民1000多人次。参与福州市青少年科技创新大赛，开展两岸青少年科技文化交流活动，组织马祖师生到晋安区鼓山中心小学与该校学生进行电脑机器人、电子百拼等演示和互动，参观书法作品展示。

（陈　今）

福州市红十字会

【概况】　2015年，福州市有392人申请大病救助，发放救助金330多万元。136名因车祸、火灾、台风等意外造成的急危险重伤者，得到救助金156万元。接受捐赠款物价值3550.51万元，其中捐款3500.51万元，捐物价值50万元，救助弱势群体1.37万人次。市红十字会获中国红十字会总会“宣传工作先进单位”、省红十字会重点工作考评一等奖。

【援助帮扶】　*“红十字博爱送万家”活动*　筹集款物慰问城乡困难家庭3500户，与市委宣传部联合开展“三下乡”，到贫困山区救助困难群体。与市妇联、民宗局、市计生协等单位，联合慰问“生育关怀”对象。与市政协、市审计局、市机关局、市直机关党工委、市农工党、市九三学社等单位，联合慰问挂钩扶持村困难群众、麻风病院、福利院等病残老人，送去年货、棉被等慰问物资。闽侯县为60个失地农民和外来务工困难家庭儿童送去慰问金3万元。鼓楼区红十字会通过博爱超市等渠道，发放价值10多万元的风雪衣给社区困难居民。长乐市红十字会组织实施“55221”救助工程，分别帮助500名学生、300名残疾人、200名孤老、200名因病致贫人员以及100名孤儿。

大病救助　全年有392人申请大病救助，发放救助金330多万元。长乐市、闽侯县、连江县分别拨款200万元、600万元和230万元，建立本级大病救助基金并进行兜底救助。

专项救助　救助因灾因祸造成的急危险重伤病员136人，156万余元。救助困难家庭中小学生、自闭症儿童317人，发放助学金56万余元。鼓楼、长乐和闽侯、连江、罗源红十字会开展“健康母亲1+1”“311工程”“立言立行立人·助老助幼助心”等人道救助活动。

抗台救灾　第13号台风“苏迪罗”灾害发生后，市红十字会启动应急响应机制，向县(市)区红十字会和基层会员单位发出倡议，做到人员、资金、物资“三落实”。灾害发生后，红十字会领导带领工作人员分别到“苏迪罗”台风受灾严重的永泰县鹭岭乡和罗源县起步镇、洪洋乡，送去价值12万元的家庭救助箱240个、救灾衣800件以及1.5万元慰问金对受灾困难户进行慰问。

【生命工程】　*无偿献血*　与省献血办、省血液中心开展“无偿献血七县(市)行”，在市直及五城区机关和直属单位干部职工中开展献血活动。在“5·8”世界红十字日、“6·14”世界献血日活动当天，献血10.62万单位，1.33万治疗量的机采血小板。

捐献造血干细胞　全年动员132人次并采集29人份高分辨血样，体检15人，成功实现捐献8人。其中闽侯县和福建师范大学累计成功捐献5例、连江县累计成功捐献3例。福清、长乐、罗源、闽清、永泰也实现造血干细胞捐献零的突破。

遗体器官捐献　与有关医疗单位分别建立眼角膜、心脏和肝脏移植的协作，为志愿捐献者和患者服务。连续第6年联合市委文明办、福建圆满生命投资有限公司、福建医科大学等单位，在三山陵园人生广场举行遗体和器官捐献者追思悼念活动。全年报名登记遗体器官捐献109人，实现遗体捐献29人，器官捐献3人。螺洲镇的庄金宝一家4口志愿捐献遗体。不幸身亡的农民工孙胜均、王荣合捐献出他们的全部器官，救活5人，让4人重见光明。孙胜均家属被评为“2014感动福建”人物，市红十字会也为孙胜均和王荣合家属分别申请5万元和9.5万元的“永生天使基金”。

【应急救护培训】　全年举办应急普及培训49期。为市直机关、企业、学校和省女子监狱、福清核电、清禄鞋业、六合机械、香格里拉大酒店等特种行业举办培训班73期、发证4230人。为“红十字应急救护职员服务进社区、学校”项目培训急救志愿者580名，社区急救志愿者649人。举办急救知识进社区讲座122场、受众1.81万人。为福州市第一医院等8家红十字医院及救护站配发全自动日本进口心脏体外自动除颤仪。“5·8”世界红十字日和“5·12”全国防灾减灾日期间，联合福州市鼓楼区消防大队官兵和福州市第十一中学、福州商贸职业中专学校师生进行逃生救生和红十字应急救护综合演练，1000多名师生和社区群众接受心肺复苏、创伤救护等应急救护知识的普及。

闽侯县政府拨专款30万元，对全县700多名公务员进行普及培训，走进县行政服务中心开设“群众急救学堂”。仓山区红十字会培训百名“青运会”场馆志愿者。罗源、连江、福清和永泰县红十字会分别走进组织部、老年大学、实验小学、特殊学校开展培训普及。福州市各级红十字会有近千名红十字应急救护志愿者常年活跃在基层一线，初步形成遍布城乡的群众性应急救护网络。福清红十字医院驾驶员、市电力公司和六合机械工人、龙祥水救队志愿者等，分别挽救9名触电、溺水人员生命。

【红十字水上救援】　分别成立龙台、龙洲、敖江水上应急救护志愿服务队，添置救生器材设备，组织培训演练，选送骨干参加在福州和台湾举办的海峡两岸水上救生培训。结合省红十字会水上救援志愿服务建设标准，参照台湾红十字组织先进做法，对场地设置、救护器材使用等进行规范，建立服务时间、项目登记制度。连江县红十字(敖江)水上救援队成立后，助力游泳赛事，为县“浦发银行”和“文明杯”公开水域游泳比赛提供全程安全保障。

【社区红十字服务】　“博爱家园——红十字应急救护志愿服务进社区”活动采取联合办班、上门协调、免费培训等措施,在全市50%以上的社区建立1支应急救护志愿服务队、建立1个红十字应急救护志愿服务基地。鼓楼区举办红十字应急救护志愿者骨干师资培训班,成立10个红十字应急救护培训基地,分14期为社区培训685名救护员。成立10个红十字应急救护志愿服务示范社区,为社区配置安妮磨具和红十字安全应急救护设备,在98个公共便民服务场所设置"红十字急救掌上学堂"宣传架。

【志愿者服务】 全市有志愿组织259个,登记红十字志愿者2.69万人,志愿服务6.73万人次,志愿服务总时数12.45万小时。市一医院"医联体"的25家医院全部成立红十字志愿服务队。在福建协和医院护理部建立红十字志愿服务基地。在第一届青运会之间,联合文明办在五城区开展应急救护志愿服务进社区志愿服务活动,培训社区志愿者3000人。市红十字会志愿者伍丽琴获市第四届道德模范称号。

【"两马"红十字绿色通道】 与台湾新北、马祖红十字组织临床用血和造血干细胞互捐、急危重病人互救、弱势群体互助、救援救助物资互通、红十字各阶层人士互动合作,完善"两马"人道绿色救助通道。成功帮助在台湾海峡敏感海域从事海产品作业被台湾海巡部门扣押的3名连江黄岐渔民顺利返乡。连江苔菉镇渔民谢国香在台湾海峡海域捕捞作业时受重伤生命垂危,两岸红十字组织接力救援,包船接送谢国香返榕治疗。6月,通过两岸红十字人道绿色通道,帮助被台方扣押近1年的8名浙江籍涉事渔民安返家乡。

【交流交往】 组织第四届"两马"红十字青少年联谊活动,在马祖学校、社区进行红十字青少年间的交流。市红十字会组织人员参加第三届"海峡青年节"、马祖红十字曹尔忠会长及马祖、苗栗红十字志愿者、青少年到福州十一中和鼓楼河东社区参访。在对外交流方面,葡萄牙、佛得角、几内亚比绍等3个葡语国家的17名司处级官员参访市红十字会,观摩鼓楼开元社区红十字会应急救护技能培训,看望开元社区福乐家园的孩子。在城际红十字会交流方面,利用红十字志愿服务基地和造血干细胞志愿捐献等平台,与新疆奇台、云南丽江、莆田、南平等省、市红十字会相互沟通,资源共享。

(林　怡)

福州市慈善总会

【概况】 2015年,福州市慈善总会系统接受社会认捐善款总额2.57亿元,其中市本级1.61亿元,各县(市)区0.96亿元;当年到位2.40亿元,其中市本级1.43亿元,各县(市)区0.97亿元;各项公益事业活动支出3.17亿元,其中市本级2.15亿元,各县(市)区1.02亿元;受助群众16.81万人次,其中市本级5.92万人次,各县(市)区10.89万人次。

市慈善总会"农村331系列救助项目""慈善产业楼项目"获省民政厅"社会组织工作改革创新案例优秀奖";被市民政局评为AAAAA级社会组织。会长方庆云获评中华慈善总会2015年度全国慈善总会系统"基层慈善工作者十大感动人物"。

【慈善"一日捐"活动】 10月20日,福州市2015年"慈善一日捐"活动在市政府大院正式启动。省委常委、市委书记杨岳与市"四套"班子领导及市委办公厅、市政府办公厅、市委组织部、市委宣传部、市委政法委等工作人员440多人参加启动仪式,当天捐款人民币8.13万元。截至12月31日活动结束,收到社会捐赠款1154.71万元。

【关爱军人困难家庭救助活动】 与市双拥办、市民政局开展"关爱军人困难家庭救助活动",救助困难军人家庭545个,每个家庭5000元,发放救助金272.5万元。

【慈善助老工作】 在闽侯、永泰4个乡镇4个行政村投入126万元建设4座慈善助老安居楼,可安置86名孤寡老人。在鼓楼区开展慈善助老服务工作,聘请14名义工为33名城区孤寡老人免费提供包括清理卫生、换洗衣物、购物、看病取药等服务。

【"331"慈善救助工程】 在全市9个县(市)区农村地区采取上下联动方式实施"331"慈善救助工程。救助孤儿、孤寡老人、贫困高中生1089人,救助金由每人每年1200元调整为2000元,拨出救助金217.8万元。

【"慈善情暖万家"活动】 在元旦、春节期间,开展"慈善情暖万家"慰问活动,筹措资金3529万元,其中,2月3日福建永辉集团捐赠价值3210万元爱心购物卡(凭卡可在当地永辉超市领取价值1000元的商品)。慰问活动以面向农村所有五保户(7706户)为主,兼顾其他各类困难户,包括孤儿、孤寡老人、贫困学生、残疾人、家庭生活困难的重病患者,走访慰问4.25万多个困难户。慰问对象除福州市困难户外,还延伸到北京、重庆、天津等15个省市的3.21万个困难群体。

【慈善医疗救助行动】 与东南眼科医院联合开展"慈善复明"行动,为300名贫困白内障患者免费实施复明手术。开展特罗凯、拜科奇、安维汀、倍泰龙4个慈善赠药项目,分别为肺癌患者、血友病患者、多发性硬化患者、直肠癌患者免费发药6628盒,价值2018.04万元,受益人数4114人次。

【"隐惠园"项目】 7月14日,福建天泽房地产开发公司捐赠1000万元并负责建设的"隐惠园"(福州市儿童福利院闽侯分院)项目举行开工仪式。项目规划用地0.4公顷,建筑总面积3779.88平方米,内设床位70张,建有儿童生活康复楼、附属楼及儿童活动场所等。

【双帮扶慈善救助活动】 建立"双帮扶慈善创业基金"300万元,一是用于帮扶闽侯、连江、闽清、罗源、永泰等5个县的100个有劳动力、有开发性生产项目的贫困户发展生产;二是帮助福建省科技职业技术学校、福建中华技师学院100名贫困毕业生带资就业,带资就业金每人2万元。两年后,本金收回,再行开展新一批贫困生带资就业安置。

【慈善产业楼建设】 福建正源房地产开发公司捐赠给福州市慈善总会1万平方米的慈善产业楼,在长乐市举行动工仪式。慈善产业楼建成后,由福州市慈善总会经营,所得收入用于长乐市慈善公益事业。

【慈善宣传工作】 在福州监狱举行"慈善文化进监狱"活动。通过传播慈善文化、开展技能培训、建立仁爱基金等形式鼓励与帮助监狱服刑人员自觉接受改造、树立弃恶从善观念,学习掌握一技之长,以待服满刑期后走出监狱,融入社会。配合慈善文化进监狱活动,福州市慈善总会向狱方捐赠《慈善三字经》3500本以及价值14.45万元的图书;晋安区慈善总会捐赠技能培训费3万元。与福州市民政局共同代表福州市参加由民政部、国务院国资委、全国工商联、广东省人民政府、深圳市人民政府和中国慈善联合会联合主办的在深圳市举办的第四届中国公益慈善项目交流展示会,推介福州市具有代表性的15个慈善项目:慈善产业楼、慈善助老安居楼、关爱军人困难家庭救助活动、双帮扶创业基金、慈善文化进监狱活动、慈善情暖万家慰问活动、慈善助老服务、福利机构公益活动、临终关怀、"331"慈善救助工程、中华慈善总会的医疗设备及与福建省慈善总会联动筹建的永泰幸福院和引进中国台湾地区、美国、中国香港地区慈善机构的项目。

(李孝棋)

福州市残疾人联合会

【概况】 2015年,全市有残疾人39.3万人,持有第二代中华人民共和国残疾人证残疾人9.89万人。设有市盲人协会、市聋人协会、市肢残人协会、市精神残疾人及亲友协会、市智力残疾人及亲友协会5个专门协会。有残疾人综合服务设施11家,国家级和省级儿童定点康复机构22家,残疾人就业服务机构13家,福乐家园(残疾人托养服务机构)15家,福乐社区康复站18家,社区康复室27个,县(市)区辅具适配站7家,福乐书屋13家,福乐健身站17家。残疾人扶贫开发基地3家。市残联与市卫生局、福州市第四医院合作创办示范性市级精神病患者康复托养中心。市级康复就业中心项目正式启动,拟总投资1.6亿元。市级残疾人辅具展示厅建成启用。福清市集康复、教育、托养等功能为一体的"福乐家园"项目总投资2850万元,建设用地1公顷,已完成主体建设。福清、永泰、罗源、闽清等县(市)4个康复托养中心建设项目列入福建省发改委,省残联2014—2016年市、县残疾人康复和托养设施建设计划。开展"基础管理提升年"活动,全面完成残疾人基本服务状况和需求专项调查,对全市9.89万持证残疾人和0~15周岁未持证残疾儿童进行入户调查,填写社区调查表2925份,残疾人调查表9.74万份,入户调查9.51万人,入户调查率97.71%。

市残联获评2015年度全省节能减排先进单位。市就业中心获评"福建省残疾人就业服务机构规范化示范单位"。福州市盲人协会每周半天入户助盲项目获"第四届福建青年志愿者优秀项目奖"。

【助残工程项目】 5项"助残工程"列入省委、省政府,市委、市政府为民办实事项目。1. 对一级重度残疾人发放每人每月50元护理补贴,全市受助人员1.1万余人,市、县两级补助资金400万元;2. 扶持350户残疾家庭开展创业就业,每户补助5000元;3. 为1350户贫困重度残疾人发放居家护理补贴,每人补助2000元;4. 为383名0~6岁脑瘫、听障、智力、孤独症儿童提供每人每年1.5万元抢救性康复救助,其中,省财政补助1.2万元,市财政配套3000元;5. 免费为贫困盲人适配1500件盲人辅具组合包。

【社会保障】 将听力、语言和多重重度残疾人纳入生活困难救助补助范围,统一城乡重度残疾人生活困难救助金标准,为2.14万名城乡重度残疾人增发低保金,每人每月150元,市级补助资金2190万元。为1350名重度残疾人一次性发放居家护理补贴,每户2000元。重度残疾人、城乡低保残疾人参加城镇居民基本医疗保险和新型农村合作医疗保险的,其个人缴费部分由政府承担。为全市就业年龄段、持二代证的残疾人办理意外伤害保险。市财政补助五城区和永泰、罗源、闽清县6.87万名参保残疾人每人每年10元保费。

【康复工作】 为548名残疾儿童提供每人一学年1.5万元的抢救性康复训练救助,全市符合条件的0~6岁脑瘫、听力、智力和自闭症残疾儿童康复救助应补尽补。加大贫困精神障碍患者的社区防治康复救助工作,为1320人贫困精神病患者提供服药补助,每人每年500元,为140名贫困精神病患者提供一次性每人每年4000元的住院医疗救助;依托福州市精神病专科医疗机构开展精神病患者社区防治康复试点工作,并为贫困精神病患者提供康复救助补贴每人每月1200元。建立贫困白内障患者复明手术救助常态化机制,为1343名贫困白内障患者实施免费复明手术,每例(单眼)1500元。举办第三期自闭症儿童康复师资培训班,参训老师80人;开展全市县级残联康复经办人和乡镇街道康复协调员业务培训;加强定点康复机构的规范管理,扶持20家定点残疾儿童康复机构价值70万元康复教具设备;完善18个乡镇(街道)"福乐社区康复站"试点建设。

【辅具服务】 全年有3万人次残疾人享受到社区康复服务或配置康复辅助器材。各级财政辅具补助金额近500万元,筛查1.1万人次,发放、适配辅具1.05万件。联合福州东南眼科医院、福州市第一医院、福州市眼科医院等医疗机构在各县(市)区巡回筛查低视力者500余人,符合适配条件310人,适配助视器930件。举办3期辅具知识专业培训,培训500余人次。出台《福州市残联辅具流动服务车暂行管理办法》,开展辅具车下乡筛查、义诊、适配活动,筛查听障、低视力者200余例,适配助视器、助听器82例。向福州机场、火车站、汽车客运站、市行政(市民)服务中心等公共场所或交通部门投放便民轮椅。

【就业服务】 宣传落实扶持残疾人就业创业“5＋1”政策(《福建省财政厅 福建省残疾人联合会关于印发〈福建省扶持残疾人就业创业专项资金管理办法〉的通知》《关于超比例安排残疾人就业奖励实施办法的通知》《关于支持集中安置残疾人就业实施办法的通知》《关于残疾人自主就业创业社会保险补贴实施办法的通知》《关于接纳安置高校残疾人毕业生补贴办法的通知》《关于社会职业中介机构为残疾人提供就业服务奖励办法的通知》),审核1026家社会用人单位2632名残疾人职工身份,发放补贴资金215万元。全市残疾人就业状况“海西助残”信息系统录入4.69万人,录入率96.51%。完善市残疾人就业服务指导中心门户网站等残疾人就业信息平台建设。为未就业残疾人开展职业能力测评。以“集中就业、个体就业、居家就业、社区就业”等多种形式为1932名残疾人实现就业。举办国际残疾人日大型户外残疾人就业招聘会、残疾高校毕业生专场招聘会等31场残疾人就业招聘会,成功推荐171名残疾人就业。与人社部门比对自主创业就业残疾人缴纳社会养老保险资料,开展未就业残疾人职业能力测评。探索互联网时代残疾人在线培训的新模式,举办残疾人技能培训36期培训残疾人2417人。建立高校残疾人毕业生实名制台账,实行“一生一策”动态管理,为有就业需求应届高校毕业生开展“一对一”的就业服务。组织100名基层就业指导员参加2015年清华大学职业指导员远程教育培训。规范盲人按摩行业管理,兴办1家盲人保健按摩机构并申报1家省级“福乐盲按示范店”,开展盲人保健按摩和医疗按摩培训、考试工作。

永泰县残疾人吴伯光参加“第五届全国残疾人职业技能竞赛”,获珠宝首饰项目第三名。在2015年度福建省残疾人创业新星争锋大赛中,福州市残疾人赖秀玲、林明峰和晋安区新聚工艺品有限公司的项目分获钻石奖、金奖和银奖,分别得到3年期无息贷款20万元、15万元和10万元。

10月18日,福州海峡奥体中心外,残疾人朋友在志愿者团体的帮助下正准备入场观看首届全国青运会开幕式 (李棋 摄)

【残疾人权益保障】 *残疾人维权服务* 成立市残疾人法律救助协调领导小组,聘请法律顾问,为市残联机关和残疾人提供法律咨询与帮助。联合市法援中心等部门成立福州市残疾人法律救助工作站,建立“968891”残疾人服务热线。与市相关执法、信访部门联合办理涉及残疾人权益的来信、来访42件和“12345”投诉件79件,及时处理残疾人上访与矛盾纠纷。

残疾人免费乘车和机动轮椅车补贴发放 残疾人凭第二代“中华人民共和国残疾人证”免费乘坐福州市内公交车。为2214名符合条件的下肢残疾人发放每人每年260元的残疾人机动轮椅车燃油补贴。为福州五城区722部残疾人机动轮椅车统一投保每年每辆车50元。为鼓楼、台江、仓山、晋安四城区343名享受低保待遇的机动轮椅车主发放每人每月100元的交通补贴。

实施残疾人家庭危房改造和无障碍改造 “十二五”期间,省残疾人福利基金会在福州市向社会募集资金4450多万元,市、县两级财政拨付3100多万元,先后为城乡4500多户贫困残疾人家庭实施“安居工程”项目。为1866户贫困残疾人实施家庭无障碍改造。福清市被推荐为“十二五”期间创建全国无障碍环境县级示范市。截至年底,福州市基本解决贫困残疾人家庭住房困难问题。

【扶残助学】 对残疾人及残疾人子女考入高中和中专、大专、本科、硕士、博士的,每年分别给予不低于2000元、3000元、3500元、4000元、4500元的补助,向1305名残疾人及残疾人子女发放扶残助学金382.3万元。为20名家庭困难的残疾儿童享受普惠性学前教育提供每人每年3000元资助。开展未入学适龄儿童少年调查统计、数据信息录入工作,落实“一人一案”。

【扶残助残政策】 出台《福州市人民政府办公厅关于进一步加强扶残助残工作的实施意见》《福州市残疾人机动轮椅车管理办法》《福州市残疾人体育竞赛奖励办法(试行)》等重大扶残助残政策。

【政府购买服务】 鼓楼区作为福建省首批政府购买残疾人服务试点单位,全区共投入政府购买服务资金68万元,项目涵盖无障碍改造、法律服务、残疾人就业培训和居家托养服务。

【宣传文体活动】 举办第25次全国助残日暨第五届“闽台残疾人文化周——走进福州 心手相连”大型文艺晚会,两岸残疾人艺术家同台献艺,促进残疾人文化艺术走进基层。举办第24个“国际残疾人日”温泉公园大型残疾人户外招聘会活动,省残联理事长柯少愚出席开幕式,残疾人代表、志愿者、爱心企业等300多人参加活动。市委书记杨岳、市长杨益民、副市长陈晔等参加市开智学校“六一”节慰问活动。联合省残联、省福利基金会开展2015年福建省“关爱残疾儿童行动”福州市爱心礼包赠送活动，发放价值70万元爱心礼包1350份。

参加2期省残疾人康复体育训练营和由日本三菱商事（中国）有限公司、中国残疾人福利基金会、中国残疾人体育运动管理中心共同举办的“三菱友谊杯”2015年残疾人民间足球争霸赛（五人制）；市残疾人运动员随省残联代表团参加第六届全国特奥运动会，获金牌18个、银牌8个、铜牌2个；参加第九届全国残疾人运动会，获金牌9个、银牌4个、铜牌3个，破全国纪录9项。组织参加全国残疾人“仁美书画展”、省残联、省残疾人福利基金会和省新闻摄影学会“集善助残”摄影大赛、省残联“我身边的最美残疾人家庭”征文活动。推荐残疾人作品参加第五届闽台残障人士书画作品展，获书法二等奖、三等奖。组织参加第六届全省特教学校学生艺术汇演，获二等奖3个，三等奖4个，优秀奖7个。

在福州电视台“新闻110午报”频道开设周末手语新闻栏目；开展全市残疾人文学艺术人才摸底统计；《福州晚报》刊发专题文章《为39万残疾人筑牢民生保障网》；更新市“残疾人在线”门户网站，发布信息343篇，省残联采用303篇；维护更新福州市残联新浪和腾讯政务微博，发布信息各262条；在《福建残联》《福州信息》《福州要讯》刊发残疾人工作信息10余篇，在福建日报、福州日报、福州晚报、海峡都市报等主要媒体报道残疾人事业20余篇。

【各专门协会活动】 市盲协调动广大志愿者参与协会网站建设，联合“爱心连连串”等10余个公益团队和市慈善总会、省立医院等多家社会机构等举办“亲子互动，制作小机器人”、慰问市盲人院老年特困盲人、义诊和保健医疗知识讲座等20多场服务活动。市盲协“每周半天入户助盲”项目获“第四届福建青年志愿者优秀项目奖”。

市聋协组织开展每周日上午的手语教学活动，印制新版手语教学挂图，把手语向社会推广。成立摄影、象棋、乒乓球、飞镖、骑行等兴趣小组，联合厦门市聋协举办首届聋人乒乓球大赛、聋人飞镖大赛。

市肢协推动残障人无障碍出行、爱心无障碍地图等项目，开展与台湾残障人组织的互访交流，举办海峡两岸残障人辅助用品展。在首届青运会期间，组织残障朋友乘坐“无障碍复康巴士”，观看开、闭幕式及各项体育赛事。

市智协参与中国智力残疾人及亲友协会关于“重度残疾人不必单独立户可申办低保”的政策落实工作。全省率先启动中国残联“‘安心工程’智障人士家庭意外、疾病综合保险”公益性商业保险项目试点工作。多方筹措资金开展各类慰问活动，帮扶智力残疾人改善生活，募集各类社会爱心捐款捐物价值3.31万元并全部发放到位。开展爱心人士与贫困智力残疾人“一对一帮扶”工作，为20名帮扶对象提供期限一年每月150元的扶助款。

市精协联合省精协、第四医院等多家单位在仓山师大学生街、东部办公区开展义诊活动和“心理健康、社会和谐”等系列宣传活动，宣传心理健康知识，引导人们关注精神卫生。

（郑海云）

福州市归国华侨联合会

【概况】 2015年，福州市侨联有委员167人，主席、副主席（含兼职）18人，常委53人。聘荣誉职务152人，其中名誉主席2人，荣誉主席11人，国内顾问6人，港澳顾问28人，海外顾问40人，海外委员59人，台湾侨界特邀委员6人。有基层侨联组织810个，12个县（市）区和3个华侨农场均建立侨联组织，重点侨乡的乡镇（街道）、村（居）也建立侨联组织。市侨联有团体会员7个，包括侨商会、华侨历史学会、归侨之家、法律顾问委员会、青年委员会、缅甸归侨联谊会、越柬老归侨联谊会等。有归侨侨眷约200万人，海外乡亲约300万人，重点华侨华人社团260多个，分布在世界160个国家和地区。

市侨联获2011—2015年度全国侨联系统维权工作先进单位，获全省侨联系统2015年“我为建设美丽福建献一策”征文活动组织奖及信息工作二等奖。侨联组织、侨界人士和市侨联参政议政小组成员提出议案90件、提案77件。

【福州市第十二次归侨侨眷代表大会】 5月14—16日召开，328名大会代表，来自31个国家、地区的90多名海外、港澳台嘉宾和200多个基层侨联，700人参加大会。省委常委、市委书记杨岳，中国侨联副主席、省侨联主席王亚君，市领导杨益民、周振华、陈元邦、何静彦、修兴高、黄忠勇、林晓英、姜波、鄢萍、郑建闽，省侨联副主席翁小杰等领导出席开幕式。大会审议通过市侨联十一届委员会《工作报告》，选举产生市侨联第十二届委员会，选举委员167人，选举蓝桂兰为主席，17名副主席及秘书长，53人当选常委。

【侨资侨智引进】 引导侨资企业参与“5·18”海交会、“6·18”项交会、“9·8”投洽会、“渔博会”等大型展会，引进项目15个，投资总额约合6.9亿美元。引导全市侨胞捐资1.15亿元，建设公益事业30项。发动广大侨商为青运会出力，与建设银行、平安银行结成战略合作关系。组织举办中国经济新常态下中小企业经营管理论坛、商会资本经济高峰论坛、产业金融创新与实体经济发展论坛等有影响力的活动，邀请著名专家李保民、周天勇、李广乾等解读国家宏观经济政策与形势，围绕产经热点问题深入探讨。成立福州市侨商联合会，吸纳正式成员122名，召开2次理事会、监事会，组织考察锦江科技集团、永荣控股集团和莆田中锦新材料合作项目。组织多批次侨商考察自贸区投资环境和建设，其中福建运豪海贝尔国际贸易有限公司、福建泛欧国际商业管理有限公司、福建中德国际贸易有限公司注资的欧盟进口商品直销中心项目，在海峡国际会展中心落地。市侨联副主席高玉鼎创立平潭中诺发展有限公司，成为入驻平潭自贸区的首批16家企业之一。响应市委对口援疆号召，组织部分县（市）区侨联和侨商赴新疆昌吉州开展结对共建、助学助困活动。参与第十三届中国国际农产品交易会工作，对接服务德国、巴西和瑞典农业参展。

【侨胞权益维护】 与市中级人民法院总结涉侨纠纷调解衔接机制，探索建立更密切的协作形式。与4家律师事务所结成共建单位，由律所派员进行义务轮值，每周二在市侨联“侨胞之家”开展免费法律咨询服务活动。与省、鼓楼区侨联联合举办“12·4”国家宪法日暨大型侨法宣传咨询活动。发放“索高广场助学金”“金秋送学”“魏可英奖助学金”“文山奖教金”等奖（助）学金12项102.46万元，奖助学生326人。筹集86.87万元慰问598户贫难侨，走访227位侨界人士。向市财政争取20万元资金，帮扶贫困侨胞。引导侨领黄永本设立“情暖百侨”基金，为100户困难归侨侨眷送去慰问款。慰问在境外务工不幸遇害的侨胞家属，为侨界失依儿童提供帮助。

【联络联谊】 承办第四届“两岸侨界交流周——闽都文化走进台湾”活动，组织全市两级侨联、市侨商会及侨界文艺人员50多人入台，举办“陈嘉庚与南侨机工图片展”“闽都风情摄影书画展”及交流笔会、“闽都风味美食展”及演出交流活动，拜访“台湾中华侨联总会”及在台闽籍、榕籍乡会社团，开展经贸考察合作。拓展海外联谊和新侨工作，接待海外侨胞3061人次，与129个国家及地区110多个社团加强联系。为纪念中国人民抗日战争暨世界反法西斯战争胜利70周年，邀请参加“9·3”阅兵观礼的榕籍新老侨领陈清泉、陈学顺、江永生等座谈。市侨史学会举办纪念抗战报告会，邀请抗日志士后人讲述老福州抗日故事。接待来访的西安、南京、广州及沈飞集团等10多个兄弟侨联。丰富“闽都侨声”网站内容，扩大海内外影响。省、市、县三级侨联联合开展种植“侨心林”、“侨青林”、祭扫大湖抗日将士纪念陵园等活动。建立市“侨胞之家”，为侨胞法律咨询、文化联谊活动提供条件。调研指导30多家侨联基层组织，推荐评选全省侨联系统“侨胞之家”。省侨联主席王亚君来榕调研，肯定福州市鼓楼区侨联“会员制”工作，建议作为典型推广。

（唐　宜）

福州市台湾同胞联谊会

【概况】 2015年，福州市有定居台胞1845人，其中担任各级人大代表、政协委员33人。接待岛内台胞128人次，组织各种联谊活动9次。推进入岛交流，参与两岸海峡论坛、两岸少数民族丰收节、两岸青少年夏令营、海峡青年节等大型对台交流项目。对台胞到大陆寻祖、探亲、访友、求医、旅游等，进行宣传、接待和服务工作。对台胞到大陆经商、投资、建厂、求学、兴办公益事业和进行科技、文化、学术、经贸、体育交流等进行牵线搭桥。

6月27日，市侨联主办的“两岸侨界交流周——闽都文化走进台湾”系列活动中，福建省书画家江爱松（左一）在台北与台湾书画界人士交流作品（唐宜　摄）

【榕台交流联谊】 “母亲节”组织在榕女台胞参加“为爱奔跑”活动。“三八”国际劳动妇女节和“植树节”，与市妇联等联合组织海峡两岸妇女同胞100多人在闽侯县白沙镇开展“弘扬生态文明共建美丽家园——海峡两岸各界妇女共植‘巾帼林’活动”，凤凰网、中新社、台胞之家等十多家网站进行宣传报道。组织在榕台胞、台商600多人开展“榕台一家亲、庆中秋、迎青运”健行活动。参与第三届海青节相关活动，分别接待参加海交会的金华市福州商会榕籍企业家一行，台湾工商建研会团组一行。组织台胞参加第三届海峡青年节系列活动之——“海峡两岸篆刻展暨两岸青年篆刻论坛”。主办海峡汉服文化节，参与在厦门举办的第七届海峡论坛——同名村心连心相关活动工作筹备。拓展岛内台胞和社团联谊工作，组织台胞参加海峡论坛生态文明论坛活动。协办在平潭举办的第三届海外台胞社团座谈会，参与“开闽三王金身”赴台湾巡安会香祈福暨宗谊文化交流活动。承办2015年“跨越海峡·相约榕城——第十二届榕台青年夏令营”活动。开展“闽台共建美丽乡村、两岸同创美好生活”活动，拨出专项资金购买腰鼓，赠送给古田县凤竹村等6个乡村用于组建腰鼓队。

【台胞参政议政】 组织撰写《做好台商等常住台胞工作的研究与思考》《新形势下如何进一步发挥定居台胞在对台工作中的作用》等涉台研究课题文章。举办2015年台胞暑期读书班。组织在榕台籍党员30多人前往东山县参观谷文昌纪念馆。组织在榕台胞参加纪念抗日战争暨世界反法西斯战争胜利70周年征文活动。

【权益维护】 协调解决台胞反映的住房、拆迁、入学、改籍、社保、医保、就业、民事纠纷等问题。走访慰问困难和老龄台胞100多户500多人，发放慰问金5万多元。资助10名困难台胞子女1万元，全年资助开支专项资金32.05万元。

（叶彭清）

福州市个体劳动者协会私营企业协会

【概况】 2015年,福州市个体劳动者协会、私营企业协会分别有个体会员21.47万户,从业人员47.62万人;私营企业会员有13.67万家,从业人员109.55万人。

【服务会员企业】 利用短信平台向会员企业发出节日问候、银企对接宣传以及生日问候短信1万多条,帮助会员企业了解工商制度和政策。成立商务秘书公司为入驻的会员企业提供注册地址、记账、报税等服务,吸引企业282家,注册资金31亿元。定期走访会员企业,为企业协调解决问题,保证企业规范经营。

【技术职称评定】 发放给会员企业3000多份“福州市私营企业协会职称评审须知”。有531人申报参加职称评定,其中138人通过中级职称,95人通过初级职称。

【走访会员企业】 走访会员企业203家,举办企业交流座谈会3场,组织福建大华农业开发有限公司等5家知名企业前往江西泰和县,参加由国家工商总局和中国工商总局个私协组织的《中国工商总局办公厅关于做好第二届“知名民企泰和行”活动的通知》扶贫招商引资活动,进行调研并建言建策。开展专题调研,深入会员企业为会员排忧解难。

(李少华)

福州市消费者权益保护委员会

【概况】 2015年,全市(含平潭)有县级消委会13个、分会189个、投诉站441个、联络站2388个。全年受理消费者投诉2082件,解决结案2061件,结案率98.99%。为消费者挽回经济损失224.54万元,其中欺诈行为得到加倍赔(补)偿48件、6.67万元,约谈相关企业2家,收到消费者表扬信1份。上报消费品安全事故案例及风险信息37例。家用电子电器类,生活、社会服务类,服装鞋帽类位居投诉类别前3位,分别占投诉总量的18.97%、15.23%、9.70%。质量问题、合同纠纷、售后服务位居投诉性质前3位,分别占投诉总量的42.80%、16.86%、16.09%。

开展“12·4”国家宪法日暨全国法制宣传日系列宣传活动。参与市商务局“诚信兴商”宣传月、“建设知识产权强国,支撑创新驱动发展”社会科学普及宣传周、闽清“十八坂”赶墟节宣传、食品安全宣传周、反传销校园行宣传咨询、消费维权进“畲乡风景区”宣传等活动。

【“3·15”消费者权益日活动】 组织各种纪念活动98场,参加人数1.73万人次,接受咨询7879人次,受理投诉244件,挽回经济损失5.15万元,发放宣传材料8.7万份,发放纪念品4000件,销毁假冒伪劣商品价值106.08万元,发表电视讲话12篇,组织宣传车下乡29车次,新闻报道18篇。省、市工商局、质监局、检验检疫局、物价局、卫计委、消委会等相关部门在福建会堂举行纪念“3·15”国际消费者权益日宣传活动。省人大常委会副主任刘群英,副省长郑栅洁,省政协副主席陈绍军,省工商局局长、省消委会会长叶木凯,市人大常委会副主任柯有铭、副市长姜波、市政协副主席范美先、市市场监督管理局局长蔡福勇和省、市消委会以及相关部门领导出席各项活动。活动现场播放“贯彻新消法,履行新责任”电视专题片,展示省、市政府职能部门2014年维权工作的成效和亮点。叶木凯在会上作“携手共治 畅享消费”讲话。发布省工商局、质监局、检验检疫局就规范市场秩序、保护消费者权益等方面的相关统计数据。为福州大学、福建师范大学成立省消费教育基地、省消委会美容美发专业委员会及省消委会电力投诉监督站授牌。组织全省具有代表性的电商企业成立福建省电商诚信联盟,在现场进行签字仪式,并依据“消法”作诚信承诺。

【商品质量抽检】 会同福州市产品质量检验所对流通领域销售的定配眼镜、家用燃气灶具进行比较试验。分别抽查29家眼镜店销售的30批次定配眼镜和6家家电商场销售的20批次家用燃气灶具。依据GB 13511.1—2011《配装眼镜第1部分:单光和多焦点》、GB 16410—2007《家用燃气灶具》,对定配眼镜的球镜顶焦度偏差等10个项目和家用燃气灶具的气密性等16个项目进行检测。经检测,定配眼镜合格率93.3%、家用燃气灶具合格率85%。市

“3·15”期间,福州市家乐福开展食品检测开放日活动 (市消委会 供)

消委会要求不合格产品生产企业进行整改，提请有关行政部门予以处置，并向消费者发布消费提示。

【收费听证】 依据《福建省实施〈消法〉办法》第43条规定，在市区公开征集、推荐城区居民生活用气阶梯价格听证会，9名消费者代表参加。参加市物价局在福建会堂召开的福州市城区居民生活用气阶梯价格听证会，消费者参加人数占全部听证人的47%，符合法定人数。市消委会代表不特定多数消费者对此次听证方案提出6点意见和建议。长乐消委会公开征集8名消费者听证，参加长乐市水价阶梯收费、污水处理费收费标准听证会，代表消费者发表意见和建议。

【消费宣传教育】 邀请律师解读新"消法"、《侵犯消费者合法权益行为处罚办法》，以"携手共治　畅享消费"年为主题，举办各类消费维权培训班8场次，培训人数600多人次，乡镇分会和省、市"维权"示范站点培训率100%，村居维权联络站点培训率80%以上。联合政府有关部门在社区、乡镇、企业、学校、景点开展法规宣传专场活动，发放宣传材料1.2万份，接受咨询2000余人次，制作宣传展板25面。有80多家企业参与"6·5"普法、"12·4"全国法制宣传日活动，近百面LED电子显示屏参与专项法制宣传。通过报纸、杂志、网站发布"2014年十大典型案例"，印发"十大案例"5000份。报道消费维权案例20篇，发布消费提示、忠告、警示200多篇。在《福建工商行政管理》发表《我国消费公益诉讼相关问题的研究》调研文章1篇。

【社会监督检查】 参与市场监督管理局等政府职能部门组织的青运会食品卫生、家电质量、儿童用品、化肥、服装、鞋帽专项整治，抽查检验小家电商品31批次。结合消费维权进校园、进社区、进乡村、进景区、进企业活动，开展社会监督检查。参与市场监管等执法部门开展"护学"专项整治，在校园周边查处、销毁"三无"儿童食品、玩具、文具。组织维权志愿者在商场、超市、餐饮行业等进行消费体察，联合五城区消委会征集21名志愿者对市区35家餐饮店开展服务质量消费体察和问卷调查，发放调查问卷105份，综合评分87.69分，服务质量处于较好水平，对一些餐饮店存在服务人员没有健康证、禁止消费者自带酒水饮料或收取高额开瓶费、不主动向消费者提供发票等问题提出整改意见和建议。福清、长乐分别召集12名、8名志愿者对餐饮服务和家用电器商场进行消费体察，要求相关企业加强自律、履行经营者义务。

【案例举要】 1月6日，丁先生投诉连江某超市，称其2014年12月27日带小孩到该超市购物，上楼时小孩3根手指被电梯扶手夹伤，超市在安全防范方面存在过失，要求赔偿医疗等相关费用。经调解，超市一次性补偿丁先生5000元。

3月3日，林先生投诉闽清某大酒店，称其母亲在参加婚宴散席后，在酒店过道因地砖湿滑摔倒，腰椎压缩性骨折，要求酒店赔偿医疗费等费用。经调解，酒店支付医疗费等相关费用2万元。

4月11日，高先生投诉长乐市某珠宝店，称其在该店购买一个4350元"卡地亚"珠宝，发现产品是假货，要求退货遭到拒绝。现场调解人员指出珠宝店明知该珠宝是假货，却依然将其出售，涉嫌欺诈。经调解，珠宝店赔偿高先生2万元。

5月14日，张先生投诉某旅游公司，称其夫妻参加该公司组织的欧洲旅游团，缴纳定金6000元。因家中老人住院病危需要陪护，要求取消原定旅程，全额退还定金。旅游公司提出应扣除机票定金3000元，双方自行协商不成。经调解，旅游公司扣除相关费用800元，退还张先生5200元。

6月8日，陈先生投诉某4S店，称其2014年在该店购买的小轿车，当年因变速箱故障要求换车，由于未达换车条件，4S店为其更换变速箱之后，车辆故障又进行多次投诉，均因证据不足未能得到解决。2015年6月，该车变速箱再次出现故障，要求退车。经调解，4S店退还购车款及购置税91264元，一次性补偿陈先生5236元，计9.65万元。

6月24日，罗源9名消费者陆续投诉某装修公司，他们与该公司签订房屋装修合同，约定工期、费用等相关事项，由于装修公司资金链断裂，工程进度缓慢，直至停工，要求退还未完成的工程款项。经调解，装修公司1个月内退还未完成的工程款31.15万元，逾期承担每日千分之五违约金。

8月4日，林女士投诉长乐某美容会所，称其2014年在该会所做面部护理，出现粉刺和痤疮，治疗5个月后，皮肤有改善，但额头肤色比脸部更暗。该会所免费提供一套产品给林女士，使用后，下巴又出现粉刺痤疮及红血丝，要求到医院治疗，费用由该会所承担。经调解，美容会所补偿林女士治疗费2000元。

8月31日，苏先生投诉某燃气公司，其家中煤气出现故障，报修检查后为燃气表损坏，需更换新表，该公司要收费500元不合理，要求免费更换新表。根据《福州市燃气管理办法》相关规定，经调解，燃气公司为苏先生免费更换新表。

9月12日，农民陈先生投诉闽清某种子店，称其4月在该店购买1公斤"丰优22(国审稻2006044)"水稻种子。收成时稻谷大量减产，怀疑是种子质量问题，要求种子店赔偿损失。现场勘查，农业部门认定水稻减产是气候反常感染稻瘟病引起，涉及50多户农民，受灾面积8公顷，经与投保的保险公司协调后，按每公顷补偿26.67元，补偿50多户农民5万元。

12月16日，海南省曾先生在福州某药店寄来的书中看到亚麻酸对防治老年痴呆、脑萎缩具有极好的效果，通过网上购买10盒产品，收货后发现该产品为调节血脂的保健品，投诉要求退货。经调解，药店予以退货。

（陈成铜）

（编辑　苏　颖）

外事 侨务

【概况】 2015年，福州市政府外事侨务办公室接待外宾团组95批2504人次。其中，友城来访团组9批67人次，副部级以上团组14批201人次；接待来自瑞士、新加坡、英国、南非、埃塞俄比亚、德国、新西兰、日本等数十个国家驻华使领馆及有关机构官员27批183人次，其中大使25人，总领事32人；在文化、教育、经贸、旅游、医疗、水资源处理、电子商务等领域与国际友好城市开展洽谈，达成农产品加工、水产品开发、远洋渔业、跨境电商、己内酰胺生产、校际交流等合作项目；批准因公出国（境）827批1731人次，为全市180家非公企业向外交部报送190批260人次的APEC商务旅行卡申请，同比增长49.4%；处置各类涉外事件38起，完成连江籍公民遣返等重大涉外事件处理工作。加强与海外华人华侨联系，开展引进侨资侨智工作，接待重点华侨华人约40批次1900人次，召开福州市海外交流协会第六届理事大会，举行"福州市华商创业培训基地"授牌暨首期华商高级研修班；受理华侨到榕定居申请8960件，占全省总受理量的90%；协调受理涉侨信访1070件；办理"三侨子女"身份证明认定305份；启动华侨捐赠项目信息库建设工作，收集录入984项华侨捐赠项目的图片、视频、音频、文本资料，涉及捐赠金额24.3亿元；争取国侨办在福州经济技术开发区（马尾区）挂牌设立"侨梦苑"侨商产业聚集区，开展自贸试验区福州片区招商引资工作，推动金山大道高新技术企业孵化器、琴声电子科技孵化器两个创业创新平台建设。

年内，市外侨办获得外交部授予的"因公护照管理服务贡献奖""因公护照工作服务奖"，国务院侨办、国家信访局联合授予的"全国侨办系统信访工作示范单位"，中国人民对外友好协会授予的"国际友好城市交流合作奖""国际友城经贸交流奖"。福清高山镇前王村、江阴镇屿礁村，马尾亭头村等3个村镇被国务院侨办授予"全国社区侨务工作示范单位"称号。

【国外重要代表团访问福州】 3月25—29日，澳大利亚塔斯马尼亚州州长威尔·霍奇曼及霍巴特市长苏·希基访问福州。

4月22日，斐济农业部部长伊尼亚·巴蒂托科·塞鲁伊拉图访问福州。

4月24—25日，应中联部邀请，东盟五国非政府组织考察团访问福州，参观三坊七巷、福建船政文化博物馆，考察自贸区福州片区等。

5月17—18日，泰国前副总理素拉杰访问福州，出席"亚洲合作对话（ACD）——共建'一带一路'合作论坛暨亚洲工商大会"，参观三坊七巷等。

5月17—19日，印尼中爪哇省省长普拉诺沃访问福州，出席"亚洲合作对话（ACD）——共建'一带一路'合作论坛暨亚洲工商大会"，参观马尾名城水产市场和中国—东盟海产品交易所。

6月11日，匈牙利前总理迈杰希访问福州，拜会市长杨益民，参观马尾船政等。

6月18日，博茨瓦纳外长佩洛塔米·文松·莫伊托伊访问福州，参观考察上润精工、华映科技，并与马尾区政府就开发区建设、发展经验等进行座谈。

7月17—18日，斐济总理乔萨亚·沃伦盖·姆拜尼马拉马率代表团访问福州。

7月25—26日，缅甸诺开民族党主席埃貌访问福州，考察连江官坞村党支部，学习借鉴基层党组织带领村民脱贫致富的经验和做法；考察军门社区，学习借鉴基层党组织服务社区、党建等经验做法。

9月3—6日，丹麦霍尔拜克市行政市长汉斯·艾瑞克·索埃访问福州，拜会市长杨益民，参观考察自贸区福州片区。

9月5—9日，澳大利亚霍巴特市市长苏·希基和经济发展局局长蒂姆·肖特访问福州。

9月10—14日，加纳贸工部部长埃克瓦·斯皮欧·加布拉参观考察福州国家高新区技术产业开发区、福州宏东远洋渔业有限公司、福建金纶高纤股份有限公司、三坊七巷。

10月31日—11月1日，世界城市和地方政府联合组织亚太区秘书长博娜蒂娅访问福州。副市长林飞会见客人，就福州市申办 UCLG 法定会议事宜进行沟通交流。在榕期间，参观2017年会议备选酒店相关设施、市规划馆、三坊七巷、闽江公园南园和中国船政文化博物馆等。

11月6—7日，斯洛文尼亚第一副总理戴扬·日丹参加第十三届中国国际农产品交易会，拜会省委常委、市委书记杨岳，并参观考察春伦集团、三坊七巷。

11月7—8日，组织东盟部分国家外交部官员及常驻东盟代表团外交官访问福州，参观三坊七巷、中国—东盟海产品交易所和华映光电有限公司。

11月13—15日，纳米比亚温得和克市市长穆依希·卡则坡拜会市长杨益民，考察福州市鸿博光电，探讨在光伏领域的合作，并参观市规划馆、三坊七巷。

12月8日，以世界和平理事会主席、巴西声援各国人民争取和平中心主席索科罗·戈梅斯为团长的巴西非政府组织联合考察团，考察自贸区福州片区服务大厅，参观中国—东盟海产品交易所和福州名成水产以及三坊七巷等，了解福州市融入"一带一路"建设情况。

12月27—28日，中日韩三国合作秘书处秘书长杨厚兰访问福州。

【使领馆官员团组访问福州】 1月8日，瑞士驻广州总领事博智东访问福州，探讨"中瑞友谊日"筹备工作，及促进双方经贸交流合作。

1月15日，新加坡驻厦门总领事馆即将离任的总领事罗德杰和新任总领事池兆森访问福州，拜会市长杨益民。

3月2日，新加坡驻厦门总领事池兆森访问福州。

3月4日，英国驻广州总领事卢墨雪问福州，副市长姜波会见客人并介绍福州的历史、文化及经济社会发展情况。

3月17—18日，德国驻广州总领事吕海慕访问福州，参观福耀集团。

3月23日，埃塞俄比亚驻广州总领事麦拉库·莱格思访问福州，举行经贸投资推介会，拜会副市长姜波。

5月7日，南非驻上海总领事陶博闻访问福州。

5月29日，瑞士驻华大使戴尚贤、驻广州总领事博智东访问福州，与副市长姜波就钟表等领域的合作进行交流。瑞士驻华使馆、瑞士驻广州总领馆在福州市举办"中瑞友谊日"活动，福州市有关部门领导、企业代表参加研讨会及相关活动。

7月1日，阿根廷驻广州总领事胡里奥·弗莱雷访问福州。

7月20日，新加坡驻厦门总领事池兆森访问福州，拜会副市长林飞，交流加强福州与新加坡有关机构和企业的项目对接，深化在自贸区发展、港务和水务等领域的合作。

9月9—10日，外国驻广州、上海、厦门总领馆领事官团访问福州，参观考察自贸区福州片区和福州新区，并就自贸区政策和宣传方面的问题与省、市有关部门座谈。省委常委、市委书记杨岳会见客人一行。

10月26—27日，驻华外交官团访问福州，参观三坊七巷、中国—东盟水产品交易所等。

10月27—28日，外国驻港领事官团访问福州，拜会市委常委、常务副市长黄忠勇，参观自贸区福州片区办证大厅。

11月2—3日，非洲国家驻华使节团访问福州，参观三坊七巷、自贸区福州片区办证大厅、中国—东盟水产品交易所。

11月9日，斐济大使、智利公使衔参赞等外国驻华使领馆官员访问福州，参加第十三届中国国际农产品交易会。

11月9—10日，新加坡驻厦门总领事池兆森访问福州，与市发改委、新区办进行座谈，并考察自贸区福州片区。市长杨益民会见客人一行。

11月27日，新加坡驻厦门总领事池兆森率新加坡地铁国际公司访问福州，拜会副市长林飞，协商公司参与福州地铁2号线PPP合作项目预审资质等事宜。

12月2日，美国驻广州总领事白智理访问福州，参观名城水产、山姆会员店、福耀集团等。市长杨益民会见客人一行。

【经贸组团访问福州】 6月11日，日中经济协会理事长冈本严率领由日本本土企业及在华日企、驻华机构负责人组成的日中经济协会代表团访问福州，副市长姜波会见客人。其间，参观自贸区福州片区服务大厅、跨境电商产业园物品展示中心、三菱汽车生产车间，与东南汽车负责人开展座谈。

6月11日，澳大利亚悉尼机场首席执行官凯莉·马瑟访问福州，拜会市长杨益民，双方就有关厦门航空开通福州与悉尼航线一事进行协商。

6月12日，日本冲绳县政府商工劳动部主查大滨长健、冲绳县政府上海代表处所所长金城达雄赴自贸区福州片区服务大厅参观访问，了解自贸区的相关优惠政策等。

7月13—15日，德国莱法州环境、农业、葡萄种植和林业部部长霍芙肯访问福州，在莱法州文化商业中心所在地——长乐市豪生酒店举办莱法州葡萄酒品鉴会，有关部门、机构和企业界人士参加葡萄酒品鉴会。

9月15—20日，蒙巴萨郡议长约瑟夫·马瓦辛巴·巴塔拉齐率团参加第十届中国国际渔业博览会，设置展位宣传蒙巴萨渔业资源与渔业投资环境。

9月24—26日，加中投资商会组织第二届加拿大市长访问团访问福州，代表团包括多伦多市首位华人副市长黄闽南等安大略省各市市长及企业家代表。访问团参观中国—东盟海产品交易所、自贸区福州片区服务大厅和跨境电商、福耀玻璃，参加由市商务局组织的企业对接会。

11月6—7日，15个国家驻华使团、2个国际组织等参加第十三届中国国际农产品交易会的经贸团组。

【文化教育交流】 1月24日，福州市驻日本新潟总领馆邀请并陪同其领区的4家日本媒体到榕采访考察。

2月26—28日，波兰媒体团到闽访问，并赴三坊七巷、福州火车北站、中国船政文化博物馆等地进行采访、拍摄。

5月28—30日，印尼10家媒体联合报道团到榕考察、拍摄，参观三坊七巷、中国—东盟海产品交易所。

6月2日，阿拉伯国家青年代表团到榕参观考察三坊七巷等。

6月30日，泰国、菲律宾网络媒体团参观考察自贸区福州片区服务大厅、跨境电商、中国—东盟海产品交易所等，报道推广跨境电商的特点优势。

7月2日，日本冲绳县政府产业振兴公社专务屋比久盛敏率代表团访问福州，参观自贸区福州片区服务大厅，实地考察跨境电商产业园物品展示中心，了解自贸区相关政策，商讨双方开展友城交流、经贸合作等事宜。

7月8—11日，日本冲绳县文化观光体育部部长前田光幸等访问福州，参观琉球馆、琉球人墓等。

8月27日，韩国KBS广播公司上海分社记者到榕访问。

9月9—10日，比利时列日省议会常务委员会副主席凯蒂·菲尔盖访问福州，市委常委、常务副市长黄忠勇会见代表团，交流福州市与列日市经济、文化、旅游、两市结好等方面的合作。代表团考察福州外国语学校、三坊七巷等。

9月27—30日，塔科马市原市长全权代表考妮·培根参加福建省政府国庆招待会和福建省友谊奖颁奖仪式，并代表获奖友人发表获奖感言。

11月9—12日，为庆祝福州市与日本长崎市缔结友好城市关系35周年，以长崎市副市长加藤邦彦为团长的长崎市友好访问团访问福州。

11月12日，日本长崎县知事中村法道率由议会、政府、市(町)长和工商企业界人士等组成的代表团访问福州，参观福清黄檗山万福寺和三坊七巷等。

11月15日，日本文化界代表团一行12人访问福州，参观开元寺和三坊七巷等。

11月18—19日，福州市驻泰国孔敬总领馆组织泰国东北部地区政府公共关系部门官员以及媒体记者访问福州，参观三坊七巷、中国—东盟海产品交易所和中国船政文化博物馆。

12月11—21日，美国塔科马市塔科马—福州友城委员会副主席、林肯中学教师戴维·摩尔斯和斯达迪恩中学教师苏珊·韦斯特伯格访问福州，参加福州教院附中20周年校庆活动，并拜访福州高级中学。

12月17—19日，外交部新闻司组织非洲国家联合记者团访问福州，参观自贸区跨境电商馆、中国—东盟海产品交易所和三坊七巷。

【市领导出访活动】 4月8—17日，市长杨益民应澳大利亚霍巴特市政府，新西兰惠灵顿市政府，斐济农业、农村、海洋发展与国家灾害管理部邀请，率团赴澳大利亚、新西兰、斐济开展友城交流及渔业项目合作，洽谈福州市与霍巴特市建立友好城市关系事宜、推进福建永辉集团有限公司大宗采购新西兰海产品事宜、推进福州与斐济在菌草种植与推广、金枪鱼捕捞与冷链加工等方面的合作，设立“福州市海外交流协会海外文化和经济促进中心”。

4月16—25日，市政协副主席张献勇率团赴印尼开展专项工作。

5月18日，省委常委、市委书记杨岳会见到福州参加“5·18”海交会的美国塔科马市访问团考妮·培根女士等一行 (市外事侨务办 供)

5月9—18日，副市长严可仕应法国勃艮第区委、比利时佛兰芒农业和渔业中心、以色列TAP农业项目公司邀请，率团赴法国、比利时、以色列洽谈现代农业经贸项目，推进落实《福州茉莉花茶与茶文化系统和法国勃艮第葡萄园农业文化遗产合作交流备忘录》，参加布鲁塞尔国际水产品及水产技术展开幕式，开展渔博会宣传推介活动。

5月31日—6月4日，市委常委、市委统战部部长黄忠勇随省委团组赴香港、澳门开展招商推介活动。

6月16—25日，省委常委、市委书记杨岳，副市长姜波应荷兰全球人寿保险集团、瑞典奥普康公司、西班牙巴塞罗那自由贸易区联盟邀请，率团赴荷兰、瑞典、西班牙开展友城交流、洽谈与自贸区福州片区和保税港区在金融、物流、制造业、科技行业等领域的合作事宜。

7月19—28日，市委常委、副市长、市公安局局长徐凡新应意大利工业家协会、瑞士苏黎世州商务和经济发展部、俄罗斯联邦阿穆尔州经济工业联合局邀请，率团赴意大利、瑞士、俄罗斯推介福州投资环境，洽谈合作事宜；拜访问福州籍乡亲和企业家，宣传推广福州新区和自贸区福州片区的建设发展情况。

8月3—12日，市人大常委会主任周振华应美国产品和服务中心、加拿大欧阳氏集团、墨西哥特拉斯可潘市发展局和墨西哥特拉斯可潘市议会邀请，率团赴美国、加拿大、墨西哥开展经贸洽谈和项目对接；拜访海外福州社团、会见榕籍乡亲和企业家，宣传福州新区发展规划和自贸区福州片区的优惠政策与发展前景，邀请、鼓励海外榕籍乡亲和企业家回乡投资兴业。

8月11—20日，副市长陈晔应芬兰拉赫蒂市旅游局、丹麦国家旅游局、英国观光局VISIT BRITAIN邀请，率团赴芬兰、丹麦、英国开展福州旅游推介活动，举办福州旅游项目招商会。

8月12—20日，市人大常委会副主任徐诗文应阿根廷圣克鲁斯省政府国际事务秘书、巴西易美逊电子有限公司邀请，率团赴阿根廷、巴西开展经贸合作、人大(议会)交流。

9月3—10日，副市长高明应世界城市和地方政府联合组织亚太区主席元喜龙、马来西亚南昌国际集团邀请，率团赴印尼、马来西亚参加2015年世界城市和地方政府联合组织亚太区执行局和理事会会议，开展经贸合作、基金设立、福州城市推介活动。

9月7—10日，市政协副主席王长鹰应香港乐群慈善基金会邀请，率团赴港参加香港乐群慈善基金会就职庆典活动，同时走访香港福建社团联会及知名社团侨领，看望在港榕籍政协委员及其企业。

9月8—17日，市政协主席周宏应南非约翰内斯堡市政府、马达加斯加首都塔那那利佛市政府、纳米比亚温得和克市政府、纳米比亚渔业协会联盟邀请，率团赴南非、马达加斯加、纳米比亚开展科技经贸、渔业合作项目洽谈及友好城市交流。

9月9—15日，市长杨益民应印尼三林集团、马来西亚POWER Plug Busduct Sdn. Bhd公司邀请，率团赴印尼、马来西亚开展经贸洽谈和项目对接、对外经贸交流等相关工作。

9月18—26日，市政协副主席林雄应智利莫利纳市政府、秘鲁特鲁希略市政府邀请，率团赴智利、秘鲁开展经贸项目招商洽谈对接，推进秘鲁特鲁西略市友好城市交流工作，同时拜访海外榕籍华侨社团，走访市政协海外委员、榕籍乡亲和企业家，宣传自贸区福州片区、福州高新区的优惠政策、建设情况，推介自贸区和高新区的发展项目等，邀请海外榕籍乡亲和企业回乡投资置业。

9月20—25日，市委副书记陈元邦应美国塔科马市政府邀请，率团赴美国开展友好交流工作。

9月20—29日，市人大常委会副主任柯有铭应英国福建同乡总会、德国莱法州政府办公厅、法国AJA国际咨询公司邀请，率团赴英国、德国、法国开展“榕情四海·佳节同庆”经贸人文交流，并开展项目推介活动。

11月5—8日，市政协副主席、市九三学社主委林绍彬应新加坡福州会馆邀请，率团赴新加坡参加世界福州十邑同乡总会成立25周年银喜纪念暨新加坡福州会馆成立105周年庆典活动，拜会当地重要侨领和华商，推介福州新区。

11月15日—12月5日，市政协副主席、闽江师专校长林治良随省教育厅组团赴德国参加“高职院校领导办学能力高级研修班”。

11月25日—12月2日，副市长杭东应日本那霸市政府、韩国江原道政府邀请，率团赴日本、韩国参加“中国·福建周”活动，拜会那霸市长并探讨2016年两市结好35周年纪念活动事宜，出席“福州之夜”文艺活动及福州市经贸推介会。

12月6—10日，省委常委、市委书记杨岳应香港贸易发展局、澳门中华总商会邀请，率团赴港澳举办专场招商推介会，拜会港澳特区政府，提升榕港澳高层交流，洽谈榕港澳在会展、物流、文化创意、投资贸易等领域合作。

【国际友城缔结活动】　福州市正式与俄罗斯鄂木斯克市签约结为友好城市；获批与印尼三宝垄市结为友好城市；与澳大利亚霍巴特市、纳米比亚首都温得和克市、秘鲁特鲁希略市、斯里兰卡加勒市4市新签友城结好意向；与丹麦霍尔拜克市签订友好交流城市协议书。指导福清市完成福清与澳大利亚奥本市的结好工作。

【举办首届“福州日”活动】　7月27日—8月3日，市政协副主席、市工商联主席雷成财应日本长崎市政府和俄罗斯鄂木斯克市政府邀请，率团赴日本长崎和俄罗斯鄂木斯克开展首届“福州日”活动。通过举办友城交流、经贸推介、企业对接、文艺演出等活动，全方位展示福州的新形象，推动福州与“一带一路”沿线国家和地区的友好交流与务实合作，扩大福州的国际知名度和影响力。

【涉外事件处置与领事认证工作】　处置各类涉外事件38起，处理完成43份涉外文书核查工作。处置福州市连江籍公民从阿根廷回国等影响较大的涉外事件。完成领事认证2914份，领事认证工作被外交部领事司授予“认证信息化建设协作奖”。

【因公出国(境)管理】　审核、审批因公出国(境)827批1731人次，其中，批准福州市非公企业因公渠道出国(境)410批851人次(出国3批3人次，APEC商务旅行卡190批275人次)。颁发新版因公电子护照343本，新版通行证537本。送办外国签证320批4467人次，签证成功率100%。为福州市180家非公企业260人向外交部申请APEC商务旅行卡，批出新卡230张。

【福州市海外交流协会工作】　2月1日，福州市海外交流协会第六届会员代表大会在福州召开，来自30个国家和地区的200多名海内外会员代表出席大会。大会选举产生第六届理事会，市委常委、副市长姜波当选会长。

4月中旬，市长杨益民率福州市经贸考察团访问澳大利亚悉尼，出席福州市海外交流协会“海外联络站”授牌仪式，市委常委、副市长姜波向澳洲中华经贸文化交流促进会授予牌匾，市外侨办与该会签署联络站设立协议，完成海外联络站在澳洲的首站布局。

6月，省委常委、市委书记杨岳率福州市代表团在欧洲访问期间，举行福州市海外交流协会“海外文化和经济促进中心”签约、授牌和网站启动仪式，在欧洲设立首个“海外文化和经济促进中心”。

【引资引智工作】　1月15日，市外侨办陪同加拿大闽商总会主席魏成义等到福州新区、福州经济开发区考察建设中国食品总部大楼项目用地。

3月9日，市委常委、副市长姜波会见南美洲闽南同乡联谊总会考察团，市外侨办陪同考察团考察福建自贸区福州片区管委会办事大厅、中国—东盟海产品交易所、中国船政文化博物馆、三坊七巷等。

3月13日，市外侨办走访美茵世界葡萄酒城，并听取建设葡萄酒城整体构想及项目进展情况。

3月28日，市委常委、副市长姜波会见欧洲福建发展联盟考察团。市外侨办陪同欧洲各国侨商自贸区考察团到自贸区福州片区、中国—东盟海产品交易所、福州新区等参观考察。

5月15日，“福州市华商创业培训基地”授牌暨首期华商高级研修班开班仪式在闽江学院新华都商学院全球视讯中心举行,来自18个国家的40名侨商学员出席仪式。

5月18日,首届海丝博览会暨“5·18”海交会开幕,市委常委、副市长姜波会见部分参会的侨领、侨商。市外侨办邀请18个国家的近150名侨领侨商参会,邀请参会侨商赴自贸片福州片区、中国—东盟海产品交易所、利嘉国际商业城、自贸区跨境电商O2O体验馆等参观考察,部分侨领侨商参加亚洲工商大会、海丝博览会暨海交会、闽江夜游、闽商文化大讲堂、“丝海梦寻”文艺演出等活动。

5月18—20日,澳大利亚福建总商会到榕考察,参加海交会开幕式,考察福建自贸区福州片区、中国—东盟海产品交易所、中国船政文化博物馆等。

5月19日,市委常委、副市长姜波会见到榕参加首届21世纪海上丝绸之路博览会的榕籍海外重点侨领、企业家。

【侨务联谊】 2月17日,市外侨办邀请来自英国、德国、加拿大、澳大利亚、阿根廷、泰国等国家的12名侨领参加福州市新春团拜会。

2月,选派3名教师赴印尼雅加达吉祥山文教基金会华文学校任教。

5月10日,福州市四套班子领导会见回乡参加世界福州十邑同乡总会第十三届会员代表大会的主要成员代表。世福总会进行换届选举,选出第十三届理事会。

7月1日—8月2日,以“中华文化·寻根·闽都”为主题,举办两期海外华裔青少年“中国寻根之旅”夏令营,来自澳大利亚、美国、巴西等6个国家和地区的68名海外华裔青少年到榕寻根学习。

7月30日,由国侨办主办的“‘海丝情·桑梓梦’——2015‘中国寻根之旅’夏令营美丽福建欢乐行活动”在三坊七巷举办开营仪式,21个国家和地区的800名华裔青少年参加。

9月20—29日,市人大常委会副主任柯有铭率经贸文化代表团一行6人,赴英国、德国、法国开展“榕情四海·佳节同庆”系列活动。举办经贸推介会、图片影像展示会、中医讲座和义诊、中秋文艺晚会等8场活动。

10月9日,第八届世界福建同乡恳亲大会在厦门召开。其间,福州市举办“牵手故里”福州专场经贸推介会。

10月21日,由中国海外交流协会邀请的第二十二期敬贤观光团到访福州。

10月22日,以“乡土乡情乡亲乡爱·中国梦”为主题的第五十五届旅日福建同乡恳亲会福清大会在福清开幕。

12月,选派福州延安中学1名教师到马达加斯加塔那那利佛孔子小学任教。

12月14日,福清市醉屏西园小学举办西园宝筠教学奖暨建校80周年纪念活动,印尼侨领吴俊亮承诺捐资50万元,在西园小学设立“西园宝筠教学奖”教育基金。

12月20—30日,以“中华文化·丝路·帆远”为主题的海外华裔青少年“中国寻根之旅”冬令营·福州营,在闽江师范高等专科学校开营,来自马来西亚曼绒三山同乡会、雅加达福清公会组织的48名海外华裔青少年参加。

12月22日,首届海外华裔中小学生“印象·福州”书画、征文大赛在榕举办,近200人出席启动仪式。

【落实华侨政策】 华侨定居 全年受理华侨来榕定居申请8960件,占全省总受理量的90%,其中,协调解决5名在国外出生或无护照、出生证等失依儿童回国落户问题。

扶助贫难侨 市外侨办争取省侨办和市财政补助资金71.76万元,对全市598名散居社会、符合特困标准的贫难归侨,每人发放固定补助1200元/年,推动其中符合标准的人员纳入当地低保。筹措资金40万元,对全市贫困归难侨发放临时补助和“两节”慰问;对无房的归难侨继续给予4万元/户的建房补助。完成89名关停并转企业归侨退休职工享受特殊补贴的申报和发放工作,每月补贴增至100元,全年发放10.68万元。

涉侨失依儿童 建立健全市、区、镇(街)、社区侨务工作网络,开展涉侨失依儿童帮扶工作。筹集资金30万元,对全市89名涉侨失依儿童进行补助。

侨务信访 接待来信来访1070件(次)。反映的主要问题有:土地征用、房屋拆迁安置、补偿问题;散居农村的归侨侨眷宅基地、承包地、祖坟地的纠纷;归侨侨眷回国定居、医保社保、出入境手续办理等问题。

“三侨子女”身份证明认定 入驻福州市市民服务中心开展“三侨子女”高考身份证明认定工作,接受咨询及申请1651件,其中,核发加分证明305件,涉及来自46个国家和地区的华侨、归侨侨眷。

【“侨梦苑”揭牌】 7月9日,国侨办在福州经济技术开发区挂牌设立“侨梦苑”侨商产业聚集区,为继天津、河北之后全国第三个由国侨办挂牌设立的“侨梦苑”。以福州经济技术开发区为核心,辐射市高新区、市蓝色产业园、市江阴工业区、市临空经济区、闽清白金工业区,总面积624.49平方公里。首批入驻侨资企业10家,签约侨商项目15个,投资金额约129.25亿元,涉及通用航空、物流仓储、生态农业、电子商务、加工贸易、智能技术转化、侨商总部建设以及社会服务等八大行业。

【侨资企业服务工作】 开展自贸试验区福州片区招商引资工作,推动加拿大丰泰国际集团、美国福建榕金实业有限公司、泰国福建健润跨境电子商务有限公司、德国福建莱茵房地产开发有限公司等4家侨资企业首批入驻自贸试验区福州片区。

引导侨资企业从事创业创新平台建设,推动金山大道高新技术企业孵化器、琴声电子科技孵化器等两个平台建设。至年底,金山大道高新技术企业孵化器入驻企业近20家,全年总产值10亿元。

【侨胞捐赠工作】 全年华侨捐赠社会各项公益事业115项,累计金额2.68亿元,其中捐赠教育事业36项1.2亿元,社会事业42项1.1亿元,文体事业23项2900万元。

启动华侨捐赠项目信息库建设工作,收集整理改革开放以来所有侨捐项目的文字、数字、图像、视频等数据,全年累计收集、录入华侨捐赠项目984项(以1万元以上为单位),金额24.3亿元。开展侨情数据建设,建立海外重点侨团、侨资企业、重点侨商数据库。

【社区侨务】　在闽侯、福清设立“侨法宣传角”，在连江长龙华侨农场等举办3场侨法宣传暨医疗队下乡送医送药活动。推荐重点侨乡马尾区亭江镇亭头村为“全国侨务工作明星社区”，鼓楼区洪山镇西风社区为“全国社区侨务工作示范单位”。

（曾雯蓉）

港澳事务

【概况】　2015年，全市审批因公赴港澳404批916人次，接待港澳到榕团组11批191人次，其中，接待澳门特首崔世安两次到访福州。办理港澳居民身份确认40份。

【交流活动】　1月，香港特别行政区政务司司长林郑月娥访问福州，出席第一次闽港合作会议，参观福州市城市规划馆，并就自贸区福州片区等相关问题与市领导进行交流。

3月22—26日，副市长陈晔应香港贸易发展局邀请，率团赴香港参加香港影视展专题推介宣传活动。

4月21日，澳门特别行政区特首崔世安访问福州，观看福州城市规划沙盘模型及相关宣传片，听取自贸区福州片区相关情况的介绍。5月22日，崔世安再次到访福州，出席在三坊七巷举办的“感受澳门”旅游推广活动，并邀请福州市有关人员出席特首晚宴。

5月22—28日，市委常委、统战部部长黄忠勇率团赴香港开展专项工作。

5月31日—6月4日，市长杨益民随省委组团赴香港、澳门开展招商推介。

7月22日，香港特别行政区财政司司长曾俊华访问福州。市长杨益民会见曾俊华一行并介绍福州经济社会发展情况。

10月，澳门特别行政区新任局级官员代表团到访福州。

11月，接待英国土木工程师学会香港分会代表团、香港特别行政区政府驻外经贸办事处负责人、到榕参加青运会活动的香港官员团、香港校董会访问团、全国港澳研究会访问团。

【港澳推介会】　12月上旬，省委常委、市委书记杨岳率团赴港澳举办福州新区、自贸区福州片区推介会，并拜访香港特别行政区财政司司长曾俊华、澳门特别行政区财政司司长梁维特、香港中联办主任张晓明、澳门中联办秘书长王新东，参观香港自由贸易港葵涌码头，并邀请相关人士参加推介会。

（曾雯蓉）

台湾事务

【概况】　2015年，福州市发布《鼓励和支持台湾青年来榕创业就业实施办法》，建立11个台湾青年创业基地。台湾彰化商业银行福州分行、华南商业银行福州分行揭牌成立；“福州市台胞协调服务中心”正式加挂“福州市台胞权益保障中心”牌子，成为国务院台办批复的大陆首家台胞权益保障中心；开通两岸第四条、福州市第二条“小三通”客运航线——黄岐至马祖客运航线。海协会、海基会领导人第十一次会谈年内在福州市举行。

【榕台经贸合作】　全年新批准台资项目146个（含第三地转投资），合同台资4.12亿美元，实际到资1.27亿美元；榕台贸易总额为18.5亿美元，其中进口额13.1亿美元，出口额5.3亿美元。全市4家企业赴台投资设点、1家企业对台湾子公司增资，总投资320.07万美元；全市新批台资农业项目5项，合同台资1068万美元。走访台资企业，宣传福州新区、自贸区投资环境，至2015年底，有83家台资企业入驻福建自贸区福州片区。推进榕台金融合作，继2014年台湾合作金控银行开业后，彰化商业银行、华南商业银行分别于4月20日、5月13日在福州市揭牌，福州市成为大陆省会城市中台湾银行入驻最多的城市。第十七届海峡两岸经贸交易会期间，有17个团组170多名台湾客商到福州参会，安排台湾展区550个展位、1.1万平方米，签约台资项目39项，总投资11.7亿美元，利用台资7.78亿美元。

【台湾青年创业就业】　海峡青年节集中活动期间，福州市政府发布《鼓励和支持台湾青年来榕创业就业实施办法》，涉及创业辅导、融资扶持、住房保障等13个方面36条举措；建立市领导牵头的联席会议机制；市台办、人社局、财政局、团市委等联合发文，出台具体操作办法，并对相关工作进行分工，促进优惠政策落到实处；在福州台商投资区松山片区创业园等11个园区或企业设立“台湾青年创业基地”。福州海峡创意产业园（红坊）被国务院台办授予海峡两岸青年创业基地。至2015年底，有220名台湾青年在“创业基地”创业、就业、实习，创办创业型企业53家。

【榕台文化交流】　年内受理272个团组（含公务及企业赴台团组）2104人次因公赴台交流。举办第三届海峡青年节、第七届海峡论坛·海峡两岸船政文化研讨会、第八届海峡两岸合唱节、第十三届“两马”同春闹元宵、第八届闽台陈靖姑民俗文化节、闽王王审知宗亲文化交流、首届陈文龙文化节、第六届榕台大学生新闻营、2015年两岸媒体福州行等系列特色对台交流活动，其中“海峡青年节”等8项活动被列为2015年国台办重点交流项目。9月，由旅台福建长乐同乡总会主办的第三十六届台湾区福州同乡社团联谊会暨2015旅台福州同乡社团返乡恳亲大会在长乐举办，来自台湾36个福州同乡社团的239名福州籍乡亲来榕参会。鼓楼区洪山镇、长乐市航城街道、连江县黄岐镇等10个乡镇赴台开展乡镇对接，晋安闽王王审知研究会、福建省地术拳协会、福州市老年大学协会等7个民间团体赴台开展交流，在商贸、渔业养殖、果蔬种植、乡村旅游、农业等特色产业方面进行对接。推进榕台人才交流合作，1人被评为第一批在闽台湾优秀人才。市政府出台《2015—2017年福州市海峡旅游扶持办法》，对符合条件的开展海峡旅游业务的福州市旅行社将给予奖励。

【举办海峡青年节】　举办第三届“海

峡青年节”,建设海峡青年交流营地,设立台湾青年创业基地及出台优惠政策,安排海峡青年(福州)峰会、两岸青年联欢会、两岸青年交流成果展等21项活动,时间跨度从4月持续至年底。8月8—10日,青年节集中活动在福州举行。台盟中央副主席、全国台联会长汪毅夫,团中央第一书记秦宜智,全国人大常委、中国家庭教育学会会长陈秀榕,全国妇联副主席赵东花,省领导杨岳、李红分别出席相关活动。两岸青年1400人参加活动,其中台湾方面有52所院校师生、38个青年团体近600名台湾青年代表参会。在集中活动期间,组织两岸青年学生进社区、进乡村、进工厂,开展志愿服务交流、体育比赛和联欢活动。占地面积13.33公顷、总建筑面积13万平方米的“海峡青年交流营地”项目同期在琅岐开工建设。

【榕台直航】 福州至台北松山、桃园、台中、高雄等4条空中客运直航常态化航线实现每周客运有24个航班48个往返架次,全年福州空港往返台湾航班2827航次,运送旅客413734人次;全国经福州水陆路邮政总包216.43吨,空运邮货量61.895吨。“两马”航线全年运送旅客49100人次;福州至高雄港、台中港、基隆港等港口海上货运直航全年集装箱运输33.1万标箱,散杂货运180.62万吨。

12月23日,黄岐—马祖客运航线正式开通,航行时间25分钟,初期每天开行4个航班,成为两岸第四条、福州市第二条“小三通”客运航线,以及福州到马祖航程最短、费时最少的航线,促进连江与马祖构建“一日生活圈”和环马祖澳旅游区。23—31日,航线运营42航次,运送旅客842人次。

【媒体交流】 邀请台湾旺旺中时媒体集团、联合报系和东森新闻事业股份有限公司作为第三届海峡青年节合作单位。邀请台湾联合报、经济日报、中国时报、旺报、东森电视股份公司、TVBS电视公司等10家媒体派记者采访报道第三届海峡青年节,刊播各类首发原创报道200余篇(含图片新闻)。组织开展2015年“两岸媒体福州行”大型采访活动,邀请台湾TVBS电视台、台湾联合报、台湾导报、台湾中时电子报、台湾奇峰广播电台、时报国际广告等台湾媒体和中央人民广播电台等大陆媒体共15家两岸媒体进行集中采访。邀请台湾东森电视台、民众日报、台湾商报、台湾导报等7家台湾媒体到榕采访第十七届海交会各项活动。

5月12日,“福州市台胞协调服务中心”正式加挂“福州市台胞权益保障中心”牌子,为国台办批复的大陆首家台胞权益保障中心 (市台办 供)

【服务台胞】 发挥全国首家台胞权益保障法官工作室平台作用,选派法官定期为台胞台企提供案件答疑、法律咨询等服务。经市委常委会审议通过,台胞权益保障法官工作室作为深化改革试点在全市县(市)区分批推广设立。5月12日,“福州市台胞协调服务中心”正式加挂“福州市台胞权益保障中心”牌子,为国台办批复的大陆首家台胞权益保障中心。

全年受理台企和台胞投诉案件106件,其中办结103件,办结率97.17%。制作《台商子女、台籍、台胞考生认定指南》,入驻市民服务中心,受理台商子女、台籍、台胞考生认定73人,其中台商子女26人,台籍30人,台胞17人。

【福州马祖交流联络会议机制】 年内福州市建立福州—马祖交流联络会议机制,市政府与台置连江县于11月17日召开第一次磋商会,就双方旅游合作、渔业合作、通航、环保合作等议题进行磋商协调。双方商定建立一年两次的定期磋商交流机制,轮流在两地召开,若有重大事项临时加开,市各职能部门与马祖方面在专业领域上也建立交流机制。

(杨家铸)

(编辑 黄 铭)

地方立法

【关于在中国(福建)自由贸易试验区福州片区暂时调整实施本市有关地方性法规规定的决定】 4月30日,市第十四届人大常委会第二十八次会议审议通过该决定草案,报请省人大常委会批准。5月28日,经省第十二届人大常委会第十五次会议批准,由市人大常委会即日颁布施行。该决定根据中国(福建)自由贸易试验区福州片区建设的实际,对照《全国人大常委会关于授权国务院在中国(广东)、中国(天津)、中国(福建)自由贸易试验区以及中国(上海)自由贸易试验区扩展区域暂时调整有关法律规定的行政审批的决定》,对全市3部地方性法规规定的有关行政审批事项暂时调整实施。

【福州市园林绿化管理条例】 市十四届人大常委会第十九次和第二十一次会议分别于2014年6月和8月对该法规草案进行一审、二审。2015年4月30日,市十四届人大常委会第二十八次会议审议通过该法规草案,报请省人大常委会批准。5月28日,经省第十二届人大常委会第十五次会议批准,由市人大常委会颁布于8月1日起施行。该法规总结福州市园林绿化管理工作实践,并借鉴广州、南京、杭州等地市法规相关规定,主要就绿地系统规划的编制、绿地率的确定、对损害园林绿化行为的禁止、砍伐移植树木的程序等内容作出明确规定。

【福州市公共场所控制吸烟条例】 市十四届人大常委会第二十一次会议和第二十三次会议分别于2014年8月和10月对该法规草案进行一审、二审。2015年4月30日,市第十四届人大常委会第二十八次会议审议通过该法规草案,报请省人大常委会批准。5月28日,经省第十二届人大常委会第十五次会议批准,由市人大常委会颁布于8月1日起施行。该法规对福州市公共场所控烟工作予以引导和规范。

【福州市城乡规划条例】 市十四届人大常委会第十七次会议和第十九次会议分别于2014年2月和6月对该法规草案进行一审、二审。2015年8月28日,市十四届人大常委会第三十次会议审议通过,报请省人大常委会批准。9月25日,经省第十二届人大常委会第十七次会议批准,由市人大常委会颁布于12月1日起施行。该法规实现与上位法的衔接,促进各种资源空间配置的优化。

【福州市市容和环境卫生管理条例】 2014年10月,经市人民政府常务会议研究同意,《福州市公共场所控制吸烟条例(修改草案)》提请市十四届人大常委会第二十三次会议审议。2015年4月,市十四届人大常委会第二十八次会议对该法规修改草案进行二审,主要对市容和环境卫生管理现状、机制创新和存在问题等进行研究、审议、修改。

【福州市城市养犬管理条例】 8月,经市人民政府常务会议研究同意,《福州市城市养犬管理条例》提请市人大常委会审议。8月27日,市十四届人大常委会第三十次会议对该法规进行一审,主要就养犬管理机制、养犬登记制度、养犬强制免疫问题、养犬行为规范等作出明确规定。

【福州市人民代表大会及其常务委员会立法条例】 市人大常委会法工委牵头研究起草《福州市人民代表大会及其常务委员会立法条例(修正案草案)》。10月,经市人大常委会第103次主任会议研究同意,提请市人大常委会审议。10月27日,市十四届人大常委会第三十一次会议对该法规修正案进行一审。条例对人大在立法中的主导作用、科学立法、民主立法、规章备案审查等方面作出明确规定。

【福州市湿地保护管理办法】 12月,经市人民政府常务会议研究同意,《福州市湿地保护管理办法》提请市人大常委会审议。12月30日,市十四届人大常委会第三十二次会议对该法规草案进行一审。

【其他立法项目】 开展城市建筑景观管理办法、轨道交通管理办法、大气污染防治办法(修改)、机动车排气污染防治管理条例、旅游条例、大樟溪水资源保护办法、风景名胜区管理条例(修改)、古村镇古民居保护条例、电梯安全管理条例、闽菜文化保护条例、市人大常委会规章和规范性文件备案审查规定等法规的立法调研,待调研论证、条件成熟时安排审议。

(何任贤)

政府法制建设

【概况】 2015年,福州市人民政府提请审议地方性法规草案3件,出台规章和规范性文件28件。办理251件行政复议案件,应诉案件132件。对33个市直行政执法部门提出修改、调整行政职权和行政处罚裁量标准的意见进行审核,涉及行政职权843项。向上级行政机关和权力机关报备28件规章和规范性文件,审查市直部门、各县(市)区人民政府报备的规范性文件104件,受理公民、法人提出的规范性文件合法性审查申请1件。

【推进依法行政工作】 调整市推进依法行政领导小组成员,加强对推进依法行政工作的组织领导。出台《关于贯彻党的十八届四中全会精神全面推进依法治市的实施意见》,制定《关于贯彻落实福建省2015年推进依法行政建设法治政府工作要点的通知》,部署全市推进依法行政工作,明确各项工作的牵头单位和责任部门。完善依法行政工作考核机制,研究起草《福州市依法行政工作考核指标及评分标准》。健全领导干部学法用法机制,落实中心组、政府常务会议和部门局务会议学法制度,将法律学习纳入各级领导干部学习的重要内容,全市各级各部门定期组织工作人员参加专题法律知识培训、行政执法业务培训、基础法律知识考试。

【立法工作】 组织起草并提请市人大常委会审议《关于在中国(福建)自由贸易试验区福州片区暂时调整实施本市有关地方性法规规定的决定》《福州市养犬管理条例》《福州市湿地保护管理办法》等3件地方性法规草案,制定出台《福州市邮政业管理若干规定》《福州市人民政府关于修改〈福州市电动自行车管理办法〉的决定》《福州市残疾人机动轮椅车管理办法》《福州市人民政府规章制定程序规定》《福州市人民政府关于印发福州市促进院士(专家)工作站建设的若干规定的通知》《福州市人民政府印发关于鼓励和支持台湾青年来榕创业就业的实施办法的通知》《福州市人民政府关于福州市乡村医生养老保障的实施意见》《福州市"两违"认定标准及分类处置意见》等28件规章规范性文件,同时全部向上级行政机关、同级权力机关报备。全年审查各县(市)区政府报备的规范性文件104件。

【行政复议】 畅通行政复议渠道,受理、办理行政复议案件,全年办理251件行政复议案件,同比增长34.95%,其中受理189件,其他处理62件,案件主要集中于土地房屋征收和政府信息公开两大领域。完成行政应诉工作,完善依法行政与行政审判良性互动机制,与市中级法院制定出台《关于建立依法行政与行政审判良性互动机制的意见》,全年市政府应诉案件132件。加强行政复议应诉能力建设,采取充实专职行政复议应诉工作人员、增设法律事务处、增加行政诉讼专项经费、政府购买法律服务等应对措施,保障行政复议应诉工作开展。推进行政复议体制改革,探索开展相对集中行政复议权工作,制定出台《中国(福建)自由贸易试验区福州片区相对集中行政复议权实施办法》,在自贸区试点开展相对集中行政复议权工作。

【行政审批制度改革】 在全市部署开展推行行政权力清单制度,要求各级各部门对正在行使的行政权力事项进行全面梳理,提出取消、转移、下放、整合、保留等意见,并逐条逐项分类登记,编制行政权力清单,报市审改办审核,经市政府法制办合法性审查后,分两批对外公布市级保留42个市直部门行政权力7944项,完成责任清单编制工作,明确48个市直单位责任事项10013项,其中涉及多部门监管的责任事项196项。

部署开展第三轮简政放权工作。取消49项缺乏法律法规依据、不适应市场经济发展要求和上级已经取消的审批服务事项;通过直接下放、委托下放、窗口前移等方式,将与县域经济发展关系密切、办件量大的51项审批服务事项下放县(市)区政府实施;去除一些审批过程中的繁文缛节,简化办事条件和办理环节,取消16项事项的现场勘查环节,合并12项事项的办理环节,取消108项事项的140份申请材料。清理涉及行政审批调整的地方性法规规章,印发《关于清理涉及行政审批调整的地方性法规规章的通知》,要求各部门对涉及行政审批调整的地方性法规规章提出清理意见,报法制办审核后,由市政府按法定程序予以修改。推进工商登记便利化,全面开展工商登记"一口受理"和"一照一码"企业登记并联审批工作。制定出台《福州市涉及行政审批技术服务活动管理办法(试行)》,建立"福州市涉及行政审批技术服务大厅"和"福州市涉及行政审批技术服务网上超市",梳理、编制《福州市市级保留的行政审批中介服务事项目录》,对现有行政审批前置环节的技术审查、评估、鉴证等有偿中介服务进行全面清理,规范中介服务行为。

建立福州市市民服务中心,要求各部门针对市民办理的公共服务事项全部入驻市民服务中心。对入驻事项进行全面梳理,制定标准化办事指南,优化69项服务事项办理流程,即办事项从入驻前的109项增至288项,取消证明材料及申报材料31份,规范表述不清晰、易导致市民提交不合办理要求的申报材料90份,规范办理依据1240条。

【行政执法监督】 对33个市直行政执法部门提出修改、调整行政职权和行政处罚裁量标准的意见进行审核,涉及行政职权843项。开展行政执法案卷评查,对检查中发现的问题逐一反馈,并发出整改意见书。

(魏善庆)

政法综治

【概况】 2015年,福州市政法系统组

织开展"正风肃纪、公正廉洁"专项督查和明察暗访等活动。推进司法体制改革和社会治理体制改革。开展"严打暴恐活动年"行动;加强寄递物流危爆物品管控;刑事案件立案数实现2005年来首次下降。建立大型活动维稳安保机制,成立首届青运会涉稳协调小组,完成青运会安保任务。组织开展评选"最美基层法官""福州警星""争创一流业绩、争当岗位标兵"等活动。第四季度全市公众安全感达92.86%。

【维护国家安全和社会稳定】 开展"严打暴恐活动年"行动,完善全市反恐责任制,将市直部门反恐职责纳入全市综治考评体系。健全反恐工作机制,优化扁平化实战指挥、紧急警情快速处置、重大警情跟踪处置、布控堵截卡点启动、指挥部统筹指挥5种处突机制,提升路面见警率、发现控制率及打击处理率。加强反恐力量建设,建成县级公安机关巡特警反恐大队,加强屯警路面、动中备勤。加强寄递物流危爆物品管控,建立市寄递安全管理及物流安全管理两项工作联席会议制度,完善联合执法机制、安全隐患排查整治机制和信息情报收集研判共享机制,对收寄件全面落实实名登记、开包验视和X光机检查。将全市298家加油站信息全部录入治安管理信息系统,"散装汽油销售实名登记系统"覆盖率达70%。

【社会治安管控】 启动打黑除恶、打击严重暴力犯罪、"亮剑扫毒"会战等专项行动,针对民生领域开展打击盗窃电动车犯罪、打击虚假信息诈骗、区域性侵财犯罪重点整治等专项行动。出台《福州市社会治安综合治理工作责任捆绑问责办法》,加强社会治安综合治理工作责任捆绑问责机制。刑事案件立案数同比下降3.8%,实现2005年来首次下降。违法犯罪类警情同比下降7.5%,其中盗窃警情同比下降8.9%,"两抢"警情同比下降15.9%。

【大型活动维稳安保机制】 成立由市委政法委牵头、重点职能部门参加的首届青运会涉稳协调小组,建立健全维稳防控"1+6"组织体系。加强基层综治队伍建设,动员组织和落实专业安保、社会联动、群防群治力量,组建一支10万人的平安志愿者队伍,13支以县(市)区为单位的综治维稳应急处突队伍,与各级公安机关联合开展维稳演练、联合巡防等行动。首次启用直升机巡航,每日派出72个武装巡逻组加强重点区域各点线的常态武装巡逻,组织"卫青1号"等6次集中统一行动,完成火炬传递、开闭幕式等各项安保任务。10月18—27日青运会期间,全市政法综治部门组织投入维稳、安保和司法服务力量13万人,违法犯罪类警情、刑事案件立案数比上年同期分别下降47.8%、42.4%。

11月9日,市委常委、政法委书记陈为民带队检查西湖公园菊花展安保工作（市委政法委　供）

【矛盾纠纷预防化解】 建立重大项目建设社会稳定风险保证金制度等6项制度,规范完善社会稳定风险评估考核机制和程序。制定出台《关于全面推进矛盾纠纷多元调解工作规范化建设的实施意见》,加强基层调解室、行业性调委会建设,探索社会组织介入调解模式,公调对接"派驻制"实现100%覆盖。全市人民调解组织累计调处排查各类矛盾纠纷14958件,调处成功14866件,成功率99.4%;接访医患纠纷投诉187件,立案154件,结案134件,调处成功率为92%。

【网格化服务管理体系】 落实"5+N"服务管理职责,构建完善"社区网格化、平台信息化、管理精细化、服务人性化、参与多元化"的基层综合服务管理体系,推广网格化服务管理绩效考评机制,建立网格化服务管理综合信息系统。全市城市社区网格化平台建设达100%,农村覆盖率超70%。推动网格化管理纳入"智慧城市""智慧社区"工程建设,将政府基本公共服务项目、各类民生需求项目纳入网格化平台。

【社会治理创新】 审议制定《福州市社会治理体制改革专项小组重点改革任务实施规划(2014—2020年)》《福州市深化社会治理体制改革实施方案》《福州市社会治理体制改革2015年工作方案》和《复制推广全省社会治理体制改革经验的实施方案》,建立市领导挂钩落实重点改革任务机制。推进社会公共安全体系、社会调解机制、社会服务管理、社会组织建设、军民融合发展等领域改革,复制推广厦门、南平在加强民生服务方面的社会治理改革经验,推动重大决策社会稳定风险评估机制等重点改革项目形成"福州经验"。推进政府购买服务机制建设,编制完成《政府向社会组织转移职能目录》,确定向社会转移职能152项。推动社会组织培育发展,确定鼓楼区、台江区为全省社会组织工作改革创新观察点,开展台江区社会组织孵化基地试点工作。

【治安防控体系建设】 构建完善立体化社会治安防控体系,制定《创新立体化社会治安防控体系建设实施方案》。统筹推进“平安福州”视频监控系统建设,编制《视频监控系统2015—2020年建设应用规划》,完成道路交通智能化控制升级提升工程,组建专业化视频巡逻应用队伍,开展视频图像巡逻侦查与研判,在城区77个加油(气)站出入口改造或新建视频监控探头。推行无线微波视频监控技防体系、数字化校园警务室、保安巡逻点对点指挥平台、微信防控平台建设。在全省首创重点整治项目化管理模式,明确重点整治工作目标,按照“时间表”和“路径图”推动落实重点整治项目。

【司法服务保障】 建立健全审判机关“12368”司法信息公益平台、检察机关派出(巡回)检察室制度、公安机关“福州公安”官方微信及便民服务网络平台、司法机关“12348”“一站式”法律服务平台,推出“民情日记”“相约警务室”“向群众报告”等专题活动。推进司法公开制度改革,依托“两微一网”平台,完善庭审互联网直播、案件流程信息和生效法律文书公开等工作机制。建成司法信息集控管理中心,推广全省首个“智慧法院”闽侯试点经验,研发诉讼自助服务终端“ITC”并在全市法院试点联调应用。

【平安创建】 出台《福州市综治平安建设考评奖励办法(暂行)》。市委、市政府对涉校案事件、落实重大活动维稳责任制、落实铁路护路联防责任、开展综治平安宣传等综治重点工作开展专项督导检查。全市129个市属、驻榕单位通过“平安单位”考评验收,125个乡镇(街道)被命名为“平安乡镇(街道)”,鼓楼区、马尾区获省第三轮首批“平安县(市、区)”称号。制定《福州市社会治安综合治理工作责任捆绑问责办法》,组织开展针对盗窃、小案侦破、电动车盗窃、交通整治、诈骗、出租车等专项整治行动。

【法治宣传】 研究制定《贯彻党的十八届四中全会精神全面推进依法治市实施意见》的重要举措分工方案,修改完善法治建设指标体系、考核标准。开展综治平安宣传活动,制作以“禁毒”和“公共交通安全”为主题的“平安是福”专题片并开展配套宣传和专项整治活动。推出“平安福州”微信公众订阅号,开展平安志愿者专题、青运会系列专题、公安文化建设及检察院、司法行政等专题系列报道,组织开展“十佳平安志愿者”评选活动。组织“弘扬宪法精神、建设法治中国”等大型普法活动260多场。建成法治文化公园、广场、长廊40个,法治宣传栏2513个,村居(社区)法治宣传教育中心2389个。开展“百名法学家百场报告会”活动和“福州自贸片区建设与法治保障”论坛主题征文等各级各类法学研讨交流活动。

(陈 璐)

公 安

【概况】 2015年,福州市公安局加强涉恐情报预警、侦查打击和防范处置措施,维护社会治安稳定。坚持严打整治刑事犯罪活动,福州市刑事案件总量同比下降3.8%,实现10年来首次下降。累计建成“平安福州”高清探头5641个,市公安局设立打击犯罪合成侦查室,建成市局、分局和派出所三级图侦中心(室)56个,试点建设派出所综合指挥室14个。推广使用公安科技装备,福清市运用无人机航拍探索开展执法办案。完成首届全国青运会期间各项安保工作。编制市公安局行政权力清单1255项、公共服务事项13项等,推动23项治安业务、22项出入境业务、12项车驾管业务入驻市民服务中心或行政审批中心,建立境外人员社区管理服务站,推行台胞来大陆免办签注等优惠政策;在全市27个县级以上工业园区建立专业巡防队提供安保服务,推出“一照一码”企业办理印章准刻业务等。在防抗“苏迪罗”台风的工作中,全市出动警力3.8万余人次,抢险救灾、维护社会治安。8月8日深夜,省委书记尤权带领省有关领导,到市公安局指挥中心视察指导防灾抗灾工作。年内,全市公安系统中获全国“青年文明号”1个,省市级文明单位6个,“人民满意派出所”46个和援疆行动先进群体1个。

【青运会安保工作】 构筑社会面防控圈、环榕防控圈、核心场馆封控圈等3道安保屏障,投入公安干警、武警官兵等安保力量约12.4万人次,10月1—27日,全市违法犯罪类警情比上年同期下降45%,所有涉及青运会人员“零发案、零事故、零伤害”。

市公安局于2014年12月成立青运会安保工作领导小组,下设10个部门对

8月8日,省委书记尤权带领省有关领导前往市公安局指挥中心,视察防抗第13号台风“苏迪罗”的工作

(市公安局 供)

接安保工作，并进驻青运会福州市执委会，配套制定开闭幕式、火炬传递、“青运村”安保、突发事件应急处置等36项子方案。2016年5月起，先后组织实施6次不同重点的“卫青”集中统一行动；8月下旬组织开展社会治安综合整治行动。市、县两级政法、公安机关同步启动情报合成作战专班和网上信息监控体系，实行24小时值班值守。落实重点部位武装定点执勤、巡特警屯警街面动中备勤、早晚高峰勤务、公安武警联勤巡逻等4项机制。启动环榕防控圈各项工作，在进入市区的路口设置18个公安检查站，在全市范围设立53个一类、65个二类布控堵截卡点。在青运村内开展24小时周界和村内巡逻看护，对各赛事场馆，青运村和食品物流中心等开展多轮搜爆工作。

加强三大标志性活动安保工作。在火炬实体传递活动中，出动警力1750人、社会安保力量2100人维持秩序，并派流动指挥车和护卫车跟随火炬车队全程护卫。开闭幕式期间，在市公安局指挥中心设置城市安全分指挥部，统筹协调开闭幕式现场及社会面安保；开展奥体中心治安巡查、安检、交通疏导、场内秩序维护和应急处突备勤等工作，并对观众和工作人员实行分时、分批、多向进退场。10月16—29日比赛期间，全市18个环榕治安检查站启动24小时一级查控勤务，并以奥体中心“一场三馆”等核心场所实施全封闭管理，实行24小时武警守卫警戒，启动警用直升机和水上巡逻艇进行监控。（宋增清）

【刑事犯罪侦查】 全市破获各类刑事案件2.6万起，其中年内案件2.37万起，现行案件破案率28.2%；抓获刑事作案成员1.09万人，提请逮捕7307人、同比增长6%；移送起诉犯罪嫌疑人1.25万人；摧毁犯罪嫌疑团伙66个，抓获成员253人。刑事案件总量同比下降3.8%，其中侵财案件同比下降3.1%，八类暴力罪案在连续10年下降基础上又下降16.8%，其中“两抢”、盗窃电动车案件总量同比分别下降13%、16%。刑侦工作绩效考评获全省第一。

打击严重暴力犯罪和黑恶势力犯罪　全年八类暴力罪案立案1630起，破案1230起，破案率75.5%，其中新发命案75起，破案73起，破案率97.3%；伤害案立案862起，破案774起，破案率89.79%。以涉黑罪名判决113人，以强迫交易、寻衅滋事、聚众斗殴等九类涉恶罪名判决1437人。

打击多发性侵财犯罪　全年破案1.82万起，其中年内案件1.7万起；起诉盗抢骗等五类侵财嫌犯2286人，判决2312人，其中判处5年刑期以上的251人，重刑率10.86%。开展打击虚假信息诈骗专项行动，破案300起，其中案值10万元以上的38起，刑拘犯罪嫌疑人131人、逮捕37人，冻结追缴诈骗赃款2500多万元。3—9月，开展打击盗窃电动车犯罪专项行动，处理犯罪嫌疑人1350人，查扣并返还群众被盗抢电动车1939辆。

追逃、打拐　全年抓获各类网上在逃人员2954人，其中年前逃犯475人，占年前逃犯归案率34%。破获涉拐案件50起，打击处理65人；抓获拐卖案在逃人员5人；解救被拐儿童25人、妇女5人。

视频图侦体系建设　市公安局出台《加强全市公安机关视频侦查工作建设意见》。全市基本建成1个市级、13个县区级和城区派出所的图侦中心（室）57个，通过研判视频图像线索，直破或串破案件1165起，抓获犯罪嫌疑人590人。

【十大刑事要案】 跨国绑架案　1月10日下午，福清市三山镇村民魏某向公安机关报案，称其子于1月6日上午在俄罗斯莫斯科被4名不明身份人员绑架，绑匪勒索赎金1500万元；省公安厅刑侦总队亦接公安部五局转来中国驻俄罗斯使馆警务联络处关于该案情况的通报，要求立即协助俄警方破案。市公安局刑侦支队、福清市局成立专案组，锁定福清人陈某有重大作案嫌疑，同时将相关情报通报俄警方。14日，专案组在福清抓获犯罪嫌疑人魏某和陈某；郑某等4人在俄落网，全案告破。

特大抢劫黄金案　1月11日16时许，仓山区城门镇某村民房5楼一黄金提炼加工点发生特大入户抢劫案。3名犯罪嫌疑人抢走屋内正在加工的价值100余万元的黄金粉4000余克。市公安局于1月19日在江西景德镇抓获2名犯罪嫌疑人，于22日在南昌抓获2名销赃嫌疑人。查明犯罪嫌疑人作案后逃往江西并将赃物售给南昌2家珠宝公司。

两死一伤命案　2月8日8时许，在晋安区远洋埠兴村半山腰积翠庵内发生两死一伤命案。市公安局刑侦、技侦支队和晋安分局于当晚将犯罪嫌疑人吴某抓获。查明该人于7日上午前往积翠庵拜佛并藏在寺内，等到晚上关门后，持木棍将看守庵寺的谢某夫妇打成一死一重伤，将谢某的孙子捂死，并拿走受害人财物后逃离现场。

特大入室盗窃案　2月18日晚，福清市阳下街道王某家中保险柜被盗，内有现金、黄金、名表等总价值380多万元。市公安局刑侦支队、福清市局联合专案组通过视频图侦锁定犯罪嫌疑人，于3月9日晚在龙田镇抓获犯罪嫌疑人余某、俞某，并追回全部赃物。

系列盗窃船只案　5月初至6月底，在连江县筱埕、下宫、东岸等沿海地区连续发生多起渔船、快艇被盗案。连江县公安局刑侦大队于7月10日抓获犯罪嫌疑人唐某、庄某。据查，两人伙同另一庄姓连江人（现在逃），于5—6月间先后在筱埕等地盗窃渔船、快艇，作案4起，涉案价值200余万元。

特大电信诈骗案　7月27日下午，受害人陈某在家里接到自称是福州法院和武汉市江岸公安局工作人员的诈骗电话，对方以所谓涉嫌银行卡犯罪为名，要求她立即将钱转到指定账户以自证清白。陈某于29—31日分12次通过网银向对方账户转账664.58万元。案发后，市公安局刑侦、技侦、网安支队和马尾刑侦大队历时两个月，辗转10多个省市以及福建有关地区，至10月初，先后抓获张某等涉案人员22人，追回部分被骗赃款。经查，该团伙以罗某（现在逃）为首在菲律宾、印尼等地组成电话诈骗团伙，由张某等负责在大陆招收人员出境，冒充公检法工作人员通过电话对大陆人员实施诈骗。

系列持刀抢劫伤人案　7月底，鼓楼区连续发生多起系列持刀抢劫恶性案件，嫌疑人作案时先持刀砍人再实施抢劫。省公安厅将该案挂牌督办,鼓楼分局刑侦大队展开专案侦查,于8月21日在古田路抓获犯罪嫌疑人叶某,查明该人分别在市区二环、湖东、五一、东街等路段持刀抢劫7起,致伤5人。

故意杀害4人案　8月11日,长乐市公安机关抓获犯罪嫌疑人张某。查明该人于11日下午,因怀疑同村人张某要加害自己,携带斧头和匕首,驾摩托车在寻找张某途中,先后在金峰镇上张自然村及潭头镇厚东村路上分别持刀捅死4人,砍伤4人。

特大绑架案　12月17日1时许,受害人陈某回家途经台江区永升城3号楼时,被3名男子挟持上车,强行带至龙岩市漳平市关押于山区,并向受害人家属索要赎金300万美元。台江分局刑侦大队于18日在漳平市解救出人质,抓获看押人员苏某,又在仓山区抓获犯罪嫌疑人陈某;其他2名同案犯分别于19—20日在漳平投案自首。

涉拐案件　1991年12月,受害人周某年仅一岁的儿子周某文在永泰县大洋镇康乐村被人拐卖。多年来,永泰县公安局专案组经过持续摸排和调查走访,查明当年婴儿周某文被嫌疑人刘某先(已死亡)与另一同案人拐卖到石狮市祥芝一带,并于2015年10月26日抓获该同案人汪某。11月19日,在石狮市祥芝边防派出所的协助下,办案民警找到被拐的周某文,并经提取DNA比对认定。

【经济犯罪侦查】　全市公安经侦部门经济犯罪案件立案2666起,同比增长83.61%,破获1529起,同比增长83.33%,抓获犯罪嫌疑人837人,同比增长41.62%,移送起诉655人;挽回经济损失5600.19万元。

采取情报导侦的创新办案模式,加强对经济犯罪新动向、新特点以及对重点经济领域不稳定因素的预警研判。依托"大情报"平台和网络警务,把假币、假发票、非法集资、传销活动等犯罪嫌疑人员列入黑名单库;通过同有关行政执法部门的协调联动,了解和发现可疑对象的动态,经过对线索信息的核查、比对,破获3个重大经济犯罪团伙。

实施"猎狐2015"、打假、打击非法集资和非法传销等专项行动和集中整治。全市假冒、伪劣案件立案490起、破案481起;非法集资案件立案109起,破案95起。在"猎狐2015"行动中,各级经侦部门抓获在逃境外的经济犯罪嫌疑人12人。10月20日,市公安机关抓获涉嫌集资诈骗逾6.8亿元并潜逃至马来西亚近3年的中纪委"天网"行动、公安部"红色通缉令"第37名的犯罪嫌疑人詹再生。

【经济犯罪要案案例】　破获特大非法吸收公众存款案　3月,市公安局经侦支队破获林某特大非法吸收公众存款案。经查,从2011—2015年初,某公司实际控制人林某在福州市区、长乐等地,以公司资金周转、投资房地产项目等为由,以给予月息2%~8.3%为诱饵,向20多人吸收存款6000多万元。

破获特大假盐案　5月17日,根据群众举报贩卖假盐的线索,市公安局经侦支队会同市盐务局经5昼夜工作,在马尾港青州作业区现场查获142个集装箱货柜盐产品(每货柜约30吨),先后抓获主要犯罪嫌疑人陈某等3人。经鉴定,查获的货柜75个装有假冒福建省盐业有限责任公司"晶华"牌注册商标的食盐,约2250吨;67个货柜装的均为"三无"盐制品。12月1日,在公安部经侦局的协调指挥下,福州警方联合7省公安机关抓获犯罪嫌疑人8人,缴获假盐3008吨,涉案金额422万元。

破获销售假冒注册商标商品案　8月14日,晋安经侦大队在晋安区长乐中路"亿佳福"珠宝店内查获假冒卡地亚、香奈尔等国际品牌的项链、手镯等珠宝首饰55件,假冒卡地亚品牌首饰包装盒5套等,抓获涉嫌销售假冒注册商标商品案的黄某等3人。经鉴定,该珠宝店内销售的国际品牌珠宝饰品均未经品牌所有公司授权,系假冒注册商标的商品,涉案金额600余万元。

破获非法传销案　9月8日,市公安局组织经侦、特警等部门及闽侯、连江、马尾、晋安等地公安机关1000余名民警,对闽侯县甘蔗、荆溪、白沙等地的非法传销活动实施统一行动,并派出多个抓捕组赴湖南、广东、江西等地同步行动,分别捣毁传销窝点50个,摧毁传销团伙5个,抓获涉案人员108人,解救被害人235人。

破获特大虚开增值税发票案　11月27日,马尾经侦大队抓获涉嫌虚开增值税发票的赵某涛等2人。经调查,4—10月底,犯罪嫌疑人赵某控制的公司在没有经营行为情况下,通过收购无业绩的某公司,并变更该公司的法人名字,以开设所谓财税咨询公司为掩护,从事虚开增值税发票以赚取税收点数。先后向10余个省市开具增值税专用发票金额累计达3.8亿元。　(曹友权)

【禁毒工作】　破获毒品犯罪案件1999起(部省级目标案件20起),同比增长20.7%;抓获毒品犯罪嫌疑人2255人,同比增长16%;缴获各类毒品(折合海洛因)89.3千克,同比增长24%;查获吸毒人员9234人次,同比增长21%。全国"百城禁毒"会战综合绩效位居109个参战城市的第七名,"亮剑扫毒"会战绩效居全省第二名。福州市公安局获公安部授予会战先进单位。

推进强制戒毒工作。2月初,市委常委会专题研究部署禁毒工作;3月18日,市委、市政府出台《关于进一步加强禁毒工作的实施意见》。市、县两级财政拨专款(含社区戒毒、康复经费)1863.4万元,同比增长5.5%。8月中旬至9月中旬,市禁毒办与市综治办联合督导组对吸毒人员问题突出的15个市级挂牌乡镇、街道进行验收检查,13个通过考评验收。至12月,强制隔离戒毒1445人,同比增长29.8%;接受美沙酮维持治疗4110人,其中在治人数737人。全市建成社区戒毒社会康复工作站111个,同比增加29个;配社工250人,同比增加45人。社区戒毒1381人、社区康复47人,同比分别增长65.6%、102.1%,执行率78.8%。长乐市禁毒委员会及仓山区下渡街道、闽侯县青口镇、福清市音西街道社区戒毒社区康复工作站被命名为省级示范单位(点)。

推进禁毒情报工作。6月,完成FJ-DIAS系统的推广应用,年内录入涉毒案件线索978条。禁毒、网安、情报等部门相继组成网络涉毒研判专班与涉麻制毒研判专班,清理整治网上涉毒违法信息398条,收集推送涉毒线索256条,查获

"黑卡"279张,关停取缔涉毒网站14家、通信账号80个。

建立常态化禁毒预防宣传教育机制。开展毒品预防教育"六进"(学校、单位、家庭、场所、社区、农村)活动。春运首日,市禁毒办与晋安区禁毒办在汽车北站开展以"守望相助、远离毒品、健康生活、拥抱美好人生"为主题的禁毒宣传活动。6月禁毒宣传月期间,以"青少年与合成毒品"为主题举办各类宣传活动百余场次,受教育群众达300余万人。交警网络信息发送平台向全市680万名机动车驾驶员发送"拒绝毒驾"手机信息。市委政法委拍摄"平安福州"禁毒专题宣传片,在福州公交移动频道常态滚动播放。

【特警工作】 特警支队先后参与"1·30"涉恐专案、"7·29"专案、"9·8"专案等重大案件涉案人员的抓捕和押解工作,抓获犯罪嫌疑人50余人;解救传销受害人200余人。6月,挑选33名特警参加福建赴新疆于田执行轮战任务,协助当地公安机关处理交通事故102起,捣毁暴恐团伙67个,抓获危安重点人员259人次,武装押送犯罪嫌疑人177人次,完成16次"主麻日"安保任务。年内调整原有路面执勤警力部署,在火车南、北站广场,仓山万达等场所设立10个全天候执勤岗点及温泉、西湖公园的夜间执勤岗点。

加强训练演练。6月,对新组成的反恐处突应急分队进行强化封闭集训。7月,培训支队所属各大队及各县(市)巡特警反恐大队的35名指挥员。8月开始,支队施行"轮值轮训"勤务训练工作机制。组织开展2015年全市公安巡特警岗位技能比武活动,并获全省比武活动团体第二名。

【出入境与往来港澳台管理】 全年办理各类出入境证件100.53万件次,同比下降5.3%,其中公民因私出国(境)105.4万人次(公民因私出国境28.3万人次、同比增长16.1%,内地居民往来港澳地区54.8万人次、同比下降16.5%,大陆居民往来台湾22.3万人次、同比增长20.1%);办理出入境通行证2749人次,同比增长13.7%;办理各类外国人证件、签证、居留许可1.18万件次,同比下降28.9%。窗口办理台湾居民签注、证件1.33万件,同比下降44.8%;长乐国际机场口岸落地签注办证2万件次,同比下降38.5%;"两马"(马尾、马祖)直航办证签注3653件次、同比下降42.4%。

对证照签发不规范的依法不予签发74件,对港澳定居提供虚假材料等依法不批准283人。完成国家工作人员登记备案信息新增1.57万条,修改报备1万条,撤销报备1.8万条,新增报备法定不批准出境人员1673人次、撤销25人次。对遣送人员1150人依法宣布证照作废并限制6个月至3年不准出境。举办外住宿登记业务培训班36期997人次。

健全涉外单位报备及信誉等级评定制度,通过年审426家,其中信誉等级一级14家、二级192家、三级215家、四级5家。依法查处涉外、涉台行政案事件1404起1514人次,其中外国人"三非"案件1235起1345人次(非法入境16起48人,非法居留1211起1266人,非法就业8起31人),台湾居民非法居留169起169人。报列不准入境外国人6人,台湾居民1人。

市公安局出入境管理处把受理窗口(服务点)延伸覆盖全市各县(市)区;将公民赴港澳旅游再次签注审批签发权和外国人签证签发权下放至福清市、连江县、马尾区公安局;服务窗口实行一周7天全日上班。出入境管理部门全面公开6类24项办证服务的法律依据、办理程序、条件、时限和监督方式等;落实窗口"一站式"服务和"一次性告知"制度。

【公安法制】 市公安局组织开展盗窃、毒品、伤害、交通违法等案件专项考评,评查案件782起、警情130起,发现执法问题2773个。全市法制部门组织考评293次,案件1.88万起,发现、纠正执法问题5.48万个。加强网上执法办案,每月两次以上定期通报办案情况;全市案件材料录入率99.99%,案件考评率99.99%,问题整改率99.62%。开展各类执法检查99次,下发监督日报1850份,办理个案督办件444起。对执法问题负有责任的民警、法制员、审核领导予以打招呼28人、谈话7人,通报14个执法问题整改不到位的办案单位,追究执法责任85起98人。推广马尾区公安局运用执法记录仪的经验,带动全市公安机关全面落实《讯问犯罪嫌疑人录音录像工作规定》等6项执法制度。建立并实行市、县区和基层办案单位三级巡查办案场所的机制,发现整改604个问题。同时按照新出台的办案场所验收标准,新建、改建派出所"四区八室"38个。全年举办各类执法培训321场1.96万人次;派教员授课12次;组织旁听庭审86次751人。全市民警1825人参加基本级、中级执法资格考试,195人参加高级执法资格考试。

行政复议应诉　办理行政复议案件204起,办结188起;办理行政诉讼案件238起,审结200起(一审130起,二审70起);受理办结刑事不予立案复议案件7起;受理刑事不予立案复核案件25起;受理国家赔偿案件7起;县局级领导出庭应诉89起。

公安信访　全市公安机关接访2008件,同比下降14.2%。市公安局信访室接访721批1287人。登记、转办信访件3314件。市公安局领导接访活动155场475人;各县级公安机关局长接访活动2271场。省长信箱交办208件,均已办结;厅长信箱交办829件,办理反馈823件。　（宋增清）

【社会治安管理】 市、县两级政府拨款1300余万元,在国、省、县道建立公安检查站18个。青运会期间检查过往车辆6.3万辆,人员22.5万人次,发现关注人员26人,抓获在逃人员1人、嫌疑人17人,收缴管制刀具13把。

开展"缉枪治爆"专项行动,破获涉枪涉爆案件295起,收缴枪支168支、子弹5349发、炸药1889.9公斤、雷管3077枚及烟花爆竹2.6万件。6月4日,市公安局治安支队统一销毁各地收缴的非法枪支115支、仿真枪47支,以及弩245支、管制刀具1979把。对全市118家危爆、剧毒物品单位进行排查,发现、整改安全隐患305处。对13家存在重大安全隐患的民爆物品储存仓库予以停业整改。检查烟花爆竹批发企业和零售网点2236家次,发现整改安全隐患121次。对全市313家加油站点进行摸排登记,整改安全隐患105处;全面推进“散装汽油销售实名登记系统”安装、应用,覆盖率达70%;查处非法储存、销售散装汽油案件33起,查扣散装汽油1096.25升。

查处涉黄案件614起(刑事案76起),查处“黄非”类案件32起,其中省督8起、部督1起;查处涉赌案件2244起(刑事案227起)。治安部门联合公安边防支队破获“9·16”网络赌博案,抓获犯罪嫌疑人25人,涉案赌资近亿元;破获“8·25”网络赌博案,抓获犯罪嫌疑人88人,赌资数亿元;查处娱乐场所涉毒案件175起,抓获吸贩毒人员431人。

打击从事制假售假违法犯罪活动,破获“四黑四害”案件514起(省、部级督案24起),抓获犯罪嫌疑人541人,捣毁食品、药品犯罪窝点27处,案值1000余万元。破获所谓“则徐自愿戒毒所”的销售假药案,涉案嫌疑人向全国29个省、130余个市县销售假药金额超百万元。破获“9·30”网络销售假烟案,涉案嫌疑人利用微信、QQ向省外14个地区销售假烟,涉案金额800余万元。

全市通过旅馆业“四实”登记系统上传旅客信息1460万条;处罚未如实登记入住旅客身份信息的旅馆588家次,取缔无证经营旅馆158家次。

协调处置群众性非正常上访162批3648人,化解重大群体性事件隐患2起;处置海润滨江社区业主堵路、出租车聚集事件等4起253人次;接访医患纠纷投诉182件,调处成功率92%。

【社区警务】 实行户籍制度改革,经市政府审核批准,《福州市积分制落户管理试行办法》出台,调整市外人口迁入规定,放宽直系亲属投靠迁移的准入条件,迁入1.26万人,其中夫妻投靠1.03万人,父母子女团聚2288人。清理整顿错、重、假户口860人,纠正重证号65对。专项清理整顿、核查集体户口6.01万户,撤销集体户4.98万户,核实家庭户1005户。审核回国定居落户3139笔,审批户籍迁移和项目更正4.47万笔。创新网上办理户籍业务,受理微信业务19.7万笔,办结17.34万笔,办理率全省第一。

推行旅店式出租户管理创新模式,对出租户楼房属村民自建的,由同住楼内的房东自行负责登记房客信息;若属于城区商品房小区、房东不住在小区的,由小区自治管理的物业委员会或业主委员会协助建立警务微信平台,房东或其委托人只要加入社区民警个人微信,并将租客的相关信息及时传给民警,警方即可提供“人来即登,人走即销”的服务。全市登记流动人口196.18万人,出租屋17.44万户。

全年创建高等级派出所10个,累计评定高等级派出所102个(一级所24个、二级所78个),占派出所总数50.7%。全市派出所排查矛盾纠纷1.94万起,调解成功1.92万起,其中包括土地征用房屋拆迁229起,医患纠纷77起,劳动争议196起,安全生产44起,物业管理91起。及时制止群体性上访、械斗事件44起,防止民事转刑事案件4起等;处置精神障碍患者肇事或肇祸81起,送医治疗130人。

受理制发居民身份证33.66万张,办理临时居民身份证2.48万张。比对办证人员照片信息31.6万人次,发现异常信息102人次,从中核查出属一人多户的61人,冒领顶替骗领身份证的12人,照片采集错误23人。年内对于冒领证件的16人给予行政处罚并收缴其骗领的身份证;删除错误相片33人次,注销双重户36人。通过核查比对抓获在逃人员3人。

【网络安全监察】 发现、处置网上有害信息3.74万条,报送信息3万条,30条信息获省部级优秀信息。落地调查703人,约谈处置282人。处罚违法违规网吧83家,移送工商部门处理的黑网吧12家。在网吧抓获CCIC在逃人员63人。10月15日,福州网安支队参加全省“网络特侦专业技能大比武”,在10支参赛队中获冠军。

破获各类涉网案件1054起(部督案件4起,省督案件11起),抓获犯罪嫌疑人1765人,其中主侦破案386起,抓获犯罪嫌疑人661人;协破案件668起,抓获犯罪嫌疑人1104人(命案42人,CCIC在逃人员170人)。2月10日,网安支队协助山西警方抓获非法吸收公众存款案、公安部B级通缉犯马某斌。2月11日,市网安支队与市反恐支队、罗源县公安局联合侦破部督“1·30”涉恐专案,打掉犯罪团伙1个,抓获犯罪嫌疑人32人。4月21日,网安支队、罗源县局抓获非法携带枪支的嫌疑人王某,查获气枪1支、钢珠1袋。5月21日,配合晋安分局抓获传播淫秽信息的犯罪嫌疑人张某等5人。10月19日,协助仓山分局抓获涉嫌故意伤害的陈某等4人,侦破涉校涉生的“10·18”故意伤害案。

6月1日起,“福州网警巡查执法”作为全国首批50个省市网警执法账号亮相网络空间,并在微信、新浪微博、腾讯微博、百度贴吧等注册4个网上公开巡查执法账号。全年开展网络舆情引导57起,发布引导网文12.23万篇,执法账号发布公开信息829条,警示网民87人次。6月8日,网警巡查执法中发现1名误陷传销组织的网民发布的求救信息,并协同上街分局施救,捣毁传销窝点2个,解救被非法拘禁人员20人,抓获犯罪嫌疑人3人。

【警卫工作】 完成重要会议和大型商贸、文体活动及群众娱乐活动等安保任务210场。完成重要警卫286批次,级别警卫任务51批次。主要有:4月23—24日,中共中央政治局常委、国务院总理李克强到福州兴业银行福建自贸试验区福州片区支行考察,到福州红星苑小区重访7年前看望过的拆迁户,参观三坊七巷严复故居。6月7—8日,中共中央政治局常委、中央书记处书记刘云山到福州,在省委书记尤权等陪同下到平潭综合实验区调研,到福州鼓楼庆城社区服务中心了解群众生活和便民服务情况。10月18日,中共中央政治局委员、国务院副总理刘延东到福州出席第一届全国青年运动会并宣布开幕。

【道路交通管理】 优化市县公安交通管理职能配置,3月,福州市公安局交通巡逻警察支队更名为福州市公安局交通警察支队,原各分局交巡警大队统一划归交警支队,承担市区交通管理职能,其单位名称亦相应更名。支队同时负责各县(市)和马尾区的交通管理业务指导工作。各县(市)、马尾区交警管理大队更名为交通警察大队,分别负责各县(市)交通管理职责。

整治交通违法,实行"六个常态化管理",完成交通安全综合整治"三年行动"收官战。市区增设300个电子警察,扩大非现场执法管控区域。针对市区违法停车突出情况,组成40人的乱停车治理专业队,配置10辆拖车和800个锁车器,分别抄告31.2万起机动车违章,拖车2167辆、锁车12.9万辆;针对酒后驾车易发交通事故,组织实施两个月"打非治违"的5次统一行动,并在市区设14个流动执法点,查处酒驾879起,其中醉驾毒驾263起;针对火车南、北站周边交通乱象,组织3个交警中队查处摩的闯禁行及私家车、的士、客车乱停放等违法6万多起;针对路口机动车、非机动车和行人违法乱象,组织交警加强常态化管理,查处交通违法47.5万起,其中机动车39.9万起、非机动车6万起,行人1.5万起。

完成首届全国"青运会"交通安保工作。开展交通安全综合整治专项行动,查处交通违法4.89万起,其中机动车4.54万起、非机动车2867起、行人708起。设置20条青运会专用道、8个停车场和17个诱导视频监控。青运会期间,对剧毒化学品、危险化学品运输车辆、货运车辆和社会车辆实行临时交通管制。 (陈茂华)

推进交通设施标准化建设,市区10条道路实行信号灯"绿波通行",48条道路增设88.1公里机非护栏,补建指路标志660面,改造不规范指路标志349面,79条道路新划交通标线25.36万平方米,喷绘临时标志599面,在38个路口信号灯装置盲人过街声响提示,市区道路增设1767个停车泊位。

【典型交通事故案例】 2月13日11时许,一名环卫工骑两轮环卫车从鳌港路、鼓山大桥下附近斑马线过街时,被一辆厢式冷藏货车撞飞,当场死亡。

4月8日2时许,一辆出租车与一辆小车在五里亭立交桥相撞,出租车司机卡在方向盘下无法动弹;两名乘客被甩出车外,伤重不治身亡。

5月4日7时20分,在罗源县亿鑫钢铁厂门口,一辆往罗源城关方向乘载5人的小货车,在拐弯处与一辆渣土车相撞,小货车驾驶室挤压严重变形,导致车内三死两伤。

7月13日22时30分,台江区鳌江路与鳌峰路交叉口,一辆黑龙江籍车牌号、车身有"中国邮政"字样的重型货车右拐入鳌江路与一辆电动车相撞,电动车上一对父女身亡。

9月22日4时50分,一名环卫工骑二轮环卫车,在鼓楼区湖前新村附近被一辆小车撞倒后当场死亡。事发后,车内一名男子下车查看后驾车逃逸。

10月21日10时许,台江区延平路和白马南路交界处,一辆混凝土搅拌车在右拐时,与一名骑电动车的老人相撞,老人被卷入车底后身亡。

【消防工作】 全年发生火灾2047起,死亡16人,受伤5人,直接财产损失3558.7万元。接警5464起,出动警力4.83万人次,出动车辆7739辆次,抢救被困人员1788人,抢救财产价值5亿元。组织各种灭火救援演练1989次。

加强火灾隐患排查整改,全市消防部门检查单位3.7万家,督促整改隐患4.7万处,临时查封单位214家,责令"三停"270家,行政拘留136人。联合有关部门对劳动密集企业、学校、医院以及易燃易爆危险品等单位开展检查,发现46处(家)重大火灾隐患,实施政府分级挂牌督办,整改销案18家,区域性火灾隐患整改完毕5处。

招收政府专职消防员158人(在岗总数485人),文职雇员45人(在岗总数155人),占总警力44.2%。任命4名政府专职消防员为中队副职,6名为执勤中队长助理。增加全市13支企业专职队、乡镇专职队和31支志愿队的消防车辆和人员,并与现役队联勤、联训。

加强首届青运会期间消防安全工作,市公安消防支队对23处涉赛场馆、25家住地宾馆及奥体中心周边场所的消防安全进行检查、演练;对赛事场馆的66个核心区域、192个重点部位、328个关键点位,全部实行定岗、定人、定责,各涉赛场馆消控室实行24小时值班,派驻60名官兵、11辆消防车。在开闭幕式期间投入警力2286人次、车辆296辆次。 (陈茂华)

联合教育、民政等部门开展5场大型消防安全宣传活动,协调福州大学、福建师范大学等28所高校和近百所市属大、中专院校将消防安全知识和技能纳入军训内容,30万名学生参训。全年组织各类消防知识培训1200场次,受教育群众近百万人。

【重大火灾案例】 2月23日20时10分,鼓楼区五一广场附近的白金大厦突然起火,大火从6楼烧到8楼。消防部门出动21辆消防车、近百名消防官兵到场扑救。至22时,火势得到控制,过火面积约800平方米。

5月14日18时42分,南门兜华商楼二层家具店突发大火,24辆消防车、100余名消防官兵赶赴灭火。经半小时楼内搜救,安全撤离200多名群众,无人员伤亡。大火持续2小时后被扑灭,过火面积约650平方米。

5月28日2时许,仓山洪湾北路梅亭村沿街店面发生火灾,多辆消防车前往灭火,至4时许大火被扑灭,3家店面连同出租屋被烧毁,一名男子被困火中遇难;10多辆电动车烧毁。

9月3日21时20分,仓山区螺洲镇益达鞋厂发生火灾。32辆消防车与173名消防官兵赶到火场灭火。四楼的一对夫妇被困无法逃生,消防官兵用登高平台车救出两人。零时30分,大火被扑灭,无人员伤亡,过火面积3000平方米。

9月20日22时20分,闽侯南通海峡蔬菜批发市场C区发生大火,烧毁48家店面。11辆消防车赶往现场灭火,近两个小时后将火扑灭。过火面积约1500平方米,无人员伤亡。

11月30日23时许,台江区鳌景路武夷绿洲小区33号发生火灾,消防部门调集3辆消防车,15名消防人员赶到现场救援,近3小时后将火扑灭。大火烧毁120辆电动车,无人员伤亡。

12月28日3时许,仓山区城门镇胪厦工业区内两家鞋厂突发大火,公安消防支队派出41辆消防车,200多名消防官兵赶赴火场扑救,从火场及周边疏散群众300多人。至15时30分,大火基本被扑灭,无人员伤亡,过火面积3000多平方米。

【森林公安】 受理各类森林案件501起,查处429起,其中刑事案件立案181

起,破获109起(重大案件13起、特大案件5起);查处治安案件22起;查处林政案件298起。打击处理各类违法犯罪人员473人次,其中追究刑事责任150人,行政拘留28人次,行政处罚302人次。抓获在逃人员69人。收缴省级以上野生保护动物657只(条)、制品275公斤,挽回经济损失1085万元。

开展整治非法侵占林地行动,出动执法人员1741人次,执法车769辆次,受理林地案件90起,查处85起,其中刑事案件立案17起,破获12起,抓获犯罪嫌疑人25人;查处行政案件73起,挽回经济损失79.4万元。破获福清市永鸿文化旅游城非法占用林地2.63公顷案件。4月9日,《福州晚报》等媒体曝光罗源渡头村毁林建千座坟出售的新闻,经罗源森林分局侦办,刑拘2名犯罪嫌疑人,取保候审12人。4月16日,福清森林分局主动制止福清海口镇一起毁林占地修建"活人墓"的违法行为。

全年破获森林火灾刑事案件24起。清明节期间,受理火灾刑事案件4起,刑拘2人,查处违规野外用火治安案件9起,行政拘留5人。永泰森林分局破获10起火灾案件,其中破获东洋乡纵火案并抓获犯罪嫌疑人;8月27日,破获同安镇官路村一起扫墓引发的森林火灾案件。福清森林分局破获两起祭扫祖坟引发森林火灾的案件。

开展打击破坏野生动物资源专项行动,非法收购、运输、猎杀、出售珍贵、濒危野生动物及其制品案件立案12起,破获6起。3月16日,市森林公安局与林业执法支队联合行动,破获非法猎捕野生动物案一起,警告处罚违法人员9人,查获各种"鸟类"36只。市森林公安局侦破两起非法收购野生动物巨蜥和球蟒作宠物饲养案,抓获两名犯罪嫌疑人。3月30日,在洪山桥农贸市场查获一批眼镜蛇。在仓山区新苑茶花园新村查获野生动物标本及冻体等200多只,抓获两名犯罪嫌疑人。

开展打击盗伐、滥伐林木,非法采伐、毁坏珍贵树木违法犯罪专项行动,破获刑事案件26起。闽侯森林分局对上街涉嫌非法出售国家重点保护植物及其制品的商铺开展调查,破获两起刑事案件。12月14日,动员涉嫌滥伐闽侯洋里乡"太宝山"山场林木151.2立方米的犯罪嫌疑人投案自首。 (陈茂华)

【边防管理】 制止"越界"生产活动,防范海上涉外、涉台等重大案(事)件发生。市公安边防部门针对一些沿海地区渔船民在海上生产旺季和休渔季节开船赴敏感海域生产作业增多的情况,启动防范、劝阻工作预案;广泛向渔船民宣传新颁布的《福建省沿海沿边治安管理条例》,加强管理教育并严格执法;劝阻准备"越界"生产的船舶35艘次、渔船民106人次。针对沿海部分渔船民赴日本海域非法猎捕红珊瑚的问题,市边防支队联合有关职能部门加强整治非法采捕活动,落实对各类重点船舶的管控措施;破获"8·14""12·18"等特大非法猎捕(运送)红珊瑚等案件4起6人,缴获红珊瑚286.27公斤,案值1.14亿元。

推行服务台胞的便民举措,健全沿海地区4个台湾船舶停泊点的服务设施,简化"对台劳务人员登轮作业证"的办理手续,实行无休通关服务。全年服务来靠的台轮2785艘次、台胞6581人次。

开展反偷渡综合整治和"三非"外国人清理等行动。查获现行偷渡案件11起,抓获组织者43人、偷渡人员388人,摧毁制假窝点2个;抓获在逃人员81人,赴境外抓捕公安部"红色通缉令"的在逃嫌犯1人。破获"7·9""6·25"两起部督特大组织偷渡案,分别抓获涉案人员287人和124人。

查获走私案件124起273人,其中无合法运送手续的成品油案件112起253人,查扣成品油5000吨、台货992件。查获包括部督"9·30"、省督"1·23"特大制(贩)毒品案等139起153人,缴获各类毒品41.63千克。全年破获刑事案件342起、查处治安案件1780起,抓获处理违法犯罪嫌疑人2662人。破获的部督"11·28"特大网络赌博团伙案,涉案金额达4亿元。联合有关部门打击闽江下游河道的非法采砂活动,查获34起,查扣运砂、吸砂船61艘。

省委常委、政法委书记陈冬到福清就运用无人机办案开展调研

(市公安局 供)

【"110"指挥中心】 建立派出所、交警勤务实时在线管理平台和勤务布警图,实行警情监督、检查、整改机制规范接处警工作。全年"110"接警278.92万起(有效报警97.83万起),其中违法犯罪17.24万起,纠纷10.13万起,交通警情40.06万起,消防警情1.01万起,治安案(事)件415起,举报8.92万起及求助14.12万起。全市对违法犯罪案件、治安事件、纠纷、火灾及交通事故等五类警情倒查率99.86%,警情质量合格率94.3%,接处警满意率92.91%。

依托各公安智能卡口、公安检查站、布控堵截卡口、交通执法服务站等街面各类防控资源,形成多警种联勤联防、站卡应急联动、公路联网联控局面,成功处置“1·6”拦截罗源县脱逃的现行命案嫌疑人,“4·14”台江区新疆人故意伤害案,“8·4”截获省公安厅通报驾车闯关的新疆人,“10·18”闽霞渔F739船舶自燃事件,“10·22”鼓楼区骑摩托车男子系列寻衅滋事,“11·4”仓山区系列飞车抢夺金项链等重大警情。

升级改造“110”指挥调度系统,完成指挥大厅大屏幕系统高清视频接入改造,增加县级警用指挥地图等内容,并与“平安福州”高清视频平台对接,给指挥调度工作增添现场图像资源信息。新建的市局指挥部加装弱电线路、音视频和电子设备等。

【监所管理】 全市21个监所羁押各类人员3.25万人次,月均2700余人次,实现全年安全无事故。加强教育感化工作,各监所通过深挖、转递举报案件线索433件,协破案件423起,抓获犯罪嫌疑人420人,其中涉案在逃的390人。

推进监所基础设施建设。全年投入1.1亿元专项经费,完成罗源县看守所、拘留所和武警中队驻房(简称“两所一队”)建设工程并投入使用;长乐市、连江县新建“两所一队”完成工程初验,进行二次装修或外围扫尾施工;新建闽清县监所的主体工程验收合格;闽侯县“两所一队”进行设计总体平面图。市公安局监管支队和市武警支队共同拟定各看守所AB门的改造方案。至11月底,永泰、罗源两县看守所完成改造;市第一、第二看守所获批48万多元的专用经费。

全市9个看守所的女性在押人员实行集中关押。继上半年永泰、闽侯和市第一看守所完成女性在押人员移押市第二看守所后,9月,福清、长乐、罗源、连江、闽清5个县(市)组织有关警力,将看守所拘押的190名女性人员全部移押至市第二看守所女性监区。第二看守所成立女子管教、巡控、收押提讯3个中队,配置女民警26人、文职2人和辅警12人负责专管、专教。

【科技信息通信工作】 推进基础信息化建设。市公安局制定《福州公安基础信息化建设2015—2017年实施方案》,确定年内开展22个基础信息化重点项目建设。至12月底,指挥中心大屏幕显示系统建设、市第一看守所安防技术系统改造项目等9项工程完成建设并投入运行。

推进“平安福州”视频监控系统系列项目建设。“平安福州”前端工程续建一期通过验收;续建二期合同包1进入验收阶段、合同包2通过终验;续建三期工程完成技术方案制订、前端点位摸底、“标改高”升级试点、云存储等新技术调研,可研报告第二次报审。至12月底,续建一、二期前端工程累计有5641路高清监控探头供一线民警执法办案、服务群众使用。

完成350兆无线数字集群(PDT)通信系统建设。2014年10月起,在马尾、上街两片区进行350兆无线数字集群(PDT)通信系统(试验网)建设。2015年在试运行基础上,通过招标方法在各区铺开。至年底,完成架设1个核心网交换平台、15个无线通信基站(91载频)、1个移动车载基站(4载频)、1个微型基站(2载频)的安装调试,累计发放各类终端4621部,城区警用无线数字集群通信信号覆盖率达95%以上。年内调试完成PDT系统与“110”指挥中心“三台合一”指挥调度系统、PGIS定位系统、市局安全接入平台等业务系统的对接应用。　(曹友权)

【队伍建设】 建设市公安局廉政文化教育基地和8个基层廉政文化展馆;并在各分局、县(市)区局建立纪检监察谈话室、视频监督室、督察禁闭室。年内进行“打招呼、谈话、告诫”教育347人,查处违法违纪案件27起31人,同比分别下降36%、45%。协助市委组织部门选任、交流处级干部14人,提任科级干部156人,任命派出所警务队和刑侦专业队长18人;招录民警164人、文职人员14人。举办培训班30期2908人。实施“暖警工程”,开辟“蓝色家园”、鼓山“工会之家”作为全警网上网下活动平台,组建民警心理健康、心理咨询和心理危机干预3支服务队。对侵害民警正当执法权益的案件查处87起121人。

年内,市公安局交通巡逻警察支队更名为交通警察支队,增设正科级督察大队,原内设的车辆检测所更名为车辆管理所,驾驶员考训所更名为驾驶人管理所,巡逻勤务大队更名为交通勤务大队,鼓楼、台江、仓山、晋安、上街(高新区)5个分局所属的交通巡逻警察大队成建制划归市公安局交通警察支队,并相应更名为福州市公安局交通警察支队鼓楼、台江、仓山、晋安、上街(高新区)5个大队;各县(市)、马尾区公安局内设的交通管理大队更名为交通警察大队;市公安局特警支队更名为市公安局巡特警支队,增设正科级警务航空大队,各县(市)区(含分局)公安巡特警大队更名为巡特警反恐大队(为副科级);市公安局法制处更名为法制支队;上街(高新区)公安分局增设副科级治安管理大队。

(宋增清)

检　察

【概况】 2015年,福州市启动检察官员额制改革试点工作,推进专业化检察室建设。两级院立案侦查职务犯罪案件218件288人(检察系统数据均含平潭,下同),批准逮捕各类刑事犯罪嫌疑人7718人,起诉10871人,其中市检察院立案侦查8件8人,批准逮捕232人,起诉578人。

全市两级检察院有59个集体和48名个人受到省级以上表彰,其中有全省首届“十大法治新闻人物”、全省政法系统“十佳基层单位”等,市检察院获全国查处侵权盗版案件有功单位一等奖,长乐市检察院被评为全国科技强检示范院,福清、长乐、闽侯等地检察院被评为全省先进基层检察院。

【刑事检察】 全市检察机关批准逮捕各类刑事犯罪嫌疑人7718人,同比增长4.9%;起诉10871人,同比下降5.5%。起诉杀人、绑架、强奸、抢劫和涉枪涉爆犯罪嫌疑人504人,办理“8·11”持刀杀人等恶性案件,起诉黑社会性质组织犯罪嫌疑人39人,起诉邪教犯罪嫌疑人10人,起诉危险驾驶犯罪嫌疑人948人。起诉毒品犯罪嫌疑人2564人,同比增长64.5%。起诉破坏市场经济秩序案件403件579人。起诉侵犯商标、专利等案件21件28人。起诉销售病死猪肉、添加硼砂食品等案件13件18人。起诉制售假药、非法行医和侵害医务人员等案件26件35人。加强对打击不力等问题的监督力度,督促公安机关立案侦查114件,决定追加逮捕173人、追加起诉123人。加强对生态环境的司法保护,起诉侵占农用地、污染水源等案件25件,闽侯、闽清等地检察院处理闽江流域非法采砂及其衍生犯罪17件。注重保护动植物资源,起诉滥伐林木、失火毁林和走私、猎捕、销售珍稀动植物等案件51件67人,市检察院和连江县检察院办理盗采红珊瑚案件4件13人。推动落实"补植复绿"123.6公顷;深挖查处生态环境监管执法环节职务犯罪3件5人。组织评选全市检察机关生态环境法律监督精品案例8件。

轻微犯罪处理　对涉嫌犯罪但无社会危险性的,决定不批捕408人;对犯罪情节轻微的,决定不起诉765人。加强捕后羁押必要性审查,督促对88名犯罪嫌疑人解除羁押措施。移送人民调解中心调处轻微犯罪174件,对52名赔偿损失、获得谅解的被告人决定不起诉。在台江、福清等地检察院试点的基础上,推广刑事速裁程序,会同法院适用速裁程序办理刑事案件528件885人。

未成年人刑事检察　市检察院和9个基层检察院增设未成年人刑事检察部门。落实涉罪未成年人品行调查、再犯风险评估等制度,依法决定不批捕72人、不起诉67人。维护涉案未成年人诉讼权利,组织合适成年人260人次参与诉讼过程,推动落实法律援助358件,抗诉3件量刑畸重的未成年人犯罪案件。完善亲情会见等制度,向涉案未成年人提供心理疏导305场。推动建立26个维权帮教基地,促成79名青少年重返校园或就业。

社会治安综合治理　办理涉法涉诉信访2582件,调处涉检信访积案18件。密切关注网络欺诈、留守儿童管护等问题,发出社会治理检察建议117件。提起精神病人强制医疗诉讼10件。向特困当事人发放司法救助金33万元。

12月31日,马尾区检察院派驻自贸区福州片区检察室揭牌仪式举行
(市检察院　供)

【职务犯罪侦查和预防】　全市检察机关依法核查职务犯罪线索705件,立案侦查职务犯罪案件218件288人,人数同比增长6.3%。

查办贪污贿赂犯罪,立案侦查181件239人,人数同比增长9.6%,其中大要案占94.5%。加强与纪检机关的协调配合,查办厅级干部2人、处级干部14人,涉及交通建设、国企运营、教育科研等重点领域。根据省检察院交办,组织查处省属某高校原党委副书记等12人涉嫌受贿429万元窝串案。查处基层干部贪污贿赂百万元以上大案19件,其中千万元以上3件。查处社会保障、征地拆迁和"三农"建设等民生领域职务犯罪39件64人,其中查处农机普及、畜牧养殖、家电下乡等财政补贴环节职务犯罪13件20人。立案侦查交通、市政、能源等工程建设领域职务犯罪50件63人,向招标方提供行贿犯罪档案查询24292批次。

惩治渎职侵权犯罪　立案侦查37件49人,其中行政执法人员和司法人员19人。查处渎职失职与贪污贿赂相交织的案件10件14人,涉及土地、商贸、治安等监督执法部门。介入重大事故调查,晋安、罗源等地检察院查处矿洞坍塌、渣场溃坝等事故背后的渎职犯罪5件7人。

完善查办职务犯罪工作机制　持续完善涉案信息快速查询等机制,依法审慎运用电子数据恢复等技术获取证据,探索运用执法记录仪全程监控办案过程。加大追赃追逃力度,追缴赃款3335万元,敦促职务犯罪嫌疑人投案自首88人,抓获在逃职务犯罪嫌疑人5人。

职务犯罪预防　深入在环境保护、民生保障、工程建设、行政执法、村居换届等领域开展专题预防,组织预防调查45项,提供预防咨询278次,排查廉政风险155项。闽侯县检察院农机补贴领域专题预防被评为全省"十佳预防项目"。举办廉政宣教312场,展播廉政广告25幅,推送预防微电影5部。各基层检察院基本建成警示教育基地,组织3345人次接受教育。

【诉讼监督】　加强侦查活动监督,督促撤销不应当立案的案件74件,督促纠正违规取证、侵犯人权等问题28件。对不构成犯罪和证据不足的,决定不批捕657人、不起诉194人。审查技术性证据和鉴定意见1853份。推动完善庭前会议机制,组织证人出庭作证58人次,提请侦查人员和鉴定人出庭说明情况53人次。

加强刑事审判监督,提出刑事抗诉27件,在法院已审结的案件中改判7件、发回重审1件。落实公诉人出庭监督等制度,公诉案件提出量刑建议率达95.5%,监督纠正庭审程序不当等问题26件。全市两级检察院检察长列席审判委员会,对93件重大疑难案件发表意见。

加强监管活动监督，对全市8个监狱和10个看守所实行派驻检察，对2.6万名在押人员的监管活动进行监督。办理在押人员控告申诉115件，督促纠正牢头狱霸、体罚虐待、久押不决和安全防控不到位等问题151件，查处违规监管背后的职务犯罪8人。加强对在押未成年人和女性的司法关怀，督促完善技能培训、结对帮教、心理疏导等机制。

加强刑罚执行监督，监督刑罚变更执行案件9398件，督促纠正违规减刑、假释、暂予监外执行53人。开展社区服刑人员脱管漏管专项检察，核查社区矫正对象4762人，责成重新入矫24人。组织核查拟特赦罪犯562人，督促筛除不符合特赦条件的8人。鼓山地区检察院探索建立财产刑执行监督机制，永泰县检察院在全省率先对剥夺政治权利执行情况进行监督。

加强民事审判和执行监督，办理民事申请监督360件，提出民事抗诉8件，发出再审检察建议13件，在法院已审结的案件中改判8件。督促纠正违反程序、违规调解、虚假诉讼等问题77件，督促纠正怠于执行、违规执行等问题65件。

加强行政检察，办理行政申请监督189件，同比增长56.2%。通过发出再审检察建议、纠正违法通知书等形式，督促法院依法再审行政案件2件、执行行政裁判8件。督促行政机关执行行政决定64件、申请法院强制执行59件。

【司法改革】　推进司法体制改革试点工作，市检察院和仓山区、罗源县检察院作为全省司法体制改革试点单位，启动检察官员额制改革，组织214人通过全省首次检察官入额考试，报请省检察官遴选委员会拟选任143名检察官。探索开展司法责任制改革，鼓楼、福清、连江、平潭等地检察院初步建立适应改革要求的办案组织。开展检察人员职业保障制度改革和省以下检察院人财物统一管理制度改革的摸底分析、调研论证等筹备工作。

推进案件信息公开改革，依托人民检察院案件信息公开网，滚动发布法律文书6636份和案件程序性信息19302条，按时发布重大职务犯罪案件查处情况等动态信息87条。构建多元化涉案信息公开平台，通过网络、电话等渠道向律师及当事人提供查询、阅卷、会见等预约服务311件次，借助案件管理窗口接待律师3458人次、受理律师申请3416件。

推进涉法涉诉信访制度改革，推动完善诉访分离、公开处理、终结退出等机制，向相关单位移送普通信访1811件，对296件涉检初次信访严格落实首办责任，对当事人有疑议的案件进行公开审查、公开答复，探索对涉检重复信访启动终结程序。初步建成远程视频接访联网系统。

推进人民监督员制度改革，将市检察院人民监督员的选任和管理职责移交市司法局，重新确认和增补47名人民监督员，并组织相关业务培训。细化纳入监督的范围和程序，提请监督评议拟作撤案、不起诉的职务犯罪案件21件。

创新和改革检察工作，会同市政府出台《建立依法行政与检察监督互动机制的意见》，立足办案强化法律监督。协同法院全面推行刑事速裁程序。探索开展公益诉讼，排查环境污染等侵害社会公益的问题，向主管单位发出检察建议12件。加强专业化检察室建设，马尾区、平潭县检察院分别设立自贸试验区检察室，闽侯县检察院设立面向20余万名师生的大学城检察室，永泰县检察院设立以生态旅游资源保护为主要职能的青云山检察室。

【畅通监督渠道】　向市人大常委会专项报告规范司法行为等工作，协助开展律师法执行情况等专项检查。健全联系人大代表“四个一”机制，在全省检察机关率先形成省市县三级联动模式，邀请视察生态资源检察、未成年人刑事检察、涉台检察等11项检务活动，推送《检察之窗》22期。市检察院领导班子成员牵头走访245名市人大代表。

向市政协通报检察工作，协助开展司法公信建设等调研活动。组织民主监督员参与暗访督察，邀请政协委员135人次视察检察工作，听取评议意见。

初步形成传统媒体宣传、实地观摩评议和互联网络推送相结合的检务公开格局，每周在福州电视台播放一期“检察之窗”纪实片，面向乡村、社区举办35场检察开放日活动，全面开通两级检察院官方微信微博。市检察院推送法治常识、检察动态、案例解析等原创微信234期，阅读量约60万人次。

【队伍建设】　会同西南政法大学等高校建立教学实践基地，举办公诉、民事行政检察、职务犯罪侦查等13期实训班，组织侦查监督、刑事执行监督、控告申诉检察等25场练赛活动，累计接受培训1275人次。全市两级院检察长带头参与出庭公诉、讯问取证、监所巡察等办案活动。加强检察实务研讨，承办全国、全省检察理论研究重点课题，47篇调研文章获得省级以上奖项。年内入选全国检察业务专家库4人、全省检察人才库15人。

（黄兰英）

法　院

【概况】　2015年，福州市两级法院受理各类案件134315件（数据含平潭，下同），审执结101057件，同比增长30.04%和17.11%，其中，市法院受理各类案件26306件，审执结22116件，同比增长18.55%和13.89%。发挥司法保障职能，马尾法院挂牌成立自贸区法庭，市法院设置全国首家台胞权益保障法官工作室。推进司法改革试点工作，组织审判人员参加全省首次法官入额考试。全面实施立案登记制，推进案件管辖机制改革。闽侯法院开展全省首家“智慧法院”试点工作，研发诉讼自助服务终端ITC。全市法院系统3个集体、17人次受到国家级表彰；27个集体、61人次受到省级表彰，其中，1人被评为“全国法院办案标兵”、1人被评为“福建最美法官”。

【刑事审判】　全市两级法院审结各类刑事案件9873件，其中市法院审结1712件。全市审结杀人、绑架等严重暴力犯罪和盗窃、诈骗等多发性侵财犯罪2019件。审结涉毒案件2168件。审结危害食品药品安全犯罪25件。审结贪污、贿赂、渎职等职务犯罪案件215件，审结原湖北省政协副主席陈柏槐滥用职权、受贿案。审结未成年人犯罪案件438件，对395名未成年犯实行犯罪记录封存，帮助52人复学就业。严格排除非法证据，对8人宣告无罪。对符合条件的罪犯予以特赦，并进行思想教育。办理减刑、假释案件9391件。

【民商事审判】　全市两级法院审结各类民商事案件60317件，诉讼标的额274.5亿元，其中市法院审结8916件，诉讼标的额156.95亿元。审结婚姻继承等案件9664件，开展反家暴调研，对遭受家暴妇女签发人身保护令；审理教育医疗、劳动争议、征地拆迁等案件2335件。审理涉军案件52件。审结企业重组改制、破产兼并等案件224件，审结借款合同、票据、证券等金融纠纷和民间借贷案件18245件。市法院发布“福州法院金融商事审判十大案例”，依托驻金融系统法律服务站预警金融风险6次，向省银监局提出司法建议8条。市法院审结的福建海峡银行五一支行诉长乐亚新污水处理公司、福州市政工程公司金融合同纠纷案入选最高法院指导性案例，另有两件商事纠纷案入选“2015年度福建法院十大典型案件”。

【行政审判】　全市两级法院审结各类行政案件2198件，其中，市法院审结1002件。审结国家赔偿案件18件，决定赔偿184.67万元。建立司法与行政互动机制，与市政府召开府院主要领导出席的联席会议。举办针对全市城建、征迁等部门的法律实务培训班，发布全市法院行政案件司法审查白皮书，发出司法建议26条。加强对重点项目建设的司法保障，依托城市管理巡回法庭开展司法服务，保障省市重点工程建设，推进“两违治理”“侵绿整治”等工作开展。

【涉外涉港澳台审判】　全市两级法院审结涉外、涉港澳台民商事案件2970件，其中，市法院审结一起涉台股权转让纠纷案件，被最高法院评为涉台司法互助典型案例。支持福州新区和福建自贸区福州片区建设，市法院主要领导带队走访相关部门，研判“先行先试”背景下可能产生的法律问题及应对措施。马尾法院挂牌成立自贸区法庭，归口审理涉自贸区案件。市法院设立全国首家台胞权益保障法官工作室，被福建自贸区福州片区推荐为体制创新举措。

【知识产权审判】　开展“4·26”知识产权宣传月活动，召开商标疑难问题研讨会，建立知识产权诉讼调查令制度，审结专利、商标、著作权等知识产权案件946件，其中审结山寨食品仿冒名牌案件43件。鼓楼法院被国家新闻广电出版总局授予“查处侵权盗版案件有功单位”。

【环境资源审判】　全市8个法院成立生态庭，打击非法排放重金属污染物、非法采矿等行为，与相关部门联合开展打击破坏林地资源犯罪和打击非法采捕出售红珊瑚犯罪专项行动，健全“补种复绿”生态修复司法模式，审结涉生态环境案件189件。完善生态环境专家咨询与陪审机制，设立生态环境专家信息数据库。

【执行工作】　全市两级法院执结执行案件18063件，执结标的额20.76亿元，其中，市法院执结662件，执结标的额8.47亿元。完善财产查控措施，通过“点对点”网络执行查控系统查询银行存款91675件次，网上冻结存款1.36亿元。部分基层法院启用全国法院网络查控系统与外省法院开展跨地域合作。健全信用惩戒机制，公布失信被执行人名单24459人，试行通过LED电子显示屏公示失信被执行人照片。加大对抗拒执行、规避执行行为的惩处力度，采取强制措施972人次。移送公安侦查的涉嫌拒不执行判决、裁定罪案件48件，被追究刑事责任5件。创新网络司法拍卖机制，加大对被执行财产的处置力度，上传拍卖标的物1336件，已成交343件，成交总金额为10.7亿元，为当事人节约拍卖佣金3210万元。

【审判管理监督】　加大审限管理和案件催办力度，对法官办案数量和超审限案件的情况实行每月通报，全市两级法院审限内结案率为96.66%。加强审判监督职能，审结各类再审案件228件，其中改判、发回重审102件。加强裁判文书校核把关，开展法律文书规范化专项检查活动。每季度分析审判运行态势，研究解决影响审判质效的问题，生效裁判服判息诉率达97.37%，同比增长0.38个百分点。

全市两级法院审结检察机关抗诉的各类案件31件，其中维持17件，改判9件，发回重审1件，检察机关撤回抗诉1件，当事人撤诉3件。

【涉诉信访化解工作】　实行诉访分离制度，开展院领导每日值班接访工作，全年信访窗口接待来访当事人8052人

12月19日，福州市马尾区人民法院自由贸易区法庭揭牌　（市法院　供）

次，处理群众来信2345件次，其中市法院领导接访1991件次。建立远程视频接访系统，信访人在当地法院即可与上级法院法官“面对面”交流。清理信访积案，省法院交办的缠访闹访案件17件，已化解15件，化解率88.24%。

【司法改革】 首次法官入额选任工作　组织市法院、仓山法院、罗源法院等3个试点法院符合报考条件的审判人员参加全省首次法官入额考试，并对申请入额法官的政治素养、司法能力、办案绩效和职业操守进行全面考核，形成183人的建议入额名单上报省法院，由省法院审核后报省遴选委员会决定入额法官人选。

法院工作机制改革　开展立案登记制改革，制定出台立案登记的程序和标准，细化操作流程。5月1日实施立案登记制起，全市两级法院立案48083件，其中当场立案数为47168件，占总数的98.1%。推进案件管辖机制改革，确定鼓楼、台江、仓山、晋安法院为福州市的一审行政案件集中管辖法院，确定仓山、马尾、福清、平潭法院为标的额人民币800万元以下的一审涉外民商事案件集中管辖法院。推行办案责任制改革，在全市人民法庭全面推行办案责任制；提倡院长、庭长亲自办案，市法院主要领导担任审判长公开开庭审理重大疑难案件，副庭长以上领导办结各类案件5697件，结案数占全院总数的25.8%。

【法院信息化建设】 推进科技法庭和远程开庭系统建设，财政划拨资金500万元，用于推进审判法庭同步录音录像系统和高清科技法庭升级，市法院建成高清科技法庭8个，标清科技法庭1个，并在5个监狱开通远程视频庭审，建成远程提讯室5个。指导闽侯法院开展全省首家“智慧法院”试点工作，研发诉讼自助服务终端ITC，该系统在市法院及9个基层法院安装联调，具备诉讼指南、案件查询、事务办理、文书打印等多项功能。

【司法便民利民】 推行“跨域”立案，对属于省内异地法院管辖的案件提供代为立案服务。加大就地开庭、集中办案、巡回审判工作力度，推广案件速裁，完善民商事小额速裁工作机制，推广刑事速裁工作经验，降低群众诉讼成本。全市两级法院以速裁方式审结民商事案件3024件、刑事案件803件，平均结案周期12.7天，服判率99.56%。健全司法救助机制，缓、减、免收诉讼费149.56万元，为209个案件的刑事被害人、申请执行人、涉诉信访人发放救助金457.3万元。加强法律援助驻点工作，受理法律援助案件448件，涉及标的金额1433万元。

【司法民主公开】 完成“人民陪审员倍增计划”，拓展人民陪审员参审范围，陪审员参审率82.38%。加强裁判文书上网工作，全市两级法院审核公布生效裁判文书54079件，上网率91%。借助新媒体平台向社会公布司法动态，在新浪官方微博更新微博661条，编辑发布微信报道22期，并与新浪网、新浪微博合作，发布微博庭审直播16场。年内市法院获评新浪法院频道“庭审直播影响力奖”，长乐、闽清法院被人民法院报社和中国法院网联合评为“2014年度网络宣传先进单位”。

【畅通监督渠道】 回应市人大对律师法贯彻实施情况的执法检查，制订出台实施律师法的具体意见。向市人大常委会作有关规范司法行为的专项报告，并根据常委会审议意见进行落实。健全完善代表意见建议办理机制，市法院主要领导走访代表，听取代表对法院工作的意见、建议与批评，并逐一监督建议件的办理和回复。办理代表建议22件，满意率100%。市法院邀请10名市人大代表担任人民法院监督员。

加强与各民主党派、工商联、人民团体、无党派人士的日常联络，通过调研视察、联席会议等方式，征求政协委员对法院信息化建设、廉政建设、警示教育等工作的意见和建议。办理委员提案5件，回复委员来信2封，满意率100%。市法院邀请4名市政协委员担任人民法院监督员，邀请市政协委员参加视察法院、听取汇报、现场指导及旁听庭审等活动。

【队伍建设】 组织审判研讨、文书评比、办案能手、调解能手及书记员业务技能竞赛等活动，举办各类培训班、专题讲座等11场，受训人员3117人次。与浙江大学合作，针对民商事、刑事审判业务，举办“福州法官司法能力提升专题研讨班”2期，106人赴浙江大学参训。在法院系统第二十七届学术讨论会中，9篇论文获得最高法院奖项、18篇论文获得省法院奖项，市法院连续13年获评全省法院学术讨论会“组织工作先进奖”。

建立院领导周带班督查制度，每周由带班院领导率相关职能部门对市法院干警的工作纪律、司法作风和服务群众情况进行督查。构建职务犯罪案件庭审旁听机制，与市纪委联合开展党员干部旁听职务犯罪案件庭审教育活动。年内立案查办违纪案件5件5人，其中2人受到党纪处分，3人受到政纪处分。

（吴旭华）

司法行政

【概况】 2015年，福州市有司法所173个，司法助理员393人；公证处13家，执业公证员123人（含实习公证员）；律师事务所139家，执业律师1442人；法律援助中心13家，法律援助工作人员74人；司法鉴定机构24家，司法鉴定人244人；基层法律服务所45家，基层法律服务工作者231人。

全市司法行政系统有15个集体、4名个人受到省部级以上表彰，29个集体、58名个人受到厅局级表彰。福州市司法行政系统首次获得“2012—2014年度全省文明行业”称号，市司法局连续6届、连江县司法局连续5届蝉联省级文明单位。

【公共法律服务体系建设】 建成市县两级公共法律服务中心，8月1日，在连江召开公共法律服务体系建设现场会，部署推动县级中心建设并延伸至部分镇街、村居。建成语音呼叫平台、视频监控平台，“12348”语音呼叫平台正式上线运行。参与、服务自贸区建设，在自贸区设立首家律师事务所。启动“选派律师进村（社区）担任法律顾问”活动，构建“一村居一法律顾问”制度，初步实现律师与全市2300余个村(社区)对接。

【调解工作】 排查调处矛盾纠纷1.5万件,调处成功1.49万件,调处成功率99.4%。参与全市多元调解机制建设,会同市综治办出台多元调解实施意见。推进人民监督员选任管理方式改革试点,重新确认市级人民监督员47人;开展案件监督8起,其中一起犯罪嫌疑人不服从逮捕决定的案件系全省首例。全市165个司法所完成"福建省规范化司法所"创建,占司法所总数95.4%。全市配备司法助理员393人,配备率94.5%;配备副科级司法所长156人,配备率90.2%。

【社区矫正】 累计接收社区矫正罪犯19040人,解矫14834人,在矫人员4206人,重新犯罪率控制在0.12%,连续6年低于全国和全省平均水平。年内139名符合条件的罪犯经裁定特赦。对拟适用社区矫正的罪犯进行社会影响评估,完成审前评估报告2545份。开展社区矫正情况分析会暨"质量提升年"活动,升级改造监控指挥系统,在马尾区、长乐市、连江县试点视频监控,实现"实时监管、监督到所、管控到人"。建成县级社区矫正中心和市级心理矫治中心、未成年人曙光成长中心,试点配备"电子脚环"。牵头福建省司法警察训练总队建立教学实践基地。市级监管指挥中心抽查社区矫正罪犯2.9万人次,核查信息10万余条,发出预警指令1000余条,县(市)区反馈率100%。

【安置帮教】 新增刑满释放人员5831人;安置5801人,安置率99.49%;帮教5822人,帮教率99.85%。落实刑满释放人员"必接必送"制度,全市从监所接回重点对象2884人。依托企业建立过渡性安置基地91家,刑满释放人员落实责任田2333人,获得社会救济23人,推荐企业安置86人,过渡性安置基地安置就业31人,获得就业服务59人。举办未成年人、女性特殊人群心理辅导等活动,组织入矫集中教育50期2514人次。

【医患纠纷调解处置】 接访医患纠纷投诉341件,立案283件,结案253件,调处成功率89.4%。完成福建协和医院"5岁女童输血感染艾滋病"等疑难复杂、社会影响大的案件调解处置。联合福建医科大学、福建中医药大学成立教学实践基地,完成第一批为期5个月的教学实践活动。

5月15日,组织开展"送法进军营"法律咨询服务(市司法局 供)

【普法依法治理】 开展年度法治建设与法治宣传教育工作检查考评。贯彻落实《法治福州建设纲要(2014—2020年)》,制定出台《2015年依法治市工作要点》。深化法治县(市、区)、民主法治村(社区)创建活动,新增4个全国、省级"法治县(市、区)创建活动先进单位"和28个全国、省级"民主法治示范村(社区)"。举办依法治市专题研讨班,开展法治讲坛200余场。开展"六五"普法总结验收工作,形成一套软件资料、一部专题片等展示成果。组织大型普法活动260场,开展2015年国家宪法日暨全国法制宣传日系列活动。12月4日,"法治福州"微信公众号正式上线。打造"一县(市)区一品牌"普法亮点,形成永泰县山歌普法、闽侯县法治评话、闽剧折子戏、福清市法律大讲堂、罗源县法治灯谜、台江区中亭商业街"商圈法治文化典型示范街"、马尾区商贸街"阳光诊所"、闽清县"流动法治学校"8个法治文化品牌。全市建成法治文化公园、广场、长廊40个,法治宣传栏2513个,村居(社区)法治宣传教育中心2389个。

【律师工作】 全市有律师事务所139家,执业律师1442人,担任政府、企事业单位法律顾问1765家,办理各类案件1.91万件。召开全市律师工作会议,在律师队伍中开展依法治国专题教育,开展敏感、群体性案件备案和投诉案件查处专项检查工作。组织律师参与信访接待工作,办理信访案件809件、接待群众1615人次。开展各类教育培训,邀请最高人民法院李广宁等专家学者开设辅导讲座,举办2015年福州律师论坛。完成全市律师年度考核工作,规范申请律师执业人员实习环节,考核实习律师121人。律师行业党建全覆盖,全市建立律师事务所党支部34个,其中市直所党支部24个,区县属党支部10个;共有党员律师210名,占律师总数的12.6%。

【公证工作】 办理各类公证约22.5万件,占全省46.7%,其中国内民事公证53126件,国内经济公证2687件,涉外公证156975件,涉台公证10930件,涉港澳公证1065件;公证收费5348万元,占全省31.1%。深化公证体制改革,调整五城区公证处执业区域,实现同城通办、便民利民。完成鼓楼、台江公证处绩效工资改革,7家公证处落实绩效工资改革。完善福州市公证处办证受理机制,推动整体入驻福州市市民服务中心。

【法律援助】 全市办理法律援助案件11782件,案件数全省第一;接待群众法律咨询18558人次。开展青运会法律服务工作,办理服务项目273项,提供法律意见4557件,召开第一届全国青年运动会执委会法律保障工作新闻发布会。年内制定法律援助办案补贴标准。会同审判机关完善"刑事速裁"工作机制,办理案件64件。开展全国法律援助直属联系点、案件质量评估试点、全国刑事法律援助课题研究,信息报送数量居全国第一。

【司法鉴定】 办理各类司法鉴定业务2.68万件。对全市司法鉴定机构和司法鉴定人进行年度考核,组织开展亲权鉴定及酒精检测鉴定质量专项检查。推进司法鉴定机构规范化建设,14家司法鉴定所由省司法厅验收达标。年内成立福建中检产品质量司法鉴定所、福建工大司法鉴定所,全市司法鉴定所由22家增至24家。

【国家司法考试】 组织2015年国家司法考试考务工作,福州考区报名人数4357人,实际参考3404人,成绩合格725人,上线率21.3%。在福州市第十八中学、福州市教育学院附中设立国家司法考试基地,责任状考评连续3年蝉联全省第一名。发放法律职业资格证书656本,年度备案法律职业资格证书1000本。

【法律服务专线】 全市"12348"法律服务专线接待来电来访11722人次。8月,"12348"语音呼叫平台正式上线运行,通过"12348"语音呼叫系统,对外解答群众的法律咨询、业务咨询和投诉建议,提供法律咨询、普及法律知识、疏导群众情绪、指导群众维权、接受社会监督;8—12月,上线运行语音呼叫座席48个,接听来电咨询4081人次,满意率100%。制定出台办理"12345"诉求件暂行规定,回复"12345"便民呼叫系统诉求369件。

(张　祎)

(编辑　黄　铭)

征兵工作

【概况】 2015年,福州市加强征兵工作宣传力度,在高校组织征兵宣传大会,利用各类媒体在全市加强征兵宣传。完善征兵工作监督机制,确保廉洁征兵。确定预征对象1.6万人,组织应征人员进行体检,按时完成新兵征集任务。继续从高校毕业生中直接招收士官。

【征兵宣传】 先后在福州大学、福州职业技术学院组织大学生宣传动员大会,进行征兵咨询。7月初,在鼓楼区召开征兵宣传现场会。年内在福州市政务网开设征兵专栏,宣传报道征兵动态;利用教育网、人力资源网等媒体向社会发布征兵公告;在公交、的士LED和电视上滚动播放征兵标语;投入8万元在有线电视开机画面刊登征兵宣传广告。

【廉洁征兵】 落实“事前规范、事中监察、事后核查”的监督机制,设立举报电话、举报信箱。纪检部门采取突击检查、重点抽查、暗访督查等形式,参与预征对象初审、上站体检人员验证、体检过程巡查和定兵会议审核。征兵期间,给每名应征青年及其家长寄一封《廉洁征兵调查函》,了解廉洁征兵情况。年内市征兵办未收到违规问题举报。

民兵工作

【概况】 2015年,以如期形成动员支前保障能力为目标,突出应战应急,突出海上民兵队伍建设,成立海上动员办公室。结合指挥所演习、国动委演练和遂行维稳处突、抢险救灾等行动,拓展民兵专业训练多样化。

【民兵组织整顿】 加强队伍编组调整,调整基干民兵队伍。重点编组海上民兵、新型动员力量(网络攻防、频谱管控、电子对抗、气象水文、“三战”、高新装备维修等)、民兵应急三类队伍,其中依托福建省轮船总公司、福州九龙船务公司、沿海乡镇渔船在台江、马尾、福清、长乐、连江5个县(市)区编建海上民兵队伍,并依托市海洋与渔业局,于12月29日成立海上动员办公室。

【民兵专业训练】 加强多样化专业训练。3月,以征兵、整组、民兵训练等业务基础知识为主要内容,组织新任专武干部集训。4月,组织教学课目评审;组织警备区首长机关带所属人武部民兵应急连实战化拉动演练,进行“动员集结、快速机动、宿营野炊、集结点验、反恐维稳行动、夜间训练、综合演练、组织撤收”野战化演练。6月,组织全市冲锋舟操作手集训;各人武部在辖区水域组织冲锋舟操作手技能训练。9月,参加省军区组织的防空兵年度实弹战术演练。11月,结合新修订的作战方案,采用视频会议系统,异地同步组织实兵演习。年内组织民兵应急分队参加军区、省军区和警备区三级拉动演练。先后遴选民兵信息员和侦观哨所工作人员,并参加省军区组织的情报业务和侦观哨所骨干集训。

国防动员

【概况】 2015年,推进国防动员能力建设,开展“作战值班规范化建设、民兵基层党组织建设和海上民兵‘三战’分队建设、民兵应急营连规范化建设、军民融合深度发展”等试点工作,组织国防动员演练、岗位练兵训练、防空兵分队实弹演练、应急分队和国防动员专业分队全要素拉动演练,参与防抗台风,处置闽清县白中镇境内车辆侧翻有害物质泄露事件。8月26日,市委、市政府、福州警备区召开各县(市)区党管武装第一书记述职报告会。

【国防动员能力评估】 11月上旬,全市按照“一所两中心九组”模式,规范市县(区、市)两级国动委指挥所设置,理顺指挥职责、任务区分、指挥手段、指挥关系。参与省国动委指挥所演练,期间接受南京军区国防动员能力评估,对全市国防动员指挥体制、方案计划、动员潜力、后备力量、预设战场、支前保障等内容进行检验评估,评估认定福州市具备大规模作战国防动员能力。

【国防教育活动】　加强各级领导干部国防教育。7月，为市四套班子、市直单位领导开展台海形势专题讲座。8月，依托市委党校，举办首期县（市）区党政领导党管武装研讨班和乡（镇）街道武装部政治教导员培训班，把国防教育落实情况作为党管武装工作绩效考评重要内容，年底组织检查考评和量化评分。

开展走访慰问、参观展览、纪念瞻仰等国防教育活动。9月7日，警备区党委机关到闽侯县大湖抗日阵亡将士纪念塔瞻仰、祭扫。在第十五个全民国防教育日，市委市政府和警备区联合组织全市国防教育授课比赛。依托警备区政工网、"榕兵一号"信息平台，开设国防教育专题，在福州新闻网创建"国防在线"专栏，创建国防教育微信公众号，开展微信国防教育知识竞赛，警备区和晋安区人武部微信公众号被南京军区评为"政工网建设先进单位""先进新媒体平台"。加强国防教育基地建设。2月，召开全市国防教育基地工作部署会，总结推广马尾船政文化国防教育主题公园做法。年内，福建龙翔国防教育基地获评国家级国防教育示范基地。

【市委专题议军会】　5月8日，市委召开专题议军会，会议听取关于《福州市军民融合深度发展实施方案（2015—2017年）》起草情况和加强党管武装工作有关情况的汇报，就加强基层武装工作和队伍建设、推动军民融合深入发展等5个方面的内容提出具体措施。6月30日，市委、市政府、福州警备区联合下发任务分解书，明确议军会议定事项任务分解安排。

【国防动员信息化建设】　完成警备区国防动员指挥所信息化建设，完成警备区本级和12个人武部安装新的视频系统专门保障作战值班，确保会议视频和作战值班专用视频能同步进行。投入专项经费完善"榕兵一号"民兵教育管理信息系统，同步开发面向民兵的"榕兵一号"手机软件和面向社会大众的"榕兵一号"网页。

【后勤保障】　修订完善后勤战备方案（计划）；协调市经动办、交战办等部门组织经济动员潜力调查，核实更新各类后勤动员潜力数据。4月，组织全区民兵应急连拉动演练的相关后勤保障，探索开设支前物资供应站，组织主副食品供应，依托地方快餐企业组织热食制作的支前保障模式；8月、11月，参加省市县三级国防动员支前指挥所演练；12月，组织后勤人员参加省军区练将练官考核。推广2014年台江人武部现代后勤建设试点成果。创新推进"财物统管"，11月2日，警备区在闽侯人武部组织召开"财物统管"试点现场观摩会。

与市财政沟通协调，落实经费1417万元用于后勤保障建设。投入110余万元对营房仓库进行改造，新建技术区值班室。协调市委、市政府，将警备区大门口立面改造、新建生活区大门等营区建设纳入鼓楼区环境综合整治范围统一整治；投入建设经费400余万元用于营区建设。指导人武部建设，上半年长乐市人武部民兵训练基地建设立项审批，下半年闽清县人武部完成新址建设招标。规范出租场所管理，全区完成所有31个租赁项目的整改，其中提前终止项目27个，评估调租项目2个，完善报批手续项目2个，协调地方相关部门组织4次联合检查。

双拥共建

【概况】　2015年，全市累计投资、贴补各项资金2亿多元，支持部队建设和国防工程建设，组织开展各类拥军活动。驻榕部队参与支援全市重点工程建设、水利工程建设102处，参加抢险救灾2800多次，与驻地乡镇（街道）、村（社区）、企业、学校等开展各类共创双拥模范城（县）、共建精神文明、共筑平安福州等活动。开展支持"四区"建设工作。

【拥军支前】　支持部队"四项"建设，帮助部队改善水、电、路等基础设施、训练设施、文化设施及菜篮子工程建设175项。市本级财政安排经费1.92亿元用于支持驻榕部队及武警部队各项设施建设，其中，3255万元用于支持部队基础设施建设项目62个，959.08万元用于改善部队训练设施建设项目25个，1950万元用于改善部队文化设施建设项目38个，1.3亿元用于改善部队生产生活设施建设项目50个。福清市拨付资金580多万元，帮助73307部队、武警大队和消防大队建设训练及生活设施。长乐市拨付资金238万元，支持73301部队、73125部队和海警一支队二大队进行设备器材购置、文娱设施建设和场地平整。连江县拨付资金1005万元，用

7月12日，福州警备区在闽侯高速服务区组织支前保障省军区跨区演习
（福州警备区　供）

于支持驻军进行基础设施、训练设施、文化设施等建设。闽清县划拨9392平方米土地并投资2000万元支持县人武部建设。

加强科技拥军基地建设,组织开展各类拥军活动。福州将支持部队科技文化建设纳入为民办实事项目,全市投入资金1000多万元用于开展科技文化拥军工作,帮助驻军建立和完善多媒体教室、阅览室、图书室等文化设施。市本级安排科技文化拥军专项经费200万元,用于支持省军区等部队科技文化建设。市图书馆开展“送图书进军营”活动,给驻榕部队图书流通点配送图书1000~3000册,共计5万多册。5月15日,市双拥办与市依法治市办、市司法局、73125部队联合开展以“法治福州、和谐军营”为主题的法律拥军活动,市司法局将有关婚姻家庭、日常纠纷处理等10类法律知识与典型案例评析书籍赠送部队官兵,法律援助律师为部队官兵解答法律咨询问题。8月12日,长乐市司法局联合长乐市法院,邀请律师在长乐市营前边防所开展“法律进军营、情暖官兵心”活动。

【拥军优属】 先后召开军地协调会、军地联席会议、涉军问题专题协调会等50多场次,协调处理“12345”转的涉军投诉件58件。市本级安置随军家属19人,推荐随军家属就业66人,协调安排部队子女入学、转学66人,为符合中招优待条件的58名军人子女加分,对享受同等优先照顾的64名军人子女优先照顾。全市接收安置军转干部255人,其中计划安置166人,自主择业89人;接收退役士兵、转业士官2097人,其中符合安置条件的有88人。7月31日,市人力资源和社会保障局举办“退役士兵和随军家属就业专场招聘会”,组织31家企业参加,提供岗位889个,现场达成就业意向的退役士兵203人。组织1415名退役士兵参加福建广播电视大学、福建省民族学校、福建师大网络教育等职业和技能培训。

全市下达城镇退役士兵自谋职业一次性经济补助金903.12万元,自谋职业补偿金143.8万元;下达企业军转干部生活困难补助经费1400万元。下达军休干部服务管理工作增资经费3410万元,对洪山军休所和凤岭军休所符合房改政策的106名军休人员进行房改,市财政出资1000万元用于重建五凤军休所、凤山军休所和军休服务中心办公楼。全年接收安置军休干部79人。

在元旦、春节和“八一”期间,全市各级各部门和共建单位开展走访慰问活动。春节前夕,市四套班子领导率福州市“两节”慰问团,分组走访慰问福建省军区等24个驻榕部队机关单位;春节期间,市本级向南京军区领导机关、南京军区空军领导机关、海军东海舰队领导机关和31集团军,驻榕部队53个机关单位及95个部队基层单位等赠送慰问金1044万元。“八一”前夕,市双拥办代表市委、市政府,对“百村百连结对子”中结对共建的100个基层单位进行慰问,向每个基层单位赠送慰问金1万元,共计100万元。

8月9日,省委常委、市委书记杨岳到“苏迪罗”台风抢救现场指导工作

(福州警备区 供)

【文明共建】 驻榕部队全年出动官兵9000多人次、车辆机械500多台次,参加地方重点工程建设、水利工程建设102处,结对帮扶344户,捐资助学285个,扶残济困357户,便民义诊3500多人次,派出校外辅导员1300多名帮助各类学校学生军训。7月28日,61716部队与永泰县岭路乡签订《结对共建活动三年规划》和“一对一”结对助学协议,通过帮建班子建设、援建基础设施、结对助学兴教、扶助社会福利等10项结对共建举措。至2015年底,全市有军民共建对子650多对,驻榕部队学雷锋小组500多个,军警民联防点300个。

制订防台抗汛、山林灭火、道路抢修等应急预案,充实抢险队伍,配齐备足物资器材。驻榕部队全年出动官兵3万多人次、车辆6700多台次,参加抢险救灾2800多次,转移危险区域和被困遇险群众5万多人次,加固修复海堤120余处、渔排4000余个。其中,在8月的防抗“苏迪罗”台风过程中,驻榕部队出动兵力9375人次、车辆1329台次、冲锋舟71艘、水泵15台,疏散群众11740多人次,营救遇险群众660多人次,疏通道路130多公里,清理垃圾1720多吨,挽回经济损失8000多万元。

【开展支持“四区”建设】 根据南京军区、省军区支持福建自贸区、平潭综合实验区、宁德军民融合深度发展试验区、闽西革命老区“四区”建设的战略部署,福州警备区成立帮扶“四区”建设领导小组,布置支持“四区”建设工作,要求各县(市)区人武部支持1个贫困村(居)经济社会建设,全区现役干部特别是团以上干部各支持帮助至少1名贫困学生,全区50名团以上干部参加“1+1”助学结对活动。警备区重点帮扶晋安区日溪乡建设,确定帮建项目6个,9月,警备区机关团以上干部到日溪乡中心小学开展“1+1”助学结对活动，为每名困难学生赠送学习课桌1套、学习台灯、新书包、电风扇以及500元的困难补助经费。

（史中华）

人民防空

【概况】　2015年，福州市人防系统办理修建防空地下室设计审核项目97项，审批防空地下室面积45.82万平方米；检修警报设施231台和电台天线设备两套，设备完好率100%；监督指导中防公司开展万象宝龙广场人防工程建设，全部工程完成土建施工40%、土方施工30%。

福州宝龙万象平战结合人防工程施工现场（市人防办　供）

【人防工程建设】　办理修建防空地下室设计审核项目97项，审批防空地下室面积45.82万平方米；易地建设38项，收取人防易地建设费1010万元。加强地铁1号线兼顾人防工程建设的质量监管工作，开展地铁2号线兼顾人防工程的前期准备工作及相关政策咨询工作。全年新受监项目112项，面积61.2万平方米。在监项目375个，面积191.6万平方米；防空地下室竣工验收备案64项，竣工验收面积36.23万平方米。监督指导中防公司开展万象宝龙广场人防工程建设，完成路面铺设、恢复通车及大庆河河道改造工程，全部工程完成土建施工40%、土方施工30%。烟台山防空洞加固工程及乌山景观改造工程完成工程结算。开展上渡新苑人防工事拆除审批、仓山区眼科医院人防口部房修复等人防工事管理工作。

【指挥通信建设】　“091”工程一期基本完成建设任务。“1238”工程于7月动工建设。全年检修231台警报设施和两套电台天线设备，设备完好率100%，警报音响覆盖率96%以上。4月，组织各县（市）区人防办警报管理人员开展设备操作维护培训。4月21日，在东部办公区组织机关干部开展疏散隐蔽演练，参演人员300余人。全年组织开展战备系统应用、信息系统管理、通信保障等专业训练53次，参训334人次；开展场内和野外训练23次，参训136人次；安全行驶500余公里。

【人防法制建设】　全年受理反馈“12345”投诉咨询及“数字城管”诉求138件，均全部办结。组织消防安全大检查8次，下发整改通知书45份，发现安全隐患问题134处，整改完成率100%；征集并反馈对省人防条例修正案的意见，起草意见稿；归类整合市人防办向社会组织转移社会服务和管理职能的情况，清理前置审批、中介服务和涉企收费项目；修订市人防系统行政权力清单和责任清单；组织安排市人防办工作人员参加市司法局举办的年度法律知识学习和网络考试。市人防办与多个县（区）人防办联合执法，处理5起违法案件。

【人防宣传教育】　向各级党委、政府、军事机关和其他相关部门赠阅《中国人民防空》《福建人防》1.68万册。印发《防空与防灾》中小学知识读本4.6万册，向五区和福清、长乐及闽清等地中学发放；全市159所初中开展防空防灾知识教育，受教育学生8.3万人次。免费赠送《防空与防灾》5集系列动画片给全市70多所中小学校、30个市直机关单位，并结合4月21日防空警报试鸣活动在公交移动频道上播放。安排省市机关、党校、人民团体等各级领导干部53批1422人次到市委党校在市人防办开设的“教学实践”基地接受防空防灾知识教育。5月30日，举办全市中学生防空防灾知识竞赛活动，70所中学210名学生代表参加比赛。改造乌山北坡纳凉工程，增加设施供市民休闲、纳凉、娱乐；指导扩建改造马尾马限山早期人防工程。年内开通人防微博，在新浪微博、腾讯微博发布微博信息1326则，有5万多名粉丝。

（邱钰香）

武装警察

【概况】　2015年，武警福州市支队加强实战化军事训练，开展各类演习、拉练、集训。组织纲要培训、大练基本功和当兵蹲连活动，推动二十五中队试点窗口单位建设。十五中队被武警部队表彰为“维稳工作先进集体”。1项研究成果获国家专利。

【政治教育】　构建“机关与基层互动、城内与城外互助、课内与课外互补、网上与网下对接、灌输与疏导并重”思想教育格局，推进主题教育和经常性思想教育活动。开展法律服务咨询等活动。官兵自编自导自演的《威龙猛将》获全军微电影比赛二等奖、最佳剪辑奖,《强军战歌》获武警部队歌咏类比赛三等奖;2名干部分获总队"四会"优秀政治教员授课竞赛二等奖、优秀奖。

【执勤处置突发事件】 推进执勤隐患治理和"五防一体化"建设,支队固定执勤实现零差错,完成中央首长来榕警卫、青运会安保、防抗台风"苏迪罗"等任务852起。

1月11—16日,市十四届人大第四次会议、市政协十二届第四次会议期间,支队完成西湖宾馆、梅峰酒店领导住地和海峡国际会展中心"两会"主会场安保警卫任务。

1月25日—2月1日,省十二届人大三次会议、省政协十一届三次会议期间,支队完成省"两会"主会场安保警卫任务。

3月1—5日,福州市元宵灯会在闽江公园南北两岸及三坊七巷举办,观灯人数累计超60万人。支队出动执勤兵力2760人次,处置各种突发情况3起,排除险情8处,协助找回走散儿童和老人6人,完成灯会现场安全保卫任务。

3月10—15日,支队抽调官兵驻扎罗源县起步镇起步村,完成50公顷8.5万株植树造林任务。

5月19—24日,完成在福州浦下河举行的第二届国际龙舟联合会世界杯龙舟大赛现场安保任务。

9月17日,市公安局组织公安特警支队、武警支队、市公安消防支队、市卫生局等多家单位在福州特警支队训练基地联合组织福州市2015年"榕剑3号"反恐实战演练。

9月20日,完成在三坊七巷、海峡奥体中心举行的丝绸之路国际电影节安保任务。

10月18—27日,第一届全国青运会在福州举办。5—27日,支队累计出动1.01万人次、车辆180台次,完成福州海峡奥体中心(含青运村)警戒封控、40批次15个赛事场馆搜排爆、火炬传递安保、社会面防控及处突反恐机动备勤等5项任务,处置有碍安全情况8起,劝退运动员企图携酒(规定不许)进入青运村10余起,劝离拦阻和盘查企图进入警戒区人员1610余人,移送公安机关214人,搜查出违规物品296件(含易燃化学品、管制刀具)。

11月15—16日,完成2015年国际公路自行车赛福州(永泰)赛事现场的安全保卫和机动备勤任务。

【抢险救灾】 全年完成4次山林火灾扑救任务,其中,4月1日15时30分,福清市玉屏街道玉屏山山林火灾过火面积约0.67公顷,二十五中队出警扑救;4月4日15时35分、5日11时8分,福清市镜洋镇北兰山山林火灾,二十六中队出警扑救;4月5日14时45分,福清市水南镇五马山山林火灾,过火面积约2.67公顷,二十五中队出警扑救;6月29日11点35分,闽清县水口水电站中心机组旁草丛,因坝顶施工操作不当致使焊铁火星坠入引发火灾,二十中队出警救援,避免火势蔓延引发水口电站中心机组爆炸。

8月8日,受台风"苏迪罗"影响,福州市区及多地县市出现内涝,树木、高压电线杆被吹倒,大型广告牌、遮阳棚、交通标识等被掀翻,造成部分交通干道堵塞。支队出动兵力1000余人次,转移被困群众500多人,搬运行李物品2000余件,填装沙袋4000余个,清理淤泥270余吨,疏通道路6000余米,扶种树木500余棵,抢收菌包200多万包。

【后勤保障】 与中石油、中国建设银行、永辉超市、凤凰旅行有限公司以及地方三甲医院建立联储联供联保运行机制,与地方审计单位、所有定点采购超市签订合作合同及廉政协议。投入1200余万元保障经常性执勤、军事训练、装备购置等战斗力建设。

(陈乃锦)

(编辑　黄　铭)

发展和改革工作

【概况】 2015年，全市地区生产总值实现5618.1亿元，同比增长9.6%；固定资产投资完成4853.6亿元（含平潭），总量位居全省第一。年内市发改委完成19个重点专项规划，3月15日物价管理职责划入，加挂"福州市物价局"牌子。

【"十三五"规划编制和重要文件起草工作】 完成宏观发展环境研究、"智慧城市"建设研究、新型城镇化路径研究、生态文明先行示范区建设研究、融入国家"海丝战略"等12个前期调研课题，编制《福州市国民经济和社会发展第十三个五年规划纲要》。完成新区发展、农业发展、工业与信息化发展、服务业发展、交通运输发展、市政公用基础设施建设、住房建设发展、水资源开发利用与保护、环境保护、科技发展与创新驱动、教育事业发展、卫生事业发展、文化事业发展等19个重点专项规划。代拟《中共福州市委、福州市人民政府关于进一步加快产业转型升级的实施意见》，并提交市委十届十次全会讨论审议通过。牵头起草《"比落地、比促销、比服务、看实效"活动实施方案》《关于开展"比落地"活动的实施办法》《关于开展"看实效"活动的实施办法》。

【经济运行情况】 重点领域投资 涵盖城市公用设施、水利、公路水路、城乡电网、美丽乡村、环保基础设施、信息通信基础设施、产业转型升级、农业农村、新区重点项目10大重点领域。新增投资162.5亿元，涉及项目402项，超省下达任务57.57亿元，全年实现投资867.76亿元，占年度计划的107.6%。

国家专项建设基金申报工作 组织各县（市）区和市直有关部门（单位）分批次开展申报工作。全年分4批次，60个项目入选基金安排计划，争取专项建设基金73.21亿元，其中第一批9项19.88亿元，第二批13项20.32亿元，第三批21项13.45亿元，第四批17项19.56亿元。争取基金数额占全省26.4%，位列全省首位。

重点项目建设 组织30场重大项目建设工作协调例会，协调解决轨道交通2号线、西气东输三线工程、华能罗源电厂等135个重大项目推进中存在的征地拆迁、前期手续报批、资金筹措等问题。595项市级重点项目完成投资2367.17亿元，占年度计划的115.2%；981项行动计划重大项目完成投资2555.05亿元，占年度计划的114.7%。

城市轨道交通建设 完成铁路投资28.9亿元，完成年度计划的119.22%，合福铁路正式运营通车，樟林车辆段初步建成，福平铁路全面动建。轨道交通第二轮建设规划完成立项审批，轨道交通5号、6号线工可编制工作提前开展。推进国家高速公路网、海西高速公路网及国省道重大项目工作。

能源项目建设 神华煤港电一体化、罗源火电厂项目和连江白云岭、风吹岭等风电项目开工建设；海西天然气管网二期项目福州至长乐段营前门站投产供气，长乐至罗源段、福州（连江）至闽清段开工建设。推进港口建设和机场二期项目前期工作，完成江阴等港区港口泊位项目预审，推进福州港罗源湾港区将帽作业区15万吨级泊位等在建项目。协调解决机场二期建设投融资方案、空域使用和陆域形成工程用海报批问题。

【产业发展】 促进工业经济增长 开展中央投资产业振兴和技术改造专项、增强制造业核心竞争力重点领域关键技术产业化专项项目征集、申报工作，开展水泥、钢铁等产能过剩行业清理整顿工作。每月跟踪20大企业、重大工业龙头项目等进展情况，及时掌握工业经济运行态势，为全市经济分析和领导决策服务。全市规模以上工业增加值1927.9亿元，同比增长8.8%；完成工业投资1236.4亿元（含平潭），同比增长5.8%。产业布局加速向南北"两翼"拓展，"两翼"地区工业总产值占全市比重达54.12%。

支持服务业发展 7月23日，颁布实施《福州市推进鼓楼区国家服务业综合改革试点工作的若干意见》。编制完成《2015福州市重点招商项目册》，涉及95个项目，包括工业、旅游及酒店配套、商贸物流业、农业、社会事业等领域。参与编制福州市自贸区建设工作实施方案,配合省发改委编制完成自贸试验区产业发展规划和企业投资管理制度。经市政府同意,兑现总部企业奖励金额11453.06万元,涉及32家总部企业。服务"一带一路"建设门户枢纽机场要求,促成新开通福州至那霸、沙巴、东京、名古屋、悉尼等航线;落实民航扶持政策,促进福州机场年旅客吞吐量首次超过1000万人次;加大对福州航空市场支持力度,全年累计给予航空公司民航补贴逾6000万元。

【体制改革】 经济社会事业体制改革 在政府职能转变方面:结合新一轮机构改革,完成市直13家部门整合"三定"工作,市级行政审批制度改革入选全省第一批复制推广的典型经验。在城乡一体化建设方面:长乐市申请作为国家级新型城镇化试点,福清市申请作为省级新型城镇化试点县(市)试点;青口镇、江阴镇成为全省中心镇开展"小城市"培育的试点。在激发市场活力方面:成立全省首家科技支行—福建海峡银行福州科技支行;全面实行"三证合一、一照一码"登记制度改革,市城乡建总、福清国投、高新区高投公司、连江县国资公司4家国有企业获批发行39亿企业债券。金融体制改革方面:台湾彰化银行、台湾华南银行在福州开设分行,在全省率先实现台资银行零的突破。医药卫生方面:在全省率先试点尿毒症患者免费血透、重性精神病患者免费提供门诊治疗基本药物项目。生态体制方面:开展造纸等8个试点行业初始排污权和可交易排污权核定工作。在开放开发方面:福州新区获批国家级新区,自贸区福州片区先后推出5批49项体制创新举措。启动公务用车制度改革工作,成立福州市公务用车制度改革领导小组及办公室,起草制定《福州市全面推进公务用车制度改革实施方案》和相关配套文件。

信用体系建设 6月,调整成立福州市社会信用体系建设领导小组及办公室。启动《福州市社会信用体系建设规划》、公共信用信息目录的编制以及福州市公共信用信息平台建设工作。12月,向国家发改委申报争创国家信用建设示范城市方案。

简政放权 推进审批制度改革,编制形成行政权力清单和责任清单,经市政府审定后向社会公开。取消"境外投资项目审核"办理事项,即企业在申请境外投资项目核准或备案时直接向省发改委提交有关材料,不再经市发改委审核。清理前置审批事项,除法律法规、规章明确规定为前置条件的外,一律不再作为前置审批的原则。完善社会稳定风险评估机制,开展电子证照项目建设应用,建立项目审批标准化制度。

医药卫生体制改革 7月2日,市委、市政府召开全市深化医药卫生体制改革工作会议,启动实施福州市深化医改试点实施方案。出台《福州市2015年深化医药卫生体制改革工作要点》,提出7个方面32项工作任务。全年市、县两级财政投入医改资金27.94亿元,较上年增加2.68亿元,增长10.6%。全市城镇基本医保参保率稳定在96%以上(280万人),新农合参合率达99.9%(335万人),城乡居民基本医保财政补助标准提高到400元/人,职工、城镇居民医保和新农合政策范围内住院费用支付比例分别为86%、62%和60%。市区级公立医院与省级公立医院同步实施医药价格改革。6月29日,下发《关于城市公立医院医药价格改革的实施意见》,规定从6月30日24时起城市公立医院实施药品、耗材零差率,同时调整医疗服务价格。《意见》将市属公立医院医疗服务价格分为3个档次。市区级公立医院实行药品(不含中药饮片)和耗材零差率,医院由此减少的合理收入补偿途径为:市级公立医院药品通过价格调整补偿85%、财政补偿10%,医院分担5%,耗材全部由价格调整补偿;区级公立医院通过调整医疗服务价格补偿82%、财政补偿15%、医院分担3%。

【区域经济】 福州新区开发建设 福州新区获批国家级新区,为国内第14个、省内首个国家级新区。牵头编制《福州新区发展规划》,完成新区空间规划纲要、环境影响评价、水资源论证报告。形成完善规划体系、产业优化再造、基础设施建设等10份行动计划或工作意见稿,经市委常委会研究审定。促成省里出台《关于支持福州新区加快发展的若干意见》,给予新区13个方面、36条的具体支持政策。结合(港澳)招商推介会、央企项目对接会等重大活动全方位推介新区优惠政策,对接新区产业项目200多项、总投资超2500亿元,全年实际完成投资1446.31亿元,占年度投资计划115.11%。

海洋经济工作 配合省里开展《福建省海岸带规划》编制工作。组织申报上年度省级海洋产业龙头企业,福州市有13家企业获上年度省级海洋产业龙头企业称号,其中,海欣食品股份公司被认定为省海洋产业"十佳"龙头企业,获省里100万元奖励。

闽东北区域协作 完成《"十三五"闽东北区域合作发展规划》编制初稿。4月24日,在福州召开闽东北经济协作区发改委协作会,提出涉及跨区域协作重点项目30项,总投资1960.74亿元,其中计划投资230.32亿元,全年累计完成243.84亿元,占年度投资计划的105.87%。会同财政、农业局(农办)做好对口协作资金安排,提出对口协作资金安排意见,报市对口协作工作领导小组和市政府审定。

【生态文明建设】 协助永泰县开展国家主体功能区试点,试点方案获国家发改委批复。配合开展国家级生态市创建,及相关建设指标建档工作,福州市通过国家生态市建设技术评估。跟踪落实垃圾、污水处理等环资类重大项目。开展资源节约、环境保护、污水垃圾处理等中央、省级预算内投资补助申报,组织申报3批次,下达资金5300万元,其中中央预算内4800万元。

起草《福州市"十二五"控制温室气体排放实施方案》,经市政府审定后颁布实施;推动建立重点单位温室气体排放报告制度。组织重点行业、重点企业参加温室气体排放核算培训,并组织填报碳排放相关资料;开展2014年度二氧化碳排放降低目标完成情况自查评估,自查报告提交市政府审定后上报省政府。组织第一批省级低碳示范社区试点申报,长乐古槐镇青山村、连江凤城镇鲤鱼山社区2个社区试点方案上报省发改委。

【价格调控】 *价格总水平调控* 福州市及市区居民消费价格总水平分别上涨1.7%、1.4%，福州市CPI涨幅在全省9个设区市中列第8位，福州市区涨幅在全国36个大中城市中列第30位。

落实价格补贴联动机制 全市发放价格补贴1730.17万元，受益人数34.6万人次；春节起市区低收入群体节日食品券发放标准每人次由300元调整为500元，春节、中秋两节发放1730万元，受益3.46万人次。发放第一批31家门店补贴资金，补贴月份为2014年10月至2015年12月，共计346万元。落实农产品“绿色通道”政策，通行“绿色通道”车辆43.56万辆，免征通行费8099.24万元。

价格调节基金征收管理 全年征收35721万元，其中，市级征收17894万元，县级征收17684万元。价格监测预警对全市7大类600多个品种重要商品和服务价格实施价格监测，完成1400多项监测上报任务。

【价格管理】 *商品价格改革与监管* 大工业、一般工商业及其他电价降低2.42分/千瓦时，各趸售县电网一般工商业用电同价过渡期商业、非居民照明和非工业、普通工业电价同步降低2.42分/千瓦时，全年减轻工商企业负担3.872亿元；上调趸售县电网水电价格，上调幅度0.02元/千瓦时，水电发电企业年收入增加2100多万元。在全省率先出台阶梯气价政策，自7月1日起城区居民生活用气执行阶梯价格，下调非居民用气价格0.40元/立方米，全年减轻用气企业负担1亿元，年内成品油价格实施19次调价，7升12降。

涉房价费监管 东山新苑二期经济适用住房基准零售价格：18层每平方米3848元，28层每平方米3965元（31层按28层计）；已装修经济适用住房，装修收费标准每平方米283元，并在价格外另行收取。联建新苑经济适用住房基准零售价格：每平方米7371元。

非商品价费监管 1月1日起，停止行政事业性收费许可证年度审验工作，各行政事业收费单位收费情况实行报告制度。公布涉企行政事业收费、经营服务性收费目录、中介服务收费项目清单和行政事业性收费优惠政策清单，制定实施民办幼儿园收费管理实施细则和普惠性民办幼儿园最高限价。落实节假日高速公路通行费免征政策，福州辖区高速公路免费通行车辆475.777万辆次，免征金额2.103亿元。推进“阳光价费”工作，全年17家单位通过省物价局、省财政厅、省减负办验收，成为省级“阳光价费”公示示范单位。调整部分民办学校收费标准，福州日升中学初中由8000元调整至9900元，高中由9000元调整至10800元；福州超德中学初中由6000元调整至8000元，高中由8000元调整至9000元；福州英才中学初中由7800元调整至9800元。交通运价核定工作，公布福清高山至德化等8条新增或变更的非农村客运线路最高票价。制定机场至洪山客运西站等4条机场专线班车旅客运输票价。探索解决市区医院就医者停车困难问题，在省立医院和附一医院开展区分对象的差别化停车收费试点。

【价格监督检查】 完成涉企、药品流通销售、教育、进出口环节等价费专项检查，立案查处价格违法案件19件，实施经济制裁237万余元。初步实现全市各级“12358”价格举报平台有效整合和统一联动，受理价格举报7346件，咨询3337件，基本办理完毕。

【价格服务】 *价格成本监审和调查* 完成12项定价成本监审任务，涉及教育收费、水力发电、温泉水、管道天然气、保障房、出租车、城市公交和城市地铁等领域，核减不合理成本78406.61万元。

价格认证 完成刑事案件涉案财物价格鉴定3800件，标的金额近6亿元，市县两级价格认证机构涉案财物价格鉴定无一例提请复核裁定；办理非刑事案件涉案物品价格鉴定72件，标的金额达6250万元；完成价格争议调解处理案件38件；完成9件涉纪财物价格认定工作。开展涉税财物价格认定工作，重新认定主城区单元住宅和储存间2015年基准价格。

（王明新）

统计与调查

【概况】 2015年，全年报送各类调查信息161条，立项重点调研课题17项；接受市委、市政府和部门委托开展各类专项调查，包括公众安全感、公众环保满意度、县（市）区、福州高新区和市级机关单位绩效管理公众评议等调查。组织各调查专业样本轮换工作。完成规下工业调查、限下商业调查、规下服务业调查、采购经理调查、农产品价格调查等专业样本轮换；开展城乡住户一体化调查样本轮换和样本偏差校准工作；开展居民消费价格（CPI）、工业生产者价格（PPI）和房地产价格统计（HPI）新“基期年”权数测算及调查目录修订等工作。全年向省局、市两办报送信息300多条，被采用的270多条，撰写统计分析报告90篇，参阅件20篇，发布《2014年福州市国民经济和社会发展统计公报》。开展2014年度县（市）区政府绩效管理有关指标数据的科学采集和考核评分工作，参与改进2015年度县（市）区绩效评估指标体系、评估办法、计算方案。

【普查与专项调查】 *1%人口抽样调查* 组建工作协调小组，开展全市3000家村级单位的样本核实、审核、平台录入工作，组织各县（市）区对全市54个人口规模超过1万人的村级单位进行分块，对全市312个抽中的村级单位边界标绘，并启动1%人口抽样调查业务培训。全市选聘调查员、指导员（含市、县人口办成员）891名。

企业创新调查 及时召开会议，安排部署企业创新调查工作，采取部门联动的方式，会同科技部门宣传发动、业务培训、督导检查、资料开发等工作。

企业用工情况调查 全市开展2次企业用工情况快速调查，分别于一季度、二季度抽取46家、31家调查单位，及时整理并汇总数据，按时上报企业用工情况，完成企业用工调查工作。

大城市月度劳动力调查 组织月度劳动力调查样本轮换准备工作，召开大城市月度劳动力调查培训会议，总结试点经验方法，在《福州日报》《海峡都市

报》全文刊登宣传稿《每月将有800户居民接受劳动力调查》,在福州电视台新闻频道滚动字幕中播出宣传信息。

其他专项调查　按照国家统计报表制度和新要求,组织工业、能源、投资、贸易、农村、人口、社科、服务业等专业2014年统计年报和2015年定期统计报表工作,完成统计年报任务,同时对经济发展运行情况的统计进行监测。会同市效能办组织开展2014年政府绩效考核评估工作;组织开展高新技术产业、农业产业化龙头企业调查、少数民族乡、村社会经济调查、妇女、儿童"两纲"监测统计及海洋经济专项调查工作。

【调查与制度改革】　调查专业联网直报工作　完成PPI调查企业一套表联网直报实质性并轨,实行国家点调查企业联网直报;实行规下工业联网直报与纸质报表"两条腿"走路;开展限下商业调查、行业抽样与问卷调查联网直报的数据衔接工作;开展规下服务业、采购经理调查、市场占有率调查等专业联网直报。

调查任务及改革试点工作　组织开展建筑业小微企业调查、小微企业非金融资产投资情况调查、农民工市民化进程动态监测调查,继续开展新设立小微企业和个体经营户跟踪监测调查;按进度要求实施互联网人工采价试点、住宿和餐饮服务价格调查试点;新增畜禽监测万头生猪养殖场户联网直报摸底调查;按新标准开展畜禽监测样本点摸底和大中型畜禽生产户,监测调查片区摸底工作;开展农普耕地情况清查。

【统计资料收集利用工作】　编发每月"主要经济指标",定期编印《福州统计月报》《福州统计年鉴》等月度、年度综合性统计资料,将《福州市情》更名为《福州统计手册》,编印《福州市县区经济发展动态》。完善统计公报收集、整理、发布工作机制,加强与周边地区经济运行情况的对比分析,开展专题调研工作,撰写调研分析报告。每月定期向市委办、市府办报送福州市经济运行的最新情况。通过电视、广播、报刊、网络等手段,发布经济运行情况,解读统计数据。开展"两会"统计咨询服务工作,为代表提供数字依据。支持企业申报名牌产品、著名商标、政府质量奖等工作,出具相关证明材料,为实施品牌战略、促进企业和区域发展提供统计服务。组织参加市政府纠风办、市广电局、市广播电台举办的"政风行风热线"直播节目,接收听众热线、网友诉求22件,经回访反馈,诉求人满意率为100%。

【统计改革】　统计改革创新推进工作小组　抽调各处室业务骨干成立统计改革创新推进工作小组,与自贸办及相关部门研讨自贸区统计工作,研究制订自贸区指标体系和统计方法制度,初步建立自贸区(福州片区)统计报送机制及统计报表制度;探讨建立新区监测统计指标体系,提出统计监测指标体系的初步方案,加工评估新区统计指标数据,配合高新区开展各项统计业务工作。

固定资产投资统计改革试点　成立投资统计改革领导小组及其办公室,采取由点到面、辐射铺开的方式对县(市)区专业人员进行系统化培训和指导;加强多级联动,在局内部形成以投资专业为核心,工业、贸易、服务业、普查中心等多专业联动的模式;与发改、财政、建设等部门的沟通联系,调动各方力量,推进投资统计改革试点工作。

正统网工作　多措并举提高"正统网"宣传力度,组织企业入驻"正统网",对已入驻企业,及时协调解决报表填报过程中出现的问题,严格审核基层报表。组织企业填报季度报表,审核2014年年报和各季度报表数据;并制定将正统网相关数据运用到季度GDP下算的方案。至年底,全市1842家企业入驻正统网,占全省比重26.2%。

【统计法制建设】　组织开展统计法专题讲座,为市委党校第28期县处级干部进修班、第26期乡镇街道干部90名学员,作有关统计法专题讲座;开展"六五"普法考核验收工作,总结统计"六五"普法的经验和成果;建立统计失信企业并上公示平台,加强依法统计、诚信统计;组织专业处室对永泰县开展劳动工资专项统计执法检查工作,采取集中送审、实地察看等形式对福清市、鼓楼区统计监督检查工作,抽查福清市(124家,2个乡镇)及鼓楼区(86家)两个县(市)区210家单位。开展"9·20统计开放日""国家宪法日"及《统计法》颁布纪念日等重要时点的宣传活动。

全年457人参加统计从业资格考试,245人参加统计职称考试,907人参加继续教育,参加统计从业资格考试及继续教育人员均居全省前列。全市统计系统检查单位数730家,立案查处统计违法案件20起,其中予以警告20起、通报2起、罚款8起,罚款金额达3.45万元。

(王珠琴　谢美梅)

工商行政管理

【概况】　2015年,全市新增内资市场主体8.50万户(含平潭),新增注册资本5400.48亿元,分别同比增长27.01%、266.88%。至年底,全市内资市场主体达40.50万户(含平潭),注册资本(金)为14277.99亿元,分别同比增长20.34%、83.79%。外商市场主体5468户(含平潭),注册资本195.20亿美元。开展不正当竞争、无照经营、农资市场、节日市场等"红盾出击"系列执法行动,立案764件,结案741件、罚没1202.83万元,其中罚没5万元以上案件41件。

【体制改革】　根据"三定"方案,原食品药品监督管理局,质量技术监督局,安全生产监督管理局新组建为市场监督管理局,内设机构由原来3部门的34个,精简为25个,保留原工商部门的内设业务处室,其中,行政审批处、企业信用监管处、公平竞争管理处、市场规范管理处、广告监管处等单独设立处室,增设网络交易监管处。"三局合一"之后,全市设置1个设区市局、13个县(市)区局,136个基层所,全市系统行政编制增至1714人,工勤120人。

【登记制度改革】　以福建自贸区福州片区综合服务大厅"一口受理窗口"为试点,以点带面。3月,对外先行发布福州片区"一照三号"营业执照版式,开启"三证合一"登记制度改革。5月,将

“一照三号”，提升为“一照一码”。6月，在全市推广。6—12月，福州市（不含平潭）新颁发“一照一码”营业执照2万户，注册资本2592.92亿元。其中，内资企业1.97万户，注册资本2536.28亿元，外资企业327户，注册资本60.38亿元。

“福州市市场主体信用信息平台”一期于9月上线试运行，采集数据达80万条。首批信用信息资源共享单位包括市法制办、公安等12家单位，实现信用信息资源共享与联动惩戒、市场主体信用信息社会公示，以及实时监测分析市场主体运行状况等功能。

重点推进电子营业执照和全程电子化登记管理工作。4月21日，对在自贸区新设立的企业实行纸质执照与电子营业执照同步试核发工作。11月，在全市范围内率先复制推广电子营业执照核发和应用工作。

【服务创新驱动发展】 注重优化商事登记制度、提速“先照后证”、实行“一表申报、一口受理、一照一号”登记模式等16项举措，被列入2015年福州片区86项重点试验项目之中，4项创新举措成果列入可复制推广项目。推动建立的“统一抽号、综合检查、信息共享、联动惩戒”行政监管机制。至年底，福州片区预核企业名称5221户，新设企业3730户，新增注册资本逾621.59亿元，新设企业数及注册资本总额在全省3个自贸片区中始终保持领先，128户企业注册资本逾1亿元。

规范广告产业园区项目管理，调整广告产业园区工作推进小组，会同财政部门对广告产业园区项目进行核查，促进扶持项目落地实施。全市新增注册商标1.7万件，新增驰名商标4件、省著名商标84件、市知名商标62件，地理标志证明商标4件、商标马德里国际注册6件。至年底，全市有效注册商标9.04万件，同比增长23.16%，其中驰名商标48件（不含台湾商标），省著名商标710件、市知名商标764件，地理标志证明商标21件，商标马德里国际注册217件（以上数据包括平潭）。立案查处商标侵权案件109起，罚没299.7万元，移送司法机关案件3件。

【简政放权鼓励创业】 建立“一口受理”并联审批运行机制，推进简政放权。全年取消市级行政权力和公共服务事项3项，下放（委托）行政审批事项9项，取消、合并一批行政审批环节和材料31项，推行“市区同权、多点办理”3项。

简化住所（经营场所）登记手续　规定申请人提交其住所（经营场所）的合法使用权证明（符合物权法及市政府相关规定）即可予以登记，在具备基本办公条件的情况下，允许将同一地址登记为多家公司的住所。由商务秘书公司为企业提供住所登记、记账报税、法规咨询等商务秘书配套服务，降低部分不需要具体住所的企业及大学生、回国海归人员创业门槛，促进创业就业。

企业帮扶举措　开展企业大走访，立足企业需求，继续实施“一企一策”，帮助企业排忧解难、存续发展。通过动产抵押、商标质押、股权出质等方式帮助企业实现融资。

促进登记便利化　放宽企业准入条件，全面推行企业电子执照，推进全程电子化登记。全市新增内资市场主体8.5万户（含平潭），新增注册资本5400.48亿元，同比分别增长27.01%、266.88%。至年底，全市有内资市场主体40.5万户（含平潭），注册资本14277.99亿元，同比增长20.34%、83.79%；外商市场主体5468户（含平潭），注册资本195.2亿美元。

个体经济　全市实有个体工商户24.39万户（含平潭），同比增长16.54%；资金数额141.04亿元，同比增长30.62%；新开业个体工商户4.88万户，同比增长21.75%；资金数额41.89亿元，同比增长20.44%；注销、吊销个体工商户1.27万户。在个体工商户总户数中排名前5位的是批发，零售业、住宿和餐饮业、居民服务，分别有16.72万户、3.08万户、2.58万户、6971户和3592户，各占总户数的68.57%、12.64%、10.62%、2.86%和1.48%；从事第一、二、三产业的个体户分别为1724户、7150户和23.50万户，分别占个体工商户总数的0.71%、2.94%和96.35%。

私营经济　全市实有私营企业14.80万户（含平潭），同比增长28.83%；注册资金12461.04亿元，同比增长92%；从业人员97.88万人，同比增长14.13万人，同比增长16.88%；注册资金亿元以上的私营企业1409户，同比增长54.67%；1000万元~1亿元以上的私营企业2.68万户，比上年增加1.12万户，增长72.38%；500万元~1000万元的私营企业1.72万户，同比增长20.32%；100万元~500万元的私营企业4.40万户，同比增长56.27%。从事一、二、三产业的户数分别为4256户、2.33万户和12.04万户，分别占私营企业总数的2.88%、15.76%和81.37%。

内资企业　全市新增内资企业544户（含平潭），实有内资企业1.10万户，其中国有企业1624户，集体企业3179户，内资公司5831户，其他企业370户。在总户数中排列前5位的是批发和零售业、金融业、制造业、租赁和商务服务业，建筑业，分别有3159户、1752户、1177户、1088户和832户，各占总户数的28.71%、15.93%、10.70%、9.89%和7.56%。全市内资企业注册资本1602.03亿元，同比增长43.68%。

农民合作社　全市实有农民专业合作社2054户（含平潭），同比增长22.56%；出资总额73.88亿元，同比增长33.57%。成员总数3.04万个，同比增长18.87%。其中农民成员2.86万人，同比增长17.89%，出资总额1000万元~1亿元额有195户、500万元~1000万元的有299户、100万元~500万元的有886户，分别同比增长32.66%、27.78%、31.07%。

【市场监管执法】 经营异常名录管理　全市列入经营异常名录的企业有4万家，其中抽查在原登记住所无法查找或不按时公示或公示信息隐瞒真实情况等问题的2138家，未按时年报企业被列入有3.79家。出台《福州市市场监督管理局关于企业移出经营异常名录程序的指导意见》，按省局要求对补报材料实行“补报必查”，符合移出条件移出经营异常名录102家。

公平竞争执法　开展以公用企业、装饰装修行业为重点的反不正当竞争执法行动，查处“傍名牌”、商业贿赂、虚假宣传、不正当有奖销售等不正当竞争案,查办工商类一般程序案件757件,结案673件、罚没1156.84万元,其中罚没5万元以上案件41件。联合公安机关开展打击传销集中统一行动,捣毁传销窝点180个,解救被困群众649人,教育遣返传销人员916人。6个县(市)区创建“无传销城市”新通过省级验收。福建华威现代物流有限公司新西营里农产品交易配送中心被评为“全国2014—2015年度诚信示范市场”。

事中事后监管　建立统一抽查制,全市抽取企业1.04万户、个体7876户、农民专业合作社110户。加强经营异常名录管理,全市列入经营异常名录的企业有4.13万家,其中抽查在原登记住所无法查找或不按时公示或公示信息隐瞒真实情况等问题的3457家,未按时年报企业被列入有3.79万家。同时,出台《福州市市场监督管理局关于企业移出经营异常名录程序的指导意见》。

广告违法监管　联合市委宣传部等5部门,制定联席会议工作制度,完善信息反馈处理机制、案件查处通报机制。建立整治虚假违法广告联动协作机制领导小组,完善案源流转制度、案件会商制度,并组成专案组,集中查处广告案件,遏制严重违法广告行为,立案查处广告类案件70件。

网络交易监管　组织全市系统监管执法力量摸排辖区网络经营主体底数,推进网络经营者电子标识等基础性工作。针对“双11”等网络集中促销行为开展定向监测,统计分析全年网络消费投诉数据,及时发现网络违法行为并对消费者进行警示。针对社会关注的重点领域和重点问题,先后组织开展“红盾网剑”“打击医疗机构互联网违法广告”等专项执法行动。全市发放网络市场主体电子标识1151户,贴标户数增长20%,网上检查网站、网店2916个次,实地检查网站、网店经营者441个次,责令整改网站170个次,查处涉及网络违法违规案件18起,罚没61.8万元。

【消费维权】　推进“12315”“12365”“12331”平台整合工作,建立统一的市场监管维权体系,对消费诉求和消费市场状况进行分析,对消费者投诉相对集中的经营者进行约谈。至年底,处理“12315”“12365”“12331”平台消费者诉求22.4万件(含平潭),其中咨询19.26万件、投诉2.7万件、举报4417件,为消费者挽回经济损失3440万元。

整合“两所一中心”(产品质量检验所、食品药品检验所,许可审查中心),升级装备配置,充实专业技术人才,扩大检测项目和检测产品的覆盖面。推进福州新区和福建自贸区福州片区检验检测机构复评审承诺制落地,在福州片区内实施检验检测机构资质认定告知承诺制。

(李中平)

9月24日,市场监管局局领导参加“政风行风热线”直播间活动

(市市场监管局　供)

国有资产监督管理

【概况】　2015年,福州市人民政府国有资产监督管理委员会履行出资人职责企业(“所出资企业”)资产总额1705.64亿元,同比增长20.33%(下同),与“十二五”目标相比完成113.71%;所有者权益775.19亿元,同比增长11.67%,与“十二五”目标相比完成129.20%;营业收入164.08亿元,比上年略有增长,与“十二五”目标相比完成109.33%;利润总额16.31亿元,同比增长19.41%;已缴税金13.58亿元,同比增长11.25%,与“十二五”目标相比利税总额完成101.27%,各项经济指标超额完成“十二五”规划目标。

【国资履职监管】　国资监管　完成2014年度经营业绩考核评价,下达2015年企业负责人资产经营业绩责任书,健全企业负责人薪酬分配与业绩考核紧密挂钩机制。落实《福州市安全生产“党政同责、一岗双责”规定》,督促所出资企业建立健全安全生产责任制,加强隐患排查整治,国资系统国有企业全年未发生较大以上安全生产事故。落实推进简政放权,进行规范性文件的废改立释,精选汇编常用文件,梳理制定国资委服务企业责任清单。邀请国务院国资委政策法规局领导及有关专家授课,提高企业领导人员法治意识和出资人监管意识。落实国有资本收益权,开展市本级国资系统国有资本经营预算管理,全年国有资本收益完成13890万元,比预算超收4260万元,增收30.6%。落实《福州市规范市属国有企业资产租赁管理办法》,将“科技+制度”模式应用到国有企业资产租赁管理,授权海峡纵横电子竞价平台运作,实施阳光、透明招租,实现国有资产保值增值。全年通过平台竞租166宗、成交97宗,成交合同价值5.41亿元,部分竞租项目溢价增值明显,合同金额溢价率达113%。

外派监事会　开展当期和事中监督检查,以周工作例会和月工作报告形式,及时揭示企业经营中存在的问题,全年提交监督检查报告34份，揭示问题和风险57个，提出建议51条，针对企业存在的一般性问题各监事会作出口头反馈和提醒，需要特别关注和及时纠正的引发书面提醒函或纠正函并督促整改。

队伍建设　8—9月，会同市委组织部，拓宽选人用人渠道，首次面向全省市场化选聘城投集团、国投集团、交投集团、文投集团、三坊七巷公司等10家市管企业经理层正副职，尝试建立职业经理人制度。指导国企创新人才引进、配置新机制，尝试以市场化选聘方式引进、聘任经营管理、专业技术人才，推进人才队伍建设。选送委系统658人次参加自贸区、福州新区、"一带一路"、"互联网+"等培训。

【国企改革发展】　国有企业改革前期工作　组织企业领导人员座谈交流，相继赴厦门、广州、深圳、合肥、北京和上海浦东国资委及其企业开展调研，学习国资国企改革经验和做法。坚持放管结合原则，组织起草福州市深化国企改革"1+3"文件，即关于深化国有企业改革的实施意见、投资集团建设、所出资企业落实"三重一大"决策制度、国有企业领导班子建设等。

政企脱钩工作　沟通协调相关市直部门，按照"先移交、后整合""人随资产走，轻重缓急、先易后难、有序稳妥"原则，分批次推进涉及12家主管部门、38家企业的政企脱钩移交工作。完成注入4家投资集团的脱钩企业资产划转工作，开展移交和整合工作。

企业改制工作　组织民天集团开展所属福州酿造厂因拆迁实施终止经营及职工安置工作。推进农工商（集团）总公司所属国有农场划归属地管理，加强与所辖地政府沟通对接，研究上报划归属地管理方案，按时完成市委、市政府部署的全面深化改革任务。按照福建省国资委、教育厅、财政厅、人社厅4部门要求，5月完成2014年度全市及社保在福州市的省属国有企业职教幼教退休教师生活补贴费申报审核工作。

"三维"战略合作　文投集团投资组建文化艺术传播公司，地铁公司合资组建传媒公司与设计院，城投集团与京东方集团共同投资设立福州京东方光电公司，马尾新城公司引进央企以PPP模式建设海峡文化艺术中心。

服务发展大局　鼓励企业融入福州新区、自贸区建设，推动所出资企业投融资工作和项目建设。全年完成项目投资额477.68亿元，完成年度投资计划129.69%，其中省、市重点项目完成投资291.16亿元，完成年度投资计划114.44%；福州新区重点项目完成投资147.65亿元，完成年度投资计划的117.63%。交建集团与华榕集团在自贸区内发起设立福州市首家具有国资背景的中外合资融资租赁公司，是福建自贸试验区福州片区成立当天首批领取营业执照的20家企业之一。

【国有资本运作】　推进企业改制上市，指导福州城投、国投、交投、文投4家投资集团按照上市条件，构建上市资产板块，2月"海峡环保"提交首次公开发行股票并上市行政许可申请得到中国证监会正式受理。温泉公司拟挂牌新三板完成尽职调查，形成工作方案。

发挥投资集团在资本市场融资优势，推进国企开展直接融资，在债券市场上融资，完成融资额360.72亿元，完成年度融资计划的142.80%。注册通过65亿元直接融资额度，其中城投集团20亿元短期融资券、中期票据13亿元、城乡建总公司12亿元企业债、建工集团私募债20亿元。交建集团与海峡银行设立规模15亿元交通产业基金。协调推进地铁公司、城乡建总公司开展融资性售后回租工作，盘活存量资产。

（王学兴）

食品药品医疗器械管理

【概况】　2015年，福州市场监督管理局专项行动排查食品生产单位862家次，责令问题企业整改76家次，立案查处23起。完成福州市一级的食药、工商、质监等人员划转工作，县（市）区重新组建市场监管机构，成立市场监督管理局。市县两级食安办全部调整设在市场监督管理局。

【食品安全生产监管】　风险排查　对重点企业、重点产品加大排查力度，走访茶叶协会、闽清茶口镇粉干协会等，与福州市龙头企业、闽清食品生产企业、粉干小作坊代表座谈。对出现问题的企业及主要风险问题进行重点防控，严格风险监测后处理措施，组织召开全市问题企业责任约谈会、质量分析会，宣贯法规、分析不合格原因、敲打警钟，促进消除隐患和问题整改。

暗访突查　对辖区问题较多的食用植物油、蜂蜜、酒类、特殊膳食食品、茶叶等重点企业开展飞行检查，督促问题整改落实。第四季度，组织对全市重点问题产品、问题企业实施跟踪监督抽检230批次，对整改不到位导致问题反复出现的企业从严惩处。

小作坊专项整治　完善小作坊档案，结合摸排增扩目录，其中肉燕、鱼丸、鱼面、鱼露、鱼饺、糕饼等增扩第2批小作坊目录产品报福州市政府批准并公布执行。摸排738家，建立小作坊档案616家，培训乡镇协管人员及小作坊业主450人次，核发证书63张，责令整改68家，责令停产16家，立案查处4起，关停取缔小作坊窝点7家。针对锅边、九层糕等地方特色小吃加工店开展排查，查处1起九层糕涉嫌非法添加硼砂案。针对闽清县茶口粉干作坊比较集中的情况，指导作坊业主改进生产条件。协调福州市产品检验所在闽清县粉干作坊检验费用上给予优惠，争取专项经费支持小作坊整治工作，对取证的小作坊每户发放500元补助金。同时，粉干加工小作坊用水（自来水）的水质检测报告由当地镇政府统一采样送检，减轻小作坊业主的办证成本。其中闽清县局发放20份小作坊核准证书，全市系统核发小作坊证书63份。

【食品安全流通监管】　规范"食品流通许可证"管理　全市持有"食品流通许可证"的经营者总数为5.48万户，其中从事食品批发的经营者2882户，从事批发兼零售的经营者8936户，从事零售的经营者4.69万户。全市乳制品经营户1.14万户，其中，不含婴幼儿配方乳粉经营单位7821户，含婴幼儿配方乳粉3033户。全市核发"食品流通许可证"

9800 份,并按省局要求开展“食品流通许可证”向“食品经营许可证”过渡时期的许可工作。全年检查食品经营单位 2.67 万户次,查处不符合食品安全标准的食品案件 235 件,案值 87.13 万元,罚没金额 128.24 万元,查处不符合食品安全标准的食品数量 2.83 万千克;在流通环节,完成省局部署实施的 743 批次监督抽检任务,并结合实际自主开展 100 批次水产品抽检。

规范食品经营活动　对辖区内农贸市场、各大超市、冷冻仓库的食品冷库及冷冻冷藏食品经营户进行摸底调查,严查冷冻食品和冷库设备,建立健全辖区内从事食品冷库冷藏食品经营者经济户口。加强酒类产品安全监督管理,督促辖区局对两家商行调查取证,查清违法产品生产源头和违法添加化学物质来源,对获取的涉嫌违法线索,涉嫌犯罪的,及时移送公安机关追究刑事责任,并组织全市开展生产经营环节全覆盖执法检查,重点对经营单位是否存在销售违法产品行为进行检查,要求配制酒、保健酒生产经营企业开展自查。

开展校园“春雨行动”工作　组织全市各级市场监管部门加强对校园周边食杂店的监管,要求食杂店不销售过期,“三无”食品,检查校园及其周边食品生产经营户 3675 户次,发现存在问题食品销售经营者 19 户,取缔无证生产经营户 89 户,查处案件 25 起。开展食用农产品专项整治工作,以进入批发、零售市场或生产加工企业后的食用农产品(重点是粮、油、肉、水产品、蔬菜等“菜篮子”食用农产品)为整治对象,突出摸排食用农产品销售情况和建立食用农产品质量安全追溯体系,邀请永辉、沃尔玛、新华都、家乐福和大润发 5 家大型连锁超市进行座谈,要求遵守关于销售食用农产品的有关规定,建立健全食用农产品索证索票和台账记录,排查统计出食用农产品零售市场 176 个、食用农产品经营企业 261 家,查处食用农产品相关案件立案 19 起,罚没金额 1.738 万元。

【餐饮服务食品安全监管】　制订“福州市市场监管局第一届全国青年运动会福州赛区赛事运行阶段食品安全保障总方案”“福州市市场监督管理局青运会食品安全巡查方案”“第一届全国青年运动会开闭幕式餐饮供应保障工作方案”等多项细化方案。督促参与青运会食品安全保障的各县(市)区局制订落实“四定”方案,即“定时、定人、定岗、定责”,要求县(市)区局提前与接待部门主动对接,掌握保障信息(包括餐次、人员、菜谱、对接人员等),开展赛前场所和菜谱审查,进行过程监督。

配合青运会执委会开展食材供应基地遴选,食品生产经营单位遴选、接待酒店遴选等,选定生猪、蔬菜、鸡蛋、水产品等 20 余家食材供应基地和 1 家生猪屠宰企业,5 家快餐供应企业,6 家食品生产加工企业,24 家接待酒店。

采购数字化食品安全快速装备车与车载设备 1 套,开展青运村内的食品安全检测工作;协助执委会组织采购 7 套餐饮服务快检设备。

【食品药品风险监测管理】　食品安全舆情信息监控与预警　依托省食药监局的舆情信息搜集与推送平台,建立“福州舆情信息监测群”,完善快速处置机制。全年推送舆情信息 599 条(其中要求重点关注 192 条),编发舆情通报 91 期,完成食品安全诉求核查处置 89 件。

食品安全监督抽检　政府投入 500 万元用于食品安全日常监管,中央和省里下拨 500 多万元加强食品安全监管能力建设。自 8 月下旬起,将原来相对分散的监督抽检任务集中于风险监测管理处进行统一管理。全年组织相关部门、检验机构,对生产、流通和餐饮环节的食品安全开展监督抽检,品种涵盖 300 种以上的细类食品 2170 批次。

不合格报告核查处置　8 月下旬起,涉及福州食品药品的所有不合格报告均统一集中于风险监测处进行管理,由风险监测处统一收集、统一分发、统一反馈。由机关相关业务处室跟踪督导、汇总反馈各县(市)区局核查处置情况至风险监测处。接收风险监测及监督抽查核查处置样品 244 批次,反馈核查情况 153 批次。

【食品安全检测】　全市主要食品安全检测指标基本达标。其中:生猪“瘦肉精”尿样检测合格率 100%;主要水果农药残留快速检测合格率为 100%;蔬菜农药残留快速检测合格率为 99.98%;原粮卫生指标抽检合格率为 100%;水产药物残留养殖环节抽检合格率为 100%;市、县城区市政管网末梢水质抽检合格率为 98.11%;县级以上集中式饮用水源地水质达标率 100%;加工食品(含酱油、鱼露、食醋、豆制品、食用油等)卫生市场抽检合格率 99.4%。出动检查执法 8313 次,出动人员 2.51 万人次;查处案件 455 起,涉案金额 60.398 万元,移送司法机关 2 起。草拟

9 月 30 日,市场监督管理局召开新《中华人民共和国食品安全法》宣传月启动仪式
(市市场监管局　供)

《福州市创建国家食品安全城市工作方案》,将食品安全规划纳入本地经济和社会发展规划,完善"地方政府负总责、监管部门各负其责、企业作为第一责任人"的工作责任体系。

【食品药品安全宣传】 召开新《中华人民共和国食品安全法》宣传工作会议,市农、渔业局及市出入境检验检疫局有关领导到会参加,对200名食品生产、经营企业和餐饮服务企业人员开展新食品安全法培训宣传活动,福建新闻频道,福州电视台,福州晚报等媒体对活动进行报道。10月,制作食品安全法公益宣传片在福州电视台、公交车车载电视上循环播放1个月,并通过公交车、出租车LED滚动播放食品安全法宣传标语,同时印制并派发宣传册3万余份。对接福建省教育电视台采访组,协调相关处室结合第一届青运会食品药品保障工作、中秋国庆"两节"市场专项整治工作、食品药品违法案件查处工作等开展宣传拍摄。

【药品生产监管】 梳理处室的权力清单和服务清单事项,将各项具体工作责任到人。拟定《2015年福州市药品生产企业和医疗机构制剂室日常监督检查方案》,8月起对全市16家药品生产企业开展药品抽样工作,抽取83个药品品种。开展"安全生产大摸底大排查大整治""企业质量检验环节风险排查"和"GMP认证跟踪检查"等专项行动,督促企业提高质量检验工作。

召开"全市药品生产企业和医疗机构制室负责人座谈会",拟定"一对一"实际操作培训计划,全市有20家药品生产企业报名培训。邀请省内专家举办"药品生产日常监管工作培训会",对全市13个县(市、区)食药局的监管人员以及30企业的质量负责人进行培训。

【药品流通监管】 清理和废止阻碍药品流通行业公平竞争的政策规定,鼓励零售药店连锁经营发展和第三方现代物流。通过配送集中化,批发集团化,零售连锁化、物流现代化、供应延伸化,促进药品流通产业发展。推进药品流通企业质量安全信用体系建设,对药品流通企业进行信用等级划分和分类管理,推进药品流通安全信用体系试点工作。

按照《福建省药品集中采购中标药品配送监督管理办法》,对申报配送企业资质材料进行初审上报。全省有11家企业中标基本药物配送,其中福州市有7家企业。落实药品集中采购配送的责任,强化中标药品配送到位的监管,重点加强配送企业药品质量监督检查。

开展食品药品"大摸底、大排查、大整治"的工作部署,开展代号为"防风行动"的中药材、中药饮片质量检查,疫苗专项整治,含特殊药品复方制剂以及含兴奋剂药品等专项整治行动。全市完成药品批发和零售连锁企业GSP认证110家,占应认证数的91%;完成药品零售企业GSP认证936家,占应认证数的63%。推进药品电子监管,全市药品批发企业全部入网,零售企业完成入网培训。

【医疗器械监管】 开展医疗器械许可工作 12月10日起将第一类医疗器械产品备案委托给区县局办理的权限收回,由食品药品监督管理局审批处行政服务中心窗口承理;同时将"第一类医疗器械生产备案""第一类产品委托生产备案""出口产品信息备案"工作,委托给区县局办理。全市完成第一类医疗器械产品备案54件,注销1件,第一类医疗器械生产企业备案11家,第一类产品委托生产备案1家,出口产品信息备案2件;第二类医疗器械经营备案456家,注销21家"医疗器械经营企业许可证",第三类医疗器械经营许可150家。配合省食品药品监督管理局开展产品注册核查和生产许可现场检查工作,全年派出检查员168人次,完成省局委托件54件(其中,注册核查29件,各类生产许可25件)。

专项整治 开展"五整治"专项行动、体外诊断试剂质量评估和综合治理、无菌和植入性医疗器械监督检查、避孕套及装饰性彩色平光隐形眼镜5个专项行动,全市出动执法检查人员3318人次,检查企业单位1654家(次),下发36份责令改正通知书,3份监督意见书,对1家生产企业和23家经营企业负责人进行约谈;查处案件12起,罚没款计17.025万元。摸底排查医疗器械生产经营企业,排查出产品备案、生产、经营和使用4个环节的风险点,提出13项防范风险的措施。

日常监管 开展生产经营企业日常监督检查工作,全市出动检查人员1910人次,检查83家次生产企业和863家经营企业。对10家生产企业负责人进行约谈;对62家次生产企业和117家次经营企业限期整改。

信用分级管理 在12家涉及三类医疗器械生产企业、体外诊断试剂生产企业和避孕套生产企业中开展质量安全信用分级管理试点工作,完成试点企业基础信用档案的建立、评级等工作。

【保健食品和化妆品监管】 完成市一级化妆品生产企业安全生产标准化建设工作,督促各级生产企业完成评定工作。至年底,福州市两级三级达标化妆品生产企业完成安全生产标准化评估,完成率达100%。推进保健食品信用体系建设,建立健全生产经营企业信用档案和部门监管信用档案,在4家保健食品试点基础上,逐步推广到全市保健食品生产企业。完善保化生产经营企业档案,按时完成数据和存在问题汇总情况,并上报省局。完善"三品一械"平台中缺少的企业生产品种,企业产值等详细信息,并建立纸质和电子档案,至年底,企业档案整理完毕。

【稽查案件】 将"12315""12365""12331"投诉举报热线进行内部整合,建立"统一指挥调度、统一登记受理、统一分流处置、统一督办、统一考核"的公众诉求一体化平台。1—12月,依托消费维权专线处理消费者诉求22.40万件,其中投诉2.7万件、举报4417件、咨询19.26万件,为消费者挽回经济损失3440万元,承办"12345"便民呼叫系统诉求件2346件。

以食品药品、特种设备、医疗器械、商标广告等热点领域为重点,开展"金质利剑"、格式合同、医疗机构互联网违法广告等专项执法行动。7—9月,支队立案查处各类案件80件,罚没款200余万元,罚没入库30万元,其中5万元以上大案要案6件。

【检验工作】 将仓山区卢滨路372号国家化学工业气体产品质量监督检验中心(市质检局大楼)7—10层面积3515平方米的场所作为福州市食品安全检(监)测能力建设规划项目实施点。该项目总投资2170万元,其中493万元为国家发改委立项资金,其余1677万元为福州市政府配套资金。

(李中平)

质量技术监督管理

【概况】 2015年,福州市拥有中国名牌产品15项、中国驰名商标48项、国家地理标志保护产品10项、中国质量奖提名奖1家、省政府质量奖2家、福建名牌产品263项、省著名商标699件、市政府质量奖10家、市产品质量奖92项。获得2015"质量之光"年度质量魅力城市称号。

【创建全国质量强市示范城市】 组织开展2015年度福州市市民质量满意度测评工作,市民对福州市质量满意度评价为82.13分,居全国同级省会城市前列,有关质量工作经验入选国家质检总局编制的《"全国质量强市示范城市"创建经验汇编》。市市场监管局与市教育局、福州检验检疫局联合发文命名福州市4家企业为首批"福州市中小学质量教育社会实践基地",在省内率先建立市级中小学质量教育基地,市市场监管局、福州检验检疫局联合发布《2014年福州市产品质量状况分析报告》。

【政府质量工作考核】 福建省政府质量工作考核组对全省各地市2014年度质量工作开展考核,福州市考核结果为A级(排名全省第二)。市质量强市办首次牵头组织开展对福州市各县(市)区政府2014年度质量工作考核,并向社会发布公告。

【名牌发展战略和政府质量奖励制度】 组织开展福建名牌产品申报及福州市产品质量奖评选工作。全市推荐上报2015年度"福建名牌产品"126项,项目总数继续位居全省前列;经市政府常务会议审定,43项产品获评"2014年度福州市产品质量奖"。福耀玻璃获第二届中国质量奖提名奖,实现福州市该奖项零的突破;2家企业申报第5届福建省政府质量奖;5家企业获评第二届市政府质量奖。质检总局正式批复同意长乐市政府筹建"全国化纤(锦纶)产业知名品牌创建示范区",三坊七巷管委会筹建"全国闽都文化街区旅游知名品牌创建示范区"。

8月5日,召开福州市建成燃煤锅炉淘汰或改燃专项治理行动部署会

(市市场监管局 供)

【计量器具检查】 除对福州市区集贸市场和超市电子秤检定全覆盖外,首次大范围对全市各类生鲜小店电子秤完成周期检定,检定集贸市场电子秤4.98万台件,生鲜小店电子秤2.41万台件。争取市财政核拨生鲜小店电子秤专项检定经费60万元/年。对贸易结算、安全防护和医疗卫生等重点领域加强计量监督与执法检查,部署开展餐饮海鲜酒楼电子秤、基层医疗卫生机构医用计量器具等各类专项整治。拟定福州市《计量发展规划》贯彻实施意见初稿,联合开展计量科普知识宣传片制作。与省院联合开发福州市计量服务公共平台,并重点推行强检计量器具网上备案系统,创新实现计量器具网上自助录入同步实现备案与统计报检功能。

【特种设备安全监察】 修订并实施《福州市电梯维保单位质量信用管理办法》,对维保单位实行信用等级动态管理,落实企业安全主体责任,强化公众监督和信用监管。推动各县(市)区建立电梯安全工作联席会议制度,开展全市电梯排查、自动扶梯与自动人行道、燃煤锅炉节能减排、油气输送管道隐患、涉氨制冷系统特种设备、索道和游乐设施安全专项整治。全市出动安全监察人员7488人次,现场监察特种设备生产使用单位3869家,发出安全监察指令书607份;处理投诉举报992件;以"12365"和"12345"投诉较多的企业为重点,开展维保质量突击检查,立案查处维保不到位的企业8家。成立由市县两级市场监管部门、省特检院参加的"青运会特种设备安全保障工作领导小组",成立联合检查组,排查25个比赛场馆,在用特种设备241台。

【实施标准引领战略】 企业产品和服务标准 290家企业自我声明公开产品标准985份。全市企事业单位参与制修订国际标准6项,国家标准67项(发布16项),行业标准67项(已发布26项),地方标准63项(已发布16项)。推进示范试点项目,5个省级农业标准化示范区建设和2个国家级、1个省级服务业标准化试点项目通过专家评估验收,新获批养老和气象防雷2个国家级社会管理和公共服务标准化试点项目。

嘉儒蛤、永泰山茶油获批成为国家地理标志保护产品。

质量监督抽查　以商场、超市、集贸市场等集中消费的大型市场以及专卖店、总代理、批发市场为重点场所，开展流通领域商品质量监督抽查。在生产领域，组织对近年来省级抽检中定配眼镜、燃气灶具、餐具洗涤剂等产品抽查合格率相对较低的问题开展专项风险监测。全市组织对家用电器、汽车制动配件、化肥、装饰装修材料、手机电池、充电器、水龙头、定配眼镜、服装鞋帽等进行检测，投入相关检测经费100多万元。商品质量监督抽查数量由原来每年抽检100多批次上升至900多批次，商品质量监督抽查组织开展情况位居全省第一；省对市工业产品监督抽查企业数900家，抽查1368批次，合格1325批次，合格率96.86%。

科技认证　组织申报2015年省质监局科技计划项目1项，上年立项的科研项目通过验收1项，申请验收5项，完成2013—2014年度福州市质监系统科技兴检奖的申报评选工作；组织申报2015年质检总局技改技装项目1项，储备项目1项、食品相关产品检验检测能力建设项目2项以及省质监局技改项目，其中技改技装项目获批，获得10万元配套资金；食品相关产品检验检测能力建设项目获批20万元，省质监局技改获批60万元。在福州市辖区内开展质量管理体系认证专项检查，分别从建筑监理、机械制造、电子产品、饲料不同行业抽取4家企业进行现场检查；开展资质认定获证实验室自查和抽查工作。9月，在全市100多家实验室自查的基础上，组织开展2015年检验检测机构资质认定专项监督检查，聘请专家组成检查组，从不同行业挑选8家实验室进行监督抽查；完成世界认证认可日的宣传活动和全市实验室检验检测服务业统计工作。

组织机构代码　改革组织机构代码制度，协调省组织机构代码中心，将组织机构代码办理权限下放给鼓楼区、台江区、仓山区、晋安区和福州高新技术产业开发区，并在全市复制推广福建自贸试验区“一照一码”登记制度改革试点。

（刘　煜）

安全生产管理

【概况】　2015年，福州市重点推进安全生产责任体系建设、安全生产基层基础规范化建设、企业安全生产标准化提升工程、安全生产大检查活动、道路交通安全综合整治、重点行业领域安全专项整治等工作。全市发生生产安全事故285起，减少78起，同比下降21.5%；死亡106人，减少34人，同比下降24.3%；受伤256人，减少75人，同比下降22.7%；直接经济损失412.2万元，同比增加261.6万元。发生4起较大安全事故，同比增加两起。

11月11日，杭东副市长主持召开市政府季度防范重特大事故会议

（市安监局　供）

【安全生产工作部署】　召开福州市季度防范重特大事故会议，研究部署全市安全生产工作。各乡镇（街道）和行政村（社区）在5月前全部出台“党政同责、一岗双责”规定。市安全生产委员会出台《福州市安全生产“党政同责、一岗双责”工作机制》，细化安全生产议事协调、检查调研、挂牌督办、“一票否决”等机制；每月分析通报全市安全生产形势，定期向市委组织部报送安全生产情况，年度点评县（市）区政府、市直有关部门主要负责人安全生产履职情况。市安全生产委员会、市安全生产委员会办公室、市安全生产监督管理局下发文件599份。

【安全生产标准化建设】　组织市属国有企业开展安全生产“五带头”活动，即带头做到主体责任五落实，带头做到安全措施五到位，带头实现安全标准化，带头抓好企业安全文化，带头抓好安全诚信建设，落实全市企业安全生产主体责任。全市6379家企业基本做到“五落实五到位”，覆盖率96.62%，其中规模以上工业企业1615家，覆盖率100%。出台《福州市个体工商户安全生产标准化建设工作管理办法》《全市小微企业安全生产标准化创建提升工作意见》等，印制《企业安全生产标准化工作手册》，规范评审行为，引导全市标准化提升工作。加强对企业标准化实施情况的动态管理，提高企业自主管理能力和本质安全水平。全市企事业单位达标8292家，达标率67.1%；个体工商户达标5.01家，达标率73.5%。

【道路交通安全综合整治】　强化道路交通隐患整治和重点车辆源头管控，道路交通事故隐患路段整治任务完成178处，完成率100%；国省道干线公路安保工程完成80千米，完成率100%；农村公路安保提升工程完成179千米，完成率100%；普通公路危桥改造项目完成20座，完成率200%。2080个符合运营条件的建制村开通农村客运，通车率100%;新增、更新农村客车135辆,完成率177.63%;加强"两客一危"重点车辆、农村"五小车辆"安全监管,突出抓"五类十项"严重交通违法行为整治,"营转非"大中型客车建档率100%,粘贴或喷涂专用标识318辆,新增运输企业实现安全标准化创建率100%;推进企业安全生产诚信体系建设,1083家道路运输企业公开安全承诺。与整治前3年(2009年8月至2012年7月)相比,经道路交通安全综合整治,全市道路交通事故死亡人数下降40.84%,达到下降30%以上的目标;发生较大道路交通事故10起,减少10起,下降50%,达到下降20%的目标。

【重点行业领域专项整治】 非煤矿山 开展专家会诊、风险分级、微信助力监管,邀请专家全面会诊19家非煤矿山企业,并进行风险评级。

建筑施工 对保障性安居工程、城市地铁施工、建筑起重机械、外脚手架、火灾隐患等进行专项整治,对306个项目检查978次,发出责令改正通知书818份,停工通知书15份,查处安全隐患1861条,罚款98.6万元。

交通运输 突出"两客一危"运输管理,对福州港34家危货企业全面检查,暂停8家码头企业危货作业;检查道路运输和水上运输企业1128家次,排查整治隐患397项,处理违章车辆5294辆,罚款1265.66万元。

危险化学品 结合化工和危险化学品及医药企业特殊作业安全专项治理、散装汽油、油气等危险化学品罐区专项整治等工作,突出危险化学品"两重点一重大"自动化改造、油气罐区等重点环节部位,检查企业1796家次,排查整改隐患1763条。

瓶装液化气 查处"黑气"店点166个,查扣液化气瓶5464个,行政拘留38人,开展"燃情岁月"系列活动,对1.33万家餐饮场所入户安全检查宣传,排查隐患1302项。

消防安全 开展劳动密集型企业治理、夏季消防检查、易燃易爆危险品场所专项整治等行动,检查生产经营场所3.66万家次,排查整改火灾隐患或消防违法行为4.62万处,排查重大隐患54家,政府挂牌督办17家,查封危险部位和场所214处,罚款1269万元,行政拘留违法人员136人。

渔业安全 检查港口933个次,登临渔船5992艘次,登记建档涉渔"三无"船舶411艘,责令整改渔船178艘次,罚款39.92万元,将8艘渔船列入黑名单。

民爆物品 开展"缉枪治爆"、危爆品寄递物流清理整顿等专项行动,查处涉爆案件19起,收缴炸药108千克,黑火药548.55千克,雷管1522枚。

烟花爆竹 检查16家烟花爆竹仓库,排查整改隐患75条;查获并集中销毁非法烟花爆竹4600余件。

塑胶行业 突出仓山区等城乡结合部位塑胶行业安全专项整治,摸查塑胶企业335家,对首批130家集中在居民区、存在重大安全隐患的塑胶企业分别采取取缔、转型、外迁等措施,全部整治到位。

【安全生产大检查与打非治违】 4—12月,在全市开展危险化学品和易燃易爆物品安全大检查大排查大整治,深化安全生产大检查、"打非治违"和专项整治工作。巡查市重点行业领域、重要节日和大型活动,推广"企业周自查、部门月抽查、行业季互查、专家帮助查、远程监控查"新模式,并邀请媒体记者参加。综合运用暗查暗访、随机抽查、联合执法、重点督查等方式,逐月针对不同时期安全生产工作特点,开展跨部门跨区域执法检查。青运会期间,对423家危化品生产储存企业及加油站、156家涉氨制冷企业、16个烟花爆竹仓库、133家餐饮单位全面检查,对50家危化品生产企业、156家涉氨制冷企业、335家塑胶企业综合采取停产、降负荷生产、24小时值班监控等措施。全市出动执法检查人员6.29万人次,检查企事业单位和场所4.64万家,打击非法违法行为13.49万起,责令改正、限期整改、停止违法行为1.84万起,责令停产停业、停止建设284家,暂扣或吊销有关许可证、职业资格546个,关闭非法违法生产经营单位58家,行政拘留579人,移送追究刑事责任344人,罚款4018.44万元。

【应急救援能力建设】 年内编制《福州市危险化学品事故灾难应急救援预案》《福州市处置民用航空器飞行事故应急预案》《福州市安全生产事故灾难应急预案》《福州市安监局地震应急预案》《福州市安监局应对安全生产领域遭受或可能遭受恐怖袭击事件应急预案》等,对非煤矿山、危险化学品等行业企业应急预案进行备案。推进江阴化工应急基地建设,增加江阴应急救援中心编制7名,组建福清市安监局江阴执法中队和江阴消防特勤中队,编制《江阴工业集中区危险化学品事故应急预案》。6月25日,在中航油长乐机场油库组织开展"福州市2015年危险化学品事故灾难应急救援演练暨观摩活动",20多个部门参加,参演人数130余人,出动各类车辆30部。"安全生产月"期间,福州市组织、指导各类应急预案演练3600场,参演人员97万人,投入经费1100万元,修订预案430件。

【安全监管基础建设】 以"市、县、园区、镇、村"5个规范化建设为抓手,重点开展以"三个五"为主要内容的村居安全管理规范化建设活动,推进职业卫生和烟花爆竹监管职能划转。市级职业卫生和烟花爆竹监管职能分别于4月、10月完成移交。市安监局增设职业安全健康监督管理处、危化品和烟花爆竹监管处,增加编制10名。12个县(市)区完成职能交接,增加编制48名。加强安全监管信息化建设,福州市数字安监(一期)项目于3月通过验收,集重大危险源监测预警、视频会议、应急指挥调度、行政执法、日常安全监管功能于一体,1541家企业注册并录入企业信息。调整和充实市、县和工业园区安全生产专家委员会和专业专家库,市级专家库拥有101名专家,2家安全中介机构入驻福州市行政服务中心,通过购买服务等方式,建立起第三方参与安全监管的服务机制。

【安全宣传教育工作】 在《安全生产报》《福州日报》《福州晚报》等媒体设立专版专栏,在全市500多个楼宇电梯口刊载安全生产主题宣传广告。以安全生产月现场咨询日、客车司机"安全宣誓""安全文艺汇演""安全普法讲座"等活动为抓手，开展安全生产月活动。筹建福州市安全生产教育培训考核基地，计划投入2000万元，占地0.38公顷，建筑面积5000平方米，专门用于安全生产事故教育警示、安全知识展出、实景模拟教育以及安全生产考试考核与特种作业实训。建成市级建筑安全体验区、福州地铁安全教育体验中心、消防安全体验馆，以教育与体验相结合的方式，提高从业人员的安全意识和自我防护能力。组织52家驻榕央企、省企和市属大中型企业开展驻榕国有企业安全生产倡议活动暨"五落实五到位"现场观摩会活动。编印《2015年安全生产工作思路和重点课题研究成果汇编》，发送至有关部门和重点行业领域企业。组织"百镇、千村、万企"安全大培训，对12个县(市)区、46个市直部门、24个工业园区、173个镇街的分管领导和安监干部，2597个村居安全协管员、1万余名重点行业领域企业主要负责人和安全管理人员开展分级分类别的安全业务知识大轮训。分别组织全市19家矿山、30家危化品、32家建筑施工、30家工业重点企业负责人开展4场谈心交流活动。

(黄鹏程)

审　计

【概况】 2015年，全市审计机关完成审计和审计调查项目(单位)329个，占年度计划320个的102.81%。审计查出应上缴财政、归还原渠道资金、调账处理等审计处理处罚金额55.03亿元，移送有关部门处理事项6件，涉及金额1294.96万元，促进增收节支和挽回损失7.09亿元，推动建立健全规章制度和整改措施57项。年内，蝉联"全国文明单位"称号，获评第一届全国青年运动会组织筹办先进工作集体，全国审计通联宣传工作先进单位。审计统计工作和审计信息宣传工作在全省审计系统考核中名列第一名。福州市土地出让收支和耕地保护情况审计项目，被评为审计署10个优秀审计项目之一；全市有6个审计项目被评为全省优秀(表彰)项目；《税收征管计算机审计方法》课件入围审计署优秀课件。

【政策落实情况跟踪审计】 对市本级25个责任部门和12个县(市)区政府落实"稳增长、促改革、调结构、惠民生、防风险"的政策措施情况进行跟踪审计。6月起，增加对40个省、市重点建设项目跟踪审计，并按月上报审计结果报告和报表。

【城镇保障性安居工程审计】 1—3月，审计署驻广州特派办和市审计局对市本级(含五区)和7个县(市)的城镇保障性安居工程进行第3次跟踪审计，出台和完善制度规范性文件5个，1691套房投入使用，补办手续或清退。

【第一届全国青年运动会跟踪审计】 采取"边审计、边整改、边规范"的办法，对"青运会"21个场馆建设项目、"青运会"执委会、赛事等21个"青运会"项目进行全程跟踪审计。针对审计查出的问题，提出建议39条。促进规范项目管理和财务核算、完善内控制度，提高资金使用效益，保障场馆建设和"青运会"的召开。参与"青运会"监察审计部审计处工作，4人分别被省、市评为"青运会"筹办先进工作个人。

【财政收支审计】 以全口经政府预算资金为主要内容，对公共资金、国有资产、国有资源情况审计监督。对140个部门(单位)进行预算执行与决算审计，其中市级部门预算执行审计22个，县级部门61个，地方政府财政决算审计57个，查出主要问题金额116.75亿元。

【公用经费审计】 结合年度审计项目，对市直34个部门和所属32个单位及县(市)区163个单位2014年度公用经费管理使用情况进行专项审计检查。审计的229个部门(单位)2014年公务接待费、出国(境)经费、公车购置与运行费、会议(培训)费均呈现明显下降趋势，分别下降55.99%、14.83%、21.73%、51.29%。对审计发现的公务接待费支出审批手续不完整、超预算、车辆管理不规范、人员在编不在岗、违规发放津补贴、内控制度不健全、多编报人员经费预算等问题进行处理和纠正，提出研究制定《福州市国内公务接待管理规定》、加强公务用车控编减编工作、强化制度保障和监督检查等5条审计建议。

【政府投资审计】 对福州市本级重点建设项目、地铁1号线、市南江滨二、三期道路工程项目、对口援疆及援藏项目等29个投资类审计项目进行审计和跟踪审计。审计项目总投资772.23亿元，完成投资额420.98亿元，查出主要问题金额5.37亿元，处理和纠正工程项目超(概)预算、未按规定公开招投标、

8月26日，召开关于2014年度市本级预算执行和其他财政收支情况的审计工作报告
(市审计局　供)

建设工程进展缓慢、施工单位和监理单位管理人员履职不到位、多计工程结算款等。仓山、晋安、福清、闽侯、连江、罗源、永泰等县(市)区政府投资审核中心,对2973个工程项目进行造价审计,送审资金124.93亿元,净核减13.71亿元。

【民生资金和资源环境审计】 对福州市本级及五城区养老服务业发展、福州住房公积金归集使用和管理、重大水利工程建设、城市污水处理及设施建设等18个重点民生项目和资金进行审计和审计调查。查出问题金额2.79亿元,针对存在的问题,提出加强专项资金、工程质量管理和住房公积金信息化管理、规范保障性安居工程退出、预警和风险防控监管体系、加大环境保护、监管和综合治理力度等审计建议。

【经济责任审计】 对141个单位的153位党政及国有企业领导人员进行任期经济责任审计,其中离任审计83人,占54.25%;任中审计70人,占45.75%。查出主要问题金额26.1亿元,其中应负直接责任0.18亿元、主管责任13.33亿元、领导责任12.59亿元。移送有关部门处理事项5件,涉及金额1243.88万元。同时,在省厅授权对漳平市委书记、市长任期经济责任审计中继续探索领导干部自然资源资产审计。

【审计信息采编】 采集、编报《福州审计信息》和《审计要情专报》46期232条,被市级以上党政部门和新闻媒体采用的有157条,采纳率67.67%,其中《福州市各项公务支出呈现较大幅度的下降》《审计结果表明我市重点项目建设有效推动"稳增长"政策措施贯彻落实》《福州审计促进全市住房公积金管理水平上新台阶》被福州市委市政府《中国审计报》《中国审计》等多方采用。

【审计信息化建设】 召开全市信息化建设和应用工作总结交流会议,理清审计信息化建设和发展的思路。金审三期(福州)项目可行性研究通过福州市数字办组织的"数字福州"专家评审。组建以计算机审计中级职称的审计人员为主的数据分析团队,通过搭建数据分析平台,加大数据项目审前集中分析比对力度,提高审计质量和效率,按照《设区市审计局数字化建设水平评价考核标准》的要求,组织各县市区、各处室开展自查和整改工作。开展2014年、2015年AO应用实例征集评选,征集AO应用实例66个,计算机审计方法36个。完善局政府信息公开和门户网站运维工作,门户网站获福州市市直部门维护保障门户网站考核第2名。

【内部审计】 全市内部审计机构98个,其中专职机构24个。内审人员294人,其中专职人员72人。完成审计项目(单位)408个,其中:财务审计68个,效益审计40个,经济责任审计55个,内部控制评审26个,信息系统审计8个,基本建设审计23个,其他审计188个。审计总金额323.67亿元,提出建议意见被采纳的有572条,给予行政处分7人。

【内部审计协会】 福州市内审协会召开第二届理事会第二次会议,审议通过关于调整理事和常务理事的议案;年内,参加民政局的社会组织等级评估申报工作,完成材料申报;组织开展行业片组实务交流活动,抽调内审人员6名以审代训。7月,市内审协会与市审计局联合对市直26家国有企业单位内部审计情况开展专项调查,针对调查中存在的问题,要求市国资委加强其所属企业内审机构设置、健全内部审计规章制度等强化内部审计工作,市国资委采取措施加以整改。10—12月,针对国有企业和行政事业单位先后举办两期公益性内审人员业务培训班,同时配合闽清、长乐、台江等县(市)区局举办辅导讲座,500人参训。

【审计学会】 福州市审计学会组织全市科研人员对"大数据环境下审计监督全覆盖探索"等6个重点审计科研课题开展立项研究,其中《大数据环境下审计监督全覆盖探索》《政策落实情况跟踪审计探究》《领导干部自然资源资产经济责任审计研究》3个重点课题,经市政府发展研究中心批准,确定为福州市的发展研究方向。市审计学会与局机关共同组织编纂《福州市审计志》,9月24日召开编纂《福州市审计志》动员会。6月12日,市审计学会召开第八届第二次理事会,审议通过关于增补学会副会长和调整学会秘书长的议案。

(林城冰)

(编辑 吴 燕 卓明顺)

财 政

【概况】 2015年,全市(含平潭,下同)一般公共预算总收入848.04亿元,比上年增加67.56亿元,同比增长8.7%。其中地方一般公共预算收入560.46亿元,增加49.59亿元,同比增长9.7%。支出725.93亿元(含省专款和上年结转等支出,下同),比上年增加151.12亿元,同比增长26.3%。政府性基金收入402.07亿元,同比下降23.49%,完成预算的79.8%;支出454.66亿元,减少40.26亿元,同比下降8.13%。社会保险基金收入103.83亿元(不含企业职工养老保险,下同),同口径增加11.3亿元,同比增长12.21%,完成预算的96.05%;支出79.25亿元,同口径增加12.52亿元,同比增长18.76%。

市本级一般公共预算总收入330.95亿元,增加43.37亿元,同口径增长11.7%,完成预算的101.1%。其中:地方一般公共预算收入216.84亿元,增加28.53亿元,同口径增长10%,完成预算的100%。支出182.67亿元,完成预算的102%,同比增长40.02%。政府性基金收入242.76亿元,同比下降1.6%,完成预算的121.4%;支出223.39亿元,增加31.53亿元,同比增长16.44%。社会保险基金收入70.82亿元,同口径增加6.38亿元,同比增长9.9%,完成预算的92.38%;支出50.92亿元,同口径增加7.93亿元,同比增长18.45%。

【增强财政保障能力】 以房地产相关环节的税收作为征管重点,加强对房地产楼盘销售的营业税征收和土地增值税的清算。强化所得税预缴管理和监控,吸引限售股减持、回流总部企业税款。结合落实福州市地方税收保障办法,以财政、税务部门为主,市数字办等各部门配合,对初步建成的市政府部门涉税信息交换管理平台扩大应用范围,推进福州市综合治税工作。

通过非税收入收缴管理信息系统,非税收入按照直接缴款和集中汇缴方式全额缴入省厅在银行开设的"福建省非税收入代解缴科目",实行"单位开票,银行代收,财政统管,政府统筹"的征管模式。财政部门加强对政府非税收入收缴的事前事中控制,实现非税收入征管与部门预算的衔接。

【培育经济发展动力】 *落实减税降费措施* 扩大小微企业所得税优惠政策实施范围(从1月1日至2017年12月31日),将享受减半征收企业所得税优惠政策的小微企业范围,由年应纳税所得额10万元以内(含10万元)扩大到20万元以内(含20万元),并按20%的税率缴纳企业所得税。减免高新企业、节能环保企业税收,降低失业、工伤、生育保险费率,减半征收价调基金。累计减免企业各项税费66.86亿元。

激发经济增长活力 统筹各类资金300.34亿元,推动实施地铁、铁路、高速公路建设等重点项目,发挥政府投资对经济增长的关键作用。推广运用PPP模式,研究对接金融机构融资支持政策,推进海峡文化艺术中心等6个项目实施,吸引社会资本扩大投资。完善和落实对东盟海产品交易所及其会员的扶持和奖励政策。安排专项经费1亿元,促进旅游产品转型升级。安排资金1500万元支持榕货网上销售,支持一达通跨境电商平台建设和跨境电子商务企业设立境外仓储,支持商贸服务业电商化转型。

企业扶持政策 研究出台12项企业扶持政策,其中有推动工业稳增长促转型10条措施,扶持小微企业加快发展7条措施,培育高成长企业6条措施,推进中国软件名城创建工作意见,市级企业应急保障资金管理暂行办法,"互联网+工业"行动方案,促进数字福建(长乐)产业园加快发展9条措施,加快新能源汽车推广应用等8条措施,加快发展智能制造9条措施,第四季度工业稳增长若干政策,推进中心城区工业企业退二进三若干政策等,支持促进工业和外贸稳定增长,加快电子商务和互联网经济发展,支持孵化器和公共服务平台建设。利用资本市场扩大直接融资规模,引导企业申请上市,及时兑现19家非上市企业进入场外市场挂牌奖励570万元,3家上市企业奖励170万元。

创新财政支持方式 设立股权和产业投资基金,发挥财政资金杠杆作用。

安排专项资金,支持金融机构开展小微企业贷款保证保险业务,缓解小微企业贷款难、贷款贵问题。设立企业应急保障资金,解决中小企业贷款应急周转资金困难,为2家企业提供福州市市级企业应急保障资金1.68亿元。

【加大社会保障力度】 民生资金投入 全年民生支出565.73亿元,比上年增长23.7%,占一般公共预算支出的比重达78.2%,比"十一五"末提高17.5个百分点。为民办实事项目建设资金总量为350亿元,其中市级财政承担52亿元,拨付42亿元,推动市委市政府为民办实事项目按期实施。

社会保障体系 继续扩大养老保险和低保覆盖面,城乡居民基础养老金标准从85元/月提高至100元/月。促进基本公共卫生服务均等化,新农合和城镇居民医保补助标准由人均340元/年提高至400元/年,基本公共卫生服务经费由年人均35元提高至40元。

教育体育事业 落实义务教育、中职教育免学费政策,中职学生公用经费标准提高至600元。拨付资金7956万元,保障市属中小学校舍安全工程的实施。支持举办首届全国青运会、福州国际马拉松赛、全球华人篮球邀请赛、环福州·永泰国际公路自行车赛等其他重大赛事。

科技文化事业 继续实施博物馆、纪念馆向社会免费开放工作,财政加大对文物维修及免费开放补助力度。安排资金5300万元扶持科技计划项目233项,发放16个院士(专家)工作站建站补助,实施科普惠农兴村计划,开展重点实用技术培训。支持办好第二届丝绸之路国际电影节、海峡青年节和福建省艺术节等重大活动。

改善人居环境 加强城市基础设施建设,支持马尾大桥、福湾路提升改造,投入资金82.3亿元。支持绿色福州建设,三环路、奥体周边绿化景观提升等项目拨付资金6.38亿元。推进棚屋区(危旧改)项目,兑现各区43.3亿元资金。投入4.18亿元资金支持国省道建设、农村公路建设、公路危桥改造、公路"黑点"改造。支持环境综合整治项目,拨付各区环境综合整治资金9.97亿元。

【推进农业协调发展】 实施农业产业化"强龙带动"工程,拨付农业产业化和科技项目推广专项扶持资金1200万元,扶持一批成长性好、带动力强的市级农业产业化龙头企业良好发展。安排资金1400万元,用于支持海洋新兴产业、现代海洋服务业和现代海洋渔业等海洋重点产业发展,实施"海上福州"经济发展战略。

安排资金150万元,用于村级公共文化设施设备更新维护和开展农村文体活动,推进农村文化建设。下达专项资金4300万元,推进市委确定的11个[福清市海口镇牛宅村、长乐市猴屿乡猴屿村、闽侯县白沙镇井下村、连江县琯头镇山兜村、连江县小沧乡利洋村(少数民族村)、罗源县白塔乡凤坂村、闽清县东桥镇安仁溪村、永泰县同安镇云台村、永泰县富泉乡芭蕉村(少数民族村)、晋安区宦溪镇宦溪村、马尾区亭江镇亭头村]幸福家园市级示范村建设。安排经费268.77万元,支持行政村电影放映及放映设备维护,继续实施农村电影"2131"工程。安排资金216.3万元,保障基层行政村有线电视网络改造、农村福州广播电视节目无线覆盖工程和正常运行。

【财税体制改革】 政府预算体系 政府性基金预算与一般公共预算统筹力度加大,11项基金(地方教育费附加、文化事业建设费、残疾人就业保障金、从地方土地出让收益计提的农田水利建设和教育资金、转让政府还贷道路收费权收入、育林基金、森林植被恢复费、水利建设基金、船舶港务费、长江口航道维护收入)列入一般公共预算。盘活财政存量资金,收回市级部门及单位财政存量资金8.46亿元,全部统筹用于教育等民生支出。推进预决算信息公开,96个市级部门向社会公开部门预决算和"三公"经费开支情况。市县两级完成政府预决算、部门预决算和"三公"经费预决算公开工作。推进债务收支计划编制,清理甄别地方政府性债务,锁定债务总量,建立风险预警机制。

营改增试点 建安、房地产以及金融业等营改增改革的准备工作正常开展,执行中央出台的关于小微企业免征增值税和营业税以及省政府出台的两税"即征即奖"等诸多结构性减税政策,保证改革的实施和经济的稳定增长。全年兑现34家总部企业相关奖励11453.06万元,完成福州市第4批总部企业涉及财税业务的资格审核。

优化转移支付工作 逐步提高一般性转移支付比重。将环保、农业、林业、海洋渔业等部门的流域整治、绿化造林等生态保护方面专项资金统一整合为市级生态保护转移支付资金,涉及8000万元,以财力转移支付方式分配下达。

(林劲劼)

国家税务

【概况】 2015年,福州市国家税务局组织入库税收收入449.57亿元,同比增收23.38亿元,增长5.49%。其中直接收入415.76亿元,同比增收24.07亿元,增长6.15%;免抵调库33.8亿元,同比减少7000万元,下降2.03%。实现福州市地方财政收入283.91亿元,同比增收7.9亿元,增长2.86%;实现市本级财政收入37.76亿元,同比增收1.19亿元,增长3.25%。全市国税收入总量在全省居第3位,增速比全省平均增幅低1.4个百分点,居全省第5位。海关代征税款62.57亿元,同比减收9.19亿元,下降12.81%。

"十二五"期间(2011—2015年),全市组织国税收入1867.63亿元,是"十一五"期间(2006—2010年)收入总量904.48亿元的两倍,5年收入年均增长13.85%。

至年底,管征各类纳税人19.32万户,同比增加3.26万户,增长20.29%。其中,企业13.65万户,个体户5.66万户;一般纳税人4.15万户。

【落实税收优惠政策】 完成2014年度税收减免税统计调查工作,核实减免税款88.05亿元,其中1.75万户企业享受减免税82.79亿元,3.58万户个体工商户享受减免税5.26亿元。全年税收优惠政策落实力度继续加大,主要有:落实营改增政策,为企业减税21.51亿元,其中试点企业减税17.88亿元,非试点纳税人减税3.63亿元。13.19万户纳税人减免小微企业增值税1.65亿元,减免税额是上年的8倍。1.97万户小微企业减免企业所得税7002.14万元,政策落实面达100%。314户企业享受固定资产加速折旧金额7.41亿元,纳税调减7.34亿元。8家企业申报进入福建省第一批境外旅客购物离境退税商店名单,户数占全省80%。

【基础管理】 推行《全国税收征管规范(1.0版)》。加强欠税清理和延期缴纳税款审核管理,4次对2.06万户次欠税人在网上进行公告,审核4户纳税人申请延期缴纳税款9266.97万元。6月起,将城区纳税人集中在市局中心办税服务厅办理税务登记的模式,调整为中心办税服务厅和城区各行政服务中心国税窗口均可办理。审批印制普通发票876.73万份、企业衔名发票1.57亿份。开通网络发票管理系统4.42万户,当期开票1.11万户,开具发票770.57万份,开票总金额304.83亿元。为单位和个人鉴定普通发票30批次409份。通过"一户式税收征管档案系统"受理涉税事项21.26万件,扫描归档资料144.08万页,归档比例达到76.96%。清理漏征漏管户2301户,其中个体工商户1310户、企业991户,查补税款382.54万元。对8.1万户小规模纳税人推行简并征期工作,由按月改为按季申报缴纳增值税。全面推广电子证照,完成全市税务登记证的电子化转换。与福州市勘测院合作开发地理信息系统,完成初步验收。

【风险管理】 全年推送评估任务2359户/次,完成评估2348户,评估入库税款4.09亿元,企业自行申报入库税款6.08亿元。利用内部数据建立医药、房地产、汽车销售等11个风险储备项目。对2013年12月至2014年11月期间认证后失控发票开展核查,涉及134户企业,其中60户移交稽查,涉及失控发票425份,进项转出或补税186.37万元。对17户道路货物运输企业开展风险应对补税140万元。开展全市网络机打发票违法行为专项整治行动,5次下达1万户(次)小规模纳税人评估任务。对437户开票异常的新登记一般纳税人开展专项风险应对,发现走逃412户,移送稽查6户,涉及失控处理专票7.2万张,税额近6亿元,公安部门抓捕部分核心嫌疑人。利用"网络爬虫"技术自主研发互联网涉税信息监控平台,建立股权交易数据库,抓取和分类储存上市公司信息257万条,筛选有价值信息1776条,涉及企业124户。对上市公司10大股东进行分析监控,评估结案47户,入库税款1.28亿元。

【货物劳务税征管】 推行增值税发票升级版,完成存量一般纳税人升级2.93万户、存量小规模纳税人升级1.71万户,完成进度均超过99%,户数占全省1/3。对104户电池与涂料生产企业征收消费税135.61万元,减免322.71万元。征收福建省烟草公司福州市分公司消费税7.05亿元。征收车辆购置税16.99万台21.53亿元,车辆同比增加462台,税款同比减少1.98亿元;办理车辆免税2082台,免征税款9642万元;办理车辆退税118台,涉及税款157万元。开展失控发票专项核查,进项转出130.27万元,补税56.22万元。检查享受残疾人就业优惠政策的福利企业109户,其中5户自行申请取消福利企业资格,1户涉案企业暂停退税资格,确定应补税134.06万元。落实营改增扩围5大项9小项准备工作,举办建筑安装与房地产行业营改增业务培训班;开展"百人培训计划",为每个局培训5名以上营改增业务熟手;召开各类营改增企业座谈会18场,现场指导173户,组织培训16场,收集整理意见建议24条。

【企业所得税征管】 入库企业所得税249.76亿元,同比增长9.79%,占总收入比重55.56%,比上年提高2.18个百分点。预缴税款172亿元,预缴率为81%,比上年提高3个百分点。完成6.72万户2014年度企业所得税汇算清缴工作,汇算面达100%。开展企业所得税高风险事项团队管理试点,对10户股权转让企业进行纳税调整,应补税款7.55亿元,调减股权计税基础12.25亿元,调减亏损940万元。对42户企业不征税收入相关事项查补税款541万元,调减亏损3409万元。对8户金融企业贷款损失准备金税前扣除事项查补税款2.64亿元。强化企业所得税后续管理,完善后续管理台账,试行电子台账。

【国际税收征管】 入库非居民收入9.38亿元。对税款在1000万元以上的非居民企业实行"市局扁平化管理"和"以基层为主、市局参与指导"两种管理模式。星网锐捷非居民股东减持股份征税1.7亿元。福耀玻璃派发股息红利征税5056万元。91无线股权转让案件在上年入库5.83亿元的基础上,通过继续谈判组织入库剩余税款8400万元。全年反避税入库税款1.85亿元,同比增长25.9%。日立数字映像(福州)有限公司转让定价反避税案件,依法调增该公司2008—2013年企业所得税应纳税所得额4.88亿元,入库税款1.31亿元。加强关联申报审核、同期资料抽查和已调查户跟踪管理。报送同期资料45户。全年监控管理22户,调增应纳税所得额2.15亿元,补缴企业所得税3831.84万元、增值税1440.45万元,加收利息95万元。按照《国际税收情报交换工作规程》,向美、日、韩、加、澳5国提供269条电子自动情报。根据日本国税厅提供的线索,调查核实福州某公司2011年度两笔交易未申报纳税,补交增值税和滞纳金3.39万元。

【大企业税收征管】 开展大企业个性化服务,签订税收遵从合作协议14户,建立企业联系沟通制度;对企业存在的问题进行分类,查找原因,完善内控机制,降低涉税风险;完成税务总局定点联系企业45户集团主要成员企业税收遵从管理报告。开展大企业全流程税收风险管理,对税务总局部署涉及的5户企业集团25户成员企业开展风险应对,评估应补税款4829万元;选择货币金融服务业、汽车零售业等54户企业开展风险管理,补税1.14亿元;建立金融服务业、物流运输、汽车销售等行业风险识别点263个。与市地税局联合印发实施《大企业税务风险内控调查方案》和《大企业分事项税收风险管理工作方案》,联合完成470余户税务总局定点联系成员企业信息核实和4户企业集团信息采集,选择福州农商银行等企业开展国地税联合签订税收遵从协议,对14户企业集团以及第三方涉税信息进行国地税共享。

【进出口税收管理】 全年办理出口退税102.58亿元,同比增加8.03亿元,增长8.50%。举办3期出口企业宣传培训会,培训1000多人次。印制发放5000份退税政策宣传手册。落实《全国税务机关出口退(免)税管理工作规范(1.0版)》,按规范设置岗位,开展审核审批。编写《出口退(免)税管理操作指引(1.0版)》,统一规范全市出口退(免)税工作。开展7个基层单位外贸企业审批权下放前期准备工作。对全市4257户出口企业实施分类管理,评定一类企业63户、占1.48%,二类企业1926户、占45.24%,三类企业2227户、占52.31%,四类企业41户、占0.96%。清理历史遗留出口未退税款6908.6万元。开展出口退税疑点排查,发出核实函738份,涉及退税额1.71亿元,处理回函543份。完成107户出口企业预警评估,查补税款76.88万元,移送稽查2户。对43户本地供货企业和41户外贸企业开展核查评估。

【税收法治】 对29项税务行政审批事项进行全面清理,决定保留市级审批事项5项、县级审批事项16项,并向社会公告。2月开始实施新的重案审理办法,分3档对全系统各单位重大税务行政处罚案件具体标准进行细化明确。全年受理并审结重大案件11件,其中维持初审意见7件,改变初审意见4件。受理税务行政复议申请2件,其中中止1件、驳回1件。全面清理2014年以前的规范性文件,确定继续有效16件、部分条款失效1件、全文失效8件。推进公职律师队伍建设,有7人通过律师资格和司法考试,1人入选省国税局公职律师。对各基层局2014年税收行政处罚实施情况开展专项执法督察,发现4大类13个问题。开展2015年执法内部监督,发现问题629户次。全年对1775户次执法过错进行批评教育、通报批评、经济惩戒等责任追究。

【税务稽查】 全市国税稽查机关立案检查企业190户,结案279户,合计查补4.88亿元,入库4.65亿元。稽查选案准确率97%,查补入库率95%。先后组织开展打击骗取出口退(免)税、利用黄金交易虚开增值税专用发票、电信业营改增、资本交易和房地产等专项检查,检查企业76户,组织企业自查83户,查补入库收入2.44亿元。开展打击发票违法犯罪活动,检查企业209户,查处违法企业205户,查处非法发票4131份,查补收入8451万元。公安部、税务总局督办案件“1·20”专案,历时一年半全部结案,其中福州国税部门检查企业186户,查补收入1.42亿元。受理检举案件155件,查处151件,查补收入301万元。与公安、检察院、法院等部门的合作,对4户企业实施联合惩戒,直接将其纳税信用等级判为D级。向公安机关移送13户涉案企业。年内在全国国地税合作工作交流推进会交流福州国地税联合稽查工作经验。

【服务自贸区】 与广东、平潭建立闽粤5地自贸区国税局协作机制,轮流举办3场自贸区知识培训和经验交流会。向相关部门提出20多条促进自贸区建设的建议,无纸化退税等多条建议获采纳。5月4日起,在福建自贸区福州片区率先开展“一照一码”试点工作,随后在全市推广,全年办理“一照一码”企业1.67万户。设立自贸区国地税联合办税窗口和台商企业服务专窗。开展自贸区出口退(免)税无纸化管理试点,为165户出口企业通过无纸化审批退(免)税额4.27亿元。响应“一带一路”国家战略,编印《“走出去”企业税收服务指南》,联合地税局举办“走出去”企业代表座谈会。

【纳税服务】 落实《国地税合作工作规范(1.0版)》,推出34个国地税合作事项。国地税联合开展2014年纳税信用级别评价工作,评出A级纳税人2558户、B级2.63万户、C级2154户、D级户数867户。持续开展“便民办税春风行动”,落实33项便民服务措施。市局与鼓楼区局合力创建福州国税“中心办税服务厅”,配备16部办税自助机。与建行、邮政储蓄银行等合作签订“银税互动协议”,帮助小微企业凭纳税证明获得贷款9829万元。在全省率先推出《纳税服务电子专刊》。在开发区局成立全省首家O2O涉税事项办理中心,并率先推出发票网上申领和快递服务,全年有1962户次纳税人通过网络申领发票15.42万份。应用“任务管理与服务回访系统”,对全系统2410次干部下户行为进行回访,总体满意率达99.75%。通过“12366”“12345”受理咨询举报投诉479件,通过门户网站局长信箱和来信方式受理纳税人投诉56件,及时回复率达100%。建成全市国税系统办税服务厅视频监控系统。

4月20日,福州市国税局与市地税局联合举办“走出去”企业代表座谈会

(市国税局 供)

【税法宣传】 制定考核激励机制，联合市地税局评选发布2014年度全市纳税百强榜，通过《中国税务报》等媒体曝光“1·20”特大虚开假发票案件等涉税典型案件。创作拍摄的郭爱莲事迹片《映日莲花别样红》获得中组部举办的全国党员教育电视片观摩交流活动二等奖。在市级以上报刊、电视、广播发表新闻稿件267篇，其中中央级29篇，《新华社国内动态清样》、《人民日报》要闻版等报道均实现新突破。通过市局门户网站发布信息1215条。全年网站首页访问量达76.89万人次，日均点击数2136人次，在全省国税系统名列第一。通过“@福州国税”新浪、腾讯微博发布信息283条，答复问题55条，“粉丝”达到20万人。开通福州国税官方微信，发布信息17期，解答问题83条。

（魏文忠）

地方税务

【概况】 2015年，全市地税系统组织入库税费（含平潭）619.19亿元，同比增收35.72亿元，增长6.12%，其中福州市局税收全年累计入库415.15亿元，同比增收13.34亿元，增长3.32%；各项费金全年累计入库154.80亿元，同比增收13.87亿元，增长9.84%。组织财政总收入（含平潭）425.22亿元，同比增收24.44亿元，增长6.10%，其中组织地方财政收入（含平潭）341.38亿元，占全市地方财政收入的60.91%。

至年底，管征各类纳税人19.99万户，其中，内资企业13.18万户，港澳台商投资企业2614户，外商投资企业2138户，个体经营户5.61万户。

【落实税收优惠】 全市月营业额未超过3万元而享受免征营业税优惠政策的企业及个体工商户5.57万户，免征营业税4001.91万元。全年预缴申报享受小型微利企业所得税优惠政策的盈利企业7163户，减免企业所得税4325.22万元。78户高新技术企业申报减免2014年度企业所得税1.3亿元；80户企业申报减免2014年度研发费用，加计扣除额3.68亿元。受理房产新政减免税申请1.89万件，合计减免营业税、契税3.08亿元。4—12月，受理“5年改2年”的个人转让住房减免税申请5389件，新增减免营业税1.39亿元。5户纳税人享受房产税和土地使用税困难减免，减免房产税287.14万元、土地使用税120.32万元。落实总局关于简化个人无偿赠与不动产所需证明材料的公告。

【政策新规】 制定《福州市地方税务局关于调整房产税、城镇土地使用税申报缴纳期限问题的公告》，规定自1月1日起，福州市各区地方税务局，市局直属税务分局、涉外税务分局、琅岐经济区税务分局、福州保税区税务分局、福州高新技术产业开发区税务分局管辖范围的纳税人，房产税、城镇土地使用税按年征收。除未达营业税和增值税起征点的个体工商户可以实行按年缴纳外，其余纳税人按月分期缴纳，自期满之日起15日内申报缴纳。新规解读材料和税收政策同步起草、同步审批、同步发布。

6月18日，市地税局举办《税收风险管理》系统推广师资培训（市地税局 供）

【法制建设】 制定2015年全市地税系统依法行政工作要点，对制度建设等7个方面30项具体任务进行详细分解。开展法治税务示范基地创建工作，闽清县地税局成为福建省地税系统首批法治税务示范基地。落实执法权力清单制度，对市本级（含直属机构）现有正在行使的行政权力事项全面清理，确认行政权力和公共服务事项61项，并通过福州市政府网站和福州市地税局门户网站进行公开。健全税收规范性文件制定管理制度，审核把关税收规范性文件及相关材料40余份，其中会签税收文件18份。加强重大税务案件审理，受理7件，审结6件，退回补正1件；审定查补税款856.08万元，加收滞纳金177.16万元，罚款327.83万元。

【税务稽查】 开展税收专项检查工作，查补税款、滞纳金、罚款等各项收入1.69亿元。开展“1·20”虚开发票专案检查，追缴入库企业所得税及滞纳金计5726.34万元。查处发票违法企业116家，涉及非法发票份数2525份，涉及金额2.76亿元；查补税费、滞纳金及罚款共计327.03万元。

【基础管征】 推进征管基础数据清理工作，完成问题数据清理8.59万户，清理问题数据20余万条，为金税三期对接做好准备。试行《全国税收征管规范（1.0版）》，成立领导小组，制定下发实施方案和责任清单，更换办税大厅的表证单书，并做好对纳税人的通知和培训。建立私房租赁委托代征信息库，通过实施代征底册标准化和建立最低租金标准，规范市区私房租赁代征秩序。在城区的街道代征点上线运行“福州地税私房租赁委托代征管理信息系统”，利用省局回流数据，实现缴税金额、发票内容与代征信息的数据比对，解决跨区拉税源、拆分税款、打包交税等问题。

【风险防控】　开发风险管理系统,全年通过该系统推送风险纳税户245户,完成应对户数234户。加强第三方数据管理平台应用,依托"福州市涉税信息综合管理平台",为防控涉税风险、加强税收征管提供信息来源和技术支撑。组织开展税收风险分析项目评价复查工作;推送6个税收风险项目3706户次的风险数据,评估入库税款2.33亿元。开展建安、房地产税收风险专项应对工作,实行定期反馈制度和专项绩效考核,将439户建安企业和583户房地产企业作为重点应对对象,查补税款7.73亿元,入库7.19亿元。

【营业税管征】　入库154.49亿元,同比增收9.61亿元,增长6.63%。开展建安业历史票表比对风险数据核查工作,涉及全市451户比对异常企业,核实未足额申报营业税的企业39户,补缴建安营业税73.11万元。加强金融业营业税管征对福州市29家上市企业和31家福州境外上市企业,实施动态监控。

【企业所得税管征】　全年入库60.45亿元,同比增长10.65%。加强重点行业专业化管理力度,入库建安业企业所得税14.71亿元,同比增收0.19亿元,增长1.29%;入库房地产业企业所得税24亿元,同比增收2.62亿元,增长12.26%。开展建安房地产税收风险专项应对工作,通过评估比对入库企业所得税1.24亿元。加强股权转让所得管理,入库股权转让所得企业所得税6.68亿元,同比增收5.38亿元,增长413.85%。启用新版企业所得税申报表,加大培训辅导,动态跟踪和解决申报问题。全市有2.97万户企业参加2014年度汇算清缴,同比增加4939户,增长19.91%,汇算清缴面100%。全市汇算清缴入库企业所得税18.01亿元,占全省入库数57.39%,居全省首位。

【个人所得税管征】　全年入库56.7亿元,同比增长10.13%。全市有6.9万名年所得12万元以上的纳税人依法进行纳税申报,同比增长16.94%,补缴税款5203万元,自行申报补缴税款创历史新高。个人所得税明细申报211.15万人次,入库个人所得税38.87亿元,占同期个人所得税比重的68.55%。推广个体工商户个人所得税计税办法,鼓励核定征收纳税人健全财务管理,规范建账,逐步过渡到查账征收;实行专业化管理,全市有9个基层单位对个体工商户采取归口集中管理模式,全年入库个体工商户生产、经营所得个人所得税1.87亿元,同比增收0.18亿元,增长10.35%。落实企业年金和职业年金个人所得税递延纳税政策,重点对掌握的纳入年金递延纳税备案管理的企业及其托管银行开展涉税辅导;对企业年金递延纳税备案情况实行动态管理,入库农业银行福州湖东支行代扣代缴福建省烟草公司29名退休员工年金个人所得税4645.3元,属全省首例,也是农行系统首次在北京以外地区向当地主管税务机关申报代扣代缴年金个人所得税。

【财产行为税管征】　推行财产行为税各税种明细申报,入库159.76亿元,同比减收6.45亿元,下降3.88%。

土地增值税　实施差别化预征管理,推行单项预征率,通过测算合理确定预征率水平,入库预征税款32.08亿元。将土地增值税清算列入"一把手"工程,规范工作流程及税务文书使用,统一清算政策口径,推进历史遗留项目的清理,入库清算税款17.16亿元。

房产税和土地使用税　调整房产税、土地使用税申报缴纳期限,除未达起征点的个体工商户实行按年申报之外,其余纳税人均实行按月申报。启动"以地控税、以税节地"工作,建立地税、国土、财政等部门合作工作机制,利用国土部门提供的土地数据信息查找征管风险点,规范城镇土地使用税管理。入库房产税14.91亿元,同比增收5550万元,增长3.87%;全年入库土地使用税6.06亿元,同比减收6142万元,下降9.20%。

耕契两税　与国土部门、房屋交易中心定期沟通信息,跟踪土地交易、资金流转和房产交易等相关数据,实时监控税源变化,入库耕契两税41.49亿元,同比增收2.54亿元,增长6.52%。

城建税和教育费附加　加强第三方信息比对工作,开展土地收储资金拨付金额、乡镇(街道、村委会)房屋租赁、"招拍挂"土地实际交付使用、驾校培训、临时用海采砂、国税局"两税"入库、增值税免抵退以及窗口代开发票等第三方信息涉税风险分析工作,堵漏增收、强化管征。入库城建税20.61亿元,同比增收1.24亿元,增长6.42%;入库教育费附加9.76亿元,同比增收4496万元,增长4.83%;入库地方教育费附加6.49亿元,同比增收2917万元,增长4.71%。

【规费征收】　对基本养老保险费平均缴费基数低于预警值的企业,采取调查分析、实时监控等措施,稳步提高缴费基数。开展欠费清理,全年清理欠费1.71亿元。入库各项规费收入143.48亿元,同比增收13.65亿元,增长10.52%,其中入库基本养老保险费68.63亿元,同比增收8.41亿元,增长13.97%。

【纳税服务】　落实《全国税务机关纳税服务规范》,实现2.0—2.3版本的动态升级。简化登记办理,推广"一照一码"登记制度,企业设立登记由原来的2.5个工作日缩短至3个小时,效率提升95%。推行"互联网+"办税模式,在全市推广运用"福建地税移动税务"APP平台。拓展网上办税功能,新增27项网上办税业务,实现日常涉税事项网上申请、受理、办理和文书送达"一条龙"全流程网上服务,办结涉税事项1.38万件,网上送达电子文书11.7万份。推广税务登记证照电子化,方便纳税人及相关机构通过网络进行随时随地的查询和查验。推出电子资料、电子档案、电子印章"三电系统",支撑纳税服务"通办、即办、速办"。统一办税服务厅建设,探索全市办税服务厅预约服务。更新自助办税终端机至53台,设置24小时自助办税网点12个,办理申报1.11万笔,缴纳税款1779万元,打印涉税书证11.67万份,提供生活缴费等便民服务8044次。执行一次性告知,落实首问责任,推行"提前服务""延时服务""错峰办理",90%涉税业务即办。升级"福州地税"微信平台,发布各类税收信息132期,关注用户上升至5390户。扩容"12366"服务热线,提高热线接通率,降低等待排队率，全年“12366”来电总量17.34万人次，人工接听量14.2万人次，20秒内接通率94.62%，日人均接听量47人次；针对小微企业、自贸区企业、走出去企业等重点宣传对象，提供专家服务，开展专题咨询8期；建立并完善全市通用的“12366”税收业务知识库。纳税人学堂开展各类培训35期，培训7500多人次，22万人次点击网络课堂学习。

【税收宣传】 召开“简政放权　优化服务”新闻发布会，发布福州市地税局推行便民办税“三平台、三便利、三主动”的服务举措情况，解析最新税收政策，回应社会关注热点。特邀全国知名专家张鸿教授举办“新常态，新税风”自贸区知识专题讲座。与台江区地税局联合摄制一部福州话税收宣传微电影，用福州方言讲税收故事，宣传与老百姓日常生活密切相关的税收知识。围绕税收宣传，开展一系列税收题材摄影活动，联合连江县地税局在长龙镇、黄岐镇开展“美丽乡村　清新税风”税收宣传活动；开展税收宣传进“三坊七巷”活动。

4月21日，自贸区地税窗口工作人员向外商独资企业代表介绍“一证三码”功能
（市地税局　供）

【国地税合作】 共同发布《关于进一步推动国地税合作工作的实施意见》，在纳税服务、税收征管、税务稽查等5个方面推出34个国地税合作落实事项和13个市、县（区）级层面的特色合作事项。推进联合办税服务，全市有国地税互设窗口办税服务厅2个，共同派员进驻政府政务大厅13个，共建自助服务厅4个，其中台江区地税局实现24小时联合自助服务；开展联合培训，国地税纳税人联合学堂成功举办培训12期，培训纳税人2800人次；通过国地税门户网站的相互链接，实现网络互联；连江县国地税局开通国地税微信合作服务平台，同时提供国地税办税指南、政策宣传、发票查验、在线算税等便利服务。推广国地税重点税源统一填报平台。在全省率先实现国地税数据共享，解决国地税共管企业重复报送问题，减轻纳税人负担。开展“银税互动”。与农村信用社、邮政储蓄银行等合作，签订“银税互动协议”，全年向95个小微企业发放“银税互动”守信激励贷款2.8亿元。

（郭燕敏）

（编辑　吴　燕　卓明顺）

农村经济

新农村建设

【概况】 2015 年,全市农林牧渔总产值 764.87 亿元,同比增长 4%;第一产业增加值 434.74 亿元,同比增长 4%;均超过全省增长 3.9%的平均水平。农民人均可支配收入 1.52 万元,同比增长 8.5%,超过城镇居民收入增长水平。

【幸福家园工程】 在全省率先开展新农村"幸福家园工程"建设。制定《福州市新农村"幸福家园工程"建设(2015—2020 年)行动计划》,确定农村基础设施和公共服务建设"十个一"量化指标,建立县(市)区责任主体、市县联动、资金投入、督导督查等各项制度。原定 9 个市级示范村完成项目 84 项,投入 4830.6 万元;新增 14 个市级示范村完成项目 101 项,投入 3404.9 万元。实施以农村生活垃圾专项治理、农村生活污水处理和村庄风貌改造提升为主要内容的农村环境综合治理工程,全方位开展村容整治行动。市级督导组对 7 个县(市)的 14 个乡镇(街道)、14 个村(社区)级进行红牌警告并对主要领导进行约谈。

【扶贫工作】 制定《福州市加快推进科学扶贫精准扶贫(2015—2017 年)行动计划》。组织实施 1317 户 5350 人造福工程搬迁工作;实施省级百户以上造福工程集中安置区建设 7 个,比计划增加 1 个;实施市级 50 户以上造福工程集中安置区建设 4 个。继续实施第 5 轮扶贫济困"春风行动",市、县财政安排 1500 万元专项资金扶持 5000 户贫困户发展生产。安排财政资金 150 万元继续实施农村扶贫小额信贷贴息。启动第 5 批驻村工作,落实第 5 轮 50 个市级扶贫开发重点村挂钩帮扶机制。

完成闽东北经济协作区 13 场网络协作活动。全市 8 个县(市)区落实帮扶资金近 1.01 亿元,扶持 8 个省级扶贫开发工作重点县,帮扶 2.1 万人脱贫。落实福州—宁德山海协作帮扶资金 4200 多万元,福州—莆田山海协作帮扶资金 110 万元。开展福州援宁工作,协助福州第 9 批帮扶宁夏隆德县、盐池县挂职干部落实各类帮扶资金 4000 万元。推进市域内对口协作,市财政下达永泰、闽清、罗源、连江 4 个县 2014 年市域内对口协作项目资金 1298 万元。

【三农体制改革】 一是开展农村土地承包经营权确权登记颁证工作。二是推进农村土地流转。全市耕地流转总面积 2.32 万公顷,占已实行家庭承包的耕地总面积的 23.79%,耕地流转面积 33.33 公顷以上的规模经营主体达 35 个。三是探索发展社区支持农业(CSA)模式。扶持发展 13 家 CSA 农业企业。四是创新"三农"投入稳定增长机制。实施农业产业化龙头企业"互助资金池"建设,市财政安排 1000 万元作为政府基础风险金,广发银行发放 5 家企业贷款 904 万元。在永泰县、罗源县开展扶贫小额信贷创新试点,建立县级小额信贷风险担保金,为贫困农户提供无抵押贷款担保。福清市开展"以一贷百"无抵押贷款,闽清县建立农业产业化企业"助保贷"基金池。五是集体资产股份权能改革试点。闽侯县作为国家级试点县选定白沙镇新坡村等 2 个村作为资源性资产股份合作改革试点村,选定甘蔗街道昙石村等 4 个村作为集体经营性资产股份合作改革试点村。

【农产品质量安全监管】 完成第一届青运会农产品质量安全监管工作。在全市蔬菜面积 20 公顷以上行政村配备蔬菜生产安全监管员。新增 67 家市级以上农业产业化龙头企业以及列入省级名录的农民专业合作社,纳入省级农产品质量安全可追溯平台管理,扶持闽清红菇林农场等 8 家企业开展市级农产品质量安全可追溯试点示范企业建设。福清市创建国家级农产品质量安全示范县。全市新增无公害农产品产地认定企业 66 家,无公害农产品产品认证企业 62 家、产品 77 个;绿色食品产品认证企业 19 家、产品 31 个;闽侯橄榄创建全国绿色食品标准化原料基地建设通过农业部验收;永泰绿茶获得国家农产品地理标志登记保护。

现代农业发展

【概况】 2015 年,市级以上农业龙头企业239家，其中省级以上55家，年总产值达710亿元，其中10亿元产值企业超10家，亿元以上产值企业超100家。

【农业园区建设】　福清国家现代农业示范区建设投资逾2亿元，完成年度计划的100.3%，福建农民创业园及示范基地建设投资突破7.2亿元，完成年度计划的100.1%。市级农民创业园完成投资6434万元。福清台湾农民创业园完成投资1.03亿元。

【农业经营主体】　规范农民专业合作社，全年评定15家市级示范社，新增8家省级示范社，闽清县成立全市首家农民合作社联社。建立农户家庭农场信息库，评定20家市级示范性家庭农场，新增8家省级示范场。

【休闲农业】　新增2个全国休闲农业与乡村旅游示范点、4个省级休闲农业示范点及4个省最美休闲乡村，新评选17个市级休闲农业示范点。举办闽侯橄榄节、琅岐葡萄旅游文化节、连江丹阳西瓜节等农业节庆活动。开发"福州市休闲农业公共信息服务平台"。第13届农交会期间开展休闲农业专场推介，推出福州周边精品线路一日游、二日游各3条。

【现代设施农业】　全市设施蔬菜面积1.53万公顷，约占全市蔬菜面积的1/6，其中大棚面积8000公顷，标准钢架大棚达到2466公顷，总投资22亿元，建成智能控温集约化育苗基地6个近万平方米。

【农产品交易会】　11月7—10日，在福州举办第13届中国国际农产品交易会。展会期间开展福州都市现代农业重点项目招商，推出69项招商项目，总投资84.5亿元。签约13个投资项目，投资额26.91亿元。现场贸易额达6亿元，其中与国际客商贸易额达4.2亿元，占70.7%。展销区现场销售额达4272万元。福州展团以"领航新丝路、都市新农业"为主题，主打生态牌、特色牌、绿色牌。福州展团获最佳组织奖，在全国273个参展产品金奖中，福建获26个，其中福州13个。

农业科技服务与培训

【农技推广示范县评选验收】　2015年，连江县被列为全国基层农技推广示范县（全省3个），智慧农民云平台工作考核成绩全国第一；罗源县、永泰县被列为省级农技推广示范县。闽侯、罗源在全省率先完成乡镇农技推广机构条件建设项目验收。

【农业人才培训】　报送2015年度乡镇农技推广紧缺专业定向委培生计划11人；推荐上报福建省第二批优秀农村实用人才8人；推荐上报新型职业农民专科学历教育学员163人。推进新型职业农民培育工作，国家级试点县闽侯县、省级试点县罗源县均完成500名新型职业农民培训任务。实施农村实用技术远程培训，全年组织乡镇农技推广人员、村级农技员和农户5.13万人次参加培训。承接2015年全国执业兽医资格考试福建省考区教务工作，组织全省1312名报名合格人员参加考试，其中福州市考生389人。

【五新技术推广】　一是新品种。引种各类农作物新品种150多个，全市建立省级、市级各类优质、专用、高效农作物新品种展示、示范片3000公顷，辐射推广10万公顷，农作物优质专用率达85%，良种覆盖率达98%以上。二是新技术。推广水稻旱育秧4.13万公顷，水稻抛秧3600公顷，推广甘薯脱毒种苗5066公顷、马铃薯脱毒种3066公顷、马铃薯稻草包心栽培200公顷、花生地膜覆盖栽培133公顷。推广生猪、奶牛人工授精技术。三是新肥料。实施2015年耕地保护与质量提升项目，长乐采用稻田秸秆还田腐熟技术模式，实施2000公顷；闽清、连江、永泰采用紫云英绿肥种植技术模式，实施3333公顷；闽侯采用推广商品有机肥技术模式，实施533公顷。通过提升地力，作物增产率达3%～8%。四是新农药。示范推广10种新农药，建立核心示范片面积2366公顷，辐射推广面积达4.2万公顷次，防治效率86%。五是新机具。新增各类农业机械6198台，完成机耕作业11.6万公顷，机收3.26万公顷，机插1440公顷。

【农业科研】　与福建农林大学共建福州市茉莉花茶研发中心和休闲农业研发中心，与省农科院共建福州市农业产业化研发中心，与农林大学有关学院合作研究福橘改良、秀珍菇品种选育等项目。实施农业科技项目，全年获得国家星火计划重点项目2项、引导项目4项，省区域发展项目2项、省星火计划项目5项，市星火计划项目45项，市科学技

11月7—10日，福州市成功举办第十三届中国国际农产品交易会（市农业局　供）

术奖4项。认定5家农业物联网应用市级示范点。与市科技局联合拟定《福州市现代农业技术创新基地管理办法》。

种 植 业

【概况】 2015年,主要农产品持续增长,其中水果产量53.38万吨,同比增长7.5%;蔬菜产量360万吨,同比增长5.2%;茶叶产量2.75万吨,同比增长10.7%;食用菌产量17.4万吨,同比增长13.3%。

【粮食生产】 全年完成粮食播种面积10.92万公顷,超额完成计划2613公顷,其中水稻播种面积6.55万公顷,超额完成计划186.6公顷,杂粮播种面积4.37万公顷,超额完成计划2426公顷;落实秋冬种播种面积7.33万公顷,比上年扩大1万公顷。开展粮食高产创建活动,全市建立11个部级万亩示范片,总面积7600公顷。推广超级稻1.44公顷,落实再生稻留桩2040公顷。承担完成省粮食产能区增产模式攻关与推广项目,在永泰县7个粮食主产乡镇建成10个连片33公顷以上粮食产能片,总面积364公顷。全市2公顷以上水稻种植大户777户,种植面积达7226公顷,6.6公顷以上水稻种植大户有301户,66.6公顷以上水稻种植大户有5户。

【经济作物】 推进橄榄、李梅、龙眼、荔枝等优势品种更新换代,实施现代果业项目,在闽清、永泰、罗源等县实施果树地方种质资源保护、新品种引进示范项目4个,在连江、闽清、永泰等县实施标准化果园建设6项。调整优化布局,推进冬种蔬菜和高山反季节蔬菜生产,闽侯重点发展大白菜、小白菜、甘蓝等叶菜类生产和333公顷反季节空心菜设施栽培;长乐市种植蚕豌豆666公顷,白萝卜、西芹等冬菜4000公顷;福清重点发展甘蓝、西芹、芋头等出口创汇蔬菜4000公顷,推广蔬菜微喷灌技术2000公顷;连江县重点发展蚕豆、莴苣、西兰花等2333公顷,推广蚕豆秸秆回田技术,培肥地力。

福州茉莉花茶被国际茶叶委员会授予“海丝路·功勋茶”的称号;福州茉莉花茶品牌价值达26.77亿元,位列全国第8,被评为最具经营力品牌;全国茶叶标准化技术委员会花茶工作组在福州落户。食用菌产业持续走工厂化珍稀化道路。珍稀食用菌比例达38%。新建20个设施食用菌钢架大棚39.9公顷。第13届农交会期间,组织举办第5届菌菇烹饪创意大赛。

【植物病虫害防控】 按照“预防为主、综合防治”的植保方针,抓科学植保、公共植保、绿色植保,开展农作物病虫害防治42万公顷次,挽回粮食损失达1.5万吨,农作物病虫害造成损失有效控制在3%以内,属中等病害。完善监测预警体系建设,全市建设统一测报灯50盏,实行“五天一汇报”的测报制度,全市发布病虫情报150期、1.2万份,手机短信60期、1.8万条。全市专业化统防统治组织有25个,从业人数400余人、其中技术人员100余人;拥有植保作业无人直升机4架、风送式高远程喷雾机1台、自走式水旱两用喷杆喷雾机9台、水烟雾两用喷雾喷粉机25台、担架式机动喷雾机166台、背负式弥雾机(18机)216台、背负式电动喷雾器342台;水稻防控面积近6666公顷次,平均全年节省用药2次,节约农药和人工费用约300万元。开展植保技术培训34期、受训人数2905人次,发放资料1.51万份。开展农作物病虫害绿色防控等综合防控技术示范,建设示范点4个66公顷,辐射推广面积达6666公顷。

(张清炎)

农 垦 业

【概况】 全系统(市属企业)实现营业收入2680万元,国民生产总值12014.44万元,亏损807.93万元,上缴税金141.74万元。市属企业在岗职工年人均收入45268.75元,茶叶产量297吨,水果产量205吨,出栏肉猪8000头,家禽104吨,禽蛋456吨。

【企业经济】 种禽公司 做好并完成基地首期建设任务,公司共引进蛋种鸡4批次,数量6万套。饲养过程中,种鸡的生产性能均达到或超过预期效果,日产蛋率最高达到98.3%,90%以上产蛋率可持续5个月以上。全年生产销售蛋鸡苗197万羽,鸡蛋456吨,禽肉104吨。完成销售收入977万元,其中蛋鸡苗收入535万元,鸡蛋收入357万元,淘汰鸡收入85万元。

特色农业 江洋农场甜柿种植面积21公顷,产值80多万元;江洋翠梨种植面积10公顷,产值40多万元;茭白种植面积66.6公顷,产值300万元;山羊1000只,产值200万元;黄兔存栏1万只,出栏4万只,产值200万元。同时,利用农场资源,建立绿化苗圃基地66.6公顷。

【农场住房建设】 全年福清海口农场9套项目全部完工,项目面积990平方米。红星农场危房改造项目158套任务全部落实到位并全面开工,目前完成修缮户25户,面积1583平方米。

(张 春)

林 业

【概况】 2015年,全市林业总产值265.76亿元,同比增长5.8%,其中第一产业69.16亿元、第二产业172.31亿元、第三产业24.29亿元。全市有林地面积62.64万公顷,林业用地面积75.38万公顷,其中生态公益林31.51万公顷,商品林43.87万公顷。林木总蓄积3649万立方米,森林蓄积量3375万立方米。森林覆盖率55.6%,在全国省会城市位居第二。有国家级森林公园5个、省级10个,省级以上森林公园经营面积1.6万公顷。湿地面积约20.68万公顷,其中近岸与海岸湿地15.82万公顷、河流湿地1.5万公顷、湖泊湿地236.75公顷、沼泽湿地25.04公顷、人工湿地3.32万公顷。基干林带面积1.4万公顷,基干林带662.6千米。油茶林1.71万公顷、竹林5.62万公顷、经济林6.88万公顷、花卉面积0.47万公顷。

【集体林权制度改革】 全市发放林权证961本，补办林权证75本，林权初始登记888宗，面积1.01万公顷。林权抵押登记51宗，面积0.21万公顷，贷款金额4207万元。新增重点生态区位商品林赎买面积466公顷。森林综合保险投保面积71.13万公顷，投保率达95%。市级财政安排100万元扶持永泰、闽清、闽侯、罗源、连江5个县级林权流转服务平台和9个乡级林权管理服务网点建设。在闽侯县竹岐乡罗洋村、鸿尾乡汉头村2个林权流转试点村扶持成立3家林业合作组织，完成流转130公顷，闽侯县成立全市首家县级林权流转服务中心。市政府出台《福州市森林生态效益补偿意见》和《福州市重点生态区位商品林经营管理改革意见》，重点生态区位商品林赎买、森林生态效益补偿工作走在全省前列。扶持成立福州益林网林业收储有限公司、福建国福林木收储有限公司。

【造林绿化】 全市完成造林绿化面积7757公顷，占总任务的119%。"四绿"工程完成4076公顷，占任务的102.2%。完成沿海防护林基干林带建设551公顷，全市沿海防护林基干林带长度达662.6千米，在全省排名第二。林木种苗完成育苗15.6公顷，培育苗木1068万株，主要造林树种苗批合格率、良种使用率均达90%以上。开展义务植树活动200余场，参加人员约10万人，完成义务植树1204万株，占任务104.70%。

【森林资源保护】 首次将森林防火工作纳入市绩效管理考核，全市森林火灾发生率和森林受害率分别为2.49次/10万公顷、0.407‰。松材线虫病和重度松墨天牛疫灾情总面积下降38.5%。开展非法侵占林地乱建坟墓清理整治及"2015春季行动""2015雷霆行动"等专项行动，查处各类森林案件347起。受理市"12345"政府公共服务系统林业诉求件75件，办结率100%，满意率100%。

【林业产业发展】 扶持10个龙头企业示范项目、2条新增林业加工生产线、1个木根雕电子商务平台、1个省著名商标，扶持金额达270万元。5家林业企业被评定为2015—2016年福建省林业产业化龙头企业，主要涉及花卉苗木、木本粮油、生物工程、木竹加工等类别。推荐4家符合条件的林业企业申报第8批福建省农业产业化龙头企业。开展第十三届"6·18"项交会项目成果对接活动，对接林业项目成果5项，总投资1.07亿元、预期经济效益2.6亿元，项目主要涉及香椿产业化良种繁育、林下灵芝孢子粉胶囊产品研发等项目。新增福清市、永泰县、罗源县、晋安区4个省级林下经济示范县，全市省级林下经济示范县增至6个。闽清县、闽侯县11个林下经济示范项目通过省级验收，项目利用林地146公顷，实现产值4358.9万元。修订完善"2015年花卉苗木项目专项资金申报指南""福州市花卉苗木产业公众服务平台"建设方案，组织开展全市花卉苗木产业发展规划编制工作。扶持新建基地基础设施建设642公顷，新建智能温室1600平方米，引种创新项目5个，扶持经费达579.7万元。完成3家森林人家总体规划评审，福州旗山森林人家旅游区被评为国家AAAA级旅游景区，福州五虎山三叠井森林公园景区被评为国家AAA级旅游景区。

11月8日，第五届菌菇烹饪创意大赛在福州市举办（市农业局　供）

【林业科技】 在连江县举行送科技下乡活动，现场开展林业实用技术、政策法规咨询200多人次，发放林业技术手册300份、林业科普资料500份，赠送苗木800多株。利用"6·18"等平台，完成项目对接5项，征集企业技术需求5项。组织、筛选全市17名新型农民参加新型职业农民专科学历教育，涉及林业和园林2个专业。筛选出"半枫荷繁殖与栽培技术研究""油茶高效培育技术示范与推广""2015年福州市林业科技培训"作为2015年省科研和推广项目立项；"油茶老树桩嫁接山茶花定向培育技术研究""香椿优良种质繁育和造林推广"项目作为市本级科技项目立项。

【创建国家森林城市】 年内编制完成"福建省福州市国家森林城市建设总体规划"，并经市政府常务会议、市委常委会议审议通过。在《福州日报》、福州新闻网开辟创建活动专栏，举办首届"创森杯"摄影作品大赛，在公交、出租车LED播放创森标语。全市森林覆盖率达55.6%（居全国省会城市第2位）、建城区绿化覆盖率42.9%、建城区绿地率39.5%、城区人均公园绿地面积达12.9平方米，建城区人均公园绿地12.8平方米。

【湿地和生物多样性保护】 举办中国沿海湿地保护网络成立大会及首届研讨会并发布《福州宣言》。5月完成《福州市湿地保护规划（2014—2025）》编制，6月经市政府常务会议研究通过，9月经市政府批准同意实施。推进《福州市湿地保护管理办法》立法进程，11月正式上报市政府，12月初经市政府常务会议研究通过，将自然保护区、森林公园、湿地公园、重要湿地、生态公益林、沿海基干林带等划入生态保护红线。

（吴志琴）

畜 牧 业

【概况】 2015 年,全市肉蛋奶总产量 36.35 万吨,同比下降 4.8%。生猪存栏 118.3 万头,同比下降 15.4%;年出栏 207.9 万头,同比下降 13.5%;能繁母猪 13.4 万头,同比下降 14.3%。牛出栏 1.4 万头,同比增长 3.8%;羊出栏 18.0 万头,同比增长 48.7%;家禽存栏 1326.3 万只,同比下降 4.3%,出栏 1875 万只,同比下降 4.5%。

【产业化经营】 推动畜禽养殖标准化示范创建工作,创建畜禽标准化示范场国家级 1 家、省级 16 家。建设完成 4 个 2014 年省级畜禽标准化健康养殖项目,总投资 466.4 万元,其中中央补助 225 万元,自筹 241.4 万元;建设完成 1 个设施蛋鸡补贴项目,总投资 301 万元,其中省级补助 50 万元,自筹 251 万元。建设 25 个病死猪无害化处理机械补贴项目,省级补助资金 500 万元,19 家通过验收。对具备开展人工授精条件,年出栏生猪 3000 头以上自繁自养的菜猪场或母猪常年存栏 100 头以上(种猪场除外)的猪苗繁育场,下达生猪良种补贴 224 万元。推进奶牛品种改良,分配 8000 支荷斯坦种公牛冻精到福清、长乐和闽侯等奶牛养殖场和配种点,累计配种母牛 2070 头,怀孕母牛 790 头,产犊 390 头,平均单产从实施前的 4500 千克提高到 5300 千克。

【重大动物疫病防控】 完成春、秋两季集中强制免疫工作,月免疫日制度落实到位,全市累计免疫高致病性禽流感 4683.98 万羽次、牲畜口蹄疫 597.87 万头次、猪瘟 504.29 万头次、高致病性猪蓝耳病 481.02 万头次,实现存栏畜禽"应免尽免,不留空档"的规定要求。集中组织开展 3 次大规模消毒灭源工作,消毒面积达 4613 万平方米。

【畜禽养殖污染整治】 成立福州市畜禽养殖污染整治办公室,加强对全市畜禽养殖污染整治工作督查、通报。禁养区内生猪养殖场 2323 家,存栏生猪 104.2 万头,拆除生猪养殖场 2265 家,削减存栏生猪 101.3 万头,完成禁养区关闭拆除任务的 97.5%。开展禁养区外规模化猪场污染治理,下达 10 个生猪生态环保型养殖项目补助资金共 1424 万元。下达存栏 250 ~ 499 头规模化猪场改造任务 72 家,存栏 500 ~ 1499 头规模化猪场改造任务 113 家,补助资金 1862 万元。存栏 1500 头以上规模化猪场标准化改造任务 26 家,省级补助资金 3550 万元。出台《关于贯彻落实生猪养殖面源污染防治工作六条措施的实施意见》,市级财政安排新增 500 万元专项资金,用于生猪养殖户转产转业项目的资金补助和技术培训支持,重点扶持发展蔬菜、水果、食用菌、中草药和花卉苗木等。市级财政安排 200 万元推进生态农业污染源减排整治。

(张清炎)

海洋与渔业

【概况】 2015 年,全市海域共确权发放海域使用权证书 62 本,面积 2082.12 公顷,征收海域使用金 1.76 亿元。全市海洋经济总产值预计 2928 亿元,同比增长 17%;全市渔业经济总产值 1017 亿元,同比增长 6.3%,占全省的 45%。

【海域使用管理】 *海规顶层规划设计* 《福州市海洋功能区划(2013—2020)》通过省海洋与渔业厅组织的专家评审;《福州市海岛保护和利用规划》《福州市近岸海域环境保护规划》通过市政府常务会议审定;《福州市"十三五"海洋经济发展专项规划》编制获批并列入福州市"十三五"重点专项规划目录。

区域用海审核报批 牛头湾作业区、琅岐岛特色海洋经济园区等区域用海规划上报国家海洋局审批;江阴新厝海港新城区域用海规划上报省海洋与渔业厅评审,根据专家意见正进一步修改完善;推进可门经济开发区二期区域用海规划和元洪投资区区域用海规划。

重点项目用海管理 健全省、市、县联动会商机制,构建海域审批绿色通道,年内审批长乐国际机场二期、福建省海峡现代渔业经济区、闽台蓝色经济产业园和滨海大通道等一批重点项目。

海域资源市场化配置 推进海域海岛招拍挂,出让福清元洪投资区油脂项目海域使用权,开创福建省工业用海招拍挂工作先例。连江、长乐、福清 3 个区块面积 900 公顷的海域采砂临时用海使用权,以 4567.5 万元的总价成交,超出标准海域使用金 3555 万元,实现海域资源的增值保值。

【海洋生态文明】 *涉海工程监管* 实行事前介入、过程监督、后续评估的"一条龙"监管模式,为组织填海项目海

6 月 6 日,全国增殖放流鱼苗活动在福州举办 (陈建国 摄)

洋环境影响评价、听证工作，全年开展海洋环评40宗，环评、听证率达100%。

海洋环境整治　在罗源、连江、长乐、福清等地的重点海湾、海滩、渔港，开展海漂垃圾清理工作，推进海洋环境综合整治示范工程，在罗源湾歧头—北山沿岸海岸带整治互花米草23.33公顷，种植红树林10公顷。

海洋生态修复　开展渔业增殖放流活动24场，投放长毛对虾、花蛤、海蜇、大黄鱼、花鲈、黄鳍鲷、中国鲎、鳗鲡、四大家鱼等海、淡水苗种9.8亿尾(粒)；举办"2015年全国增殖放流活动(主会场)暨台湾海峡增殖放流"活动。在连江洋屿岛开展海洋牧场建设，建造护岸工程400米，投放人造渔礁1万根。

调整海洋产业布局　推进罗源湾水产养殖全面退养及转产工作，连江县完成网箱退养9.59万箱、深水大网箱退养20口，完成网箱退养总任务；罗源县测量网箱11.7万标准箱，签订补偿协议1410户，拆除网箱6.7万箱，涉及1300户，完成网箱退养总任务的50%。

【现代渔业经济】　全市水产品总量228万吨，同比增长4.3%，占全省31%；产值428亿元，同比增长4.5%，占全省39%，占全市大农业56%。

优化水产养殖结构　全市安排市级养殖专项资金500万元，扶持设施渔业、水产良种场和养殖新品种新模式推广项目，着重鼓励循环水养殖、陆地工厂化养殖、深水大网箱养殖等设施渔业项目。开展福州金鱼良种保种工作和水产良种场认定工作，认定7家水产良种场，逐步实现水产苗种良种化和生产管理规范化、标准化。扶持休闲渔业基地建设，下达专项补助资金100万元，支持福州市2014年度休闲渔业"十佳"示范基地建设。

海外远洋渔业　出台《关于进一步加快发展远洋渔业十条措施》，扶持远洋渔业发展。鼓励企业实施作业方式技术改造和转场生产，拓展远洋渔业发展空间。全市远洋渔业年产量22.9万吨、产值25.8亿元，分别占全省72%和82%。全市外派远洋渔船462艘，比上年新增28艘。向农业部申请远洋渔船船网工具指标108艘。在印尼、缅甸、毛里塔尼亚等国建立境外远洋捕捞综合基地6个，在东盟国家建立境外水产养殖基地3个，项目投产面积733.3公顷，年产南美白对虾、石斑鱼约2.5万吨，产值10亿元，境外水产养殖成为福州海外渔业的重要增长极。

水产加工流通　全市水产品加工总量151.5万吨、产值276.1亿元，分别同比增长6.1%、6.3%。水产加工业的规模、质量居全省前茅，鱼糜制品、烤鳗、鲍鱼产量产值位列全国前茅。发挥品牌效应，向国家工商总局商标局申报福州鱼丸、福州金鱼地理标志证明商标；"连江海带"地理标志证明商标获国家工商总局商标局批准。福州市3个品牌入选第二批"福建十大渔业品牌"，加上首批入选的4个品牌，入选数量居全省第一。补助扶持水产品电商平台建设项目，推动构建"从渔场到餐桌"的水产品直通体系。

渔业交流合作　2015海峡(福州)渔业周·中国(福州)国际渔业博览会展区面积5.2万平方米，吸引来自30个国家和地区的400家协会和企业参展，现场签约、交易、零售额达166.38亿元。加强渔业对外交流合作，与肯尼亚蒙巴萨郡、日本长崎市签署渔业交流合作协议书。

【渔业安全体系建设】　渔业生产安全　组织开展渔业安全生产大检查，推进渔船安全生产标准化建设，全市60马力以上渔船开展标准化建设完成率100%。推进北斗海事一体化船载终端安装工作，全市1413艘60马力以上海洋渔船安装任务全面完成，转作他用的282艘涉渔"三无"船舶北斗终端安装率达100%，推进渔船检验"三大行动"。落实渔民综合知识与技能培训工作，全年举办培训班74期，培训人数6439人。持续开展渔业互保，全市渔工投保2.03万人，渔船投保1522艘，完成率100%，签单保费约3338.92万元；处理理赔案件135起，赔款约2140万元。

水产品质量安全　推进水产品质量安全追溯体系和无公害体系建设，推进水产品药残快速检测产品应用，开展水产品药残与质量安全监控检测工作。强化水产品质量安全执法，强化水产品质量安全宣传，保障青运会供应水产品质量安全。全市水产品抽检合格率99.7%，未发生区域性重大水产品质量安全事件。

海洋生态环境安全　海洋预报业务步入常态化，预警72小时海区中肋骨条藻赤潮，应急预警及时准确。重点开展每月罗源湾海水质量和水产养殖病害监测通报工作，推动罗源湾水域水质在线监测预警项目建设。

防灾减灾体系　推进海上渔港和重点渔排养殖区视频项目、重点渔港LED宣传大屏项目建设，推进"福建连江海域海洋减灾综合示范区"建设。推进海洋与渔业应急指挥系统项目建设，应对"苏迪罗""杜鹃"等台风灾害，实现全市渔业防台无事故。全市续建、新建渔港

2月12日，市海洋与渔业局向东岱渔民赠送救生衣（林莹　摄）

项目12个,其中3个完工,5个在建,其余4个正进行立项和开工前准备工作;同时试点探索渔港综合功能开发和社会资本参与渔港项目建设。

海洋渔业执法　全年查处海洋案件126起,全部办结,收缴罚没款1751.68万元。查处非法采捕红珊瑚暨涉渔"三无"船舶,查获处置涉嫌采捕红珊瑚船舶43艘次,摸排涉渔"三无"船舶463艘,督促拆解181艘,分流282艘。查处渔业案件131起,办结125起,收缴罚没款105万元。抽调渔政执法船全天候驻点罗源湾,为退养保驾护航。完善执法基础设施建设,启动300吨新型渔政船建造和2艘执法快艇采购工作。

【产业发展新举措】　政策扶持　为福州市海洋与渔业企业争取获国家、省、市级专项资金逾6.5亿元,包括渔船燃油补贴、渔船更新改造、海洋科技创新示范、远洋渔业、海洋生态环境和渔业增殖放流等。汇编海洋与渔业法律、法规和政策文件371部。

金融支持　继续与民生银行、邮储银行合作,着手与海峡银行、农发行、国开行合作,搭建金融服务平台,拓宽融资渠道,加大信贷力度。力促邮储银行与水产重点企业对接,并与邮储银行福州市分行签订战略合作框架协议,邮储银行福州市分行计划在3年内为福州市涉农产业提供累计不低于130亿元的金融支持。

福州市海洋协会　1月6日成立,单位会员53家,个人会员50人。协会开展用海项目前期咨询工作及水生野生动物保护科普宣传月等活动。引进相关人才推动业务开展,推动海洋经济运行监测评估系统试运行工作,提升海洋经济管理决策科学化水平。推进水产加工企业与科研院所、院校以及推广机构合作,促进科技成果转化效益,6·18海峡项目成果交易会对接16个项目。

(林　莹)

水　利

【概况】　2015年,福州市水利年度建设投资任务从28亿元调整为36.34亿元,比原投资计划增加8.34亿元,同比增长28.4%。其中重大水利项目22.86亿元,增加6.34亿元,其他水利项目13.48亿元,增加2亿元。全市水利完成总投资36.69亿元,占计划100.95%,同比增长29.64%。其中,马尾区完成投资2.229亿元、闽侯县3.586亿元、福清市4.561亿元、长乐市2.998亿元、连江县3.499亿元、罗源县3.277亿元、永泰县1.860亿元、闽清县3.798亿元、高新区0.318亿元、晋安区0.253亿元、仓山区市直3.128亿元、福州市闽江下游防洪工程建设公司6.176亿元及福州市水务投资发展有限公司1.002亿元。

【水行政工作】　水利管理机构建设　投入农民用水户协会建设专项资金132万元,培育发展农民用水协会33个,补助资金主要用于小型农田水利设施和农村饮水安全工程的维修养护,以及协会能力建设。组织村级水利员、乡镇水利工作站主要技术人员193人次参加全省农民水利员和乡镇水利工作站站长培训班。闽侯县小型农田水利管护试点县在白沙镇、小箬乡开展以产权确权和移交及工程管护经费筹措为主要内容的机制改革。实施闽清县小型水利工程管理体制改革试点工作,调查辖区小型水利工程情况,制定《闽清县小型农田水利工程设施管护办法》,拟定公益性小型水库管理人员和经费筹集方案。

水利规划编制工作　编制水利"十三五"规划,编制治涝工程专项规划、独流入海流域治理工程专项规划、海堤建设规划,开展福州新区水资源论证。组织编制《2015—2017年闽江下游(福州段)河道采砂规划》,经福州市人民政府批准下达2015年度闽江下游开采河砂年度指标200万立方米。

水资源管理保护　开展福州市落实水资源管理制度情况考核,落实"河长制"。闽侯县溪源溪流域整治列入2015年福建省"万里安全生态水系"建设试点。在第23个"世界水日"(3月22日)和第28个"中国水周"(3月22—28日)开展以"节约水资源,保障水安全"为主题的水法律法规和水资源保护知识宣传教育活动。

行政执法检查　市水利局对仓山区东方威尼斯三期、南江滨东大道延伸段及绿化配套工程、融侨(福州)置业有限公司淮安二期、三期、五期项目、桂湖片区项目安置房工程、桂湖小镇环路工程、桂湖片区自来水厂(宦溪镇饮水工程)、福州桂湖片区污水处理厂(宦溪镇污水处理厂工程)、西江林语花园项目、清富新城一区项目、市三江口组团清富新城片区道路工程等16个生产开发建设项目开展生产建设项目水土保持监督执法检查。福州市水政监察支队开展闽江下游河道非法采运砂执法,依法查扣违法采运砂船舶102艘、违法运砂车辆7部,拆解违法采砂船57艘,清理非法堆砂场8处,将2.3万立方米非法挖掘河砂推还江中,上缴财政罚款796万元。

行政审批与招标投标工作　取消设立水利旅游项目审批,授权自贸区(福州片区)自行开展水行政审批。办结各类审查审批项目申请事项186项,依法征收水土保持补偿费969.70万元、水资源费540.33万元。核准市级水利公开招投标项目9个,县级交易市场开标174个。

【水利工程建设】　重大水利工程　全年福州市重大水利项目54项,年度计划完成投资22.86亿元,累计完成投资24.5亿元,占年度计划107.17%。其中,33项在建重大水利项目完成投资14.41亿元,占计划117.06%;14项计划新开工重大水利项目完成投资9.24亿元,占计划106.8%;7项正在开展前期工作的项目完成投资0.27亿元,占计划128%。福州市闽江北港南岸防洪工程(壁头—乌龙江大桥段)完成投资1.88亿元,占计划110.67%;江北城区山洪防治及生态补水工程完成投资1.66亿元,占计划110.67%;福建省平潭及闽江口水资源配置工程完成投资1.00亿元,占计划100.2%。

冬春水利建设　福州市2014—2015年度冬春水利建设计划投资6.95亿元(含2014年部分,下同),投入劳动力2663万工日,完成土石方2887万立方米。至3月,完成投资7.11亿元(含2014年度),占计划102.3%;投入劳动力2719万工日,占计划102.1%;完成土石方3000万立方米,占计划103.9%;完成水毁工程修复352处,占任务100.3%。新增灌溉面积133.33公顷,改善灌溉面积5200公顷,新增除涝面积66.67公顷。改造中低产田面积200公顷,新增节水灌溉面积1666.67公顷,加固、加高堤防12.38千米,除险加固小型水库25座,山塘19座,新建小型水库(塘坝)1座,新增蓄水能力43.1万立方米。兴建山地水利工程蓄水池49个,1.2万立方米,治理水土流失面积4601公顷。福州市2015—2016年度冬春水利建设计划投资8.39亿元,年内完成投资4.88亿元,占计划58.22%,其中投入劳动力2200.3万工日,完成土石方2285.9万立方米;完成水毁工程修复154处;新增灌溉面积31.05公顷;改善灌溉面积72.45公顷;新增除涝面积10.5公顷;改造中低产田面积1.5公顷;新增节水灌溉面积22.5公顷;除险加固小型水库27座;治理水土流失面积338.55公顷。

农村饮水安全工程 福建省水利厅下达福州市10.3万农村居民的饮水安全建设任务,项目总投资5100.7万元,涉及闽侯、闽清、福清、连江和罗源5个县(市)13个乡镇(农场),共132处工程。累计完成投资5100.7万元,占计划投资100%。在闽侯、闽清、永泰、连江、罗源、福清、长乐、晋安8个县(市)区各建设1个农村饮水安全水质检测中心,完成建设工作并投入运行。

农田水利建设 完成第3批(2011—2013年)全国农田水利重点县闽侯县建设年度验收工作;完成第4批(2012—2014年)全国农田水利重点县闽清县建设任务;第5批(2013—2015年)全国农田水利重点县长乐市建设任务中完成2013—2014年度建设任务,完成年度建设任务96.1%;完成永泰县2014年度中央财政农田水利建设资金项目建设任务。完成节水灌溉面积3.1万公顷。3个高效节水灌溉项目中长乐市环球蔬菜基地高效节水灌溉项目和福清市绿叶蔬菜基地高效节水灌溉项目完工,各发展滴灌18公顷;建设闽侯生之养白沙农场节水灌溉项目。完成晋安区宦溪镇恩顶茶场南口工区山地水利示范工程建设任务。

水利设施加固改造工程 56座水库除险加固项目全部开工,累计完成投资1.16亿元;4条总长9.26千米海堤除险加固工程中连江官岭海堤、福清佳乐海堤、长乐海堤漳港段开工建设,长乐海堤潭梅段完成实施方案批复;4座水闸除险加固工程中,完成罗源松山水闸工程,长乐洋屿港水闸、福清过桥山水闸和罗源松山纳潮水闸开展前期工作;永泰白云一级站、同安丘洋一级站,丘洋二级站、梧桐三级站,连江才溪电站、潘溪电站等6座农村水电站实施增效扩容改造工程完工,连江潘溪电站、山仔水力发电厂、牛溪水电站、晋安区月洋水电站4座农村水电站基本完工,进行调试与试运行;闽侯县大目溪一级水电站与晋安区华林溪水电站在改造施工。

水土流失治理 全年福州市水土流失综合治理任务6.66万公顷,累计投资9103万元,完成10.53万公顷,占年度任务的158%。完成2014年中央预算内水土保持项目连江东湖镇双坝小流域水土流失治理建设任务以及永泰盖洋、闽清金岭2个省级生态茶果园建设任务;3个省级生态村中完成闽清溪东和连江花坞建设,开展福清后溪施工;开展永泰、闽清2个省级重点县以及5个省级重点乡镇(连江县丹阳乡、东岱镇,永泰县白云乡、红星乡,长乐市湖南镇)水土流失治理建设。

(陈 嘉)

防汛抗旱

【概况】 2015年,全市洪涝灾害造成直接经济损失45.15亿元。全年降水总体偏多,累计平均降水量1801.7毫米,雨量较多年平均值多20%。4—7月,全市降水偏多,期间出现2次全市性暴雨过程,9次局部暴雨过程,其中5月16日的强降雨影响最大。年内闽江最大流量为每秒1.05万立方米,低于多年均值。影响福州市的热带气旋有5个,分别为9号"灿鸿"、10号"莲花"、13号"苏迪罗"、15号"天鹅"和21号"杜鹃",其中台风"苏迪罗"和"杜鹃"带来的强风、强降雨、巨浪、暴潮严重影响全市。

【雨季强降雨灾害】 5月16日,强降雨造成进入汛期以来最大汛情。13时开始,最初3小时雨量达81毫米,6小时雨量达130毫米,21时雨势渐停。市区平均降雨80毫米,局部超过100毫米,造成市区多处内涝。6月10日,福州市部分地区出现强对流天气,强降雨主要集中市区北部一带,并伴有6~8级短时大风。福飞涵洞下穿通道路受淹,部分路段受涝。6月18日17时许,受强对流天气影响,福州出现短时强降雨,市区部分路段出现严重积水。

【台风灾害】 *第13号强台风"苏迪罗"* 7月30日20时在西北太平洋洋面上生成,8月8日4时40分在台湾花莲附近登陆,22时10分在莆田市秀屿区沿海再次登陆,登陆时近中心最大风力13级(38米/秒)。受其影响,8月7日夜里至9日上午,强风、强降雨持续影响福州市,8日3时至23时沿海地区出现12~16级大风,市区最大阵风为34.1米每秒(12级),福州市区、罗源、连江和福清的部分乡镇以及其余的局部乡镇出现特大暴雨,福州乌山站(国家站)24小时最强雨量为270.5毫米,为1946年有气象记录以来最强,12小时最强雨量为175.1毫米,居历史第2位。敖江流域山仔水库发生30年一遇洪水,福州市沿海地区出现4~6米的巨到狂浪(红色预警)。全市12个县(市)区(含高新区)、156个乡镇受灾,受灾人口达95.67万人,死亡4人,转移人口8.59万人,全市直接经济损失达38.79亿元。其中:农作物受灾面积2.95万公顷、成灾面积1.80万公顷,水产养殖损失0.80万公顷、3.10万吨,农林牧渔业直接经济损失14.39亿元;公路中断128条次,长乐机场关停,高速公路封闭,动车、客运、公交停运,停产工矿企业901个,供电中断786条次,通信中断1130条次,工业交通运输业直接经济损失15.11亿元;损坏堤防62处17.28千米,堤防决口6处0.39千米,损坏护岸384处,损坏水闸47座,冲毁塘坝23座,损坏灌溉设施1008处,损坏机电泵站27座,水利设施直接经济损失2.41亿元。长时间

8月7日,为迎战13号台风"苏迪罗"来袭,福建海警一支队派遣官兵在重点海域巡逻检查,督促渔民及时回港避风 (文军成 摄)

强风和特大暴雨使福州市遭受严重的洪涝灾害。在强降雨与闽江风暴潮高潮位同时影响下,福州城区内河洪水暴涨,部分河段漫溢,造成内涝灾害,出现97处积涝片,平均淹深30~60厘米,最大淹深处约达1米,个别低洼地带淹深约1.5米,受涝面积估算为1278公顷。县区多地村镇遭受洪水侵淹和内涝,大量农田受淹。受强风巨浪影响,沿海地区大量海产养殖、渔船毁坏,渔港、海堤水闸等基础设施受损严重。

第21号强台风"杜鹃" 9月23日2时在西北太平洋洋面上生成,28日17点50分以强台风强度(48米每秒)在台湾省宜兰沿海登陆,29日8时50分以台风强度(33米每秒)在莆田市秀屿区再次登陆,登陆时近中心最大风力12级。28日20时—29日13时沿海县(市)出现11~13级大风,出现4~6米巨到狂浪(红色预警),闽江口最高潮位达4.6米。各县(市)城区(除闽清外)累计雨量,都达到暴雨量级。台风"杜鹃"给福州市带来强风暴雨,福州城区发现30处积涝点。受强风巨浪影响,沿海地区道路积水、大量海产养殖毁损、渔船毁坏,渔港、海堤水闸等基础设施受损。全市12个县(市)区(含高新区)、154个乡镇受灾,受灾人口38.98万人,转移人口5.27万人,倒塌房屋92间,直接经济损失达6.37亿元。其中,农作物受灾面积8.46千公顷、成灾面积2.79千公顷,水产养殖损失1.08千公顷、1.58万吨,农林牧渔业直接经济损失4.40亿元;公路中断11条次,长乐机场关停,动车、客运、公交停运,公路客运停运省际班次11条、市际班次103条、县际班次286条,停产工矿企业5个,供电中断136条次,通信中断53条次,工业交通运输业直接经济损失0.79亿元;损坏堤防32处、7.09千米,损坏护岸119处,损坏水闸8,冲毁塘坝5座,损坏灌溉设施267处,损坏机电泵站15座,水利设施直接经济损失0.32亿元。

(陈 嘉)

(编辑 吴 燕 卓明顺)

综　述

2015年，福州工业总产值8195.2亿元。其中，规模以上工业总产值7881.9亿元，同比增长4.9%，增加值1927.9亿元，同比增长8.8%，增幅位居东部沿海省会中心城市前列，增速高于全省平均水平0.1个百分点。工业经济综合效益指数达286%，比上年提高6.4个百分点。完成工业固定资产投资1236.4亿元，总量位居全省第一，同比增长5.8%。电子信息产业实现产值1067.5亿元，首次突破千亿元。全市培育形成纺织化纤、机械装备、冶金建材、电子信息、轻工食品五大千亿元产业，纺织化纤行业产值达2073.3亿元，首次突破2000亿元。

加快产业结构调整　一是加快战略性新兴产业发展，年内规模以上战略性新兴产业增加值422.18亿元，同比增长9.1%，占规模以上工业增加值比重21.8%。二是加快传统产业转型升级，其中化纤制造行业的部分龙头企业实现约50%的增长。三是推进节能降耗工作，年内单位GDP能耗下降逾7%，超额完成省政府下达的“十二五”节能目标。

推动工业有效投资　制定《福州市实施“中国制造2025”行动计划》《“十三五”工业和信息化发展专项规划》。全市完成投资过亿元的项目有145项，其中福清核电、申远聚酰胺等32个项目投资超过5亿元。150项市工业重点项目中，景丰科技、祥兴箱包等60个项目竣工投产，京东方、捷联电子等26个项目开工建设。工业技改投资790.02亿元，同比增长4.6%，占工业投资比重63.9%。

实施创新驱动发展　一是强化智能制造，出台加快发展智能制造9条措施，召开全市智能制造暨创业创新现场会，加快发展智能制造产业。二是引导企业创新，加强产学研联合，推进实施103项市级重点产学研项目，实现“6·18”项目成果对接56项，认定6家省级、14家市级企业技术中心，2家省级、5家市级工业设计中心。三是促进“两化”深度融合，出台《福州市“互联网+工业”行动方案》，推进互联网、物联网、云计算、大数据等信息技术在工业各领域深度应用，103个项目列入省级两化融合重点项目，14家企业列入全国两化融合管理体系贯标试点。

开展产业项目对接　引进京东方8.5代面板项目，总投资300亿元，推动三峡集团福清海上风电产业园、中铝铝精深加工产业园项目、中车集团福州新能源产业项目等重点产业签约项目。全年推进跟踪51项央企项目，总投资3500亿元。签约民企合同项目148项，总投资1458亿元。

提升重点工业园区　全年23个重点工业园区完成规模以上工业产值逾5900亿元，工业投资800亿元，税收逾100亿元，开发面积208.8平方千米。设立福州经济技术开发区、福州软件园、融侨经济技术开发区3个国家新型工业化产业示范基地。开展产业园区基础设施建设PPP项目摸底，推荐11个项目列入省工业园区建设基金项目库。出台《福州市关于推进中心城区工业企业退

9月26日，第十一届泛珠三角区域省会城市市长联席会在福州召开

（市经信委　供）

二进三的若干意见》,推动中心城区企业退城入园。

推进新区产业建设　省扶持工业发展资金中设立4000万元福州新区专项。全年福州新区6个县(市)区完成规上工业增加值1428.8亿元,占全市总量的74.1%,102项工业重点项目完成投资494.4亿元。

提高保障服务能力　进一步简政放权,保留7大项13小项审批项目入驻福州市行政服务中心,全部实现网上审批系统办理;加大政策扶持,先后出台促进工业创新转型稳定增长10条、小微企业加快发展7条等10余项政策措施,全年下拨惠企专项资金约3亿元。制定实施《2015年福州市减轻企业负担工作方案》,为企业减免各项税负54.3亿元。深化"企业服务月"活动,协调解决基层和企业反映的困难问题40多个。指导企业申请市级企业应急保障资金,设立以来累计使用应急周转资金78次,总额15亿元,保障企业34家。

(林　捷)

机械冶金

【概况】　2015年,福州市机械制造冶金建材行业规模以上企业完成产值2328亿元。其中,机械制造行业完成规模以上产值1265.1亿元,同比增长5%;冶金建材行业完成规模以上产值1062.9亿元,同比下降1.6%。

【机械制造行业】　金属制品业　完成规模以上产值128.4亿元,同比增长17.8%。其中昇兴集团股份有限公司完成产值12.30亿元,同比增长1.5%;福州德通金属容器有限公司完成产值26.16亿元,同比增长68.9%。

通用设备制造业　完成规模以上产值134.9亿元,同比增长8.4%。其中,福建联迪商用设备有限公司完成产值17.27亿元,同比增长16.51%;日立数字映像(中国)有限公司完成产值14.57亿元,同比下降2.3%。

专用设备制造业　完成规模以上产值103.8亿元,同比增长5.7%。其中,福建升达冶金技术有限公司完成产值9.2亿元,同比增长13.44%;福建省轻工机械设备有限公司完成产值20.99亿元,同比增长11.75%。

汽车制造业　完成规模以上产值270.4亿元,同比增长0.1%。龙头企业东南汽车完成产值60.1亿元,同比下降16.4%;奔驰汽车完成产值51.9亿元,同比下降10.91%。

船舶行业　完成规模以上产值129.9亿元,同比下降8.4%。其中福建省马尾造船股份有限公司完成产值33亿元,同比下降6.4%。福建省东南造船厂完成产值27亿元,同比下降21.7%。

电气机械及器材制造业　完成规模以上产值416.9亿元,同比增长7.7%。福建明辉电力系统有限公司完成产值82.17亿元,同比增长24.38%;福州大通机电有限公司完成产值13.35亿元,同比下降20.2%。

仪器仪表制造业　完成规模以上产值55.8亿元,同比增长9.8%。其中福建上润精密仪器有限公司完成产值17.89亿元,同比增长12.58%。

【冶金建材行业】　黑色金属冶炼及压延加工业　钢铁行业有规模以上企业37家,炼钢产能约1200万吨,完成规模以上产值440.3亿元,同比下降11.2%。其中,重点钢企宝钢德盛完成产值79亿元,同比下降2.1%;亿鑫钢铁完成产值34.8亿元,同比下降53.8%;三钢小蕉完成产值37.9亿元,同比下降67.5%。鑫海冶金、中钢、福泰钢铁等企业停产。

有色金属冶炼及压延加工业　完成规模以上产值180亿元,同比增长7.8%,其中福建奋安铝业有限公司完成产值85.73亿元,同比增长15.25%。

建材行业　受房地产市场持续低迷影响,传统产品产能持续收缩,市场供需矛盾加剧促使产品价格下滑明显,企业订单不足,利润减少。其中,福建建华管桩有限公司完成规上产值11.46亿元,同比下降29.73%,福建省万达汽车玻璃工业有限公司完成产值22.46亿元,同比增长19.27%。

(林　艺)

电力工业

【概况】　2015年,福州供区面积1.21万平方千米,供电人口727万人,供电户数309万户。拥有220千伏变电站33座,主变66台,变电容量1236万千伏安,220千伏输电线路2142.064千米,其中电缆线路45.307千米。110千伏变电站125座,主变240台,变电容量1081.65万千伏安,110千伏输电线路2396.385千米,其中电缆线路254.594千米。35千伏变电站34座,主变63台,变电容量49.4万千伏安,35千伏输电线路709.216千米,其中电缆线路26.43千米。

【电力供应】　福州地区电网依靠省网供电,有500千伏、220千伏两个电压等级主干电网,其中,500千伏电网拥有可门火电厂(240万千瓦)、福清裕融核电(217.8万千瓦)、江阴火电厂(120万千瓦)、水口水电站(80万千瓦)4座主力电源以及洋中(100万千伏安)、福州北(150万千伏安)、东台(200万千伏安)、笠里(100万千伏安)、燕墩(200万千伏安)5座500千伏变电站,500千伏网架形成南北贯通、布点均匀的双回环网结构;220千伏电网以500千伏变电站作为主电源点,并有东部福州华能电厂(272万千瓦)、西部水口水电站(60万千瓦)作为补充,220千伏电网双回多环、南北拓展、分区供电、相互支援、网架坚强。

全市联网的中小型电厂规模为:总装机容量1397.95兆瓦,其中火电容量241.84兆瓦,水电容量597.11兆瓦,风电容量559兆瓦;所占比例分别为17.3%、42.71%、39.99%。全社会用电量360.09亿千瓦时,同比下降0.34%。第一产业用电5.55亿千瓦时,同比增长1.63%;第二产业用电212.78亿千瓦时,同比增长-2.03%;第三产业用电65.72亿千瓦时,同比增长5.84%;城乡居民生活用电76.05亿千瓦时,同比增长-0.71%。地区最高用电负荷629.35万千瓦,负荷同比增长5.94%。

工业用电同比下降1.82%。其中,

轻、重工业用电分别同比增长2.67%、-5.12%。支柱行业纺织业、非金属矿物制品业、黑色金属冶炼及压延加工业、有色金属冶炼及压延加工业用电量同比增长7.91%、-5.73%、-24.99%和-2.47%。

【电网建设】　完成“十三五”电网规划,开展自贸区配电网规划体系研究,按照A+类供电区域标准,对片区内网架进行梳理。完成福州地区固定资产投资17.19亿元,较上年减少14%,其中输变电工程投资5.29亿元,配网投资8.8亿元,技改工程投资2.69亿元。投产碧里二期扩建、沙岭变扩建、桃坑输变电工程等19项重点工程,投产变电容量83万千伏安,线路长度120千米。配电网,新建、改造10千伏线路1066千米、配变1257台,馈线N-1率、联络率分别提升2.43%、5.15%。整改低电压台区1185台,高故障线路152条。推进城市核心区配电网自动化建设,投运终端2110台,FA馈线523条,遥控成功率达93.21%,核心区自动化覆盖率达100%,中心城区用户平均停电时间降至10.87分钟,城市、农村电网供电可靠率达99.983%、99.966%。完成110千伏南王线缆化,完成铜盘路、庆城路、盘屿路等20条道路缆化,完成投资1.3亿元,敷设电缆85千米。

【新农村电气化建设】　完成农村电网投资4.96亿元,建成电气化乡镇9个、电气化村55个,新建及改造35千伏及以上变电站5座,容量25万千伏安,线路1.15千米;新建、改造10千伏线路679千米,配变580台,低压线路1328千米。工程惠及7县(市)67个乡镇,253个行政村,712个自然村,受益农民达198万人。

【技术创新】　开展港口岸电、空港陆电等新兴电能替代技术调研,向码头、机场客户推广船舶岸电接入、飞机APU电能替代,推动社会实现电能替代电量7.22亿千瓦时。开展电网和办公场所节能节能改造,完成改造项目114项,累计节约电量8342万千瓦时,节约电力2.88万千瓦。推广国网“95598”互动网站、手机APP、微信公众平台等服务渠道。微信平台办理电费电价缴费23103笔。开展电动汽车配套建设,累计投资3584万元,分别在沈海、京台、宁东高速福州段的4对服务区建设8座快速充电站,现场配置4台直流充电桩;在福州市区内建设3座公交车充电站,配置12台直流充电桩。保障福州齐安电动公交车站所属线路电动公交车的日常充电运营,保障新建成的10座高速充电站和4座城市快充站的正常运行。参与国家级、省部(行业)级等科技奖申报,获中国电力技术发明奖1项、省部级科技奖励1项、省公司科技奖励12项。承担国家智能电网管理物联网应用示范工程“输电线路无人机智能巡检系统”项目,通过国家发改委验收。

【安全生产】　修订安全履职评价、安全奖惩、安全违章记分4项制度。开展安全大检查和缺陷隐患整治活动,发现并整改隐患1142项,整改率达96.5%。强化履职管理,开展履职评价3次。落实到岗到位要求,各级管理人员到位监督3381人次。开展电网风险预控与服务预警,管控5级以上电网风险81项。完善应急体系建设,完成“苏迪罗”“杜鹃”台风灾后抢修复电工作。完成首届青运会、首届21世纪海上丝绸之路博览会暨第17届海峡两岸经贸交易会等重要活动保供电任务,全年连续安全生产3104天。

【客户服务】　走访100家省、市、县重点工业项目企业,电量负增长以及暂停、减容的大客户,协助企业策划用电方案,鼓励企业扩大生产。开展“安全用电进万家”主题活动,组织装表、抄表人员逐户入户开展安全排查,发放用电安全告知书,累计排查219万户,均完成整改。拓展缴费渠道建设,推进村村设点工作,累计完成便民缴费点3864个。开展农村用电安全宣传,通过“入校上一堂用电安全课、送一张用电安全宣传片”开展一轮农村用电安全示范宣传。深化业扩联合中心建设,单电源项目总时长从50个工作日缩短到35个工作日,双电源项目总时长从65个工作日缩短50个工作日,提前完成京东方杆线迁改、地铁黄山变、茶亭变等重点项目,实现高压业扩服务零投诉、回访满意率100%。完成江夏小区、磐石新城二区等保障房项目12个、一户一表改造工程11项,居民电表校验、检定平均时间降至5个工作日内。推广“先复电后抢修”,加大带电作业力度,全年完成带电作业5715次,减少停电18.04万时户。针对自贸区福州片区的政策落地,为自贸区客户提供“顾问式”服务,区内抢修到岗平均时长缩短至22分钟,打造供电服务示范区。

(姜　炜)

11月25日,福州市电力执法办公室正式成立　(市电业局　供)

医药化工

【概况】　2015年,福州市医药化工行业规模以上工业完成产值361.3亿元。其中,生物医药产业完成规模以上产值85.5亿元,同比增长2.6%;石油化工行业完成规模以上产值275.8亿元,同比增长10.7%。

【生物医药行业】 全年产值超10亿元企业1家,为福抗药业12.3亿元;产值超5亿元企业2家,为南少林药业6.9亿元和海王福药5.9亿元。受医保控费扩大实施范围,医疗机构医药费用增长幅度受到限制;药品招标促使制剂价格继续降低;实施新版GMP带来无菌制剂产销量减少;一些化学原料药由于环保问题限产停产,产销量下降等因素影响生物医药行业发展放缓。

年内福建南少林药业有限公司颗粒剂、茶剂、混悬剂等,金陵药业股份有限公司福州梅峰制药厂片剂、硬胶囊剂等,福州黄氏药业有限公司黄氏健洛通3家企业的药品通过GMP认证。

【石油化工行业】 石油加工及炼焦业完成产值21.3亿元,同比降低30.7%;化学原料及化学制品制造业完成产值254.4亿元,同比增长17.8%。龙头企业耀隆化工作为福清化工片区的上游原料供应企业,其产品一氧化碳、氢气、液氨等直接销往区内企业,天辰耀隆新材料有限公司主产品己内酰胺销路较好,2家企业基本处于满负荷生产状态,带动产值提升。东南电化由于主要产品TDI和PVC的市场价格下降导致减产。

(叶 苏 林 艺)

轻纺塑料工业

【概况】 2015年,福州市轻纺行业规模以上企业940家,完成工业总产值3188.3亿元,同比增长10.6%,工业总产值占全市工业比重40.5%,经济总量继续位居6个行业之首。城镇集体工业联合社系统经济实现平稳增长,全年完成工业总产值895.7亿元,同比增长8.2%,完成工业增加值279.8亿元,同比增长8.7%。

【纺织工业】 规模以上企业471家,完成工业总产值2073.3亿元,同比增长19.8%,占全市规模以上企业工业总产值7881.9亿元的26.3%,位列工业八大支柱产业首位,占全省纺织工业总产值5273.3亿元的39.3%,位居全省第二。具体为:纺织业229家企业,产值852.9亿元,同比增长8.3%;化学纤维制造企业29家,产值578.8亿元,同比增长46.6%;毛皮、羽绒制造企业136家,产值500.7亿元,同比增长15.2%;服装企业77家,产值140.9亿元,同比增长10.1%。

【轻工业】 规模以上企业469家,完成工业总产值1115亿元,同比增长9.5%,位列工业八大支柱产业第3位。其中,食品业规模以上企业265家,工业总产值846.6亿元,同比增长8.6%。具体为:农副食品加工业630.2亿元,同比增长7.8%;食品制造业113.3亿元,同比增长13.0%;饮料制造业103.1亿元,同比增长11.6%。其他轻工规模以上企业204家,工业总产值268.4亿元,同比增长12.3%。

【重点项目】 轻纺行业重点项目共计59项,其中纺织工业30项,轻工业29项。福建经纬新纤科技实业有限公司40万吨差别化涤纶化学纤维项目、福建景丰科技有限公司年产20万吨差别化功能功能纤维建设项目、福建凯邦锦纶科技有限公司日产200吨聚酰胺锦纶6切片聚合扩建工程项目、长乐恒申合纤科技有限公司年产6万吨差别化锦纶长丝项目、福建省亚新纺织有限公司高档优质纱生产线建设项目、福建万鸿纺织有限公司年产5万吨差别化锦纶纤维项目等均在年内竣工。

【联合社所属行业】 8家企业的9个项目列入福州市2015年工业重点项目,总投资24.7亿元,其中塑胶类总投资17.9亿元,鞋革箱包类总投资2.5亿元,家具类总投资4.3亿元。有3个项目列入市级产学研项目:福建晟扬管道科技有限公司、福州市福塑科学技术研究所的《HDPE给水管复合改性料的研制及应用》;福建祥龙塑胶有限公司、福建师范大学福清分校的《高导热阻燃电力电缆聚丙烯波纹护套管产业化研究》;福建宝利特科技股份有限公司、合肥工业大学的《合成革用新型聚氨酯材料的制备及其应用研究》。

承接市属集体企业统一管理工作,实施政企脱钩,推进行政机关职能转换,年内审核移交涉及未改制集体企业49家(有在册职工约2200人、离退休职工约8200人),涉及已改制集体企业39家。联合社成立市属集体企业改革和离退休人员服务中心。

【技术进步】 培育和认定企业技术中心,福建东龙针纺有限公司被认定为

渤海石油装备福建钢管有限公司生产车间(市经信委 供)

省级技术中心；福建经纬新纤科技实业有限公司、福建万鸿纺织有限公司2家企业被认定为市级企业技术中心；茶花现代家居用品股份有限公司、福建德艺集团股份有限公司2家企业被认定为市级工业设计中心。福建鑫港纺织机械有限公司的“一种在常温下运行的多梳栉经编机”发明专利获中国专利优秀奖。福州福田工艺品有限公司企业技术中心、福州路雅鞋业有限公司分别被认定为市级企业技术中心和福州市知识产权示范企业。福建祥龙塑胶有限公司、福建晟扬管道科技有限公司等4家企业被认定为福建省高新技术企业。

年内福建思嘉环保材料科技有限公司《高韧性多功能聚酯纤维/PVC复合膜结构材料》获得福建省科学技术进步奖三等奖；祥兴（福建）箱包集团有限公司《抗菌性微孔改性EVA材料研制及其在背包中的应用》获福州市科技进步二等奖；福建思嘉环保材料科技有限公司《高强聚酯纤维层压膜结构材料枢纽工程工艺》、福建祥龙塑胶有限公司《一种塑料管材定型挤出生产工艺及挤出装置》获福州市优秀专利奖。

塑胶行业技术创新中心完成技术创新4项，为塑胶企业开展新产品研发，配方设计4项，举办专项研讨会及塑胶专业培训会2场，培训人才136人次，为企业提供咨询、产品检测183项次，协助企业申报各级科技项目、专利申请2项，为企业提供技术咨询62项次，实现服务企业113家。

【企业服务】　推动长乐恒申合纤科技公司加强同北京服装学院、东华大学以及中国工程院等科研院所合作，研发“蓄热调温聚酰胺纤维关键技术研发”“大分子柔性聚合工艺研发”等项目，该企业成为继金纶高纤后全市第2家年产值超百亿元的纺织企业。长源纺织有限公司引进并在生产车间实施“纺织生产过程数据集成和处理系统（现场总线PROFIBUS技术）”。

打造“21世纪海上丝绸之路”战略枢纽城市，全市列入福建省“一带一路”建设重点轻纺企业6家，投资额合计28.79亿元，其中，春申股份有限公司与印尼SUMS海洋发展股份有限公司合作建设2333.33公顷淡海水混合鱼类、对虾生态养殖暨精深加工产业化基地、福建汉吉斯国际冷链枢纽发展有限公司与印尼海成企业联合集团合作建设汉吉斯大型国际冷链枢纽中心暨跨境电商生产中心一期项目投入使用。

【名牌创新】　至年底，福建和盛塑业有限公司，福建兴中艺轻工制品有限公司等13家行业企业拥有“图形＋图形、合晟＋图形牌高压电力电缆HFB波纹保护管”“合晟＋图形、图形＋图形牌MPP高压电力电缆保护管”“xzoyi＋图形牌民用家具”等14个福建名牌产品。

福州闽荣鑫家具有限公司、茶花现代家居用品股份有限公司等33家行业企业拥有“闽荣鑫”“第1503558、1398758号图形”“茶花”等34个福建省著名商标。

（颜芳华）

工艺美术

【概况】　2015年，福州工艺美术行业规模以上企业111家，完成产值195亿元，同比增长11%，出口交货值91.2亿元，同比增长12%，其中中元艺术、华和造型等29家企业，在全行业增速放缓的情况下，销售额保持25%的增长。完成直属国有企业福州脱胎漆艺制作中心、福州寿山石文化艺术品产权交易所等3家企业移交福州文化旅游投资集体有限责任公司；直属集体企业福州雕刻艺术品总厂、福州金银工艺厂等8家企业移交福州城镇集体工业联合社的工作。

【技艺传承与技术创新】　委托福建省技师学院、福州市旅游职业中专学校定向培养传统工艺美术濒危品种软木画和脱胎漆器专业学生123人，其中2012级46人、2013级21人、2014级14人、2015级42人。2012届学生于6月毕业，脱胎漆器专业学生全部到福州脱胎漆艺制作中心就业；软木画专业学生到福州守望传统文化艺术有限公司等企业就业，部分自主创业。

完成年度福州市传统工艺美术保护发展专项资金200万元计划，用于扶持第23届福州市工艺美术“如意杯”创新设计大奖赛等9个项目，编辑出版福州工艺美术技艺丛书之《脱胎漆器技艺手册》。

组织开展脱胎漆器、软木画大师带徒授艺期终考核工作，同时召开百名大师传艺经验交流会，以强化大师授艺机制，37名学员全部通过考核。福州脱胎漆器制作中心与高等院校合作设立漆艺专业师生实训基地，接受来自黑龙江、湖南、云南、北京、福建师大、福建工业学校等漆艺专业195名学生参加实训。

开展专业技术人员职称评定工作，评定工艺美术专业技术职称125人，其中高级工艺美术师1人，工艺美术师57人，初级工艺美术师及工艺美术员67人。

【行业重大活动】　1月，福州雕刻工艺品总厂与扬州漆器厂合作的福州直营店开业，并且与海峡拍卖行联合举办“2015年寿山石精品拍卖会”，以2094.77万元成交。6月，成立“中国工艺美术学会玉、石雕专业委员会”，福州寿山石协会代表参加在北京举办的中国传统工艺保护标准化论坛，界定老挝、泰国等外来叶蜡石不能统称寿山石，认定寿山石的地域性文化是特定的石种。

国内外最大的软木画——“中国鼓岭”由福州守望传统文化艺术有限公司的青年工艺师陈君锟布景完成，高1.7米，长6.2米，国庆节前夕安装落成于福州火车站北站台的贵宾厅。

【市场拓展】　2015年，福州寿山石行业协会、福州脱胎漆器行业协会、福州工艺美术联社先后组织重点企业和协会会员参加中国漆艺漆花杯大赛、海峡两岸工艺礼品展、第十届中国（莆田）海峡工艺品博览会、第17届海峡两岸经贸交易会、第5届中国辽宁四宝文化艺术品博览会暨大连国际珠宝首饰博览会、第11届中国名石雕刻艺术展暨第16届中国巴林右旗文化节以及2015年中国玉、石雕刻艺术百花奖等展览活动。

（陈国光）

（编辑　吴　燕　卓明顺）

城乡规划

【概况】 2015年,福州市城乡规划工作重点推进福州新区开放开发、自贸区建设和打造21世纪海上丝绸之路战略枢纽城市。引进高水平规划团队,规划工作重心由规划审批向规划编制转变。全面梳理规划审批权力清单、责任清单,推行菜单式、标准化服务,实行一线工作法、分区挂钩联系制度、重点项目代办制、并联审批等制度。全面推进五区七县(市)多规合一工作。完成中心城区"一张图""二上"阶段成果并上报市政府;完成"一个信息平台"7个子系统的部分子系统搭建工作。5月18日,福州规划馆正式开馆,接待参观约3.30万人次,重要团体312个。7月27日,国务院正式批复《福州市城市总体规划(2011—2020年)》。

【新区规划】 根据市委《关于全力推进福州新区开放开发在更高起点上加快建设闽江口金三角经济圈》的战略部署,编制新区各项规划。先后开展《福州新区空间发展规划纲要》《福州新区2049:总体发展战略规划》《福州新区总体规划(2015—2030年)》《福州新区综合交通规划》等规划的编制工作。

【自贸区规划】 落实省、市关于自贸区建设的决策部署,督促自贸区各项政策尽快落地,推进《中国(福建)自由贸易区福州片区用地调整规划》编制工作及《中国(福建)自由贸易区福州片区用地调整规划》的编制工作。

【控制性详细规划】 推进《福州中心城区闽江北岸片区单元控制性详细规划》《福州晋安区杨庭编制单元(350111-YT)火车北站新店片区平衡用地(杨庭街道)控规调整论证》《福州马尾新城三江口组团南站片区控制性详细规划(修编)》《福州鼓楼、台江区近年建设与控规实施情况总体评估》《福州马尾新城三江口南台岛东部片区D-H基本单元控制性详细规划调整》《福州马尾新城三江口组团南台岛片区实施计划》等规划编制和报批工作,完善规划编制体系,五城区控规实现全覆盖。

【历史文化保护规划工作】 组织编制《福州林浦、阳岐历史文化名村保护规划》《福州冶山历史文化风貌区保护规划》《福州螺洲历史文化名镇保护规划》等规划编制。推进上下杭、朱紫坊、三坊七巷历史文化街区保护规划及苍霞历史建筑群保护规划的审查及报批,其中朱紫坊、上下杭、三坊七巷历史文化街区保护规划省获政府批复,苍霞历史建筑群保护规划由市政府正式批复。

【城市生态、市政交通等专项规划与城市设计】 组织编制《福州城市热环境与风道控制规划研究》《降低福州城区热岛效应技术导则》。跟踪城市交通热点和交通拥堵问题,研究交通改善对策,编制交通运行月报。组织编制《福州市中心城区公共文化设施布局专项规划》《福州市养老设施布局专项规划》《福州市中心城区通信基础设施专项规划》《福州市驾校培训场整合规划》《福州市区重点地段支路街巷整治规划》和《东部新城商务办公中心区道路交通组织研究》等项目。组织编制《福州市城市规划2015年实施计划》《魁岐地块城市设计》《南台岛三江口东部片区樟岚总部基地城市设计》《两江四岸城市设计实施评估与活力提升行动计划》《福州市火车南站周边地区提升工程行动计划》等城市设计;开展《福州市城市家具·公共交通·城市宣传品色彩设计》编制工作。

【各县(市)规划】 完成《连江县城市总体规划实施评估报告》《福州市滨海工业区总体规划》《闽侯县杜坞片区控制性详细规划》等规划成果审查工作。联合审查《长乐市城市总体规划纲要(2014—2030)》。开展市级新农村"幸福家园工程"示范村规划编制指导工作。年内,马尾区琅岐镇红光村、晋安区寿山乡前洋村、福清市石竹街道洋梓村、长乐市航城街道琴江村等9个市级示范村村庄规划编制工作完成。

【政策规划】 推进《福州市城乡规划条例》出台,9月25日经省十二届人大常委会第17次会议批准,并于12月1日起施行。研究制定《建筑面积容积率计算规则调整的规定》《非住宅建设项目底层架空绿化容积率计算规则》《福州市集中式商业规划审批意见》《关于贯彻实施〈福建省实施城市立体绿化暂行办法〉有关规划管理意见》《建筑工程电子报批技术指引》等10部相关规定和规则,规范规划设计和审批。

梳理审批流程,简化审批手续,重点推进分区(五城区)挂钩联系制度。试行技术审查第三方服务工作,推进技术审查与行政审批分离,推行菜单式审批、并联审批、主办处室责任制、重点项目代办制等相关制度。

全年核发“建设项目选址意见书”491件,核发“建设项目用地规划许可证”210件,办理建设项目总平面方案审查150余项目,办理建筑设计方案审查、变更项目649件次,核发“建设工程规划许可证(建筑)”138件,“建设工程规划许可证(市政)”146件。办理建设工程规划条件核实案件290件,出具规划设计条件181件。

【宜居环境建设】 委托开展《福州市火车南站周边提升工程行动计划》,配合市宜居办做好环境综合整治重点项目的审查和技术指导工作,审查和指导《福州市景观风貌专项规划》《闽江下游重点水工建筑物景观提升设计方案》《于山历史风貌区北出入口及观巷建筑方案》《闽江北港南岸马杭洲排涝站、农大排涝站建筑设计方案》。

【旧屋区改造】 完成晋安区双坂、连潘、凤坂村片区旧改控规调整论证,仓山区红坊文化创意园周边旧厂房改造,奥体片湾边一、二期项目,东升旧厂房旧屋区改造项目控规调整论证报告、台江区致力新村旧改项目,鼓楼区六一南路旧改项目等20余项旧改项目工作。

【承办大型活动】 6月24日,举办中国·福州国际雕塑艺术展,征集到来自全球102个国家和地区的2528件作品。经过初评、终评,评选出97件获奖作品。国际雕塑创作营启动。组委会邀请来自18个国家和地区的26位海外及港澳台地区获奖雕塑家赴榕参与国际雕塑创作营为期40天的现场加工制作。10月1日,雕塑艺术展揭幕,前50件优秀作品放大制作成足尺雕塑永久落成于福州。其中,31件雕塑作品放置于福州雕塑园,12件放置于马尾东江滨公园,7件以体育为主题的作品则被放置在海峡奥体中心。

(胡华锋)

国土资源管理

【概况】 2015年,福州市累计出让经营性用地665.61公顷,成交价418.20亿元;出让工业用地509.41公顷,成交价13.809亿元,办理划拨国有建设用地使用权237宗,面积1693.72公顷;协议出让(含划拨转出让)45宗,面积148.21公顷,出让价96.39亿元。其中,市本级累计公开出让土地26宗,土地面积104.93公顷,成交价299.026亿元;市本级办理划拨国有建设用地使用权97宗,土地面积588.84公顷;协议出让(含划拨转出让)51宗,土地面积107.94公顷,出让价96.18亿元。

五区七县经国务院和省政府批准的农用地转用和土地征收项目223批次,面积2745.6572公顷,其中四城区批准农用地转用和土地征收项目69批次,批准用地面积938.1934公顷,涉及农用地509.10公顷(耕地291.60公顷)、新增建设用地545.39公顷,包括新建福州至平潭铁路福州段、轨道交通2号线、京东方8.5代液晶面板、福清融宽环路、104国道改线工程亭江段、马尾大桥、合福铁路闽清北站公路工程、樟岚总部经济地块等一批省市重大项目用地。

【土地利用总体规划】 完成县(市)区土地利用总体规划有条件建设用地调整90批次,调整面积250.53公顷。4月,省政府批复闽侯县、马尾区、晋安区、闽清县、罗源县、永泰县6个县(区)246.67公顷新增城乡建设用地指标有偿调剂方案,首次实现新增建设用地规划指标的跨县域统筹调剂使用。6月,福州市中心城区289.73公顷有条件建设区规划调整方案获国土资源部批复。

【地籍管理】 完成2014年度土地变更调查与遥感监测工作。福州市完成各县(市)区土地变更调查8751.06公顷,通过国土资源部审核。开展地籍管理信息化建设工作,完成以上年年底为时点的福州市市本级地籍数据库更新工作,并草拟福州市市本级地籍管理信息化系统改造升级方案和具体技术方案。

5月4日,福州市个人土地登记业务入驻市民服务中心,原福屿路窗口仍予保留。设置18个对外窗口,配备工作人员50人,承办4城区个人土地登记,2个窗口受理土地登记4.69万宗,办结土地登记4.6万宗。

全年办理国有土地使用权证10.64万本,集体土地使用权证6073本,其中市辖区办理国有土地使用权证6.64万本,集体土地使用权证93本。为859户业主办理“两权证”历史遗留问题土地证。为社会单位和个人提供查询资料115件,协助各地各级法院土地查封、解封、冻结件42宗。

【农村地籍调查】 5月19日,印发《福州市加快推进宅基地和集体建设用地使用权确权登记发证工作实施方案》。市国土资源局制定开展该项工作的工作规范、格式文书及表单、技术服务招投标参考方案,举办全市各县市区国土、建设、房管部门业务人员培训班。完成收集各县(市)区的基础资料,启动项目技术服务公开招投标工作,开展试点村调查工作。

【农村土地整治】 市政府与各县(市)区政府签订2015年耕地保护目标责任书,将耕地保护任务列为各县(市)区政府第一责任人工作业绩考核的重要内容。将省政府下达的补充耕地与高标准基本农田建设任务分解下达到各县(市)区。至年底,全市批准立项高标准基本农田建设项目52宗,总规模4318.27公顷,验收规模2779.56公顷,完成补充耕地746.65公顷。

【矿产管理】 全市有效采矿权31个,其中饰面石材6个,建筑石料12个,叶蜡石3个,高岭土1个,陶瓷土2个,矿泉水4个,地热3个。办理矿产资源储量评审备案11宗,公开出让3宗采矿权。其中,市本级挂牌出让闽清县陶瓷土采矿权1宗,采矿权成交价款85万元;闽清县挂牌出让陶瓷土采矿权1宗,采矿权成交价款50万元;永泰县拍卖出让建筑用花岗岩采矿权1宗,采矿权成交价款3456万元。

全面梳理采矿权整合项目及罗源县、连江县所有饰面石材矿山采矿权情况,督促罗源县、连江县落实饰面石材矿山关闭退出工作。全市注销罗源县、连江县饰面石材矿采矿许可证135本。

10月27日,专门赴晋安区指导2个机制砂配套矿山采矿权出让前期工作。11月,组织现场察看、专家审查,制定矿业权设置区划局部调整方案上报省国土厅审批备案。经调整补充,全市拟生产机制砂矿点数达20个。拍卖出让永泰县1个采矿权并发证。另有5个完成地质报告、开发利用方案等采矿权出让前期工作,9个完成征求县级有关部门及乡镇意见等准备工作。

【矿山生态环境恢复治理】 执行“三清两退一公开”工作方案,催缴、转缴市级发证矿山生态恢复治理保证金229.28万元,实现应缴尽缴;纳入“矿山复绿行动”的23处矿山,坚持“因地制宜,分类治理”的原则,实施覆土绿化,年内复绿面积44.86万平方米,植树10.98万棵,藤本4.03万株,草皮1.26平方米,各级投入治理资金1314.5万元。

【地质灾害防治】 颁布市、县两级年度地质灾害防治方案,落实989处地灾点防灾责任制,确定监测、防灾人,逐点制定临灾避险转移预案,发放防灾明白卡989份,避险明白卡4945份,更新补充警示牌480个。落实防灾责任制、领导带班、24小时双人值班、巡查监测、应急处置等各项防灾措施,累计转移群众2.25万人,地灾搬迁779户,全年投入防灾资金1779万元,处置地质灾害43处,无人员伤亡。

【不动产统一登记】 以市不动产统一登记工作联席会议办公室名义进行,全市于年底如期完成不动产统一登记职责机构整合工作。

【更新基准地价】 1月14日,市政府颁布福州市四城区2012年基准地价补充修编成果,补充制定部分产业项目用地基准地价及商服、住宅用地基准地价修正系数表,同时明确自持商务金融(办公)用地、集中式商业用地级别基准地价分别按商服用地级别基准地价的70%、80%确定。

【执法监察】 清理整治违法建设 全市立案查处国土资源违法案件1040宗,涉案土地面积143.78万平方米,其中耕地50.91万平方米;处罚498宗,涉及土地面积66.66万平方米。强制拆除建筑物37.38万平方米,罚款694.3万元。

土地卫片执法检查 完成遥感监测图斑8016个,监测面积3175.12公顷。发现卫星遥感监测图斑涉及违法用地5273宗,面积460.4公顷(其中耕地228.98公顷),全部予以查处。土地卫片执法检查工作通过省国土资源厅验收。

信访工作 接待群众来访580批2164人次,转办群众来信112件;办理信访复查153件;办理上级部门和领导批办转办件105件;参加市委、市政府及省直有关部门领导开展的联合接待群众来访活动32人次,接待群众241批607人次。

【专项整治行动】 全市排查发现无证非法矿点10个,其中8个无证矿点按照专项整治行动要求的标准整治到位,福清市、长乐市各1个非法采矿点予以立案查处,分别开展矿产资源破坏价值鉴定,全市共拆除、没收、暂扣非法采矿设备19台(辆)。

【数字城市地理空间框架建设】 完成公众版和政务版电子地图的生产更新,推进“天地图·福州”的推广应用,新增“两违”综合监管平台(一期)、“智慧仓山”公共信息平台与公共基础数据库、基于晋安区GIS的数据库管理分析系统、福州市城市综合管理服务平台等4个应用示范系统。

(林晓文)

市政建设

【概况】 2015年,福州市本级完成城建固定资产投资147.61亿元。建成区面积260.05平方千米,城市道路总长1256千米,道路面积2834万平方米,路网密度5.2千米/平方千米。市政供水普及率98.59%,市政供水管网漏损率21.97%,污水处理率89.98%,管道燃气覆盖率76.31%。

【市政路桥建设】 完成投资78亿元,建成39个项目。过江通道完成金山大桥拓宽改造,马尾大桥在建,“接二连三”联络通道完成铜盘路、福湾路、远洋路、化工路4个项目;加密中心城区及海峡奥体中心、火车南北站等重要片区路网,建成长乐中路、站西路、凤山路、盘屿路、龙头路等21个项目;打通交通拥堵节点,完成紫阳立交桥改造、南二环跨白湖亭高架、南台大道立交、金鸡山隧道拓宽改造、福马路上下三环匝道等13个项目。全年新、改、扩建市政道路71千米(其中新增36千米),城市道路宽3米以上总长1256千米,道路面积达2834万平方米。

【市政设施维护管养】 完成投资5.4亿元,完善奥体中心周边、地铁1号线沿线市政设施,完成建新南路、南二环、江滨大道快安段等15条道路大修及白改黑;完成市区136座桥梁涂装美化和花化彩化;完成市区重要路段3900个设施箱柜整治美化;各区开展34条道路提升改造。

【户外广告及夜景灯光提升】 完成投资800万元,拆除违章广告1230面,发布“5·18”“青运会”等主题公益广告1126面。完成华林路、乌山路、北江滨大道、金山大桥、尤溪洲大桥5个节点路灯杆装饰。国庆节前完成五一路、五四路、海峡会展中心周边道路等10条道路,鼓山大桥等6座过江桥梁灯光装饰,以及螺洲大桥等4座过江桥梁青运会道旗宣传广告布置。

【宜居环境建设】 安排宜居环境建设项目 581 个,完成投资 125.85 亿元,完成年度计划的 109.8%。重点抓青运会"五点一线"环境整治、美丽乡村建设、"点线面"攻坚、城镇"三边三节点"建设、小城镇综合改革建设、乡镇垃圾污水处理设施建设、小流域综合治理、街区立面景观整治等。

【内河综合整治】 完成投资 32.4 亿元,飞凤河、台屿河、阳岐河与台屿河连接段、新西河(福屿段)、杨廷溪、潘墩河等 10 条河道整治完成,左海西湖连通工程国庆节前完工通航;新增滨河绿道 20 千米,完善闽江—西湖、闽江—森林公园滨河绿道,"一河两带"生态空间逐渐形成。

【污水处理】 完成投资 6.45 亿元,推进污水处理厂扩容提升、管网扩面,增强污水集中收纳处理能力,洋里三期工程转入正常运行,洋里四期工程 4 月通水试运行,新增处理规模 20 万吨/日。全年新建、改造污水管网 170 千米,洋里厂外管网三期工程 1.9 千米干管建成。市区污水处理率达 92.82%。

【供水】 供水生产能力 142 万立方米/日,完成供水量 40236.66 万吨,比上年增长 2.37%;日均供水量 110.24 万立方米,比上年增加 2.55 万立方米。完成售水量 25334.71 万吨,同比增长 5.54%。完成工业总产值现价 4.76 亿元,比上年同比增长 7.45%。出厂水水质综合合格率 100%,管网水水质综合合格率达 99.94%,全年平均水质综合合格率 99.91%。全年完成管道新建工程 33 项,管网总长 19.4 千米;完成技措管网改造工程 10 项,总长 3.4 千米;完成外部管线改迁工程 63 项,总长 24.5 千米。完成飞凤山水厂一期配套管网、红庙岭垃圾厂供水工程、新义序水厂出厂管以及东南区水厂原水管 4 项重点工程管网建设,管网累计总长 44.6 千米。全年录入给水管道 34.7 千米,核对管线数据 145.8 千米。城区管网总长 2561.2 千米(其中口径 100 毫米以上 1956.5 千米)。管网平均水压 0.237 兆帕,压力合格率达 99.67%。累计完成市政管网维修任务 9958 项,维修及时率达 100%。

完成居民一户一表改造 1.65 万户,小区地面管改造 6200 户。累计完成小区管网及供水设施维修任务 4.07 万项。清洗、消毒小区水池生活水池(箱)1.97 万个。完成 481 个小区 3853 个生活水池(箱)不锈钢人孔盖以及 35 个小区 65 个生活水池(箱)内衬不锈钢的改造工作。改造升级远传户表 1500 架、远传大表 130 架。

4 月入驻福州市市民服务中心,为用户提供各类行政及公共业务一站式服务。水费预存款系统于 5 月 1 日正式上线,实现 7×24 小时实时联网预存缴纳水费。

【供电】 福州供区面积 1.21 万平方千米,供电人口 727 万人,供电户数 309 万户。有 220 千伏变电站 33 座,主变 66 台,变电容量 1236 万千伏安,220 千伏输电线路 2142.064 千米,其中电缆线路 45.307 千米。110 千伏变电站 125 座,主变 240 台,变电容量 1081.65 万千伏安,110 千伏输电线路 2396.385 千米,其中电缆线路 254.594 千米。35 千伏变电站 34 座,主变 63 台,变电容量 49.4 万千伏安,35 千伏输电线路 709.216 千米,其中电缆线路 26.43 千米。

【供气】 完成天然气利用工程项目建设投资 0.63 亿元。市区供应天然气 1.89 亿立方米,同比增长 2.8%,其中管道天然气 1.65 亿立方米,液化天然气 1.7 万吨(折合气态 0.24 亿立方米)。市区燃气企业 16 家,全年新增管道燃气用户点火数 3.22 万户。五城区新建、改造燃气管网 86 千米,建成祥坂、青洲、闽江大道(扩建)等 3 座加气站。推进餐饮场所燃气安全和瓶装液化气市场安全专项整治。

【温泉保护利用】 全年开采温泉 270 万立方米。出让螺州片区 400 立方米/日温泉有偿使用权,出让所得 2000 万元,解决螺州温泉的勘查、规划、开发启动资金问题。古田路温泉精品酒店主体结构封顶,增设 3 口温泉井的系统测温项目,完善市区地下热水动态变化监测网络。完成地铁 1 号线和 2 号线 1180 米温泉管线改迁工作。

海峡奥体中心国庆夜景　　（市城乡建委　供）

表 17　　**2015 年福州市自来水总公司供水水质合格率汇总表**

月份		1	2	3	4	5	6	7	8	9	10	11	12	全年平均
出厂水		100.00	100.00	100.00	100.00	100.00	100.00	100.00	100.00	100.00	100.00	100.00	100.00	100.00
管网水	浑浊度	99.48	99.44	98.89	98.94	98.96	99.48	100.00	100.00	100.00	98.86	98.51	98.37	99.24
	色度	100.00	100.00	100.00	100.00	100.00	100.00	100.00	100.00	100.00	100.00	100.00	100.00	100.00
	臭和味	100.00	100.00	100.00	100.00	100.00	100.00	100.00	100.00	100.00	100.00	100.00	100.00	100.00
	余氯	100.00	100.00	100.00	100.00	100.00	100.00	100.00	100.00	100.00	100.00	100.00	100.00	100.00
	细菌总数	100.00	100.00	100.00	100.00	100.00	100.00	100.00	100.00	100.00	100.00	100.00	100.00	100.00
	总大肠菌群	100.00	100.00	100.00	100.00	100.00	100.00	100.00	100.00	100.00	100.00	100.00	100.00	100.00
	CODMn	100.00	100.00	100.00	100.00	100.00	100.00	100.00	100.00	100.00	100.00	100.00	100.00	100.00
	其余 31 项	100.00	100.00	100.00	100.00	100.00	100.00	100.00	100.00	100.00	100.00	100.00	100.00	100.00
水质综合合格率		99.94	99.93	99.86	99.87	99.87	99.94	100.00	100.00	100.00	99.86	99.81	99.80	99.91

位、管线长度、路段等信息;加强温泉资源保护,增设 3 口温泉井系统测温项目,完善市区地下热水动态变化监测网络;推进螺州温泉资源和桂湖生态温泉城开发。

(黄金寿　桑　莹)

园林绿化

【概况】　2015 年,福州市建成区新增城市园林绿地 391 万平方米,新建改扩建公园 16 个,建成区园林绿化 3 项指标为:绿化覆盖率 43.41%,绿地率 40.08%,人均公园绿地面积 13.52 平方米。

【城市绿化】　中心城区绿化　包括二环路、三环路、化工路、福马路、东浦路、远洋路、鳌港路、铜盘路、梅峰路、鳌峰支路、五四北高架桥下等。种植各类乔木 8620 株,灌木 3.18 万株。对三环路 13 座互通实施三角梅花化,种植三角梅 29.61 万株,长 8.5 千米,三环以内(含三环)有 84 座高架桥、人行天桥、互通桥梁完成花化。

奥体片区绿化　包括飞凤山公园及景观通廊、奥体中心片区道路工程配套绿化,以及盘屿路、凤山路、福湾路、湾边互通绿化、建新南路、金榕南路、建新大道等周边主干道路的绿化。种植各类乔木 3.44 万株,灌木 6.10 万株。建新南路、盘屿路、凤山路等道路绿化采取道路"绿化带—中分带—侧分带"的形式,增加城市道路的绿量。

重点摆花工作　完成 10 余次道路城市街景重点摆花任务,其中有"春节""五一""省、市公祭仪式"等重要节点及青运会开幕前。全年种植莳花 449.26 万盆,彩叶植物 1.07 万平方米。

【公园景区建设】　金鸡山栈道项目　金鸡山是鼓岭山脉延伸镶嵌到城区支脉,总占地面积 125.38 公顷。金鸡山公园改造提升为福州市环境综合整治的重点项目,包括金鸡山栈道和温泉公园至金鸡山生态廊道 2 个部分,形成以环山路栈道、高空揽城栈道、山脊线栈道、瀑布景区、南天照天君宫以及正在建设中的温泉公园至金鸡山生态廊道 6 大景观为重点的城市山地公园。金鸡山栈道总长 7560 米,采用"三环、一轴、多节点"设计。春节期间,到金鸡山公园健身游玩的群众超过 40 万人次。

左海公园—金牛山城市森林步道项目　步道投资概算约 6 亿元,全线规划总长约 19 千米,其中主轴线依山脊顺势而建,呈东北至西南走向,长约 6.3 千米;金牛山体育公园和梅峰山地公园两条分支线长约 2 千米;地面登山步道长约 5.4 千米,车行道改造长约 5.3 千米。步道出入口规划:步道规划设置 10 个主要出入口,其中 4 个出入口与公园相连(左海公园、金牛山北坡体育公园、国光公园、金牛山公园),2 个出入口结合旧屋区改造予以提升(梅峰节点和将军山节点出入口),其余 4 个为小区、公路便道出入。配套设施规划:步道沿线初步规划设置游客中心、休憩茶室、观景平台、景观桥梁、山中凉亭、环保公厕等 20 余处休闲服务设施及消防、照明、通信、安防管线等配套设施。

金山公园改造提升项目　该项目在保留原生态的状况下,对原有建成环境的重新塑造,总投资 1200 万元。通过主次园路的铺装和宽度进行提升改造,新增儿童广场、燕子矶水榭广场、杏林广场、地球村码头休闲广场等 8 个活动广场,对 3 个次入口进行景观提升;增加水生植物、荷花观赏栈道,提升沿河绿化景观;增加改造夜景灯光,对建构筑物进行维修维护,增加休憩座椅服务设施等。

飞凤山公园(一期)　位于仓山区建新镇,北接建新大道,东临公园配套道路,西面环山,南邻东岭村。项目于 5 月初动建,10 月中旬完工,并对外开放。通过中轴线景观通廊,与奥体场馆相连接。总建设面积 20.5 公顷,总建设投资约 1.25 亿元。建设内容包括绿化、硬景、音乐喷泉、服务设施 4 大块,主要以山、水、湖为特色,配以大面积景观草坪,其中绿化面积近 7 万平方米,主要种植乔木香樟、大腹木棉、大叶榕、蓝花楹等。飞凤湖位于公园中央,湖面面积约 4.6 公顷,湖水水源由乌龙江补水引入,保证水质活性。位于湖体中央设置音乐喷泉。围绕飞凤湖,公园内修建长 3000 米的环湖园路及清水平台。

动物园动物繁殖　市动物园成功繁殖动物37只（其中自然繁殖金丝猴1只，环尾狐猴3只，松鼠猴6只，阿拉伯狒狒1只，绿狒2只，猕猴6只，琉璃金刚鹦鹉3只，蓝孔雀13只，丹顶鹤1只，人工育幼白长角羚1只），金刚鹦鹉、白长角羚在园中属首次繁殖成功。全年救助苏门羚、蟒蛇、黄麂、凤头鹰、果子狸等野生动物43次，数量达893只，其中果子狸幼仔通过人工育幼，生长状况良好。引进动物8只（环尾狐猴6只，金钱豹1只，向南京红山森林动物园引进雄性猞猁1只开展合作繁殖）。

【古树名木保护】　巡查鉴定　组织专家对市区范围的古树进行巡查，鉴定一级古树名木1株，二级古树名木22株，确认九峰镇国禅寺中周边古树12株，并植入芯片采取GPS定位、数据确认、挂牌、建档、录入古树名木地理信息系统，将新增古树名木纳入全市古树名木一树一册保护名录。

保护工程项目　保护工程16项，其中处理市领导批示的古树保护2项（包括梅峰小学“连理榕”的保护项目、盖山镇湖胶村红榕的保护项目），针对群众关注度高，存在安全隐患的古树名木进行保护性处置项目9项，这些古树多位于学校、机关单位内，审查古树名木保护方案4个。

日常养护　组织各古树管护单位完成每年2次古树名木巡查工作，并反馈巡查情况。针对地铁上藤站，鹤林片区安置房等需移植古树的重点建设项目，配合建设单位进行古树审批移植工作，组织古树管护单位对需进行修剪、病虫害防治等养护作业的古树及时进行古树养护。

保护方案　对发现破坏古树的行为及时通知园林执法支队查处，制定古树保护方案，经组织专家评审后，要求建设单位按专家评审通过的保护方案实施到位，跟踪督促建设单位开展古树保护工作。

【园林管理】　植物保护研究　主要有“茉莉花品种收集保存及多倍体繁育”中多倍体育种部分、“开花乔木嫁接技术研究”中嫁接部分、“节水耐盐碱景观植物的选育收集平台”、“三角梅促花栽培技术研究”等课题。组织科研人员参与“福州市园林害虫黑刺粉虱寄主种类、发生特点及防治方法研究”“利用树木粉碎物料及污泥改良园林土壤研究”“工业路羊蹄甲复壮技术研究”“福州市主要园林植物害益虫调查及其无公害防控技术研究”“黄皮在园林绿化中的应用研究”和“低维护屋顶花园植物筛选与应用研究”等课题研究。

审批审查工作　审批事项从原有9项调整为4项。全年办结各类收件225件，其中占用绿地14件，城市园林绿化企业三级资质认定67件，外地城市园林绿化企业在榕人员信息登记17件。对全市公共绿地及公园的规划设计方案进行审查，全年完成115项园林绿化规划文本，工程项目建议书，工程可行性方案和设计方案等文件审查。

园林执法　8月1日《福州市园林绿化管理条例》正式实行，《福州市风景名胜区管理条例》修改列入立法调研项目。组织开展机动车侵绿、通信基站侵绿、烧烤摊点侵绿、广告牌侵绿4个专项整治行动，查处劝导侵绿机动车165辆次，拖车30辆次；拆除侵绿通信基站9座，查处烧烤摊点5处40余人次。

园林服务　结合园林服务进社区、校园、机关、部队等“四进”活动，为群众免费提供花苗、花种和种花养花知识。全年举办园林服务活动10多场，送出各类花苗30多万株。在全市小学开展“花儿与少年”活动。联合共青团福建省委、福建新闻广播开展“鲜花送雷锋”“点靓社区·美丽榕城”“花艺秀”等活动。

（周震宇）

城市管理与执法

【概况】　2015年，城市管理和执法工作重点围绕保障首届全国青运会顺利进行，开展市容环境卫生整治“奋战90天”、迎青运“百日会战”等系列专项行动，不断规范行政审批和行政执法。全年办理省（市）人大代表建议、政协提案54件，领导批办件1288件；受理“12345”群众诉求件7029件（含市政类3850件），办理信访件13件、群众来信75件，接待来访群众13批次；受理省长信箱15件，办理数字城管件1.65万件（含市政类1.61万件）；受理“110”来电投诉8698件（含市政类“968966”来电投诉2860件）。

2月21日，福州市人民政府印发通知，设立“福州市城市管理委员会”，加挂“福州市城市综合执法局”牌子，将原市市容管理局的职责、市城乡建设委员会承担的市政设施维护管理的职责、市城乡规划局承担的履行福州市城区范围内涉及城市规划管理方面的法律、法规、规章规定的有关行政处罚权划入市城市管理委员会，强化城乡管理宏观指导、监督检查以及城乡管理应急处置等职责。

【青运会保障工作】　围绕青运会保障中心工作，实行城区道路清扫保洁全面市场化，每日保洁作业时间不低于16小时，提高保洁效率；投资1500万元购置75座单体流动公厕、垃圾运输车和果皮箱，改善奥体周边环卫设施。组织开展摊点大排档专项治理，推进“门前三包”责任制落实，加强店外店、乱停放等违章行为治理；开展户外广告牌整治，拆除大型户外广告牌977面、布幅广告4872面。印发渣土专项整治5个行动方案，并组织专项整治，加大工地值守和路面巡查力度，市区在建工地派专人值守，督促做好渣土净车出场、平斗密闭运输，对重点路段和重要节点进行不间断巡查和设点检查，加大查处力度，规范渣土处置监管。以“两高”（高速公路、高速铁路）、三环路沿线、青运会场馆周边治理为重点，开展主题拆违行动，拆除“两违”面积45.74万平方米。青运会期间，完成路面中修5万平方米、破路修复13万平方米，完成地铁场站建设破路，永久性修复及管线迁改工程量9.26万平方米，完成沥青路面更换可调式井及沉陷井提升124座，抢修道路塌陷24处；完成10多座中小桥栏杆改造和西门天桥防滑改造，完成110多座桥梁、地下通道涂装，提升城市道路硬件设施。

【“两违”综合治理】　开展专项行动，全年拆除“两违”701.84万平方米，拆除2014年以来新增“两违”1152宗、建筑面积56.35万平方米。将鼓楼区及12个乡镇(街道)、156个村(居)作为“无违建”示范点。实行个人建审,疏堵结合,全年审批2815户,解决村民合理建房刚性需求;同时加强拆后利用,宜绿则绿,还林复耕。年内媒体公示违建317批次3852宗,拆除公示违建面积262.73万平方米;在省、市新闻媒体曝光、报道宣传违建信息2050篇。全市因治违工作不力、参与“两违”或涉及腐败问题受到问责处理52人,其中行政处理43人、刑事处罚9人。

【市政设施维护】 完成13项桥梁设施综合整治、三环沿线互通立交等花箱绿化改造、二环路通信箱柜迁改美化、二环路内交警箱柜刷漆、奥体周边等17条道路箱柜整治美化;完成市政道路等设施中小修维护工作10279.17万元、市政设施建设32063万元、专项施工工作量3590万元、破路修复工作量6397万元、通信管道工程投资1634.1万元,受理占道破路审批项目277项。市政道路主次干道亮灯率平均为99.09%,支路、街巷亮灯率平均达98.23%、景观灯亮灯率平均为98.02%。

【市容综合整治】 开展以治理大排档、烧烤摊为重点的市容综合治理工作,对市区40多处大排档、烧烤摊点集中区域进行专项清理,出动执法人员11.7万余人次,取缔大排档、烧烤摊点8100余摊。采取日常巡查和定点值守、集中整治和长效管理、专项督查和绩效考评相结合的方法,加强市容综合治理,取缔占道摊点、店外店4.5万摊,会同公安部门查扣占道载货销售机动车110部;查处违反“门前三包”责任制行为1538起,清理乱悬挂、乱晾晒、乱堆放3万余起;查纠乱停放“两车”近5万辆次;移送通讯部门停机处理违章发布小广告电话18批次1336部,清洗乱张贴23.7万张,收缴沿街散发传单10万余件;查处沿街叫卖、乞讨行为956起;收缴非法出版物2272本,盗版光碟、六合彩报2万余张;收容流浪犬278只。配合市容环境卫生老干部督导组开展督导活动3次,提出民生建议3条。

【环境卫生管理】 *环卫保洁市场化监管* 制定《福州市道路清扫保洁市场化运作招标管理暂行规定》《福州市道路清扫保洁质量标准与检查考核办法》,落实奖惩措施,对每月考核评分排名末3位的街(镇)和保洁公司进行通报批评和经济处罚。

生活垃圾收运市场化 鼓楼区温泉、华大、水部3个街道实行桶装后压垃圾收运市场化公开招标,于1月5日开标,由上海东飞有限公司中标,3年合同中标价1515万元;下半年,鼓楼区在安泰街道开展垃圾收运招标工作,10月15日完成招投标,中标企业为福州东飞环卫工程有限公司。

市直管河道保洁市场化 推进10条市直管河道保洁市场化试点运作,制定考核办法和实施方案,市场化经费控制价报市财政投资评审中心审核,并出具初审意见,审核后金额680.58万元,通过随机抽选,福建顺恒招标代理公司成为第一中标候选人。

路面清扫保洁精细化 实行道路清扫保洁标准量化管理,落实每日“一冲洗、一降尘、两机扫”,主要街道清扫保洁时间不低于19小时,一般街道清扫保洁时间不低于16小时。按照《福州市道路清扫保洁管理检查考核办法与导则(试行)》《福州市关于道路清扫保洁作业质量考核奖惩规定(试行)》,开展道路专项检查、环境卫生绩效评估检查和文明城市专项督查,全年检查道路8000条次、公厕1000座次、转运站800座次、垃圾运输车8000辆次、内河900多条次,印发《福州市道路清扫保洁管理检查通报》33期、《环境卫生绩效评估检查情况通报》24期,发现问题及时通知责任公司整改,对当月评分排名后3位的街(镇)和保洁公司进行通报批评,扣罚保洁公司当月经费5万元(原扣2万元),对发现工人焚烧垃圾事件的保洁公司全市通报批评并扣罚5万元。强化全市68条河道河面保洁,在晋安河、光明港等主要内河使用机械保洁船只进行保洁,提高保洁效率。

城市生活垃圾处理费征收 明确机关企事业单位城市生活垃圾费收费范围、收费标准、收费办法、时间安排,以及加强城市生活垃圾处理费收费宣传工作要求;与市自来水公司加强协调,做好水务收费系统的改造提升,组织市、区、街(镇)三级,按自来水公司提供的水表户号,对缴费单位开展全面缴费核定工作。同时,建立全市垃圾处理费应收、实收基础资料。全年完成征收垃圾处理费8000万元。

城区内河保洁和生态补水 加强对全市68条河道的河面保洁,在晋安河和光明港引入机械保洁船只,对主航道进行清漂作业,落实精细化管护,在年度考评中,10条市直管河道保洁效果理想。加强内河泵站运行管理,按时开关机,适时调整开关机时间和开机台数,满足城区内河生态补水和流量调控需求。加强对茶园水闸、铜盘水闸、左海水闸、洪湾水闸和白马河水闸的调控,改善西湖、左海等重点河湖水质。完成琼东河泵站300米河道和1800立方米淤泥的应急清淤,保持泵站、水闸机电设备日常维修维护;完成文山里泵站冷却水管、泵站泵房、泵站双电源改造修缮的前期准备;完成文山里泵站灯光夜景工程建设,国庆节前全面投入运行。文山里、新西河、洪塘、琼东河、连潘河5个泵站持续保持安全运行4.39万小时。

【生活垃圾无害化处理】 全市消纳生活垃圾约116.3万吨(日均约3186吨),其中焚烧处理1759吨/天、填埋处理1427吨/天;焚烧发电厂处理生活垃圾64.2万吨,发电204973兆时·瓦,稳定化处理飞灰1.29万吨,综合利用炉渣12.1万吨,处理渗沥液55.9万吨。年内红庙岭垃圾焚烧发电厂二期工程被列入2015年福州市重点工程和为民办实事工程,总投资2.44亿元,扩建一条日处理生活垃圾600吨的生产线,年处理生活垃圾20万吨。政府配套上网电力接入工程如期完工,各功能测试全部合格,按照《特许权协议》规定时间投入试运行。红庙岭卫生填埋场二期续建工程,被列入2015年福州市为民办实事项目,工程总投资为4733万元,1月项目正式动工,建设工期为360天。项目完成投资4435万元,约占总投资93.70%,年底主体工程基本完工,具备接收垃圾条件。红庙岭垃圾焚烧发电厂三期项目,被列入“十三五”规划和2016年福州市重点工程项目,至年底,完成《特许经营协议》谈判和征地选址。

【建筑垃圾工程渣土管理】 组织开展建筑垃圾和工程渣土整治“百日会战”，强化与市直相关部门之间的协作机制和执法工作，查办各类渣土违法案件1356起，罚款近500万元；移送市交通管理部门协作处理车辆818辆，移送市建委协作案件20件；提请市政府建立查办渣土违法案件激励机制，市财政每年拨款300万元，用于奖励查办渣土违法案件人员。建立渣土乱卸倒通报制度，落实属地管理职责监督。组织各县(市)区开展建筑垃圾工程渣土受纳场安全隐患整治专项行动。

推进渣土消纳场建设，将各区(县)渣土受纳场建设纳入县(区)政府和有关部门的绩效考核，并由市政府督查室进行督查考核。引进大型国有企业参与渣土消纳场建设，中建海峡公司、海峡环保公司、北京保罗投资集团、中交建海峡投资发展有限公司等参与建设晋安区益凤村渣土及建筑废弃物资源化利用基地、闽侯县南通渣土及建筑废弃物资源化再生利用及生态园建设项目和永泰建筑废弃物综合利用项目。

【环卫设施建设和设备采购】 环卫设施建设　新建公厕8座，改造提升公厕22座，改造提升垃圾转运站4座，美化围挡垃圾转运站13座，更新垃圾运输车75辆、集装箱体108个；新建环卫工人休息室11座、垃圾收集及工具房30个。协调推进牛岗山地下垃圾转运站建设前期工作。协调市交建集团，推进三环高架桥下环卫临时停车场建设。协调市住房和城乡建委、市财政局、市城乡建总，推进光明港水上垃圾码头建设，方案待市政府审批后组织实施。

环卫设备采购　市环卫处采购单体移动公厕75座、厢式移动公厕5座、车载式移动公厕1座、吸粪车2辆、压缩车2辆、果皮箱1000只、玻璃钢垃圾板车41辆、木机船9艘、小木船105艘。五城区采购果皮箱3200个、垃圾桶2000个。

【法规制度建设】 梳理134项具体行政权力事项，编制责任清单156项；修订市容和环境卫生等方面121个行政处罚事项的裁量标准，将建筑施工单位违法记录列入全市公共信用信息平台，将“两违”情节严重或多次实施“两违”当事人行为记入福州市个人征信系统。开展法治宣传教育和“六五”普法工作。组织市城管支队全体执法人员、五区七县(市)城管中队长以上干部约350人集中培训。

【行政审批工作】 驻市行政服务中心审批窗口优化行政审批流程，将建筑垃圾准运许可申报材料简化为6项，将挖掘、占用城市道路和缴纳建筑垃圾处理费许可申报材料分别简化到7项、4项和2项；为民生重点项目开辟绿色通道，容缺审批渣土处置和挖掘、占用城市道路许可，建立批后信息网络公开制度；实行临近下班时间受理即办事项延时服务。规范行政审批规程与办理指南，拟制并联审批“挖掘城市道路许可”“占用城市道路许可”“建设工程渣土处置核准”的“一口受理”操作规程、办事指南，拟制县(市)区本系统运输企业建筑垃圾处置核准等15个事项《审批服务事项统一办事指南范本》。办理建筑垃圾类事项1596件，其中申请缴纳城市建筑垃圾处理费96件1722.22万元、建筑垃圾和工程渣土处置核准140件、二次延期1360件；发放建筑垃圾运输卡1.19万张；办理市政类申请事项47件，代收挖掘道路修复费和占用城市道路费1010.15万元，代收路灯迁移费17件420.23万元，代收交通事故市政设施修复费12件7.34万元。

【行政执法工作】 4月30日，编制实施《户外广告设施违法案件查处指导意见》和16种查处违法户外广告设施法律文书及其范本。梳理运输车辆未经冲洗污染路面等9个常用违法行为调查证据规格要点，与晋安区人民法院城市管理巡回法庭合作，开展对行政诉讼案件的应诉协调；对行政处罚数额较大的4个案件进行集体讨论和审核把关，清理历年未办结的14个行政处罚案件，答复5个行政复议案件。

【关爱环卫工人】 开展“两节”(元旦、春节)慰问、冬送温暖、夏送清凉等系列活动，为各级劳模、困难职工和一线环卫工人发放21万余元慰问金和慰问品；开展金秋助学、医疗互助、困难救助、公租房申请等活动，解决环卫工人实际困难；配合市总工会为全市4000多名一线环卫工人发放保暖衣，联合“交通之声”栏目组发放1000份爱心早餐，为一线环卫工人申请分配到公租房名额50名。与光大银行工会联合开展环卫工人困难救助活动和文明创建活动。7—9月，开展“迎青运·美家园”全市清扫保洁技能劳动竞赛。

(林秀忠)

(编辑　吴　燕　卓明顺)

环卫人员在清洗公共厕所　　(市城管委　供)

环境保护

综　　述

2015 年开展生态红线划定工作，会同市财政局制定《福州市环保生态流域补偿资金管理办法（试行）》和《福州市级生态保护转移支付资金管理办法》。牵头制定《福州市排污权有偿使用和交易工作实施细则》《福州市主要污染物总量指标管理办法》和《福州市排污权指标储备出让办法》等排污权有偿使用和交易的相关配套政策，推进排污权交易试点。10 月 15 日，福州市通过国家环保部组织的国家生态市建设技术评估；永泰县获得国家级生态县命名，晋安、马尾、福清、长乐 4 个市（区）通过国家级生态市（区）建设考核验收，鼓楼、闽侯、连江通过国家级生态县（区）建设技术评估，仓山、闽清通过省级生态县（区）建设考核验收；全市 118 个乡镇通过省环保厅组织的国家级生态乡（镇）街道考核验收，其中 87 个乡（镇）获得环保部国家级生态乡镇命名，同时创建 1919 个市级以上生态村；马尾区通过国家生态示范工业园区考核验收。

闽江（福州段）、敖江（福州段）水质达标率均为 100%，龙江干流水质达标率 95.8%，市、县级集中式饮用水源地水质达标率均为 100%。环境空气质量达标天数 344 天，达标率 96.4%，空气质量保持全国重点城市前列。城区区域环境噪声 56.6 分贝，城市区域环境噪声达标率优于上年。

环境质量

【大气环境】 2015 年，福州市城区环境空气达标天数 344 天，达标率 96.4%（全年有效监测天数 357 天）。全年 13 天超标，超标污染物有：二氧化氮、颗粒物（PM10）、细颗粒物（PM2.5）、臭氧。福州市空气质量综合指数为 3.54，在 74 个重点城市中排名第 6 位。福州市城区降水 pH 均值为 5.25，酸雨率 38.9%。各县（市）中，永泰城关空气质量最好。

【水环境】 闽江流域福州段水质总体为优，全流域水质功能区达标率 100%。敖江全流域水质功能区达标率 100%，干流 5 个断面浊度年均值达到相

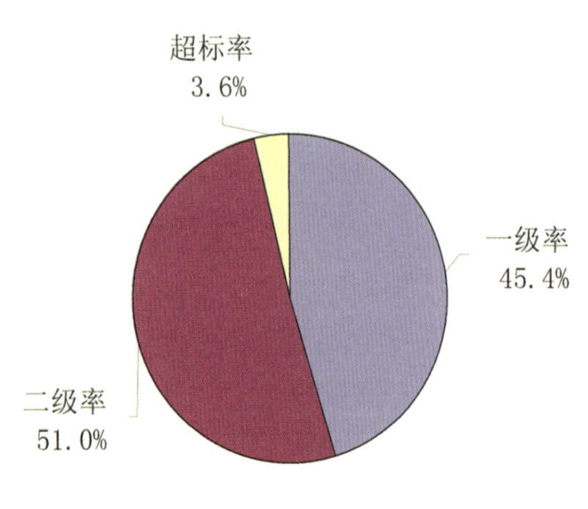

图 28　2015 年福州市空气质量分级比例

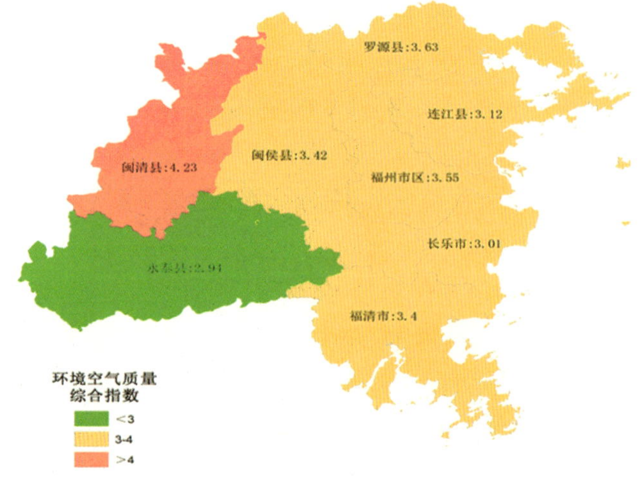

图 29　2015 年福州市各县（市）环境空气质量综合指数

表 18　　2015 年福州市流域水质达标情况

河　流		水域功能达标率(%)	Ⅰ类~Ⅲ类水质比例(%)
闽江	干流	100	100
	梅溪	100	50
	大樟溪	100	100
	全流域	100	95.8
敖江干流		100	100
龙江		95.8	41.7
合计		99.2	86.5

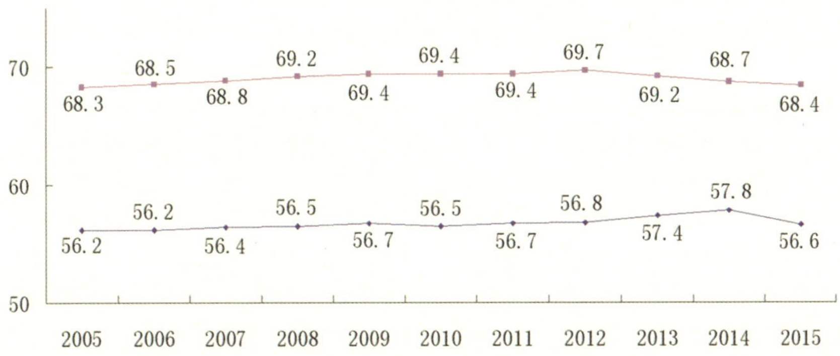

图 30　福州市区域环境噪声、道路交通噪声变化趋势

12 月 19 日,中国生态年会开幕式在福州召开（梁吉江　摄）

应标准限值。龙江流域水质功能区达标率 95.8%,龙江倪浦桥断面水质功能区达标率 83.3%,超标因子为氨氮。

福州城区 6 个饮用水水源地水质达标率为 100%。各县(市)城关饮用水水源地水质良好,达标率均为 100%。山仔水库、东张水库除总氮、总磷外各项指标年均值均达到相应功能区标准,水质处于中营养化状态。西湖水质各项指标均达到相应的功能区标准,水质处于中营养化状态。福州城区内河水质达标率为 75%,彬德闸断面的氨氮年均值超出功能区标准。福州市近岸海域年均值达标率为 63.6%,主要污染物为无机氮等。

【声学环境】　建成区区域环境噪声年均值 56.6 分贝,处于“一般”水平(55.1 分贝~60.0 分贝)。道路交通噪声年平均值 68.4 分贝,维持在较好水平。

环境专项整治

【环保专项整治】　2015 年,出动执法人员 1.36 万人次,检查企业 5040 家,其中涉水污染企业 1168 家,涉大气污染源企业 2615 家,涉危废污染源企业 455 家,检查工业园区、集中治污设施 384 家,违法建设项目企业 117 家,违法排污企业 393 家,责令停止建设企业 4 家,责令停产企业 100 家,责令限期治理 531 家,立案查处 218 家,处罚金额 883 万元。办理移送公安机关涉嫌环境犯罪案件 12 起;责令停产限产案件 7 起;实施查封扣押案件数 20 起;实施行政拘留环境违法案件 6 起;实施按日连续处罚案件 1 起。全市被列为省级挂牌督办环境问题 6 批次共计 36 家,其中解挂 33 家。市级挂牌督办环境问题二批次计 16 家,其中解挂 13 家。推进网格化环境监管。

编制实施《提升福州市环境空气质量行动计划》《福州市空气质量周分析月调度通报制度方案》《关于开展 PM10 污染物专项整治工作的通知》《福州市氮氧化物污染专项整治工作方案》《福州市黄标车及老旧车淘汰工作方案》。研究施工扬尘监管、道路扬尘控制、餐饮油烟整治、焚烧垃圾治理、机动车污染治理、燃煤锅炉淘汰、火电行业大气污染治理、钢铁行业粉尘治理、建陶行业综合整治、油气回收治理 10 大治理措施。将大气污染防治纳入市直相关部门和县(市)区政府绩效考核内容,以统计通报、抽查督查、挂牌督办等方式推进重点工作落实,全年发出通知通报 51 份。环保部门重点针对五城区的企事业单位食堂、大中型餐馆、油烟整治示范街进行油烟污染整治督查,并对各区餐饮油烟专项整治示范点、示范街区进行验收,大部分重点餐饮单位按要求安装油烟净化设施。完成餐饮企业及企事业单位食堂餐饮油烟整治482家,完成示范街(区)17个处理烧垃圾投诉件651件次。淘汰黄标车2.75万辆,推进无绿色环保标志机动车限行区电子执法系统建设。

11月底,建成福州市无绿色环保标志机动车限行区电子执法系统,覆盖二环路沿线20个主要入口及48个二环沿线高架桥上下桥点位,实现利用电子监控设备自动抓拍、自动上传,高清探头24小时全天候紧盯无绿标车驶入限行区域,全年抓拍无绿标车驶入限行区域交通违法行为1504起;全市环保、交通运管、交警部门开展联合执法专项行动31次,抽检机动车437辆,查处尾气排放超标车辆94辆,累计查处无绿标车驶入限行区域交通违法行为2045起;主城区无绿色环保标志机动车限行区域面积41.7平方千米,限行区域占主城区比例25.64%。禁止在全市建成区内新建燃煤锅炉,淘汰燃煤小锅炉,实现城区10蒸吨以下燃煤小锅炉的全部淘汰,年内全市淘汰或改燃10蒸吨以下的燃煤小锅炉232台。建设部门开展施工工地扬尘污染防治专项检查,全年督查在建项目2000余次,发出督促整改通知书259份,对存在较严重施工扬尘的82起违法行为按程序立案查处,处罚金164.5万元,对多次整改仍不到位的6家工地进行挂黄牌警告。控制道路扬尘污染,主次干道每日"一冲洗""两普扫、两降尘"的作业。火电行业12台燃煤发电机组完成除尘设施升级改造,烟尘均达到大气污染特别排放限值要求(20毫克/立方米以下),钢铁行业新增完成9套除尘设施升级改造,建陶行业39家企业通过技术改造开展烟粉尘综合治理,工业企业烟粉尘排放量持续降低。全市完成271家加油站、6座储油库的油气治理,加油站油气回收治理任务基本完成。

【污染减排】 全市化学需氧量、氨氮、二氧化硫、氮氧化物等4项指标分别比上年减排1.8%、3.6%、18.3%、10.2%。完成长乐潭头污水处理厂一期主体工程建设,配套管网建设;完成福清第二污水处理厂、潭头污水处理厂二期、龙田、高山污水处理厂等主体工程建设,全年新增污水处理量2100万吨,比上年增长5.9%。实施造纸、印染、农副食品等行业废水深度治理,全市12台燃油机(其中2台已完成超低排放改造),13台钢铁烧结(球团)机,3条平板玻璃生产线均按环保要求配套建成,脱硫(脱硝)等大气污染治理设施或实施天然气改造。加快推进江阴、元洪、长乐滨海,连江可门工业区集中供热工程。全面完成建陶行业釉烧工序煤改天然气工程。持续实施机动车氮氧化物减排,实行环保标志管理,继续扩大无环保绿标车限行区域。

【水环境综合整治】 *水源保护区规范化管理* 完成罗源县洋尾水厂等4个水源保护区划定、城门水厂水源保护区调整和福清市虎溪水源保护区取消工作。结合省环保厅通报的水源保护区环境问题和环保部卫星遥感显示的疑似环境违法行为的排查结果,继续开展水源地环境综合整治。针对环南台岛滨江休闲路等多个涉及饮用水水源保护区的建设项目,及时前往现场勘查,按照有关法律法规开展项目审查。开展2014年度全市集中式饮用水水源地环境状况调查评估,督促相关县(市)区政府对评估中发现的问题进行整改。

开展畜禽污染整治工作 全年关闭拆除禁养区生猪养殖场2327家,拆除猪舍面积290万平方米,削减生猪存栏87.5万头,投入补偿资金约3.4亿元。市财政设立500万专项资金用于补助生猪养殖户转产转业,开展禁养区外规模化养殖场全过程综合治理,推广生态农业养殖模式,推进福清锦源畜牧有限公司等18家规模化养殖场开展全过程污染治理,保留生猪养殖场实施标准化改造升级。全年福州市级补助资金1862万元,用于开展185家存栏250~1499头规模化养猪场及26家存栏1500头以上规模化养猪场标准化改造任务。闽江流域闽清段按计划清理不符合规划要求的投饵类、施肥类网箱养殖。年内达到《闽江水口库区闽清段网箱养殖规划》要求。敖江、龙江流域实现无投饵类、施肥类网箱水产养殖项目。

企业污染日常监管 对污水处理厂等重点污染源安装在线监控设备,加强对企业现场执法监察,对重点减排企业每月现场检查1次以上,每季度开展1次抽查。加强石板材行业污染治理,将石板材行业污染治理作为突出环境问题,纳入连江县、罗源县县长环保目标责任书考核范围,住建、环保、经信等部门定期组织开展石板材行业巡查督查和水质抽测;加强电镀集控区建设,对电镀等表面处理行业实施集中管理,全年清理取缔36家非法小电镀企业;推进闽清县31家建陶企业"煤改气"工程,完成改造27家;完成全市纺织染整工业企业废水深度治理工程,年内纺织印染企业污染物排放均达到新公布的"纺织染整工业水污染物排放标准"(GB 4287—2012)要求。关停西园铝型材厂、白沙造纸纸制品厂,推进工业园区污水集中处理,全市工业区污水处理厂污水处理能力达9.5万吨/日。全市24个省级以上工业园区,有22个建成污水集中处理设施,新建的闽清白金工业区污水处理厂基本完成土建施工,福清龙田工业区污水处理厂正在建设。开展强制性清洁生产审核,年内11家企业通过审核评估,33家通过验收。

城乡污水处理设施建设 全年先后建成马尾琅岐、长乐潭头等18座乡镇污水处理厂,推进流域1千米范围内闽侯鸿尾乡等9座污水处理厂建设。推动农村"家园清洁行动"垃圾治理工作,新建19座压缩式垃圾中转站。

完善流域保护体系建设 由市政府印发实施《福州市水污染防治行动计划工作方案》。探索建立生态补偿机制,制定《福州市级生态保护转移支付资金管理办法》,全年用于流域环保生态转移支付专项资金1920万元。

【固体废弃物处置】 全市工业固体废物产生量732.90万吨,其中综合利用量701.62万吨,处置量31.17万吨,贮存量0.11万吨,处置利用达率98.9%;工业危险废物产生总量48444.29吨,其中综合利用量20049.45吨,处置量20116.47吨,贮存量8278.38吨,工业危险废物依法安全处置;医疗废物无害化处理量

6028.51 吨，处置率 100%。

【机动车尾气管理】 全市机动车限行面积扩大到 41.81 平方千米，环保标志核发率达 83.78%。开展市区机动车污染综合整治工作，加强对公交车、物流公司以及超市配套运输公司等车辆进行停放地的尾气抽检，抽检各类车辆 288 辆次；在路面检测中，会同市交巡警支队、市交通委联合执法，全年抽测 466 辆次，查处超标车 98 辆。

控制新车注册及外地车辆转入标准。发布《关于进一步明确新车注册和外地车辆转入排放标准的有关工作的通知》，杜绝老旧车辆及不符合机动车排放标准的外地车转入福州市，升级机动车环保尾气检测方法，全市简易工况法排气检测站的建设基本完成并开始启用。推进加油站油气回收治理工作。全市（包含县区）共有加油站 309 家，完成 154 家加油站、4 家储油库和 46 辆油罐车油气回收治理工作，市区内正常营业的 71 家加油站 100% 完成油气治理工作。

6 月 10 日，环保、交警部门执法人员联合上路检测机动车尾气

（梁吉江　摄）

【环境安全】 开展环境安全大检查，重点检查化工企业、危险化学品等较大以上环境风险企业及县级以上集中式饮用水水源地。全年共组织县（市）区环保部门出动人员 1157 人次，检查 352 家可能存在环境风险隐患企业，其中 327 家存在问题企业正在整改中。按照《企事业单位突发环境事件应急预案备案管理办法》，对 19 家市本级企业进行备案。举办、组织参加突发事件案例分析讲座等 3 次培训，参加 2015 年危化品事故应急救援演练 3 次，处置闽江福州段西北区水源保护区水面油污污染等 4 起一般突发环境事件。

全年发放 42 本辐射安全许可证。结合核安全文化宣传贯彻专项行动对全市 37 家使用放射源单位的 269 枚Ⅳ、Ⅴ类放射源开展检查。对全市 135 家射线装置使用单位的 343 台Ⅲ类射线装置开展督查，第三代核电技术“华龙一号”首堆、福清核电 5 号机组于 5 月在全市开工建设。全市组织贴近实战的核应急监测演习，模拟多种环境条件下的辐射环境监测。建立核应急物资储备库，储备碘片、个人剂量报警仪、辐射防护服在内的各种辐射防护装备储备。加强核应急值班，确保“苏迪罗”台风等恶劣天气以及“九三阅兵”等重要时间节点期间的核安全。

环境监测与科研

【环境监测】 2015 年，定期向公众发布空气质量日报、预报和重污染天气预警等信息。完成福州市国控环境空气监测点位优化调整，新建屏东中学、福建农林大学、琅岐镇龙山中学等 9 座环境空气自动监测站，全市有 26 个空气自动监测点，实现市、县两级全覆盖。除永泰县外的 12 个环境监测机构达到国家级标准化建设要求，达标率为 92.3%。完成国家、省、市重点污染源废水、废气的监督性监测，取得数据 3.3 万个。成立专门工作小组每日发布各县（市）区空气质量排名，每周对各县（市）区空气质量进行分析并上报，同时发布主城区未来 24 小时城市空气质量预报信息。完成城门水厂、马尾白眉水库等 7 座水质自动监测站建设。

【环保信息化建设】 开通“福州环保”微信公众平台和微官网，发布全市环境质量实时数据以及最新环保工作动态，加强环保宣传和公众参与；开通“12369”微信公众投诉平台，拓展环保投诉渠道；实施“福州市环保局综合信息平台”改版升级，梳理各类业务应用近 40 个；开展“环境质量综合数据管理系统”“环境应急监测管理系统”开发工作；推进“环保移动执法系统”和“排污权交易管理系统”在实际工作中的应用；完成“环境监测信息支撑系统（一期）”和“生态红线管理信息系统”的可行性研究和初步设计工作。完成闽江溶解氧超标研究课题，开展福州市臭氧成因研究、环境空气质量 PM2.5 源解析、大气污染物源清单编制试点、“一闸三线工程”沿线高分辨率遥感影像土地分类”等环境课题研究。

【环保科研】 完成《福州市环境总体规划（2013—2030）》《福州市突发环境事件应急预案（修订）》《福州新区设立总体方案实施环境评估报告》《闽江下游水文情势变化与溶解氧短时超标原因分析研究报告》《福州市排污权单位污染物总量基础调查研究报告》《福州市排污权初始分配方案研究报告》，初步划定福州市生态保护红线。开展“福州市十三五环境保护规划”“生态红线数据库平台建设”“MM5 - CALPUFF”模型系统在福州市工业区布局规划中的应用研究工作”

“福州市畜禽养殖业污染防治规划”等课题研究,与清华大学、复旦大学、河海大学、环保部环境规划院等国内知名高校和科研单位进行交流合作。

环保宣教与环境信访

【环保公益组织及活动】 2015年,联合《海峡都市报》开设《守护蓝天》《守护母亲河》专栏,对大气、饮用水水源环境违法行为开展舆论监督。开通福州环保微信公众号,加大信息公开渠道。开展“爱绿护绿全先行　生态创建齐行动”志愿者行动、节能宣传周、世界环境日主题宣传、“绿色青运,环保先行”等环保公益宣传活动,向市民传递生态文明理念。发挥环保协会等17个民间环保组织的作用,组织约1.5万人次环保志愿者参与各类环保公益活动。

【环境信访】 畅通“12369”环保投诉热线、“12345”政府服务热线、群众来信来访、福州环保微信、福州环保在线等渠道,完善夜间和节假日值班制度,做到有警必出,快速出警,处理群众诉求。全年受理“12369”热线电话6320件、“12345”诉求件717件,微信投诉238件、省环保厅“12369”案件85件,全部处理率,办结对上月投诉、反馈情况在市环保局官网上进行公示。办理答复涉及环保工作的人大代表建议、政协委员提案59件,办结率100%,满意率98.5%。

(谢冠君)

3月14日,市环保局在市区开展“爱绿护绿我先行、生态创建齐行动”活动

(梁吉江　摄)

(编辑　吴　燕　卓明顺)

建筑业管理

【概况】 2015年，全市完成建筑业总产值2580亿元，同比增长14.5%；实现建筑业增加值580.66亿元，同比增长9.9%。其中市级完成产值1074.1亿元，占全市建筑业总产值41.6%，全市建筑业完成市外产值1506.3亿元，占总产值58.4%。

【建筑市场】 加大对在榕企业市场行为监管，在福州市办理入闽备案的企业109家（施工83家、监理26家），参加人员信息登记的企业586家（施工531家、监理55家）。完成房建项目现场施工人员备案165个项目，工程监理人员备案89个项目，竣工验收备案57个项目，竣工验收备案建筑面积317.7万平方米。整顿规范建筑市场秩序，强化“两场”联动，对未取得施工许可证擅自施工、违法分包、非法转包等违法行为加强治理，立案查处26家（次）。开展清理拖欠工程款工作，协调解决拖欠工程款投诉2起，涉及金额1亿元；协助处理拖欠农民工工资问题26起，涉及金额1.08亿元，2466人。推动农民工实名制，在福晟广场、中建海峡商务广场项目推广创建无欠薪项目部，新增新榕金城湾、华润万象城2个试点项目。

【工程招投标】 依法监督房屋建筑和市政基础设施工程招投标项目460项，总建筑面积390万平方米，中标价126亿元，节约投资9亿元；处理23件招投标活动信访件，及时纠正招投标过程中的违法违规行为；行政处罚1家投标企业及其法定代表人，罚款40万元；组织830名工程招标代理机构从业人员进行继续再教育培训；对县（市）区建设工程招投标监管人员进行业务培训和指导27人次。

【质量安全监督】 全年对261个市管项目检查4178次，发出责令改正通知书2495份，责令停工通知书54份，对相应责任人进行动态网上扣分，记5356分；对严重违规的30起违法行为按程序立案查处，处罚金64万元。加强对区县的层级指导，督查县（市）区在建项目170项，发出全面停工通知书7份，局部停工通知书20份，督促整改通知书156份。推进安全生产标准化考评，482家企业通过考评，通过率75.2%。开展“打非治违”和专项整治，组织专项检查2178次，查处违法行为63起。集中整治施工扬尘，对扬尘污染责任主体列入“黑名单曝光台”，限制参与政府投资项目招投标。加强城市轨道交通工程质量安全专项整治，发出责令改正通知单75份，责令停工通知书2份，对违法行为立案查处7起。对地铁1号线各标段质量安全施工行为以每季度评价4次、每半年度综合评价2次的频率开展评价，记分情况排名上网公示，作为全省国有投资工程招投标评分的组成部分。全市建筑施工安全生产未发生较大及以上安全事故，安全生产形势较上年有所好转。

【绿色建筑】 全市有海峡奥林匹克体育中心，福建省科技馆新馆，建发福州北湖苑（一区），福州正荣·御品中央住宅部分等11个新项目获得绿色建筑标识，建筑面积126万平方米；1083.96万平方米房建项目按绿色建筑标准设计、建设；福州海峡奥体片区内运动场馆、运动员村等70万平方米建筑按二星级绿色建筑组织实施，片区绿色建筑、低影响开发、绿色交通等措施申报国家绿色生态城区试点。

【建筑产业化】 组织开展宣传培训、对接产业化需求、推进产业化试点等工作，网龙公司基地宿舍楼、万科金域蓝湾开展试点，拟在霞镜新城、屿宅新苑等保障房项目中进一步试点。推进建设行业BIM（建筑信息模型）技术应用，全市有福建省科技馆新馆、福州海峡文化艺术中心等22个项目被列入福建省第1批BIM试点示范项目。

【海绵城市建设】 实施奥体片区、温泉公园一期改造、牛港山公园试点项目建设，其中奥体片区低影响开发工程具典型示范效应。拟选取三江口片区、新店片区作为试点片区，全方位开展综合建设，提升城市防洪排涝能力。继续申报国家海绵城市建设试点城市。

【公共代建工程】 完成投资15亿元。海峡奥体中心项目全面建成交付使用;市老年体育活动中心竣工;“智慧福州”管理中心及市规划局办公区域装修完成;海峡妇女儿童活动中心完成外部装修及总体景观绿化;海峡图书馆完成外部装修及屋顶铝单板装饰,总体附属工程完成50%。

【地下综合管廊建设试点】 重点开展地下综合管廊建设试点项目推进、实施意见编制、配套政策研究等工作。琅岐岛环岛路二期完成土建施工,三期及雁行江主干道完成管廊施工图设计;三江口片区福泉高速连接线、连潘旧屋区改造晋连路及福清东部新城核心区等项目,完成可研编制及批复、设计等前期工作,同时结合地铁建设管线迁改,在地铁1号线南街段开展试点。

【工程造价管理】 指导督促造价咨询企业完成网上业绩备案2761项;完成5家工程造价咨询企业资质延续初审上报;完成日常造价员变更管理687人次;完成221家劳保核定卡办理;参与全省2016版各专业工程定额的修编和补充调整,完成地铁特殊工艺消耗量测定6项;编制出版《福州市建设工程技术经济指标》(2014年),《2015年福州市建设工程材料价格信息》专刊,发行《福州建设工程造价管理信息》月刊,开展建筑施工企业合同履约信用评价,完成工程造价咨询企业信用综合评价调研工作。

【城建档案管理】 主动服务重点建设项目,对接地铁1号线南段工程档案移交等工作;接收编审房建档案104项、市政档案9项;加强城建档案管理及信息资源开发利用,整理入库档案2171盒、4026卷,接待查档938人次、调阅档案2188盒,为594家单位和个人出具原件证明材料3303份。

【房地产业监管】 市本级完成403家房地产企业资质管理,其中通过资质检查281家、暂定资质延续及转正88家、资质升级11家、资质降级4家、注销资质19家。协调推进烂尾楼项目的复

表19 **2015年福州市一级建筑企业名单**

序号	企业名称	企业类型
1	福建省中福建设工程有限公司	有限责任公司
2	福建省龙芝建筑工程有限公司	有限责任公司
3	福建省中马建设工程有限公司	有限责任公司
4	福建天和建设工程有限公司	有限责任公司
5	福建永东南建设集团有限公司	有限责任公司
6	福建省城乡建设工程有限公司	有限责任公司
7	中国武夷实业股份有限公司	股份有限公司(上市)
8	福建省融旗建设工程有限公司	有限责任公司
9	福建省土木建设实业有限公司	有限责任公司
10	福州市第三建筑工程公司	集体企业
11	福建纵横建筑工程有限公司	有限责任公司
12	福建卓越建设工程开发有限公司	有限责任公司
13	福建省龙祥建设集团有限公司	有限责任公司
14	福建八建建筑工程有限公司	有限责任公司
15	名筑建工集团有限公司	有限责任公司
16	福建发展集团有限公司	有限责任公司
17	福建省昊立建设工程有限公司	有限责任公司
18	福建永宏建设工程有限公司	有限责任公司
19	福建省利恒建设工程有限公司	有限责任公司
20	福建地矿建设集团公司	全民所有制
21	福州建工(集团)总公司	全民所有制
22	福建省永泰建筑工程公司	股份合作公司
23	宏基置业(集团)有限责任公司	私营股份有限公司
24	永太建设集团有限公司	有限责任公司
25	福建省透堡建筑工程有限公司	有限责任公司
26	福建省来宝建设工程有限公司	有限责任公司
27	中铁二十四局集团福建铁路建设有限公司	有限责任公司
28	福建华航建设集团有限公司	有限责任公司
29	福建嘉宜建筑工程有限公司	有限责任公司
30	福建景翔建设工程有限公司	有限责任公司(自然人独资)
31	中城建设有限责任公司	有限责任公司
32	福建省永富建设集团有限公司	有限责任公司
33	福建省二建建设集团有限公司	国有企业
34	神州建设集团有限公司	有限责任公司
35	福州闽发建筑工程有限公司	有限责任公司(中外合资)
36	福清市二建建筑工程有限公司	有限责任公司
37	福州铁建建筑有限公司	有限责任公司
38	福建章诚隆建设工程有限公司	有限责任公司

续表 19

序号	企业名称	企业类型
39	福建宏盛建设集团有限公司	港澳台
40	福建华建工程建设有限公司	有限责任公司
41	福建博成建筑工程有限公司	有限责任公司
42	福建省明通建设集团有限公司	有限责任公司
43	海峡金岸集团有限公司	有限责任公司
44	福建省长乐市新纪建筑工程有限责任公司	有限责任公司
45	福建省高华建设工程有限公司	有限责任公司
46	福建省晓沃建设工程有限公司	有限责任公司
47	福州市一建建设股份有限公司	股份有限公司
48	福建省华荣建设集团有限公司	有限责任公司
49	福建蓝海市政园林建筑有限公司	有限责任公司
50	福建璟榕工程建设发展有限公司	有限责任公司
51	福建省百盛建设发展有限公司	有限责任公司
52	福州亨源建设工程有限公司	有限责任公司
53	福建青隆建筑工程有限公司	有限责任公司
54	福建六建集团有限公司	有限责任公司
55	福建省浦口建筑工程有限公司	有限责任公司
56	福建九鼎建设集团有限公司	有限责任公司
57	福建省吴航建筑工程有限公司	有限责任公司
58	福建省工业设备安装有限公司	有限责任公司
59	福建闽清一建建设发展有限公司	有限责任公司
60	福州三桥建筑工程有限公司	有限责任公司(法人独资)
61	福建弘祥建设工程有限公司	有限责任公司
62	永同昌建设集团有限公司	有限责任公司
63	福建省长鸿建筑工程有限公司	有限责任公司

工续建工作,“鸿业中心大厦”“友谊大厦”“德盛花园”等3个项目取得新进展。

（黄金寿）

房地产业管理

【概况】　2015年,福州市房地产开发投资完成1381.12亿元,同比下降5.1%,房屋施工面积7800平方米,同比增长2.6%,房屋新开工面积1388.91万平方米,同比下降20.5%,其中住宅新开工面积823.28万平方米,同比下降20.1%。

全市商品房销售9.24万套,同比增长9.83%,面积841.97万平方米,同比增长8.39%,金额947.4亿元,同比增长4.63%,其中住宅6.1万套,同比增长10.35%,面积689.54万平方米,同比增长10.96%,金额758.93亿元,同比增长10.76%。预售批准新增供给商品房面积1031.36万平方米,同比增长-20.28%,其中住宅695.5万平方米,同比增长-20.54%。二手房交易4.32万宗,同比增长47.72%,面积407.62万平方米,同比增长38.25%,其中住宅3.32万宗,同比增长41.96%,面积353.94万平方米,同比增长46.09%。房地产抵押贷款登记11.04万宗,同比增长-10.92%,抵押房屋面积4687.52万平方米,同比增长16.87%。

市本级商品房销售4.45万套,同比增长25.81%,面积386.98万平方米,同比增长17.06%,金额565.49亿元,同比增长6.47%,其中住宅2.54万套,同比增长22.57%,面积292.4万平方米,同比增长19.51%,金额427.8亿元,同比增长12.97%。预售批准新增供给商品房面积322.66万平方米,同比增长-37.96%,其中住宅213.36万平方米,同比增长-21.9%。二手房交易3.48万宗,同比增长46.83%,面积284.98万平方米,同比增长33.59%,其中住宅2.6万套,同比增长38.12%,面积257.29万平方米,同比增长47.95%。房地产抵押贷款登记4.33万宗,同比增长-16.75%,抵押房屋面积1758.33万平方米,同比增长32.84%。

【房地产新政】　出台《关于稳定住房消费支持刚性住房需求的实施意见》,明确首套房首改房认定主体为购房个人,除购买规划用途审批为别墅的房屋外,个人购买首套房、首改房可享受首套房有关优惠政策;首次申请住房公积金贷款的职工,首付比例降至20%,已还清首次住房公积金贷款的职工,第2次申请住房公积金贷款,首付比例降至30%;鼓励房屋征收货币化安置,对4月1日后发布国有土地房屋征收决定(或集体土地房屋征收补偿方案)的五城区项目,被征收人在签订货币补偿安置协议书之日起1年内用货币补偿款购买福州5城区一手房的,按“被征收房屋区位补偿款×(购房发票总金额/被征收房屋总补偿金额,比值大于1时取1)×购房时间系数”的标准予以购房奖励;县(市)人民政府可通过购买或长期租赁户型合适的存量商品房作为公共租赁住房房源,打通商品房与保障性住房转换通道,引导房地产企业调整或改造现有户型,以适应商品房与保障性住房转换需求。

【市场管理】　开展房地产在售楼盘及二手房市场的检查活动,检查房地产开发企业56家次、在售商品房项目72个,房产中介68家、门店193个,对存在违规的房地产开发企业、中介企业发出整改通知书31份,对其中1家严重违规开发企业予以撤销商品房预售许可证。完善房地产经纪机构和估价机构信用档案管理和档案制度,建立评估报告信用档案平台。

【住房保障】 保障性安居工程超额完成年度目标任务,开工2万套,占省下达任务的106.98%;基本建成2.50万套,占省下达任务的217.48%;完成投资194.85亿元,占年度计划投资122.23%。编制《2015—2017年城镇棚户区及配套基础设施建设三年计划》。历年配租配售保障房10.68万套,配租配售率95.6%,年新增配租公共租赁住房(含廉租住房)6655套。制定出台《福州市城区公共租赁住房租赁管理实施细则(试行)》,对适用范围、职责分工、运作流程、查处程序和标准进行细化,公租房入住家庭实行实名登记备案制,建立入住家庭成员基本信息管理台账,允许保障家庭随时自愿退保,同意保障家庭之间互换同户型公租房。加强住房补贴审核工作,审核行政事业单位住房补贴"新人"317家单位1389人;"老人"95家单位225人,440.34万元;市属国企工龄补贴93家,涉及1459人,1191.8万元。

【房屋征收】 制定《关于进一步规范我市房屋征收补偿安置措施的意见》《关于福州市统购商品房和安置房回购安置协议指导意见(试行)》《关于鼓励被征收人用房屋征收货币补偿款购买五城区一手商品房实施细则的通知》等系列文件,规范房屋征收补偿安置行为,鼓励引导旧屋区改造实行货币化安置。全市发放国有土地房屋征收决定或集体土地补偿方案告知书项目54个,实施协议、协商征收项目20个,涉及征收旧房面积301万平方米;完成88个项目263.17亿元征收补偿费用审核工作,受理拆迁裁决案件32件、报请房屋征收补偿决定16件、责令交地决定24件。启动实施旧屋区改造102个,1062万平方米。开展奥体周边、连潘旧屋区、小柳周边等重点项目房屋征收工作,签约率逾97%。协调解决逾期回迁安置工作,28个逾期安置房项目组织回迁选房、回购协议或调整安置,涉及被征收户8667户、安置房1.27万套、110.86万平方米。

【物业管理】 将"小区物业管理"和"旧住宅小区综合整治"列入2015年福州五城区区政府绩效考核指标。制定《关于进一步规范旧住宅小区综合整治工作的指导意见》《关于建立健全旧住宅小区综合整治后长效管理机制的指导意见》,完成112个旧住宅小区综合整治。落实文明城市持续文明创建迎检、全国卫生城市复检和迎接青运物业服务项目检查、督促工作,建立市、区房管部门常态化的检查机制,检查物业服务项目1885次,下发整改通知书986份。制定出台《福州市住宅专项维修资金管理办法》,简化住宅专项维修资金申请程序,提高审批工作效率。出台《小区物业管理考核细则》,健全完善基层物业矛盾纠纷联席会议协调机制,规范物业服务行为,扶优扶强,鼓励企业提升资质等级、扩大管理规模,全市物业企业536家,其中一级、二级资质企业63家。

【住房公积金管理】 全年累计归集住房公积金56.56亿元,新增缴存职工数12.79万人。全市提取住房公积金39.85亿元,同比增长35.01%,其中购买、建造、翻建、大修自住住房提取13.67亿元;用于偿还购房贷款本息提取15.76亿元;离休、退休提取4.28亿元,与单位终止劳动关系未再就业和职工部分或全部丧失劳动能力造成家庭生活严重困难提取5.19亿元,户口迁出本市或出境定居提取0.73亿元。1996—2015年累计提取住房公积金191.44亿元。

全年发放个人住房贷款41.46亿元,涉及9160户家庭,回收公积金贷款10.27亿元。1996—2015年累计向6.50万户家庭发放个人住房公积金贷款203.44亿元,个贷余额153.44亿元,年末个贷使用率102.94%。放宽个人贷款政策,明确职工申请使用住房公积金贷款的,以住房公积金贷款次数确认,不再要求提供家庭住房情况查档证明;住房公积金贷款首付比例降低至20%。允许在榕有工作单位的台湾青年缴存住房公积金,在福州地区购买自住住房,即可自正常缴存住房公积金当月起申请住房公积金贷款,贷款最高额度放宽至福州住房公积金最高贷款额度的2倍;对福建自由贸易试验区福州片区引进高层次人才可申请最高住房公积金贷款额度4倍的住房公积金贷款。

全年实现增值收益4.51亿元。提取廉租房补充资金3.09亿元。1996—2015年,实现增值收益15.55亿元,累计上缴廉租房建设补充资金8.02亿元。

落实责任清单制度,重新梳理公布权力清单,涉及行政处罚类2项、公共服务类5大项25小项;编制责任清单,明确62项部门责任,落实责任主体和追责情形;缩短25项"马上就办"公开事项的办理时限,贷款审批时限从法定的15个工作日缩短为4个工作日;全面清理和精简向企业、职工出具各种证明类材料的办理条件和办理材料,单位开具住房公积金缴存证明时,不再要求提供社保中心出具的"基本养老保险缴费证明"材料等;开展"同城通取"(跨管理部)提取业务,在福州住房公积金管理中心9个管理部缴存住房公积金的职工,可就近选择任1个县(市、区)管理部办理提取公积金业务;推行住房公积金提取业务"一窗式"服务,职工在公积金窗口即可办结公积金提取业务,不必再到承办银行窗口二次取号排队办理提取手续。

【房屋登记管理】 1月3日在房地产综合大楼一楼办事大厅正式开展房屋登记信息自助查询服务;市房屋登记中心25项房屋登记对私业务以及6项档案查询业务正式入驻市民服务中心4楼办事大厅,实现房屋登记"同城通办,一站办结"。5月4日、6月8日分别在市民服务中心和房地产综合大楼房屋登记窗口推出房屋登记网上预约服务;5月13日在房地产综合大楼1楼室内新开辟群众等候区;10月16日开通市房屋登记中心官方微信公众号。

【抵押登记】 4月29日,制定下发《关于进一步规范房屋抵押登记工作的通知》,开展个人之间、企业之间以及个人和企业之间的房屋抵押登记新业务。12月28日,制定下发《关于进一步规范和创新房屋抵押登记服务发展的通知》,自2016年1月1日起,实行6项房屋抵押登记改革措施,实现提速增效:一是加强与司法部门合作,优化法院拍卖涉押房产的抵押权注销流程；二是简化收件要件，取消非金融机构抵押登记相关合同应先经公证的前置条件；三是开展非融资反担保抵押登记，服务金融创新；四是进一步规范企业厂区房屋抵押登记，服务企业发展；五是统一规范授权委托书内容，明确授权行为；六是配合完善不良金融债权的处置工作，服务金融发展。

简化办事程序，办理时限压缩至法定时限的30%以内，提升服务效率。8月27日，市本级将拆迁房产权注销登记手续的受理及审批权限下放给各区房管局，加快旧屋拆迁以及群众领取补偿款和办证进度，支持省市重点项目建设和全市旧屋区改造工作。简化16项房屋登记业务办理程序，取消房屋登记收件材料15件，楼盘表搭建或测绘数据备案前的基础数据下载、测绘数据下载、模拟楼盘表数据下载业务以及项目备案、从业主体备案、抵押注销4项业务实行即来即办。

【交易信息日报制度】　5月11日起，实施房地产交易信息日报制度，每日由市房屋登记中心汇总当日福州市（含市本级和辖县（市）新建商品房和二手房交易数据报送住建部。

【市区开展房屋买卖合同网签】　8月1日起，市区全面开展国有土地范围内二手房买卖合同网上签约备案和二手房房源核验网上公示，规范二手房市场交易行为，加强对房地产经纪行为管理，建立公平、公正、安全、透明的二级市场房屋买卖交易秩序。9月15日，福州市人民政府办公厅转发市房屋登记中心《福州市市区二手房网上签约备案管理办法》，罗源、闽侯、福清、长乐4个县（市）开展二手房买卖合同网签。4月20日起，在商品房买卖合同网签方面，市本级每日商品房买卖合同网上签约结束时间由18时延长至21时，增加开发企业和购房户的房屋交易时间。

【历史遗留登记】　组织召开2次历史遗留房屋土地“两权证”例会（第98、99次），解决福州市历史遗留问题项目24个，办理16个项目产权初始登记，为1490户群众解决办证难题。10月14日起，实行历史遗留问题项目信息公示制、个人承诺制，规范权证附记记载内容。

【房产项目测绘管理】　4月30日制定下发《福州市房产项目测绘质量检查验收和质量评定细则》，6月25日制定下发《福州市房产项目测绘管理操作细则》，规范测绘单位和验收单位的检查验收及测绘工作，提高房产项目测绘成果质量。

表20　**2015年福州市区商品房交易情况**

月份	面积（万平方米）	金额（亿元）	均价（元/平方米）
1月	31.44	45.56	14491
2月	21.58	31.11	14416
3月	33.31	51.67	15512
4月	35.21	53.18	15104
5月	33.29	51.50	15470
6月	43.87	64.90	14794
7月	37.10	52.71	14208
8月	30.60	42.08	13752
9月	33.78	49.16	14553
10月	30.42	44.31	14566
11月	37.44	54.07	14441
12月	18.94	25.24	13324

说明：上述数字为新建商品房网签销售量数字，包括住宅、商业、办公等所有房屋。均价为简单算数平均价，受物业类型结构等因素影响，不反映城市“均价”及其变化情况

（温昌经　曾彩华　余香香）

（编辑　吴　燕　卓明顺）

交通运输与邮政

公路建设与养护

【概况】 2015年，福州市公路总里程1.11万千米，其中，高速公路588千米，二级以上普通公路819千米。全年完成交通建设投资100.8亿元。沈海复线宁连福州段、京台线建闽公路福州市境段、东南绕城公路先行动建段先后建成通车，长平高速和东南绕城公路后期动建段等项目在建，启动长福高速、莆炎高速福州段、洪山桥至洪塘大桥拓宽改建工程、城区北向第二通道、江涵大桥、东部快速通道二期、外郊快速环线新规划路段等重点项目前期工作。整治市级“黑点”100处，整改道路安全隐患134处；公路养护实现综合优良路率89.9%、干线优良路率91.8%，管养公路县乡道可实施里程绿化率达89%，养护工程质量合格率100%。全市完成客运量12729万人次、旅客周转量775279万人千米，货运量16971万吨、货物周转量2494575万吨千米（客货运输量含平潭）。

【交通发展规划】 借助编制完成“十三五”交通运输发展规划，全省开展高速公路规划调整契机，对全市高速路网规划补充加密，同时参与福州新区系列规划建设。规划至2020年底，全市公路通车总里程超过1.2万千米，其中高速公路突破700千米、普通公路超过1.1万千米，公路密度超过103千米/百平方千米；建成“公交都市”，城市公交全覆盖，建成一批现代化综合交通运输枢纽站场。

【重点项目建设】 高速公路在建规模93.43千米，总投资147.63亿元。启动长福高速、莆炎高速福州段、洪山桥至洪塘大桥拓宽改建工程、城区北向第二通道、江涵大桥、东部快速通道二期、外郊快速环线新规划路段等重点项目前期工作。国省干道方面，104连江至晋安改建工程BT段项目正式开工，福州新区重点项目滨海大通道累计建成93.7千米。重点安排2.2亿元资金推进国省干线“白改黑”工程建设，完成国道324线福清段、省道305线福清段、省道202线闽清段、省道201线罗源段、省道201线福清段水泥混凝土路面“白改黑”工程35.7千米。国道316线闽清雄江大桥于12月建成通车，石潭溪大桥进入上部结构施工阶段。

【农村公路建设】 完成农村公路建设244.42千米，总投资2.926亿元，完成年度投资计划125.6%；完成永泰125县道5.35千米农村路网建设任务；完成农村公路安保工程186千米，总投资2780万元，完成年度计划里程109%；完成危桥改造21座，完成投资11146万元，完成年度投资计划101.3%；完成撤渡建桥2座，完成投资754万元，占年度计划125.7%。其中完成X143、X114、X194县道等农村公路建设1.33千米，

11月，养路工为2015年环福州—永泰国际公路自行车赛路面洁净保驾护航
（市公路局 供）

实现全市专养公路水泥路硬化全覆盖。

【管理养护】 定期检查全市专养公路480座桥梁、9座隧道，对96座大中桥开展桥梁专项检查，对8座大桥开展荷载试验，对新增33座三、四类桥进行维修加固或改造建设，对鼓山与马尾隧道的人行横洞增设防火门，对省道202线南山与垄山隧道照明系统进行LED节能改造。在国省干线及重要县道的桥梁开展河床铺砌并增设检查通道，通过土建与绿化景观相结合的方式试点进行路基排水系统标准化改造。整改安全隐患134处，整治交通事故黑点100处。推进G104、G324线“美丽交通生态公路”建设168千米。新建大樟溪公路停车区和青云山服务区，与地方合作共建马江停车区。建成公路路网中心并投入运行，完善国省干线外场视频监控设施12处，新建可变情报板3面，启用全省普通公路公众服务24小时服务热线电话“96330”，打造路网运行监测、应急处置调度和出行信息服务三位一体智能化公路服务。

【路政管理】 推动标准化路政所创建工作，健全完善路政局、路政所、班站三级纵向联动公路保护制度，完善横向联动机制，依托当地政府、综合执法部门开展联合执法，全方位推动路政管理常态长效。加强源头管理，加大对“滴洒漏”污染公路、非公路标志和非法侵占公路等违法行为的综合整治，全年开展联合整治行动268次，制止各类违章1743起，办理路产赔偿案件537起，收取赔（补）偿费395.57万元。

【交通安全检查】 落实行业安全生产责任制，推动市区248家小微企业完成考评工作，全市982家企业（新增11家）三级以上达标，其中二级达标46家。1083家道路运输企业公开安全承诺。加强车船安全监管，全年检测营运车辆10.82万辆次，其中综合性能检测5.64万辆次，二级维护竣工检测5.18万辆次；检查各类船舶45艘次，整改21艘次，查处违章船舶8艘次；全市883辆危货车辆（占比100%），2018辆客运车辆（占比89%）、9185辆半挂和12吨以上重型货车（占比75%）更新北斗终端。加强对客运服务安全监督，全年抽查客车2.25万辆次，查出危险品3461件，现场整改184辆。

（王东曜　王绮萍）

公路运输管理

【概况】 2015年，全市道路客运量10135.08万人次，客运周转量538534.98万人千米，货运量14506.70万吨，货运周转量2374212.67万吨千米。

【客运市场管理】 全市有客运企业67家，其中班车客运37家，旅游（包车）客运企业30家，道路旅客运输车辆3517辆，道路旅客运输经营从业人员9581人。道路旅客运输班线611条，其中省际班线74条，市际班线155条，县际班线167条，县内班线215条。全市有44个等级客运站，其中4个一级客运站、6个二级客运站、2个三级客运站、14个四级客运站、18个五级客运站。完成华威西园客运站的过渡性搬迁工作。规范旅游（包车）客运市场，研究制定福州市道路（包车）旅游、客运的许可规范和许可的后续监管措施，规范发展福州市旅游、包车客运市场发展。

青运会运输保障工作，开展各类客运车辆的征集、调配、使用管理和驾驶员的选调培训等工作，制定保障方案和应急处置预案，完成青运会运输保障任务。开展客运站文明创建，加强车站卫生、秩序整顿，完善车站的硬件设施，组织开展志愿者服务，设立志愿者服务站，在客运站位置“讲文明树新风”“社会主义核心价值观”等公益广告和遵德守礼提示牌，开展公益广告和文明创建宣传。

【货运市场管理】 全市道路运输经营业户数934家，其中普通货物运输328家，货物专用运输548家，大型物件运输20家，危险货物运输38家。道路货物运输经营从业人员5.76万人，拥有各类货物运输车辆5.54万辆。

安全生产专项行动　2月起，组织开展全市道路普通货物运输企业安全生产主体责任专项整治行动，全市检查393家企业，整改132家，正在整改30家，排查出安全隐患336条，其中对存在重大安全隐患的3家企业依法予以撤销行政许可。引导从事液化气配送的危货企业采购符合绿色环保标志的新型专用车辆；实行配送车辆的统一颜色和标准，实现液化气专业化配送。

规范化建设　引导各种不同所有制的货运物流企业，加大电子信息技术的应用，通过应用先进的电子信息技术，促进物流资源的共享；建立物流战略联盟，区域性的物流企业将各类物流资源整合为一体；发挥省会城市功能，通过构建以马尾为龙头、以市区为中心、连接福清、长乐、连江等的市内为环状、市外为放射状的现代物流网络体系；对物流产业链进行整合，形成以供应链管理为核心的社会化物流体系，发展专业化的新型经济组织。

横向协作　协调和组织铁路、港口、公路等运输部门开展横向协作，为运输企业牵线搭桥，为实现综合运输的无缝链接创造条件，并形成具有一定规模的第三方物流企业。晋安物流中心、华威公路港物流园（二期）、高速物流配送中心、东南公路港物流园、星泰安物流园区、盛荣物流园、运杰物流园区7个物流中心开工建设。

【城市出租车管理】 市区出租车企业19家，出租车6458辆，其中CNG双燃料出租车4675辆；经营使用权属企业的出租车4255辆，占65.85%，经营使用权属个体的出租车2203辆，占34.15%；出租车从业资格驾驶员4.3多万人，在岗驾驶员1.5多万人。

竞赛活动　开展“文明服务之星”竞赛活动，经过自愿申报，企业推荐，经营行为考核等环节，确定星级出租车2666辆，其中四星级出租车445辆，五星级出租车123辆，并在四星、五星车辆张贴星级车辆荣誉标识，接受监督；开展知识竞赛活动，评出一等奖1名，二等奖2名，三等奖2名，团队优秀奖3名；开展技能竞赛活动，在企业预赛基础上，8月28日开展出租车行业职业技能项目决赛，全市11支代表队59名选手参加技能竞赛,35 名选手获得名次。年内产生 500 名青运会服务标兵。

火车站服务保障　安排公交、海峡等 4 家公营企业,每天至少调派 30 辆出租车,在 19:00—23:00 前往火车站北广场轮流进行服务保障。每周五、周日 22 点后在火车南站进行保障。企业安排管理人员根据客流量情况及时调度车辆,每天保障车次均在 70 辆次左右。

预约出租车　500 辆预约出租车投放,实行企业主动定价与报备制;协调设置 180 个预约出租车泊位,供预约车停靠候客;开通使用“95128”全国统一的出租汽车约车服务号码。年内投放 113 辆预约出租车上路运营。

2015 年度服务质量考核　从日常经营行为、车容车况和文明服务等方面,对驾驶员进行服务质量记分考核,对 4890 人次拒载等违章驾驶员进行服务质量扣分,对 1107 人次拾金不昧、助人为乐的优秀驾驶员进行奖励加分。经综合评定,服务质量等级优秀的驾驶员 1.19 万人,占 79.84%;服务质量等级合格的驾驶员 2884 人,占 19.19%;服务质量等级不合格驾驶员 145 人,占 0.96%。

2015 年度管理目标考核　采取材料核查、现场勘验、路面抽查等方式,对市区出租车企业的基本条件、经营行为、安全生产、履行责任和管理水平等方面进行考核。经考核,资质等级一级的企业 4 家,二级 1 家,三级 14 家;考核等次优秀的企业 4 家,合格 15 家。

表 21　**2015 年福州市新增公交线路表**

序号	线　　路	起始终点站
1	38 路区间车	闽侯县委—洪山桥
2	135 支	白湖亭—三江口八中校区
3	175 路	公交鳌峰洲站—公交大学城总站
4	182 路	火车站北广场—动物园
5	185 路	闽侯甘蔗公交场站—火车站北广场
6	186 快线	陈厝—龙祥岛
7	187 路	远东丽景公交站—三盛国际公园
8	193 路	火车站北广场—鼓岭柳杉王公园
9	323 快	公交大学城总站—火车站北广场
10	326 路	福建中医药大学—正祥旗山
11	509 支	上渡建材市场—上渡建材市场
12	607 路	闽侯员工公寓—三叠井
13	华威通勤班车	市政府—东部办公区
14	大学城高新区环线	公交大学城总站—公交大学城总站
15	荆溪新城专线	金牛山公园—中庚香山天地
16	闽侯 905 路	甘蔗—唐举
17	闽侯 906 路	闽运闽侯客运站—荆溪镇桐口村桐溪
18	长乐 13 路	泮野公交总站—峰顶首末站
19	福清 602 路	福芦山公园—厝场村
20	福清 831 路	宏路车站—元洪投资区加迪尼公司
21	福清 850 路	凯旋城—裕荣汇
22	福清 851 路	音西中学—裕荣汇
23	福清 852 路	卓越观天下—塔仔门
24	闽清 3 路	猴山—大路
25	闽清 10 路	城关中学—豪业陶瓷站
26	罗源 12 路	罗源西客站—闽光钢铁厂
27	罗源滨海 1 路	海洋世界—岐头农贸市场
28	罗源滨海 2 路	海洋世界—火车站

【机动车维修管理】　全市有一、二、三类机动车维修企业 697 家,完成 2005 年底前注册的营运黄标车淘汰工作。2213 辆营运黄标车全部注销营运资质。至年底,完成 2005 年底前注册的营运黄标车淘汰任务。

强化营运车辆二级维护及检测工作的监督管理,督促维修企业落实营运车辆二级维护工艺规范和检测企业检测车辆工艺流程。全年检测营运车辆 9.04 万辆次,其中综合性能检测 4.73 万辆次,二级维护竣工检测 4.31 万辆次。

【运输驾驶从业人员培训管理】　培训机构共 81 家,教练车 3891 辆,教练员 5119名,年培训人数22万余人;从业资格培训机构 5 处,各类从业人员 15 万余人。

行风整顿工作从招生报名、变相收费、执教规范、学时管理、教学车辆、学员退款、教学场地 7 个方面规范企业经营行为。停止 47 台到期教学车辆带教资格,责令清理训练场内淘汰车辆 39 辆,查处 9 家驾校 14 名教练吃拿卡要、伪造学时等违规行为。由驾培协会牵头,规范 73 个校外报名点,制订学员报名合同范本,明确学校与学员之间的权利和义务。运管所开展年度机动车驾驶培训机构质量信誉考核,公交驾校筹备大车培训场地,运管所开展教学车辆扩增的相关许可工作,其中华威驾校 180 辆,公交驾校 40 辆,永丰驾校 29 辆,军威驾校 2 辆。

【公共交通】　全市公交车 4242 辆,市区公交线路 235 条(其中快速公交 9 条),定制公交(含定制校车)71 条,公交场站(含枢纽站、停车场)55 个,载客量

5.64亿人次，公交从业人员8189人。

公交都市建设　优化新辟公交线路210条，其中优化公交线路182条，新辟线路28条，新建公交场站5个，完成投资2.05亿元。福州市区线路有公交首末站162处，设有公交中途停靠站点2496处，市区实现万人公交车保有量16.7标台。城市建成区公交线网密度达3.89千米/平方千米；通过公共交通实现与周边县(市)的衔接，城市周边20千米范围内城乡客运班线公交化改造率达到100%；清洁能源和新能源公交车达到2203辆，占总数的51.93%；城市公共交通乘客IC卡使用率为33.93%；公交车进场率达到93.97%以上。开通定制公交，市区62条“定制公共巴士”和9条“定制校车”上线运行。

文明示范竞赛活动　在公交行业开展“服务青运会　满意在公交”文明示范线路竞赛评选活动。围绕“行车服务”“车厢服务”“运营安全”“日常运营”4大内容，进行督查，最终评选出20条文明示范线路。

掌上福州APP　福州掌上公交覆盖3000多辆公交车，注册用户达到91万人，月访问量1010万人次。新增智能换乘、实时电子站牌、预约提醒、到站响铃和线路评价5大特色功能。完成火车站公交总站整体搬迁到火车站北广场，站内21条公交线路全部迁移至火车站北广场公交场站停靠。

(陈宏威)

铁　路

【概况】　2015年，福州站每日图定开行166.5对列车(普速列车16对、动车组列车92对、动检列车7对、回空动车组列车19.5对、货物列车12对，单机20对)；福州南站每日图定开行列车118.5对(动车组列车95对、动检列车4.5对、回空动车组列车17对、货物列车2对)；福州机务段配属机车332台；福州车辆段配属客车1448辆；福州动车段配属动车组109组。全年福州车站发送旅客2425.8万人，同比增长8.68%；完成运输收入28.96亿元，同比增长13.48%。

【福州站北站房启用】　1月20日，福州站北站房启用。福州站北站房改扩建工程于2011年启动，北站房总建筑面积3.72万平方米，设置12个人工售票窗口、14台自动售票机、19台自动取票机、38台进站闸机和8台出站闸机；地上一层和二层分设两个进站口，地下一层设出站口，形成旅客“高进低出”“南北进出站互通”的乘降模式。

【合福高铁开通运营】　6月28日，福州、上饶、合肥南等站多趟高铁动车陆续首发，合福高铁开通运营。合福高铁是京福台快速铁路的重要组成部分，同时也是京沪高铁的延伸线，跨越皖、赣、闽3省，全长810千米，项目概算1019.95亿元。闽赣段全长466.8千米，其中江西省境内183.2千米、福建省境内283.6千米，全段正线桥梁324座、隧道159.5座，设有车站11个。合福高铁开通运营后，福州至北京最快铁路旅行时间由原来的10.5小时压缩到7.5小时左右，福州至合肥最快铁路旅行时间由原来近8.5小时压缩至4小时左右，南昌、福州、合肥等省会城市形成“5小时交通圈”，进入“省际同城时代”。

【福平铁路建设】　全年完成投资65亿元，累计完成投资100.4亿元，占初步设计批复概算的40.83%。累计完成路基土石方101.05万立方米，占设计的18.47%；隧道及明洞14499.22成洞米，占设计的41.72%；中桥以上桥梁14813.62成桥米，占设计的37.02%；涵洞121.07横延米，占设计的18.55%。

【福州可门港铁路支线建设】　完成投资2000万元；累计完成永久征地91公顷，占设计的100%；房屋拆迁1.143万平方米，占设计的81.81%；路基土石方254万立方米，占设计的99%；特大、大、中桥9433成桥米，占设计的100.1%；涵洞559.62横延米，占设计的98.76%；隧道2031成洞米，占设计的100.1%；电力线路18千米，占设计的82.93%；接触网27条千米，占设计的73.3%；铺轨18.9千米，占设计的88%；房建工程4368平方米，占设计的41.2%。

(曾　进)

地　铁

【概况】　2015年，福州地铁完成年度投资36.02亿元，其中1号线(一期)完成投资17.01亿元，1号线工程(二期)完成投资1亿元，2号线完成投资13.01亿元，资源上盖开发完成投资5亿元。

【地铁1号线建设】　一期建设　地铁1号线(一期)全部站点(21个)完成车站主体结构施工(封顶)；福州地铁1号

5月25日，福州火车南站进行扩能改造施工　(林逸翔　摄)

线全线计出入口75个,完工28个,在建37个;风亭47个,完工21个,在建19个。盾构区间总里程数39.7千米,完成38.6千米,占97.2%;联络通道19处,剩余4处未开工;铺轨工程累计完成34.626千米,占60%。1号线南段工程建设:装修工程南段9个站,黄山站、葫芦阵站基本完成车站装修,白湖亭站、三叉街站地面装修完成,天花、墙面完成约60%,排下站地面铺装完成,城门站、三角埕站、胪雷站、福州火车南站站完成地面、天花、墙面约80%。机电设备安装方面,黄山主所一路电已投运,茶亭主所完成预验收,开展投运前质检和涉网检查;风水电安装方面,葫芦阵站、黄山站开始联调联试,三叉街站、白湖亭站受土建风亭未移交影响外的设备安装基本完成,排下站、城门站、三角埕站、胪雷站、福州火车南站站5站风水电安装基本完成,并进行收边收口和单机调试。完成1号线南段9个站屏蔽门安装,完成7个站的单体调试。信号系统方面,完成连锁子系统调试和无线系统调试,车载信号设备调试完成25%。运营准备方面,1号线一期人员编制1795人,实际到岗人数1245人,到岗率69.4%,清凉山停车场、各车站车控室以及轨行区管理移交运营管理,1号线南段(三叉街站至福州火车南站站)9个车站车务及调度人员基本满足运营要求。

二期建设　福州地铁1号线二期工程,全长4.924千米,设4站4区间(安平站、梁厝站、下洋站、三江口站),以火车南站为起点,终点至三江口站。12月30日,1号线二期工程安平站开始启动。

【地铁2号线建设】　全线各站点建设工作全面展开,厚庭站及金祥站开展车站主体结构施工,金祥站主体基本完成,具备盾构始发条件;沙堤站、上街站、金屿站、福州大学站、桔园洲站、西洋站、紫阳站、五里亭站、上洋站、宁化站、祥坂站东段开展主体围护工程施工;洪湾站、金山站、南门兜站、水部站、前屿站开展前期绿化移植及交通导改、管线迁改施工;下院出入段线开展前期工程施工,苏沙区间盾构井及厚桔区间风井正在进行主体围护工程施工,下院车辆段新建下院小学完工正开展验收移交工作。

10月1日,福州地铁电客车上线调试　(谢丹婷　摄)

2号线机电PPP工作持续推进,项目财务分析及测算工作已基本完成,财政承受能力及物有所值评价、PPP项目实施方案初稿基本形成。

【资源开发】　完成1号线南段轨行区广告灯箱并入车站导向标识系统招标项目、站点街区图、线路图和票价信息图的设计工作及商铺、自助机具招商框架方案(初稿)的制订工作。完成2号线B线66.67公顷地的梳理。地铁上盖物业开发方面,新店车辆基地上盖开发项目采用"一级半"开发模式,与市国土局、土发中心密切配合,完成出让红线选址、土地成本归集等前期工作,并为该项目"一级半"开发成立项目公司;朱紫坊西入口地块进场开始全面施工;苏洋站及竹岐停车场周边地块上盖物业开发完成概念规划比选;金山站开发地块正在控规调整论证。

(蔡文婕)

水　路

【概况】　2015年,水路运输业及水路运输辅助业205家,船舶运力648艘,368.53万载重吨,标准箱位2.44万TEU,载客量3798客位。完成水路客运量196.41万人次,旅客周转量4978.40万人千米,分别同比增长30.75%、3.25%;货运量8924.66万吨,货运周转量1.46千亿吨千米,分别同比增长9.32%、17.83%,各项指标增长位居全省前列。两岸客货运输两马客运量4.35万人,同比增长3.14%,两岸货运量151.56万吨,同比下降5.34%。12月23日开通黄岐至马祖航线。

【水路运输行业管理】　实施扶持航运业发展优惠政策,申报13艘船舶运力43.8286万吨,申请省级财政补贴2008.11万元。优化船舶结构,单船平均吨位达6579吨,同比增长10.5%。推进闽江内河船型标准改造工作,全市有182艘内河船舶符合改造资金补贴要求,其中客船7艘。完成申报146艘,批复改造的有120艘,落实安装污水处理装置的有15艘。

【水上交通安全】　3月9日,闽侯永丰古山洲的闽侯县沙石砂办留置的运砂船发生溢油,油污漂流到闽江北港江面,水路运输管理处第一时间派出3艘海巡艇和"新淮安"救助船赶赴事发水域,协同环保管理部门及时处置江面油污,确保闽江饮水源安全。筹集资金29.6万元在全市29道渡口设立永久性渡口牌。组织开展"三无"船舶、旅游船舶、船舶配员、危险货物安全运输等专项整治,出动执法艇314航次,出动人员1897人次,检查各类船舶1327艘次,处罚案件55

起，罚款金额18.70万元。完成"第一届青运会火炬传递""亚洲沙排赛""海峡两岸茶博会"等重大涉水活动水上交通安全保障任务。

【船舶与船员管理】 5月，省地方海事局将内河一类船员适任证书签发权限下放水路运输管理处局，全年组织25期，1064名船员参加内河船员适任、基本安全培训、内河客船特殊培训、水上安全教育培训。检验发证内河船舶421艘，征收船舶检验费205.7万元。

（庄亚辉）

港　　口

【港口建设】 2015年，福州港完成港航建设，投资33亿元（福州21.4亿元，宁德7.27亿元，平潭4.33亿元），占全省的32%，居全省第二。其中江阴、罗源湾"核心港区"完成港航建设投资13.6亿元，占全港港航建设投资的43%。全港有生产性泊位171个（占全省35%），其中万吨级以上54个，5万吨级以上22个，10万吨级以上（含结构预留）17个。最大可靠泊15万吨集装箱船（江阴港区4号、5号泊位）和30万吨级散货船（罗源湾可门作业区4号泊位）。年设计通过能力达1.3亿吨，其中集装箱235万标箱，旅客188万人次，车辆15万辆次。

【港口运输】 全港完成货物吞吐量1.4亿吨（福州1.14亿吨，宁德2600万吨，平潭32.78万吨），占全省的28%，居全省港口第二。其中集装箱吞吐量243万标箱（福州236.74万标箱，宁德5.6万标箱，平潭0.46万标箱），占全省18%，同比增长8%；外贸货物吞吐量完成4581万吨，同比下降14%。全年完成对台客运量15.44万人次，平潭全年完成对台集装箱吞吐量4525标箱，同比增长147%。江阴整车进口1.15万辆。

【港口安全监管】 创建"平安港口"，对全港34家危货码头企业开展拉网式检查，暂停7家企业从事危货集装箱作业，集中江阴港区从事危货集装箱运输，推进港口企业安全生产标准化建设工作，全港有133家企业实现达标。排查摸底已投产未竣工验收码头，督促企业落实竣工验收整改。打造"平安航道"，建立健全联合执法机制，加大江阴、罗源湾等重点港区进出港航道的行政执法力度，福州港与马来西亚巴生港结为友好港。全年开展17次联合执法，开展"平安工地"创建活动，辖区23个在建工程项目参评，全部实现达标。

【安全引航】 全年安全引领20万吨级以上120艘次，10万吨级以上船舶644艘次，5万吨级以上大型船舶1771艘次。

（任芝芬）

航　　空

【概况】 2015年，福州长乐国际机场安全保障运输起降9.07万架次，同比增长11.52%；旅客吞吐量1088.73万人次，同比增长16.40%；货邮吞吐量11.65万吨，同比下降4.03%；11月底旅客吞吐量突破1000万人次。机场通过世界卫生组织与国家质量监督检验检疫总局测评，被授予"国际卫生机场"称号；并获全国500万—1000万级吞吐量机场第一名。

【国际航线】 全年境外旅客吞吐量145万人次，同比增长20%，其中国际航线旅客吞吐量同比增长60%。首条洲际直飞航线福州—悉尼开通，机场航线网络新增澳洲航线。

增加新运营主体，引进马来西亚航空进驻机场，开通福州—沙巴旅游包机航班，推动东方航空、吉祥航空与春秋低成本航空公司加入国际航线运营。至年底，福州机场执行地区及国际航班航空公司11家，地区及国际通航点19个，其中机场执行地区及国际航班航空公司增加4家，地区及国际通航点增加5个。

年内新开4条日本航线，航点覆盖大阪、东京、名古屋、冲绳4个主要城市，通往日本的每周航班数量由上年的3班增至23班。厦门航空、春秋航空运营福州—曼谷航班，通往曼谷的每周航班数量由上年的6班增至17班；吉隆坡航班加密至每天1班，新加坡、澳门、雅加达航班改直飞，福州至中国香港航班加密至每天5班。

【国内航线】 新增梧州、西昌、绵阳、敦煌、盐城、常德、铜仁、宜昌8条支线航点。协调航空公司加密北京、上海、成都、昆明、西安、重庆等航线，并优化航班时刻，打造"空中快线"，福州—北京航班每天15班，福州—上海航班每天16至17班，福州—成都、昆明、西安、重庆航班每天6至7班。

【基地航空】 引进B737－800飞机4架，新开航线9条，陆续加密上海、海口、天津、贵阳、济南、哈尔滨等航班密度，执飞航线16条，通达航点17个，旅客运输市场份额占福州机场总体10%，逐步建立起以福州为中心辐射全国的干支线互补航线网络。

【航空安全管理】 机制建设 落实每月一练、每月一研讨、每季度一拉动、每年一综合演练以及基层应急关键岗位建设等应急管理长效机制；建立月度应急工作专题研讨制度，推行以情景实战为主导的培训与演练模式，完成12项桌面推演、实战演练与背靠背拉动演练，突出对航班运行高峰、薄弱时段等情况下的应急测试，挖掘应急处置过程中单位与单位之间接口问题及协同配合等问题。成立福州市机场应急救援工作领导小组，完善与社会救援力量的应急联动响应机制，强化与驻场单位沟通机制，完成《燃油溢漏应急处置方案》《候机楼疏散预案等处置及对接程序》的修订。

风险管控 建立消防安全"户籍化"管理制度，每月对照"户籍"开展辖区内消防器材、灭火器等设施检查。客货运输实现"图形化装机单"功能、航班装卸数据交互移动终端IFLI等手段，提高装机数据准确度与传送便捷度。制作飞行区鸟害防治控制图，按月份编制全年滚动式鸟防实施计划，并扩大鸟情监控范围至机场附近13千米区域。制定《福州机场机坪运行沟通制度》，以"机坪防相撞""机边作业安全"为监管重点，强化靠机作业及机边作业程序的专项整治。重新修订并发布《福州长乐国际机场地下管线管理规定》,明确机场红线范围内地下管线的管理,确保地下管线安全运行。

专项整治　创建"福州机场 SMS"微信公众平台与安全信息报告网站,开展"排查隐患保安全,征集建议促发展"活动、安全专项活动、平安民航建设、门禁专项整治、航空货运专项整治、消防安全及电器设备专项治理等专项行动。

【人文机场建设】　确定闽韵风格人文机场的愿景与主题,成立人文机场建设小组,制定《元翔福州空港人文机场建设规划纲要》,梳理行动计划41项。

传递人文服务　推出"轮椅预约""团队旅客易通行""候机服务面对面""趣味候机""航延管家"等8项温馨服务;丰富休息室服务功能区,推出贵宾区域图书室、丰富厅房美食等,打造贵宾区休闲场所;开展便民服务,对过检儿童实行蹲式检查等系列人文关怀措施;变更国内远机位登机口编号,并优化地标指引,增设88号登机口雨遮。建立候机楼环境监测数据平台,对候机楼的环境状况实施动态管理,并实时在航线屏上发布环境数据;增设自助评价设备,收集、汇总旅客需求与意见,针对性地改进与提升服务。

营造人文环境　推出以"回家""亚热带""抗日"为主题的景观造景,打造独具文化底蕴的楼内景观环境;优化卫生间的内部布局与流程,打造精品卫生间;建立花园式、人文化停车场,增设人文设备与贴心服务。整合外部专业力量与智力资源,陆续举办春节民俗展、"中国古代体育文物展"等独具人文艺术特色的展览活动。与省博物院建立长期合作关系,并在候机楼内打造"空港博物馆",常态化开展主题活动展览;开展文化体验活动;结合青运会,加强楼内环境布置,营造赛事氛围,扩大品牌影响力,并与中国邮政举办为期12天的青运会主题明信片免费邮寄活动。

打造人文商业　以候机楼国内隔离区三层文化长廊为平台,推动承租商户丰富展出模式,开展民国"闽派"古董家具系列展、赵鹤松书法展、朱莉燕漆画展等活动;引入金鱼展示馆,推动候机楼非传统商业资源开发与"平台资源+地方特色产业"营销模式的创新实践;引入茶企,将国内换票厅绿化造景打造成茶文化主题造景;推动到达厅商户免费为旅客提供手机充电增值服务,引入顺丰快递网点、跨境电商体验店,设立自助拍照、微立拍、榨汁机等互动体验项目。

【基础设施建设】　以二轮扩能工程为重点,推进基础设施建设。完成货运路拓宽工程、生活区集体宿舍1号楼与2号楼工程、空港花园酒店C2标段、翔汇广场海关业务用房装修工程、过夜停车场扩建工程。二轮扩能的飞行区工程于3月动工;航站楼工程进入主体结构建设阶段。翔汇广场西楼海关办公用房于10月完成交接。

【福州航空】　分别引进第6、7架飞机,2架飞机均为福州航空从波音公司自主引进的新飞机,至年底,福州航空的机队规模扩充至7架波音737-800,并开通舟山、天津、重庆、郑州、长沙、西安等多条国内航线。自上年10月实现首航以来,福州航空旅客运输量累计突破百万人次,平均客座率保持在85%左右,助力福州长乐国际机场跻身国内千万级机场行列。年内福州航空聘用首位来自匈牙利的外籍机长。

青运会保障　青运会期间,福州航空在青运村设置3处售票中心,在一线提供购票渠道,同时筛选出28名乘务组成礼仪保障团参与赛事的礼仪服务。

服务创新　2月,FU6508重庆—福州航班以及FU6510昆明—福州航班,通过航路优化,从OVTAN-P47等直飞,减少20海里距离,节约飞行时间3分钟。6月保卫与客舱部选拔14名乘务员骨干组成精品航线乘务组,参与保障要客航班和重大活动,7月制定并实施精品航线头等舱服务程序。中秋节期间,福州航空推出"追月航班"特色客舱服务。10月30日,福州航空举办"清新雅致、愉悦飞行"为主题的系列仪式,包括限定版明信片机上抽奖活动、孝心随行活动、空铁联运产品以及线上全民彩绘飞机大赛等。

公益活动　1月,参加福州首届"爱跑"公益活动,1500人参与,福州航空将跑步爱跑公益活动中累计的跑步里程数转化为航程里程数,并最终兑换为"公益机票",捐赠给在榕求学的优秀大学生;2月,福州航空为在榕务工的农民工提供免费包机返乡服务;10月,福州航空受邀参加新兴低成本航空学术论坛。

(黄剑峰　林忆夏)

邮　政

【概况】　2015年,业务总量完成42.38亿元,占全省比重19.51%;业务收入完成31.53亿元,占全省比重22.39%,其中,邮政企业实现业务总收入7.37亿元,同比增长-3.79%;规模以上快递服务企业业务量完成1.70亿件,同比增长19.04%;业务收入完成19.97亿元,同比增长15.39%;投递量完成2.14亿件,同比增长50.29%(以上数据含平潭)。

全市取得合法经营资质的快递企业、分支机构331家,参与配送的车辆近800部,从业人员近1.5万人,处理中心场地总面积超过8.5万平方米。238个普服网点完成4项法定业务开办率100%。空白乡镇邮政局所补建运营100%完成。424个村邮站挂牌营业,基本实现村村通邮。推进农村地区邮政普遍服务基础设施建设,完成邮政网点改造62处。建成邮政综合服务平台网点2945个。邮政企业更名工作完成,原"福建省邮政公司福州市分公司"正式更名为"中国邮政集团公司福州市分公司",下辖的8个县级邮政企业统一更名为"中国邮政集团公司福建省××县(市)分公司"。

【行业规划】　7月,《福州市邮政业管理若干规定》通过市政府常务会议审议,明确加强行业规划保障、统筹专项资金支持、化解邮政局所征收问题、支持智能快件箱建设、给予通行便利6项支持措施。率先在全省推进《福州市中心城区邮政设施布局专项规划》编制工作,将快递设施布局纳入邮政设施专项规划,从物流园区、分拨中心、末端服务3个层次对快递设施予以配建或引导,为福州加快建设"普快融合,快递普惠"的"普惠

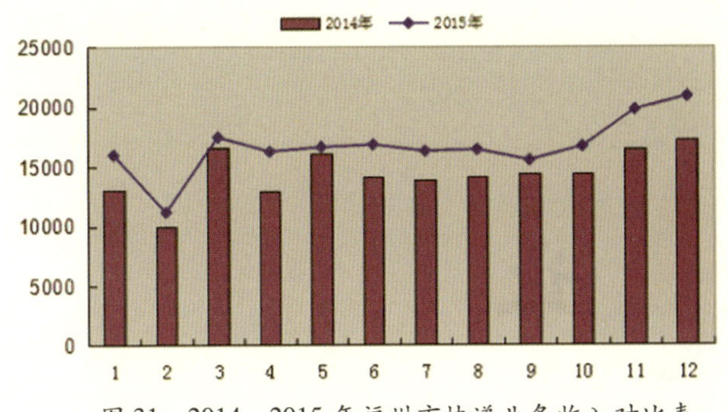

图 31　2014—2015 年福州市快递业务收入对比表

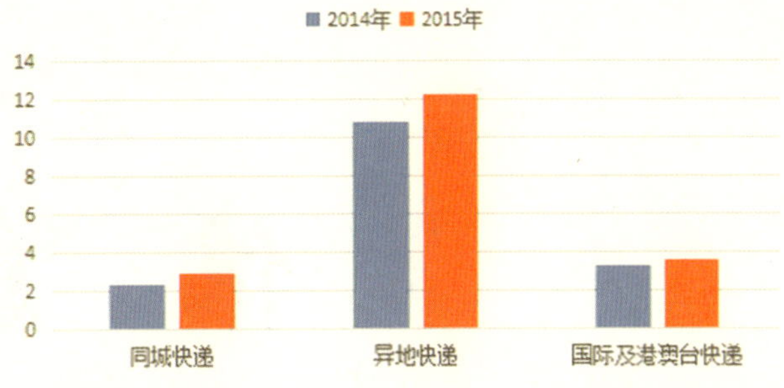

图 32　2014—2015 年福州市分专业快递业务收入比较

邮政”提供支撑。

【快递末端服务】　提升快递末端服务能力，形成标准化快递服务、智能箱投递、网订店取“三位一体”的末端快递服务模式。全市建成快递公共投递服务站 968 个、智能快件箱 942 组，日均派件量近 9 万件，占市区投递量由最初的 4% 上升为 20%。“双 11”期间，“人工 + 智能”快递末端网点日均投递量超 11 万件，达到 10 月份投递量的 2.5 倍。易栈、升腾等第三方运营企业主体通过组织团购活动销售商品及当地特色水果、土特产，提供洗车、洗衣服务等。

【快递车辆管理】　协调交警部门，出台快递运输车辆通行“专用标识”创新管理措施，6 月首批统一专用标识的 50 辆“快递专车”投入使用。9 月，福州城区实行“史上最严货车管制”，“快递专车”首次被纳入特种车辆，获得特殊通行政策。

【快递人才培养】　借助电子商务与物流快递协同发展试点优势，协调商务、人社部门，将加强行业人才培养纳入试点范围，为快递业务员培训和职鉴提供财政补助，全年累计组织培训 1016 人，报考 2257 人，通过考试 1337 人。

【便民服务】　9 月，率先在福州市金明苑小区试点正式投入使用首批新型智能信报箱，运用新型智能信报箱代替传统老旧信报箱，盘活信报箱资源，实现信报、快件箱一体化。出台《福州市邮政普遍服务网点分级监督实施办法》，实行普服网点分级等次差异化动态管理，初步形成邮政普遍服务一级网点 5 个，二级网点 87 个，三级网点 146 个的分级管理

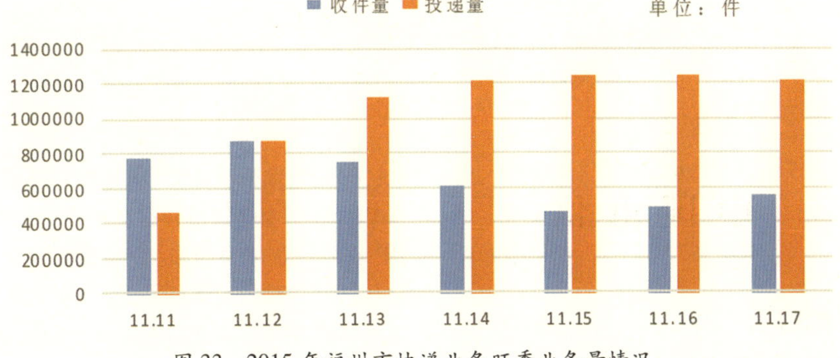

图 33　2015 年福州市快递业务旺季业务量情况

网络。“邮政便民”微信平台获评全省 10 大民生服务号及智慧民生奖。报刊微信订阅平台进驻微信“城市服务”。举办首届福州高校大学生跨境电商创业大赛，推广邮政跨境电商创业平台。青运会期间陆续发行《相聚八闽　放飞梦想》《梦圆青运》《青运会开幕式册（让青春出彩）》等 50 多款融合福州特色、青运特色的集邮册和明信片册。

【安全执法】　全年开展邮政快递市场，集邮市场和邮政用品用具市场检查 239 次，出检 940 人次，检查品牌企业快件处理中心 38 家次，检查快递营业网点 201 次，检查普遍服务网点 182 次，纠正和查处违法违规行为 100 起，约谈相关企业负责人 10 人（次），下达整改通知 78 份，下达行政处罚决定 11 份，罚款 7 万元。配合市禁毒支队破获毒品案两起，缴获冰毒 2.011 千克。

抗战胜利 70 周年纪念活动寄递安全　督促全市 10 个快递处理中心落实 X 光安检配置，并联合国安、公安等部门出动 45 人次，持续 6 晚开展夜查，确保寄递渠道安全稳定。在“9·3”纪念中国抗战胜利 70 周年阅兵活动期间，福州市寄递企业收寄进京邮（快）件 4.43 万件，检查进京邮（快）件 4.43 万件，查获各类违禁物品 41 件，其中化工产品 35 件、低空慢速小型无人驾驶航空器类 1 件、仿真枪 1 支、子弹 1 发、锂电池 2 个、酒类液体 1 件。

青运会期间安全维稳工作　落实“收寄验视 + 实名收寄 + 过机安检”3 项措施，实现邮件、快件统投 107 件，统收 153 件。开通青运会快递公共投递服务站，完成青年运动会寄递安全保障任务，邮政速递公司及易栈集团获青运会组织筹办工作“优秀服务单位”称号。

“双 11”旺季寄递安全保障　11 月 11—17 日，福州规模以上快递企业收件 451 万件，同比增长 27%；派件 733.9 万件，同比增长 49.3%；日均收件 64.4 万件，日均派件 104.8 万件，分别是平时的 1.4 倍和 1.9 倍。日最高收件量 11 月 12 日达 87.1 万件，日最高派件量 11 月 15 日达 123.7 万件。跨境业务出口量完成 13.2 万件。福州市邮政管理局组织全市 107 家快递企业召开快递业务旺季服务保障动员部署会，全面部署寄递保障工作。

（周炜赟　刘琳　陈武进　张力勤）

（编辑　吴　燕　卓明顺）

信息业

中国电信

【概况】 2015年，中国电信福州分公司完成经营收入29.9亿元，同比下降4.77%。分公司获2015年度“全国文明单位”“全国职工教育培训优秀示范点”称号。

【通信业务】 开展“4G冲百兆”业务活动，强化“触点动作、联动推进、过程管控”3个环节，规范换卡动作、优化换卡流程，加快4G换卡进度。加强系统支撑和流量包常态化销售，变“事后管控”为“事前管控”。启动全区宽带提速工程，适配普遍提速、网龄提速、增值提速、应用提速等针对性策略，提升存量用户价值。优化宽带开放受理流程，发挥网格保有作用，提高光宽维护水平，加快ADSL光纤改造进度。

【网络运营】 全年新增FTTH端口67.2万个，P2P改造1.2万台交换机，新增FTTB－LAN端口39.4万个，累计新增106.7万光资源端口，总数达272万。新增DP节点1189个。无线网新增LTE站点1659个，全区FDD－LTE站点累计达4859个，LTE网络全区整体路测DT覆盖率保持95%以上。从管控装机、落实修障、提升技能和提升感知4个方面切入，落实光宽带发展体系化要求，促进光宽带装维能力提升，支撑宽带经营发展。光宽带新装48小时竣工率达80.76%，光宽带故障24小时修复及时率达93%。主动对接青运会组委会，组织“现场驻点、应急抢修、后台支撑”3支队伍，确保有线、无线网络安全运行，实施网络建设保障，增强各场馆、运动员村、酒店及火炬传输路线的覆盖广度和深度。

【信息化建设】 拓展互联网信息化新兴业务，为便民政务、保险金融、交通物流、能源公司、连锁企业等行业市场客户在产品研发、生产制造、运营服务、商品销售等方面提供“互联网＋”改造升级的综合解决方案，主要应用项目有“智慧仓山”9大便民政务信息化建设、东南汽车“互联网＋交通”车联网信息化项目、平安产险“互联网＋金融”信息化拓展、中石油翼商云—微翼OTT智能应用、永辉商超连锁信息化建设等。福州“翼支付”覆盖包括永辉、沃尔玛、新华都在内的福州地区90%以上大型连锁商超，建成翼超市43家，便民缴费活跃网店245个，以翼支付账户为核心，搭载校企翼机通、榕城一卡通等多账户平台应用，覆盖百姓日常生活的工（门禁，签到等企业信息化应用），住（水，电，煤气缴费），行（公交，加油，咪表服务），用（翼支付联盟商户消费）等方面，培植用户的移动支付习惯，推进翼支付跨界营销，年内福州翼支付活跃用户数达68万户。

在首届全国青运会期间，中国电信福州分公司为青运会提供志愿服务

（陈俏彬 摄）

【客户服务】 提高“10000”号的专业化服务和集约处理能力，分公司采用投诉处理倒三角支撑，梳理省/市、区县层面处理界面，对标准套餐、统一业务规则的投诉集约在“10000”号层面处理，省市层面集约率同比提升20%。深化集约运营，加强对“10000”号的派驻支撑服务，定期梳理各种建单场景，明确服务解释口径及排查手段，优化投诉处理流程，“10000”号投诉处理一次解决率同比提升23%。针对“宽带修障”与“资费争议”服务问题，以服务承诺制倒逼内部运营的提升，由“先处理、再回复”转化为“先承诺，再处理”，实现按承诺时限处理服务问题。

（欧扬波）

中国移动福建公司福州分公司参与“苏迪罗”灾后恢复工作 （张章琳　摄）

中国移动

【概况】 2015年，中国移动福建公司福州分公司实施4大转型发展计划，逐渐完善经营管理工作，全区通信服务收入完成50.63亿元，同比增长1.63%（营业税口径），增幅超过行业平均水平。公司连续6年获全国“安康杯”竞赛优胜单位，继续保持“全国文明单位”称号。

【市场拓展】 聚焦产品优化、终端和套餐协同发展，提升“三位一体”到位率、新增市场结构转型4项工作，提升多通路营销能力，重点挖掘集团客户与高校两大市场潜力，推进全量换卡、套餐迁移等基础工作，实现4G客户规模快速增长，全区4G客户规模达203.6万人。开展“咪咕冲锋”专项行动，新客户体验营销活动等，实现重点数据业务收入止跌回升，完成重点数据业务收入3.19亿元。开展“宽带百日攻坚战”，强化流程梳理和发展能力储备，推进铁通融合，加速宽带规模发展，宽带收入达5472万元，同比增长125.3%。深挖行业信息化需求，信息化收入稳步增长，完成集团信息化收入5.51亿元，同比增长33.3%。全面落实手机客户实名登记工作，与市县公安局、市级行业集团联合深化“实名制”工作落实，保障用户信息安全，全区移动客户实名率达92.65%。

【网络建设】 加大与铁塔公司的协作力度，全年累计新建4366个4G站点，主城区及县城城关覆盖率达99.5%，基本实现全区乡镇以上区域连续覆盖；开展主城区语音攻坚行动，完成200栋重要楼宇的网络测试和优化，提升室内深度覆盖水平，改善用户通话体验；持续开展4G网络集中优化，日均4G承载流量由上年底的18.56TB增长到74.98TB，同比增长304%。重点关注VoLTE端到端网络优化，执行基于客户感知的VoLTE业务评测，着重检验多业务、大容量、各类场景下的用户业务体验情况，VoLTE网络接通率达99%，各项指标均优于商用标准，年内开通315个站点的载波聚合功能，全面支撑4G+商用。

【通信保障】 成立集优化、维护、建设、传输一体的综合应急通信保障专项团队，通过开展模拟演练，制定应急保障方案，完善应急演练流程及管理机制。完成第一届全国青年运动会、“5·18”海峡两岸经贸交易会，“6·18”海峡项目成果交易会，“苏迪罗”“杜鹃”台风等重大活动与防汛抗灾的应急通信保障工作，累计出动应急通信保障车辆19次，抢险车辆637次，各级保障人员2133人次。

【信息化建设】 承建平安连江视频监控、永泰江滨治安视频监控、台江及永泰幼儿园视频监控、闽侯数字城管、自贸区马尾行政办公系统等大型项目。加强与市政府、工商、税务、公安等重要部门的合作，参与数字政务外网工程建设，打造SMARTFUZHOU无线城市网络；承建4G警务通项目，搭建道路拥堵疏导大数据平台，保障第一届全国青运会的召开。打造全国首个“智慧商场”，为五四北泰禾广场及东二环泰禾广场提供WLAN大数据应用、多场景一卡通应用、移动业务受理等多项服务，推进城市综合体加速O2O转型。丰富手机“和包”运营内容，与榕城通公司达成业务合作协议，实现福州地区“和包”用户刷手机乘坐公交；推出“和校园”应用，实现传统校园一卡通系统与“和包”系统的融合；拓展“和包”电子券合作商户。

【客户服务】 开展“提速降费”工作，宽带平均带宽达12.5Mbps，同比提升131%，流量平均单价达0.088/M，同比压降47%，推广流量安心包业务。利用“10086100”统一端口，实施全触点满意度监测及互动，强化对营业厅、客户经理、社会渠道、投诉处理、宽带装维等客户触点的管控，全年整改未知情定制业务及宣传与实际不符等隐患问题62处，加大“五条禁令”执行力度，开展“优+服务”客户关怀，各类触点调查覆盖570

万用户,总体满意度达87%,并对不满意客户进行回访修复,修复率达88%。

(李明贤)

中国联通

【概况】 2015年,福州联通分公司创新经营模式,聚焦4G发展,稳定发展态势。全年实现主营业务收入17.4亿元(含平潭),实现利润3.65亿元(含平潭),为20多项重大活动提供通信保障。

【市场营销】 全年发展4G用户65万户(含平潭),流量规模达933万G(含平潭),同比提升65.7%。为用户提供免费升级带宽服务,20M带宽用户成为宽带用户主流。增加服务网点,年内自有营业厅数量达71家,除核心商圈外,涵盖二、三级商圈、城中村、县区、乡镇村、厂矿等区域。

【网络建设】 开展"沃赶超"专项行动,网络能力大幅提升。移动网络覆盖深度与广度均实现新跨越,3G/4G站点规模实现破万,其中4G站点规模较上年同比提升161%,4G网络良好覆盖率达98%,平均路测下行速率达到56M,下载峰值速率达150Mbps;3G站点规模同比提升55%,3G乡镇覆盖率达100%,网络行政村覆盖率达94%,在AAA级及以下景区实现良好覆盖。实施"宽带中国"战略,加快光纤宽带网网络建设,推进光进铜退,宽带端口规模达到97万线,50M端口占比达93%。

【通信保障】 为福州市"3·5"元宵灯会,第十七届"5·18"海峡两岸经贸交易会、第二届"9·22"丝绸之路国际电影节、第一届全国青年运动会、永泰国际公路自行车赛以及福州国际马拉松赛等20余项重大活动提供通信保障,出动保障技术人员1086人次,应急通信车12架次,油机及现场车辆130架次。在第一届全国青年运动会及永泰国际公路自行车赛上,福州联通在全部保障区域实现4G业务无缝高速覆盖,全程容量无溢出;支撑央视直播业务,实现全程无损高清业务直播,实现"不中断一秒"的转播保障承诺,保障青运会开幕式及各项赛事央视转播活动的进行。

【信息化服务】 通过专用智能终端,提高行政执法人员现场执法效率和应急反应速度;通过实施智慧工地专项市场策略,为建设工地提供超过11种信息化应用管理工具,强化对建设工程主要环节、现场信息和险情预兆的监控,完善及时发现和应急处置机制;面向政府机构,通过专用终端,保障手机安全使用,同时提供安全专属的内部即时沟通工具;推广地方电子政务,通过智慧城市云平台帮助政府建立政务信息共享平台,加强政府与公众的沟通交流,融合互联网与物流产业,构建现代物流体系及面向物流企业的公共信息服务平台,整合仓储、运输和配送信息,开展物流全程监测和预警信息,完善智能物流配送体系,构建物流信息互联网络,促进人员、货源、车源等信息的高效匹配,降低货车空驶率,提高物流配送效率。

9月12日,中国联通福州分公司秋季校园市场营销现场(吴卫航 摄)

【客户服务】 实行重点服务过程指标实施分类监控,通过完善横纵考核和投诉倒逼机制,投诉处理满意度大幅提升,其中存量客户、集团客户、流量客户的投诉处理满意率分别提升5.6PP、7.6PP及4.6PP。重点围绕"网络、4G、流量"投诉监测与管控,梳理业务产品与系统支撑内部隐患,优化15项用户关注的问题,短板投诉率下降为140.6万次。完成老用户实名登记工作,各专业、各区县存量用户实名补登率全部达标。

(吴卫航)

电子信息产业

【概况】 2015年,福州市电子信息制造业完成产值1067.5亿元,首次突破千亿元大关,成为福州市工业第5个千亿产业集群;软件和信息技术服务业完成主营业务收入650亿元,获批创建"中国软件名城",成为全国首个以地级市身份启动"部省市"协同创建的城市。福州经济技术开发区物联网产业基地获评"国家新型工业化产业示范基地"。

【重点项目】 福州京东方第8.5代新型半导体显示器件生产线项目动工建设,项目总投资300亿元,主要生产高分辨率、窄边框电视及桌面显示器等液晶显示产品。福州软件园开始A区升级改造工作;数字福建(长乐)产业园的智慧中心大楼全面投入运营,数字福建研发大楼主体工程建设封顶;中科(福州)数据产业园展示中心动工建设;网龙海西动漫创意之都3期项目,3.5万平方米的配套宿舍楼建设完成桩基部分。

【信息消费】 福州市由国家信息消

费试点城市升级为国家信息消费示范城市，成为全国首批25个国家信息消费示范城市。推进通信基础设施建设，全市城市家庭20M及以上宽带接入能力达90%，农村家庭4M及以上宽带接入能力达95%。围绕医保、教育、旅游、就业、社区等领域，推动一批公共信息惠民项目，在智慧物流、智慧养老、智能家居等方面推广普及信息化服务，运吧物流O2O信息交易与服务平台、基于物联网技术的智慧养老服务系统平台、丞相小区智慧家庭应用等3个项目入选国家工信部信息消费创新应用示范项目。

【软件产业】 福州市与国家工信部、福建省政府共同签署《部省市协同开展中国软件名城创建工作合作备忘录》，正式启动福州市"中国软件名城"试点创建工作。福大自动化、星网锐捷、新大陆科技集团等企业分别以第18位、第50位、第52位入选"2015年(第十四届)中国软件业务收入前百家企业"名单。中海创等11家企业入选2015年"全国软件企业综合竞争力200强"，入选数量位居全国第5。10家企业入选国家规划布局内重点软件企业和集成电路设计企业。福昕软件、亿榕信息、福富软件等企业开发的软件产品分别获得2015年"第19届中国国际软件博览会"金奖、创新奖。伊时代公司与阿里云实现战略合作，获得阿里云2015—2016年度云服务商授权牌，成为首家福建区阿里云认证云服务提供商。瑞芯微电子与英特尔公司合作发布新一代笔记本处理器，并联合谷歌公司发布6款内置瑞芯微芯片处理器的Chrome系统终端产品，同时与印尼最大的手机与平板电脑制造商ADVAN合作，实现通话平板量产。

表22 **2015年福州市入选"全国软件企业综合竞争力200强"名单**

名　次	入选单位名称
第18位	福建中海创集团有限公司
第65位	新大陆科技集团有限公司
第69位	福建星网锐捷通讯股份有限公司
第84位	福建博瑞网络科技有限公司
第91位	福建网龙计算机网络信息技术有限公司
第105位	福建榕基软件股份有限公司
第119位	福建联迪商用设备有限公司
第126位	福州瑞芯微电子有限公司
第163位	国脉科技股份有限公司
第182位	福建富士通信息软件有限公司
第195位	国网信通亿力科技有限责任公司

【数字家庭】 推进"国家数字家庭应用示范产业基地"，加快建设数字家庭示范小区(村)，年内建成力生村、红光村、丞相坊小区等6个省级数字家庭示范村和1个市级数字家庭示范小区，创高安防公司开发的智能家居DIY套装K1获德国红点奖和台北国际电脑展创新设计奖金质奖，与阿里巴巴合作研发的WIFE智能家居安防系统在淘宝开启众筹。星网视易公司推出的K米家用点歌机具备智能调音、原声还原和人声特效，获"2015十佳娱乐系统类品牌"。冠林科技公司入选2015年度中国市场"十大智能家居产品品牌"，推出的10.2寸高清安卓智能终端获2015安博会"金鼎奖"。

【动漫游戏】 网龙网络公司入选《福布斯》中文版"中国潜力企业榜单"三甲，其研发的网游《虎豹骑》获"年度网游精品"和"年度新游"2个奖项。神画时代公司获第11届中国国际动漫节"最具潜力动画电影提名奖"，成为福建省首个获得该奖项的动漫企业。天之谷动画公司的3D动画片《土豆侠》被国家新闻出版广电总局推荐为2015年第1季度优秀国产动画片。年内举办第3届福州动漫游戏展，索尼电脑娱乐、孩之宝万智牌、漫风网络等知名动漫游戏企业参展。

【工业化与信息化融合】 印发实施《福州市"互联网+工业"行动方案(2015—2020)》，将互联网创新成果与工业深度融合，促进传统工业向数字化、网络化、智能化的新型工业方向发展。全市有国家级信息两化融合示范企业1家(星网锐捷)、省级12家；开展两化融合管理体系贯标试点14家，其中，明一国际、东南汽车、飞毛腿、国网福建4家企业通过首批国家级两化融合管理体系评定；全国互联网与工业融合创新试点企业1家(明一国际)。全市103个项目列入省级两化融合重点项目，覆盖电子、纺织、汽车、机械、材料等多个行业，总投资275亿元。

(卓　鹏)

政府信息化建设

【概况】 2015年，"数字福州"重点建设项目217项，组织"数字福州"专家组评审信息化项目31项，核减财政投资概算4373万元，资金节约率达21%。新开工建设福州市北斗民兵船指挥管理平台、福州市公安局350兆无线数字集群(PDT)通信系统、福州市排水设施信息化管理平台等31个项目。建成或基本建成福州市全市域空间地理数据库项目、福州市电子政务云平台、福州市人口信息库一期等20个项目。

【机制建设】 *信息化项目管理* 修订完善《政府投资的信息化项目管理暂行办法》，提高政府投资的信息化项目资金使用效率。全年组织"数字福州"专家组评审信息化项目31项，核减财政投资概算4373万元，资金节约率达21%。

政务信息资源管理 编制全市政务信息资源目录，推进政务信息资源交换共享。制定并印发《福州市政务信息资源目录编制实施方案》，成立专门工作组牵头负责组织开展目录编制培训、调查、

编目以及协调等工作,全市65家市直单位完成政务信息资源目录编制登记工作。出台《福州市政务信息资源交换共享管理暂行办法》,建立政府各部门数据资源统筹管理和共享复用制度,通过政府信息资源交换共享平台进行交换共享的请求量22.33万次、服务量39.63万次。

【基础设施建设】 建成数字办机房改造及东部办公区机房改造项目、福州市2014年数码航拍及影像数据处理项目、福州市政府网站群运维监管项目、福州市数据交换平台(一期)、福州市政协安防系统项目、福州市数字化综合管理服务平台、数字城管二期建设项目、福州市证照信息管理系统、福州市财政局备份安全项目、福州市因公电子护照机房搬迁项目、福州市网上审批系统深化暨行政服务中心综合业务管理系统、福州市公务员岗位考核系统、福州市公共服务信息化统一平台(二期)、福州市项目综合管理系统、福州市第一高级技工学校数字化校园一期工程、福州市安全生产监管平台、福州市天气预报预警业务新平台20个项目。

整合政务网络 启动“智网工程”项目建设,协调中国移动、中国电信、中国联通3家电信运营商共同成立“智网工程”建设推进工作组,初步完成全市“智网工程”网络架构规划和建设部署,形成“智网工程”接入线路的指导价格,下发各区县参考。规划建设全市统一的、基于4G移动通信网络的电子政务无线专网平台,推进无线政务应用。

“智慧福州·公益无线”项目 于6月18日,建成对外开放使用,开放“智慧福州(Smart Fuzhou)”免费WI-FI热点200个,无线AP达1万个,覆盖三坊七巷、海峡会展中心、长乐机场、福州火车站等26个公共场所区域,通过短信获取密码即可享受到每人每天2小时的免费上网服务。

政务云计算平台 启动政务云平台扩容项目和政务云服务采购。全年为20家党政机关单位的50个应用提供云资源服务和技术支撑,累计开通虚拟服务器351台,提高计算机设备CPU、内存、存储等各类资源的综合利用效能。

建立基础数据库 建设城市公共基础信息资源数据库以及全市政务信息资源共享交换体系,建立包括全员人口、市场主体(法人)、电子证照、空间地理、公共信用等基础数据库,实现多部门基础数据的多方校验、审核、共享、复用和协同审批服务。空间地理数据库方面,完成全市域1:2000矢量和影像电子地图项目建设和时空信息公共服务平台项目的前期调研,推进地理信息数据在市规划局、市房管局、数字城管、仓山区、晋安区等单位共享应用。人口信息数据库方面,通过“数字福州”专家组的初步验收,整合市政法委、卫计委、公安局、人社局、教育局、地税局、民政局、住房公积金管理中心、残联、自来水公司10家业务部门27类、450个数据项的人口基础数据,经与市公安局的数据校核,形成准确权威的全市人口数据692.9万条。电子证照库方面,电子证照库与市直部门自动化办公系统(OA系统)和网上审批等系统开展业务对接,累计入库232类、67万份电子证照。公共信用数据库方面,建成市级公共信用库和“信用福州”网站,与省级信用平台实现数据互通共享,全年入库各类信用数据550万条。

机房升级改造 完成市数字办乌山中心机房升级改造,提升改造东部办公区中心机房,市公安局、国土局、财政局、房管局、民政局、卫生局、教育局、发改委、环保局等30家市直部门的政务内网、政务外网、互联网等多种业务系统,入驻东部办公区中心机房。服务器机柜使用率达55%,网络柜使用率达10%。制定下发《关于做好县(市)区数字办机房环境建设的通知》,指导各县(市)区开展机房等基础设施的建设整改工作。

【应用服务】 网站政务服务 基本建成福州市公共服务信息化统一平台二期(“中国福州”门户网站群二期)项目,完成“中国福州”门户网站主站政府版改版工作,新建子站17个,实现政府信息公开申报管理系统、民生信息定制推送系统、公众版电子地图展现与管理系统平台的网站应用,提升网站公共服务能力和绩效水平,“中国福州”门户网站绩效考核继续位居全省各设区市首位。建成福州市政府网站群运维监管项目,完成对56家市直部门和12个县(市)区政府网站监测模块的开发部署,强化政府门户网站群的日常监测,每季度通报政府门户网站群运行情况。配合第一次全国政府网站普查开展全市382家政府网站的自查和自评整改工作,持续开展政府网站安全巡检。

短信服务平台应用 将统一短信平台拓展成为“数字福州”的一个公共功能组件,接入“中国福州”门户网站、福州民评网、福州市政府网站群运维监测平台、“两违”综合监管平台等应用系统。

信息技术保障 完成147场电视电话会议的技术调试、现场值守,保障全市电视电话会议系统正常运转。完成第一届全国青运会福州赛区信息技术保障工作,制定第一届全国青运会福州赛区信息系统总体规划,创新建设与服务模式,开展青运会信息技术系统建设、无线电安全管理、通信服务保障、无线应急指挥系统建设等各项工作,实现“赛事网络全贯通、通讯信号全覆盖、无线监测全方位、保障服务全时段”。

政务微博服务 “@福州发布”微博运营“福州政务信息”“榕城身边事”“福州城建”“福州交通”“榕城天气”“政策解读”“晚安福州”等栏目。全年“@福州发布”发布微博信息1.76万条,回应网友评论诉求超过3500条,微博粉丝(听众)超过70万人。

拓展综合管理服务平台 在“智慧城市”综合管理服务平台设2个中心(“12345”“12319”)呼叫系统,“智慧城市”综合管理服务总平台10个子系统(包括数字城管、社会综治管理、应急指挥、生态安全监管、公共场所监管、安全生产监管、特殊车辆监管、经济地理信息、“中国福州”门户网站群、电子证照子系统)基础上,拓展建设综合受理、协同办理、流程监管、考核评价4个功能平台,再造优化智慧城市管理服务业务流程,改造升级“12345”市民服务热线,提升城市管理效能,逐渐形成运转高效的城市流水线管理模式。

电子证照应用推广 推动政务工作模式创新,建成福州市电子证照共享系统,提供跨部门共享服务、省市电子证照联动等功能,实现电子证照数据归集和统一管理。在系统对接方面,实现与市直部门自动化办公系统(OA系统)、网上审批系统以及部门业务系统的对接,累计对接18家市直OA单位107类批文,对接22家网上审批系统单位89个审批事项74类证照。在推广应用方面,实现在网上审批系统及部门业务系统中调用、查验、复用和生成电子证照。

身份认证及社会保障卡制发　启动建设全市统一的市民身份认证平台,实现全市各政府部门网上办事服务的实名认证应用,为一站式网站服务提供基础支持。项目通过专家评审并在福州市政府采购网进行公开招投标。组织制定《福州市社会保障卡(市民卡)制发改进工作方案》,完成市县级社保卡制发窗口建设工作,实现窗口申领立等可取,全年累计制作市民卡634.9万张。

【信息安全】　电子政务容灾备份体系建设　内容包括:"三大平台",即容灾基础设施平台、容灾数据管理平台、容灾IT运维管理平台;"两个示范应用",即城市环境管理、城市发展管理综合数据示范应用;"一套规范",即运行机制及标准建设规范,包含组织管理机制、采集更新机制、数据共享机制、数据管理制度、数据安全制度、监督考核制度6个运行机制以及数据编码规范、信息安全技术信息系统灾难恢复规范、信息安全标准3个标准规范。全年完成容灾数据管理平台和容灾IT运维管理平台的软件开发,以及容灾基础设施平台的硬件上架工作。进行容灾备份平台与政务云计算平台的对接,实现对业务系统数据的容灾备份。

政务云计算平台安全体系建设　新增建设完整的云安全架构体系及云平台各区域的物理安全边界,并通过信息安全三级等保测评。云计算平台的承建单位长期派驻2名专业工程师驻点提供云计算平台资源支撑和安全保障服务。政务外网云计算平台的"中国福州"门户网站群项目部署网络与应用预警处置系统,实现与市级网安部门预警信息实时联动。

网站安全巡检工作　通过常态化的第三方安全监控服务加强对全市政府网站的安全巡检,全年完成4次全面安全巡检,并建立漏洞修复确认函制度,强化漏洞跟踪修复工作,针对发现的漏洞确保第一时间完成修复工作,在省市多次网站安全检查中未发现问题。

【参展首届中国智慧城市国际博览会】

7月10日参加在北京举办的"2015中国智慧城市国际博览会",通过融合传统与现代的独特布展设计、视觉体验以及多元互动等方式,借助大数据、移动互联网、物联网、三维互动等技术,从政务、生活、安全、出行、环境、贸易、服务和青运会等方面全方位展现"智慧福州"的建设成效,将福州展馆打造成本届智博会的一大亮点。

(叶伟奇)

(编辑　吴　燕　卓明顺)

口　岸

口岸管理

【概况】　2015年，福州市海港口岸完成货物吞吐量11337.22万吨，同比降低4.87%，其中完成外贸货物吞吐量4581.49万吨，同比降低14.10%；完成集装箱吞吐量236.74万标箱，同比增长8.43%，其中完成外贸集装箱吞吐量135.02万标箱，同比增长2.39%；“两马”（含黄岐—马祖航线）客运直航累计出入境旅客4.43万人次，同比增长3.14%；空港口岸出入境旅客累计148.41万人次，同比增长18.40%。12月10日通过世界卫生组织的现场考核，并分别获评“国际卫生机场”“国际卫生港口”。

【口岸开放】　开展福州港口岸扩大开放罗源湾港区国家级验收及黄岐港区扩大开放申报工作，已进入国家口岸办征求国家有关部委意见阶段；罗源湾港区第21轮临时靠泊国际航行船舶继续获得交通运输部批准；11月23日，黄岐港区临时开放（黄岐—马祖客运航线）获交通运输部批准，并于12月23日开航。完成闽江口内港区山水建筑材料有限公司3000吨级散杂货码头、松下港区元载5万吨级散杂货码头作为新增涉外作业点的市级验收相关工作。

表23　　**2015年福州口岸客运统计**

类型	出/入境	累计（人次）	同比增长（%）
海港口岸	出境	21598	0.56
	入境	22771	5.71
	合计	44369	3.14
空港口岸	出境	744662	19.12
	入境	739537	17.69
	合计	1484199	19.12

表24　　**2015年福州口岸海运统计**

类别	完成量	同比增长（%）	进口累计	同比增长（%）	出口累计	同比增长（%）
货物吞吐量（万吨）	11337.22	-4.87	—	—	—	—
外贸吞吐量（万吨）	4581.49	-14.10	3397.41	-19.40	1184.08	5.80
集装箱（万标箱）	236.74	8.43	—	—	—	—
外贸集装箱（万标箱）	135.02	2.39	65.75	3.87	69.27	1.02

【口岸建设】　在建的有总投资6000万元，面积1.5万平方米的连江县可门查验中心和总投资1016万元，面积2593平方米的福州边检站罗源边检分站综合业务用房；总投资3000万元，面积9100平方米的罗源口岸通关中心进入装修阶段；总投资9000万元，面积为8000平方米的黄岐港区旅检通关中心以及对台客运码头建成并投入使用。

【口岸航线】　福州海港口岸开通美西、西非、欧洲远洋干线4条，近洋航线5条，台湾线7条，香港线7条，13条内支线等航线36条以及“两马”（福州马尾—台湾马祖、福州黄岐—台湾马祖）海上直航客运航线，与全球40多个国家和地区开展贸易往来。

11月30日，福州机场年旅客吞吐量首次突破千万人次，成为国内第25个千万级机场。11月底，新开福州—悉尼第二条洲际航线，航线首次延伸至南半球大洋洲。福州空港有国内外航线106条，其中国际航线20条，地区航线6条，境内航线80条；通航城市73个，其中国际城市15个，地区城市5个，境内城市53个。

【口岸通关】　马尾海关　5月1日，马尾海关实现“一地注册，多地报关”“11个海关如同一关”的改革目标。将“信息互换、监管互认、执法互助”，具体细化为“四互换、四互认、五互助”，内外协调配合推进关检合作“三个一”，在青州、福盛物流、大裕3个监管场所挂牌关检一站式查验平台。根据企业诚信度和商品类别实施差别化管理，辖区内A类企业无纸化通关签约率实现全覆盖。

福州国检　一是扩大直通放行、绿色通道、通关单无纸化等检验检疫便捷措施的适用范围。二是在马尾进出水产品集散交易中心实施进口水产品集中查验，实现由“港区检”到“市场放”，每年为企业节省费用400万元。三是在马尾港实施“港外集装箱货物集中查验场工作模式”，相关货物缩短放行时间1—2天，每年可为企业减少费用300万元。四是在罗源湾港区对大宗矿产品通关，在采取“即停即验，即卸即运”“转运直提”等一系列措施的基础上，试行“一次登轮”，将卸货前总体检验检疫工作时间压缩。实现“零等待”“零滞港”，大宗矿产品检验监管周期为全国平均周期的一半，并为企业节省成本费用约300万元。五是对台先行先试，实行进口食品“源头管理、口岸验放”的快速放行模式。

福州边检　坚持集首问责任制、限时办结制、即时测评制、专员服务制为一体的边检行政机关基础服务模式。升级推出“福建边检网上便民服务平台”，为服务对象提供网上办证、网上报检、网上报警等常用业务功能，打造“掌上报检室”。

福州海事　构建“动、静态执法相对分离和互补，行政许可、行政执行和执法监督有效分开又相互制约，执法与服务一体”的新型执法模式，实现一个窗口对外服务。建立完善电子签证系统，推行船舶电子签证，减少船舶靠泊等待时间，提高码头泊位使用效率。对特定船舶提供包括办理定期进出港签证、定期结算船舶港务费等便利，减少管理环节，缩短船舶停泊时间。

（陈　勇）

福州海关

【概况】　2015年，福州海关监管进出口货物5615.48万吨，进出口总值1851.4亿元，进出境人员192.52万人次，进出境运输工具2.4万辆（架）次；征收关税和进口环节税109.36亿元；刑事立案57起，案值46.94亿元，涉案偷逃税款8.93亿元；走私行为案件立案47起，案值1532.81万元；违规违法案件立案475起，案值4.22亿元。

【服务地方发展】　支持福建自贸试验区、“21世纪海上丝绸之路”核心区、平潭综合实验区、福州新区、两岸跨境电子商务试验区等建设，服务新福建发展。一是促成海关总署和福建省人民政府率先签署第三轮合作备忘录。先后出台《关于落实海关总署支持福建开放型经济发展若干措施的意见》《促进外贸稳定增长12项重点工作》《关于支持福州新区建设发展的20条措施》《关于支持中国—东盟海产品交易所发展的若干措施》等文件，实施服务措施85条。二是规范进出口环节收费。7月1日起，停止所有通关环节经营服务性收费，实现海关通关环节零收费，每年可减轻企业负担约2500万元。自10月1日起，在福州口岸试行“查验无问题企业免除集装箱查验作业费用”，对于海关查验没有问题的货物，企业免交吊装、移位、仓储等费用，为企业节约费用约750万元。三是支持重大项目和重点企业。指导福州港罗源湾港区、平潭港金井港区等口岸开放和基础设施建设，全年减免关区进出口企业税款约4.71亿元。

【制度创新与试点改革】　福州海关将自贸试验区建设列为全关年度一号工程，成立专门组织架构。全年先后推出72项创新制度（其中30项为自创）。经福建省政府组织第三方评估，其中“简化CEPA及ECFA原产地证书提交需求”“整车进口一体化快速通关”等10项措施为全国首创。先后启动中国—东盟海产品交易所监管模式创新、平潭“客带货”业务、“先验放、后报关”试点，在马尾、福州保税区、三明海关启动旅游购物商品试点，启动长乐、平潭购物离境退税试点，开展福建自贸试验区福州片区首票保税展示交易业务。海关报送的“先行先试，支持福建自贸创新发展”获评福建省直机关“学厦航、学先进，打造优质软环境作表率”十佳举措。

【榕台关务合作与交流】　开展对台原产地核查、通关事务协调及统计数据交换，实现两岸原产地证书核查的首次合作。5月，福州海关首次组团赴台访问交流，先后与台湾地区关务署、基隆、台北、台中关，以及台湾关贸网、部分物流企业代表进行交流座谈，就开展暂时进出境货物监管合作、推进平潭与台北海运快递货物监管信息互换、加强闽台“小三通”监管等有关海关业务合作达成初步共识。承办ECFA海关工作小组第六次会谈，推动与台湾基隆关建立口岸合作机制。加强两岸海上和空中主通道建设，年内，推动开通福州直飞台湾的空中航线6条（桃园、松山、台中、高雄、花莲、澎湖），平潭到台湾本岛的客运航线2条（台北、台中），开通黄岐至马祖航线。参与设立两岸对台邮件总包交换中心的规划建设全过程，扶持两岸新型贸易业态发展，支持平潭对台小额商品交易市场、跨境电子商务、对台海运快件、台车入闽、台平欧等新业态。

【优化通关监管】　推广关检合作“三个一”试点，率先启用全国统一版“一次申报”系统，全年关区办理“三个一”进口货物4.69万票，同比增长12.2倍。推进内部单证流转审批无纸化，实现出口货物报关单证明联联网核查，启动随附单据电子化传输工作，开展自动进口许可证无纸化和HP2015系统试点。全年办理无纸化报关单51.4万票，无纸化率达95.3%，同比增长16.4%，高于总署目标5.3个百分点。落实总署"双随机"查验部署要求,实现关区随机查验派单全覆盖,在全关区7个现场海关,14个海关监管场所试点关检"一站式查验场",推进"一站式作业"综合执法;主动适应跨境电商、海运快件等新型贸易业态,推行行邮监管改革。助推"三互"大通关建设,促成福建省国际贸易"单一窗口"建设一期项目上线运行。

【综合治税工作】 开展综合风险审价试点,实现审价"前推后移"。推广汇总征税改革,全年通过该模式报关征税4000余万元。探索实行信任接单,关区适用信任接单企业136家,涉及税款达5.5亿元。开展预归类"自主申请、全区通用"试点,探索预归类社会化,研究多维自主担保改革,规范全领域担保和同业联合担保实施的基本条件。

【维护外贸环境安全】 开展强化监管打私"五大战役"专项行动、打击成品油走私"春雷"行动、"以打促税"百日攻坚战等一系列打击走私专项斗争和联合行动。开展"清风"等专项行动,全年采取知识产权保护措施103批次,涉及各类货物107.7万件,案值1399.8万元,同比增长44.4%。维护口岸安全,对辖区监管场所进行全面清查整顿,开展危化品安全监管专项核查,责令整改33家,注销20家。加强与口岸部门对缉枪治爆、反恐、反核生化等工作的共防共治。

(张雅清)

检验检疫

【概况】 2015年,福州出入境检验检疫局检验检疫进出口货物6.07万批、货值49.72亿美元,分别同比增长-19.32%、-42.14%,分别占福建局进出口检验检疫批次、货值的32.51%、19.48%,批次排名第1位、货值排名第2位。其中出口货物检验检疫4.87万批、货值16.74亿美元,分别同比增长-2.83%、1.55%;进口货物检验检疫1.20万批、货值32.97亿美元,同比增长-52.17%、-52.51%。截获进境植物疫情2036批、541种、11052种次,同比增长153.9%、15.4%、72.1%,其中检疫性有害生物35种、702种次,同比增长34.6%、54.6%,非检疫性有害生物506种、10350种次,同比增长14.2%、73.5%。从进境大豆中截获茴茴蒜为全国首次截获。

【货物进出口】 出口前四大国家和地区为美国、日本、欧盟和东盟,出口货值占经福州局检验检疫出口货物总货值(以下简称出口总货值)的74.99%。出口美国1.59万批、4.48亿美元,同比增长1.30%、10.75%;出口日本5141批、3.17亿美元,同比增长-10.20%、-8.04%;出口欧盟1.28万批、2.66亿美元,同比增长-5.39%、-4.56%;出口东盟1990批、2.25亿美元,同比增长-10.08%、22.35%。

出口竹木制品(家具)8.03亿美元,同比增长4.04%;蔬菜水果制品2.63亿美元,同比增长26.38%;水产品(不含烤鳗)1.94亿美元,同比增长6.66%;出口烤鳗1.11亿美元,同比增长3.31%;非食用动物油脂(鱼油)1884.24万美元,同比增长68.15%;罐头制品4170.08万美元,同比增长-25.26%;茶叶4025.33万美元,同比增长-9.07%;输非工业品3823.43万美元,同比增长-48.20%;玩具3506.20万美元,同比增长-10.01%;化妆品2122.91万美元,同比增长-10.76%。

进口鱼粉2.26亿美元,同比增长11.50%,有机化工品8640.75万美元,同比增长40.10%;进口酒类2111.72万美元,同比增长25.05%;进口铁矿砂10.94亿美元,同比增长-51.41%;大豆6.12亿美元,同比增长-31.74%;煤炭3.59亿美元,同比增长-35.34%;水产品2.16亿美元,同比增长-0.48%;机电产品1.29亿美元,同比增长-81.39%;油菜籽和非食用植物油1.24亿美元,同比增长-38.79%;钢铁制品6995.10万美元,同比增长-40.34%;废物原料1745.03万美元,同比增长-59.11%;粮谷类1925.01万美元,同比增长-40.83%。

【货物检验检疫】 进出口货物检验检疫 受理出入境报检8.65万批、货值78.12亿美元,同比增长-6.33%、-21.32%,其中,出境5.26万批、货值17.82亿美元,同比增长-6.67%、-1.70%;入境3.39万批、货值60.30亿美元,同比分别增长-5.80%、-25.70%。检验检疫出入境货物6.07万批、货值49.72亿美元,同比增长-19.32%、-42.14%。其中,出境4.87万批、货值16.74亿美元,同比增长-2.83%和1.55%;入境1.20万批、货值32.97亿美元,同比增长-52.17%、-52.51%。

进出境集装箱检验检疫 受理进出境集装箱报检26.76万标箱,同比增长-7.61%;查验3.25万标箱,同比增长-21.66%,查验率为12.13%;对20.08万标箱实施卫生除害处理,同比增长-8.29%,卫生除害处理率75.04%。

进境集装箱检验检疫 受理进境集装箱报检19.10万标箱,同比增长-9.18%,其中进境重箱8.64万标箱,同比增长-8.39%,查验1.32万标箱,查验率为15.27%;实施卫生除害处理8.64万标箱,卫生除害处理率100%。进境空箱10.45万标箱,同比增长-9.83%,查验9446标箱,查验率为9.04%;实施卫生除害处理10.45万标箱,卫生除害处理率100%。

出境集装箱检验检疫 受理出境集装箱报检7.66万标箱,同比增长-3.44%,其中重箱7.56万标箱,同比增长-3.89%,空箱1019标箱,同比增长47.90%。查验9809标箱,同比增长-34.83%,查验率为12.8%;实施卫生除害处理9807标箱,同比增长12.76%。

疫情截获除害 进境集装箱重箱检出不合格1453标箱,检出率为9.99%,同比增长1297.12%、1391.04%;空箱检出不合格598标箱,检出率为6.21%,同比增长-1.32%、11.29%。主要截获为白腹皮蠹、拟白腹皮蠹、小家蝇、小家蚁、玉米、狗尾草、长叶车前、亚麻、黑蚁、大麦、嗜卷书虱、伯氏生卡螨等,对携带疫情的各批次集装箱作检疫除害处理。

【卫生检疫】 检疫出入境船舶4121艘次,同比增长-6.70%,其中出境2145艘次,入境1976艘次。检疫查验出入境人员10.46万人次,同比增长-4.56%,

其中出境5.29万人次、入境5.16万人次。检出发热及其他相关症状人员115例，筛查率11人次/万人，确诊传染病39例，确诊率33.91%。福州局在海港客运口岸返台旅客检疫中检出1例登革热确诊病例，是福建局首次在出港人员中检出的登革热确诊病例。“两马”旅检口岸实施放射性监测2.22万次，发现3例旅客放射性诊疗导致的放射性剂量超标，予以排查放行。对货物、集装箱实施核生化有害因子监测，未发现超标案例。截获医学媒介疫情并报信息171条，数量12.46万只，列福建局分支机构前列。

入境船舶上截获医学媒介5.02万只，同比增长50.91%；入境集装箱截获媒介7.00万只，同比增长752%。医学生物媒介携带病原体累计检测280项次，开展鼠疫F1抗体、鼠疫F1抗原、汉坦病毒、钩端螺旋体核酸检测，1份汉坦病毒阳性，其余为阴性。

对17家码头供水及外供食品单位实施卫生监督410人次，签发卫生许可证书食品生产经营类4份、服务行业1份。开展船舶食品快检43批次，码头供水监测5批次，均未发现异常。

【涉台检验检疫】 海上直航全年出入境客轮768艘次，同比增长-0.13%，货轮1897艘次，同比增长-11.64%，其中，出境客轮384艘次，货轮921艘次；入境客轮384艘次，货轮976艘次。出入境人员7.59万人次，同比增长-3.98%，发现有传染病症状39人次，同比增长680%；确诊病例14人次，同比为0。检疫旅客携带物4.03万批，同比增长-14.27%，发现问题220批次，同比增长-33.13%。

对台小额贸易全年贸易船舶356艘次，同比增长314%，其中出境船舶178艘次，入境船舶178艘次。出入境货物539批次、货值586.43万美元，其中出境0批、入境539批。

【产地证签发】 签发各类原产地证书5.29万份、签证金额20.38亿美元，同比分别增长-9%、-10%，其中签发普惠制原产地证书2.73万份、签证金额9.98亿美元，同比增长-19.09%、-18.42%；一般原产地证1.1万份，签证金额4.28亿美元，同比增长-8.81%、-8.32%；区域性优惠原产地证书1.46万份，签证金额6.12亿美元，同比增长17.27%、3.84%，其中签发ECFA证书95份，签证金额215.4万美元，同比增长-15.18%、-14.48%。

【行政处罚及便民措施】 全年向福州市公安局移送假冒检验检疫证书案件1起，办结行政处罚案件40件，同比增长21.21%；涉案金额399.26万美元，罚款14.39万元人民币，同比增长20.02%；发放行政建议书32份，同比增长23.08%。签发各类原产地证书5.29万份、签证金额20.38亿美元，同比分别增长-9%、-10%。区域性优惠原产地签证量持续增长，签发1.46万份，签证金额6.12亿美元，同比增长17.27%、3.84%；普惠制和一般原产地证书签证量均呈下降态势，分别签发2.73万份、1.10万份，同比增长-19.09%、-8.81%。

扩大直通放行、绿色通道、通关单无纸化等检验检疫便捷措施的适用范围，各项通关便利化举措共为进出口企业节约通关时间约13.5万小时，企业节约费用约2630万元。主要包括：直接减免检验检疫费1064万元，减免产地证签证费212万元；通关单无纸化放行进出口货物6.14万批、50.61亿美元，可为企业节省通关时间约12.3万小时、节约费用约1236万元；出口货物直通放行5837批、1.51亿美元，为企业节省通关时间约1.2万小时，节约费用约118万元。

（杨晓翔）

边防检查

【概况】 2015年，福州边检站检查出入境船舶3624艘次，员工5.70万人次，旅客4.43万人次，办理各类证件2.74万份，完成“万人游马祖”“青运会”安保等重大任务，被部局表彰为“全国边防部队爱民固边先进单位”，在上下半年全省口岸通关便利化测评中均获综合得分奖。

【保障“黄岐—马祖白沙”航线开通】 保障“黄岐—马祖白沙”航线开通，福州边检站从航线兴建之初，就靠前指导航线建设，保障各项基础设施符合口岸开放标准及边检勤务需求；与船舶代理公司、旅行社建立信息即时通报制度，提前预判客流情况，视情采取分时通关、节流控制等举措，大幅缩短航班通关时间，为出入境旅客提供通关服务。

【远洋渔业通关服务】 4月24日，“福建省海洋渔业发展30年暨远洋船队起航仪式”在福州港马尾名成渔业码头举行，省委常委、常务副省长张志南等省市领导出席活动。建设“21世纪海上丝绸之路”，福州港出入境远洋渔船及渔工逐年增长，边检站结合勤务工作实际，打造“远洋渔企通关ING”特色服务品牌，

12月23日，“黄岐—马祖白沙”客运航线正式开通（洪洋　摄）

推行"远洋渔业船舶优检通道""家属登轮预约办理""远洋渔工边检约谈制""'一站式'备案审核"等多项举措,实现口岸"零等待"通关,保障中国—东盟海产品交易所的高效运作,经验做法被省商务厅专刊推介。

【优化口岸通关环境】 改革创新港区管理机制,搭建"修造船厂VIP通道",创新授权自助办证、外聘施工队快捷备案、外籍船员签证到期提醒等服务,投入60余万元购置移动执勤车,打造"区域移动执勤点",靠前保障最偏远的罗源执勤一线及高效的通关环境。护航企业安全发展,推动罗源、连江县政府发文明确边检口岸限定区域范围和监管措施,推行"警企联动""三方共管"等管理机制,构建"企业、船方自管为主,边检机关抽查监管"的勤务模式。

(张 磊)

海防管理

【概况】 2015年,福州市涉海职能单位查办海洋案件118起,收缴罚没款1691.68万元;市公安边防支队查获偷渡现行案件18起,抓获组织者36人、偷渡人员373人,遣返4起16人,其中破获的"7·9"特大组织偷渡案,是公安边防组建以来破获的单起最大组织偷渡案,查获特大非法猎捕(运送)红珊瑚案3起3人,查获红珊瑚184.188千克;省海警一支队办理各类案件53起,查获成品油走私22起4341.469吨,案值约3460.37万元,出动舰艇752艘次,航程42691.7海里,航时4169小时54分钟,检查船舶、渔船民436艘3396人次;福州海事局组织搜救行动44次,救助遇险人员449人,遇险船舶32艘,人命救助成功率98.9%。

【平安海域创建】 省海警一支队与市海洋与渔业执法支队实施海上联勤联动机制,联合渔业、海监、海事等涉海职能部门开展打击成品油走私、非法采捕红珊瑚等专项行动12次,检查各类船舶108艘次,查获非法捕捞渔船16艘,劝离越界作业渔船2艘,查获涉嫌非法采捕红珊瑚船舶42艘。

3月9日,福建海警一支队官兵深入辖区码头开展"警民共学两会精神"活动,为渔民解读国家政策 (省海警一支队 供)

海洋与渔业部门摸排涉渔"三无"船舶461艘,拆解181艘,分流280艘。开展港口及水上执法检查1362次,检查渔船1.13万艘次,查处存在安全隐患渔船406艘次,督促整改390艘次,整改率96%。伏季休渔期间开展执法检查462次,检查渔船3862艘次,查获违规渔船87艘次,罚款56.95万元。部署沿海小型货运船舶安全管理专项整治行动,开展为期两个月的砂石船舶集中治理,重点打击砂船夜间非法作业行为。

【军警民联防】 出台《关于大力推进军民融合深度发展的实施意见》,省海警一支队与海防十二师、海军福建基地、温州水警区开展军地联合演练,开展"海鹰-2015B"战术演习,完成省福平铁路大桥施工海域清障等海上警戒、全国"两会""1509""1607"平潭海域安保。12月10日,省海警一支队联合海关、海事、公安技侦以及军队观通等多部门,侦破"4·21"特大走私成品油案,捣毁一特大走私成品油犯罪团伙,抓住违法犯罪嫌疑人107人,查扣涉嫌走私船舶11艘,缴获成品油6465.313吨,总案值3879.187万元。市公安边防支队化解矛盾纠纷523起,消除不稳定因素、群体性事件苗头16个,在连江黄岐镇、罗源新澳所梅花船管站、长乐潭头船管站、福清海口镇等地同步开展《福建省沿海边防治安管理条例》集中宣传,走访宣传渔船民、群众1.2万余人次,全市7个边防所获评福州市"人民满意派出所"。

【海防基础建设】 完成上年度海防执勤道路建设任务,下达2015年度海防基础设施建设和维护资金。检查福州市"十二五"海防基础设施建设情况,对去年前福州市市海防基础设施建设工程进行统一梳理验收,对因台风造成损毁的码头及道路及时进行修复,对部分老化的监控设备进行维修和升级。

(高晓燕 文军成)

打击走私

【概况】 2015年,刑事立案69起(其中4起案件被海关总署缉私局列为挂牌督办案件),涉案案值43.46亿元,涉嫌偷逃税款7.57亿元。行政立案758起,涉案案值2.65亿元。查获的主要货物(物品)有成品油、龙眼干、冻水产品、废塑料以及以红珊瑚为主的濒危动植物制品等,其中查获走私成品油(包括涉嫌走私无合法、齐全手续成品油)1.93万吨,涉案案值11260.35万元。年内,组织开展联合打击走私"五大战役"和打击成品油走私"春雷"专项行动,组织开展冻品走私专项打击和综合整治行动。

【综合治理】 各县(市)区政府落实反走私综合治理工作经费,列入本级财政预算,沿海重点县(市)的福清、长乐、连江每年专项工作经费应不少于5万元,其他县(区)不少于3万元;建立反走私信息通报制度、预警监测机制、应急处理机制,制订应急预案;组织、协调有关部门开展进出口企业诚信体系建设,建立健全企业诚信守法分类管理机制及反走私综合治理工作责任制,将反走私综合治理工作纳入社会治理检查考核,建立健全以考核结果为依据的奖惩制度等。

年内马尾海关缉私分局在连江县对台小额贸易服务点连续查获4起绕关走私台货案件,涉案案值5000余万元,偷逃税款800余万元。在连江县沿海重点乡镇开展反走私宣传教育,连江县拆解“三无”船舶70多艘,并组织宣传车到沿海重点镇村定期宣传,群发宣传短信,现场宣传数十场次、装挂宣传横幅150余条、装贴宣传标语600余幅、散发宣传单1万余张、出刊反走私宣传专刊12期、“致渔民宣传信”300余份、粘贴通告100余张。

【专项行动】 年初至3月15日,开展以打击疫区牛肉走私为主要内容的专项行动。行政立案220起,案值1946.59万元,其中查获无合法、齐全手续成品油18起、1416.05吨;查扣走私卷烟76.82件;带有明显台湾产地标识的货物190箱,其中电子产品72箱、塑料制品20箱、渔具31箱、食品27箱、生活用品14箱、药品17箱、五金零件9箱。

4月至年底在全市范围内组织联合开展针对农产品、重点涉税商品、毒品和枪支、“洋垃圾”、濒危动植物走私“五大战役”专项行动。刑事立案16起,案值3.03亿元,偷逃税款0.10亿元。行政立案435起,案值约4.08亿元。其中查获涉嫌走私无合法、齐全手续成品油12314.7余吨,案值约0.86亿元;查获红珊瑚153.45千克,制品1.33千克等。

【重大案件】 走私成品油案　12月10日,福州海关缉私局与省海警总队筹备组在平潭、福清两地同时开展“4·21”专案查缉抓捕行动,出动警力1068人,舰船23艘,抓获犯罪嫌疑人91名,抓扣涉案船舶9艘(其中千吨以上船舶7艘),现场查扣涉嫌走私成品油6500余吨、查封涉案油库1座,打掉3个海上走私成品油团伙。初步查证涉案走私进口成品油18万吨,案值约10亿元,涉嫌偷逃税款约4亿元。

走私固体废物案　对“5·6”“11·26”系列走私固体废物案开展收网行动,抓获犯罪嫌疑人及相关人员17名,该案涉案走私废塑料约8万吨,案值约2亿元,进口口岸为江阴港,申报海关总署缉私局一级挂牌督办案件。

5月19日,福建海警一支队在宁德福鼎、霞浦两地查获两起非法收购出售珍贵濒危野生动物红珊瑚原枝　(海警一支队　供)

走私龙眼干系列案　破获“10·23”“2·3”特大走私龙眼干系列案,查证走私进口龙眼干、鲜果2.1万个货柜,抓获犯罪嫌疑人24名,查获走私团伙4个,对2个犯罪嫌疑单位和19名犯罪嫌疑人移送福州市人民检察院审查起诉,全案案值24.56亿元,涉嫌偷逃税款3.35亿元。6月11日,破获“4·21”特大走私冻水产品案,涉案案值约4亿元,涉嫌偷逃税款6000万元。

【职能部门打私工作】 马尾海关缉私分局　全年刑事立案10起,涉案案值9183万元,偷逃税款约863万元,刑事拘留26人,逮捕12人,移送起诉11起24人;行政立案236起,涉案案值2.3亿元,补缴税81.16万元,罚没入库119.73万元。

福清海关缉私分局　全年刑事立案6起,涉案案值2.11亿元,涉嫌偷逃税款155万元,对17人采取刑事强制措施;行政立案111起(54起为一般案件,46起为简易程序案件,11起为简单案件),涉案案值9726.83万元,涉嫌偷逃税款236.54万元,罚没入库235.59万元,补税128.12万元。其中查获涉嫌成品油走私案件30起(刑事案件2起,行政案件28起),查获成品油4253.76吨,案值2943.8万元。

福州长乐机场海关缉私分局　全年刑事立案2起,侦查终结7起,涉案案值465.63万元,涉嫌偷逃税款83.23万元,行政立案105起(违规案件90起,走私案件15起),涉案案值8925.85万元,涉嫌偷逃税款189.88万元。

福州海关驻邮局办事处　查获毒品案件10起,其中冰毒案件5起、3856克;K粉案件1起、998克;大麻案件2起、200克;吗啡案件1起、616克;毒品(液态)案件1起、1337克。查获管制器具案件38起,其中管制刀具案件4起,查获管制刀具221件;枪械配件案件34起,查获枪械配件260件,铅弹1000粒。濒危动植物案件56起(其中蟒蛇皮2件;象牙及其制品16件,重13408克;沉香木及其制品227件、17878克;红珊瑚及其制品197件、9052克;花梨木1件、

17320 克;琥珀 37 件、158 克;砗磲 7 件、598 克;海马 2 件,4300 克),黄金案件 1 起,139. 13 克;违禁印刷品及音像制品共 534 件。

福州出入境检验检疫局　全年查验入境冷冻水产品 2565 批次,货值 2. 04 亿美元,检出不合格 253 批次,货值 1642 万美元;查验进口机电产品 2427 批次,货值 1. 89 亿美元,检出不合格 1070 批次,货值 6392. 26 万美元;检验检疫进口废物原料 552 批次,货值 1730. 58 万美元,检出不合格 372 批次,货值 475. 03 万美元。查获进境旅客禁止携带物 206 批(其中肉类及其制品 33 批、蛋及其制品 21 批、水生动物产品 27 批、新鲜水果 112 批、种子以及其他植物产品 13 批),退回 9 批,销毁处理 197 批。省海警一支队　全年出动舰艇 788 艘次。检查各类船舶 436 艘 3396 人次,总航程 46775. 1 海里,总航时 4792 小时 8 分钟,查获各类涉嫌走私案件 24 起,其中成品油那件 23 起,4341. 47 吨,走私台货案件 1 起,查获台货 580 件(包括 14 支以高压气体为动力的枪支),查获涉案船员 104 人,涉案船舶 24 艘,油罐车 3 辆。12 月 10 日,侦破“4. 21”成品油走私专案移送福州海缉私局处理。

市公安边防支队　全年查获各类走私案件 99 起 205 人,其中无合法、齐全手续成品油案件 85 起 182 人、走私台货案件 6 起 8 人、烟草案件 5 起 11 人、非法猎捕(运送)珍贵、濒危野生动物案 3 起 4 人,查扣无合法手续成品油 3713. 8 吨、台货 992 件、卷烟 69. 18 件、红珊瑚 184. 19 千克,总案值约 1 亿元。

市场监督管理局　全年出动执法人员 2379 人次,车辆 614 辆次,检查码头 20 个次,加油站 144 个次,冷冻库 6 个次,汽车汽配门店 39 个次,烟酒、电脑、手机、彩电维修等各类市场门店 2277 个,立案查处无合法来源进口商品案 23 件,案值 4. 6 万元,罚没入库 12. 95 万元。

市烟草专卖局　全年查获涉及走私烟案件 404 起,查获走私烟现货 405. 6 件,涉案案值 367. 3 万元。其中市场查扣 296 起,查获走私烟 93. 6 件,涉案案值 80. 1 万元;万元以上案件 108 起、312 件,287. 2 万元;5 万元以上案件 23 起,刑拘 11 人,批捕 10 人,判刑 2 人。

(陈明亮)

(编辑　吴　燕　卓明顺)

园区建设

福州高新技术产业开发区

【概况】 2015年，福州高新技术产业开发区完成工业总产值931亿元，全社会固定资产投资190亿元，税收41.5亿元，出口总额46.5亿美元。闽侯县托管区域新增入园科技企业140家，完成固定资产投资130亿元（其中工业固投38亿元），规模以上工业产值112亿元、实际利用外资5180万美元；实现税收19.55亿元（其中在高新区纳税11.72亿元）。年内成立海西园、生物医药与机电产业园、南屿小城镇3个征迁建设指挥部，同步推进3大片区征迁建设；“智慧高新”管理服务中心获批成立，管委会机构设置、职责分工趋于合理；省政府正式批复同意行使相对集中行政处罚权，市、县职能部门2号公章制度获批实施，一级财政金库正式运转，县级政府的执法权、审批权、财政权逐步到位。

【基础建设】 园区保障性住房竣工21.92万平方米，在建21.22万平方米，回迁安置1732户2520单元。园区企业医社保全面纳入福州市本级医社保体系，组织实施村级卫生院提升改造工程，全年社会保障投入近5000万元。完成并投入使用高新区第一中心小学、南屿镇第二中心小学、窗厦小学、双龙小学，闽江师专附属实验小学，闽侯三中、融侨中学等15所学校项目完成前期工作，全年教育投入达1.4亿元。

【项目建设和环境整治】 全年实现交地312.5公顷、房屋征收62.8万平方米（拆除46万平方米）；推进154个区级重点项目，省、市级重点项目完成投资68.5亿元。打击抢建搏赔、隐形房地产等非法行为，组织大型拆违行动28次，强制拆除“两违”35.46万平方米，完成全年任务的80%。推进福银、福诏高速和旗山大道沿线景观整治，完成裸房立面整治380栋，完成青运会场馆周边环境整治工作任务，整治广兴路、明德路两侧及体育馆红线内的违建及占道乱象。旗山登山道、水西林桥、锦溪内河整治等14个宜居环境建设项目进展顺利，全年完成投资39350万元。完成畜禽养殖、黄标车和燃煤锅炉淘汰改燃专项整治任务，累计拆除猪栏近38万平方米。

【创新创业基地建设】 创建国家自主创新示范区，微软创业孵化基地、博奥国家基因检测应用示范中心、鸿博国家LED照明国际创新园等项目正式签约入驻；举办两岸清华福州论坛、全国知识产权服务品牌机构牵手福建发展等活动，获批国家级专家服务基地。依托创新园、创业大厦、中青大厦、万福中心和福州留学人员创业园等优势资源，发展众创空间，建成众创空间面积超过2万平方米，各类专业孵化器、加速器达20万平方米，获批福建省创新创业示范基地，清华紫光两岸青年创业孵化中心、新华都商学院创业孵化中心、福州留学人员创业园4家企业分别获评省级、市级众创空间。

（黄　闽）

海西园整体鸟瞰图　　（高新区　供）

福州软件园

【概况】 2015年,福州软件园完成技工贸总收入432亿元,同比增长20%,税收11.66亿元,同比增长15.45%;入驻企业486家,上市企业19家(在海交所挂牌交易的九天达,以及在新三板上市的闽保股份、索天科技、华虹科技、瑞聚股份、高奇电子、天信投资、施可瑞、福昕软件、未名信息、亿能达、融信租赁、大娱号、一丁芯、赛特传媒、福晶科技、三元达、榕基软件、富春通信),有上市公司分支机构14家。全国软件收入百强企业4家,全国软件企业竞争力200强企业9家,国家重点软件企业10家,集聚各类技术人才3万多人。全年申报科技项目101项,投资总额2.44万元。

【招商引资】 按照《福州软件园产业楼分层销售管理规定》筛选优质企业。动漫二期(G区)研发楼引进亿榕信息、南成软件等22家优质企业;省广告协会推荐西岸传媒股份有限公司、福建九龙宝典传媒有限公司等20家广告传媒业界的优质企业认购G区1号楼;省青年企业协会推荐福建施可瑞医疗科技股份有限公司、福建瑞聚信息技术服务有限公司等25家企业认购F区3号楼。

【项目建设】 启动创业创新新城项目(A区提升改造),该项目采用PPP方式进行建设,与央企中建海峡强强联合,项目总投资约12亿元。

【创客服务工作】 启动福州软件园创客计划,整合原孵化、技术服务功能的部分楼宇,规划约5万平方米空间,启动集创业辅导、秘书服务、主题沙龙、行业对接、项目路演、种子投资、后续融资等核心孵化功能于一体的创客空间项目建设,该项目主要面向"互联网+"、智能制造、文化和科技融合、两岸青年创业等领域开展招商引资工作。针对省市创新创业的政策,专门研究出台实施细则,通过租金优惠、资金奖励、简化审批、强化公共服务、资源共享、创意共享等一系列扶持政策,为闽台初创者提供人才交流、技术分享、市场拓展、项目对接、金融服务等专业化的一站式服务。促成台湾青年创业基地和阳关能量等2个企业孵化器的落地,3W咖啡创客空间完成谈判签署入驻合同;小米优家确定入驻。

(叶敏英)

福州台商投资区

【概况】 2015年,福州台商投资区完成固定资产投资7亿元,其中小获路网一期工程(含松山B片区填方工程)完成投资1.3亿元;标准厂房和服务中心建设完成投资30825万元;防洪堤建设完成投资1.47亿元;招商工作全年完成土地招拍挂企业达6家,出让土地32.8公顷,总投资12亿元;创新投融资工作,缓解资金瓶颈。

【基础设施建设】 小获路网工程、大小获片防洪排涝工程等多个项目列入省、市重点项目,年计划投资6.9亿元,其中,完成小获路网一期工程(含松山B片区填方工程),同步推进小获片区路网工程二期,内河工程10月动建,雨污水管线、自来水、燃气、强弱电等管网同步施工;防洪排涝工程完成投资1.2亿元,超额完成年度投资任务;大小获片防洪堤堤基处理、堤身填筑分别完成2.6千米(填筑至约4千米),小获泵站、1.3千米的防洪堤安全生态景观正在施工;扩区工程项目用海审批工作取得进展,10月,国家海洋局正式批复用海工程项目。松山A片区基础设施建设项目采取政府与社会资本合作模式(即"PPP"模式)列入省财政厅、省发改委的PPP项目库,并通过公开招标确定"PPP"项目社会资本中标人。

【招商引资】 按照市委市政府城区企业"退二进三"的部署要求,为承接城区台资企业转移而先行建设的12幢标准厂房和1栋服务中心主体结构全部封顶,厂房主体工程通过单体验收,室外景观工程以及道路、管线配套工程正在抓紧施工。拓展招商引资渠道,组成招商小分队,赴岛内和长三角、珠三角招商推介,与台湾龙头企业与行业协会对接。加快入园协议企业跟踪服务,对入园企业实行AB角专人服务,促进协议项目落地,全年有6家企业正式签定合同,其中福建中网电气项目、福州创隆电器有限公司项目、福州汇昌纺织有限公司项目3个项目动工建设;北京嘉寓节能门窗幕墙生产基地项目因增资正对原方案进行重新设计;澳蓝蒸发式制冷设备生产基地项目和台湾碧波庭消防产品和人防设备生产基地项目正着手办理项目可研、平面设计等前期工作。

(侯功杰)

金山投资区

【概况】 2015年,金山投资区有企业959家,其中工业企业541家,商贸企业418家,员工8万多人。投资5000万元,完成橘园洲片市本级园消防管网改造;投资2400万元,完成园区21条道路"白改黑",投资80万元,总长度近12千米。园区上市企业6家(星网锐捷、中能电气、鸿博股份、联合动力、海欣食品、海源机械),新三板上市企业4家(森达电气、锐达互动、海药股份、圣力智能),上市后备企业2家(好事达、华威股份),"国家级企业技术中心"企业1家(星网锐捷),"省级企业技术中心"企业11家,"市级企业技术中心"8处。完成规模工业产值313.05亿元,规模工业增加值74.9亿元,实现固定资产投资12.52亿元,社会消费品零售额19.11亿元,实现地方财政收入2.8亿元,财政总收入6.15亿元。

【基础设施建设】 完成快速、宽阔的干道建设,形成总体交通骨架。东西向的金山大道,东端通过金山大桥与市区相连、西端通过金山大桥与316国道相通;南北向有闽江大道、南二环、建新大道和三环路,其中建新大道从中部贯穿南台岛,南端与福厦路衔接,形成南台岛的发展轴线。

金山工业园区供电配置设计双回路,220千伏变电站各1座;福州西区水厂和金山水厂为工业区提供两套供水系统，日供水能力15万吨；工业区污水管网接入市政污水管道，日排污能力6万吨，并开通金山污水处理厂及城门污水处理厂；在工业园区各片区内设有垃圾转运站或垃圾处理设施；电话装机容量1万门；设计并配套管道液化气、交通、供水、供电、污水处理、垃圾处理等方面基础设施。

【项目建设】 全年园区在建项目41项，完成投资12.52亿元。在建的重点项目有福建星网锐捷网络有限公司的高端数据交换设备和核心路由器研发及产业化项目等。

【招商引资】 全年新提升规上工业企业7家，限上商贸企业7家。园区内有爱默生控股子公司利莱森玛、通信行业百强企业星网锐捷、中华老字号北京同仁堂、全国农业龙头企业海欣食品、知名品牌淘帝童装等重点企业形成的机械制造、电子信息、生物医药、食品加工、纺织服装等行业的知名企业入驻。

（王　霖）

福兴经济开发区

【概况】 2015年，福兴经济开发区实现规模以上工业产值235亿元，同比增长16.4%，新批合同外资203万美元，实现利用外资3951万美元，自营出口（海关口径）11.2亿美元。

【基础设施】 福光路拓宽工程（福马路至福新东路段）完成施工招标，工程预计投资1.2亿元，建成城市一级主干道；湖塘路完成项目立项，通过工程初步设计评审，正编制修订版，完成选址及用地预审；后屿路完成施工监理招标，正组织准备进场；完成红光路项目招标，监理正在挂标，待公示。

【招商引资】 新引进内联项目11项，签约对接科技项目14项。支持企业转型升级，高意科技、华科光电分别扩租3000平方米和4000平方米厂房用于新生产线建设，大北农1.4万平方米生物制品车间开工建设。建立楼宇经济信息系统和管理平台，完成楼宇摸底1405家。

【项目建设】 推进开发区改造提升工作，钢材市场完成搬迁，腾挪出可用于开发土地24.6公顷。钢材市场及周边50公顷地块收储改造建设加力提速，化工路南侧交地工作全部完成，湖塘村、鼓一村、新南方等4公顷土地签订征收协议，市三建、农工商等省市属及私营企业加紧交地、拆旧工作，C1地块2.6公顷现代化厂房建设进入协议出让和设计阶段。福晟总部大楼基本建成并开始招商，新华发行集团智能图书包装车间和海峡创意印刷中心主体工程完成封顶。开发区企业“退二进三”工作稳步实施，部分工业企业实现就地升级和转移外迁。昆胜塑胶、鑫宏模具等12家企业完成搬迁或关停并转。

（潘鸿杰）

融侨经济技术开发区

【概况】 2015年，实现规模以上工业产值808.06亿元，同比增长7.16%；完成固定资产投资157.36亿元，同比增长31.68%，其中工业固定资产投资97亿元，同比增长133.17%；实际利用外资8109万美元，同比增长28.69%；合同利用外资9631万美元，同比增长16.72%；财税收入20.68亿元，同比增长6.82%；进出口总额37.95亿美元，同比降低3.97%，其中进口额12.73亿美元，同比降低2.61%。

【基建工程】 开发区在建基础设施项目9项，完成投资5.37亿元。重点推进光电科技园二期基础设施建设，虎溪河道整治工程，完成京东方厂区范围内及山前段部分河道主体工程，第二污水处理厂完成主体结构建成，进入设备安装调试。福俱大道完成道路建设约2640米，京东方大道完成填方约4.5万方，洪智路完成填方约1.2万立方米，京东方北路完成填方1.1万立方米。

【招商引资】 全年签约项目15项，总投资400多亿元，其中京东方面板项目总投资300亿元、东旭光电玻璃基板项目总投资32亿元、省电子信息集团4个投资项目总投资21亿元、冠城瑞闽新能源汽车电池项目总投资20亿元、香港三锋实业投资的福耀玻璃产业链“双创”基地项目总投资额1.65亿元。

【项目建设】 列入福清市行动计划项目39项，年度计划投资35.2亿元，实际完成72.33亿元，完成年计划205.48%。冠捷F3厂区、嘉捷电子二期、福融盛包装等7个项目建成投产，冠辉食品搬迁、开辉机械等8个项目的主体工程竣工。京东方面板项目年度完成投资达37.7亿元。

【创品牌工作】 汉森漆业、融旗工程、三华股份3家企业申报福州市知名商标；爹地宝贝、福融辉2家企业参加福州市知名商标复评；皇家地坪通过省著名商标认定；诚丰家具、福融辉2家企业通过省著名商标复评；诚丰家具、馥华食品、海壹食品、福融辉、祥龙5家企业获评省名牌产品，并获福州市产品质量奖；福耀集团获第二届中国质量奖提名奖。

【科技创新】 新申报高新技术企业4家（皇家地坪、旭成电子、祥龙塑胶、开辉机械），通过高新技术企业复评3家（南少林、宏宇、伊鑫）；永强力加通过省工程技术研究中心认定，奋安铝业通过省企业技术中心认定；捷联科技、万达玻璃获得福州市科技进步奖二等奖，永强力加2项成果获得福州市科技进步奖三等奖；皇家地坪被评为福州市知识产权示范企业；福耀集团获“中国专利优秀奖”，祥龙、福耀2家企业获“福州市专利奖”。

【和谐园区】 引进社会专业服务机构，推进园区中小微企业安全生产标准化建设；协调解决南方铝业、睿鸿光电、诚丰家具等企业劳资纠纷；成立南部片区治安巡逻队，配合辖区派出所维护园区治安；开展“法律进企业”活动，普及宪法、劳动法等相关法律知识；协调教育部门，解决400多名员工子女就学问题；

推进园区公租房建设,缓解捷联、福耀、捷星等重点企业员工住宿紧张问题。

(林煜杰)

元洪投资区

【概况】 2015年,元洪投资区完成工业总产值136.29亿元,其中规模以上工业产值完成133.38亿元;上缴税收19459.56万元,同比增长26.75%;完成合同外资4986万美元,同比增长15.42%;完成实际利用外资4400万美元,同比增长19.31%;完成固投35.93亿元,同比增长46.96%,其中工业固投34.29亿元,同比增长55.66%。

【基础设施建设】 启动道路、企业填方、创业服务中心等建设项目13宗,总投资约4.7亿元;启动8宗项目的前期准备工作,项目总投资约29亿元。其中,西部BT路网竣工验收,污水处理厂一期改造和二期扩建、第二自来水厂、东部BT路网、华侨公园、园区公交车站、新东皋溪河道排洪闸等基础设施在建施工,重点推动创业服务中心和创业生态公园的设计、报批、建设工作。

【招商引资】 在批在建项目42宗,总投资145.62亿元,其中在建项目13项,万家旺油脂、志坤能源、融泉净水剂3宗项目竣工,新增的永竑电镀二期、宇邦纺织、和特新能源、坤彩二期等5宗项目进展顺利;在批项目29项,用地面积245.8公顷,完成农转用审批项目11个,报农转用待批的项目1个,完成土地预审的项目7个,完成规划审批的项目5个,正在办理前期相关手续的项目5个。

【项目建设】 列入福清市行动计划有21宗项目,其中省重点项目7宗,福州市重点项目7宗,福清市重点项目2宗,年计划投资29.45亿元,实际完成投资31.79亿元。完成经纬新纤长丝车间主体结构,并进行设备安装前期准备工作;鸿生建材一期3号管桩车间动建,二期正等待国土局安排挂牌;宏港纺织一期12条生产线全部投产,二期有6条染色生产线试投产;坤彩二期10栋主体厂房基本完成;宇邦纺织一期在安装调试设备,于11月试投产,二期摘牌;建成捷旺食品办公楼,3号、4号、5号、6号厂房完成封顶,正在编制环评;永竑电镀二期在办理施工许可证,厂房基础建设正在进行中;长德蛋白正进行厂房内部装修与改造;三林集团万佳油脂项目用海已挂牌出让,西1号和1~2号码头泊位项目正在协调报批相关事宜。

(念　忠)

3月24日,坤彩二期举行动工仪式　(念忠　摄)

江阴工业集中区

【概况】 2015年,江阴经济开发区完成工业总产值132.64亿元,其中规模以上工业产值完成130.64亿元,同比增长12.29%。完成固定资产投资70.19亿元,同比增长21.68%。实际利用外资4156万美元,同比增长14.62%。港区集装箱吞吐量累计完成110.87万标箱,同比增长10.79%。

组织实施《福州市江阴港城总体规划》,规划面积158.29平方千米,其中规划建设用地120.2平方千米。在江阴半岛形成6大功能区,分别为西部产业区、东部产业区、东部滨海新区、南部港口物流区、中部居住区及北部生态涵养区;在新厝片区形成3大功能区,即中心服务区、配套居住区和高新产业区。

【基础设施建设】 港区建设　助力江阴港区10号泊位成为福州港第一个建成投入试运营的5万吨级化工液体码头,并对接央企,由中国海运(集团)总公司下属上海海运仓储有限公司控股经营福州江阴建滔化工码头有限公司(10号泊位);12号泊位1个5万吨级化工码头和2个3000吨级液体化工码头正在抓紧工艺管道安装和后方配套仓储区丙烯罐建设安装工程。11号泊位1个5万吨级和4个3000吨级化工液体码头及后方罐区一期工程(28万立方米)基本完成水工和主体工程建设。由福建江阴国际集装箱码头有限公司接手建设经营的6号、7号泊位集装箱码头项目正在进行招投标;8号、9号泊位按获批近期建设3个杂货码头,完成前期工作。港口配套设施建设方面,完成总长度7120米,总投资9500万元的江阴化工公共管廊建设;建成中外运江阴物流中心和隆威仓储项目,并投入运营;推进港口与铁路对接,启动海铁联运物流新模式,使江阴港区辐射范围扩展到中西部内陆省份;促成港区大道西段道路工程纳入滨海大通道连接线,省、市部门立项推进福泉高速新厝互通项目和江阴大道南段工程纳入福清滨海大通道。

“小城市”配套建设　完成“小城市”起步区一期钱塘洋33.33公顷用地报批收储并启动水、电、路等基础设施配套以及公共设施建设。启动南港大道、江阴大道北段以及兴林路改造提升工程和安置区D区西林公寓楼以及化工应急救援站项目建设;开展安置区A区配套工程及周边道路改造和建设及江阴大道中段、江阴医院、安置区D区幼儿园等项目的前期工作;完善园区的基础设施配套,总投资1.86亿元,完成圣发路延伸段、高港大道南段、高港大道三期、东张水库西渠改线临时工程、圣发河和支河以及园区重要路口交通信号路灯工程建设。启动总投资20亿元的采用PPP投资建设模式的东部填海造地及配套设施工程建设;项目储备工作完成总投资约1.39亿元,长1575米、宽50米的港前路东段和总投资5000万元,长1565米,宽16米的银河国际汽车园东侧规划道路工程前期工作,推进林芝北路(总投资约8600万元,长1438米,道路红线宽度24米)和福耀南侧规划路(总投资6230万元,长1004米,道路红线宽度30米)立项审批、施工图设计等前期工作。

【招商引资】　通过"三维对接"和"腾笼换鸟"招大做强,引进项目,推动产业转型升级。耀隆化工、天辰耀隆等重点产业项目实现达产,德隆实业项目基本完成厂房建设,10月中景石化第一套35万吨/年聚丙烯生产装置完成交验收;引导企业技术创新,完成6个对接项目和1个技术需求项目的申报工作,耀隆化工合成氨系统扩能改造工程、正福能源年产20万吨无烟煤型煤生产线技改等项目完成,推进福抗药业粉针、固体制剂技改以及海欣药业叶酸技改项目。推进服务中心城区"退二进三"战略,促成福建瀛润塑业对接上游钢构、福兴润滑油对接利用泰域钛业低效闲置土地。根据产业规划布局,推进邦臣建材、浩伦农科,万泉塑业低效小企业用地收储工作,推进天辰耀隆二期项目前期工作。签订总投资40亿元的三峡集团海上风电装备产业园项目,洽谈汇林危化品物流、铁路支线危化品货运站、正福能源"无水港"仓储项目、中车项目、闽海能源配套罐区、东进项目、福日特种材料、百水环境科技、中景环氧丙烷、福船集团、东南电化MDI等一批项目,完成招商引资项目资料库。

【项目建设】　列入福建省重点项目12项、福州新区重点项目14项,总投资281.56亿元,列入福清市2015年"行动计划"项目26项。全年计划投资30.29亿元,除福耀江阴工业园项目因业主致力海外项目建设,放缓江阴项目推进外,其余项目完成或超额完成年度投资计划,完成投资51.81亿元。14个重点项目全面开工,其中,10号泊位和利达化工(一期)建成投入试生产;11号、12号泊位完成码头水工和后方罐区主体工程建设;10月23日,福清江阴聚丙烯项目第一套生产装置完成交验收;德隆鞋业完成大部分厂房建设,完成圣发路延伸段工程建设,高港路南段完成25%工程量。

(黄凯钧)

闽台(福州)蓝色经济产业园(筹)

【概况】　2015年,推进12个省市重点项目建设,重点完善基础设施配套,打造承接产业集聚发展平台,完成固定资产投资9.08亿元,同比增长20.26%。

【基础设施建设】　入园主干道蓝色大道基本完成,江华大道完成3100千米沥青层铺设,滨海大道与高压线缆化下地工程协调推进,蓝色大道改河及绿化工程基本完成;沿海大通道、闽台大道、湖滨大道、海洋大道、港头入园道路前期工作有序推进,力争形成覆盖全区的三横四纵路网结构,顺畅衔接区内外交通。完成日处理能力2.5万吨的污水处理厂一期用地"三通一平";供水管网铺设工作实施对接,《工程建设、管理、维护协议》初步方案编制完成。

【招商引资】　重点推进园区首家入驻产业项目铝精深加工产业园落地工作,合作协议书由福州市人民政府与中国铝业公司签订,项目用地征迁及报批等前期工作全面启动。该项目拟投资100亿元,总规划面积133.4公顷,包含交通轻量化项目、汽车板项目、高端电子用铝项目、建筑铝模板项目。

【项目建设】　海洋研发中心"科学研发区"一期5栋楼完成施工招标;华侨城一期安置房项目第一标段11栋、798套楼房全部封顶,全面转入内装修;高压线缆化下地工程完成工程招投标并进场施工;完成填方一期工程总计划填方1214.8万立方米。

(翁贤勇)

滨海工业集中区

【概况】　2015年,全区规模以上企业106家,完成规模以上工业总产值863.13亿元,同比增长2.83%,其中62家规模以上纺织企业完成工业产值692.36亿元,同比增长11.64%。两税合计上缴4.24亿元,固定资产投资86.16亿元,内资实际到资28.27亿元,外资实际到资4690万美元。

年内,恒申合纤公司锦纶长丝、聚合切片产品生产线产能达到全国第一,力恒锦纶、金源纺织、恒申合纤、华源纺织4家企业入选中国纺织服装企业500强,凯邦锦纶、华冠针织、德盛染整等7家企业10项产品获省名牌称号,山力化纤、二棉厂、力恒锦纶入选省级高成长企业,佳艺化纤、光隆精密、兴航机械获高新技术企业认定。

【基础设施建设】　金纶大道拓宽改造工程完成工程施工图纸设计及审查工作;两港路拓宽改造工程一期竣工通车,二期路面工程完成总量80%,桥梁工程处于施工阶段;鑫海码头18号、19号泊位完成工程建设,进入交工验收阶段;滨海污水处理厂一期技改工程竣工并投入运行,二期扩建工程完成项目立项工作。

【重点项目建设】　全年安排重点项目27项,完成投资50.06亿元,其中在建项目12项,完成投资36.1亿元;新开工项目6项,完成投资13.97亿元。通过"5·18"中国海峡经贸交易会,"6·18"中国海峡项目成果交易会,"9·8"

中国国际投资贸易洽谈会等招商平台,对接并签约项目4项,其中内资1项,总投资30亿元,外资3项,总投资1.9亿美元。

翔孚物流园招商工作　翔孚国际物流园位于201省道西侧、机场高速路演屿出口南侧,规划用地面积34.40公顷,总投资18亿元。一期项目用地面积28.3公顷,建筑面积43.5万平方米,总投资7.9亿元。吸引全国棉花交易市场、中国国际贸易公司等12家央企议定入驻,一期项目部分投入运营。年内棉花出入库10万吨。

恒申合纤产项目　恒申合纤项目总投资约100亿元,主要引进日本TMT、德国吉玛、巴马格公司设备及工艺,建设锦纶6聚合切片、锦纶6民用丝与氨纶弹力纤维生产线。2月,18万吨锦纶聚合、6万吨锦纶项目投产,12万吨锦纶长丝与4.5万吨氨纶生产线产能稳居全国前列。全年实现产值113.83亿元,成为继福建金纶高纤公司后长乐市第2家产值超百亿企业。12月,恒申合纤年产7.5万吨差别化锦纶长丝项目获批国家发改委第4批专项建设基金8200万元。

山力化纤项目　山力化纤项目位于园区文武砂段,总规划用地面积65.65公顷,计划总投资32亿元。其中,一期建设年产20万吨熔体直纺差别化涤纶短纤项目,于2012年9月开工,项目前段聚酯装置采用的是中国纺织工业设计院的专有技术,后段纺丝装置主体部分引进吉玛设备,采用智能化控制系统;二期建设年产20万吨差别化涤纶长丝项目,聚合、加弹车间建成,进入设备安装调试阶段,长丝车间处于结构施工阶段。1月14日,山力化纤一期年产20万吨熔体直纺差别化涤纶短纤项目正式投入运行,年内产值23.47亿元。

(江　航)

福州临空经济区(筹)

【概况】　2015年,园区规模以上工业企业217家,完成规模以上工业总产值745.04亿元,同比增长7.74%;完成税收10.03亿元,同比下降4.29%;完成固定资产投资173.06亿元,同比增长3.72%。临空经济区规划总面积约174.48平方千米,范围北至闽江,南至机场高速,西至绕城高速东南段,东至东海;涵盖机场周边漳港、湖南、文岭、金峰、潭头、梅花、鹤上7个镇街,总人口约25万人,规划区域内可开发建设用地总面积约60平方千米,海岸线长约34.8千米。

【规划定位】　打造以临空高端制造业与临空服务业为主导的生态型综合产业新城,依托福州长乐国际机场,结合自身的综合基础条件,优化产业结构,整合优势资源,重点发展临空制造业、临空总部经济、临空保税物流、创意产业与航空配套服务业,适度发展商务会展、休闲旅游、酒店购物等产业,提升航空新城形象。产业布局上形成"两核三带"的空间总体布局结构,依托机场形成"空港服务核",依托金峰镇区形成"综合商贸居住服务核",并形成空港配套产业带、临空制造业产业带与滨海生态休闲文化产业带3大产业发展带。

鑫海码头18号、19号泊位门机　(滨海工业集中区　供)

【园区建设】　按照"成熟一片开发一片"的思路,临空经济区重点规划建设空港综合保税区、高端装备制造产业园、漳港总部经济区与文化创意产业园4个专业园区。

空港综合保税区　位于机场北侧,总规划面积4.1平方千米,其中申报规划面积2.0平方千米,扩区预留面积2.1平方千米。年内与省、市政府及福州海关跟踪对接,进入建设方案优化整合阶段。

漳港总部经济区　位于机场高速北侧,规划面积约4.14平方千米。年内完成首期3宗地块土地收储、城市设计与出让方案,进入宗地推介会组织阶段;推进区内中诺安吉汽车租赁、百翔海景大酒店、海港城大酒店、华讯亚太孵化基地等项目建设。

高端装备制造产业园　规划布局在鹏程路以西以及梅文路以西区域,打造国内领先的临空型先进制造加工基地。年内引进博那德钢构、源航整经机、国发通用机械、拓普达钛合金、宝骏机电等机械制造项目。

文化创意产业园　位于综合保税区以北区域,规划面积约4平方千米,以文化创意与科技创新为主攻方向,重点发展动漫创意及衍生产业。年内推进网龙网络、软件教育学院、闽台文化创意产业园等项目,打造集国际生态科技、环保节能、休闲疗养旅游、动漫研究、文化博览、教育培训、创意商业街于一体的新型国际创意产业园区。

【基础设施建设】　建成滨江滨海路(南北澳段)、201省道(鹏程路)、金港路、梅文路、鹏程路三期、漳湖路、仙昙路、仙宅路、长港路、长鹏路、网龙至滨江滨海路连接段11条道路,里程27.34千米。推进江夏路、马山路、仙富路、长乐滨海至鹏程线(网龙段)、福港路、东环路等13条主次干道路建设,总投入10亿元;四鹏路、江夏路、仙富路、马山一路动建;福港路、东环路进场施工,并同步开展征交地工作;其余道路项目处于前期手续报批阶段。完善园区供电、供水、污水、通信、燃气等基础配套与公共设施建设,推进牛山职工公寓配租、金峰生活配套区等生活配套建设。渡桥、仙富2个110千伏变电站与201省道管线工程、航空港四期污水提升泵站等配套公建项目启动建设。潭头污水处理厂项目,用地面积约10.67公顷,分两期建设,其中一期用地面积约5.33公顷,基本完成建设。湖南片区安置房配建项目,安置房面积4万平方米,商业店面3000平方米,年内进入规划变更及征交地工作阶段。

【招商引资】 安排入驻中欧海贝尔物流园、拓普达钛合金2个项目;借助“侨梦苑”平台,签约隆翔航空物流、运豪国际环球自由港进口商品交易中心2个项目,进入入园前期工作阶段;与华仕达集团、海南航空物流等知名企业洽谈海峡两岸国际快件中心、跨境电商物流等项目。

【重点项目建设】 全年列入省市重点项目56项,总投资563.3亿元,年度计划投资额54.3亿元,完成54.48亿元,占年度计划100.33%。其中:20项在建项目中,景丰科技、金强建材、鑫东华纺织等11项投产,其余9项处于建设阶段;11项计划新开工项目中,博那德钢构项目一期进场动工建设,郑和汉酒、恒立峰聚合拉膜项目进入供地手续办理阶段,其余项目处于土地报批与征交地工作阶段;25项预备项目中,中诺安吉汽车租赁项目完成征交地及前期手续报批工作。列入福州新区市级重点项目21项,其中长乐国际机场二轮扩能项目1项、东海第二救助队飞行救助基地建设项目1项;总投资295.18亿元,年度计划投资额47.8亿元,完成48.03亿元,占年度计划的100.48%。其中:5项在建项目中,景丰科技投产,滨江滨海路洋澳段建成;4项新计划开工项目中,德诚黄金项目启动建设,恒兴水产项目处于建设推动阶段;12项预备项目中,除博那德钢构一期项目动建外,其余项目处于土地报批相关工作阶段。

(郑学进)

青口投资区

【概况】 2015年,青口投资区规划面积56平方千米,规划工业用地16平方千米,开发工业用地12平方千米,主要发展汽车、机械、电子等工业,汽车产业占主导地位。以汽车研发、整车及零部件生产为主导,发挥“东南汽车”和“奔驰汽车”的龙头带动作用,实施自主品牌和国际品牌并重发展战略。全区落户企业280多家,拥有东南(福建)汽车工业有限公司、福建奔驰汽车工业有限公司二家整车厂及180多家配套厂和海峡汽车文化广场及4S品牌专营区。全年完成工业总产值332.48亿元,其中规模以上工业产值315.45亿元,东南汽车产量7.51万辆,产值60.07亿元;奔驰汽车产量1.21万辆,产值51.86亿元。完成税收19亿元,完成固定资产投资42.27亿元,完成外资实际到资1561万美元,完成内资实际到资33.23亿元。汽车4S店累计销售汽车2.06万辆,销售金额33.9亿元,二手车交易7.69万辆。

【基础设施建设】 全年以林森大道建设为重点,推进200千伏长坪变至东台工业区10千伏专线、林森大道两侧绿化工程、新城西路道路白改黑、龙醒变电站缆沟等项目建设,实现林森大道和新城西路白改黑工程在青运会之前通车目标。新生成项目25个,新开工建设的市政工程2项,河道工程3项、绿化工程2项、电力走廊工程2项、泵站工程1项、污水干管工程2项,在建工程20项,其中4项工程完工,分别是林森大道(一期)、新城西路道路白改黑、龙醒变电站缆沟工程、东台大道及支线道路工程(绿化工程),全年完成基础设施建设投资1.86亿元。

【招商引资】 新增落地项目有福建中富汽配有限公司(投资9亿元)、福建海通轩辕实业有限公司(投资8亿元)、福建欧拜克工贸有限公司(投资1亿元)等10多个项目,总投资27亿元。重点推进海峡工程机械园、圆通物流园项目建设以及福建万润新能源汽车工业有限公司前期征地工作,开展福建奔驰汽车工业有限公司增资项目VS20新车生产线安装。年内有德国戴姆勒汽车公司、美国克莱斯勒汽车公司、加拿大麦格纳公司、日本三菱汽车公司、日本三井物产株式会社、日本获原模具、爱德克斯等20多个国家、地区的知名企业入驻园区。

【项目建设】 全年获省政府农转用征收批复6个项目16.8公顷,上报农转用4个项目16.6公顷。上报挂牌6宗面积12公顷,办理供地11宗面积59.9公顷;核发“国有土地使用证”13本,面积74.8公顷,变更登记“国有土地使用证”13本面积35.8公顷,完成土地核验9宗,审批工业项目13项,总建筑面积17.78万平方米,基建总投资1.63亿元。区内在建企业项目27项,总建筑面积66.18万平方米,其中:建成投产及主体建成的企业项目及配套设施项目16项(六和四期加工厂、天富建材等5项建成投产,主体建成的11项),总建筑面积44.85万平方米;主体在建的企业11家(瑞通电子、永德吉4号厂房等),总建筑面积21.33万平方米。

【管理与服务】 3月开通青口投资区微信服务平台,通过微信服务平台反映企业意见和建议,增进青口投资区与企业之间的联系。8月青口投资区、县工商联携手清华大学举办为期9天的“福州市企业高管高级研修班”,为投资区企业家提供交流学习的机会及搭建沟通平台,实现企业之间信息联动、优势互补、资源共享。联系相关部门,加强沟通与交流,压缩办结时间,提高工作效率,对入区企业,主动服务,提升服务质量。

(陈钲钲)

连江经济开发区

【概况】 2015年,连江经济开发区完成固定资产投资80.9亿元,同比增长34.8%;完成规模工业产值296亿元,同比增长16.08%;完成内资注册24.9亿元,占全年完成任务18.7亿元的133%。

【基础设施】 开发区基础设施21个,总投资11.34亿元,年内计划投资3.2亿元,全年实际完成投资3.334亿元。其中,琯头园区中央大道人行道铺装、粗芦岛变电站、粗芦岛中远期供水、粗芦岛福斗寺公路、东湖山岗D地块平整工程建成并投入使用,东湖山岗E地块平整工程基本完成;粗芦岛环岛公路工程塘下至后一段项目、粗芦岛防洪排涝工程、粗芦岛污水处理厂项目、琯头园区西兴路泄洪渠改造、东湖山岗一期规划二路、三路工程、区间一路工程员工通道等工程正在施工;规划二路延伸段工程正在办理项目立项手续;推进粗芦岛小型避风港及码头工程、粗芦岛二桥及接线公路等项目前期工程。

【招商引资】 签约聚磊新型科技环保建材、三强混凝土搅拌站、连盛机电、格兰德机械制造、西奥电梯5个项目,总用地达10.3公顷,投资总额5.45亿元。跟踪在谈项目还有平安物流、盛辉物流等33个项目,总用地228.2公顷,总投资约82亿元。

【重点项目】 省市县重点项目25个,其中在建重点项目5个、计划新开工重点项目5个、预备前期重点项目15个,总投资109.55亿元,年度计划投资21.27亿元,实际完成投资25.885亿元,占年度计划的112.7%。

【企业关联活动】 5月7日,组织人员赴茶花塑料、德通公司、锦程高科、聚春园食品、青岛啤酒等8家企业开展"三比一看"专项调研活动。6月2日,省委常委、常务副省长张志南一行赴马尾船政(连江)工业园区开展现场调研。8月26日,县领导周应忠、程靖一行赴茶花塑料、青岛啤酒、宏东远洋渔业产业园、宏东水产品交易中心、西奥电梯等重点企业、重点项目走访调研。9月18日,总投资28.8亿元的马尾特船项目一期工程在粗芦岛马尾船政(连江)工业园区举行点火开工仪式,项目正式试投产。9月25日,福建马尾造船股份有限公司在粗芦岛特种船舶项目区举行全球首制227米深海采矿新船开工仪式。10月14日,剑桥大学课题小组成员俄罗斯银行高管、英国保守党议员、瑞士汇丰银行高管及福建省海归学者一行4人来到连江经济开发区与福建洁达富家居有限公司开展项目对接洽谈活动。

(陈济畲)

罗源湾开发区

【概况】 2015年,罗源湾开发区完成工业总产值222亿元,其中规模以上工业产值221.2亿元,完成固定资产投资54亿元(含滨海城,其中完成工业固投14亿元),地方级财政收入5.08亿元,实际利用外资2386万美元,同比增长73%,出口总额3208.59万美元,同比增长3%。

【基础设施建设】 防洪排涝工程:金港工业区防洪排涝工程完成年度投资4010万元,可湖排洪渠两岸加高工程准备完工验收,岐佃排洪渠工程完成主体工程,可湖水闸完成底板浇筑,白水排洪渠轴线调整通过专家审查;松山鹤屿片区防洪排涝工程(鹤屿泵站)完成年度投资107万元,初步设计送审稿审批通过,完成招标图纸设计工作。

道路建设工程:松岐中路道路工程完成年度投资3913万元,主体工程基本完工;新城一期(铝产业加工园)站前路(一期)道路工程完成年度投资2753万元,完成路基铺设和岐鹤路西侧临时过渡路面。

【招商引资】 引进项目总投资达100亿元:恒久集团与中国普天的总投资10亿的动力电池战略合作项目签约;福建通航航空有限公司拟投资2亿元的海上飞机旅游项目完成电脑试飞模拟,与世纪金源集团洽谈合作事宜;总投资2.7亿元的南铝铝材加工一期项目全面投产,并完成南铝铝材工程公司总部搬迁落户区内;开展福马集团、威利工业城和福建博美生物技术有限公司3家企业重组工作;推动宇星实业重组和引进宝钢二期400系列项目,对接福州吴航钢铁制品有限公司异地搬迁项目。

【重点项目建设】 列入省市县重点项目15项,年度完成投资11.13亿元,其中8个项目超额完成年度计划投资:罗源湾金港工业区防洪排涝工程、罗源湾开发区松岐中路道路工程、罗源旺城明日之星项目、罗源湾新城一期(铝产业加工园)站前路道路(一期)工程、南铝罗源铝材加工基地工程项目、罗源闽光钢铁配套工程改造项目、罗源海峡软包装科技园多层共挤多功能高阻隔双向拉伸聚丙烯薄膜项目、弘景木塑复合材料制品项目;4个项目动工建设:宝钢德盛全厂环保设施技改工程、松山鹤屿片区防洪排涝工程(鹤屿泵站)、德胜新建材年产6000万平方米喷墨薄型高档墙地砖生产线项目、红苹果环保型涂料生产基地项目;3个项目进行预备前期工作:火车站前广场综合体项目、宝钢德盛二期项目、数控机械设备生产及新型建材装饰材料。

【新增重点企业】 福建省南铝铝材工程有限公司 11月1日,南铝铝材加工有限公司的母公司福建省南铝铝材工程有限公司搬迁至罗源,兼并子公司,注册资金5060万元,落地于罗源湾开发区北工业区,用地10.5公顷,总投资2.7亿元,有员工100多人。

福建德胜新建材有限公司 注册资金1亿元,用地面积42.8公顷,总建筑面积为3.35万平方米,第一期从7月开始建设,项目采用意大利3D喷墨数码打印技术、数控节能环保宽体窑技术,利用罗源县金港工业区钢铁和焦化企业富余煤气,建设7条先进的新型高档内外装饰用墙地砖自动化生产线。

【罗源湾滨海新城建设】 年内完成固投42.63亿元,住宅1~13区326栋

(含幼儿园5栋、9区低层21栋)完成建设;其余15~19区101栋(含幼儿园1栋)封顶进入初装饰。滨海实验小学完成建设,于9月1日开学。滨海商业风情街完成建设;十字商业街完成90%工程量;完成滨海路古街A-L区路段及1~16区主干道建设及路灯、交通信号灯、监控安装;1号桥建成;水幕电影音乐喷泉投入使用;如意公园地下人防工程主体完成建设,规划建设农贸市场并开始招租,部分商户入驻营业。游艇码头泊位(75个)完成建设,投入18艘游艇试营业,码头二期(73个泊位)完成主体工程建设。海上高尔夫练习场完成建设并投入使用,快捷酒店主楼封顶,滨海医院正在建设。松岐中路全长2.8千米完成建设并全线贯通,进入验收阶段。

2月15日,海洋馆及海上搏斗项目开业完成建设并投入使用。白鲸馆旅游项目占地面积约2.8公顷,总建筑面积3.32万平方米,完成白鲸馆及5D飞行球幕馆主体结构封顶,进入内外装饰阶段。

(梁建文)

(编辑 吴 燕 卓明顺)

民营经济

综　述

2015年,福州市有个体工商户(含平潭)24.39万户,同比增长16.54%,资金数额141.04亿元,同比增长30.62%;新开业个体工商户4.88万户,同比增长21.75%,资金数额41.89亿元,同比增长20.44%;注销、吊销个体工商户1.27万户。在个体工商户总户数中排名前5位的是批发和零售业、住宿和餐饮业、居民服务、修理和其他服务业、制造业,分别有167271户、30815户、25886户、6971户和3592户,各占总户数的68.57%、12.64%、10.62%、2.86%和1.48%;从事第一、二、三产业的个体户分别为1724户、7150户和235067户,分别占个体工商户总数的0.71%、2.94%和96.35%。

全市有私营企业(含平潭)14.80万户,同比增长28.83%;注册资金12461.04亿元,同比增长92%;注册资金亿元以上的私营企业1409户,同比增长54.67%;1000万~1亿元以上的私营企业26899户,比上年增加11294户,同比增幅72.38%;500万~1000万元的私营企业17290户,同比增长20.32%;100万~500万元的私营企业44029户,同比增长56.27%。从事一、二、三产业的户数分别为4256户、23323户和120440户,分别占私营企业总数的2.88%、15.76%和81.37%。

全市有农民专业合作社(含平潭)2054户,同比增长22.56%;出资总额73.88亿元,同比增长33.57%。出资总额1000万~1亿元额有195户,500万~1000万元的有299户,100万~500万元的有886户,分别同比增长32.66%、27.78%、31.07%。

(李中平)

民营行业

【机械制造业】 2015年,全市机械制造行业完成产值1265.1亿元,同比增长5%,其中规模以上民营企业460家,完成产值1073.40亿元。汽车产业有92家规模以上民营企业,完成产值166.52亿元,龙头企业有福建源光电装有限公司等。船舶修造行业有6家规模以上民营船舶修造企业,完成产值50.53亿元,龙头企业有福建省冠海造船工业有限公司等。电气机械及器材制造业有112家规模以上民营企业,完成产值403.28亿元,该行业是以生产发电机和发电机组输变电设备、配件、电线、电缆等产品为主,龙头企业有冠城大通股份有限公司、福州恒展电子有限公司、福州通尔达电线电缆有限公司、中能电气(福清)有限公司。通用设备制造业有75家规模以上民营企业,完成产值129.36亿元。专用设备制造业有73家规模以上民营企业,完成产值130.25亿元。金属制品业有70家规模以上民营企业,完成产值136.89亿元。仪器仪表制造业有32家规模以上民营企业,完成产值56.57亿元。

重点项目有福建省宏宇电子科技有限公司年产9.4万件纺织机械零配件项目,福建科源机械有限公司年产精密轧机设备、数控机200套生产、研发基地项目。(林　艺)

【冶金行业】 有规模以上民营企业55家,完成产值570.20亿元。黑色金属冶炼及压延加工业有39家规模以上民营企业,完成产值414.62亿元,龙头企业有宝钢德盛不锈钢有限公司(原德盛镍业公司)、吴航不锈钢有限公司、福建亿鑫钢铁有限公司、福建鑫海冶金有限公司、吴航钢铁制品有限公司、长乐宏顺型材有限公司、福建三金钢铁有限公司等。有色金属冶炼及压延加工业有16家规模以上民营企业,完成产值155.58元,生产的主要产品有铝箔坯料、PS版基、铝幕墙板、铝复合板(卷)、铜排、钼酸铵等,龙头企业有中铝瑞闽铝板带有限公司、福建南方铝业(中国)有限公司、福州奋安铝业有限公司等。

重点项目有福建鸿生建材发展有限公司建材项目、福建奋安铝业有限公司建筑铝型材加工制造项目、福建省泰铭新世纪科技有限公司不锈钢卷板固溶热处理加工项目。(林　艺)

【医药行业】 医药制造业完成产值85.5亿元,同比增长2.6%,规模以上民营企业24家,其中产值超亿元的企业有

20 家，超 10 亿元的企业有 2 家。重点企业金山医药完成产值 13 亿元，同比增长 6.6%；福抗药业完成产值 12.3 亿元，同比增长 1.6%；同仁堂健康药业完成产值8.5 亿元，同比增长 12.7%；南少林药业完成产值6.9 亿元，同比增长 10.4%；屏山制药完成产值 6.8 亿元，同比增长 26.8%。

重点项目有福建省福抗药业股份有限公司冻干头孢无菌与粉针固体制剂项目，福建省海欣药业股份有限公司年产 360 吨叶酸生产线项目，福建金山生物制药股份有限公司水针剂、乳膏剂、贴剂、片剂等剂型药品的研发、新版 GMP 改造注射等生产建设项目。

（叶　苏）

【石化行业】 石化制造业完成产值 255 亿元，同比增长 24.6%。其中，石油加工及炼焦业完成 38.9 亿元，同比增长 31.5%；化学原料及化学制品制造业完成216.1 亿元，同比增长 23.4%。产值超亿元的企业有 29 家，超 5 亿元的企业有 8 家。重点企业德胜能源完成产值 15.85 亿元，同比增长 14.5%；双强公司完成产值 10.22 亿元，同比增长 15.5%；一化公司完成产值 2.67 元，同比增长 0.1%。

重点项目有福建美得石化有限公司 66 万吨/年丙烷脱氢项目二期、福建省中江石化 35 万吨/年聚丙烯项目、福建申远新材料有限公司年产 40 万吨己内酰胺工程项目。（林　艺）

【电子信息行业】 有规模以上民营企业 38 家，完成总产值（营业收入）285 亿元，主要涉及软件和信息技术服务业、网络通信终端、电子元器件等行业。重点企业有福州福大自动化科技有限公司、福建新大陆电脑股份有限公司、福建天诚电子科技开发有限公司、瑞芯微电子股份有限公司、福建国通信息科技有限公司、福建伊时代信息科技股份有限公司等。重点项目有中海创（永泰）生态型智慧科技园项目。（卓　鹏）

【轻工食品纺织行业】 有规模以上民营企业 1189 家，完成工业总产值 3638.7 亿元，同比增长 9.7%，占全市工业比重的 46.2%。其中，纺织行业规模以上企业 502 家，完成工业总产值 2073.3 亿元，同比增长 18.6%，占全市规模工业总产值的 26.3%，位居全省第二位。纺织各子行业方面，纺织业产值 852.9 亿元，同比增长 8.3%；皮革、毛皮、羽毛及其制品和制鞋业产值 500.7 亿元，同比增长 15.2%；化学纤维制造业产值 578.8 亿元，同比增长 46.6%；纺织服装、服饰业产值 140.9 亿元，同比增长 10.1%。轻工食品行业规模以上企业 687 家，完成产值 1565.4 亿元，同比增长 8.2%。其中，农副食品加工业产值 630.2 亿元，同比增长 7.8%；食品制造业产值 113.3 亿元，同比增长 13%；酒、饮料和精制茶制造业产值 103.1 亿元，同比增长 11.6%；橡胶和塑料制品业产值 283.3 亿元，同比增长 4.2%；文教、工美、体育和娱乐用品制造业产值 139.7 亿元，同比增长 3.5%；家具制造业产值 111.7 亿元，同比增长 6.9%。

纺织化纤行业重点企业年产值情况：福建省金纶高纤股份有限公司完成产值 131 亿元，同比下降 0.2%；长乐恒申合纤科技有限公司完成产值 113.8 亿元，同比增长 55.9%；长乐力恒锦纶科技有限公司完成产值 89.8 亿元，同比下降 1.3%；福建锦江科技有限公司完成产值 65 亿元，同比增长 11.8%；福建凯邦锦纶科技有限公司完成产值 37.3 亿元，同比下降 7.5%；福建省长乐市长源纺织有限公司完成产值 53.7 亿元，同比增长 8.5%；福建省长乐市金源纺织有限公司完成产值 41 亿元，同比增长 2.5%；福建省长乐市锦源纺织有限公司完成产值 37.3 亿元，同比增长 22.2%；福建省长乐市第二棉纺织厂完成产值 34.3 亿元，同比增长 12.9%；福州翔隆纺织有限公司完成产值 28 亿元，同比增长 7%。重点项目有福建省长乐市山力化纤有限公司年产 60 万吨差别化涤纶纤维项目，福建唐源合纤科技有限公司年产 24 万吨差别化、功能性锦纶纤维建设项目，福建景丰科技有限公司年产 20 万吨差别化功能功能纤维建设项目，福建凯邦锦纶科技有限公司二期项目，福建省长乐市源嘉轻纺有限公司多功能性高端品种纱线项目等。

轻工食品行业重点企业年产值情况：祥兴（福建）箱包集团有限公司完成产值 82.2 亿元，同比增长 15.9%；福清东晖运动用品公司完成产值 7.8 亿元，同比增长 13.8%；福建龙和食品实业有限公司完成产值 35.7 亿元，同比增长 22.64%；福建康宏股份有限公司完成产值 20.6 亿元，同比下降 25.7%；福建海壹食品饮料有限公司完成产值 17.3 亿元，同比增长 7%；福州龙福食品有限公司完成产值 12.1 亿元，同比增长 51.33%。重点项目有爹地宝贝股份有限公司纸尿裤生产建设项目、福建天使日用品有限公司二期项目、福建万佳油脂工业有限公司年产 100 万吨棕榈油项目。（叶　苏）

【民营对外贸易】 全市有出口实绩的民营企业 2149 家。全市出口总值 1312.28 亿元，比上年实际增长 0.6%，其中民营企业出口 674.67 亿元，同比增长 13.33%，占全市出口额的 51.41%。

（陈　婉）

【民办教育】 福州市有办学资质的民办学校约 1427 所（不含民办高校）。其中，中学 32 所，中等职业学校 10 所，小学 33 所，幼儿园 979 所，培训机构 373 所。

组织民办初中招生咨询会，与各校签署"福州市民办初中诚信招生行业自律承诺书"；开展市属民办学校办学许可证年检评估，落实收费、安全等检查，向社会公布民办学校信息；完善市场退出机制，处理学校自行终止办学事宜。监督民办校监控资金账户，市属民办学校年监控资金约 2000 万元；举办 2 场诚信办学宣传教育活动，向市民发放"致全市家长的一封信"，两次对外公布无证培训机构黑名单。扶持民办教育发展，搭建民办学校沟通学习宣传平台。提高民办教育发展专项资金，每年达 300 万元；开展"幸福教育·快乐寒假"教育服务日活动，组织教育机构捐助民办进城务工随迁子女学校贫困生；组织开展名师进课堂、教学开放周、教师招聘会、课标专题讲座等活动。（郑　丹）

【民营医疗机构】 落实福州市规划新增的 13 个医疗卫生项目地块，引导优质医疗资源向北部、东部、南部新城区延伸。出台《关于促进社会办医有关设置和登记管理事项的通知》,从2016年1月1日起实施新的社会办医设置、登记及管理政策,原由市卫计委审批发证的18家医疗机构下放至相关县(市)区登记管理,其“医疗机构执业许可证”、医护人员执业注册在2015年12底前全部移交到位。全年省市批准在福州辖区设置4家民营医院,规划床位652张,推动台资在榕投资兴建福建严复纪念医院、三江口医院。

(张先玲)

民营经济服务平台

【商务服务平台】 2015年,市工商联在会员企业推广商务服务平台,新引进150家企业入驻平台推荐优质产品与特色服务,通过线上交易拓宽销售渠道。利用政策咨询平台帮助企业了解福州市“十三五”规划、“中国制造2025”、“互联网+行动计划”以及扶持工业企业加快转型升级的相关政策措施等,引导企业根据自贸区、福州新区规划要求开展投资项目。借助寻机发展平台,组织各异地商会、行业商会和直属会员企业参加“5·18”海交会、海丝电影节招商推介会、政府与社会合作项目推介会以及中国香港、江西等地到榕招商推介活动等,参加会员累计900多人次。

【科技人才对接平台】 福州海深贸易公司与海洋科技工程研究院在罗源县共同开发海上牧场项目;组织异地商会企业家考察杭州跨境贸易电商产业园,引导企业运用“互联网+”信息化手段实现生产方式和经营模式转变。

【银企合作平台】 与人行福州中心支行、平安证券福建分公司联合举办自贸区金融创新座谈、“新三板”财富论坛等,加深企业对自贸区境外投融资政策和“新三板”上市规则的了解,帮助企业拓宽融资渠道。

【评审服务平台】 通过技术职称评审服务平台,全年评定各类初、中级职称专业技术人员333人,审核并上报省工商联获评各类高级职称专业技术人员93人。

(余 芳)

(编辑 邱敏佳)

商贸流通与服务业

商贸经济

【概况】 2015年,全市实现社会消费品零售总额3488.74亿元,同比增长14%,总量居全省第一,增幅居全省第二。其中,城镇实现3261.61亿元,同比增长13.7%;乡村实现227.14亿元,同比增长17.9%。限额以上企业零售额实现2046.39亿元,同比增长17.1%,占比达58.66%。实现第三产业增加值2700.92亿元,同比增长11.3%,总量居全省第一,增幅居全省第四。第三产业增加值占全市GDP比重为48.08%,较上年提高1.58个百分点。

【商贸市场体系建设】 全市商贸服务业重点项目155项,其中在建项目91项,计划开工37项,预备项目27项,年度计划投资额547亿元,全年累计完成投资612.24亿元,其中王庄世欧城市广场、东二环泰禾广场、闽江世纪城金源购物广场、爱琴海购物广场等一批重点商贸项目相继建成并开业。实施菜市场(农贸市场和生鲜超市)升级改造,新建和改造菜市场39家。

推进大型公益性农产品批发市场升级改造试点工作。福州民天实业有限公司所属海峡农副产品物流中心项目被列为国家试点项目,中央财政投资1亿元进行升级改造。至年底,完成《项目资金使用方案》及《试点工作推进方案》工作。

【"菜篮子"工程】 全市拥有市级直控城市蔬菜基地面积9667公顷(年内新建蔬菜基地400公顷),全市蔬菜基地年产蔬菜75万吨以上;重新认定市级直控副食品基地41家(生猪基地23家、蛋禽基地10家、肉禽基地3家、羊基地3家、特色品种基地2家),年出栏生猪75万头、蛋逾1500万公斤、肉禽逾260万羽、肉羊逾1万头。蔬菜和生猪供应基本满足市区消费要求。

【零售业】 全市(五城区)连锁经营企业有32个、连锁网点763个,其中百货店16个、专业店59个、大型超市106个、小型便利店582个。商业特许经营企业34家,年内新增10家,其中万嘉、六意等企业规模较大、运作较好。5家直销企业在福州设立分支机构,其中年内新增2家。

【会展业】 全年在海峡会展中心举办各类展会59场(展览35场,会议24场),展览面积达101.66万平方米,比上年同期增长18.08%。其中,举办规模以上(面积3万平方米以上)展览11场,举办国家级展览5场,包括"2015年第三十三届中国国际体育用品博览会""第六届中国奶业大会暨中国奶业展览会""2015年秋季全国高教仪器设备展示会""第六十九届中国教育装备展示会""第十三届中国国际农产品交易会"。

【物流业】 全年全市物流业增加值约330亿元,比上年增长8.2%。福州港

盛辉物流集团甩挂运输车队 (市商务局 供)

完成集装箱吞吐量237.19万标箱,货物吞吐量1136.09万吨,整车进口3887辆。全市拥有各类物流企业3409家,46家物流企业通过A级评定,其中AAAA级物流企业13家、AAAAA级物流企业5家,AAAAA级物流企业数量占福建省50%。推进国家电子商务与物流快递协同发展试点工作,建成翔福物流园一期、顺丰青口分拣中心、中外运江阴综合物流中心一期等一批物流园区、分拨中心和物流配送中心。全市建成智能快件箱942组、快递公共投递服务站968个,末端网点日均处理能力从上年的1.2万件提升到8.7万件,占日均快件投递量比重从4%上升到20%。

【拍卖业】 根据全国拍卖行业管理信息系统,全市有拍卖企业72家(年内新增3家),同比增长1.41%,分支机构43家(公务拍卖资格24家)。从业人数702人,同比减少36.76%,其中拍卖师133人。年内成交额130.88亿元,同比增长9.9%。

受宏观经济增速持续放缓等因素影响,市场购买力不足,成交困难。成交额按拍卖标的分:房地产17.8亿元,同比下降57.85%;土地使用权90.2亿元,同比增长92.64%;机动车2311.95万元,同比增长6.93%;农副产品2836.3万元,增长27.65%;股权、债权13.7亿元,同比增长15.5%;无形资产3.1亿元,同比下降39.45%;文物艺术品8112.3万元,同比下降55.8%;其他4.5亿元,同比下降56.6%。按委托对象分:法院6.7亿元,同比下降39.23%;政府部门89.1亿元,同比增长30.11%;金融机构11.8亿元,同比增长12.49%;破产清算组355.96万元;其他机构19.3亿元,同比下降1.19%;个人3.7亿元,同比下降59.85%。成交场次977场,同比下降16.2%。效益方面,主营业务收入(佣金额)9329.1万元,同比下降41.29%;主营业务利润2959.1万元,同比下降18.37%。贡献度方面,纳税额(营业税)602.77万元,同比下降23.69%。

【餐饮业】 全年全市餐饮业销售总额406.18亿元,较上年增长11%。举办第三届“海峡青年节”开幕式自助晚餐暨福州美食非物质文化遗产与台湾风味小吃展示活动。开展福城福味福州名小吃专题片拍摄及画册的编制出版工作,拍摄并制作专题片8集和集锦1集,于2—4月在福建电视台综合频道《舌尖之福》栏目播出,出版《福城福味》画册。

【电子商务】 “双11”期间,全市市民通过网购的方式消费9.54亿元,比上年增长51.43%,位居全省首位。连江县潘渡乡贵安村,闽侯上街镇建平村和浦口村列入阿里研究院淘宝村名单。全年全市累计电商交易额达580亿元,网络零售额累计331亿元,电商从业人员逾14万人。

【家庭服务业】 全市家庭服务企业有200余家,行业从业人员近10万人,年交易额约20亿元。鼓励支持家庭服务企业及平台做大做强,福建雪品家政服务有限公司于7月3日正式在上交所创业板挂牌上市,商务部扶持的家政服务网络平台建设试点单位福建省海都公众服务股份有限公司旗下的海都便民家政服务网络中心(全面升级为U我电商平台)在CCTV《新闻联播》等央视栏目播出。中共中央政治局常委、中央书记处书记刘云山,商务部调研组等中央及福建省领导视察金太阳老年综合服务中心。福州市清洁行业协会于10月30日成立。在福建省开展的“树十强、立百家、彰千星、信万人”优质家庭服务活动中,福州市有福州树人家政服务有限公司等5家企业获福建省家庭服务业领军企业,福州中青家政服务有限公司等15家企业获家庭服务示范企业,298名家政员获“明星家政员”称号。试点开展家政服务“五个统一”工作,即统一体检、统一培训、使用统一上岗证、使用统一合同、办理统一保险。

(陈　婉)

粮油贸易

【粮食储备管理】 2015年,全市地方粮食储备规模42万吨(年内新增2万吨储备粮)。其中,市级23.5万吨,县级18.5万吨,增储到位后福州市粮油储备总量、人均数达历史最高水平。食用油储备9000吨(散装油7800吨,小包装油1200吨)。年内安排储备粮轮换计划13.86万吨,其中市级7.52万吨,县级6.34万吨。制定出台《福州市市级专项储备粮熏蒸管理办法》,修订《福州市市级专项储备粮油规范化管理实施细则》。

【粮食安全保障体系建设】 在省内外粮食产销协作会上签订粮食购销合同135.5万吨。粮食批发市场发挥福州国家粮食交易中心的平台优势,全年交易量达165万吨,开发委托交易客户,有58家委托客户进场交易,覆盖江西、江苏、河南、安徽等粮食主产区。市政府修订《关于进一步完善粮食安全保障体系的实施意见》及配套文件。福州市有6家龙头、骨干粮食企业申报省局引粮入闽奖励,获336万元补贴;落实骨干粮食加工企业和骨干粮店扶持政策,发放补贴209万元。

【粮食仓储设施建设】 粮食仓储设施实施“退城进郊”,启动市区东郊粮库、禾福中心油库、洪山粮库迁建工作。洪山粮库迁址闽侯,完成生态林和农转用项目报批手续,东郊粮库、禾福中心油库迁址连江,红线图确定。推进县区22万吨中心库建设,马尾区、连江县储备粮库一期交付使用,闽侯、罗源、永泰、福清、长乐储备粮库均动工建设。全年争取中央和省级财政资金6956万元用于仓储设施改造和建设。

【粮食市场监管】 开展粮食质量、粮食科技、爱粮节粮宣传活动,营造全社会爱粮节粮、科学食粮的氛围。开展粮油市场价格监测及预警工作和社会粮油供需平衡调查,完善粮油信息数据库。加强对粮食收购、储存、运输、政策性用粮购销活动中粮食质量和原粮卫生监管,全年全市组织885人次对777家(个次)粮食经营企业开展360次检查。市粮食局被国家粮食局评为第五批“全国粮食流通监督检查示范单位”。组织开展“餐桌污染”专项监督检查活动,粮食质量卫生总体情况良好,“餐桌污染”治理取得成效。

【国有粮食企业】 全年全市粮食企业实现利润1608万元,其中市属企业实现盈利1240万元,市属购销企业实现盈利879万元。推进放心粮油进社区,利用国有粮油品牌和群众信誉度高的优势,打造禾盛"放心粮店",15家直营粮油连锁门店年销售量6011吨,销售额3300万元。

【青运会粮油保障】 市军粮供应站为青运会指定粮食类供应商,对青运会粮油供应实行全过程质量安全监管,实行"一批、一检、一报告"制度,配合青运会食品药品安全保障部把好粮油质量检验关,完成青运会粮食保障任务,被授予"福州市筹办工作先进集体"称号。

(胡艳霞)

烟　草

【概况】 2015年,福州市烟草专卖局(公司)销售卷烟30.76万箱,同比增长0.8%;销售额93.7亿元;实现利税22.4亿元,同比增长21.4%。全市查办各类非法经营案件2860起,同比增长14.7%,其中5万元以上案件69起,万元以上案件560起。获全国首批"烟草行业商业标准化示范企业"称号。

【卷烟销售】 行业三类(含)以上前15名重点品牌销售25.6万箱,同比增长4.9%,占总销量83.3%,增加3.3个百分点。全国销售额前15名的重点品牌累计销售87.98亿元,增幅9.7%。8毫克以下低焦油卷烟销量6.7万箱,占总销量21.7%;细支卷烟销售2036箱,同比增长649.3%,占全省比重40.7%。全市卷烟单箱销售额3.05万元,同比增长8.6%。一至三类烟累计销售26.95万箱,同比增长4.8%,一至三类烟占总销量比重分别为19.6%、25.8%、42.2%。

【营销网络建设】 全市卷烟零售客户网上订货率87%,"一机一户"率65%。贷记卡使用金额占比70%。建立"3516"精益工作法。全面加强物流建设。持续完善批零在途、车辆管理等系统,提升物流信息化水平,实现降本增效,物流费用率0.75%,同比下降3.85%。

【专卖市场监管】 推进便民服务,压缩客户办证入网时间,实现15日内办结,新办证件3685本。开展"关停拆转"类客户后续监管,建立被取消经营资格主体监管名册,开展无证无照经营卷烟专项治理。打造行政审批服务大厅"六四一"品牌示范窗口。开展"集结号"第六期、"五治五防"、"迎接青运会、营造放心环境"专项行动,加大物流环节监管,加强破网追刑力度,侦破首起互联网售假售私案件。查获违法卷烟1874.8件,同比减少6.2%。破获国标网络案件6起,其中省公安厅督办案件2起,市标网络案件7起。刑拘犯罪嫌疑人33人,批捕15人,直诉10人,判刑9人。

【企业管理】 建立精益专卖、精益营销、精益物流、精益财务、精益文化、"6S"管理工作机制。开展标准化体系管理评审,全面推广卷烟销售款跨行结算和贷记卡结算工作。推动平安创建,贯彻"五落实五到位",开展8次安全综合检查,对全区12家单位重点场所进行"网格式"排查,确保安全隐患整改到位。推进不稳定因素排查治理,营造和谐发展环境,全区"平安先行单位"创建率达100%,"平安先进单位"创建率达82%。

(林伟民)

石　油

【概况】 2015年,国际油价重挫35%,国内油价"七涨十二跌"。中石化森美福州公司执行"稳中求进"战略决策,全区加油站销售成品油82.6万吨。开展"优质服务月""家文化建设"等活动,以"机关服务好一线,员工服务好客户"为主题,提升服务水平,促进零售量提升。

【家文化建设】 在全区加油站开展家文化建设活动,以片区为单位,树立13座家文化建设标杆站点,结合各站实际情况对加油站进行家文化建设改造,美化加油站环境,改善员工工作、生活环境;在各片区开展"家庭同乐日""快乐的一天""站长的一天"等家文化活动,深化"我靠企业成长,企业靠我发展"核心价值理念。

【优质服务月】 不定期组织全体员工学习主题活动,有针对性地改进服务态度、提高服务技能、完善服务功能,降低客户投诉率。根据《加油站站长在岗管理指导意见(试行)》,组织加油站站站长于高峰期间、员工用餐时间,主动替岗加油、疏导车辆、维持秩序、推广APP等活动。通过站长带班做好现场管理,解决员工懒散等服务陋习,改善现场服务。

【安全管理】 强化安全监管,按照"谁主管、谁负责""管业务必须管安全、管生产经营必须管安全"原则,将安全生产主体责任全面分解落实到各部门。坚持作业现场安全"严细实"管理,强化安保反恐工作,全面落实设备周期性防御坚检查和保养。加大油品数质量检查力度,利用视频监控系统和IC卡管理系统,抽查油品进仓情况。实现全年无数质量责任事故发生。

【公益活动】 10月9日,由省、市生态文明建设促进会、中石化森美(福建)石油有限公司、国际在线福建频道联合举办的"拥抱青运·共享蓝天"环保助青运公益活动在中石化森美公司福州黄山加油站启动。启动仪式上,为使用国Ⅳ及以上排放的重型柴油车用户代表赠送柴油尾气处理液。

10月9日—11月15日,中石化森美(福建)石油公司在福州38座加油站免费为使用国Ⅳ及以上排放重型柴油车加注"悦泰海龙"尾气处理液(10千克/桶)5000桶,为汽油车赠送汽油燃油宝5000瓶,赠送金额约37.5万元。

【98号汽油推行】 年内推出98号汽油,在福州市区选取14座加油站销售。98汽油抗爆性和动力性更强,燃烧更充分,减少积碳,降低有害物质排放;硫含量不高于0ppm(百万分比浓度),排放达到国五标准,相当于欧五。

(陈小丽)

供销合作

【概况】 2015年,供销系统实现商品销售总额113.21亿元,同比增长22.6%。其中,售给农民的农业生产资料6.38亿元,同比增长15.7%;消费品零售60.93亿元,同比增长24.5%;农产品购进额63.54亿元,同比增长31%;再生资源购进额7.13亿元,同比增长213%。全系统利润汇总实现盈利3012.05万元,同比增长33.4%。

【烟花爆竹安全经营】 开展烟花爆竹安全经营工作,在进货、储存、配送、供应等环节加强安全监管。春节期间,全市(含七县)设立1485个烟花爆竹零售网点,销售各类烟花爆竹总量152852件,配送额达2315万元。

【农资供应服务】 全年完成化肥储备5.24万吨。强化农资质量管理,开展农资经营质量监管及农资打假,清查禁、限用农药,化肥农药的质量、包装、标识及"三证"。配合农业、工商、质监、公安等部门联合执法。开展"农资经营质量诚信示范单位"评选及"科技下乡"活动,为农民提供农业科技咨询、技术指导、现场会诊、优质农资推介等系列服务活动,指导农民科学用药。

【"新网工程"建设】 全年完成农资配送中心1个,消费品配送中心2个,再生资源交易市场(分拣中心)1个,按全国总社行业标准完成20个农资网点改造提升,按全国总社行业标准完成16个消费品网点改造提升,完成29个农资连锁经营网点建设,完成32个日用消费品连锁经营网点建设。

【项目建设】 推进"三个一批"(重点一批、推进一批、储备一批)项目建设。8个重点项目完成3个,按序时进度推进3个;17个推进项目完成4个,按序时进度推进10个。推进象园时尚文化茶都转型升级,对市场内水、电、路、通信等公共设施进行升级改造,同时引进省商贸学校在茶都设立教学培训基地、中职函授点、茶叶检测中心等供销元素,培育开放办社新品牌。黄山废金属分拣加工中心占地面积14652平方米,建筑面积2020平方米,建设项目完成并通过省商务厅组织的回收体系项目验收。罗源南芒里农业综合开发生产基地开展树木、果蔬种植,建立新品种科学实验生产基地200公顷,培育已种植的竹木、油茶。

【为农服务平台搭建】 全市发展村级综合服务社100个,发展农村社区服务中心7个,发展专业合作社40个、专业协会3个,发展省供销社示范专业合作社2个。为社员、会员推销农产品金额7902万元,为社员、会员增收1604万元,带动周边农户7381户。带领畲乡农民发展生产,罗源县供销社和农民组建罗源县福湖畲山生态农村农民专业合作社,注册资金3600万元,合作社经营土地面积118.2公顷,推进蔬菜、水果、水稻、食用菌、苗圃、育林等种植和销售,被市商务局列入福州市蔬菜种植基地,被罗源县农业局列为水稻示范基地。

【农村社区综合维修服务体系建设】 新建13个乡镇维修站和19个村级维修点。闽侯县供销社在甘蔗城关建成综合维修服务一条街,集综合维修、配件供应、安装设计、业务咨询、技术培训、商品经营、废旧物资回收等功能于一体。

【再生资源回收体系建设】 承办建设200个回收站点和2个分拣加工中心,对城区收购站(点)进行引导和规范,城乡再生资源初步实现综合利用,形成以城市社区回收站点为基础,分拣加工中心为核心的再生资源回收网络体系,推动再生资源回收行业产业融合发展。至年底,再生资源利用网站点击率累计1000多万人次,300多个再生资源相关企业在网上登录申请入网成为会员,市民可在网上定时预约上门收购。分拣中心项目全部建成后,可分拣加工废钢铁3000吨、废铜800吨和废铝3000吨,年分拣加工利用废五金10000吨,可节约13920吨标准煤。创建福建再生资源回收利用网站,发行刊物《福州市再生资源信息》56期。被中国互联网信息中心评为"可信网络营销示范单位"。

(戴 新)

(编辑 邱敏佳)

对外及港澳台经济贸易

利用外资及港澳台资

【概况】 2015年，全市新批外商投资企业339家，合同外资31.74亿美元，同比增长116.9%，其中千万美元以上外资企业45家，合同外资9.87亿美元。实际到资16.78亿美元，同比增长8.5%，超过全省平均增幅（全省平均增幅8%）0.5个百分点。全年批准港资企业89家，占新批外资企业的26.3%；合同外资19.29亿美元，同比增长92.85%，占合同外资总额的40.49%，实际到资12.24亿美元，占实际到资总额的79.2%。全年累计批准台资项目（不含第三地）145个，投资总额5.32亿美元，合同外资4亿美元，实际到资0.92亿美元。

在福建自贸实验区福州片区内，新增斯里兰卡、约旦、希腊等11个国家投资者。自贸试验区内负面清单以外领域外商投资企业设立、变更及合同章程实行备案管理以来，27个国家和地区的投资者，新备案企业218家，占全市新批外商投资企业64.3%，投资领域包括融资租赁、软件业、批发零售等，合同外资8.57亿美元。

【利用外资重大项目】 全市新批总投资千万美元以上项目74项，合同外资17.94亿美元，占全市合同外资总量的56.6%，同比增长36.1%。福建博美源贸易有限公司、福建雅思德贸易有限公司、永辉超市股份有限公司增资、福耀玻璃工业股份有限公司增资、睿鸿光电科技（福建）有限公司、福建深泰供应链有限公司、福建天晴在线互动科技有限公司等一批重大外资项目获批。其中，福建博美源贸易有限公司总投资5.6亿美元，合同外资1.34亿美元；福建雅思德贸易有限公司总投资6.2亿美元，合同外资1.24亿美元；永辉超市股份有限公司增资总投资6.6亿美元，合同外资1.08亿美元。

【招商引资活动】 10月9—10日，第八届世界福建同乡恳亲大会在厦门举办。9日，在厦门国际会议中心举办“牵手故里（福州）”对接会，市商务局向参会客商推介福州市产业发展等情况。

12月6—10日，省委常委、市委书记杨岳率领福州市代表团一行赴中国香港、澳门，开展以“叙乡情、谋合作、促发展”为主题的福州新区、自贸区福州片区推介活动。举办两场福州新区、福建自贸试验区福州片区推介会。7日，举办香港推介会暨榕港重点合作项目签约仪式，有4批、28个项目上台签约。9日，举办澳门推介会。其间，拜会中联办和港澳特区政府、立法会有关官员；会见拜访香港、澳门工商界知名人士；考察香港嘉里物流、自由贸易区（葵涌）、澳门青洲坊公屋等项目，并看望香港、澳门榕籍乡亲和社团。

【“海交会”和“厦洽会”】 第十七届“5·18”海峡两岸经贸交易会全市签约外资项目125项，投资总额49.77亿美元，利用外资28.42亿美元，其中合同项目81项，投资总额21.76亿美元，利用外资13.21亿美元。2015年“9·8”厦门国际投资贸易洽谈会全市签约外商投资项目125项，投资总额55.59亿美元，利用外资33.96亿美元；合同项目85项，投资总额26.78亿美元，合同外资16.39亿美元。

【服务外包】 据商务部“服务外包管理信息系统”统计，全年全市有服务外包企业180家，其中年内新增企业17家。服务外包合同金额3.20亿美元，执行金额2.81亿美元，其中离岸服务外包执行金额0.89亿美元。主要包括中国香港、新加坡、美国、日本、德国、卢森堡、埃及、加拿大等国家及地区，占全市服务外包执行金额94.1%。

福大自动化、星网锐捷、新大陆等3家企业入选2015年（第十四届）中国软件业务收入前百家企业（包揽全省入围企业）。11家软件骨干企业进入“全国软件企业综合竞争力200强”排行榜，入选数仅次于北京、广州、深圳、杭州，位居全国第五位，其中进入前百强的有中海创、新大陆、星网锐捷、百度91、网龙等5家企业。福昕软件、亿榕信息、福富软件等公司开发的软件产品分别获第十九届中国国际软件博览会金奖、创新奖。

对外及港澳台投资与劳务合作

【概况】 2015年,全市境外投资项目73项,协议投资总额298701.16万美元,其中中方投资额152232.58万美元,比上年同期分别增长53.87%、17.94%,投资地涉及美国、德国、英国、中国香港和非洲及"一带一路"沿线国家和地区,境外项目主要从事商品贸易,制造业生产销售,水产品捕捞、加工,矿产品勘探、开采等对外直接投资与合作项目。对台港澳协议投资总额169095.28万美元,其中中方投资额70089.28万美元。对外劳务合作营业额30218万美元,同比增长10.01%;派出人数19145人次,同比增长5.4%;期末在外人数28082人,同比增长9.65%。

【境外投资项目】 全年全市企业境外资源合作开发协议投资6.4亿美元。其中,春申股份有限公司、福建吴钢集团有限公司、福建华隆源实业有限公司等企业分别在印尼建立境外矿产、渔业等资源基地。全年全市核准备案境外并购投资项目10个,福州市企业协议投资金额6.63亿美元。其中,福州海峡国瑞股权投资合伙企业(有限合伙)在香港并购成立广发证券股份有限公司,协议投资额达5亿美元;永辉超市股份有限公司投资1610万美元,并购设立香港永辉控股有限公司。福州市企业对发达国家和地区实行尝试性投资。全年福州市新备案对欧美及港澳台等发达国家和地区的投资项目63项,占全部境外投资项目80.7%,协议投资金额达10亿美元,占比33.4%。至年底,福州市经商务部核准备案的境外投资项目,协议投资总额(29.9亿美元)、中方投资额(15.2亿美元)居全省首位。

对外及港澳台贸易

【概况】 2015年,进出口总值2065.48亿元,同比下降2.8%。出口总值1312.28亿元,同比增长0.6%,占福州市GDP的23.14%,占全省出口总值的18.71%;出口商品销往210个国家与地区。进口总值753.2亿元,同比下降8.2%,进口商品来自125个国家与地区。

在进出口总值中,对台进出口总额18.45亿美元,同比下降9.45%,其中出口5.33亿美元,增长3.55%,占全市出口比重的2.52%;进口13.12亿美元,同比下降13.85%,占全市进口比重的10.73%。港澳进出口总额15.97亿美元,同比增长17.64%,其中出口14.3亿美元,同比增长6.55%;进口1.7亿美元,同比增长817.52%。

表25 2015年福州市出口额3000万美元以上商品情况

金额分类	商品名称	出口金额(万美元)	占出口总额比重(%)
10亿美元以上(1项)	其他彩色监视器	166059	7.86
1亿美元以上(30项)	其他橡胶或塑料外底,纺织材料鞋面的鞋靴,液晶显示板,其他上釉的陶瓷砖、瓦、块及类似品,品目84.71自动数据处理系统用液晶监视器,其他液晶显示器彩色电视接收机,其他木家具,花岗岩碑石或建筑用石及其制品,塑料或纺织材料作面的提箱、小手袋,拖轮及顶推船,用栓塞法装配鞋底及面的橡、塑鞋,未列名电灯及照明装置,5903、5906或5907的织物制其他男式服装,车辆用层压安全玻璃,磷酸氢二铵,瓷制固定卫生设备,车身(包括驾驶室)的未列名零件、附件,机动车辆用点火布线组及其他布线组,其他橡、塑或再生皮革外底,皮革鞋面的鞋靴,枝形吊灯及天花板或墙壁上的电气照明装置,未列名贱金属雕塑像及其他装饰品,未列名已加工花岗岩制品,塑料片或纺织材料作面的其他类似容器,干香菇,6301至6307的未列名制成品,品目8471所列其他机器的零件、附件,装有点燃式活塞内燃发动机的发电机组等	809834	38.35

续表 25

金额分类	商品名称	出口金额（万美元）	占出口总额比重（%）
5000 万～1 亿美元（44 项）	未列名手表，手持（包括车载）式无线电话机，其他未搪瓷钢铁餐桌、厨房等家用器具及零件，其他彩色投影机，干木耳，橡、塑外底及鞋面的短统靴（过踝），塑料制餐具及厨房用具，塑料制小雕塑品及其他装饰品，电动的挂钟，其他卧室用木家具，厨房用木家具，其他运动或户外游戏用设备，橡、塑或革外底并皮革制鞋面的其他运动鞋靴，冻、干、盐腌或盐渍墨鱼及鱿鱼，未列名化纤男式带风帽防寒短上衣、防风衣等，未列名木制品，化纤制机制花边，未列名机动船舶（包括救生船，但划艇除外），未列名塑料制品，电子节能灯，橡胶或塑料制外底及鞋面的其他运动鞋靴，其他金属家具，5903、06 或 07 织物制 62011100 至 1900 类型服装，非电气的灯具及照明装置，电气的台灯、床头灯或落地灯，合成纤维制未漂白或漂白经编织物，塑料片或纺织材料作面的手提包，已镶框玻璃镜，塑料制其他家庭用具及卫生或盥洗用具，压燃式内燃机发电机组（P≤75KVA），圣诞节用品，5903、5906 或 5907 的织物制其他女式服装，其他未上釉的陶瓷砖、瓦、块及类似品，棉≥85% 未漂平纹布，其他钢铁结构体；钢结构体用部件及加工钢材，化纤制针织钩编套头衫、开襟衫、外穿背心等，其他木制小雕像及装饰品，未列名水泥、混凝土或人造石制品，尼龙－6 纱线等	323356	15.31
3000 万～5000 万美元（51 项）	未列名的机器零件、不具有电气器材特征的，未列名化纤女式带风帽防寒短上衣、防风衣等，未列名成卷成张矩形浸涂印花纸，纸板，纤维纸，其他硅，手持式无线电话机的零件，天然石料制的长方砌石、路缘石、扁平石，车辆用钢化安全玻璃，其他点燃式活塞内燃发动机的零件，合成纤维制染色经编织物，棉制女裤，未列名棉制男式带风帽防寒短上衣、防风衣等，处理器及控制器，活鳗鱼，除鱼肝油以外的鱼油、脂及其分离品，其他铅酸蓄电池，棉制其他男裤，硫酸铵，未列名钢铁制品，波分复用光传输设备，初级形状的乙烯－乙酸乙烯酯共聚物，棉制针织或钩编的女裤，棉制针织或钩编的婴儿服装及衣着附件，灯座，线路 V≤1000V，合成纤维制针织或钩编的女裤，其他非工业用铝制品，橡或塑外底，纺织材料鞋面运动鞋靴等，压燃式内燃机发电机组（375KVA＜P≤2MVA），其他车辆用防抱死制动系统，塑料或纺织材料面的置于口袋或手提包内物品，压燃式内燃机发电机组（75KVA＜P≤375KVA），合成纤维制针织或钩编的男裤，陶制塑像及其他装饰品，合成纤维制针织或钩编的男式上衣，单独报验的带齿的轮等；84.83 货品的其他零件，镶嵌钻石的黄金制首饰及其零件，溜冰鞋，包括装有冰刀的溜冰靴，含聚酯非变形长丝≥85% 的机织物，电动的闹钟，不锈钢制餐桌、厨房或其他家用器具及其零件，未列名已装配的光学元件，珠宝或刀具木盒及类似品，其他玩具，片式多层瓷介电容器，合成纤维制女式上衣，多相交流电动机（750W＜P≤75KW）等	195476	9.26
合　计	126 项	1498278	70.77

表 26

2015 年福州市主要出口市场情况

国别(地区)	出口金额(万美元)	占出口总额比重(%)
美　国	568562	26. 92
欧　盟	350462	16. 59
东　盟	269464	12. 76
中国香港	142037	6. 73
日　本	131280	6. 22
中　东	122121	5. 78
中国台湾	53338	2. 52
印　度	44530	2. 11
韩　国	39767	1. 88
澳大利亚	39693	1. 87
加拿大	33103	1. 57
墨西哥	25252	1. 20
俄罗斯	23555	1. 12
智　利	21105	1. 00
巴　西	19545	0. 93
巴基斯坦	18771	0. 89
尼日利亚	15615	0. 74
南　非	14816	0. 70
捷克共和国	14619	0. 69
巴拿马	12257	0. 58
伊　朗	11301	0. 54
哥伦比亚	10109	0. 48
埃　及	10061	0. 47
合　计	1991363	94. 29

表 27

2015 年福州市进口额 3000 万美元以上商品情况

金额分类	商品名称	进口金额(万美元)	占进口总额比重(%)
10 亿美元以上(1 项)	其他未锻造金、非货币用	437590	35. 80
1 亿美元以上(12 项)	液晶显示板,饲料用鱼粉,处理器及控制器,褐煤,其他烟煤,对二甲苯,乙烯聚合物的废碎料及下脚料,铬铁,1,2－乙二醇,其他低芥子酸油菜子等	385943	31. 58

续表 27

金额分类	商品名称	进口金额（万美元）	占进口总额比重（%）
5000 万～1 亿美元（9 项）	其他集成电路，品目 8471 所列其他机器的零件、附件，平均粒度≥0.8mm、<6.3mm 未烧结铁矿砂及精矿，镍矿砂及其精矿，未组装或部分组装的完整表芯，6－己内酰胺，合成纤维长丝纺丝机，仅冷轧铁或非合金钢卷材、厚<0.3mm 等	74181	6.07
3000 万～5000 万美元（11 项）	硫化橡胶制避孕套，船舶用柴油机，初级形状的乙烯－乙酸乙烯酯共聚物，镍铁，甲醇，船用推进器及桨叶，偏振材料制的片及板，聚对苯二甲酸乙二酯的废碎料及下脚料，冻、干、盐腌或盐渍墨鱼及鱿鱼，平均粒度≥6.3mm 未烧结铁矿砂及其精矿等	39799	3.26
合　计	33 项	937512	76.70

表 28　**2015 年福州市主要进口市场情况**

国别（地区）	进口金额（万美元）	占进口总额比重（%）
瑞　士	235267	19.25
美　国	164200	13.44
中国台湾	131190	10.73
东　盟	97731	8.00
韩　国	85977	7.03
欧　盟	79678	6.52
澳大利亚	69322	5.67
日　本	67318	5.51
巴　西	64447	5.27
加拿大	48145	3.94
南　非	45487	3.72
德　国	39802	3.26
中国香港	17036	1.39
秘　鲁	14117	1.15
中　东	13215	1.08
合　计	1212704	95.96

（陈　婉）

（编辑　邱敏佳）

金融业

综　述

2015年，福州市金融业累计实现增加值470.58亿元，同比增长16%（高出全市GDP同比增速6.4个百分点，高出全市第三产业同比增速的4.7个百分点），占全市第三产业（2700.92亿元）的17.42%，占全市GDP（5618.10亿元）的8.38%。

银行业方面，全市有银行业机构57家（含筹建2家），其中外资11家。年末全市本外币各项存款余额11270.96亿元，同比增长11.39%（比全省高0.73个百分点），比年初增加1212.77亿元，占全省总额30.59%；全市本外币各项贷款余额达11114.84亿元，同比增长13.8%（比全省高1.7个百分点），比年初增加1347.8亿元，占全省总额32.99%；全市金融机构余额存贷比为98.61%。全市涉农贷款余额3410.71亿元，同比增长16.11%，高于全部贷款平均增幅2.31个百分点。全市小微企业贷款余额3485.13亿元，同比增速10.01%。全市不良贷款余额185.76亿元，比年初增加75.80亿元；不良贷款率1.65%，比年初上升0.54个百分点。年内福州市跨境人民币资金流入757.3亿元，流出786.7亿元，合计1544亿元。

保险业方面，全市有保险机构54家（外资保险公司13家），其中财产险公司24家，人身险公司30家。全年全市保险保费收入累计为206.9亿元，同比增加15.5%，占全省总额的26.61%；保险赔付支出累计为74.41亿元，同比增长18.7%，占全省总额30.41%。

证券业方面，全市有证券公司2家，证券分公司14家，证券营业部105家，利润总额284450.13万元，占全省（不含厦门）总数的47.47%；期货公司3家，期货营业部27家，年内手续费收入5629.27万元，占全省（不含厦门）总数的39.6%。另有筹建中的证券分公司6家，证券营业部3家。

金融体系建设方面，福州市开展“引金入榕”工作，年内引进12家国内外银行保险业金融机构，其中泉州银行福州分行、渤海银行福州分行、台湾彰化银行福州分行、汇丰银行福州分行、台湾华南银行福州分行、工银安盛寿险福建省分公司、安盛天平产险福建省分公司、罗源汇融村镇银行、闽清瑞狮村镇银行先后开业；日本三菱东京日联银行、台湾银行福州分行、海峡金桥财产保险公司获批筹建。

企业上市方面，年底全市境内有上市公司30家、境外上市企业28家。年内境内上市公司筹资（含首发、增发、优先股、公司债券、短期融资券、次级债、商业银行债、H股）总计为1161.83亿元。全市上市后备企业132家，有21家企业进入实质上市程序。场外融资方面，企业在“新三板”挂牌46家，另有6家企业取得挂牌函，14家企业在审核程序中，海峡股权交易中心挂牌232家。

地方金融方面，年内新筹建小额贷款公司2家、新开业典当行5家。至年末，全市开业的16家小额贷款公司新增贷款67.23亿元，贷款余额29.44亿元；全市融资性担保公司130家，在保余额36.29亿元；全市53家典当企业典当总额55.6亿元。

（廖小晖）

中国人民银行福州中心支行

【概况】　2015年，传导和落实稳健货币政策，加强辖内地方法人金融机构信贷调控，合意新增贷款额度的使用率连续5年保持在99%左右，全年地方法人金融机构新增贷款872.44亿元，同比多增71.53亿元，年末贷款余额增速比辖内平均水平高出8.64个百分点。通过存款准备金4次普降和5次定向降准，直接释放金融机构可贷资金约820亿元。制定出台《关于金融支持福建省进一步加快经济社会发展的指导意见》，提出拓展多元化融资、创新融资模式、倾斜金融资源配置、统筹安排金融资源、推动两岸金融合作、深化金融业务创新等7个方面工作意见。强化对重点领域的信贷政策窗口指导。深化发展区域金融市场，债券品种创新取得新突破。推动人民银行总行发布《关于金融支持中国（福建）自由贸易试验区建设的指导意见》。支持福建自贸试验区福州片区

(下简称福州自贸片区)建设两岸金融创新合作示范区，福州台资银行数量跃居省会城市首位。推进福州打造21世纪海上丝绸之路战略枢纽城市(下简称海丝战略枢纽城市)，促成中国—东盟海产品交易所跨境人民币结算，首次实现中国海产品跨境交易的“线上交易、线下交收、人民币结算”。

【服务海西建设】 联合省发改委建立重大项目常态化对接机制，引导金融机构改进对健康与养老服务业、海洋产业、新型城镇化及战略性新兴产业等重点领域信贷服务。会同制定《关于金融支持福建省产业转型升级的实施意见》，加快推出“银租通”、合同能源未来收益权质押贷款等一批服务转型升级的新产品、新业态。代人民银行总行草拟推进养老金融创新发展的有关指导意见，推动兴业银行开展“养老金融综合服务”试点。创新绿色金融产品，牵头制定《福建省排污权抵押贷款管理办法(试行)》。制定出台《关于做好福建省涉农货币信贷管理与服务的指导意见》，农村“两权”抵押贷款试点增量拓面取得进展，林权抵押贷款规模扩大。会同制定出台小微企业贷款保证保险试点方案，福州成为小微企业保证保险贷款省内首批试点城市之一；联合下发《关于进一步加强企业金融服务八条措施的通知》，引导金融机构合理设定贷款审批权限，合理认定信贷管理责任，化解银行对小微企业的慎贷、恐贷心理以及慎贷、惜贷行为倾向；鼓励金融机构建立中小企业金融服务专营机构，创新金融产品和服务。落实人民银行总行对就业和助学贷款等民生金融服务的最新政策要求，引导金融机构加大信贷投放力度；提升精准扶贫金融服务质量，将贫困户建档立卡与农村信用体系建设相结合，推动永泰等扶贫开发重点县扶贫小额担保贷款试点；探索政府购买服务协议下保障性安居工程市场化融资模式。推动外商投资基金项目落地福州自贸片区，支持中国—东盟海产品交易所开展跨境人民币结算业务；推动对台跨境人民币双向贷款业务、跨国企业集团人民币资金集中运营试点开展；全年福州市银行业机构办理跨境人民币业务1544.05亿元，占全省业务量的24.66%，居全省第二位。福建海峡银行和福州农商银行分别发行20亿元和4.2亿元二级资本债券；永续中票首次落地福州。合作金库银行、彰化银行、华南商业银行3家台资银行在榕开业，台湾地区最大的银行台湾银行获准筹建福州分行。

推动福州自贸片区金融开放创新，全区引进13家金融企业入驻，其中南台岛区块加快建设两岸金融创新示范区，对接洽谈金融和类金融项目85个，54家金融类企业完成注册。总规模15亿元的福州交建股权投资基金落地福州自贸片区，重点投资于区内各项交通产业基础设施。平安银行、浦发银行、交通银行、招商银行取得离岸业务牌照，平安银行率先在福州自贸片区设立离岸业务中心，中国建设银行海峡两岸跨境金融中心落户福州，全年福州自贸片区跨境人民币业务结算同比增幅141.49%(福州经济技术开发区口径)。支持福州打造海丝战略枢纽城市，推动金融机构为福州与“一带一路”沿线国家和地区的经贸合作提供融资服务，推动筹建总规模100亿元的“海上丝绸之路”基金，构建境外投资服务平台；为中国—东盟海产品交易所提供配套金融服务，出台《中国—东盟海产品跨境交易人民币结算管理规定(试行)》，年末中国—东盟海产品交易所现货海产品跨境交易人民币结算量达522万元。

【维护金融稳定】 重点开展大型问题企业、地方融资平台、企业债务链等9个项目的定点监测和风险排查工作，全年辖区人民银行系统累计报告涉险企业64家，涉及信贷风险金额82.95亿元。向上级行、政府相关部门、金融监管部门等预警金融风险7次，涉及信贷资金44.30亿元。开展以兴业银行为重点对象的银行业机构稳健性现场评估，累计发现全省银行业负债业务经营过程中的七大类44项问题。开展渤海银行、汇丰银行、彰化商业银行等7家金融机构在福州筹建分支机构的管理与服务，引导新设金融机构完善内控制度、规范业务行为。落实重大事项“零报告”机制，全年收到银行业金融机构重大事项报告103次。全面启动“存款保险条例”组织实施，开展辖内地方法人银行业机构的投保手续办理和保费交纳工作。推进金融生态县创建工作，指导辖内闽清县支行等创建试点。

【基础金融服务】 完成标准化存贷款综合抽样统计试点，在全国率先开展地方社会融资规模存量数据编制。探索标准化数据展现工具及数据运用方式，全年金融统计数据报送零差错。开展辖内特色产业监测、财务数据分析、信贷风险测度等专项调查，创新开展微信版储户问卷调查。

完成二代支付系统推广工作，实现辖内所有银行以法人为单位“一点接入”支付系统；开展全国首例带真实业务的账户管理系统灾备系统切换演练，辖内支付清算系统可用率达100%。在

12月25日，中国人民银行福州中心支行联合省金融办、自贸办、新闻办召开新闻发布会，对《中国人民银行关于金融支持中国(福建)自由贸易试验区建设的指导意见》作出解读 (中国人民银行福州中心支行 供)

全国率先开发上线人民币单位银行结算账户网上年检平台,实现银行账户年检全流程电子化处理。商业汇票电子化率达37.5%,比上年末提高20个百分点。推动市政府及银行机构出台银行卡助农取款服务点补贴政策,推动全市助农服务取款点可持续发展。开展整治银行卡网上非法买卖专项行动,协同处置福州榕城一卡通有限公司违规经营多用途预付卡事宜。

推动社会信用体系建设,《福建省社会信用体系建设规划(2015—2020年)》正式颁布,《福建省公共信用信息管理暂行办法》开始施行。配合实施"一照一码"登记制度改革试点并推广,全市新登记企业数增长35.8%。维护和运用自主开发的"福建省征信业务网上服务大厅",年末采集福州地区企业信息6.64万户,工商企业异常名录、质监、企业用电欠费等非银信息3.9万条,为全市各级金融机构开通用户约403个,累计办理机构信用代码申请及信息变更约7.8万笔,办理中征码信息变更约0.45万笔,开展机构信用代码反洗钱查询1.5万次。

继续推进国库信息化建设,组织辖内海关、银行上线财关库银横向联网系统,开发建成财政支出无纸化对账系统;开发国库内部检查系统和财政专户填报系统,被人民银行总行国库局在全国推广应用。完善银行业金融机构国库业务联席会议制度,加强国库集中收付代理银行资格认定工作。试点依托"银行卡助农取款服务点",创新实现国债销售下乡。批复同意闽侯县支行设立福州高新技术产业开发区国库。

试点建立人民币流通"网格化"管理机制,发行2015版第五套人民币100元纸币。落实小面额现金供应主办银行、主办网点挂牌公示制度,实现主办网点在辖内各乡镇全覆盖,年末开辟小面额人民币兑换"绿色通道"的金融机构营业网点增加29个。推进硬币供应自助服务机具布点,年末福州市投入使用的硬币自助兑换机同比增加7台;扩大ATM终端多券别人民币取款便民服务试点,年末福州市改造安装10元券ATM机22台、50元券ATM机270台,分别同比增加4台和增长32.75倍。加强商业银行全额清分管理,基本实现商业银行对外付出现金全额清分工作目标。加强对台反假人民币工作,推动建立两岸货币鉴伪技术交流、两岸假币警情共享和联合打击工作机制。

开展"打击利用离岸公司和地下钱庄转移赃款"专项行动,筛查锁定福清市2个地下钱庄线索并推动以"洗钱罪"立案,协助公安机关破获这2起涉案金额逾200亿元的特大地下钱庄案。在全国首创建立涉税领域反洗钱协作机制,与税务部门签订《涉税领域反洗钱合作备忘录》,协助调查涉税金额达3.5亿元的"双督办(国家税务总局和公安部督办)"重大骗取出口退税案件。自主开发全国首款"支付机构反洗钱现场检查软件",被人民银行总行确定为全国性支付机构反洗钱现场检查工具;探索构建法人与分支机构"联动履责"的互动模式,实现辖内村镇银行按法人机构编码独立报送数据。组织举办全国首期支付机构反洗钱合规官培训班,在全国率先探索建立合规官后续培训管理机制。

【外汇监管服务】 加强大额购付汇监测,开展重点企业约谈和主办银行窗口指导,出台银行办理购付汇履行"展业三原则"指导意见。开展涉汇主体利用境内外利差、汇差进行投机套利情况调查,对发现的银行内保外贷履约集中爆发异常情况自主开展现场核查,对异地企业借助境外投资渠道实现资金转移的异常情况,进行跟踪管控。

正式下发《推进中国(福建)自由贸易试验区外汇管理改革试点实施细则》,跨境双向外币资金池、A类企业出口收汇直入一般结算账户等首批业务在福州自贸片区落地。提高个人对外贸易外汇管理便利化政策覆盖面,推进直接投资项下外汇登记和外汇资本金意愿结汇改革,简化直接投资业务办理流程和环节。在全国率先明确跨国公司资金集中运营的主办企业在境外开立账户相关政策,推动跨国公司外汇资金集中运营管理"升级版"政策实施。协调解决中国—东盟海产品交易所配套外汇政策问题,拟定的《中国—东盟海产品交易所外汇管理试点规定》获国家外汇管理局批复实施。支持打造福州海峡两岸电子商务经济合作试点城市,争取区内台湾居民经营主体在开立外汇结算账户、办理贸易项下收结汇和购付汇等方面的多项便利化政策。支持在榕台资银行外汇业务发展,核准华南商业银行福州分行短期外债指标4000万美元。

开展经常项目主体监管和货物贸易收支异常企业重点核查,查实企业通过预付货款和转口贸易虚构贸易背景大量汇出外汇资金的异常情况;与商务部门签订《数据共享交换协议》,强化与海关、工商、公安和税务等部门的协作。率先开展查处异常外汇资金违规流出工作,发现不法分子利用空壳公司构造交易实现异常外汇资金跨境流动等行为;查实首例利用地下钱庄转移贪腐资金行为;构建法律顾问常态化机制,在省内首例外汇行政诉讼案中取得一审胜诉。

(王　勉)

银　行　业

【概况】 至2015年年末,福州市银行业总资产1.71万亿元,比2010年年末增长108.5%;各项存款余额1.03万亿元,占全省银行业存款30.2%,比2010年年末增长78.2%;各项贷款余额1.12万亿元,占全省银行业贷款33.2%,比2010年年末增长107.5%;存贷比108.7%,比2010年年末提高14.2个百分点,高于全省8.7个百分点。

全市有国有商业银行、政策性银行及国开行、股份制银行、城市商业银行、农村金融机构、非银行金融机构(企业集团财务公司和信托公司)、邮政储蓄银行、资产管理公司、外资金融机构等银行业金融机构9大类,其中法人机构18家,一级分行39家,二级分行20家,支行及以下网点1499家。"十二五"期间,先后有10家境内外银行业机构在福州设立分支机构,包括广发银行、渤海银行等全国性股份制银行,渣打银行、东亚银行、汇丰银行、三菱东京日联银行等外资银行,合作金库商业银行、彰化商业银行、华南商业银行等台资银行,以及电力财务公司等非银行机构,实现台资银行

表 29　**2015 年福州银行机构主要经营指标**　单位:亿元

序号	机构分类	银行机构	本外币各项存款年末余额	同比增长(%)	比年初增减数	本外币各项贷款年末余额	同比增长(%)	比年初增减数
1	政策性银行(3 家)	国家开发银行	492.85	148.15	294.25	2236.87	16.36	314.48
2		进出口银行	5.87	34.99	1.52	373.39	14.01	45.87
3		农业发展银行	62.80	172.88	39.79	169.05	29.69	38.70
4	国有五大银行(5 家)	中国工商银行	1139.73	5.97	63.81	1008.83	5.38	51.52
5		中国农业银行	975.60	2.06	19.66	815.42	16.91	117.96
6		中国银行	951.20	14.25	118.46	726.25	12.73	82.02
7		中国建设银行	1536.28	8.48	120.08	1635.36	11.60	169.99
8		交通银行	289.60	-1.83	-5.40	235.01	11.37	24.00
9	股份制商业银行(11 家)	中信银行	445.99	-9.58	20.66	311.52	1.92	5.88
10		光大银行	319.16	10.30	30.18	280.95	0.14	0.40
11		华夏银行	109.64	-16.57	-21.78	155.76	13.59	18.63
12		广发银行	86.73	57.06	31.51	92.80	41.14	27.05
13		平安银行	172.39	-15.46	-31.52	180.61	2.95	5.18
14		招商银行	448.80	20.34	75.56	341.89	18.77	54.03
15		浦发银行	201.04	19.33	32.57	192.26	14.09	23.75
16		兴业银行	1043.97	7.76	75.14	572.46	7.06	37.73
17		民生银行	376.48	27.02	80.08	298.46	15.87	40.89
18		恒丰银行	157.61	-14.94	-27.68	78.67	-8.46	-7.27
19		渤海银行	35.78	—	35.78	26.17	—	26.17
20	城市商业银行(5 家)	厦门银行	82.43	31.14	19.57	65.42	33.65	16.47
21		泉州银行	25.99	—	25.99	10.44	—	10.44
22		厦门国际银行	250.49	61.06	94.97	100.33	118.55	54.42
23		稠州商业银行	30.77	-34.42	-16.15	29.40	2.92	0.83
24		福建海峡银行	529.37	11.29	53.69	359.82	11.84	38.10
25	农村合作机构		825.85	20.79	142.14	543.03	21.08	94.55
	其中:福州农商行		238.32	15.86	32.62	162.10	21.70	28.91
26	邮储银行		236.87	1.73	4.02	135.72	33.93	34.39
27	村镇银行		14.15	46.24	4.47	18.97	47.74	6.13
28	外资银行		51.05	66.30	20.35	58.65	23.79	11.27

“零的突破”。先后组建村镇银行 5 家,支持设立福建能源集团财务公司。探索“有限牌照、风险可控、成本可算、错时服务”的社区支行组建模式,先后设立社区支行 141 家。

年末全市银行业小微企业贷款余额 3110.4 亿元,占全省 34.2%,同比增长 9.56%,高于全省平均增速 2.47 个百分点。涉农贷款余额 3410.7 亿元,占全省 30.1%,同比增长 16.11%,高于全省平均水平 4.55 个百分点。建立银监局、银行业协会、银行业机构“三位一体”的消费者保护工作格局。

福建海峡银行等法人银行推进同业、理财等业务治理体系改革,取得初步成效。年内 1 家农村信用社改制组建为农村商业银行。全市 8 个县均组建县级银行业协会。全市银行业运用信息科技技术,推广电话银行、网上银行、手机银行、微信银行等,提升金融服务便利化水平。

围绕中央“一带一路”、自贸区、海西等发展战略,全市银行业机构不断提升重点领域金融服务的主动性和针对性。运用信贷、非信贷渠道,支持全市重点项目建设;发展“总部金融”“绿色金融”“蓝色金融”“低碳金融”,支持福州构建

6月1日,兴业银行掌上妇幼首日上线 (市金融办 供)

"海西现代金融中心"。在闽台银行合作、跨境金融创新、综合经营创新、产业金融服务创新等方面取得进展。

(盖 凌)

【中国进出口银行福建省分行】 至2015年年末,在福州辖区存量客户数为51户,全年拓展新客户11户。全年累计发放贷款92.09亿元,累计收款70.44亿元。本外币贷款余额合计168.42亿元,比年初新增21.65亿元,支持进出口贷款余额136.53亿元,新增支持进出口贷款余额占比81.25%。年内累计为省船舶集团、福耀玻璃、福清核电、中国武夷、中铝瑞闽等福州地区核心客户发放贷款34.02亿元,占全年贷款投放总量的32.95%。拓展马尾船厂GSP4200万美元船舶出口买信业务。与中行联合主承销福耀玻璃第一期5000万元超短期融资券,为分行在福建地区的首笔债券承销业务。

支持企业"走出去"和"引进来" 在支持企业"走出去"方面,全年发放29.17亿元贷款支持福州地区企业提升国际竞争力、推动企业产品"走出去";为福州地区境外项目发放贷款4.01亿元,新拓展福耀玻璃美国汽车玻璃生产线项目、中国武夷肯尼亚C110公路项目及福州宏龙印尼金马安渔业基地项目。在支持企业"引进来"方面,全年提供信贷资金28.64亿元支持福清核电及长乐纺织行业等客户,新拓展福建申远新材料有限公司聚酰胺一体化项目一期工程、福建美得石化有限公司丙烷脱氢等项目。

支持海丝之路核心区建设 通过对外承包工程贷款、境外投资贷款、沿海沿江船舶贷款、境外加工贸易贷款和服务贸易基础设施建设贷款等业务品种为7个直接涉及"一带一路"相关项目提供融资支持,贷款余额9.75亿元,较年初新增4.06亿元,新增占比为18.75%。通过国际物流基础设施建设贷款、服务贸易基础设施建设项目贷款、开放型产业整合贷款等业务品种支持福建通道、口岸支点建设,为福建罗屿港口、福建长乐翔孚国际物流园等6个项目提供6.32亿元贷款。其中,福州宏龙海洋水产有限公司投资印尼金马安基地远洋捕捞基地建设项目纳入福建省政府实施打造"21世纪海上丝绸之路核心区"重点项目。

支持福建自贸区建设 4月,中国(福建)自由贸易试验区正式挂牌后,对自贸区内的平潭发展、力聚物流、中铝瑞闽、三木建发等重点企业和重点项目给予支持。全年为自贸区内6家企业发放各类贷款9.87亿元,贷款余额15.81亿元;支持平潭综合实验区高速公路、风力发电和污水处理厂等项目建设,贷款余额7.01亿元。其中,为实验区污水处理项目提供7500万元节能环保"绿色信贷"贷款。

支持福州新区建设 8月,国务院同意设立福州新区。全年为29家福州新区龙头企业放款62.42亿元,贷款余额119.44亿元,其中包括为低碳能源企业福清核电提供5亿元进口信贷固定资产贷款,贷款余额45.68亿元;为长乐纺织集群企业发放29.40亿元各类贷款,贷款余额34.56亿元;为东南造船和马尾造船两家福建省造船龙头企业提供17.91亿元信贷支持,贷款余额17.04亿元。

【中国农业发展银行福建省分行营业部】 2015年年末,各项贷款余额152.86亿元,同比增长40.63%;各项存款余额59.16亿元,对公存款日均余额31.4亿元,同比分别增长175.44%和64.95%;国际结算业务量1.52亿美元;实现中间业务收入1044万元;实现账面盈利2.57亿元;不良贷款余额6276.77万元;继续实现"六无"目标。

服务新区发展 省分行与市政府于8月21日签订战略合作协议。落实省政府"行动计划"以及战略协议中的省市两级重点农业农村基础设施建设项目为营销重点,在支持项目上,突出海绵城市建设、福州内河整治、地下综合管廊、滨海大通道、土地整治、棚户区改造、整体城镇化等项目;在支持区域中,突出以福州新区为核心,带动马尾新城、长乐航空新城、福清海港新城、闽侯高新园区等建设,以及三江口、闽江口、滨海新城、福清湾、罗源湾、江阴湾等组团建设。至年末,政策性贷款139.78亿元,同比增加56.1亿元,占全部贷款91.44%,上升14.46个百分比。年内通过市政府主持召开农发行专场对接会5次,专题协调会8次,对接项目43个,拟贷金额478亿元。刊发稿件344篇,其中在新华网、中国经济网、《农村金融时报》、《粮油市场报》等中央媒体及《福州日报》、《福州要讯》等地方重要党政媒体阵地发表稿件78篇,同比增长188%,特别在《福州日报》对银行政策优势头版进行宣导。营业部被评为2015年福州市重点项目建设先进单位。

支持"三农" 确立水利建设、棚户区改造、整体城镇化、新农村建设等领域省市两级公司类客户为主攻对象,年内净增贷款44.17亿元,同比增幅40.63%;累放各类贷款109.7亿元,同比多放16.66亿元、增幅17.91%。福州市本级、闽侯县、长乐市项目贷款实现零突破,连江县支行贷款余额逾30亿元,福清市支行对接储备项目贷款超百亿元。中长期贷款品种基本涵盖农业农村基础设施建设和新农村建设、城乡一体化建设的各个领域,全年发放农业农村基础设施建设贷款59.27亿元,其中三江口组团梁厝片区项目获批55亿元,累计发放10亿元,涉及区域面积94.47公顷,为全省审批单笔金额最大的贷款项目;支持农业综合开发,重点支持罗源湾水产退养、生猪和畜禽退养等4个项目累计审批40.79亿元,发放金额27.48亿元,惠及养殖户约13万户;支持新农村建设,重点支持连江县敖江片区、永泰县清凉安置房、水岸观溪住宅小区等12个,累计审批金额69.1亿元,发放43.11亿元,涉及4万家农户住房改善;在全省系统首笔审批通过改善农村人居环境建设贷款3亿元,用于闽安历史文化名村342.3亩古村落整体保护。全年新营销中长期贷款14个、125.89亿元。投入中国农发重点建设基金投资业务,9月1日投放2笔共2100万元,至年末,3批中国农发重点建设基金签约25笔、投放到位8.31亿元,拉动投资52.25亿元。全年投放储备粮油贷款3.95亿元,支持轮入各级储备粮50.77万吨,轮出57.45万吨;发放增储贷款5.84亿元,其中省储5.31亿元、县储0.42亿元,确保27.71万吨增储计划执行;投放粮油调销贷款2.4亿元,支持调入粮食9万吨,促进引粮入闽和产销衔接。同时支持标准化现代粮食储备仓容建设,累计对接辖区建仓项目5个、2.28亿元,获批2个、1.06亿元。支持特色农业,全年分别投放16.47亿元、11.43亿元,支持以水产养殖和加工为主的蓝色产业以及以棉纺织业为主的白色产业。至年末,营业部自营性大客户(含集团性客户)25家,贷款余额合计24.44亿元、占全部贷款15.99%。

“十二五”项目对接　2015—2018年意向授信1497亿元。“十二五”期间,累计审批清单内项目10个、审批金额95.7亿元、累计投放金额23.61亿元,涵盖整体城镇化、农村路网、农村水利、改善人居环境、农民集中住房建设、农村土地整治等多个品种的农业农村基础设施建设;在审查审议、调查评估阶段项目14个,拟融资金额209亿元;其余39个项目在前期跟踪培育阶段。

8月21日,农业发展银行福建省分行与市政府签订战略合作协议

(市金融办　供)

【中国工商银行福建省分行营业部】

至2015年年末,本外币全部存款(含同业存款、信用卡存款)时点余额1151.96亿元,占全省分行的44.14%,比年初增加61.7亿元;实现日均余额1182.29亿元,占全省分行的46.15%,比年初时点增加92.03亿元,比上年同期日均增加139.77亿元。其中,人民币全部存款(含同业存款、信用卡存款)余额1132.38亿元,比年初增加57.35亿元;外汇全部存款(含信用卡存款)余额3.01亿美元,比年初增加5609万美元。本外币各项贷款(含信用卡透支,下同)时点余额1099.69亿元,占全省分行的33.45%,比年初增加42.38亿元;实现日均余额1093.93亿元,占全省分行的33.74%,比年初时点增加36.63亿元,比上年同期日均增加118.35亿元。其中,人民币各项贷款余额1081.98亿元,比年初增加45.98亿元;外汇各项贷款余额2.73亿美元,减少7078万美元。实现中间业务收入(含交易业务收入)14.18亿元,同比减少2.87亿元。年内实现拨备前利润30.57亿元,同比减少0.27亿元。实现安全经营无案件无事故。

信贷业务　融入对接福建自贸试验区和福州新区发展建设项目,至年末,在58个省分行重点项目中,开户项目13个。全年投放项目贷款73.02亿元,其中重点项目贷款投放量49.73亿元。全年承销3笔债券业务,金额17.33亿元。新签约5笔行外银团贷款,承贷42.82亿元。完成福州一化收购四川岷江雪盐化公司70%股权项目的1.25亿元并购贷款项目,融侨集团股份有限公司并购上海宝钢长宁置业有限公司100%股权项目的5.48亿元并购贷款的发放。营销融侨集团物业收费权资产证券化项目,该项目计划融资9.5亿元。全年净增小企业贷款82户,新增贷款4.5亿元,储备客户6户,拟融资金额约7000万元。全年办理个人质押贷款6529笔、发放12.99亿元,余额5.76亿元,比年初增加5.08亿元。

零售业务　开展借记卡、代理个人基金、代理个人保险、个人银行理财、个人外汇业务的“五重禧”系列营销活动。加强对代理基金、理财销售、保险业务的营销,通过举办精准营销启动会、产品推动会,实现保险、基金公司等合作机构优质客户与银行的直接对接、资源共享。个人外汇业务旗舰网点达29家。全年办理个人结售汇业务6.76亿美元。把白金卡作为发卡主攻方向,推广总行“9944”营销项目,落实行内中高端客户信用卡配卡工作。加强驾驶员通卡营销,全年发放驾驶员通卡42608张。多级联动推广线上POS机、工银e生活、商户之家项目。与商家联合开展刷卡促销、积分兑换、消费有礼等活动。开展分期付款业务,变购车分期付款“一轮独大”为汽车、装修、车位、小微逸贷“四轮驱动”。推介苹果手机、融e购在线分期付款业务。开展电子银行产品专属营销,持续开展新开工银e支付送流量等活动。开展“融e购”电商平台商户签约上线及客户购物引导工作。与融侨集团签约上线融e购平台,开展“工行融e购万科购房节如意禅香私人银行客户专享活动”。举办福州地区工银移动银行粉丝见面会,开展“工行禧相送、开户赠好礼、消费送话费”旺季营销活动。引导客户通过手机银行办理转账汇款、缴纳话费等日常业务。在大学生中营销推广手机银行、闪酷卡(公交卡)、“工银e支付”等金融产品。组建微信服务团队,通过微信服务平台定期投放重点产品、安全常识等信息。

客户量　全年新增个人客户24.05万户,其中新增有效个人客户14.47万户;新发展私人银行签约客户3991户,较年初增加2481户,达标客户达461户,较年初增加115户,增幅33.24%。拓展竞争性目标客户30家;新增日均金融资产5万元以上机构同业客户61户;新增日均金融资产50万元以上机构同业客户25户,新增机构同业新开户294户;新增第三方存管46487户。新增符合省分行标准的国际业务大中型客户35户,净增34户。至年末,日均金融资产50万元以上客户2222户,比年初减少32户,比上月增加25户。

存款规模　储蓄存款方面,全年累计签订存管通5177笔,从券商回流资金时点余额2.45亿元;开展“薪金溢”发卡工作;拓展闪酷卡业务,加大刷卡促销力度,增加加盟商户,在楼盘、公交等领域扩大发卡量;加强第三方存管、商友卡、理财、基金、保险、私人银行等重点产品持续营销。机构存款方面,加强与市财政局合作,实现财政及社保资金增存24.48亿元;获连江县级财政国库集中支付业务代理行资格,至年末新增41户财政零余额账户;开展“军队客户服务年”活动,落实军队专业支行及重点联系行制度,开展军队体制改革配套服务;营销东盟海产品交易所有限公司,为同业存款可持续发展打基础;新政泰达项目完成托管尽职调查;与券商联动开展第三方存管营销,提升兴业、东兴和华福三大券商的资金日均摆放比例。公司存款方面,加强有贷户管理,注重贷款支付留存,促进交易对手的行内开户及资金行内封闭运行,营销存单质押及100%保证金的银票及信用证业务;按日、按旬、按月通报公司存款情况,建立支行每日上报、月末预报大额资金进出制度;针对存款大户资金使用特点,通过结构性存款、大额存单、协定存款等竞争性产品对接大户存款;通过分类管理、授信压降、规模控制、增信措施、加强回笼款监测、跟踪后续支付、客户经理考核等措施,降低“裸贷”客户数量;提供支付结算、现金管理、法人理财等重点产品,促进结算账户存款增长;通过法人理财业务吸收存款。

4月30日,工商银行省分行副行长、营业部总经理郑志伟代表省分行与福州市经济开发区管理会签署战略合作框架协议　(中国工商银行省分行营业部　供)

网点建设　迁址改建网点8个,完成网点内部功能布局优化17个,其中完成智能化银行改造项目12个。新建设离行式自助银行(含自助点)9个。完成6家低效网点提质增效建设。在晋安支行营业室试点开展网点智能化服务。年末全辖营业网点普通区高低柜配比达1.23:1。全辖有网点163个,附行式自助银行163个,离行式自助银行88个,自助点104个,遍布全市各区县。

【中国农业银行福建分行营业部】　至2015年年末,各项存款921亿元,比年初增加89亿元;各项贷款787亿元,比年初增加115亿元。

服务实体经济　按照福建省三级政府规划蓝图,围绕福州新区和自贸区建设,加快产品创新,加强同业合作,增加信贷投放,服务推进福州市制造业产业、新兴产业、基础设施和重大项目、中小企业、对台交流合作等领域建设,制造业和基础设施贷款投放占总投放量比例近43%,累计投放小微企业贷款25亿元。同时加快新兴业务发展,扩大与省高速、省电子、省投资集团、省船舶集团等重点客户及华润置地、融侨集团、阳光城集团等优质房地产客户合作,在股权投资、资产证券化等领域取得突破。

服务“三农”　以“美丽乡村、现代农业、富裕农民”为支点,助推新型城镇化、农业现代化建设,与11个省、市级试点小城镇签订合作协议,与45家省级以上农业产业化龙头企业建立合作关系并提供全产业链综合服务,服务覆盖率领先金融同业。拓展涉农代理项目,新增渔船燃油补贴、水土保持补助、林分修复补植补助、美丽乡村建设、扶贫项目、征地拆迁补偿等涉农代理项目15个,分别归集和发放资金7.53亿元和8.1亿元。加强农村金融渠道建设,建成“金穗惠农通”示范化服务点153个。

网点建设与服务　推进网点环境改

造、服务管理、流程再造、标准整合、营销指引等工作。推进网点网络布局优化调整,系统性打造智慧型服务银行,全辖布放自助设备1167台、转账电话6950台,投放超级柜台173个,近百个营业网点实现免费Wi-Fi接入。服务福州市各类大型活动和地区建设,为"首届海丝博览会暨第十七届海交会"提供独家金融服务;为第一届全国青运会提供专业服务,被授予"第四届全国文明单位"称号。

风险管控　强化信贷基础管理,推行集中审批、集中预审、集中贷后、集中放款"四大集中"作业,建立风险化解工作机制,强化风险监测、分析和预判,严控信用风险。坚持"一户一策一团队一方案"清收举措,拓宽处置渠道,综合运用多种手段提升清收处置成效。完善内部管理,加快流程银行建设,加强流程优化、流程控制和全流程管理。开展"三化三铁""三化三达标"创建工作,强化基础管理和基层管理,确保全行安全稳定。

（陈　鸿）

【中国银行福州地区直属支行】　至2015年年末,福州地区人民币各项存款余额754.05亿元,较上年新增104.11亿元;外币各项存款余额11.82亿美元,较上年新增2.48亿美元,各项贷款余额611.29亿元,较上年新增86.98亿元,贸易项下国际结算量逾8亿美元。福建省行营业部连续3年获"中国银行业文明规范服务百佳示范单位"称号。

支持地方经济发展　加大对交通石化港口地产等行业重点项目授信支持,在高速公路集团授信余额排名不断进位,全年高速行业贷款新投放26.34亿元,净新增20.31亿元,净增率达18.73%,跃居主要同业第二位(仅次于农行)。在个人贷款方面,与优质开发商合作,调整住房贷款政策、利率定价政策、推出楼盘散户额度项目及过渡性额度项目业务流程,简化业务和项目流程,推动住房贷款业务快速增长。福州地区全年新增个人住房贷款51.08亿元。

支持自贸区业务发展　抓住"一带一路"政策机遇,跟进自贸区政策最新进展,举办"福建自贸时代　中行始终相伴"自贸区政策分析与金融服务推介会,并与印尼投资协调委员会、中国船级社、雅加达分行在福州共同举办"中国—印尼造船、纺织行业商务论坛"。在产业合作方面,围绕"一带一路"产品布局介入现代海洋、农业、平行整车进口等领域,并中标商务厅牵头的省级副食品调控基地企业助保金贷款业务。重视福州新区建设,全面对接福州国资企业集团,通过PPP模式对马尾市政建设项目实现大额投放,助推平潭发展基金,投放13亿元全部到位。

消费金融发展　开展"发卡30周年""惠聚天下""环球精彩"等系列主题营销活动,利用内部外呼渠道、网点分期营销渠道及外部合作资源,做大卡户分期规模,加强与优质汽车经销商合作,提升汽车等传统专项分期业务市场份额,推动汽车分期、福农分期、教育分期等项目落地。

银行卡营销　借助福建旅游产业转型升级,与省旅游局联合发行"中银清新福建旅游卡",全年发卡16.86万张;与广电网络建立战略合作关系,结合磁条卡换芯、水电煤等生活缴费项目,提供一揽子金融服务;与当地商会、行业协会、工商联合会合作,推动闽商卡、商贸通卡批量发展;拓展银医和园区合作项目,与福州地区大中型医院、校园建立合作关系,不断完善配套结算服务;抓住机关事业单位养老金改革机遇,拓展养老金、职业年金代发业务,实现福州机关和企业人员养老金代发。至年末,各类项目营销带动发卡45.48万张,新增个人存款25.98亿元。

国际业务　国际结算以重点客户为依托拓展上下游客户,主推"融易达、销易达"等占用核心客户额度、风险可控的核心供应链融资。跨境人民币结算通过海内外、跨条线的多维度联动,做大做强"内结外购、内购外结、掉期宝+海外融资组合"市场;推动并购业务,福州地区长乐支行获批供水总公司并购法国合作方股权融资项目。

渠道建设　福建省分行营业部建成业界首家智能化旗舰店。物理渠道方面,启动网点智能化升级转型、新旧网点装修改造、"亮窗工程"等,全年福州地区完成15家智能化网点建设。电子渠道方面,加快网络金融布局,强化主动营销与精准营销能力,借助银商POS线下优势与中银e社区线上优势,加大重点商圈、批发市场、房地产企业合作力度,带动中银易商个人有效客户数、中银e社区关联房产客户数,有效社区数等较快发展。

风险管控　风险防范关口前移,应用"预警信息监控平台"加强资产质量监控,提前采取措施化解授信风险,同时强化逾期贷款管理,通过系统自动将逾期预警信息进行风险提示。加快不良贷款化解,对存量不良大户实行集中管理和专业化清收,采取"一户一策"手段化解不良资产,全年通过现金清收、重组、重整、资产打包转让、核销等方面,清收化解近10亿元。消除合规隐患,组织开展各类监督检查,统筹开展案件风险排查,员工异常行为排查、民间借贷专项查处、"双十禁"检查和安全隐患排查等。

（陈　琼）

【中国建设银行福建省分行】　至2015年年末,福州地区一般性存款余额1418.2亿元,新增51.5亿元;各项贷款余额1635.4亿元,新增169.5亿元,增幅达11.6%,高出全行平均水平4.8个百分点,新增额占全行贷款新增额70%以上,存贷款余额保持当地四行首位。建行福州地区有2个单位被授予新一届全国文明单位称号,3个单位被授予新一届省级文明单位称号;在全省以客户服务为主要竞赛内容的第七届文明行业创建活动中被授予先进行业称号;有1个机构被评定为"中国银行业文明规范服务五星级营业网点";1个机构获全国银行业"雷锋岗"称号,1个集体被授予"福建省金融青年五四奖章(集体)";6个机构被团中央继续认定为全国青年文明号,1人被授予全国金融系统青年服务明星。

支持地方经济发展　至年底,对接福州地区"三维"项目99个,为重点项目审批授信330.5亿元,承诺或意向性承诺贷款600多亿元。通过建立专家团队,将项目调查、评估、审批等工作前移,为重点项目和优势产业提供专属服务。对福州新区重点项目,在信贷政策、贷款规模安排等方面给予差别化政策,综合运用理财、债券、产业基金等方式支持福州新区电子信息、电子商务、基础设施、城镇化、水利、清洁能源、新能源汽车、装备制造、智能装备等领域和项目建设,保障合福铁路(福建段)、福清核电站、福清天辰耀隆己内酰胺项目、福州外语外贸学院长乐新校区等重点建设项目建设。同时为重点项目建设提供财务管理、造价咨询等金融服务,为中铁二十四局福州火车北站南广场综合改造项目、华电(福清)风电福清赤礁电场工程项目、海西天然气管网二期工程、长乐鑫东华纺织等多个重点项目提供金融服务。为冠捷电子、新大陆、星网锐捷、网龙等大型科技企业提供国际结算、贸易融资及跨境人民币结算、电子支付、电商平台等综合金融服务。

融资渠道拓宽　通过理财产品创新,将社会资金引入实体经济,为福建华电可门发电等企业募集资金35亿元。通过债券市场为大型企业募集低成本资金,为建工集团等企业发行债券融资,累计募集资金18亿元。开展产业基金类业务,支持电子信息、电子商务、基础设施、城镇化、水利、清洁能源、新能源汽车、装备制造、智能装备等领域建设,储备基金项目约237亿元。

支持小微企业　至年底,小微企业贷款余额(含个人经营性贷款)177.04亿元。福州地区成5个小企业经营中心,全面覆盖小微企业集中区域。推广"善融贷""信用贷""创业贷""税易贷""POS贷"等产品,累计放贷3.5亿元。建立"助保贷"业务的合作平台达6个,累计向245户小微企业发放"助保贷"8.62亿元。

支持县域特色经济　加大对农产品种植、果蔬茶叶加工等涉农客户贷款支持力度。至年底,福州地区涉农贷款余额达279.08亿元,年内新增7.46亿元。在福州首家推出城镇化建设贷款产品,累计向琅岐岛雁行江两岸片区土地综合整治、马尾镇棚户区改造安置房等项目发放城镇化建设贷款8.66亿元。

服务外向型经济　为企业提供从打包贷款到出口议付等一系列、全流程融资服务,年底福州地区出口类表内贸易融资余额7.8亿元。利用建行集团海外机构信贷资源丰富的优势,推出出口应收账款风险参与业务等新产品,同时配套提供跨境人民币结算、跨境即期结汇等多种汇率避险产品。至年底,福州地区跨境人民币结算量达485亿元。

服务民生　支持住房建设,年底在福州地区房地产开发贷款余额224.79亿元,其中普通住宅项目和保障性住房项目开发贷款占98.28%。至年底,与10个福州市区政府主管部门和保障性住房开发机构建立合作关系,支持经济适用房、保障性住房楼盘项目36个。"十二五"期间,针对上述合作项目发放个人贷款6.5亿元,帮助1.1万户中低收入居民购房。向福州地区教育、卫生、环保、医疗、文化等民生领域提供金融支持,年底福州地区教育行业贷款余额12.49亿元,卫生行业贷款余额1.05亿元,文化行业贷款余额17.31亿元,支持风电项目、垃圾焚烧发电项目等节能减排行业。发展汽车、装修等信用卡专项分期付款业务,年内利用专项分期直接拉动福州地区消费28.2亿元。其中,购车分期交易20.7亿元,为1.6万客户提供购车信贷支持,装修分期交易7.5亿元。

服务自贸区建设　建设银行总行在福建成立中国建设银行海峡两岸跨境金融中心,主要负责海峡两岸本外币跨境业务的全面合作和交流工作。至年底,为福州地区15家企业集团搭建本外币双向资金池。借助平潭综合实验区外债自律管理政策,为平潭企业办理跨境人民币借款业务,实现闽台跨境人民币借款业务突破。自贸区挂牌以来,为福州地区、平潭片区内企业办理境外融资近21亿元,为企业节约融资成本约4000万元;同期,为区内企业办理跨境人民币结算近162亿元。　(周　卉)

9月16日,举行建设银行福建自贸区福州片区分行揭牌仪式(市金融办　供)

【中国邮政储蓄银行福州市分行】

2015年,完成收入7.4亿元,增幅8.67%;完成利润2.7亿元,增幅11%;不良贷款余额1.62亿元,不良率1.196%。新增各项存款5.04亿元,其中自营人民币储蓄存款新增2.56亿元;公司存款新增2.34亿元。各项贷款新增16.06亿元,其中零售贷款新增11.45亿元、公司信贷新增4.61亿元。票据贴现48.87亿元,累计转贴31.35亿元。包买福费廷业务累计买入金额17.78亿元,年末余额9.75亿元。

总部营销　"走总部、走政府、走企业"活动成效显著,与经信委、国税、地税等福州市级政府平台签订战略合作协议,全区所有一级支行均与所辖税务局签订战略合作协议。各市县支行以渔船贷、增信贷、税贷通、银政保、快捷贷等产品为抓手,重点与17家行业协会、24家工业园区、64家龙头企业公司建立联系。授信业务投向电力、交通、能源等行业,客户涵盖华能罗源湾、神华罗源湾、华电可门、国电福州、福清核电、国网福建福清市供电、福平高速等,授信额达172.94亿元。

风险防控　落实信贷"三查"制度、加强"三道防线"风险管理履职以及实施"三个派驻",提升各机构、各部门风险管理主观意识与能动性。通过绩效考核、风险客户排查、大额客户走访、一户一策重点清收帮扶,加强与政府、法院、公安沟通协调等方式压降不良资产，全行资产质量管控良好，年内收回不良贷款3352.88万元。开展“合规回头看”“一加强两遏制”检查、员工账户异常交易专项排查、员工行为“十条禁令”排查等，加大问责力度，保持案防高压态势。

【福州农商银行】 至2015年年末，各项存款余额238.32亿元，较上年末增加32.62亿元，增幅15.86%；各项贷款余额达162.10亿元，同比增加28.91亿元，增幅21.70%；其中已发放涉农贷款余额28.37亿元，占各项贷款的比例17.50%，较年初增量57284万元，增幅25.31%，高于各项贷款增幅3.57个百分点；小微企业贷款36.13亿元，比上年增加1.37亿元，增速3.93%，低于同期各项贷款增幅。资本充足率12.14%，拨备覆盖率159.11%，非信贷资产覆盖率164%，拨贷比4.13。全年安全运行无案件、无重大责任事故。全年实现各项收入20.70亿元，同比增加3.07亿元，增幅17.45%；实现账面利润5.28亿元，同比增加0.79亿元，增幅17.73%。年末不良贷款余额4.21亿元，不良贷款占比2.59%。不良贷款主要以抵押类贷款为主，债权保障水平较高，风险可控性较强。

国际业务 至年末，国际结算量11773.64万美元，同比增加3664.99万美元，增幅45.20%；业务收入173.32万元，同比增加101.84万元，增幅143.47%；速汇金业务6088笔，总金额2899.24万美元，增长2591笔，增幅74.09%，金额增加1446.42万美元，增幅108.72%。

电子银行业务 至年末，发行借记卡41.57万张，贷记卡2.51万张，自助设备231台，POS机等收单机具1598台，发展网上银行客户4.50万户，电话银行客户0.66万户，短信银行客户9.79万户，手机银行客户7.23万户，电子交易占比83.23%。

【中国光大银行福州分行】 2015年，营业收入22.21亿元，风险调整前利润16亿元，风险调整后利润-1.19亿元，整体盈利能力出现下滑。存贷利差（不含贴现）为3.94%，较年初下降0.62个百分点。年末，表内外资产总额达689.21亿元，较年初增加16.11亿元，增幅2.39%。一般存款时点余额达423.71亿元，较年初增加60.62亿元，增长16.70%；存款日均数为396.82亿元，较年初增加44.81亿元，增幅为12.73%；核心日均存款为328.24亿元，较年初增加39.71亿元，增幅13.76%。各项贷款（不含贴现）时点余额达398.88亿元，较年初增加21.90亿元，增长5.81%。中间业务净收入9.66亿元，比上年增加2.81亿元，增幅41.02%，其中信用卡净收入6.94亿元，比上年增加1.7亿元。不良贷款余额达9.91亿元，不良率2.42%，比上年上升0.03个百分点。

【华夏银行福州分行】 2015年，实现拨备前利润4.88亿元，同比下降18.29%。拨贷比3.42%，同比提高1.15个百分点；成本收入比32.4%，同比提高4.08个百分点；付息负债成本率2.05%，同比下降0.26个百分点。中间业务收入1.27亿元，同比增长2.27%，中间业务净收入占比15.5%，同比提高1.8个百分点。净增对公客户649户；个人客户数19.46万，增加4.54万户，个人有效客户6.52万，增加0.93万户；国际结算量21.96亿美元。

年末，一般性存款余额151.27亿元；一般性存款日均142.25亿元，其中储蓄存款日均30.74亿元，同比增长12.62%；对公无贷户存款51.67亿元，较年初增加4.57亿元。各项贷款余额175.56亿元，同比增长8.07%。不良贷款余额6.1亿元，不良贷款率3.47%。

对外营业机构达19家；自贸区分行获批。设立重点客户营销部；成立信用卡共建营销中心。加大网点预填单机、回单机等机具配备。根据网点客户流量和人员实际，调整网点对外营业时间。年内有效客户投诉10人次，比上年减少6人次。分行营业部通过省银行业协会“千佳网点”复查，华林支行、泉州分行营业部分别被评为四星级、三星级网点。

【福建海峡银行】 2015年，实现拨备前利润19.42亿元，同比增加4.92亿元，增长20.69%。中间业务收入占比7.73%，提高2.76个百分点。纳税7.54亿元，增加2.22亿元，增长41.81%。年末，全行资产总额1,336.71亿元，比年初增加258.37亿，增长23.96%；存款余额770.46亿元，比年初增加127.56亿元（增量首次超百亿），增长19.84%，高于全省8.84个百分点；贷款余额535.51亿元，比年初增加73.96亿，增长16.02%，高于全省3.92个百分点。年内按照中国银行家排名，在全国城商行综合竞争力排名第47位（较上年提升21名）；理财综合实力居全国区域性银行综合排名第14名，债券交易居全国城商行第17名；获评“最佳董事会”“2015福建省首届金博会金融创新奖”；“海峡银行赞助首届青运会”入选2015福州金融业十大新闻，“海峡·长乐周转贷”获评2015福州十大创新金融产品。

风险资产化解 制定存量客户售后服务提升与权益维护实施意见，出台“一行一户一表一策”指导意见，全年化解风险金额52.7亿元，不良贷款率为2.47%，与全省持平。适应全行授信评审体系改革，重构授信授权体系，实行由评审官集中审批的风险管控模式。开展“合规发展年”活动，首次举办大规模、高规格合规教育课，1000人次参训。

服务福州发展 成立大客户部主动授信政府项目和市属国有企业。年内对17家国有集团客户主动授信金额318.8亿元。支持福州新区建设、基础设施建设，为福州市轨道交通1号线、沈海复线福州段、软件园五期、“三坊七巷”保护修复工程等项目贷款余额12.34亿元。在福州自贸片区落地首只产业基金——福州交建股权投资基金，首笔8000万元落户闽台蓝色经济产业园。与长乐市、连江县政府合作推出“海峡周转贷”（首期各20亿元资金池），帮扶解决企业银行融资应急资金周转问题。研发提供土地流转贷款产品“海峡小康贷”，永泰县试点后逐步推广。小微贷款实现“三个不低于”目标。年末，存贷款市场占有率分别较上年提升0.8、0.66个百分点。

【恒生银行福州分行】 2015年，贷款总额达249681.17万元，其中普通贷款203824.95万元，比年初减少24947.72万元，减幅10.91%；对公贷款比上年减少

1.72%,主要是部分客户贷款到期还款,暂无续提所致;个人贷款比上年增加20.28%,主要是按揭贷款需求增加所致。贸易融资为22679.98万元,比上年增加11081.82万元,增幅95.55%。贴现及买断式转贴现为23176.24万元,比上年增加14401.57万元,增幅164.13%。

年末存款总额达255680.38万元,比上年增加22559.83万元,增幅9.68%。其中单位存款增加25788.01万元,增幅15.53%,个人存款减少3228.18万元,减幅4.81%。

全年实现利润3952.19万元,比上年同期增加142.81万元,增幅3.75%。净利息收入比上年减少1506.33万元,减幅19.49%,其中利息收入减少6377.51万元,减幅21.45%,利息支出减少4871.18万元,减幅为22.14%。贷款净利息收入4402万元,比上年减少435万元;存款净利息收入1069万元,比上年减少893万元。

在国家外汇管理局福建省分局关于2015年度银行执行外汇管理规定情况考核中被评为A类银行,在当地外资银行排名第一,为福州地区外资银行中唯一获A类评价的银行。

【渤海银行福州分行】 2015年3月6日正式开业。年末表内各项贷款261665.04万元。其中,零售银行贷款余额28023.79万元,批发银行贷款余额233641.25万元;其中,贷款投放161200.01万元,贴现72441.24万元。表外资产298403.23万元,其中委托贷款余额125500万元,银行承兑汇票业务139510.63万元,保函业务15316.5万元,跟单信用证业务18076.1万元。

金融市场条线开展的业务品种主要为存放同业、同业存放、同业投资。至年底,金融市场条线表内资产余额90000万元,同业存放余额173825.93万元。完成结售汇量1870万美元,完成国际结算量8514万美元。

【彰化银行福州分行】 2014年7月24日,获银监会批复同意筹建。2015年3月25日取得金融许可证,同时获准开办人民币业务,为首张台资银行人民币与外汇双料执照。4月20日举行揭牌仪式,5月8日正式对外公告营运。

配合自贸区政策与上海浦东发展银行福州分行对平潭综合实验区国有资产投资集团有限公司"金井湾商务营运中心"共组5亿元银团贷款,12月28日在平潭管委会举行银团协议签约仪式,并于12月30日完成首笔人民币2亿元资金投放,为两岸金融机构共同对自贸区建设资金的首笔投放业务。

【汇丰银行(中国)有限公司福州分行】 2015年5月21日开业,注册营运资金为1亿元。获银监会批准在下列范围内经营外汇业务和人民币业务:吸收公众存款;发放短期、中期和长期贷款;办理票据承兑与贴现;买卖政府债券、金融债券,买卖股票以外的其他外币有价证券;提供信用证服务及担保;办理国内外结算;买卖、代理买卖外汇;代理保险;从事同业拆借;从事银行卡业务;提供保管箱服务;提供资信调查和咨询服务;经中国银行业监督管理委员会批准的其他业务。

证券期货业

【概况】 2015年,福州市有上市公司58家,其中境内上市公司30家,境外上市公司28家;有证券公司2家(兴业证券股份有限公司、华福证券股份有限公司),证券分公司14家,证券营业部105家,期货公司3家(兴证期货有限公司、金友期货经纪有限责任公司、鑫鼎盛期货有限公司),期货营业部27家。

【上市公司】 新增1家境内上市公司和1家境外上市公司,分别为昇兴集团股份有限公司在深圳证券交易所挂牌上市,福耀玻璃工业集团股份有限公司在香港联合交易所挂牌上市。至年末,全市有上市公司58家,其中境内上市公司30家,境外上市公司28家。全年有38家次上市公司从资本市场筹集资金1161.83亿元,同比增长102.84%,其中首发融资3.44亿元、增发配股融资179.96亿元、优先股融资130亿元、公司债融资280.9亿元、金融债融资300亿元、短期融资券融资63.5亿元、次级债融资145亿元、H股融资59.03亿元。

【场外市场】 全市有上市后备企业132家,其中21家进入实质上市程序(11家进入首发审核程序、10家在福建证监局上市辅导);有46家中小企业进入全国中小企业股份转让系统("新三板")挂牌交易,另有6家企业取得挂牌函,14家企业在审核程序,232家企业进入海峡股权交易中心挂牌交易。

【证券期货】 全市有证券公司2家,证券分公司14家,证券营业部105家,占全省(不含厦门)总数的40.86%;手续费收入398206.14万元,占全省(不含厦门)总数的48.63%;利润总额284450.13万元,占全省(不含厦门)总额的47.47%。全市有期货公司3家,期货营业部27家,占全省(不含厦门)总数的42.86%;手续费收入5629.27万元,占全省(不含厦门)总数的39.60%。另有筹建中的证券分公司6家,证券营业部3家。

【债券融资】 福州市推动优质企业通过公司债、短期融资券和中期票据等方式扩大债券融资。至年末,福州市城乡建设发展总公司注册发行总金额不超过58亿元的非公开定向债务融资工具;福州市建设发展集团有限公司注册发行不超过30亿元的非公开定向债务融资工具。有存续期企业债券10支,累计发行额度81亿元,发行主体分别为福州市交通建设集团有限公司、福州建工(集团)总公司、福州市城乡建设发展总公司、福州京福高速公路有限责任公司、福清市国有资产营运投资有限公司、福建省连江县国有资产营运有限公司等6家企业。 (刘洪麟)

【华福证券】 成立于1988年6月,2003年公司注册资本增至5.5亿元,注册地为福州,2011年更名为华福证券有限责任公司。公司行政管理总部在福州,业务管理总部在上海和北京,在全国拥有分公司20家(福建省内9家分公司),营业网点92家。

福州公司下设福建投行部、机构业

务部和零售业务部等业务部门，负责统筹管理辖区18家证券营业部开展综合金融业务。“十二五”期间，营业收入和净利润均保持年均50%左右的复合增长。2015年，福州公司实现营业收入34.08亿元，净利润13.93亿元；净资产收益率36.4%；非经纪业务收入占公司业务收入的56%，客户数逾130万户，其中交易活跃客户逾60万户，经纪业务在福建省市场份额稳居第一；在证券监管部门组织的证券公司分类评级中，获A类A级。

机构业务主要以保理、票据、存单质押、股票质押回购等类型业务为主。常规资管通道业务基本实现流程模板化，和兴业银行、招商银行、上海银行、浦发银行、恒丰银行、平安银行开展资管通道业务，与泉州银行、海峡银行合作开展的阳光城、泰禾集团股票代理质押业务落地。

为福州辖区企业融资提供投行服务，近年承做“新三板”项目16个，挂牌1家（“834944”联圣发展），申报2家，“新三板”定增备案1家。实施债券项目，发行连江国资企业债及华福证券永续次级债，跟进另外9只债券承做工作，其中6只经获主管部门受理。新签约财务顾问项目2个，跟进潜在IPO项目1项，再融资项目6个，并购重组项目2个，“新三板”项目9个。

【兴业证券】 2015年年末，公司与福州市对接融资规模达293.13亿元。扶持福建发展高速公路股份有限公司发行债券35亿元，福清市国有资产运营投资公司发行两期债券共20亿元、福建省投资开发集团有限责任公司发行债券三期共38亿元，中国武夷实业股份有限公司发行债券4.9亿元，福能租赁资产支持专项计划资产发行证券6.5亿元。

加大对福州辖区内企业直接股权投资力度，兴业创新资本及旗下基金投资福州市辖区内企业10家，投资总额超4.3亿元。在福州市注册设立福建省新一代信息技术产业股权投资基金，基金总规模4.01亿元。从上海引进投资者在福州设立福建兴正创业投资有限公司，公司注册资本6000万元，投资参与福日电子（600203）的非公开发行股票项目。为福建四创软件有限公司引荐上市公司——星网锐捷（002396），并购工作全部完成。

重点培育和促进福州辖区企业到资本市场发行上市。至年底，富春通信重大资产重组项目完成，交易总价值9亿元；兴业银行优先股（第二期）完成发行，发行金额130亿元；星网锐捷重大资产重组项目完成，交易总价值2.25亿元。过会待发行项目5个，分别是福日电子定增、青山纸业定增、中国武夷配股、海源机械定增、国脉科技定增项目；完成报会项目2个，分别是星云电子IPO、海峡环保IPO。

推荐福州地区9家企业（闽保信息、索天科技、华虹智能、华博股份、未名信息、中瑞影视、洁利来、大娱号、福信富通）至全国中小企业股份转让系统（简称“新三板”）挂牌，福州地区“新三板”储备项目约60余家，推进“新三板”挂牌企业再融资工作，完成融信租赁2.05亿元定增、华博教育2次1450万元定增、洁利来441.6万元定增，未名信息1466万元定增，开展中瑞影视、大娱号、福信富通等项目定增。

与福建新大陆科技集团有限公司、山田林业开发（福建）有限公司、福建泰禾等企业进行股票质押回购交易，提供融资8.06亿元。通过海峡股权交易中心为中小企业提供融资渠道，兴业证券为海交中心单一最大股东（出资4500万元）和经营管理责任主体。海峡股权交易中心于2013年开业运营，至2015年末，挂牌企业1635家，其中福州企业233家；与中国银行、兴业银行、建设银行等13家金融机构签订战略合作协议，合计授信额度205亿元；采取股权、债权、银行信贷及互联网金融等多种融资方式，为企业累计融资44.35亿元，其中为福州地区的企业融资28.72亿元。

参与自贸区经济建设，6月完成福能租赁资产证券化项目，融资规模6.7亿元。在平潭设立创业投资基金注册规模14.2亿元，其中公司与平潭实验区合作成立兴潭股权投资管理公司，下辖雏鹰雄鹰2只创业投资基金9亿元，兴杭隆庆股权基金1.2亿元，兴业雪人并购基金4亿元。在平潭注册新设下属机构，合计注册资本17.1亿元，其中兴证资管公司注册资本5亿元，海峡股权交易中心注册2.1亿元，兴证投资公司（另类投资）注册资本10亿元。年内公司下属金融机构在实验区缴纳各类税收1.7亿元，获2012—2014年度平潭综合实验区金融合作突出贡献奖。

保险业

【概况】 “十二五”时期，福州市保费收入年均增长14.7%。2015年，全市实现保费收入206.9亿元，保费规模持续列全省9个设区市首位。年末，福州市保险业总资产突破420亿元，较2010年末增长94.8%。全市有保险公司主体54家（外资保险公司13家），保险专业中介主体60家，分别较2010年末增加11家、6家，外资保险业代表处2家，保险从业人员逾4万人。全国5家台资保险公司中有4家在福州市设立保险机构，福州市首家保险法人机构——海峡金桥财险获批筹建。

2015年全市保险业累计提供风险保障6.7万亿元，较2010年增长95.2%，“十二五”期间累计赔款给付264.4亿元，农业保险保障方面，累计为2.4万户次农户支付赔款1.1亿元。商业保险机构承办城镇居民大病保险业务实现全市覆盖，参保人数达130.9万人，承办省直及福州市城镇职工大额商保业务，参保人数182.8万人，参与2个县（区）新农合经办工作，服务人数达80.5万人，受托管理资金3.94亿元。出口信用保险累计提供出口风险保障约224亿美元，支持全市出口企业获融资额度逾26亿美元。与公众利益密切相关的责任保险累计提供风险保障1.2万亿元。启动小微企业贷款保证保险试点，引进保险资金参与省市重点项目建设，创新发展诉讼保全责任保险、农村公路综合保险等。

推进保险改革，“十二五”时期，支持在现代农业、医疗改革、社会保障、公共管理等领域引入现代保险机制，保险业越来越多融入地方党委和政府工作全局。全面推进寿险费率市场化改革，实施城乡居民大病保险制度，在全国首批试点开展税优型健康险业务，实现职工医保个人账户资金购买商业医疗保险政策落地。建立城市道路轻微交通事故快处机制,全市范围建立3个快处中心。在全国率先自主研发投保人记录系统,以信息技术手段保障保险销售真实性和建立投保信息大数据平台。推动自贸试验区保险机构高管备案改革试点,支持各类优质资本参与筹建保险法人机构。市政府与中国人寿等大型保险集团公司建立战略合作关系。

创新监管,"十二五"时期,省市金融监管部门合作,完善监管制度,创新监管手段,加强监管协调。以市场行为监管为基础,开展治理车险理赔难、寿险销售误导、中介市场整顿等专项行动。注重发挥非现场监管作用,推动分类监管、偿付能力监管,建立保险公司经营评价和服务评价指标体系,完善信息披露制度。保护保险消费者利益,拓宽顺畅保险信访投诉渠道,推进"诉调对接"等保险合同纠纷多元调处机制。组建福州市保险行业协会,发挥协会自律、维权、服务、交流等职能。建立投保人记录系统、保险查勘员信息系统、特别关注人员信息系统、反欺诈研判信息系统等系统。

(刘可香)

【人保财险福建省分公司】 2015年,在福州地区下辖福州分公司、榕城分公司以及福建自贸试验区平潭片区分公司3个地市级分公司,25个县级支公司,25个营销服务部。经营范围涉及车辆保险、财产保险、船舶保险、货物运输保险、责任保险、意外保险、健康保险、信用保证保险及农业保险等。助力福建省自贸区经济发展,将平潭支公司改建为福建自贸试验区福州片区分公司。福州地区保费收入从2010年末的13.93亿元增长至2015年末的25.98亿元,年均增幅超10%,福州分公司、榕城分公司保费分别于2012年和2015年突破10亿元,福清支公司成为全省第一家保费收入突破3亿元的县级支公司。车险始终保持市场引领地位,份额基本保持稳定。年内账面利润2.35亿元,占市场份额38.3%。

推进移动互联和服务产品化工作,客户体验和粘性进一步增强;推进理赔"五个一"和"四权"服务刚性落地,加强GIS智能调度系统应用,上线微信在线理赔服务,车险理赔服务排名行业第一,被评为"全国百强理赔中心"。成为全国青运会唯一保险合作伙伴,提供逾3000亿元的保险责任金额。

【中国人寿财产保险股份有限公司福州市中心支公司】 2015年,完成保费3.08亿元,保费收入较上年同期增长6445.51万元,增幅27.63%,较行业报表7.16%的增幅高20.47个百分点。综合成本率96.35%,实现承保利润888万元,其中综合费用率31.99%,综合赔付率为64.36%。

渠道维护 强化资源整合,拓展互动业务。在互动工作中,抓队伍建设,通过全覆盖形式把职场服务人员安排到位,并向专职专员方向转变;加强培训,通过专员服务素质提升促进互动业务发展。在抓个险的同时向团险和银保渠道延伸,借助寿险客户(银行)长期合作关系优势,开展财险业务拓展。注重4S店、车商渠道业务拓展,加强与4S店、车行之间的沟通和合作。在巩固原有合作的4S店业务基础上,拓展增加4S店业务。开拓银保渠道,加强与各银行合作,借助与银行签订总对总协议契机,落实任务分解,进行追踪,促进合作基础较好银行业务落地。根据货车业务实际情况,对优质货车渠道业务适度放宽承保管控政策,抢占优势货车渠道业务,从全年赔付率考量,货车赔付率控制在50%以内。

客户服务 加大集中管控力度,提高集中管控平台运行效能,支持业务快速发展。调整承保政策运行模式,根据细分市场制定各区域化的承保政策,通过对产品、渠道、经营合规等因素分析,制定各产品风险点控制,实现对客户群、险种组合差异化承保政策。重视基层客户服务,提高基层机构产能。实行差异化管理和动态调控,根据市场状况、保费规模、满期赔付率和费用率等指标对各基层机构实行差异化指导和动态管控。

【中国太平洋财产保险股份有限公司福州中心支公司】 2015年,保费收入63673万元,同比增长1.52%,其中车险保费收入53131万元,非车险保费收入10542万元。年内"中国太保"APP上线,"太平洋产险"微信公众号设立,客户可以享受车险一键查询、一键续保、自助查勘、道路救援、出险报案、道路违章等多项服务。参与并举办福建保险"7·8"公众宣传日活动。11月,参与由福建日报社主办,海峡都市报社承办的"2015首届海峡金融投资理财博览会"和期间推出的"2015福建金融品牌评选"活动,获"2015首届金博会金融创新奖"及"2015年首届金融博览会唯一指定保险合作单位"。

车险 引导销售团队向专业化团队转型,精细化经营以及成本管控。加强渠道合作,提前筹划商改,商改前旧车侧重NCD系数(商业车险无赔款优待系数),新车侧重品牌车型;商改后综合考虑品牌车型、零整比、人等因素。

非车险 意外险,开拓车商、电销和网销业务渠道;财富U保业务,明确品牌定位,主打银保和交叉销售渠道;诉讼保全保险,利用律所、法院等平台,推广此类新型业务。以互联网等科技产物作为销售手段,推进分散性业务以及新型业务发展,"码上保"将部分定额定费产品包装为二维码形式,客户通过手机扫码实现自助投保,产品类别有安居综合保险、个人账户资金损失险、家政雇佣责任保险、私家车行李保险、宠物犬主责任保险、电梯安全责任保险、非机动车辆第三者责任保险、"乐游人生"境外旅行保险、君安行人身意外伤害保险、"乐驾人生"驾驶员及随车人员意外险、驾乘人意险(任我行)。

理赔服务 年内车险理赔运用"互联网+"技术,上线M6系统、精友二代定损系统、查勘员APP系统、中太APP自助查勘、福建太保自助查勘平台"太好赔"等系统平台及开展车意险"心"年行动推动方案,提升客户服务体验。提升风险管理能力,打击保险欺诈活动,挖掘车险智能核赔系统防渗漏功能,重点关注高风险案件,内部开展车理赔质量自查、"三反、五清"、"两个加强、两个遏制"、反舞弊等大检查,提高内部员工自觉性,打击内外部勾结案件,同时出台打假奖励机制;外部联系监管机构与行业协会,借力第三方调查力量打击虚假赔案。开展节假日车险理赔服务,高速、景

点设置理赔服务点。

服务自贸区　5月27日，中国太平洋财产保险股份有限公司福建自贸试验区福州片区支公司正式开业，为中国（福建）自由贸易试验区福州片区首家新设保险机构。在自贸区推广电子保单，运用车险电子保单，实现从IPad报价、车E保移动出单、ChinaPay支付保费、保单生效至生成电子保单的车险承保全流程电子化。针对平行进口车项目，与银河国际汽车园、太元行等开展合作，根据客户需求敲定承保方案，并制定业务合作模式和销售实务流程、签订合作协议。5月19日，7辆台湾小轿车搭载“丽娜轮”从台北港经福建平潭澳前口岸入境，标志着平潭“台车入闽”实现常态化运行，其中所涉及的车险、意外险均由太平洋产险福建分公司独家承保，实现闽台两地牌照车辆保险项目突破。被平潭自贸区管委会确定为“台车入闽”提供各项保险保障的唯一一家保险公司。在海外保险拓展方面，主要通过梳理船舶运输企业、船舶管理公司、船代货代等航运客户资源，收集自贸区内对航运企业可能采取各项政策松绑措施，争取在自贸区内推广物流监管、船代、报关责任险等产品；梳理出口企业资源，加强与外经贸部门、各类商会、行业协会间的联系；加强与裕利安宜间交流互动，关注中水等中国企业在境外的工程建设项目，拓展海外业务。

【中国平安人寿保险股份有限公司福建分公司】　2015年，福州地区总保费收入348696万元，占全省保费收入的39.8%，同比增长22.6%，其中新单保费152227万元，续期保费196470万元。在福州地区的个险代理渠道保费、银邮代理保费、公司直销与其他兼业代理保费收入占比分别为80.1%、13.6%、6.2%。个险代理保费收入279459万元，银邮代理保费47591万元，公司直销与其他兼业代理保费收入21648万元，同比增长51.1%。

经营渠道　全年福州地区个险代理渠道保费收入279459万元，同比增长19.7%，其中个险新单保费98077万元，同比增长39.2%，个险续期保费181382万元，同比增长11.3%；银邮代理保费收入47591万元，同比增长29.9%，占总保费的13.6%；福州平安直销及其他兼业代理业务保费收入21648万元，同比增长50.1%，其保费占总保费6.2%，电话销售业务为其主要组成，年内福州平安电话销售业务保费收入18858万元，占公司直销及其他兼业代理业务比重87.1%。

各险种保费　全年普通寿险保费收入95062万元，保费占比27.3%；分红寿险164954万元，保费占比47.3%；万能寿险保费收入10070万元，保费占比2.9%；投资连结保险保费收入490万元，保费占比0.1%；寿险合计占比77.6%；健康险保费收入66188万元，占比19%；意外险保费收入11932万元，占比3.4%。各个险种中，分红寿险是公司最主要产品，普通寿险、意外伤害险占比提升，分红寿险、万能寿险及投资连结保险占比下滑。

赔付支出与退保　全年福州平安累计赔付支出50045万元，同比增长9.8%。其中赔款支出2018万元、死伤医疗给付19102万元、满期金给付22947万元、年金给付5948万元。累计退保金47698万元，较上年的13081万元增长264.6%，主要为近年福州平安高现价产品销售较高所致。

服务自贸区　分别在平潭和马尾设置分支机构。全年中国平安人寿保险股份有限公司福建自贸试验区平潭片区中心支公司总保费收入19198万元，同比增长47.7%。中国平安人寿保险股份有限公司福建自贸试验区福州片区支公司总保费收入1313万元，同比增长4.75%。

（编辑　邱敏佳）

综　述

2015年，福州市制定完成《福州市"十三五"科技发展与创新驱动专项规划（征求意见稿）》，以巩固提升"全国科技进步先进市""国家创新型试点城市""国家知识产权示范城市""国家文化级文化和科技融合示范基地"城市为目标，制定出台《福州市关于贯彻落实省政府大力推进大众创业万众创新十条措施的实施意见的通知》《福州市人民政府关于转化深化省级事业单位科技成果使用处置和收益管理改革的暂行规定的通知》等政策。

争创福厦泉国家自主创新示范区。成立福厦泉国家自主创新示范区福州片区工作小组，下发《福厦泉国家自主创新示范区福州片区建设方案（征求意见稿）》，明确责任单位和协作单位。按照创新型城市建设监测评价指标，组织召开2015年度创新型城市试点工作会议，向科技部上报"创新型城市试点工作情况调查表"《创新型城市试点工作的进展情况报告》。开展福州国家级文化和科技融合示范基地建设工作。市政府正式出台《关于推进福州国家级文化和科技融合示范基地建设的实施意见》，明确实施一批文化和科技融合重大项目、建设一批文化和科技融合示范项目园区、构建一批文化和科技融合公共服务平台、突破一批文化领域共性关键技术、打造一批两岸融合发展的文化载体等5个方面的重要任务。

完善科技项目和资金平台体系建设。年内市本级财政科技投入2.85亿元，全社会研究与实验发展（R&D）经费支出89.36亿元，占GDP的1.73%，居全省第二位。全市安排科技计划项目经费3605万元，分别支持市级区域科技重大项目、市校（院所）科技合作项目、科技公共服务平台建设项目、孵化器发展项目、农业科技项目、社会发展项目、市中小企业创新资金项目等7类科技计划项目。争取国家、省级科技资金支持，安排1693万元配套奖励2014年国家省级科技计划项目、高新技术企业。吸收社会资金，扩大科技资金投入渠道，通过科技风险补偿金、贴息等方式，全年福建海峡银行福州市科技支行办理科技型企业授信业务138笔、累计授信敞口11.8亿元。通过重大项目带动资金投入，支持一批创新能力强、有自主知识产权的高新技术企业做大做强，强化龙头企业产业带动作用，提升科技支撑经济社会发展水平。

完善创新服务平台体系建设。全市拥有省级企业工程（技术）研究中心71个、行业技术创新中心45家、现代农业科技创新基地57个；备案科技企业孵化器33家（含省属6家、省级互联网孵化器7家）、备案众创空间33家。上述创新平台全面覆盖福州市电子信息、网络

8月13日，科技部部长万钢调研福州科技创新工作，走访调研福州高新区海西园、中科院海西研究院、新华都商学院创业孵化中心、新大陆集团和国脉集团

（市科技情报研究所　供）

通信、软件、化工材料、环保、新能源等重点产业领域，集聚福州市企业一线主要的高端研发团队、研发人员，有效支撑企业创新发展，推动“大众创业、万众创新”落到实处。

完善高层次人才创新创业平台体系建设。围绕福州市经济社会发展大局，以国家、省的创新创业大赛，科技创新创业人才评选为抓手，鼓励、组织高新技术企业和创业团队参加，遴选支持一批在产业发展中具有领军才能的高层次人才。组织参加“第四届中国创新创业大赛（福建赛区）暨第三届福建创新创业大赛”的120多家企业在福州培训，征集参赛项目近90项。16家福州企业（团队）晋级全国赛和省决赛，占全省晋级总数的57%，其中星云电子和福大医药团队分获企业组和团队组一等奖，11家企业（团队）获大赛优胜奖，占全省优胜奖总数的40.7%，福州市企业团体和个人获奖质量、数量居全省第一。全年推荐26人申报省科技创新领军人才，19人申报创业领军人才。2月，科技部公布2014年度创新人才推进计划入选名单，福州市入选科技创新创业领军人才4人，入围人数全省排名第一。

通过培训宣传，鼓励企业加大科技研发投入，全市有200多家企业提交研发项目确认申请，经组织同行专家论证，有717项研究开发项目通过确认。经初步统计，2014年在税务系统备案的企业研发费用税前加计扣除金额为14.08亿元。

（詹志勤）

科技创新体系建设

【行业技术创新中心建设】　2015年，福州市有行业技术创新中心45家。在原有行业技术创新中心基础上，依托福建农林大学园艺学院建立“福州市茉莉花茶行业技术创新中心”，依托福州大学生物科学与工程学院建立“福州市海产品高值化利用行业技术创新中心”，依托闽江学院互联网创新研究院建立“福州市数字医疗健康行业技术创新中心”。

各行业技术创新中心根据市场需求与自身的发展特点，建立技术服务平台，为企业提供技术咨询、研发、检测等服务。全年行业中心为企业完成近6.7万批次的检测及成型服务；举办培训班170期，培训各类人员9000多人次；引进、推荐各类专业技术人才798人；举办89场专项研讨会；获市级以上各类奖项132项。

行业技术创新中心依托单位为高校科研院所的有32家，有效集成高校科研院所系统的科研成果在福州落地转化。年内福州市电子信息产品质量检测行业技术创新中心获省技术发明奖二等奖1项；福州市生物制药行业技术创新中心与福建省闽东力捷讯药业有限公司合作，开发国家一类新药，获批承担2015年省战略性新兴产业专项重大专项“国家一类化药抗过敏新药卢帕替芬的研发”；福州市光电子晶体材料与器件行业技术创新中心获省科技进步奖二等奖2项，1人入选2014年国家百千万人才工程，1人获2015年度卢嘉锡青年人才奖，1人获第二十二届运盛青年科技奖，1人获第七届紫金科技创新奖，“针对大功率工业照明应用的新型高可靠陶瓷封装LED光源技术及产业化开发”项目获批列入福建省发展改革委员会2015年产业技术联合创新专项实施计划，获补助资金200万元；福州市材料与模具行业技术创新中心等32家行业技术中心，协助企业申报国家、省级项目95项；福州市塑胶行业技术创新中心等30家行业技术中心，成果转化项目超过300项，实现经济收益9亿元。　（倪添灵）

【现代农业技术创新基地建设】　全市有现代农业技术创新基地57家，涵盖农业各主导和特色优势产业。年内基地依托企业在技术创新与示范辐射等方面取得显著成绩，部分企业承担国家、省、市级科技项目。福州大北农生物技术有限公司等2家企业获国家星火计划项目100万元扶持；福州大世界橄榄有限公司（橄榄活性物质高值化开发关键及综合技术研究与示范）等2家企业获省科技计划项目125万元扶持；12家企业获市科技计划项目240万元扶持。

市科技局和市农业局在总结10年创新基地建设经验基础上，对《福州市现代农业技术创新基地认定和扶持办法》进行修订，10月市政府办公厅对外正式颁布。修订后的《办法》规定：创新基地以市级以上农业产业化龙头企业为最基本参评条件，综合考评基地依托企业产业地位、科研机制、研发及技术推广条件和能力、经营和科研状况、财务制度和研发费用管理情况等指标。对新认定的创新基地，市科技局给予一次性建设经费扶持。对创新基地申报的各级各类科技项目，市科技局优先推荐、立项。对创新基地申报的农业“五新”项目，市农业局也将给予重点倾斜。　（林文亮）

【科技企业孵化器建设】　新申请备案有福州开发区互联网游戏产业园等15家科技孵化器。至年底，全市有33家科技孵化器备案（含省属6家），总面积近50万平方米，在孵企业近700家，其中获省级以上科技企业孵化器称号13家（国家级4家）。年内闽清县陶瓷科技孵化器、福大怡山园区互联网孵化器等2家被授予省级科技企业孵化器称号，各获省级科技企业孵化器50万元奖励。福建我想创业互联网孵化器等7家获得省互联网孵化器称号，各获省科技厅30万元奖励。至年底，全市有备案众创空间33家，其中省级9家，市级12家，总服务场地面积逾5万平方米，创业团队接近600个，创业人数逾5000人。

（倪添灵）

表 30

2015 年福州市省级互联网孵化器名单

序号	孵化器名称	运营管理单位
1	国家 863 软件专业孵化器(福州)基地	福州 863 软件专业孵化器服务中心
2	福州海峡创意产业园孵化器	福建红坊文化产业投资管理有限公司
3	福大怡山园区互联网孵化器	福州福大科技园管理有限公司
4	福建我想创业互联网孵化器	福建我想创业互联网信息技术服务有限公司
5	云端创咖 +	福建阳光能量孵化器管理有限公司
6	福建华泰孵化器	福建华泰孵化器管理有限公司
7	凤凰谷创业咖啡	福建省高新技术创业服务中心(福建省高新技术创业服务有限公司)

表 31

2015 年福州市省级众创空间名单

序号	众创空间名称	依托单位全称
1	两岸青年创业孵化中心	福建紫光创业投资管理有限公司
2	云端创咖 +	福建阳光能量孵化器管理有限公司
3	我想创业孵化器	福建我想创业互联网信息技术服务有限公司
4	凤凰谷创业咖啡	福建火炬高新技术创业园有限公司
5	新华都商学院创业孵化中心	闽江学院(新华都商学院)
6	华泰众创空间	福建华泰孵化器管理有限公司
7	福建农林大学大学生创业园	福建农林大学大学生就业创业指导中心
8	优空间(中央第五街)	福州市优空间商业管理有限公司
9	福州大学众创空间	福州大学国家大学科技园、福州大学学生工作部(处)

表 32

2015 年福州市市级众创空间名单

序号	众创空间名称	依托单位全称
1	两岸青年创业孵化中心	福建紫光创业投资管理有限公司
2	云端创咖 +	福建阳光能量孵化器管理有限公司
3	我想创业	福建我想创业互联网信息技术服务有限公司
4	凤凰谷创业咖啡	福建火炬高新技术创业园有限公司
5	新华都商学院创业孵化中心	闽江学院(新华都商学院)
6	华泰众创空间	福建华泰孵化器管理有限公司
7	优空间(中央第五街)	福州市优空间商业管理有限公司
8	福州开发区互联网产业园	福州米默营销策划有限公司
9	Red + 创客空间	福建红坊文化产业投资管理有限公司
10	MIX	福州三上文化传媒有限公司
11	天宏创世创业基地	福州天宏创世文化传播股份有限公司
12	福州留学人员创业园	福州市留学回国人员工作站

(倪添灵)

表 33　**2015 年福州市科学技术支出占市本级财政一般预算支出比例**

考核年份	本级科学技术支出（万元）	本级财政一般预算支出额（万元）	本级科学技术支出占本级财政决算支出比例(%)
2014 年	22421	1304567	1.72
2015 年	28500	1823519	1.56

表 34　**2015 年福州市科学技术支出使用情况**

序号	使用领域	经费主管部门	经费额(万元)	
			2014 年	2015 年
1	科学技术管理事务	市科技局等	457	573
2	基础研究	市科技局等	61	27
3	应用研究	市科技局等	1238	1065
4	技术研究与开发	市科技局等	4136	5919
5	科技条件与服务	市科技局等	8148	14310
6	社会科学	市社科院等	276	464
7	科学技术普及	市科协等	1321	1458
8	科技交流与合作	市科技局等	—	—
9	科技重大专项	市科技局等	234	2342
10	其他科学技术支出	市科技局等	6550	1802
合计			22421	28500

（林　硕）

【**生产力促进体系建设**】　全市有生产力促进中心 11 个，其中市级生产力促进中心 1 个（系国家级示范生产力促进中心）、县区级生产力促进中心 10 个。有工作人员 54 人，兼职人员 6 人。全年完成 14 个国家创新基金项目年报监理工作，同时为到期国家创新基金、省、市创新资金及县本级项目的承担企业提供项目验收工作咨询与验收材料审核等服务，帮助 15 家企业完成科技项目验收申请材料的准备与验收工作。全市县区生产力促进中心申报创新基金 20 项，其中获市级立项 12 项，资助 135 万元；省级立项 2 项，资助 60 万元。福州市生产力促进中心完成科技型企业备案及科技创新券全补助项目工作，全年完成马尾、晋安、长乐、闽侯、福清、闽清、罗源等县（市）区的 88 家科技型企业备案工作；同时协助市科技局完成福州市科技创新券补助项目的审核工作，年内福州市科技型企业获全省科技创新券补助经费的 50% 以上。

福州市生产力促进中心、福建省中小企业服务中心联合举办“打造智慧工厂、助力企业健康发展”研讨会，有 26 家企业现场提出企业健康管理服务需求，组织技术人员对这 26 家企业进行健康测评并提交体检报告。福州市生产力促进中心组织制造业信息化方面的专家对近 30 家企业开展调研咨询，根据企业存在的问题，推出“企业信息化运行评测与转型升级服务”活动，免费为中小企业开展企业管理诊断，并提供诊断报告和转型升级建议。　（林　东）

【**科学技术经费**】　市本级财政专项经费安排科技事业费用专项经费 2.85 亿元，同比增长 27.2%。组织引导企事业单位申报国家、省级各类科技计划项目，年内福州市获国家和省级科技计划项目 102 项，获扶持经费 6216 万元，其中国家级 7 项，获扶持经费 877 万元；省级 95 项，获扶持经费 5339 万元。

（林　硕）

高新技术产业

【**高新技术企业**】　2015 年，福州市推荐 30 家企业参与高新技术企业复审，通过 27 家；推荐 172 家企业参与 2015 年高新技术企业认定，通过 143 家；永泰县、闽清县高新技术企业实现零的突破。根据《福州市创建国家创新型城市若干配套政策》，对福建省 2014 年新认定的福州翔升软件开发有限公司等 60 家高新技术企业各奖励 10 万元，奖励总金额 600 万元。　（叶　巧）

【**创新型企业**】　继续推动企业技术创新工程建设，在省科技厅、省国资委和省总工会等部门联合开展的 2015 年度第六、七批“福建省创新型企业”评价活动中，福建省数字安全证书管理有限公司、福建福特科光电股份有限公司等 25 家企业被命名为“福建省创新型企业”。全市有国家创新型企业 3 家，国家创新型试点企业4家,省级创新型企业114家,省级创新型试点企业72家。

在2015年福建省创新型企业年度考评中,福建新大陆通信科技股份有限公司等33家企业获创新型企业奖励,获技术创新成果后补助奖励330万元。福州市给予福建金科信息技术股份有限公司等14家2014年度认定的省创新型企业奖励150万元。 (方善明)

【创新券】 贯彻落实《福建省人民政府关于大力推进大众创业万众创新十条措施的通知》,省科技厅、省财政厅首次开展科技型中小企业创新券补助工作,对福建省中小微企业购买科技创新服务的费用进行补助。创新券补助申请条件为:在福建省(不含厦门)登记注册、具有独立法人资格、上年度销售收入不超过1.5亿元的7种类型中小微企业,向省内高校、科研院所等单位或机构购买仪器设备使用、检验检测、知识产权、数据分析、法律咨询、创业培训等科技创新服务的支出费用,可依实际支付的上述各项费用合计50%内申请补助,每年度申请额不低于1万元,不高于20万元。市科技局开展宣传等活动,帮助企业了解创新券。全年征集审核上报省创新券补助117家721万元,获省审核批复93家528万元,获批数量金额占全省一半。

【省科技型企业备案】 市科技局开展征集、发动、推荐和评审工作,全年向省科技厅上报推荐"福建省科技型企业"备案两批次共222家。全市有"福建省科技型企业"总数达591家,数量居省内第一。 (郭文涛)

【火炬计划与高新技术研究开发项目】 通过引导资金投向、政策扶持和资源倾斜,提升区域重点产业技术支撑水平和区域创新能力。年内福州市获科技部国家级火炬计划项目8项,省级区域发展项目5项,市级工业类区域重大项目43项。

(叶 巧)

表35 **2015年福州市新获批省创新型企业名单**

序号	企业名称	序号	企业名称
1	福建顶点软件股份有限公司	14	福建鸿博光电科技有限公司
2	福建亿榕信息技术有限公司	15	福建柯宁环保科技有限公司
3	福建升腾资讯有限公司	16	福建龙生机械有限公司
4	福建富士通信息软件有限公司	17	福建省大地管桩有限公司
5	福建新大陆通信科技股份有限公司	18	福建省华澳环保科技有限公司
6	福建省长乐市长源纺织有限公司	19	福建省伟思国瑞信息技术有限公司
7	福州钜立机动车配件有限公司	20	福建省鑫港纺织机械有限公司
8	福建华泰电力实业有限公司	21	福建天马科技集团股份有限公司
9	福建省数字安全证书管理有限公司	22	福建鑫诺通讯技术有限公司
10	德宝雅特(福州)有限公司	23	福建鑫威电器有限公司
11	福建北讯智能科技有限公司	24	福清市新大泽螺旋藻有限公司
12	福建福特科光电股份有限公司	25	福州辰星药业有限公司
13	福建宏宇电子科技有限公司		

(方善明)

表36 **2015年福州市获国家级火炬计划项目**

序号	项目名称	承担单位
1	海峡B2B内容资源聚合与投送云服务系统集成与应用示范	海峡出版发行集团有限责任公司
2	数字娱乐播放机	福建星网视易信息系统有限公司
3	基于国土资源一张图的WEBGIS综合应用	福州特力惠电子有限公司
4	水库管理物联网平台	福建四创软件有限公司
5	榕基企业服务总线平台	福建榕基软件股份有限公司
6	F4000横机智能控制系统	福建睿能科技股份有限公司
7	新型鱼糜冷冻调理产品及其产业化	海欣食品股份有限公司
8	插电式新能源汽车驱动总成的产业化	福建省福工动力技术有限公司

表 37　**2015 年福州市获省级区域发展项目(工业领域)**

序号	项目名称	承担单位
1	福建船联网位置服务公共平台研制及示范应用	福建星海通信科技有限公司
2	企业级安全通信系统的关键技术研发及产业化	福建星网锐捷通讯股份有限公司,福州北卡信息科技有限公司,福州大学数学与计算机科学学院
3	复合生物识别验证系统的研发	福建歌航电子信息科技有限公司
4	高分辨率低功耗微型二维码识读引擎的研发及产业化	福建新大陆自动识别技术有限公司,福建师范大学
5	面向大数据的高速固态盘阵安全存储系统关键技术研究和产业化	福建伊时代信息科技股份有限公司

(叶　巧)

农业科技推广

【农业科技园区】　园区涵盖甘蔗、荆溪、竹岐、鸿尾、白沙 5 个乡镇(街道),规划工业用地 25 平方千米(3.72 万亩)。至年底,园区累计集中开发 369.93 公顷(5549 亩),会审企业 105 家,入驻企业 94 家,其中已投产 85 家,园区累计固定资产投资 80 多亿元。区内引进企业主要涉及机械设备制造类、电气机械及器材制造、食品加工、纺织服装、生物医药等行业,就业人员约 1.6 万人。年内实现规模以上工业产值 161 亿元,实现税收 3.4 亿元。

园区建成市政道路总长约 18 千米,建有 1 座铁岭大桥、4 座小型桥涵,内河及环山渠总长约 8.4 千米、污水管道 11.92 千米、雨水管道 14.2 千米。配套大型排涝站、雨水提升泵站、污水提升泵站各 1 座。年内园区列入县重点的计划项目 30 项(含企业建设项目、基建项目),总投资 26.62 亿元,年内完成投资 8.02 亿元。其中,企业建设项目 27 项(含三期企业建设项目),总投资 24.34 亿元,年内完成投资 7.775 亿元;基础设施建设项目 3 项,总投资 2.285 亿元,年内完成投资 0.245 亿元。区内拥有海源机械、旺成食品等 4 家上市企业,其中聚元食品、福特科光电年内在新三板上市。区内有高新技术企业 10 家,国家重点实验室 1 个,院士专家工作站 1 家,博士后科研工作站 1 家,市级专家工作站 5 家,中国驰名商标 1 个,中华老字号 3 家,省名牌产品企业 7 家,省著名商标 10 个,省级企业技术中心 1 家,市级企业技术中心 3 家,市级以上农业产业化龙头企业 7 家。确定海源机械等 10 家人才工作联系服务重点企业。

引导休闲农业企业发展精细农业、现代设施农业,有国家级休闲农业示范点 1 家、省级休闲农业示范点 1 家、市级以上休闲农业示范点 10 家,打造“孔元—白沙湾—梧桐下—朝阳农场—汤院温泉”等休闲农业精品观光路线。引导白沙朝阳休闲农场与台湾屏东科技大学开展合作开发现代农业科技示范园;以闽侯县白沙南山脐橙示范场为重要示范基地,推动柑桔产业技术的引进示范推广工作;继续把雪峰高海拔山区作为发展高山茶的主要区域,通过文武雪峰农场龙头企业带动,建设榕台高山乌龙茶合作示范区,形成榕台高山茶名优茶生产发展主产区,雪峰高山茶获“福建名牌农产品”“福建省著名商标”称号,有机产品认证。(陈　巍)

【星火计划】　实施星火计划项目 54 项,获扶持资金 915 万元,其中国家级 2 项、省级 6 项、市级 46 项,项目主要由农业科研与推广机构、农业产业化龙头企业等承担实施。国家星火计划围绕科技强农惠农富农,重点支持先进成熟适用的新产品、技术、农艺等在大面积推广应用前的技术示范项目和市场前景广阔,能带动农民创业,实现增收致富,促进县域经济社会发展的科技创业项目。福州市有福建农林大学承担的“鸡新城疫、传染性法氏囊病二联灭活疫苗产业化示范”等两个项目获国家级星火计划 100 万元支持。福建省星火计划重点支持“高产、优质、高效、生态、安全”农业先进成熟技术集成应用和产业化示范。福州市有福建胜华农业科技发展有限公司承担的“油茶综合利用技术及高附加值产品开发”等 6 个项目获省级星火计划 140 万元支持。市级星火计划扶持农村科技服务体系建设和农业产业化龙头企业发展,推进设施农业、生态农业、休闲观光农业、文化品牌农业等都市现代农业发展和县域经济发展,提升市级农业公益性科研机构科技创新能力。福建格林生物科技有限公司承担的“高效环保型水产生物饲料的关键技术的研发及产业化”等 46 个项目获市级星火计划立项支持。

表 38　**2015 年福州市国家级星火计划项目**

序号	项目名称	承担单位
1	鸡新城疫、传染性法氏囊病二联灭活疫苗产业化示范	福建农林大学
2	高效花鳗鲡专用配合饲料产业化开发与应用	福建天马科技集团股份有限公司

表 39

2015 年福州市省级星火计划项目

序号	项目名称	承担单位
1	油茶综合利用技术及高附加值产品开发	福建胜华农业科技发展有限公司、福建师范大学
2	高效花鳗鲡专用配合饲料产业化开发与应用	福建天马科技集团股份有限公司、福建天马饲料有限公司
3	芋根江蓠引种栽培技术示范与推广	连江罗源湾金牌渔业科技有限公司
4	415瓜新品种"榕415一号"和苦瓜新品种"佳美"的推广	福州市蔬菜科学研究所、福州市农福种苗有限公司
5	绣球菌物联网智能化生产管理技术应用与示范	福建容益菌业科技研发有限公司、福建省农业科学院
6	蛋禽养殖智能化及蛋品全程质量管理系统研发与应用	福建鼎天农业科技有限公司

表 40

2015 年福州市市级星火计划项目

序号	项目名称	承担单位
1	高效环保型水产生物饲料的关键技术的研发及产业化	福建格林生物科技有限公司、福建师范大学生命科学学院
2	新型芙蓉李蜜饯深加工关键技术研究与开发	福建省永泰县顺达食品有限公司、福州市食品工业研究所
3	高抗冻性虾滑关键技术的研究	福州百洋海味食品有限公司
4	酶解鳗鱼加工副产物制备生物活性肽的技术创新和产业化	长乐聚泉食品有限公司、福州大学化学化工学院
5	高品质姬松茸栽培配方及关键技术研究与示范	福建省星源农牧科技股份有限公司
6	油浸金枪鱼罐头关键技术研发及产业化	福建渔老大食品有限公司、福建师范大学生命科学学院
7	食用菌及其副产物精深加工技术研究	福建容益菌业科技研发有限公司、福建省农业科学院土壤肥料研究所
8	发酵型龙眼汁饮料加工技术的研究	福建省台福食品有限公司
9	大弹涂鱼新型多功能专用肥研发与示范推广	连江县台海高新农业有限公司、福建省农业科学院土壤肥料研究所
10	茶叶绿色防控综合技术	福州文武雪峰农场有限公司
11	高效环境友好型对虾配合饲料的开发	福建天马科技集团股份有限公司
12	草炭土对双孢蘑菇影响研究与示范	闽侯县大春农科贸食用菌开发有限公司
13	临海梅花规模化栽培技术示范	长乐市梅花镇人民政府
14	鸡新城疫病毒(La Sota 株)、禽流感病毒(H9N2 亚型,HP 株)二联灭活疫苗产业化生产及技术研究	福州大北农生物技术有限公司
15	高档深海鱼肉制品"鱼极"产业化技术研究与开发	海欣食品股份有限公司、福州市食品工业研究所
16	竹荪副产物的综合利用及其深加工推广示范	福建仙芝楼生物科技有限公司、福建省农业科学院土壤肥料研究所
17	特种茉莉花茶工艺关键技术研究	福建农林大学园艺学院、福州福民茶叶有限公司
18	高效制备高活性石莼多糖产业化技术开发	福建医科大学公共卫生学院、福建海兴保健食品有限公司
19	耐高温海洋微藻高产叶黄素的关键技术研究	福州大学生物科学与工程学院、福州捷丰海珍品开发有限公司

续表 40

序号	项目名称	承担单位
20	利用章鱼-鲍鱼下脚料研制复合型海鲜调味品关键技术及产业化示范	福州大学生物科学与工程学院、福州东水食品有限公司
21	禽疫苗特异性转移因子增强规模化鸡场鸡群免疫力的研究	福建农业职业技术学院、福清市文华实业有限公司
22	不同栽培模式名贵药材金线莲的质量评价体系的构建	福建师范大学化学与化工学院、福清佳家农业综合开发有限公司、福建医科大学
23	海洋渔业与微藻生物质能的协同开发技术研究	福州大学机械工程及自动化学院、福州捷丰海珍品开发有限公司
24	基于微藻固定化培养的温室气体净化研究	福州大学机械工程及自动化学院、福建永福工程顾问有限公司
25	红曲黄酒酿造专用酵母菌株的选育及应用研究	福建省农业科学院农业工程技术研究所、福建省宏盛闽侯酒业有限公司
26	福州市茉莉花茶行业技术创新中心建设	福建农林大学园艺学院
27	福州市海产品高值化利用行业技术创新中心	福州大学生物科学与工程学院
28	优质早熟白肉枇杷新品种选育	福州市农业科学研究所
29	半干态调理水产冷冻制品加工关键技术研究与应用	福建坤兴海洋生物有限公司
30	特色作物优质树豆品种筛选及高效栽培繁育技术研究	福州市农业科学研究所
31	优质早熟小果型冬瓜品种选育	福州市蔬菜科学研究所
32	景天科多肉植物引种与产业化研究	福州市农业科学研究所
33	晚抽薹萝卜新品种选育	福州市蔬菜科学研究所
34	长乐市滨海沙地马铃薯新品种的引进与利用	福州市科学技术情报研究所(福州市生产力促进中心)、福建省农业科学院作物研究所,长乐市梅花镇人民政府
35	优质耐寒、耐抽薹青梗菜新品种选育	福州市蔬菜科学研究所
36	优质、高产、广适杂交稻新组合花2优315的产业化开发	福建亚丰种业有限公司、福建农林大学作物遗传改良研究所
37	夏秋醇香绿茶加工工艺技术的研究推广与示范	福建省蓝湖食品有限公司
38	铁皮石斛和金线莲林地轻简、高优、低碳型栽培技术研究	福州市农业科学研究所
39	高品质青梅精加工及剩余物高值化利用关键技术研究与产业化	福州大世界橄榄有限公司、福建农林大学食品科学学院
40	耐低温弱光番茄新品种选育	福州市蔬菜科学研究所
41	柑橘粉虱绿色防控集成技术研究与应用	福州市农业科学研究所
42	茉莉花温室大棚栽培技术研究	福州市经济作物技术站(福州市都市现代农业发展中心)、福建春伦茶业集团有限公司
43	应用SODm提高茉莉花香质及产量的研究与推广	闽榕茶业有限公司、福建农林大学生命科学学院
44	理想氨基酸模式在北京鸭低蛋白质配合饲料中的应用及产业化开发	福建省华龙集团饲料有限公司
45	白沙镇乡村智慧旅游平台建设	闽侯县白沙镇旅游文化协会
46	大豆油脂高效节能浸出技术研究及产业化应用	福建康宏股份有限公司

(丁可锋)

科技成果管理

【科学技术奖励】 2015年,福州市有10项科技成果被授予2015年度福建省科学技术奖,其中福建星网锐捷网络有限公司、北京星网锐捷网络技术有限公司、华中科技大学合作完成的"G比特企业级无线接入技术研发及产业化"获一等奖,中邮科通信技术股份有限公司完成的"基于普通入户线缆的LTE信号精确覆盖延伸设备"等2项获二等奖,福建海源自动化机械股份有限公司完成的"HET2000复合材料自动液压机"等7项获三等奖。

根据《福州市科学技术奖励办法》,经过项目征集与受理、公示、专业组集中评审、市科技奖励委员会审议和表决、市政府审批等程序,市政府于12月3日发布《福州市人民政府关于颁发2015年度福州市科学技术奖的决定》,决定授予83项科技成果为2015年度福州市科学技术奖。其中,市科技进步奖一、二、三等奖分别为5项、19项和43项,市专利奖金奖、优秀奖分别为2项和14项。获奖的市科技进步奖成果中,按成果类型分:鉴定类5项,评审类7项,验收类14项,发明专利类25项,软件著作权15项,农业新品种1项。获市科技进步奖成果大都得到推广应用,2012—2014年,累计新增产值1009416.11万元(新增产值亿元以上的有16项),新增利润92416.38万元,新增税收33509.26万元。

表41 **2015年福州市获省科学技术奖项目**

序号	项目名称	奖项类别	获奖等级	主要完成单位	主要完成人员
1	G比特企业级无线接入技术研发及产业化	科技进步奖	一等奖	福建星网锐捷网络有限公司、北京星网锐捷网络技术有限公司、华中科技大学	邱根生 姚 辉 郑 磊 莫益军 黄 赞 张炯煌 沈 翀 王德胜 潘文贤 康贤昆
2	85M海底支持维护船	科技进步奖	二等奖	福建东南造船有限公司	张金香 高登攀 程 榕 王碧荣 叶高帮 陈建杰
3	基于普通入户线缆的LTE信号精确覆盖延伸设备	科技进步奖	二等奖	中邮科通信技术股份有限公司	张健荣 林 宇 范叔亮 陈群峰 谭金生 廖小康 林玮
4	基于消息链的树形协同管理创新平台	技术发明奖	三等奖	福建榕基软件股份有限公司	靳 谊 林利炜 陈 敏 陈明平 万孝雄
5	HET2000复合材料自动液压机	科技进步奖	三等奖	福建海源自动化机械股份有限公司	李良光 王 琳 廖永辉 陈 远 宋闽杰
6	基于云存储的非结构化数据管理平台	科技进步奖	三等奖	福建亿榕信息技术有限公司、国网福建省电力有限公司	倪时龙 苏江文 宋立华 吴文宣 叶 勇
7	一种光学蒸镀用材料及其制备方法	科技进步奖	三等奖	福建阿石创新材料股份有限公司	陈本宋 陈钦忠 张 科
8	基于动态信息的城市智能交通项目	科技进步奖	三等奖	中邮科通信技术股份有限公司	林贤标 林佳明 蒋雪宁 林 容 白 舸
9	数字移动多媒体云存储服务平台的研究	科技进步奖	三等奖	福建星网视易信息系统有限公司	林銮娟 刘灵辉 陈 凤 陈 凤 黄晨东
10	B06II存折票证打印机	科技进步奖	三等奖	福建实达电脑设备有限公司	陈铭邦 林艳青 戴 乐 李桂海 郑国日

表42 **2015年福州市科技进步奖项目**

序号	项目名称	获奖等级	主要完成单位	主要完成人员
1	搭载X-sense智能天线的G比特无线接入点	一等奖	福建星网锐捷网络有限公司	邱根生 姚 辉 郑 磊 黄 赞 张炯煌

续表 42－1

序号	项目名称	获奖等级	主要完成单位	主要完成人员
2	基于110纳米工艺的超高清音视频处理SoC(FBS601)芯片与嵌入式软件	一等奖	贝莱特集成电路(福州)有限公司	陈炳来　谢锦煌　陈　江　李铮　黄江勇
3	数字福州地理空间框架建设项目	一等奖	福州市勘测院	刘　仁　李建榕　刘靖球　何贞建　王秀明
4	110KV及以上电压等级输电线路新型距离保护研究应用	一等奖	国网福建省电力有限公司检修分公司	曾惠敏　林富洪　郑志煜　吴善班　佘剑锋
5	橄榄精深加工的复合酶制剂及其制备方法	一等奖	福州大世界橄榄有限公司	刘清培　陈　成　郑华淋　郑秀丽
6	3104H19易拉罐罐体用铝合金带材	二等奖	中铝瑞闽股份有限公司	黄瑞银　廖明顺　罗筱雄　冉继龙　林梅钦
7	山楂果、叶综合加工技术研究与产业化	二等奖	福建胜基食品饮料有限公司、福建师范大学福清分校、福建师范大学生命科学学院	张文森　范小华　钟剑霞　黄鹭强　郭清坤
8	南方地区公路水泥混凝土路面加铺改建技术研究	二等奖	福州市公路局、福州大学、福建省公路管理局	刘发水　胡昌斌　林晓威　张　峰　侯丹黎
9	国家级电子文件管理系统	二等奖	福建亿榕信息技术有限公司	倪时龙　林振天　陈又咏　黄敬林　方镇林
10	SPF种蛋外源病毒检测体系的建立及其应用研究	二等奖	福州大北农生物技术有限公司	陈景容　陈晟生　吴润生　赖道华　林拱阳
11	4G网优测试数据管理平台V1.0	二等奖	中富通股份有限公司	陈融洁　张立达　陈增铂　蒋国雄　郑晶晶
12	HFCJ型MHL显示器	二等奖	福建捷联电子有限公司	钟连生　林海亮　谢洪洲　冯雪武
13	福州城乡0～14岁儿童哮喘流行病学调查研究	二等奖	福建省福州儿童医院	唐素萍　刘艳琳　陈　燊　董　李　华云汉　郭依华
14	福光FTA天线信息管理系统V1.0及其应用研究	二等奖	福州福光电子有限公司	孙　毅　刘　李　刘文集
15	85M海底支持维护船	二等奖	福建东南造船有限公司	张金香　程　榕　王碧荣　叶高帮　陈建杰
16	魔芋葡甘聚糖功能基料的制备、分析评价及其应用研究	二等奖	福清市质量技术监督局、福建师范大学福清分校、福建农林大学食品科学学院	何明祥　王良玉　庞　杰　王雅立　吴先辉
17	基于膨化软颗粒生产方法的功能性大黄鱼配合饲料的开发	二等奖	福建天马科技集团股份有限公司、厦门大学、福建天马饲料有限公司	张蕉南　艾春香　胡　兵　李　惠　张蕉霖
18	KYN44A－40.5型户内铠装移开式交流金属封闭开关设备	二等奖	天一同益电气股份有限公司	朱永波　郑品品　王志高　张晓东　危　军
19	Teleware国土资源一张图管理系统及其应用研究	二等奖	福建特力惠信息科技股份有限公司	陈曙光　彭清新　李志林　张江辉　陈汉聪
20	抗菌性微孔改性EVA材料研制及其在背包中的应用	二等奖	祥兴(福建)箱包集团有限公司	薛行远　陈　盛　林渊智　陈　琼　陈建辉

续表 42－2

序号	项目名称	获奖等级	主要完成单位	主要完成人员
21	草莓新品种选育及种苗脱毒繁育体系建立	二等奖	福州市蔬菜科学研究所	花秀凤　陈　铣　朱海生　陈爱华
22	多孔钽金属治疗早中期股骨头缺血性坏死的系列研究	二等奖	福州市第二医院	张怡元　陈顺有　林　煜　冯尔宥　肖莉莉
23	汽车半钢化夹层全景天窗玻璃新产品的研发与应用	二等奖	福建省万达汽车玻璃工业有限公司	张金树　陈华颖　温荣翘　郑善禄
24	一种提高镍铁渣粉磨效率和活性的方法及应用研究	二等奖	福建源鑫环保科技有限公司	杨全兵　陈必松　张雅钦　罗永斌　陈尚鸿
25	新东网电信电子渠道软件	三等奖	新东网科技有限公司	曾忠诚　李壮相　吴立铃　李丽权
26	基于SM系列密码算法的SM2数字证书身份认证网关软件及其应用研究	三等奖	福建省数字安全证书管理有限公司	郭　刚　李　新　林　旭　翁梅珍　王　胜
27	星云动力电池组工况模拟测试系统及其应用研究	三等奖	福建星云电子股份有限公司	李有财　陈木泉
28	EVECOM应急指挥综合管理平台系统	三等奖	长威信息科技发展股份有限公司	林韶军　陈征宇　林文国　何亦龙　刘　葳
29	三奥新媒体融合播控管理系统	三等奖	福建省三奥信息科技股份有限公司	卓　华　邱源峰　沈　刚
30	多数据库之间数据交互的方法装置及分布式数据交互系统及其应用研究	三等奖	福建省新泽尔资讯科技有限公司	苏彩通　姜士镒
31	混凝土预制构件的生产方法及其应用研究	三等奖	福建建华管桩有限公司	陈　亮　林华锋
32	凸极式交流同步发电机转子线架及其应用研究	三等奖	福建永强力加动力设备有限公司	林朝文　彭　勇
33	新型的带有鞋面编织功能的智能化横机控制系统	三等奖	福建睿能科技股份有限公司	张国利　许志远　林　杰　韩兴涛　张征
34	外周性性早熟病因诊断与治疗研究	三等奖	福建省福州儿童医院	陈瑞敏　杨晓红　张　莹　林祥泉
35	同轴双止回阀瓣差程装置	三等奖	福建高中压阀门科技有限公司	梁耀东　陈庆平　沈少华　金明钦　倪金昌
36	高端装备制造业特大型洁净铸钢件关键性技术研究及产业化	三等奖	福建兴航机械铸造有限公司	陈忠振　郑建斌　李章新　陈忠霆
37	新型工业用碱性蛋白酶生产技术开发	三等奖	福建福大百特科技发展有限公司	叶秀云　林　娟　张　洋　杨　捷　靳伟刚
38	乳腺癌iNOS、COX－2、PTEN表达与淋巴管生成及细胞凋亡的关系研究	三等奖	福州市第一医院、福建医科大学附属第一医院	黄玉钿　张　声　郑　曦　吴钦穗　黄双月

续表 42－3

序号	项目名称	获奖等级	主要完成单位	主要完成人员
39	新型发电机组负荷测试系统的研发	三等奖	福建永强力加动力设备有限公司	卓本与　黄　宪　许天津　林潮文　周　俊
40	新型微生物发酵产品的研制及其在饲料中的应用	三等奖	福建省新闽科生物科技开发有限公司	李泳宁　陈炳钿　周文艺　冶双德　刘惠芳
41	儿童 OSAHS 的规范诊疗模式研究	三等奖	福建省福州儿童医院	沈　翎　许杨杨　林宗通　杨中婕　吴淑芳
42	高效超线性射频功率放大器	三等奖	数微(福建)通信技术有限公司	张光飞　吴盛有　吴　兴
43	异常业务风险监测系统	三等奖	福建合诚信息科技有限公司	洪文木　朱正珊　林　皇　王长松
44	设施茄科蔬菜灰霉病综合防治技术研究	三等奖	福州市蔬菜科学研究所	陈　仁　陈群航　杜宜新　黄建都　陈福如
45	数字移动多媒体云存储服务平台的研究	三等奖	福建星网视易信息系统有限公司	林鎏娟　刘灵辉　陈　凤　陈　凤　刘　旺
46	电能表智能周转柜	三等奖	福建网能科技开发有限责任公司	罗义钊　陈　彪　陈　亮　林志文　魏利龙
47	一种 PCB 板上塞孔防焊油印刷导通孔的检测方法及其应用研究	三等奖	福州瑞华印制线路板有限公司	陈跃生　詹少华　黄传康　郭正平
48	一种光学蒸镀用材料及其制备方法	三等奖	福州阿石创光电子材料有限公司	陈本宋　陈钦忠
49	一种食用菌菌包净化冷却设备及方法	三等奖	福州科力现代农业科技开发有限公司	任尊展　林兴德
50	鼎天 12316 农业服务热线应用平台	三等奖	福建鼎天农业科技有限公司	赵伯建　程章新　林　源　吴明敏　陈　廉
51	GXPE 耐热聚乙烯管道及其应用研究	三等奖	福建恒杰塑业新材料有限公司	王存奇　蔡理云　许建钦　林真源　张正华
52	钢管混凝土拱桥预防性养护技术及措施研究	三等奖	福州市公路局、福州大学	刘发水　陈宝春　林晓威　韦建刚　任恢国
53	四创防汛会商一体机	三等奖	福建四创软件有限公司	汤成锋　陈博嘉　张　凌　曾　伟　林　铸
54	扇区增量的树形多层覆盖层的磁盘保护系统	三等奖	福建升腾资讯有限公司	张　辉　张　伟　李承颖
55	基于 Android 的 WLAN 测试优化软件	三等奖	福建省邮电规划设计院有限公司	郑文生　宋鸿鹔　伍智翔　王哈梵　唐　云
56	出口养殖水产品沙门氏菌污染的风险管理和监控体系建立的应用与研究	三等奖	福州出入境检验检疫局综合技术服务中心	马　艳　林　杰　陈　迪　黄建生
57	一种半话李生产工艺及应用研究	三等奖	福建省永泰县顺达食品有限公司	林　程　林　晶　林　锰　张惠珍　林　艳

续表 42－4

序号	项目名称	获奖等级	主要完成单位	主要完成人员
58	医用电动检查床	三等奖	福州合亿医疗设备有限公司	曾海沧　唐宏成　杨　庆　陈　聪　卓先楷
59	发电机照明装置及其应用研究	三等奖	福建锐霸机电有限公司	萧绍端　何卫文
60	一种感应洁具冲洗阀及应用研究	三等奖	福州洁博利感应设备有限公司	李达良　郑少波
61	鲍鱼、海参、藻类立体生态养殖及工厂化养殖	三等奖	福州市海洋与渔业技术中心	陈国生　龚孟忠　杨　铭　游小艇　祝　立
62	恒锋数据中心集成节能管理平台	三等奖	恒锋信息科技股份有限公司	魏晓曦　欧霖杰　陈朝学　熊炳中　陶　英
63	具有太阳能电池功能的电子手表链及其制备方法	三等奖	福建瑞达精工股份有限公司	蒋　维　甘纯玑
64	肺癌组织学分型免疫组化多重染色检测方法及其应用	三等奖	福州迈新生物技术开发有限公司	杨清海　王小亚　陈惠玲　周洪辉　傅椿辉
65	低泡液体聚醚类废纸脱墨剂	三等奖	威尔（福建）生物有限公司	齐文刚　黄继富　许　贤　邱炳生　刘文通
66	一种燃烧生物质成型燃料锅炉的二次风机构及其应用研究	三等奖	福建绿源新能源科技有限公司	林祖顺　詹玉明　王圣敏
67	一种具有蓄电池保护功能的风光互补系统	三等奖	福建明业新能源科技有限公司	何孝定　刘声文　徐凯歌

（郑荣火）

技术市场管理

【产学研工作】　2015年，推动在榕高校科研院所，包括福州大学、福建师范大学、福建农林大学、福建工程学院、闽江学院等承担市级项目，全年受理31项，立项22项。

依托与清华大学等13所与福州市签约高校开展产学研合作工作，组织“清华·福州论坛”的分论坛——“中国制造2025·专家论坛”，80多名企业技术负责人或代表到会听取清华大学院士和教授的专题报告，发布清华大学两批61项重点推广科技成果。祥兴集团与清华大学联合推进“清华大学——祥兴集团联合研究中心”建设；海源机械与清华大学开展建筑、工业及家用3D打印机等方面的合作；朗宇环保科技公司依托清华大学建立全省首家专业声学实验室；星网锐捷引进清华大学国家863计划研究成果的“可重构网络操作系统”项目实现投产，新增产值3000万元，创利税330万元。市科技局与中国技术交易所等单位合作，在仓山区金山投资区举办“军转民项目”科技成果介绍会，发布电子信息、先进制造业和新材料等军转民项目近80项。

9月25日，以“科技、文化、创新”为主题的“清华·福州论坛”在福州开幕

（市科技情报研究所　供）

【技术市场建设】　发挥福州市技术转移中心公共技术服务平台作用，促进高

校院所的科技成果转化。市技术市场与省知识产权局共同承办"福建省高校院所化工领域专利对接会",全省各地化工领域企业、高校科研院所及各设区市知识产权局近300人参加会议。对接会签订专利技术转让(许可)合同20项,专利技术47件,总金额达2197万元。

开展技术转移公共服务平台建设和创新驿站建设。技术转移公共服务平台年内新增3家机构入驻,分别是福州瑞博通商务服务有限公司、福建鑫牛投资咨询有限公司、福州百夫卡网络科技有限公司。在自贸区福州片区设立技术转移和知识产权服务办公室,服务自贸区福州片区和马尾的企业。受中国技术交易所委托,入驻新建立的福建省海峡技术转移中心。

【成果对接】 征集"6·18"项交会对接项目32个、技术需求项目15个,邀请专家8人。开展"6·18"项交会科技展团展示项目征集工作,组织51家企业参加省科技厅"2015海峡技术转移专场推介会",包括"福建—独联体精细化工和生物医药高新技术成果推介对接会""中国技术交易所项目成果推介对接会""机械总院智能制造专题对接会"等5场对接会。

【技术合同认定】 全年完成技术合同认定1483项,合同成交总额18.52亿元,其中技术开发合同836项,金额10.04亿元;技术转让合同167项,金额7.22亿元;技术咨询合同318项,金额0.24亿元;技术服务合同162项,金额1.08亿元。

(李海峰)

知识产权保护

【知识产权示范城市建设】 2015年,福州市通过首批国家知识产权示范城市复核,保留"国家知识产权示范城市"称号,进入新一轮示范城市建设;在全国25家地市级示范城市中期考核中成绩居全省第一;在2014年度全省绩效评估指标考核中专利指数考评分数居全省第一。全年专利申请量15443件,同比增长42.41%,其中发明申请量5433件,同比增长35.12%,占申请总量35.18%,申请结构更加优化;专利授权量10271件,同比增长52.46%,其中发明授权量2096件,同比增长56.42%。发明专利申请与授权量继续保持全省第一。至年底,全市有效发明专利拥有量6835件,居全省首位,每万人有效发明专利拥有量9.75件。

全市各县(市)区知识产权机构实现全覆盖,市知识产权局增设保护协调科,市委编办批准同意增加4名参公编制,推动福州市自贸区成立知识产权局,为新设立的自贸区8个部门之一。启动福州市"十三五"知识产权发展专项规划编制。推进国家知识产权局专利局专利审查协作中心、北京中心、福建省分中心建设。推进知识产权强县工程建设,将发明专利申请量增长率指标、每万人发明专利拥有量、专利授权量增长率构成专利考核指数作为县(市)区绩效考核内容,权重分别占20%、50%、30%。

年内鼓楼区、长乐市、仓山区、闽侯县专利申请量分别为3298件、2561件、2394件、2261件,该四县区的专利申请总量占全市的68.08%。长乐市、永泰县、鼓楼区、罗源县专利申请总量增长率分别达139.79%、112.82%、69.82%、54.41%。长乐市、鼓楼区、仓山区、闽侯县专利授权总量分别为2029件、1723件、1695件、1529件,该四县区的专利授权总量占全市的67.92%。永泰县、长乐市、连江县、闽侯县专利授权总量增长率分别达264.29%、180.25%、65.87%、65.30%。至年底,福清市进入国家知识产权示范城市培育阶段,仓山区、鼓楼区和闽侯县(年内新增)列为国家知识产权强县工程试点县(区),7个县(市)区列为省知识产权强县。

【知识产权创造】 贯彻执行《福州市自主知识产权奖励办法》,加大创新激励力度,提升知识产权创造能力。年内市知识产权局受理知识产权资助1515件,资助金额795.19万元,受理奖励1517件,奖励金额589万元,福州市专利申请与授权继续保持稳步增长,发明申请量占总申请量的35.18%。福州市新增各级各类知识产权试点示范企业49家。其中,1家企业(福建星网锐捷通讯股份有限公司)入选2015年国家知识产权示范企业,2家企业(福建雪人股份有限公司、福建福光数码科技有限公司)入选2015年国家知识产权优势企业,1家企业(福耀玻璃工业集团股份有限公司)通过国家知识产权管理体系认证;18家企业入选2015年福建省知识产权优势企业,2家企业列为2015年度福建省专利导航试点企业;25家企业入选2015年福州市知识产权示范企业。至年底,福州市有各级知识产权试点示范企业334家,其中国家级35家、省级113家、市级186家。涌现出一批如星网锐捷、华映显示、华映光电、福耀玻璃、捷联电子、新大陆、瑞芯微、联迪、高意通讯、福建移动、福光电子等依托自主知识产权打造核心竞争力的知识产权优势企业。

【知识产权运用】 灵活运用知识产权制度,促进企业专利产业化,推荐18件专利技术项目列入2015年福建省专利技术实施与产业化计划项目,获270.4万元支持。组织优秀专利项目参评专利奖,获2015年第十七届中国专利奖4项(中国专利优秀奖3项、中国外观设计优秀奖1项);组织评选出2015年度福州市专利奖16项(金奖2项、优秀奖14项)。有35家企业获2015年度福建省企业发明专利授权项目(首次获得)。强化知识产权金融服务工作,质押融资规模得到快速发展,全年福州市24家企业累计获专利权质押贷款37697.94万元,同比增长68.97%,开展专利权质押贷款贴息工作,7家企业列入福建省企业专利权质押贷款贴息项目并获得省、市贴息资金共319.9万元;推进全国专利保险试点工作,在2015年全国知识产权金融服务工作培训会议上,福州市专利保险工作成效位居全国前列,全年全市65家企业523件专利投保专利保险,缴纳保费37.48万元,保障金额903.6万元,投保专利、保障金额均比上年有较大幅度增长,开展专利保险保费补贴工作,33家知识产权示范企业获专利保险保费补贴近5万元。实施专利导航试点工程,提升专利布局和专利运营能力,国家第二批专利运营试点单位——国家专利技术(福建)展示交易中心组织举办全市专利运营研讨会;与省知识产权局签订协议,对厦门大学、福州大学、福建师范大学、福建农林大学、福建省农科院、中科院物构所6所高校院所的120项优质专利进行收储转化;承办"2015·第九届中国专利周福建地区活动启动仪式暨化工领域专利对接会",签订专利技术转让(许可)合同20份,专利技术47项,总金额达2197万元;开展中小企业知识产权托管工作,累计有46家企业与代理机构参与知识产权托管;国家首批专利运营试点单位——福耀玻璃工业集团股份有限公司委托国家知识产权局专利预警中心开发针对汽车玻璃设备领域的《美国专利侵权检索与分析》,为企业在研发汽车玻璃设备领域提供专利预警分析;年内新增新大陆集团、金源泉为2015年度福建省专利导航试点企业。

【知识产权保护】 开展知识产权"护航"专项行动,重点打击侵犯知识产权、假冒专利现象突出地区,以商场超市等专利商品主要流通领域为专项行动检查的主要场所,重点查处医药、食品、玩具、电器、汽车配件、家居建材等涉及专利技术重要商品,遏制大规模恶性侵权事件发生,全年联合有关部门出动人员达300多人次,处理假冒专利案件150件;处理专利侵权纠纷调解案件16件,受理专利侵权纠纷案件23件,应诉并胜诉行政诉讼案件2件。建立联合协作机制提升执法合力,市知识产权局与市法院、市检察院、市公安局、市工商局、市文化新闻出版局、福州海关联合建立全市知识产权行政调解与司法诉讼联合对接机制;与市公安局经侦支队建立联动执法常态机制,签署《打假维权合作机制备忘录》;强化与全省8个城市专利执法案件移送机制,以及与闽粤沿海11个城市知识产权协作机制,参加闽粤沿海城市保护知识产权工作第十二次联席会,推动12个城市间共同打击专利侵权与假冒行为。完善专利联络员制度,推动保护关口前移,在全省率先建立大型商场、超市、媒体专利联络员制度,全市拥有21家大型商场、超市、医药连锁商店和4家新闻广告媒体的专利联络员近百名,制止假冒专利商品流入市场。市知识产权局组织执法人员参加"体博会"、"5·18"海交会、2015年秋季高校仪器博览会等展会知识产权维权和保护工作,为展会提供法制保障。

【知识产权文化】 利用"4·26"世界知识产权日、第九届中国专利周等时机深入社区、企业、学校开展知识产权宣传活动,通过省市电视台、报刊、网站、短信平台等媒体宣传全市知识产权工作动态,组织专业人员制作《福州市国家知识产权示范城市宣传片》,推荐优秀专利参加"6·18"优秀专利展。组织举办各类知识产权培训,开展知识产权远程教育培训,全年面向企业需求设置20门课程,组织3100多人次参加知识产权远程教育培训;组织近百家企业举办专利布局初级实战班、专利分析初级实战班、专利申请与撰写培训班等,邀请国家知识产权局专家进行授课,111人次获国家知识产权局颁发的结业证书;组织企业参加专利运营工作研讨会、企业知识产权管理规范、企业专利权质押贷款、专利保险等专业培训,提升企业知识产权工作能力;福州第三中学列入首批全国中小学知识产权教育试点学校。开展"四进万家"服务企业活动,带领有关专家和服务机构人员深入各县(市)区中小企业开展知识产权宣讲活动,加强企业知识产权工作调研和服务。

表43 **2015年福州市各县(市)区专利申请量与授权量统计** 单位:件

县/市区	专利申请量				专利授权量			
	总数	发明	实用新型	外观设计	总数	发明	实用新型	外观设计
鼓楼区	3298	1507	1387	404	1723	547	843	333
台江区	672	231	255	186	476	85	210	181
仓山区	2394	874	991	529	1695	464	822	409
晋安区	887	259	457	171	703	151	384	168
马尾区	1230	564	584	82	782	168	471	143
闽侯县	2261	1050	976	235	1529	438	913	178
长乐市	2561	230	2193	138	2029	85	1788	156
福清市	1163	614	367	182	689	119	323	247
连江县	436	28	286	122	345	14	227	104
罗源县	210	25	150	35	117	4	82	31
永泰县	166	37	99	30	102	11	27	64
闽清县	165	14	105	46	81	10	32	39
合　计	15443	5433	7850	2160	10271	2096	6122	2053

说明:1. 表中统计数据的原始资料由省知识产权局提供并校正确认,经市知识产权局分离处理后所得

2. 各县(市)区数据以省知识产权局年度最终校正公布为准

表 44

2015 年第十七届中国专利奖福州市获奖项目

序号	奖项	专利名称	专利号	专利权人	发明人(设计人)
1	中国专利优秀奖	一种在常温下运行的多梳栉经编机	ZL200910111544.4	郑依福	郑依福
2	中国专利优秀奖	报文缓存管理方法、装置及网络设备	ZL201010553882.6	福建星网锐捷网络有限公司	陈宏涛　马晓靖　黄金思
3	中国专利优秀奖	一种低辐射镀膜玻璃	ZL201110203298.2	福耀玻璃工业集团股份有限公司、福建省万达汽车玻璃工业有限公司	尚贵才　李艺明
4	中国外观设计优秀奖	手表(H033)	ZL201330036770.8	福州宜美电子有限公司	陈祖元　王一军　文昌俊

表 45

2015 年第五届福州市专利奖项目

序号	奖项	专利名称	专利号	专利权人	发明人(设计人)
1	金奖	一种汽车玻璃商标标志印刷系统及方法	ZL201310208098.5	福耀玻璃工业集团股份有限公司	福原康太　张小荣
2	金奖	POS 终端、终端接入前置、主密钥管理系统及其方法	ZL201210106378.0	福建联迪商用设备有限公司	陈瑞兵　高明鑫
3	优秀奖	智能天线的上行信号接收控制方法、装置及无线接入点	ZL201210092678.8	福建星网锐捷网络有限公司	郑　磊　陈建祥
4	优秀奖	一种耐热非－K12 大肠杆菌植酸酶及其生产	ZL200880131973.1	福建福大百特科技发展有限公司	叶秀云　李仁宽　靳伟刚　陈彩芳
5	优秀奖	高强聚酯纤维层压膜结构材料枢纽工程工艺	ZL200810072507.2	福建思嘉环保材料科技有限公司	张宏旺　黄万能　李如晓　蒋石生
6	优秀奖	一种三甲基氢醌的绿色制备方法	ZL201110182496.5	福建省福抗药业股份有限公司	张发香　张　颖
7	优秀奖	一种塑料管材定型挤出生产工艺及挤出装置	ZL200910112140.7	福建祥龙塑胶有限公司	李基安　姚忠亮　林振宇　戴永顺
8	优秀奖	点阵式印字设备缺点恢复的控制方法	ZL200810072040.1	福建实达电脑设备有限公司	郑国日　陈铭邦
9	优秀奖	烤鳗工业污水处理工艺及其系统	ZL201210091986.9	陈　宏	陈　宏
10	优秀奖	一种用于票据印刷在线检测的可变号码定位方法	ZL201210309550.2	鸿博股份有限公司	廖金辉　蒋晓炜　陈攸欢
11	优秀奖	分段层式结构变压器	ZL201010300554.5	福州天宇电气股份有限公司	江惠贞
12	优秀奖	一种高折射率蒸发材料钛酸镧混合物及其制备方法	ZL201010558945.7	福州阿石创光电子材料有限公司	陈本宋　陈钦忠
13	优秀奖	用于臭氧发生器的放电单元	ZL200710137459.6	福建新大陆环保科技有限公司	王　涛　陈　健

续表45

序号	奖项	专利名称	专利号	专利权人	发明人(设计人)
14	优秀奖	伴唱字幕显示系统及方法	ZL201210209201.3	福建星网视易信息系统有限公司	蔡智力　邹应双　刘灵辉
15	优秀奖	树形数据结构的展示方法与系统	ZL201110367407.4	福建榕基软件股份有限公司	林利炜　邹洪茂
16	优秀奖	安全支付与移动支付可分拆组合的支付终端及其支付方法	ZL201110034174.6	福建新大陆支付技术有限公司	翁玉其　林　林　黄建新　高　锵

表46

2015年福州市新入选福建省知识产权优势企业

序号	企业名称	序号	企业名称
1	中建海峡建设发展有限公司	10	福建榕基软件股份有限公司
2	福建睿能科技股份有限公司	11	福建永福工程顾问有限公司
3	长乐恒申合纤科技有限公司	12	福建奋安铝业有限公司
4	福建创高安防技术股份有限公司	13	福建星海通信科技有限公司
5	福建亿榕信息技术有限公司	14	福建四创软件有限公司
6	长乐力恒锦纶科技有限公司	15	福建凯邦锦纶科技有限公司
7	好事达(福建)股份有限公司	16	福建新农大正生物工程有限公司
8	福建省金纶高纤股份有限公司	17	天一同益电气股份有限公司
9	福建阳谷智能技术有限公司	18	鸿博股份有限公司

表47

2015年福州市知识产权示范企业

序号	企业名称	序号	企业名称
1	福建省马尾造船股份有限公司	14	福建省二建建设集团有限公司
2	福州丹诺西诚电子科技有限公司	15	万农高科集团有限公司
3	福建省长乐市欣美针纺有限公司	16	福建高中压阀门科技有限公司
4	福州钜立机动车配件有限公司	17	福州金锻工业有限公司
5	福建省航韩机械科技有限公司	18	福建光阳蛋业股份有限公司
6	福州路雅鞋业有限公司	19	福建万众百源实业有限公司
7	福州皇家地坪有限公司	20	福州洁博利感应设备有限公司
8	福建坤彩材料科技股份有限公司	21	福建星云电子股份有限公司
9	福建三元达软件有限公司	22	福建兴航机械铸造有限公司
10	福州诺贝尔福基机电有限公司	23	福建福特科光电股份有限公司
11	福建兢辉环保科技有限公司	24	福州东星生物技术有限公司
12	福建新大陆支付技术有限公司	25	福建省永泰建筑工程公司
13	丽声助听器(福州)有限公司		

(黄绍梁)

科学普及

【科技政策宣传培训】 2015年1月28日，市科技局召开高新技术企业认定、复审申报工作培训会，邀请省科技厅、省财政厅业务负责人对高新技术企业认定申报、高新技术企业认定管理、研发项目归集、知识产权申报等内容进行介绍，有200多家企业、400多人参加培训。

2月5日，市科技局举办企业研发费用加计扣除政策培训班。培训主要对2014年度企业研发费用税前加计扣除申报及账务处理、研究开发活动的界定、研发项目申报程序及注意事项等内容进行解读，由市国税局、市地税局、市科技局业务负责人进行授课并现场答疑。培训对象包括各县(市)区科技负责人，高新技术企业及科技型企业分管领导、联络员及财务人员，参训人数近300人。

(王庆金)

【科普宣传活动】 5月16—22日，在全市范围内举办以"创新创业·科技惠民"为主题的2015年科技·人才活动周，5月16日开幕，市科技局、市委组织部、市委宣传部、市科协联合在闽江学院举办专场活动。活动现场，科技专家、科普志愿者为学生讲解知识产权、地震、气象、医疗卫生等科普知识，并开展义诊、咨询服务、发放宣传资料等活动。

自10月起，市科技局、市科协、市教育局、市环保局、市关工委联合主办第三十一届福州市青少年科技创新大赛，全市五区七县市中小学校、幼儿园推荐报送涉及17个学科的科技(教)创新、科幻绘画、科技实践、科学创意等参赛项目700多项。大赛评审工作分初评、复评、公示3个阶段进行，于12月8日结束，评出优秀科技创新项目159项(一等奖46项，二等奖53项，三等奖60项)，优秀科技实践活动26项(一等奖8项，二等奖8项，三等奖10项)，优秀科幻画作品125幅(一等奖25幅，二等奖40幅，三等奖60幅)，优秀科技辅导员科教创新作品29项(一等奖10项，二等奖10项，三等奖9项)，优秀科技教师10人，优秀组织奖6个。

全年福州市科技系统组织开展科技下乡活动27场，其中大中型科技下乡宣传活动及科技知识有奖竞猜活动10场，科技下乡培训咨询服务17场。发放各类科普、农业资料和图书约1960册，发放有奖竞猜奖品1235件，赠送优良蔬菜种子2700多包，马铃薯种薯3016斤，福字贴、春联约1050副。科技下乡参加人数2.43万人次，其中参加各类培训班人员405人次。

(王庆金　肖登峰)

气象事业

【概况】 2015年，福州市气象局下辖气象台、气象信息网络与装备保障中心、气象服务中心、农业气象试验站、防雷中心、财务核算中心及7个县(市)气象局和1个区气象局(晋安区)。建有1800个LED气象灾害预警发布终端，289个自动气象站、160个乡镇气象信息服务站，有2部风廓线雷达、1部移动应急指挥车、1部卫星接收站。

开展春运、春播期、汛期等重要季节气象服务，全国青年运动会、海丝博览会、海丝国际电影节、国际沙滩排球赛、中华龙舟大赛、渔博会、农交会等重大社会活动及春节等节假日气象服务保障工作。青运会期间，首次启动特别工作状态12天。

【气象防灾减灾】 有效防御6个影响台风、9场暴雨、2次强降温等灾害性天气过程，启动或提升重大气象灾害应急响应13次、36天，其中Ⅰ级2次。全市全年发布预警信号1243次，预警短信(不含红色预警全网发布)170万条，服务700万人次；发布微博6148条，推送微信1460条，新媒体用户达21万人。福州气象微博入选福建省十大政务微博。新增7个城市气象防灾减灾示范社区。

【公共气象服务】 开展五城区分区天气预报。改版福州气象微信和天气预报电视节目，青运会期间，增加18个赛事场馆天气预报。设立青运微网站，建成青运气象服务网站和手机APP。新增5600部公交车和出租车电子显示屏、25个自助图书馆及10个志愿服务驿站等社会公共发布渠道，公共气象预警信息覆盖率达95%。联合环保部门开展空气质量指数(AQI)预报、重污染预警业务。全年开展人工影响天气作业23次。开展城市内涝气象风险预警系统建设。

【台风气象服务】 台风"苏迪罗"对福州市造成严重影响期间，全市各级气象部门发布台风、暴雨预警信号249次，

8月8日下午4时左右，台风"苏迪罗"到来，市气象台的预报员们在分析研判"苏迪罗"的未来趋势及将对福州造成的气候影响　(市气象局　供)

预警短信202条,短信接收1426万余人次,其中通过“绿色通道”全网发送预警信息3次,实现预警信息全覆盖。市、县气象部门运用新媒体发布微博441条、微信21条,阅读量超223万人次,其中“福州气象”新浪微博最先发布台风登陆信息,单条阅读量逾18万人次,转发评论数达2500余条。市气象局与市电视台连续13小时逐时开展台风专题直播,接受各类采访20余次;在电视《天气预报》节目和各级气象网站中加入过程雨量图等实况,发布预警信号及防御指南。

【为农气象服务】 制定《福州市农业气象周年服务方案》,建立农业、林业、海洋渔业及养殖大户等专家联盟,开展“一县一品”“灾害性天气”专题农业气象服务,开展直通式气象服务。新增10个农田小气候站。继续推进连江“三农”专项实施县建设。

【气象现代化建设】 气象现代化指标列入县(市)区绩效考评。全市投入4027.06万元开展气象现代化项目建设。建成青运会及高影响天气精细化预报服务业务子系统、移动应急气象保障子系统、第二高清演播室及市气象预警中心暨青运气象台综合业务平台、福州市地质灾害气象风险预警服务平台。闽江口(琅岐)生态海洋气象综合观测站、晋安区国家一般气象观测站初步完成选址工作。福清国家气象观测站具备对比观测条件,罗源基本实现整体搬迁,连江启动搬迁前期工作。年度现代化得分89.16分,较上年提高6.75分。

【气象预测报体系建设】 搭建集监测、预报预警、服务于一体的青运会及福州城市精细化预报服务系统。升级省市县预报服务平台、综合业务平台和市县灾害性天气联防系统网络版。改造预警信号制作发布模块。规范市、县级业务对外服务登记本、服务产品制作模版和天气会商形式。

【气象观测网络系统建设】 年内地面气象观测业务质量综合指数为99.964%(设备可用性为99.992%、数据可用率为99.908%、正点数据到报率为99.963%)。新建18个青运会场馆自动站、改造6个自动站点、1套紫外线观测仪、1套全天空可见光成像仪、15套实景监控系统、1套波浪浮标遥测仪和10米、15米、60米梯度风观测等设备,基本实现城区站网空间分辨率达3×3公里。完成全市258个站点电子标签。完成全市观测业务标准化建设。罗源风廓线雷达、风云三号卫星接收站投入业务应用。

【气象法治建设】 取消4项行政审批中介服务事项。市行政审批窗口受理各类行政许可186件,办结181件,办结率为97%。全面梳理“一表两单”内容,公布市级气象部门行政权力清单。加强防雷安全管理,检查督查100多家危险化学品单位完成防雷安全整改及自查自纠。完成对60多家雷电防御重点单位安全负责人专项培训。公布福州地区第一批168家防雷安全重点单位名单。强化气象服务市场管理,立案32件、例行执法巡查93次,气球执法3次,防雷安全监督检查13家单位。

【部门合作】 与环保、建设、公安、交通、规划、国土、海渔、旅游、统计等多部门完善合作和信息共享机制。与市环保局建立环境气象业务发展和人工影响天气作业协作机制;与市建委开展天气预警和应急排涝联动;联合省气候中心、市规划设计院开展城市内涝气象风险预警系统研究与建设;共享市公安局“平安福州”55个城区主要易涝点周边视频监控;与规划部门合作开展福州城市热环境与风道规划研究;与市国土局共建地灾雨量监测点和地质灾害气象风险预警平台;联合市统计局、省气候中心开展气象服务效益评估。

【气象科普宣传】 联合市数字办、市委文明办、团市委、市妇联等单位,采取知识竞赛、讲座、夏令营等多种形式,通过电视、网站、微博、微信、手机客户端等多种渠道,传播气象科普知识。开展青运会志愿者骨干培训。将青运气象知识加入中国邮政青运专刊,发放市民百万人。编印《青运会气象服务志愿者知识读本》《青运会气象服务手册》《青运会气象服务早知道》近10万册,免费向运动员、裁判员、赛会组织管理人员及社会公众发放。

【气象科技创新与人才培养】 制定2015年度科技工作实施计划;获批省气象局课题6项;与南京信息工程大学开展局校合作;联合环保部门举办学术年会;研发“基于EC-thin福建乡镇精细化预报最优处理系统”;新增中国气象局远程培训示范点1个;聘请中国气象局干部学院专家为人才培养顾问;设立并举办福州气象学坛10期,举办业务培训11期,受训人员达300人次;获全省气象装备保障与信息网络职业技能竞赛团体第一名;“上挂下派”、短期业务交流干部15人。

(蓝巧玲)

防震减灾

【概况】 2015年,福州市地震局围绕地震监测预报、灾害防御、应急救援三大工作体系全面推进各项工作。地震监测预报方面,落实不间断值班制度和国庆、春节等重大节假日和重要时段地震“零报告”制度;召开半年和年度地震趋势会商会;动物园宏观观测点视频监控系统项目通过专家验收并投入使用。地震灾害防御方面,建成7个国家级地震安全示范社区,晋安区新秀社区成为福州市首个国家级地震安全示范社区;开展地震安全性评价监督管理工作;召开2015年度水口库区防震减灾联防协助会议;编制完成福州市防震减灾“十三五”规划初稿;开展地震科普知识“进学校、进社区、进乡村、进机关、进企业”活动。地震应急救援方面,提前完成福清、永泰17处地震应急避难场所建设任务;温泉公园视频监控及公共广播系统升级改造项目通过专家验收并投入使用;“武警福州支队地震应急救援队”揭牌成立;参与首届青运会地震风险防范保障工作,细化完成《青运会期间地震应急工作细化方案(预案)》。

年内,福州市地震局获“全国地市级防震减灾工作先进单位”和“全省市县防震减灾工作先进单位”称号,1人获“全国市县防震减灾先进工作者”称号。福州市地震应急指挥系统获评2015年度全国先进，罗源洋后里观测井获评全国第三名。

【地震监测预报】 坚持24小时不间断值班制度和重大节假日及重要时段地震“零报告”制度，开展地震观测、地下流体观测、宏观观测等日常地震监测工作。调查核实福州浦东、福清龙田、罗源洋后里的水位异常和福清江兜的水温异常，排除地震异常。召开福州市2015年年中和2016年度地震趋势会商会，进行综合分析研究并提出地震预测意见。更新完善全市“三网一员”名单，分两期开展福州市区“三网一员”业务培训。邀请省地震局专家进行“前兆流体观测数据处理及跟踪分析处理”等相关业务培训，组织2名工作人员赴省地震局进行为期3周的跟班学习。

年内完成福州市动物园宏观观测点视频监控系统项目建设，通过专家验收并投入使用，建成全方位24小时的自动化视频监控网络，可监测动物园周边环境及动物日常情况。

【地震灾害防御】 完成并公布权力清单，制定责任清单，调整取消1项市级公共服务事项。参与“新农村幸福家园示范村”和“美丽乡村示范村”项目建设，加强与福州市农业局（福州市农办）、县（市）区政府等联系合作，加大农居抗震设防宣传力度。开展地震安全性评价监督管理和检查。推进防震减灾宣传基地建设，制定福州市中小学生综合实践基地的防震减灾科普主题馆初步设计方案，与晋安区消防大队启动共建晋安区地震消防科普体验馆建设工作。

【创建国家级地震安全示范社区】 市地震局开展国家级地震安全示范社区创建工作，建立社区数据库，分类指导创建工作。市政府7月下发《福州市人民政府办公厅转发市地震局关于福州市地震安全示范社区建设工作实施意见的通知》，动员各县（市）区共同推动福州市地震安全示范社区建设。年内创建7个国家级地震安全示范社区。

【防震减灾宣传教育】 开展防震减灾科普知识和法律法规知识“进学校、进社区、进乡村、进机关、进企业”宣传活动，与“9·13”电台合作在五四北建发领第举办防震减灾亲子活动，联合福州电视台1频道《民生面对面》栏目，筹划制作“7·28”防震减灾特别节目《当地震来临时》。结合地震安全示范社区创建，在晋安区新秀、仓山区金骏、台江区洋头口等社区开展地震科普知识系列宣传活动，指导开展地震应急疏散演练。

【地震应急救援】 提前完成福清、永泰17处地震应急避难场所建设。8月，省地震局对福清市、永泰县地震应急避难场所建设情况进行检查验收。I类地震应急避难场所——温泉公园视频监控及公共广播系统完成升级改造，通过专家验收并投入使用。开展6轮市区地震应急避难场所巡检，对缺失或破损的标识牌进行修补。全市建成10支专业地震灾害紧急救援队伍，武警福州支队地震应急救援队6月在武警福建总队组织的应急救援小组评比竞赛中，获全省九市团体总分第一名；“7·28”唐山地震纪念日，武警福州支队地震应急救援队揭牌仪式在福州武警支队举行。派员参加国家地震紧急救援基地组织的地震救援队伍业务培训。

“5·12”防震减灾宣传活动周期间，市地震局组织福州市地震灾害紧急救援队、福清市地震灾害紧急救援队、福州市地震现场工作队，参加由省地震局和武警福建省消防总队主办的“闽动-2015”县级地震灾害紧急救援联动演练；加强与其他市救援队的联系交流，完善信息共享、预案衔接、联席联动等机制。

（郑彩婵）

（编辑　邱敏佳）

综　述

2015年，福州市社会科学界申报课题3项获国家社科基金项目立项，26项获省社会科学规划项目立项，12项获福州市社会科学研究规划课题立项，20项获市中国特色社会主义理论体系研究基地课题立项。市委党校、闽江学院、闽江师范高等专科学校、福州职业技术学院、市社会科学院、市政府发展研究中心、市委讲师团等7个理论研究基地全年公开发表研究成果400多项。《福州党校学报》《闽江学院学报》年内各出版6期，发表社科类论文、调研报告分别为107篇、144篇；出版《科研成果选编(2014)》，收录文章19篇。组织开展评选福州市第九届社科优秀成果和申报省社科联第十一届社会科学优秀成果奖。

表48　**2015年度福州市获国家社会科学基金项目立项课题**

项目名称	项目类型	负责人	所在单位
以公益求公平:清代科举考场研究	一般项目	毛晓阳	闽江学院
跨境电商与物流产业链的融合发展研究	青年项目	王　莹	闽江学院
广义修辞学视域中的《人民文学》(1949—1999)话语研究	青年项目	董瑞兰	闽江学院

表49　**2015年度福州市获福建省社会科学规划项目立项课题**

项目名称	项目类型	负责人	所在单位
社会主义核心价值观文化培育路径研究	一般项目	陈　义	闽江学院
新媒体时代提升高校舆论引导能力研究	一般项目	洪书源	闽江师范高等专科学校
福建建设生态文明示范区生态补偿机制研究	一般项目	兰绍清	福州职业技术学院
马克思公共产品理论视阈中的政府与市场关系再认识研究	一般项目	王同新	闽江学院
习近平人力资本思想对生态文明建设引领的机制研究	一般项目	林孟涛	闽江学院
朱子《小学》中的"孝"对宋元时期孝道文化影响研究	一般项目	方彦寿	福州海峡职业技术学院
福州城市旅游的动力机制与对策研究	一般项目	王国栋	闽江学院
腐败治理中政党主导与公众参与的耦合机制研究	一般项目	兰荣禄	福州市委党校
朱熹在福建的踪迹研究	一般项目	苗健青	福州外语外贸学院
大数据时代闽三角地区农村文化产业发展研究	一般项目	陈　欢	闽江学院
闽台书法基础教育比较研究	一般项目	欧键汶	闽江师范高等专科学校
国画家李耕古典人物画艺术研究	一般项目	凌春迎	闽江学院

续表 49

项目名称	项目类型	负责人	所在单位
全球价值链视角下我国制造业服务化研究	一般项目	刘贤昌	福州外语外贸学院
延迟退休年龄与延迟申领养老金年龄的框架效应研究	一般项目	吴祥佑	闽江学院
基于软预算约束的公私合作基础设施项目政府补偿机制研究	一般项目	刘元芳	闽江学院
十八大以来反腐隐喻话语研究	一般项目	毛峻凌	闽江学院
社会转型背景下大学生物质心理特征及其影响因素研究	青年项目	林巧明	福州外语外贸学院
移动互联下"数字福建"政府服务创新研究	青年项目	谢丽彬	福州外语外贸学院
福建自贸区与上海国际航运中心建设经验比较研究	青年项目	祝　捷	福州外语外贸学院
福建自贸区港口物流竞争力智慧物流发展研究	青年项目	刘　丹	福州外语外贸学院
基于任务技术匹配模型的手机 APP 购物顾客忠诚度研究	青年项目	田　娴	福州外语外贸学院
海峡西岸城市群培育提升研究	青年项目	李　为	福州外语外贸学院
福建省政策性农业保险市场化经营模式研究	青年项目	黄　凌	福州外语外贸学院
东南亚闽籍知名英杰研究	华侨史专项	陈日升	闽江学院
21 世纪福建侨资企业类别和结构分析	华侨史专项	陈成栋	闽江学院
福建省青少年社会主义核心价值观的现状调查及培育对策研究	省思政会专项	陈荣生	闽江师范高等专科学校

表 50　第一批福州市社会科学研究规划课题立项课题

项目名称	项目类型	负责人	所在单位
基于自贸区背景下两岸高职在线教育合作的研究	重大课题	兰绍清	福州职业技术学院
基于海陆统筹的福州现代海洋服务业发展壮大研究	重点课题	叶向东	福州市海洋经济学会
福州海洋水产养殖政策性保险定价研究	重点课题	彭建林	福州职业技术学院
福州市发展工业循环经济机制与政策研究	重点课题	吴飞美	闽江学院
人力资本视域中的福州市生态文明建设	重点课题	林孟涛	闽江学院
福州生态文明建设的顺势与突破	重点课题	李　为	福州外语外贸学院
福州漆艺文化创意产业化研究	重点课题	周榕清	福州市漆艺文化研究会
福州市乡村旅游发展的驱动系统研究	一般课题	范高明	福州职业技术学院
面向海西高职院校创新发展的学生顾客感知价值构成维度研究	一般课题	闫丹文	福州职业技术学院
基于淘宝指数与谷歌趋势下的电商业态时空分析及对策	一般课题	陈　洪	福州外语外贸学院
福建自贸区跨境电子商务发展研究	一般课题	许振宇	福州外语外贸学院
畲族非物质文化遗产发掘、传承及发展对策研究	一般课题	陈　栩	闽江学院

表 51　2015 年度福州市中国特色社会主义理论体系研究基地立项项目

项目名称	项目类型	负责人	所在单位
大数据思维重构网络舆论理性轨道的研究	重点项目	何　芸	市委讲师团
加快推进福州新区开放开发的思路与对策研究	重点项目	肖建明	市委讲师团
新常态下福州市民生态意识培育的研究	重点项目	杨红建	市委党校
大数据时代网络舆论引导策略研究	重点项目	王青松	市委党校
城市流动人口健康风险与公共医疗健康保障制度研究——以福州市为例	一般项目	丁凌风	晋安区委宣传部
优化全民创业软环境实现福州新跨越	一般项目	林琳仙	晋安区委党校

续表 51

项目名称	项目类型	负责人	所在单位
长乐市打造海上丝路战略枢纽城市研究	一般项目	陈爱玉	长乐市社科联
福州历史文化名镇名村保护与旅游开发研究——以永泰嵩口古镇为例	一般项目	柯兆云	永泰县委党校
基于21世纪海上丝绸之路的福州文化产业国际拓展研究	一般项目	陈登源	市委党校
深化法治福州建设研究——以加快推进行政审批制度改革为分析视角	一般项目	肖文桂	市委党校
榕台跨境电商与物流产业链的融合发展研究	一般项目	王　莹	闽江学院
双杭历史风貌区民俗文化价值研究	一般项目	郑新胜	闽江学院
弘扬传统家训文化与培育社会主义核心价值观研究	一般项目	李丽娟	闽江学院
社会认同视角下应对公共危机事件的官方话语修辞策略研究——以福州为例	一般项目	李慧敏	福州职业技术学院
自由贸易区视角下的福州国际航运中心建设研究	一般项目	祝　捷	福州外语外贸学院
福州大都市区发展战略研究	一般项目	李　为	福州外语外贸学院
闽台教育合作研究	一般项目	陈建辉	福州外语外贸学院
自贸试验区背景下闽台两岸金融一体化研究——以福州市为例	一般项目	陈　钦	福州外语外贸学院
福建马尾船政文化的保护、发展与传承的研究——以船政学堂为例	一般项目	吕卫平	格致中学鼓山校区
贯彻习近平总书记系列教育论述精神,把闽江学院办出特色办出水平	委托项目	张庆守	闽江学院

学术文化活动

10月16日,在鼓楼区温泉公园举办社会科学普及宣传周活动

(市社科联　供)

【促进自贸区建设座谈会】　1月16日,市社科联举办福州市社科界促进自贸区建设座谈会,探讨在自贸区建设的大背景下如何做好理论研究、社科宣传与普及工作,服务福建自贸区福州片区建设。专家学者均提出促进自贸区建设的建议和设想,主要内容有深入实地开展调查研究、科学合理设置干部培训课程、建设人才洼地吸引一流人才、加强对台合作交流学习台湾先进经验、大力发展海洋科学教育研究推进海洋经济、强化诚信城市建设创造优良营商环境等。

【海峡汉服文化节】　6月6日,民革福州市委、市社科联、市"非遗"保护中心、"台南市文化协会"等共同主办第三届海峡汉服文化节暨两岸"非遗"传承人青年论坛。文化节上,两岸传统文化传承人进行汉服展示,表演传统油纸伞制作、刺绣、传统纺织艺术、剪纸、粉线雕、按金等"非遗"技艺。在主题为"汉服与非物质文化遗产"的论坛上,两岸"非遗"青年传承人、专家学者、企业代表等从"非遗"文化与汉服文化的联系入手,交流与研讨如何进一步做好"非遗"的传承、保护和发展,倡议两岸同龄人以传统文化为纽带,进行展演、交流、研讨等,共同传承中华民族传统文化。

【古琴诗词暨国艺大赛】　6月17日,民建福建省委文化委员会、市传统文化促进会、市古琴研究会共同主办"琴谷书院杯"首届福州市古琴诗词暨国艺大赛。来自福州大学、福建农林大学、福建工程学院等院校的参赛选手分别演奏《平沙落雁》《广陵散》等多首古琴曲,吟诵《梦游天姥吟留别》《青青子衿》等古诗词。

【"读原著学原文悟原理"座谈会】　8月11日,市社科联组织召开福州市社科理论界"读原著学原文悟原理"座谈会,专家学者、学会代表围绕对《习近平谈治国理政》一书的学习进行研讨发言,主题涵盖管党治党新境界、马克思主义人民性、为人民服务的担当意识、辩证思维、法治建设、学习型机关建设、与传统文化相结合等方面。

【闽都文化论坛】 12月17日，由福州市闽都文化研究会、世界福州十邑同乡总会、厦门大学南洋研究院、华侨大学华侨华人研究院联合主办的第四届闽都文化论坛在马来西亚吉隆坡举行。该届论坛以“海外福州人与海上丝绸之路”为主题，收到海内外专家学者论文31篇，涉及中马人文交流、海外福州人的迁徙和再移民、海外福州人的创业精神和民族大义及家乡情怀等。 （吴家松）

【第三届诺贝尔奖经济学家中国峰会】 1月10日，在福建福州举行，由闽江学院新华都商学院和中华民营企业联合会联合举办，福建新华都慈善基金会承办。以“涅槃：适应新常态 凝聚新共识”为主题，汇集诺贝尔经济学奖获得者、闽江学院新华都商学院院长埃德蒙·费尔普斯，闽江学院新华都商学院理事长何志毅，第十届人大常委会副委员长蒋正华，中共中央委员、工业和信息化部原部长李毅中，著名经济学家吴敬琏等海内外经济学家、政府官员、企业家，探讨中国经济转型之路，为新常态下重铸“Made in China”内涵建言献计。

【第六期万卷论坛】 11月18日晚，闽江学院新华都商学院融奇商协主办，在闽江学院新华都商学院顺利召开。邀请新加坡国立大学投资学博士、副教授郑毅，开展主题为“Chinese Stock Market, Dream or Nightmare? ——An Institutional Analysis”的交流会。郑毅针对当前中国股市现状抛出三大问题，就股市的作用、我国与美国在股市与GDP两者相关性之间的对比联系；国有企业发展与我国所走的社会主义之路可能存在的问题；股权分制等问题进行剖析，还与同学们分享自身的经历和经验。

【雕塑学会年会】 12月4日，由福建省雕塑学会主办，闽江学院承办，上海谦四益文教艺术基金协办的福建省雕塑学会2015年年会暨闽江学院美术学院雕塑专业师生作品展在闽江学院举行。来自省内各大高等艺术院校的雕塑专业学科带头人，资深教授和专家，雕塑相关企事业单位的代表60余人参加会议。

（陈福虽）

社科研究成果

【市委党校研究成果】 2015年，全校教职工发表科研论文103篇，其中在省级CN以上期刊上发表82篇，市级CN刊物21篇。申报市级以上课题106项，立项69项。

年内主要立项项目有孙伟的《习近平同志主政福州期间关于福州发展战略的方略与实践》和兰荣禄的《腐败治理中政党主导与公众参与的耦合机制研究》2个省社科规划项目，有周挺的《以法治思维推进乡村治理创新研究》和林善炜的《“十三五”福州市制造业提升发展研究》2个全国行政学院科研合作基金课题，有蔡雄杰的《新时期领导干部道德建设研究》1个省中特理论体系研究中心项目，有杨红建的《新常态下福州市民生态意识培育的研究》、王青松的《大数据时代网络舆论引导策略研究》、陈登源的《基于21世纪海上丝绸之路的福州文化产业国际拓展研究》、肖文桂的《深化法制福州建设研究——以加快推进行政审批制度改革为分析视角》4个市中特理论体系研究中心项目。 （王鹏丽）

【闽江学院研究成果】 全年获各级各类社科项目立项199202项。其中，国家社会科学基金项目4项，省部级社科项目20项，市厅级社科项目72项，政府企事业单位委托社科项目33项，校级社科项目73项，社科类项目到校科研经费502.76万元。教师发表的50篇社科学术论文被SCIE、SSCI、EI、CSSCI等系统检索收录；教师主编出版社科类学术著作23部；福建省高校人文社科研究基地“互联网创新研究中心”获批依托学校立项建设，成立5个人文社科类校级研究机构。 （陈福虽）

【闽江师范高等专科学校研究成果】 全年承接省市科研项目25项。其中，《福建省青少年社会主义核心价值观的现状调查及培育对策研究》《新媒体时代提升高校舆论引导能力研究》《闽台书法基础教育比较研究》等3项获省社科规划项目立项，《立模块化〈小学英语法〉课程开发与建设》等5项获省教育规划项目立项，《福建高职院校申办应用西班牙语专业可行性研究》等17项获省教育厅项目立项。公开发表人文社科类论文27篇，其中有4篇发表在CSSCI、CSCD核心期刊上。 （陈 玉）

【福州职业技术学院研究成果】 全年承接部、省、市、厅级人文社科科研项目25项。其中，《福建建设生态文明示范区生态补偿机制研究》《福州居民住房支付能力分析及预测研究》等2个项目获省社科规划项目立项，《自贸区背景下两岸在线教育合作的研究——从MOCC谈起》获省教育规划重点项目立项，《基于自贸区背景下两岸高职在线教育合作的研究》《福州海洋水产养殖政策性保险定价研究》《福州市乡村旅游发展的驱动系统研究》《面向海西高职院校创新发展的学生顾客感知价值构成维度研究》等4个项目获市社科规划项目立项。成立中小企业管理服务中心、文化艺术与创意产业服务中心、福州职业技术学院会展产业服务中心、校企协同研究与服务中心、福州福职院企业管理咨询有限公司等5个院级科研与技术服务机构，与福州市相关企事业单位签订合作协议，开展4个横向科研项目的应用研究，为其提供技术服务与培训。公开发表人文社科类学术论文172篇，其中有3篇论文发表于中文核心期刊。 （王莹强）

【市社科院研究成果】 全年完成课题25项，其中院重点课题7项、院一般课题6项，院管理项目和管理课题5项，其他成果7项。有5项科研成果在公开刊物或论文集上发表，1项科研成果以专著形式出版。有18人次参加9场不同类型学术交流和考察活动，多人次参与市委、市政府、市政协和市直有关部门项目的调研和论证工作。

横向课题方面，承接市委宣传部“福州市深化文化体制改革”课题研究，该项研究工作为期3年。完成福州市“十三五”规划前期调研课题《福州市“十三五”深化榕台全面合作研究》。与市政府数字办合作开展2015年度福州市行政机关政府透明度测评课题调研工作，完成调研报告《2015年度福州市行政机关政府透明度报告》。与市群众艺术馆联合开展“福州激情广场大家唱”示范建设制度设计研究。

编辑出版《船政文化研究》(第八辑)。完成《船政志》编写工作。编辑出版市社科院《科研成果选编(2014年)》，收录文章19篇。（丁 琼）

【市政府发展研究中心研究成果】 全年完成市委、市政府各类调研成果50项(篇)，撰写调研报告、署名文章、领导讲话等重要文稿30多篇，其中《提高政府工作执行力的调研和思考》《当前我市经济发展态势及对策建议》等获得省、市领导批示。编发《研究报告》12期，其中《专报件》6期，《参阅件》6期；《福州经济》6期；编印《2015年福州发展研究》文集。（占 星）

【市委讲师团研究成果】 全年有6个课题获省、市中国特色社会主义理论体系研究中心立项。其中，《习近平总书记关于文艺工作重要讲话精神的研究》《“双微共生”推动社会主义核心价值观生活化的研究》2个课题获福建省中国特色社会主义理论体系研究中心一般项目立项；《大数据思维重构网络舆论理性轨道的研究》《加快推进福州新区开放开发的思路与对策研究》2个课题获福州市中国特色社会主义理论体系研究中心重点项目立项。在《福建理论学习》等刊物上发表《依法执政是依法治国的关键》等多篇研究文章。先后开展“国有企业改革中加强党的建设”“理论宣传进基层”等多场调研活动。

（胡小梅）

（编辑 邱敏佳）

教育

综述

2015年，全市新建、改扩建10所中小学，新增学位5550个；新建、改扩建10所公办幼儿园，新增学位2160个；实施中小学校舍安全长效机制，拆除重建、加固改造10万平方米。全面改善义务教育薄弱学校办学条件，改造运动场地2.9万平方米，购置课桌椅2.24万套，图书33万册，计算机、教学仪器等设备3543套。消除过渡办学现象学校7所。完成22所新增学校的“义务教育标准化学校”评估。马尾、闽侯、连江、闽清、永泰5个县区通过“义务教育基本均衡县”国家评估验收，率先在省内实现全市县域内义务教育均衡发展。完善小学升初中入学办法，推动学前教育招生制度改革。全年安排下拨免学费资金及家庭经济困难学生的资助资金7.33亿元。教育助力添彩第一届全国青年运动会，中央政治局委员、国务院副总理刘延东在视察青运会工作时，对市教育局组织的文化教育活动给予高度评价。率先在全省实现所有县（市）区全部通过省级三类城市语言文字达标评估验收，比教育部、省教育厅预定目标提前5年。福州理工学院升格本科。

规范学生日常教育管理，推广中职学校“6S”德育管理经验。联合闽都文化研究会编写《闽都文化读本》。公布第一批市级质量教育社会实践基地，成立福州市中小学生综合实践中心，组织对社会综合实践基地生均接待量考核评定，共建“海峡书屋”，联合开展“流动书车进校园”活动，推动学校乡村（城市）少年宫、校外青少年活动中心建设运行与督导规范。实施幸福教育专项课题实验，全市筛选50个立项课题展开研究。联合海峡教育报社，依托福州教育手机报，在全国首创成立“福州市中小学家委会协作体”，推进家校联系。

全面调整教育城域网运行组网架构，加大教育系统网络信息安全保障工作力度。续建教育视频联播网三期工程，逐步做到市属学校一校一高清录播室。通过市、县、校联网三级模式构建优质课程资源库，建立区域视频资源管理云平台。推动智慧教室试点工作，举办海峡两岸“智慧课堂”交流活动，承办全国“智慧学校”联盟活动。改善拓展福州市数字青少年宫，上报省级拓展一期工程可行性研究报告。

研究出台《关于进一步加强福州市教育系统师德师风建设的意见》；群众路小学原校长吕榕麟被中宣部授予“时代楷模”称号。实施《福州市人民政府关于全面实施福州市高素质教育人才促进工程的意见》；出台市级名优骨干教师培养对象选拔、考核、认定的配套文件和名师工作室管理办法；产生新一届26个福州市中小学名师工作室领衔名师及工作室成员。全年县（市）区义务教育学校教师交流人数达2499人，占应交流人数的17.2%；开展市属义务教育学校教师校际交流试点工作。在同济大学、华东师范大学、西南大学、华中师范大学

3月31日，举办海峡两岸“智慧教室”教学交流活动（市教育局 供）

表 52　　2015 年福州市教育系统先进人物

获奖称号	获奖者	工作单位
全国先进工作者	张正坚	罗源县霍口中心校东宅小学
全国师德标兵	黄身端	永泰霞拔中学
全国三八红旗手	林　航(女)	福州文教职业中专学校
福建省三八红旗手	何伙珍(女)	福州建筑工程职业中专学校
	黄如湜(女)	福州市乌山小学
	张延芳(女)	鼓楼实验小学
	林海燕(女)	福清市实验小学
	郑敏钊(女)	连江第二实验幼儿园
	李艳卿(女)	罗源县第二实验幼儿园
	张秀云(女)	闽清县实验幼儿园
福建省五一劳动奖章	何伙珍(女)	福州建筑工程职业中专学校
	吴淑英(女)	福州市盲校

所在城市建立教师研训基地;全年开展近 60 个教师培训项目,在培学员 3 万多人,组织培训 1000 多场,开设高端讲座 100 多场,送培下县 300 多场,参训教师逾 45 万人次。

完善标准化考点建设,投入 500 多万元更新 2000 多个探头。全年组织 17 次 31 项考试,报考总规模达 40.6 万人、47.4 万科次,占全省总量的 60%。组织普通高考报考 30324 人,成人高考报考 14262 人,硕士学位研究生报考 9096 人。组织全市高中学业基础会考 4 次共 29.7 万科次。

(郑　丹)

学前教育

【概况】　2015 年,全市有幼儿园 1196 所,附设幼儿班 1158 个;适龄幼儿 25.47 万人,在园幼儿 26.26 万人,3~5 岁在园幼儿 25.07 万人,入园率 98.43%,农村入园率 97.13%。新增省、市、县三级示范性幼儿园 15 所,全市有三级示范性幼儿园 328 所,覆盖率达 27.4%。

【政府购买服务试点工作】　联合市财政局、市物价局下发《福州市普惠性幼儿园管理暂行办法》,开展普惠性幼儿园认定工作,并启动政府购买服务,给予相应补助奖励,鼓励民办、集体办幼儿园提供普惠性服务,不断扩大普惠性幼儿园覆盖面。全市有 604 所幼儿园被认定为普惠性幼儿园。

【招生制度改革】　秋季全市所有公办性质的幼儿园招生实行随机派位和自主招生相结合的办法,将不低于 30% 的学额采取家长报名、随机派位的方式招生。全市 165 所教育部门公办幼儿园公开派位学额 7536 个,占其招生总数的 62.4%。

【保教工作】　开展示范园带新园、帮弱园、扶民园的帮扶结对活动,提升整体教育质量。加强教师全员培训,开展全市民办、集体办幼儿园教师学历提升五年计划(从 2015 年开始,鼓励民办、集体办幼儿教师参加各种类型的学历提升学习,争取通过 5 年时间使全市所有幼儿园教师持有学前教育大专学历)。向农村、民办幼儿园开展送培活动 23 场。开展学前教育宣传月活动,围绕"给孩子适宜的爱"主题制作 31 部微电影宣传片,并在福州教育网巡展,引导家长重视幼儿家庭教育。出版《福州市 0—3 岁婴幼儿早期家庭教育指导手册》,指导 50 所早教基地园开展社区早教指导服务试点。

初等教育

【概况】　2015 年,辖区内有小学 893 所,同比减少 1.3%;在校学生 52.29 万人,同比增长 4.7%;专任教师 2.61 万人,同比增长 2.9%。8 月,下发《关于完善小学升初中免试就近入学工作的意见》,打破福州初中校单校划片格局,计划从 2020 年开始试点小升初多校对口。

【教学质量检测】　仓山、马尾两区新纳入农村薄弱学校委托管理试点,全市农村薄弱校委托管理试点县(市、区)达 80%。根据评价学校教育教学质量和办学水平,引导学校按教育规律和人才成长规律实施教育,将所有省颁课程列入可实行质量检测范围。市教育局对全市小学四年级部分学生进行学业质量抽测,抽测科目为语文、英语、美术。

【招生工作】　小学一年级招生工作仍以县(市)区为主负责,执行"划片招生、就近入学"总原则,年内全市招收一年级新生 9.66 万人。五区初中招生实行中小学相对就近对口升学办法,除部分体艺特长生、特色班及民办学校外,公办小学毕业班学生按初招对口方案安排公办初中升学。小学毕业考试科目仍为语文、数学,考查科目从原定的英语调整为由区教育行政部门自行决定。五城区小学毕业生 2.72 万人,招生录取 2.64 万人,回五区外原籍学生 811 人。以增班、扩班作为临时措施,解决进城务工人员随迁子女一年级入学的难题。全市小学一年级招收随迁子女 2.67 万人,义务教育阶段随迁子女在校生 18.66 万人(小学 14.15 万人,初中 4.51 万人),其中 87.8% 在公办学校就读。

【学籍管理】　制定下发《福州市小学生学籍管理办法实施细则(试行)》,并解读要点。组织区县教育局及市属学校开展问题学籍处理和建立数据质量核查机制,数据核查覆盖全市小学生,电子档案上传率达 98.7%。完成 2015 年小学生毕业升级升学、小学新生电子学籍接续、市属初中一年级学生电子学籍审核及市属小学转学审核工作。

【特殊教育】 总结重度残疾儿童少年"送教上门"试点工作经验，新增马尾区、长乐市、闽侯县、连江县4个县(市)区作为试点县区，保障残疾儿童平等接受义务教育权利。闽清县布局建设特教学校，马尾区成立特教班；长乐特教学校接受省教育厅标准化评估验收；对仓山区培智学校、晋安区启智学校开展市级标准化评估验收。

中等教育

【概况】 2015年，全市有普通中学322所，其中完全中学69所，高级中学23所，初级中学194所，九年一贯制学校25所，十二年一贯制学校11所。在校初中生20万人，在校高中生10.02万人。

【特色普高建设】 实施招生政策倾斜。福州一中、福州三中和师大附中实行部分名额初中学校校长实名推荐录取办法；福州八中、师大附中实行特殊才能学生普高直接录取办法；福州四中、福州高级中学等7所优质普高实行部分名额提前自主招生。创建优质教育资源，新增省一级达标高中4所、省三级达标高中1所，普高达标校数的比例为78.5%，优质普高招生数占总招生数的89.7%。持续推进福州三中中加班、福州八中中

表53 2015年福州市青少年科技创新大赛、机器人比赛及高中学科竞赛获全国三等奖以上名单

姓 名	选送学校	奖 项 名 称
孔祥洲	福州第三中学	第30届全国青少年科技创新大赛一等奖
黄子婷	福州时代中学	第30届全国青少年科技创新大赛一等奖
曹熔锴	福州第三中学	第30届全国青少年科技创新大赛一等奖
李书豪	福建师大附中	第30届全国青少年科技创新大赛一等奖
陈山	福州屏东中学	第30届全国青少年科技创新大赛二等奖
郭慧正	福州第三中学	第30届全国青少年科技创新大赛二等奖
张天瑀 罗余轩	福州第三中学	第30届全国青少年科技创新大赛二等奖
郭 熙 陈雨浙 林子淇	福建师大附中	第30届全国青少年科技创新大赛二等奖
占元皓	福建师大附中	第30届全国青少年科技创新大赛三等奖
李逸茗	福州时代中学	第30届全国青少年科技创新大赛三等奖
林挺	福建师大附中	第31届中国数学奥林匹克(全国中学生数学冬令营)一等奖
林虹灏	福州第一中学	第31届中国数学奥林匹克(全国中学生数学冬令营)二等奖
董克凡	福州第一中学	2015年全国青少年信息学奥林匹克竞赛一等奖
闫书弈	福州三牧中学	2015年全国青少年信息学奥林匹克竞赛一等奖
黄哲威	福建师大附中	2015年全国青少年信息学奥林匹克竞赛二等奖
吴钰晗	福州第三中学	2015年全国青少年信息学奥林匹克竞赛二等奖
卓立典	福州第三中学	2015年全国青少年信息学奥林匹克竞赛二等奖
翁家翌	福州第一中学	2015年全国青少年信息学奥林匹克竞赛三等奖
刘浩昀 齐震霆	福州第七中学	第十五届中国青少年机器人竞赛机器人足球比赛初中组二等奖
林诚泷 林 奇 郑岚海 陈旭东	福清第二中学	第十五届中国青少年机器人竞赛VEX机器人挑战赛初中组一等奖
高 原 林哲明 朱泽霖 李力奇	创未来联队	第十五届中国青少年机器人竞赛VEX机器人挑战赛初中组二等奖
张嘉鑫 张礼壕	福州市闽侯县白沙中心小学	第十五届中国青少年机器人竞赛机器人综合技能比赛小学组二等奖
余稣慧 许 睿 姜文泽 陈霆旭	创未来联队	第十五届中国青少年机器人竞赛FLL机器人挑战赛小学组一等奖亚军
陈浩炜 林明源 游斌涛 赵佐泰	福清市玉屏中心小学	第十五届中国青少年机器人竞赛VEX机器人挑战赛小学组一等奖冠军

澳班和师大附中中美班等中外合作办学项目及福州外国语学校英语、日语、德语、法语等多语种教学。应对2016年高考使用全国卷改革,汇集高校基础教育研究专家等力量组建市高考备考组,加强高中毕业班教学研究与指导。

【中招工作】 取消达标普高择校招生,实施定向生政策,招收定向生的比例占学校总招生数的50%。加大中招加分政策调整力度,取消机器人竞赛获奖者同分优先照顾,取消青少年科技创新大赛、体育和艺术获奖者中考加分照顾,取消优秀学生干部、三好生、教师子女报考师范类加分照顾;调整"农村独生子女和二女绝育家庭女儿"照顾政策,照顾分值由3分降为2分,且享受"农村独生子女和二女绝育家庭女儿"的考生初中三年均必须在农村初中学习。享受普高投档加分照顾的人数比上年减少43.6%。

【科技活动】 组织科教论文评选活动,举办福州市青少年电脑机器人指导教师培训班及福州市中小学校科技辅导员培训班,提高科技辅导教师指导能力。参加第三十一届全国青少年科技创新大赛,获奖总数位居全省首位;参加省青少年机器人竞赛,获奖率达90.3%,占赛事总授奖数的25%;福清玉屏中心小学代表队参加全国青少年电脑机器人竞赛获小学组联队冠军。举办以"生态文明,清新福建"为主题的2015年福州市青少年科学素养竞赛、第三十一届福州市青少年科技创新大赛暨第八届"两马"青少年科技创新作品巡回展。

【新疆高中班】 协调下拨480万元内地新疆高中班定额补助金,发放8万元新疆班春节慰问金。长乐华侨中学新疆班参加高考35人,本科上线率100%,新疆考生孜巴古丽同学成绩584分,居福建省新疆生第一名,被北京大学医学部录取。福清华侨中学参与考试45人,全部被本科院校录取,其中被211以上院校录取14人,占31%,本一批以上院校录取25人,占55%。

【普通高中会考】 1月,高中学业基础会考报名8.78万科次,设60个考点;6月,高中学业基础会考报名6.87万科次,其中笔试科目报名3.1万科次,设40个考点,信息技术上机操作考试报名3.77万科次,设97个考点。完成高一新生建档37691人,组织35375名高二学生参加物理、化学、生物实验考查,组织35283名高三学生参加通用技术考查。

中等职业教育与成人教育

【概况】 2015年,全市有中等职业中专学校36所(不含技工和省属在榕学校),其中公办校27所(包括行业办4所)、民办校9所。国家级中等职业教育改革发展示范校4所,省级中等职业教育改革发展示范校2所,国家级重点职专学校4所、省级重点职专学校8所、市级重点职专学校9所。经省教育厅认定的"福建省达标中等职业学校"17所,标准化县级职教中心6个。全市中等职业学校(不含技工校)全日制在校生3.67万人,非全日制1.5万人。

【职业院校改革探索】 指导职业院校"一校一策"特色发展,加强职业教育顶层设计,调整专业结构。推动2所高职院校、6所中职学校开展国家级、省级首批"现代学徒制"人才培养模式改革试点。强化实践教学,推动6所中职学校开展"引企入校"办学改革试点,全市中职学校建成校内实训基地达147个。"专业规范化建设"和"面向区域产业的专业改革"两类23个省市级职业教育改革试点成果实现中期验收。

表54 2015年福州市中职学校教师参加全国教学竞赛获奖名单

参赛项目	奖项	姓名	所在学校	专业
全国职业院校信息化教学大赛	一等奖	黄丽君 刘建成 陈万忠	福州建筑工程职业中专学校	数学
全国职业院校信息化教学大赛	三等奖	陈希 林枫 赵崇晖	福州建筑工程职业中专学校	建筑工程施工
首届中国外语微课大赛(中职组)决赛	二等奖	郑冰	福州机电工程职业技术学校	英语
首届中国外语微课大赛(中职组)决赛	三等奖	万茵茵	长乐职业中专	英语
首届中国外语微课大赛(中职组)决赛	三等奖	黄方美	福州文教职业中专学校	英语
首届中国外语微课大赛(中职组)决赛	三等奖	钱祖敏	福州机电工程职业技术学校	英语
2015年全国中等职业学校"创新杯"大赛	一等奖	边茜茜	福州机电工程职业技术学校	语文
2015年全国中等职业学校"创新杯"大赛	二等奖	郜寿举	福清龙华职业中专学校	语文
2015年全国中等职业学校"创新杯"大赛	二等奖	崔巍	福州机电工程职业技术学校	语文
2015年全国中等职业学校"创新杯"大赛	三等奖	林兵峰	福州旅游职业中专学校	语文
2015年全国中等职业学校"创新杯"大赛	三等奖	郑凤	长乐职业中专学校	语文

表 55　**2015 年福州市参加全国职业院校技能赛获奖学生及指导教师名单**

专业类别	参赛项目	奖项	参赛选手	所在学校	指导教师
建筑工程技术	电梯维修保养	一等奖	廖　勇　汤坤浩	福州建筑工程职业中专学校	陈江涛　翁寿俊
建筑工程技术	楼宇智能化系统安装与调试	二等奖	李昭椿　朱文杰	福州建筑工程职业中专学校	李建宏　陈　浩
建筑工程技术	建筑装饰技能	二等奖	陈铸煌　黄　奎	福州建筑工程职业中专学校	陈铠澍　廖思英
信息技术	物联网技术应用与维护	二等奖	陈章斌　林光德　唐茂银	福州机电工程职业技术学校	林　超　杨金勇
信息技术	计算机辅设计（工业产品CAD）	二等奖	陈　寒	福州机电工程职业技术学校	官云琴
信息技术	动画片制作	二等奖	林　威	福州机电工程职业技术学校	陈赛玉
服装设计与制作	服装工艺	二等奖	黄维清	长乐职业中专学校	陈敏钦
汽车运用与维修	车身涂装（涂漆）	二等奖	范文超	长乐职业中专学校	范振武
酒店服务	中餐宴会摆台	二等奖	谢碧莲	福州旅游职业中专学校	江丽容
酒店服务	客房中式铺床	二等奖	王闽份	福州旅游职业中专学校	杨　榕
财经	沙盘模拟企业经营	二等奖	郑乐影　林　莹　吴学潮　张楚筠	福州财政金融职业中专学校	林汉镇　吴　洁
艺术	戏曲（地方戏）	二等奖	汤文星	福州市艺术学校	林理杰
信息技术	数字影音后期制作技术	三等奖	吴宇成	福州机电工程职业技术学校	王　斌
信息技术	数字影音后期制作技术	三等奖	刘汉才	福州机电工程职业技术学校	邱晓姗
信息技术	单片机控制装置安装与调试	三等奖	唐正军	福州机电工程职业技术学校	闫亚红
电工电子技术	光伏发电设备安装与调试	三等奖	曹洪超　林姻书　杨　凡	福州机电工程职业技术学校	詹　民　吴志明
电工电子技术	电气安装与维修	三等奖	连张辉　许永涛	福州机电工程职业技术学校	蔡子玉
电工电子技术	机电一体化设备组装与调试	三等奖	佘俊杰　张　东	福州机电工程职业技术学校	侯榕辉
汽车运用与维修	汽车营销	三等奖	高　见　林文毅	长乐职业中专学校	严　丽　刘秀科
汽车运用与维修	定期维护和车轮定位	三等奖	王　菲　石敏杰	长乐职业中专学校	范帅军
汽车运用与维修	汽车维修基本技能	三等奖	闫秋双	长乐职业中专学校	曹　煌
汽车运用与维修	汽车空调维修	三等奖	陈鹏辉	长乐职业中专学校	黄真义
服装设计与制作	服装工艺	三等奖	卓炎玲	福州财政金融职业中专学校	谢伟敏
艺术	戏曲（地方戏）	三等奖	林巧凤	福州市艺术学校	王　华
石油化工	化工生产技术	三等奖	李梦瑶　朱志忠　蔡文鹏	福州工业学校	郭剑恩　林　斌

【基础能力建设】　福州机电工程职业中专学校、长乐职业中专学校、福清龙华职业中专学校 3 所国家级中等职业教育改革发展示范校通过省级专家组终期验收；福州旅游职业中专学校列入第三批省级中等职业教育改革发展示范校建设项目；福州建筑工程职业中专学校等 7 所学校列入省示范性现代中等职业学校建设工程项目。年内中职学校招收全日制学生 1.4 万人，增幅达 17.3%；招收非全日制学生 3433 人。举办首届职业教育活动周系列活动，联合海峡教育报发行《2015 年福州市中职金刊》3 万份。加强中职师资队伍建设，培养培训专业带头人 87 人，市级骨干教师 70 人。建成“福州市中职教师继续教育网”平台，2600 名教师通过平台完成岗位培训。

【教育教学工作】　以幸福教育、信息化特色教育、“现代学徒制”改革等为主题，举办 5 场市级教育教学展示交流活动和校长论坛，集中展示交流福州市职业教育教学改革的阶段性成果。举行 203 节市级中职公开课和 50 场专题讲座，并制作成微课。开展公共基础课程教学改革，制定《福州市中职学校公共基础课程教学评价试行方案》，初步建成 4

门学科教学质量检查题库。启动精品课程建设,首批立项27门精品课程,全市编写校本教材90种,正式出版26种。举办全市性中职学生技能大赛和教师信息化教学大赛,参加全国、省级职业院校学生技能大赛和教师信息化教学大赛,福州建筑工程职业中专学校教师为福建省首获全国职业院校信息化教学大赛金牌。

【成人教育】 开展县、乡两级成人教育培训。全市绿色证书培训招生6415人,获证6190人;富余劳动力转移培训与就业培训296期,培训1.41万人,就业1.11万人;实用技术培训长中培训354期1.33万人,短训培训6700期29.79万人;职业资格证书获证3175人;初中毕业生职前(3+X)培训2567人;巩固提高班1545人;扫盲班2331人。全市中职学校开展职业培训2.5万人次,开展技能鉴定8198人次。

【终身教育】 举办纪念《福建省终身教育促进条例》颁布实施十周年暨"9·28"终身教育活动日系列宣传活动近200场。推进社区学院、社区学校和社区教育教学点建设,推动罗源县挂牌成立社区学院,实现县(市)区社区学院全覆盖。推动社区教育品牌评选工作,3个品牌获评省级社区教育品牌,5个品牌获评市级社区教育品牌。黄以孟、陈国榕2人获评全国"百姓学习之星"称号。

高等教育

【概况】 2015年,市属高校全日制在校生6.35万人,同比增长5.5%,其中本科学院4.02万人,高职高专学院2.33万人。市属高校招生1.95万人,毕业生1.51万人,专任教师总数3676人,专业数269个,新增民办本科院校1所。在全省先行先试启动中高职衔接贯通一体化人才培养试点工作。结合福州实际,推动高职院校对接中职学校,探索中高职课程设计、教材选用、教学安排、学生管理、实习实训等方面一体化,明确6个试点专业,提出试点工作的目标任务和具体措施和安排,完成一体化人才培养方案初稿制定。总体就业率达95.7%。

在榕普通高校有34所,其中本科院校13所,二级学院4所,高职高专院校17所。年内福州大学阳光学院升格为本科院校(阳光学院)。福州职业技术学院、福建华南女子职业学院申报并通过第二轮人才培养评估。福州海峡职业技术学院申办应用型本科——福州理工学院,通过教育部高校设置委员会专家组"去筹升本"评估,9月正式列入本科院校序列,在校生规模暂定6000人,首批设置本科专业5个。

【高招工作】 完善标准化考点建设,投入500多万元更新2000多个探头。组织普通高考报考30324人,成人高考报考14262人,硕士学位研究生报考9096人。

【自学考试】 全年组织17次31项考试,报考总规模达40.6万人、47.4万科次,审定自考毕业生1462人,占全省总量的60%。各类考试均未发生试卷保管安全泄密、重大考场集体舞弊事件和其他重大事故。 (郑 丹)

【福州大学】 2015年,开展"十三五"规划编制,成立编制工作领导小组和专项规划编制组,将编制工作分解为总体规划、11项专项规划和学院规划。学校有普通本一批学生2.4万余人,各类研究生1万余人(博士生600余人)。

高水平"211工程"大学建设 实施《福州大学高水平"211工程"大学建设规划(2014—2017年)》,对学科高峰计划、高原计划进行全面论证;编制印发《福州大学高水平"211工程"大学建设项目管理办法》;编制《福州大学2014年度高水平大学建设专项经费绩效评价报告》,完成省教育厅对高水平大学建设专项经费的绩效评估,获得的2014绩效奖励资金和2015年建设经费均居全省高校首位。

学科专业布局 获批筹备建设国家示范性微电子学院,《福州大学服务福建省集成电路产业发展》报告获省委、省政府主要领导批示。11月,举办晋江科教园区项目签约暨奠基仪式。增设高分子材料与工程、工业设计2个工科专业,将信息管理与信息系统、物流工程2个专业调整为工学,工科专业达42个,占本科专业总数的54%。同时稳定办学规模,缩减本科招生人数,增加研究生招生比例。

教育教学改革 实施"三大专业建设计划",对专业发展各重要环节进行系统化综合改革;开展工程教育专业认证,计算机科学与技术专业为福建省第一个通过教育部工程教育专业认证的专业;完成教育部专家组对学校本科教学审核评估工作。新增省实验教学示范中心3个,新增参加国家级竞赛项目9项和校级竞赛项目2项,学生获国际级奖项21项、国家级奖项210项、省级奖项449项,其中ACM国际大学生程序设计竞赛、全国大学生电子设计竞赛等7类国家级以上学科竞赛成绩在省内高校排名第一。

师资队伍建设 实施高层次拔尖人才引育计划、优秀人才引进计划、"旗山学者"奖励支持计划、青年骨干教师重点培养计划、人才队伍国际化建设计划、管理人才队伍专业化建设计划等"六大人才计划"。年内新增国家"千人计划"专家1人、"长江学者"特聘教授1人、"国家杰青"2人、国家"青年千人计划"人选3人、"百千万人才工程"国家级人选4人、国家有突出贡献中青年专家3人、福建省高层次创业创新人才7人、福建省高校领军人才1人、"闽江学者"特聘教授14人、"闽江学者"讲座教授5人、福建省特殊支持人才"双百计划"16人,新进具有博士学位教师71人(海外引进19人)。

科技创新能力 纵向科研总资助经费达1.76亿元,其中国家自然科学基金资助项目达108项,首次以主持单位获4项重点项目资助,国家社科基金和国家自然基金(管理科学部)立项总数为27项,是上年的两倍多,并首次获批国家社科基金重点项目1项;国内发明专利授权达322件,同比增长62%;三大检索论文总数1385篇,高被引论文和热点论文数创新高,在全国高校论文他引次数排名榜位居42位,在ESI论文高被引排行榜中名列第23位;新增国家级国际联合研究中心(桥梁技术创新与风险防治国际联合研究中心)1个,省级2011协同创新中心2个、省高等学校人文社会科学研究基地3个、省重点实验室3个、省工程技术研究中心2个、省行业基地1个、教育厅重点实验室1个。

科技成果转化工作　签订横向项目371项,到校经费逾1.4亿元,同比增长38.4%,其中专利转化合同金额达1468万元,是上年的1.38倍,最高转让金额768万元。知识产权授权量达567件,同比增长82%。加强校企创新平台建设,推进福州大学晋江研究院建设,成立福州大学如皋研究院,获批5家福州市专家工作站。推进校地合作办学,签署投资达10亿元的福州大学晋江科教园区共建协议,福州大学泉港石化研究院大楼基本落成,与罗源、平潭签订战略合作框架协。在全国高校率先启动智库建设,成立福州大学高校新型智库建设研究中心、首批12个专业智库和"21世纪海上丝绸之路核心区建设研究院",有53篇资政建议被中央、省委等单位信息刊物录用,其中11篇获省级以上领导批示。

创新创业工作　成立福州大学创业学院和创业研究院,制定实施《关于深化创新创业教育改革的实施意见》;推进创新创业平台建设,获评省级众创空间和省级高校毕业生创业孵化基地。学校获批国家级、省级大学生创新创业训练计划109项,在首届中国"互联网+"大学生创新创业大赛全国总决赛上获银奖3个,并获大赛组织奖。

国际化办学　与美国、德国、英国等国家的高校新签校际合作协议;与加拿大曼尼托巴大学开展的土木工程中外合作项目通过教育部审批并开始招生;与意大利摩德纳大学、罗马第三大学、巴里理工大学、"台湾科技大学"等5所高校首次签署双联合作培养博士、硕士研究生协议;与德国莱茵美茵应用科技大学联合申请的伊拉斯谟项目(Erasmus Mundus)获得欧盟批准,成为首家加入该项目的福建省省属院校。扩大境外学生招生规模,海外学生数增长率达56%;设立"福州大学优秀外国留学生奖学金",形成"国家—省—校"三级外国留学生奖学金资助体系。创新海外智力引入模式,外国专家Bruno Briseghella教授受聘担任土木工程学院院长。

(林　键　庄　琪)

【福建农林大学】　2015年,学校设有23个以全日制本科生和研究生培养为主的学院,全日制在校生2.8万人,其中博、硕士研究生4500人,年内安排学生奖助金7647万元,比上年增长1573万元。有国家重点学科2个,部省级重点学科24个,省级优势学科平台3个,省级特色重点学科9个。有一级学科博士点11个,一级学科硕士点23个,博士后科研流动站11个。设有国家和部省级创新平台100个,其中国家工程技术研究中心2个、国家地方联合工程实验室(工程研究中心)2个,并与安溪铁观音集团合作共建"国家茶叶质量安全工程技术研究中心"。有教职工2300多人,其中中国科学院、中国工程院院士(含双聘)10人、全国杰出专业技术人才2人、国家"千人计划"专家6人、教育部"长江学者"5人、国家杰出青年基金项目获得者2人,入选科技部中青年科技创新领军人才、国家"百千万人才工程"等各类国家级人才140多人次。学校是教育部首批"卓越农林人才教育培养计划"试点高校,涵盖8个本科专业;是教育部中国政府留学生奖学金接受院校,有美国、加拿大、苏丹、泰国等六大洲30个国家的来华留学生在校学习、研究。与加拿大戴尔豪斯大学、加拿大英属哥伦比亚大学联合举办本科专业教育项目连续招生12年,与南非德班理工大学合作共建全球第二所农业特色孔子学院。年内被评为"全国文明单位"和全国15个"易班全国共建工作示范单位"之一。

人才培养　面向全球招收博士研究生174人、硕士研究生1540人、本科生5757人,其中本一批招生省份从17个增加到24个,全国本一批生源占比近80%。1个专业获荐参加工程教育专业认证,2个专业获荐参加台湾中华工程教育学会(IEET)工程及科技教育认证首批试点。新增6个"本科教学工程"项目,另有29个省级"本科教学工程"项目通过验收,入选国家级和省级大学生创新创业训练计划项目153项。学生在全国"挑战杯"竞赛连续十多年居全国农林院校和福建省高校第一位。

合作办学　与美国佛罗里达大学等23所科研院校新签订合作协议,建立校际合作交流关系。与"台湾中兴大学""台湾海洋大学"联合培养人才项目正式招生,是福建省高校与台湾"一流顶尖大学计划"高校合作办学的第一家。金山学院与加拿大圣文森山大学合作举办旅游管理专业获批,全校中外合作办学项目数量增加到5个。优秀本科生国际交流项目数量从6个增加到7个,选派专业从19个增加到25个,选派规模不断扩大,位列省属高校第一。国家公派研究生"国际联合培养项目"选派人数连续3年位居福建省属高校第一。合作共建的南非德班理工大学孔子学院开设汉语教学班27个,并挂牌成立南非跨那省唯一的汉语考试中心。

教师队伍建设　研究出台《高层次人才津贴实施办法》,新增近千万元用于奖励中青年学术骨干。新增科技部重点领域创新团队和农业部创新团队,部级创新团队总数达4支。新增教育部"长江学者"、国家"青年千人计划"、国家杰出青年基金获得者等国家级人才11人,年度新增顶尖青年人才数量居全国高校第71位。有19人获省自然科学基金杰青项目、"省高校新世纪优秀人才支持计划"和"省高校杰出青年科研人才培育计划"资助,5人获运盛青年科技奖、紫金科技奖、大北农科技奖等表彰。新接收博士后、博士160多人,全校博士学位教师占比达45.48%,较上年提高7.5%。推进教师队伍国际化建设,各类公派出国留学项目累计录取教师140人,实际派出85人,分别较上年增长94.44%和23.19%。

科研工作　全年获得科研项目310项,到账经费2.3亿元,其中国家自然科学基金72项(国家优青项目1项),居全国农业高校第五位。获授权专利325项,同比增长86.8%,其中发明专利177项,同比增长47.5%。主持制定乌龙茶国际标准,系首项由中国主持的茶叶标准。以第一单位或共同通讯作者单位在影响因子10以上的高水平刊物上发表论文7篇,其中《Cell》(影响因子32)和《Nature · Genetics》(影响因子29.352)各1篇,后者以封面加评论重点报道学校在全球率先破译菠萝基因组成果。7

名专家分获何梁何利科学与技术奖、海内外有影响力的《中国妇女》十大人物、农业部农业科研杰出人才等称号,其中"何梁何利基金科学与技术进步奖"全国表彰47人,福建省有1人。申报2015年度福建省科学技术奖14项,有6项通过复评,其中省科技进步奖一等奖1项、二等奖1项、三等4项。

服务社会　全年科技服务收入逾6000万元,其中横向项目数290项,获资助经费5221万元,较上年分别增长35.5%和16.1%;科技成果转化24项,转化金额达945.76万元。被财政部、农业部确定为全国首批10个重大农技推广服务试点单位,并在全省高校唯一独立办展参加第十三届"6·18"项交会,对接项目总数、政府立项资助数居全省高校第一。古田食用菌特色产业示范基地使当地银耳产业增产30%、增效50%,使海鲜菇产业增效20%,受到尤权、张昌平等省领导肯定。受国家商务部委托举办6期国际菌草培训,培训学员143人。

校园基础建设　启动实施金山校区供水管网改造、电力增容、学生宿舍公共设施改造、东苑人才过渡房建设等民生工程。旗山校区"海峡两院"一期项目建成。推进智慧校园建设,教育与科研信息网出口带宽由100M升级到400M,自主建设的无线网络覆盖全校主要区域。

(沈必胜　刘静怡)

【福建医科大学】　2015年,学校有26个本科专业,有全日制在校生1.6万多人,其中博硕士生近3000人。有一级学科博士点2个、二级学科博士点27个、一级学科硕士点14个,国家级特色专业建设点4个、实验教学示范中心2个、精品公开课2门,人才培养模式创新实验区、教学团队、卓越医生教育培养计划项目、专业综合改革项目、大学生校外实践教育基地各1个。有国家重点培育学科1个,国家临床重点专科11个,教育部重点实验室1个,国家地方联合工程研究中心1个,省部共建实验室2个,博士后科研流动站2个。有专任教师1325人,其中博硕士生导师801人(博导141人),具有博士学位占40.32%。有国家"千人计划"人选、有突出贡献中青年专家、"新世纪百千万人才工程"人选和省"百人计划"人选、闽江学者等高层次人才350多人。有直属附属医院5所,非直属附属医院和临床医学院12所,临床教学医院22所。学校编辑出版学术刊物《福建医科大学学报》《福建医科大学学报(社科版)》《中华高血压杂志》和《心血管康复医学杂志》等。年内图书馆新增纸质和电子图书21.3万册,校工会被授予"全国模范职工之家"称号。

教育教学改革　在原有临床教学部基础上,调整相关专业,成立临床医学部。开展专业综合改革试点、精品视频公开课和精品资源共享课、实验教学示范中心、大学生校外实践教育基地等4类26个项目建设和检查验收工作。安排2300多万元本科教学工作审核评估专项经费,邀请北京大学等22所知名高校27名专家对本科专业建设开展评估,口腔医学专业接受教育部本科专业认证。注重学生实践能力培养,临床医学专业学生在第六届全国高等医学院校大学生临床技能竞赛中获华东赛区一等奖、全国总决赛三等奖。大学生创新创业训练计划获批省级以上立项109项,其中国家级项目43项。参加第十四届"挑战杯"全国大学生课外学术科技作品竞赛获三等奖1项。推进医教协同深化临床医学人才培养改革,全面调整七年制临床医学教育为"5+3"一体化临床医学人才培养模式。2014年学生参加临床医学执业医师考试通过率80.02%,公共卫生执业医师资格考试通过率为82.63%,口腔医学执业医师考试通过率88.89%,2015届护理专业毕业生参加全国护士职业资格考试合格率98.6%。调整专业学位研究生培养模式,修订临床医学、口腔医学硕士专业学位研究生培养方案和管理规定,调整课程设置和课程内容,开展16门网络课程建设,完成4门上线学习。全面推行研究生中期考核工作,完善学位论文"盲审"制度与质量抽查制度。

科研工作　临床医学学科再次进入ESI学科前1%。9个省级重点学科全部通过省教育厅组织的省级重点学科验收考核,其中临床医学学科被评为优秀,基础医学、药学、护理学学科被评为良好。投入1000万元建设公共技术中心,建立大型科研仪器设备共享平台,整合到中心的仪器设备总值约3000万元。聚焦新药研发,投入5000多万元做大做强免疫治疗研究所、转化医学研究院、福建省新药安全性评价中心等科技创新与成果转化平台。肿瘤免疫药物开发创新平台获批国家地方联合工程研究中心,CAR-T细胞免疫治疗技术创新平台获省资助建设。获各类科技项目400多项,各类科研经费约1.4亿。获福建医学科技奖11项,其中一等奖2项;4人获省青年科技奖及运盛青年科技奖。发表SCI、CSSCI、CSCD论文近1300篇,2名教授入选爱思唯尔中国高被引学者榜单,获国家授权专利23件。新增福建省重点实验室建设项目3个,省高校重点实验室2个。

师资队伍建设　设立2000万元人才专项经费,加大人才引进和培养力度。年内引进"闽江学者"讲座教授等高层次人才10人,新聘具有博士学位教师20多人,选送一批优秀骨干中青年教师赴国内外知名大学、研究机构访学研修,一批中青年教师入选"省高校新世纪优秀人才支持计划""省高校杰出青年科研人才培育计划",2人获第六届"全国优秀科技工作者"称号。93名教师参加编写94门全国性规划教材,其中主编6人,副主编34人。3名教师分别获第五届全国医学(医药)院校青年教师教学基本功比赛三等奖、省高校"十佳辅导员"和全国高校辅导员年度人物入围奖、省高校辅导员职业能力大赛二等奖和全国高校辅导员职业能力大赛三等奖。

学生工作　出台《进一步提升思想政治理论课教学质量的实施意见》。开展向"2014年度感动福建十大人物"陈国熙教授学习等活动,举办"践行社会主义核心价值观"各类学习会近150场,各类实践活动200多场,继续实施"青年马克思主义者培养工程"。开展学生就业创业指导和服务工作,2015届毕业生就业率达97.58%。出台《福建医科大学大学生创业孵化基地管理暂行办法》,遴选7个学生创业项目入驻学校大学生创业孵化基地。开展家庭经济困难学生资助工作,全年发放各项奖助贷金额6200多万元。组织包括中国港澳台侨学生和留学生在内的260多名志愿者参加青运会医疗保障志愿服务工作,服务时长达1.3

万多小时。组建 248 支实践队,2500 多名学生到 10 多个省份开展大学生暑期“三下乡”社会实践活动。学校获 2015 年全国大中专学生“三下乡”社会实践活动优秀单位,4 个青年集体和 6 名个人受到全省“五四”表彰。

合作交流　全年选派 100 多名师生赴国外及中国台湾、香港等高校访学和进修。与博茨瓦纳大学合作共建博茨瓦纳大学医学院,双方就选派临床师资赴博茨瓦纳大学医学院授课,合作开展肝病研究、培养研究生、开展本科生交流等项目达成共识。附属第二医院与美国萨鲁斯(Salus)大学建立国内首个“国际低视力康复与教育中心”。留学生生源国增至 37 国。承办 2015“两岸三地青年学子夏令营”活动。举办“医带医路”中外口腔医学生 2015 年暑期夏令营活动。

附属医院工作　推进医教研协同发展,融入省属公立医院改革。全年附属医院门急诊总人数近 560 万人次,出院病人数 23.3 万多人次,各类手术总量达 16 多万台数,开展新技术、新项目 300 多项,开展临床路径达 191 病种,规培住院医师、全科医师等学员近 600 人。附属第二医院东海院区开业就诊,附属第三医院一期工程封顶落成,附属口腔医院完成门诊大楼设计、工程地质勘探等前期工作。在复旦大学医院管理研究所“2014 年度中国最佳医院综合排行榜”中,附属协和医院成为福建省唯一全国百强医院;香港艾力彼医院管理研究中心发布的“2014 年度中国医院竞争力·顶级医院排名 100 强”名单中,附属协和医院、附属第一医院分别位列第 66 位和 73 位,两家医院有 20 多个专科进入各类最佳专科排名。

陈列平教授获史坦曼奖　学校省“百人计划”人选陈列平教授获国际免疫学界“史坦曼奖”(Steinman Award)。陈列平为首位获此奖的华人科学家,他在免疫治疗癌症方面做出突出贡献,发明一种阻断性抗体阻隔肿瘤细胞与免疫细胞之间的分子接触,从而解决肿瘤周围免疫细胞被抑制的问题,达到治疗肿瘤,尤其是晚期肿瘤的目的。

(薛昭曦)

【福建师范大学】　2015 年,学校有全日制本专科生 2.1 万多人,各类研究生 6600 多人。推进国家人才培养基地建设,增加学士学位授权专业 4 个,国家级、省级实验教学中心 4 个。引进 50 多名具有博士学位的高层次人才,新增国家百千万人才工程人选 1 人,获国家自然科学基金优秀青年科学基金项目资助 1 人,入选国务院学位委员会学科评议组 3 人,教育部教师教育专家委员会委员 1 人。新增国务院政府特殊津贴人员 2 人、闽江学者奖励计划人选 17 人。

人才培养　全面推进教学改革,提高专业选修课及实践环节的学分比例,开设 MOOCs 课程 14 门,推广思政课“对话式教学”模式。招收福建省首届免费师范生 176 人,新增 6 个省份按本科一批招生。实施“创新创业训练计划”,79 个创业项目实现企业注册登记。学生首获“挑战杯”全国大学生课外学术科技作品竞赛特等奖。2015 届毕业生年终就业率达 97.37%。

学科建设　推进研究生招生制度改革,完善博士研究生招生计划分配方案,试点开展首批“申请—考核”制博士研究生选拔。优化生源结构,扩大非定向博士研究生比例,学术学位与专业学位硕士研究生的比例接近 1:1。新遴选硕、博士研究生导师 141 人。修订《福建师范大学博士后管理规定》,试行师资博士后制度。加强学位论文质量监控,出台《存在质量问题硕博士学位论文处理办法》,获“全国教育硕士专业学位优秀论文”奖 2 项。

科研工作　获第七届高等学校科学研究优秀成果奖 13 项,居全国高校第 16 名。获“973”计划项目 1 项、国家自然科学基金 50 项,教授王耀华领衔申报的项目获国家社科基金艺术学重大项目立项资助。开展校地、校企合作,实现科研成果产业化。率先成立福建省自贸区综合研究院,与省委组织部等单位共建福建省自贸区研究院平潭分院。主持编纂的《严复全集》、《文学院百年学术论丛》(第一辑)10 部学术著作和第 9 部《中国省域竞争力蓝皮书》正式出版。教师论文入选中国百篇最具影响力的国际论文,首次在国际纳米材料顶级期刊 ACS Nano 在线发表。根据英国《自然》出版集团发布的 NPI 指数,学校居全国高校第 89 位,师范类院校第 7 位。

合作办学　与境外 16 所大学或研究机构建立新的合作关系,聘请各类国外专家 22 人。有海外 200 多个团组、700 多人次来访,赴国(境)外学术交流教师 300 多人次,学生 1100 多人次。首次组织学生赴境外开展专场招聘会,组织 18 名中青年管理干部和名师实验班学员赴台湾高校研修。承办海外华裔青少年“中国寻根之旅”、华裔大学生丝路文化考察团、菲律宾公立中学校长团等活动,向国(境)外派出第 13 批 59 名对外汉语教学志愿者。海外孔子学院师生获总书记习近平、副总理刘延东接见,并参加印尼建国 70 周年首都文艺汇演。

(陈金章)

【福建中医药大学】　2015 年,学校有全日制在校生 1.2 万多人,其中博士生 92 人、硕士生 1346 人。经省教育厅高等学校章程核准委员会评议,《福建中医药大学章程》于 10 月 19 日省教育厅第 10 次厅长办公会议审议通过。编制完成《福建中医药大学 2015—2017 年建设目标管理责任书》,并经省教育厅厅长办公会议审议通过。学校被确定为“全国文明单位培育对象”,选送的《传承杏林文化　承载中医学术　积淀古籍特藏　推广读者服务——福建中医药大学中医特色阅读文化校园主题活动》获 2015 年福建省高校校园文化建设优秀成果一等奖。

人才培养　学校被列为教育部、国家中医药管理局首批 42 所卓越医生(中医)教育培养计划改革试点高校,其中中医学专业(“5 + 3”一体化)被列入中医拔尖创新人才培养模式改革试点项目,中医学专业被列入五年制本科人才培养模式改革试点项目。中医学正式通过教育部专业认证,康复治疗学(物理治疗方向)通过世界物理治疗联盟终期认证评审。制定《福建中医药大学教学改革试点班(修园班)暂行管理办法》,实行转入转出机制,确保培养质量。提高教材和课程建设水平,新增主编中国中医药出版社全国中医药行业“十三五”规划教材 5 部和人民卫生出版社国家卫生计生委“十三五”规划教材 2 部;新增省级创新创业教育改革试点专业 2 个、省级精品资源共享课3门。年内向教育部申报物理治疗学、作业治疗学、中医骨伤科学等3个目录外医学类新专业,并申请撤销应用心理学专业。在全国各类实践技能大赛中获团体二等奖2项、团体三等奖3项;个人一等奖1项、二等奖4项、三等奖2项。

学科和学位点建设　扩大研究生招生规模,2015年招收大陆地区博士研究生19人,较上年增加5%;招收硕士研究生517人,其中统考生375人,与上年持平。在校学术学位硕士研究生与专业学位硕士研究生规模比例达1:1.8。部署推进学位授权点评估工作,完成中药学硕士专业学位专项评估。加强重点学科建设,20个国家中医药管理局中医药重点学科通过国家中医药管理局的检查与验收,其中中医诊断学、中医康复学、中西医结合临床、中医骨伤科学和中医护理学等5个学科获验收“优秀”成绩。开展“双一流”学科建设,开展“统筹支持一流学科和特色学科建设计划”调研活动,统筹规划学校“十三五”学科建设。承办第六届全国中医药博士生学术论坛,学校博士生论文获一等奖3项、二等奖1项、三等奖3项。新增中医康复学、中医护理学、中医诊断学、生物医药研发创新平台等4个中央支持地方高校发展专项资金项目,获专项资金1200万元。

科研工作　全年立项科研课题335项,获资助经费3029.07万元。其中,立项国家级科研课题22项,获资助经费1207.32万元;立项省部级科研课题99项,获资助经费1262.3万元。新增国家级科研创新平台1个(康复医疗技术国家地方联合工程研究中心)、省级“2011协同创新中心”1个(中医健康管理协同创新中心)、省部级科研创新平台2个(经络感传重点实验室、中医睡眠医学重点实验室)。新增中国中西医结合学会科学技术奖一等奖等省级以上科技成果奖励7项;收录SCI、EI、SSCI、A&HCI、CSSCI等高水平的学术论文98篇,新增申请专利16件,主编及参编学术著作40部。

师资队伍建设　实施《福建中医药大学中医药学术思想传承工作实施办法》,在全国各中医药院校遴选医术造诣高深的中医名师6人,在校本部遴选8名具有培养潜质的中青年骨干教师,采用师承方式,3年跟师学习培养;启动康复学科人才境外培养遴选工作,选派6名康复人才到美国克瑞顿大学进修。至10月,学校有专任教师911人,其中高级职称教师占41.71%,具有研究生学位教师占71.46%,生师比为12.74:1。年内新增福建省“海纳百川”高端人才聚集计划高层次创业创新人才“百人计划”1人、福建省新世纪优秀人才支持计划人选3人、福建省高校杰出青年科研人才培育计划4人。加强思想政治工作队伍建设,建立集学习、科研、进修为一体的培养体系,提高辅导员业务能力。1名辅导员获省第四届辅导员职业能力大赛一等奖和全国第四届高校辅导员职业能力大赛决赛三等奖。

交流与合作　推进与澳大利亚、马来西亚及中国香港、台湾等相关机构开展的中医药本、硕、博层次的联合办学项目。继续开展“在校本科学生海外学习经历”项目,选派交换生赴中国台湾和瑞典等交流学习。开展闽台高校联合培养人才工作,新增闽台联合办学项目1项——康复治疗学(物理治疗方向),有本科专业闽台合作办学项目4项。开展境外合作研究项目6项。与共青团省委、省台湾同胞联谊会连续联合主办第6届“海峡两岸青年联欢节·中医药传统文化研习营”,来自海峡两岸的74名师生参与研习营活动。

社会服务工作　依托康复技术工程研究中心,将自主研发的认知康复训练平台等设备应用于省残疾人康复中心、三明中西医结合医院等机构;在康复理论、康复医疗和康复护理等方面展开培训,为行业或地区培养人才300人次小时,康复设备研发成果转化收入达500万元;与省残联联合开展彩票公益金贫困重度残疾人适配辅助器具项目和省残疾人社区康复试点建设等社会服务工作。成立中医健康管理协同创新中心,围绕中医健康管理过程中的关键环节开展系列研究。开展福建省中药资源普查,完成15个县(市)区572个样地的调查,发现有蕴藏量的品种近百种、福建省药用植物种类2000多种,阶段性成果专刊在《生命世界》杂志上发表。鼓励引导科研人员到基层开展科技服务工作,与永安市、大田县等6县市签订合作协议,对接校地、校企科技服务项目8项,为18家企业提供中医药技术服务,社会服务收入达525.92万元。

附属医院建设　附属人民医院牵头与福建省肿瘤医院、附属康复医院、三明市中西医结合医院及全省各地县中医院等24家医院签约结成医联体;完成附属人民医院马尾分院院区地形图修测、选址意见书及规划红线等筹建工作。完成附属第二人民医院和附属康复医院院区场所置换工作,通过置换为医院换取充足的发展空间。附属第二人民医院一期三阶段(病房综合楼)建设项目被列入省重点建设项目。附属第三人民医院与福州总医院共建医联体,成为全省首家军民融合、中西医结合、资源共享、优势互补的医疗联合体;与福州大学、江夏学院、福建工程学院、福州一中等院校合作,通过校内医疗机构整体托管或共同合作模式,为大学城地区师生提供定点转诊、健康体检、中医专家门诊、急诊绿色通道和中医健康管理等多项服务,弥补各院校医院(医务室、卫生所)医疗力量薄弱的缺点,附属第三人民医院全年门急诊人次同比增长65.94%,总收入同比增长148.48%。作为国家中医药管理局康复重点专科协作组组长单位,年内附属康复医院组织82家协作单位,结合各病种治疗切入点和有效点(难点),起草国家中医药管理局康复专科服务能力基本要求、推荐要求和临床科研需求,制定协作组内疑难病种诊疗标准,修订8个优势病种中医诊疗方案和临床路径。

(吴镇聪)

【福建工程学院】　2015年,学校设有50个本科专业,3个一级学科硕士学位授权点(交通运输工程、材料科学与工程、土木工程);3个专业硕士学位授权点(机械工程、工程管理、电气工程)。有材料科学与工程1个省级特色重点学科和交通运输工程、材料科学与工程、土木工程、机械工程、管理科学与工程5个省一级重点学科。设机械与汽车工程学院、材料科学与工程学院、信息科学与工程学院、土木工程学院、建筑与城乡规划学院、管理学院、生态环境与城市建设学院、交通运输学院、人文学院、法学院、数理学院、设计学院、思想政治理论课教研部、体育教研部等14个院(部)及继续教育学院。

全日制在校生26086人。教师总数1461人,其中高级职称504人,具有博士、硕士学位的教师1006人,享受政府特殊津贴10人。聘请美国工程院院士、中国科学院院士、中国工程院院士等国内外120多名知名专家为兼职教授、名誉教授、客座教授。有国家级特色专业3个,国家级工程实践教育中心3个,国家级精品课程3门;省级本科高校专业综合改革试点项目名单10个,省级实验教学示范中心9个,省级精品课程32门,省级人才培养模式创新实验区13个,省级教学团队5个,省部级高等教育科学研究优秀成果奖20项。有“汽车电子与电驱动技术实验室”“福建省数字化装备重点实验室”“福建省新材料制备与成形技术重点实验室”“福建省土木工程新技术与信息化重点实验室”等省级重点实验室4个,省部级科技创新平台17个,校办企业9个。与300多家企事业单位、科研院所等签订产学研合作协议,与中国移动通信集团福建有限公司、福建省汽车工业集团有限公司、中铁隧道装备制造有限公司、福建省南平铝业有限公司等多家企业签署校企战略合作协议,与GE公司、西门子公司等外企建立一批实验室。与美国、英国、德国、澳大利亚、新加坡等国外高等教育机构建立友好合作交流关系,与多所台湾高校开展闽台教育合作与交流项目。

师资队伍建设 引进国家千人计划特聘专家2人,新聘请院士2人为特聘教授,聘请闽江学者讲座教授1人、苍霞杰出学者1人。引进博士50人,其中境外博士20人(台籍博士17人),博士学位教师总数达250人。开展人才项目申报推荐工作,入选国家级百千万人才工程1人,省百千万工程领军人才1人,省高等学校新世纪优秀人才支持计划5人,省高校杰出青年科研人才培育计划5人。120人参加各类访学、进修、培训。11名教师获国家留学基金委“高等学校青年骨干教师出国研修项目”赴海外研修资格。资助48名骨干教师赴德国代根多夫科技大学、英国华威大学进修学习,派出2批共25名教师赴英国华威大学进行语言项目培训,选派47名本科专业负责人赴台进行短期培训。

教学改革 完成本科教学工作审核评估试点工作。建筑学专业通过住建部专业认证评估。强化实验实训条件建设,电子信息与电气技术实验中心入选国家级实验教学示范中心,土木工程虚拟仿真实验教学中心入选国家级虚拟仿真实验教学中心。3门课程获评省级精品资源共享课。组织信息学院电气工程及自动化专业提交工程教育认证的申请。4个专业获批台湾IEET工程及科技教育认证试点。构建7大系列158门公选课网络课程资源。组织完成“十一五”国家级和省级精品课程项目校级层面27项结项验收,完成14项2012年立项的公共基础课程改革项目结项验收。组织编写应用技术型高级专门人才培养课程教学大纲3430门。建立学校教学质量学生评议委员会,调整学生评教指标,形成闭环质量反馈体系。

人才培养 推动易班网建设,推进学校微博、校园微信等新媒体建设,发挥班导师作用,巩固全员育人成效。加强学生创新创业与实践能力培育,完善校内外学生创业孵化基地、创业实践基地和大学生创新创意中心,吸纳约30个学生创业项目入驻。组织学生开展社会实践活动,获评全国“2015年三下乡活动优秀单位”,1支队伍获评全国“2015年三下乡活动优秀团队”,1人获评全国“2015年三下乡活动优秀个人”。在各类学科竞赛和文体比赛中,获得国际级奖项15项,国家级奖项195项。其中,2015年美国大学生数学建模竞赛中获奖10项,获全国大学生数学建模竞赛一等奖,获第七届全国大学生广告艺术大赛平面类一等奖,获全国大学生结构设计竞赛中二等奖,获全国大学生电子设计竞赛二等奖。首次获全国高校给排水科学与工程学科本科生优秀毕业设计,5份毕业设计作品获2015亚洲设计学年奖。文体方面获首届CUBA中国大学生篮球联赛(阳光组)男篮总决赛亚军,获全国第四届大学生艺术展演活动“校长杯”及二、三等奖各1项。

招生就业 年内录取各类型全日制本科生6759人,其中20个专业列入福建省本科一批招生,理工类、文史类录取平均分分别为549分和562分,分别超出本科一批录取控制线24分和13分。除北京、上海、重庆外,外省其他省份第一志愿生源率均为100%。应届毕业生初次就业率98.83%,签约率达88.15%。

学科平台建设 整合设计类学科,新组建设计学院。“福建省数控装备技术重大研发平台”获省级产业技术重大研发平台项目立项,总资助经费500万元。“福建省大数据挖掘与应用技术重点实验室”“福建省室内环境工程技术研究中心”分别获省科技厅认定建设,“福建传统村落与历史建筑研究中心”获省住建厅批准建设,“地下工程福建省高校重点实验室”“福建自贸区知识产权研究中心”列入省教育厅“福建省高等学校科研创新平台”建设计划。“材料制备与成型技术重点实验室”“土木工程技术与信息化重点实验室”2个省重点实验室通过省科技厅考核评估。

科研工作 “福建省数控一代机械产品创新应用示范工程”列入2015年度国家科技支撑计划课题,资助经费445万元。获3项省产业技术联合创新项目立项,项目总资助经费900万元。国家自然基金项目立项8项,国家社科基金项目和教育部人文社科项目各1项,产学合作重大项目3项,省委宣传部省科技重点项目4项,软科学项目2项,其他省社科规划、市科技计划、省教育厅项目等88项。获教育部第七届高等学校科学研究优秀成果三等奖1项,获2015年省科技进步奖5项(含1项参报)。申报发明专利128项,新获授权发明专利30项。全年申报各级各类项目500多项,总到校经费2800多万元。邀请国(境)内外知名专家、学者等举办各类学术讲座和专题报告会146场次。

政产学研工作 为地方政府、行业企业和校友企业服务,推动科技成果孵化和成果转化,服务区域经济社会发展和产业转型升级。与泉州市政府合作设立“福建工程学院泉州工程技术研究院”。申报“中国产学研合作创新成果奖”,与莆田市荣兴机械有限公司的产学研合作项目——“空间异型的高品质铝合金压铸成型制造关键技术及应用”获“2015年中国产学研合作创新成果奖”

二等奖。继续承担与省住建厅联合开展的乡镇长和村建站站长培训及县级建设行政部门负责人培训任务,首次承办2015年发展中国家建筑工程质量管理及电工维修技术援外培训班,举办首期福建省理工类师资闽台联合培训班。

交流与合作　举办2016年国家公派出国留学选派工作会议,接待10多批台湾高校及企业研发部门的访问团组,安排3次赴台团组调研交流活动,闽台合作办学项目有580人赴台湾学习。组织2批共46名专业带头人赴台湾云林科技大学培训。持续推进中德国际工程师学院(BSK)合作培养工程硕士项目、“1+2+1中美人才培养计划”、留学基金委优秀本科生出国资助项目及马来亚大学留学资助项目。完成留学生入学教育,组织汉语培训和学籍落位对接管理工作。招收留学生9人,其中硕士研究生2人,本科生6人,语言进修生1人。引进国外文教专家、学者来校任教,聘用外籍教师2人。

校园基础建设　拓展筹资渠道,年内总收入5.97亿元,全校固定资产达10.8亿元。全校公共照明设备节能改造竣工获国家“节约型公共机构示范单位”称号。旗山校区三期工程南区项目可研及节能评估报告获省发改委批复,开展学生公寓项目前期准备工作,推进南区教学实验楼、实训中心项目建设前期准备工作。完成图书馆周边及南北校区绿化和景观改造提升工程,完成校区道路、楼宇命名工作。启动数字化校园基础平台建设,实现教务、学工、科研、校园卡等11个信息管理系统之间主要数据的对接、整合。完成校园公共信息服务平台建设,实现在微博、微信等新媒体上进行校园资讯、校园服务等信息发布、查询。完成140余套多媒体教室投影设备建设和教学视频集中控制中心建设。

(宁启超　郭宝明)

【闽江学院】　2015年,学校确定“东南区域知名的综合性应用型大学”的办学定位。全日制在校生20168人,全校教师1100多人,校舍面积58.16万平方米,各类藏书284.65万册(含电子图书)。完成学生公寓4区10号楼建设。长乐路校区土地完成挂拍,软件学院搬迁至校本部。启动新一代“智慧校园”规划工作。获2015年全国高校干部网络培训工作“优秀组织单位”称号和福建省五一劳动奖状。

学校治理结构　经省教育厅核准,发布实施《闽江学院章程》。成立校深化综合改革工作领导小组和“十三五”规划研制工作领导小组,开通校综合改革与“十三五”规划专题网站,启动综合改革方案和“十三五”规划编制工作,完成校综合改革有关专项方案。成立校第三届董事会,召开第一次会议。市政府出台《关于支持闽江学院全面提升办学水平的若干意见》。省教育厅下达《闽江学院建设目标管理责任书(2015—2017年)》。建立学校法律顾问制度,出台校学术委员会规程,制定学校绩效工资实施办法和教学单位奖励性绩效工资指导意见。启动更名大学各项准备工作,“支持闽江学院创建闽江大学,建设东南区域知名的综合性应用型大学”被写入《中共福州市委关于制定福州市国民经济和社会发展第十三个五年规划的建议》,列入福州市“十三五”时期发展的重点任务。

学科专业建设　增设物流工程、酒店管理等2个本科专业,完成工商管理、纺织科学与工程、信息与通信工程等3个省级重点学科的考核验收工作,首批遴选产生12个校内硕士培育点。启动学科整合工作,在原管理系、经济系基础上合并组建经济与管理学院,撤销交通学院。

本专科教育　招收全日制本专科生5446人,其中本科5046人;应届毕业生5125人,年终就业率96.3%。开展向应用型转变试点工作,全面推行大学英语分层次教学改革。6个教学改革项目获省级立项,30个教学改革项目获校级立项,获省级实验教学示范中心培育项目1项,发布《闽江学院2014年度本科教学质量报告》。修订《闽江学院教育教学改革项目与成果奖励办法》,加大学科竞赛专项经费投入。学生在各类学科竞赛活动中获国家级奖项159项、省级奖项176项,在大学生创新创业训练计划项目立项中获国家级立项22项、省级立项42项。

研究生教育　招收硕士研究生16人,13名硕士研究生毕业并获得硕士学位。与“台湾辅仁大学”、中国人民大学联合启动MBA联合培养工作。出台《闽江学院研究生招生考试工作管理办法(暂行)》《闽江学院研究生招生考试命题工作管理办法(暂行)》《闽江学院研究生课程考试试卷管理办法(暂行)》《闽江学院涉密研究生学位论文管理办法(暂行)》等多项规章制度。

师资队伍建设　启动实施“闽都学者”计划、“青年学者”计划、“优秀青年骨干教师”培养计划,出台引进台湾全职教师办法等规章制度。引进博士研究生7人,其中台湾地区博士3人、教授1人、副教授1人,1人被评为福州市第四批引进高层次优秀人才,24名教师到美国、日本、加拿大等地访学进修。

科研与服务工作　成立闽江学院汇川科技物联网创新联合研究院、闽江学院中国学研究中心、闽江学院东亚研究院、闽江学院浙江大学CARD中国农村电商研究中心福建分中心、闽江学院方言研究所、闽江学院国际商法研究所等6个校级科研机构。新增省级重点实验室1个(福建省信息处理与智能控制重点实验室)。电子信息与控制福建省高校工程研究中心获评福建省高校优秀科研创新平台。福建省高校人文社科研究基地互联网创新研究中心、绿色染整福建省高校工程研究中心经省教育厅批复依托闽江学院立项建设。新增科研立项国家级8项、省部级42项,新增企事业单位委托项目40余项,到校经费3430余万元。学校获授权发明专利2项、实用新型专利19项、软件著作权2项、外观设计专利9项;获省科学技术奖三等奖1项,中国物流与采购联合会科学技术奖1项。1项社科成果获省十大优秀社科普及作品和全国优秀社会科学普及作品。为福建省白马船厂、国家开发银行股份有限公司福建省分行和福建省测试技术研究所等单位提供技术咨询与服务。与省市龙头企业福建坤彩材料科技股份有限公司签约技术转让的“珠光颜料用片状氧化铝基材产业化”项目,打破德国默克技术垄断,填补国内市场空白。

交流与合作　与中国人民大学、“台湾辅仁大学”、福建海峡银行等高校、企业签订合作协议。闽台高校联合培养人才项目、师生双向交流和学分互认项目深入实施，赴台学习学生达 1275 人，教师赴台湾高校任教或进修访学交流达 71 人次，台湾高校来校任教教师达 70 人次。爱恩国际学院申报具有独立法人资格中外合作办学机构获得省政府批准，中澳联合办学及中美本科国际课程项目全年输送赴海外留学生 115 人。举办国际学术会议 3 场，邀请境外专家、学者来校举办学术讲座 9 场。承办省、市海外华裔青少年“中国寻根之旅”春令营、夏令营活动。校学生艺术团参加福州市组织开展的赴“一带一路”沿线国家经贸文化活动，在日本、俄罗斯友好城市举行“福州日”文艺演出。

校园文化　颁布《闽江学院培育和践行社会主义核心价值观实施意见》，创新主题教育形式，举办“闽院故事汇”。开展阅读推广活动，获得省主题全民阅读活动一等奖、优秀组织奖等多项大奖，被评为省图书馆学会 2011—2015 年度先进集体。语言文字工作方面，获评“第四批省级语言文字规范化示范校”。1 个项目获全省思想政治研究会学生工作精品项目评审二等奖，2 项成果分获省高校校园文化建设优秀成果二、三等奖。2 支队伍参加全省纪念中国人民抗日战争暨世界反法西斯战争胜利 70 周年 2015 年福建省大学生合唱节分获一、二等奖。群舞剧目《茉莉花》在 2015“永远跟党走”第十届中国青少年艺术节暨第十二届全国青少年香港才艺展示活动中获青年组金奖。组织 2015 年大学生暑期“三下乡”社会实践队伍 245 支，有 13527 人次参与。1 支实践团队获“中国大学生保险责任行”社会实践专项活动金奖，1 支团队获评 2015 全国大学生社会实践优秀团队。2 支实践队获“2015 年福建省大学生暑期社会实践‘服务新福建’重点工作优秀团队”。组织筹办第一届全国青年运动会体操项目，选派 5460 人次学生参与第一届全国青年运动会、第二届“丝绸之路”国际电影节、第三届海峡青年节、第十三届中国国际农产品交易会、2015 年福州国际马拉松赛、共青团义务星期六活动、城市文明交通疏导等活动志愿服务，获“第一届全国青年运动会组织筹办工作先进集体”“第一届全国青年运动会志愿者组织工作先进集体”“第一届全国青年运动会开闭幕式工作先进单位”“第一届全国青年运动会火炬传递工作优秀单位”等荣誉。

（陈福虽）

【福州职业技术学院】　2015 年，学院新增新型纺织机电技术、针织技术与针织服装、航空服务等 3 个专业。部分专业平均录取分数接近本二录取线，会计电算化、工程造价、电子商务 3 个专业高于本二录取线。计划招生 3350 人，实际录取 3269 人，学生报到数 3016 人（含参军保留学籍），报到率为 92.26%。2015 届毕业生 2121 人，初次就业率 98.35%，年底就业率 99.95%，签约率 84%，在本地区就业达 66.44%，在本省就业达 94.37%。在校生 1.9 万多人，其中全日制高职在校生 7804 人，应用型全日制本科在校生 76 人，各类成人学历在校生 11148 人。年内制定《福州职业技术学院章程》，修订《福州职业技术学院党委会议议事规则》和《福州职业技术学院院长办公会议议事规则》。5 月，获第十二届省级文明学校称号。学校心理健康教育与咨询中心被评为“福建省大学生心理健康教育工作先进机构”。

人才培养　6 月，经教育部评选，获“2015 年度全国毕业生典型经验高校”。12 月，通过省教育厅第二轮高等职业院校人才培养工作评估，被省教育厅确定为“福建省示范性现代职业院校建设工程”A 类培育院校。年内学院“电梯工程技术专业现代学徒制人才培养模式改革与实践”项目经教育部专家评审，成为全国 165 家首批试点单位之一。立项建设 28 门优质课程、16 门混合教学模式改革课程，结合传统教学和数字化教学优势，采用线上（网络教学平台）+ 线下（实践及面授）混合教学模式，学院 44 门课程运用学院网络教学综合平台进行混合教学模式改革。毕业生获取中级技能及以上职业资格证书的比例逾 98%。年内学院组织 8283 人次参加职业资格证书考试和职业技能鉴定，其中在校生 5695 人次，社会考生 2588 人次。开展农民工培训、摄影基础知识培训、二级建造师培训、专升本考前辅导培训、中药调剂员培训等各种社会化培训，完成培训 1201 人次。

专业建设　围绕福州支柱产业，调整专业结构，新设网络工程系；加大工科专业建设资金扶持，安排“现代职业教育质量提升计划中央专项资金”中的 1100 万元用于工科建设项目。新增省级示范专业“物流管理”和 4 名省级专业带头人。确定计算机网络技术、计算机应用技术、软件技术、旅游管理、建筑工程管理、市场营销、电子商务、商务英语、商务日语、应用电子技术、电梯工程技术、金融保险、会计电算化、广告设计与制作、数控技术、汽车制造与装配技术等 16 个院级“工学结合改革试点专业”。

实训基地　新增计算机网络技术、智能电梯装调与维护等 2 个“福建省职业院校技能大赛省级竞赛基地”。投入 533.72 万元建设实训室，改善集“教学、培训、竞赛、鉴定、技术开发”五位一体的九大实训中心。

创新创业教育　网络系统管理、电子商务 2 个专业及“路由技术实践与创新”“营销项目策划”2 门课程作为学院创新创业教育改革试点。12 个入驻学生创业园项目及 16 个师生工作室开展创新创业活动。2 个项目入选省第三届大学生“创业之星”评选暨大学生创业扶持项目；财经系 2004 届毕业生聂君锋获第六届“福建青年创业奖”十大最具潜力青年创业新人；1 个项目获“中国创翼”青年大学生创业创新大赛华南赛区“银翼奖”；1 个项目获福建省职业生涯规划大赛优胜奖，学院获福建省大学生职业规划大赛优秀组织奖。

政校企合作办学　市政府和有关部门专门出台《关于促进福州职业技术学院政校企合作办学的意见》《支持福州职业技术学院开展合作办学的实施意见》《政校企合作实施细则》等文件，鼓励和引导相关行业、企业参与人才培养的全过程。9 月 18 日，市政府在学校组织召开“福州职业技术学院政校企合作办学理事会 2015 年度会议”，市长杨益民、副市长陈晔等市委领导出席，学院分别与长乐市政府、福州市文化广电新闻出版局、福州城市地铁有限责任公司、福建迅达电梯有限公司、福州怡迅电梯有限公司、福建星网锐捷通讯股份有限公司签订合作办学协议。学院与福建迅达电梯公司合作成立“电梯实训与培训中心”；

与福州怡迅电梯有限公司合作成立“电梯技术应用研究与服务中心”;与长乐市政府有关部门、纺织工业园区龙头企业共建纺织类专业,与长乐市政府签订《长乐纺织学院》合作办学协议书;与市文化广电新闻出版局合作,签订《战略合作框架协议》;与思科、金科企业联合召开建设工作推进会,推进“思科网院实践与创新中心”建设;与东南汽车公司合作办学,成立“东南汽车实训与培训中心”;与福州地铁公司、厦门地铁公司合作开展轨道交通类专业的订单培养工作。

交流与合作　与“台湾大华科技大学”“中州科技大学”“亚洲大学”“朝阳科技大学”4所台湾合作院校开展应用电子技术、旅游管理、物流管理、广告设计与制作、金融保险等5个专业合作。全年有闽台合作专业学生443人,毕业生平均一次就业率达100%,双证书平均获取率达94.24%。选派8名骨干教师和管理干部到国外(境外)进修培训,同时有3批4名台湾高校教师到学院授课。通过联合开发课程、共建专业与实训基地、加强教师培训与交流等合作。

科研工作　全年承接部、省、市、厅级人文社科科研项目25项,其中省社科规划项目2项,省教育规划重点项目1项,市社科规划项目4项。新增机电设备维修与管理实训基地、多媒体教室(考场)可视化集控管理系统、电梯工程技术专业一体化实训基地建设、城市轨道交通专业群省级培训中心、图书馆馆舍改造土建及装修项目、纺织专业实训基地等6个“现代职业教育质量提升计划专项资金项目”立项。新成立中小企业管理服务中心、文化艺术与创意产业服务中心、福州职业技术学院会展产业服务中心、校企协同研究与服务中心、福州福职院企业管理咨询有限公司等9个院级技术服务机构,与福州市相关企事业单位签订合作协议,开展4个横向科研项目的应用研究。学院获软件著作权2项,作品著作权5项,学院教职人员公开发表学术论文公172篇。

师资队伍　加大对中青年骨干教师培养力度,年内选派访问学者或组织教师参加国内外培训6人,选拔3名教师作为学院优秀青年骨干教师培养对象。加大高层次人才引进力度,引进博士1人,硕士15人。建设能教、能练、能开展应用研究的“三能”教师团队,暑期院55名教师到37家企业进行实践锻炼,新增11名“双师型”教师,有“双师型”教师164人,占专任教师比例70.9%,聘请企业兼职专业带头人11人,行业企业兼职教师91人。学院1名教师入选“福建省高校杰出青年科研人才培育计划人选”。思政部1名教师被省教育厅推荐参评全国高校思想政治理论课教师2015年度影响力人物。

社区大学　福州市社区大学成立校外直属教学点10个,其中农村教学点4个;“学习圈”1个(福州“南仙茶摊”学习圈),终身学习与社区教育示范基地1个(三坊七巷学习促进会)。年内福州市社区大学编写《应用法律》《和美社区大家唱》《感悟人生》等27本教材(含编好待印刷14本,编印成册13本)。

校园建设　二期工程进入收官,特教一体化项目动工建设,项目完成投资1689.19万元。完成北区食堂改建电子系实训楼项目,工程造价约527万元,施工景观工程。争取财政专项资金,2015年中央财政拨款的现代职业教育提升计划专项资金2912.34万元,省市拨款12406.32万元,其中二期基地特教9721.31万元,财政生均拨款达8619元。

(江允英)

【闽江师范高等专科学校】　2015年,有全日制在校生2800多人。学校设有“六系二部”,即初等教育系、学前教育系、人文社科系、外语系、计算机系、艺术系、公共基础部、思想政治理论课教研部。年内制定《闽江师范高等专科学校章程》。

人才培养　1月,学校通过教育部高职院校人才培养工作评估;2月,学校未成年人心理健康辅导中心(福州市未成年人心理健康辅导站)获“全国未成年人思想道德建设工作先进单位”称号;5月,计算机系获福建省首批现代学徒制试点项目单位;12月,“青少年心理健康教育研究中心”获批建设福建省应用文科研究中心。年内学生在国家级和省部级专业技能大赛中获奖项21个。学校成为全国首届青运会志愿服务培训基地,完成全国首届青运会游泳比赛和拳击比赛的志愿服务工作,被第一届全国青年运动会组织委员会评为“第一届全国青年运动会志愿者组织工作先进集体”。

专业建设　学校开设16个专业(21个专业方向),包含初等教育(全科、中文与社会、数学与科学、中文与书法、英语、计算机与信息技术)、语文教育、数学教育、英语教育、音乐教育、学前教育、舞蹈教育等7个师范类专业;软件技术、物联网应用技术、计算机应用技术(网络应用方向)、导游、行政管理、心理咨询、文秘、社会工作、应用英语等9个非师范类专业。其中,新增初等教育(免费师范男生)专业、社会工作专业、计算机应用技术(网络应用方向)专业3个专业。初等教育、心理咨询专业分别获批文化教育大类、公共事业大类2015年高等职业教育省级示范专业,导游专业和物联网应用技术专业被省教育厅列为2015年高校创新创业教育改革试点专业。

校企合作　学校有校内外实训基地122个。有5个校企合作的特色专业:舞蹈教育专业与圣安琴舞蹈机构合作;软件技术专业与北大青鸟教育集团合作办学;物联网应用技术专业与新大陆科技集团(物联网行业龙头企业)合作办学;社会工作专业与鼓楼区政府联办;计算机应用技术专业(网络技术方向)与福建星网锐捷通讯股份有限公司合作共同开展现代学徒制试点,与北大青鸟、新大陆、星网锐捷、福州纵腾网络科技有限公司等企业(行业)集团建立长期稳定合作关系。

招生就业　学校被列为福建省首批免费师范男生教育试点学校之一,于秋季开始招收培养三年制专科小学教育专业师范男生50人,并全额完成招生计划。年内学校招生计划数1460人(含五年专160人),录取新生1357人(五年专130人),完成招生计划数92.9%(其中福建省内三年专完成100%)。夏季三年专录取总体平均分超出专科线107分,接近本二最低录取线,初等教育(全科)、数学教育、初等教育免费师范男生、初等教育(中文与书法方向)、英语教育等5个专业录取平均分超出或达本二最低录取分(初等教育专业超出专科线158分);全校录取人数中超出本二线录取数157人(初等教育专业文史类录取44人超出本二线录取,占该专业招生计划数98%)。应届毕业生639人,就业率达95.24%。

交流与合作　10月,与加拿大杜威学院就“3+1+1”课程合作办学签署框架协议。11月,再次与“台湾木铎学社”就两岸基础教育研究与培训合作计划落实进行深度洽谈。12月,与美国奥特本大学就办学、交换生、短期游学等合作项目达成共识。

师资队伍　有教职工231人,专任教师93人,其中教授1人、副教授27人,占专任教师总数的30.11%,获得硕士及以上学位教师67人,占专任教师的72.04%。教研员59人,其中高级教师46人,特级教师4人,省级学科带头人14人。年内完成《闽江师范高等专科学校师资队伍“十三五”(2016—2020年)建设规划》修订工作,新补充27名工作人员,其中具有博士学位1人,具有硕士学位22人,具有副高级以上职称5人。

教研培训　学校下属的福州教育研究院进行综合改革,新组建的研究院设院长1人、副院长3人,下设办公室、教学研究中心、教育科研中心、教育培训中心、德育研究中心和未成年人心理健康辅导站6个部门,内设教学质量检测中心和中小幼特19个学科组。研究院开设“光禄坊教苑论坛”,定期围绕教育热点和工作重点开展专题讲座或经验交流;设立“学术委员会”,审定研训活动课程、论文、课题等;组建35个中、小、幼、特学科研训中心组,成立高考备考专家组,通过市级教学观摩和开放周(日)活动、区域联动、网络互动、校本研训、中高考论坛、下校教学视导活动、教师命题能力培养及优质课评选、微课评选、论文评选、教师教学技能大赛活动、学生知识竞赛活动等教研形式,并通过教学质量监测、命题研究、网络阅卷和质量分析工作,与基层学校一起研究解决新课程实施中存在问题。全年开展教研活动493场次,参加研训教师达58833人次。围绕高端培训、常规培训、名师工作室、干部培训等四大方面,50多个项目开展教师培训工作,在培学员近3万人,组织培训1000多场,送培下县300多场,参训教师达44万多人次;聘请国内知名专家近百人次,开设高端讲座100多场;与同济大学、北京师范大学、南京师范大学、华中师范大学、东南大学、大连教育学院合作,举办不同类别的高研班。在第三届福建省中小学教师教学技能大赛中,由研究院选拔、培训、推送的48名中小幼教师共获一等奖8人、二等奖24人、三等奖14人,位居全省第二。

科研工作　研究院组织市、县(市)区、一线学校申报国家、省、市各类教育科研课题,其中国家级课题1项(《互联网+促进城乡基础教育均衡发展的实证研究》)、省级课题7项、市级课题208项获批立项;与市教育局联合开展“幸福教育”专项课题立项评选活动,评选立项50项;全年有260项课题通过结题验收;编辑出版《福州教育研究》6期,收入文章200余篇,发行3000册。

基础设施　基本完成旗山校区一期建设项目工程7.8公顷的扫尾工作,初步完成竣工财务决算审计的先期准备工作。完成新校区204公顷工程建设,并交付使用。加大校园文化建设和环境整治力度,实施冰心园、师陶园等园林景观改造工程,规划建设D、E学生宿舍及运动场地周边园林绿化景观项目。12月,市政府原则同意学校二期建设方案,在学校西侧调整规划11.87公顷教育用地(含马保村生产生活留用地1.8公顷及附属中学、小学)作为学校二期建设用地。

(陈　玉)

(编辑　邱敏佳)

专业文艺

【概况】 2015年，参与组织和承办第一届全国青年运动会开闭幕式文艺演出及青运村文化展示活动，全系统有11家单位及一批工作人员分别被授予“先进集体”和“突出贡献者”“先进个人”称号。举办第二届丝绸之路电影节，围绕海丝、海洋、海峡主题，组织开闭幕式、传媒荣誉推荐、电影展映、北京放映·丝路再起航、印度主宾国、电影魅力·行业对话、电影论坛和市场交易等9项主体活动及电影音乐会、电影科技体验展、“影享福州”公益电影放映等配套活动，有33个丝路沿线国家和地区近2000名嘉宾参加，展映电影112场，观影2万多人次。全年福州市有50项专业文艺获省级以上奖项。

【文艺创作】 传统戏曲和本土题材创作方面，闽剧《王茂生进酒》作为福建省唯一一个剧目入围第十四届中国戏剧节；闽剧《林则徐复出》晋京参加全国地方戏优秀中青年演员汇报演出；儿童剧《判官审石头》入选第八届全国儿童剧优秀剧目。在第六届福建艺术节上，音乐剧《啊！鼓岭》、福州曲艺专场《风雨苍霞人》和闽剧《双龙梦》等3个剧目获一等奖。在首届“丹桂奖”电视曲艺大赛上，伬艺《月白天青》等2个节目获一等奖，福州市获奖总数位居全省首位。

表56　**2015年福州市专业文艺省级以上获奖情况分类表**

序号	获奖单位及个人	项目	授奖单位	奖项
1	福州市文广新局		福建省文联、福建省文化厅、福建省剧协	第六届福建艺术节优秀组织奖
2	福州市艺术学校翁林森	闽剧《红裙记·认痣》选段	福建省文联、福建省文化厅、福建省戏剧家协会	第十二届福建省“水仙花”戏剧奖专业组表演银奖
3	福州市艺术学校陈志勇	演奏主胡	福建省文联、福建省文化厅、福建省戏剧家协会	第十二届福建省“水仙花”戏剧奖专业组演奏银奖
4	福州市艺术学校刘立彬	演奏司鼓	福建省文联、福建省文化厅、福建省戏剧家协会	第十二届福建省“水仙花”戏剧奖专业组演奏铜奖
5	福州市艺术学校张林娜	闽剧《珍珠塔·赠塔》选段	福建省文联、福建省文化厅、福建省戏剧家协会	第十二届福建省“水仙花”戏剧奖专业组表演铜奖
6	福州市艺术学校吴立敏	闽剧《王莲莲拜香·盘答》选段	福建省文联、福建省文化厅、福建省戏剧家协会	第十二届福建省“水仙花”戏剧奖专业组表演铜奖
7	福州市艺术学校林特	闽剧《春江月·会子》选段	福建省文联、福建省文化厅、福建省戏剧家协会	第十二届福建省“水仙花”戏剧奖专业组表演铜奖

续表 56－1

序号	获奖单位及个人	项　目	授奖单位	奖　项
8	福州市艺术学校林俤俤	闽剧《斩经堂》选段	福建省文联、福建省文化厅、福建省戏剧家协会	第十二届福建省"水仙花"戏剧奖专业组表演铜奖
9	福州市艺术学校 林理杰	中职组艺术类别艺术专业技能(戏曲)	福建省职业院校技能大赛组委会	2015 年福建省职业院校技能大赛指导教师奖
10	福州市艺术学校 汤文星	中职组艺术类别艺术专业技能(戏曲)	福建省职业院校技能大赛组委会	2015 年福建省职业院校技能大赛中职组艺术专业技能(戏曲)比赛个人一等奖
11	福州市艺术学校 林巧凤	中职组艺术类别艺术专业技能(戏曲)	福建省职业院校技能大赛组委会	2015 年福建省职业院校技能大赛中职组艺术专业技能(戏曲)比赛个人二等奖
12	福州市艺术学校 吴艳	闽剧《十一郎》选段	福建省文联、福建省文化厅、福建省戏剧家协会	第十二届福建省"水仙花"戏剧奖院校组表演优秀新苗奖(一等奖)
13	福州市艺术学校 冉春燕	闽剧《珍珠塔·赠塔》	福建省文联、福建省文化厅、福建省戏剧家协会	第十二届福建省"水仙花"戏剧奖院校组表演优秀新苗奖(一等奖)
14	福州市艺术学校 赵嘉雯	闽剧《红裙记·教子》	福建省文联、福建省文化厅、福建省戏剧家协会	第十二届福建省"水仙花"戏剧奖院校组表演优秀新苗奖(一等奖)
15	福州市艺术学校 林仁冰	闽剧《周仁献嫂·踏冠》	福建省文联、福建省文化厅、福建省戏剧家协会	第十二届福建省"水仙花"戏剧奖院校组表演新苗奖(二等奖)
16	福州市艺术学校 杨佳敏	闽剧《红裙记·追夫》	福建省文联、福建省文化厅、福建省戏剧家协会	第十二届福建省"水仙花"戏剧奖院校组表演新苗奖(二等奖)
17	福州市艺术学校 程林晔	演奏二胡	福建省文联、福建省文化厅、福建省戏剧家协会	第十二届福建省"水仙花"戏剧奖院校组演奏新苗奖(二等奖)
18	福州市艺术学校 林梦晞	演奏扬琴	福建省文联、福建省文化厅、福建省戏剧家协会	第十二届福建省"水仙花"戏剧奖、院校组演奏新苗奖(二等奖)
19	福州市艺术学校		福建省文联、福建省文化厅、福建省戏剧家协会	第十二届福建省"水仙花"戏剧奖优秀组织奖
20	福州市艺术创作研究中心 周祥光	闽剧《一拂先生》	福建省委宣传部	2015 年度福建省地方戏曲扶持专项资金资助项目
21	福州市艺术创作研究中心 周祥光	《风雨苍霞人》	福建省文联、福建省文化厅、福建省剧协	第六届福建艺术节·第三届音乐舞蹈杂技曲艺优秀剧目展演编剧一等奖

续表 56-2

序号	获奖单位及个人	项　目	授奖单位	奖　项
22	福州市艺术创作研究中心 金爱珠	芗剧《生命》	福建省文化厅	福建省第二十六届戏剧会演导演奖一等奖
23	福州市艺术创作研究中心 周祥光	闽剧《申己殊途》	福建省文化厅	福建省第二十六届戏剧会演剧本奖二等奖
24	福州闽剧艺术传承发展中心	—	福建省文联、福建省文化厅、福建省戏剧家协会	第十二届福建省“水仙花”戏剧奖优秀组织奖
25	福州闽剧艺术传承发展中心 谢巧星	闽剧《六离门》选段	福建省文联、福建省文化厅、福建省戏剧家协会	第十二届福建省“水仙花”戏剧奖金奖
26	福州闽剧艺术传承发展中心 翁雪贞	闽剧《红裙记》追夫	福建省文联、福建省文化厅、福建省戏剧家协会	第十二届福建省“水仙花”戏剧奖金奖
27	福州闽剧艺术传承发展中心 陈德忠	闽剧《林则徐与王鼎》	福建省文联、福建省文化厅、福建省戏剧家协会	第六届福建艺术节·26 届戏剧会演唱腔设计一等奖
28	福州闽剧艺术传承发展中心 吴则文、杨帅	闽剧《林则徐与王鼎》	福建省文联、福建省文化厅、福建省戏剧家协会	第六届福建艺术节·26 届戏剧会演表演一等奖
29	福州闽剧艺术传承发展中心	闽剧《林则徐与王鼎》	福建省文联、福建省文化厅、福建省戏剧家协会	第六届福建艺术节·26 届戏剧会演剧目奖二等奖
30	福州闽剧艺术传承发展中心 黄秀春	闽剧《林则徐与王鼎》	福建省文联、福建省文化厅、福建省戏剧家协会	第六届福建艺术节·26 届戏剧会演表演二等奖
31	福州闽剧艺术传承发展中心 杨帅	闽剧《紫玉钗》选段	福建省文联、福建省文化厅、福建省戏剧家协会	第十二届福建省“水仙花”戏剧奖银奖
32	福州闽剧艺术传承发展中心 谢婉萍	闽剧《嘉桂岭·思夫读信》	福建省文联、福建省文化厅、福建省戏剧家协会	第十二届福建省“水仙花”戏剧奖银奖
33	福州闽剧艺术传承发展中心 黄晓霞	闽剧《荆钗记·投江》选段	福建省文联、福建省文化厅、福建省戏剧家协会	第十二届福建省“水仙花”戏剧奖铜奖
34	福州闽剧艺术传承发展中心 郑群	闽剧《白蛇传》选段演奏二胡	福建省文联、福建省文化厅、福建省戏剧家协会	第十二届福建省“水仙花”戏剧奖演奏银奖
35	福州闽剧艺术传承发展中心 杨航	闽剧《凤凰山》选段演奏司鼓	福建省文联、福建省文化厅、福建省戏剧家协会	第十二届福建省“水仙花”戏剧奖演奏铜奖
36	福州市闽都文化艺术中心 阮晓玲	《慢慢,ToLoveYouMore》	福建省文联、福建省文化厅	福建省第三届“金钟花奖”声乐比赛流行(组合)组金奖
37	福州市闽都文化艺术中心 陈乃航	《来生来世把你爱》	福建省文联、福建省文化厅	福建省第三届“金钟花奖”声乐比赛民族组银奖
38	福州市闽都文化艺术中心 李纬芳	《玛依拉变奏曲》、《秋水长天》	福建省文联、福建省文化厅	福建省第三届“金钟花奖”声乐比赛民族组铜奖
39	福州市闽都文化艺术中心 布尔贴	《镜子里的我》	福建省文联、福建省文化厅	福建省第三届“金钟花奖”声乐比赛流行(组合)组铜奖
40	福州市闽都文化艺术中心 蔡恩慧	《故乡的云》	福建省文联、福建省文化厅	福建省第三届“金钟花奖”声乐比赛流行(组合)组优秀奖

续表 56－3

序号	获奖单位及个人	项　目	授奖单位	奖　项
41	福州市闽都文化艺术中心 高菲菲、徐雅卉、蔡丝露	《那一抹蓝》	福建省文化厅、福建省文联、福建省舞蹈家协会	福建省第三届"百合花"专业舞蹈比赛表演银奖
42	福州市闽都文化艺术中心 林姝敏	《那一抹蓝》	福建省文化厅、福建省文联、福建省舞蹈家协会	福建省第三届"百合花"专业舞蹈比赛创作铜奖
43	福州市闽都文化艺术中心 王春黎	《梦想花开》	福建省文化厅	获第十二届"福建省音乐舞蹈节"声乐(专业组)福州赛区选拔赛一等奖
44	福州市闽都文化艺术中心 马世斌	《山疙瘩里的妹子》	福建省文化厅	获第十二届"福建省音乐舞蹈节"声乐(专业组)福州赛区选拔赛一等奖
45	福州市闽都文化艺术中心陈乃航	《你是人间四月天》	福建省文化厅	获第十二届"福建省音乐舞蹈节"声乐(专业组)福州赛区选拔赛一等奖
46	福州市闽都文化艺术中心	音乐剧《啊！鼓岭》	福建省文化厅	第六届福建艺术节·第3届音乐舞蹈杂技曲艺优秀剧(节)目奖一等奖
47	福州市曲艺团	《癞和尚插青记》、《一粒橄榄扔过溪》	福建省委宣传部	2015年度福建省地方戏曲扶持专项资金资助项目
48	福州市曲艺团	评话《孝义巷传奇》	国家艺术基金管理中心	国家艺术基金2015年度资助项目
49	福州市曲艺团	福州伬艺《月白天青》、评话《孝子》	福建省文联、福建省文化厅	福建省首届"丹桂奖"曲艺(电视)大赛表演奖一等奖
50	福州市曲艺团	福州评话《黄土坡结义》、《李寄斩蛇》、《祥林嫂》	福建省文联、福建省文化厅	福建省首届"丹桂奖"曲艺(电视)大赛表演奖二等奖
51	福州市曲艺团	福州评话《钢铁战士》、《能补天传奇》	福建省文联、福建省文化厅	福建省首届"丹桂奖"曲艺(电视)大赛表演奖三等奖
52	福州市曲艺团 黄林勇、陈峰	《风雨苍霞人》	福建省文化厅	第六届福建艺术节·第三届音乐舞蹈杂技曲艺优秀剧(节)目展演优秀剧(节)目表演奖一等奖
53	福州市曲艺团 叶兆辰、林艳红林信清	《风雨苍霞人》	福建省文化厅	第六届福建艺术节·第三届音乐舞蹈杂技曲艺优秀剧(节)目展演优秀剧(节)目表演奖二等奖
54	福州市曲艺团 邓萍萍、汤露莹、林荣雄	《风雨苍霞人》	福建省文化厅	第六届福建艺术节·第三届音乐舞蹈杂技曲艺优秀剧(节)目展演优秀剧(节)目表演奖三等奖

【福州画院活动】 画师张剑、梁丹雯、柯学刃、李君琳、裴书鸿、张光卿作品获省第六届艺术节美术书法最高奖——优秀作品奖。画师李木教、柯学刃作品参加中国书法家协会主办的首届“草圣故里”全国草书名家学术提名展、中华妈祖杯全国书法篆刻展等;画师梁丹雯作品入选中国美协主办的2015中国漆画展;画师郭辉、陈云作品参加中国文联、海协会主办的“永远的乡愁”——2015中华情·中国梦美术书法摄影作品展;画师张剑作品获“意之大者”第二届福建省写意画大展三等奖,“美丽福建、安全海西”优秀美术书法作品展一等奖,《张剑作品集》由北京工艺美术出版社出版;画师李君琳个人画集《李君琳虫草精选》由福建美术出版社出版发行。

3月17—22日,举办“左海骊珠——纪念龙珠画苑成立85周年社员作品展”。10月2—5日,举办“历史的记忆——纪念世界反法西斯战争胜利70周年俄罗斯美术作品展”,作品展是落实中俄两国领导人在索契冬奥会期间达成的中俄共同举办庆祝世界反法西斯战争胜利70周年活动共识,先在北京、南京两地展出,福州是最后一站。

(江艳青)

公共文化

【概况】 2015年,福州市获第三批国家公共文化服务体系示范区创建资格,示范区创建工作全面启动,创建规划和制度设计课题通过文化部审议,全面部署推进各项创建任务。编制完成《福州中心城区公共文化设施布局专项规划》。加快文化、广电设施建设,海峡图书馆完成主体工程封顶,进行平面布局优化、楼宇智能化设计;福州温泉博物馆、福州历史文化名城展示馆相继对外开放,福清市图书馆新馆完成内部装修,永泰县“六馆一中心”完成主体工程封顶;启动董凤山发射台等5个高山台站广播电视节目无线数字化覆盖工程建设,永泰广播电视台和闽清广播电视台完成数字化更新改造,马尾区“村村响”有线扩展覆盖范围试点工作取得成效;第二期26台城市街区24小时自助图书馆建成启用,市区自助机有50台;全市有影院45家,屏幕数和座位数均居全省第一。

【文化惠民工程】 加强督导检查,提升图书馆、文化馆(群艺馆)、博物馆(纪念馆)、乡镇(街道)综合文化站、村(社区)综合文化服务中心(含农家书屋)、广播站等公共文化场馆免费开放水平;全市13家文化馆(群艺馆)完成第4次全国文化馆评估定级工作。在元旦、春节、五一和国庆等节日,组织“激情广场大家唱”、“相约九日台”周末音乐会、“公共文化服务校园行”、曲艺进社区、艺术扶贫、左海讲坛和免费鉴宝等惠民活动及各类艺术辅导。“文化惠民·六进”被文化部评为基层文化志愿服务示范项目。结合“新农村幸福家园工程”,配合市委文明办组织179家文明单位与农家书屋开展“一对一”结对共建。全年完成“周周有戏”、非遗剧种公益性演出等演出活动近350场,培训基层文化队伍及群众文艺骨干达1万多人次,组织农村电影、公益电影放映逾2.7万场;全市文博馆所接待观众逾200万人次。

【群众性文化活动】 举办第十六届新福州人歌手大赛、2015唱响榕城合唱大赛、“福州新区杯”广场舞蹈健身操邀请赛、第七届福州市少儿故事大王比赛等群文活动及潘主兰作品展、闽都青年国画家第一回推荐展和纪念世界反法西斯战争胜利70周年俄罗斯美术作品巡回展(福州站)等展览。开展全民阅读活动,举办“世界读书日·海峡读者节”,组织图书推介、阅读分享及优惠购书等活动。在全国农村少年儿童阅读活动优秀征文比赛中,5人受到表彰;14个家庭被授予第二届福建省“书香之家”称号。各县(市)区组织开展“江滨大舞台,想唱你就来”、“高雅艺术走进大众”、“百村千场”文化惠民演出、“周周乐”等群文活动。

【文艺赛事和创作活动】 开展“深入生活、扎根人民”和纪念中国人民抗日战争暨世界反法西斯战争胜利70周年等重大主题创作、演出活动。举办福州市第三届“金钟花奖”声乐比赛、福州市第二十三届戏剧会演暨闽剧折子戏展演和福州市2015年曲艺书曲目文本征文等文艺赛事和评奖。福州爱乐合唱团获第四届中国南方国际合唱艺术周金奖,福州市群众艺术馆文化艺术合唱团获第六届福建艺术节激情广场合唱比赛金奖。

【福州市图书馆】 馆内藏有各类综合性文献136万册(件),其中纸质中文图书37.8万种、69.6万册,期刊合订本8.4万册,电子图书58万册(件),数字资源总量达20万亿字节。市财政下拨年度图书专项采购经费940万元,分别完成15万元零星地方文献、100万元“城市街区24小时自助图书馆”图书、35万元报刊、540万元中文图书、230万元数字资源等采购项目。开展中文图书采访与编目加工,以及数字资源安装调试等工作,将新增纸质中文图书15万册、电子图书15.5万册,数字资源20万亿字节。作为福州古籍保护中心,开展可移动文物普查、登记工作,并向省中心上报福州地区古籍普查数据。全年完成鼓楼区书院普查6家,宗祠平台著录本馆族谱资料和族规祖训147条,协助鼓楼区完成宗祠普查4家、乡约碑1付。新办证1.4万本,接待读者32.5万人次,其中书刊外借26.2万人次、54.6万册次,参加活动读者1.1万人次。在机关、企业、社区、部队等新建图书流通点10个,流通点总数达111家,送书50余次、5万余册次。

利用免费开放资金,增加免费开放辅助设施,向公众提供免费馆藏文献借阅、检索,开通咨询、公益性讲座(展览)、优秀影片展播、基层辅导培训等服务项目,开展预约借书、电话续借、资料代查、送书上门、馆际互借、咨询服务等一系列特色服务,免费开放馆藏数字资源。开展“文化三下乡”“4·23”世界读书日“图书馆服务宣传周”等活动,到农村、学校、社区宣传图书馆免费开放服务项目。

【全民阅读活动】 在传统节日期间开展“我们的节日”活动,举办宣传传统节日、介绍地方特色“历史知识”“民俗文化”的专题刊展和“举国欢庆共铸辉煌”图片展。在世界读书日、图书馆服务宣传周、古籍保护宣传周期间,举办“文学作品”“海上丝绸之路”“法律常识”“健康知识”等专题刊展，及“法治中国”“中华优秀传统文化”“伟大的胜利”等专题图片展，组织“图书进工棚”“公共文化服务校园行”等活动。9月28日，在北江滨CBD海峡图书馆项目工地启动第十届福州读书月活动，建立第一家“工棚书屋”，流通专业及畅销图书300册，并向建筑师、农民工代表发放“知网”会员卡，新版图书、期刊、报纸，现场演示并邀请试用电子阅读机、自助读报机、盲人视听、少儿绘本（互动）等全媒体阅读平台，体验二维码扫描下载电子书、在线读报阅刊、视听娱乐、互动教学等功能。市文广新局、市双拥办共同举办2015年“兴榕杯”暨纪念抗战胜利70周年征文活动，收到各类稿件161篇。

【24小时自助图书馆】　9月，第1期24台“城市街区24小时自助图书馆”项目运行满一年，并完成项目验收工作。完成第2期“城市街区24小时自助图书馆”建设26台，其中鼓楼区、仓山区各设置6台，台江区、晋安区各设置5台，马尾区设置4台。

【福州市少儿图书馆】　全年流通图书23.5万册次，新增读者近千人，新增图书3万册，举办文化下乡活动3场，阅读讲座6场，征文2次，图书图片巡展18次，换书15次，新增图书流通点6个。图书总藏量52万册，年购书款60万元，新增图书3万册，年接待读者14万多人次。在闽侯荆溪福建省森林武警教导大队、闽侯鸿尾武警交通支队、闽清县坂东消防中队设立图书流通点；在仓山区航兴社区、鼓楼区观凤亭社区文化活动室设立新图书流通点；在闽侯洋头中心小学，闽清县溪西小学、下杭小学和乾上小学4个学校设立新图书流通点。在部队举办抗战胜利70周年图片图书巡回展览。分别到驻闽73117部队、省通信一连、省通信二连、省金山幼儿园、香江红海幼儿园、洋中幼儿园、闽清县消防大队、县图书馆、普贤小学、塔庄中学、白中中学、桔林中学、永泰图书馆、闽侯实验小学、闽侯新希望康复中心等图书流通点更换新书。

（江艳青）

非物质文化遗产

2015年，市政府审议公布第4批35项市级非遗代表性项目名录，新增非遗保护单位1家。组织开展首批25家市级非遗示范基地复查评估，并对评估通过的基地进行奖励。启动闽剧博物馆筹建工作，组织地方戏曲剧种普查，开展闽剧、评话、伬唱等传统剧本整理及音频和视频数字化保存工作。组织开展元宵灯会、长乐市第八届民俗文化节、福清市第六届民间民俗文化节、“畲族·风”民俗风情旅游节、“十八坂”商贸文化旅游节等民俗文化活动。举办福州古村落古民居摄影展、象园木雕珍品展、十番古乐展示交流会和畲族医药传承人交流会等宣传展示活动。开展“非遗进社区、进校园”巡演活动。

（江艳青）

文化交流活动

【概况】　2015年，文化交流活动有赴俄国、日本、韩国等海外交流及中国港台、内地的交流。举办海峡两岸民俗文化节，活动现场演员2000余人，参演台湾团队近40支，观众近20万人次。举办海峡青年节及“榕情四海”“中国·福建周”等外宣活动，组织一系列闽都特色文艺演出和文化展示活动。

【海外文化交流活动】　5月，闽剧《杨门女将》赴俄罗斯参加第十二届契诃夫国际戏剧节展演，演出单位福州闽剧艺术传承发展中心是本届戏剧节唯一来自中国大陆的艺术团体，《杨门女将》是该戏剧节首次应邀参展的中国传统戏曲节目。组织文艺演出团赴日韩参加“中国·福建周”交流演出活动。

【榕台港文化交流活动】　3月1日，2015海峡两岸民俗文化节在福州闽江公园南园开幕，期间举办一系列如民俗风情展示、传统民俗项目展示、海峡两岸美食展示、队伍巡游等活动。举办第八届海峡两岸合唱节。组织闽剧《碧玉簪》赴中国香港参加“荃城共赏福州戏”活动，并与在港福州乡亲开展交流互动。赴中国澳门举办“林则徐家训——好家风百年传”展。

【内地文化交流活动】　4月，福州市闽都文化艺术中心创作的儿童剧《判官审石头》入选第八届全国儿童剧优秀剧目，6月上旬受邀赴杭州参加第八届全国儿童剧优秀剧目展演。10月25日，由中国文联、中国剧协、苏州市政府主办的第十四届中国戏剧节在苏州举行，闽剧《王茂生进酒》入围第十四届中国戏剧节

10月2—8日，“为了艺术　为了爱”——第八届海峡两岸合唱节在台湾举行

（市文广新局　供）

参演剧目,是福建省唯一入选参演剧目。

(柳 锴)

文博事业

【概况】 2015年,参与制定《烟台山历史文化风貌区保护规划》《冶山历史文化风貌区保护规划》等保护规划。开展朱紫坊、上下杭历史文化街区、烟台山历史文化风貌区、苍霞历史建筑群及城市旧屋区改造项目的文物保护工作。4—10月,福州市举办一系列林则徐诞辰230周年纪念活动。结合"美丽乡村建设"工作,指导闽安、嵩口、琴江、林浦和阳岐等国家级、省级历史文化名镇(村)开展文物保护工作。实施林则徐故居、灵济宫碑亭、福护寺等国家级、省级文物保护单位修复工程和抢救性修缮。公布第6批市级文物保护单位。开展地铁屏山站东入口、三坊七巷金斗桥工地等考古发掘、勘探调查工作。加大文物保护安全巡查和执法力度,加强与公安部门协作,联合开展专项打击文物犯罪活动。全国第一次可移动文物普查工作取得阶段性成果,登录上报文物藏品24288件(套)。全年市博物馆及所属馆所接待参观观众126万人次,举办专题展览及免费鉴宝、道德讲座、第二课堂等活动183场(次),免费讲解4230多场次,培训志愿者400人。

【林则徐诞辰230周年纪念活动】 8月28日,福建省暨福州市纪念林则徐诞辰230周年大会在福建会堂举行,尤权等省四套班子领导出席纪念大会,杨岳、杨益民等市领导,以及省直有关部门负责人,省各民主党派、工商联、人民团体负责人,林则徐后裔、亲属代表,林则徐基金会、研究会、纪念馆代表,驻榕部队代表,部分高校中小学生代表等1000人出席纪念大会。

8月29日上午,"林则徐文献馆揭牌暨林则徐故居二期修缮工程启动仪式"在林则徐故居举行。省委常委、市委书记杨岳,省政协副主席陈向先,省人大常委会原副主任、林则徐基金会会长林强,市长杨益民共同为林则徐文献馆揭牌,并为林则徐故居二期修缮工程奠基。

8月29日,"继承传统 弘扬文化——林则徐文物精品展"开幕式在林则徐纪念馆举行,市领导鄢萍、陈晔、张献勇等和社会各界代表等100多人出席开幕式。展览展出林则徐文物精品65件,大部分藏品为首次展出。

【历史文化街区、风貌区保护】 指导监督朱紫坊、上下杭街区保护修复工程开展,在修复设计方案、工程招投标、工程质量、文物修缮技术等方面予以支持。不定期组织专家到朱紫坊、上下杭历史文化街区和烟台山历史文化风貌区,协调解决工程中出现的技术问题。其中多次组织采峰别墅、福建商务总会旧址等工地指导工作,解决采峰别墅西式外墙加固等问题。开展烟台山历史文化风貌区拟出让地块中文物保护工作,提出文物保护意见,并在规划红线图上明确文物保护单位和文物登记点的位置和保护范围。同时在烟台山拟出让地块的出让设计条件及相关合同中增加文物保护内容和要求,在文物修缮、装修、使用等方面增加约束条款。

【旧改项目文物保护工作】 协调开展苍霞、太平汀州、台屿片区、梁厝村等旧屋区改造中的文物保护工作,多次现场核实旧改范围内文物位置和保护范围,向规划、土地部门明确文物保护内容和要求,并跟踪落实。对城市基建、旧改工程涉及文物保护的有关修复设计方案、异地迁移方案报批,以及文物修缮技术指导等方面给予支持。在台屿、横屿片区发现多座非登记在册文物但具有历史价值古建筑,与规划等部门协商,建议采取必要措施予以保留保护。

【重点文物修缮】 开展全国重点文物保护单位林则徐故居、灵济宫碑亭、省级文保福护寺修复工程及省级文物保护单位于山大士殿修复工程抢救性修缮,市级文物保护单位陈绍宽故居围墙保护工程。启动全国重点文物保护单位华林寺大殿、省级文物保护单位于山大士殿全面维修前期工作。指导监督全市文物保护工程,控制文物保护工程质量,从文物保护修复工程设计方案开始进行控制,确保工程不改变文物原样。监督指导全国重点文物保护单位陈太尉宫、省级文物保护单位东关寨保护修缮工程,就工程招投标、施工过程中的问题提出整改要求。

【文物保护专项规划编制】 委托北京清华同衡规划设计研究院有限公司和福州市规划设计研究院联合编制《新店古城遗址保护规划》和《新店古城考古遗址公园建设规划》。组织编制《全国重点文物保护单位福州文庙保护规划》《省级文物保护单位白塔保护规划》等文物本体保护规划。

【第六批市级文物保护单位】 2014年下半年起,开展第6批市级文物保护单位遴选工作。2015年1月,市政府公布第六批市级文物保护单位15处。

【地铁屏山站东入口考古发掘】 3—5月,市考古队开展地铁屏山站东入口一期考古发掘工作,发掘面积为700平方米,发现宋代房基、宋代路面及宋代排水沟等建筑遗迹,出土唐宋时期罐、盏、瓦当及少量汉代遗物。

【霍口大型水库建设考古调查】 7—9月,市考古队与罗源县博物馆合作,对该水库规划建设红线范围进行考古调查和勘探,并提出文物保护建议。经实地考古调查发现罗源霍口大型水库工程库区红线范围内涉及到3处第三次全国文物普查登记在册文物点,10处新发现文物点,其中新发现古遗址1处,古建筑3处,古墓葬5处。

【金斗桥东通湖路西侧考古发掘】 8—11月,市考古队对三坊七巷西段金斗桥工地东部进行考古发掘。发掘发现唐五代河岸建筑遗迹及宋代台基、排水沟等。发现的唐五代安泰河河岸建筑遗迹有2期,方向为西北—东南走向。

【水下考古】 市考古队员作为水下考古骨干力量参加国家文物局水下文化遗产保护中心组织开展的西沙群岛珊瑚礁沉船发掘、湖北丹江口水库文物调查、广东川岛水下文化遗产调查、辽宁丹东一号沉船遗址等发掘工作。

【不可移动文物基础性工作】　开展军营文物、古桥、廊桥、朱子文物、书院文物等专项调查工作，对名人故居、历史纪念地、有代表性古建筑进行核实，对各县区不可移动文物公布及消失情况、全国重点文物保护单位及省级文物保护保护范围及建设控制地带划定等基础性工作进行核查。

【“忘不了的乡愁——福州古村落古民居”摄影展】　6月，举办“忘不了的乡愁——福州古村落古民居”摄影展，从古建民居、寺祠牌坊、村镇寨堡、桥亭塔楼、民俗风情五大部分，展示福州历史文化名城、名镇、名村、古村落、古民居及中国传统村落的建筑、自然、生态、民俗之美。

【文博展览】　1—3月，推出“承古融今有‘木’共睹——福州象园木雕流派佳作展”，集中展示福州象园木雕传承作品约50件，这些作品出自阮宝光、陈依镁、林学善等20多名象园木雕大师。

2—4月，推出“铜镜的故事——武汉博物馆藏铜镜展”，展出武汉博物馆馆藏铜镜精选120方，历史跨度由战国至明清。

4—6月，引进唐山博物馆的“唐山皮影专题展”，展示唐山皮影从清末民初到20世纪六七十年代的百余件皮影雕刻作品，有《三娘教子》《狄仁杰骂殿》《柳毅传书》等，还展出唐山皮影影卷和唱片等。展览通过展品和文字介绍相结合形式，系统介绍唐山皮影工艺特点和雕刻技艺。开展首日起，连续3天特邀唐山皮影表演艺术家为市民表演皮影戏。

9月，市博物馆与省知青文化促进会联合举办“纪念中国人民抗日战争暨世界反法西斯战争胜利七十周年文献图片展”，展出省内外10名知青收藏家收藏的300多件抗战题材藏品及百幅图片。

9—11月，市博物馆与东莞可园博物馆联合举办“东莞可园博物馆藏岭南书画精品展”，展出可园博物馆馆藏精品近60件，包括居巢、居廉及岭南画派画家的书画作品，可园张氏家族的代表作品及东莞名家代表作等。

12月，引进内蒙古科尔沁博物馆“草原盛装——中国蒙古族服饰展”，展出蒙古族12个部落的服饰和生产生活工具。

【海上丝绸之路文化遗产保护及宣传展示】　加大“海丝”文化遗产点周边环境整治力度，东岐码头公布为市级文物保护单位，登文道码头公布为长乐市级文物保护单位。组织“海丝”文化遗产点闽王祠布置“绍越开疆”陈列展览。启动海上丝绸之路陈列馆筹建，完成陈列大纲和概念性设计等工作。“海丝遗珍——‘碗礁一号’沉船出水瓷器展”分别于1—3月赴海南海口博物馆展出，6月赴广东佛山博物馆展出，9月赴中山博物馆展出。展出的100件瓷器是从沉船出水瓷器中遴选出的代表作品，多数为青花瓷器，少量青花釉里红器、五彩器、单色釉器。市博物馆“跨越海洋——中国‘海上丝绸之路’九城市文化遗产精品联展”赴泉州、南京展出，该展览自2012年启动，在宁波、蓬莱、北海、广州等多地展出，南京站为最后一站。

（柳　锴）

新闻出版

【概况】　2015年，福州市有出版物（报刊、图书、电子出版物）发行企业698家，包括出版物批发（连锁）企业104家，零售594家，实现出版物销售总额130320.6万元。有印刷企业493家，其中出版物印刷、出版物（专项）印刷企业99家，包装装潢印刷企业267家，其他印刷品印刷企业127家，工业总产值62亿元。开展版权法律知识咨询，向社会公布典型案例，宣传版权法律知识。开展“2015年知识产权宣传周”和“世界知识产权日”系列宣传活动。围绕“深化清源2015行动”，组织开展专项检查活动。参与市“扫黄打非”领导小组办公室组织开展的侵权盗版及非法出版物集中销毁行动，推进版权示范单位和示范园区（基地）建设，到企业基层开展申报福建省版权示范单位和示范园区（基地）推荐活动。完成连续性内部资料出版物、出版物批发（连锁）单位、印刷企业年检等工作。规范书报刊审读制度，加强对市属报刊和连续性内部出版物及侨报乡讯的审读把关。

【出版管理】　完成福州市报纸、期刊、驻榕记者站的年检初审；年检初审侨刊乡讯9家，连续性内部资料性出版物34家，全部合格。完成出版物批发（连锁）经营单位年检104家，通过77家，缓检27家。组织发行印刷行业人员参加“4·26”全国侵权盗版及非法出版物集中销毁活动福建分会场主场活动。对全市印刷企业进行年检，应检印刷企业493家，通过436家，缓检52家。开展少儿出版物市场整治专项行动。建立印刷非法出版物单位黑名单制度，引导企业树立诚信经营理念。

开展2015年度中央文化产业发展专项资金实体书店扶持项目和2014年度、2015年度省级实体书店扶持资金申报工作。福州市新华书店和越洋图书文化城有限公司获国家财政部2015年度中央文化产业发展专项资金；福州市4家实体书店获省级扶持资金。开展2015年度印刷企业转型升级扶持资金申报工作，帮助14家印刷企业向省文广新局申请到扶持资金200万元。

指导市出版工作者协会开展绿色印刷申报工作。至10月，福州德安彩色印刷有限公司、福州华彩印刷有限公司、福建省金盾彩色印刷有限公司、福州华鑫印刷有限公司、福州兴教印刷有限公司、福州桦榕彩印有限公司等14家企业通过绿色印刷认证。

4月18—23日，组织福州市各大发行企业开展“世界读书日·海峡读者节”活动。9月28日—11月底，组织市属图书馆、县（市）区图书馆、海峡图书批发市场及优秀实体书店开展第十届福州读书月活动、福建省第九届“书香八闽”全民读书月活动。

【打黄扫非】　全年检查文化经营场所5754家次，立案查处50起，关停取缔各类违法违规经营网站20余家，收缴各类非法出版物46965件。市文化市场综合执法支队获2015年全国“扫黄打非”先进集体称号。1月27日,在市公安局治安支队、市公安局鼓山派出所等部门协作下,捣毁位于晋安区鼓山镇红光村后巷27号居民楼内的1个盗版淫秽光盘窝点,现场缴获盗版光盘17204张,淫秽光盘476张,刑拘犯罪嫌疑人1人。4月20日,在市博物馆开展2015年侵权盗版及非法出版物集中销毁活动,销毁非法出版物111545件,其中盗版光盘67048张、非法图书36503册、散页非法出版物逾7600张,印刷线路板178张,侵权录音笔216支。5月27日,查处福州佐和传媒有限公司无"信息网络传播视听节目许可证",未经批准擅自通过联通3G无线方式,在福州闽运公共交通有限公司的390台公交车车载电视,从事信息网络传播视听节目业务,对当事人违规行为予以取缔,并处2万元罚款。

【文化创意产业】 加快海西动漫创意之都、中国船政文化城和海峡非物质文化遗产生态园等项目建设。以举办第二届丝绸之路国际电影节为契机,组织开展版权交易、电影创投和设备展示等活动,"电影小镇"项目正式签订合作协议。指导闽台(福州)文化创意产业园等3家国家级文化产业示范(实验)园区、基地开展文化部巡检工作。福建网龙公司获评第七届"全国文化企业30强";福建恒业电影发行有限公司等7家企业入选省文化企业十强;福建德艺集团股份有限公司等12家企业入选2014—2015年度省文化出口重点培育企业;福建天狼星动漫有限公司等3家企业获评"福建省版权示范单位"。

【版权管理】 结合"侵权盗版及非法出版物集中销毁行动""知识产权宣传周"和"世界知识产权日"等重大活动节点,开展版权普法宣传教育。深入企业开展福建省版权示范单位和示范园区(基地)申报推荐活动,福建神画时代数码动漫有限公司、福建天狼星动漫有限公司、福建新代实业有限公司等3家企业获评"福建省版权示范单位"。

开展"打击侵犯知识产权和制售假冒伪劣商品专项行动"和打击网络侵权盗版"剑网2015"专项行动,严厉打击各类侵权盗版行为。全年出动执法人员3008人(次),检查文化经营单位730余家、关停取缔违规网站20余家。协调查处国家版权局挂牌督办的"1·27"销售盗版音像制品案和"大众小说网"涉嫌侵犯著作权案。市文化市场综合执法支队荣获国家版权局"2015年度查处侵权盗版有功单位一等奖"称号。

巩固政府机关软件正版化工作成果,建立健全软件正版化长效机制,开展64家市直机关单位及12县(市)区政府494家机关单位软件使用情况的统计汇总工作,并建立责任人数据库。

(柳 锴)

【新华书店】 2015年,福建新华发行(集团)有限责任公司福州分公司(福州市新华书店)实现销售码洋18011.35万元,同比减少2918.34万元,同比下降13.94%,利润总额643.89万元,同比减少38.32万元,同比下降5.6%。开展一般图书中盘整合及图书经营网点转型升级工作,带动大中专教材、馆配图书实现销售4471万元,中小学教材教辅实现销售7823.26万元。

政治读物发行 通过电话征订、传真征订、上门征订等方式联系团购单位、重点群体,在各图书城设立政治理论专柜,实现政治理论读物销售收入411万元,较上年增加113万元,同比增长38%。其中,《第四批全国干部学习培训教材》销售约6500套、码洋285万元,《习近平谈治国理政》销售4353册、码洋34.82万元,《法制热点面对面》销售15480册、码洋27.8万元,《优秀领导干部先进事迹选编》销售3615册、码洋9.04万元,《中国共产党纪律处分条例 中国共产党廉洁自律准则》销售13167册、码洋8.47万元,《摆脱贫困》销售1169册、码洋3.67万元,《习近平用典》销售1632册、码洋6.36万元。

中小学教材教辅发行 联系教育部门与学校,开展宣传报订、货源组织供应、调剂余缺、调退库存等业务工作。全年中小学教材教辅实现销售收入7823.26万元,其中中小学教材实现销售收入4384.35万元,比上年同期增长100.23万元,增长2.34%;义教阶段中小学教辅配套率实现百分百目标,高中教材教辅配套率达98.3%。

大中专教材与馆配图书发行 加大对图书馆和大中专教材投标力度,全年中标18所院校;回访老客户,续签10所院校;邀请机工、清华、北大、高教、中青雄狮、人大6个出版社到高校进行教材推广巡展,全年完成大中专教材及馆配图书销售收入4471万元,比上年增加120万元,同比增长2.76%。

中小学图书馆配现采会 福州市第五届中小学图书馆馆配现采会在安泰新华图书城举办,邀请73家出版社参展,进货码洋约400万元,邀请142家公共图书馆和中小学图书馆采购图书码洋392万元。

营销推广活动 联合福州电视台少儿频道开展"在书中寻找自己"好书推荐主题大赛和"你的读书愿望我买单活动"。在安泰新华图书城开展"快乐阅读 闪'靓'心情"——"4·23"世界读书日快闪活动。开展"全民阅读·书香榕城"手机摄影比赛、"小书虫图书跳蚤市场"、"暑期青少年阅读展"等一系列活动。

网络信息化建设 加快网络信息建设,构建线上线下融合发展的图书销售新格局。更换ERP信息业务系统,为业务信息采集、图书销售分析、图书进货品种的能有提升提供基础性平台。与中国电信签订网络使用合同,为公司网络信息数据传输提供保障。对福州新华网店的图书信息数据进行升级换代,升级后库存品种数量翻4.3倍、达52万余种。推进福州新华网店、福州新华书店微信服务号和订阅号的受众覆盖面,年底福州新华网店的读者群覆盖全国各省份,新华书店微信服务号与订阅号开辟"畅销排行""领航阅读""名篇赏读""文化资讯""好书推荐"栏目,订阅关注人数1300多人。

传统门店转型升级 安泰新华图书城申请中央和省级实体书店扶持资金,对书城进行局部升级规划的同时完成南区"海峡悦读学堂"项目规划、设计、论证工作。南后街古籍书店升级改造于4月23日"世界图书日"完成,实现跨行业经营和异业结盟的新型跨界经营模式,该图书网点是集图书销售、文化活动、文创产品、书画摄影、阅读休闲、娱乐体验为一体的复合式体验店——"半亩阳光"书吧。金山新华图书城聘请台湾“诚品书店”设计师进行整体规划设计,改造后的金山新华图书城成为凸显“福”文化和福州地域文化的主题书店,读者可以在书城内购买图书、文创精品,享受休闲阅读、咖啡茗茶、文创产品、文化沙龙为一体的全新互动体验。

(林　云)

福州日报社

【概况】　2015 年,福州日报社提高新闻宣传水平,同时推进报业改革创新发展,强化互联网思维,推动传统媒体和新兴媒体融合发展,巩固和壮大主流舆论阵地,为推进福州科学发展、跨越发展营造舆论氛围。福州日报社所属的福州日报、福州晚报、福州新闻网按照“围绕中心、同题竞技、差异表达、形成合力”总体要求,做精做强内容主业,围绕市委、市政府中心工作,重点报道福州市深化改革、自贸区建设、新区建设等 9 大主题,及报道省市“两会”、“5·18”海交会、“6·18”项交会等重要会议和重大活动。

【深化改革宣传报道】　开设《改革进行时》《加快推进福州科学发展跨越发展》《新进中国　精彩福州》《新进中国　福州故事》《真抓实干　跨越发展》《转型升级　奋力争先》等专栏,刊出《向海求进闯新路——福州市加快推进科学发展跨越发展综述》,推出“种好改革‘试验田’”“千亿级园区‘航母’蓄势崛起”“弄潮新丝路”“开局之年闯新路”等“福州市增创省会优势、全面深化改革系列述评”系列重大主题报道,推出“国际巨头为啥频频牵手‘瑞芯微’”“海峡软包装‘硬气’从何来”等“创新驱动·福州智造”系列主题报道,以及“走马福州万象新”系列报道和“三比一看”系列报道。

【自贸区建设宣传报道】　“两报一网”开设《全力推进福州自贸区建设》《聚焦福州自贸区》《聚焦自贸区》《全力推进福建自贸试验区福州片区建设》等专栏、专版、专题网页,推出《自贸新政风生海峡》《自贸效应　水暖春江》2 个专版,刊发《福州自贸区谋篇布阵》《福州自贸区蓄势腾飞》《福州自贸区御风疾行》《福州拟出 13 项措施建设自贸区》《福州自贸区进入‘实战’阶段》《福州自贸区‘两区六片’定位初定》《福建自贸试验区福州片区引来抢滩潮——70 家企业拟抢先入驻》《福州·平潭·福州海关共建自贸试验区工作协作机制》等一批重点报道。

【福州新区建设宣传报道】　“两报一网”开设《新区建设进行时》《新区建设大家谈》《全力推进福州新区建设——在更高起点上建设闽江口金三角经济圈》《福州新区建设进行时——在更高起点上建设闽江口金三角经济圈》等专栏、专题网页。福州日报推出《聚焦福州新区》5 个专版,福州晚报推出《新征程　新跨越》3 个专版。刊发《国务院正式批复同意设立——福州新区,来了》《<福州新区总体方案>正式印发》《福州新区初期规划面积 800 平方公里》《福州新区　大步出发》《投资 19.6 亿元扩建福州机场》《福州新区重大项目已投资 1094 万元》等一批重点报道。

【21 世纪海上丝绸之路战略枢纽城市宣传报道】　开设《21 世纪海上丝绸之路博览会暨第十七届海峡两岸经贸交易会》等专栏,推出《福州构建开放“新丝路”》《推进“一带一路”建设　提升亚洲务实合作水平》《亚洲伙伴福州发声——共图丝路伟业　共谋亚洲振兴》《首届 21 世纪海上丝绸之路博览会展馆揭秘》《第二届丝绸之路国际电影节在榕开幕》等一批文章。

【服务型政府宣传报道】　开设《马上就办　真抓实干——作风建设进行时》等专栏、专题网页,推出《马上就办　造福福州》《让“马上就办”成为新习惯新常态》《马上就办　福州再拼》《福州出台<大力弘扬“马上就办真抓实干”精神　深入推进“作风建设年”实施方案>》等报道,福州日报发表评论员文章《坚持“马上就办”》《“马上就办”不止步》等。同时推出《我市开通整肃“为官不为”监督举报电话邮箱》《7 天受理申请 24760 件——市民给市民服务中心点赞》《324 国道福清宏路段亮了》等一批报道。

【青运会宣传报道】　青运会之前,“两报一网”开设《当好东道主　迎接青运会》《青运,我们准备好了》《青春的力量　当好东道主迎接青运会》《青运会测试赛现场》专栏、专题网页,推出《青运会赛区城市志愿者报名系统启用》《青运会田径志愿者接受培训》《首届青运会昨签约 9 家赞助企业》《青运村将于 6 月全面竣工》《青运会皮划艇赛场》《奥体中心片区内道路上半年建成》《青运会参会城市三大媒体联盟成立》《青运会网络火炬点亮 60 多城》《青运实体火炬传递 11 日在榕举行》等一批报道。青运会期间,福州日报每天 2 个以上专版,福州晚报每天 4 个以上专版报道,全方位报道开幕式、闭幕式以及赛程赛事赛况。同时结合“福之州,青之运”主题,以叙述、讲故事等手法,突出福州新区、自贸片区、海丝核心区三区叠加的开放优势,向青运会来宾展现福州经济社会发展新成就。福州新闻网在首页显要位置以通栏形式推出《青运会福州主赛区》大型网络专题,“掌上福州”移动客户端推出“青运会”频道,福州日报微信公众号增设“青运会”菜单,日报官方微博发起“全国青年运动会”话题、晚报官方微博发起“聚焦青运”话题。

【文明福州宣传报道】　开设《文明福州　持续文明》《2015 福州市“最美人物”系列报道》《垃圾不落地　文明添福气》等专栏,推出《福州蝉联“全国文明城市”称号》《倡导文明新风尚　传递社会正能量》《拗九节将至　孝老爱亲升温》《百善孝为先　满城敬老情》等一批报道。

【思想文化建设宣传报道】　开设《福州好故事——践行社会主义核心价值观》《福州好人大家评》等专栏、专题网页。重点报道福州市加强历史文物保护工作,刊发《守护闽都千年文脉——习近平在闽、在榕保护文化遗产纪事持续引发热议》《下大气力保护修复　拓宽视野开发利用——杨岳调研闽都文物保护工作》《我市公布首批历史文化名城保护名录》等文章。重点报道福州市宣传思想文化工作取得的成效,刊发长篇通讯《以改革创新精神提升软实力——福州市宣传思想文化工作纪实》。

【党建宣传报道】 开设《争当“四有”好干部 勇当跨越急先锋》《努力践行“四有”要求 做焦裕禄式好干部》《书记讲党课——践行“三严三实”》《学习谷文昌精神 践行“三严三实”》《企业服务月·回头看——深入开展“四个万家”活动》《驻村风采》等专栏、专题网页。专访各县(市)区领导、驻村干部,推出“铸牢忠党之魂”等系列评论员文章,以及《问题要找准》《行动要见效》等学习践行“三严三实”系列评论员文章。报道党员践行“三严三实”,加强作风建设,主动服务基层、服务企业,推出《服务企业 我们一起努力》等报道。

【对台对外宣传报道】 开设《青年携手 青春圆梦——关注2015海峡青年节》等专栏、专题网页,推出《我市拟建“海峡青年节”永久性交流营地》《海峡两岸篆刻展下月在榕举行》《海峡两岸大学生创业创新大赛报名时间延长》《两岸青年齐聚榕城 共享华夏衣冠之美》《携两岸之手 圆青春之梦——第十届两岸青年联欢节暨第三届海峡青年节集中活动在榕成功举办》等一批报道。围绕两岸文化交流,推出《闽江两岸花灯夺目——元宵灯会昨晚正式亮灯》《尽展民俗风采 共承两岸文脉——海峡两岸民俗文化节开幕》《“相约九日台”——两岸大学生音乐文化节28日开幕》等一批报道。

自7月9日起,福州晚报与非洲时报社合作,每周四在南非推出《今日福州(非洲版)》。晚报海外版创刊10年,在全球五大洲每周出版15个海外版,周发行量50多万份。

【“掌上福州”移动客户端(APP)】 通过“新闻+服务+大数据”模式,建成福州市移动互联端的“掌上党报”和服务市民的“掌上平台”。“掌上福州”年内上线运行,“掌上福州”集文字、图像、声音、视频于一体,发挥新兴媒体亲民社交、互动传播、即时传播优势,开设聚焦、政声、民生、天下、十邑、专题、卡溜、便民等频道。

【融合主体构建】 报社围绕福州日报和福州晚报,构建两个融合发展的主体。其中,福州日报融合体以福州日报和福州新闻网为核心,实现报网及其相关的微信、微博、手机客户端等新媒体矩阵的全面融合;福州晚报融合体以福州晚报和晚报在线·东街口网站(生活服务类网站,打造全国晚报读者服务平台的载体)为核心,实现报网及其相关微信、微博、手机报等新媒体矩阵进行全面融合。

【全媒体中心建设】 2013年7月起着手全媒体筹建,进行全媒体采编软件平台建设。随后,福州日报与福州新闻网组成融合体,先行先试。2015年9月福州日报全媒体中心投入试运行,总投资260万元,总面积1275平方米。年内福州晚报建设全媒体中控室。日报全媒体中心打通报社七楼办公室、健身房之间的10多面墙,形成统一的大开间、敞开式办公室,设置音视频直播间,添置办公桌椅、电脑、网络系统等。实现舆情线索汇总、记者去向统计、记者实时派工一体化功能,在PC端、手机端,采编人员可随时随处提交文字、图片、音视频等各类新闻素材。稿件汇总入库后,同步分发到纸媒、网站、新媒体等不同稿件库编辑、签发。福州日报全媒体中心建立具有全媒体指挥中心、全媒体采集中心、全媒体编辑中心、全媒体发布中心、文体专副刊中心、全媒体市场推广中心的全新组织架构。全媒体指挥中心实行“三班制”、重大(突发)响应机制,值班总指挥对指挥中心白班的工作职责、工作成效负总责;信息总监负责每天的信息汇总、筛选、研判;编辑总监统筹指挥编辑工作,审核待发布稿件;新媒体总监负责及时上传、汇报网络热点、线索、舆情。

内容融合 在日报全媒体中心,文体专副刊中心下设2个工作室,分别是教育工作室和文体工作室,主要负责党报读者活动的组织开展,主要活动包括每年举办20场左右的小记者团活动、每年一届的“海峡两岸好文章”中小学生作文大赛及省市机关篮球赛、短池游泳争霸赛等。传统纸媒采编部门、新媒体部每天联合召开全媒体采前会、编前会,各自将线索、选题、热点话题等信息进行汇总,实现集中线索、重点策划、安排采访。福州日报每天在头版显要位置刊发福州日报微信、微博公号二维码,引导传统报纸的读者通过手机扫描二维码,到新媒体上阅读新闻资讯。新媒体部还在报纸上开设《网罗福州》专栏,刊登从新媒体、网站上获得的新闻资讯等,同时设立“草根记者团”。市委十届十一次全会期间,日报融合体下的纸媒、新闻网、新媒体报道大会消息,策划开展向社会各界征集“十三五”规划建议意见活动。日报融合体按照“信息采集汇总、一体策划指挥、统一编辑把关、多元多媒发布”采编流程,对海丝国际电影节、环福州·永泰国际公路自行车赛、全球华人篮球邀请赛、中国羽毛球公开赛等大型赛事活动,进行全媒运作、全媒策划、全媒发布,推出报道。青运会期间,新闻网在全媒体演播室先后录制青运会特别节目《福网看青运》10期节目,并完成青运会女子7项全能冠军沈沐含等人物专访。这些网络视频节目在福州新闻网进行展播,并上传至腾讯视频,在微信、微博等渠道进行推广。纸媒推出30多个大版面专题报道;新闻网推出10个青运会专题,并最终集纳在“福之州 青之运——中华人民共和国第一届青年运动会大型网络专题报道”专题中,主专题在青运会举办期间访问量达32万次,十大专题累计访问量逾3500万次。在官方微博和“掌上福州”客户端同时直播火炬传递、开幕式、闭幕式等活动,总阅读数、点击数达30万次。日报官方微博开设的“全国青年运动会”话题,阅读数逾400万次。福州市“两会”期间,日报新媒体部对开闭幕式、重要议题等进行实时报道,日报微博上“两会”有关话题,获数百万点击阅读量。在新媒体平台上推出的“乌山君”说新闻等专栏。高考前夕,福州日报融合体(日报、新闻网)推出系列活动,其中福州新闻网推出的“名师在线点评考卷”活动,网民当天点击率接近50万;新媒体部推出“乌山君邀您高考”等互动性活动,吸引数万名粉丝。

经营融合 打破媒体各自拥有广告部的模式,组建跨报纸、网站、移动新媒体的全媒体经营团队(事业部),实现一体化经营，广告经营人员转型为全媒体营销人员。日报全媒体中心逐渐形成记者报题、总监研判、信息共享、经营介入、策划实施的广告经营反应和分工流程。4月，日报建立教育工作室、文体工作室、广告专刊事业部，并相应建立起小记者团、擒龙记、HAPPY团等微信公众号。各工作室在工作中利用网站、微博、微信等新媒体平台，统一策划、统一采编、统一发布。在经营策划上，尝试日报和新闻网以及有关新媒体平台共同招商、合作服务模式。海峡两岸好文章评选、海峡两岸青年节、康泰体检合作等经营活动中，全媒体平台整合传播、整体营销模式初见成效。12月12日，日报融合体联合晋安区政府，举办“市民好生活　晋安好房子——‘双12’首届晋安淘房节”活动。

管理融合　“两报”初步建立起一套促进新旧媒体融合发展、适应新型媒体业态的管理体制机制。研究通过《新媒体部日常考核暂行办法》《新闻策划和发布三级管理制度》《新媒体稿酬分配制度》《新媒体平台线索转交处理流程》《纸媒开设新媒体专栏方案》《打造“草根记者团”方案》《全媒体指挥中心工作制度》《全媒体发布稿酬分配办法》《全媒体信息采集机制》《全媒体稿件发布机制》《全媒体内容编辑机制》《全媒体稿件审核机制》《全媒体经营业务拓展机制》《全媒体运行技术保障机制》等暂行规章制度。

（游向东）

广播电影电视

【概况】　2015年，福州市本级广播电视创收2.32亿元，同比下降18.02%。鼓励引导社会资本进入广播电视非新闻类节目、影视节目的制作生产领域和电影放映产业。全市影院新增9家，总数达45家；屏幕新增64块，总数达263块。其中，城区影院24家，164块屏幕，2.5万个座位，超过全国文明城市每5万人1块屏幕要求。票房总收入达5.12亿元，同比增长幅达49.7%，居全省第一。

实施农村电影放映工程，协调财政部门，下拨农村电影放映设备维护费99万元，各县（市）区农村电影放映每场补贴达200元以上。全年放映27470场，占年计划总数的104.2%，其中商业片13916场，占年计划总数的105.6%，受众人数达217.6万人次。持续开展公益电影放映活动，中小学生影视教育纳入市级财政预算。“电影进校园”活动到五城区多所学校放映爱国优秀电影125场，观影学生达3万多人次。继续实施农村电影放映工程，配合省局选择符合条件的乡镇所在地或行政村开展室外流动放映向室内固定放映转变试点建设，组织200场以上的电影进企业、进军营、进社区、进校园公益放映活动，推动中学生每学期观看不少于2场爱国主义影片纳入教育教学计划。组织市电影公司和电影放映队，开展片源组织和放映技术保障等工作。

加强行业管理。开展卫星地面设施管理工作，市文广新局与省新闻出版广电局、市文化市场综合执法支队及公安、工商、安全等部门配合，打击非法销售、安装、使用卫星地面接收设施。6月，联合市无线电管理局、公安局等部门开展非法电台专项整治行动，捣毁金山中庚城非法电台。要求未经总局审批的福州广播电视台导视频道于9月12日零时前停播。组织和指导纪念建党95周年、长征胜利80周年等重要节日、重点时段的宣传报道工作。推进市、县（市）区广播电视台高清化、数字化更新改造工作。推动和扶持福州广播电视台、福州日报社、福清市广电局等传统媒体与新媒体融合项目。组织开展《福建省广播电视设施保护条例》颁布5周年宣传周活动。全年制作播出32条公益广告，播出青运会组委会提供的青运会主题公益广告近10条，播出省市文明办及中央文明网的“图说社会主义核心价值观”等主题公益广告近20条。各频道频率平均每天每频道播出20条次以上，其中黄金时段每天4条次以上，福州广播电视台影视频道每天播出30条次以上，移动频道每天播出40条次以上，移动频道上下班高峰期每小时4次以上。

在4月举办的2014年度福建新闻奖评奖中，选送的广播电视新闻作品有3个获一等奖，3个二等奖，4个三等奖，其中《聊斋夜话》栏目参评福建新闻奖后被推荐参评中国广播影视大奖名专栏奖；选送7件作品参评中广联城市台2014年度电视新闻节目评奖会，获一等奖1个，三等奖2个；选送5件作品参评2014年度城市电视社教节目评奖会，获三等奖2个。

【新闻宣传报道】　重点围绕“践行社会主义核心价值观”“行进中国精彩福州”“马上就办”“四有好干部”“民俗文化节和元宵灯会”“福建自贸区福州片区”“纪念林则徐诞辰230周年”等近50个重大宣传主题，开展70多场重大宣传活动。完成世界沙滩排球巡回赛（福州站）、抗战胜利70周年系列活动、第二届丝绸之路国际电影节及青运会火种采集仪式、火炬传递、开幕式、闭幕式、重要赛事等10余次电视节目的直播；协调《百亿村的幸福守望者——和星》、《拗九节微电影》、《筑梦中国》（历史文献纪录片）、《血铸河山》（抗战系列片）等70余集专题片和《新福州人歌手赛》《2015年海峡青年节联欢晚会》2场晚会播出；安排好“5·18”海交会、中华龙舟大赛（福州站）、丝绸之路电影节、青运会等十几场活动宣传片的播出。加强重大主题报道策划和评论员队伍建设，建立完善重大主题宣传提前谋划和快速响应机制、重大题材定期联席会议研究、对外宣传策划协调落实机制。建立电视《福州新闻》与《关注》栏目常态对接机制，开展重大政策和时政新闻全方位解读与评析。

【专业频道频率】　开展全台广播电视节目改版创新，在《福州新闻》改版成功基础上，对《新闻110》《关注》《聊斋夜话》《法眼》等重点栏目和品牌栏目，进行内容与形式改进创新。新办《青运来了》《读书》等节目，并在高清技术条件下，推动《城事能见度》《福州我爱你》等节目整体转型为财经节目和文化节目。

【精品与品牌栏目】　全年在央视播出福州新闻105条，其中《新闻联播》播出13条；广播向中央台发稿65条，向省台发稿300多篇，并获中央台优秀供稿台证书和省台颁发的供稿先进单位牌匾；

有10部(集)专题片、3条宣传片在央视4套、5套、7套及10套播出。在新浪、腾讯等平台推出福州广播电视台和各频道频率、栏目的官方微博、微信公众号。以全国首届青运会和丝路国际电影节为契机,开设"第一届全国青年运动会"专题网页,启动"丝路国际电影节"官方网站和微信公众平台。加强与强势新媒体合作,法制类节目《法眼》在人民网福州频道成功链接,实现主流声音、福州故事在网上即时传播。

【走转改与成果】 出台《福州广播电视台党委定期听取干部群众意见实施办法》《福州广播电视台关于开展机关作风建设自查情况的报告》《福州广播电视台关于大力弘扬"马上就办真抓实干"精神深入推进"作风建设年"的实施方案》等系列文件,健全完善接待来访和联系群众等制度。

【电影与动画】 给福州零壹动漫有限公司的《功夫鸡》、福州天之谷网络科技有限公司的《土豆侠(第一季)》、市广播电视台的《晚安宝贝》《向前看齐》等作品发放2014年度少儿节目精品及国产动画发展专项资金。神画时代动画形象"逗逗虎"被评为省2014年度优秀文艺创作成果,受到省政府表彰。福州天之谷动画片《土豆侠(第二季)出征》被国家新闻出版广电总局列为推荐播出优秀片目。组织辖区内播出机构及制作机构参加第二十四届星光奖和第三十届电视剧飞天奖评奖工作。组织辖区内播出机构及制作单位参加2016年国产纪录片重点创作项目推荐工作。开展2015年优秀网络视听节目征集活动,组织福州零壹动漫有限公司等5家企业推选"功夫鸡"等5个作品。

【新媒体传播与新技术应用】 推进新组建的福州广电传媒集团公司合理划分产业模块,调整设立相应机构,适应产业发展要求。确立"整合媒体资源""抓住城市资源"和"融合传统媒体与新媒体"三大发展理念,搭建由传统广告、媒体线下、新型媒体、互联网媒体、广电工程和土地开发利用组成的六大板块机构,拓宽经营创收渠道。对接城市资源,开展"公交移动"产业经营,入股福州地铁1号线媒介资源运营合资公司,推动青运会户外大型LED屏幕建设等新型媒体产业项目。

福州广播电视台新闻中心围绕传统媒体、线下活动和新媒体(客户端、微信公众号)三合一同时推进,全面覆盖总体目标,重点加强新媒体客户端建设。"福视悦动"APP应用投入运行,整合全台新闻节目资源,具备百万人以上用户规模,最多可支持20万人同时在线。"福视悦动"加强与新闻中心各栏目、公交频道网台互动,在手机客户端上开设各档节目专属互动通道。"福视悦动"平台与市行政服务中心共同打造"马上就办"掌上便民服务中心,整合"12345"、政务公告、网上办事、办证、办件查询、办事预约、排队查询等功能;与电商龙头企业合作打造自贸商城,开设美食、车、快递查询等生活服务平台。新闻中心重点打造"福文化"品牌,建设"福文化生态圈"(电视端、活动端和移动端),并提出"看得见的幸福"收视理念。

新建的全媒体交互式320平方米高清演播室正式投入使用,系福州广播电视台2015年新建的电视高清频道的重要组成部分,实现电视屏、手机屏、电脑屏等多屏互动效果,是国内领先、全省最先进并具有全媒体功能的高清演播室。福州明珠网设有覆盖直播、点播等功能的网络播控系统。统筹推进各品牌栏目、新办栏目实现多屏(电视屏、手机屏、移动公交屏、户外LED屏幕)传播。

【市场份额与创作】 福州广播电视台电视收视率、广播收听率始终引领福州市场,电视晚间市场总份额17%,广播市场总份额28.3%,持续5个季度保持增长。强化收视数据应用和预警功能,完成电视、电台2015年各季度收视收听情况调查和竞争力分析报告及电视收视预警通报。

【广播影视公共服务体系建设】 启动董凤山发射台等5个高山台站广播电视节目无线数字化覆盖工程建设,永泰广播电视台和闽清广播电视台完成数字化更新改造,马尾区"村村响"有线扩展覆盖范围试点工作取得成效。开展壮大服务、推动融合发展等情况的自查工作,推动"互联网+"有关方面的融合发展,打造媒体平台,通过网站、微博等方式,推荐传统媒体节目。与传统媒体联合打造手机客户端APP,打造移动互联平台,打通广播电视、报纸、电脑、移动各端,开展微信公众账号建设工作,契合用户需求,提供垂直化服务,形成新媒体集群。将九年义务教育的中小学生影视教育纳入市级财政预算,为"电影进校园"活动提供资金支持。

【交流与合作】 加强与国外媒体、台湾媒体和各种互联网平台交流合作,将《攀讲》等福州特色乡土节目传送到海外。对外宣传形成节目品牌,节目落地美国纽约、澳洲墨尔本,以及台湾地区的台北、新北、基隆、马祖等地。

【文化生活报】 利用福州广播电视台资源优势,在电视、广播、网络、微信等平台进行品牌宣传,同时进驻福州航空公司的航线航班。

(柳 锴)

主流媒体看福州

【概况】 2015年,中央、省属新闻媒体对福州市各类正面报道达1.8万多篇(条)。其中,《人民日报》刊登65篇,新华社播发700多篇(条),中央电视台各频道播出新闻140多条;福建电视台播出新闻1300多条(《福建新闻联播》635条),《福建日报》刊发1533篇、头版210篇。

【春节期间宣传报道】 春节期间,《人民日报》、新华社、《光明日报》、《经济日报》、中央电视台、《福建日报》、福建电视台等中央及省属主要媒体通过文字、图片、视频等形式,对福州新春新气象进行报道。中央、省属新闻媒体刊发各类稿件百余篇。

《人民日报》刊发图片新闻《花灯迎元宵》,稿件以大幅彩色照片展示福州市元宵灯会在福州闽江南北两岸正式亮灯;中央电视台《新闻联播》播出《潘家义诊58年的故事》，讲述以前福州市一医院医生潘名继为发起人的潘家义诊的故事，《朝闻天下》从大年初三到初八连续6天播出系列报道；新华每日电讯刊登《他们“不过年”》和《春运路上温馨服务》等3篇消息；《光明日报》以图片形式刊发《福建：“铁骑”大军返乡》等2篇报道；《福建日报》刊登《点亮“失落”的南后街花灯》等5篇报道；《福建新闻联播》播发《福州：西湖公园举办迎春花展》等多条报道。

【全国两会宣传报道】　全国“两会”期间，《人民日报》、新华社、《光明日报》、《经济日报》、中央人民广播电台及《福建日报》、福建电视台等中央、省属主要媒体，通过文字、图片、视频、访谈等形式，对来自福州的代表委员及福州工作进行报道。

《人民日报》在头版刊发《“福州制造”迈向“福州智造”：闽江口千亿产业集群蓄势待发》，展现福州从“福州制造”到“福州智造”转变。丝路观察特刊专版刊发福州如何构建海上丝绸之路战略枢纽城市的组合报道——《福州：打造海上丝路战略枢纽》；国家（省）区域发展战略专刊刊发福州市传承弘扬“马上就办、真抓实干”精神的《福州：打造最优发展环境》。新华社以《人大代表、政协委员“互动”行政审批》为题播发采访全国人大代表、福州市长杨益民的稿件。《福建日报》刊发全国人大代表杨益民访谈稿件《不搞政策洼地　要造改革高地》。《中国青年报》头版刊发《福州：服务“超市”便民利民》，介绍春节前夕福州市市民服务中心正式启用，政府创新构筑服务企业、服务群众“一体两翼、双轮驱动”的政务服务格局；头版刊发《福州：抢先治理赢得常态好空气》。

【第十七届海峡两岸经贸交易会宣传报道】　“5·18”海交会期间，邀请中央、省属新闻媒体70多家，220多名记者参与采访报道。中央、省属新闻媒体刊播各类新闻报道1500多篇（条）。

《人民日报》推出《“海丝”连世界　福州迎客来》《海上丝路福州扬帆》2个专版，报道海丝博览会。新华社持续播发《首届海丝博览会举办　亚洲各国聚焦“一带一路”建设》等报道。中新社、《光明日报》、《证券时报》、《上海证券报》等媒体结合自身特点报道亚投行、丝路基金成为各界关注热点的情况。《福建日报》5月18日以半个版的专版，报道活动四大亮点、五大意义拓展海丝内涵的盛况，并连日在头版、要闻版、海峡版对多场活动连续报道，同时配发评论等文章。《海峡都市报》《东南快报》持续推出海交会系列报道，并以多个整版的形式进行大篇幅刊发，开设“聚焦‘5·18’”专版。

【第三届海峡青年节宣传报道】　活动期间，中央、省属新闻媒体各类正面报道800多篇（条），其中人民网2篇，新华社4篇，中新社3篇，《光明日报》1篇，《中国青年报》半版专题报道，《福建日报》6篇。电台方面，福建人民广播电台、海峡之声广播电台、华艺广播公司等在新闻时段播发海青节消息。人民网刊发《福州发布台湾青年来榕创业就业十大鼓励政策·开业补贴一万》等2篇报道；新华社刊发《青运会形象展亮相海青节　圣火采集火炬参展》等4篇消息；《光明日报》刊发稿件《两岸青年携手参与救灾》；中新社刊发《千名两岸青年在榕共话“创业就业”》等3篇稿件；《中国青年报》刊登《福州实现两岸青年交流活动全年常态化》《海峡青年交流营地项目在福州启动》等2篇稿件。

【福州新区报道】　福州新区正式获批后，《人民日报》在重要版面发表《福州新区正式获批》《福州新区建设发展座谈会举行》《建言新区助力发展——福州新区建设发展座谈会发言摘登》等4篇稿件；中央电视台新闻频道《新闻30分》栏目播出新闻《国务院正式同意设立福州新区》；中央电视台财经频道《交易时间》栏目播出新闻《国务院批复同意设立福州新区》。新华每日电讯发表《国务院批复同意设立福州新区》《福州：“借助外脑”发展国家级新区》2条消息。《光明日报》刊发《国务院批复同意设立福州新区》《福州新区：如何让政策叠加效应转化为立体发展优势》2篇报道；《经济日报》发表《国务院批复设立福州新区》等3条消息；《福建日报》刊登《晋升“国家队”福州再领航》等3篇报道。

【第二届丝绸之路电影节报道】　举办期间，邀请全国几十家媒体到福州采访，包括中央驻闽媒体以及省属媒体，有近200名记者参与采访报道。《人民日报》以《“第二届丝绸之路国际电影节”开幕》等为题报道电影节，《光明日报》专版报道电影节，内容包括《让光影联通丝路文化交流之旅》《互联网+时代，电影还得好好讲故事》《好电影必须有艺术魅力》《“新丝路”与“新思路”》等。CCTV6电影频道全程直播闭幕式，并在《中国电影报道》等多档栏目持续报道各项活动，新华社在新华网开辟第二届丝绸之路电影节专题。腾讯、搜狐、新浪、网易等门户网站纷纷报道丝绸之路电影节亮点特色。《中国电影报》《中国文化报》《看电影》等行业内主流媒体也发表大量主题报道。

【第一届全国青运会宣传报道】　青运会期间，中央新闻媒体聚焦青运会的新闻报道达1600多篇（条）；各兄弟省（区、市）新闻媒体刊播4000多篇（条）；《福建日报》《海峡都市报》《东南快报》等省直平面媒体聚焦青运会专题版面70个，新闻报道1000多篇，新闻图片300多张；福建省广播影视集团刊播青运会新闻报道1000多条，专题访谈90多个，转播赛事50多场。新闻报道以文字、图片、视频、专版、专刊、访谈、直播、动画等多种形式呈现，实现全媒体覆盖、立体化传播。

（郑　静）

体育事业

【概况】　2015年，福州市新建设球场106片、城市社区多功能运动场16个、社区健身房7个、拆装式游泳池3个、笼式足球场2个，更新、更换健身路径375条，闽清县和永泰县新建2个村级全民健身活动中心。开展第一届全国青年运动会组织筹办工作，市体育局被评为全国体育系统先进集体，被省政府授予集体三等功；市体育局获2015中华龙舟大

11月14日,2015年环福州·永泰国际公路自行车赛举行(市体育局 供)

赛特殊贡献奖。第十六届省运会年度带牌带分赛福州市获13枚金牌。

【群众体育】 全民健身 举办全国徒步大会开幕式暨"中国体彩杯"福建·福州"红红火火过大年"第十一届十万人健步行活动、中华龙舟大赛(福建·福州站)、全民健身运动会、第八个全民健身日全民健身交流展示系列活动、第三十届冬泳比赛、第八届农村百队千场篮球赛、第六届省市直机关篮球邀请赛等一系列全民健身活动,全年全市举办各类全民健身活动35项、1000多场次,参与人数逾100万人。

海峡体育品牌 大型群众体育活动以"海峡"冠名,其中有全国门球公开赛暨福建·福州第九届海峡两岸门球邀请赛,第三届海峡青年节两岸青少年篮球赛、羽毛球赛交流活动,海峡两岸柔力球、健身球、柔乐球等全民健身交流展示系列活动,活动均邀请台湾同胞参加。

社会办体育 市体育局与福州日报社在6月7日—7月5日在市体校举行第六届"福矛杯"省市直机关篮球邀请赛暨福州市全民运动会篮球比赛,省市机关的60支代表队900多名篮球爱好者参赛。10月26—29日,福耀集团赞助举办"福耀·第三十一届全球华人篮球"在福州海峡国际会展中心举行,全球四大洲282支队伍近3500人参与,首次在同一个场馆16片场地举行。

体育社团建设 新增市属体育协会4个、体育俱乐部2个。各体育协会完成年检登记。举办健身气功培训班,市、县两级开展健身气功展示活动21场,参与人数逾3万人,全市健身气功站点覆盖率100%。市属体育协会和体育俱乐部开展体育活动和竞赛约90项次,参与人数达12万多人次,依托社会筹措活动经费230多万元,举办元旦冬泳比赛、福州12小时超级马拉松赛、可乐球培训班,福州场地超级马拉松接力赛等。其中,福州12小时超级马拉松赛于3月22日在福建省体育中心奥体田径场举行,由超越长跑俱乐部于2011年创办,在2013年晋升为国家G级赛事,是福州范围内首个由"民办"转"官办"的体育赛事。

社会体育指导员 新培训社会体育指导员一级46人、二级225人、三级510人。开展全国全民健身现状调查工作。3月,和市卫计局联合举办科学运动与健康知识教育宣传活动。

【竞技体育】 青运会组队参赛 福州市代表团派出580多名运动员、教练员、工作人员参加田径、篮球、排球(沙滩排球)、柔道、摔跤、举重、羽毛球、网球、射击、击剑、跆拳道、武术(散打)、拳击、体操(蹦床)、自行车、皮划艇等16个大项比赛,获21枚金牌、17枚银牌、23枚铜牌,共61枚奖牌,被授予体育道德风尚奖,26支运动队和38名运动员也分别被授予集体和个人体育道德风尚奖。

青运会竞赛组织 承办青运会13个大项比赛,负责组织全国55个代表团的6252名运动员和裁判员参赛,实现零失误、零事故、零投诉目标。成立14个单项竞委会负责赛事组织运行工作。5月27日—8月9日,举办13项测试赛,并整理出测试赛中暴露出的问题354项并整改;同时加强组织管理和运行保障。青运会田径比赛于10月22—26日在海峡奥体中心体育场举行,有1460多名运动员、教练员、裁判员参与5天9个比赛单元的比赛,吸引20多万观众,单场观众最多达4.7万人。

后备人才培养 市体育局与市教育局联合举办乒乓球、羽毛球、网球、田径、武术套路、篮球、排球、游泳等9个项目中小学生体育联赛。

大型体育比赛 4月20—26日,在闽江公园沙排场举办2015年世界沙滩排球巡回赛福州公开赛,比赛由国际排联主办,中国排协、省体育局,市政府承办,市体育局、福州文体产业开发运营有限公司协办。世界沙滩排球巡回赛是世界沙滩排球顶级三大赛事之一,为国际A级赛事,2015年福州站比赛是福州市连续第三年举办该项赛事,有35个国家和地区的145支队伍参赛。11月10—15日,在海峡奥体中心体育馆举办2015年中国羽毛球公开赛,比赛由中国羽毛球协会、省体育局、市政府主办,市体育局、福州文体产业开发运营有限公司承办,有来自中国、印尼、丹麦、马来西亚、韩国、日本、德国、印度、中国台北等23个国家和地区的223名世界排名前列的运动员参赛,有中国羽坛名将林丹、谌龙、傅海峰、田厚威、张楠、赵芸蕾等参赛,每天均有数千观众到场观赛,男单半决赛焦点战,林丹和李宗伟上演第35次"林李大战",上座率高达90%。11月14—16日,在福州市区及永泰县举办2015年环福州·永泰国际公路自行车赛,比赛由国家体育总局自行车击剑运动管理中心、中国自行车运动协会、省体育局、市政府主办,市体育局、永泰县政府承办,有22支队伍参赛,来自15个国家和地区,其中有乌克兰阿莫维塔洲际队、伊朗大不里士石化洲际队等7支高水平洲际队,以及中国香港队、中国台北RTS洲际队和中国恒祥队等8支高水平车队。12月20日,举办2015"兴业银行杯"福州国际马拉松赛,比赛由中国田径协会、省体育局、市政府主办,市体育局、

第一届全国青年运动会主赛场——福州海峡奥体中心
（第一届全国青年运动会福州市执委会 供）

福建田径运动管理中心承办，福建天翔体育发展有限公司协办，有来自中国、肯尼亚、埃塞俄比亚、美国、英国、加拿大等6个国家，以及中国香港、澳门、台湾地区的1.5万名运动员参赛，其中组委会特邀肯尼亚、埃塞俄比亚等国家的20名优秀选手参赛。

【体育产业】 体育场馆建设 市体校一期工程教学楼和综合楼主体施工基本完成，田径场改造进行中；二期工程进入施工招投标。市老年体育活动中心主体工程基本完工，转入后期扫尾阶段。长乐水上运动中心项目在开展前期工作。全市新建和改造15个体育场馆，作为主场馆的福州海峡奥体中心一场三馆全部于6月底前完工投入使用，其他相关县（市）区场馆建设均在青运会比赛前正式完工。

体育产业发展 制定《加快体育产业发展 建设特色体育强市的实施意见》，鼓励和引导社会资本投资体育产业。5月8—11日，在福州海峡国际会展中心举办第三十三届中国国际体育用品博览会，有1117家企业参展。体博会同期举办高峰论坛、交流会等系列活动，涉及体育产业融合发展、科学健身方法的推广和普及、场馆设施利用、体育文化弘扬等方面。

游泳场所管理 市体育局与市卫计局、市安监局联合发文，要求各县（市）区在夏季开展经营性游泳场所拉网式大检查。7月27—28日组成联合检查组，对全市经营性游泳场所进行抽查。市体育局、市安监局工作人员主要对游泳场所是否取得高危险性体育项目许可证（游泳）、按规定配备人员、安全设施和标识等情况进行检查，市卫生局工作人员主要对是否取得卫生许可证及泳池水质等情况进行检查，抽查的几家游泳场所基本达到各部门的相关规定和要求。

【体育宣传】 CCTV5对中华龙舟大赛（福建·福州站）、2015年世界沙滩排球巡回赛福州公开赛、中国羽毛球公开赛、2015年环福州·永泰国际公路自行车赛和2015福州国际马拉松赛进行直播。CCTV5对2014年中国羽毛球公开赛从11月11日起连续5天实况转播，每天至少两小时，累计时间达10小时。青运会期间，CCTV5、福建电视台青运频道开设青运会专栏，对比赛进行及时播报、转播和直播。同时，继续办好市体育局官网、微博。

（林 英）

（编辑 邱敏佳）

综　述

2015 年，福州市旅游接待总人数 4669.31 万人次，同比增长 13.5%；旅游收入 537.29 亿元，同比增长 14.8%；接待入境游客 96.62 万人次，创汇 12 亿美元。其中，“十一”黄金周期间接待游客 219.63 万人次，同比增长 13.2%；实现旅游收入 12.36 亿元，同比增长 13.32%。

至年底，全市有国家 A 级旅游景区 38 个，其中有国家 AAAAA 级旅游景区 1 个，国家 AAAA 级旅游景区 13 个，有国家级风景名胜区 3 个、中国十大历史文化名街 1 个、国家森林公园 5 个、全国休闲农业与乡村旅游示范点 2 个、省级旅游度假区 1 个、星级乡村旅游经营单位 19 个、温泉旅游度假区 13 个、国家重点文物保护单位 17 个、福建观光工厂 2 个。

资 源 开 发

【资源规划】　2015 年，配合开展《福建省“十三五”旅游业发展规划》福州区域内项目考察及修改意见讨论、征集等工作。开展《福州新区旅游发展策略专题研究》《福州海上丝绸之路旅游发展思路》等专项课题研究，并形成课题研究报告。指导督促仓山、晋安、闽清、罗源等县区开展区域旅游总体规划编制（修编）以及重点景区规划编制，鼓岭国家级旅游度假区核心片区控制性详细规划，闽清白岩山风景区旅游总体规划、修建性详细规划，罗源县罗源湾旅游区控制性详细规划，罗源县中房镇、溪坂农庄、方厝等旅游发展总体规划编制。仓山区旅游发展总体规划暨螺洲历史文化名镇总体规划、阳岐历史风貌旅游区旅游控制性详细规划编制工作通过专家评审。开展《福州市海岛保护规划》《中国（福建）自由贸易区福州片区产业发展规划》《福州市国家森林城市建设总体规划》等规划意见修改。

【项目建设】　旅游重点在建项目有 39 项，计划总投资 1118 亿元，年度计划总投资 108.94 亿元。其中，“六大工程”10 个重点建设项目，年度计划完成投资 18.3 亿元，1—12 月完成投资 18.58 亿元。年内贵安大剧院、罗源世纪金源海洋世界、温泉博物馆等项目建成开业。其中，罗源湾海洋世界于春节期间开业，有八大功能区，7 天吸引近 10 万游客；温泉博物馆于 5 月对外开放；地下温泉体验区进入试营业阶段。

推进闽安古镇旅游配套设施建设项目、东壁岛滨海旅游度假区、永鸿文化旅游城、永泰县嵩口古镇乡村旅游综合开发项目、罗源县旅游集散服务中心等项目建设。贵安温泉项目总投资达 500 亿

11 月 15 日，海丝旅游节正式启动，图为市委书记杨岳、国家旅游局党组成员魏洪涛、市长杨益民、省政府副秘书长詹志洁、省旅游局局长吴贤德共同拉动缆绳升起福船风帆　（市旅游局　供）

表 57　　**2015 年福州市国家 A 级旅游景区名单**

质量等级	景区名称
AAAAA 级	三坊七巷历史文化街区
AAAA 级	福州国家森林公园、于山风景区、鼓山风景区、中国船政文化景区、青云山风景区、永泰天门山风景区、石竹山风景区、福清天生农庄、中国云顶、贵安新天地休闲旅游度假区、溪山休闲旅游度假区、旗山森林人家旅游区、罗源湾海洋世界
AAA 级	长乐冰心文学馆、长乐显应宫、长乐九龙山庄、董奉山国家森林公园、连江青岛啤酒梦工厂、福州皇帝洞景区、猴屿岩生态景区、灵石山森林公园、福州春伦茉莉花文化创意园、三叠井森林公园
AA 级	福州市博物馆、福州文庙、邓拓故居、绿丰农业生态园、福建省委旧址纪念馆、閤亭寺、陈文龙纪念馆、琴江满族村、汉唐文化城、卧龙谷、桂湖罗汉溪芙蓉温泉景区、陈靖姑故居

元，其中贵安水世界、欢乐世界、儿童成长职业体验海洋世界、温泉世界、国际大剧院、百姓文化长廊及四大展馆等旅游项目和贵安世纪金源大饭店、君豪大酒店开业。海峡文化村（溪山温泉）中温泉旅游、酒店项目开业。晋安桂湖生态温泉项目，按年度计划完成投资 10 亿元；东壁岛滨海旅游度假区，按年度计划完成投资 2 亿元；永鸿文化旅游城，按年度计划完成投资 1.9 亿元；闽安古镇旅游配套设施建设项目，年度计划完成投资 900 万元，实际完成投资 850 万元；永泰县嵩口古镇乡村旅游综合开发项目，年度计划完成投资 0.5 亿元，实际完成投资 0.8 亿元；天门山公路项目，年度计划完成投资 0.48 亿元，实际完成投资 0.53 亿元；罗源县旅游集散服务中心，按年度计划完成投资 400 万元。

继续打造“闽江游”品牌。市旅游局会同市文投集团筹备就晋安河—光明港福船游项目启动相关事项，晋安河画舫于 12 月 30 日在光明港河畔正式启动运营。

【项目招商】　推出烟台山历史风貌区总体开发项目、鼓岭鹅鼻旅游度假商务中心、琅岐旅游综合开发项目、帝封江旅游综合体开发项目及罗源县龙山畲风旅游度假区等重大旅游项目进行招商推介。盘整推出黄岐、东龙湾、东洛岛、黄湾屿、北峰、旗山、猴屿、龙山、琅岐、十八重溪、美菰林、朱紫坊、嵩口、螺洲、显应宫、梅贵温泉、闽安镇、古义窑遗址公园、猴屿洞天、龙祥岛等一批旅游项目汇入全省旅游招商项目册进行统一招商。年内“5·8”旅博会签约 7 个项目，总投资达 137.7 亿元。

【景区管理】　配合创建三坊七巷国家 AAAAA 级旅游景区。3 月、6 月，邀请省旅游局组织专家对三坊七巷景区进行两次全面实地暗访与检查，对照《旅游景区质量等级的划分与评定》的国家标准查找存在问题并提出整改意见，指导和配合三坊七巷景区在游览体验、卫生设施、交通设施、景区环境、旅游购物功能等方面进行整改和完善。10 月，三坊七巷以 983 分通过国家旅游局组织的专家组暗访检查。

跟进罗源湾海洋世界创建国家 AAAA 级旅游景区工作，指导景区加强卫生和安全管理、人员管理与培训、规范服务流程和服务质量、补充和完善游客中心服务功能与配套。至年底，福州市 AAAA 级景区数量已经达到 13 家，居全省首位。

开展国家 AAA 级旅游景区创建。指导晋安区皇帝洞生态旅游景区、连江青岛啤酒梦工厂、福州春伦茉莉花文化创意产业园、灵石山国家森林公园、三叠井国家森林公园、长乐猴屿洞天岩等景点创建 AAA 级旅游景区，加大资金投入，规范景区管理等。至年底，上述 6 个景区均被省旅游局正式评为国家 AAA 级旅游景区。

【乡村旅游】　4 月，开展乡村旅游休闲集镇、特色村资金申报工作，根据省旅游局出台的相关标准，指导各县（市）区旅游局和符合条件的村、镇进行申报。5 月，向省旅游局推荐仓山区螺洲镇、长乐市琴江满族村等 15 个村（镇）为福建省 2015 年度乡村旅游休闲集镇和特色村。8 月，按照省旅游专项资金补助相关文件要求，组织获评的村、镇申报休闲集镇、特色村专项补助计 224 万元。

5 月 8 日，组织福州市重点乡村旅游景区参加第十一届海峡旅游博览会，购买乡村旅游馆展位 20 个，各乡村旅游景区向参展的旅游业内人士及游客和市民展示福州乡村旅游风光及民俗风情和特色伴手礼。

8 月，委托福建农林大学旅游学院举办第二期福州星级乡村旅游经营单位提升发展培训班，组织全市三星级及以上乡村旅游经营单位负责人、闽台乡村旅游乡村试验基地负责人、各县（市）区旅游局相关人员、乡村旅游发展重点村（镇）负责人 35 人参加培训。

【海峡旅游】　全年福州市组织 70396 名游客赴台旅游，同比下降 9.85%，其中经福州口岸赴台游人数 41106 人次，同比增长 1.72%，经平潭、厦门等口岸赴台旅游人数 29290 人，同比降下 22.25%。70396 名赴台游客中，有 10923 名游客参加马祖游，同比增长 155.87%，有 3498 名游客赴金门、澎湖旅游，同比增长 38076.93%；有 55975 名游客赴本岛游，同比下降 23.12%。

由市旅游局牵头，市台办、市财政局共同起草的《2015—2017 年福州市海峡旅游扶持办法》于 8 月 5 日由市政府颁布实施，办法共 9 条，鼓励旅行社加强榕台旅游双向交流合作，提升旅游服务质量，对两岸旅行社开展海峡旅游工作加大补助和扶持力度，并再次提高马祖旅游奖励金额，根据马祖旅游淡旺季灵活实施补助金额，对旅行社组织两岸青少年（8 至 26 周岁）开展旅游交流活动给予支持，最高每人给予 500 元补助。

推进榕台旅游双向发展。2 月,台湾马祖经贸文化交流联谊会参访福州市,两地签署《福州—马祖两岸小三通旅游合作联席工作会议备忘录》。3 月,经福建新华发行集团、福建新华国际旅行社和台湾马祖观光业界等各方商议,福州市马祖旅游综合服务中心成立。5 月,福建自贸区福州片区跨境电子商务园区台湾馆开业。6 月,福建自贸区福州片区跨境电商 O2O 体验馆正式开馆。同月,抓住合福高铁开通后给海峡旅游带来省外客源的契机,邀请马祖旅游业界参加由省旅游局主办的"最美合福线,欢乐闽台游"推介活动。8 月,组织参加"第十届两岸青年联欢节暨第三届海峡青年节"的 200 多名台湾青少年共游福州。10 月,组织福州市旅游企事业单位赴台北市参加"第十届海峡两岸台北旅展"活动。同时邀请台湾嘉义市和平促进会、台湾龙族通运股份有限公司、台湾皇族通运股份有限公司、贵族旅行社等台湾旅游协会、旅游企业到榕踩线,达成加强榕台旅游合作共识。11 月 1 日,启动"第三届万人游马祖"活动。同月组织三坊七巷景区、福建省旅游公司、马祖龙福旅行社等两岸旅游企业参加由省旅游局组织的"清新福建"京福高铁沿线城市旅游推介活动,福州团组作"温泉古都,有福之州""海上桃花源—马祖""玩转福州　卡蹓马祖"等不同主题的宣传推介活动。

加大福州在台宣传力度,委托台湾海峡旅游服务机构在台湾投放福州旅游广告,通过台湾旅游网站、公交车身、户外 LED 屏、旅游杂志、报纸等系列媒体组合,将福州旅游信息向台湾游客投送。委托台湾海峡旅行社在台开展福州旅游整合营销,构建"福州—马祖"旅游目的地形象,拓展台湾入榕旅游客源市场。

推动"福州—马祖"旅游交流。5 月 18 日,在第十七届海交会上,马尾和马祖围绕"海峡两岸携手共建两马旅游合作示范区"首度联合参展。9 月,由马祖三临旅行社和福建新华国际旅行社共同组织的马祖青少年交流团到长乐市参加海丝(长乐)旅游节两岸亲子游活动,该交流团是《2015—2017 年福州市海峡旅游扶持办法》颁布实施后第一个得到市财政补助的两岸青少年交流团。10 月,海峡旅游(福州—马祖)船票网络销售服务平台正式投入运营,该平台能准确预测每天福州至马祖的游客人数,解决客轮公司运力调配问题。11 月 8 日,组织 400 多名游客及 50 多名选手参加在马祖召开的"首届马祖国际马拉松大赛",其中 1 人获三等奖。此种"体育 + 旅游"模式,在全国城市电视台联盟年会上被作为经典案例进行说明,并在会后达成一系列的合作意向。12 月,经国家批准,由福州市连江县黄岐至台湾马祖白沙的海上客运航线正式开通,全程约 25 分钟。

表 58　　福州市五星级、四星级饭店名单

星级	饭　　店
五星级(8 家)	福州西湖大酒店、福建外贸中心酒店、福州金源大饭店、福州美伦华美达大饭店、福州香格里拉大酒店、长山湖(长乐)国际酒店、福州万达威斯汀酒店、福州名城豪生大酒店
四星级(21 家)	福州大饭店、福清融侨大酒店、福建金仕顿大酒店、福清兰天大酒店、福州梅峰宾馆、福清冠发君悦大酒店、福建山水大酒店、阿波罗(福州)大酒店、国谊(福建)大酒店、福建阳光假日大酒店、福建省闽江饭店、福州(晋都)戴斯酒店、福清瑞鑫大酒店、福建黄金大酒店、福州新紫阳大酒店、福建国惠大酒店、福建银河花园大饭店、最佳西方财富酒店、福州铭濠酒店、福州景城大酒店、福建丽景假日大酒店

创新福建自贸区福州片区对台旅游工作。推动驴妈妈(福州)国际旅行社和福建美亚国际旅行社 2 家台资合资旅行社设立,其中驴妈妈(福州)国际旅行社获经营福建居民赴台湾地区团队旅游业务经营资质。允许台湾企业在福建自贸区福州片区设立独资旅行社,取消年旅游经营总额限制。对台湾服务提供者在区内设立旅行社的经营场所要求、营业设施要求和最低注册资本要求,比照大陆企业实行。允许台湾合法导游、领队经福州市旅游局培训认证后,换发证件,在福州市内执业。允许在福建自贸区福州片区内居住一年以上的台籍居民报考导游资格证,并按规定申领导游证后在大陆执业。

旅游服务

【旅游公共服务】　2015 年,完善旅游公共服务体系,推进游客公共交通服务工程建设。提升长乐机场旅游咨询服务中心建设运营管理工作。2014 年 11 月,市旅游局邀请全市 10 家 AAAAA 级旅行社参加长乐机场旅游咨询服务中心运营权的竞争性谈判,福建春秋旅行社中标,取得该项目运营权,合同期为 1 年。全年长乐机场咨询服务中心累计接待旅游咨询 18.25 万人次,发放观光旅游资料 3 万余份,为到榕游客提供购票、住宿、乘车等引导服务。

【星级旅游饭店】　全市有星级饭店 49 家,其中市区 35 家、福清市 7 家、长乐市 5 家、闽清县 1 家、罗源县 1 家。有五星级饭店 8 家、四星级饭店 21 家、三星级饭店 17 家、二星级饭店 3 家;有客房 1 万间,床位 1.69 万张。

组织开展《旅游饭店星级的划分与评定》标准宣贯活动,评定福州聚春园大酒店为四星级饭店。对取得星级资质的饭店,组织开展年度复核和满 3 年星级饭店复核。

【旅行社】　全市有旅行社 161 家,其中出境游组团社 31 家,赴台游组团社 7 家。开展"旅行社服务质量信用等级评定"活动,加强文明示范窗口创建。有 2 家旅行社被评为全国文明旅游先进单位。

【导游队伍】　全市有持证导游 2380 人,其中初级导游 2277 人,中级导游 79 人,高级导游 24 人,中级以上导游占

4.39%。全市有外语导游122人，其中英语75人，日语7人，德语4人，法语2人，印尼语3人，朝鲜语1人，俄语1人。

组织开展导游年审与提升培训工作。年内1128名导游通过年审，根据新导游上岗要求，组织开展4期岗前培训，有350名导游参加，183名导游通过考核。

宣传营销

【媒体宣传营销】　开展央视主流媒体宣传。在中央电视台综合频道1套、新闻频道13套及中文国际频道4套继续投放福州城市旅游形象15秒宣传片。

开展动车媒体宣传营销。2月起，在南昌铁路局福建管辖动车组投放为期6个月的福州站、福州南站报站广播广告，并根据省旅游局工作部署，购买向莆、厦深、京福3条高铁线路共3节动车车厢冠名。

扩大平面媒体宣传平台。与《旅伴》《海峡通讯》《海峡旅游》《时代列车》《厦门航空》等国内主流旅游杂志合作，开辟福州旅游专栏，借助其受众群体及品牌影响力，展示福州旅游资源与旅游产品，打造“温泉古都·有福之州”的特色城市旅游品牌。

加强本地媒体宣传。与《海峡都市报》《福州晚报》、福州电视台等本地主流媒体合作，在春节、“五一”、“5·18”海交会等重要节点策划不同主题的旅游专题宣传活动，展示福州以生态游、乡村游、温泉游、文化游、滨海滨江游等为特色的旅游资源与产品，并为市民做好“吃、住、行、游、购、娱”等方面的出行指南。

提升旅游宣传品开发水平。编印福州温泉旅游手册，向游客推介福州11家重点温泉景区的相关资讯。更新修改并加印《福州市二维码旅游地图》，为游客提供一站式旅游服务指南。

【旅游形象宣传活动】　开拓国内旅游客源市场。1月、9月和12月，牵头闽东北五市一区旅游部门和旅游企业分别赴陕晋、长三角和东北地区开展旅游推介活动，从城市旅游形象、旅游产品建设、旅游政策扶持等方面展示闽东北五市一区的整体旅游形象，吸引当地旅游协会、主要组团社及主流媒体参与。推介会期间，还牵头搭建闽东北五市一区营销共建平台，通过统一主题、统一营销、统一产品，对闽东北旅游资源进行整体包装推介，组织旅行社编排多条精品旅游线路向当地旅游业同行和媒体发布。

拓展境外旅游客源市场。5月，利用福州闽剧团赴俄罗斯参加第十二届契诃夫国际戏剧节契机，制作俄文版福州旅游概况和三坊七巷、福州温泉简介，以及带有俄语字幕的福州旅游形象宣传片等旅游宣传材料，在活动期间进行展示推介。

注重活动营销。5月17日，在三坊七巷举办“5·19”中国旅游日福州分会场活动。同时，联手青云山、天门山、贵安欢乐世界等福州重点旅游景区推出“5·19”系列旅游优惠活动。

注重活动展会营销。组织福州市重点县（市）区旅游局、旅游企业代表参加第十一届“5·8”海峡旅游博览会。福州市购买42个展位，其中精品馆20个，乡村旅游馆20个，旅游商品展区2个。委托设计单位对4个展位进行创意和设计，围绕“海上丝绸之路”主题，融入自贸区元素，突出福州旅游特色和城市形象。

开展合福高铁主题营销活动。7月，合福高铁开通期间，与《福州日报》合作，借助合福高铁旅游媒体联盟平台，在《合肥晚报》《铜陵日报》《芜湖日报》《宣城日报》《黄山日报》《上饶日报》等合福高铁沿线城市主流媒体上发布福州旅游专版，推介福州二日游和三日游为主的短线游产品。

【旅游节庆活动营销】　11月15日—12月31日，举办“海上丝绸之路”（福州）国际旅游节。旅游节突出海丝元素，围绕“加强合作、促进交流，资源联动、共同发展”主题，举办开幕式、境外旅行商（福建）采购大会、福州专场旅游推介会、第六届福州温泉国际旅游节、海上丝绸之路导游员大赛、跟着比赛去旅行等6项主体系列活动，有近30个国家和地区约700名嘉宾参加，364.34万人次参与相关活动，200多家境内外媒体发稿（含转载）3000多篇，百度搜索消息120万余条，节庆期间全市游客接待数和旅游总收入同比增幅均超过15%。

【智慧旅游】　联合市旅游局政务微博、政务微信、“遇见福州”手机APP及“福州欢迎您”宣传短信，通过举办各类主题活动，加强与市民、游客的互动交流，多层次、多角度推介福州市的旅游资源，提升福州旅游知名度。市旅游局政务微博粉丝数量、影响力及传播力在全

5月17日，由市委文明办、市旅游局主办，市广播电视台、市旅游协会承办，厦门航空有限公司、福州阳光城女排俱乐部、福州市旅游职业中专学校共同协办的“2015年中国旅游日·福州分会场”活动在福州三坊七巷启动。图为“爱旅游　行文明”公益微活动志愿者合影　（市旅游局　供）

国旅游政务机构微博中一直保持前列。9月,在新浪金足迹旅游盛典上,市旅游局新浪政务微博获全国市级旅游局官博影响力第二名。至年底,市旅游局政务微博粉丝数量达500万人。“遇见福州”微信公众号年内向网友推送1200多条福州旅游相关资讯,粉丝数量达6.1万人。2014年开通的针对到榕游客的“福州欢迎您”宣传短信业务,累计向游客发送欢迎短信近7825万条。

建立福州旅游全媒体营销推广体系。应用物联网、云计算、移动互联网、大数据处理等技术,全面植入互联网基因,开启“互联网+旅游”模式,加强与国内国际在线旅游服务商(OTA)合作交流,在福州旅游品牌形象宣传、旅游产品策划、旅游大数据分析应用、旅游景区建设提升、旅游事件营销及旅游产品线上销售等方面进行战略合作,提高全市旅游业电商化水平。福州智慧旅游建设还整合央视等电视媒体,中国移动、中国电信、中国联通等通讯运营商,百度等搜索引擎公司,乐途旅游网等专业旅游网站,动车和公共交通系统,以及微博、微信新媒体平台。

完善旅游电子信息系统。增加全市旅游电子信息系统终端数量、扩大旅游公共信息覆盖面、提高信息更新速度,构建智慧旅游电子信息系统,用以整合福州城市形象宣传、旅游景区景点介绍、旅游线路组织、食宿服务介绍、新闻资讯、便民服务及咨询等六大类资讯服务,嵌入交通卡、金融卡及手机等快捷支付模块,为游客与市民提供旅游综合信息服务。

旅游管理

【安全管理】 举办全市旅游行业安全生产培训班,开展旅游行业安全生产大检查等专项整治活动,组织开展企业安全生产自查和整治工作,推动全市76家大中型旅游企业安全生产标准化建设,其中55家企业通过评审,达标率达72.4%。健全旅游安全管理体系,加强与安监、消防、市场监督、交通等相关部门配合,开展旅游安全等专项整治活动,全年未发生旅游安全责任事故。

【服务质量管理】 开展旅游市场秩序专项治理行动。围绕旅游市场秩序和游客反映的突出问题,组织开展“秩序”“治黑”“清网”“督查”“规范”5个专项行动。重点整治旅游市场无证照经营、超范围经营、虚假广告、价格欺诈、强迫消费、以不合理低价组织从事旅游经营活动、强迫或者变相强迫旅游者购物、无资质从事导游、领队业务等违法违规行为。针对在市场检查中发现的问题,下发责令整改通知书,要求旅游企业立即整改,并督促其整改提升。开展日常监督检查,监督旅游市场动态。依托旅游团队监管系统,实现对出境游、入境游、国内游3个旅游市场的有效监管,及时掌握旅行社经营与导游服务情况,做到预防与整规、教育与处罚相结合。继续加大对旅游团队的执法检查力度,重点检查电子派团单使用情况和导游服务情况,督促旅行社使用“旅游团队服务管理系统”,要求导游带团时携带“电子行程派团单”。全年开展旅游市场检查行动416次,出动检查1172人次。检查旅游企业389家次,检查导游IC卡396人次,检查景区讲解员66人次。有效推进“依法治理旅游市场秩序三年行动”工作,打击旅游市场中的违法违规行为。全年接到各类旅游投诉与咨询515起,及时协调解决各类旅游咨询与投诉,办结率为100%,为游客挽回经济损失297968.63元。

【旅游法制建设】 以“3·15”国际消费者权益保护日为契机,对往年发生的投诉案例进行分析,撰写新闻稿件,在《福州日报》《福州晚报》《海峡都市报》等主流媒体上刊登旅游消费维权提示与案例分析。同时,在旅游局官方网站发布信息,以案说法,开展旅游法律法规宣传。以“12·4”国家宪法日暨全国法制宣传日为载体,在三坊七巷景区开展旅游法制宣传咨询维权广场活动。加大旅游综合执法相关知识的宣传力度,提升旅游从业人员、游客对旅游综合执法的知晓度和理解度,引导旅游企业依法经营。

(洪惠淑)

(编辑　邱敏佳)

综　述

2015年，福州市历史文化名城管理委员会（加挂福州市三坊七巷管理委员会牌子）和福州市三坊七巷保护开发有限公司以创建国家AAAAA级旅游景区为抓手，提升街区旅游文化品牌；同时推进南街、朱紫坊、上下杭等重点项目建设。完成工程形象进度投资额19.52亿元，完成全年目标任务的101.7%。其中，三坊七巷保护修复工程完成投资1.015亿元，南街改造项目完成投资7.31亿元；朱紫坊保护修复工程完成投资10.01亿元；上下杭保护修复完成投资1.18亿元。

推进"三坊七巷海峡两岸交流基地"建设，启动严复故居布展提升前期工作和三坊七巷在台后裔联络档案构建工作；以福建省海峡民间艺术馆、福建省非物质文化遗产博览苑等特色场馆为依托，举办系列展览。发挥闽台（福州）文化产业园核心区作用，通过市国资委指定的竞租平台，推出三坊七巷和上下杭共26个项目进行招租，成交23个，累计成交金额1513万元，自主招租2个项目，累计成交金额412.36万元。配合新华书店引入台湾诚品书店经营模式；推进高端故宫文化展示场所紫禁书院·福州分院项目建设；引入战略合作品牌——中瑞南华影城，完成3D影院项目装修布展。

年内三坊七巷历史文化街区获联合国教科文组织授予的"亚太地区文化遗产保护奖"，为福建省唯一获奖项目；被国家旅游局授予"国家AAAAA级旅游景区"称号；入选住建部、国家文物局公布的"首批30条中国历史文化街区"名单，成为第一批中国历史文化街区。

街区规划

【三坊七巷历史文化街区保护规划】 7月7日，省政府原则同意福州市上报的《三坊七巷历史文化街区保护规划（修编）》。根据批复，保护规划范围为北至杨桥路，东至八一七北路，南到安泰河，西至安泰河，规划面积39.81公顷，并确定保护层次和范围，即核心保护区、建设控制地带和环境协调区。其中，核心保护区面积28.88公顷，建设控制地带面积19.78公顷，环境协调区面积23.65公顷。

批复要求，要坚持"保护为主、抢救第一、合理利用、加强管理"的总方针，将三坊七巷历史文化街区打造成为集居住、文化、商业、旅游等为一体，具有浓厚福州传统建筑、文化特色的典型里坊式历史文化街区。

【朱紫坊历史文化街区保护规划】 9月16日，省政府原则同意福州市上报的《朱紫坊历史文化街区保护规划》。根据批复，保护规划范围北至津泰路，南至圣庙路，西至南街，东至津门路，面积为16.86公顷，并确定保护层次和范围，即核心保护区、建设控制地带和环境协调区。其中，核心保护区面积6.47公顷，建设控制地带面积10.39公顷，环境协调区面积6.62公顷。

批复要求，要按照"保护为主、合理利用、改善环境、有效管理"的原则，将朱紫坊历史文化街区打造成为以居住、文化、商业、旅游等复合功能为主，以芙蓉园为核心的"福州园林"和海军世家传承为特征，具有浓厚福州传统建筑、文化特色的历史文化街区。

【上下杭历史文化街区保护规划】 11月4日，省政府原则同意福州市上报的《上下杭历史文化街区保护规划》。根据批复，保护规划范围为北至延平路、学军路，南至中平路、中平花园1号楼南侧、后洋里、合春弄，西至白马南路、隆平路，东至高顶路、三通路，面积为31.73公顷，并确定保护层次和范围，划定核心保护区、建设控制地带和环境协调区。其中，核心保护区面积23.54公顷，建设控制地带面积8.19公顷，环境协调区面积31.9公顷。

批复要求，要坚持"保护为主、合理利用、改善环境、有效管理"，将上下杭打造以商业、居住、旅游、文化等复合功能为主，具有中西合璧建筑文化特色和闽商文化特色的历史文化街区。

保护修复

【三坊七巷保护修复】 2015年,完成光禄坊40号,文儒坊65号,塔巷75、77号、洗银营27号等住户回迁及扫尾工作;配合推进国防工办、海事局等地块的搬迁扫尾工作。完成三坊七巷第六批历史建筑保护修复工程;启动闽山巷M2、M3、M5和黄朱园里等地块建设前期工作,设计方案进入优化阶段;完善街区内基础设施配套,实施街区内通信、有线电视等弱电下地工程,完成对坊巷外立面、绿化、景观小品提升。

【南街改造项目】 一期项目完成,二期项目进行地下室主体结构及D地块上部结构施工,三期项目进行桩基和围护结构施工。

【朱紫坊保护修复】 朱紫坊一期(芙蓉园)项目征收建筑面积约1.6万平方米,征收户数127户,签订补偿协议书123户,占总户数的96.85%。朱紫坊二期项目征收建筑面积约5万平方米,征收户数541户,至年底签订协议528户,占总户数的97.6%。除朱紫坊一期、二期项目外,其余部分均列为二期项目扩征地块。二期扩征地块征收民房户数约451户,征收建筑面积约3.46万平方米(不含帼华新村88户、协和医院专家楼39户),完成签订协议400户,占总户数的88.69%。基本完成一期项目建筑修复;完成二期府学里7号、文昌弄3号等6处建筑修复;完成安泰河沿岸及法海路、津门路沿线立面改造;完成朱紫坊法院地块等36处地块的选址,朱紫坊花园巷1号等8处地块的联审,陈氏家庙等16处地块的可行性研究、社会稳定风险评估报告的编制等前期手续工作。

【上下杭保护修复】 年内接收房屋90余处,190余户,约2.4万平方米。完成文保、历史建筑设计79处,约4.4万平方米;动工项目23处,约1.9万平方米。其中,完成福州商务总会旧址、陈文龙尚书庙保护修复,基本完成三通桥南侧7-1至7-4地块、宝寿堂地块、北岸隆平路游客中心项目主体工程建设,全面启动上杭路、隆平路夜景灯光等景观工程及道路市政配套服务设施工程,继续推进上杭路立面改造项目及隆平路保护修复工程,上杭路东段—隆平路北段整治初具规模。

文化宣传

【主题文化活动】 2月5日,吉佑万家——民间木版年画、皮影艺术展在三坊七巷福建海峡民间艺术馆展出。展览汇集陕西木版年画、皮影、民间刺绣以及福建漳州木版年画等200余件民间艺术品。

3月3日,“艺同源、技相承”——台湾传统刺绣、银饰、美浓油纸伞展演活动在三坊七巷福建省非遗博览苑举行。活动展示传统刺绣、银饰、美浓油纸伞等闽台民间文化精粹。

4月18日,“三访漆乡”——郑立为、苏国伟、朱昉漆画精品展在三坊七巷林聪彝故居展出。漆画展展出郑立为、苏国伟、朱昉3名漆画名家的数十件漆画精品。

4月30日,“髹饰之光——沈绍安漆艺展”在三坊七巷福建省海峡民间艺术馆开展,展出近百件福州脱胎漆器的鼻祖沈绍安及其后人创作的漆器精品。

5月9日,以“溯源海丝路,共寻平安茶”为主题的两岸青年茶文化交流暨“茶帮拜妈祖”系列活动在三坊七巷举行。活动包括寻找“妈祖平安茶”、“茶帮拜妈祖”祭祀大典、“茉莉(莫离)高山情”系列茶艺表演、茶文化交流研讨等。

5月15日,以“两岸一家亲、共圆中国梦”为主题的2015年海峡两岸篆刻展暨两岸青年篆刻论坛在三坊七巷雕刻艺术馆举行,两岸上百件篆刻作品展出。

6月6日,第三届海峡汉服文化节暨两岸“非遗”传承人青年论坛在三坊七巷开幕。活动期间开展主题为“汉服与非物质文化遗产”的海峡两岸“非遗”青年论坛活动、“汉服与‘非遗’书画艺术展”、“两岸端午民俗活动”等系列传统文化交流活动。

6月14日,闽台木偶展在三坊七巷福建省非遗博览苑上演,闽台两岸12个优秀木偶剧团现场表演木偶书法、木偶拉琴、木偶织布等剧目。

7月29日,“海丝艺传”2015(福建)中国工艺美术大师精品展在三坊七巷福建省海峡民间艺术馆举办;展览汇集福建38名中国工艺美术大师艺术精品,作品涵盖寿山石雕、木雕、脱胎漆器、漆画、陶瓷等十多种艺术形式。

9月22日,第二届丝绸之路国际电影节在三坊七巷开幕,开幕式包含红毯仪式、开幕仪式、开幕影片首映等环节。

10月11日,第一届全国青年运动会火炬传递仪式以及收火仪式在三坊七巷举行。

10月17日,“青艺石韵——青年雕刻艺术精英展”在三坊七巷福建省海峡民间艺术馆开展,展出福建当代具有代表性青年雕刻家的寿山石雕作品。

11月4日,第二十三届“如意奖”优秀作品在三坊七巷雕刻艺术馆展出,展出100多件作品。

【宣传活动】 加大三坊七巷官网、官博、官微等宣传平台建设,实时发布街区活动新闻。配合并借助省、市旅游局及省内品牌景区推广中心营销资源,开展景区营销宣传,举办首届三坊七巷旅游文创节、2015海上丝绸之路导游员邀请赛、新福建“旅游+体育”互联网营销推广高端沙龙等系列活动。协助新闻媒体、影视剧组拍摄,如央视《焦点访谈》的“穿越时空的城市名片——三坊七巷”专题报道、“让地名记住乡愁”,央视5套体育频道《青运来了》,以及第一届全国青运会宣传片,福建文化旅游宣传片,电视剧《恋上黑天使》,真人秀《我是大玩家》,MV《日月同辉》,“中国寻根之旅”等各类节目。在《福州晚报》开设“三坊七巷、朱紫坊历史文化街区纪念抗战70周年故事连载专栏”,开展抗战70周年纪念活动。

【民俗节庆活动】 结合传统节日和现代社会热点,在三坊七巷历史文化街区举办元旦系列民俗文化活动、春节系列民俗文化活动,以“坊巷庆端午,两岸共风俗”为主题的端午节民俗文化活动、以“坊巷庆七夕,闽台共风俗”为主题的七夕节民俗文化活动，以及以“坊巷中秋月，桂香青运时”为主题的中秋节民俗文化活动。其中，春节系列民俗文化活动在光禄吟台、水榭戏台、海峡民间艺术馆、非遗博览苑举办，活动包括花灯市集暨信俗手礼展、福州语歌曲专场、丝路非遗系列展——古厝琴茶、“两岸千企共迎财神”等12项活动；中秋节民俗文化活动包括穿汉服、拜月祈福、民乐演奏专场、赏古诗、鲤鱼饼制作、香球制作、摆塔点塔等。

旅游开发

【旅游接待】 2015年，景区旅游接待量1038万人次，接待团队游客7万人次，实现旅游总收入约725.8万元。参观景区的国内政要名人有中共中央政治局常委、国务院总理李克强，中央政治局委员、国务院副总理刘延东，中央政治局委员、广东省委书记胡春华。年内接待泰国友好代表团，澳大利亚塔斯马尼亚州友好代表团，俄罗斯鄂木斯克市友好代表团，斐济共和国总理，新加坡驻华大使，瑞士驻华大使等外国政要30多批次。

【旅游营销】 持续建立与旅行社、电商、酒店以及企事业单位长期合作关系。至年底，签订合作旅行社84家，企事业127家，电商平台5家，酒店13家，景区1家。借助电商平台资源，整合街区内产品（积木村门票、街区商家券等）联合景区门票上线，推出学生线路、情侣线路、总理线路、学生票、亲子票、讲解预订服务等。参加国家旅游局组织的第二十九届香港国际旅游展、第三届澳门国际旅游（产业）博览会、台湾旅游展销会等境外旅游推介活动，省、市旅游局组织的合福高铁、京福高铁沿线旅游推介会，以及第十一届海峡旅游博览会、湖南旅游推介会、东北旅游推介会等宣传促销活动。同时，邀请江浙一带组团社以及国内大型OTA电商平台到榕交流调研，推广景区。

【景区建设】 三坊七巷对照国家AAAAA级旅游景区评定细则，完善内部标识系统、改造停车场，并启动景观细节改造和公厕提升工程；6月底通过国家旅游局最后一轮检查验收，7月中旬经国家旅游局网上公示，三坊七巷正式获评“国家AAAAA级旅游景区”称号。

推动三坊七巷历史文化街区申报“全国知名品牌创建示范区”，并获批筹建“全国闽都文化街区旅游知名品牌创建示范区”；进入筹建阶段后，成立筹建工作领导小组，编制筹建实施方案、筹建规划报告等系列材料。

新增景点

刘家大院　（市历史文化名城管委会　供）

【刘家大院】 位于光禄坊，面积达4500多平方米，是三坊七巷最大的古民宅，也是近代福州民族实业“电光刘”家族宅院。作为社区博物馆中心展馆，刘家大院于2015年国庆试开馆，以解读坊巷为展示主线，通过里坊制度寻根、明清建筑探微、坊巷文化传承、闽都名人追忆等主题，集中介绍社区居民的邻里生活，多侧面辐射老福州社会生活，展现三坊七巷的历史文化内涵，成为社区博物馆信息中心、档案资料数据库。

【福建新四军抗战史暨福州抗战史展览馆】 位于三坊七巷安民巷53号，为新四军驻福州办事处旧址。福建新四军抗战史陈列分六大部分，展出历史图片200多张，回顾福建新四军的成立背景及发展沿革，展示福建子弟兵为华中抗战的胜利付出的重大牺牲和重要贡献；福州抗战史展览分为5个部分，介绍日本侵略者侵犯福州大事记，以及福州人民抗击日本侵略者的战斗事例。

（林妙花）

（编辑　邱敏佳）

人民生活和市场价格

【居民收支】　2015年，福州市居民人均可支配收入27782元（含平潭），比上年增长8.0%，扣除价格因素实际增长6.2%。按常住地分，城镇居民人均可支配收入34982元，增长7.8%，扣除价格因素实际增长6.1%；农村居民人均可支配收入15203元，增长8.5%，扣除价格因素实际增长6.4%。居民人均消费支出20575元，增长6.8%。其中，城镇居民人均消费支出24825元，增长6.4%；农村居民人均消费支出13152元，增长8.1%。

【居民消费价格】　居民消费价格总水平比上年上涨1.7%（含平潭）。八大类商品价格“七涨一降”：医疗保健和个人用品类上涨6.1%，烟酒类上涨4.2%，衣着类上涨3.5%，居住类上涨2.3%，食品类上涨1.2%，娱乐教育文化用品及服务类上涨1.0%，家庭设备用品及维修服务类上涨0.7%，交通和通信类下降2.2%。

【工业生产者出厂价格】　受宏观经济形势影响，工业生产者出厂价格比上年下降3.3%（含平潭）。出厂价格跌幅较大的行业为化学纤维制造业、黑色金属冶炼及压延加工业、纺织业，分别比上年下降17.2%、16.4%和3.9%。

【住宅销售价格】　受房地产新政及开发商各类促销政策影响，福州市区住宅销售市场观望情绪转淡，住宅销售价格止跌回升。

（谢美梅）

劳动就业

【概况】　2015年，全市城镇新增就业14.91万人，新增农业富余劳动力转移就业4.92万人，开展各类职业技能培训4.5万人次、职业技能鉴定8.5万人次，

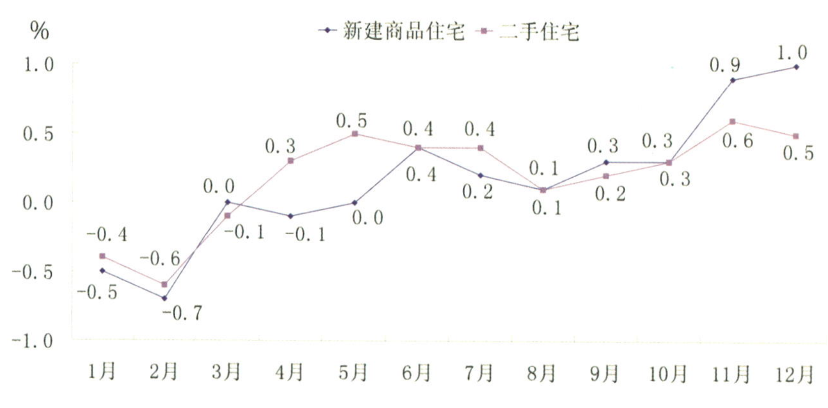

图34　2015年福州市住宅销售价格月度环比涨跌幅

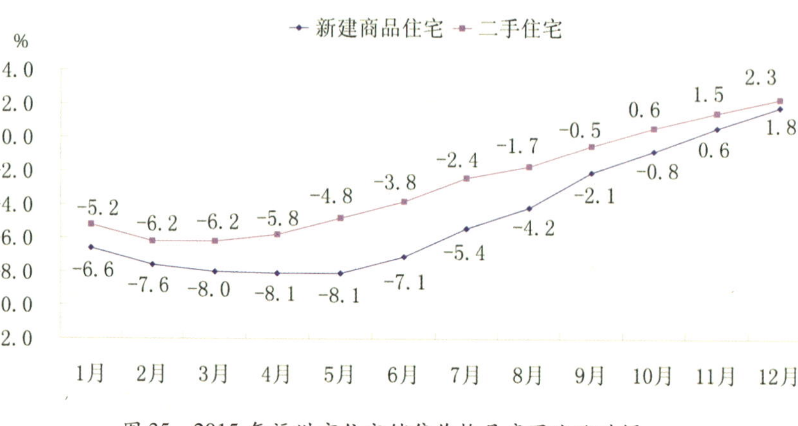

图35　2015年福州市住宅销售价格月度同比涨跌幅

期末城镇登记失业率2.44%，控制在省下达的3.5%指标范围以内。

【就业创业】 就业创业政策 出台福州市《关于贯彻省政府进一步做好新形势下就业创业工作十五条措施的实施意见》，对招收应届高校毕业生、就业困难人员的初创3年内的小微企业（不含个体工商户）补贴1000元/人，其他人员500元/人，最高不超过3万元。用工调剂平台为2家以上企业年累计调剂用工50人以上，给予100元/人补助，最高不超过10万元。校企合作平台向2个以上企业输送年累计不少于50名中级以上学生实习或就业3个月以上的，给予2万~5万元补助；每年由市人社局组织专家评审100个优秀创业项目给予3万~10万元的资金扶持；被评选为创业型街道、社区，给予一次性2万元奖励；对毕业生见习期满留用率达50%以上的单位，按留用人数、福州市最低工资标准两倍予以见习补贴；县（市）区域内落地企业吸纳本区域内被征地农民、退养渔民就业，按每人1000元标准给予就业补贴；国企招聘信息应事先在市人事人才公共服务中心网站发布，且不少于7个工作日，招聘结果在中心网站公示5个工作日。

公共就业服务 每周三、五举办免费公益招聘会，举办省市大中专毕业生供需见面双向选择大会、市第七届女大中专毕业生专场招聘会、市民营企业招聘周专场招聘会等大型公益性现场招聘会，全年举办各类招聘会270多场，发布用工岗位信息16万多个。升级手机“摇工作”平台2.0版，覆盖所有社区、大部分村，每天保持2万多条岗位信息更新，用户达40万人。开展“春风行动”，组织市重点企业赴中西部省（区）招聘，大年初六起在各级公共就业服务机构、火车站、汽车站开展为期1个月的“天天招聘会”，发放《2015年福州市就业服务指南》《福州市春节后寻工地图》30万份，发布3.56万个岗位用工信息。举办春秋两季校企用工对接洽谈会，组织东南汽车、飞毛腿电子等200家企业与省内外70多所技工、职业院校签订协议，引进8000多名技术人员。年内台江区瀛洲街道滨江社区被评为福州市第二个国家级充分就业示范社区，水部街道乐天泉社区等41个社区被评为全省创建充分就业星级社区，南街街道灵响社区等195个社区被评为福州市创建充分就业社区先进单位。对不裁员、少裁员，即净裁员率低于福州市城镇登记失业率控制目标的所有企业，由失业保险基金按该企业及其职工上年度实际缴纳失业保险费总额的50%给予稳岗补贴，为23家企业发放第一批失业保险稳岗补贴829万元。发放创业担保贷款70笔、662万元，直接扶持89人创业，带动或吸纳221人就业。SIYB创业培训开设67个班，培训1945人，453人创业成功。

6月6日，福州市举办福建自贸区福州片区首场大型公益性人才专场招聘会
（市人社局 供）

高校毕业生就业 市属高校毕业生1.5万人，就业率97.3%，签约率60%，自主创业应届毕业生140人，带动就业454人，2名大学生创业者入选福建省“双创之星”，189名大学毕业生参加选调生、大学生村官、“三支一扶”、社区服务。印发《福州市人民政府关于做好2015年普通高校毕业生就业创业工作的通知》，为971人次高校毕业生、217家次中小企业发放社保补助107万元，为省外高校福州生源和市属高校享受城乡居民最低生活保障家庭的高校毕业生和残疾高校毕业生给予一次性求职补贴2000元/人，共33.2万元。储备高校本科毕业生159人、硕士研究生540人、博士研究生3人，生活补贴由每月360元提至480元，共发放129万元。建设福州市大学生创业园，驻园前两年场地租金全免，第3年按市场价的50%交纳租金。举办第二届海峡两岸（福州）大学生创业创新大赛，内地和台湾地区230所高校、740名大学生创业创新项目参加。在闽江学院、福州市职业技术学院、闽江师范高等专科学校组织开展“人社局长进校园政策宣讲会”。全年代理人员档案调出4179份、调入1540份。年内毕业生服务窗口入驻市民服务中心。

就业困难人员就业 就业困难人员实现灵活就业社保补贴标准最高每人3243元/年，比上年度提高131%。企业（单位）招用就业困难人员补贴标准最高每人9708元/年，比上年度提高147%，全年为25444名就业困难人员、105家招用就业困难人员的企业发放社保补贴3982万元。在全省首批开发福州城市车辆泊位管理等350个公益性岗位用于安置就业困难人员。与7000多名就业困难人员签订服务承诺卡，帮助7149名就业困难人员实现就业，全市零就业家庭动态数据为零。慰问特困失业人员、困难农民工等8480人，发放慰问金509万元。

【职业技能培训和技工教育】 职业技能培训 核准农民工定点培训机构53所，完成职业技能培训2.2万人，其中进城务工人员培训1.1万人。120家企业组织开展培训资金直补工作，3363

人参加技能培训,2779 人通过相应等级国家职业资格证书考试,其中初级工 1823 人、中级工 545 人、高级工 411 人。69 所职业鉴定机构开展职业技能鉴定 6.81 万人次,取得国家职业资格证书 5.23 万人,其中初级 22141 人,中级 19352 人,高级 9031 人,技师 1451 人,高级技师 277 人。12 家企业申请直接推举方式获高级工、技师、高级技师职业资格,6 名专业技术人才申报福建省技能大师。开展“中国福建闽清首届‘七叠杯’地方风味美食厨艺技能竞赛”,举办“第三届海峡青年节”职业技能竞赛。与台湾长隆人力资源有限公司签订“加强海峡两岸职业技能培训合作框架协议”,举办“福州技工院校‘数控机床’师资强化培训班”。与台北电脑公会共同开展计算机技能证书“一考双证”培训考核,300 多人参加考试。

技工教育　5 所技工院校在校生 6863 人(含高级工 2357 人),发放国家助学金 280 人、64 万元,发放免学费补助金 8216 人、922 万元。福州第一技师学院先后与东南汽车、冠捷电子、海源机械、上润精密仪器等市重点企业开展模具设计与制造、数控机床加工、机电一体化、维修电工、冷作电焊、电气维修、汽车装配与维修等 10 多个专业校企合作,承担福建省对口援疆地区昌吉洲职业院校“一体化”骨干教师培训任务(培训 15 名教师),14 级模具设计专业高级工班叶祖涛被团中央学校部评为“全国最美中职生”。第二技师学院获评“福建省第十二届文明学校”。闽都职业培训学校、福州市高级烹饪技工学校、福州市博学信息技术职业培训学校等 6 所培训机构集中办班,2540 人取得高级工以上国家职业资格证书,涉及工种包括维修电工、中式烹调师、电子商务师、美容师等。

【劳动关系】　劳动合同　指导企业尤其是建筑、餐饮类中小微企业与劳动者依法签订劳动合同,签订率 94.41%,农民工劳动合同签订率 93.01%。审批许可 49 家劳务派遣经营单位、申请变更 11 家、分支机构报备 3 家,备案用人单位 2.11 万家、职工 39.1 万人。简化集体合同审查事项,全市有效集体合同 2224 份,涉及企业 32226 家、职工 103.7 万人,其中工资集体合同 2208 份,涉及企业 31869 家、职工 102.8 万人。

工资分配宏观调控　自 7 月 1 日起,月最低工资标准调整为 1350 元/月,非全日制用工小时最低工作标准调整为 14.3 元/小时。调查 8 个县(市)区 831 家企业薪酬,监测福清市电子行业、长乐市纺织行业 50 家企业人工成本信息。建立福州市深化国有企业负责人薪酬制度改革联席会议制度,完成市属国有企业基本情况摸底和改革实施意见起草。审批 112 家企业不定时工作制、职工 8028 人,58 家企业综合计时工作制、职工 29867 人。

劳动争议调解仲裁　建立 1 个市级争议仲裁院、5 个区级争议仲裁院、7 个县(市)级争议仲裁院,在工业园区、行业、企业成立 130 家企业基层调解组织,开发建立福州市劳动争议调解网站,全年受理劳动争议案件 7467 件,结案率 95.39%,调解率 69.72%。工伤认定 3820 件,劳动能力鉴定 2409 件。

劳动执法检查　开展企业工资拖欠问题专项检查,排查各类企业 11591 家,发现欠薪企业 122 家,其中加工制造企业 42 家,房建施工企业 34 家,餐饮服务企业 20 家,其他企业 26 家,追讨工资 5529.9 万元,把 3 家拖欠人数多、款项大、拒不配合查处的企业列入“黑名单”并通过媒体曝光,约谈警戒 3 家企业法人代表,组织 67 家发生欠薪事件的建筑企业召开教育警示会,督促用人单位与员工补签劳动合同近 1.8 万份,65 个建设施工项目创建“无欠薪项目部”活动。全市欠薪突发群体性事件、涉及企业、被欠薪人数及金额同比分别下降 35.7%、73.8%、15.29% 和 9.7%。

社会保险

【概况】　2015 年,全市参加社会养老、医疗、工伤、失业、生育保险人数分别达 387.57 万人、286.35 万人、144.99 万人、115.27 万人和 102.53 万人。

【养老保险】　制定《福州市机关事业单位养老保险制度改革工作方案》,机关事业单位离退休人员增加离退休费基本调整到位。出台《关于〈福州市城乡居民社会养老保险实施办法〉的补充通知》,参保缴费人员的政府补贴从原来每档 5 元提高到 10 元。城乡居民社会养老保险基础养老金标准从每人每月 85 元提高到 100 元,68.55 万名城乡老年居民受惠。为 26.53 万名企业退休人员调整养老金,月人均增加 202.15 元,增至 2194.39 元,增长 10.15%。全市 36.43 万人纳入被征地农民养老保障,发放被征地农民养老保障金 18.2 万人、3.68 亿元。审批预留被征地保障金 166 批次,预留被征地保障金 3.73 亿元。11 月起,五城区被征地农民老年养老保障金和老年养老补助金标准分别从原来每月 430 元、215 元提高到 570 元、285 元。认定 19.76 万企业退休人员领取养老金资格,办结率 99.55%。全市企业职工基本养老保险参保单位 6.88 万家,征收保费 50.49 亿元,养老金总支出 70.46 亿元,参保职工 130.04 万人(含农民工 30.54 万人),市本级参保职工 86.97 万人(含农民工 14.8 万人)。

【医疗保险】　与 188 家定点医疗机构签订总额控制协议,推进总额控制下付费方式改革,同时选择 20 个病种开展单病种付费结算试点。建设医疗费用智能化审核监控管理信息平台,实现事中、事后监控。自 5 月 1 日起,福莆宁岚医疗保险实现同城化,区域内 154 家全省联网的定点医疗机构和 131 家零售药店就医购药即时刷卡、同城结算。在上海建立异地就医服务平台,参保人员异地安置在上海就医的可通过平台进行医疗费用报销。与珠三角部分省及省会城市签订“社会医疗保险异地就医合作框架协议”,建设广州异地就医即时结算系统。综合测算和审核公立医院医疗服务价格,保障药品零差率实施。推行和完善普通门诊统筹,参保人员在基层医疗卫生服务机构门诊中使用基本药品取消起付线、在医疗联合体内转诊取消二次起付线,引导参保人到基层就医,促进分级诊疗制度建立。制定城乡基本医疗保险政策一体化实施方案,推进城乡居民基本医保设区市统筹。城镇居民医保的政府补助标准由每人每年 340 元提高到

8 月 10 日，国家人社部副部长游钧(左二)到榕检查指导城镇职工医保工作
(市人社局　供)

每人每年 400 元，帕金森病、肝硬化(失代偿期)纳入城镇职工医保门诊特殊病种，市本级新增 18 家门诊部以上级别医保定点医疗机构，各县(市)、马尾区新增 44 家基本医疗保险定点服务机构。全市职工医保参保人数达 152.44 万人，其中市本级职工医保参保人数 101.33 万人。城镇居民医保 133.91 万人，市本级居民医保参保人数 90.47 万人。全市职工医保统筹基金收入 29.2 亿元，支出 25.96 亿元，当期实际结余 3.24 亿元，累计结余 39.18 亿元(含预缴的 10 年风险金)，其中市本级职工医保统筹基金收入 18.89 亿元，支出 19.18 亿元，当期亏损 2900 万元，实际累计结余 20.2 亿元(含预缴的 10 年风险金)。全市城镇居民医保统筹基金收入 7.11 亿元，支出 6.83 亿元，当期结余 2800 万元，累计结余 4.48 亿元，其中市本级城镇居民医保统筹基金收入 4.21 亿元，支出 4.42 亿元，当期亏损 2100 万元，累计结余 2.75 亿元。全市城镇职工医保个人账户收入 18.67 亿元，支出 15.2 亿元，当期结余 3.47 亿元，累计结余 28.79 亿元，其中市本级城镇职工医保个人账户收入 12.33 亿元，支出 9.83 亿元，当期结余 2.5 亿元，累计结余 19.82 亿元。拒付医保违规金额 1500 万元，冻结违规超量开药医保卡 20 张，查处违规定点单位 56 家(医疗机构 30 家、零售药店 26 家)。

【工伤保险】　全市工伤保险参保单位 6.81 万家(含项目参保单位)，征收保费 2.99 亿元，工伤保险总支出 1.49 亿元，工伤保险参保职工 144.99 万人(农民工 47.7 万人)，市本级工伤保险参保职工 86.88 万人(农民工 25.69 万人)。自 10 月 1 日起，调整福州市工伤保险费率。福州高新区内 860 家企业 7401 名参保职工工伤保险全部纳入市级管理服务平台。

【失业保险】　3 月 1 日起，全市失业保险费率统一由 3% 暂降至 2%，单位缴纳的失业保险费率从 2% 降为 1.5%，个人失业保险费率从 1% 降为 0.5%，每年减轻单位和个人缴费负担约 3 亿元。全市失业保险参保人数 115.27 万人，失业保险基金总收入 8.81 亿元，总支出 1 亿元，失业保险基金滚存结余 41.2 亿元。

【生育保险】　印发《关于降低生育保险费率有关问题的通知》，用人单位缴纳生育保险费率由每月职工工资总额的 0.7% 降低为 0.5%。与定点医疗机构签订“生育保险服务协议”，实行产前检查包干管理，生育医疗费用即时刷卡结算、网络化发放生育津贴。加强职工医保和生育保险的比对，将符合生育保险参保对象的职工医保参保人员全部纳入生育保险参保，全市生育保险参保人数达 102.53 万人，其中市本级生育保险参保人数达 66.46 万人。全市生育保险基金收入 3.22 亿元，支出 2.94 亿元，结余 0.28 亿元，累计结余 5.91 亿元，其中市本级生育基金收入 2.3 亿元，支出 1.7 亿元，结余 6000 万元，累计结余 4.69 亿元，收支基本平衡。

(黄启韩)

民　　政

【概况】　2015 年，制定出台《福州市人民政府关于进一步作好社会救助工作的意见》，完善“大救助”格局。大幅度提高城乡低保、农村五保供养标准，城乡低保实现一体化。市级社会福利中心项目动工；编制并实施《福州市养老服务设施专项规划》；全面完成 2191 个村和 436 个社区换届选举工作；出台《福州市社区工作准入制度(试行)》，减轻社区负担；会同市委编办、市财政局编制完成《政府向社会组织转移职能目录》。

【社会救助】　健全和完善全市社会救助体系建设。贯彻落实《社会救助暂行办法》，制定出台《福州市人民政府关于进一步作好社会救助工作的意见》，对全市社会救助体系建设作出全面规划和要求，对城乡低保、特困人员救助、教育救助、医疗救助、住房救助、就业救助等救助项目作出明确规定。

推进城乡低保规范化建设。大幅度提高城乡低保、农村五保供养标准，实行城区城乡低保一体化。全市城市低保标准和五城区农村低保标准统一提高到每人每月 570 元。福清市、长乐市、闽侯县农村低保标准提高到每人每月 350 元。连江县农村低保标准提高到每人每月 280 元，罗源县、闽清县、永泰县农村低保标准提高到每人每月 250 元。全市保障城市低保对象 8355 户 14035 人，发放城市低保金 10359.58 万元，人均月补助达 332 元；保障农村低保对象 41589 户 77464 人，发放农村低保金 32853.65 万元，人均月补助达 191 元。

实施医疗救助工作，在确保住院和特殊门诊自付医疗费用救助比例不低于 60% 的前提下，开展定额救助、二次救助和第二类救助对象的救助工作。全年全市城乡救助159198人次，发放救助金4756.61万元。资助参加基本医疗保险81032人，发放救助金729.29万元。

推进农村五保工作。年内新建敬老院项目13个，全部进入施工阶段。农村敬老院建设项目累计达73所，设置床位3755张。召开全市敬老院建设管理现场会，推进敬老院管理运营工作。保障农村五保对象7476人，发放农村五保金6925.35万元，人均月补助达600元。

开展临时救助、住房救助、救助申请家庭经济状况核对等工作。落实《福州市城乡困难居民临时救助暂行办法》，解决城乡困难群众突发性、临时性生活困难。全年全市城乡临时救助11490户次，发放救助金1286.33万元。完成4000余户城区经济适用住房遗留问题处理工作。推进城区公共租赁住房工作，年内鼓楼、台江、仓山、晋安四城区有4801户申请公共租赁住房，审核通过3863户（鼓楼635户，台江1347户，仓山717户，晋安1164户）。完成福州市经济状况核对系统的安装培训使用工作。

【救灾工作】 受“苏迪罗”“杜鹃”台风影响，福州市部分地区发生洪涝、山体崩塌、滑坡、泥石流等自然灾害，全市有835576人受灾，紧急转移安置832322人，死亡5人，农作物受灾面积29890公顷，倒塌房屋608间，严重损坏房屋3642间，一般损坏房屋9639间，直接经济损失25.96亿元。下拨中央及省级自然灾害救灾款1980万元，调拨救灾毛巾被1000床。全市支出自然灾害生活补助资金2365.7万元，救助受灾群众36846人，重建住房21户、34间，维修住房1654户、6020间。加大救灾物资储备库建设，省、市两级下达救灾物资储备库建设项目补助资金1100万元，其中罗源、永泰、闽清、长乐均竣工。省级下达自然灾害避灾点建设补助资金355万元，用于全市71个避灾点建设。市级下达市避灾点建设维护补助资金160万元，用于全市3200个避灾点改造和日常维护、检测等工作。推进农村住房保险工作，为1679户受灾农户理赔农村住房保险金431.45万元。开展第7个“防灾减灾日”活动。组织3000多名灾害信息员参加培训。

【社会福利】 加强公办福利机构管理。制定下发《福州市入住公办福利机构管理办法》，在确保“三无”对象入住的基础上，优先保障失独、低保及低保边缘户中的失能、半失能、失智的老人入住公办养老机构，扩大公办福利机构保障范围，逐步推进公办福利机构由补缺型向适度普惠型转变。做好弃婴、孤残儿童、老年人、精神病人等各类民政“三无”人员的收养收治工作。共收养人员1039人，其中“三无”等政府供养人员571人，自费人员468人。

编制养老设施专项规划。会同市规划局共同委托浙江省设计院和福州市设计院联合编制《福州市养老服务设施专项规划》。按照近期、中期、远期发展目标，统筹考虑人口结构及变化趋势，统筹考虑居家养老和机构养老、护理床位和普通床位需求及增量设施建设和存量设施改造因素，以福州中心城区养老服务设施规划为重点，提出市域养老设施配置标准，适度预留规划空间。同时，以规划控制分幅图则的形式确保每一处规划养老机构空间落实到位，提高规划可操作性。该规划经市政府研究通过，并正式实施。

加快农村幸福院建设。年内晋安区前洋村、马尾区红光村等9个农村幸福院项目列入市委、市政府推进新农村幸福家园工程示范村建设。提高示范点建设水平，在部级、省级资助的基础上，市级财政对每个市级示范村再给予市级福彩公益金10万元的支持。2014—2015年完成113个农村幸福院建设。

持续推进福利中心建设。市级社会福利中心动工建设，各县（市）区福利中心大部分建成或在建，全部建成投用后可新增养老床位约5000张。推动县级社会福利中心项目建设，福州市对被列入省级资助的项目按省级资助款的50%给予资金配套，并对财政相对困难的省级扶贫开发重点县闽清和永泰两县分别再给予各300万元的建设资金补助，共下达市级补助资金2275万元。

【优抚安置】 落实重点优抚对象抚恤补助标准不低于5%（省定3%）的自然增长和重点优抚对象医疗补助政策，确保全市8934名重点优抚对象的各项抚恤优待政策落实到位。省、市下达各类优抚对象抚恤补助金9174.23万元，其中重点优抚对象医疗补助金1017.2万元。按照规定要求接收安置退役士兵和军休干部。加强散葬烈士纪念设施的维修保护管理，与相关部门协调解决鸡角弄革命烈士纪念设施迁移工作。开展军休服务工作，重点调整提高军休干部工资待遇和落实军休干部房改工作。

11月15日，福州市社会福利（军休）中心举行动工仪式。这是福州市投资及建设规模最大的社会福利设施，建成后将适用于老年和军休老干部群体

（市民政局　供）

【基层政权和社区建设】 组织开展全市村(居)委会换届选举工作,全面完成2191个村和436个社区换届选举工作,选举产生新一届村委会成员7960人。组织开展农村社区建设省级示范单位创建活动,整合各项惠农涉农政策、资金、信息等资源,打造农村社区公共服务和社会管理平台,开展农村社区示范创建活动。

强化社区"一门式"服务规范化建设;出台《中共福州市委办公厅、福州市人民政府办公厅关于转发市民政局、市社区办〈福州市社区工作准入制度(试行)〉的通知》,推动全市社区减负工作落实;确定99个社区组织工作用房补助项目,下达市级补助资金2585万元,至年底全市全面实现社区组织工作用房面积不低于200平方米目标;各县(市)区申报省级社区综合服务站建设项目17个,省级下达补助资金470万元;开展高校毕业生服务社区招募工作,20名大学生分别安排到永泰县、闽清县,参与服务社区工作。

【民间组织管理】 开展社会组织培育和扶持平台建设。完成台江区社会组织孵化基地试点建设工作,入驻社会组织23家。召开全市社会组织孵化基地建设推进会,总结推广台江区建设社会组织孵化基地的先进经验,部署各县(市)区社会组织孵化基地建设任务。

建立政府购买服务机制。结合2014年度全市社会组织等级评估结果,增补16家具备优先承接政府职能转移和购买服务资质的市级社会组织。会同市委编办、市财政局编制完成《政府向社会组织转移职能目录》,目录涉及35个政府部门,确定向社会转移职能152项。

创新社会组织管理工作。总结、宣传和推广台江区社会组织孵化基地建设、鼓楼区三坊七巷社区学习促进会社区宣传教育、福州市出租汽车行业协会"以广告养保洁"、闽侯县淘江中学打造民办教育品牌等社会组织工作改革创新案例,推动全市社会组织管理制度改革。确定台江区、鼓楼区为全省社会组织工作改革创新观察点,其中台江区的主要观察任务是改善社会组织发展环境,鼓楼区的主要观察任务是推动社区、社会组织、社工"三社联动"。

【老区建设】 开展老区扶建和革命"五老"人员生活保障工作。协调市革命老区扶建领导小组各成员单位加大对老区扶持力度,下拨市级革命老区扶建资金600万元。落实革命"五老"人员及其遗偶优待政策,对革命"五老"对象1149人按每月680~1000元的标准发放定期补助生活金;对革命"五老"遗偶1497人参照当地低保标准发放每月175~600元不等的生活困难补助。下拨革命"五老"人员定期生活补助198.54万元和医疗补助市级配套资金13.78万元。组织开展"两节"走访慰问革命"五老"人员活动,"两节"期间,各级老区部门发放慰问金114.09万元。

【老龄事务】 推动老年人权益保障和优待政策落实,完善优待老年人办法,落实同等优待原则。推动建立高龄老人补贴制度,对年满80周岁以上的高龄老人,按每人每月不低于50元标准发放高龄补贴;对年满100周岁以上(含100周岁)高龄老人,按每人每月不低于200元标准发放百岁老人营养补贴。拓展提升社区居家养老服务工作,全市建成473个居家养老服务站,培育"金太阳"和"海都公众"2个居家养老智能服务平台。城区6.3万名高龄、空巢及生活照料有困难的老年人纳入居家养老呼叫服务保障对象范围,加快"一拨通"居家呼叫服务向广大老年群众推广。

【专项社会事务】 区划地名管理 各县(市)区结合当地实际,开展第二次全国地名普查工作,并开展地名整治工作。加强地名标志管理,增设、补设路名牌372面,设置门牌4873面,向社会公布使用道路名称65条。

边界地区管理 开展平安边界创建工作,完成全市12条县级界线总长470.28千米、50条乡镇级界线总长534.509千米等县、乡两级界线联检。

婚姻登记 强化婚姻登记业务管理,指导各县(市)区开展婚姻登记标准化建设,推进集中登记和历史数据补录工作。承接省民政厅下放的办理外国人婚姻登记任务。全市办理婚姻登记6.7万余对、收养登记285件。

福彩事业 规范中福在线销售厅管理,实行三级巡查制,加大对刮刮乐户外销售点的监督检查力度。拓展中福在线和"刮刮乐"销售市场,配合省福彩中心开展中福在线销售厅各项促销活动,同时扩大与沃尔玛、新华都等大型商场合作,全年福彩销售量达3.19亿元。

殡葬管理 深化殡葬改革,保障殡葬基本服务,落实惠民殡葬措施。推进"豪华墓""活人墓"和毁林建墓专项整治活动,整治违规建墓数14586台。设立城市殡葬服务专线"968533",规范殡葬服务市场。

(林志鸿)

卫生事业

【综述】 2015年,全市有各级各类医疗机构2021家(含省属,不含平潭及卫生室,下同),其中医院109家;医疗卫生机构床位3.31万张,同比增长4.66%,其中医院床位2.69万张,同比增长5.64%;专业卫生技术人员4.99万人,同比增长2.26%,其中医生1.83万人,同比增长2.58%,护士2.09万人,同比增长5.07%。每千人拥有卫生机构床位4.68张,每千人拥有卫生技术人员7.06人。全市社区卫生服务中心49个,卫生技术人员1562人;社区卫生服务站115个,卫生技术人员912人;乡镇卫生院124个,卫生技术人员6069人。市属13家医院总诊疗量568.78万人次、住院量13.69万人次、总收入38.03亿元。福州市出生人口79765人,出生率12.91‰;出生人口政策符合率87.95%;人口自然增长率7.77‰;出生人口性别比106.84,政策外多孩率1.95%。加大计生一票否决力度,对全市1016个评优评先单位、471名评优评先个人、440名干部后备人选进行审核,否决1个单位、4名评优评先个人、3名干部后备人选。启动市妇幼保健院新院、市第一医院病房综合楼、市传染病医院门诊综合楼项目建设,总投资额

10.71亿元,完成投资额1.278亿元。

【新型农村合作医疗】 全市新农合参合率为99.9%,年人均筹资标准从上年的410元/人提高至490元/人,其中各级财政补助从上年的340元/人提高至400元/人,较省定标准人均提高20元。

新农合报销范围全面覆盖住院、门诊补偿和重大疾病住院补充补偿,参合农民年度报销封顶线全市统一提高至30万元。将农村儿童先天性心脏病等21类病种纳入新农合重大疾病保障范围,实行"定点救治、定(限)额补偿"。在省内率先试点尿毒症患者免费血透、重性精神病患者免费提供门诊治疗基本药物项目,并在全省推广。省、市、县、乡、村五级医疗机构实现新农合联网即时结算全覆盖,全面实施新农合补偿、农村医疗救助的"一站式"服务。在省内率先启用定点村卫生所稽核监控模块,提升新农合信息化监管水平。全年全市参合农民住院、门诊报销受益200.5万人次,年受益率59.9%,其中2.93万人年度补偿金额超1万元。

【基层医疗卫生服务】 深化基层医疗卫生机构综合改革,建立"四归口、四下放"责权对应的基层医疗卫生机构管理新体制,改革基层绩效考核和收入分配政策,允许基层机构从医疗净收入中提取不低于20%金额作为奖励性绩效工资的增量部分用于二次分配. 全年全市基层医疗卫生机构诊疗量达331.7万人次,同比增长9.3%,医疗业务收入15.02亿元,同比增长8.8%。出台《福州市人民政府关于福州市乡村医生养老保障的实施意见》,采取"分类保障"模式,提高养老保障水平,有效解决乡村医生养老问题。加强基层医疗卫生机构基础设施建设,开展13家乡镇卫生院、3家社区卫生服务中心,6个村卫生所中央预算内标准化建设项目,92个空白村标准化建设,30家基层医疗卫生机构"中医馆"建设。开展"建设群众满意的乡镇卫生院"创建活动,20家乡镇卫生院申报考评验收,其中福清三山、长乐玉田、闽侯上街、连江琯头和丹阳、晋安寿山、罗源鉴江、永泰梧桐等8家卫生院通过省级复核。

【基本公共卫生服务】 基本公共卫生服务经费财政补助标准提高到40元/人,增加结核病患者健康管理服务项目。加强老年人、妇女儿童、慢性病患者等重点人群和城乡困难群众、留守儿童、农民工等弱势群体基本公共卫生服务工作。城乡居民电子化健康档案建档率88.3%,有效建档率76.8%,65岁以上老年人健康管理率91.3%,高血压患者规范管理率65.3%,糖尿病患者规范管理率70.3%,福州市基本公共卫生服务工作取得省级年度考核全省第二名。

【疾病预防与控制】 全市全年未报告重大传染病突发公共卫生事件,传染病疫情呈平稳态势。福州市全年通过网络累计报告甲、乙类传染病25775例,报告发病率比上年同降0.15%,累计报告丙类传染病23146例,比上年同期下降22.07%。开展霍乱、登革热、人感染H7N9和手足口病等重期下点传染病疫情防控,有效处置人感染H7N9病例7例、登革热本土病例33例、手足口病聚集性疫情6起。开展免疫规划工作,各县(市)区以县为单位的目标儿童各种疫苗报告接种率维持在95%以上。加强艾滋病防治工作,全市艾滋病实验室能力建设得到强化,在晋安区、福清市开展中国—默沙东艾滋病合作项目,在鼓楼区、台江区、晋安区开展全国艾滋病综合防治城市示范区工作。继续推进慢性病防治"三位一体"管理模式,在鼓楼区、长乐市开展慢病防控示范区工作。加强对辖区内严重精神障碍患者管理工作,精神疾病患者报告患病率提高至2.31‰,加强易肇事肇祸严重精神障碍患者的救治服务,完成罗源、永泰2个精神专科医院建设项目。巩固地方病防治成果,麻风病、性病防治工作取得新成效。

【卫生应急】 加强卫生应急队伍建设,投入1300万元,用于福州市紧急医学救援、传染病防控和心理干预3类4支省级卫生应急队伍装备建设项目。调整2支反恐最小作战单元人员编组,购买生物处置采样监测车,提高反恐最小作战单元装备水平。有效处置人感染H7N9、长乐航班滑出跑道、闽侯交通事故和马尾交通事故等各类突发事件,完成青运会、国际沙滩排球赛、中华龙舟赛、海峡青年马拉松赛、国际举联大奖赛等重大活动和重要会议医疗保障任务。

【妇幼保健】 实施爱婴医院复核工作,29家医疗保健机构被国家卫计委授予爱婴医院称号。开展婚前保健、儿童保健及孕产妇保健门诊规范化建设。联合六部门出台《关于进一步加强出生缺陷综合防治工作的实施意见》,多渠道开展出生缺陷防治工作。依托市妇幼保健院健康教育科,指导和开展全市妇幼健康教育与健康促进工作。加强计划生育优质服务工作,探索环情、孕情检查与育龄妇女免费健康体检相结合的新模式,提高环情、孕情检查覆盖面。全部县

5月10日,省立医院南院(省立金山医院)投入使用(福州日报 供)

(市)区完成孕前优生检查和婚前医学检查项目整合。全年全市完成免费孕前优检人数67916人,覆盖率为85.04%。

【公立医疗机构综合改革】 调整充实医药卫生体制改革领导小组,由市委书记担任市医改领导小组组长,将涉及医改主要工作的卫计、医保、药品流通等工作由一位市政府领导统一分管。成立市属公立医院管委会,由分管副市长担任主任,确定管委会职能和会议规则。

在巩固县级公立医院改革成果基础上,所有市、区属公立医院与省属公立医院于6月30日24时实行药品(不含中药饮片)、耗材零差率销售改革,医疗服务价格调整与医保支付、财政补偿方案同步执行。根据监测数据显示,1—12月全市县级和7—12月城市公立医院医疗收入分别比上年同期增长10.5%、10.6%。其中,医疗服务收入占比分别比上年同期上升5.76、3.07个百分点;药占比分别比上年同期下降6.45、2.92个百分点,县级、城市公立医院患者个人自付比例比上年分别下降0.96、1.9个百分点。

由市传染病院、市中医院、市皮防院牵头,组建肝病、中医、皮肤专科医疗联合体。以医联体为载体,采取"大手牵小手"方式,推进医疗资源纵向流动,促进就诊患者双向转诊,县域内门诊服务量上升25.26%、出院人次上升2.24%,基本实现"患者少跑腿、资源下得去、基层留得住"目标。组织辖区内公立医疗机构依托省医疗机构药品集中采购网上平台,与省属医院组成统一采购片区,进行新一轮药品集中采购工作。

【医疗服务能力】 调整充实超声质控中心人员组成和挂靠单位,增设脑卒中、精神医学、病理、消化内镜等4个质控中心,完善质控网络。开展医疗广告整治,对医疗机构医疗广告发布情况实施全程监控,常态化整治,做到发现一起、移送一起、处理一起。全年监测医疗广告486条,对发布违法医疗广告的医疗机构逐一发出责令整改通知书,按规定移交市场监督管理部门依法查处,对整改不到位的11家医疗机构进行记10分处理并通报,处理结果记录在"医疗机构执业许可证"副本上,作为医疗机构年度校验时处理的依据。建立医疗废物应急处置保障机制,印发《福州市卫生系统医疗废物处置应急预案》,明确医疗卫生机构发生医疗废物积压以及流失、泄漏、扩散和意外事故时各部门职责、应急措施、处置程序和分级响应要求。与市环保局联合对全市各级各类医疗机构及医疗废物处置单位开展2015年医疗废物专项执法检查。联合市公安局、市市场监督管理局对8家医疗戒毒服务机构开展戒毒医疗服务专项检查。印发《福州市2015年二级公立医院和民营医院评价标准》,对市属二级医院及市管民营医院开展年度评价。开展医师定期考核,对考核不合格的人员责令其暂停执业活动3—6个月,并接受培训和继续医学教育。

出台《福州市临床重点专科建设项目管理办法》和《福州市2015年临床重点专科(西医类别)建设项目实施方案》,启动市级临床重点专科项目建设,年内遴选出3个专科进行建设,每个专科拨付资金500万元,项目单位1:1配套,建设周期3年。实施临床重点专科建设年度计划,加大投入和人才培养引进力度。

全面启动福州市改善医疗服务行动工作,调整医院布局流程和医疗资源,强化门急诊服务,进一步缩短诊疗流程。出台《福州市建立疾病应急救助制度的实施意见》及《福州市疾病应急救助基金管理实施办法》,建立健全定期联席会议机制,确定基金经办机构,规范疾病应急救助基金申请、审核与支付工作。开展公共场所控烟立法工作,《福州市公共场所控制吸烟条例》于8月1日起正式实施。与福州市主流媒体签约合作,开办"卫生和计划生育"专栏,定期报道卫生和计生典型工作和特色工作。与福州报业集团签订协议,在户外广告栏上设置卫生计生彩喷宣传画,滚动播放卫生和计划生育的宣传标语。

【医疗事故技术鉴定】 市医学会全年受理组织医学鉴定64例。其中,医疗事故技术鉴定案例40例,由卫计行政部门委托32例,占80%,法院委托5例,占12.5%,医患双方共同委托3例,占7.5%,其中完成鉴定21例(属于事故3例,不属于医疗事故18例),医患双方协商自行解决、中止16例,在鉴定3例;医疗损害鉴定2例,完成1例(医方负次要责任),另1例在程序进行中;全市职业病鉴定11例,完成鉴定9例(2例改变原诊断结论,7例维持原诊断结论),2例进行中,并协助其他医学会完成各类鉴定案例11例。

【中医药事业】 加快基层中医适宜技术培训推广,薄弱县区(市)的软件建设进一步加强。台江区、鼓楼区创建全国基层中医药工作先进单位。加强中医特色内涵,推动市县级中医医疗机构等级标准化建设。出台综合医院中医药专项推进行动实施方案。推进中医重点专科建设,13个福州市第六期中医重点专科项目达标,市中医院国家中医药预防保健及康复能力项目通过国家中期评估。抓好中医药学术传承人才培养,建设国家和省级名老中医传承工作室。实施基层老中医专家师承带徒项目,推荐50名继承人、指导老师18人。开展传统医学师承工作报名,94名符合条件人员进行公证、备案并启动跟师学习。传统医学确有专长人员入门考核合格颁证6人。开展公益性中医药文化传播科普宣传活动,推动中医药进乡村、进社区、进家庭,面向全市基层医疗机构印制发放3款《基层中医药技术手册》3万册。

【卫生监督执法】 深化行政审批制度改革,承接省卫计委委托和下放4类12项行政审批事项,取消1项行政审批事项,下放7项行政审批事项到县(市)区,其中护士首次注册委托下放属省内首创。简化审批程序,规范办事流程,把涉及卫计委行政审批事项压缩成9类58项,压缩部分审批项目办理环节,由原来的"3+1"个环节缩减为"2+1"个环节(受理初审—审批办结,加上现场察勘)。开展生活饮用水卫生、学校卫生、公共场所卫生、传染病防治以及放射卫生等公共卫生监督监测工作。开展打击非法行医专项行动,检查各类医疗机构131家,其中市管医疗卫生单位41家,县(市)区监管医疗单位90家。通过日常监督巡查、电话举报和"12345"

诉求件等方式取得非法行医线索,查处非法行医案件8起,罚款1.2万元。加强监督技能培训,福州市代表队获第二届福建省卫生计生监督和食品安全技能竞赛决赛团体总分第一名。

【卫生人才队伍建设】 全年市属医疗单位向社会公开招聘414名卫生专业技术人员。加大高层次人才引进和培养,8家市属卫生事业单位年内对外公开招聘154名高层次人才。市属医疗卫生单位有6人获批赴国内知名医疗机构、科研院所参加高层次人才国内访学进修。开展选派援疆、援藏、援博茨瓦纳及下派驻村干部的服务工作,全年派出援疆、援藏人员3批11人次。全年获各级各类科技项目立项65项。市第一医院与清华大学程京院士合作开展“遗传性耳聋基因检测芯片临床应用”项目;成立程京院士工作站,为福州市第4个院士工作站,市一医院检验科成为省内首家高通量基因检测实验室。

(张先玲)

【国家卫生城市复审迎检】 年初市政府办公厅下发《关于印发2015年福州市国家卫生城市复审迎检工作方案的通知》,市政府多次召开会议部署落实迎检工作,明确各区、各部门职责,将卫生城市暗访内容与市创建文明城市督导组督导内容相结合。市爱卫办印发《国家卫生城市标准指导手册》1.5万本,通报迎检动态,开展“全民参与爱国卫生、共建共享健康福州”主题宣传活动。对五城区每周开展一次创卫督导检查活动,组织对暗访重点项目进行专项督查,并由市政府办公厅每月一次通报。年内通过全国爱卫办“国家卫生城市”复审,获“国家卫生城市”称号。

【爱国卫生月活动】 开展以“清洁家园、除害防病、促进健康”为主题的爱国卫生月活动。通过全市的士、公交LED宣传平台滚动播出宣传标语近2000余条次,举办各类宣传活动近300场次,在电视、报纸宣传达400余次,张贴宣传海报、标语18000余处,讲座等1200余次,向市民发放“爱国卫生宣传手册”“除四害知识”“倡议书”等10000余份、除四害药品2000余份,医务人员为市民免费义诊500余人次。

【健康场所试点项目建设】 全面推进第三批健康场所项目实施,乌山历史风貌区结合AAAAA景区创建打造健康景区,完善景区公共设施,建立微型便民健身房,降低景区蚊虫鼠蚁密度,添置太阳能灭蚊灯、灭鼠毒饵站等;台江区老人公寓、夕阳红公寓改善老人居住环境,添置血压计、血糖仪、健身器材、音响等;各项目试点学校将健康学校的创建纳入到整体办学工作中。启动第四批9所市属学校健康食堂创建试点工作,加强食品卫生安全知识培训、普及健康营养知识,逐步实行科学营养配餐,落实控油控盐指标,实施健康综合干预。

【病媒生物防制工作】 开展全市统一除“四害”活动。城区开展12次统一外环境消杀活动,其中2次外环境统一灭鼠,4次下水道灭蚊蟑和6次外环境灭蚊蝇活动,各区组织2次室内烟熏灭蚊蟑活动,使用灭鼠药50吨、各种杀虫剂1.8万多公升。在鼠密度较高的旧住宅小区、农贸市场和城中村等公共外环境建设灭鼠毒饵站3万多个。6月,通过省爱卫办组织的除“四害”考核验收,再次确认为“灭鼠、灭蚊、灭蝇、灭蟑先进城区”。

加强登革热防控工作,制定年度蚊虫消杀计划。4—11月,每月开展1次全市外环境灭蚊消杀。同时开展宣传活动,发放各种灭蚊宣传材料。9月16日,福州市发生首例本地登革热病例后,市、区爱卫办组织全市备案的22支除“四害”专业队伍,开展全市性的灭蚊消杀,出动消杀人员8000多人次,消杀面积达1.2万多万平方米,市爱卫办紧急下发卫生杀虫剂12.5吨。登革热疫情得到控制,10月12日后未再发现登革热本地病例。

开展青运会病媒生物防制工作。将青运会各相关比赛场馆周边的村居纳入各县(市)区“四害”消杀范围。3月,下发《福州市2015年第一届全国青运会病媒生物防制工作方案》,对各县(市)区和各单项竞委会开展相关比赛场馆的病媒生物防制工作提出相关要求和技术指导。7月,市卫计委、爱卫办、疾控中心等有关部门在海峡奥体中心组织青运会突发登革热疫情应急处置演练。9月,通过公开招投标,5家pco公司中标青运会省、市10个相关比赛场馆的病媒生物防制服务任务,在对场馆及周边场所孳生地治理基础上,各pco公司对10个场馆及周边场所开展5轮以上药物消杀,消杀面积达8300万平方米,并由第三方pco公司开展4次病媒生物密度监测,比赛期间场馆病媒生物密度为B级以上,场馆周边密度为C级以上,青运会期间未发生病媒生物传播疾病流行。

【农村爱国卫生工作】 推进农村改厕工作,以新村幸福家园工程建设、安居造福工程、水流域周边村庄和老少边贫地区为重点,在闽侯、闽清、罗源、永泰4个县开展。闽侯县将改厕工作与造福工程相结合,召开改厕现场会,制作三格化粪池立体模型下发到项目村;闽清县把农村改厕项目与“百村竞赛”“精品示范”“造福工程搬迁”等项目共同推进;罗源县开展老少边贫及水流域地区的农村改厕工作,多方筹资推进改厕;永泰县将改厕项目“三结合”,即与美丽乡村建设结合、与幸福家园工程建设结合、与村居基础条件较好的村结合。年内全市完成市级改厕项目任务1671户。

推进农村卫生创建工作。年内申报创建省级卫生乡镇2个,省级卫生村20个,新创市级卫生村46个。

(韩 建)

人口与计划生育

【计生服务管理】 出台《中共福州市委福州市人民政府关于坚持计划生育基本国策促进人口长期均衡发展的实施意见》。全面完成市、县两级卫生计生行政机构改革。加强社会抚养费征收管理工作,加强与法院等部门配合,加大征收强制执行力度,全市移送法院强制执行307例,执缴金额467万元。改革生育服务证制度,出台《福州市生育服务证改革实施办法》,实行一孩生育登记制度、个人生育情况承诺制并规范再生育审批办理，再生育审批时限从15天压缩至7天。实施单独二孩政策，全市符合“单独两孩”政策的夫妇约3.81万对，全年接受申请14570件，审批发证14558件，约38.2%的符合“单独两孩”政策的夫妇办理再生育服务证。

【计生利益导向】 全面落实计生奖励、惠民政策，投入各类计生奖励扶助资金约1.76亿元，居福建省首位。全市约12.5万人纳入计生奖励扶助范围，其中有1900多人纳入计生特殊家庭扶助范围，有6万多人纳入农村计生家庭奖励扶助范围，有6.1万人纳入城镇部分计生家庭奖励扶助。完善计生家庭子女中考加分政策，全市确认1700多人享受加分政策。

【幸福工程和生育关怀行动】 全市投入幸福工程资金3515万元，开展救助计生贫困母亲、计生困难家庭、失独家庭及闽都助学金等活动。各级生育关怀成员单位在元旦、春节、母亲节、中秋节等节日投入慰问金1317万元，慰问人数达2.4万人。

【流动人口服务管理】 全市流动人口176.64万人，其中流入126.81万人，流出49.83万人。加强流动人口统计和信息化建设，推进流动人口电子婚育证明工作，开展动态监测调查。在鼓楼区、马尾区试点“计划生育网上办证系统”网上便民服务平台。持续推进流动人口基本公共卫生计生服务均等化试点工作，加强对鼓楼区试点工作指导，总结经验并推进。开展流动人口清查服务活动，流动人口纳管率提高到98.35%。落实流动人口“两证一承诺”制度，为流出户籍地育龄妇女办理《流动人口婚育证明》194593本，办理流动人口一孩生育服务登记38例。

【综合治理性别比】 联合市直相关部门制定《福州市整治“两非”专项行动实施方案》，组织卫计部门、市场监管、警备区、武警、妇联等部门在全市开展为期4个月集中整治“两非”专项行动，成立市打击防控采血鉴定胎儿性别工作协调小组，建立健全打击防控机制，打击“两非”违法行为，全年全市查处两非案件151起，其中重大案件4起。

（张先玲）

（编辑　邱敏佳）

3月，福清市妇幼保健院和计生服务大楼正式投入使用（市卫计委　供）

鼓 楼 区

【概况】 鼓楼区区域面积35.7平方公里。辖9个街道、1个镇，有69个社区，户籍人口57.6万人。

2015年，鼓楼区列入市级重点的项目超额完成年度投资13.2个百分点。在全市绩效管理中获评优秀，通过省级可持续发展实验区验收，列“全国投资潜力百强区”第二十六位和“科学发展百强区”第四十二位。

【经济建设】 实现地区生产总值1132.6亿元，同比增长11.2%，三次产业结构为0:20:80；一般公共预算总收入61亿元，同比增长10%，其中地方一般公共预算收入37.5亿元，同比增长10.2%；规模以上工业增加值74.4亿元，同比增长11.1%；城镇以上固定资产投资449.1亿元，同比增长12.1%；外贸出口316.6亿元，同比增长0.35%；城镇居民人均可支配收入4.1万元，同比增长9%。

服务业 实现社会消费品零售总额918.6亿元，同比增长14%。建立11大门类龙头企业库，推动商务、金融、软件及信息服务等现代服务业发展。推行“一照一码”“商务秘书”等措施，市场主体户数和注册资本总额居全市首位。建成福晟财富大厦、恒力创富中心等一批5A级智能化商务楼宇，改造中福广场、中山大厦等14栋旧商务楼宇，有税收超千万元楼宇93栋，超亿元楼宇19栋；市级总部企业数占全市48%，国内外上市企业数居全市首位。华润万象城等综合体在建，全面建成五洲佳豪美食园、中瑞省体美食城。推进大东街口商圈改造，聚春园二期、东百B楼改扩建进度加快，优化津泰智慧街区，安泰河商务休闲带启动招商运营。19家企业通过省著名商标初审，辖区著名商标、知名商标均超过百家。基本建成温泉博物馆、闽都旅游服务中心，完成朱紫坊芙蓉园保护修复工程。三坊七巷成为福州首个国家AAAAA级景区，被授予联合国亚太地区“文化遗产保护奖”。实施“互联网+”行动计划，推动永辉与京东合作建立物流“O2O”众包模式，金牛山互联网产业园引进牧科物联、博智成等互联网企业。全区入驻“正统网”电商企业586家，线上交易额突破300亿元。建成乌山、怡山文创园，优化福建影视文化基地等文创园，神画时代原创卡通“逗逗虎”获国际动漫节“金猴奖”最具潜力动漫形象奖。

招商引资 实际利用外资2.8亿美元，同比增长8.7%。加快企业上市融资，21家企业在新三板挂牌，42家企业列入省、市上市企业后备名录。对接“三维”项目203个，总投资495亿元，在辖区投资或设立机构的世界500强企业达77家，三峡集团福建总部、孩子王福建总部、希尔顿欢朋酒店等项目落户鼓楼，跻身全国楼宇经济十大潜力城区。

【城区建设与管理】 征迁安置 启动于山北坡、西洪路沿线等23个项目共27.5万平方米旧屋区改造。完成江厝西路、国防工办宿舍、省农业厅宿舍等12个项目征迁扫尾，基本建成国棉厂、福大一号地、陆庄柳桥等共24.8万平方米安置房，1133户居民实现回迁。

市政建设与管理 以PPP模式建设观风亭及南营地下立体停车库，在全省率先开展“循环积分”垃圾分类试点，推行垃圾直运、固体废弃物无害化处置等市场化运作。改造甘洪、天泉、福大3座垃圾转运站，综合整治50个老旧小区，推进113个老旧小区长效管理。“数字城管”全年办理批转件12.7万件，按期办结率达96.2%。拆除“两违”11.4万平方米，创建省级无违建示范区。优化智能交通出行服务平台，新增200多个公共停车泊位。

基层建设管理 69个社区用房面积均达500平方米以上，实现居家养老服务站、少儿成长服务站、文化普及服务站全覆盖。10个街道、镇均建成一所公立少儿托管中心。全面完成社区组织换届。建成凤湖社区家庭综合服务中心，北江、观风亭等社区试点政府购买专业社工服务，联合高校开办“社会工作班”，多种方式培养社区人才。年内鼓楼区被列入“全国社区治理和服务创新实验区”，获评全国和谐社区建设示范城区。

【社会事业】 科技 加强科技创新

公共服务平台建设,省邮电规划设计院列入福州市院士(专家)工作站,福州大学科技园被授予第一批省级科技孵化器称号。引导企业加大产学研投入,21家企业被评为省级创新型企业,联迪商用获评第十六届中国专利优秀奖,新东网电信电子渠道软件等12个项目获评市科技进步奖。启动软件园创客谷等项目建设,凤凰谷咖啡、云端创咖、华泰众创等获评省级众创空间。

教育　建成杨桥中学教学综合楼,模范小学、铜盘小学等教学综合楼在建,基本完成花园小学、达明小学等教育预留地征迁。在全市率先成立家庭教育讲师团,"少年好习惯"推广计划列入全省学校德育改革重点项目,鼓实小、林则徐小学等多所学校推行"走班制"。全年新增30名区级教学名师,教师校际交流率达10%以上。改造提升7所幼儿园,9所公办幼儿园30%的招生名额首次实行电脑随机派位。年内通过省、市"两项督导"评估考核。

文化体育　建成左海城市社区多功能运动场和17个全民健身示范工程运动场。举办第二届闽台城隍文化节,完成林纾故居纪念馆、龙峰泰山庙保护修复,名人名城展示馆建成开放,高爷庙等3个项目入选市级非物质文化遗产传承示范基地。承办第一届全国青运会网球单项比赛,开展"百人骑行迎青运""福聚鼓楼—爱在社区"文化公益行等文体活动。

卫生和计划生育　改造提升萧治安中医外科医院和南街、华大社区卫生服务中心,完成鼓东社区卫生服务中心新址建设。新增6个公立卫生服务站,提升30个民办卫生服务站,新建4家社区卫生服务中心中医馆。推行全科医生服务,家庭医生签约服务超12万人。出生人口5879人,人口出生率13.44‰,出生人口性别比103.5,人口自然增长率为8.36‰。年内鼓楼区列入全国计划生育家庭科学育儿试点单位。

社会保障　新增就业人员3.5万人。城镇居民社会养老保险实现全覆盖,城市低保对象实现应保尽保。635户低收入住房困难家庭申请到保障房、公共租赁房。新增洪山、鼓东、南街等老年人日托所,居家养老服务站面积增至1.3万平方米。政府购买养老服务提标扩面,投入190万元,将家庭人均月收入1800元以下的特殊困难老人纳入服务范畴。

生态建设　完成二环路、六一路等11条道路沿线及省体育中心、福州大饭店周边等4个节点180多栋楼体景观整治。完成文林路、杨南街、古乐路等8条道路建设,改造提升华林横巷等20条小街巷。建成黎明湖公园,左海—金牛山城市森林步道部分区段建成开放。城区优良空气天数比率达95%,原厝水源保护区水质保持100%达标,年内通过国家级生态区技术评估。

平安建设　办结人大代表建议114件、政协委员提案130件,满意率分别为100%、99.2%。"12345"便民呼叫中心拓展企业诉求服务通道,受理政务服务及诉求8.9万件,及时办结率达100%。企事业安全生产标准化提升工作完成率83.7%。排查矛盾纠纷1301起,调处成功率99%。人民群众安全感达93.7%,获全省第三轮首批"平安县市区"称号。区级审批及服务事项办理时限压缩到法定时限的30%以内,一般性审批事项实现100%即办。成立智慧鼓楼管理服务中心,区政府门户网站实现全省政府网站绩效考核五连冠。建成区公共法律服务中心,成立全省首家驻街道"人民法官工作室",以政府购买服务方式设立"律师进社区"工作室。年内获评"全国法治县市区创建活动先进单位"。

【高新技术产业】　福州软件园全面建成海峡软件新城,引进南威软件、华扬盛鼎等65家企业,榕基软件、瑞芯微电子等9家企业跻身全国软件企业综合竞争力200强,34家企业年产值超亿元,全年实现技工贸总收入432亿元,同比增长20%。洪山科技园完成先进技术服务产业园一期征迁,引进润土电商总部等8家企业,全年实现技工贸总收入218亿元,同比增长30.5%。

表59　**2015年鼓楼区街道(乡镇)基本情况一览**

街道(乡镇)	辖地面积(平方公里)	人口		社区(经合社)(个)	财政总收入(万元)	地方财政收入(万元)	规模以上工业产值(万元)
		户数(户)	人口数(人)				
鼓东街道	1.084	14848	47884	5	104814	60939	89071
鼓西街道	1.837	19292	62560	6	36111	25628	3643
温泉街道	2.242	19239	76795	7	100340	58167	26997
东街街道	0.720	10134	33055	4	54512	36742	71618
南街街道	1.544	16459	48007	6	14988	11769	2949
安泰街道	1.588	10046	28681	4	38804	28659	28317
华大街道	3.349	24316	89858	9	62449	33817	77492
水部街道	1.310	11282	33085	5	47503	36461	32139
五凤街道	9.625	24357	69734	11	29061	15955	116622
洪山镇	12.401	29402	86696	12	70340	47577	719295

说明:数据来自鼓楼区统计局

(张　林　郑福春　吴锦地)

台 江 区

【概况】 台江区陆域面积18平方公里,水域面积1.91平方公里。辖10个街道,有52个社区;常住人口32.62万人,流动人口9.81万人。

2015年,台江区完成为民办实事项目32项,实现年度投资4.85亿元。69项重点项目计划投资158.21亿元,实际完成投资166亿元,超年度计划4.9个百分点;35项市级重点项目计划投资122.57亿元,实际完成投资148亿元,超年度计划21.1个百分点。

【经济建设】 实现地区生产总值370亿元,同比增长7.9%,三次产业结构为0:21.5:78.5;财政总收入22.88亿元,其中公共财政收入13.97亿元;规模以上工业增加值32亿元,同比增长4%;全社会固定资产投资389亿元,同比增长14.9%。

商贸服务业 实现社会消费品零售总额400亿元,同比增长14.9%;商品销售额1030.2亿元,同比增长15.4%;出口总额11.1亿美元,同比增长17.14%。新申报限额以上商贸企业90家,全区限额以上商贸企业增至279家,限额以上销售额同比增长21.3%。原福州大鞋城等专业卖场实现业态升级,引入携城茶都等新型企业入驻。宝龙万象广场平战结合地下人防工程全面完成地面土建项目。全区电商企业超300家,搭建喜购宝、乾坤好车等10多个电商平台,年交易额超300亿元。海峡联合商品交易中心获省政府批复设立,海峡电子商务产业基地二期完成桩基施工。海峡银行、招商银行等13家金融总部项目落地实施,开业运营的金融类企业超过200家。新增公司类经济主体4160家,同比增长15.81%;全区创业团队达208家,优空间被评为国家级众创空间。海通发展、金钱猫科技等3家企业在全国中小企业股份转让系统正式挂牌上市。"闽江游"启动线上线下品牌推广,年接待游客超17万人次,同比增长10%。

招商引资 全年实际利用外资1.42亿元,同比增长10%。推进"三维"项目对接、"回归工程","5·18"海交会、"9·8"投洽会期间签约内外资项目30项,总投资80.5亿元。

【城区建设与管理】 重点项目建设 海西金融大厦、交通物流信息大厦等9个项目竣工交付使用;兴业银行总部大楼、福建招银大厦等7个在建项目实现主体结构封顶;中捷大厦、富力中心等9个项目在建,苏宁广场二期进场桩基施工。海西现代金融中心区新增楼宇面积67万平方米,新引进企业380家,万科金融港、省粮油进出口集团总部项目正式落户。启动上下杭历史文化街区保护修复工作,79处约4.4万平方米文保、历史风貌建筑得到保护开发。福州商务总会旧址、陈文龙尚书庙、建宁会馆竣工验收,上杭路、隆平路等主要街巷外立面传统风貌修复基本完成。

市政建设 推进7大类、91项、总投资110.84亿元的宜居环境建设项目。全面完成瑄后街二期、新港路一期等4个地块征收交地。地铁2号线西洋站、市一医院、东西河3个地块进场施工。解决彬社新村和义帮洲一期、二期等2500户遗留"两证"办理问题,新港苑、福机新苑等44.6万平方米安置房按时建成交付使用,2000户居民选房回迁。闽江北岸中央商务区下穿通道建成通行,金山大桥及南北立交桥拓宽改造工程完工。维修改造9条市政道路、17条小街巷。整治提升22个老旧住宅小区,鳌峰(一)、达道(二)垃圾转运站完成改造升级。拆除"两违"面积约10.1万平方米,统一规范设置店牌店招3000余面。

【社会事业】 科技 全年新认定高新技术企业11家,备案科技型企业8家。专利申请672件,专利授权476件,发明申请231件。福建金源泉科技发展有限公司被评为专利导航试点企业。建成有优空间、万宝创客等2家众创空间,蒲公英创新工场在建,其中优空间被省科技厅认定为省级众创空间、被市科技局认定为市级众创空间,万宝创客申请市级众创空间备案。海欣食品、一丁芯、骏驰网络等12家企业获得省、市各项扶持资金近400万元。

教育 改扩建学校8所,新增校舍面积4.1万平方米,十四中1号教学楼、十五中图书综合楼以及上海新苑幼儿园建成投用。落实义务教育"小片区"捆绑考核管理模式,课程教学、硬件设施、骨干教师和管理经验等优质资源实现共享。

文化 文化馆、图书馆、博物馆、青少年活动中心等公共文化基础设施全部面向公众开放。新建24小时自助图书馆5处、健身路径20条、城区便民球场18个、城市慢行绿道1.6公里。举办闽台陈文龙文化节,编撰出版台江区首部综合年鉴。年内成立全市首家社会组织孵化园,培育各类社会组织27个。

卫生和计划生育 完成宁化街道心理疏导减压中心等2个社区卫生业务用房改造提升,社区卫生服务中心门诊量增长8.95万人次,每门诊人次药品收费水平降低10.32元。全年出生人口4358人,人口出生率9.27‰,人口自然增长率2.08‰。

社会保障 全区各级财政民生社会事业支出10.78亿元,占一般公共支出的比例达73.79%。新增城镇就业7326人,安置城镇失业人员2205人,动态消除零就业家庭低保对象"应保尽保",社会养老保险实现全覆盖,城镇居民基本医疗保险参保人数达8万人。低保标准统一提高至每人每月570元,发放各类低保金、补助金、优抚金、救助金7000多万元。

生态建设 推进大气污染防治工作,新建空气自动监测站两个,淘汰"黄标车"近千辆,全面启动20个公共便民自行车站点建设。城区空气质量基本保持优良,达标天数占全年96%以上。实施茶亭河、大庆河等6条内河综合整治,推进桥梁、驳岸、绿化景观等工程建设。交通西路等9条主次干道(片区)沿线立面景观完成整治提升,闽江北岸1.5公里夜景灯光带竣工验收,南公园耿王府历史主题花园改造工程全面启动。

平安建设 推进"平安台江"建设,完成52个社区换届选举工作。开展重点行业领域安全生产隐患排查,实施燃气、消防、道路交通等9个专项整治行动。受理"12345"等网络投诉2.1万件,省、市效能转办件和政务服务事项、网上公众诉求件限时办结率均为100%。

表 60　　**2015 年台江区街道基本情况一览**

街道	辖地面积(平方公里)	人口		社区(个)	规模以上工业总产值(万元)	财政总收入(万元)	地方财政收入(万元)	财政支出(万元)
		户数(户)	人口数(人)					
瀛洲	2.20	13473	37008	5	3076.00	16105	7704	1663.64
义洲	0.87	11736	31463	5	7539.00	3354	1642	990.81
洋中	0.88	9880	26425	4	98785.10	14992	7548	1056.88
新港	1.35	13061	38014	5	1340826.00	48698	18751	1075.83
上海	2.65	17327	47575	7	29246.00	17897	12442	1441.65
宁化	2.90	8726	23398	5	38009.50	19517	15272	1090.48
后洲	0.96	14243	34959	6	12764.50	13007	7165	1098.19
茶亭	0.88	8941	24716	4	10913.00	20524	9372	1473.27
苍霞	1.07	12726	33295	5	2355.00	5483	2691	1491.92
鳌峰	5.10	10274	29396	6	14444.00	26076	15811	1719.26

说明:数据来自台江区统计局、财政局

(郑　尧)

仓　山　区

【概况】　仓山区区域面积 142 平方公里。辖 8 个街道、5 个镇,有 64 个社区、102 个行政村,户籍人口 520214 人。

2015 年,仓山区列入省级重点项目 2 项,累计完成投资 38.60 亿元;22 项市级重点项目累计完成投资 174.04 亿元,39 项市级行动计划项目累计完成投资 178.94 亿元,9 项福州新区重点项目累计完成投资 87.99 亿元,均提前两个月完成全年任务。

【经济建设】　实现地区生产总值 435.02 亿元,同比增长 11.3%;一般公共预算总收入 43.06 亿元,同比增长 17.8%,地方一般公共预算收入 28.16 亿元,同比增长 16.7%;固定资产投资 493.67 亿元,同比增长 15.1%;居民人均可支配收入 32296 元,同比增长 8%。

农业　扶持发展茶叶、花卉、食用菌等特色农业,引导春源食品等 3 家企业申报福州市农业科技推广示范项目和农业产业化财政扶持项目,推进仙芝楼、春伦茶叶等 9 家龙头企业与福建农林大学对接合作。加强"山海协作",安排对口帮扶经费 1200 万元,支持周宁县精准扶贫。

工业　实现规模以上工业增加值 208.04 亿元,同比增长 12%。开展"园区提升"攻坚行动,鼓励引导天翔发展、小黑子等一批企业转型升级。推进工业化与信息化融合,发展物联网、云计算、大数据等产业,中国福州(仓山)"互联网+产业园"建成开园。加大邮科通信、福大自动化等龙头企业扶持力度,初步形成计算机及网络通信、生物医药、新型智能等三大产业集群。培育和发展战略性新兴产业,有省、市级战略性新兴产业企业 13 家。

服务业　实现社会消费品零售总额 380.36 亿元,同比增长 14%。完善商贸布局,发展电子商务、现代物流、文化创意等现代服务业,构建老城区、金山新区、东部新城等三大商圈及江滨商务繁荣带。金源会展酒店、爱琴海购物公园等项目建成开业,福州海峡创意产业园入选"中国文化创意产业最具潜力十大园区"。谋划"5A 仓山"发展战略,编制完成《仓山区旅游发展总体规划》,三江口文化旅游城等重大项目在建。

招商引资　"5·18"海交会期间,邀请客商团组 15 个,签约"三维"项目 36 项,其中外资总投资 5.31 亿美元,内资总投资 295.07 亿元。"9·8"投洽会期间,邀请客商团组 6 个,签约外资项目 9 项,总投资 3.7 亿美元。对接洽谈招商,完成注册企业 2065 家,其中内资企业 2031 家,外资企业 34 家(含台资企业 9 家),注册资本总额 120.95 亿元。

【城乡建设与管理】　征迁安置　开展"安置回迁"攻坚行动,建成东部 8 号地、后坂小区、金亭小区二期等 9 个项目共 71.11 万平方米安置房,实现安置回迁 6829 套、58.93 万平方米,调剂现房量 2230 套,建筑面积 20.07 万平方米,统筹协调期房安置量 2970 套,建筑面积 26.73 万平方米,完成 3374 户、30.28 万平方米的货币安置工作,花费 32.44 亿元。解决安置房源不足问题,统购商品房 504 套,协议回购安置房 305 套。完成烟台山历史风貌区、飞凤山水厂、福湾路提升改造等 61 个项目净地交地工作(其中扫尾项目 45 个,新启动项目 16 个),新启动海峡文化艺术中心、双湖新城北侧规划路等项目 31 个,交地近 333.33 公顷。

市政建设与管理　开展占道摊点、夜间大排档等专项整治行动,清理取缔占道摊点 8160 多起,查扣非法音像制品、出版物 1.55 万件,对"两车"乱停放共劝导 2500 多起,处罚 1400 多辆次。组织拆除违法建筑 741 宗,拆除违建面积 72.70 万平方米(占地 46.04 万平方米),完成年度拆违任务的 179%。加强城镇"三边三节点"和"四线"景观提升,实施奥体周边、南三环等重点区域 11 个景观改造项目。完成飞凤河、台屿河等 4 条内河整治。完成新康山里、阳光新村等 11 个旧住宅小区整治。加大环卫设施投入,建成刘宅垃圾转运站,完成三盛巴厘岛、汇创名居二期、江南水都丽岛等8个试点小区的垃圾分类试点工作。新建和提升改造公厕21座。

【社会事业】 科技 推荐1家企业申报省级企业技术中心、3家企业申报市级企业技术中心,引导5家企业申报2015年省级企业创新项目,推荐1家企业申报国家技术创新示范企业。引导企业建立工业设计中心,推荐1家企业申报2015年省级工业设计中心、1家企业申报2015年市级工业设计中心。

教育 建成金山八期小学、福州第十二中学等8个项目,完成首山丽景、双湖新城等6个项目配套幼儿园主体建设。完成后坂小学、高湖小学等5所过渡办学学校建设。推进学校信息化建设,完成"校校通"宽带网络提速工程。实施教育品牌工程,创建各类示范校、示范园19所。

文化体育 开展"国家级公共文化服务体系示范区"创建工作,建设区文体综合馆、文化信息工程仓山支中心等项目,免费开放图书馆、博物馆、青少年校外体育活动中心等文体设施。建设海峡天翔体育文创园、瑞坤大榕树文化艺术园等项目。加强文物和非物质文化遗产的保护传承,推进严复故居、美丰洋行等文物的保护修复与开发利用。

卫生和计划生育 新建仓前社区卫生服务中心、建新镇和仓山镇卫生院3家"中医馆",改扩建下渡社区卫生服务中心"中医馆",全区"中医馆"覆盖率达84%,建成城门镇卫生院"群众满意的乡镇卫生院"示范点和8家新农村"幸福家园工程"示范村卫生所。全年投入基本公共卫生补助经费3160万元。建立居民健康档案55.69万份。全年出生人口6872人,人口出生率14.63‰。免费孕前优生健康检查7094人,免费婚检1185人。

社会保障 新增城镇就业19081人,转移农村富余劳动力3060人。完善社会保障和救助体系,发放城乡低保金3225.99万元。社会养老保险参保率达96.68%。新农合医疗人均补助标准从410元提高至490元,全区参合农民24692人,参合率达100%,新农合医疗保障制度实现全覆盖,全年有9822人次享受补偿,兑付补偿金1231.15万元。解决历史遗留的房屋"两权证"问题,全年办理房屋"两权证"2025套。

生态建设 开展"生态仓山"创建活动,通过"省级生态区"考核验收。全年空气质量1~2级达标率为95%,3个市级饮用水源地水质达标率连续6年保持100%。完成江心公园、飞凤山公园提升改造,新增绿地1.31平方公里。实施重点领域污染专项整治,关停、取缔违法排污企业34家,全面完成煤炉淘汰改造任务。

平安建设 化解历史积案68件、初信初访280件。创新矛盾纠纷化解机制,选派律师进村(社区)无偿提供法律服务。推进"法治仓山"建设,通过"六五"普法规划验收,获第三批"全国法治县(市、区)创建活动先进单位"。开展危险化学品、燃气安全、塑胶企业等重点领域专项整治,督促整改各类安全隐患16万多处。

表61 **2015年仓山区街道(乡镇)基本情况一览**

街道(乡镇)	辖地面积(平方公里)	人口		社区(村)(个)	财政总收入(万元)	地方财政收入(万元)	财政支出(万元)
		户数(户)	人口数(人)				
下渡街道	1.700	11146	31753	5	3841	2739	986.48
仓前街道	1.900	9787	29259	5	3571	2295	1220.73
上渡街道	2.000	11052	31569	5	3560	2983	1312.39
临江街道	1.980	7226	20431	4	3489	1952	1029.47
对湖街道	2.500	12004	34743	5	2830	2189	1387.68
三叉街街道	0.597	6656	18961	4	3557	1967	979.20
东升街道	1.200	3763	10208	3	1479	1506	2663.50
金山街道	13.090	27165	81983	24	21337	17692	3228.79
仓山镇街道	5.800	—	—	11	24059	15942	3762.21
城门镇	55.000	26814	92295	25	42870	25889	7352.04
盖山镇	36.000	28342	91668	32	53422	33507	6199.12
建新镇	30.000	29842	82852	37	59695	47638	8793.44
螺洲镇	6.400	3966	12535	8	10495	7497	2542.28

说明:1. 仓山镇人口分属在对湖、仓前、上渡和下渡街道中统计;
2. 东升街道人口分属在三叉街街道中统计;
3. 数据来自仓山区公安局、统计局、财政局、民政局

(林立扬)

晋 安 区

【概况】 晋安区区域面积约552平方公里。辖3个街道、4个镇、2个乡，有68个社区、113个行政村。常住人口84.3万人。

2015年，晋安区31个市级重大项目完成投资160.3亿元，超年度计划20个百分点；65个市级行动计划项目完成投资175.9亿元，超年度计划20个百分点；配合实施16项市级为民办实事项目，投入2.57亿元完成36项区级为民办实事项目。

【经济建设】 实现地区生产总值499.7亿元，同比增长11.5%，三次产业比例为0.81:35.96:63.23。公共财政总收入34.2亿元，同比增长7.6%，其中地方公共财政收入23.1亿元，同比增长12%；全社会固定资产投资484.3亿元，同比增长16.5%；自营出口(海关口径)16.8亿美元，同比增长7.6%；城镇居民人均可支配收入33163元，农民人均可支配收入14482元。

农业 实现农业总产值7.67亿元，同比增长0.1%。扶持北峰山区农业农村发展，制定晋安区2015—2017年扶贫工作行动计划。推动鑫农高科等重点休闲农业企业及弥高仙茶叶等省级农民创业园示范基地建设，龙晶葡萄园通过省级农业标准化示范区考核验收。

工业 实现规模以上工业总产值402.7亿元，同比增长13.2%；规模以上工业增加值113.6亿元，同比增长12%；工业固定资产投资80.79亿元，同比增长25.1%。实施福兴经济开发区改造提升，钢材市场及周边地块完成征收，现代化都市工业厂房动工建设，盛辉、盛丰等4座总部大楼投入使用，海峡创意印制中心进入主体施工。金城投资区改造基本完成，98时尚创意产业园开始招商。推进海王福药“大容量注射剂软袋III号新版GMP技术改造”等4个市级工业重点项目建设。天一同益申报省级企业技术中心，茶花家居通过市级工业设计中心认定，高意光学、慧丰机电等6家企业列入福州市产学研联合开发项目计划。

服务业 实现服务业增加值316亿元；实现社会消费品零售总额586.3亿元，同比增长13.8%。东二环泰禾广场建成开业，梅园国际酒店、桂湖生态温泉旅游项目基本竣工。园中、益凤、汤斜等三大物流园项目在建。“快乐园艺”等6个景区周边环境整治全面完成，鼓岭获评国家生态旅游示范景区，北峰旅游“直通车”试运行。

招商引资 新批合同外资2010万美元，实际利用外资(验资口径)1.054亿美元。第十七届海峡两岸经贸交易会签约项目15项，内资总投资75.17亿元，利用外资9016万美元。第十三届海峡项目成果交易会完成对接项目13项、需求项目4项。第十九届“9·8”投洽会签约项目15项，投资总额4.325亿美元，利用外资1.598亿美元。出台加快推动楼宇经济发展的实施意见，建立楼宇经济信息管理系统，实现楼宇招商130万平方米，入驻企业3500多家，税收超千万元楼宇达到11幢。

【城乡建设与管理】 城区改造 全年征收房屋面积210万平方米，挂牌出让土地14宗、47.33公顷。启动24个征收项目，其中有18个完成征收或进入扫尾。加快连潘棚户区、横屿组团、火车站周边等43个征收扫尾项目取得突破，其中20个项目完成进度。地铁2号线、福平铁路、东部快递通道等省市重点项目按期交地。浮村佳园等10个安置房项目完成交地，六一佳园等7个安置房项目、3100多户居民回迁安置。

市政建设 化工路、远洋路、站西路、金鸡山隧道等20条道路改造如期竣工，紫阳路等12条小街巷完成改造，推进王庄片区长乐路等6条道路建设工程。金鸡山公园7.6公里建成开放；投入4.2亿元，完成前横南路等9条道路沿线190幢楼体立面景观改造，改造提升垃圾转运站4座，拆除各类违法建设近60万平方米。投入8000万元整治闽澳花园等36个旧住宅小区。投入4300万元完成7个美丽乡村试点村、11个“幸福家园工程”示范村建设。投入6500万元改扩建农村公路69.5公里；北峰农村客运站始发站启动建设。杨廷等3座水库除险加固工程基本完成；推进华林溪、月洋水电站增效扩容工程。

社会管理 完成村、社区居委会换届选举工作，打造融东社区等3个完整社区。推进“智慧晋安”建设深入推进，整合“12345”便民服务网、“数字城管”等网络平台，全年受理各类诉求、政务咨询3.6万件，群众满意率99.6%。

【社会事业】 科技 出台《晋安区科技计划项目管理实施细则(试行)》《晋安区科技自主创新扶持奖励暂行办法》等相关政策。新增高新技术企业17家，企业申报国家级科技项目2项、省级科

东二环泰禾广场建成开业 (李芳 摄)

表62　　**2015年晋安区街道(乡镇)基本情况一览**

街道(乡镇)	辖地面积(平方公里)	人口		社区(村)(个)	规模以上工业总产值(万元)	财政总收入(万元)	财政总支出(万元)
		户数(户)	人口数(人)				
鼓山镇	50.0	37040	104642	38	2347673	41065	21610
新店镇	48.3	26146	68967	41	926415	26916	14521
岳峰镇	11.3	52400	130400	16	75809	32548	6306
宦溪镇	133.0	3437	12637	24	465530	8057	6859
寿山乡	170.8	3618	11917	22	199090	3997	7731
日溪乡	130.6	2267	6969	12	—	2546	3983
茶园街道	4.7	26972	71266	12	12477	29479	8533
王庄街道	3.6	12373	35647	9	—	18699	3948
象园街道	1.6	8252	23565	7	—	5664	3605

说明:数据来自晋安区统计局、晋安区财政局、晋安区民政局

技项目5项、市级科技项目11项,其中获立项16项。专利申请量887件,授权量703件。“博思软件”拟在创业板上市,“洁利来”和“六壬网安”分别挂牌“新三板”和“海交所”。

教育　制定《晋安区教育事业发展五年提升计划(2016—2020)》,启动10所学校教学改革试点工作。投入6.5亿元,建设6所征迁过渡学校,完成秀山中学、鼓山苑小学等一批扩容工程。安排3600万元,实施46项学校设施修缮工程,实现中小学塑胶跑道、多媒体教学设备、安全技防设施全覆盖。

文化体育　寿山石馆改造提升工程全面完成,“寿山石雕”地理标志通过国家工商总局审批。区博物馆经申报批准予以建设,开展全国第一次可移动文物普查。晋安体育馆投入使用,并完成第一届全国青运会U18女篮比赛等赛事承办工作。

卫生和计划生育　实施公立医院综合改革,与市级医院同步启动零差价销售和医疗服务价格调整。茶园社区卫生服务中心、象园社区卫生服务中心中医馆完成建设。全年出生人口数(常住人口口径)4486人,人口出生率10.80‰,出生人口性别比107.49,人口自然增长率5.84‰。

社会保障　财政用于民生支出23亿元,占公共财政支出的77%。新增城镇就业2.4万人,城镇失业人员再就业1546人;新增农村富余劳动力转移就业2081人。推进城乡居民社会养老保险一体化,4.23万名被征地农民纳入养老保障范畴。累计发放城乡居民养老金、城乡低保户(含农村五保)保障金、被征地农民养老补助金、优抚保障金1.04亿元。

生态建设　通过环保部组织的国家生态区验收。流域水环境整治推进,桂湖流域省控断面水质持续改善,稳定达到地表水Ⅲ类标准。推进九峰、前洋污水处理设施建设,完成峨眉矿山1万平方米覆绿工程。推进黄标车淘汰报废工作,加强大气污染防治,空气质量位居福州市五城区第二位。

平安建设　深化“平安晋安”创建,健全治安立体化防控体系,建成网格化管理服务平台118个、社区微信治安防控平台68个,安装背街小巷技防高清探头200个。全民普法、法律援助、社区矫正、青少年事务社工等工作有效落实,防汛抗旱、森林防火、重大动物疫病等防控工作同步推进。严格落实安全生产责任制,超额完成安全生产标准化建设任务。集中开展“打非治违”和重点领域安全专项整治,全区无重特大安全事故发生。

(郑　强)

马尾区

【概况】　马尾区区域面积275.58平方公里,其中福州经济技术开发区面积23平方公里。辖1个经济区、1个街道、3个镇,有13个社区、62个行政村。常住人口25.1万人。

2015年,马尾区实施重点项目建设185项,完成投资170亿元。

【经济建设】　实现地区生产总值392.40亿元,同比增长6.4%,三次产业结构为1.3:64.3:34.4;公共财政总收入31.79亿元,同比增长11.1%,其中地方公共财政总收入18.29亿元,同比增长8.7%;出口总额277.58亿元,同比下降12%;全社会固定资产投资273.80亿元,同比增长26.2%;社会消费品零售总额171.16亿元,同比增长24.0%;城镇居民人均可支配收入38280元,同比增长7.9%;农村居民人均可支配收入19815元,同比增长8.4%。

农业　实现农业增加值5.33亿元,同比增长1.39%。琅岐引进台湾“大红一号”火龙果新品种,推广水产立体生态养殖模式,建成林下中草药种植基地。

工业　全区140家规模以上工业企业实现总产值909.10亿元,同比增长0.5%;增加值243.69亿元,同比增长2.4%。建成两岸物联网应用示范中心,全年新增物联网企业13家。科立视触控材料一期量产、二期动建,20项重点技改项目完成投资13.3亿元。万元规模以上工业增加值能耗同比下降17.9%。

服务业　实现服务业增加值134.81

亿元,同比增长14.9%。楼宇经济初具规模,海西财富中心等6个项目竣工验收。昇兴股份在中小板上市,宝中海洋等7家企业在全国股转系统挂牌。商贸业水平不断提升,名城城市广场竣工,中环广场基本建成。冷链物流产业规模持续扩大,引进太古(科乐通)、汉吉斯等冷链物流项目。互联网游戏产业园新增企业150家,营业规模突破7.5亿元。大力开发旅游资源,全年接待旅客248万人次,同比增长17%。建成跨境电商产业园,入驻企业49家,跨境电商公共服务平台和监管中心投入运行。建成进口商品保税展示交易中心。启动"金融小镇"项目建设,新增金融机构7家、类金融企业40家。中国—东盟海产品交易所对外公开挂牌交易,发展会员企业132家,海交所马来西亚分中心正式动建,实现人民币跨境交易。实施18项自贸区试验任务,在全国率先实行"一照一码"、电子营业执照等15项创新制度,企业注册实现当日办结,建成自贸区企业公共服务平台。自贸区福州片区综合服务大厅与马尾区行政(市民)服务大厅实现合署办公,设立自贸区法庭及检察室。

招商引资　"5·18"海交会、"9·8"投洽会签约项目71项,总投资126亿元。"6·18"项交会对接成果73项,项目数位居全市第一。全年新增内外资企业1763家,实现合同利用外资9.5亿美元,同比增长1.8倍。首家台资合资旅行社注册成立,对台货运量达241万吨。

【城乡建设与管理】　城乡规划　启动自贸区控规修编工作,完善自贸区功能规划和产业布局。对接福州新区总体规划,实施"多规合一",将经济社会发展规划、城市空间规划与土地利用总体规划等多项规划编制、实施融合,深化琅岐专项规划编制。完成船政文化城修建性详规。

征迁安置　完成旧屋区改造26.4万平方米,建设171.6万平方米安置房,易安居、儒江和谐家园如期竣工。

市政建设与管理　琅岐环岛路西北段(二期)实现贯通,推进马尾大桥、东绕城高速公路、东部快速通道等重点项目建设。建成济安西路、魁岐支路等12条道路。闽江防洪防潮工程福州段(一期)堤身全线闭合,天台水库主体工程启动建设,完成岱溪下游排洪渠整治,完成迷云山塘工程。

社会管理　全面完成村级组织换届选举工作。新设滨东社区。全国首个境外人员服务工作站在闽安社区成立。规范社区工作服务站建设,完善三级便民服务体系。通过国家级卫生城市复审,获评2012—2014年度省级文明城区。

【社会事业】　科技　新认定13家高新技术企业,新增2家省级创新型企业。

教育　开发区幼儿园、马尾第二实验幼儿园、琅岐实验小学(二期)等项目完工,新增学位510个。开展教师校际交流,亭江中学创建省二级达标高中。

文化体育　青少年活动中心、区档案馆如期竣工,马尾综合体育馆投入使用,举办全国首届青运会男篮U18赛事。建成船政格致园,完成马限山景观提升及人防隧洞展示工程,海峡两岸(船政)文化创意产业园正式开园。实施闽安历史文化名村保护开发,建成闽安游客服务中心及"海丝"博物馆,完成迴龙桥修缮工程。举办"两马同春闹元宵"、"两马"体育联谊赛、首届中国船政·海峡青年半程马拉松赛等文体活动。

卫生和计划生育　与台湾中正骨科医院、亚东医院开展医疗合作,琅岐三江口医院(一期)基本建成,全年出生人口1371人,人口出生率7.97‰。

社会保障　新增就业8788人,失业人员再就业332人,转移劳动力1910人。职工基本养老保险参保人员9.54万人,城乡居民保险参保登记2.02万人;城镇职工医疗保险参保人员11.2万人,居民医疗保险参保人员4.27万人。企业退休职工人均退休费月增长206.42元。

生态建设　扩大环卫保洁区域31万平方米。推进青洲污水处理厂技改工程,建成琅岐污水处理厂。实施提升大气环境质量专项行动计划,全面完成2005年底前注册的营运黄标车淘汰任务,全区环境空气质量优良率达98.1%,饮用水源水质达标率达100%。完成11项宜居环境建设,建成天马山休闲公园(二期)和魁岐溪边公园。

平安建设　深化平安马尾建设,获评省级平安县(市、区),整合升级全区视频监控系统,建成基层网格综合服务管理体系,数字城管系统处置案件4.7万件。加强矛盾纠纷排查,调解各类矛盾纠纷1590件,受理群众来信来访687件次,办理"12345"便民呼叫系统诉求件6919件。完成法律援助案件960件。全面落实安全生产"党政同责、一岗双责、失职追责"制度,各类事故总量同比下降59%。在全市率先实行明厨亮灶餐饮服务电子监管模式,在名成水产品市场建成全省首个水产品安全可追溯电子交易平台。

表63　**2015年马尾区街道(乡镇)基本情况一览**

街道(乡镇)	辖地面积(平方公里)	人口		社区(村)(个)	规模以上工业总产值(亿元)	财政总收入(不含基金)(万元)	财政总支出(一般预算)(万元)
		户数(户)	人口数(人)				
罗星街道	28.08	10951	35057	10	257.66	1939	2182
马尾镇	53.62	11083	35260	17	514.87	2602	2704
亭江镇	105.60	10137	28201	20	136.57	13690	3188
琅岐镇	88.28	21425	73584	28	—	4427	4427

说明:数据来自马尾区公安局、民政局、统计局、财政局

(王舒婷)

福 清 市

【概况】 福清市区域面积2430平方公里。辖7个街道、17个镇。户籍人口134.42万人,流动人口27.62万人。有旅居海外华侨和新移民近100万人,遍布世界近120个国家和地区。

2015年,福清市安排"行动计划"项目425项,完成投资608.68亿元,占年度计划投资的113.9%,重点项目137项,共完成投资460.70亿元,占年度计划投资的121.1%。位居2015年度福建省县域经济实力"十强"、中国中小城市综合实力"百强县市"第26位。

【经济建设】 实现地区生产总值783.27亿元,同比增长7.5%,三次产业结构为11.6∶51.0∶37.4;公共财政总收入81.26亿元,同比增长10.2%,其中地方公共财政收入51.95亿元,同比增长6.3%;社会消费品零售总额331.67亿元,同比增长20.7%;固定资产投资765.48亿元,同比增长19.1%;出口总额54.28亿美元,同比增长2%;城镇居民人均可支配收入3.49万元,同比增长8.1%,农村居民人均可支配收入1.78万元,同比增长8.6%。

农业 实现农业生产总值156.21亿元,同比增长3.4%。落实国家现代农业改革与建设试点工作,促进下里农业示范园发展循环经济体系,推动大学生农业创业园形成集大学生创业、农业休闲观光和农业科技示范基地为一体的运营新模式,完善台湾农民创业园基础设施,推进全市农村土地承包经营权确权登记颁证工作,新培育福州市级以上示范合作社2家、示范家庭农场7家、休闲农业示范点3个,新增6家企业入选省海洋产业龙头企业,实施高标准农田建设约1666.67公顷。

工业 实现规模以上工业总产值1486.92亿元,同比增长6.1%。突出龙头引领作用,推进54个总投资1032亿元的工业项目,核电2号机组、宇邦纺织一期、天马饲料二期等140个项目投产,福清核电5号、6号"华龙一号"示范机组、京东方8.5代液晶面板等29个重大项目开工建设。推动企业创新转型,推进耀隆化工扩能改造等43个企业技改项目,全年新增高新技术企业7家、福州市级以上企业技术中心2个、院士工作站2个、中国驰名商标1个、福建省名牌产品和著名商标26个,福耀集团获中国质量奖提名奖。12家企业列入省级重点上市后备企业,2家企业在"新三板"挂牌。

服务业 实现服务业增加值292.49亿元,同比增长10.4%。培育万达广场、裕荣汇等城市新商圈,推进利嘉中心、盛荣电商物流园、福清公路港等重点商贸项目建设。建立自贸区保税港区综合服务大厅,实现企业设立"一口受理"和整车进口报税上牌"一条龙"服务,实现汽车整车进口4187辆,位列全国新批12个整车进口口岸第一位。全市本外币存贷款余额分别达852.17亿元和646.63亿元,全年新增贷款39.96亿元。推进东壁岛旅游度假区、永鸿文化城等观光旅游项目建设,全年接待游客370万人次,旅游业收入14亿元。

招商引资 全年合同利用外资3.37亿美元,同比增长17%。实际利用外资3亿美元,同比增长24.1%。签订"三维"项目32个,总投资551.6亿元。

【城乡建设与管理】 城乡规划 融入福州新区规划,落实全省"多规合一"试点和城乡总体规划编制工作,基本完成"多规合一"成果编制。

市政建设 投资24亿元,实施市政项目171项。推进城乡交通基础设施建设,建成环城路大埔大桥和龙江南路C段,实现南半环全线贯通,汽专线二、三期建设全面铺开;滨海大通道福清段及福厦线、省道305线、海城线"白改黑"工程在建;向高街等7条城区道路完成改造提升,福俱大道北段等15条主次干道建成通车,新建、拓建城市道路25.2公里。建成市第二污水处理厂和龙田污水处理厂主体工程,新建、改造供水管网122.6公里、燃气管道19.5公里、雨污管网16公里。新开通5条公交线路,新增63部纯电动公交车。

小城镇和新农村建设 完成152个总投资78.3亿元的小城镇项目建设,推进江阴省级"小城市"和龙田、高山、渔溪小城镇试点建设,实施新农村"幸福家园"工程项目52个,"美丽乡村"建设项目60个,推进城乡供水、供气、污水及生活垃圾处理一体化,完成涉及37个村4.34万名农村人口的饮水安全工程建设,新、拓建农村道路31.5公里,新增和更新40部农村客车。完成21户80人"造福工程"危房修缮及改造工作。

【社会事业】 科技 推动耀隆化工扩能改造等43个企业技改项目,全年新增高新技术企业7家、福州市级以上企业技术中心2个、院士工作站2个。全市发明专利申请量和授权量分别为1163件和689件,1家企业获省知识产权优势企业,福耀玻璃1项专利获得第十七届中国专利优秀奖。

教育 投入3.3亿元实施实施中小学扩容和校安工程,新改扩建校舍15万多平方米,新增学位2000个,北师大福清附属学校、百合小学等15个项目投入使用。全面落实普通高中教育免学费政策,促进德旺中学与福建师范大学合作办学,福清三中被评为省一级达标高中。福清市通过省教育"两项督导"评估,通过第一批国家级农村职业教育和成人教育示范县创建省级验收。年内有幼儿园在校生53108人,小学在校生115130人,初中在校生43226人,高中在校生21696人,特殊教育在校生197人,中等职业技术学校在校生7660人。

文化体育 承办首届全国青运会相关赛事,举办2015年首届福清诗歌节暨第二届海子诗歌颁奖、2015帕德(中国福清)柯达伊合唱指挥大师培训班等系列活动,原创小儿舞蹈《乌仔》获全国少儿舞蹈大赛表演金奖。开展"每周一戏"优秀闽剧展演、"惠民乐万家"文艺下乡巡演和"书香玉融"悦读工程等活动。出版发行《文化福清》系列丛书,图书馆、档案馆、科技馆通过竣工验收。推进东关寨、瑞岩山、龙江桥修缮工作,佾舞等5项"非遗"项目列入福州市非遗保护目录。

卫生和计划生育 全面实施县级公立医院综合改革,推进福清市医院与上海长征医院及省立医院、福清市中医院与省人民医院合作。福清市妇幼保健院新院、福清市计生服务站大楼建成投入使用。全年出生人口18622人,人口出生率13.92‰,人口自然增长率9.35‰,

出生人口性别比108.18。

社会保障　全年民生支出57.06亿元，占一般公共预算支出的比重为80.9%，比上年提高3.9个百分点。率先实现所有无养老保障居民养老制度全覆盖，政府补贴标准在福州地区内属最高水平。为年满80周岁以上老人发放高龄补贴，受益人数超过2.8万人。开展安居工程工作，发放安居工程款69万元，帮助60户计划生育困难家庭完成房屋修缮。新开工保障性住房882套，基本建成431套。加强就业指导和培训，新增城镇就业人数27926人，转移农村富余劳动力5813人。全年发放慈善捐助资金4605.66万元，临时困难补助270.3万元。

生态环境保护　推进新一轮全国文明城市创建，加强市容市貌、环境卫生、出租车和“三车”整治，完成小北蔬菜批发市场和宏路农贸市场搬迁，推进东门、官塘垅农贸市场升级改造。加强节能减排，实施重大节能项目20项、减排项目52项，55家企业通过清洁生产审核，淘汰黄标车685部，完成65家加油站尾气治理和33台燃煤锅炉改造提升。推进城乡环境综合整治，实施宜居环境建设项目125个，集中整改各类环境问题1578处，拆除畜禽养殖场75.6万平方米，拆除“两违”面积79.52万平方米。推进726.67公顷造林绿化和33个园林绿化项目建设，实施5条27.4公里道路绿化提升改造工程，基本建成天宝陂公园、观音埔湿地公园和溪下湿地公园，新增建成区绿地140公顷、公园绿地20公顷。

平安建设　开展提高平安“三率”专项行动，推进网格化服务管理，“智慧福清”管理服务平台和数字化城市管理系统投入试运行。全年破获各类刑事案件4193起、查处治安案件6951起。

【园区建设】　融侨开发区京东方面板

表64　**2015年福清市街道(乡镇)基本情况一览**

街道(乡镇)	辖地面积(平方公里)	人口		社区(村)(个)	规模以上工业总产值(亿元)	固定资产投入(万元)	财政总收入(万元)
		户数(户)	人口数(人)				
玉屏街道	7.30	24240	70223	18	0	211350	44899.81
龙山街道	34.00	19065	56970	19	78188	227538	18988.80
龙江街道	31.10	11564	37982	12	891826	276011	16486.20
音西街道	51.10	17144	54497	19	504728	1260872	125404.79
宏路街道	36.60	10598	34729	13	628317	555549	52933.07
石竹街道	15.40	5323	16124	10	4712198	449309	78991.98
阳下街道	69.00	13299	42532	24	2625917	600079	38926.00
镜洋镇	88.60	8610	26765	17	808661	100220	14132.00
东张镇	128.50	9539	31511	19	16363	22503	2828.93
一都镇	108.00	3586	11846	7	0	12240	316.34
渔溪镇	115.30	15734	50782	22	216336	173055	7108.94
上迳镇	52.53	9437	33441	16	250025	104559	7575.68
江阴镇	69.75	25633	88164	23	1306384	755368	48806.88
新厝镇	73.60	8056	26932	16	231297	120723	6267.50
海口镇	52.64	23803	77706	20	208175	228780	6595.84
南岭镇	34.30	2231	7567	8	0	9010	599.29
城头镇	70.50	17820	62468	26	1178910	337090	20734.59
龙田镇	88.00	36402	136451	42	795929	115000	12459.52
江镜镇	56.70	26110	102005	26	39108	226429	7824.80
港头镇	45.00	24966	84771	31	41217	120336	1358.28
三山镇	102.00	36006	123584	36	318288	1235483	20979.65
高山镇	40.50	20404	71242	24	51552	270398	7459.00
东瀚镇	74.00	12251	43684	17	0	80053	1047.15
沙埔镇	40.00	13188	52203	22	18456	162750	1785.96

说明：数据来自于福清市统计局、财政局、公安局

10月11日，福州京东方第8.5代新型半导体显示器件生产线动开工仪式举行
（郭成辉　摄）

项目基础设施配套、江阴经济开发区化工公共管廊、元洪投资区东西部路网、蓝色产业园入园主干道和一期填方工程基本完成建设。江阴东部733.33公顷填海工程开工动建，江阴港区10号泊位投入试运营，11号、12号泊位完成主体工程建设。

【京东方8.5代面板项目】　项目位于融侨开发区光电科技园二期，于10月全面动工，生产经营薄膜晶体液晶显示器件(TFT－LCD)，计划投资300亿元，为福州电子信息产业单体投资最大的项目。

（何　琛）

长乐市

【概况】　长乐市陆域面积约723平方公里，海域面积3313平方公里，江海岸线总长130多公里。辖4个街道、12个镇、2个乡，有29个社区、226个行政村，户籍总人口712525人。长乐市有海外华人、华侨及港澳同胞50余万人，遍布世界近百个国家(地区)，是福建省著名侨乡和台胞祖籍地。

2015年，长乐市269项重点项目完成投资242.9亿元。其中，39项省重点项目和75项福州市重点项目分别超序时进度16.08个百分点、11.4个百分点；51项列入福州新区初期规划的重点项目超序时进度13.33个百分点。

【经济建设】　实现地区生产总值570.36亿元，同比增长9.1%，三次产业比例为7.6:65.4:27；公共财政总收入(不含基金)50.17亿元，同比增长0.2%，其中地方财政收入33.65亿元，同比增长6.9%；全社会固定资产投资447.22亿元，同比增长13.3%；出口总值6.14亿美元，同比增长7.3%；进口总值10.7亿美元，同比下降19.2%；城镇居民人均可支配收入36438元，同比增长7%；农民人均纯收入17360元，同比增长8.5%。

农业　实现农林牧渔业总产值82.36亿元，同比增长4.1%，推进鹤上省级农民创业示范基地建设，发展生态休闲农业、优势农产品种植和水产品精深加工。

工业　实现规模以上工业总产值1947.21亿元，同比增长8.6%。出台加快产业转型升级实施意见和实施“中国制造2025”的行动计划，引导助推产业转型升级。传统产业有效提升，规模以上纺织业实现产值1371.25亿元，同比增长8.6%，恒申合纤产值突破百亿，金纶高纤、长源纺织、吴航不锈钢等龙头企业获全国“纺织行业创新示范集群”称号。30项重点技改项目全年完成投资42亿元，兴航机械、阿石创电子、太平洋食品获评2015年度福州市科学技术奖。新增中国驰名商标2件，地理标志证明商标1件，福州市级以上名牌产品数首次位列福州地区第一位。捷泰科技公司成为全市首家“新三板”上市企业。雪人压缩机项目投产，博那德新型建材项目启动建设，中储粮、福州面粉厂建成投产。

服务业　实现社会消费品零售总额180.66亿元，同比增长19.9%；推进翔福物流建设，鹤上商贸物流园、永荣城市广场、中天恒基广场等现代商贸项目在建。

招商引资　全年内资实际到资1356.07亿元，同比增长681.4%；实际利用外资13889万美元。

【城乡建设与管理】　基础设施建设　福平铁路、长平高速、东南绕城高速等对外大通道在建。营滨路、两港线拓宽改造二期、滨江滨海路三沙湾至外文武围垦堤段等工程基本完工。推进长乐机场第二轮扩能改造，全年旅客吞吐量突破千万人次，长乐机场海关正式揭牌运作。路北11万伏变电站投入使用。

重点区域开发建设　推进七大重点区域开发建设，“数字福建”产业园4条道路建成通车，“数字福建”云计算中心一期主体工程基本完成，企业与社会云项目启动建设；临空经济区拓普达钛合金等高新产业项目落地；改造瀛洲片区旧屋区，炎山片区岸线规划调整获得审批；推进首占营前新区城市建设，加快公建、房地产项目建设，推进203省道新区段企业土地收储；鹤上商贸物流园配套道路基本建成，钢贸、五金、建材三大市场正式开业；松下港区18号、19号泊位完成主体工程，12号、13号泊位及防波堤二期工程在建；开展海湾新城前期工作。

城镇化建设　启动修编长乐城市总体规划，开展“多规合一”编制。以列入省级新型城镇化试点县(市)为契机，推进城镇化建设。199项城镇化建设项目完成投资132.4亿元，完成新农村“幸福家园工程”和“美丽乡村”建设任务。吴航下槽桥片区旧改完成规划设计、入户丈量、安置方案编制等前期基础工作。列入福州市宜居环境建设项目72项，完成投资14.5亿元,累计拆除"两违"建筑373宗、面积67.3万平方米,完成东湖整治和长山湖公园周边环境改造提升,实施香江公园二期、洞江湖公园一期建设。开展对"青山挂白"、畜禽养殖、黄标车淘汰和施工扬尘、石材加工、渣土运输滴洒漏等问题的专项治理,城区部分路段实现市场化保洁。潭头污水处理厂完成主体建设,铺设污水管网7.8公里。

【社会事业】 科技 加强专利申请工作,全年受理2651项专利申请,授权专利2029项。

教育 投入9000万元实施校安工程,通过国家"义务教育发展基本均衡县"评估验收,获评省级"教育工作先进市"。

文化体育 建成新区市体育中心和东湖水上运动中心,承办第一届全国青运会长乐分赛区赛事,举办长乐市第八届民俗文化节、海丝旅游节等文化活动。年内长乐市获评创建省级文明城市工作先进城市,梅新村等6个村获评全国、省级文明村,林玉娇入选"中国好人榜",邹长航获"全国十大见义勇为英雄司机"称号。

卫生与计划生育 推进县级公立医院综合改革,县级公立医院实施药品零差率销售,市二医院新院、市妇幼保健院医护办公楼正式投入使用,市医院外科综合大楼动建。全年出生人口8555人,人口出生率11.5‰,人口自然增长率6.79‰,出生性别比106.94。

社会保障 安排十大类35项为民办实事项目,年度投资6.8亿元。全年财政用于民生支出35.542亿元;发放各类救助资金,其中自然灾害生活补助864万元,最低生活保障3554万元,临时救助及其他生活补助536万元,城乡医疗救助1115万元,司法救助67.65万元,道路交通事故社会救助26万元。发挥中小微企业、民营经济吸纳就业的作用,开发社区服务、公共服务等公益性岗位,城镇新增就业8542人,转移农业富余劳动力6685人。探索养老、医疗等社会保险制度对接整合,扩大失地农民保障覆盖面。椿萱乐老年公寓和乡镇敬老院在建。年内保障房四期1号、6号楼共218套公共租赁住房动工建设,建筑面积13701.14平方米;保障房四期2号、3号、4号、5号楼共504套公共租赁住房续建,建筑面积35935平方米。

生态建设 单位地区生产总值能耗和二氧化碳排放量继续降低,完成造林绿化9593.33公顷,城区绿化覆盖率50.2%,人均拥有公共绿地18.5平方米,空气质量稳定在国家二级水平。完成闽江河口湿地博物馆改造提升,累计造林绿化565.27公顷,年内获评"国家生态县(市、区)"。

平安建设 落实重大决策社会稳定风险评估机制,推进多元化矛盾纠纷化解,健全立体化治安防控体系。加强危险化学品、道路交通、校园安全等重点领域监管。完善城市防灾减灾体系,加强防灾减灾公共设施建设。

表65 **2015年长乐市街道(乡镇)基本情况一览**

街道(乡镇)	辖地面积(平方公里)	人口		社区(村)(个)	农林牧渔业总产值(万元)	规模以上工业总产值(万元)	财政总收入(万元)
		户数(户)	人口数(人)				
吴航街道	8.50	21120	53517	13	483	—	48864
航城街道	57.00	14373	44020	21	16378	1128747	46186
营前街道	38.83	11138	35999	12	20088	837730	8335
首占镇	30.90	7831	28755	14	21008	74168	24393
玉田镇	54.70	11343	42139	11	42616	85288	2334
罗联乡	21.50	3414	11532	8	20753	52593	584
松下镇	38.60	7042	26987	9	39753	1874631	14909
江田镇	86.40	15778	58715	17	47387	3115280	23196
古槐镇	51.80	17327	61508	23	27024	432846	8819
文武砂镇	32.00	6564	23995	9	68563	2046320	14885
鹤上镇	48.50	18235	60665	22	53523	1563102	15790
漳港街道	42.40	16974	55074	19	65920	2836965	24519
湖南镇	32.80	9619	30047	11	41275	1775700	30074
金峰镇	29.88	19847	69704	21	25364	1082434	26108
文岭镇	33.00	10341	34675	12	93231	1023124	12856
梅花镇	5.80	5941	15622	6	154486	136028	1213
潭头镇	56.00	16932	54748	23	73249	596145	5500
猴屿乡	20.02	1973	4823	4	12472	—	286

说明:数据来自长乐市统计局

(陈锦泰)

闽侯县

【概况】 闽侯县区域面积2136平方公里,辖1个街道、8个镇、6个乡,有325个行政村(居),常住人口75万人(含上街大学新校区在校生)。

2015年,闽侯县实施重点项目380项,完成投资383.4亿元;"行动计划"项目184项,完成投资279.6亿元;均超额完成年度投资计划。连续6年成为全省县域经济实力"十强县"、经济发展"十佳县"。

【经济建设】 实现地区生产总值438.7亿元,同比增长8.3%,三次产业结构调整为7.74:61.34:30.92;一般公共预算总收入90.1亿元,同比增长4.8%,其中一般公共预算收入65.2亿元,同比增长14.4%;社会消费品零售总额196.45亿元,同比增长7.6%;出口85.34亿元,同比增长4.9%。城镇居民人均可支配收入33151元,同比增长6.9%;农民人均可支配收入14555元,同比增长8.7%。

农业 实现农业总产值58.87亿元,同比增长4.5%。新增蔬菜基地66.67公顷,新增"三品"认证企业38家,雪峰高山茶获得第十三届国际农产品交易会、2015年国际食品博览会两项金奖,全国绿色食品原料(橄榄)标准化生产基地通过农业部验收。投入1.5亿元实施冬春修水利及水毁工程修复,治理水土流失133.33公顷,开发复垦补充耕地122.73公顷。推进白沙省级、大湖市级农民创业园建设,新培育朝阳农场等7家示范点。

工业 实现规模以上工业产值803.75亿元,同比增长5.9%。汽车、机电、建材、轻纺、工艺、食品六大主导产业分别完成产值215亿元、177亿元、91亿元、87亿元、82亿元、75亿元,新增规模以上企业14家。实施技改项目23项,东南汽车公司成为全省首批智能制造试点示范企业。青口投资区、闽侯经济技术开发区分别实现产值333亿元、150亿元,森通动力、向阳坊食品等项目建成投产。上街"海西园"初具规模,推进南屿"两园区"建设,久策气体等企业基本建成。

服务业 实施"服务业倍增"战略,实现服务业增加值135.66亿元,同比增长9.5%。推进"万村千乡市场工程"建设,创建省、市级副食品调控基地12家。蓝海物流、普洛斯物流等22个物流项目在建,海峡国际物流港(一期)、高速物流(二期)等7个项目建成投产。海峡农副产品批发物流中心年交易额超100亿元,南通物流园在建。八闽文化、金水湖等旅游综合体及孔元村闽台乡村旅游试验基地在建,五虎山国家森林公园总体规划编制完成,全年实现旅游总收入6.6亿元,同比增长14%。

招商引资 对接"三维"项目48项,引进三顺石料、协展机械等千万美元以上外企项目21项,总投资13.5亿美元;引进福建志盛物流、福州东南公路港物流园等民企项目27项,总投资145.7亿元;引进华润万家商业综合体等央企项目1项,总投资15亿元。

【城乡建设与管理】 县城建设 甘蔗万家广场动工建设,新区江滨路延伸段、江滨生态园等项目建成投用。荆溪省级小城镇中庚香山天地、光明谷温泉小镇等项目,向莆铁路永丰、光明、港头安置房等项目基本建成。竹岐新区316国道(竹岐段)建成通车,白沙孔元、新坡、上寨十里长廊启动实施。

城镇化建设 青口汽车城淘江中学(新校区)、林森公园、汽配城安置房等87个重点项目启动建设,塔礁洲湿地公园(一期)、林森大道等项目建成投用。南通物流城西环路、新南港大道前期工作全面启动,奥特莱斯(一期)基本建成。南屿科技城实施新保路、虎秀路及117县道(拓宽改造)等项目,高新区第一中心小学建成投用。上街大学城实施永嘉天地、乌龙江大道夜景灯光工程等21个重点项目,惠好路建成通车。

美丽乡村建设 推进甘蔗昙石、白沙井下等19个美丽乡村和"幸福家园工程"示范村建设,完成投资9200万元。"造福工程"搬迁332户,建成60公里农村公路,开通4条县内公交线路。

【社会事业】 科技 新建专家工作站2个,落实产学研项目6项。新增著名商标11个,新认定高新技术企业5家,福特科光电等3家企业入选市知识产权示范企业,闽侯入选"国家知识产权强县工程试点县"。

教育 投入3.4亿元实施29个学校项目,建成甘蔗中心小学等项目,新增学位1200个。通过国家义务教育发展基本均衡县、全省三类语言文字工作达标县评估验收。

文化体育 开展"百村千场"文化惠民演出"艺术季"主题活动等群众性文体活动,传统成人礼活动被评为全国优秀国学教育项目,闽剧《申己殊途》获福州市第二十三届戏剧会演优秀剧目奖。完成场馆建设、环境

闽侯江滨生态园建成并对外开放(闽侯县政府办 供)

表 66　　2015 年闽侯县街道(乡镇)基本情况一览

街道(乡镇)	辖地面积(平方公里)	人口		社区(村)(个)	农林牧渔业总产值(万元)	规模以上工业总产值(万元)	财政总收入(万元)
		户数(户)	人口数(人)				
青口镇	127	26588	85461	40	76094	2363488	154978
尚干镇	5	5867	17729	13	9933	172762	12538
祥谦镇	89	19245	64352	20	55586	618203	22563
南通镇	112	16570	47554	17	65591	133024	17228
南屿镇	171	20613	62465	24	36155	1086392	108338
上街镇	157	20883	84250	23	16947	279263	66168
竹岐乡	224	8467	29853	22	42898	210499	5884
鸿尾乡	157	9485	33421	20	38888	265613	8394
荆溪镇	131	14963	47108	19	58653	1421232	48288
甘蔗街道	47	16852	46593	18	14951	1238073	124049
白沙镇	175	10101	33842	25	31973	170352	10130
洋里乡	151	8554	29847	23	47907	16297	1926
大湖乡	282	9116	33036	23	48391	17775	1186
廷坪乡	217	9702	35210	25	23436	2995	386
小箬乡	46	2718	10190	8	13553	—	675

说明:数据来自闽侯县统计局

整治、志愿服务、安全保卫、后勤保障等工作,完成第一届全国青运会闽侯赛事承办任务。

卫生和计划生育　祥谦中心卫生院门诊病房大楼在建,大湖、洋里卫生院门诊病房综合楼主体完工。全年出生人口7335 人,人口出生率 12.2‰,人口自然增长率 7.3‰。

社会保障　全年财政用于民生支出54.96 亿元,占公共财政预算支出 70%。城镇新增就业 10707 人,转移农村富余劳动力 5503 人。年初确定的 59 项为民办实事项目,完成投资 12 亿元。新农合和城镇居民医保支出 2.8 亿元,26 万人(次)受益;被征地老龄农民生活补助支出 1.12 亿元,惠及 5.2 万人。扶持 50 个重点贫困村发展,帮扶 3916 户有劳动力的重点贫困户脱贫。开展"百千万"心连心帮扶活动,资助困难群众 945 万元。

生态建设　实施贝奇食品、建华管桩节能项目,完成华阳农牧养殖污染治理等 15 个减排项目,淘汰 197 部营运黄标车。开展生猪养殖污染治理专项行动,拆除 227.8 万平方米养殖场。新增公园绿地 21.63 公顷,完成造林绿化和森林经营 5980 公顷。年内闽侯县获"福建省森林县城"称号,通过国家生态县创建技术评估。青口、祥谦、鸿尾等 8 座生活垃圾转运站启动建设,建平污水提升泵站完成扩容改造,城关污水处理厂(二期)通水运行。

平安建设　加强食品药品安全监管,开展"打非治违"专项行动。推进"法治闽侯"建设。完成村(居)委会换届选举工作。

【闽侯江滨生态园】　公园位于闽侯县城新区闽江北岸,东起自来水公司泵房,西至闽侯甘竹大桥,全长 3.26 公里,纵向最宽处 500 米,总面积约 115 公顷,项目总投资 4500 万元,主要建设有自行车绿道、环湖木栈道、景观小品、老年门球场、掷球场等。

(余代銮)

连　江　县

【概况】　连江县区域总面积 4280 平方公里,其中陆地面积 1168 平方公里,海域面积 3112 平方公里。辖 22 个乡镇,有 277 个村居,人口约 66 万人。

2015 年,连江县实施重点项目 210 项,完成投资 229.6 亿元,其中 9 个项目争取国家专项建设基金 8.7 亿元。在 2015 年度福建省县域经济评价中,连江县进入经济实力"十强"县、经济发展"十佳"县行列。

【经济建设】　实现地区生产总值 352.45 亿元,同比增长 8.8%,三次产业结构为 34.0∶40.0∶25.9。财政总收入 38.1 亿元,同比增长 -17.7%,其中地方财政收入 25.7 亿元,同比增长 -23.2%;固定资产投资 518.7 亿元,同比增长 22.1%;城乡居民人均可支配收入 19605 元,同比增长 9.2%。

农业　实现农林牧渔业总产值212.1亿元,同比增长5.1%。加快现代农业发展,7个项目列为省级重点扶持项目。开展国家农业综合开发土地整治591.33公顷,流转土地4286.67公顷。举办第十五届"院士八闽行——连江海洋产业发展专场会"活动,亿达食品等7家企业与院士专家达成海产品养殖加工科研开发合作协议,南国风智慧生态渔业园在建。"连江鲍鱼"通过农产品地理标志申报,"连江虾皮""连江丁香鱼"获评地理证明商标、地理标志保护产品。渔业基础进一步夯实,苔菉北茭、后港、筱埕屿仔尾等渔港即将建成。

工业　规模以上工业增加值148.3亿元,同比增长12%。开展产学研合作4项,实现"6·18"中国海峡项目成果交易会企业技术对接45项,提升规模以上工业企业9家。马尾船政特种船舶、中石油可门钢管制造、聚春园、凯威斯等项目投产,推进申远聚酰胺、法国液化空气、神华煤港电一体化等项目建设进度,海王药业、瑞玻玻璃等项目动工建设。

服务业　实现社会消费品零售总额114.6亿元,同比增长23.4%。提升限额以上商贸企业21家。奥特莱斯购物广场开业,鸿腾酒店项目竣工,万星广场加快建设。贵安国际大剧院开业,华闽御山水、贵安桃园温泉度假村等项目在建。国际创新中心贵安基地正式揭牌,上海深蓝亿康等首批10家企业签约入驻。

招商引资　对接"三维"项目,开展招商引资工作。实际利用外资9877万美元,同比增长8.6%。组织参加首届21世纪海上丝绸之路博览会暨海峡两岸经贸交易会,签约项目52项,总投资426亿元;组织参加"9·8"投洽会,签约外资项目11项,总投资6.7亿美元。

【城乡建设与管理】　城乡规划　完成第五轮城市总体规划纲要、中心城核心区及青塘片区控规、敖江流域38公里景观规划编制。

市政建设与管理　县城区新客运东站、体育公园周边路网、玉泉大桥加固维修等工程完工,金凤大桥在建,解放大桥动工重建。加快敖江路片区改造,敖江路全线贯通。推进青塘片区"退二进三"工作。建成北江滨慢道、西滨公园、九龙山公园等景观工程,新增绿地面积22公顷。

基层建设管理　打造小沧村等12个美丽乡村、桂林村等11个新农村幸福家园工程。加大城乡交通基础设施建设,福州东绕城高速公路洋门至梅里段通车。新建、改造农村公路25.6公里。推进敖江下游防洪排涝等重点水利工程,完成南宫、合山、观音亭等11座水库除险加固。全县各行政村饮水安全工程基本完成。潘渡、蓼沿、江南、下宫、安凯等5个乡撤乡设镇工作顺利推进。村(居)委会换届选举工作全面完成。

【社会事业】　科技　有省级高新技术企业5家,省、市级企业技术中心8个,院士工作站1个,专家工作站6个。全年专利申请量436件,专利授权量345件,其中发明专利14件,实用新型专利227件,外观专利104件。

教育　全县幼儿园在校生26310人,小学在校生42660人,初中在校生10510人,高中在校生7583人,中职在校生1987人,特教在校生203人。文笔小学动工建设,全年新建校舍10万平方米,拆除、改造危旧校舍2.37万平方米,完成校园附属配套工程90项,新增中小学学位1826个、幼儿学位308个。国家级义务教育发展基本均衡县、省级"两项督导"评估检查顺利通过。

文化体育　实施文化服务"百千万"工程,编撰出版第一套《连江历史文化丛书》,开展十番古乐展演等群众文化活动。启动县广播电视台高清化改造和扩版改革,完成有线数字电视整体转换3万多户。县体育公园建成,奖补500万元建设23个乡村文体公园,配套健身路径49套。承办全国首届青运会武术套路比赛、全省青少年武术套路锦标赛等重大赛事。

卫生和计划生育　投资8500万元优化县、乡医疗卫生机构配置。加快县医院新院、精神病医院建设前期工作,连江县医院贵安分院建成开诊,县皮肤病院迁入新址。长龙等7个乡镇卫生院完成楼舍改造,动建黄岐卫生院宿舍楼等19个配套项目。加强计生利益导向机制建设,全年出生人口9006人,人口出生率13.07‰,出生人口性别比106.75,人口自然增长率7.96‰。

社会保障　全年县财政用于民生领域支出39.2亿元,占公共财政支出的85.7%。全县城镇新增就业3486人,新增农村劳动力转移就业6463人,提供就业岗位4273个。城乡居民养老保险参保率和新农合参合率分别达到99.12%和100%。新增公租房70套,建成保障房287套,配租210套,改造城市棚户区500多套。实施80周岁以上高龄老年人生活补助政策,建立县级红十字大病救助基金。

生态建设　开展敖江流域水环境综合整治,敖江流域饰面石材矿山全面退出。全县造林绿化1400公顷。通过国家生态县技术评估,获第四届省级文明县城称号。强化"两违"认定和分类处置,拆除违章建筑98.3万平方米,查处违法占地100.3万平方米。

平安建设　推进"平安连江"建设,加强社会治安立体化防控,清理、取缔涉渔"三无"船舶,打击非法采捕红珊瑚等违法行为。全面落实社会稳定风险评估机制,完善领导干部接访、约访、下访和领导包案制度,多元化化解矛盾纠纷。开展道路交通、建筑施工、涉氨制冷等安全隐患排查工作。

【黄岐至马祖客运航线开通】　12月23日,连江黄岐至马祖白沙客运航线首航仪式在福州港黄岐客运站举行,航线全程4.8海里,用时20分钟,为两岸第四条"小三通"航线。可靠泊100吨级客船的黄岐对台客运站浮码头和设计年旅客通过能力24.5万人的黄岐对台旅检大楼同期正式交付使用。

表 67　**2015 年连江县乡镇基本情况一览**

乡镇	辖地面积(平方公里)	人口		社区(村)(个)	农林牧渔业总产值(万元)	规模以上工业总产值(万元)	财政总收入(万元)
		户数(户)	人口数(人)				
凤城镇	6.19	24306	78112	14	843	2331	22063
敖江镇	41.54	10687	38784	14	6845	563805	25399
江南乡	75.18	7656	25883	16	13064	11972	5291
东湖镇	45.85	4983	16948	10	13874	89356	5092
浦口镇	52.40	10639	37470	14	76218	11716	4098
东岱镇	24.73	10041	35329	9	98819	30147	2701
晓澳镇	20.08	11154	36766	7	167239	71562	5982
琯头镇	61.09	18305	57074	28	209175	90413	10818
潘渡乡	142.87	5989	20820	14	53498	—	21778
小沧乡	65.24	1188	4366	5	2745	—	171
丹阳镇	111.53	8501	29323	19	27871	57667	2409
蓼沿乡	124.57	8319	29976	23	11617	27038	1557
长龙镇	66.51	3785	13049	7	20598	—	1959
透堡镇	25.81	6228	22772	8	41205	3221	6227
马鼻镇	38.82	12757	47557	15	85462	3717	23803
官坂镇	49.44	8932	33696	16	88919	6495	2358
坑园镇	39.33	6319	24644	8	131097	28483	4444
下宫乡	32.36	4092	15565	9	52611	23544	1280
筱埕镇	32.99	8282	28230	11	144870	58566	2590
黄岐镇	13.43	7356	24327	11	297539	28953	2011
安凯乡	30.87	4973	17731	11	128588	34789	789
苔菉镇	8.30	7855	26679	8	317675	16390	1475
其他	—	—	—	—	130481	323021	227014

说明:数据来自连江县统计局

(王　宇)

闽　清　县

【概况】　闽清县区域面积 1466 平方公里,辖 11 个镇、5 个乡,有 20 个社区、271 个行政村,户籍人口 32.2 万人。有 20 余万名侨胞旅居新加坡、马来西亚、印尼等国家和地区。

2015 年,闽清县组织实施省级重点项目 5 项,总投资 51.23 亿元,完成年度投资 9.55 亿元;市级重点项目 9 项,总投资 82.63 亿元,完成年度投资 19.99 亿元;县级重点项目 85 项,总投资 322.37 亿元,完成投资 56.8 亿元。

【经济建设】　实现地区生产总值 141.2 亿元,同比增长 8.8%,三次产业结构为 17∶56.16∶26.34;一般公共预算总收入 13.5 亿元,同比增长 19.9%,其中地方一般公共预算收入 8.1 亿元,同比增长 18%;固定资产投资 62 亿元,同比增长 25.5%,其中工业固定资产投资 20 亿元,同比增长 15.8%;出口总额 7.8 亿元,同比增长 0.1%;城镇居民人均可支配收入 24972 元,同比增长 7.5%;农村居民人均可支配收入 11531 元,同比增长 9%。新增二级以上建筑企业 6 家,完成建安产值 351.9 亿元,同比增长 54.9%。

农业　实现农林牧渔业总产值 42.8 亿元,同比增长 4.6%,设施农业、订单农业面积分别累计达 200 公顷和 8000 公顷,县级以上农业龙头企业完成销售收入 11 亿元,同比增长 14.5%,带动 1.95 万户农民增收。投入 3220 万元实施冬春水利及水毁工程修复,完成桔林等 5 个乡镇小农水重点县项目建设,除险加固水库 5 座,新增和改善节水灌溉面积

0.07万公顷。葫芦门水库、闽江防洪工程福州段(二期)等项目在建。

工业　实现规模以上工业总产值突破167.7亿元,同比增长7.4%;实现规模以上工业增加值55.1亿元,同比增长8.3%。小神龙表业等29家企业投入3.47亿元实施技改扩产,为44家陶瓷企业兑现天然气技改及用气补助资金2717万元,新增规模以上工业企业5家,金海威机电等10个项目建成投产,浩通管业(二期)等15个项目动工建设,全县完成工业投资20亿元,同比增长15.8%。白金工业园区入驻企业达72家,年创产值53.3亿元,占全县工业总产值的31.9%;中建(福建)绿色产业园启动区PC构件厂建成投产,推进园区240公顷大型综合性基地开发及17个产业链项目招商,东桥表业园安置区、自来水厂等配套设施在建,工业一期项目动工建设。

服务业　实现社会消费品零售总额43.7亿元,同比增长12.6%,新增限额以上商贸企业8家。福州地区首个阿里巴巴农村淘宝项目落户闽清,省级电子商务进农村示范县年内通过。全年接待游客83.47万人次,旅游收入突破1亿元,分别同比增长15.3%和15.31%。投资16亿元的梅溪億心源温泉休闲度假项目签约,宏琳厝通过国家AAA级旅游景区验收,小神龙表业获评全省首批观光工厂。落户闽清银行机构达9家,金融机构各项贷款余额同比增长15.93%,农业龙头企业"助保贷"业务全面启动。

招商引资　内资实际到资60亿元,同比增长66.6%;实际利用外资482万美元,同比增长8.2%。年内引进博尔达机电等外资项目3项,总投资6100万美元;引进礼恩电缆等民企项目25项,总投资20.55亿元。

【城乡建设与管理】　新城开发和中心城区建设　梅溪新城"十大工程"完成投资约4.3亿元。动建316国道县消防大队至横五线路口段拓宽改造工程、渡口110千伏变电站、新城防洪整治工程等基础设施,建成新城一、二期安置区和梅埔保障房等商住项目,新城900多户居民全部回迁选房。城北猴山口、洋桃、原造纸厂等片区改造步伐加快,梅城大街北段等道路完成"白改黑",推进浮头街等背街小巷综合整治。完成梅溪城区段两岸绿化,建成"三镇同城化"绿道,新增城区公共绿地10万平方米。

市政建设　梅溪新城主干路三等5条市政道路、闽江公园和大王仑山体公园等项目动工建设,新"三馆"、学校、医院等公共服务设施项目前期工作开展。合福高速铁路、京台高速公路建成通车,完成316国道雄江大桥改建和202省道白樟白洋至坂东华侨商贸城段道路"白改黑",总投资10亿元的横五线梅溪渡口至云龙段和联一线坂东楼下至云龙段道路全面动建,北溪闽江大桥、闽清北站站前广场及配套设施(一期)基本建成,大路桥至潭口桥公路在建,完成"镇镇有干线"白中里洋至池园潘亭段、东桥溪沙至朱山段等道路改建工程,硬化农村公路25公里。

宜居环境建设　实施宜居环境建设项目62项,完成投资6.7亿元。新培育白中霞溪村等14个美丽乡村,建成云龙后垅村等5个市县级幸福家园示范村。塔庄炉溪村等14个村落被评定为第一批省级传统村落。

【社会事业】　科技　闽清县被确定为首批省级创新驱动助力工程示范区,陶瓷科技孵化器被省科技厅授予"福建省省级科技企业孵化器"称号,新增科技型企业3家、省市著(知)名商标4件。

教育　启动教育信息化"班班通"项目。建成金沙等3个乡镇中心幼儿园,省璜中心幼儿园投入使用。全年投入1835万元,动建白樟中心小学、坂东文定中心小学等教学综合楼,建成城关中学、东桥大安小学等教学综合楼和县特殊教育学校,启动县第一中学附属初级中学和县第三实验小学土石方工程。义务教育发展基本均衡县创建通过国家评估验收。

文化体育　新建一批图书流通点、健身路径等文体设施,放映农村公益电影3259场,完成上莲等6个乡镇有线电视数字化整转,开展"道德讲堂""文化下乡"等文体惠民活动。举办县第七届运动会。

卫生和计划生育　医药卫生体制改革深入推进,县级公立医院实施药品零差率,白中卫生院医技综合楼和县医院综合楼投入使用,启动县中医院和梅溪卫生院迁建工程,新建空白村卫生所18个,人均基本公共卫生服务经费提高至40元。全年出生人口4694人,人口出生率13.9‰,人口自然增长率9.07‰。

社会保障　城镇新增就业2196人,转移农村富余劳动力5732人,城镇登记失业率2.1%。城镇居民医保和新农合政府补助标准提高至400元,覆盖面进一步扩大。城乡居民社会养老保险实现一体化,参保率达98.7%。建立完善80周岁以上高龄老人生活补贴制度,惠及6507人。县财政出资为城乡低保群众购买补充救助项目保险;全年共发放城乡低保金4738.92万元,同比增长35.81%;新开工建设保障性住房960套,基本建成885套,历年配租配售率达95%。县拘留所、看守所和社会福利中心(一期)主体工程完工,农村幸福院覆盖率达28%。

生态建设　开展大气污染"六个专项"整治,全面实施提升空气质量行动计划,淘汰改造燃煤小锅炉10台,淘汰黄标车111辆,实施30项重点减排项目,推进建陶企业"煤改气"30家,整治锅炉烟气企业40家,全年PM10颗粒物浓度下降11.7%,二级以上优良天数达90.4%,提高3.1个百分点。拆除违章建筑面积43.88万平方米。创建省级森林县城活动深入开展,新增造林绿化面积0.11万公顷,完成水土流失治理400公顷,通过省级生态县和省级园林县城考核验收。

平安建设　开展社会稳定风险评估工作,推进"大调解"体系建设,化解各类矛盾纠纷157件。投入1804万元实施道路黑点整治和安保工程,加强"平安闽清"建设,公众安全感达95.83%。强化安全生产基层基础规范化建设,生产安全事故起数和死亡人数分别同比下降50%和40%。坂东消防站正式投入使用。

表 68　　**2015 年闽清县乡镇基本情况一览**

乡镇	辖地面积(平方公里)	人口		社区(村)(个)	农林牧渔业总产值(万元)	工业总产值(万元)	地方财政收入(万元)	地方财政一般预算支出(万元)
		户数(户)	人口数(人)					
梅城镇	9.27	13965	40674	12	3557	64512	7741	1394
梅溪镇	144.13	6830	23112	22	32127	29794	4797	1414
云龙乡	40.42	3731	11734	10	37499	353470	2897	1652
白樟镇	80.78	5658	18956	14	30153	354151	3481	1347
金沙镇	156.67	4227	14279	19	22840	67129	450	1433
白中镇	41.80	5479	18983	14	21911	367101	2596	1243
池园镇	89.47	7041	24344	20	23029	183260	1623	1440
上莲乡	122.68	3741	13506	18	28590	9791	134	799
坂东镇	58.53	13205	44488	28	49888	70810	1835	1477
三溪乡	47.00	2971	9840	12	15630	772	140	707
塔庄镇	73.27	7621	26069	25	33431	13196	1325	2309
省璜镇	116.67	5494	20070	27	32324	1595	1554	1432
雄江镇	111.20	2114	6196	13	15023	12178	205	908
桔林乡	107.20	2094	6887	13	17900	4479	2923	1082
东桥镇	187.34	5982	22461	23	33292	43069	665	1394
下祝乡	80.14	5336	20327	22	27765	7543	158	1306

说明:数据来自闽清县统计局、财政局

(郭　龙)

罗　源　县

【概况】　罗源县区域面积 1187 平方公里。辖 6 个镇、5 个乡,有 8 个社区、189 个行政村。户籍人口 26.45 万人,其中畲族人口占 8.1%,为福建省畲族主要聚居区和老区县之一。

2015 年,罗源县 65 项重点项目完成投资 87.6 亿元,其中 21 项列入市级(福州新区)的重点项目完成投资 83.8 亿元。

【经济建设】　实现地区生产总值 181.5 亿元,同比增长 6%,三次产业结构为 18.6:62.8:18.6;公共财政总收入 15.7 亿元,其中地方公共财政收入 10.89 亿元;全社会固定资产投资 137.3 亿元;出口总值 2.86 亿元,同比增长 0.2%;社会消费品零售总额 45.2 亿元,同比增长 7.4%;城镇居民人均可支配收入 26078 元,同比增长 6.8%;农民人均纯收入 11954 元,同比增长 8%。建筑业增加值 6.9 亿元,同比增长 10.3%。全年港口货物吞吐量 1009 万吨。

农业　实现农业总产值 60.3 亿元,同比增长 4.4%;第一产业增加值 33.8 亿元,同比增长 4.1%。全县 19 家农业产业化龙头企业产值达 11.6 亿元,同比增长 10.7%。实现水产品产量 15.2 万吨,产值 35.07 亿元,近 2000 名退养渔民到县外从事南美白对虾养殖,养殖面积7666.67 公顷,年产量 4.66 万吨,产值达 11 亿元;新发展茶园 53.33 公顷,初制加工厂清洁化改造 3 家,其中 1 家通过 QS 认证;新建和改造标准化菇棚 20 多公顷和食用菌生产线 4 条,年栽培食用菌 4200 多万袋,销售鲜菇 8.9 万吨,实现产值 7.5 亿元,新增创鲜、祥业 2 家食用菌加工型企业。

工业　实现规模以上工业产值 309.5 亿元;实现第二产业增加值 114 亿元,同比增长 3.3%;实现工业固定资产投资 50.95 亿元,同比增长 38.3%。南铝铝材工程公司总部迁入罗源县,一期项目竣工投产;闽光钢铁配套改造工程基本完成;台商投资区松山片区 12 幢标准厂房和服务中心全部封顶。

服务业　实现第三产业增加值 33.7 亿元,同比增长 19.1%。罗源湾海洋世界、海上搏斗城、游艇俱乐部、冰雪世界、梦幻魔都、海上高尔夫等项目建成运营,白鲸馆和 5D 飞行影院主体完工,全县旅游标识标牌建设完成,县旅游集散服务中心破土动建,创建国家 AAAA 级、AAA 级景区各 1 个。全年接待游客 79.2 万人次,实现旅游产值 11 亿元,分别同比增长 33.6% 和 41.7%。年末金融机构本外币各项存款 84.62 亿元,同比增长 1.31%;本外币各项贷款 135.13 亿元,同比增长 13.09%。

招商引资　签约和对接项目 57 项,

实际利用外资 3391 万美元,同比增长 8.06%。促成普天集团与恒久集团合作开发新能源汽车动力电池、福晟集团并购明通建筑集团,推进博美生物、宇星实业等企业并购重组。

【城乡建设与管理】 城乡规划 《罗源县城市总体规划(2013—2030)》获福州市政府批复实施。启动罗源县规划管理系统建设和“多规合一”编制工作。

征迁安置 重点项目卫生防护距离内征迁涉及 5 个行政村、1071 户、3969 人,共签订征迁协议 938 户,签约率 87.58%。华能罗源火电厂项目用地征迁涉及 2 个自然村、166 户、580 人,签约率 100%。

市政建设与管理 滨海新城建设基本完成,市政、旅游、商业等配套设施逐步完善。改造提升中心城区,完成南大路至北大路环境综合整治、闽风社区综合整治、北江滨公园二期(渡头桥至排涝站)景观工程、渡头桥至五里桥沿溪两岸绿地公园景观综合整治、南溪三道桥至五里桥段景观整治工程二期、城区生活污水处理厂三期、渡头新区一期路网等工程建设;推进“两违”综合治理,拆除违法建筑 46.8 万平方米,腾出违法占地 64.4 万平方米。

基层建设管理 建设 16 个“美丽乡村”行政村和 7 个新农村“幸福家园工程”示范村,打造起步至洪洋 10 公里美丽乡村景观带,白塔乡凤坂村、洪洋乡石塘村列为省级美丽乡村建设示范村;霍口乡福湖村被列入首批国家级乡村旅游品牌,中房镇厚富村、飞竹镇塔里洋村等 7 个村入选全省传统村落名录。全县路灯亮灯率达97%以上。完成松山围垦水闸和 5 座水库除险加固以及洪洋溪山洪沟治理,实施起步溪余家塘段防洪堤二期、起步溪护国段防洪堤二期和 3 项农村饮水安全工程。推进 104 国道五里至白塔段改造、滨海大通道碧里至鉴江段、松岐中路、霍口水库、敖江供水、将军帽变电站、滨海新城变电站,日供水能力 17 万吨,供电能力 47 亿千瓦时。

【社会事业】 科技 全年申请专利量 210 项,授权量 117 件,获批省级高新技术企业 2 家,科技型企业备案 1 家。

南铝铝材工程公司总部迁入罗源县,一期项目竣工投产(李敬元 摄)

教育 建成罗源滨海实验小学,新增 72 个班级 3240 个学位;实施“全面改薄”工程和“校安长效机制”工程,完成 23 个校舍建设项目和教育教学设施设备购置投资计划;公开招聘 84 名新任教师;启动建设特殊教育学校;罗源一中被评为省一级达标校;年内通过省对县“两项督导”评估考核和国家三类城市语言文字工作达标县创建验收。年内有幼儿园在校学生 7875 人,小学在校生 14579 人,初中在校生 5683 人,高中在校生 2773 人,中等职业技术学校在校生 1719 人。

文化体育 开展文艺“六进”和“畲族・风”民俗文化节等活动;成立文史学社,组织实施可移动文物普查,完成陈太尉宫修缮工作;建成 11 个乡镇综合文化站及信息共享工程,罗源畲族风情剪纸艺术创作基地被列入省级特色文艺示范基地;选送的《山哈藤阵》《铃卜情》2 个项目代表福建省参加全国第十届少数民族传统体育运动会并获银奖;成立太极拳、足球等协会,罗源籍运动员康佳美在葡萄牙皮划艇世界杯 1000 米女子单人赛中获得第四名,在全国皮划艇锦标赛中获女单 200 米金牌和 500 米银牌;罗源籍运动员咸博文在第八届青年武术锦标赛中获男子 80 公斤级散打冠军。

卫生和计划生育 完成县医院床位改造和血液透析中心改扩建,县中医院中西医结合肿瘤专科被列入省级特色专科建设项目,县精神病防治院综合楼投入使用,完成县妇幼院、疾控中心、松山卫生院改造提升以及 5 所幸福家园工程村卫生所建设。全年出生人口 3940 人,人口出生率 14.24‰,人口自然增长率为 8.14‰,出生人口性别比为 103.09。

社会保障 县财政用于民生支出 14.66 亿元,占公共财政预算支出的 72.71%。新增城镇就业 2698 人,城镇登记失业率 1.36%,转移农业富余劳动力 7021 人。提高城乡居民基础养老金、城乡“低保”、农村“五保”等补助标准以及“新农合”人均筹资水平,完成 2725 人的脱贫工作。启动县老年大学综合楼工程,完成 27 座农村幸福院建设,建立 80 周岁以上高龄老人补贴制度。建成保障性住房 249 套,配租公租房 232 套,完成 202 户 750 人“造福工程”。

生态建设 完成金港工业区钢铁企业环境问题整改项目 103 项,占任务的 93%;实施 22 项敖江流域水环境综合整治项目;淘汰报废“黄标车”178 辆,拆除禁养区生猪养殖场 87 家、7.5 万平方米;造林绿化 1000 公顷,超年度计划 21.4 个百分点。实行林权登记动态管理,林权初始登记发证面积 793.33 公顷、林权抵押登记面积 200 公顷。新增土地流转面积 233.33 公顷。

平安建设 推进“平安罗源”建设,制定出台 13 项突发事件应急处置工作预案;加强反恐队伍建设,成立县综合应急大队,社会治安安全率 93.21%;“平安创建”知晓率 73.19%;执法工作满意度 90.85%。

表 69　　2015 年罗源县乡镇基本情况一览

乡镇	辖地面积（平方公里）	人口		社区(村)(个)	农林牧渔业总产值(万元)	规模以上工业总产值(万元)	财政总收入(万元)
		户数(户)	人口数(人)				
凤山镇	31.6480	17678	55657	16	5450.8	60632.0	12958.36
松山镇	117.8552	10123	38391	23	195820.9	0.0	5125.38
碧里乡	100.6795	7401	25726	12	143537.6	0.0	3071.79
鉴江镇	66.6911	3829	13423	9	48635.3	15263.9	634.62
起步镇	73.0938	8261	28168	21	57247.3	27799.5	655.74
洪洋乡	70.1106	4052	13447	18	18354.5	110007.6	1076.37
中房镇	132.1024	7266	24409	23	37124.3	15425.9	494.11
白塔乡	71.4367	4408	15206	15	21510.9	151636.2	2078.93
西兰乡	77.6407	4096	13679	17	22796.9	203942.2	1931.45
飞竹镇	120.7924	4636	16140	19	22979.6	47045.8	657.46
霍口畲族乡	197.5551	5915	20287	24	29172.1	0.0	452.40
罗源湾开发区	10.1722	—	—	—	—	2211877.4	50783.31

说明：数据来自罗源县统计局　　（杜武义　康高艳）

永　泰　县

【概况】　永泰县区域面积 2230 平方公里。辖 9 个镇、12 个乡、255 个行政村、12 个社区，户籍人口 38 万人。有畲、傣、蒙、回等 12 个少数民族，人口 6000 多人。

2015 年，永泰县实施 79 项重点项目，其中 37 项结转项目动工 34 项，42 项计划新开工项目动工 12 项。全社会固定资产投资（不含“两路”）完成 77.6 亿元，同比增长 2%，其中项目（不含房地产）投资 30 亿元，同比增长 30.2%。

【经济建设】　实现地区生产总值 130.9 亿元，同比增长 8%；财政总收入（不含基金）10.29 亿元，同比增长 15.8%，其中地方财政收入 7.48 亿元，同比增长 18.7%；社会消费品零售总额 48.4 亿元，同比增长 15.6%；城镇居民人均可支配收入 24095 元，同比增长 7.5%；农村居民人均可支配收入 11071 元，同比增长 8.3%。

农业　实现农林牧渔业总产值 61.8 亿元，同比增长 4.6%。完成粮食播种面积 1.79 万公顷，新建粮食高产示范区 700 公顷，发展高山蔬菜 1 万公顷、名特优水果 2000 公顷。成功申报“永泰绿茶”“永泰山茶油”地理标志产品和“永泰富泉羊”地理标志证明商标。新增县级储备粮 2000 吨、省著名商标 2 件。建成省级林下经济示范基地 4 个、农民创业示范基地 3 个。为全县 3206 株名木古树实施挂牌保护，完成防火林带建设 188.67 公顷，受理林权登记 359 宗 3001 公顷。实施病险水库除险加固 10 座。

工业　完成工业总产值 62.1 亿元，同比增长 9%，其中规模以上工业产值 48.6 亿元，同比增长 9.6%，实现增加值 11.7 亿元，同比增长 9.5%。新晋一级总承包企业 4 家，建筑业总产值 296.7 亿元，同比增长 27.2%；建筑和房地产业入库税收 5 亿元，同比增长 11.7%。5 家企业提升为规模以上工业企业，11 家企业落户信息化产业园，动工建设永泰抽水蓄能电站“两路”工程。

服务业　启动旅游观光小火车项目前期工作，云顶景区获评国家生态旅游示范区。嵩口古镇入选首批“中国乡村旅游创客示范基地”。举办环福州·永泰国际公路自行车赛、永泰旅游美食节、李梅节和温泉节等活动，冠景温泉大饭店、冠景国际影城、青云山假日酒店等实现营业。全年接待游客 520.7 万人次，旅游总收入 16.9 亿元，分别同比增长 20.1% 和 25.3%。年内通过省级农村电子商务示范县申报，培育电子商务企业 20 多家。

招商引资　签约和对接外资项目 14 项，计划总投资 1.53 亿元，合同外资 1382 万美元。引进广东世华、福建建工等集团公司，内资实际到资 64.65 亿元，同比增长 97.1%；实际利用外资 2116 万美元，同比增长 8.1%；出口总值 5178 万美元，同比增长 22.6%。

【城乡建设与管理】　城乡规划　启动“多规合一”编制工作。完成东门小区控制性详细规划，开展太原组团、高速动车口东侧地块等控制性详细规划编制，控规覆盖率 75%。完善专项规划，开展道路专项规划、防洪排涝专项规划、十三五新型城镇化住房发展规划、污水给水专项规划。

征迁安置　实施重点项目房屋征收（包括在建续建项目）21 宗，其中国有土地上房屋征收 6 宗，集体土地上房屋征收 15 宗，总计征收房屋 1027 户，完成房屋征收面积 14.93 万平方米。开展“两违”综合整治，拆除违法建设 861 宗。全年投入资金 925 万元，建设樟树坂东侧、刘岐大桥南侧等 5 个安置房项目。

市政建设与管理　开展省级森林县城创建工作。基本完成“三溪六岸”景观整治和绿色慢道建设，建成南江滨公园景观项目。动工建设大樟溪自行车道示范段10公里。二环、三环路全面动建，县城绿化面积达336.8万平方米，88万平方米环卫面积实现社会化运营。

美丽乡村建设　实施嵩口历史文化名镇保护开发和传统村落、古庄寨保护工程，建成梧桐春光村等一批新农村“幸福家园工程”示范村，完成25个美丽乡村建设任务，17个村入选首批省级传统村落名录，完成“造福搬迁”49户110人。

【社会事业】　科技　全年专利申请量166件，同比增长112.82%；专利授权量102件，同比增长264.29%。

教育　永泰一中通过省一级达标校评估验收，县实验幼儿园通过省级示范园评估验收。城关中学被确认为省三级达标高中校。全年投入教育经费4.9亿元。新建、改扩建校舍面积2.9万平方米。

文化体育　文化体育建设等支出3202万元，“六馆一中心”主体封顶进入装修。举办环福州·永泰国际公路自行车赛、福建省自行车联赛(永泰站)和县第十七届运动会等赛事活动，游泳、田径等23个项目、47人次破县纪录。武术代表队在全国传统武术、武术之乡武术、国际武术等比赛中共获21枚金牌、29枚银牌、27枚铜牌。

卫生和计划生育　全年医疗卫生和计划生育支出2.98亿元。完成县医院旧病房大楼改造及配套工程。县中医院、妇幼保健院迁建工程扎实推进。新建县精神病院开放性病床区域2918平方米。完成5所卫生院污水处理和环境改造工程。出台医药卫生体制和公立医院综合改革实施方案。全年出生人口5699人，人口出生率14.65‰，人口自然同比增长率9.61‰，出生人口性别比108.22。全年完成免费孕前优生健康检查1531对，依法查处“两非”案件12例。

社会保障　争取各类扶贫转移补助资金2亿元。组织领导干部结对帮扶，对接项目33个，落实帮扶资金1894万元。举办各类职业培训班36期，培训3018人次，城镇新增就业2535人，转移农业富余劳动力5110人。落实城乡低保提标提补，发放困难群众最低生活保障金4525万元；实施城乡医疗救助24531人次，补助救助资金512万元。就业和便民服务中心投入运行，社会福利中心项目完成主体工程。建成农村幸福院49座、乡镇敬老院5个和社区居家养老服务站8个。建设保障性安居工程513套。

第四届环福州·永泰国际公路自行车赛永泰站前大道—云顶景区赛段比赛
(陈礼信　摄)

生态环境保护　实施生态文明先行示范区和国家主体功能区建设。完成重点生态区位内非国有商品林赎买733.33公顷。全面加强大樟溪流域水环境和村庄整治，完成造林绿化1153.33公顷，治理水土流失面积1633.33公顷。启动闽江防洪工程(福州段)三期、梧桐潼关溪、葛岭镇区防洪排涝工程建设，完成富泉溪流域(一期)治理。东部新城污水处理厂开工建设。完成城区燃煤锅炉改造3蒸吨，淘汰黄标车71辆。

平安建设　推进“平安永泰”“法治永泰”“智慧永泰”建设，年内被评为“全省法治县(市、区)创建活动先进单位”，“六五”普法通过市验收，启动数字城管服务平台建设。挂牌成立县公共法律服务中心，创建“国家级民主法治村”1个、省级8个、市级40个。

【永泰旅游文化嘉年华系列活动】　10月31日开幕，主要有万人健走中国云顶冰川大峡谷活动、第四届环福州·永泰国际公路自行车赛、第六届福州温泉国际旅游节、第三届永泰旅游美食节和第三届永泰嵩口赶圩节等活动，其中，第四届环福州·永泰国际公路自行车赛有15个国家和地区的22支车队、132名选手参赛，并首次在中央五套进行直播。

【永泰抽水蓄能电站】　2015年省重点能源项目之一，12月30日正式开工。电站距主要负荷中心省会福州直线距离为37公里，动态总投资为62.83亿元，将建设4台30万千瓦电力机组，总装机容量120万千瓦，首台电力机组将于2020年投产运营。建成后，年发电量20.1亿千瓦时，将成为全省电网的紧急备用电源，承担调峰、调频、调相和紧急事故备用等任务。

表 70　　**2015 年永泰县乡镇基本情况一览**

乡镇	辖地面积（平方公里）	人口		社区(村)（个）	农林牧渔业总产值(万元)	规模以上工业总产值(万元)	财政总支出（万元）
		户数(户)	人口数(人)				
清凉镇	105.05	3693	12103	12	54038	32612	1031.41
富泉乡	64.52	2242	7089	9	18070	6278	828.53
岭路乡	114.63	2272	8197	10	24549	—	727.94
赤锡乡	98.70	4510	16348	15	23217	16754	823.86
梧桐镇	171.92	11802	39923	22	50735	10306	1859.33
嵩口镇	248.82	10454	32493	21	52409	9101	1097.27
洑口乡	133.12	4215	13703	10	18887	10641	858.58
盖洋乡	114.54	2932	9580	10	19575	—	639.95
长庆镇	160.72	8217	25217	15	41539	44942	977.26
东洋乡	48.57	2945	8926	10	16784	6278	625.00
霞拔乡	59.54	5393	17681	11	18386	—	804.70
同安镇	138.90	9854	32206	23	44218	7939	1375.97
大洋镇	107.71	9898	35014	18	42418	11975	1505.16
盘谷乡	30.28	3288	10652	6	17094	10383	632.07
红星乡	46.17	2958	8859	8	19538	2233	728.43
白云乡	105.17	4372	13576	13	37476	—	1225.33
丹云乡	59.80	1256	3968	6	17679	—	407.55

说明：数据来自永泰县统计局、财政局　　（汪文波）

（编辑　黄　铭　李　磊　郭秋延）

2015年在福州市工作的院士

姓名	出生年月	籍贯	当选年度	职务 职称	毕业院校	研究领域
谢联辉	1935.3	龙岩	1991	中国科学院院士，福建农林大学学术委员会主任、病毒研究所所长	福建农学院	植物病理学
魏可镁	1939.8	福清	1997	中国工程院院士，福州大学教授、原校长	福州大学	化学催化剂工程
吴新涛	1939.4	晋江	1999	中国科学院院士，福建省科协主席、中国科学院福建省物质结构研究所研究员	厦门大学	物理化学（结构化学）
洪茂椿	1953.9	莆田	2003	中国科学院院士，中国科学院福建物质结构研究所所长、研究员	福州大学	无机化学
谢华安	1941.8	龙岩	2007	中国科学院院士，福建省农科院研究员、原院长	龙岩农校	杂交水稻育种
付贤智	1957.7	邵武	2009	中国工程院院士，中共福州大学委员会常委、副书记，福州大学校长、教授、博士生导师	北京大学	光催化

（苏燕铃）

2015年福州市先进人物

全国劳动模范（10人）

姓名	工作单位	职务（职称）
郑贞良	福州市红庙岭垃圾综合处理场	重型特种机械操作手
刘筝徽（女）	中建海峡建设发展有限公司建设规划设计院	副院长、高级工程师
傅祥文	北京福富软件技术股份有限公司福州分公司	技术总监、工程师
胡明华	福州市公共交通集团有限责任公司	驾驶员
卢玉胜	永泰县同安镇翥岭林场	场长、工程师
郑德钗	福州市连江县坑园镇下屿村	党总支书记

姓　名	工　作　单　位	职务(职称)
邱奕多	福州建工(集团)总公司土建班	组长、工程师
戴秀芳(女)	华榕(集团)有限公司	董事长、高级经济师
肖维军	福建福光数码科技有限公司	总工程师、高级工程师
陈文学	福建东南造船有限公司	总务课长

全国先进工作者(5人)

姓　名	工　作　单　位	职务(职称)
林心淦	福清市公安局	副局长
张正坚	罗源县霍口中心校东宅小学	校长、小学高级教师
赵依杰	福州市农业科学研究所果树研究室	主任、研究员
林丽钦(女)	闽清县上莲乡后佳卫生院	院长、主治医师
杨黄浩	福州大学生物科学与工程学院	院长、研究员

福建省"五一劳动奖章"获得者(33人)

姓　名	工　作　单　位	职务(职称)
刘昌平	福州市公路局罗源分局洪洋公路站	养护工
丁香珠(女)	福州市台江区人民法院	副院长
黄文伟	福建水口发电集团有限公司	党委书记
吴永忠	中共长乐市文武砂镇委员会	党委书记
林　建	福建新大陆支付技术有限公司	总经理
朱　琪(女)	福州市第二医院	院　长
黄　毅	福清市人民政府龙山街道办事处社区规划与建设服务中心	主　任
许和平	长乐市邮政局投递部	主　任
黄润钦	闽侯县地方税务局税政科	科　员
魏　冉(女)	连江县公证处	公证员
许鸿升	闽清县公安局刑侦大队	副大队长
曾承龙(女)	永泰县嵩口中心卫生院	副院长
黄振祥	福州华迪计算机有限公司	软件工程师
许锦香	福州市仓山区烟台山片区征迁指挥部	办公室主任
齐晓辉(女)	福州嘉利德斯汽车贸易有限公司	办公室主任
陈建新(女)	福建师范大学光电与信息工程学院	副院长、教师
陈珍文	福州泰普生物科学有限公司	销售经理
陈　霖	福建海峡银行长乐金峰支行	行　长
黄国飞	福建二建建设集团有限公司	分公司副经理
陈培波	福州明视眼镜有限公司	培训中心经理
翁蓁洲	福州市海洋与渔业技术中心	实验检测室主任
黄德水	福州市公安局三叉街派出所第一警务队	队长兼村东社区民警
陈志忠	福州市公共交通集团有限责任公司	驾驶员
何伙珍(女)	福州建筑职业中专学校	教　师

姓　名	工　作　单　位	职务(职称)
黄锦明	福建福顺半导体制造有限公司	环安组副组长
陈景桦	福州闽剧艺术传承发展中心	演　员
陈　伟(女)	福州市卫生局卫生监督所	科　长
郑榕琛(女)	福州市三坊七巷管委会旅游文化工作处	主任科员
江祖锋	福州市马尾区广播站	记　者
叶孝花(女)	福州金顺保洁服务有限公司	班组长
陈章树	福建宝利特集团有限公司工程部	负责人
范进群	福建亿鑫钢铁有限公司动力厂	车间主任
王立群	福州市地方税务局	副主任科员

福州市第三十四届劳动模范名单(297 人)

姓　名	工　作　单　位	职务(职称)
项　清(女)	福清市邮政局	邮件分拣员
林　胜	福清市国土资源局征地工作部	副主任
翁其贵	福清市环境卫生管理处	清洁工
张小勇	福清市公安局经济犯罪侦查大队	大队长
陈　坚	福建省福清市医院	医务科长
刘　刚	福清市广播电视事业局	播音员
张蕉霖	福建天马科技集团股份有限公司技术中心	副主任
林海英(女)	福建恒杰塑业新材料有限公司	生产部经理
王　萍(女)	福清市实验幼儿园	园　长
陈淑玲(女)	福清第二中学	教　师
游雄峰	福建宏宇电子科技有限公司	董事长
谢华盛	祥兴(福建)箱包集团有限公司	工程部经理
温泽楠	捷星显示科技(福建)有限公司	工程师
潘小英(女)	福清市职工服务中心	职　工
游清来	福建康宏股份有限公司	职　工
黄　键	福清市地税局	局　长
陈凌芹(女)	福建奋安铝业有限公司	物流部经理
黄　平(女)	福州闽岳机电有限公司	销售部经理
王晓强	国网福建福清市供电公司	运检部主任
吴晓航	福建宇邦纺织科技有限公司	董事长
池宝添	长乐市总工会	常务副主席
李瑞芳(女)	长乐市委组织部	常务副部长
林宜强	长乐市公安局禁毒大队	大队长
杨金富	福建锦江科技有限公司	专项部副经理
林宝兴	长乐市住房和城乡建设局建筑工程监督站	总工程师
陈清官	福建省长乐市漳港中心小学	体育教师
高　琼(女)	福建省长乐市文化馆	职工

姓　名	工　作　单　位	职务(职称)
柳海榕(女)	福建经纬集团有限公司	生产督导员
郑依福	福建省鑫港纺织机械有限公司	董事长
冯知璋	福建凯邦锦纶科技有限公司	水电工
陈　盛	福建雪人股份有限公司	零部件组班长
陈家仕	长乐市鹤上镇人民政府企业服务中心	主　任
张荣坡	闽侯县荆溪镇人民政府	副镇长
包美涓	美和(福建)集团有限公司	董事长
马榕彪	中国人民银行闽侯县支行	党组书记、行长
林巧燕(女)	福建省祥鑫铝业集团有限公司	办公室主任
吴小春	福建福特科光电股份有限公司	车间主任
王章伟	福建宝丰管桩有限公司	技术员
张恒春	中建商品混凝土(福建)有限公司闽侯供应站	技术员
刘兴国	福建东碧汽车零件有限公司	课　长
潘小明	闽侯闽兴编织品有限公司	车间主任
陈　亮	闽侯县人事人才公共服务中心	办公室副主任
何运梁	闽侯县文化市场综合执法大队	队　员
俞传华	连江县浦口镇	党委书记
林书贤	连江县行政服务中心	主　任
游　恒	国网福建连江县供电有限公司	营销部主任
林太勇	福建省汽车运输有限公司连江分公司	站　长
吴香庭	福州市连江海峡水业有限公司	业务拓展部负责人
黄发霖	福建省连江县山仔水力发电厂	会　计
李俊娴(女)	连江清禄鞋业有限公司	9组组长
林文海	连江县住房和城乡建设局	村建站副站长
陈敬标	福建省闽清县第一中学	校　长
鄢华闽	中共闽清县委办公室	秘书科干部
黄祖锋	闽清县梅溪新城开发建设指挥部	业务组副组长
黄义强	闽清县行政服务中心管理委员会	业务协调科科长
刘文彬(女)	福州荣清橡胶有限公司	品证课课长
郑　强	福建省闽清豪业陶瓷有限公司	职　工
施建在	福建金闽再造烟叶发展有限公司	总工室副主任
陈　豪	罗源县农村信用合作联社	党委书记、理事长
黄晓平(女)	福建省福州民族中学	教　师
颜惠珍(女)	罗源县保安服务公司	一大队大队长
郭　炜	福建罗源闽光钢铁有限责任公司炼铁厂	车间主任
赵芳兵(女)	福建省罗源县邮政局商函公司	设计营销员
江月平(女)	福建省罗源县农业局农业站	站　长
郑永成	福建省永泰县金泰纺织有限公司	董事长
张瑞香(女)	永泰县市容环境管理中心	保洁质量监督员

姓　名	工　作　单　位	职务(职称)
刘　琪	永泰县李梅研究所	所　长
林睦泰	永泰县公安局刑事侦查大队	副大队长
连建鸿(女)	永泰县邮政局嵩口支局	邮储柜员
毛永泉	福建瑞聚信息技术股份有限公司	董事长
余　敏(女)	完美(中国)有限公司福建分公司	财务部经理
连依芳(女)	福州德克士食品有限公司	财会处主管
李　刚	福建省鸿达电子技术开发有限公司	通信施工员
张秋生	福建融成律师事务所	专职律师
陈峻岭	福州万山电力咨询有限公司	变电副总工程师
程慧英(女)	福建易联众软件系统开发有限公司	综合行政部经理
石向军	福建瑞恒信息科技股份有限公司	产品专员
陈春妹(女)	福州外代报关有限公司马尾办事处	大宗散货组组长
林　彦(女)	福州市鼓楼区国库集中支付中心	会　计
陈立金(女)	福州市鼓楼区洪山镇国光社区居民委员会	党委书记、主任
崔蕊芬(女)	福州市鼓楼区南街街道杨桥河南社区居民委员会	党委书记、主任
吴根茂	福建新中冠信息科技集团有限公司	董事长
吴梦妤(女)	福州市台江区宁化街道社区卫生服务中心	主　任
黄廷松	福州市台江区房地产开发公司	办公室副主任
何孝柱	台江区城建征收工程处	副主任
王卓松	福州市台江区房地产开发经营公司	职　工
黄桂婷(女)	福州泓欣环境清洁服务有限公司	职　工
卢日才	福州市台江区地方税务局	主任科员
黄华铃	澳蓝(福建)实业有限公司	董事长总经理
傅天甫	福建春伦茶业集团有限公司	总经理、研发中心副主任
黄　雄	仓山区海峡奥体中心项目征迁指挥部	督查组、组长
陈　辉	福州市仓山区市容管理局执法大队	大队长
刘雄飞	仓山区景观改造与绿化提升指挥部	办公室主任
刘　颖(女)	福州市仓山区人民检察院	公诉科长
孙建军	福州春晖制衣有限公司	运营部经理
任伟清(女)	福州市仓山区金山街道金环社区居民委员会	党委书记、主任
陈光明	亿创电力建设集团有限公司	总　裁
陈劲松	福州市晋安区新店镇	党委书记
林　锋	福州隆海贸易有限公司	技术主管
石国华	福建华产光电有限公司	粗磨班班组长
李维俊	福州市晋安区市容管理局执法大队	执法科科长
牟方健	福州市晋安区寿山乡中心卫生院	办公室主任
刘碧琴(女)	福州市晋安区象园街道南湖社区居民委员会	党委书记
郑金保	福州市公安局晋安分局刑侦大队	大队长
邓中文	福建思嘉环保材料科技有限公司	工程师

姓　名	工　作　单　位	职务(职称)
许振妃	福州万德电气有限公司	总经理
汪谢芳(女)	福州开发区正泰纺织有限公司	董事长
林希京	福州开发区社会劳动保险管理中心	副主任
林建霖	马尾区罗星街道	党工委副书记
王发源	福州市马尾区市容管理局	中队长
游建东	福建朝日环保科技开发有限公司	涂敷车间主任
李　维(女)	华映光电股份有限公司	产品工程处整合工程部组长
陈天盟	中铝瑞闽股份有限公司	成品仓库班组长
黄　燕(女)	飞毛腿(福建)电子有限公司	移动电源车间业务主任
林玉登	福建上润精密仪器有限公司	模具车间班组长
肖　雯(女)	福建省邮政公司福州市分公司	党委书记总经理
黄如堂	福建东南造船有限公司	党委书记、副董事长、总经理
郑　明	福建江阴国际集装箱码头有限公司	总经理
詹仁俊	国网福建省电力有限公司福州供电公司	副总经理
陈　萍(女)	福建省汽车运输有限公司福州客运北站	服务组组长
唐　军	福建省邮电规划设计院有限公司企业发展咨询研究院	副院长
黄建榕	中国电信股份有限公司福州分公司铜盘分局	局长
王　强	元翔(福州)国际航空港有限公司	安全质量监察部副经理
李素梅(女)	中国移动通信集团福建有限公司客户服务中心	客服代表班长
陈　东	福建省海运集团有限责任公司	船　长
郑　燊	福建广电网络集团股份有限公司福州分公司	网格客户经理
廖光斌	闽侯县南屿镇人民政府经济发展办	主　任
陈翠萍(女)	福州广播电视集团	广播电视新闻中心记者
黄昌明	福建医科大学附属协和医院	胃外科主任
罗　丹(女)	北京福富软件技术股份有限公司福州分公司	项目经理
林　林	福建联迪商用设备有限公司	市场部经理
郑东安(女)	中国邮政储蓄银行股份有限公司福州市分行福清市福荣花园支行	副支行长
蔡高慧	福州市保安服务有限公司	保安员
周　建	福建省马尾造船股份有限公司	生产中心副主任、610系列船项目经理
黄海曦	福建省福州港口管理局	引航站引航员
李　芳(女)	福州市殡仪馆	财务科科长
陈彬雄	福州邮区中心局	修理工
江常锋	福州海事局平潭海事处	处　长
宁　宇	福建福清核电有限公司	运行一处操纵员
谭卫华(女)	福建医科大学人文学院	教　师
陈燕清(女)	福州市儿童福利院	护育一处副主任
李建坤	福州天宇电气股份有限公司	总经理

姓　名	工　作　单　位	职务(职称)
曲燮遵	青岛啤酒(福州)有限公司	党委书记总经理
郑建明	福建同春药业股份有限公司	总经理
胡志清	宝钢德盛不锈钢有限公司第二粗炼厂	厂　长
程　凡	日立数字映像(中国)有限公司	总经理助理
陈克华	福建省东南电化股份有限公司	烧碱车间主任
张承夏	福建奔驰汽车工业有限公司	生产部涂装组技术长
刘期敏	福建天辰耀隆新材料有限公司	生产管理部部长
陈华盛	福州耀隆化工集团公司	工艺员兼副工段长
范宁锋	冠城大通股份有限公司	电气维修工程师
连秀芳(女)	福建省福抗药业股份有限公司	502 车间粉针工段长
林智华	福建福日光电有限公司	设备室主管
周洪友	东南(福建)汽车工业有限公司	工程师
连　红(女)	福州海王福药制药有限公司	中药品保部经理
陈巧美(女)	福州福大自动化科技有限公司	运营管理组长
高世民	明一世代(福建)贸易有限公司	人资行政综合部经理
黄家朋	福州尚飞制衣有限公司	剪班主管
叶光彬	福州民天集团有限公司民天工业园食品厂	厂　长
陈　迪	厦门银行股份有限公司福州台江支行	支行长
朱　彪	中国工商银行股份有限公司福建省分行	营业部牡丹卡中心经理
高　维(女)	福州市地方税务局直属税务分局	房地产交易税收管理科科长
林葵英(女)	中国人民财产保险股份有限公司福州市分公司福新支公司	经　理
刘　瑜(女)	中国农业银行福建省分行	营业部党办主任
陈文霞(女)	福建西宾酒店有限公司	房务部领班
陈曙昀	平安银行股份有限公司福州分行	工会主席
杨惠忠	福州市军粮供应站	办公室主任
王先礼	福州海峡旧机动车交易市场有限公司	交易部部长
郑艳芳(女)	福建商业高等专科学校	教　师
肖振荣	永辉超市股份有限公司福建福州群众超市	店　长
许绍彬	福州市晋安区国家税务局	纳税服务科科长
施　星(女)	中国建设银行股份有限公司福州城东支行公园道分理处	网点主任
王卫新	兴业银行股份有限公司福州分行长乐支行	支行长
李景虎	福建一丁芯光通信科技有限公司	技术总监
黄　风	福州新榕城市建设发展有限公司	纪委书记
郭常胜	中建海峡建设发展有限公司	副总经理
郭　辉	福建省交通建设投资有限公司	总经理
金　勇	福州市公共交通集团出租汽车公司	经　理
林善城	福州市城市管理综合行政执法支队	一大队中队长
谢其登	福州环城快速保洁有限公司	保洁员
赖茂顺	福州市水务管网维护有限公司	总经理助理

姓 名	工 作 单 位	职务(职称)
叶建义	福建省工业设备安装有限公司	电工班长
谢克琍	福州市公共交通集团有限责任公司	驾驶员
张 钦	福州市城乡建设发展总公司	征收事务部负责人
陈良斌	中建三局集团有限公司福州分公司福州兴业银行	项目部执行经理
张奋强	福州市建设工程质量监督站	党总支书记、副站长
翁 芬	福州市园林绿化工程质量监督站	主任科员
许文君(女)	福建省高速公路车辆运行费福州机场征收管理所	征费班长
蒋水金	福州市第三建筑工程公司第一分公司	经 理
王 欣	福州市城市地铁有限责任公司	土建工程部副部长
陈凌云(女)	福州住房公积金管理中心	会计
肖玉红(女)	福建福晟集团有限公司	物业部经理
许孟祥	福人集团有限责任公司	研发项目部副部长
张如梅(女)	福州大北农生物技术有限公司	工艺技术总监
齐忠华	福州市海洋与渔业执法支队	轮机长
修珍萍(女)	福州雪品保洁服务有限公司	董事长
林雅华	福州天福集团有限公司	总 裁
朱谷和	福建大世界企业集团有限公司	总 裁
柯丽榕(女)	福建盛丰物流集团有限公司	党委书记
苏忠高	福建博海工程技术有限公司	总经理
陈巧贞(女)	福建飞远城市配送有限责任公司	总经办主任
赵侠云(女)	建州控股集团有限公司	人力资源部经理
田定松	福建星美生态建筑装饰有限公司	绿化班班长
王正权	盛辉物流集团有限公司	营运部调度员
林晓云(女)	福建金源泉科技发展有限公司	副总经理、研创中心经理
刘常钦	福建省诺希新材料科技有限公司	研发部组长
吴伟强	福建中能电气股份有限公司	技术员
陈可英(女)	福州华威出租汽车有限公司	驾驶员
任长伟	福州市华榕清洁能源发展有限公司	第二大队车队长
陈章宇	福州海峡出租车有限责任公司	驾驶员
郭显东	福州华威公交巴士有限公司	驾驶员
朱坤震	福州市乌山小学	党总支书记
林 武	福州市钱塘小学	校 长
傅 刚	福州职业技术学院	教研室主任
林 杰	福州第三中学	教研组长
钟玲玲(女)	福州三中金山校区	教 师
刘林坚	福州格致中学	高二年段长
陈月凤(女)	福州教育学院附属第三小学	教导处主任
吴云开	福州第二十九中学	教务处副主任
薛巧兰(女)	福州市晋安区第一中心小学	教 师

姓　名	工　作　单　位	职务(职称)
杨建丽(女)	福建师范大学第二附属中学	教务处主任
刘友声	福州第四中学	党委书记
张　帆	福州市第一医院	院　长
林东如	福州市儿童医院	重症医学科主任
陈晓红(女)	福州肺科医院	结核科主任
刘　湞(女)	福州市神经精神病防治院	党支部书记、护士长
张峻芳	福州市中医院	院　长
张振玉	福州市博物馆	馆　长
谢玉麟	福建外贸马江储运公司	副总经理
戴绍忠	华榕(集团)有限公司	市场部经理
柯　勇	福建新代实业有限公司	总管理部协理
谌启财	福州赛福鞋业有限公司	技术开发部经理
范荣荣	福州新琪美妇幼用品有限公司	职　工
江樟涛	长乐市金源纺织有限公司	综合办公室干事
王　威	福州日报社	《福州晚报》记者
陈　玮	福州市人民检察院	检察员
辜珠金	福州市发展和改革委员会	科　员
陈筱红(女)	福州市质量技术监督稽查支队	支队长
顾　巍	福州高新技术产业开发区管理委员会环保局	局　长
郑　军	福州市城乡建设委员会	城建处处长
蔡晓云(女)	福州市国家安全局	技侦处处长
杨荣南	福州市房屋登记中心	产权登记处处长
陈　凡(女)	福州市园林局	团委书记、总工办主任
陈月香(女)	福州市动物疫病预防控制中心	主　任
陈芝钦(女)	福州市行政服务中心工商局	审批窗口主任科员
侯振光	福州市公安局刑侦支队三大队	副大队长
谢中真	福州市公安局温泉派出所	警务队长
刘　健	福州市公安局禁毒支队	二大队大队长
王金枝(女)	仓山区金山街道上雁村	农　民
刘南官	福州福民茶叶有限公司	董事长
陈建辉	仓山区店前村	党支部书记
洪振权	晋安区宦溪镇牛项村	党支部书记
吴礼春	晋安区宦溪镇中心村	农　民
陈　庆	晋安区日溪乡井后村	农　民
刘仰峰	马尾区亭江镇亭头村	党支部书记
周华官	琅岐经济区新金东农场	场　长
林秀芳(女)	福清市一都镇王坑村	党支部书记
王钦美	帝凯农业综合开发有限公司	总经理
张春生	福建省许多香农业发展有限公司	总经理

姓　名	工　作　单　位	职务(职称)
陈立伟	福清市阳下街道作坊村	养殖大户、技术员
王命峰	福清市三山镇三山村	种植大户
高长云	福清宏峰泰开发有限公司	工程师
胡建国	福清市东阁农场	农机服务大户
薛永钦	福清市高山镇薛港村	养殖大户、技术员
李向雪	长乐雪美农业开发有限公司	总经理
李明锥	长乐市李明锥农业专业合作社	社　长
陈忠连	长乐市忠镰农民专业合作社	一线农民
董松官	长乐文岭长文养殖场	一线农民
陈　丽(女)	长乐市猴屿飞思农庄	总经理
林　焘	长乐市航城街道航辉社区居民委员会	党支部书记、主任
管诗谋	长乐市航城街道筹岐村	党支部书记
陈晓瑜	长乐市青禾现代农业专业合作社	社　长
陈永光	闽侯县甘蔗街道流洋村	党支部书记
姚超美	闽侯县大湖乡东姚村	党支部书记
刘长记	闽侯县荆溪镇桃田村	党支部书记
陈水银	闽侯县鸿尾乡鸿尾村	农　民
张其仕	闽侯县上街镇蔗洲村	农　民
张文春	闽侯县南通镇古城村	农　民
危水平	闽侯县白沙镇孔元村	党支部书记
钱仁海	闽清县白中镇田中村	党支部书记
毛河平	闽清县下祝乡箬洋村、闽清县飞腾农业专业合作社	党支部书记、理事长
吴　超	闽清县云龙乡后垅村	党支部书记
黄周述	闽清述英兴达家庭农场	农场场长
于子赤	罗源县松山镇北山村	党支部书记
杨书清	罗源县祥业食用菌专业合作社	理事长
郑国珍(女)	罗源县巾帼食用菌专业合作社	监　事
张美玉(女)	罗源县益源食用菌专业合作社	总经理
滕忠希	福州百洋海味食品有限公司	销售经理
刘雄飞	连江县江南乡梅洋村	党支部书记、村民主任
陈务光	连江县马鼻镇光渌综合农场	农场负责人
黄祥连	连江县筱埕镇定海村	党总支书记
杨明全	连江县安凯乡沙沃村	海带贻贝产销大户
陈国金	连江县黄岐镇海英社区	养殖大户
吴敬华	永泰县红星乡雁门村	党支部书记
黄修琛	永泰县白云森林消防队	农　民
兰德光	永泰县塘前乡芋坑村	农　民
杨友文	永泰县洑口乡吉坑村	农　民

（余荣发）

2015年福州市入选全国、省、市道德模范名单

荣誉类别	姓　名	出生年月	单　位	职　务	简要事迹
第五届全国道德模范提名奖 第四届福建省道德模范·敬业奉献	吕榕麟	1963.12	福州市群众路小学	原校长、党总支书记	1983年走上教育工作岗位,30年如一日,用师道大爱,立德树人,为党和人民的教育事业奉献毕生心力。吕榕麟任校长13年来,狠抓素质立校工程,将一所普通学校建设成为全国和谐校园先进校,福建省示范小学、文明学校、素质教育先进校、基础教育课程改革先进集体。2012年12月4日吕榕麟因病医治无效去世,年仅49岁。2015年5月,吕榕麟被中共中央宣传部授予"时代楷模"荣誉称号。
第五届全国道德模范提名奖 第四届福建省道德模范·见义勇为	田云超	1979.4	福州华威公交巴士公司	驾驶员	2014年2月10日11时许,正在当班的田云超发现对向行驶的公交车在失控中前行、连撞多车。危急时刻,他在征得本车乘客同意并停好车后,追行2公里多,冒着生命危险成功制服失控车辆,避免了重特大交通事故的发生。2014年3月,田云超获评"中国好人榜"见义勇为好人。
第四届福建省道德模范·孝老爱亲	冯昭兴	1956.1	闽侯县环卫所	工　人	二十年来,妻子和女儿相继因病瘫痪,失去生活自理能力,面对着家中一次次突如其来的变故,冯昭兴二十年如一日,坚守着对家人的爱,无微不至地照顾妻女,以微驼的背驮起艰辛和苦难,谱写了一曲亲情的赞歌。2011年2月,冯昭兴获评"中国好人榜"孝老爱亲好人;2011年9月冯昭兴被评为第二届福州市道德模范。
第四届福州市道德模范·孝老爱亲	高孟榕	1967.2	福州市台江区上海街道河上社区	居　民	5年多前,他的妻子不幸患病失忆失智失语。高孟榕毅然辞去工作,在家悉心照顾妻子,每天陪她锻炼,只有等妻子晚上熟睡后,才去外面打点零工。在他悉心护理下,妻子面色红润,皮肤光滑如婴儿,更没有生褥疮,连医生都很诧异。高孟榕2014年10月获评"中国好人榜"孝老爱亲好人。
第四届福州市道德模范·孝老爱亲	邱超苏(女)	1964.10	长乐市玉田镇坑田村	村　民	2002年,邱超苏的丈夫因一场车祸变成植物人,几年后,她的婆婆又中风偏瘫……13年来,这个坚强的女子,无微不至地照顾丈夫,伺候婆婆,抚养孩子,用自己单薄的肩膀扛起整个家。2014年4月,获评"福建好人榜"孝老爱亲好人。
第四届福州市道德模范·助人为乐	曾世康	1954.4	福建省汽车运输总公司	党支部书记(退休)	从1992年曾世康和义务导游结缘后,他坚持无偿做志愿者,帮助游客讲解"三坊七巷"景点文化,23年风雨无阻。
第四届福州市道德模范·助人为乐	伍丽琴(女)	1971.11	福州市造血干细胞志愿者之家	副队长	一个普通的工薪阶层,却把帮助别人当作自己的快乐。她长年坚持献血,2007年又成功捐献造血干细胞,成为福州市首位女性非亲缘关系造血干细胞(骨髓)捐献者。

荣誉类别	姓　名	出生年月	单　位	职　务	简要事迹
第四届福州市道德模范·助人为乐	钱宏伟	1976.7	福州市台江区房地产开发公司	纪检监察室副主任	坚持投身公益事业,助学助困二十载不图回报,建立了志愿者"爱心团队",并升级为"钱宏伟慈善救助基金"。二十年来,钱宏伟个人参与志愿服务时间达7721小时,他发起的爱心团队积极参与募捐筹资,惠及困难学生、残疾人、孤寡老人1.2万余人。
第四届福州市道德模范·敬业奉献	陈能文	1978.10	福州市公安局经侦支队	五大队大队长	陈能文干工作像"拼命三郎",屡立战功。入警13年来,先后受理、侦办、审核的案件550多起,参与疑难案件以及信访案件的研究和解答420多起,无一错案、冤案,彰显"经以济世、侦以保民"的价值追求。
第四届福州市道德模范·敬业奉献	杜进兴	1930.2	马尾区关工委	常务副主任	他以"年老未敢忘忧国"自勉,以教育下一代为己任。古稀后始学电脑,十余年光阴,十多个课件,百多场讲座,《我的中国梦》等3个课件被省、市关工委复制推广,受众10多万人。2014年5月,杜进兴获评"福建好人榜"敬业奉献好人。
第四届福州市道德模范·敬业奉献	张　芸	1965.3	福州三中金山校区(现为福州金山中学)	语文老师	从教30年,他胸怀理想,追求不辍。2008年他被诊断为"视网膜色素变性伴生眼底黄斑"。面对突如其来的眼疾,张芸选择坦然接受;面对三尺讲台,他选择无悔坚守,用常人无法企及的意志备课、批作业、上公开课,默默地在教书育人岗位上照亮着学生前行的道路。
第四届福州市道德模范·见义勇为	覃才波	1971.10	福建省新福兴玻璃有限公司	保安队长	2013年6月23日凌晨,一名男子持刀到马尾区上德村盗窃助力车,作案时被车主发现。邻居覃才波闻讯赶来协助车主抓小偷,被小偷用尖刀刺中腰部两刀。受伤后,覃才波不顾个人安危,继续与大家一起将小偷制服。2013年10月,获评"中国好人榜"见义勇为好人。
第四届福州市道德模范·诚实守信	翁希明	1962.1	福建朝日环保科技开发公司	总经理	他秉承"君子无信而不立"的人生信条,以诚待人,以信立业,他的企业成为国内首家达到"欧Ⅴ"排放标准并拥有核心自主知识产权的汽车尾气净化器生产企业。2014年11月,获评"中国好人榜"诚实守信好人。
第四届福州市道德模范·诚实守信	潘平可(女)	1951.10	福州美可食品有限公司	董事长	1994年,潘平可创建"美可"之始,就将公司经营管理的宗旨确定为"高品质,优服务,重诚信,多奉献"12个字。在潘平可的带领下,"美可"由一个小面包坊发展成福州市知名食品企业。以诚立业创企业品牌,以德行事回报社会,诚信与爱心伴"美可"成长。

(卢忠伟)

(编辑　苏　颖)

福州市2015年地方法规、规章政策(选录)

编 者 按

本栏目选录2015年福州市人大制定并颁布的5件地方性法规和市政府出台的5件政府规章(政府令),同时,从54件政府规范性文件中选录22件涉及经济社会发展全局、事关人民群众切身利益、需要社会公众广泛知晓或参与的规范性文件。

地 方 法 规

关于在中国(福建)自由贸易试验区福州片区暂时调整实施本市有关地方性法规规定的决定

2015年4月30日福州市第十四届人民代表大会常务委员会第二十八次会议通过

2015年5月28日福建省第十二届人民代表大会常务委员会第十五次会议批准

为进一步深化改革,扩大开放,加快政府职能转变,全面推进中国(福建)自由贸易试验区福州片区建设,福州市第十四届人民代表大会常务委员会第二十八次会议决定:

一、根据《全国人大常委会关于授权国务院在中国(广东)、中国(天津)、中国(福建)自由贸易试验区以及中国(上海)自由贸易试验区扩展区域暂时调整有关法律规定的行政审批的决定》的规定,在中国(福建)自由贸易试验区福州片区内,暂时停止实施《福州市经济技术开发区条例》、《福州保税区条例》和《福州市保障台湾同胞投资权益若干规定》有关行政审批的规定。

二、法律、行政法规和本省地方性法规在中国(福建)自由贸易试验区调整实施的有关内容涉及福州片区的,本市有关地方性法规作相应调整实施。

三、本市其他地方性法规中的有关规定,与《中国(福建)自由贸易试验区总体方案》和《中国(福建)自由贸易试验区福州片区实施方案》不一致的,调整实施。

四、上述第一条、第二条本市有关地方性法规与法律、行政法规和本省地方性法规同步调整实施。第三条本市有关地方性法规的调整实施的期限在三年内试行,对实践证明可行的,修改完善有关地方性法规;对实践证明不宜调整的,恢复施行有关地方性法规。

本决定自公布之日起施行。

福州市园林绿化管理条例

2015年4月30日福州市第十四届人民代表大会常务委员会第二十八次会议通过

2015年5月28日福建省第十二届人民代表大会常务委员会第十五次会议批准

第一章 总 则

第一条 为了加强园林绿化的建设和管理,保护和改善生态环境,促进人居环境的自然和谐,根据国务院《城市绿化条例》、《福建省城市园林绿化管理条例》和有关法律、法规,结合本市实际,制定本条例。

第二条 本条例适用于福州市城市规划区以及各县(市)人民政府确定的镇(街)园林绿化的规划、建设、保护和管理。

第三条 园林绿化的规划和建设,应当坚持科学规划、合理布局、生态优先、植护并重,实行绿化建设与城市建设、环境治理相结合,普遍绿化与重点提高相结合的原则。

第四条 市、县(市、区)人民政府应当把园林绿化建设纳入国民经济和社会发展计划,将园林绿化经费列入财政预算,并加强园林绿化科学研究以及先进技术的推广,组织开展全民义务植树和其他绿化活动,提高绿化覆盖率和绿化水平。

第五条 市园林绿化主管部门负责全市园林绿化管理工作。县(市、区)园林绿化主管部门按照职责分工负责本行政区域内园林绿化管理工作。

城乡规划、建设、城市管理、国土资源、住房保障和房产管理、环境保护、公安、通信管理等有关部门,应当按照各自职责做好园林绿化工作。

第六条 机关、团体、企事业单位和有劳动能力的公民,都有绿化的义务。

任何单位和个人都应当爱护园林绿化,有权劝止、投诉和举报破坏园林绿化的行为。

第七条 鼓励单位和个人以捐赠、捐资、认养、植树纪念等方式,参与园林绿化建设和养护。

第二章 规划和建设

第八条 市人民政府组织编制城市总体规划时,应当安排与城市性质、规模和发展需要相适应的园林绿地面积。

市园林绿化主管部门应当会同市城乡规划主管部门共同组织编制城市绿地系统规划,报市人民政府批准后纳入本市城市总体规划。

市人民政府确定的福州新区等重点发展区域,由市园林绿化主管部门会同市城乡规划主管部门共同组织编制绿地系统专项规划,报市人民政府批准后实施。县(市)人民政府应当根据城市绿地系统规划,组织编制县(市)绿地系统规划,并与重点发展区域的绿地系统专项规划相衔接。

第九条 城市绿地系统规划报批前,组织编制部门应当将规划草案予以公示,并采取论证会、听证会等形式征求有关部门、专家和社会公众的意见。

城市绿地系统规划在实施中因城市建设确需调整的,应当按照原审批程序重新报批。

第十条 城乡规划主管部门组织编制控制性详细规划时,应当会同园林绿化主管部门确定城市各类绿地范围的控制线(以下简称绿线),报同级人民政府批准后向社会公布,接受公众监督。

依法确定的绿线,不得擅自调整。因城市建设确需调整的,应当由城乡规划主管部门会同园林绿化主管部门组织论证后,按照原审批程序重新报批。

绿线调整不得减少规划园林绿地的总量。因绿线调整减少原规划园林绿地面积的,城乡规划主管部门应当会同园林绿化主管部门补足园林绿地面积。

第十一条 城乡规划主管部门组织编制控制性详细规划时,应当按照居住区人均不低于二平方米,居住小区人均不低于一平方米,居住组团人均不低于零点五平方米的标准规划公园绿地。

第十二条 各类建设项目应当按照国家规定和园林绿化规划留足绿化用地,其绿地率按下列比例确定:

(一)建设项目(除道路、工业项目外)位于三环路以内的,不低于百分之三十;位于三环路以外城区的,不低于百分之三十五;

(二)马尾区及各县(市)建设项目(除道路、工业项目外)位于旧城区的,不低于百分之三十;位于新建区的,不低于百分之三十五;

(三)红线宽度大于五十米的道路,不低于百分之三十;红线宽度在四十米以上五十米以下的道路,不低于百分之二十五;红线宽度在四十米以下的道路,不低于百分之二十;

(四)工业项目为百分之十五以上百分之二十以下;

(五)公园绿化用地面积不低于其陆地面积的百分之七十;

(六)园林苗圃、花圃的绿化用地面积不低于城市建成区面积的百分之二。

除前款规定外的其他建设项目的绿地率,国家、省已有规定的,从其规定。

城乡规划主管部门审批建设项目时,应当按照第一款规定的比例核实绿化用地面积,未达到要求的,不得核发规划许可证。

第十三条 单位和居住小区现有绿化用地面积低于本条例第十二条规定要求,尚有空地可以绿化的,土地使用权人应当绿化。

第十四条 旧城区内个别建设项目的绿化用地面积低于本条例第十二条规定要求,又确需建设的,在其绿化用地面积达到规定标准的百分之七十以上的前提下,经市、县(市)人民政府批准,方可建设。绿化用地面积不足部分按照地段等级缴纳绿化补偿费,用于在同一等级地段补足绿化用地面积。

第十五条 公园绿地的植物种植面积不低于其绿地总面积的百分之七十;公园内配置的游览、休憩、服务性、经营性等建(构)筑物总占地面积不超过总用地面积的百分之五。

居住小区绿地和单位附属绿地的植物种植面积,不低于其绿地总面积的百分之七十五。

工业集中区与居住区之间应当建设宽度不小于三十米的绿化隔离带;绿化隔离带的植物种植面积不低于其绿地总面积的百分之八十。

第十六条 园林绿化应当坚持因地制宜,注重植物群落多样性和乡土植物的应用,培育、引进和应用适应本地自然环境的植物品种,均衡配置乔木、灌木、地被植物和花卉。

园林绿化工程应当种植一定比例的榕树和茉莉花,提高市树、市花的覆盖率。

市、县(市)人民政府应当利用城市山体、水系、园林绿地等自然环境,建设以林荫道为主,连接公园、街头绿地、风景名胜、历史古迹等的绿色廊道。

公园绿地及附属绿地的建设,应当以植物造景为主,适当配置园林建(构)筑物等设施。

第十七条 建设项目附属绿化工程应当与建设项目主体工程同时规划、同时设计、同时投资。

城乡规划主管部门对建设项目的建设工程规划总平面图进行审批后,应当在二个工作日内抄告园林绿化主管部门。

建设单位应当按照批准的建设工程规划总平面图进行园

林绿化建设,完成绿化的时间不得迟于主体工程竣工后的下一个绿化季节。

园林绿化工程和建设项目附属绿化工程应当纳入建设工程竣工验收范围。

第十八条 绿化建设费用,应当列入各项建设项目总投资。高层建筑不得低于土建工程总投资的百分之一,非高层建筑不得低于百分之二。

第十九条 居住小区、商住楼等建设项目的附属绿化用地的面积和位置应当在房屋买卖合同中予以明示;附属绿化工程竣工后,建设单位应当在该项目的显著位置永久公示绿地平面图。

第二十条 新建、改建、扩建工程的各种管线,应当按照国家有关规定与树木保持距离。

供电、通信、供水、排水、燃气、市政等单位敷设各种管线和建设公用设施,影响园林绿化的,在设计中和施工前,建设单位应当采取保护措施。未按照规定采取保护措施,造成树木倒伏、死亡的,建设单位应当承担相应赔偿责任。

第二十一条 园林绿化主管部门应当会同有关部门加强园林绿化企业及其从业人员的监督和管理,建立园林绿化企业的诚信档案,并及时公布有关信息。

第二十二条 推广桥梁绿化、水体绿化、墙体绿化、护坡绿化等多种形式的绿化。鼓励机关、事业单位和文化、体育、教育等公共服务设施的建筑实施屋顶绿化。

新建露天停车场地面应当按照技术规范进行绿化。

开发利用园林绿地地下空间的,应当符合国家有关建设规范,不得影响绿化植物正常生长和园林绿地使用功能。

第二十三条 土地使用权人在土地出让合同或者划拨决定书约定、规定的动工开发日期之日起半年内未动工建设的,应当进行简易绿化。

第三章 保护和管理

第二十四条 园林绿地和树木实行专业管理和群众管理相结合,并按照下列规定确定管护责任人:

(一)公园、城市道路、小街巷绿地和树木由园林绿化主管部门负责;

(二)附属绿地、生产绿地、防护绿地、风景林地,以及绿地、林地上的树木,由所有权人或者管理人负责;

(三)居住小区内属于业主所有的绿地和树木,实行物业管理的由业主负责或者其委托的物业服务企业负责;未实行物业管理的,可以由所在地镇人民政府(街道办事处)负责;

(四)收储土地、征收项目和建设工程用地范围内保留的绿地和树木,分别由收储单位、征收业主单位和建设单位负责;

(五)公路、铁路、湖泊、水库等用地范围内的绿地和树木由各有关主管部门负责;

(六)村庄用地范围内的绿地和树木由村民委员会或者村集体经济组织负责。

前款规定以外以及管护责任不清或者有争议的园林绿地、零星树木,由市、县(市、区)园林绿化主管部门确定管护责任。

第二十五条 市园林绿化主管部门应当制定园林绿化养护技术规范。

园林绿地和树木养护管理责任单位应当建立健全管理制度,严格执行园林绿化养护技术规范,保持树木花草和绿化设施完好。

第二十六条 任何单位和个人不得擅自改变园林绿化规划用地性质或者占用园林绿化用地。

因公共利益确需改变园林绿化规划用地性质或者占用园林绿化用地的,应当经城乡规划主管部门会同园林绿化主管部门报同级人民政府批准。建设单位应当就近在同一等级范围内建设同等面积的园林绿地;不能就近建设的,建设单位应当按照规定缴纳绿化补偿费。

因公共设施建设需要临时占用园林绿地的,应当经园林绿化主管部门批准,并按照规定缴纳绿化补偿费。临时占用园林绿地的期限不得超过一年;确因技术工艺需要延长的,应当办理延期手续,延期最长不得超过一年;临时占用期满,应当在十个工作日内恢复。

第二十七条 禁止下列损害园林绿化的行为:

(一)在园林绿地上停放车辆;

(二)在园林绿地和道路两侧绿篱内设置营业摊点、饲养家畜家禽、私围苗木、种植蔬菜及其他农作物;

(三)在园林绿地内堆放物料;

(四)在树木根部封砌、封固地面;

(五)向园林绿地和树木倾倒生活垃圾、污水等废弃物;

(六)偷盗、损坏树木花草;

(七)损坏园林绿化设施;

(八)在树冠下或者草坪、花坛上用火;

(九)其他损害园林绿化的行为。

第二十八条 任何单位和个人不得擅自砍伐、移植树木。

因下列情形确需砍伐、移植树木的,应当向园林绿化主管部门提出申请:

(一)因工程建设无法避让的;

(二)对人身安全、交通安全或者其他设施构成威胁的;

(三)树木已经死亡的;

(四)法律、法规规定的其他情形。

第二十九条 符合本条例第二十八条规定,需要砍伐、移植树木的,按照下列权限审批:

(一)市城市规划区范围内砍伐、移植树木的,报市园林绿化主管部门审批;一处一次砍伐、移植胸径二十公分以上且数量达十株以上的,还需上报市人民政府批准,并报市人大常委会备案;

(二)县(市)规划区范围内砍伐、移植树木的,报县(市)园林绿化主管部门审批;一处一次砍伐、移植胸径二十公分以上且数量达十株以上的,报县(市)人民政府批准,并报县(市)人大常委会备案。

有关单位为抢险救灾和处理事故等紧急情况,必须砍伐、移植树木的,在告知园林绿化主管部门后可先行处理,但事后三个工作日内须向园林绿化主管部门补办手续。

经批准移植的树木,园林绿化主管部门应当公布移植地点、数量、树种、规格等,接受公众监督。

第三十条 树木高度应当与架空线、交通安全设施保持适当的安全净距。安全净距由园林绿化主管部门与线路、设施主管部门协商确定。

有关设施管护单位发现树木生长影响安全的,应当向园林绿化主管部门提出修剪的具体要求,经同意后,由具有园林绿化资质的施工单位负责修剪。

第三十一条 从事公共园林绿化工程、树木移植砍伐、临时占用园林绿地、行道树大修剪等施工的,施工单位应当在施工现场显著位置设置公示牌进行公示,接受公众监督。可能影响人身安全的,还应当设立围挡、护栏等安全设施。

第三十二条 园林绿化主管部门应当建立园林绿化病虫害及有害生物疫情监测预报系统,编制病虫害灾害事件应急预案,防止病虫害及外来有害物种入侵。

建设单位在进行绿化时不得采用带有检疫性、危险性有害生物的植物。

第三十三条 园林绿化主管部门应当建立现有城乡园林绿地和规划园林绿地的数据库,实施园林绿地数据的动态管理,并向社会开放。

第三十四条 市、县(市、区)人民政府应当加强对城市绿地系统规划、城市绿线划定和实施情况的监督检查。

园林绿化主管部门应当建立健全管理制度,定期对园林绿化的建设、保护和管理进行监督检查。

第四章 法律责任

第三十五条 违反本条例第十九条规定的,由园林绿化主管部门责令限期改正;逾期未改正的,处以五千元以上一万元以下罚款。

第三十六条 违反本条例第二十三条规定的,由园林绿化主管部门责令限期改正;逾期未改正的,按照未简易绿化面积处以每平方米五十元以上一百元以下罚款。

第三十七条 违反本条例第二十六条第一款规定的,由园林绿化主管部门责令限期改正、恢复原状,并按照下列规定予以罚款:

(一)擅自改变园林绿化规划用地性质的,按照面积每平方米处以二百元以上五百元以下罚款;

(二)户外广告牌占用园林绿地的,按照牌面面积每平方米处以三千元罚款;

(三)立杆构筑物占用园林绿地的,按照高度每米处以三千元罚款;

(四)其他建(构)筑物或者设施占用园林绿地的,按照每平方米处以一千元以上三千元以下罚款。

违反本条例第二十六条第三款规定,临时占用园林绿地超过批准期限、面积,或者期满后未恢复原状的,由园林绿化主管部门责令限期退还、恢复原状,并按照所占园林绿地面积每平方米处以二百元以上五百元以下罚款;造成损失的,承担赔偿责任。

第三十八条 违反本条例第二十七条规定的,由园林绿化主管部门责令立即停止损害行为、采取补救措施、赔偿损失,并按照下列规定予以罚款:

(一)违反第一项规定的,处以五百元以上一千元以下罚款;

(二)违反第二项、第三项、第四项、第六项、第八项规定的,处以一百元以上五百元以下罚款;

(三)违反第五项规定的,处以一百元以上三百元以下罚款;

(四)违反第七项规定的,处以三百元以上五百元以下罚款。

第三十九条 违反本条例第三十一条规定的,由园林绿化主管部门责令限期改正;逾期未改正的,处以五千元以上一万元以下罚款。

第四十条 园林绿化主管部门工作人员滥用职权、玩忽职守、徇私舞弊的,依法给予处分;构成犯罪的,依法追究刑事责任。

第五章 附 则

第四十一条 本条例所称的园林绿地包括公园绿地、附属绿地、生产绿地、防护绿地等,其含义分别为:

(一)公园绿地,是指向公众开放,以游憩为主要功能,兼具生态、美化、防灾等作用的绿地,不包括居住小区、单位内部配建的绿地;

(二)附属绿地,是指建设用地中公园绿地之外各类用地中的附属绿化用地,包括居住用地、公共设施用地、工业用地、仓储用地、对外交通用地、道路广场用地、市政设施用地和特殊用地中的绿地;

(三)生产绿地,是指为园林绿化提供苗木、花草、种子的苗圃、花圃、草圃等;

(四)防护绿地,是指具有卫生、隔离和安全防护功能的绿地,包括卫生隔离带、道路防护绿地、城市高压走廊绿带等。

第四十二条 本条例涉及的绿化补偿费、绿化赔偿费的具体标准和缴纳办法,由市、县(市)人民政府制定。

第四十三条 其他建制镇以及乡、村庄规划区范围内的园林绿化管理参照本条例执行。

风景名胜区及古树名木的保护管理依据其他法律、法规执行。

第四十四条 本条例自 2015 年 8 月 1 日起施行。1992 年 4 月 15 日福州市第九届人民代表大会常务委员会第十三次会议通过,1997 年 10 月 7 日福州市第十届人民代表大会常务委员会第三十二次会议修正,2000 年 12 月 28 日福州市第十一届人民代表大会常务委员会第二十一次会议修正的《福州市城市园林绿化管理办法》同时废止。

福州市公共场所控制吸烟条例

2015 年 4 月 30 日福州市第十四届人民代表大会常务委员会第二十八次会议通过

2015 年 5 月 28 日福建省第十二届人民代表大会常务委员会第十五次会议批准

第一条 为了减少烟草烟雾的危害,保障公众身体健康,创造良好公共环境,提升城市文明水平,根据有关法律、法规,结合本市实际,制定本条例。

第二条 本条例适用于本市行政区域内公共场所控制吸烟工作。

第三条 本市控制吸烟工作遵循政府主导、部门监管、单位负责、公众参与的原则。

第四条 各级人民政府应当加强对本行政区域内控制吸烟工作的领导。市、县(市、区)人民政府应当将控制吸烟工作所需经费列入本级财政预算予以保障。

第五条 市、县(市、区)人民政府确定的控制吸烟主管部门履行下列职责:

(一)研究拟定控制吸烟工作的措施和办法;

(二)组织、协调和指导本行政区域内的控制吸烟工作;

(三)研究、解决控制吸烟工作中的重大问题;

(四)组织相关主管部门开展控制吸烟工作联合执法;

(五)研究、处理有关控制吸烟工作其他事项。

第六条 市、县(市、区)人民政府的相关主管部门按照下列规定负责控制吸烟工作的监督执法:

(一)卫生主管部门负责对各类医疗卫生机构的监督执法;

(二)教育主管部门负责对各类教育机构的监督执法;

(三)交通运输主管部门负责对公共交通工具及其室内等候场所的监督执法;

(四)文化主管部门负责对文化、艺术、娱乐场所的监督执法;

(五)体育主管部门负责对各类体育场馆、运动健身场所的监督执法;

(六)旅游主管部门负责对旅游景点等相关场所的监督执法;

(七)市场监督管理主管部门负责对商场(店)、超市等零售业场所以及餐饮场所、药品和医疗器械经营场所的监督执法;

(八)商务主管部门负责对专业批发市场及农贸市场等相关场所的监督执法;

(九)公安机关负责对旅馆、宾馆、酒店、洗浴场所等特种行业场所及互联网上网服务营业场所的监督执法;

(十)民政主管部门负责对社会福利机构的监督执法;

(十一)园林绿化主管部门负责对公园、风景名胜区等相关场所的监督执法;

(十二)其他相关主管部门按照各自职责,做好控制吸烟工作的监督执法。

上述公共场所分属两个以上部门监督执法的,由市、县(市、区)人民政府确定一个部门进行监督执法。

市人民政府根据控制吸烟工作实际需要,可以对相关主管部门履行控制吸烟工作的监督执法职责予以调整,并向社会公布。

第七条 机关、团体、企事业单位负责对本单位控制吸烟工作的日常监督管理。

第八条 下列公共场所禁止吸烟:

(一)为孕妇、儿童提供专门服务的医疗卫生机构、社会福利机构的室内外场所,其他医疗卫生机构、社会福利机构的室内场所;

(二)学前教育机构、中小学、少年宫及青少年活动中心的室内外场所,其他各类学校及未成年人集中的室内场所;

(三)影剧院、音乐厅、档案馆、图书馆、博物馆(院)、美术馆、画院、陈列馆、展览馆、科技馆和文化馆(站)等各类公共科教文化场馆的室内场所;

(四)商场(店)、超市、专业批发市场、农贸市场及金融、邮政、通讯企业的室内营业场所;

(五)客运公共汽车、城市轨道交通、出租汽车、客渡轮等公共交通工具内;

(六)机关、团体、事业单位的室内公共办公场所、会议厅(室)、办事厅、礼(会)堂、食堂、电梯等公共场所;

(七)各类体育场馆、运动健身场所;

(八)互联网上网服务营业场所;

(九)药品、医疗器械经营场所;

(十)文物保护单位、风景名胜区、旅游景点、公园的室内场所;

(十一)市、县(市、区)人民政府根据举办大型活动的需要,临时增设的禁止吸烟场所;

(十二)法律、法规规定的其他禁止吸烟的场所。

第九条 下列公共场所,可以设置固定的吸烟点,吸烟点以外的室内区域禁止吸烟,没有设置吸烟点的,属于全面禁止吸烟场所:

(一)经营场所使用面积在一百五十平方米以上或者餐位在七十五座以上的餐饮场所;

(二)营业性歌舞、游艺等娱乐场所;

(三)各类酒店、旅馆、洗浴场所的室内公共活动区域;

(四)公共交通工具的室内等候场所;

(五)法律、法规规定的其他场所。

第十条 公共场所设置的固定吸烟点,应当符合下列规定:

(一)符合消防安全要求;

(二)设置明显标识,放置盛放烟灰、烟蒂等的器具;

(三)具有良好的通风、排气效果;

(四)远(隔)离人员密集区域和行人必经的主要通道。

第十一条 市人民政府可以根据经济社会发展的实际需要,逐步增设禁止吸烟的场所。

第十二条 市、县(市、区)人民政府应当在每年5月31日"世界无烟日"集中开展控制吸烟宣传,并倡导停止售烟、吸烟。

第十三条 全社会应当支持公共场所控制吸烟工作。鼓励创建无吸烟单位。

广播、电视、报刊、网络等媒体应当积极开展吸烟有害健康、公共场所控制吸烟的公益宣传教育工作,提高全社会营造无烟环境的意识。

国家机关工作人员应当带头控制吸烟,不在公务活动中吸烟。鼓励其他社会组织和个人积极参与控制吸烟工作。

第十四条 有条件的二级以上医疗机构应当设立戒烟门诊,为吸烟者提供戒烟咨询、指导和治疗。

第十五条 控制吸烟场所的管理者和经营者应当履行下列职责:

(一)建立健全控制吸烟的管理制度,配备控制吸烟劝导员,做好控制吸烟劝导、宣传教育工作;

(二)在场所的出入口处及其他明显位置设置禁止吸烟标识,公布举报、投诉方式;

(三)在禁止吸烟区域不得放置与吸烟有关的器具,不得张贴、悬挂、放置附有烟草广告的标识和物品;

(四)对在禁止吸烟区域吸烟的,予以劝导、制止;对不服从劝导、制止的,劝其离开;对不服从劝阻且不离开该场所的,向相关主管部门报告。

第十六条 任何单位和个人有权要求禁止吸烟区域的吸烟者立即停止吸烟,有权要求控制吸烟场所的经营者和管理者履行禁止吸烟管理职责,对不履行管理职责的,可以向相关主管部门举报和投诉。

第十七条 违反本条例规定,在禁止吸烟的区域吸烟的,由相关主管部门责令改正,并处以二十元罚款;情节严重的,处以一百元以上五百元以下罚款。

第十八条 违反本条例第十五条第一项至第三项规定的,由相关主管部门责令管理者和经营者限期改正,逾期不改正的,处以二千元以上五千元以下罚款。

违反本条例第十五条第四项规定的,由相关主管部门责令管理者和经营者改正,并处以五千元以上一万元以下罚款。

法律、法规另有规定的,从其规定。

第十九条 不听劝阻且扰乱公共秩序,或者阻碍有关行政管理人员依法执行职务的,由公安机关依照《中华人民共和国治安管理处罚法》予以处罚;构成犯罪的,依法追究刑事责任。

第二十条 监督执法部门及其工作人员滥用职权、玩忽职守、徇私舞弊的,依法给予处分;构成犯罪的,依法追究刑事责任。

第二十一条 本条例自2015年8月1日起施行。

福州市法律援助条例

2014年10月24日福州市第十四届人民代表大会常务委员会第二十三次会议通过

2014年11月28日福建省第十二届人民代表大会常务委员会第十二次会议批准

第一章 总 则

第一条 为了促进和规范法律援助工作,保障公民获得平等的法律保护,根据国务院《法律援助条例》和《福建省法律援助条例》等有关法律法规,结合本市实际,制定本条例。

第二条 本条例适用于本市行政区域内的法律援助工作。

第三条 本条例所称的法律援助,是指由市、县(市、区)人民政府设立的法律援助机构组织法律服务机构及法律援助人员,为符合规定的公民提供无偿的法律服务。

本条例所称的法律服务机构包括律师事务所、基层法律服务所、公证机构、司法鉴定机构及依法成立的其他法律服务机构。

本条例所称的法律援助人员,是指承办法律援助案件的律师、基层法律服务工作者、公证员、司法鉴定人员和从事法律援助的志愿者。

第四条 法律援助是政府的责任。市、县(市、区)人民政府应当将法律援助工作纳入国民经济和社会发展规划,将法律援助经费列入年度财政预算,保障法律援助事业与经济社会协调发展。

第五条 市、县(市、区)人民政府司法行政部门监督管理本行政区域内的法律援助工作。

市、县(市、区)法律援助机构具体负责协调、指导本行政区域内的法律援助工作,受理、审查法律援助申请,指派或者安排法律服务机构、法律援助人员办理法律援助事项,监督和检查法律援助事项办理情况等。

乡(镇)人民政府、街道办事处应当依托司法所开展法律援助工作。

第六条 人民法院、人民检察院、公安机关和民政、财政、人力资源和社会保障等有关部门,应当按照各自的职责,依法做好法律援助工作。

第七条 鼓励具有法律专业知识或者专业特长的志愿者,参加法律援助机构组织的法律援助工作。

对法律援助工作中成绩突出的单位和个人,由市、县(市、区)人民政府或者司法行政部门给予表彰和奖励。

第二章 条件和形式

第八条 公民为维护自身合法权益需要法律帮助,因经济困难无力支付法律服务费用,且申请事项依法在本市审理或者处理的,可以依照本条例的规定申请法律援助。

第九条 申请法律援助的经济困难标准,按照申请人及与其共同生活的家庭成员人均收入不足市人民政府公布的城乡居民最低生活保障标准的两倍确定。

因与共同生活的家庭成员发生纠纷申请法律援助的,经济困难的标准按照申请人个人收入不足市人民政府公布的城乡居民最低生活保障标准的两倍确定。

第十条 法律援助的范围包括:

(一)请求刑事辩护或者刑事代理的;

(二)请求国家赔偿的;

(三)请求给予社会保险待遇或者最低生活保障待遇的;

(四)请求发给抚恤金、救济金的;

(五)请求给付赡养费、抚养费、扶养费的;

(六)因劳动争议请求支付劳动报酬或者给付经济补偿金、赔偿金的;

(七)因交通、医疗、食品药品安全、产品质量、环境污染以

及其他人身伤害事故造成损害请求赔偿的;

(八)因遭受家庭暴力、虐待、遗弃,主张民事权益的;

(九)因实施见义勇为请求奖励或者主张民事权益的;

(十)法律法规规定的其他事项。

第十一条 法律援助采取以下形式:

(一)提供法律咨询、代拟法律文书;

(二)刑事辩护、刑事代理;

(三)民事、行政诉讼代理;

(四)行政复议、劳动争议仲裁代理及其他非诉讼法律事务代理;

(五)公证证明;

(六)司法鉴定;

(七)法律法规规定的其他形式。

第三章 申请和受理

第十二条 申请法律援助,按照下列规定向法律援助机构提出:

(一)属于民事、行政案件的,向有管辖权的人民法院所在地的同级法律援助机构提出;

(二)属于刑事案件的,向承办案件机关所在地的同级法律援助机构提出;

(三)属于劳动仲裁、公证的,向有权处理的劳动仲裁机构、公证机构所在地的法律援助机构提出;

(四)属于其他非诉讼法律事务的,向申请人住所地、经常居住地或者事由发生地的法律援助机构提出。

按照前款规定,两个以上法律援助机构都可以受理的,申请人可以向其中一个法律援助机构提出申请。申请人就同一事项向两个以上法律援助机构提出的,由最先收到申请的法律援助机构受理。

第十三条 法律援助机构之间因法律援助事项的受理发生争议的,由市法律援助机构指定。

市法律援助机构在必要时,可以指定县(市、区)法律援助机构受理法律援助事项,也可以要求县(市、区)法律援助机构将受理的法律援助事项移送市或者其他的法律援助机构。

第十四条 公民申请法律援助,应当向法律援助机构提出书面申请,并提交下列材料:

(一)居民身份证或者其他有效的身份证明。代理人代为申请的,应当同时提交代理人身份证明及有关代理权的证明;

(二)申请人所在单位或者所在村(居)民委员会出具的申请人及其家庭经济状况的证明;

(三)有关法律援助事项的证据;

(四)法律援助机构认为需要提供的其他材料。

以书面形式提出申请确有困难的,可以口头申请。

申请人提供的申请材料不齐全的,法律援助机构应当当场一次性告知申请人作出补充或者说明。申请人无正当理由未按照要求在规定的时间内作出补充或者说明的,视为撤回申请。

第十五条 有下列情形之一并能提供相应材料的,法律援助申请人无需提交经济状况证明:

(一)属于农村五保供养对象的;

(二)在社会福利机构由政府供养或者由慈善机构出资供养的;

(三)在救助管理机构接受救助的;

(四)依靠政府或者单位给予抚恤金生活的;

(五)正在领取城乡居民最低生活保障金的;

(六)因自然灾害、意外事故等原因导致生活出现暂时困难,正在由政府提供帮助的;

(七)因实施见义勇为请求奖励或者主张民事权益的;

(八)用人单位与劳动者发生劳动争议前六个月平均月工资在本行政区域最低工资标准两倍以下的劳动者,申请支付劳动报酬的;

(九)法律法规规定的其他情形。

第十六条 法律援助机构收到法律援助申请后,应当在五个工作日内作出是否给予法律援助的决定。

第十七条 有下列情形之一的,法律援助机构不予受理法律援助申请:

(一)不符合本条例第八条、第十条规定的;

(二)申请再审或者申诉的事项经审查未启动再审程序的;

(三)人民法院、人民检察院、公安机关决定或者裁定不予受理且已生效的;

(四)所申请事项已经审结或者处理完毕,申请人就同一事项和理由申请法律援助的。

第四章 实施和保障

第十八条 法律援助机构应当建立法律服务机构、法律援助人员的数据库,根据法律援助事项的性质和受援人的意愿,指派数据库中的法律服务机构、法律援助人员具体承办法律援助事项。

第十九条 对于依法决定给予法律援助的民事、行政案件及非诉讼法律事务,法律援助机构应当自作出决定之日起七个工作日内指派法律服务机构、法律援助人员承办。

对于依法决定给予法律援助的刑事案件,法律援助机构应当自作出决定之日起三个工作日内指派法律服务机构、法律援助人员承办。

第二十条 对于犯罪嫌疑人、被告人可能被判处无期徒刑、死刑的案件,人民法院、人民检察院、公安机关通知法律援助机构指派律师提供辩护的,法律援助机构应当指派具有三年以上刑事辩护执业经历的律师担任辩护人。

对于未成年人刑事案件,人民法院、人民检察院、公安机关通知法律援助机构指派律师提供辩护的,法律援助机构应当指派熟悉未成年人身心特点的律师担任辩护人。

第二十一条 法律服务机构应当自收到指派之日起三个工作日内将法律援助事项承办人员及联系方式告知受援人,并签订委托协议。

第二十二条 法律服务机构、法律援助人员在办理法律援助事项过程中,应当依法履行职责,接受法律援助机构的监督。

法律服务机构、法律援助人员应当按照要求及时报告案件承办情况,未经法律援助机构批准不得中止或者委托他人办理法律援助事务。

法律服务机构、法律援助人员不得收取受援人的财物或者牟取其他不正当利益,不得泄露受援人的个人隐私。

第二十三条 受援人有正当理由的,可以请求法律援助机构更换法律服务机构、法律援助人员。

第二十四条 有下列情形之一的,法律援助机构应当终止法律援助:

(一)受援人以欺骗、隐瞒事实或者其他不正当手段获得法律援助的;

(二)受援人隐瞒与法律援助事项有关的情况,不协助、不配合法律援助人员,使法律援助工作难以继续开展的;

(三)法律法规规定的其他情形。

第二十五条 法律援助机构应当建立健全法律援助质量监督管理制度,制定办理法律援助案件的服务质量标准,开展法律援助服务质量检查和评估。

第二十六条 法律服务机构、法律援助人员应当在法律援助事项办结后十日内,向法律援助机构提交结案报告及案卷材料。

法律援助机构应当对前款规定的案卷材料进行审查。

第二十七条 法律援助机构应当向法律援助人员支付办案补贴费,补贴费在法律援助经费中列支。

第二十八条 法律援助机构决定提供法律援助的案件,受援人可以持法律援助机构出具的公函,申请人民法院缓交、减交、免交诉讼费,人民法院应当按照相关规定予以批准。

法律援助过程中所涉及的公证费、鉴定费,有关单位应当按照相关规定对受援人予以减收或者免收。

法律援助人员在办理法律援助案件过程中依法查阅、复制档案材料等费用,行政机关及财政拨款的事业单位应当按照相关规定予以免收。

第五章 法律责任

第二十九条 法律服务机构、法律援助人员有下列情形之一的,由司法行政部门按照有关法律法规规定处罚;构成犯罪的,依法追究刑事责任:

(一)无正当理由拒绝承办法律援助事项的;

(二)擅自中止或者委托他人办理法律援助事务的;

(三)收取受援人的财物或者牟取其他不正当利益的;

(四)泄露受援人个人隐私的。

第三十条 受援人以欺骗、隐瞒事实或者其他不正当手段获得法律援助的,由司法行政部门责令其支付由此产生的法律服务费用。

第三十一条 司法行政部门和法律援助机构工作人员滥用职权、玩忽职守、徇私舞弊的,依法给予处分;构成犯罪的,依法追究刑事责任。

第六章 附 则

第三十二条 本条例自2015年2月1日起施行。

福州市城乡规划条例

2015年8月28日福州市第十四届人民代表大会常务委员会第三十次会议通过

2015年9月25日福建省第十二届人民代表大会常务委员会第十七次会议批准

第一章 总 则

第一条 为了加强城乡规划管理,统筹协调城乡空间布局,改善人居环境,保护历史文化和生态环境,促进城乡经济社会全面协调可持续发展,加快建设滨海滨江现代化国际大都市,根据《中华人民共和国城乡规划法》、《福建省实施<中华人民共和国城乡规划法>办法》和有关法律、法规,结合本市实际,制定本条例。

第二条 本市行政区域内城乡规划的制定、实施、修改、监督检查以及在规划区内进行建设活动,应当遵守本条例。

城镇新区、开发区、园区等应当统一纳入城乡规划管理。

第三条 制定和实施城乡规划应当以人为本,注重科学性、前瞻性和可操作性。

第四条 各级人民政府制定和实施城乡规划,应当加强对风景名胜区、自然保护区、生态绿带、森林公园、湿地、河流水域、饮用水水源保护区以及基本农田、海岸带、矿产、林地等自然生态资源的保护和管理。

各级人民政府应当加强三坊七巷、朱紫坊、上下杭、烟台山、鼓岭等历史文化名城保护项目的保护工作,严格控制历史文化名城保护名录项目保护范围内各类建设活动,保护自然景观和人文景观。

第五条 市城乡规划主管部门负责本市行政区域内城乡规划管理工作,经市人民政府批准可以设立派出机构负责指定区域城乡规划管理工作。

县(市)城乡规划主管部门负责本行政区域内的城乡规划管理工作。

市、县(市、区)人民政府有关部门应当按照各自职责,协同做好城乡规划管理的相关工作。

城乡规划主管部门可以将其职权范围内的镇、乡、村庄规划管理具体事务委托镇、乡人民政府实施。

镇、乡人民政府在其职责范围内负责本行政区域内城乡规划管理的相关工作。

第六条 各级人民政府应当根据城乡规划工作的需要,配备相应的城乡规划管理人员和专业技术人员,将城乡规划的编制和管理经费纳入本级财政预算。

市、县(市)人民政府应当加强城乡规划基础测绘工作及自然资源、地理空间数据库建设,提高城乡规划管理信息化水平,促进有关行政主管部门之间的信息共享,保障城乡规划的科学制定和有效实施。

第七条 建立健全城乡规划制定、实施、修改和监督检查的公众参与制度,通过论证会、听证会和其他方式、渠道,广泛听取专家和公众意见。

城乡规划主管部门应当建立规划信息公开平台,及时依法公布批准的城乡规划及相关规划信息,但依法不得公开的除外。

第八条 经依法批准的城乡规划,是城乡建设和规划管理的依据,未经法定程序不得修改。

任何单位和个人都应当遵守经依法批准并公布的城乡规划。

第二章 城乡规划的制定

第九条 城乡规划包括城市规划、镇规划、乡规划、村庄规划。城市规划、镇规划分为总体规划和详细规划;详细规划分为控制性详细规划和修建性详细规划。

编制城乡规划应当依法确定规划的强制性内容。下一层次规划的编制,不得违背和变更上一层次规划确定的强制性内容,并应当对上一层次规划确定的强制性内容作出具体规定。

第十条 城乡规划主管部门应当制定年度规划编制计划,报同级人民政府批准。

市城乡规划主管部门应当依据有关法律法规和技术标准编制本市的规划管理技术规定,报市人民政府批准后执行。

第十一条 总体规划按下列规定编制和审批:

(一)市城市总体规划由市人民政府组织编制,经省人民政府审查同意后报国务院审批;

(二)县级市的城市总体规划由县级市人民政府组织编制,经福州市人民政府审查同意后,报省人民政府审批;

(三)县人民政府所在地镇的总体规划由县人民政府组织编制,报市人民政府审批;

(四)县(市)人民政府所在地镇以外的其他镇的总体规划由镇人民政府组织编制,经县(市)城乡规划主管部门审查后,报县(市)人民政府审批。

第十二条 乡规划、村庄规划由镇、乡人民政府组织编制,经县(市)城乡规划主管部门审查后,报县(市)人民政府审批。

城市总体规划确定的建设用地范围内的镇、乡、村庄以及镇总体规划、乡规划确定的建设用地范围内的村庄,不单独编制镇总体规划、乡规划、村庄规划。

第十三条 城市总体规划在报送审批前,应当先经同级人民代表大会常务委员会审议。审议意见由本级人民政府研究处理后向同级人民代表大会常务委员会提出书面报告,审议意见连同修改情况一并报送审批。

镇、乡人民政府组织编制的镇总体规划、乡规划在报送审批前,应当先经镇、乡人民代表大会审议。审议意见由本级人民政府研究处理后向同级人民代表大会提出书面报告,审议意见连同修改情况一并报送审批。

镇、乡人民政府组织编制的村庄规划在报送审批前,应当依法经村民会议或者村民代表会议讨论同意。

第十四条 市城乡规划主管部门根据城市总体规划,可以将中心城区划分为若干规划编制单元,组织编制控制性详细规划,经市人民政府批准后,报市人民代表大会常务委员会和省人民政府备案。

县(市)城乡规划主管部门组织编制县人民政府所在地镇或者县级市的控制性详细规划,也可参照中心城区划分规划编制单元,经本级人民政府批准后,报同级人民代表大会常务委员会和市人民政府备案。

县(市)人民政府所在地镇以外的其他镇人民政府根据镇总体规划组织编制的控制性详细规划,报上一级人民政府审批。

第十五条 市城市总体规划中心城区范围内涉及的县(市)区域以及市人民政府确定的沿海增长区等重点区域的总体规划、控制性详细规划等,由市城乡规划主管部门会同有关县(市)人民政府共同组织编制,报市人民政府审批。

重点区域及范围由市人民政府审定公布。

第十六条 涉及空间布局与利用的公共服务设施、商业网点、综合交通、内河水系、历史文化名城、旧城改造、户外广告设置等方面的专项规划,由市、县(市)相关行政主管部门会同城乡规划主管部门根据总体规划要求组织编制。法律、法规规定由相关行政主管部门单独组织编制的专项规划,应当征求城乡规划主管部门的意见。

专项规划应当按照法律、法规规定的程序报批;法律、法规未规定的,由同级人民政府审批。

第十七条 城市、镇规划区内公共建筑集中的广场、风景名胜区、历史文化名镇、名村、历史文化街区和火车站、机场等重要交通枢纽、城镇主要出入口、公共活动中心及其他重要地块需要编制修建性详细规划的,由城乡规划主管部门或者镇人民政府组织编制,报市、县(市)人民政府审批。

其他地块需要编制修建性详细规划的,由建设单位依据控制性详细规划编制,并经城乡规划主管部门依据控制性详细规划审定。

第十八条 市、县(市)人民政府所在地的中心街区、广场、风景名胜区、历史文化街区以及滨海滨江的重要景观地带等可以由城乡规划主管部门组织编制城市设计,报同级人民政府审批。

第十九条 各级人民政府应当根据城市总体规划、镇总体规划、土地利用总体规划和年度计划以及国民经济和社会发展规划等,制定近期建设规划,并报总体规划审批机关备案。

近期建设规划以重要基础设施、公共服务设施和保障性住房建设、历史文化资源保护以及生态环境保护等为重点内容,明确近期建设的时序、发展方向和空间布局。

各级人民政府土地供应和相关建设活动应当与近期建设规划相协调。

第二十条 编制城乡规划、专项规划应当遵守有关城乡规划的国家标准和技术规范,由具备相应资质的单位承担,使用符合国家规定的勘测资料及其他基础资料。

第二十一条 城乡规划在报批前,组织编制单位应当将规划草案予以公告,广泛征求专家和公众意见。公告时间不少于三十日。

第三章 城乡规划的实施

第二十二条 各级人民政府应当根据本地经济社会发展水平,量力而行,尊重群众意愿,按照先规划、后建设的原则,组织实施城乡规划。

城乡建设和发展应当合理确定建设规模和时序,优先安排基础设施以及公共服务设施的建设,严格保护自然资源、生态环境和城乡历史风貌,体现地方特色,创造良好的城乡公共空间和生活环境。

第二十三条 市城乡规划主管部门负责市辖区及市人民政府指定区域范围内的建设项目规划管理工作,核发建设项目选址意见书、建设用地规划许可证、建设工程规划许可证、乡村建设规划许可证。

县(市)城乡规划主管部门负责本行政区域的建设项目规划管理工作,核发所辖区域内的建设项目选址意见书、建设用地规划许可证、建设工程规划许可证、乡村建设规划许可证。

市城市总体规划中心城区范围内涉及的县(市)区域及市人民政府确定的重点区域建设项目,实行建设项目选址意见书、建设用地规划许可证、建设工程规划许可证规划审批备案制度,原审批部门应当在十个工作日内将已审批通过的项目报市城乡规划主管部门备案审查。

法律、法规对于分级审批另有规定的,从其规定。

第二十四条 开发利用地下空间应当符合有关城乡规划的要求,依法办理规划许可手续。与地面建设工程同步开发利用地下空间的,应当与地面建设工程一并办理规划许可手续;独立开发利用地下空间的,单独办理;分层开发利用地下空间的,分层办理。

第二十五条 市确定的重大建设项目,确需在城乡规划确定的建设用地范围以外选址的,应当委托具有相应资质的城乡规划编制单位出具选址可行性论证报告后,由城乡规划主管部门组织论证,确定是否核发项目选址意见书。

第二十六条 以划拨方式取得国有建设用地使用权的,建设单位在报送有关部门审批或者核准前,应当向城乡规划主管部门申请核发选址意见书。经审查符合条件的,城乡规划主管部门应当自受理申请之日起三十日内核发选址意见书。

以出让方式取得国有建设用地使用权的项目不需要申请选址意见书。

第二十七条 以划拨方式取得国有建设用地使用权的,建设单位在取得选址意见书后,应当持建设项目的批准文件及有关图纸资料等,向项目所在地城乡规划主管部门申请核发建设用地规划许可证。经审查符合条件的,城乡规划主管部门应当自受理申请之日起三十日内核发建设用地规划许可证。

第二十八条 以出让方式取得国有建设用地使用权的建设项目,在签订国有建设用地使用权出让合同后,建设单位应当持建设项目的批准、核准或者备案文件和国有建设用地使用权出让合同等,向项目所在地城乡规划主管部门领取建设用地规划许可证。城乡规划主管部门应当自受理申请之日起十日内核发建设用地规划许可证。

第二十九条 建设单位或者个人在取得建设用地规划许可证后,应当在有效期内向国土资源主管部门申请办理用地手续。

第三十条 在规划区范围内新建、改建或者扩建建筑物、构筑物、道路、管线或者其他工程设施,建设单位或者个人应当向城乡规划主管部门申请办理建设工程规划许可证。经审查符合条件的,城乡规划主管部门应当自受理申请之日起三十日内核发建设工程规划许可证。

申请核发建设工程规划许可证,建设单位应当提交使用土地的有关证明文件和建设工程设计方案等材料;需要编制修建性详细规划的建设项目,还应当提供修建性详细规划。

建设单位或者个人应当在建设工程规划许可证有效期内,向建设主管部门申请办理施工许可手续。

第三十一条 在乡、村庄规划区内集体土地上进行建设,应当符合乡规划和村庄规划,在依法取得乡村建设规划许可证、用地审批手续后方可建设。需占用农用地的,应当依法办理农用地转用审批手续。

第三十二条 选址意见书、建设用地规划许可证、建设工程规划许可证、乡村建设规划许可证有效期为一年,建设单位或者个人申请延期的,应当在期限届满三十日前向原审批机关申请延期一次,延长期限不得超过一年。

第三十三条 建设单位或者个人应当按照建设工程规划许可证、乡村建设规划许可证的规定进行建设。需要变更规划许可证规定进行建设的,应当经原发证机关批准后方可实施。

第三十四条 建设工程开工建设前,建设单位或者个人应当委托具有相应资质的测绘单位进行建筑物放线,经城乡规划主管部门验线合格后方可开工建设。

农村村民使用原有宅基地建设村民住宅项目的,应当经核发乡村建设规划许可证的单位组织验线合格后方可开工建设。

第三十五条 建设单位应当在建设工地的明显位置公示该建设项目的建设工程规划总平面图及其主要规划技术指标,建设工程竣工前不得损毁公示牌。国家保密工程、军事设施等法律、行政法规规定不得公开的除外。

第三十六条 建设单位或者个人在组织建设工程竣工验收前,应当向城乡规划主管部门申请建设工程规划条件核实。

建设单位或者个人申请规划条件核实的,应当提供由有资质的测绘单位出具的规划竣工测量报告,城乡规划主管部门审核符合规划条件的,出具规划条件核实意见书;不符合规划条件的,出具整改意见书,责令限期改正,重新办理规划条件核实。

未经规划条件核实或者经核实不符合规划条件的建设工程,建设单位不得组织竣工验收,建设主管部门和其他有关部门不得办理竣工验收备案,不动产登记机构不得办理登记。

第三十七条 未取得建设工程规划许可证或者未按照建设工程规划许可证的规定进行建设的建筑物、构筑物或者擅自改变建筑物、构筑物使用功能的,不动产登记机构不得办理登记,县级以上地方人民政府有关部门不得核发相关许可证照,已经核发的应当予以撤销。

擅自改变建筑物、构筑物使用功能,违反消防、建筑结构安全、安全生产法规规定,造成消防、建筑结构安全、安全生产隐患的,相关行政主管部门应当依法予以查处。

第三十八条 建筑物外立面修缮、加装电梯等简易工程项目,由城乡规划主管部门出具建设工程简易项目审批意见。

第三十九条 个人住宅经房屋安全鉴定机构或者有资质的安全性检测机构鉴定属于危房的,按照下列规定经批准后可以修缮加固或者改建:

(一)市辖区的城市建设用地范围内个人危房修缮加固或者改建,由项目所在地的区城乡规划主管部门受理审核,经市城乡规划主管部门批准后实施;

(二)县级市城市建设用地范围内个人危房修缮加固或者改建,由项目所在地镇、乡人民政府(街道办事处)受理审核,经县级市城乡规划主管部门批准后实施;

(三)县人民政府所在地的镇建设用地范围内个人危房修缮加固或者改建,由项目所在地镇人民政府(街道办事处)受理审核,经县城乡规划主管部门批准后实施;

(四)县人民政府所在地的镇以外的其他镇、乡、村庄建设用地范围内个人危房修缮加固或者改建,由项目所在地镇、乡人民政府受理审核,经镇、乡人民政府批准后实施。

危房改建应当在原有的宅基地范围进行。市城市总体规划中心城区范围内危房改建面积及层数不得超过房屋及土地权属证明文件载明的范围,其他区域危房改建面积及层数由县级以上人民政府另行规定。

第四十条 司法机关在拍卖规划区内土地使用权前,应当查明该地块的规划条件。

第四章 城乡规划的修改

第四十一条 城市总体规划、镇总体规划的组织编制机关应当组织有关部门和专家对城市总体规划、镇总体规划实施情况每五年进行一次评估,采取论证会、听证会或者其他方式征求公众意见,向本级人民代表大会常务委员会、镇人民代表大会和原审批机关提出评估报告并附具征求意见情况。

第四十二条 城市总体规划、镇总体规划确需修改的,组织编制机关应当在修改前对原规划的实施情况进行总结,并向原审批机关报告;修改涉及总体规划强制性内容的,应当先向原审批机关提出专题报告,经同意后方可编制修改方案,并按原审批程序报批。

第四十三条 除下列情形之外,不得修改控制性详细规划:

(一)因总体规划发生变化,对规划控制区的功能和布局产生重大影响,确需修改的;

(二)因基础设施、公共服务设施、国家和省、市重大项目建设对控制性详细规划控制区功能和布局产生重大影响,确需修改的;

(三)经评估,原控制性详细规划确需修改的;

(四)法律、法规规定的其他情形。

第四十四条 修改控制性详细规划,应当按照下列程序进行:

(一)组织编制机关对修改的必要性进行专题论证,并采用多种方式征求地段内利害关系人的意见;

(二)组织编制机关根据论证结论和征求意见情况向原审批机关提出修改建议专题报告,经原审批机关同意后组织编制修改方案;

(三)控制性详细规划修改草案报送审批前,城乡规划主管部门应当将修改草案向社会公告三十日以上,并采取论证会、听证会或者其他方式征求专家和公众意见;

(四)组织编制机关将修改草案报经原审批机关批准后,按法定程序予以公布和备案。

控制性详细规划修改涉及总体规划强制性内容的,应当先修改总体规划。

第四十五条 控制性详细规划经评估确需进行局部、技术性优化,且尚未具备修改情形的,可以实施动态维护。控制性详细规划动态维护应当依照法定程序实施,不得降低和改变有关规定确定的控制要求和指标,不得改变主导用地性质等强制性内容。

控制性详细规划组织编制机关应当建立健全控制性详细规划动态维护内部管理和运行机制,确保动态维护依法有序开展。

第四十六条 经依法审定的修建性详细规划,以及在取得建设工程规划许可时确定的建设工程设计方案的总平面图,不得擅自修改。确需修改的,城乡规划主管部门应当将原修建性详细规划、建设工程设计方案的总平面图及其修改方案、申请听证的期限以公示的形式告知利害关系人,公示时间不得少于七日;利害关系人申请听证的,城乡规划主管部门应当举行听证,并将听证的时间和地点进行公告。

城乡规划主管部门同意修改总平面图的,应当重新核发建设工程规划许可证,并修正建筑红线图、建筑设计平面图等规划材料。

第五章 监督检查

第四十七条 市人民政府可以委派城乡规划督察员,对县(市)人民政府及其城乡规划主管部门的城乡规划管理工作进行监督检查,受督察单位应当予以配合。

镇、乡人民政府对本行政区域内违反城乡规划的行为,应当依法予以制止。在乡、村庄规划区内的,镇、乡人民政府应当依法查处;在城市、镇规划区内的,应当配合城乡规划主管部门或者其他有关部门依法查处。

第四十八条 城乡规划主管部门对城乡规划实施情况进行监督检查,有权采取以下措施:

(一) 要求有关单位和人员提供与规划监督检查事项有关的文件、资料,并进行复制;

(二) 要求有关单位和人员就规划监督检查事项涉及的问题作出解释和说明,并根据需要进入现场进行勘测和调查取证;

(三) 责令有关单位和人员停止违反有关城乡规划法律

法规的行为。

第四十九条 各级人民政府应当向本级人民代表大会常务委员会或者镇、乡人民代表大会报告城乡规划的编制、实施、修改情况,并接受监督。各级人民代表大会常务委员会或者镇、乡人民代表大会应当加强对城乡规划的监督检查,保障城乡规划法律法规、决议决定在本行政区域的有效实施。

第六章 法律责任

第五十条 对违反本条例规定的行为,《中华人民共和国城乡规划法》、《福建省实施 < 中华人民共和国城乡规划法 > 办法》等有关法律、法规已有规定的,从其规定。

城乡规划主管部门对违反本条例规定的行为实施行政处罚。依法由行使相对集中行政处罚权机关实施行政处罚的,从其规定。

第五十一条 采取没收违法建筑物、构筑物或者违法收入处罚的,在作出没收处罚决定后,应当将没收的违法建筑物、构筑物或者违法收入按照有关规定处理。

第五十二条 建设单位未按要求在建设工地明显位置公示建设项目的建设工程规划总平面图及其主要规划技术指标的,责令限期改正;逾期未改正的,处以一万元以下罚款。

第五十三条 未取得建设工程规划许可证或者未按照建设工程规划许可证的规定进行建设的单位或者个人,接到城乡规划主管部门停止建设通知书或者限期拆除的决定书后,当事人不停止建设或者逾期不拆除的,由市、县(市、区)人民政府责成有关部门依法采取查封施工现场、强制拆除等强制措施。

第五十四条 城乡规划主管部门及相关行政管理工作人员滥用职权、玩忽职守、徇私舞弊的,由所在单位或者上级主管机关给予处分;造成损失的,依法给予赔偿;构成犯罪的,依法追究刑事责任。

第七章 附 则

第五十五条 本条例自 2015 年 12 月 1 日起施行,1997 年 8 月 29 日福州市第十届人民代表大会常务委员会第三十一次会议通过,1999 年 10 月 22 日福建省第九届人民代表大会常务委员会第十四次会议批准的《福州市城市规划管理条例》同时废止。

政府规章及政策

福州市人民政府令

第 63 号

《福州市邮政业管理若干规定》已经 2015 年 7 月 11 日市人民政府第 13 次常务会议通过,现予发布,自 2015 年 9 月 1 日起施行。

市 长:杨益民

2015 年 7 月 16 日

福州市邮政业管理若干规定

第一条 为促进邮政业健康发展,加强邮政业管理,规范邮政业服务行为,保护企业和用户的合法权益,根据《中华人民共和国邮政法》、《福建省邮政条例》等法律、法规,结合本市实际,制定本规定。

第二条 本规定适用于本市行政区域内邮政业的规划、建设、服务和监督管理活动。

第三条 福州市邮政管理部门是本市邮政业主管部门,负责本市行政区域内的邮政普遍服务和邮政市场的监督管理工作。

县级以上人民政府规划、国土、公安、住房保障和房产管理等部门应当在土地使用、设施建设、车辆通行等方面支持邮政业的发展。

市人民政府财政部门会同商务、发展改革等部门统筹安排专项资金用于支持快递行业发展,具体资金使用办法由相关主管部门会同邮政管理部门制定。

第四条 各级人民政府应当将邮政业发展纳入国民经济和社会发展规划,并将邮政设施、物流园区(含快递)的布局和建设与城市总体规划、控制性详规及专项规划相衔接,保障邮政行业与当地经济社会协调发展。

第五条 邮政业设施包含邮政设施、快递设施。

邮政设施包含邮政营业场所、邮件处理场所、邮筒(箱)、邮政报刊亭、信报箱等。

快递设施包含快递物流园区、快件处理中心、快递服务网点、智能快件箱等。

第六条 快递服务网点应当按照国家有关标准规划建设。城市新建住宅小区、商业区、开发区和旧城改造应当将快递服务网点纳入社区服务基础设施,同步规划、同步建设。

邮政设施应当按照国家、行业标准规划建设。主次干道报刊亭应按规划要求布点设置,符合市容市貌标准,统一标识。

第七条 鼓励社区服务组织、连锁商业机构、机关学校管理部门在本社区、机关内建设快递末端服务网点,经营服务事项可与快递企业协商确定,市邮政管理部门应当予以服务与指导。

第八条 征收邮政营业场所或者邮件处理场所,城乡规划许可的,房屋征收部门应当根据邮政设施国家、行业标准要求,予以就地就近产权调换;因城乡规划调整确实无法实行产权调换的,给予货币补偿。

第九条 建设城镇居民楼应当设置接收邮件的信报箱,并按照国家规定的标准验收。城市街道、广场、公园等公共场所应当按照方便群众的原则设置邮筒(箱)、邮政报刊亭等公用设施。

已缴存住宅专项维修资金的住宅小区,将传统信报箱更新改造为智能信报箱的,可申请使用住宅专项维修资金。鼓励新建小区配置智能快件箱。

安置智能快件箱的,应当向市邮政管理部门登记建档。市邮政管理部门应当对智能快件箱的建设提供指导。

第十条 邮件、快件准确载明收件人姓名、联系方式的,邮政、快递企业与物业协商后可以委托物业代为送达,但应征得收件人同意。

因物业企业、管理单位阻碍邮政、快递从业人员进入并不愿代为送达等原因造成投递不能到门到户的,邮政、快递企业应当当场通知收件人领取,仍未领取的,将邮件、快件留存指定服务场所,按国家法律法规规定处理。

第十一条 快件运输车辆应当符合国家、行业标准,按照市邮政管理部门的规范要求喷涂统一专用标识,并按规定向市邮政管理部门、公安交通管理部门备案。由市邮政管理部门会同市公安交通管理部门对喷涂专用标识的轻微型载货汽车实行总量控制。

喷涂专用标识的轻微型载货汽车除规定的限制时段外,可以在福州市区限制载货汽车通行的道路通行。具体时段由市公安交通管理部门会同市邮政管理部门制定。

第十二条 邮政、快递行业从业人员应当按照国家和本市规定具备邮政快递业务员职业技能。邮政、快递企业应当加强对从业人员的职业技能培训、职业素质教育和从业考核。市邮政管理部门应当对从业人员培训予以指导和监督。

第十三条 禁止下列行为:

(一)私自开拆、隐匿、毁弃或者非法扣留、扣查他人邮件、快件的;

(二)以围堵、拦截、聚众闹事等形式,扰乱寄递服务场所正常秩序的;

(三)非法拦截、强登、扒乘邮件、快件运输车辆的;

(四)盗窃、冒领、倒卖邮件、快件的;

(五)窃取、泄露用户信息的;

(六)利用寄递进行诈骗犯罪的;

(七)挪用、侵占、盗窃业务款和代收货款的;

(八)其他影响寄递服务的违法行为。

有上述情形之一的,任何单位、个人可以向公安机关报案,公安机关接到报案后,应当及时受理并依法处理,市邮政管理部门应当协调做好邮件、快件的及时派送工作。

第十四条 市邮政管理部门应当建立举报投诉、评议考核制度。对扣留、倒卖、盗窃、隐匿、毁弃邮件、快件或者泄露用户信息等违法违规行为,除依法对直接责任人员予以处罚外,还应记入邮政、快递企业的不良信用记录,定期向社会公示。

第十五条 本规定自2015年9月1日起施行。

福州市人民政府令

第64号

《福州市人民政府关于修改〈福州市电动自行车管理办法〉的决定》已经2015年9月6日市政府第17次常务会议通过,现予公布,自公布之日起施行。

市　长:杨益民

2015年9月17日

福州市人民政府关于修改《福州市电动自行车管理办法》的决定

(附:修正本)

现决定对《福州市电动自行车管理办法》作如下修改:

一、第二条修改为:“本办法适用于本市行政区域内电动自行车的销售、登记和通行管理。”

二、第四条第(二)、(三)项合并作为第(二)项,第(四)项改为第(三)项,修改为:“(三)环境保护部门依法对从事电动自行车废铅酸蓄电池收集、贮存、转移、利用、经营活动的单位实施监督管理;”

增加一项,作为第四条第(五)项:“(五)交通运输主管部门负责查处电动自行车非法营运行为。”

三、第五条第二款修改为:“市市场监督主管部门应当根据现行国家标准编制《福州市合格电动自行车产品目录》,报经市政府审定后公布。”

四、增加二条,作为第八条、第九条:

“第八条 本市电动自行车实行带牌销售。公安机关交通管理部门负责建立电动自行车销售者代办电动自行车登记制度,制定电动自行车带牌销售具体实施办法。

“第九条 电动自行车销售商应当建立进货、销售台账,并验明所销售电动自行车产品的合格证明和其他标识,按照国家标准核查电动自行车的设计最高时速、外形尺寸等参数。”

五、将第八条改为第十条,修改为:“销售商销售电动自行车应当向消费者免费提供《福州市合格电动自行车产品目录》查询,并向消费者提供有效发票。

“禁止店外占道销售电动自行车。”

六、将第九条改为第十一条,修改为:“电动自行车废铅酸蓄电池应当按照危险废物的相关规定进行管理。

“铅酸蓄电池经营者、使用铅酸蓄电池产品的电动车经营者应当提供废旧铅酸蓄电池更换和回收服务,建立废旧蓄电池回收台账,按照《危险废物贮存污染控制标准》保存废铅酸蓄电池;回收的废铅酸蓄电池应当按照相关规定送交具有危险废物经营资质的单位统一处理。

“禁止无危险废物经营资质的单位收集、贮存、转移、处置或者利用电动自行车的废旧电池。”

七、删去第十条第二款、第十一条、第十二条、第十三条。

八、将第十六条改为第十五条,将第一款修改为:“电动自行车号牌必须安装在电动车后端的中间位置,电动自行车号牌保持清晰、完整,不得故意遮挡、污损,不得转借、涂改。”

九、删去第十九条。

十、将第二十条改为第十八条,增加一款作为第二款:“在各县(市)登记报牌的电动自行车不得在五城区通行。”

十一、将第二十二条改为第二十条,将第二项修改为:

“(二)悬挂号牌并随车携带行驶证;”

增加一项,作为第二十条第(六)项:“(六)驾驶电动自行车应当年满16周岁以上;16周岁以上18周岁以下的未成年人驾驶电动自行车不得载人。”

十二、增加四条,分别作为第二十三条、第二十四条、第二十五条、第二十六条:

“第二十三条　禁止使用电动自行车进行非法营运。

“第二十四条　电动自行车应当按照指定地点有序停放,不得阻挡盲道和影响行人通行。

“第二十五条　电动自行车不得改装、拼装或者加装、改装动力装置。

“已登记的电动自行车不得改变车辆外形或者已登记的技术数据。

“第二十六条　公安机关交通管理部门可以根据道路和交通流量的具体情况,对电动自行车采取疏导、限制通行、禁止通行等措施。”

十三、将第二十五条改为第二十七条,第一款修改为:“违反本办法第六条第二款规定,销售不符合现行国家标准电动自行车的,由市场监督主管部门处以生产车辆货值金额等值以上三倍以下的罚款;有违法所得的,并处没收违法所得;情节严重的,吊销营业执照;构成犯罪的,依法追究刑事责任。”

第二款中的“并处三万元以下的罚款”修改为“并处以一万元以上三万元以下的罚款”。

第三款末尾增加:“电动自行车生产或者销售商主动回购或者更换的,可以从轻处罚。”

十四、将第二十八条修改为:“违反本办法第十条第二款规定,经营者在店外占道销售电动自行车的,由城管执法部门依据市容管理有关法规予以处罚。对涉嫌销售未列入《福州市合格电动自行车产品目录》电动自行车的,由市场监督主管部门予以查处。

“违反本办法第二十四条规定,电动自行车未按照规定地点停放的,由城管执法部门依法处罚。”

十五、增加一条,作为第二十九条:“违法本办法第九条规定,电动自行车销售商未建立进货、销售台账的,由市场监督主管部门处以三千元罚款。”

十六、将第二十六条改为第三十条,第二款中的“暂扣”修改为“扣留”,第(三)项修改为“(三)驾驶加装、改装、拼装的电动车”,并增加五项,分别作为第(四)、(五)、(六)、(七)、(八)项:

“(四)应当登记但未登记的;

“(五)未悬挂或者未按规定悬挂电动车号牌的;

“(六)故意遮挡、污损电动车号牌的;

“(七)改变外形或者已登记的技术数据的;;

“(八)违反规定载人的。”

十七、增加二条,作为第三十三条、第三十四条:

“第三十三条　违反本办法第二十三条规定,使用电动自行车进行非法营运的,由交通运输主管部门处以一千元罚款。

“第三十四条　按照本办法规定负责电动自行车管理职责的行政机关工作人员有下列情形之一的,由其所在单位或者上级主管部门责令改正;情节严重的,对直接负责的主管人员和其他直接责任人员依法给予行政处分:

“(一)未对电动自行车生产、销售市场进行监督检查的;

“(二)对不符合登记条件的电动自行车办理登记的;

“(三)未在规定的期限内办结电动自行车号牌、行驶证申领或者补领、换领等工作的;

“(四)发现违法行为不予查处,或者接到投诉不予处理的。”

十八、将第三十条改为第三十五条,第一款修改为:“电动自行车主要技术指标应当经有资质检验机构检验符合《电动自行车通用技术条件》(国家标准GB17761－1999),并且符合以下要求:

“(一)具有良好的脚踏骑行功能,其30分钟的脚踏行驶距离不小于7公里;

“(二)轮胎宽度不大于76毫米;

“(三)前后挡板宽度不大于330毫米;

“(四)鞍座尺寸长度不大于550毫米。”

十九、个别文字修改:

1. 相关条款规定“工商行政管理部门”、“质量技术监督管理部门”统一修改为“市场监督主管部门”。

2. 第一条增加“《福建省非机动车管理办法》”。

3. 将第三条中的“符合相关国家安全技术标准的电动自行车”修改为“符合相关国家安全技术标准的特种自行车”。

4. 将第四条中的“区”修改为“县(市)区”。

5. 删去第七条第二款中的“并向社会公告”,删去第三款中的“在本市五城区”。

本决定自公布之日起施行。

《福州市电动自行车管理办法》根据本决定作相应修改并对条文顺序作相应调整,重新公布。

福州市电动自行车管理办法

(2010年4月16日福州市人民政府令第43号公布根据2015年9月17日福州市人民政府令第64号公布的《福州市人民政府关于修改〈福州市电动自行车管理办法〉的决定》修正)

第一章　总　则

第一条　为了加强电动自行车管理,维护道路交通秩序,保障道路交通安全畅通,根据《中华人民共和国道路交通安全法》、《福建省非机动车管理办法》等规定,结合我市道路交通实际,制定本办法。

第二条　本办法适用于本市行政区域内电动自行车的销售、登记和通行管理。

第三条　本办法所称的电动自行车,是指以蓄电池作为辅助能源,具有两个车轮,能实现人力骑行、电动或电助动功能且符合相关国家安全技术标准的特种自行车。

第四条　市、县(市)区人民政府公安交通、市场监督、环境保护、城管执法等有关部门,依据下列职责共同做好电动自

行车管理工作:

(一)公安机关交通管理部门负责电动自行车登记上牌、道路行驶管理;

(二)市场监督主管部门负责编制并公布符合现行国家标准的电动自行车目录,依法对销售电动自行车实施监督管理;

(三)环境保护部门依法对从事电动自行车废铅酸蓄电池收集、贮存、转移、利用、经营活动的单位实施监督管理;

(四)城管执法部门负责电动自行车在临街人行道、公共场所停放管理,查处占道销售电动自行车的违法行为;

(五)交通运输主管部门负责查处电动自行车非法营运行为。

第五条 本市电动自行车实行合格产品目录管理。

市市场监督主管部门应当根据现行国家标准编制《福州市合格电动自行车产品目录》,报经市政府审定后公布。

在本市销售和登记报牌的电动自行车产品应当符合《福州市合格电动自行车产品目录》。

电动自行车产品目录登记具体办法由市市场监督主管部门制定。

第二章 销售管理

第六条 销售电动自行车应当经市场监督主管部门注册登记。

禁止销售不符合现行国家标准的电动自行车。

第七条 电动自行车生产企业或者其授权的销售商应当持营业执照、电动自行车产品照片及相关技术数据等材料向市市场监督主管部门申请电动自行车合格产品目录登记。

市市场监督主管部门收到申请后,应当进行审核,对符合现行国家标准的电动自行车,列入产品目录。

未列入产品目录的电动自行车产品不得销售。

第八条 本市电动自行车实行带牌销售。公安机关交通管理部门负责建立电动自行车销售者代办电动自行车登记制度,制定电动自行车带牌销售具体实施办法。

第九条 电动自行车销售商应当建立进货、销售台账,并验明所销售电动自行车产品的合格证明和其他标识,按照国家标准核查电动自行车的设计最高时速、外形尺寸等参数。

第十条 销售商销售电动自行车应当向消费者免费提供《福州市合格电动自行车产品目录》查询,并向消费者提供有效发票。

禁止店外占道销售电动自行车。

第十一条 电动自行车废铅酸蓄电池应当按照危险废物的相关规定进行管理。

铅酸蓄电池经营者、使用铅酸蓄电池产品的电动车经营者应当提供废旧铅酸蓄电池更换和回收服务,建立废旧蓄电池回收台账,按照《危险废物贮存污染控制标准》保存废铅酸蓄电池;回收的废铅酸蓄电池应当按照相关规定送交具有危险废物经营资质的单位统一处理。

禁止无危险废物经营资质的单位收集、贮存、转移、处置或者利用电动自行车的废旧电池。

第三章 登记报牌

第十二条 电动自行车应经公安机关交通管理部门登记并领取牌证后方可上道路行驶。

第十三条 禁止改装、拼装电动自行车。

对改装、拼装的电动自行车,不予登记报牌。

第十四条 电动自行车登记收取牌、证工本费。牌证工本费按照物价部门核定的收费标准收取,并全部上缴国库。

第十五条 电动自行车号牌必须安装在电动车后端的中间位置,电动自行车号牌保持清晰、完整,不得故意遮挡、污损,不得转借、涂改。

任何单位或者个人不得伪造、变造或者使用伪造、变造的电动自行车号牌、行驶证;不得使用他人电动自行车的号牌、行驶证。

除公安机关交通管理部门外,任何单位和个人不得收缴、扣留电动自行车牌证。

第十六条 电动自行车号牌、行驶证灭失、丢失、损毁的,由电动自行车所有人持身份证明到原登记机关补换号牌、行驶证。

第十七条 对设计最高时速、空车质量、外形尺寸不符合电动自行车国家安全技术标准的电动自行车,由公安机关交通管理部门采取分阶段实施限制道路通行的措施进行管理,具体实施办法由公安机关交通管理部门制定。

第四章 通行管理

第十八条 电动自行车按照非机动车进行管理。

在各县(市)登记报牌的电动自行车不得在五城区通行。

第十九条 在划分机动车道和非机动车道的道路上,驾驶人应当在非机动车道驾驶电动自行车。在没有划分中心线、机动车道和非机动车道的道路上,驾驶人应当靠右边驾驶电动自行车。

电动自行车最高设计时速不得超过20公里/小时。

第二十条 驾驶电动自行车应当遵守下列规定:

(一)遵守交通信号灯、交通标志、交通标线的指示;

(二))悬挂号牌并随车携带行驶证;

(三)转弯前应当减速慢行,伸手或打转向灯示意,超越前车时不得妨碍被超越的车辆行驶;

(四)横过机动车道或制动器失效时,须下车推行;

(五)驾驶电动自行车只允许搭载一名12周岁以下的未成年人,搭载学龄前儿童的,应当使用安全座椅;

(六)驾驶电动自行车应当年满16周岁以上;16周岁以上18周岁以下的未成年人驾驶电动自行车不得载人。

第二十一条 驾驶电动自行车禁止下列行为:

(一)中小学生驾驶电动自行车;

(二)醉酒驾驶;

(三)牵引、攀扶车辆或被其他车辆牵引,双手离把或者手中持物;

(四)扶身并行、互相追逐或曲折竞驶;

(五)擅自安装、使用妨碍交通安全管理的装置。

第二十二条 驾驶人在电动自行车上载物,高度从地面算起不准超过1.5米,宽度左右各不准超出车把15厘米,长度前端不准超出车轮,后端不准超出车身30厘米。

第二十三条 禁止使用电动自行车进行非法营运。

第二十四条 电动自行车应当按照指定地点有序停放,不得阻挡盲道和影响行人通行。

第二十五条 电动自行车不得改装、拼装或者加装、改装动力装置。

已登记的电动自行车不得改变车辆外形或者已登记的技术数据。

第二十六条 公安机关交通管理部门可以根据道路和交通流量的具体情况,对电动自行车采取疏导、限制通行、禁止通行等措施。

第五章 法律责任

第二十七条 违反本办法第六条第二款规定,销售不符合现行国家标准电动自行车的,由市场监督主管部门处以生产车辆货值金额等值以上三倍以下的罚款;有违法所得的,并处没收违法所得;情节严重的,吊销营业执照;构成犯罪的,依法追究刑事责任。

违反本办法第七条第三款规定,销售未列入《福州市合格电动自行车产品目录》电动自行车的,由市场监督主管部门依法封存或者暂扣车辆,限期改正,并处以一万元以上三万元以下的罚款。

有前两款情形之一的,购买者可要求销售商退货或者更换符合现行国家标准的电动自行车。电动自行车生产或者销售商主动回购或者更换的,可以从轻处罚。

第二十八条 违反本办法第十条第二款规定,经营者在店外占道销售电动自行车的,由城管执法部门依据市容管理有关法规予以处罚;对涉嫌销售未列入《福州市合格电动自行车产品目录》电动自行车的,由市场监督主管部门予以查处。

违反本办法第二十四条规定,电动自行车未按照规定地点停放的,由城管执法部门依法处罚。

第二十九条 违反本办法第九条规定,电动自行车销售商未建立进货、销售台账的,由市场监督主管部门处以三千元罚款。

第三十条 电动自行车、电动车驾驶人违反道路通行规定的,处以警告,警告后不改正的,处以二十元罚款。

有下列行为之一的,由公安交通管理部门处以五十元罚款,电动自行车、电动车驾驶人拒绝接受当场罚款处罚的,可以扣留其车辆:

(一)使用伪造、变造的电动自行车号牌、行驶证或者其他电动自行车的号牌、行驶证的;

(二)违反信号灯、禁令标志、标线通行的;

(三)驾驶加装、改装、拼装的电动车;

(四)应当登记但未登记的;

(五)未悬挂或者未按规定悬挂电动车号牌的;

(六)故意遮挡、污损电动车号牌的;

(七)改变外形或者已登记的技术数据的;

(八)违反规定载人的。

第三十一条 违反本办法第十三条规定,对改装、拼装电动自行车的单位,由市场监督主管部门按每辆车处以五千元罚款;情节严重的,依据有关法规吊销营业执照。

第三十二条 违反本办法第十一条规定的,由环境保护部门责令停止违法行为,限期改正,处一万元以上三万元以下的罚款。

第三十三条 违反本办法第二十三条规定,使用电动自行车进行非法营运的,由交通运输主管部门处以一千元罚款。

第三十四条 按照本办法规定负责电动自行车管理职责的行政机关工作人员有下列情形之一的,由其所在单位或者上级主管部门责令改正;情节严重的,对直接负责的主管人员和其他直接责任人员依法给予行政处分:

(一)未对电动自行车生产、销售市场进行监督检查的;

(二)对不符合登记条件的电动自行车办理登记的;

(三)未在规定的期限内办结电动自行车号牌、行驶证申领或者补领、换领等工作的;

(四)发现违法行为不予查处,或者接到投诉不予处理的。

第六章 附 则

第三十五条 电动自行车主要技术指标应当经有资质检验机构检验符合《电动自行车通用技术条件》(国家标准GB17761-1999),并且符合以下要求:

(一)具有良好的脚踏骑行功能,其30分钟的脚踏行驶距离不小于7公里;

(二)轮胎宽度不大于76毫米;

(三)前后挡板宽度不大于330毫米;

(四)鞍座尺寸长度不大于550毫米。

上述电动自行车标准国家如有调整,按新的标准执行。

第三十六条 本办法自2010年5月20日起施行。福州市人民政府于2003年10月20日颁布的《福州市电动自行车通行管理规定》(市人民政府令第29号)同时废止。

福州市人民政府令

第65号

《福州市残疾人机动轮椅车管理办法》已经2015年9月30日市人民政府第18次常务会议通过,现予发布,自2015年11月12日起施行。

市　长:杨益民

2015年10月12日

福州市残疾人机动轮椅车管理办法

第一章 总 则

第一条 为加强残疾人机动轮椅车的管理,维护道路交通秩序,根据《中华人民共和国道路交通安全法》、《福建省非机动车管理办法》等规定,结合本市道路交通实际,制定本办法。

第二条 本办法适用于本市五城区残疾人机动轮椅车的销售、登记和道路通行管理。

第三条 本办法所称的残疾人机动轮椅车,是指专为下肢残障者设计,全部由上肢操作,有动力装置驱动专供下肢残疾人单人代步,并符合国家安全技术标准的正三轮轮椅车,其属性是非机动车。

第四条 市、区人民政府的相关部门按照下列分工共同承担残疾人机动轮椅车的管理职责:

(一)公安机关交通管理部门负责残疾人机动轮椅车的登记和道路交通安全管理工作;

(二)市场监督主管部门依法对销售残疾人机动轮椅车实施监督管理;

(三)交通运输主管部门负责查处利用残疾人机动轮椅车从事非法营运的行为;

(四)残疾人联合会(以下简称残联)负责会同有关部门编制本市残疾人机动轮椅车目录,为下肢残疾人出具相关证明,对车主情况登记造册,并协助相关部门做好对违法残疾人的教育、引导工作。

第二章 目录制度及生产销售管理

第五条 本市残疾人机动轮椅车实行产品目录管理制度。

对达到国家标准且符合下列要求的残疾人机动轮椅车,由市残联、市公安局交通警察支队、市市场监督管理局编制目录后报市政府审定公布:

(一)使用汽油机驱动,且汽油机的排量小于等于50ML,并符合《机动轮椅车》(GB12995-2006)的其它安全技术性能要求;

(二)外廓尺寸不大于2000MM×1000MM×1200MM(长×宽×高);

(三)单人单座;

(四)不得安装遮雨棚。

第六条 未纳入产品目录的残疾人机动轮椅车,不得在本市五城区销售和登记上牌。

第七条 残疾人机动轮椅车的销售者应当在销售场所醒目位置公示现行有效的产品目录,并通过店堂告示等方式,向消费者承诺其销售车辆已纳入产品目录。

购买残疾人机动轮椅车的,销售者应当查验购买人或者其委托人的下肢残疾人证明并予记录,销售发票应当载明下肢残疾人姓名。

残疾人购买的机动轮椅车因未纳入产品目录无法登记上牌的,可以要求销售者退货或者更换符合标准的残疾人机动轮椅车。

第八条 禁止拼装、加装、改装残疾人机动轮椅车。

禁止销售拼装、加装、改装的残疾人机动轮椅车。

第九条 由政府提供补贴购买的残疾人机动轮椅车,残联应当与残疾人签订使用协议,明确约定残疾人不得从事营业性运输等违法行为,违反规定的,承担相应法律责任。

第三章 登记制度

第十条 残疾人机动轮椅车实行登记制度,经公安机关交通管理部门注册登记,领取车辆号牌、行驶证后方可上道路行驶。

第十一条 符合下列条件的申请人可以申请登记注册一辆残疾人机动轮椅车,限本人使用:

(一)具有本市五城区户籍;

(二)年满16周岁;

(三)上肢功能正常,并符合驾驶条件的下肢残疾人。

第十二条 申请残疾人机动轮椅车注册登记的,申请人应当向其住所地的公安机关交通管理部门交验纳入本市目录的残疾人机动轮椅车,并提交下列材料:

(一)《残疾人机动轮椅车登记申请表》;

(二)残疾人机动轮椅车所有人的身份证明及复印件;

(三)残疾人证及复印件;

(四)残疾人机动轮椅车整车出厂合格证;

(五)购车发票等来历凭证及复印件;

(六)区残联出具的下肢残疾证明。

办理车辆注销更新的,还应提供省市物资回收公司出具的报废回收证明;属于车辆失窃的,应提供公安机关报案证明;属于因自然灾害、意外事故等原因灭失的,由区残联出具灭失证明。

第十三条 公安机关交通管理部门受理机动轮椅车登记申请的,应当在5个工作日内审核材料、查验车辆,对符合条件的予以登记,核发号牌、行驶证;对不符合条件的,向申请人书面说明理由。

第十四条 办理残疾人机动轮椅车登记手续免收费用。牌证工本费由市财政统一列支。

第十五条 残疾人机动轮椅车号牌应当按照规定位置安装,并保持端正、清晰、完整,不得故意遮挡、污损,不得转借、涂改。

第十六条 残疾人机动轮椅车号牌、行驶证遗失或者损毁的,所有人应当填写申请表并携带本人身份证明到原登记部门申请补领。对符合条件的,公安机关交通管理部门应当自受理之日起2个工作日内补发、换发行驶证,15个工作日内补发、换发号牌,原登记编号不变;未灭失、丢失或者损毁的号牌和行驶证应当收回。对不符合条件的,应当向申请人说明不予补领的理由。

第十七条 已注册登记的残疾人机动轮椅车只能在符合申请注册登记条件的下肢残疾人之间转让。转让、受让双方共同到车辆登记地公安机关交通管理部门办理转移登记时,受让人应当提供区残联出具的下肢残疾证明。受让人名下已有残疾人机动轮椅车的,不予办理转移登记。

第四章 通行规定

第十八条 任何单位和个人不得有下列行为:

(一)驾驶残疾人机动轮椅车从事道路客运、货运经营

活动;

(二)驾驶拼装、加装、改装的残疾人机动轮椅车;

(三)伪造、变造或者使用伪造、变造的残疾人机动轮椅车号牌、行驶证;

(四)使用其他残疾人机动轮椅车号牌、行驶证。

第十九条 驾驶残疾人机动轮椅车,应当掌握车辆性能和驾驶技术,并遵守下列规定:

(一)上道路行驶的残疾人机动轮椅车应当按规定悬挂号牌;

(二)驾驶残疾人机动轮椅车时,应当携带行驶证、残疾人证和下肢残疾证明;

(三)在划分机动车道和非机动车道的道路上,应当在非机动车道上行驶;在没有划设非机动车道的道路上,应当靠道路右侧行驶;

(四)行驶时最高时速不得超过15公里/小时;

(五)行驶时应与相邻的非机动车保持安全距离;在与行人混行的道路上注意避让行人;

(六)不得牵引其它车辆或被其它车辆牵引;

(七)不得载人;

(八)载物时,高度从地面起不得超过1.5米,宽度左右各不得超出车把0.15米,长度前端不得超出车轮,后端不得超出车身0.3米;

(九)不得酒后驾驶;

(十)非下肢残疾人员不得驾驶残疾人机动轮椅车上道路行驶。

第二十条 驾驶残疾人机动轮椅车应当自觉遵守道路交通法规,服从民警的指挥;在道路上停放车辆时应当在指定的地点停放;不得影响其他车辆、行人正常通行。

第五章 法律责任

第二十一条 驾驶残疾人机动轮椅车违法从事经营性活动的,由交通运输主管部门依法予以查处,对违法的残疾驾驶人处以五百元罚款;对违法的非残疾驾驶人处以一千元罚款。

注册登记的残疾人机动轮椅车有前款违法行为的,交通运输主管部门应当将查处情况通报残联,经核查残疾人机动轮椅车属于政府提供补贴购买的,由残联依协议处理。

第二十二条 违反本办法第八条规定,从事经营性拼装、加装、改装残疾人机动轮椅车或者销售拼装、加装、改装残疾人机动轮椅车的,由市场监督主管部门责令改正,并处二千元以上二万元以下罚款。

违反本办法第十八条第一款第(二)项规定,驾驶加装、拼装、改装残疾人机动轮椅车的,由公安机关交通管理部门责令改正,处以五十元罚款,残疾人机动轮椅车驾驶人拒绝接受当场罚款处罚的,可以扣留其车辆。

第二十三条 有下列行为之一的,由公安机关交通管理部门责令改正,处以五十元罚款,残疾人机动轮椅车驾驶人拒绝接受当场罚款处罚的,可以扣留其车辆:

(一) 未经注册登记上道路行驶的;

(二) 非下肢残疾的人驾驶残疾人机动轮椅车的;

(三)使用伪造、变造的残疾人机动轮椅车号牌、行驶证或者其他残疾人机动轮椅车的号牌、行驶证的;

(四)违反交通信号灯、禁令标志、标线通行的;

(五)驾驶残疾人机动轮椅车逆向行驶、超速行驶的;

(六)醉酒驾驶残疾人机动轮椅车的;

(七)遇行人正在通过人行横道时,未让行的;

(八)行经没有交通信号的道路时,未避让横过道路的行人的;

(九)不在非机动车道内行驶或者在没有划分非机动车道的道路上不靠车行道右侧行驶的;

(十)违反规定载人、载物的;

(十一)上道路行驶未悬挂号牌或者故意遮挡、污损号牌的。

有前款第(三)项行为的,公安机关交通管理部门收缴伪造、变造以及使用的其他车辆号牌或者行驶证。

残疾人机动轮椅车驾驶人违反除第一款规定以外的道路通行规定的,处以二十元罚款。

第二十四条 违反本办法规定,销售不符合国家有关安全技术标准的残疾人机动轮椅车的,由市场监督主管部门依法进行处罚。

违反本办法第七条第二款规定,销售者未查验购买人或者其委托人下肢残疾人证明的,由市场监督主管部门责令改正,并处以一千元以上三千元以下罚款。

第二十五条 违反本办法规定的行为,法律法规已有规定的,从其规定。

第二十六条 有关主管部门工作人员未按照本办法规定履行职责或者滥用职权、徇私舞弊、玩忽职守的,由其所在单位或者行政监察部门给予行政处分;构成犯罪的,依法追究刑事责任。

第六章 附 则

第二十七条 高新技术开发区、各县(市)参照本办法执行。

第二十八条 本办法自2015年11月12日起施行。

福州市人民政府令

第66号

《福州市人民政府规章制定程序规定》已经2015年12月25日市人民政府第23次常务会议通过,现予发布,自2016年2月1日起施行。

市 长:杨益民

2015年12月31日

福州市人民政府规章制定程序规定

第一章 总 则

第一条 为规范市人民政府规章的制定程序,保证规章质量,推进法治政府建设,根据《中华人民共和国立法法》、国务院《规章制定程序条例》及《福建省人民政府法规草案和政府规章制定程序规定》等法律、法规,结合本市实际,制定本规定。

第二条 市人民政府制定规章的立项、起草、审查、决定、公布、备案、解释等活动,适用本规定。

第三条 制定规章应当切实保障公民、法人和其他组织的合法权益,适应本市实际需要,突出地方特色。

第四条 市人民政府对规章的制定工作实行统一领导。

市人民政府法制工作机构统筹负责本市规章制定工作,组织、指导和协调规章的立项、起草和审查等具体工作。

各县(市)区人民政府和市人民政府各部门应当在各自职责范围内,承担起草规章草案的具体工作,并积极配合市人民政府法制工作机构做好规章制定的其他有关工作。

第五条 制定规章所需经费列入本级政府或者本部门年度财政预算,保障制定工作正常开展。

第二章 立 项

第六条 市人民政府于每年年初制定年度规章制定工作计划。

第七条 公民、法人和其他组织均可以向市人民政府法制工作机构、各县(市)区人民政府或者市人民政府各部门提出制定规章的建议。

市人民政府法制工作机构应当及时将收集到的建议转交相关部门研究。对可行的建议,由相关部门向市人民政府法制工作机构提交立项报告。

第八条 各县(市)区人民政府和市人民政府各部门认为需要针对城乡建设与管理、环境保护、历史文化保护等方面的事项制定规章的,应当于每年12月1日前向市人民政府法制工作机构提交下一年度的立项报告。立项报告应当包括以下内容:

(一)规章草案的名称;

(二)制定规章的必要性、可行性,包括规章草案拟调整的对象、拟解决的主要问题和拟确立的主要制度;

(三)起草、调研情况及工作进度安排;

(四)其他需要说明的事项。

第九条 市人民政府法制工作机构对报送市人民政府的规章立项报告和建议进行汇总研究,结合经济和社会发展的需要,统筹安排,编制市人民政府年度规章制定工作计划草案,报请市人民政府常务会议审议批准后组织实施。

年度规章制定工作计划应当明确规章的名称、起草单位、完成时间等。

第十条 年度规章制定工作计划在执行中可以根据实际情况进行调整,由市人民政府法制工作机构组织论证后,报市人民政府决定。

因本市经济发展和社会事务管理需要,有关部门要求增加规章项目的,应当依照本规定报送立项申请,经市人民政府法制工作机构审查论证后,报市人民政府批准,列入当年规章制定工作计划。

第三章 起 草

第十一条 规章草案的起草工作,由提出立项报告的部门、该立法项目的主要实施部门或者行业主管部门具体负责。

涉及两个以上部门或者重大、复杂的规章草案,由年度规章制定工作计划确定的部门牵头,其他有关部门参与,共同负责起草工作。

第十二条 起草部门应当成立专门的项目起草小组,制定具体工作方案,明确各个阶段的任务和时间进度。

起草部门可以邀请有关专家、组织参加起草,也可以委托有关专家、组织起草;委托方应当与接受委托的个人或者单位签订书面协议。

第十三条 起草规章草案应当深入调查研究,充分论证协调,总结实践经验,并符合下列要求:

(一)符合本市实际,内容明确,具有可操作性;

(二)不得与法律、法规相抵触,原则上不重复上位法已明确规定的内容;

(三)体现行政机关职权、责任相统一和公民、法人及其他组织的权利、义务相统一;

(四)具有前瞻性,能在较长时间和一定范围内普遍适用;

(五)符合立法技术规范要求,逻辑严密,结构严谨,条理清楚,用语准确,文字简明。

第十四条 起草规章草案应当采取座谈会等多种方式广泛征询公民、法人和其他组织的意见,涉及专业性、技术性较强的问题,起草部门应当召开论证会,组织有关方面的专家、学者进行论证。

需要举行听证会的,由起草部门依照《规章制定程序条例》等规定执行。

第十五条 规章草案的内容涉及市人民政府其他部门的职责,起草部门应当充分征求相关部门的意见。规章草案涉及机构设置、经费预算的,应当专门征求市人民政府编制、财政部门的意见。

起草部门书面征询有关部门意见的,被征询意见的部门应在规定时间内提出书面意见。

起草部门与其他部门有不同意见的,应当充分协商;经过协商仍不能取得一致意见的,起草部门应当在报送草案送审稿时说明情况。

第十六条 规章草案报送审查前,应当经起草部门的法制机构审核,领导班子集体讨论通过,由主要负责人签署并加盖起草部门公章后,报送市人民政府。联合起草的,应当由各起草部门主要负责人共同签署并加盖各自部门公章后,报送市人民政府。

第十七条 规章草案送审稿报送市人民政府时,应当提交下列材料:

(一)报送审查的正式报告;

(二)草案送审稿文本及其起草说明一式三份,起草说明包括制定规章的必要性、依据和起草过程,主要内容的说明及条款设置的理由,涉及重大改革或者重大行政措施的,应当重点说明,包括开展风险评估的情况以及主要分歧意见的协调

情况等;

(三)起草所依据的法律、法规、规章、政策文本以及外省市相关立法资料;

(四)其他需要提交的有关材料。

前款规定提交的材料,还应当附上电子文档。

第十八条 规章草案送审稿不符合本规定第十六条、第十七条规定的,由市人民政府法制工作机构要求起草部门在10个工作日内补充相关资料。未按要求补充的,将送审稿退回起草部门。

未列入年度规章制定工作计划或者增加规章项目未按规定批准的,起草部门报送规章草案送审稿的,予以退回。

第十九条 起草部门因特殊原因不能完成或需要延期完成规章草案的起草、报送工作的,应当提交书面报告说明情况,由市人民政府法制工作机构提出处理意见后报市人民政府决定。

第四章 审 查

第二十条 规章草案由市人民政府法制工作机构负责审查,审查的主要内容是:

(一) 是否符合本规定第十二条至第十七条的规定;

(二) 立法的必要性是否充分,拟采取的主要措施和拟确定的主要制度是否具有可行性和可操作性;

(三) 结构、条文内容和法律用语是否准确;

(四) 征询意见是否全面,重大分歧意见是否协调一致;

(五) 需要审查的其他内容。

第二十一条 规章草案送审稿有下列情形之一的,由市人民政府法制工作机构要求起草部门修改或者退回重新组织起草:

(一) 与法律、法规相抵触的;

(二) 制定规章的基本条件尚不成熟的;

(三) 主要内容脱离本市实际不具备可操作性的;

(四) 不适当地强化部门权力,需要作重大修改的;

(五) 送审稿规定的主要内容存在较大争议,起草部门未进行必要协调、论证的;

(六) 不符合立法技术规范要求,需要作较大幅度修改的;

(七) 其他应当修改或重新组织起草的情形。

第二十二条 市人民政府法制工作机构审查规章草案送审稿时,应当根据情况将草案全文发送县(市)区人民政府、市人民政府有关部门广泛征求意见。除依法需要保密的,市人民政府法制工作机构可以通过本行政区域的报刊或者市人民政府门户网站,向社会公开征求规章草案送审稿意见。

规章草案送审稿涉及重大问题、专业技术性问题或者涉及较多数公民、法人和其他组织切身利益的,由市人民政府法制工作机构向有关专家征求意见,必要时可以组织召开有关部门、专家等参加的座谈会、论证会或者听证会听取意见。

第二十三条 县(市)区人民政府、市人民政府有关部门收到规章草案征求意见稿后,应当认真组织研究,在规定期限内提出书面意见反馈至市人民政府法制工作机构。经催报,没有回复意见的,视为没有不同意见。

市人民政府法制工作机构应当认真研究各方面的意见。存在重大意见分歧的,应当组织有关部门进行协调;经协调不能达成一致意见的,可以提请市人民政府有关领导组织协调,也可以提出处理意见报市人民政府决定。

第二十四条 市人民政府法制工作机构对规章草案送审稿进行审查、组织论证后,会同起草部门修改完善,形成草案及起草说明,报请市人民政府常务会议或者全体会议审议。

第五章 审议和公布

第二十五条 市人民政府常务会议或者全体会议审议规章草案时,由起草部门作起草说明,市人民政府法制工作机构根据需要作补充说明。

第二十六条 经市人民政府常务会议或者全体会议审议通过的规章草案,由市人民政府法制工作机构会同起草部门按照会议要求修改,报请市人民政府分管领导审核后,呈报市长签署。审议未通过的,按照会议决定执行。

第二十七条 规章以市人民政府令的形式公布施行。公布规章的命令应当载明制定机关、序号、规章名称、通过日期、施行日期、市长署名以及公布日期。

规章签署公布后,应当及时在《福州市人民政府公报》、《福州日报》和政府网上刊载。

第二十八条 规章应当自公布之日起30日内,依法报送国务院、省人民代表大会常务委员会、省人民政府、市人民代表大会常务委员会备案。

第六章 解释、修改和废止

第二十九条 规章解释权属于市人民政府。

规章有下列情形之一的,由市人民政府负责解释:

(一) 需要进一步明确具体含义或者作补充规定的;

(二) 规章制定后出现新情况,需要明确适用依据的。

第三十条 规章解释由该规章中确定的行政主管部门或者实施部门提出需要解释的建议,送市人民政府法制工作机构参照规章草案送审稿审查程序提出意见,报送市人民政府批准后公布。

规章解释与规章具有同等效力。

第三十一条 规章应当根据社会发展需要适时修改或者废止。

规章有下列情形之一的,有关行政主管部门应当及时提出修改或者废止建议:

(一) 规章依据的法律、法规已经修改或者废止的;

(二) 规章的主要内容已经被新出台的法律、法规或者其他规章取代的;

(三) 规章调整的对象已经消失或者发生变化的;

(四) 实施部门发生变化的;

(五) 其他需要修改或者废止的情形。

规章的修改、废止程序依照规章制定程序规定执行。

第七章 附 则

第三十二条 由市人民政府提请市人民代表大会或者其

常务委员会审议的地方性法规草案,以及地方性法规修改、废止建议的提出,参照本规定办理。

第三十三条 本规定自2016年2月1日起施行。

福州市人民政府关于进一步做好社会救助工作的意见

榕政〔2015〕1号

(2015年2月12日)

各县(市)区人民政府,市直各委、办、局(公司),市属各高等院校,福州保税港区管委会:

为贯彻落实国务院《社会救助暂行办法》,进一步做好我市托底线、救急难、可持续的社会救助工作,根据《福建省人民政府关于进一步做好社会救助工作的意见》(闽政〔2014〕58号),现提出如下意见:

一、完善最低生活保障制度

进一步落实《福建省城乡居民最低生活保障工作规范》和《福建省人民政府办公厅关于严禁直接将任何群体或个人纳入最低生活保障范围的通知》(闽政办〔2014〕165号)、《福州市人民政府关于进一步加强和改进最低生活保障工作的实施意见》(榕政综〔2013〕268号),加强最低生活保障对象动态管理,实现应保尽保和低保金按时足额发放。不断规范申请审核审批程序,落实投诉举报核查制度,健全工作监管机制。禁止不经规定程序直接将任何群体或个人纳入最低生活保障范围。科学制定城乡最低生活保障标准,城市最低生活保障标准按当地最低工资标准的36%~42%确定,农村最低生活保障标准按不低于当地上年度农民人均生活消费支出的25%确定(2015年按不低于2300元的标准确定比例)。扎实推进城乡社会救助一体化建设,逐步缩小城乡差距,在有条件的地区,尽快实现城乡低保一体化。按规定落实与物价上涨的挂钩联动机制,加强对城乡低保对象等困难群众的保障,减轻物价上涨对困难群众生活造成的影响。对获得最低生活保障后生活仍有困难的老年人、未成年人、重度残疾人和重病患者,采取发放生活困难补助金等措施给予生活保障。全面推进救助申请家庭经济状况多部门协查核对机制,城乡低保、保障房申请等救助申请家庭的经济状况核对认定纳入协查机制运作。市、县两级建立救助申请家庭经济状况核对中心,加强人员、经费保障,及时开展经济状况核对工作。〔责任单位:各县(市)区人民政府,市民政局、市财政局、市物价局、市公安局、市工商局、市人社局、市地税局、市国税局、市公积金中心、市房屋登记中心和证券、银行、保险监管部门〕

二、做好特困人员供养工作

无劳动能力、无生活来源且无法定赡养、抚养、扶养义务人,或者其法定赡养、抚养、扶养义务人无赡养、抚养、扶养能力的本市户籍老年人、残疾人,以及未满16周岁的未成年人,可申请作为特困人员供养。认真落实《福州市人民政府关于进一步加强农村五保供养工作的意见》(榕政综〔2010〕48号)和《福州市人民政府办公厅转发福建省人民政府办公厅关于加强市县社会福利中心、乡镇敬老院和居家养老服务中心(站)建设管理的意见的通知》(榕政办〔2011〕244号)文件要求,加大工作力度,确保特困人员供养工作顺利开展。科学制定特困人员供养标准,属农村五保供养的按不低于当地农村居民家庭上年度人均生活消费支出的70%确定,属城市"三无"人员的按不低于当地城市低保标准的130%确定。〔责任单位:各县(市)区人民政府,市民政局、市财政局〕

三、健全受灾人员救助制度

自然灾害救助实行属地管理、分级负责。各级人民政府要建立健全自然灾害救助制度,民政部门对受灾人员提供必要的基本生活救助。根据自然灾害特点、居民数量和分布等情况,进一步完善市级救灾物资储备库功能。自然灾害多发、易发地区的县级人民政府也要根据实际建设救灾物资储备库,保障救灾物资的应急供应。受灾地县级人民政府应当对无房可住、无生活来源、无自救能力的受灾人员进行过渡性安置,给予农村住房修复对象、重建对象一定的修复或重建资金补助,并为因当年冬寒或次年春荒导致生活困难的受灾人员提供基本生活救助。〔责任单位:各县(市)区人民政府,市民政局〕

四、实施医疗救助制度

扩大医疗救助对象范围,在《福州市城乡医疗救助办法》(榕政综〔2011〕24号)规定的救助对象范围基础上,增加计生特殊家庭成员为救助对象。增加财政资金投入,保障医疗救助工作顺利开展,适时提高住院和特殊门诊救助比例和封顶线。大力开展日常救助、定额救助、二次救助和第二类救助对象的医疗救助工作。落实疾病应急救助制度,对需要急救但身份不明或者基本生活难以维持、无力支付相应费用的急重危伤病患者给予救助,符合规定的急救费用由疾病应急救助基金支付。坚持政府主导、多部门联动的原则,坚持先救治后结算、先救治后救助的原则,实行属地救治原则,坚持疾病应急救助标准与当地经济社会发展水平和财政支付能力相适应原则,确保疾病应急救助制度有序运行、稳步发展。〔责任单位:各县(市)区人民政府,市人社局、市卫计委、市民政局、市发改委、市财政局〕

五、开展教育救助

根据不同教育阶段需求,教育救助采取减免相关费用、发放助学金、给予生活补助、安排勤工助学等方式实施,保障教育救助对象基本学习、生活需求。对在义务教育阶段就学的最低生活保障家庭的学生给予教育救助,为城市低保家庭学生免费提供教科书,对农村小学和初中低保寄宿生每人每年分别给予2000元和2250元补助,对非寄宿低保家庭学生每人每年给予1000元补助。对在学前教育、高中教育(含中等职业教育)、普通高等教育阶段就学的最低生活保障家庭学生采取减免学费、发放助学金等形式给予补助,保障学生的基本学习和生活需求。幼儿园孤儿或残疾幼儿、低保家庭幼儿、烈士子女或优抚家庭子女每生每年补助2000元,其它经济困难幼儿每生每年补助1000元。城乡高中低保家庭的学生每人每年补助2500元,经济困难学生每人每年补助1200元。中职全日制一、二年级家庭经济困难学生(按一、二年级在校生的 10% 评审)享受助学金每人每年 1500 元,高校低保家庭学生每人每年 4000 元,经济困难学生每人每年 2500 元。对不能入学接受义务教育的残疾儿童,根据实际情况给予适当教育救助。加大财政资金投入,适时提高救助标准。〔责任单位:各县(市)区人民政府,市教育局、市民政局、市财政局〕

六、实施住房救助保障

认真落实《住房城乡建设部、民政部、财政部关于做好住房救助有关工作的通知》(建保〔2014〕160 号)、《福建省住房和城乡建设厅、福建省民政厅、福建省财政厅转发住房城乡建设部等三部门关于做好住房救助有关工作的通知》(闽建住〔2014〕20 号)、《福州市人民政府关于进一步加强保障性住房配租配售和管理工作的意见》(榕政综〔2012〕214 号)和《福州市人民政府关于公共租赁住房和廉租住房并轨运行的实施意见》(榕政综〔2014〕221 号)等文件要求,大力加强困难群众住房救助工作。对符合规定标准的住房困难的最低生活保障家庭、分散供养的特困人员,给予住房救助,实行应保尽保。县级以上人民政府按照国家规定通过财政投入、用地供应等措施为实施住房救助提供保障。城镇家庭住房救助对象的家庭收入标准和住房困难标准,参照公共租赁住房的相关办法和准入标准执行。城镇住房救助通过配租公共租赁住房、减免公共租赁住房租金或发放住房租赁补贴等方式实施,公共租赁住房配租标准及租金减免标准按照我市公共租赁住房政策的有关规定执行。对享受全额低保金的低保家庭、分散供养的"三无"特困人员,免收公共租赁住房租金,此类人员在申请公共租赁住房时,民政部门可直接作出收入、财产认定,无需再启动审查程序。对符合公共租赁住房保障条件的以下家庭优先配租公共租赁住房:城市低保家庭,重点优抚对象家庭,年满 60 周岁老年人家庭,二级以上重残家庭,计生特殊家庭,获得市级以上见义勇为、特殊贡献奖励、劳动模范称号人员家庭,经房屋征收单位认定的房屋被征收人家庭。农村家庭住房救助通过造福工程危房改造等方式实施。农村家庭申请住房救助的,按照市、县人民政府有关规定执行。要落实公共租赁住房建设、农村危房改造的财税、金融和用地等优惠政策,为实施住房救助提供有力支持。〔责任单位:各县(市)区人民政府,市房管局、市民政局、市国有房产中心、市农业局(农办)、市建委、市发改委、市财政局〕

七、落实就业救助扶持

最低生活保障家庭中在劳动年龄段有劳动能力并登记失业的成员列入就业援助对象,通过小额担保贷款贴息、社会保险补贴、培训补贴、税收优惠、公益性岗位安置等办法,给予就业救助。最低生活保障家庭有劳动能力的成员均处于失业状态的,依托县(市)区公共就业服务机构和基层公共就业服务平台认定为"零就业家庭",实行动态管理,采取针对性措施,形成"产生一户、援助一户、消除一户、稳定一户"的长效机制,确保"零就业家庭"至少有 1 人实现就业,确保"零就业家庭"动态为零。最低生活保障家庭中在劳动年龄段有劳动能力但未就业的成员,应当接受人社等有关部门介绍的工作;若无正当理由,在一年内连续三次拒绝接受介绍与其健康状况、劳动能力等相适应的工作的,取消其享受促进就业困难人员就业的相关扶持政策。县级民政部门应当决定减发或者停发其本人的最低生活保障金。吸纳持《就业失业登记证》的就业援助对象的用人单位,按照省、市有关政策规定享受社会保险补贴、税收优惠、小额担保贷款等就业扶持政策。〔责任单位:各县(市)区人民政府,市人社局、市民政局〕

八、完善临时救助制度

全面落实《福州市城乡困难居民临时救助暂行办法》(榕政综〔2012〕158 号)要求,进一步加大工作力度,突出救急难要求,规范工作程序,及时有效解决城乡困难群众突发性、临时性生活困难。对因火灾、交通事故等意外事件,家庭成员突发重大疾病等,导致基本生活暂时出现严重困难的家庭,或者因生活必需支出突然增加超出家庭承受能力,导致基本生活暂时出现严重困难的最低生活保障家庭,以及遭遇其他特殊困难的家庭,或因火灾、交通事故、突发重大疾病或其他特殊困难,暂时无法得到家庭支持,导致基本生活陷入困境的个人,给予临时救助。临时救助可采取发放临时救助金、发放实物、提供转介服务等方式进行临时救助。临时救助的具体事项、标准,由县级人民政府确定、公布。临时救助资金由当地政府筹集,以政府投入为主,目前阶段按户籍人口每人每年不低于 1 元的标准筹集资金,并适时提高。城乡居民最低生活保障资金有结余的地方,可安排部分资金用于最低生活保障对象的临时救助支出。救助管理机构对生活无着的流浪、乞讨人员提供临时食宿、急病救治、协助返回等救助。〔责任单位:各县(市)区人民政府,市民政局、市财政局〕

九、鼓励社会力量参与

鼓励单位和个人等社会力量通过捐赠、设立帮扶项目、创办服务机构、提供志愿服务等方式参与社会救助。社会力量参与社会救助,按照国家有关规定享受财政补贴、税收优惠、费用减免等政策。县级以上人民政府可以将社会救助中的具体服务事项通过委托、承包、采购等方式,向社会力量购买服务。县级以上人民政府应当发挥社会工作服务机构和社会工作者作用,为社会救助对象提供社会融入、能力提升、心理疏导等专业服务。社会救助管理部门及相关机构应当建立社会力量参与社会救助的机制和渠道,提供社会救助项目、需求信息,为社会力量参与社会救助创造条件、提供便利。〔责任单位:各县(市)区市人民政府、市民政局、市财政局〕

十、加强组织领导

各级人民政府要不断完善保障机制,将政府安排的社会救助资金和社会救助工作经费纳入财政预算。市级财政对基层工作经费不足的给予适当补助。按照国家统一规划,充分利用电子政务网络,建立社会救助管理信息系统,实现社会救助信息互联互通、资源共享。市民政局、教育局、房管局、人社局、卫计委要按照各自职责,会同相关部门制定或完善相应的专项救助具体实施办法。

县级以上人民政府要根据区域经济社会发展情况,研究制定本行政区域内相对统一的区域标准,逐步缩小城乡差距、区域差距,有条件的地方可实行城乡一体化。各地应根据实际,逐步让居住证持有人享有与当地户籍人口同等的社会救助待遇;不持有居住证的非本地户籍人员,可以向相应救助管理机构提出申请,确保所有遭遇急难情况的群众都能找到求助的渠道。〔责任单位:各县(市)区人民政府,市民政局、市卫计委、市教育局、市财政局、市人社局、市房管局〕

各地各部门要高度重视社会救助工作,进一步完善政府领导、民政牵头、部门配合、社会参与的社会救助工作机制。要明确建立"一门受理、协同办理"机制的具体措施,全面建立统一的社会救助服务窗口,统一规范的社会救助窗口服务标准。要统筹做好最低生活保障与医疗、教育、住房、就业等社会救助的协调发展和有效衔接,研究解决社会救助工作中存在的困难和问题,推进社会救助体系建设。

福州市人民政府关于禁止在福建省平潭及闽江口水资源配置(一闸三线)福州部分工程建设征地范围内新增建设项目和迁入人口的通告

榕政〔2015〕5 号

(2015 年 5 月 19 日)

根据《大中型水利水电工程建设征地补偿和移民安置条例》(国务院令第 471 号)和我省水利水电工程建设管理的有关规定,经省政府同意,现将福建省平潭及闽江口水资源配置(一闸三线)福州部分工程建设征地范围内新增建设项目和迁入人口有关事项通告如下:

一、福建省平潭及闽江口水资源配置(一闸三线)工程已经国家发改委批准建设,计划于 2016 年 6 月开工建设。

二、福建省平潭及闽江口水资源配置(一闸三线)福州部分工程建设征地范围包括莒口拦河闸的淹没影响区、坝区和三条输水线路工程建设区(工程建设征地具体范围详见附表、附图)。莒口拦河闸水库正常蓄水位 9.0 米(黄海高程,以下同),总库容 6500 万立方米,其中耕地、园地征收线为 10.0 米,居民迁移线为 10.0 米;水库淹没影响涉及永泰县塘前乡的大樟村和莒口村,葛岭镇的葛岭村、赤壁村、溪南村和九老村等 6 个行政村。莒口拦河闸坝区涉及永泰县塘前乡的大樟村和莒口村。三条输水线路分别为竹岐 - 大樟溪输水线路、大樟溪 - 东张水库 - 平潭输水线路和大樟溪 - 三溪口水库 - 青口 - 长乐输水线路,建设征地涉及永泰县的塘前乡,闽侯县的南通镇、祥谦镇、尚干镇、青口镇、上街镇和竹岐乡,福清市的海口镇、三山镇、高山镇和东瀚镇,长乐市的营前街道和仓山区的城门镇等 13 个乡(镇),以及三溪口水库和东张水库的少量土地。

三、自本通告发布之日起,福建省平潭及闽江口水资源配置(一闸三线)福州部分工程建设征地范围内,严禁进行任何永久性或临时性的基本建设(扩建、改建和续建),已批准的项目不得再建,在建的项目应停建;严禁新开荒、造地活动;严禁新种植果树、竹类等经济作物或林木。上述禁止事项的具体范围以现场设置的临时或永久界桩为准。

四、严格控制工程建设征地范围内的人口迁入。在本通告发布后,除出生落户和正常婚嫁、军人转业退伍、大中专毕业生及"两劳"人员回原籍等按规定准许迁入外,其他人员一律不得迁入;属非正常分户或突击分户的,有关部门不得为其办理分(立)户手续。

五、凡违反本通告规定迁入人口、分立户籍、增建(抢种)地面附着物等行为的,一律不得列入工程建设征地实物调查和补偿范围。

六、福建省平潭及闽江口水资源配置(一闸三线)福州部分工程项目法人应会同工程占地和淹没区所在地的地方人民政府依法实施工程占地和淹没区实物调查,实物调查应当全面准确,调查结果经调查者和被调查者签字认可并公示后,由所在地县级以上地方人民政府签署意见。工程占地和淹没区所涉及到的国家机关、企事业单位和居民应认真配合实物调查,不得干扰、阻碍实物调查工作的开展。

七、本通告自发布之日起执行。

福州市人民政府关于《福州市城乡居民社会养老保险实施办法》的补充通知

榕政综〔2015〕7 号

(2015 年 1 月 12 日)

各县(市)区人民政府,市直各委、办、局(公司),市属各高等院校,福州保税港区管委会:

为贯彻落实《福建省人民政府关于完善城乡居民基本养老保险制度的实施意见》(闽政〔2014〕49 号)精神,进一步完善我市城乡居民基本养老保险制度,经研究,对《福州市城乡居民社会养老保险实施办法》(榕政综〔2013〕247 号)进行补充完善。现就有关条款补充通知如下:

一、参保范围部分。有我省户籍 16 - 59 周岁的城乡居民,在我市持有居住证(或暂住证),未参加城镇职工基本养老保险的,根据自愿原则,可在居住地参加城乡居民保,具体办法按照《福建省人力资源和社会保障厅　福建省财政厅关于我省城乡居民在省内异地参加城乡居民社会养老保险有关问题的通知》(闽人社文〔2014〕38 号)执行。

二、基金筹集部分。政府对参保居民缴费给予补贴,补贴标准为每人每年不低于 30 元。对选择较高缴费档次的,政府给予适当增加补贴,选择缴费档次 100 元的,政府补贴标准为每人每年 30 元,每提高一个缴费档次标准(100 元),政府补贴标准增加 10 元;对选择 1200 及以上缴费档次标准的,政府补贴均为 140 元。

三、养老金待遇部分。根据我市实际情况基础养老金标准从原来每人每月 85 元提高到每人每月 100 元。

四、相关制度衔接部分。居民保制度与城镇职工基本养老保险等其他养老保险制度的衔接,按照《福建省人力资源和社会保障厅　财政厅转发人社部和财政部关于印发城乡养老保险制度衔接暂行办法等有关文件的通知》(闽人社文〔2014〕

199 号)的规定执行。

本补充通知自 2015 年 1 月 1 日起执行。

福州市人民政府关于城乡公益性骨灰楼堂和公墓建设的实施意见

榕政综〔2015〕49 号

(2015 年 3 月 5 日)

各县(市)区人民政府,市直各委、办、局(公司),市属各高等院校,福州保税港区管委会:

为进一步深化我市殡葬改革,建设资源节约、环境友好型社会,促进生态文明建设,根据《福建省人民政府关于推进城乡公益性骨灰楼堂和公墓建设的意见》(闽政〔2014〕34 号)精神,结合我市实际,现就城乡公益性骨灰楼堂和公墓建设提出如下实施意见。

一、目标任务

到 2016 年底前,各县(市)实现都建有城市公益性公墓,各县(市)农村实现公益性骨灰楼堂覆盖到乡(镇)、村。有条件的乡(镇)可以根据需要,按照当地规划部门的总体要求建设公益性公墓,实行乡(镇)单独建或多乡(镇)并建。根据目前福州市区骨灰楼堂和公墓的骨灰存放位数量状况,五城区暂不建设公益性骨灰楼堂和公墓。

二、基本原则

(一)公益便民。城乡公益性骨灰楼堂和公墓是经依法批准建设的不以营利为目的的骨灰安放(葬)场所,属社会公益福利设施,按照就近便民原则建设。农村公益性骨灰楼堂和乡(镇)公益性公墓向本村、本乡(镇)居民提供骨灰安放(葬)服务。

(二)生态保护。树立现代文明殡葬理念,提倡经济简约,保护自然生态,注重人文与自然环境的和谐。引导文明节俭丧葬习俗,倡导海葬、花葬、树葬、草坪葬等生态葬法。

(三)节约用地。集约节约用地,鼓励以建设城乡骨灰楼堂为主,有条件的地方可统筹将骨灰楼堂和公墓合建,提高骨灰安放(葬)率。

三、建设要求

(一)选址规划。城乡公益性骨灰楼堂和公墓建设应符合各县(市)城乡建设总体规划;不宜在“三沿五区”范围内建设;应在“二重山”范围外进行建设。

(二)用地规模。城乡公益性骨灰楼堂和公墓应集约使用土地和林地,尽量利用山坡地,不占用耕地和生态公益林。从严控制项目建设用地规模,乡镇人口在 1 万以内的,公益性公墓占地面积不超过 5 亩;人口在 1 ~ 5 万的,占地面积不超过 15 亩;人口在 5 万以上的,占地面积不超过 20 亩。县(市)人口在 30 万以内的,城市公益性公墓占地面积不超过 150 亩;人口在 30 ~ 50 万的,占地面积不超过 200 亩;人口在 50 万以上的,占地面积不超过 300 亩。

(三)功能分布。城乡公益性公墓应设置墓园区和办公用房、停车场等管理服务附属设施。墓园区包括墓葬区、骨灰楼堂安放区、生态葬法区和公祭区,占地面积不少于公墓总面积的 60%。墓园建设要和谐、简约,绿化率不低于 40%。墓葬区每个墓位面积不超过 1 平方米,地面只设统一规格的墓碑,墓碑外区域种草植树进行绿化,不得建设围栏、雕廊、墓帽等附饰设施。墓位间以绿化带相隔,间距不小于 0.3 米。墓位前走道要建成绿化行道,宽度不小于 0.6 米。根据当地地理地貌、风土人情,骨灰楼堂也可建成塔、廊、壁、室等,并设置专门的祭祀场所,方便群众祭祀。鼓励采取花葬、树葬、草坪葬等生态葬法,并为生态葬法的逝者统一刻碑纪念。合理规划、规范设置公祭区,保障公祭活动肃穆、节俭。

四、建设管理

(一)审批管理。城乡公益性骨灰楼堂和公墓规划建设要严格执行殡葬管理等有关法规政策,并按照省民政厅《关于做好城乡公益性骨灰楼堂和公墓建设有关工作的通知》(闽民事〔2014〕442 号)要求规范审批。村级公益性骨灰楼堂建设由村委会提出申请,经乡(镇)政府同意,报县(市)民政部门审批,并抄报市民政局备案;乡(镇)公益性骨灰楼堂建设由乡(镇)政府提出申请,报县(市)民政部门审批,并抄报市民政局备案。乡(镇)级公益性公墓建设由乡(镇)政府提出申请,报县级民政部门审批,并抄报市民政局备案;县(市)城市公益性公墓建设,由县(市)民政部门提出申请,经同级政府同意和市民政局审核后,报省民政厅审批。

(二)投资主体。农村公益性骨灰楼堂投资主体为村委会,资金来源为村集体自有资金或村民自筹资金。乡(镇)公益性公墓投资主体为乡(镇)政府,城市公益性公墓投资主体为县(市)政府,禁止社会资本合资、合作、合建,鼓励社会力量捐资、捐建。市级财政采取以奖代补方式,视各县(市)财力情况对城乡公益性骨灰楼堂和公墓建设予以一定补助,具体办法由市民政局、财政局另行制定。

(三)用地管理。国土、林业部门依法审批城乡公益性骨灰楼堂和公墓建设用地。符合划拨用地的,经市或县(市)人民政府批准,可以划拨方式提供土地使用权。严禁违规批准建设。城乡公益性骨灰楼堂和公墓建设禁止占用耕地,亦不可通过先行办理城市分批次农用地转用等形式变相占用耕地。

(四)运营管理。公益性骨灰楼堂和公墓统一由民政部门监管。农村公益性骨灰楼堂由村委会运营管理。城市、乡(镇)公益性公墓分别由当地民政部门、乡(镇)政府运营管理,不得以合作、合股等形式进行社会化运营,改变公益性质。

(五)收费管理。公益性骨灰楼堂和公墓(含内建骨灰楼堂)收费项目、收费标准,由市、县(市)价格主管部门按照非营利性和兼顾当地居民承受能力的原则核定,实行政府指导价管理、明码标价,并向社会公布。对价格违法行为,一经查实,坚决予以处理。对性质恶劣、情节严重的典型价格违法案件要公开曝光,切实维护广大群众的合法权益。

五、工作要求

(一)加强组织领导。城乡公益性骨灰楼堂和公墓建设是推进殡葬改革的重要举措,是保障民生需求、促进生态文明建设的重要途径。各级各有关部门要认真学习中共中央办公厅、国务院办公厅《关于党员干部带头推动殡葬改革的意见》(中办发〔2013〕23号)及《福建省人民政府关于推进城乡公益性骨灰楼堂和公墓建设的意见》(闽政〔2014〕4号)精神,高度重视城乡公益性骨灰楼堂和公墓建设工作,增强主动性和责任感,抓好贯彻落实。

(二)强化部门协作。各有关部门要各司其职、通力协作、共同推进。发展改革部门要将城乡公益性骨灰楼堂和公墓建设作为民生保障项目,纳入当地经济社会发展规划。民政部门要履行主管部门职能,发挥牵头协调作用,具体负责实施。规划部门要做好有关规划。国土部门要统筹安排城市、乡(镇)公益性公墓建设用地,并按规定以划拨方式供地。林业部门要做好林地使用审批,支持开展生态安葬。财政部门要将政府安排的建设资金和惠民殡葬补助资金纳入公共财政预算,并加强资金监管。物价部门要加强收费和价格管理,查处自立收费项目、超标准收费等违规行为。宣传部门要广泛宣传现代文明殡葬理念,及时曝光违法违规行为。文明办要将城乡公益性骨灰楼堂和公墓建设纳入城乡文明创建考核内容。

(三)依法依规审批。城乡公益性骨灰楼堂和公墓规划建设要严格遵守殡葬等有关法规政策,不得违规批建;要加强日常运营监管,不得进行营利性经营和违规收费,改变公益属性。对违法行为,要严格追究责任。

(四)严格定期检验。要对城乡公益性骨灰楼堂和公墓进行定期检验。农村公益性骨灰楼堂、乡(镇)公益性骨灰楼堂和公墓由县(市)民政部门定期检验,其中骨灰楼堂三年一检;城市公益性公墓由市民政部门每年一检。同时,应着力规范城乡公益性骨灰楼堂和公墓管理,加强建章立制,明确管理人员职责,以提高殡葬服务的管理水平。

福州市人民政府关于全面实施福州市高素质教育人才促进工程的意见

榕政综〔2015〕76号

(2015年3月29日)

各县(市)区人民政府,市直各有关单位:

为进一步推进闽都人才集聚工程,努力造就一支师德高尚、业务精干、结构合理、充满活力、高素质、创新型的专业化教师队伍,根据《福州市中长期人才发展规划纲要(2010－2020)》,现就全面实施福州市高素质教育人才促进工程提出如下意见:

一、指导思想

根据中共福州市委办公厅、市人民政府办公厅关于印发《＜福州市中长期人才发展规划纲要(2010－2020)＞任务分工方案》的通知精神,通过全面实施福州市高素质教育人才促进工程,大力加强全市中小学(含中职学校、特教学校、幼儿园,下同)骨干教师、中青年学科带头人和优秀校长的培养,加大对"名师工作室"的培育,不断壮大"双师型"教师队伍;完善教师职务任职资格评审制度,拓宽高层次师资人才引进渠道,完善农村紧缺师资人才优惠政策,造就我市一批优秀的教学人才队伍,不断提升教育质量和办学水平。

二、培养目标

根据国家、省、市中长期人才发展规划纲要(2010—2020)有关要求,到2020年,力争我市基础教育县(市)区级骨干教师达到本县(市)区专任教师总数的10%以上;市级骨干教师达到全市专任教师总数的5%以上;市学科(专业)带头人以上名优教师达到全市专任教师的2%以上;中等职业教育的市级骨干教师达到中职教师总数的10%以上,市级专业带头人达到10%左右;"双师型教师"达到专业技能课程教师总数的80%左右,市级以上教学名师的比例超过2‰。各县(市)区属各类名优骨干教师认定人数按照各县(市)区属教师数分区域按比例核定。根据区域内教师整体质量客观分布情况,市属学校(含职业学校)市级骨干教师达到市属学校专任教师总数的20%;市学科(专业)带头人(含省级骨干教师)以上名优教师达到市属学校专任教师总数的15%;市级以上教学名师达到市属学校专任教师总数的7‰,形成地区之间、学段之间、学科(专业)之间和年龄梯次结构分布基本均衡的高层次、高质量的名优骨干教师队伍梯队。

三、培养体系

遵循教师专业发展规律,依托各级各类教师培训机构,构建立体化教师培养体系。

(一)教师专业成长的阶段。共分为6个阶段:1. 新任教师;2. 合格教师;3. 骨干教师;4. 学科(专业)带头人;5. 教学名师;6. 教育专家。

(二)名优骨干教师的发展序列。共分为4个序列:1. 县(市)区骨干教师、学科(专业)带头人;2. 市级骨干教师、学科(专业)带头人;3. 省级骨干教师、学科(专业)带头人;4. 教学名师、教育专家。

(三)教师培养培训体系。按照教师专业发展的不同阶段,采取5个层次阶梯式培养:1. 新任教师的"入格"培养;2. 青年教师的"合格"培养;3. 骨干教师的"成格"培养;4. 学科(专业)带头人的"升格"培养;5. 教学名师的"风格"培养。

为促进中等职业教育"双师型教师"的培养,根据其专业与行业特点,制定并实施教师企业实践计划。同时,要有计划组织专业技能课程教师,进入企业培训基地与我市职业教育公共实训基地,开展职业技能强化训练,不断提升其"双师"素质。

四、推荐选拔

各级教育行政部门、教师进修院校、市职业技术教育中心要根据不同层次名优骨干教师的培养规划,认真研究制定培养对象的选拔条件、范围、程序和办法。

基础教育的县(市)区级的骨干教师、学科带头人的培养对象由本级教育行政部门和教师进修学校负责遴选;市级及以上骨干教师、学科带头人的培养对象由县(市)区教育局、教师进修学校推荐,市教育局、福州教育研究院负责遴选。

中等职业教育的市级骨干教师、市级专业带头人由中等职业学校推荐,县(市)区属职业学校的,报本级教育主管部门审核,福州市教育局、市职业技术教育中心负责遴选。

市级骨干教师的培养对象原则上从县(市)区级骨干教师中推荐产生。市级学科(专业)带头人的培养对象原则上从市级骨干教师中推荐产生。省级及以上骨干教师、学科(专业)带头人的培养对象原则上从市级骨干教师、学科(专业)带头人中推荐产生。对表现优秀、在市级及以上各类教师教学技能大赛获奖的教师、市级名师工作室的成员也应纳入培养对象。

各级教育行政部门、教师进修院校在推荐各级名优骨干教师培养对象时,要综合考虑城乡之间、学校之间、学段之间、学科(专业)之间的平衡,要向农村学校、薄弱学校和优秀中青年教师倾斜,原则上,小学(幼儿园)、初中、高中(含中等职业学校)的推荐比例应分别为35%、30%和35%左右。

五、考核认定

县(市)区、市级骨干教师和学科(专业)带头人培养对象,经过培训成绩合格后,还需在教学岗位实践满两年方可参加骨干教师和学科(专业)带头人的考核认定,按照"谁培养、谁考核认定"的原则,基础教育的市级骨干教师、学科带头人由福州市教育局、福州教育研究院负责考核认定,县(市)区级骨干教师和学科带头人由县(市)区教育局、教师进修学校负责考核认定。中等职业教育的市级骨干教师和专业带头人由福州市教育局、市职业技术教育中心负责考核认定。

各级教育行政部门、教师进修院校、市职业技术教育中心要认真制定骨干教师和学科(专业)带头人的考核认定办法。考核认定的标准应根据不同层次名优骨干教师培养目标的条件要求进行制定,考核认定的内容应包括:师德方面、育人方面、教科研方面、发挥示范引领作用方面,以及年度考核和个人获奖等情况。考核认定的方式可采取材料审核和面试考核、答辩述职等办法进行。

六、管理使用

各级教育主管部门和教师进修院校、市职业技术教育中心要建立名优骨干教师人才库,研究制定名优骨干教师的管理与考核办法,建立日常管理、年度检查和终期考核相结合的管理机制,实现全程动态管理。市、县(市)区级骨干教师、学科(专业)带头人实行聘期管理,每一聘期为5年,聘期结束,进行终期考核,考核合格后继续聘任。由同级教育行政部门负责颁发聘期证书和聘期考核工作。省级以上骨干教师、学科(专业)带头人实行年度检查,由市级教育行政部门负责检查工作。各级教育主管部门,教师进修院校、市职业技术教育中心要研究制定本级名优骨干教师的任期考核办法,明确考核内容和要求,对每学年或每任期内需要完成的一定数量理论研修、论文写作、讲座、公开课、示范课、课题研究、师带徒、送教送培活动等系列目标任务予以明确规定;中等职业教育专业技能课程教师的考核内容还应当包括企业实践时间与实践效果,以及职业技能操作水平或职业资格水平。同时,各级教育行政管理部门与培训教研机构要创设条件,搭建平台,提供有效服务,确保名优骨干教师在理论研修、论文撰写、课题研究、实践研习、考察学习、示范引领等方面有足够的时间和空间。

各级教育主管部门对名优骨干教师在评先评优、职称评聘等方面应制定鼓励政策,充分调动他们的积极性,发挥他们的引领示范作用,不断促进他们的专业发展。

七、措施保障

(一)基地建设

1. 加强基层学校建设。

基层学校是教师校本研训的基地,是教师专业成长的摇篮,各基层学校要认真规划教师培养的总体目标和任务,逐步建立起有利于教师岗位成长的运行机制,促进教师专业化发展,逐步形成教师培养培训的自身特色,提升教师的教育教学能力水平。

2. 加强教师进修院校、市职业技术教育中心建设。

扎实开展创建示范校活动,做到以评促建,努力促使我市每年有1-2所教师进修学校通过评审认定为省级或国家级示范性县级教师培训机构。进一步加强福州教育研究院建设,完善硬件设施、加强网络建设、优化资源配置、拓展服务功能。遵循教师专业发展的规律和特点,多层次、多渠道、多形式地开展教师继续教育。健全中小学教师继续教育管理的规章制度,扎实推进中小学教师继续教育。密切结合本市中小学教师的实际,研究探索促进中小学教师终身学习的有效机制。提高培训者水平,努力建设一支集培训、教学、教研于一体的具有较高水平的新型培训者队伍。结合建立健全我市职业教育公共实训基地的运行与发展管理机制,加强市职业技术教育中心建设。充分发挥我市职业学校教师企业实训基地与职业教育公共实训基地在提升我市中等职业学校教师专业素养与职业技能的功能作用。

3. 加强名师工作室建设。

加强名师工作室培养骨干教师的职能,以领衔名师为导师,每三年从现有教师队伍中选拔10名左右有潜质的中青年教师开展集教、研、训为一体的骨干教师培养活动。借助名师工作室力量进行专业引领、团队合作,以打造福州教育面向未来的骨干教师队伍,尽快形成学科领军团队,促进高素质教育人才的迅速成长。中等职业学校的名师工作室要根据职业教育的特点,积极探索高素质技能型人才培养模式的改革创新,探索职业教育精品课程的研发,探索中等职业学校优秀教学团队的建设。

4. 开拓省内外、国内外培训基地。

在省内外具有名师培养经验和特色的部属院校设立名师研修基地。利用港澳台的优质教育资源,开发名师的交流基地,选择在培养名师方面具有特色的不同国家建立若干个名师培训基地。通过高级研修班、影子工程、名师访学、实践研习等办法推动名师培养,聘请名牌师范院校的基础教育专家、教授研究我市学科(专业)名师的成长规律和成功经验,探讨并提炼出我市名师的教育教学特色,塑造具有福州地域风格且在全国有名望的教育教学名师。

5. 构建特教名师基地,培养特教专业人才。

一是成立特教名师基地,以探索康复、医学、心理、养育等跨学科(专业)的整合途径,满足特教发展的需求;二是不断优化人才培养结构,采取走出去、请进来的形式,聘请名师进行专业指导,有效促进特教师资队伍的结构优化和整体水平的提升。

(二)经费保障

1. 名优骨干教师培养经费

由市财政每年安排200万元市级及以上骨干教师、学科带头人的培养经费(包括高级研修班、影子工程、名师访学、实践研习等)。

2. 名师工作室运行经费

福州市名师工作室每年每个安排工作经费10万元,专门用于领衔名师与成员的提高培训、教学资料购置、课题研究、精品课程与校本教材研发、师带徒、送教送培等。

3. 设立名优骨干教师工作补贴制度

对考核认定聘为市级及以上的骨干教师、学科带头人、名师工作室领衔名师实行工作补贴制度。所需经费按隶属关系,由本级财政在教师奖励性绩效工资总额基础上予以增加,纳入中小学教师奖励性绩效工资管理,由教育行政部门按照名优骨干教师分布的人员和标准统筹安排。各级教育、人事、财政部门应认真制订补贴标准和办法。每一聘期结束,经考核认定不合格人员不能予以续聘,并取消相应待遇。

八、加强领导

(一)福州市高素质教育人才促进工程由市教育局负责组织实施。市教育局成立福州市实施高素质教育人才促进工程领导小组,其办事机构设在市教育局人事处,全面负责高素质教育人才促进工程的建设工作。各县(市)区也相应成立本县(市)区实施高素质教育人才促进工程领导小组,负责本县(市)区教育人才队伍建设工作。

(二)市级骨干教师、学科(专业)带头人、名师的培养工作由福州教育研究院、市职业技术教育中心负责组织实施;县(市)区级骨干教师、学科(专业)带头人的培养工作由县(市)区教师进修学校负责组织实施。各级教育行政部门和教师进修院校要根据本实施意见的精神,科学合理地制定高素质教育人才促进工程培养方案,确保高素质教育人才工程的培养质量和效益。每年年底前,各级教师进修院校与市职业技术教育中心要制定下一年度的培训计划,并对有关培训项目做出经费预算,报同级教育行政部门审批后组织实施,并报市委人才办备案。

(三)名优骨干教师所在学校要切实关心他们的学习、工作和生活,在培训时间、培养经费等方面予以保障与资助。在学校人员编制条件允许的情况下,可适当减轻他们的工作量。要积极配合、支持教育主管部门和教师进修院校做好名优骨干教师培训的选调工作。要积极创造条件,搭建平台,充分发挥名优骨干教师的示范引领和辐射作用。

福州市人民政府关于印发《中国(福建)自由贸易试验区福州片区相对集中行政复议权实施办法》的通知

榕政综〔2015〕100号

(2015年4月22日)

各县(市)区人民政府,市直各委、办、局(公司),市属各高等院校,福州保税港区管委会:

《中国(福建)自由贸易试验区福州片区相对集中行政复议权实施办法》已经市人民政府研究同意,现印发给你们,请认真贯彻执行。

中国(福建)自由贸易试验区福州片区相对集中行政复议权实施办法

第一条 为及时、公正审理中国(福建)自由贸易试验区福州片区(以下简称福州片区)行政复议案件,规范福州片区相对集中行政复议权的实施,根据《中华人民共和国行政复议法》、《中华人民共和国行政复议法实施条例》、《中国(福建)自由贸易试验区总体方案》等规定,结合本市实际,制定本办法。

第二条 公民、法人或者其他组织对中国(福建)自由贸易试验区福州片区管委会及下设的职能部门在福州片区内实施的具体行政行为不服申请行政复议,行政复议机关依法处理的相关活动,适用本办法。

境外投资者申请行政复议的,适用本办法。

第三条 根据省政府授权,公民、法人或者其他组织对福州片区管委会作出的具体行政行为不服申请行政复议的,由市人民政府根据《行政复议法》和《行政复议法实施条例》的规定行使受理、审理和作出行政复议决定的职权。

公民、法人或者其他组织对福州片区管委会下设的职能部门作出的具体行政行为不服申请行政复议的,由福州片区管委会统一行使受理、审理和作出行政复议决定的职权。

第四条 对于福州片区行政复议案件,统一行使行政复议权的复议机关不得委托其他行政机关行使行政复议权。

第五条 市人民政府应当加强对福州片区相对集中行政复议权工作的领导,并加强对案件集中受理和审理的协调与监督。

市人民政府法制工作机构具体承担相关推进实施和指导工作。

第六条 本办法第三条第一款所规定的福州片区管委会作出具体行政行为时,可能对公民、法人或者其他组织的权利、义务产生不利影响的,应当告知其可以向市人民政府申请行政复议的权利和行政复议期限。

本办法第三条第二款所规定的福州片区管委会下设职能部门作出具体行政行为时,可能对公民、法人或者其他组织的权利、义务产生不利影响的,应当告知其可以向福州片区管委会申请行政复议的权利和行政复议期限。

第七条 市人民政府审理的福州片区内的行政复议案件,由市政府法制机构审查后提出处理意见,报请市政府作出行政复议决定。

第八条 福州片区管委会受理的行政复议案件,由其法制工作工作机构审查后提出处理意见,报请福州片区管委会作出行政复议决定。

第九条 福州片区管委会应当认真履行行政复议职责,建立健全相对集中行政复议权的工作制度,配备、充实专职行政复议人员,保证行政复议办案能力与相对集中行政复议工作任务相适应。

福州片区管委会下设的机构编制、财政等部门应当根据相对集中行政复议权工作的需要,配合做好相关保障工作。

第十条 公民、法人或者其他组织根据本办法申请行政复议时,一并对具体行政行为所依据的规定提出审查申请的,市人民政府或福州片区管委会应当依照《中华人民共和国行政复议法》第七条的规定处理。处理期间,中止对具体行政行为的审查。

第十一条 本办法自公布之日起施行。

福州市人民政府关于印发《中国(福建)自由贸易试验区福州片区管理委员会规范性文件法律审查规则》的通知

榕政综〔2015〕101号

(2015年4月22日)

各县(市)区人民政府,市直各委、办、局(公司),市属各高等院校,福州保税港区管委会:

《中国(福建)自由贸易试验区福州片区管理委员会规范性文件法律审查规则》已经市人民政府研究同意,现印发给你们,请认真贯彻执行。

中国(福建)自由贸易试验区福州片区管理委员会规范性文件法律审查规则

第一条 为探索建立中国(福建)自由贸易试验区福州片区管理委员会(以下简称福州片区管委会)规范性文件法律审查制度,完善法制保障,营造良好法治环境,根据国家有关法律法规以及《中国(福建)自由贸易试验区总体方案》、《中国(福建)自由贸易试验区管理委员会规范性文件法律审查规则》等规定,制定本规则。

第二条 本规则所称中国(福建)自由贸易试验区福州片区管理委员会规范性文件(以下简称管委会规范性文件),是指福州片区管委会依据法定职权或者授权,依照法定程序制定的,涉及公民、法人或者其他组织的权利、义务,具有普遍约束力,在一定期限内可以反复适用的行政文件。

管委会内部事务管理制度、向上级行政机关的请示和报告、会议纪要、转发上级文件而没有增加涉及公民、法人和其他组织权利义务内容的通知、对具体事项所作出的行政处理意见以及其他不具有普遍约束力的文件,不属于管委会规范性文件。

本规则所称法律审查,是指市人民政府依据法律、行政法规、国务院决定、地方性法规以及规章,或者国家促进自贸试验区发展的政策,对管委会规范性文件进行审查,并提出审查意见的活动。

第三条 公民、法人或者其他组织(以下简称申请人)提请市人民政府对有关管委会规范性文件进行法律审查的,适用本规则。

片区内的境外投资者提请市人民政府对管委会规范性文件进行法律审查的,适用本规则。

第四条 根据省人民政府的授权,市人民政府是管委会规范性文件法律审查的审查机关。市人民政府法制办公室(以下简称审查机构)具体负责办理法律审查事项。

第五条 管委会规范性文件正式发布后,申请人认为文件侵犯其自身合法权益,违反有关法律规定,或者存在与自贸试验区试点要求不相适应情形的,可以向审查机构提出书面的法律审查申请,申请书应当载明下列内容:

(一)申请人的姓名或者名称、身份证明材料、住所、联系方式;

(二)要求审查的文件名称、文号;

(三)申请审查的具体内容、理由。

申请人向审查机构提交外文申请书的,应当附有中文译本。

第六条 审查机构应当自收到申请书之日起5个工作日内,出具受理或者不予受理的意见。

申请书内容不齐全或者不明确,不符合本规则第五条规定的,审查机构应当告知申请人在合理期间内补正,补正申请材料所用时间不计入受理期限;申请人逾期未补正的,视为放弃申请。

第七条 有下列情形之一的,经核实,审查机构可以不予受理:

(一)申请审查的文件不属于本规则第二条第一款所指的管委会规范性文件的;

(二)申请时管委会规范性文件已经废止或者失效的;

(三)同一申请人无正当理由就审查机构已经出具处理意见的同一管委会规范性文件,重复提出审查申请的。

审查机构不予受理的,应当书面告知申请人,并说明理由。

第八条 审查机构应当自审查申请受理之日起3个工作日内,将申请书副本发送管委会。管委会应当自收到申请书副本之日起10个工作日内,提出书面答复,并就被审查文件是否符合自贸试验区试点要求和相关法律规定,以及申请人申请审查的具体内容和理由作出说明。

申请人可以查阅管委会提出的书面答复及相关材料,但涉及国家秘密、商业秘密和个人隐私的除外。

第九条 审查机构应当就申请人提出的审查内容和理由,主要对下列事项进行审查:

(一)是否超越国家及本省、本市有关授权决定调整实施的内容;

(二)是否存在违法设定行政许可、行政处罚、行政强制、行政收费等内容;

(三)是否符合在起草时主动公开征求意见、在公布和实施之间预留准备期等文件制定程序;

(四)是否与适用于自贸试验区的法律、法规、规章或上级规范性文件相抵触;

(五)是否存在违法限制或者剥夺公民、法人和其他组织的合法权利;

(六)是否存在违法增加公民、法人和其他组织的义务。

审查机构可以就前款规定的事项对文件进行全面审查,不受申请人申请审查的范围限制。

第十条 审查机构对管委会规范性文件审查后,按照下列规定提出审查意见:

(一)文件不存在违法或者超越有关授权决定调整实施内容的情形,且制定程序合法的,认定该文件不违反相关法律、法规、规章或上级规范性文件的规定;

(二)文件存在本规则第九条第一款第(一)项、第(二)项、第(四)项、第(五)项和第(六)项所列情形之一的,认定该文件内容存在合法性问题,并建议福州片区管委会限期改正、废止,或者停止执行该文件的部分或者全部内容;

(三)文件存在本规则第九条第一款第(三)项所列情形的,认定该文件制定程序不合法,并建议管委会补正程序后重新发布。

法律审查期间,管委会决定自行修改或者宣布废止被审查文件,且申请人未撤回申请的,审查机构应当告知申请人文件已由管委会自行改正。

有本条第一款第(二)项、第(三)项所列情形,且管委会逾期未按照审查意见改正的,审查机构可以报请审查机关作出改变或者撤销福州片区管委会规范性文件的决定。

第十一条 审查机构应当自受理申请之日起30日内,将对福州片区管委会规范性文件全面法律审查的意见书面告知申请人和福州片区管委会。

对需要征求意见、专家咨询或者有其他特殊情况的,经审查机构负责人同意,可以延长审查期限;延长的期限最长不超过15日。

第十二条 法律审查期间,有下列情形之一的,审查机构可以中止审查,中止审查的时间不计入审查期限:

(一)福州片区管委会规范性文件的制定依据被宣布废止、自行失效或者被修订,文件按照规定正在清理中的;

(二)其他需要中止审查的情形。

中止审查的原因消除后,应当及时恢复审查。因前款第(一)项所列情形中止审查的,审查机构应当督促福州片区管委会在规定期限内完成文件的清理工作,并对清理后继续有效的文件恢复审查。

审查机构中止、恢复审查的,应当告知申请人和福州片区管委会。

第十三条 法律审查期间,有下列情形之一的,审查机构应当终止审查:

(一)申请人在审查意见作出之前自愿撤回审查申请的,但审查机构认为有必要继续审查的除外;

(二)依照本规则第十二条第一款第(一)项规定中止审查,有关福州片区管委会规范性文件清理后,宣布废止或者失效的;

(三)其他需要终止审查的情形。

审查机构终止审查的,应当告知申请人和福州片区管委会。

第十四条 法律审查期间,福州片区管委会规范性文件不停止实施。必要时,审查机构可以报请市人民政府作出暂停实施的决定。

第十五条 审查机构办理福州片区管委会规范性文件法律审查申请事项,不得向申请人收取任何费用。

第十六条 福州片区管委会规范性文件按照规定报送备案,已有备案审查意见的,审查机构应当结合申请人提出的内容和理由,对原有备案审查意见进行复核。

市人民政府收到申请人以行政复议申请形式,单独对福州片区管委会规范性文件提出审查申请的,应当转入本规则规定的法律审查程序处理。

市人民政府信访工作机构收到的对福州片区管委会规范性文件法律审查申请,应当及时转送审查机构处理。

第十七条 本规则自公布之日起施行。

福州市人民政府关于印发贯彻省政府促进工业创新转型稳定增长十条措施实施意见的通知

榕政综〔2015〕104号
(2015年4月28日)

各县(市)区人民政府,市直各委、办、局(公司),市属各高等院校,福州保税港区管委会:

《关于贯彻省政府促进工业创新转型稳定增长十条措施的实施意见》已经市政府2015年第5次常务会议审议通过,现印发给你们,请认真贯彻实施。

关于贯彻省政府促进工业创新转型稳定增长十条措施的实施意见

为促进工业创新转型稳定增长,确保工业经济健康发展,现就贯彻落实《福建省人民政府关于促进工业创新转型稳定增长十条措施的通知》(闽政〔2015〕1号),提出如下实施意见:

一、支持龙头企业做大做强。实施产业龙头促进计划,落实支持龙头企业加快发展措施,建立健全龙头企业动态管理和“直通车”服务机制,及时协调解决龙头企业经营、投资、改革等重大事项。执行省里调峰生产用电奖励,对直供区省级龙头企业在每日低谷时段(7:00—8:00以及21:00—23:00)用电量,市财政在省里奖励基础上再给予每千瓦时0.1元奖励,其中闽清、永泰县可扩大到省级成长型企业;冠售县中的省级龙头企业、省百家重点企业、省级成长型企业可以延长其用电低谷时段3小时(每日21:00—次日8:00),相应缩短用电平谷时段,以上用电奖励单家企业年度最高封顶500万元;支持符合准入条件的企业申报电力直接交易。但对参加电力直接交易企业不再实行调峰生产用电奖励。(责任单位:市经信委、

市发改委、市财政局、福州供电公司)

二、加快推进企业技术改造和技术创新。落实国家关于固定资产加速折旧、减轻税负等支持企业技改优惠政策,推进新一轮企业技术改造。由市财政年度安排5000万元,优先支持扩大先进产能重点技术改造项目、新建投产重点项目,对工业企业技术改造及新建投产项目固定资产(厂房、设备)投资达3000万元及以上(五城区和闽清、永泰达2000万元及以上),给予项目投资额2%的资金补助,最高不超过200万元。由市财政年度安排1000万元资金,支持产学研工业重点项目和企业技术中心或工业设计中心项目,对规上工业企业与高等院校、科研院所共同承担,已签订合作合同或协议,项目处于中试阶段或基本完成中试,申报项目时已发生的实际投资额占计划投资的50%以上,具有良好的产业化前景的重点产学研项目分别给予50万元、30万元、10万元的资金补助;对通过国家级、省级、市级企业技术中心或工业设计中心认定的分别给予100万元、30万元、10万元奖励,企业技术中心或工业设计中心的奖励不重复享受,民营企业按《中共福州市委、福州市人民政府关于促进民营经济加快发展的若干意见》(榕委发〔2014〕7号)文件执行。(责任单位:市经信委、市财政局)

三、大力发展战略性新兴产业。由市财政年度安排信息产业发展专项资金,重点支持新一代信息技术等战略性新兴产业发展。组织安排好省级切块战略性新兴产业发展专项资金,支持产业化培植专项、示范应用工程、公共服务平台专项,加快战略性新兴产业项目实施。加快成立市级创投引导基金,发挥政府创投资金的杠杆作用,倾斜支持战略性新兴产业,推动产业创新发展。加大信贷支持力度,大力推动符合条件的战略性新兴产业企业在银行间债券市场发债融资,拓宽融资渠道,促进战略性新兴产业加快发展。(责任单位:市经信委、市财政局、市发改委、市金融办)

四、推动企业兼并重组。落实鼓励企业兼并重组的财政、金融和土地等优惠政策,充分利用并购金融产品,支持行业龙头企业、优势企业围绕产业链延伸拓展开展跨地区、跨行业、跨所有制的兼并重组,对重大兼并重组项目按照“一事一议”、“一企一策”制定扶持措施。(责任单位:市经信委、市财政局、市金融办)

五、提升园区综合水平。一是加大工业园区建设资金投入。由各级财政将各工业园区产生的各项收益按一定比例返还给园区,用于园区开发建设和支持产业发展,实行一园一策,分别制定具体实施办法。二是建立工业园区发展专项资金。从城区工业企业搬迁土地收益中建立专项资金,各县(市)区给予相应资金配套,专项用于投资工业园区公共配套设施建设。由园区管委会提出申请,经市经信委(园区办)、市财政局审核,报市政府审批,从专项资金中按照公共配套设施建设投资额的10%给予补助。三是创新投融资机制。围绕新型城镇化要求,强化产城协调发展,改革创新园区配套设施建设投融资机制,在总结BT、BOT等模式经验的基础上,推广政府和社会资本合作(PPP)试点,允许社会资本通过特许经营等方式参与投资和运营,扩大投融资渠道,加快提升园区环境。充分发挥市属四家国有投资集团的作用,根据其各自职能分工和投资方向参与公共宿舍、公共食堂、公共文化、公共交通等园区配套设施投资、建设和运营管理。四是集约节约利用土地。落实省委、省政府《关于促进工业项目节约集约用地八条措施的通知》(闽政文〔2013〕246号)和《关于进一步推进国土资源节约集约利用的意见》(闽委发〔2014〕24号)精神,盘活企业存量建设用地,在符合规划和安全要求、不改变用途的前提下,利用现有工业用地开发建设多层厂房需要增加容积率的,不再增收土地价款,免收城市基础设施配套费用;对投资新建4层及以上标准厂房或将原有厂房改造升级为4层及以上厂房的,对其新增的货梯给予购买价格20%的资金补助,最高不超过200万元。(责任单位:市经信委、市发改委、市财政局、市国土局、市国资委)

六、鼓励企业创新商业模式。规模以上制造业企业参与省外招标项目中标,单个中标合同金额1000万元以上的,按合同金额3%给予奖励;制造业龙头企业通过专业分工、服务外包、订单生产等形式带动省内中小企业进入产业链或采购系统,年新增省内配套采购额1000万元以上的,按新增采购额3%给予奖励;省外中标及新增配套采购奖励单个项目不超过300万元,单家企业年度奖励不超过500万元。支持制造业企业向咨询设计、工程施工、设备租赁、仓储物流、交易市场等生产服务型经营转变,对年服务营业收入达5000万元以上且占主营业务收入比例首次超过20%的,给予一次性奖励100万元。(责任单位:市经信委、市财政局、市商务局)

七、扶持中小微企业发展。全面落实国务院、省政府、市政府关于支持小微企业发展的政策措施。鼓励小微企业在全国中小企业股份转让系统和海峡股权交易中心挂牌交易,对成功挂牌交易的企业给予奖励,按市政府《关于推动非上市企业进入场外市场挂牌融资工作若干意见的通知》(榕政综〔2014〕195号)执行,并自动列入市重点上市后备企业。鼓励各类股权投资基金和产业引导基金优先将海峡股权交易中心挂牌的企业纳入投资范围。继续推进“小微企业成长贷”工作,重点扶持一批有市场、有发展潜力但担保能力不足的小微企业。研究建立政府、银行、保险三方合作机制,开展小微企业贷款保证保险试点,为我市符合条件的初创期小微企业提供无抵押、无担保的小额贷款支持。鼓励融资性担保机构加入省级再担保体系,通过资源整合,有效促进担保机构扩大业务领域,从而形成合力,实现多方共赢。对融资租赁企业向中小微企业提供融资租赁的,按当年季均融资额比上年净增加额的3‰给予风险补偿。对被评为省级中小微企业公共服务示范平台、创业基地的给予15万元奖励。(责任单位:市金融办、市财政局、市商务局、市地税局、市国税局、市经信委)

八、开展企业能效对标。执行省行业结构调整和能效提升指南,明确淘汰类、限制类目录及产品能耗限额,在钢铁、建陶、玻璃、造纸、印染等行业先行开展能效对标,实施差别电价政策。对单位产品能耗超过限额标准一倍以上的,按0.2元/千瓦时加价征收电价,一倍以内的按0.05元/千瓦时加价征收;企业在两年内整改达标的,累计加价征收部分予以全额返还;对淘汰类、限制类装备用电分别按0.3元/千瓦时、0.1元/千瓦时加价征收电价。由市财政年度安排3000万元资金,其中安排1500万元专项用于闽清县陶瓷产业煤改气工程。鼓励工业企业开展节能降耗工艺、技术、设备更新改造,扶持节能产业和循环经济项目(通过自愿性清洁生产审核企业给予补助5万元),支持节能示范应用,按项目的年节能量给予300元/吨标准煤(或投资额10%)的资金补助,最高不超过100万元。(责任单位:市经信委、市财政局、市物价局、福州供电公司)

九、强化金融服务。进一步贯彻落实省政府、市政府出台的加强企业融资服务的一系列政策措施,加大金融对工业企业的支持力度。各银行业金融机构要进一步加强信贷资金的组织和调度,积极创新信贷模式,改进续贷管理,推广“无间贷”“连连贷”等无还本续贷产品,提高贷款期限的匹配度,为工业企业正常生产提供资金支持。加强对不合理涉企收费行为的治理,切实降低工业企业融资成本。有条件的县(市)区要组建政府主导的融资担保机构并尽快开展运作,为发展前景良好、缺少有效抵押物的工业企业贷款提供增信服务。完善企业资金应急处置会商机制,按照“属地负责、分级管理、企业自救、协调联动”原则,帮助资金困难企业开展自救,协调相关金融机构帮助企业渡过难关,帮助指导符合条件的企业申请市级企业应急保障资金,更好地服务企业发展。对个别关系企业发展,但达不到使用应急保障资金条件的重点工业企业,采取“一事一议”方式,由市政府研究决定如何使用应急保障资金。加强对企业上市工作的领导、协调、服务,采取“一企一议”的办法,协调解决上市后备企业在产权、土地、规划、资产重组等股改上市进程中的困难,加快上市进程。(责任单位:市金融办、市经信委)

十、减轻企业负担。落实关于进一步加强涉企收费管理减轻企业负担的实施意见。开展行政审批前置服务项目和收费清理,没有法律法规依据的一律取消。建立涉企行政事业性收费和政府性基金项目的目录清单制度,对政府定价或指导价的涉企经营服务性收费实行目录清单管理,目录清单之外的涉企收费,一律不得执行。凡涉企收费标准有上下限规定的,一律按下限标准收费。从严管理新增涉企行政事业性收费和政府性基金项目立项的审核报批,严格规范行业协会涉企收费行为,加强银行业金融机构涉企收费管理。调整和完善相关涉企收费政策,根据省政府公布的“取消政府提供普遍公共服务或体现一般性管理职能的行政事业性收费项目”,合并在不同部门分别设立的相关行政事业性收费项目。全面落实各项涉企税收优惠政策,充分发挥税收在扶持小微企业发展中的积极作用。落实国务院削减前置审批方便企业投资、实行五个“一律”的决定,除法律法规明确规定并确有必要保留的,不再作为审批项目的前置条件,推行前置审批与项目核准“并联”办理。行政机关委托开展的中介服务,由行政机关自行支付费用。禁止涉企评比达标活动,建立企业负担调查信息平台,完善企业举报和反馈机制。(责任单位:市物价局、减负办,市有关部门)

以上政策涉及企业的工业产值以市统计局数据为准,固定资产投资额、贷款担保总额、地产品销售额、节能量、货梯价格、软件产业年收入等以有资质的中介机构认定的数据为准。

福州市人民政府关于实施第二期学前教育三年行动计划的意见

榕政综〔2015〕130号

(2015年5月11日)

各县(市)区人民政府,市直各委、办、局(公司),市属各高等院校,福州保税港区管委会:

为深入贯彻落实《国务院办公厅关于政府向社会力量购买服务的指导意见》(国办发〔2013〕96号)、《教育部、国家发改委、财政部关于实施第二期学前教育三年行动计划的意见》和《财政部关于印发〈政府购买服务管理办法(暂行)〉的通知》,努力扩大我市普惠性学前教育资源覆盖面,构建公平公正的学前教育公共服务体系,结合福州实际,制定本实施意见。

一、把握指导思想,坚持学前教育公益性普惠性

以加强学前教育公益性和普惠性为原则,以落实政府责任、加大财政投入、加快改革创新为重点,建立完善政府主导、社会参与、公办民办并举的办园体制,优化资源配置,普及学前三年教育,促进学前教育协调均衡发展,全面提高学前教育质量,保障城乡适龄幼儿接受公平的、高质量的学前教育。

二、明确总体要求,推进学前教育全面综合改革

(一)强化政府职能

充分发挥各级政府在发展学前教育中的主导作用,通过加大公办幼儿园建设力度和购买普惠性幼儿园教育服务并举等方式,努力构建以普惠性幼儿园为主体,广覆盖、保基本、促均衡、高质量的学前教育公共服务体系,让公共财政尽可能惠及更多的适龄幼儿,使他们享有平等受教育的机会。

(二)把握基本原则

1. 改革创新,完善机制。充分发挥财政资金的激励作用和杠杆功能,引导民办园提供普惠性学前教育服务,不断完善政府投入、社会举办者投入、家庭合理分担的投入机制,使公共财政最大程度地惠及百姓。

2. 优化配置,坚持普惠。各县(市)区根据本地区人口发展的需要,开展幼儿园规划布点工作,合理配置公办园和普惠性的民办园,不断扩大普惠性幼儿园的覆盖面,努力实现就近入园。

3. 公开择优,注重实效。根据公开透明的原则,开展民办、集体办幼儿园分类定级评估工作,通过评估等级认定的幼儿园列入政府购买服务的承接主体,做到优质优价。明确承接主体的权利和义务,同时加强监督检查,切实提高财政资金使用效率,确保取得实实在在的成效。

4. 积极稳妥,稳步推进。从各县(市)区实际出发,准确把握学前教育公共服务需求,加大投入和监管力度,稳步推进学前教育发展。

三、突出重点任务,构建学前教育长效发展机制

(一)保持政策的延续性

认真贯彻党的十八大"办好学前教育"和十八届三中全会"推进学前教育改革发展"的要求,巩固第一期学前教育三年行动计划的成果,延续第一期三年行动计划的各项措施,认真实施第二期学前教育三年行动计划。

(二)坚持多元发展

进一步加大学前教育投入,继续安排专项资金,根据规划布局和人口发展规模,新建、改扩建公办幼儿园。设立奖补专项资金,鼓励社会力量举办普惠性幼儿园,逐步完善学前教育公共服务体系,鼓励民办园提供多形式、多层次的学前教育服务,满足家长不同的需求。

(三)加大对民办幼儿园支持力度

启动政府购买服务试点工作,建立健全民办幼儿园成本投入的合理分担机制,通过政府购买服务、减免租金、派驻公办教师、培训民办教师等方式,引导和鼓励符合条件的民办幼儿园加入到普惠性幼儿园行列,为适龄幼儿提供普惠的学前教育服务。

(四)加强教师队伍建设

足额配备幼儿教师,落实幼儿教师培养培训和教研经费,继续教育培训率达到100%。从2015年起,通过五年努力,实现幼儿教师持证率达90%以上,全市幼儿园保育员全员持证上岗。

(五)注重规范管理

严格民办幼儿园审批、登记、年检制度,规范各类幼儿园的办园行为,坚决取缔无证办园。加强片区管理工作,构建以示范性幼儿园和优质幼儿园为引领,覆盖辖区各级各类学前教育机构的片区管理网络,保障片区管理经费,形成"联片互动、资源共享、协作提高、均衡发展"的管理格局,促进各种类型幼儿园均衡发展。

四、稳步推进实施,注重学前教育健康可持续发展

(一)坚持公益,构建学前教育公共服务网络

1. 继续加大公办幼儿园的建设力度。逐年安排新建、改扩建一批公办幼儿园。重点解决农村边远地区学前教育资源短缺问题,各县(市)区财政继续按照2万元/班·年的标准向农村学前班拨付办班经费。

2. 抓好小区配套幼儿园建设。依据《福州市保护城市中小学幼儿园建设用地若干规定》,各县(市)区在新区开发和旧城改造中应及时依据小区人口发展规模配套建设幼儿园,并做到同步规划,同步建设,同步验收,同步交付使用。新建小区配套幼儿园产权属于政府的,一律移交辖区教育部门用于举办公办幼儿园或普惠性民办园。

(二)科学规划,努力扩大普惠性幼儿园的覆盖面

1. 扩大普惠性幼儿园覆盖面。调整资源结构,以县(市)区为单位制订幼儿园总体布局规划,合理布点普惠性幼儿园,不断扩大普惠性学前教育资源的覆盖面,努力实现就近入园、方便入园,逐步缓解入园难的矛盾。

2. 规范扶持普惠性幼儿园发展。由市教育局会同有关部门制定《福州市普惠性幼儿园管理办法》,各县(市)区教育行政主管部门对"具有资质、面向大众、行为规范、科学保教、收费实行政府定价或接受政府收费指导价的幼儿园"开展普惠性幼儿园的认定工作,引导和鼓励符合条件的幼儿园加入到普惠性幼儿园行列,为适龄幼儿提供普惠的学前教育服务。

3. 加大对幼儿园收费的管理力度。出台《福州市普惠性民办幼儿园收费最高限价》指导价,鼓励民办园加入普惠行列,逐步缓解入园贵的矛盾。严格执行《福建省幼儿园收费管理办法》(闽价费〔2011〕213号),规范各级各类幼儿园的收费行为。公办幼儿园实行政府定价,按照收支两条线进行管理;集体和部门办幼儿园参照同类别公办幼儿园收费标准;自愿实行分级收费管理的民办幼儿园,执行分级限价制度,由各幼儿园在最高限价范围内自行确定幼儿园的收费标准,报物价部门备案审核并公示后执行;其他民办幼儿园根据办学条件和成本提出收费标准,报物价部门备案审核并公示后执行。各级各类幼儿园不得以开办实验班、特色班和兴趣班为由,另外收取费用,不得收取与幼儿园入园挂钩的赞助费等。

4. 建立财政对普惠性幼儿园的奖补制度。引导民办幼儿园提供普惠的学前教育服务。

(三)扶持推动,启动政府购买服务试点工作

建立公共财政对学前教育的助学补助和扶持推动机制,采取向普惠性民办幼儿园直接购买服务和间接购买服务相结合的办法,引导民办园提供普惠性的学前教育服务,使公共财政最大程度地惠及百姓。

1. 建立民办幼儿园分级收费管理和财政补助制度。由市教育局出台"分类定级评估标准",按一级、二级、三级和普通园四个等级对民办幼儿园进行评估。从2015年秋季开始,从五城区开始试点,对愿意接受协调实行分级收费管理制度的民办幼儿园实行保教费分级最高限价,四个等级的最高限价分别为每生每月680元、580元、480元和360元。对经正式批办且执行最高限价规定的民办幼儿园给予财政补助,四个等级幼儿园按接纳符合条件的辖区户籍幼儿数(不含托班)计算,每生每月分别补助300元、250元、200元和100元(每学年按九个月计算)。补助经费由市、区两级财政各承担50%。试点城区要认真组织实施,及时总结经验,不断提升政府购买服务的水平和实效,条件成熟时,在全市推广执行。

2. 扶持镇(街)、村(居)集体举办的幼儿园发展。各县(市)区要着力改造和提升集体性质幼儿园,努力改善办园条件,提高保教质量。试点五城区集体性质幼儿园仍执行原有的收费管理办法,并参照民办幼儿园补助标准予以补助和奖励。

3. 实行幼儿园达标升级奖励政策。设立普惠性民办园达标升级奖励经费,鼓励各等级普惠性民办幼儿园不断加大投入,改善办园条件,提供优质教育资源。在2014年对全市民办幼儿园评定等级的基础上,凡经评定每提升一个评估等级标准的,每一所普惠性民办幼儿园一次性奖励10万元。另外,我市从2011年开始实行的各级各类幼儿园争创省、市两级示范性幼儿园的奖励政策延续执行。所需经费由市级财政承担。

4. 实行教师职称工资补助政策。鼓励民办幼儿教师的专业提升和专业成长,对在普惠性民办园里就业的符合条件的教师,凡被评为高级职称和中级职称的,按照300元/人/月的标准和200元/人/月的标准予以工资补助。所需经费由县

(市)区级财政承担。

(四)优化队伍,提升办园质量

1. 认真落实《幼儿园教职工配备标准(暂行)》(教师〔2013〕1号)。通过多种方式补足配齐各类幼儿园教职工。完善幼儿园教职工的待遇保障机制,努力提高公办非在编教师、农村园教师、集体园教师的工资待遇,逐步实现同工同酬;引导和监督民办园依法保障教职工工资待遇,足额足项为教职工缴纳各项社会保险。

2. 深入贯彻落实《3-6岁儿童学习与发展指南》。立足片区开展全员培训,提高幼儿园教职员工的专业素质和实践能力。各县(市)区要保障民办教师300元/人/年继续教育经费的足额拨付,并组织各级各类幼儿教师参加各种类型的培训。

3. 启动民办、集体办幼儿教师学历提升五年计划。从2015年开始,用5年的时间,采取政策保障和经费扶持等办法,鼓励民办、集体办幼儿教师参加各种类型的学历提升学习;取得学前教育大专学历,并于2020年12月前取得教师资格证的,报销其学费的60%。所需经费由市、县(市)区两级财政共同承担。综合考虑各县(区)民办园布点和民办教师数量情况,鼓楼区、台江区、马尾区、福州高新区、连江县、罗源县各承担所需经费的50%,市级财政承担50%;仓山区、晋安区、闽清县、永泰县各承担所需经费的20%,市级财政承担80%;福清市、长乐市、闽侯县所需经费自行承担。

(五)加快改革创新,进一步提高学前教育质量

1. 完善学前教育监管机制。一是加强幼儿园审批管理,严格执行幼儿园准入和退出制度。建立完善幼儿园质量监测制度,对幼儿园办园条件、师资配备、保教质量等实施动态监管。从2015年起在对幼儿园进行审批、示范园评估和分类定级时将严格审核幼儿园在职教师学历提升的参培率和教师资格证的持证率。二是各级价格、教育、财政主管部门要按照各自职责,加强对幼儿园收费行为、办园行为和经费使用的管理,严肃查处违反法律法规和政策的行为。

2. 加快幼儿园招生制度改革。积极稳步地推进幼儿园招生工作改革。加大对幼儿园招生工作的统筹和协调,坚持公开、透明的原则,幼儿园的招生计划、招生条件、招生办法等实行公示制度,同时加大对幼儿园招生工作的监督检查。2015年秋季拟将公办幼儿园学额的30%面向社会电脑随机派位(或以其他公平、公开的方式执行),条件成熟的县(市)区可扩大面向社会电脑随机派位的比例。待2015年秋季招生结束,及时总结经验,再制定和完善2016年公办幼儿园招生工作方案。

3. 深入开展0-3岁婴幼儿早期教育试点工作。加强对早期教育指导机构的管理。各县(市)区要设立早期教育指导中心,并依托幼儿园每年为辖区内婴幼儿家长(看护人)提供4次以上免费早期教育指导服务。加强0-3岁婴幼儿早期教育研究,构建以社区为依托、以幼儿园为核心、以婴幼儿及其家长和看护人员为服务对象的早教模式,构建广覆盖、科学性、普惠性的0-3岁婴幼儿早期教育公共服务体系。

五、科学合理分工,完善学前教育运行保障机制

(一)完善市政府统筹指导,县(市)区政府负责,有关部门分工合作的学前教育分级管理体制

各县(市)区政府、乡镇政府(街道办事处)对本辖区的学前教育事业发展负主要责任,要科学预测人口变化趋势,将学前教育发展纳入本辖区经济和社会发展规划。要建立教育部门为主,相关部门共同配合、分工负责的学前教育管理和工作机制,形成推动学前教育发展的合力。

(二)完善督导评估机制

各级政府教育督导机构,要将学前教育事业发展、经费投入、保教质量、师资队伍建设等内容作为教育督导的重点,定期对学前教育的发展情况进行督导。市政府将学前教育发展情况纳入对各县(市)区政府和有关部门工作实绩的重要考核内容。

福州市人民政府关于印发《福州市动漫游戏产业发展扶持奖励办法》的通知

榕政综〔2015〕162号

(2015年6月11日)

各县(市)区人民政府,市直各委、办、局(公司),市属各高等院校,福州保税港区管委会:

《福州市动漫游戏产业发展扶持奖励办法》已经市政府2015年第4次常务会议研究同意,现予以印发,请认真贯彻执行。

福州市动漫游戏产业发展扶持奖励办法

第一条 为进一步加快动漫游戏产业发展,全面提升我市文化产业竞争力,根据福州市委、市政府推动文化产业发展一系列政策精神,特制定本办法。

第二条 本办法所指动漫游戏产业(企业)是指在福州市注册登记,以"创意"为核心,以动画、漫画、游戏(含手游、网游)、网络动漫(含手机动漫)、动漫舞台剧、动漫影视等为表现形式的创作、软件开发、节目制作、出版、生产、推广等企业以及与动漫游戏形象有关的服装、玩具、电子游戏等衍生产品的生产和经营的产业(企业)。

第三条 加强政府对动漫游戏产业发展的规划、指导,搭建交流、合作和服务平台。重点支持动漫影视、教育动漫、网络游戏开发、手持多媒体终端等领域的原创产品的创作生产,重点扶持优秀品牌、重大项目和龙头企业的发展。

第四条 凡在本市申报,并获得省新闻出版广电局发行许可证的原创动画片,在央视所属频道黄金时段播出的动画片每分钟奖励600元;在福州电视台、福建电视台所属频道黄金时段播出的动画片每分钟奖励300元;在其他省级电视台所属频道黄金时段播出的动画片每分钟奖励200元。在多个台播出的,按就高不重复的原则给予奖励。同一企业当年获得分钟数奖励不超过500万元。动漫游戏企业出品的动画电影

在院线上映一年内票房收入分账在2000万元以上的,择优给予该企业奖励,每部作品奖励最高不超过100万元。

第五条 凡获得各类奖项的原创动画和游戏作品按下列标准一次性奖励:获国际知名展会奖项的奖励50万元;获国家级政府综合奖项的奖励30万元;获得福建省政府综合奖项、国家级政府单项奖的奖励10万元;被国家新闻出版广电总局推荐为优先播出的优秀动画片的奖励10万元;获"五个一工程"奖项的奖励50万元;获福建省级行业行政主管部门主办赛事奖项的奖励5万。

第六条 对经国家有关部门批准,在我市相关平台正式上线运营的原创游戏产品,按该产品上线运营收入总额的1%给予奖励,最高奖励金额不超过20万元;对获国家新闻出版广电总局、文化部或工业和信息化部认定并推广的益智类游戏,每项奖励20万元。网络、手机动漫(包括播出收入、产品授权收入)产品销售年收入15万元以上的,或动漫游戏相关应用软件年收入达到100万元以上的,择优给予制作该产品的动漫企业一次性奖励,每家企业奖励金额当年最高不超过10万元。

第七条 鼓励原创动漫游戏企业出精品。动漫企业原创作品版权收益达到100万元的,经确认后按照版权收益的3%给予企业一次性奖励。对版权出口收入达到20万美元的动漫产品,版权出口收入达到100万美元的游戏产品,在享受国家、省、市相关出口补贴政策的基础上,经确认后按照该版权出口收入的3%给予企业一次性奖励。

鼓励我市原创企业积极整合上下游产业链,自主开发动漫游戏衍生产品,或与本市服装、玩具、文具、生活用品等生产企业合作开发动漫游戏衍生产品。动漫游戏企业自主衍生品收入达到100万元或自主衍生品出口收入达到20万美元的,经确认后按照衍生品收入的3%给予企业一次性奖励。同一企业当年获得衍生品收入奖励不超过100万元。

第八条 对国内外知名动漫、游戏企业到我市建立企业总部或区域总部(运营中心)并将注册、纳税地迁入我市,其实际到位注册资本金不低于1000万元,年营业收入超过5000万元的动漫游戏企业,一次性给予企业50-100万元的奖励。对台湾地区投资者到我市建立企业总部或区域运营中心并将注册、纳税地迁入我市的,其实际到位注册资本金不低于500万元,年营业收入超过3000万元的动漫游戏企业,一次性给予企业50-100万元的奖励。

第九条 鼓励动漫游戏企业与省内外各高校合作,培育多种类型的动漫游戏人才,建立实训基地,积极争取省人才扶持资金的支持。有计划、有重点地引进动漫游戏各类特殊专才,可按照新兴产业急需人才引进享受我市相关的人才优惠政策,具体按照福州市引进高层次优秀人才有关规定执行。

第十条 鼓励动漫游戏企业积极参加展览活动,动漫游戏企业参加境内外动漫游戏展会的,参照《福州市加快文化创意产业发展的意见》(榕政综〔2010〕82号)执行。

第十一条 对入驻在经认定的省级以上动漫游戏产业基地(孵化器)内,年营业收入超过1000万元的动漫游戏企业且利润额超过100万元的高成长性动漫游戏企业,按企业当年较上年增量情况给予10-50万元的奖励。

第十二条 本办法所指各项奖励、补助等资金根据企业的纳税所在地由市和所在区按照5:5、市和所在县(市)按照3:7比例共同承担。并按季度统计,每半年兑现一次,获同类奖励、补助的,按从高不重复原则进行奖励。

第十三条 本办法自2015年5月1日起实施,原《福州市鼓励扶持动漫游戏产业发展的若干政策(试行)》(榕政综〔2010〕69号)同时废止,本办法一定三年。

福州市人民政府印发关于促进福州港江阴港区汽车整车进口口岸发展的若干措施的通知

榕政综〔2015〕175号

(2015年6月19日)

各县(市)区人民政府,市直各委、办、局(公司),市属各高等院校,福州保税港区管委会:

《关于促进福州港江阴港区汽车整车进口口岸发展的若干措施》已经市政府2015年第10次常务会议研究通过,现予以印发,请结合各自实际,认真组织实施。

关于促进福州港江阴港区汽车整车进口口岸发展的若干措施

福州港江阴港区汽车整车进口口岸(以下简称"江阴口岸")位于福州保税港区规划范围内。为充分发挥福州保税港区的政策功能优势,促进汽车整车口岸持续健康发展,根据《福建省人民政府办公厅关于江阴汽车整车进口口岸加快发展五条措施的通知》(闽政办〔2015〕11号)精神,现制定以下若干措施。

一、加大业务拓展力度

(一)对注册在福州保税港区的进口汽车贸易企业,从江阴口岸年度进口汽车1辆-500辆部分,每辆给予1000元的物流成本补贴;501辆-2000辆部分,每辆给予1500元的物流成本补贴; 2001辆-5000辆部分,每辆给予2000元的物流成本补贴;超过5000辆的部分,每辆给予3000元的物流成本补贴。

(二)对注册在福州保税港区的进口汽车贸易企业,年度进口汽车比上年度增加1-1000辆部分,每辆给予300元的市场拓展奖励。在此基础上,年度进口汽车比上年度每增加1000辆,每辆增加100元的市场拓展奖励;年度进口汽车比上年度增加超过5000辆的部分,每辆给予800元的市场拓展奖励。

(三)对未在福州保税港区注册,但通过在福州保税港区注册并经福州保税港区管委会认定的汽车供应链服务平台上运作的汽车经销企业,参照上述第(一)条、第(二)条享受相关的补贴与奖励,并由该平台将有关补贴与奖励落实到平台上的每家汽车经销企业。

(四)对在福州保税港区注册并经福州保税港区管委会认

定的汽车供应链服务平台,年度进口汽车达1000辆,给予10万元的市场拓展奖励。在此基础上,每超过1000辆,增加10万元的市场拓展奖励。

(五)对注册在福州保税港区且自主申请获得汽车整车进口CCC认证证书的汽车贸易企业,给予每本新证书一次性10万元的扶持资金。

(六)对注册在福州保税港区且在区内开票的进口汽车贸易企业,根据其进口车辆销售增值情况,给予每张三包责任险凭证补贴。开票增值额在1万元(含1万)以上、3万元以下的,每张三包责任险补贴300元;开票增值额在3万元(含3万)以上、5万元以下的,每张三包责任险补贴500元;开票增值额在5万元(含5万)以上的,每张三包责任险补贴1000元。

(七)对在福州保税港区内设立并获得国家认定的汽车技术研发中心,给予一次性30万元奖励。

(八)对在福州保税港区注册的进口汽车贸易企业或进口汽车供应链平台公司,首次从江阴口岸通过汽车滚装船运输进口汽车在500辆以上、3000辆(含)以下的,给予一次性150万元的航线补贴。

(九)支持省内汽车生产企业在江阴口岸开展汽车出口业务,对相比直接从其它口岸进出所增加的物流费用,经认定,给予全额补助。

(十)对在福州保税港区注册的汽车经营企业新建立的平行进口汽车售后维修保养服务平台,经福州保税港区管委会认定,给予一次性30万元补助。

二、加大金融支持力度

(十一)积极对接银行金融机构,为福州保税港区内进口汽车贸易企业提供信贷支持,保障企业正常资金需求。

(十二)鼓励银行业金融机构推出国内国外保兑仓融资、保险业金融机构推出信用保险等各类针对整车进口业务的金融产品。

(十三)支持有条件的企业发起设立汽车金融公司,为汽车消费者提供消费贷款。

(十四)支持福州保税港区内进口汽车贸易企业进入助保贷外贸企业池,运用助保贷风险补偿政策为企业申请融资贷款提供增信服务,将企业融资贷款纳入风险补偿金的补偿范围。

三、促进进口汽车贸易便利化

(十五)海关在业务现场设立专门窗口办理接单审核、现场验估、税费征收、查验放行等通关手续,为企业提供便捷、高效的通关服务。

(十六)海关在整车进口通关监管过程中执行提前申报、分类通关、税费电子支付等便捷通关措施,对信誉良好的企业在办理缴税前可实行"担保验放、自动放行"。

(十七)海关积极复制上海自贸试验区通关便利化措施,对福州保税港区汽车经销企业推行"先进区、后报关"、"批次进出、集中申报"、"集中汇总纳税"、"进境展示交易"、"区内自行运输"等通关便利化措施。

(十八)关检部门实行每周"5+2"工作制和预约加班制,提供快捷便利通关环境。

(十九)建立进口汽车通关事务应急处理机制,设立通关业务咨询岗,健全关企联络机制,及时有效解决进口汽车通关疑难问题。

(二十)检验检疫部门设立进口汽车报检专用窗口,实现VIN码与验证、报检受理、出具通关单、签发一致性及能效标识证书等工作一体化,为企业提供便捷服务,推进通关便利化。

(二十一)检验检疫部门及其进口汽车检测线对进口汽车检验施行"车到即检、合格即放"原则,确保检得准、检得快。

(二十二)福州保税港区国有报关行为进口汽车贸易企业设立海关预录入及报关专属绿色通道,并对报关费用视业务情况予以相应减免。

(二十三)支持福州保税港区内注册汽车经营企业开展进口汽车研发、辅助整改、融资租赁等新型业态。

(二十四)支持福州保税港区内有条件的企业在台湾设立非中规车保税改装基地。

四、优化行政服务

(二十五)福州保税港区综合服务中心无偿为汽车经营企业投资项目设立、变更、审批提供全程代办服务,免费为企业提供法定注册地址。

(二十六)福州保税港区工商局对在福州保税港区从事汽车经营的项目实施特事特办、专人专件办理,凡提交材料齐全、符合法定形式的,当天予以核准。

五、其它事宜

(二十七)本措施所指的汽车是指从江阴口岸报关,向口岸海关办结了相关海关手续的进出口汽车。

(二十八)由福建省人民政府、福州市人民政府和福州保税港区管委会共同设立江阴口岸专项扶持资金,以兑现本办法中所涉及的企业扶持资金。

(二十九)本措施中企业享受的各项扶持政策,如与上级政策有重复的,选择就高政策兑现,每家企业年度最高奖励金额不超过1000万元。

(三十)福州保税港区管委会于每年4月份对上年度符合本措施的企业,以海关数据为准,开展扶持资金的审核工作,对审核通过的企业,由福州保税港区财政审计局拨付扶持资金。

(三十一)本措施自2015年1月1日起执行,暂行三年,并由福州保税港区管委会负责解释;原有《福州港江阴港区汽车整车进口口岸发展政策措施》同时废止。

福州市人民政府关于支持闽江学院全面提升办学水平的若干意见

榕政综〔2015〕188号

(2015年7月2日)

各县(市)区人民政府,市直各委、办、局(公司),市属各高等院校,福州保税区管委会:

为深入贯彻习近平总书记来闽考察重要讲话和省委九届

十二次全会、市委十届九次全会精神,落实《福建省人民政府关于进一步支持高校加快发展的若干意见》(闽政〔2012〕47号),全力支持闽江学院(以下简称"学校")提升办学水平,在更高起点上推动省会高等教育事业科学发展、跨越发展,特制定本意见。

一、注重加强宏观指导

1. 明确发展目标。支持学校努力建设"东南区域知名的综合性应用型大学",争取尽快增列为省重点建设高校,提升办学层次,加快内涵发展,跻身全省乃至全国同类院校先进行列,争取更名为闽江大学。

2. 完善治理模式。按照政校分开、管办分离的原则,依法对学校进行监管,尊重和保障学校的独立事业单位法人地位和办学自主权,提供和保证学校的办学资源。强化内外部监督评价机制,建立市直有关部门、行业企业、用人单位、教师、学生、家长和中介组织多方参与的政府与社会相结合的评价机制,提高人才培养、专业建设的针对性、适用性,促进学校形成面向社会依法自主办学、自我发展、自我约束的质量保障长效机制。

3. 创新体制机制。支持学校全面深化综合改革,努力实现转型发展。推进校地融合,把学校纳入全市发展通盘考虑,促进学科专业建设与产业发展对接、人才培养培训与市场需求对接、技术服务与经济结构转型升级对接,提升社会服务水平。推进产学研用结合,支持学校与政府、科研院所、行业企业开展战略合作,建立主动服务地方发展的办学机制。推进开放办学,支持学校与国内外高水平大学合作办学,建立稳定的实质性交流合作机制。

二、依法落实办学自主权

1. 支持学校扩大人事自主权。支持学校根据学科发展需要,参照省内老高校的标准,建立健全组织机构,动态调整内设机构。支持学校申报设置发展规划处、研究生处。按照"宏观控制,微观放手"原则,根据学校高层次人才多的特点,适当增加高级岗位比例与数量,学校在市公务员局核准的各类岗位人员结构比例与数量的基础上,可根据学科发展与工作需要自主调整使用岗位。支持学校制定符合自身实际的人员招聘办法,不断优化各类人员队伍结构。支持学校开展绩效考核改革工作,指导建立符合实际、科学合理的各类人员绩效考核指标体系。

2. 支持学校完善收入分配制度。根据学校高职称、高学历密集的人员结构特点,在核定绩效工资总量时给予倾斜,进一步增强学校引进人才与留住人才的吸引力。

3. 支持学校自主开展对外合作交流。学校教职员工因公赴国(境)外参加学术会议、进行校际交流等,可选择参照省属高校做法办理审批手续。学校专业技术人员出国(境)参加学术交流的次数、天数,根据实际需要安排。属于专业技术系列的学校党政领导干部出国(境)参加学术交流活动,按照专业技术人员管理。支持和鼓励学校加强与台港澳地区及海外知名高校开展校际交流合作。加大力度支持台港澳地区及海外高端人才到学校任教,为其在学校工作提供更多优惠和便利。

三、大力推进内涵建设

1. 支持学校学科专业建设。优化学科专业结构。按照"工科类专业做好做强,文理类专业做实做优,艺术类专业做特做精,非师范类理科专业主动向应用转型"的要求,加大现有学科专业的整合力度,在专业学科、学位点设置上向福州市重点行业或支柱产业倾斜,优先培养福州市自贸区、21世纪海上丝绸之路战略枢纽城市以及福州新区建设所急需的相关专业人才。支持学校建设代表本校办学水平和特色的优势学科,争取部分学科进入全国、全省同类学科先进行列。组织开展市级重点专业、特色专业建设。支持学校开展专业硕士点培育。

2. 支持学校人才队伍建设。

支持学校加大高层次人才引进力度。对引进的人才符合《福建省年度紧缺急需人才引进指导目录》相关规定的紧缺急需人才,经认定后将享受每人每月800元生活津贴,逐年发放5年。支持学校实行人才软引进政策。

支持学校加大教师培养力度。支持学校实施"闽都学者"计划、"青年学者"计划、"优秀青年骨干教师"培养计划,加大学术带头人、后备领军人物、优秀中青年学术骨干的培养。福州市安排青年高层次专业技术人才出国访学进修、参加国际学术会议等方面向学校倾斜,给予单列计划。

支持学校实施"双师型"教师培养计划。协助学校在企事业单位建立校企合作实践基地。鼓励学校专业技术人员到福州市政府部门、企事业单位、基层挂职锻炼。

3. 支持学校科研与成果转化。支持学校实施服务地方经济社会发展五年行动计划,支持学校建设一批市属重点实验室、社科研究基地、协同创新中心和公共服务平台。将福州市作为学校科技成果的优先转化基地,增加学校承担的市级科研课题立项和科研成果奖项数额,支持学校争取国家级、省级科研项目和科技资源。支持和鼓励学校科研人员与企业开展形式多样的合作和有偿服务。

4. 支持学校开展社会服务。鼓励和优先支持学校承接福州市公务员、专业技术人员和高技能人才培训与继续教育项目。支持学校打造非普通高等学历教育中心、社会职业技能培训中心、本专科生职业技能认证考试培训中心、岗位职业技能培训中心、省会城市公务员和机关事业单位工作人员继续教育中心以及其他继续教育特色项目服务中心等"六大中心"。支持学校把工业路校区打造成为福州市科技孵化基地和现代终身学习基地,把洪塘校区打造成福州市文创产业实训基地。

四、全面加大扶持力度

1. 加大财政支持力度。市财政在确保生均财政拨款达到中央要求的基础上,根据财力增长情况,逐步加大对学校的投入,稳步提高生均拨款水平。参照省政府支持省高水平大学建设的力度,2016—2020年,市财政每年安排5000万专项资金用于学校教学科研平台、人才培养与引进、条件装备等内涵建设。共同积极争取省级财政和国家财政对学校的资金支持。

2. 积极解决学校教师实际困难。对符合市人才住房申请条件的学校教职工,由学校向市人才住房主管部门提出申请,单列进行人才住房分配。市政府支持学校在其周边购买商品房作为教师周转房。将学校住房困难教职工纳入市保障性住房供应范畴,享受公共租赁住房相关优惠政策。今后,新引进的高层次人才配偶,已在机关和事业单位工作需要随调的,由市人社局按照有关规定帮助协调安置工作;新引进的高层次人才子女需要就读福州市中小学的,由市教育局帮助协调解决。

福州市人民政府关于做好2015年普通高校毕业生就业创业工作的通知

榕政综〔2015〕224号

(2015年7月27日)

各县(市)区人民政府,市直各委、办、局(公司),市属各高等院校,福州保税港区管委会:

为深入贯彻中央、省促进高校毕业生就业创业工作的有关决策部署,进一步推动大众创业、万众创新,促进高校毕业生创业比例和就业质量不断提高,现将做好高校毕业生就业创业工作的有关意见通知如下:

一、高度重视高校毕业生就业创业工作

(一)加强对高校毕业生就业创业工作的组织领导。各级各有关单位要充分认识做好高校毕业生就业创业工作的重要性和紧迫性,继续把高校毕业生就业创业摆在经济社会发展的重要位置;市高校毕业生就业领导协调小组成员单位要切实履行职责,加强协作配合,千方百计做好高校毕业生就业创业工作,确保各项促进高校毕业生就业创业政策落到实处。

(二)确保高校毕业生就业工作经费落实。市财政每年安排不少于300万元的专项经费用于高校毕业生就业工作,各级各单位要按规定对落实高校毕业生就业相关政策、就业项目和就业服务所需资金给予保障;各高校要根据就业工作任务要求,把毕业生就业工作经费纳入年度经费支出计划。

二、鼓励高校毕业生面向基层和生产一线就业

(一)统筹实施高校毕业生服务基层项目。进一步统筹实施"三支一扶"计划、选调生和大学生村官计划、志愿服务欠发达地区计划、服务社区计划,参加服务基层项目的生活补贴按照省、市有关规定执行;各县(市)区要统筹做好服务基层高校毕业生的日常管理、年度考核、服务期满考核及服务期满高校毕业生就业跟踪服务工作。继续实施乡镇卫生院招聘培养临床医学专业本专科毕业生,实施农村紧缺师资代偿学费计划和经济困难县补充农村学校教师资助计划。

(二)健全鼓励高校毕业生到基层工作的服务保障机制。落实服务基层期满毕业生就业优惠政策,提高公务员定向招录成效,鼓励毕业生服务期满后留在服务单位或面向农村基层就业。县及县以上相关事业单位公开招聘和全省中小学幼儿园新任教师公开招聘,应安排一定比例的专门岗位,面向符合条件的服务基层毕业生招考。充分挖掘社会组织吸纳高校毕业生就业潜力,对到社会团体、基金会、民办非企业单位就业的高校毕业生,所在地的公共就业人才服务机构要协助办理落户手续,在专业技术职称评定方面享受与国有企事业单位同类人员同等待遇。

(三)鼓励小型微型企业吸纳高校毕业生就业。小型微型企业招用应届高校毕业生,与其签订1年以上期限劳动合同并按规定缴纳基本养老保险费、基本医疗保险费、失业保险费的,按其实际招用应届高校毕业生人数给予1年期限的基本养老、医疗、失业保险补贴,不包括个人应缴纳的基本保险费。对小型微型企业新招用高校毕业生按规定开展岗前培训的,按照《福州市就业专项资金管理办法》规定的标准发放培训补贴。

(四)做好高校毕业生入伍预征工作。各高校应加强与当地兵役机关沟通协调,共同做好高校毕业生预征工作。开展"征兵宣传月"、"政策咨询周"等活动,组织高校毕业生完成兵役登记、网上报名、身体初检、政治初审、体格检查、政治考核、预定新兵等工作,确保完成预征工作目标任务。要落实大学生参军入伍服义务兵役国家资助、考试升学、就业优惠等政策,鼓励更多大学生应征入伍。

三、深入实施大学生就业促进计划

(一)做好高校毕业生求职服务。各县(市)区、各有关部门、各高校要根据高校毕业生特点和求职需求,创新服务方式,改进服务措施,提高服务质量,促进更多的高校毕业生通过市场实现就业。积极开展公共就业人才服务进校园活动,为高校毕业生送政策、送指导、送信息,特别是要让高校毕业生知晓获取就业政策和岗位信息的渠道。各级公共就业人才服务机构要精心组织各类人才交流会,搭建供需信息平台,积极促进对接,其举办的各类面向高校毕业生的招聘会,全部实行用人单位和高校毕业生免费入场,市财政根据举办成本费用给予一定补贴。各级公共就业人才服务机构要广泛收集岗位需求信息,通过网站、手机"摇工作"、"寻工地图"等平台,为毕业生求职提供更具有针对性的精细化岗位信息服务。

(二)开展离校未就业毕业生实名登记工作。各级公共就业人才服务机构和基层就业服务平台应构建高校毕业生求职登记服务机制,及时办理求职登记,及时主动与实名登记的未就业高校毕业生联系,摸清就业需求,提供有针对性的就业服务,力争使每一名有就业意愿的未就业高校毕业生在毕业半年内都能实现就业或参加到就业准备活动中。

(三)实施高校毕业生就业见习计划。鼓励各类企事业单位申报市级就业见习基地,新建市级见习基地20家。各县(市)区要结合当地产业发展需要和高校毕业生情况,扶持一批规模较大并有一定社会影响力的企事业单位作为就业见习单位,为有见习需求的未就业高校毕业生提供见习机会。组织我市离校未就业高校毕业生参加就业见习活动(见习时长一般为三个月),见习期间,由市财政按照我市最低工资标准提供基本生活补助,并办理人身意外伤害保险。

(四)发放职业介绍补贴。鼓励各类人力资源服务机构为离校未就业毕业生提供就业服务,对在工商行政部门登记注册,并经我市人力资源和社会保障部门批准的人力资源服务中介机构,为在我市各级公共就业人才服务机构办理实名登记的离校未就业高校毕业生提供免费就业服务，可按其服务后签订1年以上期限劳动合同并按规定缴纳社会保险费的实际就业人数给予职业介绍补贴，标准不超过每人200元。

（五）发放灵活就业社会保险补贴。离校未就业高校毕业生灵活就业后，向公共就业人才服务机构申报就业并以个人身份缴纳基本养老保险费、基本医疗保险费的，按上年度灵活窗口最低缴费基数的50%发放基本养老保险费、医疗保险费补贴，补贴期限不超过3年。

（六）开展职业技能培训。对有培训意愿并在我市各公共就业人才服务机构办理实名制登记的未就业高校毕业生，参加经我市各级人力资源社会保障部门批准的公共就业服务机构、职业技能培训机构、技工院校、企业（经工商登记，培训计划经各级人力资源社会保障部门备案的）组织的职业技能培训，或通过社会化考试获得中华人民共和国职业资格证书的可给予500元—2200元职业培训补贴。高校毕业生在毕业学年（毕业前一年7月1日起的12个月内）获得职业资格证书的，个人可申请职业技能鉴定补贴，补贴标准按物价部门核定的实际收费额的80%确定，每人不超过150元。

（七）开展清华大学等高校研究生来榕参加社会实践工作。组织清华大学、北京大学等重点高校及台湾地区高校的博士（硕士）研究生来榕参加社会实践，对外地来榕参加社会实践的研究生提供免费住宿、办理人身意外伤害保险，给予每人一次性补助费1000元，并根据实习实践时间发放生活补贴费，发放标准：第1个月，博士、硕士分别按1000元、800元发放；第2个月，博士、硕士分别按1500元、1300元发放。

四、实施大学生创业引领计划

（一）放宽享受优惠政策条件。普通高校（含国境外高校）毕业年度的在校大学生及毕业后五年内在福州市行政区域内独资或合资、合伙创办企业并担任法定代表人，或者从事个体经营的高校毕业生可享受优惠政策。允许在校大学生休学创业，大学生在学期间创业可向学校申请保留学籍2年。

（二）办好第二届海峡两岸（福州）大学生创业创新大赛。依托大赛优秀项目在我市工商部门注册成立的企业，可免于评审直接入驻我市各级大学生创业园，并给予3万—10万元创业启动资金补助；团队核心成员一年内可享受政府提供的每月480元生活补助费。对外地来榕参加大学生创业创新大赛的个人和团队给予适当交通食宿补助。

（三）强化创业培训。继续依托市级高校毕业生创业培训基地，组织有创业愿望和培训需求的大学生参加创业培训，对按要求完成年度创业培训计划任务的市级基地每年给予补贴3万元。具有创业要求和培训愿望、具备一定创业条件，并在我市各级公共就业人才服务机构办理实名制登记的毕业学年的高校大学生，参加有资质的教育培训机构组织的创业培训并取得培训合格证书的，可给予创业培训补贴，补贴标准不超过1000元/人。

（四）实施工商注册优惠。各级市场监管部门要进一步贯彻落实好工商登记制度改革的各项优惠政策，特别是针对高校毕业生申请自主创业的注册登记，做好政策宣传和行政指导，进一步提高登记效率、优化服务质量。落实好在高校毕业生自主创业免交工商登记证照类收费等方面的优惠政策。

（五）落实税收优惠政策。落实财政部、国家税务总局、人社部关于支持和促进就业创业的相关税收优惠政策，按规定对符合条件的自主创业高校毕业生从事个体经营的，在3年内依次扣减其当年实际应缴纳的营业税、城市维护建设税、教育费附加、地方教育费附加和个人所得税，扣减限额标准为每户每年9600元，执行期限至2016年12月31日。高校毕业生创办的符合规定条件的小型微利企业，可按照规定享受小型微利企业所得税优惠政策，自2015年1月1日至2017年12月31日，对年应纳税所得额低于20万元（含20万元）的小型微利企业，其所得减按50%计入应纳税所得额，按20%的税率缴纳企业所得税。增值税小规模纳税人和营业税纳税人（包括单位、自然人及个体工商户），月销售额或营业额不超过3万元（含3万元，以1个季度为纳税期限的增值税小规模纳税人和营业税纳税人，季度销售额或营业额不超过9万元）的，按照规定免征增值税或营业税，执行期限至2015年12月31日。

（六）发放自主创业社会保险补贴。高校毕业生在榕自主创业，本人及其招收的应届高校毕业生（包括毕业学年高校毕业生及按发证时间计算，获得毕业证书起12个月以内的高校毕业生）可享受社会保险补贴，即用人单位与其签订1年以上期限劳动合同并按规定缴纳社会保险费的，按其为毕业生实际缴纳的基本养老保险费、基本医疗保险费、失业保险费给予补贴，不包括个人应缴纳社会保险费，以及企业（单位）和个人应缴纳的其他社会保险费，补贴标准按我市上年度城镇非私营单位在岗职工月平均工资60%为缴费基数，补贴期限不超过3年。

（七）加大资金扶持力度。提供创业扶持资金，遴选扶持一批高校毕业生创业项目，给予3万—10万元的资金扶持。加大贷款支持力度，高校毕业生自主创业自筹资金不足的，可按规定申请额度最高不超过10万元的小额担保贷款，并享受相应贴息；符合中国青年创业国际计划（YBC）项目条件的自主创业高校毕业生，可获得为期三年总额为3万—5万元的免息免担保创业启动资金贷款。

（八）提供创业经营场所支持。加快高校毕业生创业孵化基地建设，鼓励和支持有条件的县（市）区、市属高校设立创业孵化基地（大学生创业园），重点扶持建设1—2个创业孵化基地，各给予一次性建设补助20万元。落实经营场所租金补贴，对租用经营场地在榕创业（在各类创业孵化基地、创业园等已享受政府租金优惠政策的除外），按租赁场所租金的50%给予补助，最长2年，每年最高补贴3000元。

（九）实施大学生回乡创业计划。研究制定大学生回乡创业优惠政策，在项目资金、创业辅导、创业培训等方面给予扶持。组织专家团队帮助解决大学生回乡创业过程中遇到的难题。要结合实际情况制订具体措施，及时研究解决高校毕业生回乡创业存在的困难和问题。要加强高校毕业生创业扶持优惠政策的宣传普及，培育回乡创业典型，营造良好回乡创业氛围。

（十）加强创业公共服务。健全完善创业导师制度，调整充实福州市创业讲师团，努力搭建创业服务平台，充分发挥创业导师作用，为有创业意愿和创业初期的高校毕业生提供创业咨询指导服务,提高创业成功率。加大福州青年创业计划对大学生创业的扶持力度,依托福州市青年创业促进会有效平台,积极为创业青年提供政策咨询、创业培训、投资融资、空间孵化、宣传营销等链条式服务。

五、加强就业援助

(一)做好家庭困难毕业生就业援助工作。重点做好家庭困难毕业生、少数民族毕业生、女性毕业生、残疾毕业生等各类困难群体就业援助,有针对性地开展就业指导、岗位推荐、技能培训等工作。继续对市属高校毕业年度的低保家庭和残疾毕业生给予一次性求职补贴,标准为每人2000元。困难家庭高校毕业生参加公务员考试和事业单位招聘工作人员考试时,免收报名费和体检费。

(二)开展人才储备工作。凡属我市紧缺、急需的普通高校应届与往届(三年内)尚未落实就业单位的软件工程、计算机科学与技术等23个专业本科以上(含本科)毕业生(硕士以上学历毕业生不受专业限制),以及福州生源农村低保家庭、城镇特困职工家庭、零就业家庭的未就业本科学历应届高校毕业生均可进入市人才储备中心。一年内未就业的可享受政府提供的每月480元的生活补助费,还可以享受免费住宿、免费落户、免费保管档案和免费推荐就业等服务。

六、强化高校毕业生就业公共服务

放开对吸收高校毕业生落户的限制,简化有关手续,应届毕业生凭《普通高等学校毕业证书》、《全国普通高等学校毕业生就业报到证》、与用人单位签订的《就业协议书》或劳动(聘用)合同办理落户手续;非应届毕业生凭与用人单位签订的劳动(聘用)合同和《普通高等学校毕业证书》办理落户手续。高校毕业生到不具备人事档案管理权限的非公有制企业和社会组织就业、自主创业的,其人事档案由县级以上(含县级)公共就业和人才服务机构免费保管。办理高校毕业生档案转递手续,行政(工资)介绍信、转正定级表、调整改派手续不再作为接收审核档案的必备材料。积极应对流动人员人事档案管理服务改革,明确承担毕业生档案管理机构及职责,确保档案有序转递。

七、进一步创造公平的就业环境

各县(市)区、各有关部门要积极采取措施,促进就业公平。推行国有企业招聘应届高校毕业生信息公开,国有独资企业、国有独资公司和国有资本控股公司招聘应届毕业生,其招聘信息公开不少于7天,招聘结果公示不少于7天,切实做到信息公开、过程公开、结果公开,努力营造公平、公正、公开的就业环境。用人单位招聘不得设置民族、种族、性别、宗教信仰等歧视性条件,不得将院校作为限制性条件。规范签约行为,任何高校不得将毕业证书与学位证书的发放与毕业生签约就业挂钩。加大劳动用工、缴纳社会保险费等方面的劳动保障监察力度,维护高校毕业生的合法权益。

八、创新高校毕业生就业宣传工作

各县(市)区、各有关部门、各高校要加大就业政策宣传和解读力度,重点宣传自主创业、基层就业、参军入伍、困难帮扶等政策。建立就业主管部门、高校、院系、班级四级联动网络,充分发挥辅导员(班主任)、学生干部作用,努力让每一位毕业生都知晓、用好政策。充分利用微博、微信、手机报等新媒体,使用海报、图表等毕业生喜闻乐见的方式,及时宣传解读国家、省、市出台的促进就业创业的政策措施。

九、加快推进高等教育综合改革

各高校要完善专业预警、退出和动态调整机制,及时调减就业率持续较低的专业招生计划,使学科专业结构与经济社会发展需要相适应、与就业对接。探索建立高校毕业生就业和重点产业人才供需协调机制,推进校地合作、校产联合、校企对接,构建高校与有关部门、科研院所、行业企业协同育人机制。推动大学生参加形式多样的实习实训、社会实践和志愿活动,增强就业创业能力。

十、加强就业形势研判与维护就业形势稳定

各县(市)区、各有关部门、各高校要加强毕业生就业动态监测,加强舆情收集、分析和研判,密切关注高校毕业生就业形势变化和热点问题,及时回应社会关切,做好舆论引导。加强大型毕业生招聘会安保工作,防止重大安全事故发生;加强就业困难毕业生心理疏导工作,及时化解潜在矛盾;做好毕业生离校前的管理和服务工作,维护校园稳定。

本通知由福州市人力资源和社会保障局负责解释,自发布之日起执行。原《关于做好2011年普通高等学校毕业生就业工作的通知》(榕政综〔2011〕109号)、《关于促进高校毕业生就业创业的通知》(榕政综〔2012〕127号)、《关于做好2013年普通高校毕业生就业工作的通知》(榕政综〔2013〕123号)同时废止。

福州市人民政府印发关于鼓励和支持台湾青年来榕创业就业的实施办法的通知

榕政综〔2015〕236号

(2015年8月5日)

各县(市)区人民政府,市直各委、办、局(公司),市属各高等院校,自贸区福州片区管委会:

《关于鼓励和支持台湾青年来榕创业就业的实施办法》已经市委、市政府研究通过,现予以印发。请结合各自实际,认真贯彻执行。

关于鼓励和支持台湾青年来榕创业就业的实施办法

为加强榕台青年交流,更好地鼓励和支持18周岁至45周岁的台湾青年来榕创业就业,把福州打造成台湾青年在大陆创业就业高地,根据《关于鼓励和支持台湾青年来闽创业就业的意见》(闽政〔2015〕28号),结合我市实际,制定本实施办法。

一、支持多种形式创业

1. 支持台湾青年以独资、合资、合伙、合作等形式来榕创办企业或从事个体经营等,鼓励台湾青年在我市文化创意、电子商务、农业开发、高新技术等行业领域创业。

2. 台湾青年可以自然人身份在福州市申办个体工商户,设立有限公司允许注册资本“零首付”。对投资鼓励类、允许类的项目,实行直接登记制。

3. 台湾青年首次在福州市领取工商营业执照,且正常经营纳税6个月以上的,经认定,可领取每户1万元的一次性开业补贴。

4. 推动福建自贸试验区福州片区商事登记制度全面扩大到全市范围内的台湾青年创业企业,为台湾青年创业就业提供工商注册、商业运营等便利。

二、扶持创业基地建设

5. 依托福州台商投资区、高新区、软件园、海峡创意产业园、海西动漫创意之都等园区,设立各具特色的集聚示范效应的台湾青年创业基地。2016年底前,7个县(市)应建立至少1个以上的台湾青年创业基地。每个基地都应设立一个辅导服务机构、组建一支创业辅导团队。

6. 培育台湾青年创业基地做大做强,强化基地公共配套服务,推动创业企业集聚。所在地区应优先支持创业基地水电改造,支持水电气按需改造或分户,对缴纳的水、电、气费用给予适当的财政补助。

7. 对累计引进8家以上台湾青年创业企业、吸引台湾青年16人以上的,且持续经营满1年以上的台湾青年创业基地,由市级财政给予不超过80万元的奖励;对累计引进10家以上台湾青年创业企业、吸引台湾青年30人以上的,且持续经营满1年以上的创业基地,由市级财政给予不超过200万元的奖励。

8. 对达到省级奖励标准的台湾青年创业示范基地,积极帮助向省级财政申请500万或1000万的相关奖励。

三、提供创业辅导服务

9. 团市委负责收集汇总创业就业相关政策,通过网站、微博等平台和媒体定期发布台湾青年来榕创业就业信息。

10. 组建两岸青年交流促进会或建立两岸优秀青年企业家、创业导师组成的创业辅导队伍,为台湾青年来榕创业提供政策解读、创业项目推荐、就业信息咨询、培训教育等服务。

11. 鼓励闽江学院、职业技术学院等在榕高校开设针对台湾青年创业就业的培训班,支持各台湾青年创业基地与在榕高校建立创业就业实训平台。

12. 对推荐或辅导台湾青年来榕创业作出实效的示范团队,由市级财政给予不超过50万元的奖励。对达到省级奖励标准的示范团队,积极帮助向省级财政申请100万的相关奖励。

四、给予创业融资及资金扶持

13. 依托市政府和清华紫光成立的总额1亿的创投基金,定向安排不低于15%的比例,对符合基金投资要求的在榕台湾青年创业项目进行风险投资。鼓励民营创业投资机构投资台湾青年初创企业,允许市属投资基金投资台湾青年创业项目的风险容忍度提高到25%。对于获得天使投资基金投入的项目,市属产业基金同比例配套投入,最高占股10%。

14. 支持海峡银行等金融机构为在福州创业的台湾青年提供5年以内、单户额度为10-30万元的优惠“海峡青年创业贷款”。台湾青年申请10万元以内的小额担保贷款的,可享受第一年100%、第二年80%、第三年50%的财政贴息,提供贴息最长不超过3年。

15. 支持各类融资担保机构为在福州台湾青年创业基地内创业的台湾青年提供融资担保,对为台湾青年创办生产性企业提供银行贷款融资担保的担保机构可按年度担保额16‰给予风险补偿,对为台湾青年创办服务类企业提供银行贷款融资担保的担保机构可按年度担保额10‰给予风险补偿。

五、加大创业项目扶持

16. 经评审对符合一定标准的台湾青年创业项目,根据项目的科技含量、规模、经济社会效益、市场前景等,给予5—15万元的创业启动资金扶持,并推荐申报省级重点创业项目、优秀创业项目和相应的资金补助。同时,市级配套安排300万元,对于省、市确定的重点创业项目和优秀创业项目分别给予25万元和10万元的扶持。

17. 对在农村发展规模种养业、开展农业技术推广、发展农产品精深加工和农产品电子商务等台湾青年创业项目,优先推荐入驻各类农民创业园,享受省、市支持农民创业园建设的各项优惠政策。对创办科技型、文化创意型及动漫、软件、互联网+等行业领域中小微企业的台湾青年创业项目,优先推荐入驻相应的当地科技企业孵化器,享受支持入孵企业的各项优惠政策。

18. 优先支持台湾地区青年创业协会、青年商会总会、生产力中心、育成中心及两岸青年交流促进会等机构推荐的项目落地。

六、鼓励优秀人才创业

19. 支持高层人才以行业联盟等形式来榕发展产业。对拥有10名及以上引进高层人才的联盟,其联盟成员在福州投资经营性项目所需用地,优先纳入土地利用年度计划,优先办理农用地转用征收手续,优先保障供地。依规定可协议出让的,出让底价按不低于基准地价、土地综合成本(征迁成本+规费)及土地评估价格的原则确定。

20. 台湾青年在福州创办的企业可以在我市申报科技项目,优先获得科技经费扶持,鼓励参加我市科技奖励评选。鼓励各类企业通过股权、期权、分红等方式,推动在台湾地区或国际上获得各类科技奖的台湾青年来榕创业就业,实现科技成果转化。支持台湾青年科技人员参与两岸共同关注的重大科学问题和关键技术问题合作研究,通过“促进海峡两岸科技合作联合基金”,并经专家评审予以立项资助。

21. 被认定为创业创新领军人才或团队核心人才参加境内外培训的,可给予最高不超过5万元/人的补贴。

22. 设立台湾青年在榕创业奖。符合条件的台湾青年组成的创业团队及在榕创立的企业,参加中国创业大赛暨福建创新创业大赛、海峡两岸大学生创业创新大赛、海峡两岸信息服务创新大赛等,按大赛相关扶持政策予以支持。

23. 来榕创业的台湾青年可优先评选为福州市引进高层次优秀人才,并享受相应待遇;可参加国家“千人计划”、福建省“海纳百川”计划等省级以上高层次人才评选。对作出突出贡献、符合条件的台湾青年,可授予“福州市荣誉市民”称号。

七、给予经营场地和住房保障

24. 台湾青年在福建自贸试验区福州片区或台湾青年创业基地内设立公司,正常经营纳税6个月以上的,可给予最高100平方米的场所租金补贴,补贴期限最长不超过2年。对在台湾青年基地范围内,首次进行办公场所装修改造的,可按每平方米800元的标准给予补贴。

25. 支持创业基地为进驻的台湾青年和创业团队统一安排创业就业公寓,对入驻基地的台湾青年,按照实际缴交社保期限,给予每月1000元的住房租金补贴,补贴期限最长不超过3年。对应聘到机关事业单位的台湾青年,可享受同等待遇的住房补贴。

26. 允许在榕有工作单位的创业就业台湾青年缴存住房公积金,并自缴存住房公积金当月起,即可申请住房公积金贷款,贷款最高额度可放宽至福州市最高贷款额度的2倍。具有硕士以上学位的且按居住证在创业就业所在地区累计居住期限超过1年的,可按照引进高层次人才政策申请30万元的购置自用住房补贴,待服务期满5年后该自用住房方可上市交易。

27. 被认定为省级创新创业领军人才的,除享受上述购房补贴外,另给予每户30万元的安家补贴;被认定为省级创新创业团队的,可给予团队中每人每年4万元生活补贴,每个团队支持人数不超过5人、累计年限不超过3年。对符合《福建省引进台湾高层次人才评价认定办法(试行)》规定的资格条件,确认为引进台湾高层次人才的,落地后帮助申请省级人才专项经费100万的安家补助。

八、提供子女就学、社保、补助等服务

28. 台湾创业青年子女就读公立幼儿园或义务教育阶段中小学,可到企业所在区域或居住地片区内相对就近的学校就读,支持有条件的中小学设立"台生班"。台湾创业青年子女入读公办义务教育学校的,经审核后报送所在地区教育行政部门负责安排办理入、转学手续,台湾青年创业就业服务中心配合做好服务。

29. 来榕创业的台湾青年及其招收的签订3年以上劳动合同的应届高校毕业生,可享受3年期限的社保补贴;台湾青年在福州小型微型企业就业并签订1年以上劳动合同的,可享受1年期限的社保补贴。

30. 台湾高校毕业生毕业5年内到基地创业的,可享受政府提供1年期限的每月1000元生活补助。

九、支持来榕实训就业

31. 对来榕实训的台湾高校学生,分别给予博士、硕士(本科)每人每月3000元、2000元的补助,每人每年补助不超过6个月;给予每人1000元往返交通费补贴和免费为实训人员办理人身意外伤害保险。

32. 凡持有台胞证的台湾大学生来榕就业,与大陆普通高校毕业生享有同样就业创业机会,享受同等优惠政策。

33. 鼓励台湾青年受聘到福建自贸试验区福州片区管委会、各园区管委会和我市事业单位任职,在榕工作期间的实际收入与同层级工作人员相比应上浮30%以上。

十、建立服务机制平台

34. 建立联席会议机制,由分管副市长牵头召集,市台办具体负责,定期研究解决相关问题。

35. 设立台湾青年创业就业服务中心,挂靠在团市委,指定专人负责,为来榕创业就业的台湾青年提供法律咨询、项目对接、贷款融资、办理工商(税务)注册登记等创业前期所需的各种服务和后期企业发展所需的配套服务,帮助协调解决子女就学、住房补贴领取、社保医疗等问题。设立基地的各县(市)区,也应比照市里,选定一个机构对接台湾青年创业就业服务工作。

十一、其它扶持政策

36. 来榕创业就业的台湾青年,按照"就高不重复"原则享受上述扶持政策。符合条件的,还可叠加申报中央、省里出台的有关现代服务业、总部经济、小微企业、人才补助等其它扶持政策,在社会保险、医疗保险等方面享受与福州居民同等待遇。

十二、各级各相关部门应根据本办法制定实施细则。

十三、本实施办法自发布之日起施行,由福州市人民政府负责解释。

福州市人民政府关于加快油茶产业发展的意见

榕政综〔2015〕293号
(2015年10月10日)

各有关县(市)区人民政府,市直有关单位:

为贯彻落实《国务院办公厅关于促进油料生产发展的意见》(国办发〔2007〕59号)《中共福州市委　福州市人民政府关于推进都市现代农业发展的意见》(榕委发〔2013〕9号)精神,促进我市油茶产业持续发展,把油茶产业打造成具有区域特色的林业产业,推动林区农村经济发展,现结合我市实际,提出如下意见:

一、明确发展目标。坚持因地制宜,适地适树原则,采取优种壮苗良法措施,加快新建油茶林基地3万亩,低产林改造3万亩,幼林抚育5万亩,到"十三五"末,全市油茶林实现种植面积达到30万亩,茶油年产量达到3000吨以上,油茶产业年产值达5亿元以上。结合林地利用规划,进一步优化布局油茶基地,在永泰、闽清、罗源、闽侯、福清、连江等县(市)山区和国有林场落实油茶种植生产区域,规划建设油茶丰产林基地以及油茶种质资源库、采穗圃和良种苗木生产基地。

二、创新发展模式。坚持"依法自愿"原则,鼓励引导林农建立多种形式油茶发展专业合作社和专业协会,开展联户种植、技术推广、生产资料供应、产品营销等服务,提高生产组织化程度,增强规避市场风险能力,促进油茶产业规模化、集约化经营。充分发挥龙头企业及专业合作社在发展油茶产业上的辐射、示范和带动作用,扶持有实力、懂技术、善经营的油茶种植及生产经营者兴办油茶林基地;对自有基地1000亩以上的,或年产值达500万元以上的企业或农民专业合作社在项目申报、科技推广、龙头企业培育上给予重点扶持;对创建省级以上名优品牌的,给予适当的财政补贴。大力推动企业办基地,积极引导民间社会资本投入开发油茶产业,推进油茶加工企业实行"企业+基地"、"企业+农户(合作社)"的现代生产模式,使企业与农户成为利益共享、风险共担的经济利益联结体。

三、强化科技支撑。建立技术服务跟踪保障措施,加强油茶高产高效栽培管理的技术指导、推广和培训,培养农民技术员和科技示范户,切实提高经营者生产管理能力。大力提升产业发展水平,依托省林业科研院校,加快选育适宜我市立地条件的高产、稳产、抗性优良油茶品种,积极开展精深加工和副产品开发等技术攻关,延伸茶油、茶籽、茶枯饼等产业链,努力提高产品附加值。对从事油茶良种壮苗繁育、精深加工、综合利用等相关科技项目,市、县财政科技经费在同等条件下优先扶持。

四、落实保障措施。一是加大财政扶持力度。自2016年起,在市级财政预算安排给林业部门产业化项目经费中统筹油茶产业发展专项资金,重点支持油茶林基地造林、低产林改造垦复、幼林抚育、良种繁育及新品种新技术示范与推广培训、油茶科研项目建设以及加工技术提升等方面。市级专项资金具体管理办法由市林业局会同市财政局研究制定。鼓励申报"国家级农业综合开发项目"、"省级现代农业生产发展资金项目"等省级以上扶持项目,并争取中央和省级财政资金支持,对"公司+基地+农户"的油茶龙头企业造林贷款给予贴息补助。二是加强金融税收等政策支持。鼓励金融机构开展包括林权抵押贷款在内的符合油茶产业特点的多种信贷模式融资业务,加大对油茶产业基地和经营加工企业的贷款支持力度。落实林农销售的自产茶籽和农民专业合作社销售本社成员生产的农业产品免征增值税,对从事油茶新品种的选育、油茶林的培育和种植、油茶籽的采集和初加工等所得,免征企业所得税。三是强化组织领导。各级各有关部门要高度重视油茶产业发展,明确责任目标,认真研究政策措施,尽快建立和完善政策、资金、项目、技术等方面扶持机制。要充分利用电视、报纸等媒体,广泛宣传油茶产品、油茶产业的效益及前景,切实为油茶产业发展创造良好氛围。建立健全油茶行业协会等中介组织,切实发挥其桥梁、纽带作用,努力推动我市油茶产业做大做强。

福州市人民政府关于福州市乡村医生养老保障的实施意见

榕政综〔2015〕296号

(2015年10月14日)

各县(市)区人民政府,市直有关部门:

为进一步深化我市医药卫生体制改革,加强农村医疗卫生网络建设,稳定和发展乡村医生队伍,完善乡村卫生服务一体化管理,提升农村基本医疗卫生服务水平,根据《国务院办公厅关于进一步加强乡村医生队伍建设的实施意见》(国办发〔2015〕13号)等文件精神,参照现行养老保险政策,结合我市实际,制定本实施意见。

一、保障对象

符合下列条件的乡村医生:

(一)持有《福建省乡村医生证书》或《中华人民共和国执业(助理)医师(护理、药学等卫生专业技术资格)证书》等执业资格证书,及《中华人民共和国乡村医生执业证书》或《中华人民共和国医师执业证书》等执业注册证书,注册在本市村卫生所并在岗为农村居民提供基本医疗和公共卫生服务的乡村医生。

(二)历史以来长期在本市村卫生所工作,达法定退休年龄后在岗或退岗的乡村医生(赤脚医生)。退岗的必须具有县级以上卫生行政部门(或农村卫生协会)曾按规定颁发的相关资质证书或历史档案资料。

二、分类保障

(一)乡村医生养老生活补助。

年满六十周岁以上在岗或退岗的乡村医生,在乡村医生岗位上工作累计满十五年以上的,在享受原有城乡居民基本养老保险或其他养老保险的基础上,由县(市)区财政按月发放不低于福州市城市居民最低生活保障标准的乡村医生养老生活补助。未满十五年的,按年限比例相应递减。乡村医生养老生活补助标准随居民最低生活保障标准变化同步调整。

(二)乡村医生养老保险。

符合条件的乡村医生,自愿选择参加城乡居民基本养老保险,或以灵活就业人员身份参加城镇企业职工基本养老保险。

1、参加城乡居民基本养老保险。

参加城乡居民基本养老保险的人员,按照我市现行政策规定办理。参保对象年满六十周岁后,且在乡村医生岗位上工作累计满十五年以上的,在享受城乡居民养老保险待遇的基础上,由县(市)区财政按月发放乡村医生养老生活补助,未满十五年的,按年限比例相应递减。

2、参加城镇企业职工基本养老保险。

(1)参保方式。男性未满六十周岁、女性未满五十五周岁的乡村医生以灵活就业人员身份参加城镇企业职工基本养老保险。养老保险费缴费基数和缴费比例按我省有关规定执行,县(市)区财政给予养老保险缴费额60%的补助。符合条件的乡村医生填写《灵活就业人员认定表》,由乡镇卫生院初审,经县(市)区卫计局核准确认盖章后,送当地社保经办机构办理参保登记手续。参保的乡村医生于每年四月至十月期间向当地地税部门缴纳年度参保费用,并将缴费票据汇总到所属乡镇卫生院或社区卫生服务中心,统一上报县(市)区卫计部门办理参保财政补助手续。

(2)补缴办法。参保前符合国家或我省规定可以计算为连续工龄的工作年限,可在参保时提出补缴申请,一次性办理政策性参保补缴手续,补缴费用按有关规定执行。

(3)待遇计发。参加城镇企业职工基本养老保险的乡村医生,达到法定退休年龄后,累计缴费年限满十五年的,办理基本养老保险待遇领取手续后,按月领取养老金。累计缴费年限不满十五年的,可延长缴费期至满十五年再办理基本养老保险待遇领取手续,也可申请转入户籍所在地城乡居民养老保险,并享受相应的养老保险待遇。社会保险法实施前已参保的人员,延长缴费五年后仍不足十五年的,可以一次性缴费至满十五年,费用自行承担。

各县(市)区卫计、人社部门做好政策宣传解释工作,引导乡村医生自主选择养老保险种类。乡村医生必须签署"知情选择承诺书",并载入个人档案。

三、动态管理

根据国家规定和福州市农村人口分布情况,以行政村为单位核定乡村医生注册人数,每一千人口左右注册一名乡村医生,老少边岛等人口较少的行政村每五百人口左右注册一名乡村医生。已达退休年龄、身体健康、能胜任岗位工作的,根据当地实际需要,可延聘为执业乡村医生。延聘期间继续享受乡村医生岗位津贴、基本公共卫生服务补助、基本药物制度药品零差率销售补助等,参加城镇企业职工基本养老保险的人员可继续享受参保延期缴费财政补助待遇,财政补助的最高返聘年龄为男性七十周岁、女性六十五周岁。

乡村医生因违法犯罪、严重责任事故、长期脱岗等原因,按规定注销执业资格或取消注册的,不纳入乡村医生养老保障范围。因中途注销执业资格、取消注册的,其乡村医生养老保障财政补助待遇按规定予以终止。参加城镇企业职工养老保险的乡村医生因个人原因自主离岗,按规定考核合格后返岗的,其离岗期间需缴纳的养老保险费用全部由个人承担。

新加入的乡村医生养老保障政策参照本意见执行。自人行之日起的三十天内按规定办理养老保险手续,自愿选择参加城乡居民基本养老保险或以灵活就业人员身份参加城镇企业职工基本养老保险。

四、组织领导

乡村医生养老保障工作政策性强,影响面广,情况复杂,各县(市)区政府要组织发改、卫计、人社、财政、民政、地税等部门组成工作领导小组,统筹开展有关工作。卫计部门负责组织乡村医生参保,严格按规定对乡村医生养老保障资格进行审核、公示、认定和核定财政补助资金,并做好乡村医生养老生活补助和有关参保财政补助的发放;人社部门负责参保登记、城乡居民养老保险费征缴、养老金待遇核定与发放;地税部门负责城镇企业职工养老保险费征缴;财政部门负责预算安排补助资金,并对资金使用情况进行监督。

五、国家相关政策调整时,本实施意见将作相应调整。

本实施意见自发布之日起施行,参保对象年龄计算时间截点为2015年1月1日。

福州市人民政府关于贯彻省政府加快新能源汽车推广应用八条措施的实施意见

榕政综〔2015〕298号
(2015年10月13日)

各县(市)区人民政府,市直各委、办、局(公司),市属各高等院校,高新区管委会,自贸区福州片区管委会:

根据《福建省人民政府关于加快新能源汽车推广应用八条措施的通知》(闽政〔2014〕50号)要求,2014年到2015年我市要完成推广应用新能源汽车2690辆的目标。为进一步加快新能源汽车在我市的推广应用,结合我市实际情况,制定本实施意见。

一、加大财税支持力度。

2014年至2015年,省、市按照国家同期补贴标准对新能源汽车推广应用予以配套补助。新能源非公交汽车在福州市上牌的,除省里配套补助国家补贴标准的60%,我市配套补助40%,市财政局负责与省财政厅做好资金清算工作。市交通运输委负责衔接省级新能源公交车配套补助资金的发放。税务部门要认真落实新能源汽车免征车辆购置税及其他税收优惠政策。

二、加大公共领域推广力度。

2014年至2016年全市各级政府机关及公共机构新增或更新机要通讯、公安巡逻(城区)、城管执法等车辆中新能源汽车每年占比应不低于30%,以后逐年扩大应用规模。自本文件发布之日起至2015年底,全市公交车、出租车等领域新增或更新车辆应全部选用新能源汽车;环卫、物流、机场通勤等领域新增或更新车辆中新能源汽车占比不低于30%。企事业单位应鼓励本单位职工购买使用新能源汽车。

三、加快推进充换电设施建设。

加快编制和落实福州市中心城区新能源汽车充换电设施专项建设规划。各县(市)政府要结合城市规划和市政设施建设,编制本地区新能源汽车充换电设施专项建设规划,充分利用现有的停车场、路灯灯杆、咪表、加油站、加气站等场地建设充换电设施;鼓励有条件的行政机关、事业单位和国有企业(含国有控股企业),对现有停车场(位)配建一定比例的新能源汽车充电设施;城市新建小区和公用停车场按不低于20%的比例规划和配置充换电设施;充换电设施补贴按省政府相关文件执行。各县(市)区政府要组织落实国家规定的充换电设施用地各项政策,保障充换电设施建设用地需求;落实在现有停车场(位)等现有建设用地上建设充电设施。电网企业要做好配套电网建设、改造和报装增容等工作,充电设施配套电网建设和改造成本纳入电网企业输配电价。

四、加大充换电设施用电支持。

直接报装接电的经营性集中式充换电设施用电执行大工业用电价格和峰谷分时电价政策,并延长谷时段3小时(由每日23:00至次日7:00调整为每日21:00至次日8:00),相应缩短用电平时段时长,峰时段保持不变,且在2020年以前免收基本电费;居民家庭住宅、居民住宅小区等非经营性分散充电桩按其所在场所执行分类目录电价;党政机关、企事业单位和社会公共停车场中设置的充换电设施用电执行一般工商业及其他类用电价格。充换电服务实行政府指导价,加快制定与落实福州市新能源汽车充换电服务费价格政策。

五、鼓励创新商业模式。

鼓励投融资创新,支持社会资本进入新能源汽车充换电设施建设运营、整车租赁、电池租赁和回收等服务领域;鼓励金融创新,通过融资租赁、整车租赁、分时租赁、车辆共享、按揭购买等方式,开拓新能源汽车市场;鼓励银行业金融机构创新金融产品,鼓励汽车金融公司创新金融产品,鼓励在新能源汽车商业运营模式中运用现代信息技术。

六、加快新能源汽车产业发展。

将新能源汽车整车、动力电池、电机、电控、新能源材料以及充换电装备、新能源汽车关键共性技术开发项目等作为重点战略性新兴产业予以优先扶持。支持整车企业、专用车企业大力发展新能源汽车,培育发展新能源汽车关键零部件,积极引进国内外新能源汽车龙头企业到我市投资设厂。对新建的研发平台,经评估认定后享受企业科技创新平台优惠政策;对新引进新能源汽车产业总部企业的高层次管理和技术领军人才,经有关部门认定,可按其当年在本地缴纳的个人所得税地方留成部分的50%,给予住房和生活补助。

七、加快建立运行监测和服务保障体系。

根据省政府统一部署,建立新能源汽车运行监控体系和新能源汽车运行的区域监控中心,并制定完善新能源汽车事故应急处置预案。公共领域使用的新能源汽车应安装车辆运行状态实时监控装置。新能源汽车使用单位应建立安全责任制度,确保车辆运行安全。新能源汽车生产企业要在我市辖区内至少设立1个固定售后服务点,负责新能源汽车产品的保养维护,确保车辆运行安全可靠。新能源汽车生产企业应加强对报废电池的回收和再利用管理,避免造成环境污染和安全隐患。

八、加强组织保障。

市经信委会同市直相关部门建立新能源汽车推广应用工作联席会议制度,明确工作分工,健全工作机制,联席会议办公室设在市经信委。各县(市)区政府和市直有关单位根据职责分工,按月上报新能源汽车推广应用进展情况及基础设施建设进展情况到市联席会议办公室。各县(市)区政府是所辖地区新能源汽车推广应用的责任主体,负责建立健全工作机制,落实国家、省、市相关政策,制定配套政策措施,确保完成新能源汽车推广应用目标任务。

福州市人民政府关于进一步加强新时期爱国卫生工作的实施意见

榕政综〔2015〕315号

(2015年10月30日)

各县(市)区人民政府,市直各委、办、局(公司),市属各高等院校,自贸区福州片区管委会:

为贯彻落实《国务院关于进一步加强新时期爱国卫生工作的意见》(国发〔2014〕66号)和《福建省人民政府关于进一步加强新时期爱国卫生工作的实施意见》(闽政〔2015〕49号)精神,进一步提高群众的健康水平,改善我市城乡环境,推动经济社会协调可持续发展,现提出以下实施意见:

一、工作目标

广泛开展爱国卫生运动,强化环境卫生综合整治,普及健康生活方式,有效整治影响健康的主要危害因素,使全市城乡卫生基础条件显著提升,环境卫生得到有效改善,重点传染病、慢性病和精神疾病等公共卫生问题防控干预取得明显成效,城乡居民健康水平明显提高。

二、工作重点

(一)进一步开展城乡环境卫生整洁行动

1. 统筹城乡生活垃圾和污水治理。统筹治理城乡生活垃圾和污水,不断提高城镇和农村的生活垃圾无害化处理率和污水处理率。到2020年,城市生活垃圾无害化处理率达到98%,全市所有乡镇和90%以上村庄的生活垃圾得到有效处理,城市、乡镇生活污水处理率分别达到90%、40%。城市推行生活垃圾分类收集处理和资源回收利用,逐步实现生活垃圾处理减量化、资源化、无害化。

2. 强化城乡环境卫生综合治理。将城乡环境卫生综合治理纳入日常工作范畴,乡镇、行政村的乡道、村道逐步实现"田路分家"、"路宅分家",路面保持整洁、无杂物,改造排水沟道,逐步变明沟为暗沟,做到边沟排水通畅,无淤积、堵塞。

3. 加强畜禽养殖等产业污染防治。建立健全病死畜禽无害化收集处理机制,建设病死畜禽集中无害化处理设施。到2016年,全市基本实现病死猪无害化处理。规范农药包装物、农膜等废弃物处置,大力推广秸秆综合利用,严格活禽市场准入,监督规范活禽经营市场秩序,在有条件的中心城市主城区逐步推行"禽类定点屠宰、白条禽上市"制度。

4. 推进环境卫生网格化管理机制。按照属地管理原则,落实"门前三包"制度和门内卫生达标责任制,对各类重点场所建立完善的卫生保洁制度,加强环境卫生的整治和管理。制定镇、村生活垃圾卫生管理制度或乡规民约,做到镇、村内外无暴露生活垃圾堆,生活垃圾定点投放、及时清运、集中处理。

(二)大力推进卫生城镇创建工作

1. 落实省下达的国家卫生城镇创建任务。到2020年,力争我市新创成国家卫生城市1个以上、国家卫生乡镇(县城)3个以上。其中:福清市、长乐市力争创成国家卫生城市,福清市、长乐市、闽侯县、连江县各新创1个国家卫生乡镇(县城)。

2. 积极推进省级卫生城镇创建步伐。以点带面、以城带乡、城乡联动,全面推进省级卫生县城、省级卫生村创建活动。县(市)区所在的城中村、旅游风景区所在的乡镇(村)和高速公路、机场、码头所在地及周边乡镇(村),积极开展创建省级卫生乡镇(村)活动,有计划地培育出一批卫生镇(村)。到2020年,全市30%以上的乡镇(县城)要达到省级卫生乡镇、县城标准,95%以上美丽宜居村庄(美丽乡村示范村)达到省级卫生村标准。其中福清市、长乐市全部乡镇要建成省级卫生乡镇,其他各县(区)每年要新创1个以上省级卫生乡镇,闽清县、罗源县、永泰县力争创成省级卫生县城。

3. 加大管理力度,拓展创卫内涵。建全、完善创卫检查评审市级专家库,对各县(市)区的创卫工作开展有效指导,促进卫生城镇的巩固和长效管理。探索开展健康城市建设,鼓励有条件的地方开展健康城市试点工作,先行试点开展健康社区、健康校园、健康企业、健康机关、健康食堂等健康"细胞"工程建设。

(三)科学预防控制病媒生物

1. 建立病媒生物密度监测工作制度。建立健全全市病媒生物监测网络,疾控部门要定期开展监测调查,加强边境口岸病媒生物的防控,遏制病媒生物跨境传播。各县(市)区爱卫办要组织开展病媒生物防制效果评估工作,有针对性地组织开展"除四害"活动。

2. 切实落实综合防制措施。每年根据蚊、蝇、蟑螂的孳生规律,适时组织开展消杀工作;春秋两季组织统一开展灭鼠活动。进一步开展以环境综合治理为主的预防控制工作,清除病媒生物孳生地,有效降低病媒生物密度,防止登革热、流行性出血热等病媒生物传播疾病的发生流行。

3. 鼓励专业消杀服务市场化。加强除"四害"专业队伍、消杀药物和器械的管理,规范病媒生物预防控制服务的市场行为,推进通过购买服务等方式引进专业防制服务机构,提升专业防制效果。根据病媒生物防制标准 GB/T27770(0-3)-2011 要求,引导非住宅建筑物、构筑物及其附属用地等场所引进符合规定的"除四害"专业队伍,落实病媒生物防控工作。加强消杀队伍的管理和培训,科学指导消杀人员正确选择和使用药械,提高科学除害水平。

(四)切实保障城乡饮用水安全

1. 加快城乡供水设施改造和建设。全面改造城镇老旧供水管网和二次供水设施,加强农村重点寄生虫病流行区和地方病病区饮水安全工程的建设,健全供水设施维护的长效机制。到 2020 年,要求 95% 以上农村安全饮用水工程保持良好运行状态,水质符合国家卫生标准。

2. 强化城乡饮用水水质监测。建立从水源地保护、自来水生产到安全供水的全程监管体系,建立覆盖城乡的饮用水卫生监测网络。市级必须具备《生活饮用水水质监测标准》(GB5749-2006)规定的 106 项水质指标检测能力,各县(市)区要求具备水质常规指标的检测能力。

(五)提升城乡卫生厕所普及率

1. 加速农村卫生厕所改造步伐。将农村改厕经费列入年度经费预算,以"美丽乡村"、"幸福家园工程"建设为契机,以"造福工程"、老少边穷地区、水源地周边等为重点,加强爱卫、建设、农业等部门合作,形成多方投入的改厕筹资模式,建立农村卫生厕所建、管、用并重的长效管理机制。到 2020 年,全市农村卫生厕所普及率达到 96% 以上。其中仓山区、马尾区、晋安区、福清市、长乐市要实现卫生厕所基本全覆盖,闽侯县、闽清县、连江县、罗源县要力争实现 97% 以上,永泰县要力争达到 90% 以上。

2. 全面推行无害化卫生公厕建设。到 2020 年,全市中小学校、乡镇(街道)卫生院、社区综合服务中心、集贸市场、政府机关等公共场所,以及旅游景点、公路沿线加油站等场所无害化卫生公厕达到 100%。

(六)统筹协调做好疾病防控工作

1. 部门协调共同落实疾病防控任务。在传染病、地方病、慢性病、精神疾病等疾病防控工作中,协调相关部门共同落实传染源管理、危险因素控制、防病知识普及、社会心理支持等综合防控措施。动员社会各方面力量,发动全民共同参与,推动疾病预防控制工作深入开展,从源头上控制疾病的发生与传播。

2. 形成群防群控工作格局。加强农村、学校、托幼机构、建设工地、流动人口集居地等重点地区、重点场所和重点人群防控工作,加强食品和饮用水安全监管。发挥乡镇(街道)、城乡社区、机关、企事业单位等基层爱国卫生机构队伍作用,做好卫生防病宣传教育,发动群众参与防控工作,形成群防群控工作格局。

(七)加强全民健康教育和健康促进

1. 提高全民健康素养。继续实施健康中国行、全民健康素养促进行动、全民健康生活方式行动、全民健康科技行动等活动,打造一批健康教育的品牌活动。鼓励和支持社区居委会、物业管理小区开展"卫生小区"、"卫生楼院"和"卫生之家"评选活动,学校开展"卫生班级流动红旗竞赛"、"卫生寝室"评比等活动,营造"讲卫生、讲文明、树新风、改陋习"的良好氛围,引导群众改变不卫生行为,养成文明健康生活方式,不断提高健康素养。

2. 推进全民健身活动。改善城乡居民运动健身条件,加强各地健康步道、健康主题公园等健身活动场所建设,提高公共体育设施的开放率和利用率,形成覆盖城乡、比较健全的全民健身公共服务体系。提倡学生在校期间每天至少参加 1 小时的体育锻炼活动。在职工体育方面,要推动机关、企事业单位落实工间操制度,建立职工健身团队,开展符合单位特点的健身和竞赛活动。

3. 落实控烟各项措施。认真履行《烟草控制框架公约》,全面推行公共场所禁烟,创建无烟医疗卫生机构、无烟学校、无烟单位,努力建设无烟环境。将青少年作为吸烟预防干预的重点人群,努力减少新增吸烟人群。开展戒烟咨询热线和戒烟门诊等服务,提高戒烟干预能力。

三、保障措施

(一)强化组织领导

各级政府要将爱国卫生工作作为一项重要的民生工程,纳入经济社会发展规划,列入政府重要议事日程,定期研究解决爱国卫生工作中的重大问题。保障爱国卫生投入,完善经费保障机制,合理安排预算,及时、足额拨付资金,确保不留资金缺口。

(二)推进协作配合

按照《福州市爱国卫生运动委员会各委员部门职责分工》要求,各委员单位认真落实年度工作计划和重点工作任务,充分发挥部门优势,加强信息交流与资源共享,各司其职,联动配合,形成推进工作的整体合力。

(三)健全组织机构

加强爱卫会组织及其办事机构建设,配强爱卫办工作人员,添置必要的办公设施,加强制度建设,确保事有人干、责有人负,真正发挥爱卫组织机构应有的职能。

(四)加强考核督查

各县(市)区政府要建立爱卫工作督查制度与相应的激励、约束机制,加强对爱国卫生工作的考核。加强对辖区内爱国卫生工作的督导检查,掌握工作进度,督促工作落实。建立爱国卫生工作投诉平台,畅通监督渠道,不断提高群众对爱国卫生工作的满意度。

福州市人民政府关于进一步完善城乡困难居民临时救助工作的意见

榕政综〔2015〕357号

(2015年12月2日)

各县(市)区人民政府,市直各委、办、局(公司),市属各高等院校,自贸区福州片区管委会:

为进一步发挥社会救助托底线、救急难的作用,有效解决城乡困难群众突发性、紧迫性、临时性生活困难,根据国务院《关于全面建立临时救助制度的通知》(国发〔2014〕47号)和福建省人民政府《转发国务院关于全面建立临时救助制度的通知》(闽政文〔2015〕80号)精神,结合近年来我市实施《福州市城乡困难居民临时救助暂行办法》(榕政综〔2012〕158号)实际,现就进一步完善我市城乡困难居民临时救助工作提出如下意见:

一、明确建立临时救助制度的目标任务和总体要求

临时救助制度要以解决城乡群众突发性、紧迫性、临时性基本生活困难问题为目标,通过完善政策措施,健全工作机制,强化责任落实,鼓励社会参与,增强救助时效,补"短板"、扫"盲区",编实织密困难群众基本生活安全网,切实保障困难群众基本生活权益。

临时救助制度实行地方各级人民政府负责制。县级以上地方人民政府民政部门要统筹做好本行政区域内的临时救助工作,卫计、教育、人社、财政、住房保障等部门主动配合,密切协作。

临时救助工作要坚持应救尽救,确保有困难的群众都能求助有门,并按规定得到及时救助;坚持适度救助,着眼于解决基本生活困难、摆脱临时困境,既要尽力而为,又要量力而行;坚持公开公正,做到政策公开、过程透明、结果公正;坚持制度衔接,加强各项救助、保障制度的衔接配合,形成整体合力;坚持资源统筹,政府救助、社会帮扶、家庭自救有机结合。

二、进一步明确临时救助的对象范围

(一)家庭对象。因火灾造成家庭财产严重损失或人员伤亡,因交通事故、溺水、人身伤害等意外事件造成人员伤亡,因家庭成员突发重大疾病,因家庭主要劳动力死亡或重度伤残等原因,未获得相关保险补偿、赔偿或虽获得相关保险补偿、赔偿,仍导致基本生活暂时出现严重困难的家庭;因家庭成员重伤病需长期治疗、接受非义务教育等生活必需支出突然增加超出家庭承受能力,导致基本生活暂时出现严重困难的最低生活保障和特困供养家庭;当地政府认定遭遇其他特殊困难的家庭。

(二)个人对象。因遭遇火灾、交通事故、突发重大疾病或其他特殊困难,暂时无法得到家庭支持,导致基本生活陷入困境的个人。其中,符合生活无着的流浪、乞讨人员救助条件的,由县级人民政府按有关规定提供临时食宿、急病救治、协助返回等救助。

因自然灾害、事故灾难、公共卫生、社会安全等突发公共事件,需要开展紧急转移安置和基本生活救助,以及属于疾病应急救助范围的,按照有关规定执行。

三、规范临时救助的申请受理、审核审批程序和救助方式以及资金筹集与管理

(一)申请受理。

依申请受理。凡认为符合救助条件的城乡居民家庭或个人均可以向所在地乡镇人民政府(街道办事处)提出临时救助申请;受申请人委托,村(居)民委员会或其他单位、个人可以代为提出临时救助申请。对于具有本地户籍和持有当地居住证、在当地累计缴纳社会保险费满1年以上(含)且1年内有缴纳的,由当地乡镇人民政府(街道办事处)受理;对于上述情形以外的,当地乡镇人民政府(街道办事处)应当协助其向县级人民政府设立的救助管理机构(即救助管理站、未成年人救助保护中心等)申请救助。申请临时救助,应按规定提交相关证明材料,无正当理由,乡镇人民政府(街道办事处)不得拒绝受理;因情况紧急无法在申请时提供相关证明材料的,乡镇人民政府(街道办事处)可先行受理。

主动发现受理。乡镇人民政府(街道办事处)、村(居)民委员会要及时核实辖区居民遭遇突发事件、意外事故、罹患重病等特殊情况,帮助有困难的家庭或个人提出救助申请。公安、城管等部门在执法中发现身处困境的未成年人、精神病人等无民事行为能力人或限制民事行为能力人和失去主动求助能力的危重病人等,应主动采取必要措施,帮助其脱离困境。乡镇人民政府(街道办事处)或县级人民政府民政部门、救助管理机构在发现或接到有关部门、社会组织、公民个人报告救助线索后,应主动核查情况,对于其中符合临时救助条件的,应协助其申请救助并受理。

(二)审核审批。

一般程序。乡镇人民政府(街道办事处)在村(居)民委员会协助下,对临时救助申请人的家庭经济状况、人口状况、遭遇困难类型等逐一调查,视情组织民主评议,提出审核意见,并在申请人所居住的村(居)民委员会张榜公示后,报县级人民政府民政部门审批。对申请临时救助的非本地户籍居民,户籍所在地县级人民政府民政部门应配合做好有关审核工作。县级人民政府民政部门根据乡镇人民政府(街道办事处)提交的审核意见作出审批决定。救助金额较小的,县级人民政府民政部门可以委托乡镇人民政府(街道办事处)审批,但应报县级人民政府民政部门备案。对乡镇人民政府(街道办事处)提交的审核意见,县级人民政府民政部门应及时做出予以批准或不予批准的决定,并书面向申请人说明理由。申请人以同一事由重复申请临时救助,无正当理由的,不予救助。对于不持有当地居住证的非本地户籍人员,县级人民政府民政部门、救助管理机构可以按生活无着人员救助管理有关规定审核审批,提供救助。

紧急程序。对于情况紧急、需立即采取措施以防止造成无法挽回的损失或无法改变的严重后果的申请人,乡镇人民政府(街道办事处)、县级人民政府民政部门应先行救助。紧急情况解除之后按规定补齐审核审批手续。

(三)救助方式。

对符合条件的救助对象,可采取以下救助方式:

发放临时救助金。各地要全面推行临时救助金社会化发放,按照财政国库管理制度将临时救助金直接支付到救助对象个人账户,确保救助金足额、及时发放到位。必要时可直接发放现金。

发放实物。根据临时救助标准和救助对象基本生活需要,可采取发放衣物、食品、饮用水,提供临时住所等方式予以救助。对于采取实物发放形式的,除紧急情况外,要严格按照政府采购制度的有关规定执行。

提供转介服务。对给予临时救助金、实物救助后,仍不能解决临时救助对象困难的,可分情况提供转介服务。协助其申请最低生活保障或医疗、教育、住房、就业等专项救助;对需要公益慈善组织、社会工作服务机构等通过慈善项目、发动社会募捐、提供专业服务、志愿服务等形式给予帮扶的,要及时转介。

(四)资金筹集与管理。

各地在省级补助资金的基础上,资金筹集与管理按照榕政综〔2012〕158号文件执行。财政状况较好的地方,可进一步提高筹集标准。

四、调整规范临时救助标准和资金发放

临时救助标准应与当地经济发展水平相适应,并适时调整。现阶段,我市城乡困难居民临时救助标准参照城市最低生活保障标准执行。实施临时救助时,应根据申请对象的家庭人口数,困难原因、程度、种类、时长等因素和维持当前基本生活实际需要,同时统筹考虑本年度已获得其他社会救助和各种补偿、赔偿情况,合理确定每个家庭或个人的救助时限。对基本生活暂时出现严重困难,且持续时间较短的,按家庭人口(个人)与临时救助标准视情给予1~3个月的救助;对基本生活暂时出现特别严重困难,且持续时间较长的,按家庭人口(个人)与临时救助标准视情给予4~6个月的救助。家庭年度临时救助合计不高于12个月。非本地户籍的外来人员,持有当地居住证、在当地累计缴纳社会保险费满1年以上(含)且1年内有缴纳,符合条件在居住地申请临时救助的,参照当地居民予以救助。对因特殊情况导致基本生活陷入极度困难的居民或家庭,可适当提高救助标准,具体程序由各县(市)区人民政府确定。县级民政部门要明确社会救助经办机构,设立受理窗口。紧急情况且必要时,可由乡镇人民政府(街道办事处)、县级民政部门启动紧急程序直接发放现金,及时解决临时困难家庭的“急难”问题。县级财政、民政部门要研究制定临时救助资金发放的具体办法,保证救助资金及时发放到位和资金运行安全规范。

各县(市)区人民政府要加强基层临时救助能力建设,统筹考虑人口、最低生活保障对象和特困供养人员数量等因素,出台保障基层社会救助工作顺利开展的具体办法和措施。同时,要继续推进“救急难”工作综合试点,为全面开展“救急难”工作探索经验。各县(市)区人民政府应及时把贯彻落实国发〔2014〕47号文件和本意见情况报告市政府(抄送市民政局)。市民政局、市财政局要加强监督检查,及时向市政府报告相关工作进展情况。

福州市人民政府关于停止审批敖江流域饰面石材矿山采矿权的通知

榕政综〔2015〕362号

(2015年12月4日)

连江县、罗源县人民政府,市直各有关单位:

根据省国土厅、省安监局、省环保厅、省住建厅、省林业厅《关于印发敖江流域饰面石材矿山关闭实施方案的通知》(闽国土资综〔2015〕227号)确定“2015年底前,连江县、罗源县的饰面石材矿山全面关闭,相关证照一律注(吊)销”的目标任务,经市政府研究,决定停止审批敖江流域饰面石材矿山采矿权。

按照省国土厅《关于加快推进敖江流域饰面石材矿山关闭退出工作的函》(闽国土资函〔2015〕286号)督促“取消罗源、连江两县的饰面石材矿山整合项目,不再实施整合”的要求,经《福州市人民政府关于连江县矿产资源开发整合总体方案的批复》(榕政综〔2010〕162号)、《福州市人民政府关于罗源县进一步推进矿产资源开发整合实施方案的批复》(榕政综〔2010〕163号)确定的饰面石材矿山矿产资源开发整合相关项目,决定停止实施。

福州市人民政府关于进一步改善和提高福州市各级劳模有关待遇的意见

榕政综〔2015〕364号

(2015年12月5日)

各县(市)区人民政府,市直各委、办、局(公司),市属各高等院校,自贸区福州片区管委会:

为进一步弘扬劳模精神,在全社会营造尊重劳动的良好氛围,结合我市实际,现就进一步改善和提高我市劳模有关待遇,提出意见如下:

一、劳模管理服务范围

纳入我市劳模管理服务的有:全国劳动模范和先进工作者;省劳动模范和先进工作者(含全国五一劳动奖章获得者、部级劳动模范);市劳动模范(含省五一劳动奖章获得者)。

二、劳模住房

1. 在我市五城区工作、生活,并在我市五城区无自有住房、未租住公有住房(或虽然现承租公有住房但承诺配租公共租赁住房时即退出公有住房)的劳模可申请公共租赁住房,申请人的家庭收入和财产准入条件可比面向社会公开申请受理的人员适当放宽15%。

2. 申请公共租赁住房程序:

(1)劳模可向现居住地的街道办事处(乡镇政府)申请公共租赁住房,不受面向社会申请受理时间截止日的限制。

(2)由街(镇)会同区住房保障和房产管理局等有关部门指导帮助劳模申请办理租赁住房。市总工会负责提供市级产业、区所属劳模的身份证明。

(3)相关审核程序按照《福州市公共租赁住房管理办法》执行,经区住房保障和房产管理局等有关部门审核、公示,由各区住房保障和房产管理局汇总并直接登记保障资格后,转市国有房产管理中心优先配置。登记结果同步抄送市住房保障和房产管理局、市民政局及市总工会备案。

(4)市国有房产管理中心负责对入住公共租赁住房的劳模家庭,统一按照我市有关规定实行租赁管理。

劳模中属于公交、环卫、地铁等行业一线职工的,由市交通委、市城管委(环卫处)、地铁公司等单位自行优先列为公共租赁住房定向配租对象,不再参加上述申请审核。

居住在七县(市)的劳模,由所在县(市)酌情解决,可参照本意见执行。

三、福州市劳动模范、省五一劳动奖章获得者(以下简称市级劳模)退休荣誉津贴

1. 机关事业单位及工会关系隶属福州的公有制企业市级劳模退休荣誉津贴由劳模本人所在单位支付;工会关系隶属福州的非公有制企业市级劳模退休荣誉津贴所需经费由同级财政安排;市级农民劳模(男年满60周岁、女年满55周岁)荣誉津贴由同级财政安排。

2. 工会关系隶属福州的公有制企业破产关闭改制的市级劳模退休荣誉津贴由同级财政安排。原先破产关闭改制单位有预留十年荣誉津贴的,发放到期后,由主管局负责继续发放;主管局确实无力筹措资金的,由主管局报市财政局审核后予以追加市级劳模退休荣誉津贴所需经费。

3. 市级劳模退休荣誉津贴每月100元。荣誉津贴从劳模申请当月起开始计算,每年年底一次性发放。

四、市级困难劳模帮扶

市级困难劳模帮扶面按市级劳模总数的20%进行统筹。市级困难劳模帮扶标准由年人均1800元提高到年人均3000元,所需经费由市财政安排。

五、在职市级劳模疗休养

1. 在职市级劳模原则上每3年轮流疗休养一次。在本省内疗休养每期为5天(本市辖区内疗休养每期为4天),每人每天疗休养费用标准为500元。

2. 市属单位的劳模疗休养由市总工会劳模办负责组织,所需费用由市财政承担;各县(市)区的市级劳模疗休养由县(市)区总工会组织,费用由县(市)区财政承担。

六、工会关系隶属福州的省(部)级劳模体检

工会关系隶属我市的未能享受体检保障机制的省(部)级劳模(不含公务员和事业单位的省级劳模)每两年安排一次体检,体检费用参照公务员标准,所需经费由市财政局负责安排。

七、省(部)级以上劳模退休荣誉津贴、困难帮扶、劳模疗休养及全国劳模体检按照全国总工会、省总工会有关文件执行。

福州市人民政府关于印发福州市促进院士(专家)工作站建设的若干规定的通知

榕政综〔2015〕375号

(2015年12月15日)

各县(市)区人民政府,市直各委、办、局(公司),市属各高等院校,自贸区福州片区管委会:

新修订的《福州市促进院士(专家)工作站建设的若干规定》已经市政府2015年第21次常务会议审议通过,现印发给你们,请认真贯彻执行。

福州市促进院士(专家)工作站建设的若干规定

第一条 为更加有效地组织广大科技工作者服务我市经济社会发展,引进高层次人才,促进院士(专家)工作站建设,深化产学研合作,构建区域创新体系,根据《国家中长期人才发展规划纲要(2010-2020年)》和中央组织部、中国科协等五部门《关于动员和组织广大科技工作者为建设创新型国家作出新贡献的若干意见》,结合我市实际,制定本规定。

第二条 福州市科学技术协会负责院士(专家)工作站建设的日常管理事务,具体包括:

(一)建立院士(专家)及其研发团队等高层次人才储备库和科技成果项目库;

(二)组织院士(专家)与企业开展项目、技术对接活动,推动院士(专家)工作站建设发展;

(三)负责院士(专家)工作站的服务、管理、评审、认定、考核等具体事务。

第三条 院士(专家)工作站是以市场为导向、企业为主体、院士(专家)及其研发团队为支撑,以培养企业创新人才、解决企业技术难题、开展产学研合作为主要工作内容,隶属于企业的非法人工作机构。

第四条 院士(专家)工作站的职责:

(一)指导制定企业发展战略、技术及产品发展规划;

(二)组织院士(专家)为企业确定科技研发方向和项目;

(三)组织院士(专家)及其研发团队与企业研发团队开展联合技术攻关,提供技术咨询;

(四)引进院士(专家)及其研发团队的最新技术成果,组织院士(专家)指导企业实施成果转化应用和产业化,培育自主知识产权和自主品牌;

(五)引进和培训、培养创新人才,与院士(专家)及其研发团队共建人才培养基地;

(六)组织共享院士(专家)所在研发平台的科研人才、仪器设备等科研资源。

第五条 鼓励符合下列条件之一的企业与院士(专家)及

其研发团队开展实质性合作,建立长效稳定的合作关系。

(一)经认定的高新技术企业、软件企业;

(二)经认定的市级以上(含市级)农业产业化龙头企业、重点基地企业;

(三)产业集群龙头企业,具有科技研发基础的孵化型企业、出口型企业、成长性企业、技术服务型企业;

(四)培育发展战略性新兴产业或完善、延伸产业链需重点扶持的企业。

第六条 院士(专家)工作站实行政府认定授牌制度。

企业与院士(专家)及其研发团队开展实质性科技研发合作、成果转化合作或人才培养合作,建立起长效稳定的合作关系,并取得一定成效的,可以申请认定院士(专家)工作站。

第七条 企业申请认定院士工作站,需同时具备下列条件:

(一)符合本规定第五条规定的条件;

(二)企业上年度销售收入不低于5000万元,年各项税收不低于500万元,年科技活动经费支出不低于150万元;

(三)企业的技术、人才需求与合作院士的研究领域密切相关;

(四)有研发机构、研发团队和研发目标及技术需求,有必要的科研仪器设备、充足的研发经费、良好的办公场所、完善的管理规范,可以保障院士及其研发团队开展科研活动。

第八条 企业申请认定专家工作站,需同时具备下列条件:

(一)符合本规定第五条规定的条件;

(二)企业上年度销售收入不低于3000万元,年各项税收不低于300万元,年科技活动经费支出不低于50万元;

(三)企业的技术、人才需求与合作专家的研究领域密切相关;

(四)有必要的研发人员、研发经费、办公场所、管理规范,可以保障专家及其研发团队开展科研活动。

第九条 企业年销售收入、税收或科技活动经费支出未达到认定申请条件,但与院士(专家)合作研发的项目具有重大影响且经济社会效益十分显著的,经批准可以申请认定院士(专家)工作站。

闽清、永泰两县与院士(专家)合作研发的项目在当地具有显著经济社会效益的,可适当降低其建站企业的销售收入、税收或科技活动经费支出等经济指标要求。

为鼓励我市农业产业化龙头企业发展,对于享受国家减免税政策的农业产业建站企业,如符合本规定第五条第二项“经认定的市级以上(含市级)农业产业化龙头企业、重点基地企业”的要求,其上年度各项税收指标可不受本规定第七条、第八条有关税收指标规定的限制。

第十条 院士(专家)工作站的认定。由符合条件的企业向所在县(市)区科协提出申请,经所在县(市)区科协初审后报市科协。由市科协牵头,市委组织部、市人社局等部门联合组成评审小组,并组织有关专家进行评审,评审结果报市政府认定后公布并授牌。

第十一条 院士(专家)工作站的日常工作经费和科研经费由设站企业提供,保障工作站的正常运行。

第十二条 经认定的院士(专家)工作站,由财政按下列标准给予设站企业建站补助:

(一)院士工作站补助30万元;

(二)专家工作站补助15万元。

设站企业税收关系隶属鼓楼、台江、仓山、晋安四城区以及闽清、永泰两县的,建站补助由市财政和所在地的县(区)财政各承担50%;设站企业税收关系隶属上述县(区)外的其他县(市)区的,建站补助由所在地的县(市)区财政承担。

第十三条 为了鼓励引进更多的院士与企业建站合作,经市政府认定的院士工作站企业,若再与其他院士签订建站协议并开展项目合作,可按本规定第七、八、九、十条的规定再申请认定院士工作站,通过认定的将授予“xxxx企业第二院士工作站”牌匾,并由财政按院士工作站补助标准给予设站企业30万元建站补助,以此类推。每个设站企业所获建站补助累计不超过90万元。

第十四条 设站企业与院士(专家)联合实施科技成果产业化,取得显著经济社会效益的,或在我市重点产业关键技术、共性技术、实用技术领域取得突破性成果的,经专家评定后给予奖励,专家评定和奖励办法另行制定。

第十五条 设站企业获得的建站补助和项目成果奖励的资金可以用作院士或专家的奖励、津贴、工作经费和院士(专家)工作站运行费用及研发经费。

第十六条 经认定的院士(专家)工作站设站企业申报国家级、省级科技项目,参与国家或省重点领域、重大专项的研究开发的,市有关部门优先予以审核、转报。

第十七条 经认定的院士(专家)工作站设站企业申报市科技计划项目、科技型中小企业创新资金项目、产学研联合开发项目、工业企业技改项目扶持资金、“6·18”专项扶持资金项目,符合条件的,市有关部门在项目申报和资金扶持等方面给予优先安排。采用综合评分方法评选扶持奖励项目的,按下列标准给予加分:

(一)对院士工作站给予综合评分总分值5%的加分;

(二)对专家工作站给予综合评分总分值3%的加分。

第十八条 市有关部门优先推荐院士(专家)工作站设站企业负责人、技术骨干以及进站开展科研工作的专家参加海西创业英才选拔;优先支持设站企业申报建设海西产业人才高地,以及国家及省、市各项人才支持计划。

第十九条 设站企业应充分发挥院士(专家)及其团队的优势和作用,加强对院士(专家)工作站的管理,制定并组织实施院士(专家)工作站的工作规划和年度工作计划,确定进站工作的院士(专家)的研发项目,安排院士(专家)进站工作,为进站工作的院士(专家)及其团队提供有效服务。

第二十条 市科协每年对院士(专家)工作站的工作情况进行跟踪管理、监督服务。如发现设站企业弄虚作假、与院士(专家)不再合作,市认定评审小组可取消其院士(专家)工作站称号,对外公布并收回牌匾。设站企业每年12月20日前应将院士(专家)工作站年度工作情况及下一年度的工作计划报市科协备案。

同时,由市科协牵头,每三至五年组织一次评选活动。由市认定评审小组及相关专家,按照相关评审标准,对已通过市政府认定的院士(专家)工作站取得的成效进行综合评估,从中评选出十佳院士工作站、十佳专家工作站,分别给予 20 万元、10 万元的奖励。奖励额参照第十二条规定的比例标准,由市财政、县(市)区财政承担。

第二十一条 市属高等(高职)院校、医院、自然保护区等公益性机构及各级工业园区的院士(专家)工作站建设和认定,参照本规定执行。

本规定所称院士是指中国科学院院士或中国工程院院士。

本规定所称专家是指在高等院校、科研院所内的"新世纪百千万人才工程"省级以上人选,"长江学者","闽江学者",获得国家自然科学奖、国家技术发明奖、国家科学技术进步奖或相当奖项的主要完成人;获省科学技术奖的主要完成人;具有应用技术成果或研发团队,从事科研活动的科研项目或学科负责人;市级重大项目、支柱产业、传统产业、新兴产业发展需要,具有突破关键技术或掌握核心部件制造工艺的专业技术人员以及其他我市经济建设和社会发展特别急需的紧缺人才。

第二十二条 企业与海外取得硕士研究生以上学历,并符合以下条件之一的外籍专家及港澳台专家建立的院士(专家)工作站,经福州市外国专家局审核认定后,可按本规定第七、八、九、十条的规定申请认定海外院士(专家)工作站。

(一)企业与入选国家"千人计划"(含国家"外专千人计划")的海外院士建立的工作站,经认定,将授予"海外院士工作站"牌匾,并由财政按院士工作站补助标准给予设站企业 30 万元建站补助。

(二)企业与符合下述条件的海外专家建立的工作站,经认定,将授予"海外专家工作站"牌匾,并由财政按专家工作站补助标准给予设站企业 15 万元建站补助。具体条件为:

1. 入选中科院"百人计划"、省"百人计划"、省"外专百人计划"、中国福州海西引智试验区"外专百人计划"、"福州市引进高层次优秀人才"的海外专家;

2. 拥有自主知识产权、发明专利或掌握核心技术,其技术成果国际先进、能填补国内空白、具有市场潜力并能进行产业化生产的海外专家;在海外知名高校或科研机构具有博士学位、担任相当于副教授以上职务;在某一专业领域掌握世界先进技术、我市急需紧缺的学术技术带头人,或为根据市级重大项目、支柱产业、传统产业、新兴产业发展需要,具有突破关键技术或掌握核心部件制造工艺的专业技术人员以及其他我市经济建设和社会发展特别急需紧缺的海外专家。

第二十三条 本规定自印发之日起施行,原《福州市促进院士(专家)工作站建设的若干规定》(榕政综〔2015〕50 号)同时废止。

表 71

2015 年福州市经济社会主要指标完成情况

项目	单位	2015 年	2014 年	2015 年比 2014 年增长(%)
一、人口与就业				
年末常住总人口	万人	750.00	743.00	0.9
年末户籍总人口	万人	678.37	674.94	0.5
#市区人口	万人	199.96	197.43	1.3
全社会从业人员	万人	511.77	483.54	5.8
#城镇非私营单位年末从业人员数	万人	156.28	149.17	4.8
#城镇非私营单位年末在岗职工人数	万人	141.27	132.28	6.8
城镇私营个体从业人员	万人	122.83	105.39	16.5
二、经济总量				
地区生产总值	亿元	5618.08	5169.16	9.6
第一产业	亿元	434.69	415.91	4.0
第二产业	亿元	2449.55	2352.15	7.5
第三产业	亿元	2733.83	2401.10	12.7
工业增加值	亿元	1875.26	1816.87	6.8
人均地区生产总值	元	75259	69995	8.4
三、工业				
规模以上工业总产值	亿元	7845.00	7495.26	9.7
#轻工业	亿元	3911.87	3551.96	16.2
重工业	亿元	3933.13	3943.29	4.1
#国有企业	亿元	176.18	203.09	19.3
集体企业	亿元	35.77	34.91	6.8
外商及港澳台商投资企业	亿元	2865.36	3140.79	5.8

续表 71－1

项目	单位	2015 年	2014 年	2015 年比 2014 年增长(%)
#大中型工业企业	亿元	5407.91	5281.06	6.4
规模以上工业销售产值	亿元	7593.21	7284.43	4.2
#出口交货值	亿元	1601.56	1523.71	4.7
四、农林牧渔业				
农林牧渔业总产值	亿元	764.88	730.77	4.0
#农业产值	亿元	214.66	200.48	5.8
林业产值	亿元	22.39	22.93	6.9
牧业产值	亿元	75.90	72.68	-4.5
渔业产值	亿元	428.33	412.44	4.5
农林牧渔业主要产品产量				
粮食总产量	万吨	54.34	55.37	-1.9
水果产量	万吨	53.38	49.64	7.5
蔬菜产量	万吨	360.00	342.23	5.2
茶叶产量	万吨	2.75	2.48	10.7
食用菌产量	万吨	17.40	15.35	13.4
肉类总产量	万吨	24.71	26.26	-5.9
禽蛋总产量	万吨	10.42	10.21	2.1
水产品总产量	万吨	228.22	218.74	4.3
农业机械总动力	万千瓦	145.40	142.98	1.7
五、固定资产投资				
全社会固定资产投资	亿元	4893.91	4427.59	10.5
#固定资产投资(不含农户)	亿元	4853.61	4388.62	10.6
#项目投资	亿元	3472.49	2933.54	18.4
#房地产开发投资	亿元	1381.12	1455.07	-5.1
施工房屋建筑面积	万平方米	7800.01	7598.91	2.6
#住宅	万平方米	4992.32	5108.45	-2.3
竣工房屋建筑面积	万平方米	1064.05	833.86	27.6
#住宅	万平方米	745.09	600.12	24.2
商品房销售额	亿元	1065.93	1035.01	3.0
六、交通运输、邮电				
客运				
公路旅客发送量	万人	12729	12700	0.2
水路旅客发送量	万人	196	150	30.7
旅客出港量(航空)	万人	556.22	480.76	15.7

续表 71－2

项目	单位	2015 年	2014 年	2015 年比 2014 年增长(%)
货运				
公路货物发送量	万吨	775279	781692	－0.8
水路货物发送量	万吨	4978	4822	3.2
货邮出港量(航空)	万吨	6.62	7.04	－5.9
沿海港口货物吞吐量	万吨	11361.09	11942.63	－4.9
集装箱吞吐量	万标箱	237.19	221.76	7.0
年末邮电局(所)	处	238	237	0.4
年末固定电话用户	万户	183.59	194.59	－5.7
年末移动电话用户	万户	908.33	944.59	－3.8
七、贸易旅游、物价				
社会消费品零售总额	亿元	3488.74	3062.94	14.0
接待境外旅游人数	万人次	96.62	90.69	6.5
居民消费价格指数(以上年为 100)		101.7	101.8	
八、对外经贸				
进出口总额	亿美元	333.42	346.63	－3.8
出口总额	亿美元	211.20	212.38	－0.5
进口总额	亿美元	122.23	134.25	－9.1
新批外资项目	项	339	126	169.0
合同外资金额	亿美元	31.75	14.64	116.9
实际利用外资(验资口径)	亿美元	16.79	15.47	8.5
九、财政、金融				
一般公共预算总收入	亿元	848.04	780.48	8.7
一般公共预算收入	亿元	560.46	510.87	9.7
一般公共预算支出	亿元	725.93	574.81	26.3
金融机构年末存款余额(本外币)	亿元	11270.96	10118.47	11.4
金融机构年末贷款余额(本外币)	亿元	11114.84	9767.00	13.8
金融机构年末存款余额(人民币)	亿元	10875.62	9813.77	10.8
金融机构年末贷款余额(人民币)	亿元	10638.44	9331.97	14.0
十、教育				
学校数				
高等院校	所	32	32	0.0
中等职业技术学校	所	53	53	0.0
高中	所	92	94	－2.1
初中	所	263	269	－2.2

续表 71－3

项目	单位	2015 年	2014 年	2015 年比 2014 年增长(%)
小学	所	893	905	－1.3
在校学生数				
高等院校	人	320965	320844	0.0
中等职业技术学校	人	101619	122777	－17.2
高中	人	100157	101435	－1.3
初中	人	199867	196698	1.6
小学	人	522914	499302	4.7
专任教师数				
高等院校	人	19982	19639	1.7
中等职业技术学校	人	4703	4690	0.3
高中	人	8027	8095	－0.8
初中	人	16064	16082	－0.1
小学	人	27251	26303	3.6
招生数				
普通高校招生数	人	87396	90196	－3.1
中等职业学校招生数	人	37960	38029	－0.2
高中	人	34652	33409	3.7
初中	人	68623	65300	5.1
小学	人	96586	95993	0.6
成人高校在校生数	人	95154	101092	－5.9
十一、文化				
文化馆	个	12	12	0.0
博物馆、纪念馆	个	34	32	6.3
博物馆、纪念馆收藏文物	万件/套	17.01	16.96	0.3
艺术表演团体	个	9	9	0.0
艺术表演团体演出场次	场	2700	2629	2.7
公共图书馆	个	13	13	0.0
公共图书馆图书藏量	万册	835.79	792.27	5.5
广播综合人口覆盖率	%	98.64	98.36	
电视综合人口覆盖率	%	99.17	99.08	
有线电视用户	万户	180.40	178.74	0.9
十二、卫生				
卫生机构数	个	2020	1908	5.9
#医院	个	109	107	1.9

续表71－4

项目	单位	2015年	2014年	2015年比2014年增长(%)
卫生机构床位数	张	33106	31632	4.7
#医院	张	26932	25495	5.6
卫生技术人员数	人	49934	48830	2.3
#医生	人	18307	17847	2.6
每千人拥有卫生机构床位数	张	4.69	4.51	4.0
#医院	张	3.81	3.64	4.7
每千人拥有卫生技术人员数	人	7.07	6.97	1.4
#医生	人	2.59	2.55	1.6
十三、人民生活				
在岗职工工资总额	亿元	864.73	772.07	12.0
在岗职工年平均工资	元	62478	58839	6.2
城镇居民人均可支配收入	元	34982	32451	7.8
城镇居民人均消费支出	元	24825	23330	6.4
农村居民人均可支配(纯)收入	元	15203	14012	8.5
农村居民人均生活消费支出	元	13152	12166	8.1
十四、城市基本情况				
城市道路长度	公里	1256	1200	4.7
城市道路面积	万平方米	2834	2611	8.5
建成区绿化覆盖面积	公顷	11288	10894	3.6
建成区绿化覆盖率	%	43.4	42.9	1.2
建成区绿地面积	公顷	10422	10031	3.9
年末公园绿地面积	公顷	3273	3054	7.2
年末人均公园绿地面积	平方米	13.5	12.9	4.7
年末公交营运车辆	辆	5071	4351	16.5
年末公交营运线路	条	354	331	6.9
自来水厂	座	30	25	20.0
自来水综合生产能力	万吨/日	274.95	238.94	15.1
供水总量	万吨	64280.39	47677.66	34.8
#生活用水量	万吨	35789.6	31281.7	14.4
液化气供气总量	吨	128146	130438	－1.8
#家庭用气	吨	81191	79537	2.1
天然气供气总量	万立方米	43526.05	41226.87	5.6
#家庭用气	万立方米	6689.12	6122.55	9.3

注:空格为当年无统计数据或无法取得数。

表 72　　2015 年全国 26 个省会城市主要经济指标

城市	土地面积（平方公里）	地区生产总值		第一产业增加值	
		绝对数（亿元）	比上年增长（%）	绝对数（亿元）	比上年增长（%）
福州	12251	5618.08	9.6	434.69	4.0
广州	7434	18100.41	8.4	228.09	2.5
成都	12121	10801.16	7.9	373.15	3.9
南京	6587	9720.77	9.3	232.39	3.4
哈尔滨	53068	5751.20	7.1	672.60	7.2
沈阳	12860	7280.50	3.5	341.40	3.5
长春	20571	5530.00	6.5	343.30	5.0
济南	7998	6100.23	8.1	305.39	4.1
武汉	8569	10905.60	8.8	359.81	4.8
西安	10097	5810.03	8.2	220.20	5.0
杭州	16596	10053.58	10.2	287.69	1.8
石家庄	15848	5440.60	7.5	494.40	2.3
太原	6988	2735.34	8.9	37.43	1.3
合肥	11445	5660.30	10.5	263.40	4.4
南昌	7402	4000.01	9.6	171.26	3.9
郑州	7446	7315.19	10.1	150.96	3.0
长沙	11816	8510.13	9.9	341.78	3.6
南宁	22099	3410.09	8.6	370.35	4.1
贵阳	8043	2891.16	12.5	129.89	6.4
昆明	21013	3970.00	8.0	188.10	5.8
兰州	13086	2095.99	9.1	56.22	5.9
西宁	7649	1131.62	10.9	37.46	5.3
银川	9025	1480.73	8.3	57.46	4.7
海口	2284	1161.28	7.5	58.12	1.2
乌鲁木齐	13788	2680.00	10.5	31.20	6.0
呼和浩特	17186	3090.52	8.3	126.23	3.3

续表 72－1

城市	第二产业增加值		第三产业增加值		工业增加值	
	绝对数（亿元）	比上年增长（%）	绝对数（亿元）	比上年增长（%）	绝对数（亿元）	比上年增长（%）
福州	2449.55	7.5	2733.83	12.7	1875.26	6.8
广州	5786.21	6.8	12086.11	9.5	5246.07	6.9
成都	4723.49	7.2	5704.52	9.0	4056.19	7.4
南京	3916.11	7.2	5572.27	11.3	3395.26	8.0
哈尔滨	1862.80	4.1	3215.80	9.3	1301.50	3.5
沈阳	3499.00	0.9	3440.10	6.3	3114.70	0.3
长春	2770.90	4.1	2415.80	9.8	2356.30	3.4
济南	2307.00	7.4	3487.84	8.9	1844.40	7.1
武汉	4981.54	8.2	5564.25	9.6	4081.91	8.4
西安	2165.54	6.8	3424.29	9.5	1417.61	6.6
杭州	3910.60	5.6	5855.29	14.6	3497.92	5.5
石家庄	2452.90	5.8	2493.30	10.6	—	—
太原	1020.14	6.0	1677.77	11.4	600.48	5.7
合肥	3097.90	10.6	2298.90	11.0	2498.90	11.0
南昌	2179.96	9.8	1648.79	9.8	1619.50	9.0
郑州	3625.52	9.4	3538.71	11.4	3188.21	9.6
长沙	4478.20	8.8	3690.15	12.1	3600.00	8.8
南宁	1345.66	8.2	1694.08	9.9	1000.37	8.1
贵阳	1108.52	14.6	1652.75	11.1	714.15	10.2
昆明	1588.40	7.4	2193.50	8.7	1041.76	5.4
兰州	782.65	6.8	1257.11	11.2	535.04	6.1
西宁	543.47	12.6	550.69	9.0	443.17	12.7
银川	787.11	9.1	636.16	7.6	574.54	7.8
海口	223.67	5.8	879.49	8.3	135.11	4.0
乌鲁木齐	788.80	5.6	1860.00	13.9	630.68	3.9
呼和浩特	867.08	8.0	2097.21	8.8	678.57	8.2

续表 72－2

城市	社会消费品零售总额		固定资产投资额		房地产开发投资额	
	绝对数（亿元）	比上年增长（%）	绝对数（亿元）	比上年增长（%）	绝对数（亿元）	比上年增长（%）
福州	3488.74	14.0	4853.61	10.6	1381.12	－5.1
广州	7932.96	11.0	5405.95	10.6	2137.59	17.7
成都	4946.19	10.7	7007.00	5.8	2442.00	10.0
南京	4590.17	10.2	5425.98	－0.1	1429.02	27.0
哈尔滨	3394.50	10.5	4595.70	10.1	581.80	－13.6
沈阳	3883.20	8.2	5326.00	－18.9	1337.70	－32.3
长春	2409.30	8.8	4400.00	15.0	506.00	－5.3
济南	3410.30	10.5	3498.40	14.2	1014.14	10.5
武汉	5102.24	11.6	7680.89	10.3	2581.79	9.7
西安	3405.38	10.1	5165.98	－12.5	1831.67	4.0
杭州	4697.23	11.8	5556.32	12.2	2472.07	7.4
石家庄	2680.90	9.3	5689.90	12.1	986.30	－3.8
太原	1540.80	6.2	2025.61	16.0	604.22	25.0
合肥	2183.65	12.0	5851.90	10.4	1259.14	11.7
南昌	1662.87	12.5	4000.07	17.0	485.37	17.2
郑州	3294.71	11.5	6288.00	19.6	2000.20	14.7
长沙	3690.59	12.1	6363.29	17.1	996.60	－24.0
南宁	1786.68	10.5	3366.89	16.6	657.19	19.1
贵阳	1060.17	11.5	2804.45	20.1	1005.00	－1.2
昆明	2061.66	8.2	3497.88	11.5	1451.31	－2.8
兰州	1152.15	9.0	1803.75	12.0	339.01	0.7
西宁	461.94	11.6	1295.95	10.1	280.43	13.6
银川	477.63	7.2	1540.88	10.6	409.17	5.2
海口	595.53	6.6	1012.05	23.2	456.39	52.7
乌鲁木齐	1152.00	7.6	1708.39	11.9	388.37	8.1
呼和浩特	1353.53	7.8	1618.64	15.8	509.00	－9.6

续表 72－3

城市	出口总额		实际利用外资		一般公共预算收入	
	绝对数（亿元）	比上年增长（%）	绝对数（亿美元）	比上年增长（%）	绝对数（亿元）	比上年增长（%）
福州	1312.28	0.6	16.79	8.5	560.46	9.7
广州	5034.67	12.7	54.16	6.1	1349.09	8.5
成都	1483.88	－28.5	75.20	5.8	1154.40	12.6
南京	1962.13	－3.4	33.35	1.3	1020.03	9.3
哈尔滨	146.99	－31.5	29.90	10.0	407.70	－3.7
沈阳	422.91	－5.0	10.60	－53.3	606.20	－22.8
长春	119.59	－22.2	12.00	13.0	388.20	－2.2
济南	373.45	－1.0	15.80	10.0	614.30	13.1
武汉	943.60	9.9	73.40	18.5	1245.63	12.0
西安	819.86	11.6	40.08	8.2	650.91	16.3
杭州	3108.03	2.9	71.13	12.3	1233.88	9.8
石家庄	455.92	－6.0	9.00	9.8	375.00	9.2
太原	409.79	1.5	8.50	－21.0	274.24	5.9
合肥	851.51	8.5	25.07	14.9	571.54	14.2
南昌	532.67	3.1	26.17	12.7	389.22	13.7
郑州	1947.62	17.2	38.30	5.4	942.90	13.1
长沙	538.25	0.9	44.06	11.0	718.95	13.6
南宁	202.48	26.0	—	—	297.05	8.1
贵阳	491.86	8.6	9.27	21.8	374.15	12.8
昆明	584.11	－18.0	21.94	1.0	502.22	5.1
兰州	277.71	7.4	—	—	185.58	21.8
西宁	98.49	47.9	—	—	94.79	13.0
银川	156.40	－29.4	—	—	171.28	12.1
海口	59.77	－21.2	2.91	－11.7	111.50	10.0
乌鲁木齐	298.18	－32.7	2.87	11.2	368.67	8.2
呼和浩特	77.73	0.5	—	—	247.40	17.0

续表 72－4

城市	年末金融机构人民币存款余额（亿元）	年末金融机构人民币贷款余额（亿元）	城镇居民人均可支配收入		居民消费价格环比指数(%)	农村居民人均可支配收入	
			绝对数（元）	比上年增长（%）		绝对数（元）	比上年增长（%）
福州	10831. 49	10583. 71	34982	7. 8	101. 7	15203	8. 5
广州	41574. 49	26136. 95	46735	8. 8	101. 7	19323	9. 4
成都	29474. 92	21970. 64	33476	8. 0	101. 1	17690	9. 6
南京	25887. 77	18217. 80	46104	8. 3	102. 0	19483	10. 3
哈尔滨	9688. 60	8492. 30	30977	7. 5	101. 4	13375	10. 3
沈阳	13867. 90	11343. 80	36664	7. 1	101. 2	13498	7. 8
长春	9848. 60	8935. 10	29090	6. 6	101. 3	11749	4. 1
济南	13553. 00	9674. 20	39889	8. 0	101. 9	14232	8. 5
武汉	19057. 17	16018. 30	36436	9. 5	101. 4	17722	9. 7
西安	17796. 38	13714. 02	33188	8. 1	100. 7	14072	9. 1
杭州	29003. 07	22395. 29	48316	8. 3	101. 8	25719	9. 2
石家庄	9800. 20	6121. 10	28097	8. 1	101. 0	11609	8. 6
太原	10593. 91	9027. 59	27727	7. 6	100. 4	13626	8. 0
合肥	10967. 91	9636. 57	31989	9. 0	101. 6	15733	9. 2
南昌	8342. 63	7376. 05	31942	9. 8	101. 6	13693	10. 3
郑州	16936. 27	12650. 26	31099	8. 7	101. 1	17125	8. 9
长沙	14028. 81	12268. 11	39961	8. 5	101. 1	23601	8. 6
南宁	8257. 77	8228. 66	29106	7. 5	101. 9	9408	9. 7
贵阳	8772. 22	7875. 58	27241	9. 1	102. 3	11918	10. 1
昆明	11879. 67	11976. 49	33955	8. 5	102. 4	11444	10. 4
兰州			27088	10. 5	101. 3	9621	12. 3
西宁	3548. 43	4095. 93	25232	10. 2	102. 5	8865	8. 7
银川	3017. 77	3653. 98	28261	8. 2	101. 6	11148	8. 5
海口	3962. 82	3656. 03	28535	7. 6	101. 2	11635	9. 5
乌鲁木齐	6984. 60	4957. 43	31500	17. 1	100. 7	15200	14. 2
呼和浩特	5364. 66	6073. 88	37362	7. 6	101. 8	13491	7. 6

表73 **2015年福建省及九个设区市主要经济指标**

指标	单位	全省		福州市	
		绝对数	比上年增长(%)	绝对数	比上年增长(%)
年末常住总人口	万人	3839.00	0.9	750.00	0.9
城镇化率	%	62.6	0.8	67.7	-0.7
地区生产总值	亿元	25979.82	9.0	5618.08	9.6
第一产业	亿元	2118.10	3.7	434.69	4.0
第二产业	亿元	13064.82	7.4	2449.55	7.5
第三产业	亿元	10796.90	12.3	2733.83	12.7
工业增加值	亿元	10820.22	7.0	1875.26	6.8
农林牧渔业总产值	亿元	3717.87	3.9	764.88	4.0
全社会固定资产投资	亿元	21628.31	17.2	4893.91	10.5
#固定资产投资(不含农户)	亿元	21300.91	17.4	4853.61	10.6
一般公共预算总收入	亿元	4144.03	8.2	848.04	8.7
一般公共预算收入	亿元	2544.24	7.7	560.46	9.7
社会消费品零售总额	亿元	10505.93	12.4	3488.74	14.0
居民消费价格环比指数	%	101.7	1.7	101.7	1.7
实际利用外资(验资口径)	亿美元	76.83	8.0	16.79	8.5
出口总额	亿元	7014.77	0.7	1312.28	0.6
城镇居民人均可支配收入	元	33275	8.3	34982	7.8
农村居民人均可支配收入	元	13793	9.0	15203	8.5
城镇非私营单位在岗职工平均工资	元	58719	8.3	62478	6.2

续表73－1

指标	单位	厦门市		莆田市	
		绝对数	比上年增长(%)	绝对数	比上年增长(%)
年末常住总人口	万人	386.00	1.3	287.00	0.7
城镇化率	%	88.9	0.1	56.6	1.3
地区生产总值	亿元	3466.03	7.2	1655.60	10.5
第一产业	亿元	23.93	-0.7	115.12	2.0
第二产业	亿元	1511.28	8.2	949.29	10.5
第三产业	亿元	1930.82	6.2	591.20	12.1
工业增加值	亿元	1287.44	7.9	782.78	10.3
农林牧渔业总产值	亿元	44.94	0.1	209.93	2.2
全社会固定资产投资	亿元	1896.52	20.6	1765.10	21.5
#固定资产投资(不含农户)	亿元	1887.65	20.8	1733.60	21.8
一般公共预算总收入	亿元	1001.80	10.2	185.20	5.8
一般公共预算收入	亿元	606.10	11.5	115.65	4.8
社会消费品零售总额	亿元	1168.42	8.9	558.85	12.2
居民消费价格环比指数	%	101.7	1.7	101.5	1.5
实际利用外资(验资口径)	亿美元	20.94	6.2	3.78	10.7
出口总额	亿元	3319.22	1.6	196.17	-3.6
城镇居民人均可支配收入	元	42607	7.5	29272	8.9
农村居民人均可支配收入	元	17558	8.2	13882	8.2
城镇非私营单位在岗职工平均工资	元	64319	5.9	52385	2.7

续表 73－2

指　　标	单位	三明市		泉州市	
		绝对数	比上年增长（%）	绝对数	比上年增长（%）
年末常住总人口	万人	253.00	0.8	851.00	0.8
城镇化率	%	56.3	1.2	63.6	0.7
地区生产总值	亿元	1713.05	8.5	6137.71	8.9
第一产业	亿元	252.08	3.7	178.46	1.9
第二产业	亿元	875.16	8.7	3679.70	8.3
第三产业	亿元	585.80	10.2	2279.55	10.5
工业增加值	亿元	705.22	8.4	3282.59	8.1
农林牧渔业总产值	亿元	414.90	3.9	320.59	2.0
全社会固定资产投资	亿元	1943.05	19.0	3478.18	18.3
#固定资产投资（不含农户）	亿元	1912.02	19.3	3406.25	18.5
一般公共预算总收入	亿元	130.67	-3.2	804.74	11.3
一般公共预算收入	亿元	93.68	3.0	388.30	2.2
社会消费品零售总额	亿元	444.47	9.8	2459.59	12.3
居民消费价格环比指数	%	101.4	1.4	101.8	1.8
实际利用外资（验资口径）	亿美元	1.56	11.4	15.80	6.1
出口总额	亿元	117.70	7.7	1129.27	1.1
城镇居民人均可支配收入	元	27393	8.7	37275	7.1
农村居民人均可支配收入	元	12806	9.8	15861	8.7
城镇非私营单位在岗职工平均工资	元	57807	11.0	54044	10.7

续表 73－3

指　　标	单位	漳州市		南平市	
		绝对数	比上年增长（%）	绝对数	比上年增长（%）
年末常住总人口	万人	500.00	0.8	264.00	0.8
城镇化率	%	54.8	1.0	54.0	0.6
地区生产总值	亿元	2767.35	11.0	1339.43	9.1
第一产业	亿元	370.87	4.2	289.23	4.5
第二产业	亿元	1343.12	10.2	578.09	8.5
第三产业	亿元	1053.36	14.8	472.11	12.3
工业增加值	亿元	1118.00	10.0	428.05	8.1
农林牧渔业总产值	亿元	683.89	4.5	496.37	4.8
全社会固定资产投资	亿元	2573.73	20.6	1802.51	21.7
#固定资产投资（不含农户）	亿元	2516.08	20.9	1774.95	22.3
一般公共预算总收入	亿元	274.69	4.1	124.28	5.1
一般公共预算收入	亿元	179.10	6.0	86.43	6.7
社会消费品零售总额	亿元	776.99	12.2	503.85	11.5
居民消费价格环比指数	%	101.6	1.6	101.6	1.6
实际利用外资（验资口径）	亿美元	10.85	7.2	1.45	21.1
出口总额	亿元	463.64	-7.2	69.72	-22.6
城镇居民人均可支配收入	元	28092	9.1	26120	8.5
农村居民人均可支配收入	元	13866	9.3	12264	9.0
城镇非私营单位在岗职工平均工资	元	56237	9.2	55076	13.4

续表73－4

指　　标	单位	龙岩市		宁德市	
		绝对数	比上年增长(%)	绝对数	比上年增长(%)
年末常住总人口	万人	261.00	0.8	287.00	0.7
城镇化率	%	52.6	1.0	53.6	0.7
地区生产总值	亿元	1738.49	8.9	1487.36	8.6
第一产业	亿元	200.62	3.9	253.09	4.5
第二产业	亿元	914.82	9.0	759.86	9.4
第三产业	亿元	623.05	10.2	474.31	9.1
工业增加值	亿元	726.57	8.6	624.17	9.4
农林牧渔业总产值	亿元	337.53	4.0	444.85	4.6
全社会固定资产投资	亿元	1934.21	21.6	1288.32	11.3
#固定资产投资(不含农户)	亿元	1900.06	21.9	1258.48	11.3
一般公共预算总收入	亿元	269.81	3.1	147.40	5.0
一般公共预算收入	亿元	124.61	4.0	104.39	5.5
社会消费品零售总额	亿元	639.58	14.2	465.45	12.2
居民消费价格环比指数	%	101.6	1.6	101.5	1.5
实际利用外资(验资口径)	亿美元	2.69	11.5	2.10	20.3
出口总额	亿元	159.96	7.8	242.49	7.3
城镇居民人均可支配收入	元	28218	7.9	26029	8.7
农村居民人均可支配收入	元	13274	10.1	12391	9.6
城镇非私营单位在岗职工平均工资	元	55438	11.9	56625	13.0

（市统计局综合处）

（编辑　苏　颖）

说　明

一、本索引采用主题词分析法，按主题词首字汉语拼音字母顺序排列。同音字按声调升序排列。音调相同的字，按笔画升序排列；如笔画相同，按起笔形横（一）、竖（丨）、撇（丿）、点（丶）、折（乛）的次序排列。

二、栏目、分目标题用黑体字。“特载”“大事记”“人物”“福州市2015年地方法规、规章政策（选录）”“统计资料”内容不作索引。

三、索引主题词后的数字表示页码，数字后的a、b、c表示栏别左中右。

四、空一字起排的款目为上一主题的“附见”。

F

G

H

T

《福州年鉴（2016）》优秀撰稿人

（按栏目顺序排序）

撰稿单位	撰稿人
第一届青运会福州市执委会（市体育局）	卢余清
市委办公厅	林吓清
市委文明办	郑玉捷
市效能办	陈自如
市数字办	叶伟奇
市人力资源和社会保障局	黄启韩
市妇联	黎　明
福州警备区	史中华
市市场监督管理局	李中平
市财政局	林劭劼
市农业局	张清炎
市电业局	姜　炜
市国土资源局	林晓文
市交通委	王东曜
罗源湾开发区管委会	梁建文
市气象局	蓝巧玲
市教育局	郑　丹
福建中医药大学	吴镇聪
福建新华发行集团福州分公司	林　云
台江区政府办	郑　尧